中華古籍保護計劃
ZHONG HUA GU JI BAO HU JI HUA CHENG GUO

·成果·

清代詩文集
珍本叢刊

陳紅彥
謝冬榮
薩仁高娃　主編

總目·索引·提要

國家圖書館出版社

上冊

圖書在版編目（CIP）數據

清代詩文集珍本叢刊：總目 索引 提要：全二册／陳紅彥，謝冬榮，薩仁高娃主編.-- 北京：國家圖書館出版社，2017.11（2021.7 重印）

ISBN 978 - 7 - 5013 - 6242 - 4

Ⅰ.①清…　Ⅱ.①陳…　②謝…　③薩…　Ⅲ.①古典詩歌—詩集—中國—清代②古典散文—散文集—中國—清代　Ⅳ.①I214.91

中國版本圖書館 CIP 數據核字（2017）第 218277 號

書　　名	清代詩文集珍本叢刊：總目 索引 提要（全二册）
著　　者	陳紅彥　謝冬榮　薩仁高娃　主編
責任編輯	宋志英　林　榮　潘　竹　張慧霞
重印編輯	潘　竹
封面設計	敬人工作室＋黃曉飛
出版發行	國家圖書館出版社（北京市西城區文津街 7 號　100034） （原書目文獻出版社　北京圖書館出版社） 010 - 66114536　63802249　nlcpress@ nlc. cn（郵購）
網　　址	http://www.nlcpress.com
印　　裝	北京華藝齋古籍印務有限公司
版次印次	2017 年 11 月第 1 版　2021 年 7 月第 2 次印刷
開　　本	787×1092（毫米）　1/16
印　　張	71.5
書　　號	ISBN 978 - 7 - 5013 - 6242 - 4
定　　價	360.00 圓

目　録

上册

下册

總　　目

第 1 册

第 2 册

第 3 册

第 4 册

第 5 册

第 6 册

第 12 册

第 13 册

第 14 册

第 15 册

第 16 册

第 17 冊

第 18 冊

第 19 冊

第 20 冊

第 21 冊

第 22 冊

第 65 册

第 66 册

第 67 册

第 68 册

第 69 册

第 81 冊

第 82 冊

第 83 冊

第 84 冊

第 85 冊

第 86 冊

第 87 冊

第 88 冊

第 89 冊

第 90 冊

第 91 冊

第 111 冊

第 112 冊

第 113 冊

第 114 冊

第 115 冊

第 116 冊

第 121 冊

第 122 冊

第 123 冊

第 124 冊

第 125 冊

第 126 冊

第 127 冊

第 128 冊

第 129 冊

第 130 冊

第 136 冊

第 137 冊

第 138 冊

第 139 冊

第 140 冊

第 141 冊

第 142 冊

第 143 冊

第 144 冊

第 145 冊

第 146 冊

第 147 冊

第 153 冊

第 154 冊

第 155 冊

第 156 冊

第 157 冊

第 158 冊

第 198 冊

第 199 冊

第 200 冊

第 201 冊

第 202 冊

第 203 冊

第 218 册

第 219 册

第 220 册

第 221 册

第 222 册

第 223 册

第 227 册

第 228 册

第 229 册

第 230 册

第 236 冊

第 237 冊

第 238 冊

第 239 冊

第 240 冊

第 241 冊

第 261 冊

第 262 冊

第 263 冊

第 264 冊

第 265 册

第 266 册

第 267 册

第 268 册

第 269 冊

第 270 冊

第 271 冊

第 272 冊

第 273 册

第 274 册

第 275 册

第 276 册

第 277 册

第 278 册

第 279 冊

第 280 冊

第 281 冊

第 282 冊

第 283 冊

第 284 冊

第 285 册

第 286 册

第 287 册

第 288 册

第 289 册

第 290 册

第 294 册

第 295 册

第 296 册

第 297 册

第 298 册

第 299 册

第 342 册

第 343 册

第 344 册

第 345 册

第 346 册

第 347 冊

第 348 冊

第 349 冊

第 350 冊

第 351 冊

第 356 冊

第 357 冊

第 358 冊

第 359 冊

第 360 冊

第 371 册

第 372 册

第 373 册

第 374 册

第 375 册

第 376 册

第 382 册

第 383 册

第 384 册

第 385 册

第 386 册

第 387 册

第 388 册

第 396 册

第 397 册

第 398 册

第 399 册

第 400 册

第 401 册

第 402 册

第 413 冊

第 414 冊

第 415 冊

第 416 冊

第 417 冊

第 418 冊

第 419 冊

第 420 冊

第 421 冊

第 422 冊

第 427 冊

第 428 冊

第 429 冊

第 430 冊

第 431 冊

第 504 冊

第 505 冊

第 506 冊

第 507 冊

第 508 冊

第 513 册

第 514 册

第 515 册

第 516 册

第 517 册

第 518 册

第 534 冊

第 535 冊

第 536 冊

第 537 冊

第 538 冊

第 539 册

第 540 册

第 541 册

第 542 册

第 543 册

第 544 册

第 561 册

第 562 册

第 563 册

第 564 冊

第 565 冊

第 566 冊

第 567 冊

第 568 册

第 569 册

第 570 册

第 571 册

第 572 册

第 573 册

第 574 册

第 575 册

第 576 册

第 577 册

第 578 册

第 590 冊

第 591 冊

第 592 冊

第 593 冊

第 594 冊

第 595 冊

第 596 冊

第 597 冊

第 598 冊

索　引

書名筆畫索引

三畫

四畫

五畫

六畫

七畫

八畫

九畫

十畫

十一畫

十二畫

十三畫

十五畫

十六畫

二十一畫

二十二畫

二十三畫

二十四畫

著者筆畫索引

十一畫

十二畫

十五畫

十七畫

提　　要

范勛卿詩集二十一卷

清范鳳翼撰。明崇禎刻本。六册。半葉九行,行十八字。白口,四周單邊。

范鳳翼(1575—1655),字異羽,一字勛卿,又作璽卿,號太蒙,揚州府通州(今江蘇南通)人,范應龍之子。明萬曆二十六年(1598)進士,任國子監助教,官至吏部主事。他在政治上先與東林黨人交好,後因厭惡黨争而急流勇退,明崇禎年間隱居金陵等地,入清後遁入空門。著有《勛卿集》二十八卷。《[乾隆]江南通志》卷一百四十五、《明詞綜》卷五有傳。

是書爲范鳳翼詩集,其中賦四首、古樂府三十八首、三言古詩兩首、四言古詩十七首、五言古詩六十九首、七言古詩七十八首、五言律詩一百九十九首、七言律詩二百二十一首、五言排律十六首、六言排律兩首、七言排律九首、五言絶句八十三首、六言絶句一首、七言絶句二百三十六首,附九言兩首、詩餘十八首,共録詩詞九百九十五首。書首有何如寵《范璽卿集小引》、董其昌《范璽卿序》、崇禎十三年(1640)方震孺《范異羽先生詩序》及俞彦《范異羽先生集序》。

該書是在范氏所撰《范璽卿詩集》基礎上增新補遺,重新付梓,對《范璽卿詩集》原有篇目、卷次均未作改動,是收録范氏詩作最全之本。范鳳翼遭逢明清易代,其詩不乏懷念故國之作,入清後《范璽卿集》亦入《軍機處全燬書目》。范氏論詩受明代前七子影響,崇尚復古,認爲作詩應取法《詩經》、古樂府詩及五七言古體。其所作樂府詩及四言古詩皆爲抒發性情之作,造詣頗高。張豫章《四朝詩》録其詩九首。(賈大偉)

范璽卿詩集一卷補遺一卷

清范鳳翼撰。清咸豐十一年(1861)姜渭鈔本。一册。半葉九行,行二十二字,無格。

是書爲范鳳翼詩集,録其四言古詩兩首、五言古詩十二首、七言古詩五首、五言律詩二十首、七言律詩二十首、五言絶句兩首、七言絶句十首,共録詩七十一首。書首有范鳳翼《超逍遥草自序》，次《范璽卿詩集目録》。《范璽卿詩集》卷末有"咸豐辛酉八月望後十日璜溪以七錢羊毛筆書此　三日乃畢"二行，鈐"姜渭""璜溪"印，知其書爲姜渭鈔本。姜渭，生卒年不詳，字利川，又字璜溪，號滄亭，清通州人。他博覽群書，多收海内善本。擅繪事，尤精指頭畫，著有《璜溪遺稿》一卷。

是書所收篇目俱見於《范璽卿詩集》，爲姜氏輯鈔而成。該本對范氏詩作逐一點評，眉批、夾批、總批兼備。同時對范氏詩作多有批評，屢有"鄙俚可厭""牽强"等評語。

另有《補遺》一卷，輯詩五首加以點評，分别爲《同人登狼山酌月》《登萃景樓》《飲狼山賦江頭月》《狼山坐月》《甲寅王宛委招飲狼山新署仍移酌劍山之陰》。是書鈐"璜溪""姜渭印""蔣氏爾青"諸印。（賈大偉）

王無瑕先生詩集五卷文集三卷

清王琢璞撰。清刻本。二册。半葉八行，行二十字，小字雙行同。白口，左右雙邊，單魚尾。本書亦名《雲來館集》。

王琢璞（1576—1648），字無瑕，别號連城，自號支離子，又嗜浮屠之説，更號覺幻居士，山東濟陽人。爲諸生，舉明經不赴。

卷首有同里邢其諫《運城王先生雲來館集序》、張爾岐《王無瑕先生集序》。邢序云："當庚午秋，余自嬀川返里，值無瑕舉明經不赴，蓋野趣多而宦情淡耳。"張序稱："先生困於病者四十年，手縮顫不便書，字多傾漫不易讀，可讀者或首尾刓弊，彼此移附不成篇，或雜録他人詩，其中莫辨主名，推尋厘整，遇疑而置者數矣。"由此可知，王琢璞中年即患病，因此絶意宦途，終老於野。

張爾岐（1612—1678），字稷若，號蒿庵。明清之際經學名家。王琢璞與張爾岐父親有交誼，張氏幼年讀書和寫作，多得王琢璞的教益。王琢璞對張爾岐也寄予厚望，曾有《贈張蒿庵昆季》詩云："蓬蒿没徑白雲深，有客翻書日苦吟。列几千函環帶草，披裘五月芥遺金。哺巢欲灑慈烏血，填海空懸精衛心。難弟高標堪競爽，雙珠玉樹滿庭陰。"張爾岐能够安貧若素，於蓬蒿敗屋之間潛心學問，終成一代大儒,與王琢璞的影響和鼓勵不無關係。

　　王琢璞殁後四年,張爾岐爲其整理遺作,克服了文字變形難以辨認、首尾不全難以成篇等諸多困難,於壬辰(清順治九年,1652)得詩五十八首,文十七篇,定爲八卷,其中《詩集》五卷:卷一古詩,卷二至四律詩,卷五絶句;《文集》三卷:卷一序,卷二説、記,卷三傳、墓誌銘等。書末鎸有"曾孫揚宗　振宗敬刊"字樣,知爲王氏家刊本。此刊本爲王琢璞作品的最早刊本,此後有清乾隆八年(1743)刻本。該版詩文中間或刻有批注,注者爲誰尚待考。

　　王琢璞雖然困頓於鄉野,但與其交往的邢其諫、張爾岐等人皆爲一時名流,此詩文集不僅反映了其個人的生活經歷,也反映了他們之間的交往情誼,亦足珍貴。

(董馥榮)

牧齋有學集補遺附有學外集

　　清錢謙益撰。清鈔本。四册。半葉十三行,行二十九字或三十字,無框格。

　　錢謙益(1582—1664),字受之,號牧齋,晚號蒙叟、東澗老人,學者稱虞山先生,蘇州府常熟縣(今江蘇常熟)人。明末東林黨首領,頗具影響。馬士英、阮大鋮在南京擁立福王,錢謙益依附之,爲禮部尚書。後降清,爲禮部侍郎。清初詩壇盟主之一。錢謙益的學問涉及史學、佛學,一反明公安派與竟陵派文風,倡言"情真""情至",主張具"獨至之性,旁出之情,偏詣之學"。其詩學杜甫、元好問、蘇軾、陸游、李商隱、韓偓等。家有絳雲樓,以藏書豐富著稱,後燬於大火,所遺書籍,盡數贈與族曾孫錢曾。著有《初學集》《有學集》《投筆集》《苦海集》等,又有《列朝詩集》《杜詩箋注》等。

　　此鈔本《牧齋有學集補遺》,將《有學集》遺漏的詩文增補,并注明補入的位置,同時附《有學外集》,收詩、墓誌銘、傳、序、書、疏、贊、偈、頌、題跋等。全書鈔寫工緻,於研究錢謙益資料價值頗高。

　　鈐有"長洲章氏四當齋珍藏書籍記"印。(陳紅彦)

牧齋詩集九卷

清錢謙益撰。清鈔本。四冊。半葉十行，行二十七字，無格。

此爲錢謙益詩集，收《秋槐零集》一卷、《秋槐小集》一卷、《秋槐支集》一卷、《秋槐餘集》一卷、《庚寅夏五集》一卷、《夏五集》一卷、《雲間集》一卷、《長千塔光集》一卷、《絳雲餘燼集》一卷。行間有朱筆圈定修改。

《絳雲餘燼集》封面題"虞山牧翁自訂稿計一百三十八葉"。書末吳晉德朱筆跋稱："蒙叟詩文當時即刊爲初、有學全集，錢後人遵王曾又從而箋釋之，第其中更易字句暨全篇刪去者不一而足。兹得《秋槐小集》稿至《絳雲餘燼》等集，計一百三十八葉，乃牧翁自訂稿，較之初學、有學兩集之意義更改則魚目夜光，諒博雅者知所寶焉。閱畢志此，告夫後之讀《牧齋詩》者。"說明此書爲作者自訂詩稿本，資料價值頗高。

鈐有"養恬過眼""此静坐齋珍藏""丹徒鄒氏家藏書畫印"等印。（陳紅彥）

牧齋詩鈔不分卷

清錢謙益撰。清沈東甫鈔本。四冊。

《牧齋詩鈔》爲清沈東甫鈔，收錢謙益詩，按四言古詩、五言古詩、七言古詩、五言律、七言律、五言排律、七言排律、五言絶句、七言絶句等編排，便於查找。沈東甫應爲浙江歸安（今湖州）竹墩村沈炳震（1679—1737），字寅馭，號東甫。歲貢生。少好博覽，紀傳年月、世系，他人所不經意者，必默識之。及長，才益閎雅。鄉試八次，皆因言論激烈而未中，決意杜絶科舉，專攻經史。清乾隆元年（1736），薦試博學鴻詞，報罷，次年卒。沈炳震著作宏富，尤深史學，著有《增默齋詩》八卷、《雜著》十卷、《井魚聽編》十六卷、《唐詩金粉》十卷、《歷代帝系紀元歌》一卷、《二十四史四譜》五十卷、《新舊唐書合鈔》二百六十卷、《九經辨字瀆蒙》十二卷、《清史列傳》及《蠶桑樂府》一卷。

書中多有增刪批注。鈐有"東甫讀""竹溪沈氏弟十九世孫均瑝印信""均瑝"

等印。（陳紅彥）

野汀詩稿二卷

清錢謙益撰。清劉履芬鈔本。四册。無框格。

劉履芬（1827—1879），字彥清，一字泖生，號漚夢，祖籍浙江江山，隨父客居江蘇蘇州。幼承家教，又從名儒王韞齋學文，酷愛詩詞，通曉音律。清道光二十六年（1846），入國子監爲太學生。清咸豐七年（1857），捐户部主事。清光緒五年（1879），代理嘉定知縣，因爲民雪冤與兩江總督沈葆楨不洽，含憤自殺，巡撫吳元炳聞其爲雪民冤而死，從厚殮恤。著作有《古紅梅閣集》（内有駢文二卷、古近體詩五卷）、《鷗夢詞》一卷等。性嗜書籍，遇善本不惜重價全力購求，不能購者，則手自鈔録，每日鈔數十張，終日伏案鈔寫。所居有書屋名古紅梅閣，書籍環列，篋滿架溢，藏書富極一時。

此書卷首還有爲曹爾堪挽詞，及題錢塘袁枚、海寧查慎行詩。上下兩卷，題材豐富，語言詼諧有趣。鈔寫字體揮灑自如。書末録有評價：“此翁詩本朝詩人第一，然老筆頹唐，才人膽大，未免語多拉雜也。原評。”鈐有“夢亭”“舒昆”“擁書萬卷”等印。（陳紅彥）

顧麟士詩一卷

明顧夢麟撰。清刻本。一册。半葉十五行，行二十八字。白口，四周雙邊。

顧夢麟（1585—1653），字麟士，號中庵，時稱織簾先生，江蘇太倉人，顧炎武族兄。明崇禎六年（1633）貢士，入太學。顧夢麟覺明末文風潰決，畔違傳注，乃著《四書説約》，倡程朱理學，海内翕然宗之。顧夢麟曾與楊彝等人創立應社，成員各主一經，互助學習，開一時風氣之先。與楊彝并稱“楊顧”。入清後，顧氏隱居太倉，教授於毛氏汲古閣，并爲顧炎武徵天下書籍。著有《四書説約》二十卷、《詩經説約》二十八卷、《四書十一經通考》二十卷、《織簾居詩集》四卷。《直隸太倉州志》卷二十八有傳。

該書爲顧夢麟詩集,録其詩四十六首。其詩多唱和、雜感之語,記其讀史、游樂及觀景之事。其中《吳農歌》言辭清麗、情感深沉,不失爲明末詩文佳作。該本爲陳濟生所編《啓禎兩朝遺詩》本。陳濟生(1618—1664),字皇士,號定齋,江蘇長洲(今蘇州)人。其父陳仁錫爲明代大儒。入清後,陳濟生追隨顧炎武,與吳越地區的明季遺民多有交往,遂輯明代遺民詩歌爲《啓禎兩朝遺詩》十卷。顧夢麟作爲顧炎武族兄,其詩亦入該集。該書入清後被列爲禁書,顧炎武也因此書而身陷囹圄,因此該書流傳頗爲稀少。該本爲鄭振鐸在1956年所得,卷五末有鄭振鐸題識。該本爲殘本,序言及目録均已不存,卷六至十爲鈔本補配。其所録顧夢麟詩文僅見於該書,具有較高的史料價值。（賈大偉）

寄巢詩二卷

清釋道源撰。清順治十八年(1661)毛表、陸貽典刻本。半葉十四行,行二十二字,小字雙行同。黑口,左右雙邊。

釋道源(1586—1657),字石林,江蘇太倉人。俗姓許,明亡爲僧,因"居無常住,游每信宿",自號寄巢。晚年居常熟與海虞士子如錢謙益、馮舒、錢龍惕等唱和不少。錢謙益先後作《石林長老七十序》《石林長老塔銘》《石林長老小傳》等文,述其行履。釋道源去世之後,陸貽典收集其詩,編成一集,名曰《寄巢詩》,并請錢謙益爲序,即爲此集。

是書前有錢謙益庚子年(清順治十七年,1660)《石林源上人寄巢詩序》、陸貽典《寄巢詩小引》,後爲正文,分爲上下兩卷,上卷收詩三百七十九首,下卷收詩四百三十九首,其中尤以五言和七言律詩爲多,間有五言、七言絕句,另有少量古體、雜體詩和佛家偈語。編次非以體裁相從,似大體根據詩作年月彙集。内容頗廣,其中以與友人的交游、唱和往來爲多,如"浪迹依雲住,枯禪就石安"(《贈友》);"染霜孤店樹,落日幾家村"(《送友》);"夜永孤松月,春荒茂草煙"(《挽友》);"去雁驚心聞角候,故山人夢憶家時"(《贈洛中汪平叔》);"住者偶看飛瀑去,來心應許白雲知"(《友人見訪不值》);"羨魚理釣絲綸細,隨鹿登山步履强"(《壽友》);"故國蒼山時遠峙,中峰明月夜孤清"(《挽蒼雪師》)。此外,還有對風物的描摹,如"何機最上恭無縫,彈指將開悟有聲(《霧中塔》)";"根淺何緣依净地,品微無分近雕欄"(《草花》)。對古迹的吟詠,如"耕鑿子孫在,溪山筆墨傳"(《經沈石田故址》)。對山居生活的記録,如"黄昏啼不住,終夜訴何名"(《聽蟲》);"石泉寒不響,山月夜還孤"(《病中》);"深山木客從來去,未許見童爆竹袪"(《除夕》)。

　　釋道源的視野并不局限於禪林,又因身歷易代之變,故詩中多慷慨悲歌之音,亦間有警句,即陸貽典所謂"隱章秀句,絡繹奔赴"。正文後有附録一卷,包括錢謙益撰《石林長老小傳》《石林長老七十序》《石林長老塔銘》《注李義山詩集序》等。其後爲錢曾《讀石林寄巢詩次敕先韻》、嚴熊《次和哀集石林遺稿請叙之作》及馮班《奉和編次石林源公遺詩韻》,再次爲錢曾《後序》及順治十八年(1661)毛表跋及東林寺弟子釋清猷跋。最後是補詩十首,分別是五言律詩三首、七言律詩二首以及七言絶句五首。

　　釋道源喜藝文,錢謙益在《石林長老小傳》中稱其"禪誦之隙,喜涉外典,焚膏宿火,食跗祭獺,箋注繕寫,盈囊溢篋"。石林嘗注李商隱詩,雖體例、出注皆未完美,瑕瑜互見,然晚明筆注李義山詩之風,首自釋道源。成書後,錢謙益爲之作《注李義山詩集序》,對其觀點做了比較全面的記録和闡釋。釋道源認爲:"義山之詩,推原其志義,可以鼓吹少陵。"因其所處時代"當南北水火,中外箝結,若暗而欲言也,若魘而求寐也,不得不紆曲其指,誕謾其辭,婉變托寄,隱謎連比,此亦風人之遐思,《小雅》之寄位也"。而釋道源自己亦有家國之變,故對李商隱有着深切的理解和同情,在研究箋注義山詩的同時,其詩風亦受之影響而自成風格,錢謙益評其詩曰:"觀其詩罕目疏節,瞿然而瘦硬,如其人之顴孤頤削,骨格陵增,蠡出於條衣外也;觀其詩偏弦短韻,峭然而凄冷,如其人之琢冰嚼雪,失群啞羊而却食仰口也;觀其詩耽思傍訊,邈然而慘澹,如其人之窮老嗜學,吞紙以實腹,而食字以飽蠹也。"

(程佳羽)

玉蟬庵散編六卷

清鄭邦祥撰。清鈔本。一册。半葉八行,行二十二字,無格。

鄭邦祥，生卒年不詳，一名紱，字孟麟，福建福州人。著述甚富。《［乾隆］福州府志》卷七十六有小傳。

是書爲清鈔本，"玄""弦""絃""寧"諸字闕筆，特别是"寧"字避諱謹嚴，疑鈔在清道光間。凡六卷，各卷分别爲五言古、七言古、五言截句、七言截句、五言近體和七言近體。書中有校改，如卷六《後衰柳四首》其三"寂寂寒情晝掩扉"句，"情"字改爲"塘"字；又同卷《無題》其二"一眄傾城萬里重"句，"萬里重"改爲"意萬重"等。（劉明）

平山堂詩集四卷

清劉應賓撰。清順治刻本。十二册。半葉九行，行十九字。白口，四周雙邊。

劉應賓（1588—1660），字元楨，别號思皇，山東沂水縣沂水城人。明萬曆四十一年（1613）進士，官吏部郎中。福王時授通政使。入清官安徽巡撫。著《平山堂詩集》。

清乾隆時劉應賓入《貳臣傳》乙編，作品被查抄禁燬，《平山堂詩集》也入《四庫禁燬書叢刊》，傳世極少，故此集極爲珍貴。是書卷前有李楷、黄文焕爲之序，又李楷清順治十年（1653）所作《沂水先生贊》、方拱乾順治三年（1646）題詞。李明睿、劉寅東、李楷評。詩分體，末附詩餘，多入清所作，止於清康熙十一年（1672），集當刻於此時。諸詩多涉晚明史事。

劉嘗言"詩言志，勿使兜"，故其詩不計工拙，立文幹直。"屢空恒宴如，文章不用賣"（《和太虚詠燈》），貧寒而不羨富，正合詩人愛菊清遠之性。"好是認光華，素清成一箇"（《詠梅其五》），素淡且清廉，就如梅花一樣傲於群芳。"戈甲宣城滿，輕裘未得閑"（《敬亭山》），直叙明末清初戰亂帶來的影響，情勝於景。"去漢民心久，厄陽我再迎。天臺不可問，黎庶紛縱横"（《風》），時變身危，社稷倉卒。黄文焕評"讀其詩，可得全史"。此集對於研究作者其人及其所處時代的社會生活，具有很高的史料價值。（邵穎超）

知還堂集四卷

清李芳蒕撰,清徐雪航輯。清康熙三十一年(1692)李湘刻本。二册。半葉八行,行十八字。白口,四周單邊。

李芳蒕(1589—1673),字羞可,號承蜩,洛州永年人。官至睢陳副使。歿後其子李湘輯其遺稿,成《知還堂集》四卷。

是書前有清康熙甲寅(十三年,1674)孫奇逢序,曰"癸丑冬,平干李公承蜩以睢陳副使家居,卒於里第,年八十有五。明年甲寅,公之子湘等輯其知還堂遺稿若干首,問序於余,遵公命也"。摹刻"孫奇逢印""夏峰山房"印。康熙二十五年(1686)五月賀應旌序中描述作者"於書無所不讀,於人無所不交,於天下事無所不立辦",摹刻"賀應旌""萍楤山史"印。李聘《李承蜩先生文集序》中述與作者的因緣,"洛州李承蜩先生其兄恒沙公與大父辛未同榜。大父由秋官出守大梁,先生同時爲梁使者。甲申之變大父殉梁土,余方在襁褓,先生設奇計出之患難中"。康熙三十一年(1692)唐仁永《尚友堂詩文弁言》中曰:"琨華李公今人而古處者也。少從其尊人承蜩先生宦游久,性情正,涉歷多,聞見廣,於道德功名文章之際,皆確確有以自信,苟出其家學,用爲國光,不朽之業豈異人任。顧區區佐治百里,欲展驥足,難哉!惟是不諂不亢,所至簮合,與主政楊公齊心協力,共著兼能,丹山碧水間莫不載其聲靈,通其志氣,寅恭之雅,造福靡窮。宰天下有如一邑,一邑非小,天下非大矣。"大贊李湘與盤陽徐雪航整理李芳蒕遺稿之舉。又有徐雪航所撰《洛州承蜩李先生傳》,對作者一生做了詳細回顧,摹刻"徐雪航印""盤陽後學"印。末有徐思是跋。

《知還堂集》四卷,凡詩一卷、文三卷,正文前明確標注"盤陽徐雪航蓬客甫選洛州李芳蒕羞可甫著　鯉湖唐仁永閩仙甫閱　男李桓魏公　李湘琨華　李球葵仲盟　李球轂推我較"。卷一爲《贈韓世兄即服其翽翽之致依韻附和》等詩三十三首,部分詩作内分其二、其三來深化内容,如《哭遂兒》含八首,以遞進式語句表達老人對故兒的呼喚,"再誕九齡子,我年已八旬。詩書憑落落,兄弟尚振振"。後有申涵光的評語。卷二爲序,含《洛志序》等十一篇,富有資料價值。卷三爲記,含《隆慮羅漢巖記》等十四篇,涉及興教寺、利濟橋碑、火神廟、城隍廟、城隍寢宮、洛城等歷史遺迹,紀實性强。卷四爲雜篇,含《送別駕喬公文》等文六篇、書一篇、銘二篇、説一篇、頌一篇、方略一篇。全書正如徐思是跋中言"或言情而流於靡,或紀事而近於怪,或頌人而偶爲憤激"。

此康熙三十一年(1692)李湘刻本,國家圖書館外,北京大學圖書館亦有藏。(薩仁高娃)

六草一卷

清陳昌言撰。清鈔本。半葉九行,行十五字,無欄格。

陳昌言(1598—1655),字禹前,號道莊,山西澤州人。明崇禎七年(1634)甲戌科進士,崇禎八年(1635)任樂亭知縣,崇禎十三年(1640)任浙江道監察御史,出巡山東。清初任江南提學道。陳昌言爲官清廉,奉母至孝。據《[同治]陽城縣志》記載其著述有《述先草》《山中集》《斗築居集》等。

《六草》爲陳昌言的詩集,卷前有門生汪燝南作序。共收録詩作九首,其中思鄉念弟之詩四首、紀游詠景之詩四首、抒發時局際遇之詩一首。該集收入《高都陳氏詩鈔》中。書中"絃""弦"字缺末筆。

陳氏家族書香傳世,自明嘉靖至清乾隆年間,陳氏族人科甲蟬聯,文人輩出,有"六翰林,九進士"之盛譽,名門望族盛極一時。陳昌言爲陳氏家族第二位進士,其子陳元爲清順治己亥(十六年,1659)進士,任翰林院清書庶起士。其侄陳廷敬爲順治十五年(1658)進士,官至文淵閣大學士兼吏部尚書。族人詩文結集爲《高都陳氏詩鈔》《高都陳氏傳家集》。

陳昌言與弟昌期友愛,故其詩中多有與其弟唱和之作。陳宅有止園一座,詩中有《家弟書至於斗築居外買得閑田十畝許可理別墅因賦懷以寄并序》《止園落成即景十四韻》二首,言及止園建構設想,并爲落成題詠。斗築居、止園今皆已成當地名勝,昔日園中美景可從詩中窺之一二。據汪燝南序載,夫子有曰"詩有性情,不盡才也"，其園其詩皆可見其性情矣。

是書字句有勾畫、增補、貼補等修改。所屬《高都陳氏詩鈔》目録葉鈐"南通馮氏景岫樓藏書"印，可知曾爲民國馮雄舊藏。（崔洪銘）

李潛夫先生遺文一卷

清李確撰。清四古堂鈔本。一册。半葉十行，行二十二字。白口，四周單邊，雙魚尾。版心下鎸"四古堂"。

李確（1591—1672），初名天植，字因仲，後更名確，改字潛夫，浙江平湖人。明崇禎六年（1633）舉人。明亡，隱居龍湫山，自號龍湫山人。撰有《乍浦九山志》《九山游草》《龍湫集》《蠡園集》等。《清史稿》有傳，謂其明亡後，"與妻別隱陳山，絶迹不入城市，訓山中童子自給。居十年，以僧開堂，始避喧，返蠡園，賣文自食；不足，則與其妻爲楄幐竹筥以佐之。好事者約月供薪米，力辭不受。有司慕其高，往訪之，輒踰垣避"，勤廉耿介，爲世所稱。

《清史稿》本傳謂其"所著詩文皆吊甲申以來殉節者"。此本録《褚孝子孝感集序》《記庚辰之夢》《十八夜同中黄陸子望月記》《宋爾恒萬松臺讀易圖記》《游虎丘記》《米書》《金山記游》等十四篇，以游記居多。篇中往往有缺字，疑所據底本原缺。天頭偶有批注。末葉有吳騫跋："丁酉八月得《李潛夫先生遺文》於貢院前書攤，乃杭堇浦先生舊藏也。鮑淥飲云，桐鄉金氏有《潛夫詩文》二厚帙，則此尚非其全，當更訪之。後四日雨中武林客舍記。騫。"

卷端鈐"兔床經眼"朱文方印、"非窮非達非高尚"朱文橢圓印、"長樂鄭振鐸西諦藏書"朱文方印。末葉鈐"長樂鄭氏藏書之印"朱文長方印。（劉波）

金文通公集二十卷

清金之俊撰。清康熙二十五年（1686）金祖彭重刻本。八册。半葉九行，行二十字。白口，單魚尾，左右雙邊。

金之俊（1593—1670），字豈凡，又字彦章，號息齋，江南吳江（今蘇州市吳江區）人，茅坤之外孫。明萬曆四十七年（1619）進士，官至兵部侍郎。明亡後降清，仍任原官。金之俊以明臣降清，頗爲時論所不齒，《清史稿》本傳載：“之俊家居，有爲匿名帖榜其門以謗之者，之俊白總督郎廷佐窮治之，牽累不決。”清初上疏建議蠲免京畿田租、疏通漕運等，多爲朝廷採納。歷工部、兵部、吏部尚書，授中和殿大學士，加太傅。《清史稿》本傳載其仕履：“五年，擢工部尚書。六年，乞假歸，加太子太保。七年，還朝。八年，調兵部，加少保兼太子太保。十年，調左都御史。……尋遷吏部尚書，授國史院大學士。十二年，之俊病，乞休，上不允。……十五年，改中和殿大學士，兼吏部尚書。同校定律例。十六年，詔立明莊烈帝碑，命之俊撰文。尋加太保兼太子太師，復乞假歸。……之俊自歸後，屢以衰老乞休，康熙元年，始允致仕。”康熙九年（1670）卒，謚文通。

全書二十卷。前有錢謙益《序》、陳名夏《序》、王鐸《序》、胡世安《序》、呂宮《序》、程芳朝《序》、岳暎斗《序》以及《自序》。以文體編次：卷一至四序，卷五壽序，卷六至七記，卷八傳，卷九説，卷十題跋書後，卷十一碑文，卷十二至十六墓誌銘，卷十七墓表、傳、行略、祭文、告詞，卷十八贊，卷十九頌、銘、箴、疏、書、芻言、議、小示，卷二十年譜韻編、附金文通公行狀墓誌銘墓表傳。

錢謙益《序》略論“三百年來文體凡三變”，又謂“豈凡生於吳下，殘膏剩馥，屬厭弇州之餘瀋，乃能超然玄覽，篤信古學，奉韓歐爲祖禰，而師友在震川鹿門之間，豈非豪傑之士後五百年間出者哉。今其文具在，蓋莫不發源經史而取裁於八大家，溯流窮源，有典有則，有倫有要。渢渢乎，洋洋乎，先民之規矩，盛世之型範也”，譽之爲今之歐、韓，可謂推崇備至。

《總目》前題“吳江金之俊豈凡著　吳興後學夏煜寧枚編輯　侄孫斑廷侯較閱孫祖彭大年重鑴”。扉葉題“金文通公集　懷天堂藏板　康熙二十五年重鑴”。此集爲金之俊文集第三次刊刻。清順治間金之俊自刻《息齋集》四卷《外集》一卷，各文後有陳名夏評。順治康熙間又刻有《息齋集》十卷《息齋疏草》五卷。《息齋集》包括各體文六卷，文後有陳名夏評；另有分體詩集《珥筆閑吟》《山居候鳴》各一卷，及《外集》《續外集》各一卷。《息齋疏草》包括《佐銓疏草》《總憲疏草》《中銓疏草》

《綸扉疏草》《山中疏草》，多有關於時政。此集收文較前二刻爲多；以文體編次，與《息齋集》以撰作時代分卷不同；未收詩、奏疏。（劉波）

息齋集四卷外集一卷

清金之俊撰，清陳名夏評。清順治六年（1649）自刻本。五册。半葉八行，行二十字。白口，四周雙邊，單魚尾。

《息齋集》四卷，前有陳名夏《序》、吕宫《序》、程芳朝《序》以及《自序》。《目録》前題“松陵金之俊豈凡著　溧陽陳名夏百史評　文安門人邢澍　檇李門人張三省校”。全書以創作時間爲序編次，均爲入清後所作：卷一爲兩册，首葉卷次下鎸“戊子”，所收各文多作於順治五年（1648）；卷二爲一册，首葉卷次下鎸“己丑”，所收各文作於順治六年（1649）；卷三、卷四合爲一册，未署寫作時間。各卷下以序、記、跋、説、墓誌銘等文體分類。

《息齋外集》一卷，前有王鐸《序》、陳名夏《序》、孫承澤《序》以及《自叙》，後有張循訥《跋》、張三省《跋》。《目録》前題“松陵金之俊豈凡著　孟津王鐸覺斯　溧陽陳名夏百史　北地孫承澤北海　海昌陳之遴彦升同評　秣陵門人張循訥　檇李門人張三省校”。收詩、疏、引、銘、贊等共三十首，詩多爲與僧人唱和之作，諸文多與佛寺有關。《自叙》解釋命名緣由：“余少從先君子瞻禮雲栖和尚，繼讀禮山居，又從天童磬山暨博山雪關、南潤箬庵諸老衲游。……相與往還談論，間作彼氏語，存之敝篋者有年，意初不欲示人也。雖然，余竊自懼其儒名而墨行也，不敢不質之有道儒者，冀有以較之，而姑識其語曰外。”

金之俊文宗唐宋，以古文名於一時。各文後有陳名夏評語，天頭有評點，行間有圈點及評點。

首册封面鈐“庸齋藏書”朱文方印、“不如積德”白文方印。（劉波）

未學庵詩集十卷集外詩一卷

清錢謙貞撰。清順治汲古閣刻本。六册。半葉十行，行十八字。白口，左右雙邊。

　　錢謙貞（1593—1646），字履之，號忍庵，晚號耐翁，江蘇常熟人，錢謙益從祖弟。早失怙，體多病，謝舉子業，闢懷古堂以奉母。所與游有魏冲、馮舒等。一生唯喜藏書，搜訪甚力，與陸貽典等藏家多所酬唱。藏書處名竹深堂、未學庵、懷古堂，簾户静深，書簽錯列。其“竹深堂鈔本”被譽爲“錢鈔”，與錢謙益“絳雲樓鈔本”、錢曾“述古堂鈔本”齊名。藏書印有“錢履之讀書記”“竹深堂”等。長子錢孫保（1624—?），字求赤，藏書亦富。次子錢孫艾，字頤仲，喜詩文，年二十病卒。

　　《未學庵詩集》十卷，含《尺五集》二卷、《得閑集》二卷、《懷古集》二卷、《愚公集》四卷，有明天啓二年（1622）魏冲《詠履之三年詩即以詩代序》，明崇禎十七年（1644）馮舒《錢氏未學庵詩集序》、錢龍惕《未學庵詩稿序》、馮班《尺五集叙》以及《尺五集自序》，清順治四年（1647）陸瑞徵《得閑集小序》、陸貽典《後序》，另有孫永祚《懷古集小序》、釋道源《愚公集小序》。另附《集外詩》一卷，收順治二至三年（1645—1646）作《乙酉元日》等詩十九首，有順治三年（1646）錢龍惕《未學庵集外詩小序》，另有馮班撰《錢履之小傳》。是書卷末附《頤仲遺稿》一卷，内收錢孫艾遺詩十三首，并有順治四年（1647）錢孫保、馮班、錢龍惕等祭文三篇。

　　是書載錢謙貞詩近千首，皆爲壯游詠懷、感時憤世、憂國念君之作。馮班稱錢謙貞詩作風格爲：“初爲詩，好劉長卿及韋莊、羅隱、許渾之作，後更深於韓、杜、元、白，旁獵蘇子瞻、陸務觀，所謂愈老愈奇，乃造平澹者哉。”黄虞稷《千頃堂書目》收録此書，并稱：“程嘉燧稱其詩鮮妍和雅，妙得近體之法。”是書爲琴川毛氏汲古閣所刻，校勘詳明，雕印精良。

　　書中鈐有“激園軒董氏藏書印”“董”“白馬王孫”等印。（柳森）

一笑堂詩集四卷

　　清謝三賓撰。清康熙十六年（1677）刻本。二册。半葉十行，行二十二字。黑口，左右雙邊，雙魚尾。

　　謝三賓（1593—?），字象三，號塞翁，浙江鄞縣（今寧波）人。明天啓五年

(1625)進士,知嘉定縣,英敏絕人,政由嚴查,訟獄不越宿,審鞫甫具,吏民有犯者,不稍寬貸。後入爲御史,巡按山東,晉太僕寺少卿。清順治三年(1646)隨阮大鋮降清,二十餘年後卒,年七十餘。明末嘉定四先生——唐時升、婁子柔、李長蘅、程孟陽文集均爲其所刻。

《一笑堂詩集》以體分類,多作於明末,由謝三賓之孫爲霖、爲憲、爲衡及曾孫德輿同校。前有清康熙丁巳(十六年,1677)高宇泰序,言"近時囧卿象三謝公按東省,時萊州之圍甚亟,畿輔大震。公以上特簡往至,則身先諸將,一鼓而解之。其事倍艱於土孽,而功係於國家爲甚鉅。亦善於詩,著詩數十卷,先令嘐城時,取婁、唐、程、李四名家詩刻之,又於里中刻詩人李玩其《桑麻集》,其留意風雅如此",誇贊作者爲官有政聲,又不失風雅。高宇泰序後摹刻"高印宇泰""夏官大夫"印。全祖望《續甬上耆舊詩》録作者詩九十四首,小傳云:"使後世見《一笑堂集》者,即其娓娓故國故君之感,又托之礚砢大節之高隱學以爲之序,倘不知其人,斷不敢以爲蒲壽宬一輩人。"意在貶其降清失節,録其詩以彰其過。

詩集四卷,前有目録,卷一爲四五言古詩、七言古詩、五言排律、七言排律,卷二爲五言律,卷三爲七言律,卷四爲五言絕句、七言絕句。其中,《感懷》詩十首是作者創作於明亡後十餘年間,反映明清易代的巨變,山川蕭條,作者因降清礙於衆人非議,離群索居,心境凄凉。

此集存清刻本和康熙十六年(1677)刻本,此爲後者。《中國古籍善本書目》集10871條著録。（薩仁高娃）

容庵存稿三卷附録二卷

清許令瑜撰。清鈔本。一册。半葉十行,行二十字,小字雙行同。

許令瑜(1594—1650),字元忠,號芝田,又號容庵道人,浙江海寧人。明崇禎十六年(1643)進士,授福建仙游知縣。南明唐王時升禮部主事,改吏科給事中。後隱居翠薄山,自號靈泉遯翁。著有《容庵存稿》《孝經釋義注》《韻史》等。

是集正文三卷,卷一詩,卷二尺牘,卷三雜文。附收《孤臣述》及陳確、張次仲等撰祭文。卷首有清順治七年（1650）《容庵存稿自序》，云：“年四十喪其父、其母、其妻、其兄，五十喪其君”，故“未能忘情，時時寄之箋什，隨復棄去。兒子齋好事，輒記錄之，欲以其言略見人間，禁之不可，故自寫其意，如此，不欲使人譽我而誣我也”。卷一收詩五十首，多慷慨悲歌之作，抒發家破國亡之感嘆。如其在《拜王忠端祠懷思先帝感慨之作》中寫道：“睹公遺像足千秋，報國餘忠死未休。”卷二尺牘，收書信十七通。許齋注曰：“今所存皆爲令以後，始癸未，訖丙戌，凡四年。”卷三雜文，收錄《春王正月考》《静觀齋銘》等十篇。附錄《孤臣述》爲容庵自撰，凡四千餘言，叙述崇禎十六年（1643）迄永曆二年（1648）間所歷之事，頗類年譜。其中對其在仙游爲官時期的經歷記述尤詳，特別是對兩次平定農民起義經過的記載，有一定的文獻價值。許齋撰《孤臣述後》，對其父行事做了補充。

此鈔本鈐“費寅之章”“復齋”兩印，爲費寅舊藏。費寅（1866—1933），字景韓，號復齋。清末民國版本學家。《容庵集》流傳不廣，至清光緒十三年（1887）海昌羊復禮始刻《容庵遺文鈔》《存稿鈔》各一卷，收文二十一篇，詩四十一首，内容有所删節。（董馥榮）

逋齋詩四卷

清劉正宗撰。清刻本。二册。半葉八行，行十八字。白口，四周單邊。

劉正宗（1594—?），字可宗，又字憲石，清世祖賜字中軒，號逋齋，山東安丘人。明崇禎元年（1628）進士，官翰林院編修。入清，授國史院編修，升至文華殿大學士。清順治十七年（1660）獲罪革職，家産籍没一半，歸於旗下，不許返回原籍。大約清康熙初年去世。著有《逋齋詩》八卷、《雪鴻草》一卷。生平事迹見《清史稿》卷二百四十五、《清史列傳》卷七十九。

此爲清刻本，存四卷，《逋齋詩》卷三至四，《逋齋詩二集》卷一至二。《逋齋詩》不少篇章涉及了現實問題，如《濟上行》揭露了清兵公然擄掠販賣漢人的罪行，《桔槔》反映了在戰亂和征輸的困擾下瀕於絕境的農民生活，均寫得非常沉痛。由於作者經歷了由明至清的朝代更迭，再加上後來的仕途中遭受過沉重打擊，因此詩人也寫下了一些感慨興亡、自傷身世的作品,如《老婦行》《對鏡嘆》《在昔》等,都反映出了作者自己的經歷,極有史料價值。卷首有張縉彦《詩叙》一篇,後有鈐印兩方,"縉彦""大隱氏"。《逌齋詩二集》卷端題"北海安丘劉正宗可宗父著"。内容以抒懷詠物詩爲主,多爲宴飲、贈答、登高之作。

劉正宗有詩才,其詩筆力甚健,古體詩樸實渾厚,尤見功力。但因被人稱權奸,當時江南人編輯詩集多不選其作品。此書爲研究明清之際的文學提供了珍貴素材。(李燕暉)

璺專堂集十四卷

清錢繼登撰。清康熙六年(1667)自刻本。五册。半葉九行,行十九字。白口,四周單邊。

錢繼登(1594—?),字爾先,又字龍門,號簣山老人,浙江嘉興人。其生卒年不見史籍。《全明詞》收其弟錢繼章詞作《醜奴兒令·癸酉二月十日家兄四旬初度》,癸酉爲明崇禎六年(1633),則知繼登生年爲明萬曆二十二年(1594)。另據《[光緒]嘉興府志》載:"卒年,八十餘。"由此推知,錢繼登應卒於清康熙十二年(1673)之後。萬曆四十四年(1616)進士,歷任刑部主事、饒州知府,官至僉都御史、總理兩淮鹽法兼督江防軍務。矜氣亢節,不合於俗,入清後不仕,并將私家園林由畸園易名客園。後精心經史,尤長於易學與禪乘之學。著有《生壙記》《東郊問耕録》《易窺》《南華拈笑》《孫武子繹》《經世環應編》等。

是書共十四卷。卷首有錢繼登門人吳偉業康熙六年(1667)《序》。吳《序》云錢繼登此集"稱盛世之逸民,話先朝之遺事"。卷一、二爲詩、詞,卷一前有錢繼登《詩小序》,云此詩集"今存者斷自諸生時……至今老耄呻吟者而止"。卷三爲序,收《德馨堂藏稿自序》等。卷四爲傳。卷五爲記。卷六爲《客園山水諸記》及疏。卷七爲墓誌銘、行狀、祭文。卷八至九爲奏疏與尺牘。卷十爲跋、贊、銘、史論。卷十一至十三爲筆記《東郊問耕録》。卷十四爲《南遷雜志》。書中詩文多記明末朝廷黨爭之事,頗具史料價值。

是書鈐有“劉瑞華藏”“吳興劉氏嘉業堂藏書印”“劉承幹字貞一號翰怡”“池陽劉慶雲藏書印”等印。（柳森）

棗林詩集不分卷

清談遷撰。清鈔本。一册。半葉十行，行二十七字，無格。

談遷（1594—1658），原名以訓，字仲木，號射父。明亡後改名遷，字孺木，號觀若，自稱“江左遺民”。明末清初史學家。浙江杭州府海寧棗林（今浙江海寧西南）人。終生不仕，以傭書、做幕僚爲生。應沈貞亨聘，去山西平陽（今山西臨汾）做幕僚時病死於幕所。著有《國榷》《棗林雜俎》《棗林外索》《棗林集》《棗林詩集》等。談氏家境清寒，交游不廣，所有著作生前未刊印，死後鈔本流傳。在傳鈔中難免鈍誤訛奪，更兼清代文網嚴密，學者爲避清廷忌諱，鈔寫時改動部分字句，甚至抽棄部分篇章。

此書卷首有過録清代藏書家吳騫嘉慶十五年（1810）文一則，稱談遷著書或有所藏，或有寓目。唯《棗林全集》尋訪數十年未見，族孫廷瑞購得舊鈔本《棗林詩集》一册，古近詩三百三十有七首。首總目，詩分體不分卷，雖非全豹，然吉光片羽，更應珍視。請友人陳奉羲茂才録副收藏。書末清海寧藏家朱昌燕跋，稱此集書法惡劣，曾殘損并經修裱，所幸未傷及字，又爲鄉賢所做，故此珍藏三十年。

書上鈐有“石昌山館”“用拙齋印”“子子孫孫永寶”“吳騫讀過”等印。（陳紅彥）

棗林集五卷

清談遷撰。清宣統元年（1909）張錞鈔本。五册。半葉十四行，行二十二字，無格。

此書四卷爲文，一卷爲詩，末有張錞書寫的朱克勤跋文，稱是集“文體具備”，而“舊志載是集凡十二卷，今存五册……有抱殘守缺之悲”，但以《棗林雜俎》等卷册計算不同而言，五册或爲分出卷數以合舊志云云。

書上鈐有"張錞""鹿蒼""篋盒"等印。（陳紅彦）

東池詩集五卷

清陳忱、張雋等撰。清鈔本。一册。半葉八行,行二十一字,無欄格。

陳忱(1590—1670),字遐心、敬夫,號雁宕山樵、古宋遺民、默容居士,浙江秀水(今嘉興)人。明亡後,不仕於清,參與顧炎武、歸莊等組織的驚隱詩社。撰有《雁宕雜著》《雁宕詩集》《續廿二史彈詞》《水滸後傳》《讀史隨筆》等。

《東池詩集》是清初浙江烏程地區,明朝遺民詩人在東池詩社舉行詩會唱和的詩文集,該詩社因其集會地在東池而得名。《東池詩集》提供了詩社及其參與者的重要信息。東池詩社較大規模的雅集有五次,始於清順治十七年(1660),終於清康熙元年(1662)。起社時間,見於陳忱《東池初集叙》"庚子上巳後五日,木芍藥盛開池畔,遂集西溪、幻公諸子,晏笑終日,各賦近體以紀清游"。終社時間,則是據《東池五集》題有"壬寅七月六日分韻作"。五次東池雅集,共留有詩作七十九首,其中陳忱有詩九首。有學者認爲東池詩社是當時著名的遺民詩社——驚隱詩社的分社之一,陳忱是驚隱詩社的成員,衹是參與活動不多。通過《東池詩集》,可以瞭解到東池詩社的二十三位成員及其字號,他們是陳忱、吴楚、張雋、李向榮、沈旭、黄翰、釋净燈、釋清輝、許峙、紀鎬、湯有亮、張肩、釋願桂、張魯能、張道升、姚徵、庾明允、王廣穌、龔鼎銓、沈在、沈訥、張翼、潘開甲。

全書內容包括,陳忱《東池初集叙》,《東池初集(倡和)》;釋願《東池再集小序》,《東池再集詩(分韻)》;吴楚《東池三集小叙》,《東池三集詩》;陳忱《東池四集小引》,《東池四集詩(分韻)》;釋願《東池第五集小序》,《東池五集詩(壬寅七月六日分韻)》;楊文熺《東池雅集後序》。

鈐印"長樂鄭振鐸西諦藏書"等。（李堅）

耻盧近集二卷

清熊文舉撰。清順治十八年(1661)李仲章刻本。二册。半葉九行,行二十字。

白口，四周單邊。

熊文舉(1595—1668)，字公遠，號雪堂，江西南昌人，出身世代官宦書香家門。明崇禎四年(1631)進士，官吏部侍郎。明亡降清，擢任通右政，曾兩任吏部左右侍郎。先於崇禎九年(1636)自刻《雪堂文集》十五卷，後錢謙益輯《雪堂集選》十六卷，清順治十二年(1655)自刻。鄒漪選編《五大家詩鈔》，輯入《熊雪堂詩》八卷，清康熙間五車樓刻。後彙爲《雪堂文集》二十八卷，計有《雪堂集選》三卷、《文選》十七卷、《詩選》四卷、《侶鷗閣近集》一卷、《遺集》一卷、《恥盧近集》二卷。王士禎《漁洋感舊集》卷四小傳稱其還有《江雁草》《荀香集》。

《恥盧近集》二卷，前有錢謙益序，曰："推言其詩文之流派，原本經術，籠挫古今，搜羅旁薄，上下數十年，卓然自立壇坫當世，咸郵傳其語。"述作者詩文風格自立一派。序後摹刻"虞山蒙叟""錢後人印""錢謙益受之章"印。又有順治辛丑(十八年，1661)何采序，言"今李大參仲章復梓其乙未以後之作，先生又緘書陳子伯璣，專屬序於余。先生與余之知己深篤有如此也"，説明此序爲李仲章於順治十八年(1661)重刊該集時所作。

詩集二卷，凡三百一十四首，卷一爲乙未(順治十二年，1655)詩二十首、匡山雜詠三十首、丙申(順治十三年，1656)詩三十九首、丁酉(順治十四年，1657)詩七十首，由後學王命岳、許瑶閱；卷二爲戊戌(順治十五年，1658)詩九十五首、己亥(順治十六年，1659)詩六十首，由後學韓詩、陳允衡閱。詩文多以頌山川田舍、賞花草樹木、記友人往來爲主，雙行小字則交待詩文所涉人物、事宜背景。

《中國古籍善本書目》集11076條著録《雪堂先生文選》十七卷、《詩選》四卷、《雪堂集選》三卷、《侶鷗閣近集》一卷、《遺集》一卷、《恥盧近集》二卷等爲清順治康熙選刻本，顯非是本。（薩仁高娃）

豁堂老人同凡草九卷

清釋正喦撰。清刻本。半葉九行，行二十字，小字雙行同。白口，四周雙邊。

釋正喦(1579—1670)，明末清初金陵人，俗姓郭，又名止喦，字豁堂，又字巧庵,號菽庵、藕漁,晚號隨山、南屏隱叟,諱正喦,也稱釋正喦。少學儒業,經史百家,靡不通曉。出家靈隱寺,後嗣橫山一默禪師,爲臨濟宗高僧。清順治辛卯(八年,1651)主杭州净慈寺,一時百廢俱舉。後退居净林寺,年七十餘而逝。正喦性愛山水,尤善書法,間畫山水,多仿元人,又工詩詞。著有《豁堂老人同凡草》九卷,又稱《同凡草》;晚年所作有《屏山剩草》五卷、《谷鳴箇庵集》等。

此清刻本《同凡草》收正喦所作詩詞,題材廣泛:有即景詠物者;有淡薄名利歌詠山野之樂者;有抨擊時政者;有詠物以抒懷者;有記載其交游生活,叙友情深篤者;亦有描摹湖光山色,抒發心中優思苦悶者。

九卷均由正喦門人整理,依體裁不同分卷,卷一爲道成、通嵩所録之四言古詩十首,海舷所録之五言古詩五十一首;卷二爲振濟所録七言古詩二十一首;卷三爲通達所録之五言律詩一百零六首,五言排律七首;卷四爲寂音記録之七言律詩一百四十六首,七言排律一首;卷五爲寂慧所録之五言絶句六十八首;卷六至八爲七言絶句一百二十首,由門人照雄記録;卷九爲詩餘十八首,由照弘記録,使用《點絳唇》詞牌以填詞者十闋,以《西江月》《南鄉子》《黄鶯兒》《木蘭花慢》《漁家傲》《臨江仙》《滿庭芳》《念奴嬌》各一闋。

正喦之詩,清靈逸韻,自然脱俗,時人評價甚高。馮溥在《豁堂嵩禪師塔》中贊曰:“吮筆備虎頭之妙,煙霞變於毫端;行吟兼摩詰之長,逸韻飄乎紙上。”王士禎亦在其《游靈谷寺記》中謂:“上人貽豁堂詩,自蔣陵遂盡其卷,湯休、帛道猷之流也。”龔鼎孳則稱其:“滌凡滋聖,兼博涉儒籍,理徹詞腴,染翰會心,無不臻妙。”

正喦之詞,傳世雖少,但題材廣泛,不亞於其詩作,好用典但無斧鑿之痕迹,參以白描,屏絶藻繢,故讀來自然流暢,清逸有致,豪邁如蘇、辛,沉鬱似清照,風格多樣,變化萬千,寫景有柳永之態,故藝術成就爲時人稱道。其中以《點絳唇·湖歌》最爲著名,清人張德瀛《詞徵》卷六“豁堂和尚詞”稱其“詞極俊爽”即以此爲據;清人查禮《銅鼓書堂詞話》中亦記“余聞之,輒録出,往復詠嘆,音調超絶”。(程佳羽)

槐川堂留稿六卷

清王夢鼎撰。清鈔本。二册。半葉九行,行二十一字,無格。四周單邊。

王夢鼎，字兆吉，號忍嚴，江蘇常熟人。明天啓七年（1627）舉人，官吏部司務。搜羅鄉邦文獻甚豐。年七十九卒。《[康熙]常熟縣志》卷二十三載，著有《槐川堂留稿》十二卷。今存《槐川堂留稿》六卷。

《槐川堂留稿》前有陳式絳《王銓部忍嚴先生文集序》，謂"先生志氣潔清，踐履純固，一腔心血，傾倒爲人。劉獻子所謂孝友性至，忠信仁讓，不待出户而天下自知，非徒博文强識以見長，先生有焉"，誇贊作者品性與文才。又有清康熙己未（十八年，1679）侄家震《先伯父銓部公槐川堂留稿跋》，言"己未春，震卧疴纍月，夢寐間屢接伯父正容肅範，若提命者。病起兀坐小齋，稍事筆墨，亟手輯其遺文，裝潢卷帙，絳跋陳先生題曰《槐川堂留稿》"，述輯録此集過程。故而文稿題名下注"海虞王夢鼎忍嚴父著　從子家震編輯　男家乂家旅謹訂"。

文集六卷，凡六十四篇文。卷一序、記，《張氏族譜序》等序十篇、《重葺昭明書臺記》等記七篇；卷二爲行狀、傳，《司理沈貞啓年兄行狀》等行狀四篇、《夢巖張先生傳》等傳五篇；卷三爲祭文、哀誄、雜著，《祭宮保牧齋錢公文》等祭文六篇、《海陵江契此年兄哀誄》一篇、《虞山先賢畫像跋》等跋、緣起、小引等雜著五篇；卷四爲譜牒，《始祖以下三世紀略》等文二十篇；卷五爲師門友誼紀略，共四篇；卷六爲《生緣小紀》與《補遺》二篇。正文無目録中卷六之補遺《徐氏族譜序》。

卷六《生緣小紀》爲作者小傳，記載："明萬曆二十三年乙未，先父三十有二，尚弗子虔祀勾曲之神，屢感奇夢，一夕禱於神樓，夢一老人操舟而渡，來往者三，始登岸，覺而知爲三子兆也。是歲十二月二十六日未時，鼎生。"由此判定作者生於明萬曆二十年（1592），爲三子。此傳記至壬子年，即康熙十一年（1672），時作者應爲八十一歲高齡。（薩仁高娃）

知畏堂文存十二卷詩存四卷

清張采撰。清康熙十二年（1673）刻本。四册。半葉九行，行十九字，無直欄。白口，左右雙邊。

張采（1596—1648），字受先，太倉（今屬江蘇）人。明崇禎元年（1628）進士，授江西臨川知縣，有政績。明亡，仕福王朝爲禮部主事，進員外郎。幼工文，與同里張溥齊名，稱“婁東二張”。與張溥組織應社、復社，以尊經復古爲口號，推崇讀書學道。著《知畏堂集》。《明史》卷二百八十八有傳。

是書首有清康熙癸丑（十二年，1673）黃與堅《序》，次爲《知畏堂文存總目》《知畏堂詩存總目》。《文存》卷一爲疏，卷二至四爲序，卷五爲題辭，卷六爲傳，卷七爲墓誌銘、壙銘，卷八爲行狀，卷九爲祭文，卷十爲啓、論等，卷十一爲説，卷十二爲雜文。《詩存》卷一爲四言、五言、七言古詩，卷二爲五言律詩，卷三爲七言律詩，卷四爲七言律詩、五言排律、七言排律、五言絶句、七言絶句、歌。

是書爲張采族人校輯。黃與堅《序》談及張采子侄持遺集請爲序之事：“次子爾庚以先生所爲《知畏堂集》屬余序，余諾之。爾庚又一昔死，先生之甥金子應九乃復持以請。”《知畏堂文存總目》題“甥金起鱗　方瑛同校”，《知畏堂詩存總目》題“男于臨　于婁同校”，校者皆爲張采子侄。

是書罕見流傳。（李文潔）

瑯嬛文集二卷

清張岱撰，清王雨謙評。清鈔本。一册。半葉九行，行二十一字，無格。

張岱（1597—1679），字宗子，又字石公，號陶庵，又號蝶庵，山陰（今浙江紹興）人。晚明文學家、史學家，尤工散文，精通音樂戲曲，也是一位茶藝鑒賞的行家。張岱生於世宦之家，少爲紈綺子弟，喜好游山玩水、讀書品藝，一生未入仕途。明亡後避居山中，從事著述。於往昔繁華，多所追憶，著作《陶庵夢憶》《西湖夢尋》就是他對過去生活片段的記録。作品極富情趣，文筆清新，富有詩意。著有《夜航船》《瑯嬛文集》《石匱書》等。

《瑯嬛文集》前有王雨謙序和祁豸佳序各一篇。本書共兩卷，卷一爲序，共有三十三篇；卷二爲記，共有七篇。正文有王雨謙評點和祁豸佳的校注，無目録。國家圖書館另藏有《瑯嬛文集》稿本一種，題《張子文粃》十八卷《詩粃》五卷，該稿本卷一最後一篇爲《孫忠烈公世乘序》，本鈔本在該篇後多《枉銘鈔自序》和《西湖夢尋序》兩篇,其他篇目與稿本前兩卷同。該書首葉題名下有"長樂鄭振鐸西諦藏書""耄遜""海日廔"三方鈐印。"耄遜""海日廔"是清末沈曾植的印章。（李興芳）

張子文粃十八卷詩粃五卷

清張岱撰,清王雨謙評。稿本。十二册。半葉八行,行十八字,無直格。白口,四周雙邊。

《張子文粃》前有序文兩篇,一爲張岱好友王雨謙的《序》,署名"年家社弟曲轅王雨謙撰并書",下蓋王雨謙的印章。其二爲祁豸佳的《瑯嬛文集序》,署名"同學弟雪瓢祁豸佳撰并書",下蓋"祁豸佳印""止祥"兩方鈐印。《文粃》分兩部,均有目録。上部從卷一至九,分别爲序、記、啓、疏、檄、碑、辨、制、古樂府。下部從卷十至十八,分别爲書牘、傳、墓誌銘、跋、銘、贊、祭文、詞、雜著。

《張子詩粃》前有序文三篇,其一爲王雨謙撰《張宗子詩叙》,署名"庚子夏五潞溪識字田夫王雨謙撰";其二爲《瑯嬛詩集小叙》,署名"己丑重九日小弟弘頓首題并書";其三爲《瑯嬛詩集自叙》,署名"甲午八月望日陶庵老人張岱書於快園之渴旦盧"。《詩粃》從卷一至五分别爲四言古、五言古、七言古、五言律、五言排律。

鈐有"鄞馬廉字隅卿所藏圖書"印。馬廉,字隅卿,浙江鄞縣（今寧波）人。近現代著名藏書家,小説戲曲家。該書爲馬廉舊藏,後入藏國家圖書館。（李興芳）

斗齋詩選二卷

清張文光撰。清乾隆二十七年（1762）刻本。一册。半葉九行,行十八字,小字雙行同。白口,四周單邊。

張文光（1593—1661）,字譙明,號斗齋,河南祥符人。明崇禎元年（1628）進士,官花縣知縣。清順治二年（1645）除錢塘縣知縣,九年（1652）入爲給事中,後出任池州副使,署按察使。

此書卷前有無錫顧宸《斗齋詩序》、侯樸《序》及張文光所撰《小引》。卷末有秀水沈青崖清乾隆十四年(1749)《爲祥符張氏補鋟遺集跋》。全書共收詩一百六十餘首,多爲唱和及寫景抒懷之作。

民國年間李時燦所編《中州先哲傳》中云:"文光初不爲詩,避寇東行,與王鐸、彭而述偶觸爲詩。及官給諫,與施閏章、丁澎、嚴沆、趙賓、宋琬游,遂學詩,不數月竟登作者之壇。其詩氣清骨勁,神光奕奕,如公孫大娘舞劍器,玉貌綉衣,獨出冠時。世以其詩不減高適,學詩又同適之歲,疑爲適後身云。"與施閏章、丁澎等人合稱"燕臺七子"。張文光的詩歌創作雖然起步比較晚,作品也不多,但水平比較高,與其同時代的人和後來者都給予他很高的評價。清初一代學界領袖吴偉業評價張文光的詩説:"詩之雄渾者病於襲,刻畫者病於佻,此獨於蒼深巨麗之中具幽渺清微之旨,可謂兼長獨步矣。"施閏章則説他:"弘開寶之正聲,拓何李之遺響。驅使風騷,直如振槁。"清中葉戲曲家陳棟在其《北涇草堂集》中説"(張文光)晚歲與丁飛濤、施尚白、嚴顥亭稱詩都下,摩旗登壘,卓然成家。遺集爲後人所刻,頗多零落,然即百餘十首中,從無一字落元和以下,愚山評謂選材漢魏、托質少陵,洵非溢美"。

此書初刻未知何時。沈青崖《爲祥符張氏補鋟遺集跋》叙述了其得到書版的經過,稱除得張氏《斗齋詩選》書版外,尚得其孫媳馬氏《片石齋詩草》的書版,兩集散逸版片有十幾葉,於是補刻以行世。沈青崖,字艮思,號愚舟,浙江嘉興人。清雍正十一年(1733)以西安糧監道管軍需庫務駐肅州,乾隆元年(1736)改授延綏道。博學多識,以史地學者名世。此書書名葉鐫"乾隆壬午孟春新鐫""北平王於鬼補"字樣,説明此本爲乾隆二十七年(壬午,1762)再次補刻印刷。

書内鈐"文園李氏藏書帖之章",有墨筆眉批圈點。書衣墨筆言"李文清公批圈"。李堂階(1798—1865),號文園,謚文清。官至尚書。晚清著名理學家。(董馥榮)

熊魚山先生文集二卷首一卷末一卷

清熊開元撰,清黄秩柄編。清光緒二十一年(1895)刻本。二册。半葉十一行,行二十五字。白口,左右雙邊,單魚尾。

熊開元（1599—1676），字玄年，號魚山，湖北嘉魚人。明天啓五年（1625）進士，七年（1627）任崇明知縣。明崇禎四年（1631）授吏科給事中，後以劾首輔周延儒廷杖繫獄。南明唐王時起工科給事中，連擢左僉都御史。汀州破，出家爲僧，法名正志，號蘖庵，隱居蘇州華山靈巖寺以終。著有《蘖庵别録》《魚山剩稿》《擊築餘音》等。

《魚山集》的刻本以《魚山剩稿》爲最早，所收作品也最多。《魚山剩稿》刻於清康熙間，因爲其中多爲崇禎間疏議，清乾隆間以“語涉干礙”被列爲應毀書，所以流傳極少。黄秩柄在《熊魚山先生文集序》中稱“欲求其遺文全集不可得”，夏吏隱甚至説“《魚山先生集》向無刻本”。黄秩柄在《熊魚山先生文集序》中説，清道光初年邑宰邵蓮溪曾搜羅魚山文稿，後因遷任而未得付梓，魚山裔孫家藏有鈔本，黄秩柄據以重加編次，并補入了原鈔本中未收的《金公傳》《〈讀史方輿紀要〉序》及《嘉魚縣志》内所收七言律詩二首。《熊魚山先生文集》卷首列《明史列傳》《南疆繹史列傳》等傳記資料；卷上收奏疏十五篇；卷下爲别録，收《金太史文集序》《修行引》等十三篇；卷末收制藝文六篇。雖然《熊魚山先生文集》所收作品數量與《魚山剩稿》相差較多，但亦有《魚山剩稿》所未載者，如卷上的後三篇疏文，即不見於《魚山剩稿》中。其他内容與《魚山剩稿》也有出入者，反映了這些作品在流傳過程中的演變。黄秩柄云：“雖然公之名固不藉文傳，而其文則有不可不傳者。”單純從文學的角度看，熊開元的作品確實没有特别突出的成就，但他生活於明末清初這樣一個特殊的歷史時期，而且是歷史事件的親身經歷者，因此其作品具有比較重要的資料價值。（董馥榮）

蓑居詩集一卷

清張縉彦撰。清刻本。一册。半葉九行，行十九字，無直格。白口，四周單邊，單魚尾。

張縉彦（1599—1670），字坦公，原字濂源，號大隱、筏喻道人、外方子等，河南新鄉人。明崇禎四年（1631）進士，歷清澗、三源知縣，户部主事，編修，兵科都給事中,官至兵部尚書。清順治元年(1644)降清,後復任南明福王所授都督,再爲洪承疇招降。歷官山東右布政使、浙江左布政使、工部右侍郎。南北黨争中,他在依附的北黨黨魁大學士劉正宗被參劾時受牽連,順治十八年(1661)流徙寧古塔,後死於戍所。張縉彦對黑龍江的文化發展起到積極推動作用,他是黑龍江地區第一個詩人結社——寧古塔七子詩會的發起人。他性喜山水,暢游過許多名山,爲五嶽名山作傳寫史。出塞以後,所作《寧古塔山水記》是黑龍江地區的第一部山水小傳,具有很高的史料價值。清康熙四年(1665),他召集秣陵姚琢之,湖州錢虞仲、方叔、丹季,吳江錢威及吳兆騫結爲七子之會,亦稱七子詩會,每月集會三次,吟詩作賦。這是黑龍江的第一個詩社,對該地區的文化發展不無影響。《清史稿》卷二百四十五、《貳臣傳》卷十二、《[乾隆]新鄉縣志》卷三十三有傳。

是書扉葉題“張坦公先生著　菉居詩集　本衙藏板”。首爲王鐸《菉居詩集序》,次爲黃文煥序、方拱序、于重寅序,後爲《菉居詩集目録》。版心上題“菉居詩集”。卷端上題“菉居詩集”,下題“河北張縉彦坦公著　盟津覺斯先生定”。

《菉居詩集》是張縉彦降清以前的作品。其中五言律詩六十七首,七言律詩五首,五言古詩二十首,七言古詩三首,七言律詩二首,五言絕句五首,七言絕句二十三首,賦二首,銘七首。

據《中國古籍善本書目》和《全國古籍普查登記基本數據庫》,此本僅藏國家圖書館。(李堅)

保閑堂續集四卷

清趙士春撰。稿本。三册。半葉八行,行十八字,無格。

趙士春(1599—1675),字景之,江蘇常熟人。明崇禎丁丑(十年,1637)進士,授編修。《[乾隆]江南通志》卷一百四十有小傳。

此帙爲稿本,卷端署“海虞趙士春著”。凡四卷,卷一爲《蓬客文草》,收文十餘篇;卷二爲《蓬客詩草》,收詩五十六首;卷三又爲《蓬客文草》,收文十篇;卷四又爲《蓬客詩草》,收詩八十五首。書中眉上間有校語,如卷四詩草中《乙巳紀異三首》

校語云："三首祇存詩題,詩不可刻。"《偶次祖師韻四絕句》校語云："'四絕句'要移在'紀異'前。"《讀婁東吳前輩詩集》校語云："此首不應刻。"據此推斷,該稿本曾作爲刊刻底本使用。鈐"古里瞿氏""鐵琴銅劍樓"兩印,清末瞿氏鐵琴銅劍樓舊藏。（劉明）

敬修堂詩不分卷

清查繼佐撰。清鈔本。二册。

查繼佐（1601—1676）,初名繼佑,字伊璜、敬修,號與齋,人稱東山先生、僕園先生,浙江海寧人。明崇禎六年（1633）舉人。明亡後,隨魯王監國紹興,授兵部職方,在浙東親自率軍抗擊清軍。清順治九年（1652）始於西湖覺覺堂、杭州敬修堂講學,從學者衆,人稱敬修先生。清康熙元年（1662）以莊廷鑨私刻《明史》案下獄論死,後獲救。出獄後改名左尹,號非人,隱居於硤石東山,仍聚徒講學,人稱東山先生或僕園先生。查繼佐博古通經,兼善書畫。著作豐富,所著有《罪惟録》《國壽録》《魯春秋》《東山國語》《班漢史論》《續西廂》等六十餘種。

《［乾隆］海寧縣志》載查繼佐有《敬修堂詩》十七卷。查羲《選佛詩傳》録其詩目,曰《先甲集》一卷、《後甲集》二卷、《釣業先甲集》三卷、《釣業後甲集》三卷、《後甲續集》一卷、《釣業先兔集》一卷、《敬修堂變風》一卷、《落葉編》一卷、《遠道編》一卷、《粵游廿字詩》一卷、《九日尋山口號》一卷、《梅花詩》一卷,凡十七卷,正合《海寧縣志》所載。然現存者殘缺不全。現存《敬修堂詩》有四種鈔本,分藏國家圖書館、上海圖書館、海寧圖書館。查繼佐詩以學唐爲主,風格慷慨激昂、孤憤悲涼。阮元《兩浙輶軒録》引查羲《選佛詩傳》語"先生有異才,以悟力超絕一時,詩文不肯蹈襲前人一字,漳浦黃石齋道周極爲推崇"。

此本不分卷,分體編排。上册依次爲四言古詩、七言古詩、樂府,共計一百一十四首,下册收録五言古詩一百一十二首。所寫内容涉及悼亡、擬古、酬答倡和、詠物等。此鈔本内有墨筆批注,有關於内容的説明,也有版本方面的考證,對研究查繼佐有一定的價值。（董馥榮）

息齋遺稿不分卷

清華曠度撰。清鈔本。二册。

華曠度,字子東,號息齋,江蘇無錫人。庠生。少致舉業,語輒驚人。入清後,絕意科名,專攻詩文。因其原配王孺人於清順治二年(1645)避亂中英勇殉節而揚名鄉里。著有《息齋遺稿》《易説》等。

是書不分卷,收録華曠度詩《息齋供大人小像》《丁亥除夕》《戊子元旦聆畫翁談易》等近百首,起於順治三年(1646),止於順治十三年(1656)。華曠度傾心易學,崇尚道家,此可由其詩文窺之。如其在《除夕與畫子先生夜坐得傳字》中寫道:"爐升光呈太極煙,山中宰相抱珠眠。……息齋斗大自薰然,雙烏飛來即洞天。今夕雖除仍是臘,明春尚隔作何年。五斗道蘊胸藏譜,數萬兵機著借玄。無力塗椒輝四壁,幸遺靈秘徹心傳。"其在《雨阻汝習齋中連床夜話》中云:"利名鹿鹿何足羨,不如我輩無所求。不如我輩無所求,孰云竹林非我儔。"由此,其超然世外、不嗜利禄之性情躍然紙上。其又於《丁亥除夕》曰:"爲思香積寺,猶記義熙年。計曆無餘笑,明朝是最先。"而在此葉有任蘭枝墨筆題簽:"丁亥除夕,'明朝'字似涉嫌,易'來朝'何如?"任蘭枝(1677－1746),字香穀,一字隨齋,江蘇溧陽人。室名見南樓。清康熙五十二年(1713)中榜眼,官至禮、户、兵、工部尚書。由此可知,任蘭枝過眼此書之際,清朝文字獄已日趨嚴苛。

書衣有姻再侄秦道然跋,另有任蘭枝題跋。任蘭枝跋語提醒編者將書衣秦道然跋録於卷末,落款爲"姻愚弟溧陽任蘭枝拜書"。卷首再録一過秦道然跋。秦道然(1658—1747),字雒生,號南沙,又號泉南,江蘇無錫人。康熙四十八年(1709)進士,授翰林院編修,後充日講起居注官、江西鄉試副考官,改禮科給事中,掌登聞院事。因事九阿哥胤禟,被革職坐獄十四年。清乾隆二年(1737),自京獄釋還。工詩文,著有《泉南山人詩集》《明儒學録》《困知私記》等。秦道然跋中評華曠度詩云:"故其詩豪邁放逸,頗有奇氣,不屑屑於事節勾比,而清疏磊落,别有體裁,同時皆推服焉。"再有華曠度六世仲孫華埔序并題詩,華埔言及此書原藏華曠度六世孫華漆處,終未刊印。另有落款"社弟米題"的《華子東詩稿引》一篇,結合其道教信仰,可推之華曠度其時已參加民間結社。

書中僅有鈐印兩枚:"彦民過眼""曾在海虞沈氏希任齋"。經考可知,該書曾爲清末民國江蘇常州藏書家沈養孫之舊藏。沈養孫(1869—1932),原名鍾英,字彦民、硯銘、彦明、研銘、彦敏,晚號隱禪居士。清光緒三十一年(1905)庠生。藏書樓名希任齋,藏書兩萬卷。撰《希任齋詩文稿》等。

該書鈔寫工整,間有圈改,且從未刊印,價值頗高。(柳森)

抱真堂詩稿八卷

清宋徵璧撰。清順治九年(1652)刻本。四册。半葉九行,行十八字,小字雙行同。白口,左右雙邊。

宋徵璧(1602—1672),原名存楠,字尚木,江蘇華亭(今上海松江)人,先祖爲宋朝宗室趙子茂,爲宋太祖七世孫。明天啓七年(1627)舉人,明崇禎十六年(1643)進士,第三甲第五名。與陳子龍等交往甚密。明亡後,與從弟宋徵輿降清,授秘書院撰文、中書舍人,遷禮部郎中,官至潮州知府。初有《抱真堂詩稿》八卷,又與陳子龍、徐孚遠等輯《皇明經世文編》;另有詞集《三秋詞》;晚年作有《含真堂詩稿》七卷,存清康熙刻本。

《抱真堂詩稿》八卷,由吳偉業選定。卷一爲序評,録吳偉業、陳子龍、李雯、宋存標及從弟宋徵輿五序,贊揚其詩作"捧讀來問,極論作詩之法,上溯四始,旁究六代,貫穿三唐,搜揚二季,其於詩也,可謂美且備矣"。每序後均有撰序者小傳。又有彭燕又等九人評語,評宋徵璧"性樂風騷,意防流濫,夢甘泉之玉樹,庚月常高;採玄武之明珠,謝山非峻"。其後附《上吳駿公先生》,言:"(宋徵璧)生平以心晦廢書,既少著述,又衰年多犬馬之疾,恐一旦遂填溝壑,因輯兵火餘燼,凡兒童時作居十之一,少年作居十之三,近年作居十之六,命侄思玉、兒祖年編彙爲《抱真堂詩稿》六卷《詞稿》二卷。"述其選稿經過及詩稿結構。卷二至七爲作者詩文,以體分卷:卷二爲五言古詩,卷三、四爲五言律詩,卷五爲七言古詩,卷六爲七言律詩,卷七爲五七言絕句。詩多作於甲申（1644）、乙酉（1645）之際，記述明末遺民死難事迹，詩末雙行小字多爲內容所涉人物小傳或事宜背景。卷八爲《雨窗詩話》，即《詩話偶錄》，是對歷代詩人及詩歌的贊賞與評介。前有同里姻盟弟張安茂序。

此爲清順治九年（1652）刻本，卷五前二葉缺，鈔配。卷七末有雙行小字識語云："是集刻於順治九年之冬，自入都後鹿鹿京塵，遂廢吟詠，故十年以後無詩焉。"又有小字鈔錄此識語及其前二行詩文。全文部分行間有朱筆圈點。《中國古籍善本書目》集 11328 條著錄爲"清順治九年（1652）自刻本"。（薩仁高娃）

李映碧公餘録二卷

清李清撰。明崇禎刻本。四册。半葉九行，行十九字。白口，四周單邊。

李清（1602—1683），字心水，號映碧、天一居士，江蘇興化人。明崇禎進士，授寧波府推官，擢刑科給事中。福王即位，遷工科都給事中，官至大理寺左丞。入清不仕。清康熙間徵修《明史》，以年老多病固辭。潛心史學，撰有《南北史合注》《南唐書合訂》《諸史異彙》《二十一史同異》《南渡録》《明史雜著》《諸忠記略》《三垣筆記》《澹寧齋文集》等。

此書二卷，前有崇禎十年（1637）陸雲龍叙。卷一《讀史隨筆》，收史論二十三篇；卷二《理署偶筆》，收序、跋、傳、紀異等文十七篇，序文多爲制義集所作。卷端署"昭易李清著　門人陸雲龍訂"。天頭刻有批注，每篇之末有評語一二則。

卷端鈐"會稽魯長貴讀樓藏書印"朱文長方印。（劉波）

二槐草存一卷

清王翃撰。清康熙十一年（1672）王庭刻本。一册。半葉八行，行二十字。白口，四周單邊。

王翃（1602—1653），字介人，號二槐，浙江嘉興梅里人。初擅詞曲，後研聲詩。與湖北嚴正矩等友善。曾作《春槐堂集》《秋槐堂集》，共詩千餘首，《千頃堂書目》卷二十八著錄。清順治九年（1652）於贛州舟中遇盜，所攜詩集、雜著并小説、詩餘等散失殆盡。次年客死北固（今鎮江）。歿後朱彝尊選鈔一帙，族弟王庭於清康熙十一年（1672）序而付梓，題《二槐詩存》，一卷。《秋槐堂詩集》二卷收入清李維鈞輯康熙間刻《梅會詩人遺集》中，又存稿本《春秋二槐詩鈔》一卷。

是本即康熙十一年刻《二槐詩存》，題《二槐草存》，前存康熙十一年七月望日同族弟王庭序，曰"嗟乎！介人之歿於今二十年矣。其生以詩名世，歿久而不爲其詩傳，是予之責也"，記錄整理和刊刻該集的經過。又謂："今存詩約二百首，未當其全十一，篇雖過少，然即此亦足以傳，豈謂介人尚多遺憾哉！介人作詞多等於詩，今亦搜得其一二，將續爲之梓。若介人之爲人不盡於詩與詞，予既詳之於傳，故不復贅云。"又有王庭撰《王介人傳》，詳述王翃的一生："（王翃）年十三，即罷習舉子藝，家故業染，十七即從其尊人事闤闠間，一手挾古今書以觀，一手爲稱較銀錢記注出入簿，與市販菜傭諸徒相應答，又旁與里老及館客輩說見聞閑軼事，適意諧笑日以爲常。"

此集以體排序，分別爲《效謝康樂石門》等五言古四十二首、《牧牛詞》等七言古十二首、《漫吟》等五言律四十二首、《登北固甘露寺》等七言律十五首、《觀海》等五言排律四首、《明妃曲》等五言絕四十二首、《塞上》等七言絕三十六首。七言律《答范遵甫》首三行有後人批注、圈點。

《中國古籍善本書目》集10968條著錄。原爲周翰舊藏，書前與末皆存其跋，謂"甲午四月望後一日，以青蚨二百翼市腥，途遇故家子手持此集求售，遂以錢易此，齘菜根數日予願也"，述得此書之不易與喜悅。鈐"梅里古愚"印。（薩仁高娃）

嘯閣集古五卷 存四卷

清施端教撰。清順治刻本。一册。半葉九行，行二十字。白口，四周單邊。

施端教（1603—1674），字匪莪，安徽泗縣人。清順治七年（1650）歲貢，由范縣知縣官至東城兵馬司指揮。

《嘯閣集古》爲其早年所作，應爲《長安秋興》三卷，《春秋闈辭》二卷，此本缺《長安秋興》一卷。此書首爲熊文攀、楊義、張純熙序，其後爲李安世《長安秋興序》，黄廷才《弁言》，劉永泰《長安秋興序》、張序、蔡蓁春《嘯閣集古序》、目録。其後爲正文，卷端責任者著録爲“嘯閣集古辛卯分韻之二　古蟪施端教匪莪輯”。《春秋閨辭》首收入楊廷樞、張溥《閨辭舊序》，紀略，施閏章序，後爲正文。全書按韻排序，詩後注詩集古之所出，頗有意趣。

鈐有“長樂鄭振鐸西諦藏書”“同心堂”“田金之印”“鎔軒”“首山居士”“奉仙”“長樂鄭氏藏書之印”印。（陳紅彥）

古古詩三卷

清閻爾梅撰，清汪觀選。清康熙五十二年（1713）静遠堂刻本。一册。半葉八行，行十九字。白口，左右雙邊。

閻爾梅（1603—1679），字用卿，號古古，又號白耷山人、蹈東和尚，沛縣（今江蘇沛縣）人。明崇禎庚午（三年，1630）舉人。清軍入關後，他曾做過史可法的幕僚，極力勸説史可法進軍山東、河北等地，以圖恢復。明亡後，他繼續堅持抗清復明活動。曾兩次被清軍抓獲，意志不屈，尋機逃脱後，流亡各地。十多年間，游歷在外。晚年時，眼見復明無望，纔回到故鄉。詩有才氣，與同鄉的萬壽祺風格相近，時人并稱爲“閻萬”。其詩多爲感懷時世之作，格調蒼涼，著有《白耷山人集》。

汪觀，生卒年不詳，字瞻侯，號松蘿，安徽休寧人。貢生。著述頗豐，有《静遠堂詩集》《夢香詞》，又編選清初詩爲《清詩大雅》和《清詩大雅二集》。曾爲閻爾梅選《古古詩》三卷，爲杜濬選《杜茶村詩》三卷，爲梁佩蘭選《藥亭詩集》二卷等。

是書卷首爲清康熙五十二年（1713）汪觀序，介紹了成書過程：“古沛閻爾梅，字用卿，號古古，前明孝廉，著有《白耷山人全集》，家刻，廬山黄雲師爲之序。曩歲曾於同學邵稼書齋，頭見手鈔本，心焉志之。癸巳夏寄迹吴閶，遍求坊肆，未獲刻集，因柬寄稼書，日賴有歸鴻，便飛函索異書。詩家懷古古，客意自如如。地僻煙霞滿，山高日月虛。憑君雙眼力，得見舊樵漁。及秋，稼書即以所鈔本并序其鈔録之意報余。余既喜得山人之集，又服稼書之識。復成一律云：‘廿年詩夢憶山人，時向漁樵細問津。未有東陵今秘本，難全古沛舊家春。一函明月來孤艇，半榻秋雲護異珍。留得江南風雅在，何愁草木不常新。'自是披閱半月，恍如晤對山人，因選其近體詩數百首梓以行世，俾世之慨想山人之詩者亦如晤對山人。"并評價"至於詩之頡頑唐賢，不類宋元諸家，則自有識者在，不待余贊一詞也"。

此書名據正文題，每卷前均題有"古沛閻爾梅用卿著　休寧汪觀瞻侯選"。（孟化）

任川獨學甲午雜詠不分卷

清金侃撰。稿本。四册。半葉七行，行十八字，無格。

金侃，字宜陶，一作亦陶，號立庵，別署拙修居士，江蘇吳縣（今蘇州）人，金俊明次子。明末清初藏書家、刻書家。善畫梅竹，傳其父業，亦工楷書，能詩。清順治十三年（1656）嘗題歸莊《墨竹卷》，清康熙十四年（1675）嘗作《松壑吟秋圖》。一生舉無所好，顧獨好書，杜門鈔書，校讎精審，所藏宋元秘本甚富，宋元人之名集秘本插架滿屋，皆與父手鈔之本。其鈔本四十餘種亦多宋元名家之作，如《楚詞古賦》一卷、宋范成大《范石湖詩集》三十三卷、元黃鎮成《秋聲集》四卷等。又有《迂齋集》一卷，輯入《依園七子詩選》。藏書處有春草閑房、白飛軒等，藏書印有"老迂""立庵""金侃""金仲子""癡絕""啓秀""白飛山人""亦陶"等。卒於康熙四十二年（1703）。其鈔本和藏書漸漸散失，傳世鈔本極少見。

此爲金侃稿本，首尾皆題"任川獨學甲午雜詠"，詩文始於《古意》，終於《忽忽》。文中有云"蘇東坡有'白髮蒼顔五十三'之句，余生癸卯，屆乙未之歲適當其年"。雖透露其生年爲"癸卯"，但"癸卯"或爲明萬曆三十一年（1603），或爲康熙二年（1663），而"乙未"則爲順治十二年（1655），題中"甲午"乃順治十一年（1654），前後有矛盾，故此難以推斷其生年。全書字迹工整，葉面清潔，無任何修改痕迹，應爲作者謄清稿。

每册首葉均鈐"謙牧堂藏書記""金侃之印""亦陶"三印，末則鈐"謙牧堂書畫記"印，經納蘭氏揆叙收藏。（薩仁高娃）

晚聞集六卷補遺一卷

清沈卓撰。清乾隆九年（1744）蔣侯鈔本。一册。半葉十一行，行二十字，無格。

沈卓，字爾立，號秋士，江蘇常熟人。諸生。與馮班友善。

《晚聞集》爲沈卓詩集。首有蔣侯清乾隆甲子（九年，1744）仲秋序，稱：“余讀《鈍吟集》，知秋士爲博雅守約之士；讀《撫雲集》，知秋士爲曠達知命之士。”惜其四十而死，“能詩而不得其片紙隻字爲可恨”。偶遇莫邪城祝子相訪，“云家中有詩數章”。“玄惡先生於四五年前常謂秋士有稿在城北楊氏處”，多次索求方得借鈔。《晚聞集》六卷之後以補遺形式將别友詩等附後，後有黄人訂補并跋，跋稱秋士有《中峰》《東湖》等集，此係樂安人蔣侯手鈔本，僅全集十分之四，則秋士著述在乾隆中已散佚矣。從王柳南《海虞詩苑》選本中鈔八十八首。黄人（1866—1913），近代作家、批評家。原名振元、震元，後更名人昭，字羨涵，又字慕韓、慕庵，别號江左儒俠、野蠻、蠻、夢闇、夢庵、慕雲，中年更名黄人，字摩西，江蘇常熟㳇浦人。《補遺》一卷爲蔣侯輯，收曲十一闋，古詩十首。全書收古體詩二百四十九首，曲十一闋。鈐有“元庚”“蔣侯”“摩西”“東海黄公”“黄人過目”等印。（陳紅彦）

倘湖遺稿

清來集之撰。清鈔本。八册。半葉九行，行二十字，無格。

來集之（1604—1682），字元成，浙江蕭山人。明崇禎十二年（1639）南京國子監貢生，崇禎十三年（1640）進士。曾任安慶府推官、兵科給事中、太常寺少卿等職。明亡入清後，隱居不仕，潛心著述。隱居倘湖之濱，人稱倘湖先生、倘湖樵人。倘湖小築是來集之的室名，刻印了許多自撰著述。工詩，他的詩歌對明末清初時事有所反映，入清以後的詩歌多用曲筆表現故國情思，感慨易代之變。他又擅長雜劇創作，著《秋風三叠》雜劇三種、《兩紗劇》雜劇二種。另著有《倘湖近詩》《倘湖遺稿》《倘湖樵書》《讀易偶通》等。

《倘湖遺稿》存四卷,包含四言、六言、五言、七律幾種詩體。文中有圈點、批注、校改,如《南山有虎》詩眉批"風雅體也";《鸛猿吟四首》小序有校改,"董兄"改爲"董子","董士美曰"補改爲"董子士美曰";《采花謠》詩題上批"選"字,并批"入前樂府","有長句,非五古也"。"七律"卷目録葉末有題記二則,一則云:"陶天章學既不博,思又不靈,而乃妄肆塗抹,多半是點金成鐵手。倘所謂小兒强作解事者,非耶。嗚呼! 世無文殊,誰識普賢也。佺孫希曾謹志。"另一則云:"《倘湖遺稿》四本,兩詩兩序,不計卷。此本高頭係陶天章所書。第二詩紅字并高頭係毛西河先生所改。第三、第四紅字,亦係西河先生所改也。後人不識,故志之。"毛西河即毛奇齡。

《清人別集總目》著録此本。另有杭州圖書館藏《倘湖遺稿》稿本,存八冊(三至七、九至十一)。(董蕊)

倘湖詩二卷

清來集之撰。清康熙十四年(1675)倘湖小築刻本。一冊。半葉九行,行十八字。白口,四周單邊。

該書卷首有《近詩七言絶自序》,題於清康熙乙卯(十四年,1675)冬日。《倘湖詩》二卷,詩皆七言絶句。其中"游仙詞"一卷,共一百首。作者在《近詩七言絶自序》中寫道:"輒有題詠,不效詩史。感觸時事,不學詩魔。走入醋饗,短章細吟,聊用寄意耳。"明朝遺民常借游仙詩寄慨時事,作者也借游仙詩表現故國情思,感慨易代之變。

還有"月令詩"一卷,包括月令詩、補月令詩、花月令詩。月令詩,先羅列每月所含節氣,如"正月令 斗柄指艮爲立春 指寅爲雨水","二月令 斗柄指甲爲驚蟄 指卯爲春分"。下面依節氣中天氣及動植物之事各寫三首詩,"以下立春三候","以下雨水三候"。每月兩個節氣六首詩,共七十二首。補月令詩,共二十三首,《禮記》《素問》中所記之外的物候,"今亦各依次而繫之以詩"。花月令詩,以每月時令花卉爲題作詩。月令詩平易淺近,盡顯恬適自得之趣。

《中國古籍總目》著録此版除國家圖書館所藏外，另有中國科學院圖書館（今中國科學院文獻情報中心）收藏。（董蕊）

南行載筆六卷

清來集之撰，清來道程評。清倘湖小築刻本。一册。半葉九行，行十八字。白口，四周單邊。

卷前首爲作者行草書《自序》，末署“順治丁酉冬日倘湖居士來集之書”，并有摹刻印“來印集之”“元成”；次爲其兄來道程《序》，末署“兄道程式如父題”，後附佺賓日《補記》；再次爲《南行載筆目次》，末署“男豹雯、龍雯、璧雯、燕雯、魏雯、翼雯，佺廷寀、鴻雯、甥徐象坤同校”。卷端題“南行載筆”，署“倘湖山樵著　兄式如子評”。正文按照七言古風等詩體分卷，未標卷次。版心上鎸“南行載筆”，中鎸“五古”“七古”“五律”等卷目及葉次，下鎸“倘湖小築”。

全書共收詩二百零二首，其中五古三十首、七古七首、五律四十六首、七律三十八首、五絶二十五首、七絶五十六首。部分詩有小序和附注，述及南明史事；或有長篇附注，卷内行間部分詩句之右有來道程小字評語。清順治十四年（1657）《自序》云“今歲丁酉，偶爲白下之行，寓居蕭寺，凡兩閲月”，可知所謂“南行”是去南京（“白下”爲南京别稱）。又云“歸囊覓得舊書數百本，内有數種係向所未見者。頗爲心快，間有吟詠，聊以載筆，不求體格”，述及作此詩集的背景。來道程《序》對諸詩總體品評云：“吾仲元成，近有秣陵之役，因載筆爲詩。予取而閲之，如《金陵覽古》諸篇，則賦江月鷗鵠之青蓮也；其《大功坊》《皇礡行》諸作，則詠北征夔府之少陵也；至若《念母》四章，驚心齧指，雖違越千里，覺嬰啼孩笑，宛依膝前，是寧梯華嶺窮仙源作山水浪游諸人可擬者。”

國家圖書館藏此版另一本，爲鄭振鐸西諦藏書。《中國古籍總目》著録此版除國家圖書館所藏外，另有復旦大學圖書館、南京圖書館收藏。（董蕊）

瞻六堂集二卷

清羅萬傑撰。清乾隆三十年（1765）羅正佐刻本。一册。半葉九行，行十九字。

白口，四周雙邊。

羅萬傑（1613—1680），字貞卿，號庸庵，晚號樵夫，廣東揭陽人。明崇禎三年（1630）舉人，崇禎七年（1634）進士，初授行人司行人，官至吏部郎中，明末名臣。清兵入境後，羅萬傑散家財組織義軍，積極抗清。明亡後，拒不事清，歸家隱居，修建了一座小庵堂，名曰逸老庵。後離家往大埔縣雙髻山，購大埔羅明宇別業，改造爲庵，匾爲“語石庵”，在此居住約十年。羅萬傑擅長詩文，隱居期間寫有不少詩文，詩風遒勁，格合三唐，體兼劉、白，文則冲淡雍容，真摯樸實。能書畫，與嶺南名畫家伍鐵山交厚，時相唱和。詩中多題畫之作。擅長書法。與林大欽、翁萬達、郭之奇、黃奇遇、許國佐、肖端蒙等齊名，世稱“潮州後七賢”。清初著名詩人沈德潛把羅萬傑與熊開元、方以智、金堡等人相并列，視爲明末清初逃禪遺民的代表。

此《瞻六堂集》爲羅萬傑曾孫羅廷祥校録，元孫羅楨侯編輯刊印成書。書前有四篇序，首爲饒堂序，云“經兵燹十不存三”，可知此時羅萬傑的詩存留已經不多。其次爲沈德潛序，序中對羅萬傑的詩給予了很高的評價，云：“其詩真率自矢，不假藻繪，和平溫雅，冲澹希夷，格合三唐，體兼劉白，散體之文，真摯樸實，不事矜奇炫異，固風雅之正宗也。”再次分別爲陳際泰、吳本泰序。書後有羅正佐跋一篇。全書共兩卷，上卷包含樂府一首《君子行》；歌九首，包括《鷦鴣飛客中作》《擬讀曲歌七首》等；五言古七首，包括《齋中即事二首》《擬古二首》《感遇》《金陵留別許班王》等；七言古四首，包括《下第南歸夜聞杜鵑偶作》《春暮》《種柳歌》《秋月篇》；五言律三十七首，包括《出塞》《返棹》《寓羊城秋懷》《暮春旅懷》等；七言律六十二首，包括《白鶴峰謁蘇文忠公祠》《齋中即事》《江上落花五首》《初入燕京馬上口占》等。卷下有五言絕句二十二首，包括《題自畫扇水墨桂花》《古離別三首》《贈別》《渡淮》等；七言絕句四十二首，包括《竹枝詞三首》《幽燕老將歌》《秋興》《下第出都呈南歸諸友五首》等；六言絕句十六首，包括《九日》《瞻六堂即事十首》《偶作》等；文十三篇，包括序四篇以及引、傳、記、疏、祭文。

此書封面題字“瞻六堂集二卷　湖樓舊藏　癸亥十月十四日”。沈序葉鈐有“湖氏”印。（張晨）

異香集二卷

清王巖撰。清康熙二十二年(1683)孫祖庚映雪齋刻本。一册。半葉九行,行二十字,小字雙行同。白口,四周單邊,單魚尾。

王巖,字築夫,江蘇寶應人。工於古文,與艾陵先生雷士俊并稱爲"寶應二傑"。明亡後絶意仕進,專攻古文。王巖以古今著作爲己任,其文考據經典,仿唐宋八大家,尋學問道者接踵而至。有《白田詩文》四十卷、《異香集》二卷。《[雍正]揚州府志》有其傳。

卷前有陸廷掄序二篇,言築夫之文"如海外異香,風齧霜蝕之後,枝柯剥落,而精液集聚,其指歸如此",因此取"異香"爲集名。序二叙刻印之事,是集爲築夫之文,陸廷掄有手録數十篇,恐築夫之文失傳,因而選録成集,并由門人新安孫祖庚校。後有跋語兩段,言築夫與雷士俊交好,二人古文相砥礪。序二後有目録,書分二卷,卷一爲傳、論、記、墓誌銘、行狀;卷二爲書、序、祭文、跋題後,共收文六十篇。目録有部分手書,内文卷末數篇亦爲手書。卷後有築夫學弟昭陽李淦、門人孫祖庚跋文各一篇。

卷前鈐"范氏木犀香館藏"印,曾藏武昌范志熙處,今藏國家圖書館。(戴季)

浮雲集十二卷

清陳之遴撰。清鈔本。二册。半葉十一行,行二十一字。

陳之遴(1605—1666),字彦昇,號素庵,浙江海寧鹽官人。出身官宦世家。明崇禎十年(1637)中一甲二名進士,授翰林院編修,後因其父獲罪株連罷官。清軍入關後,曾短暫效命於南明朝廷,但很快於清順治二年(1645)降清。清初頗得重用,先後出任翰林院侍讀學士、禮部右侍郎、都察院左都御史、禮部尚書加太子太保,後調任户部尚書。順治九年(1652)、十二年(1655),兩度被授爲弘文院大學士。順治十五年(1658)獲罪流放尚陽堡(今遼寧開原東),死於戍所。陳之遴被列入清乾隆四十一年(1776)所編《貳臣傳乙編》。陳之遴善詩詞、工書法,著有《浮雲集》。

其繼室徐燦（約1618—1698），號湘蘋，是清代著名的女詞人。

《浮雲集》十二卷，收賦一卷五篇、詩十卷、詩餘一卷。首冠清康熙五年（丙午，1666）自序，則是集編輯於戍所。集中收入大量貶謫遼東時所寫的作品，抒發了其對於追求世俗浮名的悔意和企盼重獲召用的心情，以及對於故鄉及故人的懷念之情，也反映了謫居生活的艱辛，描繪了東北地區的風情和景色。陳之遴是明末清初一位著名的文人，他詩詞俱工，尤擅七律，其詩歌的主要特點是長於抒情和善用比興。後人評論其詩"雄渾清壯，固堪建幟詞壇"，"少善詩，謫後益工"。《四庫全書總目》謂"其詩才藻有餘而不出前後七子之格"。徐世昌《晚晴簃詩彙》云："集中七律，才情飆舉實過梅村。《燕京》五言百韻，感慨興亡尤稱瑋制。前人選本僅採一二小詩，殆猶多諱忌也。"

《浮雲集》刊本有康熙間旋吉堂刻本、康熙間旋吉堂刻乾隆十年（1645）周星兆修補本。此鈔本扉葉有朱筆過錄乾隆十年周星兆序，可知此鈔本底本爲乾隆十年周氏刊本。周星兆序稱："顧其全集既未遑緝刊，而所傳《浮雲詩集》亦以流播不廣，未得人人讀之。家大人從舅氏覓得原板，率多漫漶，亟命訂補，遂與外兄許民部勗宗謀竟斯業，重新梨棗。"由此可知，此集雖有刊刻，但流傳不廣。此鈔本爲著名學者、藏書家倫明所藏，考其中朱筆校改及注釋文字當出倫明之手。（董馥榮）

水田居文集五卷存詩三卷

清賀貽孫撰。清敕書樓刻本。八册。半葉九行，行二十六字。白口，四周雙邊。

賀貽孫（1605—1688），字子翼，江西永新人。明末諸生。明崇禎間與萬茂先、陳宏緒、徐士溥、曾堯臣等結社於豫章（今南昌市）。入清，隱居不出。清順治初特列貢榜，不就。清康熙時，巡按御史笪重光欲以博學鴻詞薦，乃削髮逃入深山，無復能知其蹤迹。其人才氣縱橫，所作詩文以跌宕雄快見長，著述頗豐，於經有傳，於史有論，於詩文有集。作品有《水田居文集》《激書》《詩筏》《浮玉館藏稿》《水田居典故》等，文章逾千篇，詩詞八百餘首。其中有的是研究經世文學的，有的是教育兒孫的,都有較高的思想性和藝術性。

《水田居文集》爲賀貽孫所著詩文集。卷首題"永新賀子翼先生著　水田居文集　敕書樓藏版",前有《自序》一篇,正文分《史論》兩卷、《文論》三卷。文中有批注。《文集》内容除了論史、論文之外,還有游記、教育子女、寄送友人等。所作文章多精言名理,借古抒懷,且選題頗爲獨到,非常值得一讀。

《文集》後附《水田居存詩》三卷,前有李陳玉梅道人及瑞雲序各一篇。其詩分爲五言古、七言古、七言排律、五言八句、七言八句、五言排律、五言四句及七言四句等格式,詞句清麗亦不失穩重。（李燕暉）

匡蠡草二卷

清喬鉢撰。清順治刻本。一册。半葉八行,行十八字。白口,四周單邊。

喬鉢(1605—?),字文衣,一字叔繼,號子王、劍叟,別號苓塞棘人、肉芝先生,直隸内邱(今河北省内邱縣)人。貢生。清順治初,任河南郟縣主簿,五年(1648)起,任浙江鄞縣郡參軍五載,《[康熙]鄞縣志》載其"風雅曠達,能詩善書"。十四年(1657),知湖口縣(今江西省湖口縣),其間,内無城府,善氣迎人,工詩文畫,尤精書法,自成一體,樂鐘山之勝,暇則携客觴詠他名勝,多所留題。清康熙三年(1664)升劍州知州,卒於任。任劍州知州期間,設禁條保護驛道古柏,造福一方。曾與魏裔介、楊思聖等立詩社,相酬唱。據《畿輔通志》載,其有《喬文衣集》八卷,含《苦吟》《越吟》《野語》《劍閣草》《燕市草》《匡蠡草》《石鐘集》《燕齊詠》各一卷。著《海外奕心》。另主修《[康熙]湖口縣志》。

是書卷首題"喬子近詩"。上卷包括《元夜飲太虛亭觀龍燈喜平子遠至》《憩汪家橋看山》《布被》等詩四十一首。下卷包括《虎來》《過樵舍》《蝦蟆石》等詩二十四首。上卷書口下刊"己亥",可知作於順治十六年(1659),下卷書口下刊"庚子",可知作於順治十七年(1660)。書中有《廬山僧將乞藏歸九峰》《九江廟》等篇,則知是書爲喬鉢於順治十六、十七年湖口知縣任内所作。（柳森）

沈憲吉稿一卷

清沈受祺撰。清鈔《名家制義》本。一册。半葉九行，行二十六字，無格。

沈受祺（？—1678），字憲吉，一作獻吉，浙江嘉善麟溪人。清初藏書家。諸生。家世淵遠，富而好禮，與人交篤於分義，遠近皆以長者稱之。與楊廷樞、錢禧輩同學。書室曰北山草堂。與錢吉士共選有《同文錄》。著有《沈憲吉稿》一卷、《詩餘圖譜》、《北山草堂詩鈔》等。

《名家制義》六十一家，收明清時期六十一名家之制義稿。各家前有解題，鈐"質王永瑢""好讀書不求甚解"二印。此書爲清鈔《名家制義》之一種，作者爲沈受祺。正文前爲《題沈憲吉稿》，稱："沈憲吉與錢吉士共選《同文錄》，吉士將死，以其稿授憲吉。及呂晚村徵先代文。憲吉授以吉士稿并及己文，晚村并錄而傳之。二公傳先代文而即以自傳，憲吉傳吉士之文而己文亦賴以傳。……今讀所著稿，其旨精，其法嚴，與吉士相敵，宜其并傳也。"

正文收文十七篇，各篇後皆有點評之語。全卷鈔錄字體娟秀。（陳紅彥）

晚香堂詩不分卷

清魏栩撰。稿本。二册。半葉九行，行十八字。

魏栩，生平不可考，字韓木。

卷前有序，署"四如山樓主人"，爲常熟魏浣初（仲雪）題。序言魏栩"申酉之變，裏足村廬"，明亡後退居鄉間，以詩寄情。"詩不求工，亦不求人知也，兵火既靖，移入城廬静地"，境地貧且衰，且王朝傾覆，不免哀嘆大丈夫無法施展抱負，不能"策名册史"，唯有"寄情於詩"，以解愁苦。輯成此集後，魏栩曾因其詩作不合時宜而欲棄之。魏浣初認爲八股行世已三百年，朽敗呆板，日益衰落，風雅之脉仍爲詩。且魏栩詩集所收詩作，不過爲詠歷落之況，訴不平之憤懑，遂搜集其故紙，錄而成帙，以傳諸後人。序後鈐"仲雪"印。後有林坡居士《詩引》一篇，言魏子愛書愛詩，遇異書必發冢，遇良辰必縱懷。《詩引》後鈐"韓木"印一方。

卷首題"晚香堂詩",署"東海之濱魏栩韓木氏",鈐"韓木"印。書分二册,不分卷,無目録。詩有田園詩,如《入村》《煮茗》《飼魚》《看花》《放舟》等五言詩,多仿陶潛田園詩,清新暢達;亦有和詩,包括和題詩、和韻詩等,如《雪中和東坡韻》《雪中和陶歇庵韻》等;另有以時節、節令、行路、答友、游玩等爲主題的詩作,有五言及七言絶句、律詩,亦有組詩,多記叙景致,抒情感懷;亦有少量録詩,如《録稼軒原唱》《録先子和章》等。詩雖以閑適鄉居、游賞生活爲主,但不乏"自笑""獨坐飲酒"等主題詩作,意含自嘲及悲戚,并訴不得志之苦,嘆閑居之無奈。書中多處墨筆、朱筆修改及圈點。

卷端、卷末均鈐"鐵琴銅劍樓"印、"古里瞿氏"印,曾藏常熟古里鎮瞿氏鐵琴銅劍樓。(戴季)

念園存稿四卷

清白胤謙撰。清康熙刻本。半葉七行,行二十字。白口,四周雙邊。

白胤謙(1605—1673),後避諱,改名爲允謙,字子益,號東谷,山西陽城人。陽城白氏爲詩書世家,其父白所藴,爲明天啓年間貢生,官至工部尚書。明崇禎十六年(1643)進士,入清後官至刑部尚書,參加修撰《明史》,有《東谷》《歸庸》《桑榆》等集,《四庫全書總目》并傳於世。

是書共有四册,每卷一册,詩文各占兩册。第一册卷首有金之俊和陳廷敬序。除卷三外,卷前均有該卷目録。另,除卷一外,各卷卷末均有"侄象緞方來較刻",當爲白氏家刻本。

第一、二册爲白胤謙詩集。第一册有四言三首、樂府雜體五首、五言古詩二十九首和七言古詩十八首。不僅體裁豐富,其詩選材也十分多樣,如《跛鴨》中記如何悉心餵養照顧跛鴨;《勉敦兒》中有"高山雖堪仰,貞固以爲基"之言教養子女;《愛女行》記遠嫁女子思念雙親的故事等,也有一些送别、唱和之作。該卷有散葉,缺《大珠歌壽法明府》中一部分及《醉翁亭歌》二首。

第二册有五言律詩四十三首,七言律詩三十七首,五言排律三首,五言絶句七首,七言絶句二十一首。多爲與友人張伯珩、虞貞石等酬唱的詩作,其中又與其婿王孟楨唱和最盛,《哭孟楨》一詩中道盡二人忘年相知情誼。另有一些記游詩,多記京郊、江西風光。

第三、四册爲白胤謙文。第三册十四篇,所記大抵爲清順治朝事。其中較有價值的是《至德祥刑頌》,此頌爲白胤謙盛贊順治皇帝恤民寬刑之舉。這與他的生平不無相關,白胤謙在刑部尚書任上曾制定刑法,力主寬平。其餘多爲序文和碑文。第四册二十三篇,體裁最爲多樣,有記、賦、論、説、贊、讀後感、辯、墓誌、哀辭、祭文等。其目録缺首葉。是卷在多處對山西風物多有記述,又在《刑法論》中發出“於以興教化、静人心、召和氣而去殘殺,是誠王道之要端也”的感慨。（朱婷婷）

秋閑詩草四卷

清王庭撰。清刻本。四册。半葉八行,行二十字。白口,四周單邊。

王庭(1607—1693),字言遠,號邁人,浙江嘉興人。清順治六年(1649)進士,官至山西布政使,爲官清惠廉潔,後致仕歸鄉。《清稗類鈔·狷介類》載:“嘉興王邁人參政庭自京外簡,事上官强項不屈,好爲其難。在官八年,不通京師一字。所遷皆極邊,命下即單車就道,不惕利害。家計蕭條,幾不給朝夕,不問也。”王庭六十一歲時卸官,據清楊際昌《國朝詩話》,王庭歸鄉後,不入城市,常穿布衣行走田間,書中更贊其五言田園詩堪比陶潛、韋應物。王庭爲人恭儉,居鄉時忠厚謙謹,以著書明道爲事。王庭能作詩文,除撰《秋閑詩草》外,另據《浙江通志》卷二百五十一記載,又有《三仕草》《二西草》《漫草》各一卷,不存。王庭精研釋道,深悟黄老之學,擅八股文。《制義叢話》謂其文“峭刻奇拔,遠於流俗”,并與當時漢陽熊伯龍、黄岡劉子壯并列爲八股文大家,“文望如鼎足”,今存有其八股文集《王邁人稿》一卷。

此書存四卷,有自序一篇,無目録,五古、五律、七古、七律各一卷,録詩六百餘首。卷一五言古詩,録詩約兩百首,主題多爲田園景色、鄉居生活等,如《田家》《舟晚》《秋雨遣懷》;另有詠古、行旅、悼祝等主題,如《旅懷》《悼李石友》等。卷二五言律詩,存詩兩百餘首,主題與卷一相同,頗多感懷,尤愛寫雨、行舟、病中等主題,詠四季時景,郊野鄉趣,也有詠古寄懷之作。卷三七言古詩,存詩百餘首,有《短歌行》《白頭吟》等樂府曲調,也有其他詠懷古詩。卷四七言律詩,錄詩百餘首,主要爲贈和詩、懷古詩等。

作爲梅里詞派代表詞人之一,《梅里詞輯》錄王庭詞八首,其詞風“淡雅不俚,真刻不率”,《全清詞》錄其詞二百七十七首。晚年尤重工詩,詩格閑淡,五言詩清逸有陶潛之風,其詩被王士禛評爲“逸品”。《秋閑詩草》以其梅里王家灣的秋閑堂命名,也彰顯詩人清逸閑適的審美追求。鄒祗謨《遠志齋詞衷》謂其詞“洮洮清迥”,“俱以閑澹秀脱爲宗”。其《秋雨遺懷》一詩便是其詩作風格的代表:“自適在丘園,匪能薄軒冕。悠悠歲月深,閑情誰當遣?”(戴季)

釋柯集一卷近草一卷藥房近草一卷釋柯餘集一卷附南山集一卷

清蕭中素撰。清康熙刻本。一册。行字不一。

蕭中素(1607—?),字芷崖,江蘇華亭人。其家世代以木匠爲業。蕭中素早年曾入讀縣學,後繼承父業,一生執藝食力。他雖是一名工匠,却工書善畫,精通音律,博學能文,尤長於詩,人稱蕭詩。他以文學與文人雅士相交,其中也不乏達官貴人,這種身份與成就的反差,使得蕭中素顯得與衆不同。

《釋柯集》卷端題“蕭山人集”,版心題“釋柯集”,收詩二百餘首。首爲吴騏《序》,稱蕭中素“執藝食力,詩名將四十年”,又説“吾於芷崖詩不無去取,而其人深爲可重”。吴《序》後有王九齡清康熙二十五年(丙寅,1686)《序》,稱蕭中素“家貧食力,世傳公輸子業,習而安焉”。《近草》收詩十三首。《藥房近草》收詩近四十首。《釋柯餘集》陳士鑛《序》稱蕭中素“於紛華榮利淡如也⋯⋯爲錢宗伯、吴祭酒所鑒賞”,其人品與詩品傾動一時,聲播四方。《南山集》一卷,茅林士、錢鏞等輯,爲王庭、屠楫等五十四人賀蕭中素八十壽辰所做詩合集。雖然蕭中素没有像一般讀書人那樣接受正規的教育,但他“資性聰穎,被服儒雅,平生篤好經史”。也許是因爲没有那種對於科舉功名的渴望和追求,所以他對於自身的處境也比較泰然。

他的詩并不止於對日常生活的描述,也有詠史懷古的感觸,雖然缺少家國天下的情懷,但有一種清高自許的灑脫。人們對他的詩有較高的評價,王九齡說他的詩"清新雄麗,直造三唐閫奥"。曹偉謨在《釋柯餘集序》中說他"不宗一家,大約不事雕斲,亦不沾沾於古人之繩墨,意之所至,觸口而吟,對景生情,托物見志,牢騷蘊憤之詞寡,温厚和平之意多,蓋得於天者全也"。姜兆翀《國朝松江詩鈔》卷十三《蕭詩小傳》中則稱:"其詩殊有寄托,不得以晚年游戲之筆概之。"蕭中素曾被收入《明遺民録》,但在康熙二十八年(1689)康熙南巡時,八十三歲的他竟心喜不已,并賦詩謳歌:"萬方同口稱堯舜,盡望宸游覽德輝。"

此本中除《近草》《藥房近草》版式相同外,其他各集版式均不相同,且有相同詩作重複出現的情況,所以各集應爲不同時間所刻,而後彙印成書者。(董馥榮)

瀬園遺集十二卷文集二十卷

清嚴首昇撰。清康熙静業齋刻本。十六册。半葉九行,行二十字。白口,四周單邊。

嚴首昇(1607—1670),字頤,又字平子,號碻齋、瀬園,湖南華容人。十二歲時做《懊春詞》,爲時人所稱。明崇禎拔貢生,與譚元春等唱和。官太史,專負修史之任。入清後出家爲僧。清順治十一年(1654),清軍進入華容,他赴石門容美(今湖北鶴峰縣)土司處避難。

嚴首昇著述頗豐,劉紘云"平子著書四百卷,詩若文近百萬言"(《瀬園詩集序》)。劉生韻對嚴氏作品評價極高,認爲"嚴子温其如玉,汪洋千頃,讀其書者燦乎若金谷之初奏,蕭肤如山陰之欲秋"(《瀬園詩集序》)。其詩文集二十五卷,自崇禎十年(1637)至清康熙九年(1670),"三十四年間十五刻,前後異同十存五六"(《瀬園詩初集》自識語)。多是兵燹流離之際,"寄迹浮屠,蟠紆鬱積,無從告語之心事,一一寫之爲詩","皆高可青冥,深極絶塹,錘煉之至"(薛寀《瀬園詩集叙》)。《詩話》所談多爲六朝及唐詩,偶及宋詞宋詩。對於文獻創作提出"學古人可也,學學古人不可也"(《答江陵詩社八子》,見清周亮工《尺牘新鈔》)。

《瀨園集》有多種版本傳世,卷數不一。今國家圖書館藏有《茂雪堂叢書》本《瀨園詩話》(清薛寀評)附《瀨園詩話補遺》、《瀨園語録》二卷《補遺》一卷、《瀨園詩話》、《瀨園談史》、《瀨園人外語録》(均爲清烏絲欄鈔本);《瀨園詩初集》三卷《後集》不分卷《文集》二十二卷(順治十四年(1657)劉紘、陳憲冲刻本、康熙書林蔣復貞刻本與《談史》六卷合刻)、《瀨園詩後集》和《瀨園文集》二十卷(康熙書林蔣復貞刻本);《瀨園文遺集》十二卷(清末民國鈔本);以及此康熙静業齋刻本《瀨園遺集》十二卷《文集》二十卷。清乾隆中以其文集内有"上弘光疏,又《談史》語多觸犯",列爲禁燬書(見乾隆四十六年(1781)九月二十五日湖南巡撫劉墉奏查繳應盡燬書籍摺)。

此部《瀨園遺集》十二卷《文集》二十卷,據此書前陳廷策序,劉紘刻本之後,"今聞尚有遺稿藏弄於家,未遇其人,行將散失矣……因輾轉搜輯,編次爲若干卷,亟代之鎪"。書内收詩、文、尺牘、序、記、傳志論賛、題詞、墓誌祭文等,亦有策論奏疏。(趙大瑩)

匪棘堂集十二卷

清范士楫撰。清順治九年(1652)刻本。四册。半葉八行,行十八字。白口,四周單邊。

范士楫,生卒年不詳,字箕生,號放樵,別號橘州,保定府定興人。明崇禎十年(1637)進士,初授陽曲知縣,後補洪洞知縣。因明末流寇蜂起,范士楫見世事不可爲,遂棄官歸隱。入清,授禮部員外郎,改吏部員外郎,官至吏部郎中。范士楫性情耿直,任吏部郎中期間,甄録拔舉,與尚書侍郎争辯,不肯唯諾署紙尾。遇權貴請托,輒拒絶。坐是,失上官意,卒罷職。與孫奇逢、鹿善繼、申涵光交往甚密,曾刊刻鹿善繼遺稿《日鹿奉常文鈔》。著有《橘州詩集》六卷。《畿輔通志》卷七十九有傳。

該書爲范士楫詩集,共録詩六百三十九首。書首有清順治九年(1652)范士楫《自叙》,每卷首有本卷目録。范氏少時曾著《越舫集》,已亡佚,是編所録俱爲入清之後所作。其詩多爲與人倡和、紀事及游覽觀摩之辭。所作詩篇多録其時間、人物及地點，有很强的紀實性，是瞭解范氏生平經歷的重要史料。

范氏所撰《橘州詩集》六卷入《四庫全書總目》，總目稱其詩文"尚染明季偶體，卷首自序一篇，故爲奥澀，亦當時習氣也"。是編詩文序言亦甚多，且言辭深奥艱澀。其詩亦有不少眷戀明季之語，《自叙》稱"燕人悲歌，自其本色"，亦多抒發情懷之作。該書流傳甚少，《大清畿輔書徵》認爲其書已經亡佚，諸家藏書目均無著録。（賈大偉）

蘆中全集

清余颺撰。清余氏文來閣鈔本。二册。半葉九行，行二十四字。白口，四周單邊。

余颺（1608—?），字賡之，號季蘆，晚號老鐵，福建莆田人。明崇禎十年（1637）進士，授宣城知縣，後曾先後知寶應、上虞。南明福王弘光朝時官禮部文選司，稽勛司員外郎，改廣東副使。魯王入閩監國，擢右副都御史，與朱繼祚共同組織義兵抗清，兵敗被俘。被釋後隱居海隅，讀書著述，著有《史論》《識小集》《蘆蠣》《莆變紀事》《春秋存俟》《蘆中全集》等。

本書不分卷，上册收記三十篇、下册收序三十篇，下册缺首葉。記文多涉其鄉里事，如《重修水南書院記》《重建東角海隄紀》《蘆橋七叟記》等。序文則多記人物，所寫多有關莆田地方史地。余颺工於制藝，與夏允彝、陳子龍齊名。又喜做詩，陳田《明詩紀事》收其詩十首，注云："陳伯璣稱其詩可與少谷、石倉三分鼎峙。田按：賡之近體，音節悲壯，多故宮禾黍之思。"謝良琦《醉白堂文集續集》中有《蘆中集序》，稱其有詩萬首，文亦千首，家貧不能刻，門人方以智爲刻之南中，僅得若干首。據以推測《蘆中全集》内尚收有若干首詩，其文亦不止此六十篇，亦或此鈔本祇輯録有關鄉里的文章而已。

《蘆中全集》有清康熙刻本，但流傳稀少，世不多見。此鈔本版心題"蘆中全集"，下鎸"文來閣"。據集中《文來書舍記》所述，文來閣爲其家藏書之所，藏書曾達數千卷，此閣亦其兄弟讀書之所，則此爲余氏文來閣家鈔本，尤可寶貴。（董馥榮）

惹香居合稿不分卷

清梁清標、梁清寬、梁清遠撰。清順治刻本。三册。半葉九行，行二十四字，無直格。白口，四周單邊。

梁清標（1620—1691），字玉立，號棠村、蕉林，別號蒼巖子，齋號秋碧堂，直隸真定（今河北正定）人。明崇禎十六年（1643）進士，清順治元年（1644）授編修，官至户部尚書、保和殿大學士。清書畫鑒藏家，金石文字、書畫、鼎彝之收藏，甲於海内，所藏法書名畫，均由專人以特定的形式裝裱，多有其親筆題簽。著《蕉林詩集》十八卷、《蕉林文稿》、《棠村詞》等。

梁清寬，字敷五，清順治三年（1646）丙戌科二甲第一名進士（傳臚），選庶起士，散館授弘文院編修，官至吏部侍郎。與堂弟梁清遠、梁清標皆科甲折桂，人稱“一門三進士”。

梁清遠（1606—1683），字邇之、葵石、無垢，號瘦冠道人、雕丘、袯園。崇禎十五年（1642）中舉，順治三年進士出身，授刑部主事，次年任稽勛司主事，後升文選司員外郎、考工司郎中，調文選司郎中、太常寺少卿，提督四譯館。順治十一年（1654），任大理寺卿、兵部督補右侍郎。順治十三年（1656），任户部右侍郎督理錢法局，同年改吏部左侍郎。

此本收梁清標、梁清寬、梁清遠文，合刊，首有王鐸序、梁雲構《題恒山梁氏一家言》、胡統虞序、黃志遴序，繼之爲目錄，其後爲正文，各葉版心上鎸“惹香居”，中爲文題，下標注撰者姓名。兼有圈點批注。末略有殘。（陳紅彦）

禹峰先生文集二十四卷

清彭而述撰。清順治十六年（1659）張芳刻本。八册。半葉八行，行十七字。白口，四周單邊，一字黑口，左右雙邊。

彭而述（1605—1665），字子籛，先世自臨江徙河南南陽之鄧州，居禹山之下，因又號禹峰。出身寒門，四歲而孤。多次參加科舉，明崇禎十三年（1640）進士。官山西陽曲知縣,不滿三年,因母親去世,憂歸。崇禎十七年(1644),明朝滅亡,清朝初立,始懷明背清而游走,寄望於南明王朝,兩年後失望而歸。清世祖順治四年(1647),英親王巡按湖廣,薦爲兩湖提學僉事,遷永州道參議,後被孔有德推薦任貴州巡撫。永州失陷後,被免官歸里。後得王鐸推薦,初補衡州兵備道副使,再遷貴州按察使、廣西右布政使等職,吳三桂舉薦其爲雲南左布政使,不就,歸鄉著述。因其久歷西南邊陲,所做詩文豪放雄奇峭拔,有"江北十子"美譽。文史兼治,著有《明史斷略》《滇黔草》《南游文集》《讀史亭詩集》十六卷、《讀史亭文集》二十二卷等,然多散亡。

朱彝尊曾評價彭而述的詩,"所撰樂府不盡摹倣前人,而自賜其旨趣。至於五七言近體,合乎興觀群怨之旨。所謂人所應有盡有,人所應無不盡無。斯評盡矣。詩中多軍中之作,雄豪魁壘"。汪琬稱其軍中稍暇喜讀史書,詩文"辭氣雄渾壯麗"。

是書書名據卷端題,題名後爲總目,卷一收錄賦六首;卷二至三爲論,共五十首;卷四至十一爲序,共七十四首;卷十二至十四爲碑記,共二十六首;卷十五至十六爲傳,共十八首;卷十七至十八爲集記,共二十七首;卷十九至二十爲祭文,共計二十一首;卷二十一至二十三爲尺牘,計五十首;卷二十四爲啓十二首。

總目後有江寧張芳所做的《刻禹峰先生文集紀事》,據此可知,順治丁酉(十四年,1657)冬,彭而述將之近十年中所做詩文,交由張芳編輯行世,文二十四卷,經始於戊戌冬(1658),脫版於己亥(1659)。

此書八冊,每三卷爲一冊,每卷前均有分目錄。參與編寫的有彭而述諸子如彭始鶱、彭始搏、彭始超、彭始奮、彭始起等,參與評論和校對的有新野垣公張縉彦、孝感人淑夏嘉瑞、江寧藕人張芳、西湖仲霖黄澍、祥符譙明張文光、滄州巖犖戴明說、長垣凌玉郜焕元、孟津籍茅王無咎、合肥孝升龔鼎孳、陽武錦帆趙賓、江寧正持吳奇、太倉駿公吳偉業、桐城坦庵方拱乾、嘉典秋岳曹溶等。(孟化)

顧西巘先生合稿十卷

清顧如華撰。清康熙二年(1663)刻本。一册。半葉九行,行二十字。白口,四周單邊。

顧如華，生卒年不詳，字質夫，號西巘，湖北漢川人。清順治六年（1649）進士，初任廣平知縣，政績頗佳，後升任山東道監察御史。清康熙二年（1663）任四川、浙江巡鹽御史。任職浙江期間，顧如華革除弊政，使鹽政蕭然整肅，官浙江參議。顧如華與華亭沈麟爲布衣之交，巡江浙鹽政時下車先登其門，與麟及學士吳偉業飲於虎丘，歌詠爲樂。顧如華直言能諫，爲官政聲頗佳，龔鼎孳稱其“真御史也”。著有《質思齋詩文集》《六是堂涉園》《讀莊一唉》《病中移心集》等。《［雍正］浙江通志》卷一百四十九有傳。

該書爲顧如華詩集，按格律分五言古詩、七言古詩、五言律詩、七言律詩、五言排律、五言絕句、七言絕句七部分，其中七言律詩最多，占其詩文近半。該書爲顧如華翻刻前集彙爲一編而成，録其所撰《燕雲集》《艮占集》諸書所存詩文，故稱合稿。該書首有龔鼎孳、姜希轍、嚴沆、姜圖南、唐九經、劉正宗、白胤謙、姜廷梧、申涵光等人序。

其詩多爲顧氏在四川、浙江任職時所作，承明末竟陵派之風，字句雕琢，語義艱深。龔鼎孳序稱其詩“巽致通微，雄才據勝”。其七律寫景亦頗顯山川雅趣之態，勝於清初一般流俗之文。該本爲是書所存最早版本。（賈大偉）

吳梅村歌詩一卷附録一卷

清吳偉業撰，清管庭芬編。稿本。一册。半葉十一行，字數不等。左右雙邊。

吳偉業（1609—1672），字駿公，號梅村，別署鹿樵生、灌隱主人，江蘇太倉人。明崇禎四年（1631）進士，曾官翰林院編修、左庶子等職。南明王朝時期一度出任少詹事，因與馬士英、阮大鋮不和而托病告歸。入清後被薦授秘書院侍講，繼遷國子監祭酒，清順治十三年（1656）以母喪南歸，從此不復出仕。吳偉業長於詩文，其以叙事爲主的歌行體詩被稱爲“梅村體”，與錢謙益、龔鼎孳并稱爲“江左三大家”。林昌彝在《射鷹樓詩話》卷十八中說“江左三家詩，以吳梅村爲最，錢虞山、龔芝麓不逮也”。《四庫全書總目提要》亦稱：“其中歌行一體，尤所擅長，格律本乎四傑，而情韻爲深;叙述類乎香山,而風華爲勝。韻協宮商,感均頑艷,一時尤稱絶調。"著有《梅村家藏稿》。

此集爲清代管庭芬《花近樓叢書》七十四種之一(此本僅存八種九卷)。管庭芬(1797—1880),字培蘭,又字子佩,號芷湘,浙江海寧人。諸生。"花近樓"取唐代詩人杜甫《登樓》詩"花近高樓傷客心,萬方多難此登臨"之意。此《花近樓叢書》除三種明人著述外,其餘皆清人著述,且絶大多數爲小品,少量爲經、史、詩、詞之作。《吳梅村歌詩》共收録吳偉業詩作二十二首,且均爲最具代表性的歌行體,如《永和宮詞》《聽女道士卞玉京彈琴歌》《鴛湖曲》等,并附録四篇後學仿作——楊學易《續圓圓曲并序》、陳萊孝《讀吳梅村太史拙政園山茶歌有感并序》、陳奮永《拙政園山茶歌》、陶元藻《續圓圓曲并序》。卷末有清咸豐庚申(十年,1860)四月管庭芬跋語。

此書鈐有管庭芬朱印"管庭芬""芷湘子"兩枚。(馬琳)

吳梅村先生詩集十二卷附録一卷

清吳偉業撰,清程穆衡箋,清楊學沆補注。清嘉慶十六年(1811)黄氏士禮居鈔本。五册。半葉十行,行二十一字,無格。

程穆衡(1702—1794),字惟淳,號迂亭,江蘇太倉人。

此本有戴光曾、黄丕烈跋語。有清一代,梅村詩的箋注頗多,潘景鄭先生在《著硯樓書跋》中説:"各家箋注本之傳世者,有錢陸燦之《箋注》、靳榮藩《集覽》、吳翌鳳之《箋注》……同時太倉程穆衡窮數十年之精力,成《詩箋》十二卷,《詩餘附箋》一卷,稿成,未得刊傳。"可見程氏用功之深。此書前程序中指出前人注詩通病在於"陳事則鈔勒有餘,旨趣則闡明不足"。戴光曾、黄丕烈尾跋中評價此本優於靳箋,説其"詳略得當","其注時事多所發明也"。關於梅村集的幾種箋注孰優孰劣,尚待進一步研究和考證。此集另有清保蘊樓鈔本。

此本鈐有"雙鑑樓珍藏印""江安傅增湘沅叔藏""沅叔審定""藏園""忠謨繼鑑""晉生心賞"等印。第一册舊封面有墨筆題字,卷末有黄丕烈跋語,知此書曾在

黄丕烈、傅增湘處收藏。（馬琳）

真冷堂詩稿一卷

清紀映鍾撰。清順治刻本。一册。半葉八行，行十六字。白口，四周單邊。

紀映鍾（1609—1681），字伯紫，又作伯子、蘗子，號戇叟，自稱鍾山逸老、鍾山野老，江南上元（今江蘇南京）人。明崇禎朝諸生。曾主金陵復社事。明亡後，閹黨遺孽馬士英、阮大鋮擅權南京弘光小朝廷，紀映鍾發動復社同仁予以回擊。後入天臺山爲僧，復捨去。晚客於龔鼎孳處十年。龔死後南歸，移家儀真（今屬江蘇儀征），卒於斯。著有《真冷堂集》《已字山樵詩集》《卷蓑集》《戇叟詩鈔》等。

該書收録紀映鍾所作《石頭城》《玄武湖》《烏龍潭》等詩一百零八題一百六十九首。卷首有清順治六年（1649）錢謙益《題語》，後爲韓詩《戇叟詩選序》、張文峙《真冷堂詩序》、張恂《真冷堂詩序》，末爲紀映鍾《真冷堂詩選自序》，除錢序外，他序均未署年月。錢謙益對紀映鍾之遺民情結與寫實詩風頗爲贊賞，其序云：“海内才人志士，……至若沈雄魁壘，感激用壯，哀而能思，懟而不趣，則未有如伯紫者也。……伯紫之詩，如孟嘗君聽雍門之琴，不覺其欷歔，太息流涕而不能止也。”陳田《明詩紀事》評紀映鍾曰：“伯紫五律兀傲，七言長篇尤痛快淋漓，律體老蒼，大部分得力於杜老爲多。”誠如其言，紀映鍾七律長篇尤其老蒼淋漓，如書中所載《烈火引爲梁公狄内子殉李賊之難》一詩曰：“獫猲射天赤日滓，商丘令妻笑男子。端坐高樓一炬焚，三十餘人同日死。不信人間有巾幗，最奇媵亦田横客。椒蘭鬱鬱斷礎間，紫玉飛煙血穿碧。至今俎豆如古賢，白衣澹月立蹁躚。湘妃竹瘦冬青老，夜夜秋風哭杜鵑。當時令亦殉城闕，昪出荒郊存一髪。丈夫不死固有神，長嘆多慚地下人。”該詩記述明末商丘知縣梁以樟之妻張氏殉李自成之難一事。梁以樟（1608—1665），字公狄，號鷦林，直隸清苑（今屬河北）人。明崇禎十三年（1640）進士，官商丘知縣。著有《印否集》等。崇禎十五年（1642），梁以樟與李自成軍血戰三日，商丘城陷，妻張氏率家人自焚殉難，唯梁以樟重創未死。對此，同爲明遺民的紀映鍾賦詩一首，不僅贊嘆梁妻張氏乃殉國忘身、捨生取義之巾幗翹楚，更對其時之戰亂時世無限悲慨。由此，紀映鍾詩之風骨遒勁、沉鬱頓挫可見一斑。對此，徐世昌《晚晴簃詩彙》評其詩云："詩亦清刻，亦沈雄，憤時憂國，時露於楮墨之間。"值得一提的是，在其後刊刻的《戀叟詩鈔》中，已將該詩題名易爲《烈火引爲梁公狄妻死李自成之難》。此外，因避諱，《玄武湖》題目亦改爲《元武湖》。

該書鈐印六枚，"閩中陳克綏書籍印""莘田真賞""陳克綏印""陳壽華""修竹""臥雲軒"。其中，"莘田真賞"印屬黃任。黃任（1683—1768），字莘田，福建永福（今屬福建永泰）人，明代學者、翰林黃文焕之孫。清康熙四十一年（1702）舉人，官至廣東四會縣令又兼高要縣事。清乾隆二十七年（1762），重宴鹿鳴。幼承家學，詩、書、畫三者兼長，尤其工詩。詩清新刻露，著有《秋江集》《香草齋詩注》《消夏錄》等。另喜藏硯。其餘印章屬陳克綏，有關陳克綏之生平少見於史籍。陳克綏，字修竹，福建惠安人。清嘉慶十一年（1806）歲貢。藏書頗富，室名臥雲軒。

該書爲清順治刻本，字形長方、橫細豎粗，版刻風格兼具明代遺風，内容亦保留紀映鍾詩作原貌，版本價值頗高。（柳森）

放下吟稿一卷

清陳綱撰。清鈔本。半葉八行，行二十五字，無格。

陳綱（1609—1695），字錦中，江蘇長洲（今蘇州）人。

此爲陳綱的詩文集。正文前有《桃花賦并序》、鹿城朱錫《小序》、朱石蒜《桃花賦評》。卷端上題"放下吟稿"，下題"吳苑陳綱錦中氏"。是書中有大量的和詩，如《奉和俞犀月顧紫瀾金有顗雪裏紅梅》《奉和石蒜朱先生賞桃李即事》等，其中俞犀月（俞瑒，字犀月）曾與顧嗣立輯《元詩選》聞名一時。俞瑒去世，顧嗣立撰《哭俞犀月》表達其哀思："元代文章付杳冥，殘編斷簡聚英靈。删詩同恨江西派，紀事争看塞北形。五夜推敲孤館雨，三春談論草堂星。知心剩有溪南老，落月茫茫野史亭。"書中還有不少描寫花卉的詩作，得到陳綱詩友們的喜愛并給予很高的評價，如寫楊妃山茶花，題爲《楊妃吐舌》五首，朱錫在序中稱贊道："又或如指名而詠，若《楊妃吐舌》，宛如太真綽約。"對詩友們的贊賞，陳綱表現得非常謙虛，在《讀石蒜朱子頌

我〈楊妃吐舌〉詩有和》中寫道："楊妃吐舌出些紅,詩思撩人惜欠工。我愧譜香君
獨擅,君能繪影我難同。天留美韻開瑶草,誰把佳名贈玉叢。嘆肖花神尋好夢,願
生彩筆賜文通。"書的後半部分爲陳綱的文稿,如《募修建净土寺大雄寶殿疏》《壽
陸人五十序》等。

是書傳世極罕。（趙前）

斜陽集一卷

清顧苓撰。稿本。一册。

顧苓(1628—1722),字雲美,號濁齋居士,江蘇蘇州人。明亡後,自闢塔影園
於虎丘山麓,隱居不仕。工詩文,書善篆隸、行楷,精篆刻。對古文、漢代碑版頗有
研究。與鄭簠爲近鄰,交往甚密。治印推崇文三橋,亦得秦漢印法度。他的篆刻在
清初首屈一指,風格秀勁古拙,自然得天趣,後人稱他爲"塔影園派"。著有《塔影
園稿》《塔影園印稿》。

此爲顧苓稿本,收作者詩三十五首,卷尾題"弘光乙酉五月至戊子秘圖齋存
稿",下鈐"顧苓之印""顧雲美"二印。弘光爲南明年號,乙酉爲一六四五年,即清
順治二年。其詩主題多題畫,與友人贈和等。鈐"耿漢""湘右""上谷"等印。南明
弘光本存世稀少,著録爲稿本,但極少修改痕迹,應爲謄清稿。（陳紅彥）

塔影園集不分卷

清顧苓撰。清鈔本。三册。半葉十行,行二十一字。白口,左右雙邊,雙魚尾。

顧苓爲明末遺老,自號塔影園客,并以此命名其詩文集。《塔影園集》所記均
爲晚明諸事,史料價值頗高,而清廷對明遺民著作查禁甚嚴,故《塔影園集》向無刻
本,衹以鈔本流傳於世。各書目所著録或題名爲《塔影園稿》,文字頗多歧異,分卷
亦多寡不一。

此本不分卷,收傳狀、跋銘文字及《金陵野鈔》《南都死難紀略》等數十篇文章。
用烏絲欄格紙鈔寫,每葉左下角鎸"天尺樓鈔"。無序、跋,不知何人所鈔。鈔本中

避清諱，"崇禎"作"崇正"，"弘光"作"宏光"，"寧"作"甯"，可知爲清後期鈔本，但避諱不謹嚴，亦可見清後期文網漸弛，明遺民著作開始流傳。（樊長遠）

塔影園文集三卷詩集一卷

清顧苓撰。清鈔本。一册。

此是其詩文彙編，不僅可作爲古典文學愛好者的讀物，而且其中所述遺民生活實録是研究明末清初歷史的重要史料。

此書首爲目録，後爲正文，主要收傳、序、墓誌銘、行狀、跋等文體。間有朱筆批注，鈔寫工緻。書末有静遠（劉明陽）題記，稱"是書不見著録，多存明季佚聞"，説明此書内容及價值。

鈐"陳寶晉守吾父記""劉明陽夫婦讀書之章""劉明陽王静宜夫婦讀書之印""研理樓劉氏藏""研理樓劉氏倭劫餘藏""有書當富貴無病即神仙""雙静閣""寶静簃主王静宜所得秘笈記""劉天授"等印。流傳有序。陳寶晉，字康甫，江蘇海陵人。劉明陽（1892—1959），字静遠，民國藏書家。夫人王静宜，亦喜藏書。藏書樓有研理樓，取諸葛亮精研理性之意，又名雙静閣，取夫婦二人之名。（陳紅彦）

十詠堂稿八卷

清林九棘撰。清康熙刻本。五册。半葉八行，行二十字。白口，四周單邊。

林九棘，生平不詳，清順治康熙間人，字伯逸，福建莆田人。自其親友序文中可知，其爲人温文典雅，倜儻多奇，喜交天下士，"更有山水之癖，遇勝必游，遇游必詠，遇知交必贈。錦囊滿載，幾於汗牛"（《東游紀草》沙澄序）。其詩作數量較大，多爲名勝紀游。

此本包括《西湖游記》《隋堤柳枝詞》《東游紀草》《江城雜興》《秦淮春泛》《漢宫秋詠》《苦廬草》《江城雜興二集》八種。第一册爲《西湖游記》《隋堤柳枝詞》合集。其中《西湖游記》有詩一百四十三首，卷前有康熙五年（1666）林華皖序，卷末有何儒顯、陳堯勳跋。《隋堤柳枝詞》爲百韻長詩，卷前有黄維章、姜真源等總評，文中詩句亦多有評,卷末有毛先舒跋。第二册爲《東游紀草》,有詩一百七十三首,卷前有沙澄序,卷末有黄虞稷跋。第三册爲《江城雜興》,有詩一百七十九首,卷前有康熙二年(1663)蘇霖序。第四册爲《秦淮春泛》《漢宫秋詠》《苦廬草》合集。《秦淮春泛》包括秦淮春泛百韻一首、秦淮春泛賦一篇,卷前有陳盟序,卷末有王二史氏跋。《漢宫秋詠》包括漢宫秋詠七言絶句百首、漢宫秋詠賦一篇,卷前有李昌垣等序,卷末有宋琬等跋。《苦廬草》爲悼父詩十三首,卷末有姜圖南跋。第五册爲《江城雜興二集》,有詩一百五十五首,卷前有順治十七年(1660)黄文焕序。

林九棘頗具詩才,古近體兼長,其詩題材多樣,内容豐富,"情懷流麗,意致芊綿,有樂府宫詞竹枝楊柳之遺"(王二史氏《秦淮春泛》跋)。尤擅寫景,正如林華皖所言,"鏡水藍天,龍泓鷲嶺,香堤畫舫,煙晨月夕,頃刻萬態之狀,無不於紙上得之",有較高的文學造詣。

此本稀見。(李江波)

顧雲馭詩集八卷

清顧人龍撰。清康熙四十八年(1709)顧涵刻本。四册。半葉九行,行二十字,小字雙行同。黑口,左右雙邊。

顧人龍(1610—1696),字雲馭,浙江嘉興平湖人。顧氏以孝行名於世,爲平湖歲貢,任太平訓導。嘉興平湖地區五世同堂者唯顧人龍一人。顧人龍性格慈良簡易,心無城府,與名僧釋元璟交往甚密。晚年司鐸太平縣,徜徉山水,以詩酒自娱,數載而歸,時年已八十餘。子顧梅峰白頭侍養,二孫顧公望、顧楚材亦頒白矣。及誕辰,顧公望之子新婚,先生手書一聯於堂,曰"八旬老叟添籌日,四葉曾孫合卺時"。又數歲,顧楚材亦生孫,世澤之長無與爲比。

該書爲顧人龍詩集,分《流憩軒詩草》《征途雜詠》《思樂軒》《歸田集》四部分。書首有清康熙四十八年(1709)朱彝尊《序》,云"先生殁後十餘年,南陽彭宫諭視學我浙,牒令從祀鄉賢長公開雕遺詩,釐爲八卷,流播遠彌",知此書爲顧人龍殁後,學官命其長子顧涵付梓刻印。該書録詩六百餘首,每卷目録均標定年代及出處,殊爲詳明。其詩多感懷、倡作之言，語言平素易懂，多擬古之作。朱彝尊稱其詩，"今讀《流憩軒詩》…有《伐木》《頍弁》之遺"，認爲其詩有《詩經》遺風。

顧人龍以孝行得江南名士稱譽，其詩集亦在歿後得子孫編輯，付梓於世，傳爲一時佳話。然縱觀其詩樸拙有餘而靈性不足，語句一味擬古缺乏新意，距清初詩集佳作尚有差距。該本爲是書最早版本，鈐"真州吳氏有福讀書堂藏書"印。（賈大偉）

桂林破愁集四卷

清胡文華撰，清黃中通、彭而述評。清康熙刻本。一册。半葉九行，行十八字，小字雙行同。白口，四周單邊。

胡文華（？—1663），字德輝，本武定州（今山東省惠民縣）人，後入漢軍正白旗。貢生。室名清白堂。清順治四年（1647）初官昌平州（今北京昌平），十一年（1654），任陝西布政使司參政、分守關西道。十二年（1655），遷山東提刑按察使，據清王贈芳纂修《［道光］濟南府志》記載："時積案如山，甫半載，結要案百餘件，冤抑俱伸，獄無沉滯。"同年，任浙江布政使司右布政使。十六年（1659），轉任廣西左布政使。清康熙元年至二年（1662—1663），任南贛巡撫，頗有政聲，卒於官，得賜祭葬。

是書四卷，共載胡文華詩作一百一十一題一百五十二首。其中，卷一爲《重陽前二日看菊》等五言古詩七題九首、《桂城行》等七言古詩十九題十九首；卷二爲《嶺外讀登極詔》等五言律詩十八題二十一首；卷三爲《西粵季秋朔拜長至表》等七言律詩五十八題七十七首；卷四爲《古離別四首》等五言絕句三題十二首、《夏五侍中丞享交趾於慎德堂四首》等七言絕句六題十四首（目録誤作十五首）。誠如此書之名，胡文華身處西南邊陲，難掩愁腸，故而詩作多以詠懷、風物爲主。如開篇詩作《重陽前二日看菊》："憶我入粵來，鳳曆已三頒。自苦形役役，誰憐質屢屢。捉襟并露肘，投大復遺艱。已窮馬牛力，羞看鷗鳥閑。……愧無驚人句，藉此解愁顏。"此詩句直抒胸臆，其爲官邊陲之苦悶寂寥由此一覽無餘，頗有盛唐邊塞詩之惆悵遺風。同時,胡文華筆下風物亦栩栩如生、躍然紙上,如《猛虎行》:"粤山多峚嶂,半爲荆棘没。兼以居民稀,斧斤未剪伐。因而百獸叢,往往恣倡蹶。夏有一物號山君,利爪如錐舌如掌。吼聲震谷響似雷,凌邊不興猙獰兩。行則風從若翼生,眈眈伺人目光朗。"生動描摹了其時廣西地區栖息繁衍的華南虎的獨特景象。此外,胡文華詩亦記史事,如《夏五侍中丞享交趾於慎德堂》:"帝德賢於十萬師,交南納款作藩籬。登堂稽首稱臣日,正值薰風解愠時。誕敷文德遠人知,稽首來王恐後期。自是盛朝多雨露,天厨遥賜到邊陲。"此詩則記述順治十七年(1660),安南黎朝遣使朝貢一事。

該書卷首有康熙元年(1662)彭而述、黄中通序及胡文華自序。書中每首詩作皆由黄中通、彭而述評次。其時,胡文華與黄、彭共事廣西。同僚期間,三人相會唱和,胡文華作詩百首,遂成此書。對此,胡文華自序曰:"越庚子,黄抑公、彭禹峰自滇、黔相繼而至,每會輒以詩學教予,曰惟此可以抒性情、破塊壘,當效之。回思宋儒嚴羽云'詩有别才,非關學也',然非多讀書,則不能極其至。十餘年來,仕路鞅掌,足迹半天下,既未能讀書,又何知作詩? 但時而抑鬱無聊,時而竪崇侵尋,回感二公言,强爲效顰,計數月之内,得各體如左。二公曰'當梓之,以示詩有不學而知者',余曰'梓之是矣,用以志二公啓迪之方,則可回推始事之由',而以'桂林破愁集'名之。"由此可知,此書所載詩作成於數月之間,雖足見胡文華之才學敏捷、隨性直率,亦難免瑕瑜相雜、參差不齊。

該書因胡文華自序落款"渤海胡文華德輝書於清白堂",可知清白堂爲其室名,此書爲其私家刻本。(柳森)

偶存草二卷

清彭賓撰。清刻本。二册。半葉九行,行二十字。白口,四周單邊。

彭賓,字燕又,一字穆如,江南華亭(今上海松江)人。明崇禎三年(1630)舉人。少有才名,與夏考功允彝、陳給諫子龍、周太學立勛、徐孝廉孚遠、李舍人雯互相唱和,謂之雲間六子。乙酉後更號大寂子。入清後,選授汝寧府推官,謁長官不

持手板,遂免歸。幾社創始人之一。其文章自成一格。遺稿散佚,清康熙末年其孫
士超從亂帙中掇拾殘篇,録爲《搜遺稿》四卷,含文三卷、詩一卷。

《偶存草》首有吴偉業序,序後鈐有"駿公""吴偉業印"方形朱印。是書二卷,
上卷題"雲間大寂子彭賓著 萊陽如須姜垓 婁水駿公吴偉業同選"。上卷收録
古樂府長短歌行九首、七言古十二首、五言古十三首,下卷收録七言律五十九首、五
言律二十八首、五言排律三首、七言絶句三首。(孟化)

方密之詩鈔三卷

清方以智撰。清鈔本。四册。

方以智(1611—1671),字密之,號曼公,又號鹿起、龍眠愚者等,安徽桐城人。
明末清初思想家、文學家、科學家。明崇禎十三年(1640)進士,官至翰林院檢討。
"明末四公子"之一。方以智家學淵源,博採衆長,主張東西合璧、儒釋道三教歸
一。因時局動蕩、政權更迭,個人際遇十分坎坷。晚年披緇佛門,潛心向學,著述頗
豐,内容廣博,文、史、哲、地、醫藥、物理均有涉獵,代表作有《東西均》《物理小
識》等。

方以智在詩歌創作方面造詣頗深,著有詩集《博依集》《流離草》《虞山後集》
《流寓草》《瘡訊》等。此本《方密之詩鈔》摘選自上述詩集,由清代佚名書并以小字
注,所選詩歌諸體皆有。上卷摘自《博依集》,爲方以智弱冠前著。方以智早年以
推崇雅正爲旨歸,詩風温厚,格調復古,有贊曰:"《樂府古歌行》,直追漢魏,筆陣縱
横,亦在唐晉間。"中下卷摘自其流寓南京後的詩集,因感時觸事,詩風變爲慷慨悲
歌一派,有評曰:"其情怨而不怒,其詞整渾而達,其氣激壯而沉實。"鑒於方以智對
明末清初文壇的影響,研讀是書有助於我們瞭解當時的詩壇狀況、交游情況,以及
明末清初人士心曲的轉變。該書第二卷尾殘。(邵穎超)

蘭雪堂詩稿二卷

清王廣心撰。清道光十五年(1835)刻本。二册。半葉十行,行十九字。白口,

四周單邊,雙魚尾。

王廣心(1610—1691),字伊人,號農山,江蘇松江(今屬上海)人。年少即以詩聞名鄉里,明崇禎五年(1632)曾加入陳子龍、夏允彝等人組織的幾社。清順治六年(1649)進士,任行人司行人,歷官兵部武選司主事,擢御史,巡視京、通兩倉漕運。清《嘉慶重修一統志》記載他曾"條陳漕政前後三十餘疏,蠹弊肅清。又修築通惠河,挽輸無阻。以親老乞歸,卒崇祀鄉賢祠"。著有《王侍御奏疏》《蘭雪堂集》《雲間王農山先生批評史測》等。

王廣心工於制藝,沈德潛謂其"韻語疏暢條達,不以一律拘",而稱制藝"雕鏤繴積,瓌奇古艷,幾社風流,至是而極"。梁章鉅稱"近來士子爭效尤侗、王廣心之文,謂之尤王體"。可見其影響之深。其文章以駢文見長,講究對仗聲律,詞藻優美,被譽爲"前無古人,後無來者,百餘年來一人而已"。其詩則"沉穩、廣博、濃密、華麗",尤以七古和七律見長,七古長篇尤多佳作名篇,如《大梁送行林平子》《後拙政園歌》《尚書墓道行》等。宋犖稱其"如五言古詩則掇六季之英華,攄平生之懷抱,原本於選體者居多。七言長篇有初唐四子之風瞻,餘則嘉州、信陽之間"。

《蘭雪堂詩稿》爲王廣心五世孫承准依清康熙間刊本《蘭雪堂集》重刻。首冠宋犖清康熙三十一年(1692)《序》。詩稿目録未分卷,按詩體分類編輯,依次爲五言古、七言古、五言律、七言律、五言排律、五言絕句、七言絕句。國家圖書館藏本書籤分別鎸上下卷,故著録爲二卷。

鈐"重熹""仲熯"印,爲清末著名藏書家、版本目録學家、金石學家吳重熹舊藏。(董馥榮)

變雅堂文集一卷推枕吟一卷杜陵七歌一卷

清杜濬撰。清康熙刻本。一册。半葉九行,行十九字。白口,左右雙邊。

杜濬(1611—1687),初名詔先,字於皇,號茶村,湖北黃岡人。明朝副榜貢生。爲人慷慨有大志,明末因避戰亂而移家金陵。明亡後絕意仕進,與方仲叔善,與鄧漢儀、吳偉業、錢謙益、龔鼎孳、施閏章、王士禛等往來唱和,一生以文章、氣節自勵。

晚年貧窮，客死揚州。著有《變雅堂集》。

此本爲清康熙間自刻本，孫殿起《販書偶記八》中有"變雅堂文集無卷數附推枕吟一卷杜陵七歌一卷"條，記載："首封面間鈐'刻未成書文不編次'朱印一方，'因事立言'朱印一方。并無總目，版心卷數、葉數間皆屬墨丁。凡記八篇，碑記二篇，紀事二篇，序十七篇，壽序三篇，送序四篇，書五篇，啓一篇，觴詞一篇，題跋六篇，題辭四篇，像贊一篇，傳三篇，銘二篇，墓誌銘三篇，祭文五篇，推枕吟引一篇。推枕吟，乙丑年做，計二十八首。此係當代諸名家批點本，較新刊本多異同。"據此描述一一對照，當即此本。（馬琳）

樸巢詩選不分卷文選五卷

清冒襄撰，清張明弼、杜濬評輯。清刻本。三册。半葉八行，行二十字。白口，四周雙邊。

冒襄（1611—1693），字辟疆，號巢民、樸庵，晚號靜茶老人，江蘇如皋人。明末清初文學家、戲曲家、書法家、文物鑒賞家。明末諸生。冒襄聰敏好學，兩歲起就隨祖父在其任所讀書，廣游山川名勝。後參加復社，與方以智、陳貞慧、侯方域合稱"復社四公子"。明亡後，冒襄便隱居水繪園，再無參加科舉考試，終生未仕。冒襄一生賑濟災民、支援難友，以致家資耗盡，晚年生活十分窘迫。冒襄著作頗豐，有《水繪園詩文集》《寒碧孤吟》《先世前征録》等。

此書由著名詩人杜濬編選，《詩選》選取了冒襄十四歲至四十歲幾種詩集中的精髓。《詩選》前有多篇序，分別爲董其昌序、陳繼儒序、倪元璐序、王鐸序、張自烈序、范景文序、姜垓序、韓四維序、陳名夏序、杜濬序。《詩選》的詩風悲憤感慨，感時傷亂，憂國憂民，有壯美之風。其收録的詩歌關注民生，思念生養之土地，寄情於山水，山水詩獨具個性。倪元璐在序中評價云："沉鬱頓挫，清新俊逸……遠追風雅。"張自烈序亦云："刻畫殆盡，慷憤流連不忍去，它稱引諷諭，切中當世得失盛衰。"《詩選》包含四言詩、古樂府、五言古、七言古、五言律、五言排律、七言律、七言排律、五言絕，如《感述六章爲大宗伯葉公誦也》《小鳥怨》《感懷》等。《文選》共五卷,前有杜濬題序,卷一包含《評柳柳州山水文序》等六篇序;卷二包含《天子以四海爲一家》《讀史須識治亂之機》兩篇論,表、疏、書多篇;卷三包括《登滕王閣記》等多篇記;卷四包括祭文、辭、狀等;卷五包括跋、辭等。

書中有"冒襄辟疆私印""冒廣生印""崔亭"等鈐印。（張晨）

傳心録一卷艾陵文鈔十六卷補遺一卷艾陵詩鈔二卷

清雷士俊撰。清康熙莘樂草堂刻本。六册。《傳心録》半葉九行,行二十字,白口,四周單邊。《艾陵文鈔》《艾陵詩鈔》半葉十行,行十九字,黑口,四周單邊。

雷士俊（1611—1668）,字伯籲,世稱艾陵先生,江蘇江都人,祖籍陝西涇陽。入清後棄舉業,於艾陵湖畔築莘樂草堂,閉門著書,往來者有袁繼咸、孫枝蔚、施閏章、王士禎等。《［光緒］增修甘泉縣志》有傳,謂:"士俊幼爲諸生,後棄去,專力於經史百家,熟悉古今治亂得失之故,辨別君子小人消長進退之機。其爲文鉥心劌胃,既脱稿,猶必琢磨再四,始出以示人。而貧老負氣,悲憤得疾以卒。"據此書前所列艾陵先生已刻未刻著述目録,雷士俊著作未雕版行世者尚有《艾陵文集》《艾陵詩集》《通鑑紀事本末擇要》《文録一集》《文録二集》《文録三集》《精選漢書》《詩風》八種。

《傳心録》爲理學著作,收録《讀大學》《讀孟子》《德説》《敬説》《性論》《顔淵論》《動静如船之在水論》等篇,前有雷士俊像、韓菼撰像贊、方壇撰像贊、費密《傳心録題辭》,後有清康熙三十三年（1694）門人方城跋。此書各篇均收入《艾陵文鈔》,費密《題辭》謂:"艾陵雷先生《文鈔》,庸庵員子業已鏤板成書,其猶子秉乾昔嘗執經於艾陵,與及門諸子復取其言理之文,别爲《傳心録》一編,授諸梓人。"可知此書爲《艾陵文鈔》中理學篇章的選編本。

《艾陵文鈔》前有康熙十六年（1677）魏禧序、王巖《清處士雷君伯籲墓誌銘》、周斯《論雷伯籲先生文行七條》。正文十六卷,分類編排:論、議、辯、説、序、記、傳、書、尺牘、墓誌銘、墓碣、墓表、行狀、祭文、誄、雜著。魏禧序謂雷士俊"以古文名天下垂四十年",爲文"詳而有法,質樸敦厚,一依於禮義。自少年爲諸生,即慨然有當世之志，往往好論天下事，所論事文工拙之故，頗類曾南豐。既自放廢，益肆力於古，説經術，考禮制傳記碑版所述，其工者雖南豐得意之文何以過焉”。各文後有劉濤、汪懋麟、員賡載等評點。

《補遺》二卷，存上卷，收《罪言》《典學》《知人》《飭法》《立賢》《教牧》《防江》七篇。後有其子雷毅識語：“《文鈔》授梓於壬申，後於廢簏中撿得此七篇，因梓以附於末。”壬申即康熙三十一年（1692）。

《艾陵詩鈔》二卷，以體裁分類：樂府、四言、五言古、七言古、五言律、五言排律、七言律、五言絶句、七言絶句。前有康熙三十三年李沂序，謂雷士俊詩歌“有山榛隰苓之意，旨深詞婉，本之性情，與世之競浮響、趨纖靡者天壤”。

雷士俊詩文有涉及時政者，如《哀廣陵》八首，係“悼弘光以後之亂而作”。清乾隆間以“詩中有悖謾語”爲由，禁燬其集。

《傳心録》扉葉鈐“□□子秋”朱文方印、“精一執中”朱文方印。《艾陵文鈔》扉葉鈐“文章千古事得失寸心知”朱文方印。（劉波）

遯山堂詩一卷

清李含章撰，清李克若編。清三十六硯居鈔《李詩集遺》本。一册。半葉九行，行十九字，藍絲欄。

李含章，生卒年不詳，字繪先，號浮玉，山東樂安（今廣饒縣）人。與其弟李焕章、李斐章俱以詩文名。著有《盧龍雜詠》《遯山堂遺詩》。

封面題“乘州李氏家集”，首存清乾隆二十九年（1764）曾孫李克若序，謂“吾乘州李氏自前明來代有顯人，惟先太僕公愚古有詩古文辭行世，餘不概見”。李含章爲其四世祖伯，其四六、文章、詩歌、賦當時稱追唐宋而窺漢晉，但散佚不收未成部帙，存者寥寥。因此將家族詩書搜羅彙集共得詩一百八十八首，勒成一册藏之。

據《李詩集遺總目》，本書爲四卷：卷一《滙溪草》、卷二《春暉堂》、卷三《遯山堂詩》、卷四《織齋集》，全書均以體裁分類。卷一《滙溪草》是李中行之作，含古體詩十五首、律體詩三十五首、絶句詩十首，前存李焕章序。卷二《春暉堂》是李斐章之作,亦存李焕章序。卷四則爲《纖齋集》,爲李焕章之作,題下注"樂安李焕章象先撰""新城王一上浴洋校",前爲自序,末爲《浮玉先生賦》,對其兄李含章贊賞有加。

卷三《遯山堂詩》爲李含章之作,前有其弟李焕章序,謂"余先有兄《浮玉詩》一帙,計三百餘首并賦十七首,在秘篋中。出之詮次以獻,因命余序之。序曰兄浮玉詩人而不僅詩人也。自兒時從先大夫宦四方,所過山川、城郭、故都、古迹,皆能拈韻成篇",對其兄甚爲贊美,又透露同邑徐振芳藏李含章甲申以前詩四五百首,後輾轉流落。

《遯山堂詩》含古體詩十首、律體詩二十九首、絶句詩十六首、排律詩五首、古賦二首。卷端下注"千乘李含章繪先著""祥符周亮工櫟園閲""同邑徐振芳太拙校",可見曾經明末清初文學家周亮工、同鄉詩人徐振芳之手。最後一篇爲《家弟象先賦》,對李焕章的才華大加贊賞。(薩仁高娃)

載石堂詩稿二卷年譜一卷

清宋之繩撰。清康熙十八年(1679)繆彤、徐乾學等刻本。一册。半葉九行,行十九字。白口,四周單邊。

宋之繩(1612—1672),字其武,號柴雪,江蘇溧陽人。明崇禎十六年(1643)癸未科榜眼,授編修。曾投奔南明小朝廷,後避居深山。順治時入清,歷官右春坊右中允,江西布政使司參議分守南昌瑞州道。自幼隨父在京城生活,少時已小有名氣。曾與陳五白、唐五叙等人成立文社,才名日隆。性直爽,工書,善畫蘭竹。《清故江西布政使司參議分守南昌瑞州道宋公行狀》云:"公書畫妙絶天下。貴重公書比於董文敏,又善畫蘭竹及石,人争求之,公亦隨手點染題贈無所吝。"有《溧陽宋柴雪先生遺稿全集》,包括《載石堂詩稿》二卷,《柴雪年譜》一卷,《載石堂尺牘》一卷。前有施閏章序,後有周肇跋,均作於清康熙十八年(1679),門人繆彤、徐乾學等刻,門人戈英及倪德宜訂定。

此本收録《載石堂詩稿》二卷及《柴雪年譜》一卷。詩稿分卷上、卷下,卷前分別有目録,卷端題"溧陽宋之繩其武著",上下卷共收詩二百五十餘首。如《戊子人日寄懷陳南士》:"人日逢人少,相憐必故人。亂多天未厭,老至歲難新。塵霧荒村合,田廬鬼國鄰。與君生計拙,何處説無生。"沈德潛《清詩別裁集》評其"起連用三人字,不見其佻,'老至歲難新',工於造句"。後附年譜,作者自明萬曆四十年壬子(1612)出生開始寫起,從少時學習、家人親戚情況到之後的考試入官、成家生子、文學交游等經歷都一一記録,至清順治六年乙丑(1649)止。文中除生平外,亦有對國難家愁、痼疾纏身的感慨抒懷,讀來沉鬱悲愴。

書後有宋之繩子宋震陞康熙壬子(十一年,1672)題識。鈐有"傅增湘讀書"等印。(郭静)

通懺集一卷

清周亮工撰。清鈔本。一册。半葉六行,行十八字。白口,左右雙邊。

周亮工(1612—1672),字元亮,一字陶庵,號櫟園,祖居江西金溪,後遷至河南祥符(今開封),生於南京。周父文煒,字赤之,本金溪人,生於大梁(今河南開封),曾任浙江諸暨縣主簿。周亮工自幼隨父出游,交游廣泛,博覽群書,愛好繪畫篆刻。著有《賴古堂集》等。

周亮工於明崇禎十三年(1640)中進士,次年授濰縣知縣。崇禎十五年(1642)清軍入侵山東,"公誓死登陴守青陽樓者半歲,城卒賴以全"(《賴古堂集·附録·年譜》)。周亮工率衆守城三月,終退清軍,民衆感念其恩德,爲他立生祠祀之。《通懺集》即作於退清軍之後。卷首有崇禎十六年(1643)關捷先題《序通懺》及作者《通懺小引》。《通懺小引》云:"懺,猶憤也","通懺,通憤也"。其中收入作者"虜退後"所作多篇詩作,有《郊望》《過昌邑》《雪中見無衣陣卒》等,多描寫戰後殘破衰敗的景象和民不聊生的現實,詩風蒼凉遒勁,悲愴之情躍然紙上。

鈐"趙琳字石寅號嵋州印""聽漪亭有礙鈔書之印"印。(李興芳)

藏山閣詩存十四卷文存六卷田間尺牘四卷

清錢澄之撰。清鈔本。六册。半葉十一行,行二十一字,無格。

　　錢澄之(1612—1693),字飲光,初名秉鐙,字幼光,號田間,安徽桐城人。少以名節自勵。明末與陳子龍、夏允彝聯雲龍社,以接武東林。南明朝建立,錢澄之受到阮大鋮捕殺,亡命浙、閩、粵等地,桂王時官翰林院庶吉士,兼誥敕撰文。永曆政權覆亡後,祝髮爲僧,名西頑,至清順治八年(1651)方返鄉歸里。著有《田間詩學》《田間易學》,又有《藏山閣詩文集》。錢詩五古風格近陶淵明,五律則近杜甫與白居易,而以七律詩成就最高,得"劍南之神髓"(朱彝尊《明詩綜》)。其文多論及明季時事,切中時弊,語言清潔、典雅。

　　此本爲清鈔本,有朱筆批注。詩存十四卷,收詩自明崇禎十一年(1638)起,迄於順治八年(1651)。卷一、二爲《過江集》,卷三至九爲《生還集》,卷十至十二爲《行朝集》,卷十三、十四爲《失路吟》。文存六卷,卷一爲書、疏,卷二爲書,卷三爲書、序,卷四爲議,卷五爲論、傳、紀,卷六爲雜文。《田間尺牘》四卷,爲作者晚年信札存稿,依年編次。

　　此集原有清康熙刻本,因遭禁燬,傳本罕見,此鈔本極爲珍貴,另有清光緒三十四年(1908)《龍潭室叢書》鉛印本。(馬琳)

調運齋集八卷存七卷

清錢陸燦撰。清鈔本。七册。行款不一,無格。

　　錢陸燦(1612—1698),字湘靈,又字爾弢,號圓沙、圓沙居士,江蘇常熟人。清順治十四年(1657)舉人,四年後因奏銷案黜革。後主明道書院講席,以授徒爲業。室名調運齋。其生平撰詩數千、文二百,惜散佚,有《調運齋集》《圓硯居詩集》《圓沙集》《文苑英華律賦選》《列朝詩集小傳》《[康熙]常熟縣志》等傳世。其好藏書,據《清稗類鈔》載:"錢湘靈居南山北麓,老屋三間,曰'大還堂',即藏書處也。王晚歲而逃禪,其手校之書,每押以'明經別駕書經解元臨濟三十四彭祖九十七世'一印,又曰'陸終彭祖後人'。"

　　是書又名《調運齋詩文隨刻》,原本八卷,惜缺卷二。卷一爲序,卷三爲序、墓誌、書,卷四爲序、傳,卷五爲墓誌銘、詩,卷六爲碑記,卷七爲傳,卷八爲講義、集序、壽序、墓誌銘。

是書鈐“劉綸之印”“掃塵齋積書記”“禮培私印”“湘鄉王氏秘笈孤本”印，知其爲劉綸、王禮培遞藏。劉綸（1711—1773），字如叔，號繩庵，又號慎涵，江蘇常州人。歷任順天府尹，吏部、兵部尚書等，纍官至文淵閣大學士，與劉統勳同爲清乾隆帝所重，有“南劉北劉”之稱。王禮培（1864—1943），字佩初，號南公，一號潛虛老人，湖南湘鄉人。清光緒二十九年（1903）進士，曾任湘鄉學堂監督，支持維新變法，藏書十萬餘卷，尤嗜孤本，藏書處有掃塵齋、小招隱館、復壁、紫金精舍等。王禮培卷首題識言是書册次混亂，乃如實之説。但其爲《調運齋集》存世版本中傳鈔年代較早者，且爲《四庫全書》所未收，價值頗高。（柳森）

書帶草堂文選二卷

清鄭溱撰。清康熙鄭性刻本。四册。半葉九行，行二十字。黑口，左右雙邊，雙魚尾。

鄭溱（1612—1697），字平子，號蘭皋，又號秦川，浙江慈溪人。生而聰穎，明崇禎十三年（1640）副榜，入太學一年，將拜吏部主事，改授縣令不赴，返回故里。明亡後，終身不復言仕，五十年不入城市，讀書授徒以供奉雙親。一生著作等身，著有《易象大旨》《三墳衍義》《詩經萃華》等，撰有《書帶草堂詩選》十二卷《文選》二卷《補遺》一卷。

是書前有靳治荆序，謂“《書帶草堂詩選》十二卷《文選》二卷，慈溪鄭蘭皋先生所存詩古文集，而嗣公禹梅先生刻以行世者也”，透露鄭禹梅曾刊刻發行《書帶草堂詩選》十二卷《文選》二卷。又曰“文學乃其餘事，雖然人惟不僅能詩而後其詩爲真詩，亦惟不僅能文而後其文爲真文。譬如有物在中而緒，見於外與兢兢焉”，極爲贊美鄭溱的才華。

《文選》二卷爲作者文集，題名下注“慈溪鄭溱蘭皋父著 男梁輯録 孫性校刻”。鄭性（1665—1743），字義門，號南溪，又號五嶽游人，鄭溱之孫，鄭梁之子。全文凡四十三篇，卷一以賦、記、序、贊及雜文爲主。其中，《書帶草堂記》詳述其盧築造史。《壽姚江黃太冲先生六十序》墨圈斷句,後手書三行跋。卷二則是先務、禮教、賞罰、道統、納諫、諡法、錢法、問答等,爲極實用性的文論。其文正如序中所言"生氣勃勃……矯健清剛……——從肺腑迸露而不爲藻繢粉澤所掩"。(薩仁高娃)

曠觀園詩集十三卷

清武全文撰。清康熙仇猶武氏刻本。半葉八行,行十九字。白口,四周單邊,單魚尾。

武全文(1620—1692),字藏夫,號石庵,山西孟縣(今屬陽泉)人。清順治四年(1647)進士,授甘肅崇信知縣,爲政清廉,父老稱頌。清康熙初,改知陘縣,擢守兗州。平三藩時監賑湖北,官至布政司參議。晚闢曠觀園,講學自適。所著有《曠觀園文集》《曠觀園詩集》《武氏家學彙編》等書。

此《曠觀園詩集》爲康熙初刻本,其子介宗、介宣、介谷彙校,刊刻精美。前有王岱《序言》,凡分《野吟》《之秦》《芮鞠哦》《白雲筍》《關凉游》《里居草》《哦雪》《詠梅》《東兗草》《歸來詠》《楚游》《入資言》《馬首還》《寶璞吟》《彙吟》諸集,集各一卷。孟縣古稱仇猶,其《野吟》一集專詠當地山川。武氏生於明朝末年,親見李自成在太原開科取士之聲勢;又歷經三藩之亂,屢赴烽煙,所以詩作大多事實可徵。

《曠觀園詩集》康熙原刻本十分罕見,民國十三年(1924)孟縣教育會重新排印。武氏另有《曠觀園文集》八卷,僅存民國十三年(1924)鉛印本。(樊長遠)

黃山集二卷

清法若真撰。清鈔本。二册。無框格。

法若真(1613—1691),字漢儒,號黃山、黃石,祖籍濟南,先祖於明朝景泰年間任職膠州,法氏後人遂定居膠州城。法若真父法寰學識淵博,尤愛好研究經史,對《四書》《春秋》頗有見解,著作頗豐,聲名一時。他辭官返鄉,在城南怡雲嶺設學館,以授徒講學爲業,在膠州造就了大批人才。法若真善書畫。書法魏晉,筆勢飛動。雅畫山水，偶然涉筆，便瀟灑拔俗，自成一格。曾隱居大珠山下千年古刹石門寺苦讀，清順治三年（1646），與伯兄若貞同中進士，授翰林院編修。

法若真先後在福建、浙江、安徽任職，他體恤下情，興利除弊，爲政清廉，深得人心。清康熙十八年（1679），數名大臣聯合推薦法若真舉博學宏詞科，他因病没能應試。從此法若真棄官剃髮隱居黄山三十年，後回膠州一年後辭世。著有《黄山詩留》《介盧詩》《黄山集》等。

《黄山集》爲法若真文集，分上下兩卷，上卷收法若真所作賦六篇、序九篇、記九篇、傳四篇。行文中間有眉批，其中《田經或問序》非同一鈔寫者所鈔。下卷收墓銘、墓表六篇，書五篇，雜著十篇，文五篇。全書鈔寫工緻。

鈐有"柚堂""江安傅氏藏園鑑定書籍之記"等印。（陳紅彦）

鹿苑集一卷桐陰雜詠一卷間岐集一卷曡園集一卷窮居集一卷卧游集一卷

清秦蘭佩撰。清鈔本。一册。半葉九行，行十八字，無格。

秦蘭佩（1613—?），字秋湘，一作楚湘，江蘇常熟人，自署天水人。

此書卷端署"天水秦蘭佩秋湘父著"。秦蘭佩所著《秋湘詩集》，前後無序、跋，今存《鹿苑集》《桐陰雜詠》《間岐集》《曡園集》《窮居集》《卧游集》各一卷。此爲清鈔本，《鹿苑集》僅存一首，《桐陰雜詠》存七首，《間岐集》存十七首，《曡園集》存二十五首，《窮居集》存二十一首，《卧游集》存三首。鈔寫工緻。（陳紅彦）

陸陳兩先生詩文鈔

清陸世儀、陳瑚撰，清葉裕仁輯。清光緒六年（1880）鎮洋繆朝荃凝修堂刻本。半葉十二行，行二十三字，小字雙行同。白口，四周雙邊，單魚尾。

陸世儀（1611—1672），字道威，號剛齋，晚號桴亭，別署眉史氏，江蘇太倉人。明季諸生。明亡，隱居講學，與陸隴其并稱"二陸"。歷主東林、毗陵、太倉諸書院。學宗程朱，爲理學名家。著述極富，有《思辨録》《論學酬答》《性善圖説》及詩文雜著等四十餘種一百餘卷。陳瑚(1613—1675),字言夏,號確庵,又號無悶道人,江蘇太倉人。明崇禎十六年(1643)舉人,明亡後絕意仕進,隱居昆山。門人私謚安道先生。博學工詩文,著有《確庵文稿》《頑潭詩話》等。陸、陳二人傳記皆見《清史稿》卷四百八十。

此書收陸氏所著《桴亭先生詩文鈔》十四卷,收陸氏所作講義、書信、序、記、説、銘、傳以及雜文等各種體裁文章數十篇。又收陳氏所著《確庵先生文鈔》六卷《詩鈔》八卷,《文鈔》凡講義、序記雜文、銘傳行狀、墓表吊文等共七十九篇,人稱其爲文廉悍,尤善紀事。《詩鈔》各卷以《頑潭》《隱湖》《玉山》《婁江》《鄧尉》《淮南》《楚江》《蟻橋》《破山》《莒溪》《山樓》《西郊》《後蟻橋》《東野》《紫陽》《雙鳳》名集。《晚晴簃詩彙》評二人詩云:"(陳瑚)詩與桴亭(陸世儀)相近,桴亭以渾灝勝,確庵則以沉雄勝,在明季遺民詩中,皆當推爲巨擘。"

陸世儀與陳瑚爲同里摯交,名氣亦相當,故清同治間葉裕仁輯二家詩文合刻爲一編。(樊長遠)

崑崙草一卷

清程康莊撰。清刻本。半葉九行,行二十字。白口,四周單邊。

程康莊(1613—1675),字崑崙,山西武鄉縣人。清乾隆五十五年(1790)《武鄉縣志》記,程康莊爲程啓南之孫,程佳績之子。其祖程啓南爲明萬曆二十八年(1600)庚子科進士,曾任大司空一職,立朝四十載。程康莊係明崇禎九年(1636)拔貢生。由明入清,任鎮江通判、京口別駕、安慶同知,在贊理將軍幕府中任職,謂之理事廳,每遇軍民獄訟委曲,平直不少偏倚,民甚賴之。清康熙十一年(1672)遷耀州知州。受知於袁臨侯、陳際泰等,見愛於錢謙益,錢以子蓄之。

崑崙先生爲人,性嚴謹,善古文,其古文辭滄深崛奧,直抉柳州、介甫之神,詩歌堅古深樸,上逼浣花翁。詩餘琢字煉句,周秦章陸遂兼。閑暇時喜與諸生詩文唱和,曾與王士禛、宋琬等清初文化名人唱和。每每有獨到之見解,見者無不驚詫,始知才人固未可量。曾摹拓焦山鼎。時人論崑崙先生有英雄之氣,時時見於眉宇。

《國朝詞綜》中收録其《桂枝香·潤城懷古》一首，下闋云："憑誰信，英雄不死，但滿目蒼凉，暮雲平矣。"悲壯之情，溢於言表。《倚聲初集·望焦山》云："上金山望焦山，潮没平沙湧翠鬟，廬州斷一灣。白雲還白鷗還，兩岸人家煙水間，西風片舸慳。"與朋友交性情所至，稍可與語即傾囊相餉。有《日課堂文集》一卷《詩集》一卷傳世。

《崑崙草》一書係程康莊所作詩歌之選集，前有泰州知州趙三麒叙，叙述刊刻其詩之目的，"先梓其詩要，使人人讀其詩，如見程子，如與程子論詩"。是書共收詩六十餘首，題材主要包括交游詩、景物詩、祝壽詩、挽言詩等。體裁以五言律詩、七言絶句爲主，且喜寫組詩，如《避地土河雜事八首》《代挽内子四首》等。有歌行體詩五首。文集中還收有時人"長平八子詩"，即陳壺嵐孝廉、姬相周孝廉、申葵衷孝廉、武君十茂才、陳吾青茂才、龐鳩六進士、石泰華孝廉、武二酉茂才，這些材料對於研究山西高平本地清代詩人的詩作和當地文化有很大的價值。

崑崙先生曾與朱之俊交往，朱於明崇禎年間任職國子監，後入清，順天鄉試後，辭官回鄉，與傅山、王覺斯等交游。相似的經歷使得程、朱二人成了朋友，《崑崙草》中詩題較長的一首就是《招飲西河朱太史峪園謀嬌侑觴歸途謀嬌復延至其舍予雖留醉然終却其請》，連作四首組詩，第一首云："疲驢低帽入孤村，客里逢春竹葉鐏。但使杏花能作伴，莫教紅袖傍雲根。"内容頗有出世之心。還有一首《感梅》體現了他由明入清的矛盾心情，既有丈夫建功立業的渴望，又有遠離世間紛擾之心，詩云："見爾悟時喜，榮華向冬月。南枝層遞開，北枝亦力發。世冷彌自立，寡客香不没。零雪紛下頰，微風鳴弗歇。輶軒戀貧身，悰憚凋壯髮。静夜面爾坐，闔口嘗不日。丈夫非無知，宅情與爾竭。所悦煒燦時，不易清堅骨。"聯想到崑崙先生的身世，再讀此詩，不勝唏嘘。

首卷卷端鈐印"汪啓淑印""新安汪氏"，曾藏清代著名藏書家汪啓淑處。（張偉麗）

恒軒詩稿不分卷

清歸莊撰。稿本。四册。無格。

歸莊(1613—1673),一名祚明,字玄恭,號恒軒,江蘇昆山人,歸有光曾孫。復社成員,入清後加入驚吟詩社和假我堂詩會。曾參與昆山一帶的抗清活動,事敗,一家有六人遇難。歸莊本人則改僧裝亡命外地,自號"善明頭陀"。亂定後,曾在吳越一帶游歷,一度到淮上萬壽祺家坐館。晚年生活不能自給,至寄食僧舍,貧困以死。歸莊性格疏宕激昂,好奇狂傲,善草書,自稱狂草近代無敵,又工墨竹畫,遠近聞名。顧炎武在《哭歸高士》之二詩中形容歸莊:"峻節冠吾儕,危言驚世俗。常爲扣角歌,不作窮途哭。生耽一壺酒,殆無半間屋。惟存孤竹心,庶比黔婁躅。"顧、歸二人在鄉里性格相投,俱不諧於俗,世人有"歸奇顧怪"之目。著有《恒軒集》《山游詩》《玄恭集》等,現存詩二百餘首。

此爲稿本,共四册,以時間爲序,第一册題庚辰詩稿,庚辰即爲明崇禎十三年(1640);第二册題爲辛巳(1641)稿夏日始,春初諸作另存;第三册題隆武集一,起隆武元年(1645)乙酉秋七月,盡是年。第三册中詩已有入己丑年(清順治六年,1649)之作,至第四册中又有題勃齋詩者若干首。此稿本作者以朱、藍筆圈點,并朱、墨兩筆評點、修正,以墨筆於詩前寫"刻"或"删"字,應是作者斟酌以選入付梓詩集之舉,可見此本的文獻學價值。其詩歌作品如《悲昆山》《傷家難作》《斷髮》等大量直抒胸臆地抒寫清軍暴行與明清易代的悲憤之情,讀之令人動容。

此本鈐有"君子豹變""歸莊之印"等印。(馬琳)

淳村文集拾遺一卷

清曹元方撰。清鈔本。一册。半葉十二行,行二十五字,無格。

曹元方(1606—1687),字介皇,號耘庵,浙江海鹽人,兵部侍郎曹履泰之子。明末遺民詞人。明崇禎十六年(1643)進士,南明福王時,任常熟知縣。福王敗,投靠唐王,授吏部文選司主事,晉驗封司郎中。後加御史銜,巡閱長江防務。唐王敗,隱居硤石村,築草堂,自號檇李遺民。其詞多抒家國之感,并寫隱居意趣,意切情真,頗具感染力。今存詞二卷,三百五十餘首,名《淳村詞》,收入《惜陰堂明詞彙刊》,在該本《淳村詞》跋語中,有其生平介紹。著有《淳村詩詞文集》九卷。

　　曹元方的詞大致可分爲兩類：一類是抒寫自己的閑居生涯，其中不少隱含易代亡國之慟，風格近於豪放悲壯；另一類是寄予友人，由於曹元方閱歷豐富，與當時不少名人有詩詞酬交，他們大多在易朝換代之際堅持氣節，成爲遺民，又親自經歷明清易代之變，故其詞極有認識價值。但由於詩人所處的特殊時代，所保存下來的詩詞文章并不甚多。該書爲我們保留了大量的資料，對研究作者文風、思想以及明清之際文壇的動向有深刻意義。

　　此本卷首題"携李遺民曹元方耘庵著"，鈐"吳興劉氏嘉業堂藏書記"印。天頭有批注，署"廉注"。卷尾有西盧老人王時敏跋，云耘庵先生"生平雅，不欲以著作表見，此册從友人家叢簡中撿得"，可知曹元方生平低調，不願以著作表現才華，因此存世作品甚少，經其友人和家人留心搜集纘輯得此集，對研究詩人的思想和當時的文壇狀況有很大價值，尤爲珍貴。（李燕暉）

茅亭詩鈔二卷

　　清劉耆定撰。清乾隆二十七年（1762）有竹書屋刻本。一册。半葉九行，行十七字。白口，四周雙邊，單魚尾。

　　劉耆定，清初人，字爾功，山東益都（今青州）人。諸生。卒年八十餘。工詩及書法，賴古堂曾選刻其詩數首。清乾隆間，學者盧見曾組織同鄉後學宋弼、董元度等人編纂《國朝山左詩鈔》，徵集清初山東詩人作品，得到山左詩人或其後人的積極回應。此時劉耆定已去世六十餘年，其曾孫廷輔悉力搜尋，從戚友家得《茅亭詩鈔》一册，凡百餘首。宋弼選數首入《山左詩鈔》。廷輔乃將是集付刻，并請宋弼、同鄉高士强、李文藻作序。此本書名葉鐫"有竹書屋藏板"。

　　鈐"梅生珍藏"等印。（樊長遠）

荔枝吟一卷

　　清曹溶撰。清鈔《荔枝志餘》本。一册。

　　曹溶（1613—1685），字秋岳，一字潔躬，號倦圃，秀水（今浙江嘉興）人。明崇禎十年(1637)進士,官御史。清順治初授原官,起用河南道御史,督學順天,纍遷户部侍郎,左遷廣東右布政使。遭喪歸里。服除,補山西按察副使,備兵大同。丁憂不復出。清康熙中,舉博學鴻詞,以疾辭。薦修《明史》,亦不赴。康熙二十四年(1685)卒。家富藏書,工詩詞。朱彝尊纂《詞綜》,即多從其家藏宋人遺集中録出,蓋浙西詞派之先河也。著有《静惕堂詩詞集》等。

此爲《荔枝志餘》四種之一,其餘三種分別爲清吴道榮所撰《妃子笑》一卷,清廖炳《荔枝雜著》一卷《荔枝百吟》一卷。

此《荔枝吟》均爲對荔枝的吟詠。卷中録有曹溶自叙:"予偶作荔枝詩,和者甚衆,器之道兄録成一集,戲題其端。"説明成書背景。另有鈔者注:"此一本乃徐氏萬卷樓舊物",并稱末兩首詩爲徐器之所作,説明詩之傳鈔來源。鈔録字體娟秀,内容頗有意趣。(陳紅彦)

虞牧公詩集不分卷

清馮廷賓撰。稿本。四册。半葉八行,行二十四字,無格。

馮廷賓(1615—?),字於王,號虞牧,江蘇常熟人。性喜爲詩,篇什甚富。《海虞詩苑》卷七載"其家念修翁嘗爲余言,君爲詩信筆匠心,不以推敲刻鉥爲能事,故多而鮮工。今其稿亦散落盡矣"。生平事迹不詳。

此爲其詩集稿本,收詩一千二百餘首,自清順治十六年(1659)起,訖清康熙十三年(1674)。稿分温、柔、敦、厚四集,每集一册,依次收録順治己亥至辛丑(1659—1661)、康熙壬寅至甲辰(1662—1664)、康熙乙巳至丙午(1665—1666)、康熙甲寅(1674)詩。其依年編次,每年多自元旦或立春或除夕記起,似隨訖隨收。以詩記事居多,據此可知其生平經歷、友朋往來。如生年可據甲寅年《元日》中"元旦初登六十齡",及詩後注語"今年康熙十三年甲寅,同登六十"。書前後無序跋,中有墨筆自識數則,又有他人朱墨筆批語。朱筆批語署名"放齋"。鈐"馮印廷賓""虞牧""在水一方"等印。(劉悦)

茗齋雜著

清彭孫貽撰。清鈔本。二冊。半葉八行,行二十字。

彭孫貽(1615—1673),字仲謀,一字羿仁,號茗齋,自稱管葛山人,浙江海鹽人。拔貢生。明末復社興起,聲勢遍及海內,彭孫貽乃與吳蕃昌(字仲木)創瞻社爲呼應,爲時所重,時稱"武原二仲"。其父爲南明隆武朝太常寺卿彭期生,清順治三年(1646)九月清軍破贛州時殉難,彭孫貽終身不仕清,奉母杜門以居,蔬食布衣二十餘年。生平耿介自守,孝行聞於時,卒後友人私謚孝介先生。博覽諸書,閉門著述,文稿多至百卷,有《史論》《流寇志》《亡臣表》《方士外紀》《國恩家乘録》《彭氏舊聞録》《歷代詩鈔》《茗齋詩餘》等。《兩浙輶軒録》卷一有傳。

《茗齋雜著》前附其同里徐盛全所撰《孝介先生傳》,述其生平頗爲詳盡。《茗齋雜著》包括古風詩作若干首、《題詩經圍棋屏》十二首、《朱瑄畫雲臺功臣及三逸民圖贊并序》若干首、《麒麟閣名臣畫像贊并序》若干首,末附録《魏閹始末》一篇。書中述及明末清初時事,多可徵史。彭氏爲明遺民,著述雖豐富,但多未刊行,祇以鈔本流傳。此本卷端鈐"彭方鼎印""丞風"二印,疑爲其族人所鈔。（樊長遠）

客舍偶聞

清彭孫貽撰。清光緒鈔本。一冊。半葉十一行,字數不等。細黑口,左右雙邊。

是書爲清人管庭芬編《花近樓叢書》中的一種,版心下鎸"別下齋校本"字樣。據卷首《客舍偶聞目次》,全書內容凡四十七條,附一條,總爲四十八條,雜記知見所聞。彭孫貽有小序叙撰作緣由,云:"聞見甚希,然時時游於酒人豪士間,抵掌談世事無所諱,蔑梯者又姑妄言之,足以新人聽。雖多耳食,徵其實亦十得五六。更益以所見隨筆記之,曰《客舍偶聞》。"序末署"康熙戊申九月彭孫貽書於通濟舟次",知成書於清康熙七年(1668)。卷末有清咸豐十年(庚申,1860)管庭芬跋,稱書中所記"皆得之客舍傳聞,涉筆登記,本無意於成書也",但"足以爲國史之外編,朔方之逸乘,未可以稗官家言視之",遂鈔録此書而傳世至今。

書末鈐"管庭芬""芷湘子"印。(劉明)

茗齋百花詩二卷

清彭孫貽撰。鈔本。一册。半葉十行,行二十字。白口,四周單邊,單魚尾。

彭孫貽工於詩詞,其從弟彭孫遹(號羨門)清康熙間舉博學鴻詞,詩文與王士禎齊名,時稱"彭王",而人稱"孫貽詩諸體皆工,而近體尤擅勝場,不在彭羨門下"。朱彝尊《明詩綜》譽其詩"弘深奧衍,窮變極奇"。《晚晴簃詩彙》選其詩數首,評云:"詩沈壯鬱勃,七言古間作初唐體,律詩亦偶涉宋法。"又稱其集"當與《松桂堂集》(彭孫遹著)并傳"。

此編以七言律絶體品題名花異草,凡百餘首,爲彭孫貽所自定少時作品。卷末署"男彭騫曾梓",知康熙間曾經刊刻,而刊本流傳罕見。清道光十四年(1834),因拜經樓主人吴騫有"玉簪香處是黄昏"句,友人陳鱣謂《茗齋百花詩》中詠玉簪一首,即檢出所藏鈔本奉閲品題。後陳氏又得刊本一帙,即送吴氏鑒藏。此本爲民國間北海圖書館據吴氏藏本鈔寫,前録陳鱣題識,首末摹"兔床經眼""拜經樓吴氏藏書"等印。(樊長遠)

閒窗集一卷

清彭琰撰。清鈔本。一册。半葉九行,行二十字,藍格。白口,四周雙邊。

彭琰,一作季琰,字幼玉,浙江海鹽人,彭宗礪之次女,諸生朱嘉生妻,邑增生朱正標、邑廪生朱毓期母。

明清時期,海鹽彭氏家族爲嘉興一帶的望族,有着詩詞創作傳統,比較有名的如彭孫遹、彭孫貽。家風所及,彭氏家族中也出現多位女詩人,如彭琬、彭琰、彭孫瑩、彭孫婧、彭貞隱。彭琰與姐姐彭琬并稱雙璧。著有《彭幼玉遺集》。《攜李詩繫》卷三十五中評價其詩不多見,而名句絡繹。王端淑則稱其才情兩足,似勝姊氏。姊惟幽艷,妹則英特而博大矣。

是書卷端署"海鹽彭琰幼玉氏著"。收録二十餘首詩，多爲七言律詩，如《西冷閨詠和姑溪吳巖子卞夫人原韻》四首、《懷王辰若陳夫人》《初春》等，表現了寄贈酬和、閨情春怨、詠物抒情、生活情趣等內容。其中《檇李詩繫》中收録的《懷王辰若夫人》《病春》，經比對，應爲此書中的《懷王辰若陳夫人》《病中》，且詩句有刪減。

（孟化）

嚴逸山先生文集十三卷存十二卷善餘堂家乘後編一卷

清嚴書開撰。清嚴氏寧德堂刻本。四册。半葉九行，行二十二字。白口，左右雙邊。

嚴書開（1612—1673），字三求，原名胤昌，自號逸山，浙江歸安（今湖州）人。父嚴爾珪，廣東參政。嚴書開八歲能文，弱冠舉明崇禎癸酉（六年，1633）鄉魁，師從汪偉。明清鼎革之後，杜門不出，與里中遺老三四人爲問道社，研習諸經濟神世之學。溧陽陳名夏、合肥龔鼎孳爲嚴書開同年友，皆入仕清朝，曾移書勸其出仕，而嚴書開堅拒。最愛讀昌黎文，其古文"遒健有法"。事迹見《南天痕》列傳三十一《逸士傳》。

此書原題《逸山集》。書前有黄周星序，稱"余尤賞其文心之秀異，服其理學之精純，至性深情纏綿婉轉……令觀者流連往復而不能已已"。《善餘堂家乘後編》前有清順治己丑（六年，1649）自序，云"予年未四十，師友親故之間所凋零泯滅一瞑"，是故編輯此書。

《嚴逸山先生文集》卷一收序文三十六篇；卷二收序跋、題詞二十八篇；卷三收尺牘十八篇，傳、贊、墓誌銘、碑記、記略等十七篇；卷四收策、疏、祭文、曾艷、贊等三十六篇，另有粵游日記二則；卷五爲比學雜記；卷六爲東游日記；卷七爲鳳山寓言；卷八爲濠上邇言；卷九爲東皋雜記、紀勝、開士録、紀夢等共十篇；卷十爲述懷紀略九篇并序一篇；卷十一爲草土罪言、煮香齋善後八法并序、苦次責序及前八責，其九至十二責未録；卷十二爲家傳，未刻；卷十三爲詩、補遺。

此書封面墨筆題"逸山集"。文集部分保存較好，家乘部分修補多且《施孺人

紀略》第六葉以後殘缺。（趙大瑩）

楚江蠹史不分卷

清嵇宗孟撰，清顧豹文、李天馥評。清康熙十年（1671）嵇氏立命堂刻本。二册。半葉七行，行十八字。白口，四周雙邊。

嵇宗孟，生卒年不詳，字淑子，號子震，又號髯道人，江蘇山陽（今淮安）人。明末清初詩人。明崇禎九年（1636）舉人。入清後，官溫州司李、餘杭知縣、武昌府丞、杭州知府。爲官期間，秉公理訟，興修水利，灌溉農田，尤重教育，創萬松書院。後乞歸。清康熙十八年（1679）薦舉博學鴻詞科，以疾力辭不赴。天資穎敏，善工詩翰，吳偉業稱其“絢爛飛揚，縱橫排傲之才人也”。著有《立命堂初集》《立命堂二集》《楚江蠹史》《文獻徵存録》《甌樂行田録》《武林校士録》等。顧豹文（1618—1693），字秀蔚，號且庵，浙江錢塘（今杭州）人。清順治十二年（1655）進士，授河南汝寧真陽知縣，後擢江西道御史。著有《世美堂集》《三楚秦議》《六書古韻》等。李天馥（1635—1699），字湘北，號容齋，河南永城人，原籍安徽桐城。順治十五年（1658）進士。歷官國子監司業，侍講學士，侍讀學士，詹事府少詹事，内閣學士，户部、吏部侍郎，工、刑、兵、吏部尚書，武英殿大學士。謚文定。著有《容齋千首詩》等。

嵇宗孟自序云：“歲在戊申夏四月，余自江陵驛浮采石過太白酒樓，歷千七里，達鄂渚，登黃鶴樓，再睹太白閣筆處，杭吳梯楚。每艤舟地，首繪圖，次編記，殿以詩歌，左拍右揖皆太白者。”由此可知，是書成於康熙七年（1668）嵇宗孟長江旅行途中。是書收録嵇宗孟所作《采石磯》《天門》《蕪關》《魯港》《螃蟹磯》《三山港》《舊縣》《坂子磯》《荻港》《八仙洞》《銅陵》《池州》《太子磯》《安慶》《馬當山》《小孤山》《九江》《田家鎮》《道士洑》《巴河》《青螺戲蚌石》《黃州》《漢口》《黃鶴樓》等詩文共二十四篇，并配版畫四十八幅。體例爲，前爲嵇宗孟記，次爲嵇宗孟詩，再爲鄭、李、顧及余泰（字次寅，浙江錢塘人）四人評，後爲嵇宗孟配圖。如鄭應曾跋語云：“《蠹史》一編，皆舟次所著者，二十四則中放情伸縮，記之、歌之、銘之。近古相雜,填詞間作,可爲枕中秘書矣。"通讀所載,可見嵇宗孟詩宗明中後期竟陵派,詩風孤峭,幽冷纖巧。

是書版心下鐫"立命堂"。卷首有康熙十年(1671)林嗣環題辭,另有李天馥、朱在鎬序。林嗣環,字鐵崖,福建晉江人。順治六年(1649)進士。歷任廣東提刑按察司副使,分巡兵備道兼理學政等。後久客杭州,以《口技》篇名於世。朱在鎬,字其在,江蘇松江(今屬上海)人。舉人,由廣信推官降授饒州知事,康熙十一年(1672)署安仁知縣。著《師柳堂雜録》。卷末有鄭應曾跋。卷首、卷端鈐印"長樂鄭振鐸西諦藏書",卷末鈐"長樂鄭氏藏書之印"印。另,書中"絃"字未避諱。

誠如李天馥序曰:"游而能繪,繪而能記,記而能詩,髯公一人耳。"是書圖文并茂,詩畫精雅,既是詩文合集,又爲地理游記,文史價值兼具。(柳森)

聿修堂集不分卷

清藍潤撰。清鈔本。四册。半葉八行,行二十字,無欄格。

藍潤(?—1665),原名滋,字海重,號鳧渚、農叟,山東即墨人。清順治三年(1646)進士,官至湖廣布政使。《[同治]即墨縣志》有傳:"選庶常,歷陞侍從。督學江南,務拔寒畯,絶請托,士風文體爲之一變。轉福建右參政,海寇猝攻榕城,時已丁外艱謝事,尚在圍城中,急率家僕守水部門,間出擊賊,賊遁去。後補廣東左參政,招降蘆田、橫水諸寇。尋秉臬江右,多所平反。歷升山西、湖廣布政使。"《四庫全書總目提要》謂藍潤"爲江南學政時有《視學録》,爲福建參政時有《視閩紀略》,爲廣東參政時有《入粵條議》,爲江南按察使時有《臬政紀略》,今皆未見",可見藍潤所著書清乾隆時便已不易見。艾思仁(J. S. Edgren)藏有順治十八年(1661)藍氏自刊本《臬政紀略》《入粵條議》二書。

此書以文體分類。首册爲詩集《玉署吟》《東郊吟》,前者作於順治前期任職翰林院期間;後者作於清康熙三年至四年(1664—1665),時罷職鄉居。第二至四册爲制草、疏、序、引、記、檄文、約、墓誌、傳、銘、祭文、書啓、家言。詩文多酬應之作,但多記仕履交游、政務見聞,如《甲午科江南考卷清風序》《視閩紀略小引》《入粵道中記》等,不無史料價值。

書後有康熙三十二年(1693)藍潤幼子藍啓延跋,謂此集爲其"先兄啓亮所輯録",啓延又"搜舊篋,復爲增益,分類成集",擬付梓,但刻本未見著録。此本當爲藍氏族人所鈔存者。

卷端鈐"聖清宗室盛昱伯羲之印"朱文方印。（劉波）

陸菊隱先生文集十五卷詩鈔一卷

清陸元輔撰。鈔本。五册。半葉十二行,行二十一字。

陸元輔(1617—1691),字翼王,因仰慕陶淵明之爲人,自號菊隱,江蘇嘉定(今屬上海)人。明諸生。治學重考據,博聞强記,爲同里名儒黄淳耀入室弟子。明亡不仕。清康熙十八年(1679),召試博學鴻儒,罷歸。家富藏書,手跋宋元明人經説數十種。著有《禮記陳氏集説補正》《十三經注疏類鈔》《續經籍考》等書,并傳於世。事迹具《清史列傳》卷七十三《儒林傳》。

此書有文集十五卷,爲其弟子侯開國所編,包括其所作賦、經論、理學論文、序記、書札等,文章倜儻,持論嚴正;又詩鈔一卷,爲後學戴鑑輯,其中與陳瑚、陸世儀唱和最多。陸氏著述宏富,但刊刻者不多,大多爲輾轉傳鈔以行於世。此本係據清嶧城川學齋黄氏鈔本鈔寫,前有陸時隆、秦倬、汪景龍、張揆方、陳瑚、蘇淵、朱日濬、吴秋等友朋序文。（樊長遠）

春暉堂詩一卷

清李斐章撰,清李克若編。清三十六硯居鈔《李詩集遺》本。

李斐章,字茂先,號簡庵,山東樂安(今廣饒縣)人。生員。《[民國]續修廣饒縣志》卷十九有小傳。

此書爲清乾隆間李克若所編《李詩集遺》之一種。封面題"乘州李氏家集",卷端題"遺詩春暉堂卷之二"。

此書以體裁分類,計五言古、七言古、五言律、七言律四類。據書前李焕章《弟簡庵春暉堂詩序》，李斐章“少時好弄游戲，雖經、史、子、諸家集，曰在案，涉其意、覽其概而已。兵火後游於外，數年弗歸，歸則負一笈，笈皆詩”，有客燕詩、塞上詩、南中詩、酬西詩、稷下詩、皮丘馬井詩、洋水纖水詩等名目，則此書所收僅其詩作之一鱗半爪而已。（劉波）

潛滄集五卷

清佘一元撰。清刻本。二册。半葉十行，行二十一字。白口，四周單邊。

佘一元，字占一，號潛滄，直隸山海衛人。清順治四年（1647）進士，官至禮部郎中。《潛滄集》卷數各家著錄不一，《畿輔通志》《清朝文獻通考》著錄爲八卷，《四庫全書存目叢書》著錄爲七卷，《販書偶記續編》著錄爲四卷。

此本爲五卷，刊刻於清初，卷一、二及卷三前七葉配鈔本。卷首爲鈔錄提示：“内共十五篇，挨寫不空行。‘佘潛滄四書解’，卷中首行及中綫魚尾上俱寫此六字，後‘四書解’三字删去。”卷首書“潛滄集卷之一”，下署“榆關佘一元占一著”，開篇即爲《四書解》。卷二前有史夢蘭題寫：“此集共採十七篇入志，内有目錄，祈教局照辦。錄完時幕即擲下以便繳還原主。書紙焦脆，翻閱時須小心。”鈐印“史夢蘭印”。後爲修訂説明及第三卷前七葉。第二册從卷三第八葉始，爲刻本。刻本部分間或有缺葉。此書收文類型頗多。卷四首鈐有“敦倫堂”印。（陳紅彦）

盤谷集一卷

清釋智樸撰。清康熙刻本。半葉十行，行二十字。黑口，四周單邊。

釋智樸，號拙庵，又字質庵，俗姓張，號松庵，江蘇徐州人。明崇禎時裨將，曾隨洪承疇戰於松山、杏山間，敗而逃。清康熙十年（1671）北游，愛盤山丘潤，居此間爲僧四十餘年。盤山在今天津市薊縣，舊建有盤谷寺，清代又稱青溝禪院，智樸又稱“青溝和尚”。康熙二十五年（1686）智樸受康熙皇帝召見，并有奉和康熙皇帝的詩作，名噪一時，與當時著名文人王士禛、朱彝尊、洪昇等多有往來唱和，時人黄元治稱“士大夫之有道者益相率樂與拙公游，且喜讀拙公之詩”。

　　本書前有康熙四十年(1701)黄元治序,卷首題"盤山智樸拙庵氏著　濟南王士禎阮亭批點",所收詩二百七十三首,均爲智樸居盤山時所作,似隨手收録。其詩先後次序不是依體裁類編,也没有嚴格按照年月次第。詩的内容廣泛,有記山居歲月閑適生活之詩,如《立春日作》"一年又是一年春,華髮蕭蕭兩鬢新。獨有梅花盆内放,十分春色更宜人",《得丙子新曆有作》"豆葉閑中煮,山泉静裏煎。看經隨意解,祇恐費周旋";有寫畫盤山景物之詩,如《雪》"黏松猶歷落,點水轉霏微",《松坳》"幽谷人不到,青松一望深。有時磐石上,坐聽海潮音",《巢雲軒》"雲爲我作巢,我爲雲作主。軒開雲不來,散作人間雨";有與友人交游往來酬唱之詩,如《同諸子坐巖頭看杏花分得前字》"人生最好春三月,紅杏花邊放杜鵑",《酬馮檢討勉曾見寄》"幻身消白日,隨意住青溝";也有述記僧侣日常及僧人修行的詩,如《示禪人四首》"正打傍敲總不知,可憐誰復問歸期。長空雁字分明寫,都是霜天入夢詩",《味懷净土詩》"隨心皆豫悦,是物盡生成。歷遍恒沙國,何曾動步行"。體裁涵蓋五言絶句、七言絶句、五言律詩、七言律詩、五言古詩等,尤以七言絶句爲多。

　　黄元治評其詩"穆然以静,渾然以深,豁然而洞達,悠然而雋永,皎潔無滓,輘轢群言"。王士禎則稱智樸"於詩者最工"。宋犖亦謂其詩"隨地説法,動成天籟"。智樸詩集存世不多,沈德潛稱"其詩不多見"。清光緒間釋含澈編《方外詩選》,僅輯智樸詩一首。徐世昌輯《晚晴簃詩彙》求其集而不得,僅據所著的《盤山志》録入。

　　除《盤谷集》外,智樸還編有《盤山志》十卷及《補遺》四卷(天津圖書館藏),盤山有志,自智樸始,此書因得王士禎、朱彝尊"討論考訂,廣搜博採",而流傳頗廣。此外尚有《清溝偈語》一卷(國家圖書館藏),《盤谷詩集》二卷、《辛壬蔓草》一卷(上海圖書館藏),《盤谷後集》一卷(中央民族大學圖書館藏),又存《盤山盤谷寺拙庵樸禪師尺牘》一卷(中國人民大學圖書館藏)。其他如《駕幸青溝恭紀》一卷、《存誠録》一卷、《二刻》一卷、《臺山游》一卷、《電光録》一卷等,今皆不存。(程佳羽)

噴雪軒集 存五卷

　　清釋大權撰。清刻本。三册。半葉八行,行十七字。白口,四周單邊。

釋大權（1618—?），字葉紗，俗姓吳，江西青原僧，廣昌人。九歲出家於本邑大覺寺，受戒於捧山。生平見《五燈全書》卷一百十八。

此集原卷數不詳，僅殘存卷三至七。依體分卷，卷三爲五言律，卷四爲五言絶，卷五爲七言律，卷六爲七言絶，卷七爲詞。所缺前二卷當爲五言古、七言古。詩約起於清順治元年（1644），迄清康熙二十三年（1684）。各卷大致依寫作先後編排。據卷七康熙十九年庚申（1680）所作《自慶詞》“六十三年，大半山林”及卷五《甲子元旦》詩“甲子周來月建寅，吾生戊午卯逢辰”句，知其康熙二十三年時年已六十七，其後行蹤不詳。集中唱和、酬贈詩頗多，可考見釋大權與清初僧釋、名家之交往蹤迹。據《清人別集總目》，此集僅國家圖書館藏有殘本，世所罕見。（樊長遠）

坐秋軒集十五卷

清陶鑄撰。清康熙二十三年（1684）陶溶刻本。三册。半葉九行，行二十字。白口，四周單邊。

陶鑄，生平不詳，大抵生活於明末清初，字子固，吳興人。爲縣學教諭，“以教學終其身”（見陶溶跋語）。

此集爲清康熙刻本，封面鐫“吳興陶子固著　坐秋軒文集　本衙藏本”。前有閔聲《序》、清順治壬辰（九年，1652）傅維鱗《送陶子固先生南遷序》，後有陶鑄之子陶溶康熙二十三年（1684）跋，并附康熙六年（1667）陸炯、邵昌齡等撰《請祀名宦呈移》。全集共十五卷，其中包括文十三卷，詩兩卷。序文稱陶鑄之文上追漢魏及諸子百家，“起八代之衰”，洗六朝之金粉；其詩多爲詠物、唱和、感懷之作。

此書鈐“莼丁”“張蘭言印”“希範韓氏家藏”“蕙湖漁者”“蕉雨軒”等印。（馬琳）

雪亭文稿不分卷詩稿不分卷

清魏一鰲撰。稿本。三册。

魏一鰲（1613—1692），字蓮陸，直隸新安（今河北保定）人。理學家。明崇禎舉人。曾官山西忻州知州，爲官時禮賢下士，多施惠政。明亡後不願爲官，清順治十三年（1656）丁憂期滿，退隱保定。魏一鰲擅書法，與思想家、書法家傅山交從甚密，留存有往來手札，亦與湯斌、耿介等有來往。曾向清初大儒孫奇逢問學，并於孫奇逢所居河南輝縣夏峰村之兼山堂旁築室而居，名曰雪亭，問學期間嘗隨孫奇逢於百泉書院講學。魏一鰲治理學，推崇王守仁心學思想，曾摹刻《王陽明詩碑》，并於保定捐奉創建王陽明先生祠，其《四書偶録》《北學編》爲清初理學“夏峰學派”代表性著作。魏一鰲以整理先賢、師長著作及明英烈史料爲己任，并參與修建先烈祠，今留存其《重修忠烈祠記》一篇。另有《詩經偶録》《夏峰年譜》《雪亭夢語》《雪亭詩草》等作品。

書分三册，《雪亭文稿》共二册，《雪亭詩稿》一册。

《雪亭文稿》收游記，如《游抱陽山記》等多篇；傳記，如《張刺史傳》等多篇；另收墓誌銘、墓表、題記、序（志序、詩序、刻書序等）、跋、引、行狀、逸事、族譜等數篇。文中有墨筆及朱筆句讀、圈點、修改多處。

《雪亭詩稿》卷前有王胤祚《詩序》一篇，言魏一鰲退仕，“寄趣於詩酒之間，以發舒其牢落”，且“借題寓意，因時感事”，謂其“自抒性靈者矣”。魏一鰲詩，力逮風雅，追從李杜，區別於明初“前七子”李夢陽、何景明駢文之華麗，亦不同於明萬曆年間竟陵派鍾惺及譚元春之玄淡，自成一家，擲地有聲。《雪亭詩稿》收詩二百餘篇，有村居、游賞詩，如《夏日村居》《田間刈麥》《游蒼巖山》，亦有贈答詩、賦、悼挽詩等。《雪亭詩稿》爲研究傅山、傅山與河北學人的交游及其書法演變提供了重要文獻資料。（戴季）

鳧盟集八卷

清申涵光撰。清順治刻本。一册。半葉八行，行十八字。白口，四周單邊。

申涵光（1618—1677），字孚孟，號鳧盟、聰山，直隸永年（今河北省永年縣）人，明太僕寺丞申佳胤長子。十五歲時補諸生。明崇禎十六年（1643）李自成破北京後，其父申佳胤殉國。申涵光奉母避難至南京，清順治二年（1645）北歸。入清後，先後以孝行、隱逸徵,皆堅辭不就。隱居於沙河縣廣羊山。著有《聰山集》《荊園小語》等書。生平見《清史稿·文苑一》,其弟申涵煜、申涵盼著有《申鳧盟先生年譜》。

申涵光少年時即以詩名河朔間,其詩以杜甫爲宗,兼採高、岑、王、孟衆家之長,曾云:"詩以道性情,性情之真者,可以格帝天,泣神鬼。若專事附會,寸寸而效之,則啼笑皆僞,不能動一人矣。"王士禛在《漁洋詩話》中稱其開河朔詩派。《鳧盟集》是順治間申涵光自刻本,有王崇簡、范士楫《序》及申涵光《凡例》。録順治元年(1644)以來十年間之詩作,按五言古詩、五言律詩、五言排律、七言古詩、七言律詩、五言絶句、六言絶句、七言絶句體裁編排。其詩多流離憂患澤畔之音。（樊長遠）

春酒堂詩六卷

清周容撰。清康熙三十六年(1697)董孫符鈔本。一册。半葉九行,行二十三字,無格。

周容(1619—1679),字茂三,號鄮山,一號躄翁,鄞縣(今浙江寧波)人。明諸生。明亡後,周容放浪湖山,一度爲僧,但同時與抗清義軍關係密切,時常來往於海上諸營之間,日夕飲酒,狂傲不羈,時人比之徐文長。清康熙朝舉博學鴻儒,朝内諸臣爭相力薦,周容"以死力辭"。康熙十八年(1679)卒於京邸。周容詩宗杜甫,錢謙益稱贊其詩"如獨鳥呼春、九鐘鳴霜,所見詩人無及之者"[1]。有《春酒堂詩集》《春酒堂文集》及《春酒堂詩話》。

全祖望《周徵君墓幢銘》及《清史列傳》卷七十稱周容有詩集十卷,今不見十卷本,可知其作品散佚頗多。此本爲清康熙董孫符鈔本,前有董氏序及周容自序,朱筆評點。周容在自序中稱當時"隨録隨焚",保留下來的作品不足十分之三,"讀余詩者苟有能咨嗟婉轉,於是則録者之中即可得焚者之意,予始不悔存詩矣"。此本共六卷,收詩四百六十一首,其中五言古一百二十三首、七言古七十首、五言律一百

---

[1]　(清)全祖望:《周徵君墓幢銘》,《全祖望集彙校集注》,上海古籍出版社,2000 年版,第860 頁。

四十六首、七言律一百四十六首、五言絶一百四十二首、七言絶七十五首。除此本獨以詩存外,另有補不足齋鈔本《春酒堂詩文集》不分卷,現藏中國社會科學院文學研究所。一九三二年,張壽鏞將馮貞群據各藏本所輯《周容遺書》收入《四明叢書》,名爲《春酒堂遺書》,包括文存四卷、詩存六卷、詩話一卷,其中詩作多達一千一百二十六首,是迄今收録周容作品最爲完備的著作集。

此書董序後鈐"董孫符印""漢竹氏"印。（馬琳）

十峰詩選七卷二集七卷史論一編七卷存六卷

清錢肅潤撰。清康熙刻本。三册。半葉九行,行二十字。白口,左右雙邊。

錢肅潤（1619—1701）,字礎日,一字季沐,號十峰主人、東林遺老,江蘇無錫人。諸生。明亡首位殉節官員馬世奇的弟子,入清後隱居十峰草堂教授。清順治十一年（1654）,因不改明代服飾,被捕解南京刑訊,折一足,從此自號"跛足生"。清康熙十八年（1679）,薦鴻儒,不就。與顧炎武等結驚隱詩社,集四方能文遺民。輯《南忠記》《泰山詩選》《闕里詩選》《文溦》等,著《尚書體要》《道南正學編》《聖門表微録》《燕臺小品》《十峰詩選》等。

是書《十峰詩選》七卷,收錢肅潤所作詩二百七十九首。目録題"自乙酉至丙午",知爲順治二年至康熙五年（1645—1666）所作。卷首有錢謙益、馬瑞、錢陸燦序,另有吳懋謙、龔策、黃錫朋等三人詩評及嚴沆贈言。錢謙益序稱"礎日,其真理學氣節文章中人也"。錢陸燦序云"丙午,刻《十峰詩選》成",可知,《十峰詩選》刊於康熙五年（丙午,1666）。

《十峰詩選二集》七卷,有吳伯成、周龍甲、湯調鼎序,另附蔣超、梁鈜、王士禄等三人書札,并有曹爾堪、施閏章、宋德宜、嚴我斯、李天馥、程康莊、湯調鼎、顏泰颺、紀映鍾、戴本孝、吳啓思、顧有孝等十二人題辭。據王士禄庚戌年書札載"昨承手諭并示尊刻及新著",則知《十峰詩選二集》刊於康熙九年（庚戌,1670）。

《史論一編》七卷,有高世泰、陳瑚、陳維崧、董闓、秦松齡、錢中諧序,其中,卷一論,卷二記,卷三序,卷四書,卷六碑,卷七文,惜闕卷五。自卷二起,版心上題"十

峰文選"。（柳森）

破夢齋詩草

清王鍈撰。清鈔本。

王鍈,生卒年不詳,字伯和,號樸齋,山東諸城人。清順治六年(1649)進士,授翰林學士,歷官戶部浙江司主事、員外郎、雲南司郎中,進江西饒州道參議,升貴州按察使,清康熙二年(1663)任江南布政使。事迹載康熙十二年(1673)《諸城縣志》卷七《人物》。

是書前有唐夢賚《王樸齋方伯詩序》及康熙三年(1664)王鍈弟王鉞《破夢齋詩叙》。據王鉞《破夢齋詩叙》中的記載,王鍈以順治十五年戊戌(1658)入粵,"歷洞庭、九疑,涉灘瀧三百,擊檝灘江,止於蒼梧",後遷官雲南,中間歷時三年,此集所收即其間所作,歸後編次成帙。詩近百首,"皆一時抒寫性情,刻畫面目而出之者",多涉及廣東史事。後有《雪梅十詠》、王鉞《破夢齋詩跋》、王鍈《自序》,附《落葉詩三十韻》。

此詩集原由王鉞校正鏤版,而刻本傳世頗爲罕見,此本係據康熙刻本傳鈔者。（樊長遠）

西村草堂集七卷

清周志嘉撰。清徐氏煙嶼樓鈔本。一冊。半葉十行,行二十一字,小紫格。左右雙邊。

周志嘉,字殷靖,一字崧庵,號蝸廬老人。年十六授知於華夏之門,華夏遇難,周志嘉亦從此不試。全祖望對其詩歌藝術做了高度評價,認爲"周氏當國變耆舊極盛,唯一先生尤稱詩老"。晚年縱情山光溪水,著有《蝸廬集》《西村草堂集》等。

煙嶼樓,清徐時棟藏書樓名。徐時棟,字定宇,浙江鄞縣(今寧波)人。清道光舉人,官內閣中書。家藏書六萬卷,築煙嶼樓儲之,校讀精審。著有《煙嶼樓讀書志》《煙嶼樓筆記》等。

首爲作者自序,稱年少時"得從囊雲先生游,先生者,予諸父而執友也,同居西村",并云"丁酉秋杪,忽偕雪寶解齋大師過予草堂看菊。翌日復招游南郊,既又相携入雪寶,盤桓招提竹屋中二十餘日,隨過囊雲因命予學詩。於是,十年來數入囊雲,必經旬或踰月始出,先生亦數返西村。予不入先生不返時,必互詢其往來於一函,函必詩,……而先生又於辛亥下世矣",作詩遂"止於辛亥,爲《西村集》",并慨嘆先生没而西村不復爲西村也。

正文分五言古詩、七言古詩、五言律詩、七言律詩、五言絶句、七言絶句、詞七卷,各卷多寡不一,"筆迹清晰,鈔録精審"。

鈐"鄞徐時棟柳泉氏甲子以來所得書畫藏在城西草堂及小北閣中""孟顒""甬上""子者其遷居西爾""伏跗室藏書印"等印。知曾爲伏跗室舊藏。伏跗室爲浙東現代著名藏書家、目録學家馮孟顒的藏書樓。（陳紅彥）

大剛集二卷

清俞塞撰。清康熙刻《兩孤集》本。一册。半葉十行,行二十一字。白口,四周雙邊。

俞塞(約 1612—1661),字吾體,號無害,一號大剛,婺源(今屬江西上饒)人。性孤介,好讀書,終歲旅食,晚歲游芑山張自烈之門,改姓獨孤以見志。精究易理,善醫,著《易瘄》《詩起》《四書心詁》《理學資深録》《醫易》等,均佚,其詩多奥險有别致。生平參見《［康熙］徽州府志》《［乾隆］江寧新志》。

是書卷端題"芑山張先生閲定","獨孤塞吾體著　弟聃鷹中校"。書首有清康熙十七年(1678)俞聃《弁言》。書末有《芑山先生自序》,乙卯(康熙十四年,1675)張自勳《芑山先生文集跋》,二篇實應屬張自烈所著之《芑山先生文集》。蓋因《芑山先生文集》與此書均爲俞聃所刻,而誤裝彼書二篇序跋於此書。

《大剛集》分上下二卷,卷上收五言古詩、七言古詩、五言律詩,卷下收七言律詩、七言絶句、贊。是書爲俞塞弟俞聃輯存文稿而後刊刻,俞聃《弁言》述俞塞生平及是書編刊云:"兄賦質巉峭外介而内和,允稱毅然有道之士也。兄行年五十,流離奔竄，未有寧晷，至一腔熱血發憤人間，雖千年獄底光芒亦難罕露其狀。聘始交而讀兄詩，即懼人存而詩亡也，亟於兄篋覓全稿貯之。無何兄遽以疾盡，而余十七載之窮愁顛沛所爲，咨嗟嘆詠於是詩者，未嘗瞬息不流連反覆，性摯而情深也。繙閱數過，校授剞劂。”

是書僅見此一部傳世。鈐“松坡圖書館藏”印。今藏國家圖書館。（李文潔）

蘇子後集七卷

清蘇先撰。稿本。一册。半葉十二行，行二十四字。白口，四周單邊。

蘇先，字子後，江蘇蘇州人。明末清初畫家、詩人。隱居虞山數十年，凡數次徙居，室名綠榆館、陋石齋、清沁山居等。善畫人物仕女，詩亦艷麗。與同邑錢謙益、瞿式耜等人交游，明天啓中曾從錢謙益游北京。

本書爲作者謄鈔稿本，凡詩六百四十三首、詞十八首、賦兩篇。皆爲明末之作，自萬曆後期至崇禎中，以時間編次：卷一爲萬曆三十二年至天啓元年（1604—1621），作於蘇州、池州府石埭縣（今安徽省石臺縣）、江西吉安府（今江西省吉安市）等地，共有詩八十七首、賦兩篇；卷二爲天啓二年（1622）至崇禎元年（1628）初，作於蘇州、揚州等地，凡詩九十七首、詞十六首；卷三爲崇禎元年四月至四年（1631）十月，作於蘇州、徽州等地，收詩八十三首；卷四爲崇禎四年末至六年（1633），亦作於蘇州、徽州等地，共有詩九十八首、詞兩首；卷五爲崇禎七年（1634）至八年（1635）初，均作於蘇州，詩八十首；卷六爲崇禎八年五月至十年（1637）三月，亦均爲蘇州之作，詩一百零八首；卷七則爲崇禎十年四月至九月之作，作於南京、鎮江、蘇州等地，詩九十首。

集中有墨筆、朱筆圈點修改，應先墨筆、後朱筆，朱筆刪除部分詩作，蓋爲作者自編訂詩集所爲，詞全刪，刪詩一百二十八首，故以作者之意，當存詩五百一十五首、賦兩篇，均於其首句葉眉鈐“選”字小印。墨筆於若干首詩後題“以上（已上）若干首作於何時何地”，據此可考訂作者生平事迹，知人論世解其詩意。朱筆刪定後於數字有修改，又於每卷末題寫本卷所存詩總數，偶有數未符者，蓋爲作者數算之誤。

詩以律詩爲主：七律三百五十一首、五律一百三十六首；次則古體：七古三十七首、五古五十二首；再次絕句：七絕五十一首、五絕十二首，餘則六言詩一組三首、五言排律一首。大部作於蘇州，描寫吳地風光、隱居情懷，多有與同邑文士次韻酬唱之作，尤以錢謙益、瞿式耜最多，又有馮夢龍、蔣鑌、俞琬綸、陳元素等人，皆吳中名士。文辭艷麗，體式工整，寫景詠懷迭有佳句，特以律詩對仗二聯爲妙句。

此集從未刊刻，作者詩畫皆不傳於坊間，本書爲作者自編訂稿本，彌足珍貴。書衣題寫書名“蘇子後原集”，并題跋一篇，寫於清光緒二十九年癸卯（1903）六月，文中引蘇州方志概述作者生平并點評本書，爲清末翁同龢手迹，更見珍奇。（謝非）

顧頷集十卷

清吳騏撰。清鈔本。五册。半葉九行，行二十四字，無格。

吳騏（1620—1695），字日千，號鎧龍，江蘇華亭（今屬上海）人。明崇禎時諸生。吳氏自幼聰慧，少有才名，讀書過目成誦，號爲神童。其人善詩文，曾受教於幾社領袖陳子龍、夏允彝等人。明亡後，曾幾度絕食自盡，終生不仕，以遺民終老，世稱高士。《〔乾隆〕江南通志》卷一百六十八有傳。

該書爲吳騏詩文集，首有王光承叙，次爲自序，分風雅體、樂府、七言古詩、五言古詩、七言律詩、五言排律、七言排律、五言絕句、七言絕句、詩序、壽序、雜序、賦等體例，共録詩文六百八十篇。吳氏之詩內容龐雜，詩文唱和、詠史誦物及游歷所感均有涉及。因遭逢明清易代，其詩多懷怨憤思念之情，其文亦多抒發亡國之痛，詞語真摯感人。吳騏所作風雅體及樂府頗有古風，其詩雖多應酬唱和之文，然文字質樸真切，爲清代詩文佳作。

該本原文有殘缺，中有朱筆圈點校注。其校注點評多中肯之語，亦交代詩文創作緣由，疑爲吳騏本人所注。該本“玄”字不避諱，應爲清初鈔本，則該本鈔録之際吳騏應正值壯年，爲是書現存最早版本。

鈐“秀水顧氏樊桐山房藏書之印”“東吳顧生”“癡絕生”“樊桐”“海寧楊芸士

藏書之印""古潭州袁卧雪廬收藏"諸印。曾爲顧列星、楊文蓀、袁芳瑛舊藏。（賈大偉）

顧頷集八卷

清吳騏撰。清鈔本。一册。半葉十一行，行二十一字，無格。

該書爲吳騏詩文集，首爲王澐《顧頷集序》，次爲王光承《顧頷集序》，次爲《自序》，分樂府、五言古詩、七言古詩、五言律詩、七言律詩、五言排律、五言絕句、七言絕句八種體例，共録詩文五百首。吳氏曾學詩於陳子龍，故其詩亦宗陳氏，然有所自創，亦不盡沿其派。朱彝尊謂其詩"力崇正始，沉厚不佻，詞温雅澹蕩，間有傷格處，則一時風尚如此"。吳騏之詩多崇古風，其五言古詩、七言古詩多仿魏晉之詞。

該本較十卷本少録詩一百八十首，未收吳騏所作詩序、壽序、雜序、賦等篇章。而五言律詩則較十卷本多出五十一首。據王澐《序》云："門諸子裒次其詩，將謀諸梓，請余序之。余曰：是，非吳子之意也。諸子曰：唯唯否否，先生平日作詩隨手散佚，不復省視，我曹相互傳録，因以成集，先生見之，手加删削，自序其端。"知此書爲吳騏歿後，其弟子據其意而編訂成書。該本有朱筆眉批校注，對詩句多有品評，或叙其作詩背景，或論其語句得失，對其詞句未當之處，亦有批評。鈐"曾在海虞沈氏希任齋""彦民過眼"諸印。（賈大偉）

廣陵舊迹詩一卷

清郭士璟撰。清焦循鈔本。一册。半葉十一行，行二十四字。

郭士璟（1620—1699），字飲霞，號眉樞，江蘇揚州人。清順治十二年（1655）進士，官常州府教授，擢國子監助教，遷工部屯田司主事，出督江西九江關稅。晚得痺疾歸養。著有《廣陵舊迹詩》《句雲堂詞》等。

揚州古稱廣陵，此集以絕句題詠揚州山水舊迹近百首。前有清康熙十一年（壬子，1672）其友人桑豸《小引》，稱其詩"或香艷，或蒼凉，或領異標新，或悲歌慷慨，間雜成文，則皆飲霞借詩以自行其胸臆者也"。此集并未刊刻，輾轉傳鈔以行世。

此本爲清嘉慶間著名學者焦循手鈔本,鈐有"焦循手録"印。民國二十九年(1940)抗日戰爭期間,鄭振鐸先生等在上海發起成立"文獻保存同志會",秘密搶救和保存了一大批珍貴古籍。據《爲國家保存文化——鄭振鐸搶救珍稀文獻書信日記輯録》[①]所收上海"文獻保存同志會"第五號工作報告所載,此書即其中之一。

此書卷端鈐"陳瘦喦章"印。(樊長遠)

願學齋文集四十卷

清黃與堅撰。清鈔本。六册。半葉十二行,行二十四字。有朱筆批校。

黃與堅(1620—1701),字庭表,號忍庵,江蘇太倉人。清順治十六年(1659)進士,授推官,旋以奏銷案罷。清康熙十八年(1679)應博學鴻詞試,授翰林院編修,擢詹事府贊善,二十七年(1688)典貴州鄉試。

此集正文前有陳廷敬《願學齋文集序》、熊賜履《願學齋文集序》、湯斌《忍庵集文稿原序》。湯《序》後有黃與堅《跋》,言及三篇序言之原委。據序、跋可知,此稿共一百一十卷,爲《忍庵自定文集》。忍庵(黃與堅)認爲當時繫心文道之人莫若陳廷敬、熊賜履、湯斌、魏象樞四先生,於是求序於四人。然湯、魏二人不時即世,故文前僅有陳、熊二序及湯斌《忍庵集文稿原序》(舊序作於康熙二十二年,1683)。序、跋多談文道關係及忍庵文章宗奉,"略與詞,而推原義理"(忍庵跋語),延及其治學爲人。湯《序》稱:"康熙戊申遇黃忍庵先生於錫山,以所著《忍庵集》見示。當是時,吳中文章家方以聲華浮艷相高,而先生獨原本經術,以古人爲繩尺……今觀《忍庵集》中圖書象數之奧,性命理氣之微,闡發幾無遺蘊。禮樂兵刑、漕渠水利、盛衰沿革、名物度數,無不究極原委,期鑿鑿可見諸施行,其斯爲體用兼全之學也乎? 其爲文也,醇雅而不冶,簡質而不繁,謹嚴而不誇……先生操履端靜,雖出入禁林,官稱侍從,而所居委巷版門,竟日無剥啄聲,凝塵蔽榻,寂寞著書,刻苦要眇,如窮愁專一之士。蓋其志量遠矣。其人如是,其文如是,豈可僞爲哉?"

---

① 鄭振鐸著,陳福康整理:《爲國家保存文化——鄭振鐸搶救珍稀文獻書信日記輯録》,中華書局,2016 年版。

全書正文四十卷，卷前有總目，總目下題"婁東黃與堅庭表氏著　別號忍庵"。正文包括經解、論、議、考、説、志略、策問、賦、表頌、書、記、序、傳誄、墓誌銘、碑表行狀、題詞跋贊共計三百九十七首。目錄後題寫"同里浦泰惺廬氏本姓謝　雍正六年歲次戊申三月上巳日鈔録　識於王館中　計五百八頁"。

另，日本内閣文庫藏清刻本《忍庵集文稿》二十卷，中國臺北"中央圖書館"藏清雍正五年（1727）婁東謝浦泰鈔本《忍庵集文稿》不分卷。《中國叢書綜録》載《太倉十子詩選本》〔順治刻本和民國二十二年（1933）太倉圖書館排印本〕，録有《忍庵集》一卷。蘇州大學圖書館藏有康熙十六年（1677）刻《忍庵集》二十六卷，存十七卷。（徐慧）

射山詩鈔

清陸嘉淑撰。清鈔本。二册。半葉十行，行二十六字。

陸嘉淑（1620—1689），字孝可，又字冰修，號辛齋，又號射山，浙江海寧人。明諸生，入清不仕。與查繼佐、黃宗羲、王士禎等交往唱和。晚游京師，清康熙十八年（1679）以博學鴻詞薦，不就。

陸嘉淑生平詩稿不下萬首。《海昌陸氏譜傳》稱，其詩已刻者有《書華草》一卷、《厄言》一卷、《帶星堂集》一卷。未刻者有《離絃集》二卷、《未申集》九卷、《丁戊集》一卷、《己庚集》一卷、《穀堂焚餘草》四卷。然所刻多毀於水火，流傳絕少。今多以鈔本流傳。中國科學院圖書館（今中國科學院文獻情報中心）藏有舊鈔本《射山詩鈔》一册、《辛齋詩鈔》一册，浙江圖書館藏管庭芬跋鈔本《射山詩鈔》一册、清鈔本《辛齋稿》一册、清鈔本《陸射山七律詩鈔》，中國臺北"中央圖書館"藏舊鈔本《射山詩鈔》一册。據《海昌陸氏譜傳》記載，陸嘉淑又有《問豫堂文鈔》十二卷，今不見蹤迹。另還有《辛齋遺稿》二十卷，未加印行，即燼於火，今不可見。

本書第一册卷端題"射山詩鈔"，題名下鈔"乙未起　丙申止　附焚餘詩草"。可見本册鈔録清順治乙未年（1655）至丙申年（1656）的詩歌，主要包括樂府、五言古、七言古、五言律、七言律、五言絕六種詩體。文中有朱筆校改，如首卷五言律《即事》一篇頷聯"年歲長自遣,心事向誰憐"中"憐"字紅筆圈出,墨筆改爲"傳"。

書中鈐"周氏家藏""有髮頭陀""舒渠"等印。

另,上海圖書館藏有清乾隆十四年(1749)海鹽張伯魁刻《射山詩選》不分卷,收順治十二年乙未(1655)及十三年丙申(1656)兩年的作品,疑與此鈔本内容相同。(徐慧)

射山詩鈔一卷燕臺剩稿一卷

清陸嘉淑撰。清鈔本。二册。半葉八行,行二十字。

本書第一册書名葉題"皇慶戊午年　射山詩鈔　愛日軒藏本"。前有同鄉佚名所作《射山詩鈔序》,似爲鈔録者。陸嘉淑先生詩名天下,然詩作流傳甚少,《序》中交代此鈔本的底本來源:"家大人曾從親串中搜得二卷,一爲《燕臺剩稿》,凡二百餘首,其一數亦如之,此卷乃余得之故交者,蓋四百餘首。"又稱"至冰叟詩,大都從其稿底中録出,草書縈結,多不復識,故殘闕爲甚,未敢臆補,胥仍舊云"。可見鈔本應多有殘闕處。《序》後有《總目》,可知正文包括五言、七言古詩,五言、七言絶句,五言、七言律詩,共二百一十一首,其中古詩七首,其餘均爲近體詩。《總目》後有詳細目録。

第二册書名葉題"皇慶戊午鈔　燕臺剩稿　愛日軒藏本"。前有清康熙二十年辛酉(1681)夏日冰叟自志《燕臺剩稿隨録序(戊午巳未庚申)》,序言交代此稿成稿緣由及選録原則:"故人投贈不能無和答,又或爲故人作詩序……録燕中所作","今所存録古詩多不易連綴,讀之不可復成一章,輒棄去,律差,可意補。絶句,獨易記憶。故所存絶句十六七,律十二三,古詩十之一,文亦十之一二,乃絶句之多如此"。序末冰修(陸嘉淑)自謙:"今予所作,既不能自立門户,又恥學一家言。寧足以傳後世,不如悉散佚之。儻有一二語留天地間,令人惋惜其餘不存,豈不甚快……雪泥鴻爪,聽其或存或否,存不足爲幸,不存亦未必爲不幸也。"由此亦可解釋陸嘉淑的文稿流傳甚少的原因。序後有《總目》,此集録古近諸體詩二百八十一首、詞二十九闋,皆戊午、己未、庚申(1678—1680)三年在京交往之作。《總目》後

有詳細目録。（徐慧）

豐草庵詩集十一卷

清董説撰。清刻本。四册。半葉八行，行十九字。白口，左右雙邊。

董説（1620—1686），字若雨，號西庵，又號鷓鴣生，浙江烏程人。董説爲著名文人，在詩學方面也有一定的造詣，同時還涉獵天文學和地理學，但其最感興趣的還是佛學和道學。他自幼學習佛家經典，後與數位僧人交好。董説幼年時曾受業於復社領袖張溥，後加入復社。明亡後，隱居豐草庵，改姓林，名蹇。清順治十三年（1656），董説在浙江樂清縣靈巖寺出家爲僧，改名南潛，廣游四方。董説一生著作很多，但存世的著述很少，大部分著作都被他在一六四三年和一六四六年兩次焚燬，剩餘的也均散失了。著有《西游記補》《豐草庵詩集》《七國考》等。

董説的父親爲明末詩人董斯張，本名董嗣章，字然明，號遐周，又號借庵。祖父董份，字用均，號潯陽山人。著名文人。官至禮部尚書兼翰林學士。董斯張自小學習儒家經典，却對佛教和道教文學格外喜愛，與當時很多著名詩人交好，雖然董斯張没有能够出家，但董説在父親的影響下完成了剃度出家。

此書共十一卷，書前有自序一篇。卷一爲人間可哀編，包括《人間可哀曲》《憶昔》《怨鶴行》《白鶴怨》《華山畿》《讀曲歌》等四十餘篇。卷二爲采杉編，包括《采杉曲》《豐草庵雜興》《憶亡友侯幾道》《焚野人香敬夫坐睡》等十六篇。卷三爲落葉編，包括《落葉二十八首》《落葉用友人韻五首》。卷四爲西臺編，包括《讀西臺慟哭記和張非翁》《再和前韻》《金陵故宮遺香》《重和前韻》《三和前韻》等四十餘篇。卷五爲病孔雀編，包括《病孔雀》《聽雨》《春日四首》《聞警》《春雪謡》《感懷》等七十餘篇。卷六爲紅蕉編，包括《詠紅蕉二首》《買童名如夢》《出門》等七十餘篇。卷七爲登峰編，包括《登峰變》《雒陽變》《蜀錦變》等八十餘篇。卷八爲臨蘭亭編，包括《臨蘭亭》《題趙王孫古松圖》《姊妹花》等四十餘篇。卷九爲雒陽編，包括《雒陽花》《諸葛菜》《雁來紅》等四十篇。卷十爲洞庭雨編，包括《陳蒲鞋》《大小空》《大慧爪》等二十餘篇。卷十一爲鬭韻牌編，包括《除夕鬭韻牌分得交梢庖三韻》《菜羹限涌種恐三韻》等七十餘篇。自序首葉有"秀水莊蘭味軒收藏印"鈐印一枚。集名意在長林豐草,寄托深情遠志。此書被《四庫全書》列爲禁書。（張晨）

癉餘草

清曹斌撰。清刻本。半葉八行,行二十字。白口,四周單邊,單魚尾。

曹斌,生卒年不詳,字子遠,號西銘,浙江檇李(今嘉興一帶)人。生平、著述均不可考。李漁《笠翁詩集》中有其眉評一條,《四六初徵》中又收錄其文五篇,應與李漁曾有交游,生活年代稍早或相近。

此本卷首書"癉餘草初集",後有《曹子遠癉餘草小叙》和《自叙》。《小叙》《自叙》末及正文卷端均記時間爲"戊戌",當爲清順治十五年(1658)所作。此書通俗曉暢,共記詩四十五首,包括五首五言絕句、十二首五言律詩、兩首五言十六句排律和一首五言二十句排律以及十三首七言絕句和十二首七言律詩,皆雜亂排列。從内容上看,都是曹斌在天津、河北一帶的見聞,多爲贈友送別詩和山水詩,也有一些抒情詩,如《征夫怨》《端陽日賑濟天津》等都寄托了作者對和平的渴望,揭露戰争給民衆帶來的苦難。本書爲曹斌詩集,有助於研究其生平事迹,同時也是明清交替之際部分士人生活的記録,有一定的史料價值。（朱婷婷）

曾庭聞詩六卷

清曾畹撰。清刻曾燦輯《金石堂詩》本。半葉十二行,行二十四字。白口,四周單邊。

曾畹,生卒年不詳,原名傳鐙,字庭聞,寧都(今屬江西)人,明給事中曾應遴之子、曾燦之兄。清初詩人。其父起兵抗清,隨侍軍中。兵敗,出長城,入寧夏籍。清順治十一年(1654)中舉人,至京師,後以省母歸江西。曾畹以詩名世,與其弟曾燦有"二曾"之稱。曾畹南北奔波,久居塞外,詩風沉鬱悲壯,風力遒上,時有蒼涼之音。錢謙益《曾青藜詩序》云:"庭聞之詩朝而紫塞,夕而朱邸,涼州之歌曲與凝碧之管弦,聲聲入破,奔赴交作於行墨之間。吾讀之如見眩人焉,如觀倀童焉,耳目回易而不自主也。”

卷首題“寧夏曾畹庭閩著”，全書分爲五言古、七言古、五言律、七言律、五言絕、七言絕六卷。五言律《巳丑嶺東贈大湖族人》有“何當南渡後，復見北歸時”的句子，注曰：“時以東南亂思歸”，可見作者對於故明的濃厚感情。縱觀曾畹的詩作，筆力蒼健，正統思想濃厚，詩作多是抒發豪邁磅礴的壯士之情，即便是少有的閨詞類作品，也難見旖旎筆鋒，依舊是描述戰爭帶來的骨肉、夫妻分離之慟。其詩作中多流露出濃烈的邊疆塞外風情，充滿了男兒熱血，這都與作者早年隨父參戰的經歷有關。由於曾畹在曾氏兄弟中排行居長，且其詩作質量頗高，因此曾燦特將其詩收錄在《金石堂詩》中，并評價如下：“吾兄弟六人，學詩者獨吾三人耳，予不及伯子”，“吾伯子爲詩曰頗遲，三十則名於天下，士皆曰江以西一人也。”可見其詩作在曾氏兄弟中獨樹一幟，但由於曾畹後定居於寧夏，“伯子屬在他方未得與校訂，僅錄其詩，又不敢以三家村語混厠黃鐘大呂之間”，所以纔由其兄弟搜集整理，得以保存傳世。（李燕暉）

天延閣删後詩十六卷存十五卷

清梅清撰。清康熙刻本。六册。半葉九行，行二十字，小字雙行同。白口，四周雙邊，單魚尾。

梅清（1623—1697），字淵公，號瞿山，安徽宣城人。清順治十一年（1654）舉人。除著有《天延閣删後詩》外，另著有《瞿山詩略》三十三卷等。《[光緒]宣城縣志》卷十八有傳，言其“詩詞雄邁俊逸，遨游燕趙吳楚間，名公巨卿無不推轂”，又“善畫理，墨松尤蒼雄秀拔，爲近來未有”。

全書分爲十六卷：卷一樂府、卷二稼園草、卷三新田集、卷四燕征草、卷五宛東草、卷六休夏集、卷七驅塵集、卷八越游草、卷九匣琴集、卷十寒江集、卷十一歸舟草、卷十二嶽云集、卷十三梅花溪上集、卷十四雪廬草、卷十五菊間集、卷十六唱和詩。後附贈言集二卷。書前有清康熙十年（1671）施閏章《天延閣詩序》，卷一前有從兄梅玹《擬古樂府原序》。本書現存十五卷，即卷一至十五，卷十六及附錄闕。

《四庫全書總目》收録梅清著作兩種：一爲《天延閣詩前集》十六卷《後集》十三卷附《花果會唱和詩》一卷《贈言集》四卷，一爲《瞿山詩略》三十三卷。《天延閣删後詩》當即爲《天延閣詩前集》。又《四庫全書總目》"瞿山詩略"條言"（梅）清舊刻有《天延閣前後集》，皆七十以前之作，版燬於火，故又取未刻三卷，合而編之，以成此本"。

此康熙刻本存世稀少。（謝冬榮）

不易居稿一卷

清楊鰲撰。清鈔本。一册。半葉八行，行二十字，小字雙行同。白口，四周雙邊。

楊鰲，生卒年不詳。據《丙申冬之季月十有二日……感成七絶二首》中詩注"舟行去休之第一橋名鎮海橋"以及隨後的詩作《新安道中》推測，著者疑爲安徽休寧人。另據書中詩作，著者幼時即事經商，得李紫崖賞識而從舉業，然南北多次考試而不售，多活動在湖北、江蘇、安徽等地。此稿前後無序、跋，卷端題名下署"海陽西垣楊爾庚未定草"，然文中凡署"爾庚""庚"等字多改作"鰲"。正文有爲熙湖李紫崖作《鐵如意歌》，又有與李夢樓唱和詩。詩不分體。有墨筆校改，如《夏日雜吟》篇"小僮妝得荷池露，出就槐蔭自煮茶"句，"小僮"二字圈改爲"偶然"。（徐慧）

白茅堂詩選九卷

清顧景星撰。清宋氏漫堂鈔本。二册。半葉十行，行二十一字，緑格。白口，四周單邊，雙魚尾。

顧景星（1621—1687），字赤方，一字黄公，湖廣蘄州人。顧景星少有才名，六歲能賦詩，十五歲才冠黄州，明崇禎十七年（1644）應江淮南北省流寓貢生試，位頭名。後因南明朝廷相互傾軋，政治腐敗，於清順治八年（1651）歸蘄州隱居，潛心著述。清康熙十七年（1678）清廷舉博學鴻儒科，不就。康熙十八年（1679）康熙帝發特旨召見之,授官翰林院檢討。顧氏記誦鴻博,詩文雄邁,才情縱橫恣意,深得時人欽佩。著有《白茅堂集》四十六卷、《黄公説字》二百餘卷。《文獻徵存録》卷六有傳。

該書爲顧景星詩集,録其詩六百九十七首,其中樂府詩二百餘首,五言、七言律詩四百餘首。該本版心下鎸"漫堂鈔本"。書首有宋犖《顧徵君黄公小傳》,次有《白茅堂樂府自叙》。據版心鎸字及宋犖《序》云"愛君詩,嘗録其尤者諷詠之,如君人,文必傳於後世無疑也,故採節昌所作",知該本爲宋氏漫堂鈔本。宋犖官至吏部尚書,爲清初名宦,與王士禛、朱彝尊等并稱爲"康熙十大才子"。宋氏位極人臣而推崇顧景星詩作,足見顧氏詩文在清初影響力之大。

顧景星作詩尤善樂府,曾仿杜甫作"三吏""三別",擬李義山《燕臺體》、李長吉《天上流》等十二種,并擬唐五言、七言律及敦煌曲子二十九種。其《白茅堂集》録其樂府詩共四百餘首。顧景星爲龔鼎孳門生,龔鼎孳入清後因未能守節,而多遭抨擊。顧景星之詩多有爲龔氏辯駁之論,亦遭袁枚等人非議。然其詩作藝術水準很高,《四庫全書總目》稱其"才氣縱橫不羈,詩文雄瞻,亦爲一時之霸才"。

該本流傳甚稀,鈐"犖""牧仲""汪印士鐘""閬源真賞"等印。（賈大偉）

慎餘堂詩集五卷

清王元弼撰。清康熙二十年(1681)自刻本。一册。半葉十一行,行二十一字。白口,四周雙邊,單魚尾。

王元弼,字良輔,號慎餘,祖籍琅琊,後遷至遼左,後爲陝西三韓人。清康熙二十年(1681)任零陵縣令,爲政清簡。書齋名吏隱亭。《零陵縣志》有其傳。

是書前有馮溥、沈荃序各一篇。據序,王元弼官至湖南永州零陵,賞山游水至九嶷山,楚越風光無限,見洞庭彭蠡之勝,匡廬衡嶽之奇,因而酌酒吟詩。其詩"托物以造端,比事以見義,屬詞以致意,吊古游覽之概,見於聲嗟氣嘆之中"(沈荃序)。後有葉方藹《宮人慢題詞》一篇,其後爲王元弼叔父王士禛序一篇,後爲徐乾學序,言王元弼"將令零陵,刻其前後所爲詩以行",是爲此集。後有陽羡陳維崧

《百首宫詞序》。此集由施閏章、葉方藹、王士禛等爲之評定。

卷一爲擬古宫人慢一百首,卷二至五皆爲分體詩。詩多以題詠山水古迹爲題,借景懷古,如《過故陵》《古亭》《秣陵懷古》等。卷二、卷三由王士禛、葉方藹評定,卷四、卷五由施愚山、徐建庵評定。(戴季)

百花詩一卷花王韻事一卷百果詩一卷

清金符撰。清康熙刻本。二册。半葉九行,行十九字,小字雙行約二十八字。白口,左右雙邊,單魚尾。版心、天頭、地脚等原有殘損,已經修補。

金符,字受徵,生卒年及生平事迹記載不詳。據李煦序“金符受徵亦吴人也。……受徵殁已二十年”及宋大業序“同里金子飀天出其先人受徵《百花詩》問序於余”等可知,金符爲長洲(今江蘇蘇州)人,大約殁於康熙二十九年(1690)前後,其父當字太音,其子字飀天。《清人詩文集總目提要》編排金符此書於“生於天啓元年至五年(1621—1625)”部分,未知何據。

首册前爲《百花詩》,後附《花王韻事》。卷前依次爲汪份、何焯、宋大業、李煦、徐光鼎爲《百花詩》所作的序,序後爲《百花詩目録》。《百花詩》卷端題“百花詩”,署“吴門金符受徵氏著”。版心上鎸“百花詩”,下鎸葉次。詩句中間有小字注説明用典。葉一、葉二間《玉叠梅》詩旁有佚名墨筆鈔録該詩詩句。《百花詩》卷内葉十九至二十三及葉二十四之左爲鈔補,無欄綫。所附《花王韻事》爲鈔録,卷前有李煦序。該序前四葉實爲《百花詩》何焯序前四葉,最後一葉則爲《百果詩》李煦序最後一葉,未知是無意之失還是有意爲之。卷端題“花王韻事”,署“吴門金符受徵氏著”。版心上題“花王韻事”,下鎸葉次。

次册爲《百果詩》,後附刻本《花王韻事》。《百果詩》卷前有李煦序,序後爲《百果詩目録》《附花王韻事目録》。卷端題“百果詩”,署“吴門金符受徵氏著”。句中亦間有小字注説明用典。所附《花王韻事》與《百花詩》《百果詩》版式相同。《百花詩》所附《花王韻事》當鈔自此本。

《百花詩》徐光鼎清康熙十年(1671)六月十六日序云“受徵獨目不轉瞬,摇筆立就……近寄《百花詩》，展讀之……"，則此書大約成書於此年。又據康熙四十九年（1710）六月宋大業序"同里金子飈天出其先人受徵《百花詩》問序於余"，十一月汪份序云"八月初金子飈天以其賢尊受徵氏百花、百果詩請余爲序"，李煦序"受徵歿已二十年，其子表取家舊所藏本校而謀諸剞劂，余得以遍覽焉"，可知該書成書四十年後，金符之子金飈天準備將據家藏書稿刊刻，并請宋大業、汪份、李煦等撰序。則該書或刻成於此後不久。

此三種詩集所收皆七律。《百花詩》《百果詩》名實相副，各收詩一百首，吟詠梅、杏、紫荆、薔薇等花百種，吟詠櫻桃、黃梅、荔枝、石榴等果百種。《花王韻事》共收詩三十首，各詩詩題所標爲該詩押韻所用平水韻韻目，依次分別爲"一東、二冬、三江、四支……"等平聲三十韻，即上平聲十五韻，下平聲十五韻。各詩分別吟詠一"花王"。

汪份序評金符詩云："其描寫物態窮極巧妙，流連把玩，恍若芬芳徐來，是數品者一一羅列目前。"宋大業評其詩曰："其旨永，其格律蒼老，其詞渾厚而喬皇。因嘆受徵之詩其殆合於古人之道乎？然僅執百花以求詩則失其詩矣。受徵之詩以百花發，而受徵之詩之意則又在百花外矣。"李煦序曰："詞意芊綿秀潤，狀物之工，如有色香來目根鼻觀間。"徐光鼎序曰："展讀之，如入群芳圃中，而見花之清者、花之逸者、花之媚者、花之奇者、花之瀟疏而淡遠者、花之富貴而爛漫者，其香色、神韻、形體、品格無不集於受徵之筆端。以聽其進退，以受其裁成，而受徵各有以品題之、肖象之，以風以雅，亦典亦萠，庶使百卉爭妍，亦得藉是以不朽。……而且吟詠之下，觸類旁通，有寓意於花之中者，有寄慨於花之外者，有即花以爲規、爲箴、爲禱、爲頌者，更有借花以隱諷顯喻、言近指遠，而能發揮其中之牢騷不平者，其殆得古風人托物比興之遺乎？"

此本《西諦書目》《中國古籍總目》等均有著錄，後者題名作《受徵詩集》（百花詩、百果詩、花王韻事各一卷），所著錄僅國家圖書館收藏。

此本鈐印"長樂鄭振鐸西諦藏書""長樂鄭氏藏書之印"，則知曾經西諦收藏。1958 年鄭振鐸因飛机失事遇難後，西諦藏書由其夫人高君箴捐獻文化部，後撥交

北京圖書館(今國家圖書館)。(趙愛學)

鷗波雜草不分卷

清孫學稼撰。清鈔本。八册。半葉九行,行二十字,無格。

孫學稼(約 1621—1682),字君實,號聖湖漁者,福建侯官(今福州)人,生於杭州。書齋名玉尺山房、石梁書屋(又稱石梁山房、石梁別業),均位於福州名勝之地。明末清初詩人,現存作品皆作於入清以後。出身閩省望族、簪纓世家,祖孫承謨、父孫昌裔、從父孫昌祖兩代三進士,皆仕於明。孫學稼雖終生不仕,入清後而以明遺民自居,崇奉遺民領袖顧炎武,與復明志士屈大均結爲異姓兄弟,時人比之以南宋遺民詩人謝翱、鄭思肖。明亡後漫游四方,足迹遍布江南、中原數省及北京,最愛杭州西湖,思慕宋林逋隱居西湖,故自號"聖湖漁者"。交游廣闊,與閩中詩書世家侯官許氏、鸎里曾氏有通家之好,并與高兆、葉鳴鸞、黃晉良、林雲銘、鄭羽侯、謝肇麟、謝肇鳳兄弟等相善,交游唱和。清康熙二十一年(1682)客死河南衛輝府(今河南省汲縣)。其詩諸體兼備,爲閩中及明遺民大家,福州平遠臺詩社成員。朱彝尊比之爲謝靈運、顧炎武。紀映鍾曾評點其詩集,同邑蔡容稱之"吾鄉一杜甫"。著有《蘭雪軒詩集》三十卷、《十六國年表論》三卷、《備遺日録》三十卷、《群言類鈔》二十四卷、《新詩變雅集》二卷。除《蘭雪軒詩集》外,均已不存,該集爲孫學稼生前自編訂鈔録,其子孫起宗於其卒後五年撰成箋注,而從未刊刻,現存作者稿鈔本稱作《鷗波雜草》不分卷。

本書爲作者詩歌全集,起清順治十四年丁酉(1657),訖康熙二十年辛酉(1681),收詩一千八百餘首,諸體兼備,蔚爲大觀,現存孫氏詩作除絶筆《閩會小紀百韻》外,均收録於此。以時序編次,第一册爲丁酉年至己亥年,即順治十四年至十六年(1657—1659);第二册爲庚子年,即順治十七年(1660);第三册爲辛丑年至癸卯年,即順治十八年至康熙二年(1661—1663);第四册爲乙巳、丙午年,即康熙四、五年(1665—1666);第五册爲丁未、戊申年,即康熙六、七年(1667—1668);第六册爲己酉、庚戌年,即康熙八、九年(1669—1670);第七册爲辛亥至丙辰年,即康熙十年至十五年（1671—1676），其中康熙十二、十三年（1673—1674）或實缺；第八冊爲丁巳至辛酉年，即康熙十六年至二十年（1677—1681）。又，第三、四冊間無甲辰年，即康熙三年（1664）。

本書蓋本名《蘭雪軒詩集》三十卷，爲孫氏生前自編訂鈔録，經詩友校訂批閲，後未知何故改稱《鷗波雜草》。現藏於福建省圖書館者爲其母本，乃孫學稼手迹，餘者皆傳鈔自彼，國圖藏此本亦爲其一。未知何人何地所鈔，書衣有題"嘉慶庚辰訂"，即清嘉慶十三年（1808），未知是否即爲鈔録年代。紙張、書法、裝幀皆劣；且多蛀洞，幸未損正文。分訂八冊，似最初冊序爲第一至六冊，而第三、四冊分上下，後改爲"壹"至"捌"。卷首爲高兆《序》、葉鳴鸞《蘭雪軒詩集序》、黃晉良《叙蘭雪軒遺稿》。此三人皆作者生前詩友，高序未署年月，葉序作於康熙十九年（1680）作者尚在世時，黃序作於康熙二十五年（1686），則作者已亡故。孫氏未亡時書名作《蘭雪軒詩集》，亡故後則作《蘭雪軒遺稿》，今之傳本又作現名，可知數種題名皆指本書，蓋因本書從未刊刻，故尚未最終定名，或現名爲其友人最終編訂後新擬亦未可知。

此本爲陳日浴（字子盤）、曾祖訓（號擬庵）批閲，後學蔡容（號于麓）、陳庚焕（字道由）校，四人皆福建文士，陳、曾爲作者生前友人，蔡、陳師徒爲孫氏後輩，仰慕其人其詩者。陳、曾二人圈點批注以朱筆、墨筆別之。書中多空葉缺行，應爲内容版式照鈔母本所致，陳庚焕《聖湖孫先生亡詩拾遺記》言孫氏原稿"其中多闕行"，"故帙中多有擘去者"，即此。

首冊序前鈐"芳菲菲榭"印。正文首葉鈐"慈舟秘笈""謝剛國印""百煉盦"印。第二至八冊首葉均鈐"百煉盦"印。每冊卷末均鈐"謝況翁秘篋印"。第八冊末葉背面白葉又鈐"謝剛國印""芳菲菲榭"印。第六冊首葉又有墨筆手繪"孫學稼印""君實印"，此爲作者原稿自鈐印，應爲照母本鈐印繪製。晚清謝剛國、謝剛傑昆仲舊藏。（謝非）

一木堂詩稿十二卷

清黃生撰。清鈔本。二冊。半葉十行，行二十六字。

黄生(1622—1696),字扶孟,"生自爲家黄山白嶽間,得其靈異,故因己姓而自號白山"(《黄生傳》),安徽歙縣人。明季諸生,入清隱居。研覈音訓,多創解。嘗作《字詁》一卷,闡發六書。又撰《義府》二卷,一論經,一論諸史子集及金石。所著還有《杜詩説》十二卷、《一木堂文稿》十八卷、《一木堂内稿》二十五卷、《一木堂外稿》三十卷,另有《一木堂字書》四種、《雜書》十六種,然均佚不傳。其《一木堂集》於清乾隆間奉旨銷燬。

此集書衣有題簽,題"一木堂詩稿",署"癸卯夏閏四月葛介屏簽",鈐"葛氏"等印兩枚。此稿末署"平梁葛介屏手鈔終"。書名葉亦題如上。正文前有水繪庵冒叔子題詩一首及黄生於清康熙癸亥(二十二年,1683)季夏月六日書於一木堂《自序》一篇。題詩後鈐"百花齊放"印。《自序》謙稱:"僕不敏,少學時文,壯學古文辭及詩,中年而學道,迄於今日,車將舍崦嵫矣,而卒無所成就。"又交代此稿成稿緣由、經過:"采思(黄生侄,名芹)一旦造而請曰:先生年來韜光息影,而名顧不脛走四方。芹游笈所至,都人士輒索先生詩,每愧無以應。先生何惜出名山之秘壽之梨棗。使芹得藉手以應求者,豈非藝林之盛事乎……因稍擇可觀者,得若干首,畀之,且識數語於簡端。"此稿爲作者自選稿,正文前有《一木堂詩稿目録》,詩稿收録古近諸體詩七百餘首、詞五十四闋。卷端鈐"守之珍藏""紫蘭堂"印。卷末有吴江金天羽撰《黄生傳》及癸卯(清雍正元年,1723)閏四月平梁葛介屏跋文一篇,篇末鈐名章"介屏"印。(徐慧)

至樂堂詩鈔不分卷

清駱復旦撰。清康熙刻本。二册。半葉十一行,行二十字。黑口,四周雙邊。

駱復旦(1622—1685),字叔夜,諸暨人。拔貢生,歷官崇仁知縣。著有《桐蔭堂》《山雨樓》《至樂堂》等。《兩浙輶軒録》卷二有小傳。

是書爲清康熙刻本,不分卷,據目録收有五言古詩、七言古詩、五言近體、五言排律、七言近體、五言絶句和七言絶句,總爲三百首詩。卷首有康熙四年(1665)朱徽序,次顧開雍、鄒祇謨序,朱序云:"《至樂堂詩鈔》者,越東叔夜駱君之所爲作也……其文章言語妙天下，發而爲詩詞，瑋麗宏肆，和平静好，有穆如清風之致。其以'至樂'命堂，豈不誠有旨哉！"書中篇題下或詩末鐫有鄒祇謨、計東、李念慈、朱徽、毛奇齡等的評語。（劉明）

斯友堂集八卷

清蔣峚撰。清乾隆九年（1744）刻本。二册。半葉九行，行二十一字。白口，四周雙邊，單魚尾。

蔣峚（1622—1715），字子巖，號雲壑，祖籍浙江青田，僑居山陰（今浙江紹興）。始爲諸生，與陳子龍等交往，晚年絶意仕進，授徒爲生，謚安頤。卒後其孫爲概輯其遺稿，爲《斯友堂集》。

該書凡文二卷、詩六卷，姜希轍、許尚質爲之作序，身後序者有周長發、胡天游、周良棟，胡天游爲撰碑文。《凡例》後署"甲子三月朔日孫爲概謹識"，按"甲子"當爲清乾隆九年（1744）。

書末曾孫婿姚文坤《斯友堂集後序》稱："坤内曾祖雲壑蔣公年弱冠補會稽博士弟子員，長丁國否即絶意仕進，隱居於柯山之陽，偃仰泉石，足不履城市，竟以明諸生老……公績學好古，凡所爲文皆根柢六經，而筆墨簡峭，駸駸乎宏我漢京矣。詩則夷，猶唱嘆，澹遠清微，雖唐之王右丞、孟襄陽，無以過也……生平著作纍數百卷，以館人不戒，厄於火。今《斯友堂遺集》所載，皆内父從敗笥舊籨中及親串黨族所手録者，悉心檢討，隨得隨録，共計文二卷，詩五卷，彙成一集，以志手澤。"

詩有《偶存草》《贅游草》《秋吟集》《引醇篇》《集唐》諸集，皆有小序。《金正希先生遺稿序》《明孝廉孫微君傳》記明末金聲及孫奇逢事迹甚詳。

書中鈐"寧河縣印""燕山劉氏鑒藏書畫印""江安傅氏藏園鑑定書籍之記"等印。（徐慧）

贈藥編一卷

清吳綃撰。清鈔本。一册。半葉十行，行二十四字。白口，左右雙邊。

吴绡,字素公,又字片霞,號冰仙,長洲(今江蘇蘇州)人,通判吳水蒼女,常熟進士許瑤妻。善琴,工書畫詩詞,詩詞清麗婉約,花卉勾勒設色俱佳,蘭竹有生趣,與沈宛君齊名。時人傳云:"吳中閨秀徐小淑能詩文,趙瑞容善畫,有盛譽,惟夫人兼此二長。"吳綃問學於馮班,又稱柳州詞派領袖曹爾堪爲年伯,而其父吳水蒼與吳偉業聯宗,故吳綃詩集中多有與梅村唱酬之作,稱偉業爲兄。吳綃著《嘯雪庵詩餘》,存詞四十四首。

此書前有小引,末有清乾隆二十六年(1761)仲冬破山樵人跋文,跋稱:"夫閨閣限梱内外間,截慎密至矣。故牆茨之什,聖人所以著之於經,其旨嚴矣。若乃淫亂性成,以隱秘罔聞,遂致肆惡不反如吳氏者,國人亦共惡之,故有堪笑,石門關不繄却教仙子去偷桃之誚,司成雖微有所聞,堅欲擯斥,未果而卒。而文君(許瑤)畏婦翁勢,隱忍苟容其慵濁昏憒,有玷士林。容何足責至狂童(陶世濟),雖復溺死,何所裨益,而氏之桑落黃隕,雖悔何追? 實可羞之甚也。偶得此編,率筆録之,因題曰"贈藥"。甚矣,淫蕩之風有逾鄭衛,百有餘年惡名未泯,後之覽者,其可謂隱秘罔聞也,而可忽諸? 可痛也,亦可哀也。凡事之見乎隱,顯乎微,非梱内外然也。吾人尤宜慎之。"説明書的主題内容。

此書末葉框外題識"辛未霜降借觀一過。記於誦芬室",曾爲董康借看。此書鈔寫工整。書上鈐有"鐵琴銅劍樓""松陽"印,原爲鐵琴銅劍樓所藏。(陳紅彥)

嘯雪庵詩集一卷詩詠一卷題詠一卷新集一卷
嘯雪庵詩餘一卷

清吳綃撰。清鈔本。一册。半葉九行,行十八字,四周雙邊。

此書卷端題"嘯雪庵題詠二集",下署"茂苑吳綃冰仙"。其詩多爲題詠書畫之作,間有朱筆圈點批注。繼之爲吳綃詞一卷。由於身份特殊,詩詞多與曹爾堪等師友唱和之作。鈐"鐵琴銅劍樓""風雅含情苦不才""無聲詩""燒香弄硯了餘生""江左布衣""熊伯"等印,曾爲鐵琴銅劍樓舊藏。全書字體清麗,然書曾遭蠹蛀,品相欠佳。(趙彥楠)

鄭鳳超文集

清鄭鳳超撰。清天臺閣鈔本。一冊。半葉九行，行二十字。白口，四周雙邊。

鄭鳳超（1609—?），字巨掌，《〔民國〕德化縣志》卷十六稱其爲福建莆田人。曾任南明唐王朱聿鍵中書舍人兼翰林院待詔，明亡不仕，潛心著述。

是書版心上書"奠文"，下書"天臺閣藏板"。僅存卷八一卷，即雜著，收文二十餘篇。卷端署"閩鄭鳳超著"。目録中《記》下有小注云："尚有燕游金山、泰山諸記在前刻集中，又有楚游、蜀游諸記在後未刻集《瑶華輪》《煙語》二部中。"推斷此本鈔自刻本。書中藍格、墨格相間，有朱筆改字，如《異瓜記》"時人弗信耳"中的"時"字改爲"特"字。（劉明）

隨庵詩稿一卷

清王撰撰。清鈔本。一冊。半葉八行，行二十字，無格。

王撰（1623—1709），字異公，一字大年，號隨庵、隨老人、揖山居士、隨叟，江蘇太倉人，爲王時敏第三子，王揆之弟。曾入太學但屢試不第。工詩，擅隸書及淺絳山水畫，峰巒樹石，蒼厚腴潤，爲婁東十子之一。《圖繪寶鑑續纂》謂其"畫仿黄公望，筆法古秀，丘壑深層，而饒士氣"，在彼時畫壇、詩壇曾風流一時，有《仿倪瓚山水圖》册頁、《層巒煙靄圖》軸傳世。著有《隨庵詩稿》一卷、《揖山集》十卷、《王異公詩稿》不分卷、《三餘集》一卷，編有《婁東王氏詩鈔三種》九卷等。

卷端不署撰人，卷後有王撰七世從孫保謹識語一篇，據此知，此集本爲王撰詩稿殘本，後陸景周（茂才）偶得，并贈保謹。原本因避諱，塗抹割裂處甚多，重鈔之而得此本。是集共收七言近體詩九十餘首，文辭頗大氣舒展，時而遒勁，如"潮平田没見牛宫，水曲舟輕路不窮"，"殘月驚湍曳曉煙，蕭蕭荒草勁風前"等句。主題多爲行路、詠古、游山玩水等，如《古廟》《銅雀臺遺址》《秋日山游感興》等。其中有詩作遵王撰父親王時敏《西田雜興》韻即《哭外舅鹿城顧宗伯》詩一首。陳確庵序謂其詩曰："體備衆家，美非一律，各造其深，各極其勝。"歸莊在《歸莊集·王異公詩序》中評王撰詩:"五言長篇,有類白太傅;七律時似劉隨州;七古綺麗流美,往往欲入初唐,於所謂各宗一派、爭持一説者,殆兼其長而無其病,居然風雅名家矣。"

卷前鈐"深山書屋藏"印。此爲王撰存世著作兩種之一,另一種爲《太倉王異公文集》,今藏故宫博物院。（戴季）

留補堂文集四卷自訂詩選六卷

清林時對撰。清鈔本。六册。半葉十行,行二十二字,紅格。細紅口,四周雙邊。

林時對（1623—1713）,字殿颺,號繭庵,別號明州野史,鄞縣（今浙江寧波）人。據《魯直春秋》卷九,林時對爲明崇禎十三年（1640）進士,授行人出使淮藩,尋丁艱歸。福王立,擢吏科給事中。魯王監國,擢太常卿進副都御史。林時對秉公直言,然上書言事常遭多方阻隔,更有甚者以東林黨誣之,遂請辭,舉朝留之。入清後不再出仕。著有《繭庵逸史》《荷閘叢談》等。

此本共十卷,文集四卷,詩選六卷。據目録,文集包括序四十篇、記八篇、考一篇、論一篇、述四篇、議三篇、引十九篇、跋六篇、啓六篇、書九篇、誄二篇、疏一篇、文十一篇、傳二十篇、墓誌一篇、行狀六篇、像贊等雜著十六篇,其中自議至疏俱佚失。詩選卷首有黎元寬等序,卷一爲五言古體四十六首,卷二爲七言歌行二十五首,卷三爲五言近體一百首,卷四爲七言近體二百三十六首,卷五爲七言律詩九十九首,卷六爲五七言絶句一百二十首。

作爲明末清初朝代更替之際比較有影響的士人,林時對爲人性情剛正,淡泊名利,其爲文亦如其人,"詞義嚴正,義氣亢壯,洵大雅之遺音也"（陳軾序）。其文集尚有民國二十九年（1940）刻《四明叢書》本《留補堂文集選》四卷,可與此本參看。林時對詩傳本稀少,除此本外,目前所見唯民國間陳氏孤雲軒鈔本《留補堂自訂詩選》,然僅存五言古詩、七言歌行、五言近體三卷。因此,此本的資料價值不言而喻。

書衣題"御史公文集　五世孫葆濤珍藏"。（李江波）

耕雲圃吟草

清李紹庚撰。清鈔本。一冊。半葉八行，行十八字。

李紹庚，生卒年不詳。卷端著者下鈐“祖白”印，或即爲其字，江蘇常熟人。本集凡詩三十一首。書前有友人毛俊所題律詩一首。正文有墨筆圈點、校改及評論，塗抹多處，如卷末《哭幼弟幹卿（有序）》篇“……幼弟幹卿又見背友於難永”中“見背”二字圈改爲“慘殤”，葉眉批“小序以短爲佳”，詩後評“此二首沉痛欲絶，至情至性流露於詩，佩服之至”。

書名葉鈐“邵庚”“李祖白印”等印。另卷端鈐“馮雄印信”“南通馮氏景岫樓藏書”印，知曾爲民國著名藏書家馮雄插架之物。（徐慧）

寓山詩稿一卷

清祁理孫撰。清祁氏東書堂鈔本。一冊。半葉九行，行二十四字，黑格。白口，四周單邊。

祁理孫（1627—1677），字奕慶，號杏庵，山陰（今浙江紹興）人。明代著名藏書家祁承㸁之孫，著名文學家祁彪佳之子。受家庭環境影響，工詩書、喜藏書，撰有《奕慶藏書樓書目》四卷。

此書爲祁理孫詩集，收詩二十四首，此稿書名下題“乙酉”，據此推測詩大約作於清順治二年（1645）祁理孫十九歲時。此時正逢明清易代，其父祁彪佳在此年堅守民族氣節而自沉於寓山住所梅花閣前的水池中。家國變故對祁理孫的打擊無疑是巨大的，在此詩集中充滿了家國破碎而自己又報國無望、無能爲力的悲傷情緒，如“一身殘後死，百行嘆先虧。縱負終軍志，請纓已失時”（《家聲》）；對於世代易變，人生無常的感傷，如“易代何足奇，滄桑朝暮變。人生有壽命，成敗車轉轉”（《録悲詩》其三）；對英勇抗清的鄭成功的大力歌頌，如“奉迎黃孫復帝仇，指揮江左如長城。當年陳涉猶小草，今日公子真將軍”（《鄭公子歌》）。（馬琳）

藏書樓詩稿一卷

清祁理孫撰。清祁氏東書堂鈔本。一册。半葉八行,行二十字,黑格。白口,四周單邊。

此書爲祁理孫詩集,共收詩五十餘首。首篇題爲《癸巳元日》,則此稿時間晚於祁理孫的另一鈔本《寓山詩稿》,大抵應爲清順治十年(1653)所作。詩集中内容多爲宴飲、唱和、贈答之作。此時作者的心緒已較《寓山詩稿》一集時平和,但仍可感受到集中傳達的無奈與悲凉心緒。(馬琳)

嚴繩孫詩文稿不分卷

清嚴繩孫撰。稿本。一册。無框格。

嚴繩孫(1623—1702),字蓀友,一字冬蓀,號秋水,自稱勾吴嚴四,又號畁蕩漁人,江蘇無錫人,一作昆山人。清康熙已未(十八年,1679)以布衣舉鴻詞博學,授檢討,爲四布衣之一。工分隸、楷書,六歲即能作徑尺大字,曝書亭匾爲其所書。山水深得董其昌恬静閑逸之趣。兼善界畫樓閣、人物、花鳥,尤精畫鳳。嘗爲王西樵寫真,王士禛極稱之。

《嚴繩孫詩文稿》爲嚴繩孫部分詩文稿真迹的合訂,收有兩文一詩,文爲《兩廣總督吴公壽序》《國朝論葬》,詩爲《採藥圖》。鈐有"嚴印繩孫""太史氏"印。封面簽題"嚴蓀友先生手書詩文雜稿真迹　壬申冬得於鄞市癸酉夏裝齎余齋",内葉簽題"嚴秋水先生真迹　此簽題乃郭頻伽手迹也　辛酉八月憲翁識"。書寫工緻,具有資料和藝術價值。(趙彦楠)

綠綺堂暘谷集詩集十五卷存十四卷文集五卷別集六卷

清傅爲霖撰。清康熙十年(1671)刻本。三册。半葉九行,行十九字。細黑口,左右雙邊。

傅爲霖,約生活於清順治康熙間,字世霖,又字石漪,傅夏器裔孫,祖上時遷南安石井(今屬福建)。歷官直隸通判、松江府通判，裁决歷年積案，審慎不誤，爲百姓所稱譽。其廳事之西爲屋數楹，顏曰"綠綺"，每退食有暇，彈琴讀書於其中。著有詩文集《綠綺堂晹谷集》。

其中《詩集》十五卷，缺卷十一，收詩三百餘首。卷一四言古，卷二古樂府，卷三五言古，卷四七言古，卷五至六五言律，卷七至九七言律，卷十六言律，卷十一五言排律，卷十二七言排律，卷十三、十四、十五依次爲五、六、七言絕句。周廷鑨《晹谷集詩序》云"傅君石瀨梓其詩問世，而以紀游名篇"，"余讀其詩，霞想紛披，淵情洞泆，冷若御風之行，快如弄九之舞，即不言游而予已知其善游"。魏憲序云："其詩如《夏潦》《海塘》《禱雨》等篇，有關吏治，甚切民瘼者，戞乎尚矣；至其旅懷、春感、於役諸作，敷詞和雅，用意深厚，得涉世持躬之要。"又《文集》五卷，卷一序，卷二記，卷三書，卷四啓，卷五誌。《別集》六卷，卷一至四讞略，卷五詳文，卷六文告。(劉悅)

漢川集一卷

清曾王孫撰，清聶先編。清康熙刻《百名家詩鈔》本。半葉十一行，行二十一字。黑口，左右雙邊。

曾王孫(1624—1699)，字道扶，浙江秀水(今嘉興)人。本姓孫，入繼外祖曾氏爲嗣。清順治十五年(1658)進士，官至四川提學道僉事。少與計東同學，有名於諸生間，入仕後，一意史學，不與名士征逐。著《清風堂文集》二十三卷，内有詩三卷。清康熙二十三年(1684)與聶先合纂《百名家詞鈔》行世，對於保留清初詞集功不可没。

《百名家詞鈔》爲清初聶先、曾王孫編纂的一部大型詞總集。這部詞集依詞人專輯鈔録，人各一集，集前有詞作目録，集後附各家評語，與一般的選本體例不一樣。此集所録，皆爲清初詞人，容量極大，分批多次刊刻，傳世數量衆多。間有失調而又確爲絕妙好詞者，則加以審定收録，保存了大量文獻資料。《百名家詞鈔》目前所知共録詞人一百零八家，聶先與曾王孫在刻集之時，往往會在集前安插一份

《徵詞總目》,就是他們二人原先打算搜集、刊刻的詞人詞集。總目所載詞人遠遠超出一百零八位,因此其中許多人的詞集實際上没有刊出,但却是一份極其珍貴的出版史料,我們藉此得以瞭解當初編者的預想與規制。

《漢川集》爲《百名家詩鈔》丙集中的一卷。卷首題“長水曾王孫道扶”撰。書中開篇爲《寄贈》《擬古》,後有作者與友人的《贈别》《有客》《青溪行爲淳安令趙愛周作》《山中》等詩作,内容多是作者游歷於山水間之感想或與友人的往來情誼。由於作者本人留存下來的作品不多,因此該集頗具文獻價值。(李燕暉)

范忠貞公畫壁集不分卷

清范承謨撰。清翁同龢鈔本。一册。

范承謨(1624—1676),字覲公,一字螺山,鑲黄旗漢軍人,大學士范文程第二子。清順治九年(1652)進士,歷官浙江巡撫、福建總督。任上勘察浙江荒田,請免賦三十餘萬畝,賑災撫民,漕米改折。“三藩之亂”起,被耿精忠囚禁,後被殺。贈兵部尚書,謚忠貞公。詩宗盛唐,字則骨勁神清,法兼顔、米。

此畫壁集爲范承謨獄中所作,因獄中常無筆無紙,便燒木成木炭塗在壁上。三年在壁上做詩文若干,一些詩文譏刺太毒,寫出後即被下屬抹去。僅存若干篇,即爲此《畫壁集》。

此書爲翁同龢所鈔録,卷端書名下特别注明“從手稿真迹録出”,卷首有《范承謨列傳》,叙范承謨生平,後正文。所作之詩多慨嘆記録獄中困窘,部分詩文鈔寫不完整。范承謨與一起囚禁的幕客嵇永仁、王龍光、沈天成唱和,以顔真卿、伯夷、蘇武自勵,彰顯自己的忠君愛國情懷。(趙彦楠)

篋步集一卷詩餘一卷

清徐時盛撰。清康熙刻本。一册。半葉十行,行十八字。黑口,左右雙邊,雙魚尾。清芬堂藏板。

徐時盛,生卒年不詳,字泰初,一字文虎,號行父,江蘇金陵人,明朝河南按察司副使徐必遠季子。徐必遠爲明末清初散文三大家之一，汪琬之師。

此集凡詩一卷、詩餘一卷，前有汪琬、于星燦《序》，正文有朱筆圈點。汪《序》稱徐時盛“年雖少而材器穎敏，以翩翩貴公子顧不墮紈綺裘馬之習。循雅自愛，善於屬文，數見賞於當代巨公。又以其暇發爲詩歌小詞，皆出入三大家之中”。論其詩集則不無溢美之詞：“讀其所贄《篋步詩集》，其麗也，如初霞之映朝陽也；其秀也，如秋月之印寒潭也；其蒼然而古也，如喬松之旁挲直上，繪畫之所不及也。”集中有挽汪琬詩，則可知徐時盛卒於清康熙二十九年（1690）後。于《序》稱：“行父志益堅，氣亦屬，所爲詩文且日益富。時時出一篇見示，余雖不知詩，而頗自謂能知行父之人，以行父之人知其詩，則其詩之工焉必也……世固有因其人可以知其詩，亦有因其詩愈以知其人者，以言爲贄，斯固讀書交友者之所不廢也。行父不以余言爲不可頃，出其藏稿十之三，將付諸梓，而走使來告於余。”（徐慧）

選選樓遺詩不分卷

清岑徵撰。清康熙刻本。二冊。半葉九行，行十九字。黑口，四周單邊，單魚尾。

岑徵（1625—1699），字金紀，號霍山，南海人。童年時代便善於作詩，二十歲時明亡，遂絕意科名，所爲詩多緬懷故國，悲壯激烈，後人稱爲“詩家宗匠”。壯年以後游四方，蹤迹至廣西、湖南、江南、河北等地。晚年貧困，居鄉以教書賣文授徒爲生，坎坷以終。

縱觀岑詩，充滿故國興亡之感、流離道路之哀。滄桑變易後，士大夫變節投降以圖富貴者衆，同調日稀，令他非常悲憤。因岑徵本人“無故不作詩，作亦不存稿”，因此直至其去世後，纔由其子搜集其遺詩一百四十九首輯成《選選樓集》。此集在清代列爲禁書。

該書卷首鈐“許星臺藏書印”，前有李朝鼎作《選選草堂詩序》，後有釋古梵《小序》、梁佩蘭《小序》等。釋古梵評价他：“抱雄才大略，遭世滄桑，慨然高蹈，惟與二三素交，痛飲以澆塊壘，悲歌以寫牢騷。”可見其詩在當時是觸犯忌諱，頗富民族思想的。卷首署名"南海岑徵霍山父著"。卷尾有何絳謹《跋》,云:"先友岑霍山童時即善爲詩,聲譽藉於海內","三孤子固知其不屑以詩傳也,然思其親不可得,則思詠其詩,將拾其落蕊殘英輯爲一書,置之家乘,以及苗裔,亦孝子之至也。於是羅其三湘岳陽之詩僅得一十八首,二年作客金陵江左又僅得一十六首……亦不過得詩九十四首,凡詩百四十九首"。岑徵本是慷慨激昂之士,明亡抱節成爲遺民,心情之牢落悲愴,可以想見。其中《戚將軍劍歌》一篇,滿溢作者對定遠將軍戚繼光的高度評價。(李燕暉)

閏餘子續集九卷

清范芳撰。清鈔本。六册。半葉十行,行二十字。白口,左右雙邊。

范芳(1625—1698),字道原,原名臣良,字元長,後因妻、子俱亡,改名芳,江蘇如皋人。生平不仕,與黃宗羲交往甚密。范氏一生坎坷,遭逢亂世,妻子兄弟俱亡,因此晚號閏餘子以示悲苦。著有《詩經彙詁》二十四卷。史書無傳。

是書爲范芳詩集,録其清康熙二十六年至三十四年(1687—1695)九年間所作詩詞四百七十一首。書首有黃宗羲《序》、康熙二十六年(1687)曹度《范道原傳》、康熙二十六年(1687)范芳《閏餘子自作行狀》及《目録》。扉葉有清光緒癸未(九年,1883)曾稽陶跋,鈐"湘湄曾觀"印。據行款版式及字體,知其爲清鈔本。該書編纂以時間爲限,每卷卷首標注創作年代。其詩文通俗易懂,多述其所遇經歷及心中激憤之作。曾跋稱其詩"不爲艱深之詞,豢有道之士也"。該書所録《范道原傳》《閏餘子自作行狀》述其生平事迹,爲其生平僅存資料。該書無刻本傳世,此本爲是書所存唯一鈔本。

鈐"何印元錫"印,曾爲何元錫收藏。(賈大偉)

不共書四卷

清計東著。明崇禎十七年(1644)計氏枕戈草堂原刻本。一册。半葉八行,行十九字。白口,左右雙邊。

　　計東（1625—1677），字甫草，號改亭，浙江嘉興人。年十五，補諸生，以後頗負盛名。曾著《籌南書》以訪閣部史可法，史可法對其才識大爲贊嘆，以之爲奇才。清順治十四年（1657）順天鄉試中舉，後以江南奏銷案丢官，遂絶意仕途。家貧無以養，游食四方，廣交遺民，抨擊時政，豪放不羈。其追思前朝，傾囊爲明詩人謝榛修墓，於明古文家歸有光舊官署旁焚香拜祭，事爲沈德潛等稱道。曾從湯斌講學，從汪琬問古文法。著有《竹林集》《甫里集》《不共書》等。逝後二十餘年，文士宋犖巡撫江蘇，搜羅遺文，編爲《改亭集》，并在序中稱其文“醇正和雅”。

　　是書分四卷，卷一《先固東南要害總論》《應天根本論》，卷二《兩淮門户論》，卷三《全楚形勢論》，卷四《四川要害論》。計東自序言明：“《不共書》者何？浙西草莽臣計東，約其壬午以來所輯之《籌南書》而更其名也。”其中，在本書未付梓之時，東南各城即已失陷，計東“然成書之日，蜀尚安枕也，而竊竊然憂之，以爲蜀必不保，猛作第四卷書”。可見，《不共書》即在成於明崇禎十五年（1642）十月的《籌南書》基礎上，加之成書於崇禎十七年（1644）六月二十八日的卷四《四川要害論》而成。其著書目的在於爲明廷提供戰時防衛之策。時年計東年方二十，實乃英才。

　　卷端有清光緒五年（1879）江標題識一句。有明崇禎十七年（1644）周永年序。卷末有順治二年（1645）計東弟計本跋。對於計東書中所言，計本明言“今言皆驗矣”。書中鈐印九方，“寄夢廬藏”“讀群書印”“樹滋堂”“忍庵審秘”“長洲張氏儀許廬藏書”“忍庵審定善本”“張翔所讀之書”“叔鵬讀過”“張氏秘笈”。由印可知，此書爲清末藏書家張炳翔所藏。張炳翔，字叔鵬，又字忍庵，江蘇長洲（今蘇州）人。舉人。勤於校讎，好許慎《説文解字》之學，於光緒七年（1881）輯刊《許學叢書》三集。藏書百餘篋，室名儀許廬、樹滋堂，後人就其所藏編爲《儀許廬所藏本書目》。

　　因該書成於明亡之時，且計東在此自刻本中將“洪武”“太祖”等明帝名號均抬格刊印，而在宋犖編清本《改亭集》中，《不共書》因避諱而遭大量删改，由此，此崇禎十七年（1644）計氏枕戈草堂刻本之價值毋庸諱言。（柳森）

梁无悶集二卷

清梁憲撰。清刻本。二册。半葉九行，行二十二字。白口，四周單邊。

梁憲（1625—？），字緒仲，號无悶，廣東東莞人。與屈大均、石濂和尚等交往。

此集凡《詩略》《文略》各一卷。版心鐫“詩略”“文略”。詩編年，文僅十八篇，多論性命十支之説。詩文止於清康熙二十二年（1683），集當此時所刻。《贻洪水部藥倩》詩自謂“甲寅之秋，犬馬之齒五十”，按“甲寅”爲康熙十三年（1674），則刻集時梁憲年已六十。

《詩略》有屈大均、祁文友《序》。屈《序》言：“吾常與操觚之士言之，罕相契者，梁子无悶獨恍然若有得於語言之外也。梁子善爲詩，骨蒼古而氣醇和，不規規於漢唐作者，而語之至者，體本自然，往往與之合。”

祁文友《序》言：“緒仲詩多出之於性情，所作皆有寄托，若吟花詠柳歌謡等作，則絶無之。詩學杜少陵，而文類曾子固，簡而勁，蒼而樸，其説理則明辨而精詳，每有新奇之見，一歸於正道，有裨於聖學風教，非章句辭華者可同日語也。”

《文略》有吳秋《序》，曰：“无悶先生之集所謂言其所有，而非有可襲者也。先生之窮物理，先生之言非陶貞白、孫思邈之言也。先生之廣字説，先生之言非許慎、徐鉉之言也。於是爲神仙道士之言，亦先生之言，非參同悟真之言，而况其爲世間論議酬酢稱述，則皆先生自爲言，而非有所勉强承襲，誠易易矣。”（徐慧）

望古齋集八卷

清李繼白撰。清順治刻本。半葉九行，行二十字，小字雙行字數不等。黑口，左右雙邊，單魚尾。

李繼白，字荆品，號夢沙，臨漳人。清順治十二年（1655）進士，授山西陽城令，擢户部主事。

《望古齋集》爲作者詩賦集，爲順治間刻八卷本。前有錢謙益、楊廷鑑、薛所藴、戴明説、曹申吉、顧宸、陳鑑序及每人兩枚摹刻印，另有沈顥撰《跋李司農夢沙先生全集》及其三枚摹刻印,可見此本爲覆刻本,諸序和跋字體及大小各異。後爲《同學姓氏》《訂閲友人姓氏》《後學校訂姓氏》。

八卷分別是,卷一賦五首,卷二樂府三十六首,卷三五言古詩二十五首,卷四七言古詩四十八首,卷五五言律詩四十九首,卷六五言排律十五首,卷七七言律詩九十二首,卷八五言絶句九首、七言絶句十首,以上下卷來分別刊印。每卷題名下注"鄞下李繼白夢沙甫著"。

鈐有"訒庵""汪印啓淑""笛江""紫伯""章綬銜印""古郭子之苗裔""延陵""孚恩""蜀鄉祕藏""章氏子柏過目"等印。經由汪啓淑、陳孚恩、章綬銜、熊景星等人遞藏。（薩仁高娃）

蜀游稿一卷

清馮雲驤撰。清康熙刻本。一册。半葉九行,行二十字。白口,四周雙邊。

馮雲驤(1631—?),字訒生,山西代州(今代縣)人。清順治十二年(1655)進士。初授大同府教授,内轉國子監博士,遷户部主事、刑部員外郎,出爲四川提學僉事,以福建督糧道致仕歸里。識高論正,以廉明稱。督學四川,所取皆一時雋才。又工詩詞,善書法。著《約齋文集》《飛霞樓詩》《蜀游稿》《訒生詩集》等。生平事迹見《[乾隆]代州志》卷四、《國朝書人輯略》卷二。

《蜀游稿》爲馮雲驤赴蜀途中及督蜀學政時作,收其清康熙二十一年至二十四年(1682—1685)詩九十八首,多記晉陝川名勝人物。卷前劉然《序》云:"及其軒車巡歷,則又必俯仰山川人物古迹,一一達諸吟詠,以志興會之始末。"又贊云:"讀公詩,和平冲澹,一洗詞人儇薄囂凌之惡習。"書中間有墨筆點評。書衣有後人墨筆題款。書中鈐"飛浮山人""讀書十年養氣""萋萋芳草""康印及心"印。（劉悦）

敦好堂旅草一卷

清馬迅撰。清康熙刻本。一册。半葉八行,行十八字。白口,左右雙邊。

馬迅,生卒年不詳,字思遠,石城(今南京一帶)人。其父星房先生爲當地名宿,馬迅亦爲鄉里傑出之士。時人評價馬迅,天資妙敏,過目不忘。其爲人温和冲雅,熱情好客,鄉士、縉紳莫不争相交納。方孝標爲其好友。王士禛與之交好,馬迅的兒子馬振先即出於王門之下,馬振先請王士禛給馬迅的詩集作傳。馬迅亦與宫夢仁結交。

其詩集名爲"敦好堂",乃是因爲他游歷京師及名山大川後,"著其孝友敦睦之思",名之曰《敦好堂旅草》,此書又名《北游草》。馬迅詩作多質樸寫實,如陳菁所撰序中云,"正如西子之美,不假匀粉畫黛。荆璞之貴,無待追琢雕鏤"。王士禛對馬迅的詩歌作品評價甚高,金陵一帶吟詠之風頗盛,所謂"照映江左,稱極盛焉"。寥落之後,又見馬迅之作品,"今乃得一思遠,誦其詩,仿佛二十年前舊游"。

書前有方孝標、王士禛、宫夢仁、米漢雯、馬教思、陳菁、陳悦諸序。宫序作於康熙三十二年(1693),此書蓋刻於此時。馬教思評價此書:"讀其詩清新後逸,躊躇滿志皆發於情之不容已,天然合節而無勉强刻畫之痕,思遠真人傑也哉。"是書經王裕成閲、陳塏評。後有羅秉綸、袁啓旭等跋。書中包含《將往京師辭先大人墓》《過廣陵喜晤蕭別駕介碧兄弟》《廣陵懷古》《舟中感懷》《秋江曉發》等篇。其中不少詩在詩中或詩尾進行了批注,如《秋月》一詩結尾,有批注云"淡淡寫去却是箇中情景",又如《秋雲》一詩結尾有批注云"思理秀發妙句天開"。(張晨)

退思軒詩集一卷

清張惟赤撰。清康熙刻本。一册。半葉九行,行二十一字。黑口,左右雙邊。

張惟赤,字侗孩,號螺浮,浙江海鹽人。清順治乙未(十二年,1655)進士,歷官工科給事中。著有《退思軒詩集》。據《[光緒]海鹽縣志》記載,張惟赤"原名恒,字螺浮,奇齡仲子,博學有才識。有《入告初編》《二編》《三編》《遺編》傳於世,著有《退思軒詩集》"。

卷首爲王岱序、喬映伍序。王岱序中稱:"螺浮先生以晨光詩屬楚了莽子叙,了莽子喟然曰,有是哉,不意復見唐音之作也。……標榜先生獨能挽風頹波蕩之勢,爲日霽天青之詠,可敬也。"對張惟赤詩評價甚高。喬映伍與張惟赤同出庚生師門。

該詩集收古體詩十首,今體詩五十餘首。書末鐫"來孫賜珍謹書",爲寫刻者署名。書上鈐有"長樂鄭振鐸西諦藏書"印,爲鄭振鐸舊藏,今藏國家圖書館。(趙彥楠)

瑯琊二子近詩合選十一卷

清王士禄、王士禛撰,清周南、王士禧輯評。清順治刻本。四册。半葉九行,行十九字。白口,左右雙邊。

王士禄(1626—1673),字子底,又字伯受,號西樵山人,山東新城(今淄博市桓臺縣)人,王士禛長兄。清順治九年(1652)進士。纍官萊州府教授,遷國子監助教、吏部考功員外郎。清康熙二年(1663)初典試河南,磨勘時遭吏議下獄,後得雪起原官。著有《西樵集》《十笏山房集》等。王士禛(1634—1711),字子真,一字貽上,號阮亭,又號漁洋山人,山東新城(今淄博市桓臺縣)人。順治十五年(1658)進士。歷官揚州推官、禮部儀制司員外郎、户部郎中、國子監祭酒、都察院左都御史、刑部尚書。清雍正時因犯御諱,曾改士正,清乾隆時又詔改士禎,通行數百年。王士禛爲清初詩壇領袖,著述頗豐。有《帶經堂集》《池北偶談》《漁洋詩話》等。

此本爲順治刻本,是王士禄、王士禛兄弟二人早年詩作的合選。王士禄初稿名爲《表餘堂集》,王士禛初稿名爲《落箋堂初稿》(今不存),故第一册封面題"表餘落箋合選"。此集共十一卷,卷一爲五言古詩,卷二爲七言古詩,卷三、四爲五言律詩,卷五至七爲七言律詩,卷八爲五言排律,卷九爲五言絶句,卷十爲七言絶句,卷十一爲樂府。前有高珩、吳偉業、姚佺序及周聖穫《跋表餘落箋合選詩後》。王氏兄弟二人在詩歌創作上都主神韻之説,而王士禄有勁健雄放一格,王士禛則更傾向冲澹悠遠一派。此集保存了王氏兄弟順治十六年(1659)之前的詩作,可以窺見二人早期詩歌創作的特色,十分珍貴。

書中鈐有"焦林後人""野石居士""鎮陽梁彬"等印。(馬琳)

孫蔗庵先生詩選五卷

清孫暘撰。清鈔本。二册。半葉十一行,行二十一字,無格。

孫暘(1626—1701),字寅仲,一字赤崖,號蔗庵。清初學者、詩人、書法家。江南省常熟縣(蘇州府屬縣,今江蘇常熟)人。兄孫承恩爲清順治狀元,兄弟二人并以詩文稱。順治六年(1649)同聲社結,其爲骨幹之一。順治十四年(1657)舉順天鄉試,因科場作弊案遭株連,謫戍關外尚陽堡(在今遼寧省開原)二十餘年。於流人中亦頗富詩名,與名詩人吳兆騫并稱;又受宗室鎮國公高塞(清太宗皇太極第六子,順治皇帝之兄,號霓庵)賞識,游宴唱和於其盛京(今遼寧省瀋陽市)府邸。康熙帝東巡,孫暘謁行在獻《告成功賦》萬餘言,帝召見御前,令其作《東巡詩》二十首,又試以書法,帝嘆息其才,兵部尚書宋德宜疏薦之,然終不見用。康熙二十年(1681)爲宋德宜等捐金贖還,歸蘇州故里,縱情詩酒以度晚年。孫氏詩、詞皆工,名詞家朱彝尊、顧貞觀、陳廷焯均贊評其詞。著有《蔗庵集》。

本書第一册爲《瀋西草》《入關草》《紀游草》三卷,第二册爲《歸來草》《懷舊集》兩卷。

《瀋西草》爲順治十六年至康熙八年(1659—1669)孫氏流放關外期間,於盛京鎮國公邸游宴唱和之作,應緣盛京即沈水(渾河)西北岸之瀋陽城,故是編以“瀋西”名之,共選八十一首。

《入關草》卷首葉眉止齋朱批引孫氏原集自序曰:“戊申至辛酉數入都門,三過山右,再歸虞山,以未奉旨歸里,故以‘入關’別之。”則可知作者於康熙七年至二十年(1668—1681)間曾自遼東數次入關,游歷京師及中原以致一度返回蘇州故里,時尚未遇赦放還,終又回戍所,此卷爲此十數年間以戴罪身入關游歷時所作,共選八十四首。

《紀游草》乃作者漫游各地所得詩之結集,蓋出自人生各期,非一時所作,足涉中原、江南、嶺南,尤以江浙一帶爲多,選一百零四首。

《歸來草》則爲康熙二十年(1681)作者自關外赦還歸蘇州所作,選一百一十七首。

《懷舊集》爲其晚年隱居蘇州所作,以同邑友人酬唱爲主,又多追懷往事、懷悼亡友之作,故名“懷舊”。集中所涉當時名家才俊數十人,如吳偉業、錢曾、“昆山三徐"（徐乾學、徐秉義、徐元文）、吳兆騫、高士奇、尤侗、繆彤等，於考辨清初文士尤其蘇州文人交游大有裨益，共選收二百一十六首。此編與蔣陳錫校收詩一百五十首之《懷舊集》相比，篇目互有盈缺，將此二選集參看可得孫氏"懷舊原集"不重複篇目二百四十四首，兩集同收之詩亦有次序、辭句不同者，可以此考證孫氏原稿。

本書五卷共選孫氏近體詩六百零二首，多爲律詩，少部分爲絕句，詞句秀麗可觀，迭有佳篇美句，蓋爲孫氏近體詩作精華所在，亦見止齋老人選詩眼光之精。本書首冊正文前襯葉有署名"止齋老人"朱筆題跋一篇，文中稱其幼時於其叔父省庵公處得見孫暘所贈詩扇，遂心慕之。後與孫暘長孫孫景文聯姻，因見其家藏孫氏遺稿，遂專選孫氏近體詩編爲本書，由其婿工楷鈔録。書中朱筆圈點眉批亦爲止齋老人所寫，述其寫作淵源、點評文采詩法，於今人考辨孫暘其人其詩頗多價值。止齋老人及其叔父省庵公爲何人均待考，應爲清中葉蘇州詩書世家。

第一冊書衣隸書題寫書名"赤崖先生詩集"，又有題跋兩則：一爲清袁通題"嘉慶癸亥冬初，江寧吳自求、錢塘袁通、仁和錢廷烺同讀於京師米市胡同寓齋"（北京圖書館編、書目文獻出版社出版《北京圖書館古籍善本書目·集部》著録本書，誤作"袁通仁跋"）；一爲清曹楙堅題"戊辰十二月上澣桼川瞿紹堅、吳下曹楙堅同讀於萬樹㮚薖精舍"，鈐"曹楙堅印"印。扉葉鈐"虞山張氏蘭思"印。第二冊封底書衣內葉粘附字箋一紙，乃清末民國張蘭思（南陔、陔翁）手札，述孫暘生平并點評本書，署"癸未八月陔翁記，時年七十七"，應爲1943年。清末民國常熟張蘭思舊藏。現藏國家圖書館。（謝非）

懷舊集一卷

清孫暘撰。清鈔本。一冊。半葉八行，行二十字。

本書共收詩一百五十首，組詩居多。其中以七律爲主，凡九十三首，七絕次之，共四十七首，其餘僅五律七首、七古一首、五古二首。按書名"懷舊集"并察之所收詩作，可知此書爲孫氏晚年隱居蘇州所作詩之結集。蓋分四類：一爲與友人雅集唱和之作，一爲追憶關外流放見聞，一爲哀悼亡故友朋之作，一爲獨抒胸臆之詠懷詩，末以頌聖詩（歌頌康熙帝）兩組六首壓卷。

與友人雅集唱和之詩，多在蘇州風景名勝處，如虎丘、鄧尉、靈巖、支硎、西山等，亦有遠至錢塘（今杭州）西溪等地者，或在友人書齋園林聚飲賦詩。孫氏交游廣闊，常同游者有宋德宜、計東、吳偉業、周肇、繆彤、蔣伊、蔣廷錫、唐孫華、宋實穎、徐乾學、徐秉義、徐元文、尤侗、彭定求、錢陸燦、蔣深、姜實節、沈皞日等，凡數十人，不一而足，皆蘇州名士、世學宿儒，本書可爲考證江南文化交流之稀見史料。

本集已收入清止齋老人編選《孫蔗庵先生詩選》之卷五，但兩者篇目不盡相同。止齋老人所編是據孫氏原集刪選而成，尚收詩二百一十六首，而本書僅收詩一百五十首，則更爲選本無疑。本集有收錄而止齋老人選集未收者，凡二十八首，含《頌聖詩》兩題六首，而《南巡紀事詩》十首兩集均有收錄；止齋老人選集收錄而本書未收之詩，則多達九十四首。兩選集共同收錄之篇目爲一百二十二首，編次大體相同，亦時有參差。又本書所收《吳烈女詩》組詩二首，止齋老人選集僅選收第一首；《送彭訪廉入都》二首，本書祇收其一，止齋老人選集全錄。《七哀詩》兩集所收篇目相同而均祇六首，未知何故，或孫氏原集即祇六首却誤題“七哀”，或原集有七首而兩選本均恰好選中其中同樣六首，或別有隱情亦未可知。另有詩句有異者，如《哭徐立齋》其一，本書所錄與止齋老人選集所收每句均有不同，其二之尾聯亦不相同。又有同一首詩題目不同者，如本書所收《交翠堂送春日忽放牡丹一枝》，止齋老人選集亦收此詩，辭句相同，而詩題作《交翠堂送春日庭前牡丹初放一花能畫者各圖一影詩以紀之》。以此種種推之，則是二集同選自孫氏《懷舊集》原集，原集含詩二百四十首以上。本書卷首題蔣陳錫校，蔣陳錫爲孫暘友人蔣伊之子，當孫氏子侄輩，止齋老人與孫暘長孫爲姻親，當孫氏孫輩，故本書編選在前，止齋老人選集在後，蔣陳錫校《懷舊集》選本後，孫氏或又曾修改原稿，至止齋老人所見時文辭編次已稍有不同。扉葉鈐“鐵琴銅劍樓”“花簃月景”“古里瞿氏記”印，卷末鈐“鐵琴銅劍樓”“古里瞿氏記”印。書中字迹有個別修改處。部分書葉經蟲蛀雖有修裱但正文字迹已有少量殘缺。常熟瞿氏鐵琴銅劍樓舊藏。（謝非）

街南續集四卷

清吳肅公撰。清鈔本。四冊。

吳肅公（1626—1699），字雨若，號晴巖，又號逸鴻，別號街南，安徽宣城人。明末諸生。吳肅公少年從學於其叔父吳坰門下，後又游於沈壽民之門。明亡後，吳氏以遺民自居，棄諸生，絕科舉之業，盡心於經學。其所著《正王論》以爲王守仁之學非聖人真意，批王氏流於空疏之弊，不應爲世人推崇。吳氏因不事科舉，一生貧困，然著述頗豐，在史學、經學、文學方面均有建樹。著有《明語林》十四卷、《讀書論世》十六卷、《廣祀典議》一卷、《詩問》一卷等。《［光緒］重修安徽通志》卷二百二十有傳。

是書爲吳肅公文集，以人物記傳論序爲主。明末清初志節之士多賴其文以傳者。卷一爲論書，前半部分品評歷代人物，後半部分叙與友人論學之文。卷二、三錄吳氏所撰序，卷四錄記、説。該書所錄文章多闡明儒學義理之學，從中可知吳肅公對經學、史學之態度。吳肅公大抵以經世致用爲務，以爲聖人所傳之道可用之時事，所述之理亦明晰簡潔。同時他認爲朱熹解《詩》及《四書》專以己斷，非聖人真意。潘一元稱其文“原於道，依於經，而綜貫乎諸史者也”。

該書所錄記、説多載吳氏與時人交往之文，保留大量明末忠烈之事，因此在清乾隆年間遭到禁燬。該本無序跋，附有眉批校注，字體舒闊俊朗，紙墨如新，爲是書現存唯一鈔本。（賈大偉）

曾青藜詩八卷

清曾燦撰。清刻曾燦輯《金石堂詩》本。二冊。半葉十二行，行二十四字。白口，四周單邊。

曾燦（1626—1689），本名傳燦，字青藜，號止山，江西寧都人，明給事中曾應遴之子。少善作詩。父親死於國難後，曾燦遂改僧服行游，後歸山中自耕以養祖母與母。與魏禧、彭士望等人并稱“易堂九子”，結爲性命之交，秘密聯絡遺民豪士，力圖復明。出游東南，樂蘇州光福、玄墓之勝而寓居二十餘年，以詩文與海内名流交往，晚年以筆舌糊口四方，卒於京師。曾燦少時作品多寫艷情，入清以後，詩作内容大變，多描寫戰亂，體現出强烈的抗清意識。錢謙益曾評價其詩："其思則《黍離》《麥秀》也，其志則《天問》《卜居》也。"代表作品有《感亂》《戰城南》《羊城歌》等。著有《六松堂詩文集》，編纂當時名家詩選二十卷，名《過日集》。《清史稿》卷四百八十四、《清史列傳》卷七十有傳。

此卷爲清刻曾燦輯《金石堂詩》本。《金石堂詩》包括《曾庭聞詩》六卷、《曾青藜詩》八卷、《曾麗天詩》一卷。卷首有《金石堂詩原序》一篇。其後有錢謙益撰《金石堂詩叙》和作者所撰自傳。作者自傳有言曰："吾兄弟六人，叔季皆蚤死，五弟輝專攻制舉業，學詩者獨吾三人耳，而炤不及予，予不及伯子，令聞人言曾氏兄弟能詩則未嘗不面慚發赤色慘然而心傷也。"可知，曾氏六兄弟已故有二，餘四人祇有三人善作詩。因此作者特搜集此三人詩作編纂出版，目的是爲了捍衛家族文學名譽，并作紀念。卷首題"寧都曾燦青藜著"，分雜言、五言古、七言古、五言律、七言律、五言排律、五言絶、七言絶等八卷。（李燕暉）

曾青藜初集一卷曾止山文集一卷壬癸集一卷甲子詩一卷三度嶺南詩一卷

清曾燦撰。清刻本。二册。半葉八行，行十八字。白口，四周雙邊。

此書封面題"集字不列號　別集　國朝曾燦　曾青藜集五卷　凡五種有刊有鈔"，包括五種文獻：《曾青藜初集》一卷、《曾止山文集》一卷、《壬癸集》一卷、《甲子詩》一卷、《三度嶺南詩》一卷，皆題"寧都曾燦青藜著"。卷首有魏禧撰《序》一篇。《曾青藜初集》分爲雜詩、七言古、五言律、七言律、五言排律、五言絶、七言絶。《曾止山文集》分論、序、書、説等幾個篇章闡述作者觀點。其中一篇《金石堂詩序》可以看作是作者的自傳，也是後來研究曾燦本人的重要史料。《壬癸集》分詩、律兩種體例。《甲子詩》文前有顧祖禹《序》一篇。《三度嶺南詩》前有徐柯撰《序》一篇。全書收入《易堂九子文鈔》。（李燕暉）

割雞集三卷

清劉星撰。清康熙刻本。三册。半葉八行，行二十字。白口，四周單邊。

劉星，號括囊子，生卒、生平、籍里不詳。著《割雞集》。

此集乃楊素蘊鑒定，且於清康熙二十三年（1684）爲之序。彭通審閱。卷一吟草，録詩八十八首；卷二雜著，輯記傳雜文十六篇；卷三讞文，爲案情故事十餘則。詩文止於康熙二十四年乙丑（1685），集當刻於此時。是書卷端鈐印“浮雲一片是吾身”“括囊子”。

楊素蘊評劉星詩，“温柔敦厚，深得風人之旨，而雅意愛民藹然溢於言外”。其詩上追陶謝，下掩高岑。“自唉勞勞終日是，半閑不亞到神倦”（《辛酉八月廿九日游晉祠雜詠之二》），質樸自然，平淡精煉，頗有陶潛之神韻。“林下娟娟來夜月，調高杳杳聽春風”（《神嶺積雪》），鮮麗清新，天然渾成，深得謝靈運之手法。“尊前惜別逢殘臘，到日春風拂柳條”（《冬暮送張鼎三旋里》），荒凉中藴含活力，蒼茫而不凄凉，可與高適送別詩媲美。“雲中赤羽花迎燦，掌上陰符月映明”（《送劉參戎移鎮温州》），詞鋒華潤，氣骨琅然，風格與岑參相近。劉星之詩直舉胸臆，模畫景象，雖是變風，然自然磊落，值得品讀。此集對於研究作者其人及其所處時代的社會生活，具有很高的史料價值。（邵穎超）

碩園詩稿三十五卷詞稿一卷

清王昊撰。清康熙四十二年（1703）王良穀鈔本。八册。半葉九行，行二十字，黑格。白口，四周單邊。

王昊（1627—1679），字惟夏，號碩園，江蘇太倉人。清康熙十八年（1679）召試博學鴻儒，帝因其文學素著，且念其年邁，賜内閣中書銜，命下而昊已卒。喜遠游，才華橫溢，撰有《碩園集》一卷，收入吴偉業刻《太倉十子詩選》中。另有《碩園編年詩選》二卷。

《碩園詩稿》爲作者殁後三年，其子王繹高輯録，自明崇禎十六年（1643）至康熙十八年(1679),年各一卷,康熙十五年(1676)、十六年(1677)兩年無詩,故三十五卷。全書分爲八册,每册目録下分別以金集、石集、絲集、竹集、匏集、土集、草集、木集命名,詩文鈔寫規整,時有朱筆修改。每卷題名下均注成文年。前有計東、姜廷幹、孫金礪、黄虞稷、周雲驤、郁禾、周雲駿、陳嘉静序,序皆王昊在世時作。末有其子王繹高康熙二十八年(1689)跋,贊其父"生而穎異不凡,讀書過目成誦,十餘歲即能爲詩、爲舉子義,脱去時蹊,下筆皆驚人語",又謂"是年(作者卒後三年)秋,王鴻調先生始從京邸將先君所爲《碩園詩稿》郵寄至里。繹高含淚摧心讀之終帙,亟命工繕寫,共得詩三十五卷,蓋自癸未至己未每歲爲一卷,應得詩三十七卷,而丙辰、丁巳兩歲竟無隻字。其第一卷至二十三卷之上乃先君手自編定,後十餘卷乃繹高從草稿中録出",詳述此稿形成經過。又有孫王良穀康熙四十二年(1703)題詩及乾隆十年(1745)後補跋語、其宗侄王吉武康熙五十八年(1719)識語。

原稿於康熙五十八年(1719)欲刊未果,王良穀就王繹高所藏鈔本重新編次,彙爲三十卷,書名仍舊,删去《詠盆漁》《南村》《秋懷》《哭黄衡水》等詩九十五首,增《遥哭許玉重先生》《初得家信》《即事戲贈》等詩七首,乾隆六年(1741)開雕,十二年(1747)刻成,即寶香閣刻本。

《中國古籍善本書目》集 11643、11644 條分別著録《碩園詩稿》康熙四十二年(1703)王良穀鈔本和乾隆十二年王良穀刻本。後者藏於國家圖書館和中國社會科學院文學研究所。此爲前者。鈐有"王良穀印""是穮""鳳麟後裔""琅邪世家""吳興劉氏嘉業堂藏書記""張叔平""稼軒""良穀之章""墨池""良""穀""小艸""王印良穀""筆華""承美軒""琅邪張公""吹笙王子""端盟""江左青箱""山樵"等印。

劉氏嘉業堂舊藏,現藏國家圖書館。(彩雲)

抱山堂小草一卷函玉集一卷

清王士禧撰。清鈔本。一册。半葉十二行,行三十二字,無格。

王士禧(1627—1697),字禮吉,山東新城(今淄博市桓臺縣)人。監生。與兄王士禄、弟王士禛、王士祜“自幼以詩相唱和”。晚年究心岐黄，以醫術行善於鄉。其詩“綽有風調，而才地較弱”（《四庫全書總目·集部三十五·別集類存目九》）。有王士禛選刊《抱山集選》一卷。

此集封面題“愚泉公手鈔抱山堂詩”“己未得於津門重裝珍藏　億年”，可知爲王允灌鈔本。王允灌，字愚泉，號荔香，王士禧五世孫。清道光十六年（1836）進士，授内閣中書，充軍機章京。著有《王氏詩源》《心恭編》《雙梧軒日札》等。此集包括《抱山堂小草》詩四十四首和《函玉集》詩三十六首。卷後有其跋語稱：“右詩三十餘首，太高祖禮吉公《函玉集》第五卷所存詩也，原草藏方田侄家，共計六十餘首，兹鈔皆公自選，灌嘗求公原稿。此外有初刻《抱山小草》一卷，此則《抱山四集》，而二集三集皆未見，即此集上四卷亦未見，俟再覓之。”

此書鈐有“愚泉藏書印”“新城王氏珍藏”“億年”印，可知曾在王億年處。（馬琳）

函玉集一卷

清王士禧撰。清稿本。一册。半葉八行，行十八字，黑格。白口，四周單邊。

此集爲稿本。封面題“抱山堂函玉集原稿　八世孫億年重裝珍藏”，扉葉墨筆書：“王士禧，號禮吉，一字仲受。貢生，候選州同。有《抱山堂集》一卷，載《漁洋集》《抱山小草》《函玉集》。此原稿未刻本。”此集共收入詩歌七十六首，集中有多處圈點批改痕迹。其詩作以盛唐王、孟爲宗，長於五絶，或明快清麗，或含蓄蘊藉。

此書鈐印“愚泉藏書印”“王億年印”，可知爲王允灌、王億年家藏。（馬琳）

朱柏廬先生愧訥集十二卷

清朱用純撰。清雍正三年（1725）嚴心齋刻本。四册。半葉十一行，行二十三字。白口，左右雙邊。

朱用純（1627—1698），字致一，號柏廬，江蘇昆山縣人。著名理學家、教育家。明諸生，入清隱居教讀，居鄉教授學生，潛心治學，以程朱理學爲本，提倡知行并進，躬行實踐。清康熙間堅辭博學鴻詞之薦，與徐枋、楊無咎號稱“吴中三高士”。著有《删補易經蒙引》《四書講義》《春秋五傳酌解》《困衡録》《愧訥集》《毋欺録》等。

此書首爲目録，繼之正文，題材豐富，有書、序、像贊、祭文、墓誌、雜著等。書末爲楊無咎《朱柏廬先生傳》及彭定求《朱柏廬先生墓誌銘》，隨後爲《附載李光士宗灝講語》及葉均禧《附載三賢祠記》、康熙庚子（五十九年，1720）門人吕廷章《三賢祠記》等。書上鈐有“魁炳”“任城李氏珍藏”“冬涵閱過”等印。刻梓精良。（趙彦楠）

徐狷庵集不分卷

清徐介撰。清鈔本。二册。半葉十行，行十八字，小字雙行同。白口，四周單邊。

徐介（1627—1698），初名孝直，字孝先，後改爲今名，別號狷庵，仁和（今浙江杭州）人。明崇禎癸未（十六年，1643）諸生。家住塘栖之落瓜，世貴族，稱“落瓜徐氏”。其父徐灝，崇禎甲戌（七年，1634）進士，曾任武陵知縣。明亡，棄諸生，改爲今名。其妻子、兒子先後離世，他終身未再娶，後半生徜徉山水，輾轉多處，後隱居在河渚。全祖望在《鮚埼亭集外編》卷三十《題徐狷石傳後》中曾引用徐介的話云“吾輩不能永錮其子弟，以世襲遺民也”。徐介自己雖爲遺民，明亡後也不再做官，但他認爲遺民不能世襲，他并不阻止後輩出仕做官。這句“遺民不世襲”有着看透了世情變化和歷史規律的豁達與開明。徐介尤工於詩，一生留下一千多篇詩作。許全可在《徐子狷庵傳》中評價其詩歌：“三十年以來積數千篇而益工。狷庵之所爲詩大抵抒其悲憤傾其懷抱，生平勁節正氣盡見於詩，……無一篇一字之不發於性情也。”（《徐狷庵集》）

《徐狷庵集》前有序四篇，第一篇爲《徐孝先詩序》，署名“寧都魏禧叔子題”，第二篇爲《貞白齋詩集引》，第三篇爲《徐子狷庵傳》，署名“海昌友弟許全可拜撰”，第四篇爲《徐子狷庵後傳》。《徐狷庵集》不分卷，無目録，按照詩體分類，分别爲新樂府、五言古、七言古、五言絶、六言絶、七言絶、七言律、六言律、五言排律。内容多爲詩人游玩山水及與友人的唱和之作。國家圖書館另藏有徐介《貞白齋詩集》鈔本十卷，分類篇目數量大致與此書同。但《徐狷庵集》五言排律僅鈔錄三篇，較《貞白齋詩集》少二十四篇，且無七言排律。（李興芳）

貞白齋詩集十卷集陶新詠六卷

清徐介撰。清鈔本。三册。半葉十行，行二十二字，無格。

《貞白齋詩集》前有序四篇，第一篇爲《徐孝先詩叙》，署名"寧都魏禧叔子題"，第二篇爲《貞白齋詩集引》，第三篇爲《徐子狷庵傳》，署名"海昌友弟許全可拜撰"，第四篇爲《徐子狷庵後傳》。《貞白齋詩集》十卷，按照詩體分類，分別爲新樂府、五言古、七言古、五言絶、六言絶、七言絶、七言律、六言律、五言排律、七言排律。内容多爲詩人游玩山水及與友人的唱和之作。

《集陶新詠》與《貞白齋詩集》合爲一册，即從第三册第二十葉開始爲《集陶新詠》。書前有《集陶新詠自序》一篇，署名"丁未冬十二月既望浙西放民徐介自叙"，丁未爲清康熙六年（1667）。書後有《上一峰老人書》一篇，署名"沈朗思評"。另有一篇徐介撰寫的誄文《海昌孝廉張公誄》置於書末。古人素有集句詩的雅興，宋代以來有許多集陶淵明詩歌的作品出現。徐介十分喜歡陶詩，他在《集陶新詠自序》中説："僕幼時聆其篇詠粗有知識，心竊嚮往之。弱冠以後，憔悴行吟，披卷有得，轉益嘉嘆。"此集共六卷，"所載四言凡五十三章，其句四百二十有二。五言凡一百十七首，其句千六百二十有八"（《集陶新詠自序》）。每卷末有徐介按語。（李興芳）

寶綸堂稿十二卷

清許纘曾撰。清鈔本。八册。半葉八行，行二十字。

許纘曾（1628—1694），字孝修，號鶴沙，華亭人。清順治六年（1649）進士，官至雲南按察使。

此集共八册，按金、石、絲、竹、匏、土、革、木次第排列。首有清康熙三十五年（1696）王熙所作《寶綸堂稿序》，次爲作者自撰《自序》，次《目次》。各卷卷端題

"寶綸堂稿卷第□"，卷一至十署"華亭許纘曾鶴沙著"，卷九、十一、十二署"華亭許纘曾鶴沙輯"。

是編凡十二卷：賦一卷，詩三卷，雜文三卷，蒭蕘之言一卷，定舫隨筆、感應篇徵事續、瑣碎録合一卷，日南補稗一卷，日南前事一卷，附録天臺馮甦滇考十九條一卷。其中，所收詩包括樂府、五言古詩、七言古詩、五言律詩、七言律詩、六韻詩、五言絶句、七言絶句，所收雜文包括序、跋、記、紀事、傳、書、文、説等。集中對雲南府區劃、建設、地理、物産等多有記載。

《鄭堂讀書記》卷七十著録稱："七言古縱橫跳蕩，頗得力於初唐，至其蒭蕘之言、定舫隨筆、感應篇徵事續，皆小説家言，日南補稗、日南前事則地理外記之屬。"

此本爲陳垣先生舊藏。（顔彦）

紅窗百詠二卷中閨月令一卷

清莊同生撰。清刻本。一册。半葉九行，行二十字。白口，四周雙邊。

莊同生（1627—1679），字玉驄，號澹庵。清順治四年（1647）進士，入翰林，授檢討，順治皇帝親試詞臣，擢中允。順治八年（1651），任湖廣鄉試正主考，加右庶子。試滿漢文義，擢第三，遷贊善。不久轉侍讀兼左庶子，後因事受牽累罷官，在家隱居近二十年。清康熙初年，被重新起用，官復原職，又轉左庶子兼翰林院侍讀。資格既深，聲望日重，康熙皇帝正待重用，莊以疾卒。著有《澹庵集》《漆園印型》十三卷、《長安春草》《黃山紀游外集》四卷、《妒史》十四卷、《霍丘日記》《紅窗百詠》二卷、《蘭語》二卷、《長安春詞》一卷等。

此書首爲《紅窗百詠》上卷目次，下卷前有下卷目次。卷端題"紅窗百詠上卷"，署"晉陵莊同生澹庵著"。上下卷收詩各百首，行文中衹標序號，并無詩題。後附《中閨月令》一卷。

此書原爲周作人收藏，鈐有"麥溪張氏""駱駝書屋所藏""蛾術齋藏""周作人印""苦雨齋藏書印""閨閣叢珍""昆山徐氏"等印，大約看出此書傳承之序。卷首有周作人題寫"奉贈耀辰兄　作人　中華民國廿六年八月廿九日在北平"，知周作人曾將此書贈送給徐祖正。徐祖正（1895—1978），字耀辰，又作曜辰，江蘇昆山人。作家，翻譯家。去世後藏書分別轉北京大學圖書館和國家圖書館。（趙彥楠）

湯文正公詩翰不分卷

清湯斌撰。稿本。經折裝。一册。

湯斌（1627—1687），字孔伯，號荆峴，別號潛庵，河南睢州（今河南睢縣）人。清代理學家、政治家、書法家。清順治九年（1652）進士。清康熙十八年（1679）舉博學鴻詞科，授侍講，歷官至内閣學士。二十三年（1684）出爲江寧巡撫，後二年入爲禮部尚書，管詹事府，輔導東宫，二十六年（1687）轉工部尚書，卒，謚文正。著有《湯子遺書》十卷。《清史稿》有傳。

此書書衣木板裝幀，應爲事後將散葉詩稿裝裱而成，未知是作者本人抑或他人所裝。全書收録湯斌詩作凡四十一題、六十四首，其中十六題爲組詩（二至四首不等）。體式幾全爲律詩，五、七言約各半，僅個别數首古體，含歌行。題材兼及詠物、詠懷、政論、贈答唱和，以至紀時事。非一時一地之作，不署年月，亦無編次，行草手書，字迹隨意不羈，應爲即興落筆草稿，非謄鈔件。其中吟詠日常生活之作最多，尤以節日吟詠爲甚，諸如除夕、元旦、人日、社日、上巳、清明、元宵均有。又多物候之詠，如《晚秋》《春遲》《夏日偶成》等。文辭中規中矩，格式工整，是爲古典詩歌通行題材。其餘日常歌詠之作則取材生活起居常見之物，如《梁間瓶魚》《盆景》《小園種竹喜成》，信手拈來，饒有風趣。再有詠梅花、詠海棠，即時興來歌詠之作（如《早起即事三月初四日》），均呈現濃厚生活氣息，反映盛世士大夫之閑適生活情調。其餘與親友唱和贈答亦爲古來常見，士大夫文學題中應有之義。政論詩則關注民瘼，如《聞罷關中貢柑并橘子石榴賦此志喜》《停造瓷器》《停邊外築城二十韻》，皆頌贊朝廷輕徭薄賦與民生息之言論。本書卷末後人孫似樓跋語有言，湯斌任教東宫時曾倡講《大學》"財聚則民散，財散則民聚"之道，促康熙帝行"歸併地丁，永不加賦"國策，爲有清一代仁政之著者。以其詩參以其事，可見"詩言志"之道；以事參詩，亦可有"知人論世"之功。

本書卷末有清末民國王學淵、陳雲誥跋文各一篇，孫似樓跋文兩篇，皆表露後世文人對本書作者之崇贊。蓋因湯斌理學名臣，又爲翰林學士，授業東宮，一代宿儒不乏後學膜拜。本書爲其墨寶亦令後代文人争相遞藏。（謝非）

足餘居詩草二卷

清張瑞徵撰。清順治刻本。一册。半葉八行，行十八字。白口，四周雙邊。

張瑞徵（1619—1682），字華平，山東萊陽人。清順治九年（1652）進士，歷官翰林院庶吉士、國史館檢討、詹事府左春坊左中允、分巡河南汝南兵備道副使，清康熙十八年（1679）舉博學鴻儒。其爲官頗有政聲，據清岳濬纂修《［雍正］山東通志》卷二十八記載：“汝南水旱頻仍，荆榛滿路，瑞徵下車即修葺城垣，捐資賑濟，地方漸有生人之樂。其折獄明敏，辨冤晰枉，尤表表一。時光州賊襲商城，會剿擒戮，瑞徵之力居多。其典試兩浙，所拔皆知名寒士。至居鄉訓子孫，惟務忠厚，戚黨待舉火者甚衆。後以壽考卒於家，公舉祀之。”著有《玉署集》《滋樹館稿》《足餘居詩草》等。據清方汝翼纂修《［光緒］增修登州府志》卷六十四載：“《玉署集》皆試卷及館課所作。《足餘居詩草》乃未通籍時作也，詩皆清雅。嘗應詞科舉見。”

是書卷首有順治十四年（1657）張縉彦序。其時，張縉彦任浙江左布政使，正值張瑞徵典試浙省，二人論詩，遂爲其作序。張縉彦序曰：“然，草曰足餘，何也？余聞之‘鷦鷯巢林取足，而不願餘’，南華氏之言也。而左思詩亦云‘飲河期滿腹，貴足不願餘’。先生之引此，豈處矜重華耀，時而不忘歷落順逆之意乎？此其所以取姬孔自淑也。先生造經之典雅，挽詞人之敝簏，洗迂儒之弱云。”誠如其言，《足餘居詩草》是張瑞徵早期詩作集，共載《飲沐浴山莊晚歸》《和宋澄嵐業師雨後留客》《秋日雜感》等詩八十首，詩作確有典雅之風。其中，既有意境幽美的紀游之作，如《飲沐浴山莊晚歸》曰：“不盡登臨意，晴嵐急暮煙。披巾遲夜露，漱齒吸山泉。梅熟添紅葉，溪深長綠錢。農歌何處起，空負夕陽還。”亦有情真意切的抒懷七律，如《甲申二月六日感懷諸友》曰：“纍纍千封化劫塵，東鄰野哭動西鄰。幽蘭争比生前契，宿草忽驚原上新。夢裏伊吾猶昨夕，眼前骨肉但餘身。莫談積歲升沉事，我獨傷心暮雨頻。"更有不勝煩憂的反戰之句,如《聞海上寇警》曰:"忽傳赤羽動江干,海外狂濤苦未安。劍氣宵橫金鷹冷,月光晴照鐵衣寒。三秋鼓角煩東顧,萬里旌旗直北看。爲問樓船標漢柱,低徊能不愧儒冠。"此外,《避亂海陽道中》《憂海上寇警感述四首》等亦爲記録清初戰亂未定之作。

該書卷端鈐印"林印傳樹""仲德",由此可知,該書曾爲林傳樹所藏,林傳樹爲福建侯官(今福州市)人,清末民初著名教育家、地理學家林傳甲之胞弟。該書存世孤罕。今藏國家圖書館。(柳森)

雙泉堂文集十七卷

清繆彤撰。清康熙四十四年(1705)郭琇、楊振藻刻本。四册。半葉十行,行十九字。白口,四周雙邊。

繆彤(1627 — 1698),字歌起,號念齋,江蘇吳縣(今蘇州)人。清康熙六年(1667)進士,授翰林院修撰。康熙九年(1670)官至翰林院侍講學士。後借父病辭官告歸,閉門不問時政。創立三畏書院,刊刻書籍,講學育人。擅長詩歌,律、絶句兼工,有唐人風格。詩多寫景賦情,流連山水,嚮往歸隱。其《渡江》一詩被沈德潛評爲"渾然無迹,末五字何減唐人聲口"。詩被收録到《清詩別裁集》《江蘇詩徵》等詩集中。

是書首有薛熙、郭琇、楊振藻序文。序皆作於康熙二十四年(1685)。薛熙在序中稱"先生舉全集命熙參訂,勉以示兩侯。兩侯(郭琇、楊振藻)編次卷帙,既鋟之板也"。

是書目録原題四十二卷,全書未刻竣,卷五以下不刻卷數。其中卷一制科策,卷二制科論,卷三表,卷四啓,卷五代言,卷六至八序,卷九至十壽序,卷十一至十三書,卷十四至十六記,卷十七辨,卷十八議,卷十九論,卷二十解,卷二十一箴,卷二十二銘、贊,卷二十三疏,卷二十四題跋,卷二十五行狀,卷二十六至二十八墓誌銘,卷二十九墓表,卷三十神道碑銘、卷三十一傳、卷三十二至三十三祭文、卷三十四尺牘、卷三十五雜著、卷三十六雜紀、卷三十七賦、卷三十八至四十二古今體詩。文三十七卷,詩五卷。薛熙序中評價"其爲文,自表箋四六之作亦尚詞藻,至於書序、記傳、誌銘諸篇,則務洗盡駢麗之詞,一以清折出之"。

今國家圖書館存殘本十七卷,爲海内外孤本。（孟化）

緑肥軒詩稿

清張昕撰。清乾隆三十九年(1774)張氏世德堂刻本。一册。半葉九行,行十八字,小字雙行同。白口,四周雙邊,單魚尾。

張昕,生卒年不詳,號遲之,直隸南皮(今河北滄州)人。清順治諸生,贈儒林郎。清陶梁《國朝畿輔詩傳》卷十六有載。

此書前有《家曾祖嵋采公詩序》,末署"乾隆三十九年歲次甲午菊月之吉賜進士出身原任江西督糧道曾孫受長謹撰",序中凡曾祖公稱謂皆空一字或提行頂格。按,張受長,字英軍,號兼山,直隸南皮人。清雍正四年(1726)、五年(1727)聯捷進士,官至江西驛鹽道、督糧道。著有《儀禮探本》等。據《序》知,張昕生於保寧府(今四川閬中),"四歲而孤,性至孝",無意功名,"嗜學好吟詠",然所撰不欲付梓,故"多散佚",張受長"每從親故家得之,搜羅二十載,始彙成帙"。

此本不分卷,首題"緑肥軒詩稿",署"臺山張昕遲之甫著"。版心上鐫"緑肥軒詩稿",下鐫"世德堂"。詩稿按五言古、七言古、五言律、七言律、五言絶句、七言絶句分類編次,每類中詩作按時間先後排序。

張昕爲詩觸事成詠,抒寫性情,間與若魯、仲宣、中孚、高聖階、張而獻等知交唱和,真情流露,自然樸實。張昕雖適情園林,但依然心繫國運民生,《飲西樓聽濬之説西游》後記"時山東寇變故及之",《苦雨》特寫及農耕旱情之憂。此本詩題多見小序,詩句中多小字雙行夾注,有補於作者及其友人生平事迹。（顔彦）

北平詩

清薛芬撰。清鈔本。一册。半葉九行,行二十一字。白口,四周單邊,單魚尾。

薛芬,生卒年不詳,字東濱,一字祥蓀,吳縣(今江蘇蘇州)人,後遷居常熟。諸生，以試文不合格被黜，專意爲詩，囊書出游，足迹幾半天下，卒以客死。《［同治］蘇州府志》載有薛芬《祥蓀詩集》，惜已佚。

此本鈔於烏絲欄上，首題"北平詩"，署"東吳薛芬東濱著"。集中"炫""絃"字皆缺筆。

薛芬長年羈旅異鄉，集中之詩，往往寄托客居之苦、故鄉之思，如《丙辰長安歲除》《讀阮亭先生寄友詩愴然有離家之感因步韻四首》。另外，行迹所至，每有題詠，亦多即事寫景詠物之作，如《觀射》《看弈》《風月》《水邊》等。特別是詩中所記，有"耶穌""高麗筆"等詞，可見清初西洋風物之漸進。

正文有朱筆圈點及眉批，如《綠牡丹　和牧仲先生》詩批"此蓋指滇黔之變"，"滇黔之變"即三藩之亂，牧仲即宋犖。宋犖《筠廊二筆》曾記載其與薛芬之交往，稱："丙辰、丁巳間遇薛東濱於長安，頗極文酒之樂……別去將三十年，訪其蹤迹，不可得，即吳下亦無一人知者。因録其詩四首見復，修昭文志，予頗代爲搜訪，如東濱者自當在文苑之列，惜知之晚，志事已竣，不及録也。"再如《是日》詩批"圖大將軍西征日，有以秘玩進而蒙賜者，此東濱之詩所由作也"。批者當熟悉薛芬生平經歷，能够揭示其詩作創作背景和緣由。

薛熙《依歸集》有《祥蓀詩序》，稱其"思如出月等天，氣如巨海涵地"。宋犖《筠廊二筆》贊云："其感懷和阮亭尚書諸什，大有少陵風格。"（顏彦）

姜西溟文鈔四卷

清姜宸英撰。清補堂鈔本。一册。半葉十行，行二十三字。白口，四周雙邊。

姜宸英（1628—1699），字西溟，號葦間，又號湛園，浙江慈溪人。清初著名書法家、文學家。初以布衣受徐乾學薦修《明史》及《大清一統志》。天生倨傲，不肯媚權，九應鄉試不中。清康熙三十二年（1693），方以太學生中順天鄉試。康熙三十六年（1697），由康熙帝特拔爲探花，授編修，年已七十。後爲順天考官，涉科場舞弊案而被累，下獄死。精書法，行草尤入妙，山水筆墨遒勁。兼精鑒，家藏《蘭亭》石刻，拓本稱"姜氏蘭亭"。著有《湛園文稿》《西溟全集》《真意堂佚稿》《湛園題跋》

《葦間詩集》等。室名有真意堂、老易齋、畦風閣等。

是書書口下鐫“補堂鈔書”。書共四卷。卷一論十一首,《春秋四大國論》《黃老論》《續范增論》等。卷二序二十三首,《晉執政譜序》《五七言詩選序》《贈汪檢討出使琉球序》等。卷三記九首,《蘭溪縣重建尊經閣記》《惠山秦園記》《十二硯齋記》等;書五首,《寄張閣學書》《寄葉學士書》《與馮元公書》等;說三首,《錢黃兩家合葬說》《程處士篆刻說》《菊隱說》。卷四書後九首,《察舉議後》《書史記衛霍傳後》《跋家藏唐石蘭亭叙》等;雜文五首,《讀孔子世家》《鼻亭辨》《困學記題辭》等;傳一首,《董公傳》;墓誌二首,《文學邵君墓誌銘》《明經李君墓誌銘》;碑陰一首,《光禄卿介岑龔公墓碑陰》。

卷首有韓菼、王心湛序。韓菼(1637—1704),字元少,別號慕廬,江蘇長洲(今蘇州)人。康熙十二年(1673)中狀元,授翰林院修撰。編修《孝經衍義》《太極圖說》《大清一統志》等。官至禮部尚書兼翰林院掌院學士。韓菼對姜宸英屢試不中又憾失康熙十八年(1679)博學鴻儒科而心懷憤懣,并評姜氏曰:“傲逆旅之中者,其不過更奇而深足悲也。然先生一不以介意,益肆力於詩古文辭,挾其高潔軼塵之骨韻,而出入斟酌於古大家,一字句之未安,不輕出也。”王心湛(1648—?),字濟上,一字止堂,號缶林,江蘇高郵人。康熙四十二年(1703)歲貢生。生平長於古文之學。著《缶林文集》《尚書輯解》《半山文議》《續小學簡注》等。王序道:“然則姜君文又烏得不爲大家乎哉? 與朝宗并可也。姜君近耄而第,旋以瘐死。其集六卷,皆不得志時所作。余爲汰其造次者,而存之得如千首。其他容有足録者,要非余所好也。”其中“朝宗”即明末清初散文三大家之一侯方域(1618—1654),字朝宗,河南商丘人。清順治八年(1651)應河南鄉試爲副貢生,以寫作古文雄視當世。由此可知,王心湛認爲姜氏古文造詣可與侯氏比肩,進而親自選編此《姜西溟文鈔》四卷。

是書無鈐印,書中“玄”“弦”字均缺筆避諱,書衣墨筆題“西溟文鈔”“同龢手裝”。書中所鈔字體古雅,工整不苟,且所載屬他書所缺,爲海内孤本,彌足珍貴。

(柳森)

姜西溟先生文稿不分卷

清姜宸英撰。稿本。一册。

此書爲其晚年手稿，收録文章四篇，《癸酉鄉試第一問》《清苑令吳君德政詩序》《李東生文序》《白燕栖詩集序》。《癸酉鄉試第一問》爲姜宸英康熙三十二年（1693）順天鄉試試卷，時年六十有六，實屬不易。另，其在《白燕栖詩集序》文末鈐印中有"白衣太史公"一枚，意即其曾以諸生入明史館，充纂修官，主編《明史》刑法志三卷、列傳四卷、土司傳二卷及《大清一統志》總論、江防、海防共六卷。書中文章，考稽經史，風雅淵博，疏古排宕，雄健有力。

卷端有清咸豐八年（1858）陳景崧墨筆題"姜西溟先生墨寶"。卷末有 1953 年馮貞群跋，跋語云："林君集虛新得此册，疑爲雁鼎余一展卷，斷爲真迹。集虛其寶藏之，勿輕易讓人也。"

是書鈐印六方，"原名文楷""葦間書屋""白衣太史公""西溟""姜宸英印""伏跗室"。書中有姜宸英隨意删改、塗抹之迹，是爲稿本，價值頗高。（柳森）

潼水閣文集八卷補遺一卷

清楊端本撰。清乾隆二十一年（1756）刻本。四册。半葉十行，行二十一字。白口，四周雙邊，單魚尾。

楊端本（1628—1694），本字樹滋，別字函東，潼關（今陝西渭南）人，東漢楊震之後裔。清順治十二年（1655）進士，官臨淄知縣。纂有《潼關衛志》《潼關縣志》等。

本書前有《函東楊公墓誌銘》，署"新城王士禛撰"。據《墓誌銘》可知，楊端本逝世後四年，王士禛受其子楊樞、楊楫之請而叙，故此墓誌銘當撰於清康熙三十七年（1698）。書後有《跋》一篇，署"乾隆丙子四月望六日孫男瑞鱓敬識"，據《跋》可知，楊端本另有詩集，且集前間刻諸小草，惜已佚。

此集所收之文包括賦、序、碑、疏、記、傳、題跋、贊、頌、雜文、行狀、墓誌、祭文、

啓、尺牘諸體,其立言切時明理,雅正綜核,所詠所發,皆循良之治績,懷民風之憂勞。(顔彦)

林卧遥集二卷千疊波餘一卷

清趙吉士撰。清康熙刻本。二册。半葉九行,行十九字。白口,四周雙邊。

趙吉士(1628—1706),字天羽,號恒夫,安徽休寧人,寄籍錢塘(今浙江杭州)。清順治八年(1651)舉人。清康熙七年(1668)任山西交城知縣,因平亂有功,擢户部山西清吏司主事。十四年(1675),遷奉直大夫。二十年(1681),奉使征揚州關鈔,兼督通州中南倉。後入會典館。二十三年(1684),授朝議大夫。二十五年(1686),遷户科給事中。二十七年(1688),以勘河不稱而罷官。三十五年(1696),降補國子監學正。寓居京師宣武門外寄園,從此詩詞頻發。著有《續表忠記》《寄園寄所寄》《楊忠公列傳》《録音韻正僞》《萬青閣全集》,另主纂《交城縣志》《徽州府志》等。

該書三卷,其中,《林卧遥集》分上下二卷,即《疊韻千律詩》;後又續得五百餘首,編爲一卷,即《千疊波餘》,并與前兩卷合成是集。此書爲《四庫全書總目》列入存目書著録。書中所載詩作多爲其《萬青閣全集》收録。趙吉士罷官後,寄情詩詞,閑居寄園,與四方名士交游酬唱。于漢翔曾贈趙吉士詩四首,趙吉士依韻酬答,後與朱彝尊、姜宸英、何焯等唱和不斷,皆疊此韻,竟積得律詩一千五百餘首,遂編爲此書。

《林卧遥集》(《疊韻千律詩》)卷首有康熙三十五年(1696)徐秉義序,又有汪光復、趙士麟、馮雲驌序,卷末有嚴允弘跋。目録題“男景行　孫繼抃校字”,卷端題“受業金壇于漢翔章雲　白嶽汪灝紫滄較評”,版心題“疊韻千律詩”。《千疊波餘》卷首有康熙三十五年(1696)戴名世序,版心亦題“千疊波餘”,惜缺《于樗鄉朱漢源過訪山居快譚戊辰舊事浮以大白賦詩贈行》《汪秋屏孝廉讀書西巖予冒雨獨赴山居未識汪子居停無由相訪書此代柬》《丙子中秋雨喜晉中韓霍岳象起閩海河通侯道暄浙鄞戊午庭式弘過訪張巽陽高隱酣飲寄園遲陳堯凱太史不至分賦》。

徐秉義序云："而後疊之僅一篇不爲少，疊之至千餘首不爲多也，善此者，其唯恒夫趙先生乎。"趙士麟序贊譽此書曰："《林卧遥集》韻止二十字，衍爲千首，纍纍如珠貫，盡袪鉛華，自見本真。又其構思綿密，造語精深，筆有檢制，而詞不濫施，如堅城不可下，鐵壘不可攻。"馮雲驌序亦稱："今'林卧'詩奇勁拗折，不落尋常窠臼。夫子凡有所歷，一坐一卧，一花一石，一雨一晴，俱收付奚囊，故能極其變化而無患重複，非以見多爲貴。"誠如其言，書中所載詩作或雜懷、或憶別、或詠歲、或記事，其詩風既蒼古遒勁又温雅平和。例如，趙吉士《憶西湖》四首其一曰："香靄紛批潤舵樓，碧岑環互鑑中游。平浮萬雉東西目，横截長虹裏外流。畫鼓方從青舫出，翠輿又向白堤留。別來好夢索波上，紅藕花深幾許秋。"此詩句即將其身居京師而對西湖之懷念娓娓道來。不過，雖趙吉士疊韻千首，已創詩史之最，但數量龐大，内容繁雜，確有"爲賦新詞强説愁"之嫌，而縱使趙吉士長於變化，却給人炫耀之感，亦難免重複，言之無物，甚至流於空洞。

是書鈐"長留天地間""漢陽周氏藏書"等印。是書版本稀見，價值較高。（柳森）

居東吟一卷

清李念慈撰。清康熙刻本。半葉十行，行二十一字。白口，左右雙邊，單魚尾。

李念慈，生卒年不詳，字屺瞻，號劬庵，陝西涇陽人。清順治十五年（1658）進士。歷任直隸河間府推官、山東新城知縣、湖北天門知縣。《[乾隆]涇陽縣志》有傳，謂其任新城知縣時，"值河水決後，田多被湮，民苦逋賦，念慈不事徵比，甘以催科無術報罷，民藉以少安"。又載其"性嗜游覽，足迹遍天下，所交皆海内知名士，詩文入古"。著有《谷口山房詩集》三十二卷《文集》六卷。

封面書"詩李念慈稿（一本全）"。前有自叙，述此集創作背景："康熙三年夏，念慈以被誣，赴鞫東省，往來濟兗間作也。自四月至明年四月，在東凡一年有餘，日閲歷興會，詩以代紀。"則此集所收，爲李念慈以催科不力褫奪新城知縣之後的作品。詩作往往自剖心迹，如《汶上》云："不作權門宰，將爲汶上游。亂塵常衮衮，流水自悠悠。直道吾何愧,高風不可求。哀衣隨攝使,回首羨輕鷗。"《答主人》有句云:"我性太迂梗,按法悉繩治。窮民稍安堵,我身乃轉危。竟被含沙射,經年逐拘提。"《杵聲》《東土》《紀事》《火》《牽夫》諸詩,描寫勞苦大眾,足見李念慈關心民瘼之情。此集中描寫名勝古迹之作甚多,如《趵突泉》《徂徠山》《岱宗》《登岱嶽極頂》等,具見其性情。(劉波)

侯氏家藏稿

清侯七乘撰。清康熙鈔本。一册。

侯七乘(1619—1695),字仲輅,山西汾西人。侯七乘與兄侯七旒、弟侯七鼎三人科考屢列前茅,名震河東,史稱"河東三鳳"。侯七乘於清順治十一年(1654)中舉,十五年(1658)中進士。初任吏部觀政,清康熙二年(1663)任福建汀州府武平縣知縣。丁艱後,補授福州府閩縣知縣。因有政聲,康熙十年(1671)升江西廣信府同知,十四年(1675),以病辭官歸里,遂以著述爲業。侯七乘著述頗富,據清曹憲纂修《[光緒]汾西縣志》載:"擢廣信丞,地閑心寂,搜刻《鄭文恪公集》行於世,其風雅類如此。益肆力詩古文詞,卓然自樹一幟,文情跌宕,下筆岔湧而出,尤伺太史序而刻之。既歸里,所著益夥,嶺以南大述作多出其手。會開鴻博科,達官以乘應薦,平郡周太尊招致幕府,則已老矣辭疾不往。著作等身,多散失,其《孝思堂初集》《二集》一再刻於閩、信,均燬兵燹。"不過,今仍可見康熙三十二年(1693)西泠孫笠庵刻、清光緒二十八年(1902)六安程長椿補刻本《孝思堂集》十卷存世。

該書包括《高太守信水傳聲序》《廣信府志序》《過庭傳書序》《閩縣季試科歲合牘序》《先府君田臣公行狀》等。其中,《廣信府志序》爲侯七乘於廣信府同知任上所作,載於康熙二十三年(1684)《廣信府志》,對比可知,二者相異有十二處之多,例如,此書中所載"而缺額運船與積逋漕米,年年未了之追呼,嘗使醫剠無計",康熙二十三年(1684)本《廣信府志序》中則易爲"而漕運轉輸歲無停差,每逢檄催東竄西避,嘗苦儉補無術",由此可見,此書中所收《廣信府志序》更具原稿之貌。同時,書中所錄《先府君田臣公行狀》乃爲其父侯甸所作,篇末爲"先子,諱甸,字田臣,生於某年月日,卒於某年月日,享年若干,初娶母某氏,又娶母某氏,生子三,長某、次某、次某,孫某",可知,該文爲先前擬寫之底稿。此外,目前所知,侯七乘曾著《過庭傳書》一書,惜今佚。但書中鈔錄之《過庭傳書序》云:"予自戊戌悴售謝却弟子員以來,時兒佶方八歲解讀書,予因盡棄坊刻,自出手筆,訂爲《過庭》一書。間遇先輩文,亦細加删潤,以就我法,三年間,計得文約一百六十首。及後履任武平,忽有論策取士之議,乃於簿書之際餘,又作書論二百首,至今文體復舊。迨予佐郡廣信,則兒價又稍解讀書,除取佶書轉授外,署中無事,續作又六十首,於是小題制義先後共得二百二十首,分爲三集以梓之。……曰是名《過庭書》,予蓋不敢以告他人而私以語兒輩者也。"由此可知,此《過庭傳書》分三集,乃其精心自撰手訂之教誨子弟之作。因原書已佚,故此《過庭傳書序》有重要的文獻價值。

是書裝幀精美,鈔寫工整。無鈐印。雖所載文稿間有殘缺,但皆爲《孝思堂集》所未載,且《清代詩文集彙編》《清人詩文集總目提要》《山西文獻總目提要》等均未收錄,故其版本價值較高。（柳森）

章雲李稿

清章金牧撰。清鈔《名家制義》本。一册。

章金牧,字雲李,號萊山,浙江德清人,一説歸安人。清順治五年（1648）拔貢,清康熙四年（1665）官柏鄉縣知縣。據牛寶善纂修《［民國］柏鄉縣志》卷六載:"康熙四年,以拔貢任柏令。居官廉平仁恕,以五諭導民,皆傾心載之。訟簡刑清。擴修學校。邑有飛蝗過界,殫心焚捕,災疹歲穰,民得安阜。政理餘暇,焚香賦詩,幾於鳴琴之治,卒於官。"嗜書强記,工詩文。著有《萊山堂集》八卷《遺稿》五卷。據清宗源瀚纂修《［同治］湖州府志》卷六十載"其時文縱橫博麗,雖不中規矩,而勃勃有奇氣,其詩格亦當在盧同、李賀之間",故在當時詩名頗顯。

是書所錄爲章金牧所撰制義,共收八股文《子貢問君（節）》《德不孤必有鄰》《所謂大臣（二句）》等十五篇。

是書鈐印三方,"質王永瑢""好讀書不求甚解""珊瑚閣珍藏印"。質王永瑢即清乾隆帝六子永瑢（1743—1790），其擅書畫，精鑒賞，乾隆三十四年（1769）管理內務府事務，三十七年（1772）封質郡王，三十八年（1773）充四庫全書館總裁。“珊瑚閣珍藏印”舊説爲清著名詞人納蘭性德藏章，後據多人考證爲清嘉慶年間兩江總督百齡藏印，如藏書家莫友芝考曰：“前人每以此爲康熙間納蘭性德藏書印，然閲其刀法文字，則爲嘉道間風氣，當是嘉慶間百齡物，亦以珊瑚名閣者。”（柳垚）

章韓片羽

清章金牧、韓湘南撰。清光緒二十一年（1895）丁祖蔭校刻本。二册。半葉九行，行二十五字。黑口，四周雙邊，單魚尾。

韓湘南，字湘南，一字鍾岳，浙江蕭山人。諸生。雖少穎悟絶人，髫齡入泮，然年二十三而卒。

是編爲丁祖蔭、楊廷旭二人集章、韓所撰制義之文而成，題名據書籤題。書前有《叙》一篇，署“光緒乙未閏月虞山後學嚴廷叙”。該書分爲兩册：第一册爲章金牧集，正文卷端題“章雲李先生遺文”；第二册爲韓湘南集，正文卷端題“韓湘南先生遺文”，兩册皆署“常熟丁祖蔭、楊廷旭斠梊”。

《四庫全書總目》稱章金牧“時文縱橫博麗，雖不中規矩，而勃勃有奇氣，在當時其名甚噪日久”。清梁章鉅《制義叢話》亦云：“章雲李金牧之文驚才絶艷，而不爲時輩所推，後俞長城選入百二十名家，而雲李之名始顯，至乾隆間而盛行操觚，家無有不讀其文者。”又引檀吉甫言，“雲李之文一入定有蹴破菜園之夢，宜其爲人所吐棄，然推倒一世之智勇，拓開萬古之心胸，終不可廢也”。周青崖序韓湘南遺稿，稱“湘南才氣無雙，直與國初諸家并馬馳突”。（顔彦）

孟公不在兹集一卷

清安蒼涵撰。清康熙間無錫安氏稿本。一册。半葉九行，行二十一字，無格。

安蒼涵（1629—1703），號孟公，江蘇無錫人。明朝遺民。擅畫工詩。清順治十一年（1654）安蒼涵與同里嚴繩孫、顧貞觀等結雲門社，後隱居里中罨畫樓，藏書萬卷。著有《罨畫樓詩草》《蒼涵外史獨語》等。其生平詳見《國朝耆獻類徵初編》卷四百二十九、《初月樓續聞見録》卷九和《國朝畫識》卷六等。

本稿本似不完整，前有司馬補先序。全書收録了安蒼涵自清康熙元年至二十年（1662—1681）所作詩文，中無康熙十七年（1678）詩文，可按年份分爲十九個部分，共收録了上百首詩文，其中有大量删減痕迹。正文卷首有朱字“重訂壬寅迄辛酉二十年詩草，甲戌春日再閲一周，略有所芟。潔叟記”，或爲此時删改。司馬補先贊此書“篇目不多，圭璧具備”。此書中詩文對山水、田園、歸隱等生活的描寫，乃是作者志趣所在，可作爲明遺民研究的資料。

此書正文有“晏雨樓”印。其集向未刻行，今存稿本。（朱婷婷）

青霞詩集四卷雨花集五卷後集一卷雨花詞一卷澹雪詞一卷

清顧岱撰。清鈔本。四册。半葉八行，行二十一字，無格。

顧岱（1626—1699），字商若，一字輿山，號止庵，江蘇無錫人，榜籍嘉定（今屬上海）。清順治十五年（1658）進士。初除貴州銅仁府推官，遷思南府同知，再遷武定軍民府知府，調山西潞安府，左遷江西贛州府同知，歷官至杭州知府。其博極群書，工於詩詞，著有《田間詩集》《青霞詩集》等。事迹散見《國朝詩人徵略》《梁溪詩鈔》。其宦游數十年，詩詞作品頗豐，惜無刻本存世。清翁嵩年《青霞詩集·跋》云：“先生仕宦遍天下，所歷山川之險阻，風雲之變幻，蟲魚鳥獸草木之狀，皆一一能畢盡其致，而見之於詩……其詞尤雅粹純正，不同於剽竊餖飣之習，而風俗之純疵，政事之得失，於是乎係焉。”

此爲顧岱詩詞集。首《青霞詩集》四卷，目録題“青霞詩集删存”，爲其任滇中時所著《青霞集》經翁嵩年删定，十存二三，計收詩三百多首。卷前有黃與堅序、翁嵩年跋、施閏章識。黃序云：“輿山之於詩也，雍容以出之，穠華舊麗斐亹并集，此學乎經者也；其以古今諸史隱括時事，簡練而精切，此學乎史者也。迨咀而諷之，高音亮節，以次迭見，朗朗如皎月在懷，颯颯如清風被体，以爲非幾於道者不能。”

繼《雨花集》五卷，收詩五百多首，多艷詩及唱和之作。首清康熙三十六年

(1697)嚴繩孫《題雨花集》云：“讀澹雪先生《無題》《報謝》等詩，若或見彼美於仿佛綢繆往復。”次顧岱《自序》，云“揀生平所作艷語，將付之祖龍”。末附《雨花後集》一卷，收詩數首及文《非非集序》《擬裴航致雲英啓》《擬得雲英答裴航啓》。

又《雨花詞》一卷，收詞三十九首，或記事，或記夢，或憶舊，或寄慰。末《附錄》，署“江上道人”，載詞十首。《澹雪詞》一卷，收詞三十六首，多述閨情、感懷、記事、贈別等。清聶先《百名家詞鈔·引》中云：“近之詞家自命者，往往以組織藻繢爲能事。初閱之不覺燦然可觀，及取其情致婉麗者，則失之纖弱；氣骨高華者，則失之放縱。惟《澹雪詞》才氣縱橫，詞章絢爛，兼以細心老手出之，其精到處，使人驚心動魄，永嘆沉吟而不能置，真是絕妙好詞。”

鈐“小緣天藏書”“孫毓修印”等印。（劉悦）

田間詩集五卷

清顧岱撰。清鈔本。一册。半葉九行，行二十字。白口，四周雙邊。

顧岱(1626—1699)，字商若，一字輿山，號止庵，江蘇無錫人，榜籍嘉定（今屬上海）。清順治十五年(1658)進士。初除貴州銅仁府推官，遷思南府同知，再遷武定軍民府知府，調山西潞安府，左遷江西贛州府同知，歷官至杭州知府。其博極群書，工於詩詞，著有《田間詩集》《青霞詩集》等。事迹散見《國朝詩人徵略》《梁溪詩鈔》。

顧岱詩詞著作未見刻本傳世。此清鈔本《田間詩集》前後無序、跋，收其詩五百一十一首，或寫景抒情，或即事感懷，或詠史懷古，或寄贈友人。卷一收錄《卜居》《問梅》《誕日(丙寅)》《村居》等四十七首，卷二收錄《夏日捨舟寓梵花庵記事》《罷官後題村舍》《題定應塔》《己巳元日》等六十九首，卷三收錄《詠史》《證道詩》《入定作》等一百三十八首，卷四收錄《贈閩中同年高子鯤扶》《七夕漫題》《別吳玉山》等一百四十九首，卷五收錄《海州道中》《送春》《題故友朱謝娱存稿》等一百零八首。卷五末《竹枝詞(己卯)》有目無文。書首副葉題“綸經閣”。鈐“莫友芝圖書印”“莫印彝孫”“莫印繩孫”等印。（劉悦）

撫虔草十六卷

清蘇弘祖撰。清順治刻本。八册。半葉八行，行二十字。白口，四周單邊。

蘇弘祖（？—1664），亦作蘇宏祖，字耀我。清初軍事將領、高級官員。本明末遼東遼陽（今遼寧省遼陽市）人，歸附後金入籍漢軍正紅旗，任牛録章京。清皇太極崇德三年（1638）以舉人出任户部啓心郎，八年（1643）授雲騎尉。清順治元年（1644）隨清軍入關，授河南河北道，三年（1646）遷山東布政使，調陝西布政使。九年（1652）晉三等輕車都尉，後進封三等阿達哈哈番。順治十年（1653），因考核未符，降調福建省福寧道，十三年（1656）遷左僉都御史。十五年（1658）授南贛巡撫，任内平定江西雩都、廣昌、廣東平遠等閩粵贛交界地區山寨武裝。清康熙元年（1662）致仕，三年（1664）卒。入祀閩、贛二省名宦祠。著有《撫虔草》《經世名言》等。

本書爲作者於順治末年任南贛巡撫時所撰奏疏、咨稿、示稿等公文彙編。南贛巡撫全稱“欽差巡撫南贛汀韶惠潮郴桂等處地方提督軍務”，轄區相當於今江西南部、廣東北部及湖南、福建、廣西三省部分地區，爲贛粵閩湘桂數省交界之山區，地勢險峻，漢夷雜處，民風彪悍，難於治理。且其時清朝入關未久，天下方定，此地山寨衆多，廣有武力，抗拒官府。蘇氏於此任職數年，攻破山寨，安定地方，修文立法，政績卓著，乃其一生仕途巔峰，故而將期間案牘公文編集刻印，又邀本地文士、同僚官員審閲作序以資宣傳。

贛州古稱虔州，大略南贛巡撫所轄地域，故名“撫虔草”。以文體編次：首册爲序言及總目，序言五篇撰者爲贛南文士李明睿、黎元寬，及蘇氏同僚官員熊人霖、陳弘緒、趙進美；第二、三、四册爲卷一至六，每册兩卷，收録奏疏十九篇；第五册爲卷七、卷八，卷七收咨稿十篇、移稿二篇，卷八收牌稿十七篇；第六册爲卷九、卷十，共收録示稿二十九篇；第七册爲卷十一至十三，其中卷十一爲批詳二十九篇，卷十二爲擬表兩篇，卷十三爲啓稿二十八篇；第八册爲卷十四至十六，卷十四收書稿十篇、札稿十七篇，卷十五收諭帖五篇，卷十六爲序文七篇。每册正文前均有本册所收卷之目錄。全書共收錄諸類公文一百六十八篇、序文七篇。按其功用，則奏疏爲上呈皇帝之奏章，咨稿乃致平級衙署之咨文，牌稿乃頒行下級衙門之牌文，示稿爲布告民間之告示，移文則致非己所統署之官員衙署，批詳則作者爲官之公函批示，擬表則上表皇帝之謝恩折子，啓稿則爲公務短札，書稿爲正式書信，札稿亦公務短函，諭帖爲訓諭下屬之用，序文則爲蘇氏爲治内諸般文教宣化政績所撰。（謝非）

何求老人詩稿七卷集外詩一卷

清吕留良撰。清鈔本。二册。無框格。

吕留良（1629—1683），明末清初學者、思想家、詩人和時文評論家、出版家。又名光輪，一作光綸，字莊生，一字用晦，號晚村，別號耻翁、南陽布衣、吕醫山人等，暮年爲僧，名耐可，字不昧，號何求老人，浙江崇德縣（今浙江省桐鄉市崇福鎮）人。清順治十年（1653）應試爲諸生，後隱居不出。清康熙間拒應滿清的鴻博之徵，後削髮爲僧。死後四十九年時，即清雍正十年（1732），受湖南儒生曾静反清一案牽連，被雍正皇帝欽定爲“大逆”罪名，慘遭開棺戮屍梟示之刑，其子孫、親戚、弟子廣受株連，無一倖免，鑄成清代震驚全國的文字冤獄。

《何求老人詩稿》係吕留良去世前兩個月自己編訂而成，門人嚴鴻逵在詩集後記中說：“右《何求老人殘稿》七卷，總爲詩四百六十三首，記癸亥六月，子歸自妙山，病轉劇，……乃取生平所作詩，芟定卷帙，命三兄無欲總録爲一册，而自書《何求老人殘稿》六大字於册端，其餘悉焚棄。”七卷爲《萬感集》《悢悢集》《夢覺集》《真臘凝寒集》《零星稿》《東將詩》《欬氣集》，共收詩四百六十三首。其餘詩焚燬。吕留良死後，門人嚴鴻逵將自己收録的吕留良自編詩集外的詩另編一卷，成爲《集外詩》一卷，附於《詩稿》之後。

此鈔本卷末有吴騫《跋》，《跋》稱“甲寅夏五收得此書，雖非舊鈔，而字畫頗工整，知非胥鈔也”。其後又有朱燕昌《跋》，稱：“是册爲拜經樓吴氏舊藏，後歸別下齋蔣氏。吾友徐寅盦司馬得之有年，以不署撰人名，出而見示。余袖歸，挑燈讀之，知是語溪吕留良所作。何求老人，其晚號也，當時列入禁書，故流傳絶尠。閱竟，爰志數語以還之。"

文字獄故，呂留良文字被禁，此書流傳實爲不易。此鈔本鈔寫工緻，流傳孤罕，洵爲珍寶。

鈐"騫""兔床鑑定""海昌古亦谷徐氏用拙齋收藏""有竹居""呼雲人研池""一無所長""操青奉雅""紫來閣""徐光濟印""寶靈通""硤川紫來閣徐氏印""太谷溪水是儂家""經生詞客""臣朱昌燕"等印。流傳有緒。（趙彥楠）

寧遠堂詩集不分卷

清陸弘定撰。清鈔本。四册。

陸弘定，字紫度，號輪山，海寧（今屬浙江）人。清初詩人。性情淡泊，不以功名爲意，一生未入仕途。他的詩與兄陸嘉淑齊名，嘉淑字冰修，人稱"冰輪二陸"。西泠十子對陸氏兄弟評價甚高。陸弘定稱自己的詩"閨幃之什，尚有淫詞；贈答之篇，侈爲麗語"。他對自己作品的評價頗爲中肯，可以在其作品中得到印證。

卷首題"寧遠堂詩集"，作者題"海昌陸弘定綸山氏著"。全書分爲五言古一百零三首、七言古三十二首、七言絕句三百八十四首、五言絕句三十六首、五言律一百五十六首、五言排律八十首，及六言律、雜詩、詠物體、古樂府等。既有描寫風景的《田園春日四首》，又有借古抒懷的《謁黃河神》，還有記與友人往來交流的《送金羽周之江浦》及宣泄作者情緒的《哭寅江》等，内容豐富多樣，從側面透露出作者淡泊閑適的性格。其詩文筆清麗，反映出作者不俗的文學功底。（李燕暉）

戒庵詩草

清張晉撰。清鈔本。一册。半葉九行，行二十一字。

張晉（1629—1659），字康侯，號戒庵，狄道（今甘肅臨洮）人。清順治八年（1651）舉人，九年（1652）聯捷進士。性寬和，有盛德，博學能詩，旁通音律。官江南丹徒縣知縣，鄉試主司以賄敗，張晉因充同考官，以罣誤下獄，年三十一而卒。著有《張康侯詩草》十一卷、《琵琶十七變》一齣等。

此本首題《戒庵詩草》，後有張晉小傳。傳中羅列《黍谷吟》《秋舫一嘯》《薊門篇》《勞勞篇》《石芝山房》《雍草》《稅雲草》《律陶》《集杜》《集唐》，爲《張康侯詩草》各卷卷名。

集中寫景詩，如《燕京竹枝辭》《望華嶽》《黃河》即景言情，或輕快酣暢，顯少年封官之得意；或言愁感傷，以寄漂泊思鄉之思。詠史詩，如《老子説經臺》《銅雀臺》《劉伶墓》等，即景抒懷，縱橫開闔，頗有骨力。唱和之作，涉及太史程邑、進士楊端本、御史魏象樞等官僚文人，可爲其人生平事迹備考。據涂鴻儀《［道光］蘭州府志》記載，張晉官丹徒縣知縣時，“勸農桑，興學校，裁火耗，罷諸不急之務，民咸德之”。此集中亦有其關心民生之作，猶可證之，如《早耕》描述農耕艱苦：“殘星照扶犁，將晚山煙重。”《豐年歌》寫豐年之兆的喜悦之情：“今年不愁吃麥米，南壠齊唱打春牛。”

涂鴻儀《［道光］蘭州府志》稱其“詩思如雲蒸泉涌”。徐世昌《晚晴簃詩彙》稱其“詩縱橫凌厲，出入風騷”。《四庫全書總目》謂“其詩頗學李白，兼及李賀之體”。
（顔彦）

春樹樓遺詩二卷

清董一甲撰。清康熙四十二年（1703）董璋刻本。二册。半葉十行，行十九字。黑口，左右雙邊。

董一甲（1629—?），字賓實，江蘇毗陵人。

此書共二卷，每卷卷端均有“毗陵井里董一甲賓實父著”。卷首有序兩篇，首爲胡香昊序，云“此賓實董先生遺稿，陳子道柔裒輯成書，令嗣經存鋟而傳之者也”；次爲陳鍊序，云“因浼其老友胡芊莊先生，略加整齊，分二卷行世”，由此可知，此書由胡香昊整理，經陳鍊裒輯成書，最後由董一甲之子董章負責刻印。陳鍊和胡香昊均爲清代詩人，與楊宗發、惲格、唐靖元、董大倫合稱“六逸”，六人皆不求仕進，寄情詩酒，在當時均有一定影響。

卷一收録古今體詩共一百六十三首，附七律十首；卷二收録古今體詩共一百一

十三首,附七律五十六首。書中有不少董一甲與陳鍊、胡香昊間的對詩,還有不少
懷念故人的詩作,如《寄懷卓庵老和尚》《吊亡侄婦》等。（張晨）

紀盛集一卷

清趙士麟撰。清康熙刻本。一册。半葉九行,行十九字。白口,四周雙邊。

趙士麟（1629—1699）,字麟伯,雲南河陽人。清康熙甲辰（三年,1664）進士,
官至吏部侍郎。撰有《九谷集》等。《清文獻通考》卷二百三十二有小傳。

是書爲清康熙刻本,語涉"上""皇""帝""天""御"諸字皆提行空格。收趙士
麟撰恭紀詩和論及賦諸篇。卷首有自序,云:"歲甲戌（1694）夏五,皇上萬幾之暇,
召翰苑諸臣賦詩應制兼及論賦……臣備員銓衡,幸睹千秋之鉅典,有慕於中,依韻
奉和,復爲恭紀詩并附論、賦於其末。退食餘閑,歷久後成……鄙俚之音,不計工
拙,謹以紀盛事志歲月云爾。"序末署"康熙三十三年（1694）歲在遏逢閹茂畢月上
澣日吏部左侍郎臣趙士麟敬題於燕邸碧園",知成書在此年。（劉明）

今吾集一卷筆雲集一卷

清錢曾撰。清鈔本。二册。無框格。

錢曾（1629—1701）,字遵王,號也是翁,又號貫花道人、述古主人,虞山（今江
蘇常熟）人。其父錢裔肅和族曾祖錢謙益（絳雲樓主人）皆爲藏書家,錢曾深受影
響,收藏古籍、訪求圖書不遺餘力。入清後便無意仕途,清順治十八年（1661）在江
南奏銷案中因欠賦被革去生員。他繼承其父藏書,後又得錢謙益的絳雲樓焚餘之
書,藏書至四千一百餘種,其中有很多宋元刻本和精鈔本。錢曾的藏書室先後命名
爲述古堂和也是園。編有《述古堂書目》《也是園書目》和《讀書敏求記》。錢曾善
做詩,著有《懷園集》《判春集》《奚囊集》《今吾集》《筆雲集》《交蘆集》《鶯花集》
《夙興草堂集》等。除《今吾集》有清康熙年間的刻本外,其餘民國前均未刊刻。

此爲《今吾集》與《筆雲集》,清人所鈔,筆迹工整,爲此集早期鈔本,有較高的
資料價值。

此書鈐有"長樂鄭振鐸西諦藏書""長樂鄭氏藏書之印"印,曾爲鄭振鐸舊藏。
(趙彥楠)

虞山錢遵王詩稿

清錢曾撰。民國江安傅氏鈔本。一册。無行格。

此爲民國間鈔本,卷首題爲《虞山錢遵王詩稿選録》,所鈔録者選自《懷園小
集》《交蘆言怨集》《鶯花集》《夙興草堂集》《奚囊集》等,鈔寫工緻。

書中鈐有"雙鑑樓藏書印"印,曾藏傅氏雙鑑樓。(趙彥楠)

存庵詩集六卷

清嚴我斯撰。清康熙十五年(1676)愛澤樓刻本。半葉十行,行二十一字,小字
雙行同。白口,左右雙邊。

嚴我斯(約1629—1687),字就斯,號存庵,浙江湖州府歸安縣(今湖州市)人。
清康熙三年(1664)進士第一,授修撰,官至禮部左侍郎。著有《尺五堂詩删》六卷、
《存庵詩集》六卷等。尺五堂爲其室名。生平事迹見《國朝耆獻類徵》卷五十二、
《晚晴簃詩彙》卷三十五、《國朝詩人徵略》卷七。

《存庵詩集》凡六卷,卷一收五言古詩七十五首、卷二收七言古詩六十一首、卷
三收五言律詩二百零一首、卷四收七言律詩一百九十五首、卷五收排律十二首、卷
六收五言絕句二十一首、六言絕句四首、七言絕句六十首,共六百二十九首。《四庫
全書總目》稱"其詩近體最富,古體僅十之二三,大抵長於華贍之作,湯惠休所謂如
鏤金錯采,亦雕繢滿眼也"。鄧之誠《清詩紀事初編》則謂其"不追逐雲間、虞山之
風氣,卓然期乎自立","各體皆工,於唐爲近"。如五言律詩中《哭吳長庚十首》"束
髮稱兄弟,於今四十年。鄉關同布被,風雨其殘編。對酒杯猶濕,題詩墨尚鮮。如
何一揮涕,回首總茫然",記述了與好友吳光的深厚情誼,真摯感人。吳光著有《奉
使安南日記》一卷,保留了中越關係的珍貴史料,嚴我斯曾爲其書作序。

《存庵詩集》前有康熙丙辰(十五年,1676)作者自序。版片爲宛陵洪悦生所

雕。宛陵，爲宣城古地名，東臨蘇浙，地近滬杭。（趙大瑩）

東漪草堂詩曆五卷

清汪穎撰。清東漪草堂刻本。一册。半葉十一行，行二十一字。白口，四周單邊，單魚尾。

汪穎（1630—?），字鈍予，號鈍漁，安徽歙縣人，僑居湖北漢陽。此書徐惺序述其生平：“鈍予以終賈之年棄舉子業，慕宗鄧雄風，仗策從戎，聲著滇黔，叙功授職，可謂傑然軼羣，能自建立者矣。旅食京華十餘載，未遂簆羽天堦，一展偉抱，士論惜之。”

書前有徐惺序、吳蕭公序、王仲儒序、洪嘉植序、先著序、郭彭齡序。正文以體裁分類，共七類：五言古、七言古、五言律、七言律、五言絶、六言絶、七言絶。汪穎游蹤頗廣，“二十年來遨游南北，轍迹幾遍天下”（徐惺序），此集所收多係游歷酬應之作。有《乙巳自壽》二首，自言其志，其一有句曰：“歸來惟學圃，老種邵平瓜。不信飛騰疾，空悲暮景斜。”其二曰：“春秋三十六，稽古竟無聞。祇羨陶弘景，千峰種白雲。且安東郭隱，漫擬北山文。猿鶴他年夢，蓬壺自有羣。”

徐惺序評其人其詩：“鈍予爲人，才雄志卓，磊落不羈。其爲詩蒼老峭拔，豪邁縱橫。每舟車所至，酒酣耳熱，伸紙疾書，磅礴礌硠，不可遏抑。”王仲儒序謂：“其爲人與詩亦相似，磊落駿雄，若挾荆衡江漢之氣而來也。然其傷懷感遇、念舊懷人之作，殷殷懇懇，率皆深沉而温厚，讀之使人情移心惻。”（劉波）

缶堂學詩

清董道權撰。清鈔本。一册。半葉九行，行二十四字。

董道權（1630—1689），字巽子，又字秦雄，號缶堂，鄞縣（今浙江寧波）人。奉父母至孝，卒後同人私謚爲貞孝。庠生，授學於黄宗羲，工古文詞，尤善詩。著有《缶堂學文》《炳蠋集》《墨傭集》《旅窗隨筆》等。《甬上續耆舊集》卷九十六有小傳。

此集内詩皆爲七言律詩,故書衣又題"缶堂律詩"。詩作内容主要有三類:一爲酬唱贈答之作,如《送李在兹山房賦贈》《雪窗次丘麟書韻》等,既可見其與李在兹、丘麟、李杲堂、關六齡、陳貞倩等人的真摯情誼,亦可察"名詞讌會"文字歌詠之盛况;二爲題贈之作,如《題傅經堂》《題張子威新居》《題沈瑶銘群玉齋次原韻》等;三爲即事感興之作,如《東山感興》《旅中夜坐》《歲除遣懷》,既可見其情懷幽思,亦可補其生平行藏。

黄宗羲爲董道權撰墓誌銘,謂其詩"排比妥帖,不尚險怪,勝語時來,以之寫情,固多凄淚;以之答贈,亦復豐饒"。沈德潛《清詩别裁集》則稱其"詩工於言情,層出不窮,有長袖善舞之能"。集中之作,每多同題組詩,如《客禾喜爲筇大師留宿聞思》《賀邑侯張曉庵先生舉孫》等,情意綿長,尤可證之。

此本有朱筆圈點,鈐"卧竹居圖書印"印。(顔彦)

含煙閣詩詞合集

清堵霞撰。清鈔本。一册。半葉十行,行二十三字。

堵霞,字綺齋,號蓉湖女士,梁溪進士堵庭棻之獨女,同邑庠生吴元音室。堵霞博學能詩,工寫生花鳥、兼工蠅頭小楷。《國朝畫識》《全浙詩話》等有載。

此本首有《含煙閣詩詞合集序》,署"甲申嘉平錢塘高興書"。按,高興,字巽亭,錢塘(今浙江杭州)人。清康熙三十九年(1700)進士,官編修,著有《谷蘭齋集》。

該書内含詩集、詞集各一卷,詩集首題"含煙閣詩",詞集首題"含煙閣詞",皆署"女士綺齋堵霞著"。末有冒襄、玉溪生跋及退蜚老人評。集中凡"玄"字皆缺筆。

詩詞記述堵霞生平經歷,可爲其行藏備考,如《滿江紅·憶昔》述其幼時隨侍父於山東歷城縣署中,云"歷署風光,惜少小,未知領略"。酬唱之作則局限在女眷之間,如《留别故園女伴》《贈西泠尼師》《醉花陰·贈女弟子慧姑歸里》《秋波媚·贈玉如女伴楚人玄門》,覆蓋閨友、女尼、女弟子等不同階層和身份的女性群體,是研究清代女性生活和創作的重要素材。集中亦多題詠，如《題垂絲海棠》《題秋蟲》，多爲言愁遣情、鄉關之思。題畫之詩，如《鄰姬微酣索畫杏花并題戲贈》，足見其詩畫之兼美。

高興在《序》中評堵霞，"其詩溫雅穩愜，情景兼盡，不以纖巧騁長。長短句清新婉麗，若出水芙蓉，非同雕繢"。冒襄在《跋》中稱"其詩之琱鎪景物、陶冶性情大雅，體裁迥非閨閣"。毛際可《安序堂集》稱其詩"清婉韶秀，高出晚唐，有煙霞想，無脂粉氣"。

丁仁編《八千卷樓書目》有著録。胡文楷《歷代婦女著作考》著録有南京圖書館藏鈔本。（顏彥）

李石臺稿一卷

清李來泰撰。清鈔本。一册。半葉九行，行二十六字，無邊欄行格。

李來泰（1631—1684），字仲章，號石臺，江西臨川人。清順治九年（1652）進士。歷任工部虞衡司主事、江南學政、蘇松常鎮糧儲道，後因裁缺歸鄉。清康熙十八年（1679）舉博學鴻詞，授翰林院侍講，出典湖廣鄉試，覆命，卒於京邸。《清史稿》有傳。著有《蓮龕集》四十卷，經兵火大半散佚，現存十六卷本爲其曾孫掇輯而成，《四庫全書存目叢書》影印。

此《李石臺稿》爲《名家制義》之一，收《動容貌斯 六句》《巍巍乎其 文章》《擇可勞而勞之》等八篇，每篇後有評點。前有《題李石臺稿》，評李來泰制義曰："李石臺先生熟於六經而運以史識，故闢畦開徑，微顯闡幽，令讀者驚魂蕩魄，吾所謂以經爲史、以史爲經者，於先生見之。先生文率皆濃厚，擇其清老者録之。"可謂推崇備至。

卷端鈐"好讀書不求甚解"白文方印、"質王永瑢"朱文方印。（劉波）

吴漢槎詩集不分卷

清吴兆騫撰。清鈔本。一册。半葉十一行，行二十字。

吴兆騫（1631—1684），字漢槎，江蘇吴江（今蘇州）人。與彭師度、陳維崧并稱
"江左三鳳凰"。"順治十四年，舉於鄉，以科場事逮繫，遣戍寧古塔，居塞上二十三
年，侘傺不自聊，一發之於詩"（見《清史列傳》卷七十）。清康熙二十年（1681）得
釋，三年後病卒。其"駢體文驚才絶艷，詩風骨遒上，出塞後尤工"（見《清史列傳》
卷七十）。著有《秋笳集》。

吴兆騫詩文刊爲《秋笳集》，最早刊本爲康熙間徐乾學刻本，不分卷，現藏中國
科學院文獻情報中心。清雍正四年（1726）吴兆騫之子吴桭臣在徐本基礎上重刻爲
八卷，《四庫全書總目》稱"前三卷題爲《秋笳集》，四卷題《西曹雜詩》，五卷題《秋
笳前集》，六卷題曰《擬古後雜體詩》，七卷曰《秋笳後集》，八卷則五葉以前題《雜
著》，六葉以後題《後集》"，這是吴集最爲通行的本子。

此本題爲《吴漢槎詩集》，卷前有侯玄泓序，卷末有清嘉慶十六年（1811）四月
葉志詵跋語："此册已刊袖珍本，定名《秋笳前集》。"書中内容包括《春日篇》《金陵
篇》等詩六十餘首，《擬古後雜體詩》五十餘首（前有宋實穎、陸圻撰《雜體詩序》）、
《秋笳集》六十餘首（前有《題西曹雜詩秋笳集》，似不全）。對照雍正吴桭臣刻本，
前半部分均爲《秋笳前集》中詩作，而《謝吏部眺省直》至《薛司隸道衡酬憶》三十篇
爲《擬古後雜體詩》，其後另起一葉的《虎丘題壁二十絶句》至《月夜》等詩與卷端屬
《秋笳集》諸詩均爲《秋笳後集》中的詩作，或爲裝訂時順序混亂所致。除此之外，
集中還有《方與三其旋堂詩集序》《孫赤崖詩序》《慎交二集》三篇雜著。《秋笳集》
另有清末《粤雅堂叢書》本及清宣統間《風雨樓叢書》本。

此書鈐"葉志詵""東卿校讀""謙牧堂藏書記""曾在周叔弢處"等印，可知此
書曾在明珠次子揆叙處，後又爲葉志詵、周叔弢所藏，極爲珍貴。（馬琳）

西山紀游一卷奚囊草一卷

清周金然撰。清康熙刻本。一册。半葉九行，行十九字，小字雙行同。白口，
左右雙邊。

周金然（1631—？），字礪巖，號廣庵，華亭（今屬上海）人。清康熙二十一年

（1682）進士，官洗馬中允。工書法，善詩文，撰寫詩文頗豐，告歸時以平生所書進呈，清聖祖製五言十二韻褒之。著有《娛暉草》《西山紀游》《和靖節集》《和昌穀集》等。

《西山紀游》係周金然游西山之紀游詩。卷首爲程玠《西山紀游題詞》，稱自己常游西山，并留題詠，但周金然筆下，西山別具森秀，"廣庵周君……公車之餘"，能"策蹇而窮其盛"，游必有詩。讀其西山詩，如掌上螺紋，歷歷在目。周金然少年失意，但才華橫溢，程玠與之相見恨晚，爲其西山紀游作序。

《西山紀游》之詩取材西山自然景色和人文景觀，如法海寺、萬壽寺、潭柘寺、碧雲寺等，所作詩有厚重的歷史滄桑感。

《奚囊草》所收詩多題畫、感時、詠史、悼亡、擬古等主題。全書刊刻精整，詩風古樸。（趙彥楠）

大年堂詩鈔二卷

清王楫汝撰。清乾隆四十三年（1778）刻本。一册。半葉十行，行二十字。白口，左右雙邊，單魚尾。

王楫汝，字翰臣，原字葉來，號東皋，嘉定人。清順治八年（1651）舉人，後歸鄉里，抱醫施藥。著有《大年堂詩文集》《傷寒十劑心箋》《握靈本草》《雜症圓機》《萬全備急方》等。

此本首有《王東皋先生傳》，署"乾隆戊戌夏六月既望興化後學任大椿撰"。按，任大椿，字幼植，一字子田，江蘇興化人。清乾隆三十四年（1769）進士，歷官禮部主事、《四庫全書》纂修官，師王楫汝族子王鳴盛。此傳受王楫汝曾孫王元勳之托而作。王元勳，初字秀峰，後字叔華，號東溟、冲成子、易圖居士。清乾隆四十三年（1778）進士。

按《王東皋先生傳》云，《大年堂詩文集》凡八卷。此《詩鈔》二卷，首卷卷端題"大年堂詩鈔"，署"嘉定王楫汝翰臣"。版心題"大年堂詩鈔"。各卷卷末題"曾孫元勳編校　元孫述祖　進祖敬梓"。

王氏爲嘉定望族,不僅科名鼎盛,而且在詩文、書畫、學術、醫藥等領域名士備出。此集對王氏本族之人多有記述,如哭悼其兄、喜賀其長子晦得第一子、送三弟王梓(字孝移)雍試等。王楫汝交游廣泛,集中唱和涉及陸元輔、歸莊、徐乾學等當世名家,生動反映了江南地區文人士子的生活圖景。此外,《賣藥詩》等亦是對王楫汝善醫施藥經歷的印證。

鈐"臣經之印""緯堂"等印。(顔彦)

研山堂詩草一卷

清周慶曾撰。清瞿氏恬裕齋鈔本。一册。半葉十行,行二十字,藍格。白口,四周雙邊。

周慶曾,字燕孫,號屺瞻,江南常熟人。清順治十八年(1661)進士,兵部觀政,考授内閣中書,候補主事。由刑部主事俞陳琛薦舉博學鴻儒,試列二等,授翰林院編修。著有《研山堂詩草》《硯山遺稿》等。

此爲清瞿氏恬裕齋鈔本,用恬裕齋稿紙鈔就。卷首爲鈔録《鄭蔭雲來書》,稱當時《研山堂詩草》已不易得,請其侄鈔寫呈送。後爲清康熙壬子(十一年,1672)宋實穎題識,稱周慶曾仲春時郵寄其《研山堂詩草》,附信言宋實穎少時占畢聲韻之學,非其所長,其詩爲隨性之作。然宋實穎讀之,覺其諸作藻思綺合,"彼世之高談氣格以自文其空疏者,其亦可望而却走矣,屺瞻博雅君子,斐然有作述之志"。正文卷端題"研山堂詩草",署"虞山周慶曾屺瞻甫著"。鈔寫字體娟秀工整,間有季錫疇朱筆修訂。卷尾有季錫疇朱筆題記一行,稱"乙卯九月下旬校一過,後有重刊此集,擬删二首。菘耘記",菘耘爲季錫疇字。

恬裕齋,鐵琴銅劍樓初名,瞿紹基草創。瞿紹基(1772—1836),字厚培,號蔭棠。以收藏善本爲樂,經十餘年搜求,瞿紹基藏書達十萬餘卷,建恬裕齋爲其藏書之所。恬裕齋取"引養引恬","重裕後昆"之義,希望子孫永遠過安逸的讀書生活。後因恬裕齋犯諱,其子瞿鏞曾改爲敦裕齋。瞿氏幾代藏書,中華人民共和國建立後,其藏書分幾批轉與國家圖書館收藏。(趙彦楠)

古喤初集一卷

清孫鈜撰。清刻本。一冊。半葉八行，行十八字。白口，四周單邊。

孫鈜，字古喤，號徵庵，浙江嘉善人。清代詩人。清順治十八年（1661）進士，官潮州通判。有《芷庵集》。

本書共存詩一百九十首，計一百三十八題。以體裁分作八編：古樂府十五題二十首，五言古體九題二十九首，七言古體十五首，五言律詩三十五題四十一首，七言律詩二十四題二十八首，五言排律八首，五言絕句二十一題二十五首，七言絕句十一題二十四首。

孫氏古體詩樸拙渾厚，古意盎然，或用樂府舊題，以古法吟詠，頗得古風氣意；或擬古人佳作，如擬漢《古詩十九首》作《擬十九首》、擬阮籍《詠懷詩》作《雜興》、擬班婕妤《團扇歌》作《擬班婕妤詠扇》，追摹古人，形似神合。古樂府一編全用樂府舊題，五古、七古兩編亦間有古曲舊題，如《少年行》《塞上曲》《採蓮曲》《思歸引》等。其用舊題者及大部分五古爲即題吟詠，蓋無現實寄托，或偶有寄托隱晦者亦未可知。五古中僅《河西務曉發》《高郵道中》《秋夜默齋即事》爲現實即事即景詠懷之作。七古則即時事吟詠較多，贈別、詠物、題畫、論琴，題材多樣。近體詩以詠懷、詠物爲主，間有少量與友人唱和之作。視以本書所收詩作，作者足迹涉及蘇、魯、豫、冀及京城，詠懷多抒發行旅孤寂之苦、漂泊求安之情，亦有人生苦短、世事無常之嘆；詠物則就行迹所到之地或詠古迹、或寫景色。孫氏近體詩詞句清新，詩風細膩溫婉，感情冲淡者似初唐氣象，憂鬱者如中唐大曆格調，蓋精緻細膩一派。摹景、抒情均時有佳對，亦足可觀。（謝非）

易安齋文集一卷詩集一卷

清徐與喬撰。清鈔本。二冊。半葉九行，行二十字，無格。

徐與喬，字揚貢，號退山，昆山人，開禩子、向揆父。清順治十四年（1657）中舉，十八年（1661）辛丑科進士及第。將授官，以奏銷案註誤而免，不自辨。絕意仕宦，杜門著述。少從朱集璜游,博涉多識。每讀一書,必參互考訂,通以訓詁,條分縷析而後止。著有《初學辨體》等,爲藝林所重。

據《[乾隆]江南通志》卷一百六十五《人物志》載,徐氏曾"分經、史、子、集爲四部,採擇評注,名曰《辨體》,學者稱之"。《辨體》,即徐與喬輯評之作,其《初學辨體》十部,著録於范邦甸《天一閣書目》卷四之三集部;另有《易辨體》一卷、《書經辨體》一卷、《經史辨體》不分卷、《五經讀法》一卷等,著録於丁仁《八千卷樓書目》。

徐氏《辨體》雖爲輯録他人評點而作,但選擇本身亦反映出作者之評價標準。徐氏指出,"今易論體坊本多浮濫軼,則今所選入,理必依據先儒,體則恪遵功令。蓋不敢以假才情廢真尺度,不敢以假奇正掩真是非。則余此選之大略也"(《易安齋文集·甲辰房書合删論體辨》)。徐氏《讀詩》一文,提出對於賦、比、興的看法,具有獨到理論價值(《增訂詩經輯評》)。除《易安齋文集》一卷《詩集》一卷外,徐氏亦著有《山陽草堂文集》二十卷《詩集》十卷等。

此鈔本有《易安齋文集》一卷,收入傳紀、序跋、祭文等四十篇,包括自著《初學辨體序》《初學辨體二集序》等。《詩集》一卷,收入五言古詩二首、七言古詩三首、五言律詩十首、七言律詩二十一首、排律二首、五言絶句一首、七言絶句二首。(趙大瑩)

客越近詠一卷

清張以恒撰。稿本。一册。半葉八行,行二十字,無格。

張以恒,生平仕履不詳,或字學山,雲間(今屬上海)人,約生活於明末清初。

此本卷端署"雲間張以恒學山氏草"。凡一卷,收詩近百首。毛奇齡、葉光耀、邵錫榮、孔薦、徐允哲等題辭,臧我田跋。毛奇齡稱詩作"鮮妍婉約",臧我田跋稱有"晚唐風味,而蒼凉悲感之氣尤勝於前人"。書中眉上、行間有朱筆批語(偶有墨筆者),如《湖上贈當湖沈南疑同學》"南屏朝靄西陵雨"句批云:"寫景入妙。"又《放鶴亭》詩眉批云:"得摩詰神髓。"

鈐"張印以恒""學山""仲子書畫記""晉人同觀""陳乃乾讀""共讀樓藏書記"

等印。臧跋稱是書舊爲"吳明府伯勤所藏"。（劉明）

聞鐘集五集

清勞大與撰。清順治刻本。六册。半葉八行，行二十字。白口，四周單邊。

勞大與，字會三、貞山，號宜齋，浙江石門人。清順治八年（1651）舉人，任永嘉教諭，應聘爲福建房考官，轉海寧教諭。卒年八十一。著有《萬世太平書》《甌江逸志》《宜齋隨筆》《芥園雜録》《經世要略》《海昌志略》《勞氏家訓》等。《[同治]石門縣志》有傳。

此書不分卷，存五集。各集前有序，初集序署順治十三年（1656）、二集序署順治十四年（1657）、三集序署順治十六年（1659）、四集序署清康熙五年（1666）、五集序署康熙七年（1668）、續集序署康熙十年（1671）。

此書爲筆記體，不分類，各條平列。或摘録古書，或記録見聞，或直抒己見，多以修身處世爲宗旨。初集自序謂："人獨何心，而不共爲君子哉，所以不辭手目之勞，雅有同行之志。或風雨而蕭然，則於人有憂患之感，睹此卷也，益生怵惕之思可也；或晴日煦和，野花含笑，則於人有鼓舞之致，睹此卷也，誠有興感之思可也；或林草怒生，池塘鋪暗，則於人有善善惡惡之分焉，若睹此卷，而益發貞淫之別，無不可也。用是集以古行，間以新言，名曰聞鐘，即晨鐘猛覺意也，且以此集可作暮鼓晨鐘事也。則斯集之梓，實有共爲君子之義焉。"

首葉鈐"雙鑑樓"朱文方印，卷端鈐"漚寄圖書記"朱文方印。（劉波）

借庵詩草二卷

清朱昂撰。清鶴瘦雲腴之館鈔本。一册。半葉十行，行二十字。白口，四周單邊，單魚尾。

朱昂，本名源，字子眉，一字禹源，號借庵、布衣，雲南昆明人。工詩善畫。

《[道光]昆明縣志》《國朝畫徵補録》著録《借庵詩草》作三卷，然此本分上下兩卷，各卷卷端皆題"借庵詩草"，署"昆明朱昂子眉著"。上卷爲出游各地所作詩，足迹所至如仙臺山、天榜山、九臺山，如《同譚養元登天榜山》等；另有抒懷遣興之作，如《燈下吟》《山居春日》，筆墨詩句間流露其情感性靈；又有友人酬贈之作，如《送賀天放游》《歲殘送彭友石還思南》等，每多思慮，意切情真。下卷特集居住在雲南時所作詩，述及雲南境内多處州縣及風景，如石屏、異龍湖、元江、阿墨江、把邊江、鷄足山、安阜園，對雲南特産普洱茶亦有專篇歌詠，如《普洱茶行》《普洱雜詠》等，是瞭解雲南邊疆的重要史料。

朱昂交游除同好文人外，還有不少方外之士，詩中所記如大錯和尚、擔當和尚、楞伽大師、破浪禪師、匡廬僧人等。據楊鍾羲《雪橋詩話》記載，朱昂"閭門遭流寇之難，擔公携子眉至鷄足山，從學詩畫"，故詩中每每稱大錯和尚、擔當和尚爲師。另據楊鍾羲云，其詩"語皆清脱"。

此本鈔於烏絲欄稿紙上，版心下題"鶴瘦雲腴之館"。卷下《喜李仙盤再游鷄足》後缺二葉。鈐"紫蘭堂"印。（顏彦）

鳳阿集不分卷

清侯開國著。清鈔本。二册。半葉十一行，行二十一字。白口，左右雙邊。

侯開國（約1641—1710），初名榮，字大年，一字鳳阿，浙江嘉定人，抗清名士侯岐曾之孫。侯開國少負軼才，博通經史，據《［光緒］嘉定縣志·藝文志》載："明清之際，嘉定侯氏多以氣節、文學著。先生康熙初，考授州判不就。嘗親炙陸清獻、陸元輔之門，故清獻遺書，先生編次，又訂元輔詩集。其文冲和峻潔，詩雄深樸老。"其文名遠播，與文壇名士王士禎、吳歷、梅庚、吳偉業、朱彝尊、歸莊等均有交游。著《春秋注疏大全集要》《經世道源録》《南樓日札》《鳳阿山房詩集》《春帆草》《樂山文集》等。

是書不分卷，内含序、引、記、説、書後、題跋、頌、尺牘、傳、行狀、墓表、墓碣等十二門類。其中，有序，《三魚堂文集序》《陸稼書先生手訂四書大全序》等十九篇，且代序居多；有引，《易新倉小引》《吳侣鷗秋月垂綸圖引》二篇；有記，《杯月廣記》《鳳阿山房圖詠記》等八篇；有説，《四一老人圖説》《席次韓長子昌標字建初説》二篇；

有書後，《書王小竹先生詩鈔後》《題徐澄城遺集後》《題李緇仲先生猗》三篇；有跋，《跋馬士延栴檀閣詩鈔》《題竹垞日榮詠天燭子詩後》等六篇；有頌，《平邊頌八章》《擬唐文學館十八學士頌》《馬忠勤公頌》三篇；有尺牘，《寄編修汪先生》《致葉巳畦進士》等四篇；有傳，《徵士王常宗先生小傳》《澄城令徐先生傳》等十九篇；有行狀，《徵君陸菊隱先生行狀》《文學金戒庵府君行狀》二篇；有墓表，《文學陸敦士先生墓表》；有墓碣，《石處士墓碣》。書中作品皆不注年月。

書中"玄"字缺筆避諱，可知是書應成於清康熙間。另，是書無鈐印，流傳不廣，屬海內孤本。（柳垚）

筍莊詩鈔四卷

清孟騋撰。清康熙刻本。半葉十行，行十九字。黑口，左右雙邊，單魚尾。

孟騋，字敏度，號藥山、筍莊，浙江會稽人。清雍正歲貢。從西河毛奇齡游，工詩古文。釋元弘《高雲詩集》、沈堡《步陵詩鈔》有孟騋所作序。

是書卷首有孟騋表弟徐雲瑞序，序中叙述了《筍莊詩鈔》名稱的由來。唐代詩人方幹於宣宗大中年間入鏡湖隱居，直到終老，其所居地稱方幹島或筍莊，"孟子乃不敢自比於元英，姑托其所居之地以志慕思"，并評價"孟子敏度，越之才士也，喜為詩而不趨時"。卷末有門人邵嘉孫跋，簡述了詩鈔的由來。

詩鈔中多為贈友感懷、山水詩、詠史懷古之詩，其中三、四卷中多勝景概括和歌頌組詩，如紹興山水游覽詩《越中十詠》：耶溪蓮唱、苧蘿花雨、爐峰夕照、鏡水回波、南鎮松濤、禹陵春望、蘭亭修竹、曹江夜月、剡溪夜雪、秦望朝雲。《東山十詠》：雙江涌月、薇洞鶯遷、屐池春水、鵲峰望海、石門聽松、琵琶積雪、寧泉魚麗、兩峰遠眺、指石夕照、棋墅秋聲。《柯亭十詠》：念昔軒、淡影池、牡丹臺、梅花徑、閑中鶴、水面魚、修竹聲、奇石磴、橋下蓮、閣外山。還有《懷古十首》：燕京、金陵、關中、邯鄲、洛陽、楚中、蜀中、揚州、鄴中、赤壁。

是書由孟騋門人邵嘉孫、趙元慶、沈堂、秦麟等人同編同校。卷端鈐印有朱文長方印"豐華堂書庫寶藏印"，曾藏清代浙江著名藏書家楊文瑩處。（孟化）

佩瓊詩草

清夏明琇撰。清鈔本。一册。半葉八行,行二十二字,朱格。

夏明琇,生卒年不詳,字淑珍,湖南衡陽人,夏之璜長女。著有《四如樓詩》《嶁芬詞》。夏之璜(1699—1784),原名畹,字湘人,一字寶傳。清乾隆五年(1740),盧見曾因誣告被發配邊疆,夏之璜隻身相隨,留駐塞外四年,著有《塞外橐中集》。清乾隆四十五年(1780)欽賜舉人。夏之璜有四女,長女夏明琇,次女夏明琬,三女夏明瑶,小女夏明璫,於詩詞歌賦,皆有成就。

《佩瓊詩草》録詩二十四首,詩作頗蘊古風,詩題亦多見古樂府舊題,意象取材範圍囿於唐詩,然用韻規範,聲韻和諧,有閨閣清揚婉轉之氣,如《初秋有感》"雲林幾曲萬重樓,衹愛荷香水上浮。正是凄清明月夜,西風吹到玉關愁"。

此册詩集中另鈔有《月香仙館詩存》一部,作者洪劍珠,字杜卿,江蘇廣陵人,夏之璜妾。《月香仙館詩存》録詩二十一首,其中部分擬樂府詩,爲其與身處邊塞的夏之璜往來酬唱之作,如《艷歌行酬外君作》《秋江漁父曲酬外君》等。洪劍珠詩作較夏明琇更加成熟,格局稍闊大,如《題綺秋外君深柳讀書堂》"花落白門楊柳新,堂前煙雨又逢春。空山不問風波險,獨作人寰第一人"。

此鈔本卷端鈐有"徐"朱印,或爲徐祖正舊藏。（杜萌）

聽潮居步蔿草四卷首一卷

清元良撰。清江右元氏刻本。二册。半葉九行,行二十一字。白口,左右雙邊,單魚尾。

元良(1579—1665),字鳴善,或稱耕溟先生,明末清初江西樂安人。少習舉子業,清順治間中貢生,官寧都縣訓導。著有《三山存業》十編,戴名世爲之作序;又撰《桑穇彙紀》三卷、《詩集》六卷;嘗纂修《樂安縣志》,爲官修縣志所採;又編修元氏家譜。《［康熙］江西通志》《嘉慶重修一統志》有載。

本書卷首有元良重侄孫元越所作《步蔿草序》,講述元良一生文字著述及刊刻流傳情況。又有《耕溟公行述》，爲其曾孫元敬所作，述元良一生行迹，可知元良於明末居鄉里，曾爲守城出謀劃策，入清後，在賦役徵收一事中，又以己力争取減輕民衆負擔，爲鄉民稱贊。書中内容爲元良文集，卷一、卷二收元良所作序，卷三爲記，卷四爲書札與題詞。元良文章工穩，簡練有致，議論深切，情感真摯。《[康熙]江西通志》《嘉慶重修一統志》皆作二十四卷。（杜萌）

秋樹軒詩集不分卷

清許徹撰。稿本。半葉十二行，行二十字，無格。

許徹，生卒年不詳，字菽亭，長洲（今江蘇蘇州）人。許徹與錢木庵（錢良擇）爲詩友，兩人多以詩作切磋。許徹之詩，和平清雅，格律精細；木庵之詩，凛冽慷慨，一味粗豪。詩風如此不同，兩人在當地之詩名并舉，各有千秋。時人評價二人，許徹之詩勝在理，錢良擇之詩勝在氣。

許徹著《秋樹軒詩集》之事，見於清馮桂芬所撰《[同治]蘇州府志》。是書前有寒青居士所作之序，言是書編輯之目的，乃是因爲邑人傳鈔多訛，兼因學許尚可學，學錢則似畫虎不成反類犬，有此書則可溯本求源。是書共收詩詞一百一十餘首，題材多爲與當時文人結交唱和之作，多吟詠時景，抒發情懷。其中與華亭（今上海）人陸圃玉交往較多，既有五言絕句，也有長篇歌行。名句有"驚才千載上，衰鬢一燈前"。作者善於描寫細節，"捲地西風木葉稠，相逢且作小遲留。黄花白雁秋剛好，莫謂江山負此游"，細緻描寫了狂風刮來的情形，詩的最後則立意高遠，氣勢豪邁。許徹與妻子伉儷情深，書後附有數首悼亡詩，情深意切，"東西南北莽奔馳，苦恨年年賦別離。四十餘年成瞥眼，算來有幾唱隨時"。許之爲詩，如書後孫泰汶跋語評價："詩必窮理，道盡氣力，收視返聽，不肯苟下一字。"

鈐印有"鐵琴銅劍樓""古里瞿氏""寒青""白邨主人"等，間有朱筆點校。

曾藏常熟鐵琴銅劍樓，今藏國家圖書館。（張偉麗）

葛卧樓搜棄集十二卷

清王維坤撰。清鈔本。四册。半葉八行，行二十一字。

王維坤（1633—?），字幼興，一作又愚，又字緱友，號鵝知，直隸長垣人。清順治十八年（1661）進士，清康熙八年（1669）官梓潼知縣，四年後隱退。適值滇黔亂起，道路阻斷，王維坤率妻子竄伏山谷間，轉徙播州蠻砦中，與諸少數民族雜處，亂平始歸里。隱居邑西青崗，自稱青崗農父。生平嗜書，尤愛山水，隱居之日多外出游歷，每至一處，輒以山川風土入詩。除《葛臥樓搜棄集》外，尚有《漸細齋詩集》傳世。

本書前有王維坤康熙三十年（1691）《自序》，內言集名取棄而復搜之意，并叙本集所收詩爲登第前之舊稿。全書收詩九百六十首，各類詩體皆備，內容則以行旅、贈答爲主。詩文自然流暢，情感哀而不傷，頗有可觀。

書中鈐“王印維坤”“子丑聯捷”“延古堂李氏珍藏”等印，鈔寫工整，十分珍貴。（杜萌）

翁鐵庵文集二卷

清翁叔元撰。清鈔本。二册。半葉十行，行二十字，無格。

翁叔元（1633—1701），字寶林，號鐵庵，江蘇常熟人。清康熙十五年（1676）一甲三名進士，授編修，館試第一。纍遷國子監祭酒，擢吏部侍郎，遷工部尚書。

此文集卷上收翁叔元文，涉及政論、史論、文論等，卷末有題記一行“甲辰孟陬秀水沈舍人讀一過”；卷下收序文、壽文、功德頌、祭文、墓誌銘、山水記等，卷末亦有題記一行“甲辰孟陬秀水沈舍人讀一過”。此文鈔寫工緻，其後未見刊本，文獻價值頗高。（趙彥楠）

涑亭詩略一卷

清林堯光撰。清刻本。一册。半葉十行，行十九字。白口，四周單邊，單魚尾。靜因軒藏板。

林堯光，生卒年不詳，字覲伯，號涑亭，福建莆田人。清順治五年（1648）拔貢，知四川梁山縣知縣，招徠安輯，調度有方，後升行人司行人。著有《涑亭詩略》。

本書前有黃州葉封、燕山陳僖序。葉序評林詩"古制以鮑、謝爲體裁，近體以李、杜爲筋骨，而遒麗峭拔，則又錯出於大坡、放翁、山谷之間"。目録題"卷之一"，似有詩未及刻梓。

觀林氏詩作，有浪漫恣肆者，如《雜詩之四》："湘流無昏旦，浹渫如奔馬。雲挼椒蘅洲，日暗篁篔野。美人水之湄，紫英衣澹冶。"有温柔感傷者，如《落花》："隔水雜花落，流鶯朝亂啼。生憎榆莢雨，都釀作香泥。"有氣象闊大者，如《自萬縣放船至夔府》："南山瞰大江，鱗甲生涂月。天閉水歸壑，稠灘仍糾結。驚淙赴夔門，囓石噴碎雪。"

林堯光與弟林堯華皆爲引領福建詩壇風尚者，鄭王臣選《莆風清籟集》謂林堯光伯仲詩各臻妙境，而林堯光尤秀拔。（杜萌）

梧桐閣集

清釋超理撰。清康熙刻本。二册。半葉九行，行十八字。白口，四周雙邊，單魚尾。

釋超理，生卒年不詳，主要活動時間爲明末清初。卷端署"浙江蕭邑城山釋大拙超理著"。

本書前有皈依弟子朱宗舜《序》，又有法弟釋超㾓《梧桐閣集叙》，兩篇的時間皆在清康熙癸酉（三十二年，1693）。此書祇有五言律、七言律、七言絕三類，似非完本。

釋超理生於明末，親歷明亡變局，釋超㾓《梧桐閣集叙》言其詩"吊古則有興亡之感，歷覽不無陵谷之悲"。然皆含蓄蘊藉，委婉紆徐，如七言絕句《春日龍淵送友之蜀》："梅花亂落客衣香，滿載春風返故鄉。一樣含情難復再，孤帆雲際意茫茫。"

僧人的生活環境相對單一，詩作題材與意象也往往單調，寫景詩由此成爲僧人詩的主體，釋超理亦未能例外。然其詩作清新素淡，少有禪理入詩，反覺脱俗可愛。

書中卷端鈐"餘姚胡維銓藏"印。（杜萌）

漁洋山人精華録注十卷

清王士禛、徐夔撰,清惠棟注補。稿本。十册。半葉十一行,行二十一字,無格。

徐夔(1676—1725),字龍友,江蘇長洲(今蘇州)人。著有《西堂集》。惠棟(1697—1758),字定宇,號松崖,江蘇吳縣(今蘇州)人。王士禛門生,人稱“小紅豆先生”。著有《九經古義》《周易述》《明堂大道録》《古文尚書考》《王士禛精華録訓纂》等。

《漁洋山人精華録》是王士禛於清康熙三十九年(1700)托門人盛符升、曹禾編選并親自審定,由林佶寫刻而成的詩集,收録了其自清順治十三年(1656)開始的詩作一千七百餘首,共十卷,選自《漁洋山人詩集》《漁洋續集》《南海集》《蠶尾集》《蜀道集》《雍益集》。此本爲稿本,卷一至四古體詩爲惠棟注,卷五至九今體詩爲徐夔注、惠棟補注。徐夔爲最早箋注《漁洋山人精華録》之人,惠棟與徐夔友善,在徐注基礎上對王詩中之典故、本事作了更爲詳盡的闡釋。此本之後,又有金榮《漁洋山人精華録箋注》十二卷本廣泛流傳。

此本有葉昌熾跋。鈐“惠棟之印”“定宇”“紅豆齋收藏”印,可知其爲惠棟稿本,十分珍貴。(馬琳)

漁洋山人書札不分卷

清王士禛撰。稿本。

此本爲王士禛書札。封面書籤題“王文簡書牘墨迹　彝亭題”,卷首題“王漁洋信札一册　計共十四頁”。卷末有清光緒甲辰(三十年,1904)冬十月劉廷琛跋語曰:“漁洋詩爲本朝之冠,不以能書名而書法亦高俊,乃爾雅人固自無俗韻也。右書札八通,大都瑣屑之事,真率可味。黎君海峰得此見示留玩數日,輒爲神怡。”

此本朱印纍纍,鈐有“長白覺羅崇恩仰之氏鑒藏圖書印”“敦夙好齋”“家有賜書”“慎獨居士”“三羊齋藏金石書畫”“蒙泉書屋書畫審定印”“荊門王氏收藏之

章”“荆門王氏文心珍藏”等印,可知此書曾藏覺羅崇恩、王文心處。（馬琳）

石帆亭文稿二卷 存卷上

清王士禎撰。稿本。一册。半葉十行,行二十字,無格。

此集收入王士禎文稿,僅存卷上。據目録可知,集中包括奏疏四篇,序四十五篇,記十九篇,辨二篇,書後、跋二十七篇,書事一篇,傳十八篇,神道碑、墓誌銘十五篇,墓表六篇,行狀六篇,祭文三篇,賦二篇,凡例二篇,制集附六篇。石帆亭爲王士禎在家鄉的别墅。此集收録奏疏時間均爲清康熙二十二年（1683）,故此集之結集當晚於此時。集中有刻有鈔,并有王士禎朱筆圈點、校改,極爲珍貴。

此書封面鈐“常敬宇”印,内鈐“御書堂印”。（馬琳）

小宛集不分卷江山留勝集一卷

清楊無咎撰。清刻本。一册。

楊無咎（1636—1724）,字震百,號易亭、小宛,江南吴縣（今屬江蘇）人。明末清初學者。其父楊廷樞,明末殉難,時無咎年十二,閉門隱居七十餘年。與徐枋、朱用純友善,時稱“吴中三高士”。平生工書法,嗜鼓琴,覃思經學,著述甚富,有《小宛集》《譚經録》《楊仲子三百篇》《三易卦位經圖》等。生平事迹見《清史列傳》卷七十《文苑傳》。

是書湖緑書衣,上方墨題“小苑集”“圤庚辰集　江山留勝集　寒香集　巢南鳥鳴録”。書内首爲《小宛集》,共三十四葉,左右雙邊,細黑口,邊框較粗,半葉九行,行十八字,小字雙行同。開篇爲葉五,此前内容缺失。存五至十六、十八至十九葉,版心中鎸“小宛集”,收入篇目爲《納音圖説》《答聘書復徐俟齋》《王制田里短長辯》《辨郊特牲注誤》。後接《今雨來賦》,版心中鎸“小宛集　續”,存二十一至二十三葉。再接《告亡友徐俟齋文　戊寅》《朱柏廬先生傳　己卯》《徐丙文家庭詩序己卯》《告已故門人徐孝子觀成文　庚辰》篇,版心中亦鎸“小宛集”,下鎸對應篇名,如“告俟齋”“柏廬傳”“家庭詩”“告觀成”。

《中國古籍善本書目》集 12181、12182 條著録《小宛集》兩部，一爲本書，另一部爲清康熙遥集居刻本，藏蘇州大學圖書館。測量本書版框，高二十六點四厘米，寬十六點九厘米，比對上海古籍出版社出版《清代詩文集彙編》一百四十一册《楊仲子小宛集》影印本［著録爲清康熙六十年（1721）刻本，遥集居藏版，版框高二十六點二厘米，寬十六點七厘米］，兩書版式、版框尺寸近似，判斷爲同一版本。然篇目各有異同，推測兩部書均非全本，篇目可互補。

本書《小宛集》後附《贈皋之什》，共三葉，第一葉爲墨鈔，無行格，下接版刻二葉，左右雙邊，邊框較粗，細黑口，半葉九行，行十八字，葉末鈐“楊印無咎”“震白”朱印兩枚。次《什襲珍》之《瓶庵賦》三葉，左右雙邊，邊欄較細，白口，半葉八行，行二十字；《友梅軒主人傳》二葉，左右雙邊，白口，半葉八行，行二十字，此二篇字體清秀。《訓導汝公殉難記》三葉，左右雙邊，白口，半葉九行，行二十四字，版心上鐫“殉節續編　記”，下鐫“貽燕堂”，末刊“吳達生助鐫”。《重修聚奎閣序》一葉，四周單邊，白口，半葉八行，行二十字；《張元長先生筆談序》三葉，四周單邊，白口，半葉七行，行十四字，字大行疏；《寒香集序》二葉，四周單邊，白口，半葉八行，行十四字，無行格，手寫字體上版，以上三篇推測應爲楊無咎爲他人所作書前序言。又收楊無咎、楊繼光等人詩作共三葉，左右雙邊，白口，半葉十一行，行二十一字，版心上鐫“江山留勝集　卷三”，“玄”字缺末筆。又收楊無咎、楊繼光、楊繩武等人詩作共四葉，“楊繼光字宣仲吳縣人”名下鈐“楊印繼光”“宣仲”“一字中郎”朱印，其詩末鈐“宣仲”朱印；“楊繩武字文叔吳縣人”名下鈐“繩武之印”“文叔”朱印。左右雙邊，半葉十一行，行二十一字，細黑口，版心中鐫“寒香集”，第四葉末刊“寒香集卷之上”，“玄”字缺末筆。最後接《巢南鳥鳴録》二葉，四周單邊，白口，半葉十行，行二十二字，無行格，版心下鐫“南枝”。

該書後半部版式多樣，紙質、版刻風格各異，疑爲將多部有關楊無咎的作品書葉彙集、裝訂而成。然書内又有幾處情況值得注意。其一，《贈皋之什》末有“楊印無咎”“震白”二枚朱印；其二，書内除收入楊無咎之作，還附入楊繼光、楊繩武詩作若干，且鈐有“楊印繼光”“宣仲”“繩武之印”“文叔”等朱印。考楊繼光、楊繩武皆楊無咎之子。是書將楊無咎傳世作品各式文體（詩、文、爲他人文集所作序等）、各種刻本盡數收入，彙集成册，并鈐楊氏父子三人朱印，此書很可能爲楊無咎後輩親族輯訂而成。（王維若）

深寧齋詩集

清查詩繼撰。清鈔本。半葉九行，行二十四字，無格。

關於查詩繼的生平，本書正文前有原書鈔録者識語兩行："查詩繼，字二南，號樊村，海寧人。康熙丁亥進士，宰河南霍邱。著有《深寧齋詩集》。"康熙丁亥即康熙四十六年（1707）。識語後爲吳昌綬題跋："樊村，順治甲午舉人，官安徽霍邱知縣。此所紀皆誤。"順治甲午即順治十一年（1654）。

《深寧齋詩集》爲海内孤本。此書首有姚江黄宗羲撰《深寧齋詩集叙》一篇，云："……年來始交查子樊村，……出所存稿草數種，余讀其序、記、論、策、銘、傳等篇，拍浮《左》《史》，架構韓、歐，卓犖紆餘，自有一種浩然之氣流行乎其間。其詩撫時觸物，憂以思勤而不怨，有《國風》《小雅》之遺，非夫蹈履正直、心志和平者自不能作。間作小詞，新英俊爽，流麗芊綿，亦復含蘇吐柳，信乎美在酸鹹之外，非徒辨鹽梅者所能識也。余爲整齊散亂，序而傳之。俾好學深思之士所觀焉！"從黄叙中可以看出，黄宗羲對查詩繼的詩文評價很高。在《深寧齋詩集》中也有查詩繼與黄宗羲交往的詩作，如《贈姚江黄太冲先生》。查詩繼不僅與黄宗羲有交往，他還與吕留良等人也有往來，如《偶讀黄久煙吕留良贈答詩次韻三首》。從《深寧齋詩集》來看，查詩繼交游甚廣。

《深寧齋詩集》中有一首《勵志詩》，反映了查詩繼的志向和品格，詩云："貪夫愛殉財，見金不有躬。烈士苦殉名，納肝亦令終。有時志命違，偃息栖蒿蓬。孰是多不營，澹蕩親鴻濛。魯連善解紛，恥數聊城功。弘景脱世羈，諸事來山中。衣白良匪賤，賃舂亦非窮。纓冠慰同室，談笑却越兮。清濁任推移，出處羞雷同。春蘭涉冬滋，火玉耐炊紅。高崗有和鳴，安能辨雌雄？"（趙前）

凝玉堂詩三卷

清李卓撰。清康熙三十五年(1696)刻本。一册。半葉九行,行十九字。白口,四周單邊。

李卓(?—1672),安徽婺源(今屬江西)人。《[民國]重修婺源縣志》卷二十三《人物·學林》有傳:"李之芬,原名卓,字子約,理田人。少而穎悟,涉獵經史,年十五以上元籍冠軍入庠。值滄桑歸里,承父命復隸婺爲諸生,旋食餼。生平恬静清介,所與游多躋顯仕,未嘗一邀其顧盼。事親能先意承志,歲館穀每推以濟親友之緩急。嘗云:儒者之學,當以孝弟爲先,以忠恕爲本,以力行爲實,捨此而鶩浮華,無益也。王南陔諸公雅重其品。所著有《西庵雜存》《山居詩》《瓿遺草》等集。晚精於《易》,撰《易經鈎畫》,將脱稿,以母喪哀痛成疾卒,年纔四十八。"《[民國]重修婺源縣志》卷六十四《藝文·著述》著録李之芬著作五種,除傳中所列四種外,另有《凝玉堂詩集》二卷。

此《凝玉堂詩》,卷端不標卷次,收《瓿遺草》《西庵雜存》《後存草》三集。前有李模、王潢、汪燦、朱圻序,後有張惣跋。汪燦序謂:"子約天性骨鯁,雖人屬至貴,不稍示以婹嫿,其交也不磷不緇,余服其懷抱峻偉,益愛慕之。滄桑之後,其著作不下等身,感慨深矣,平生秘不肯示人,人亦不得而窺之。"朱圻序謂:"丙子場後,兄弟輩持所刻乃父《凝玉堂詩》一帙示余。"則此集爲李卓之子所刻。(劉波)

黄夏孫遺集二卷

清黄瑚撰。清刻本。一册。半葉十行,行二十一字。白口,左右雙邊,單魚尾。

黄瑚(1635—1672),字夏孫,又字大夏,江蘇無錫人。一生未入仕途,以布衣終。同鄉與之交游者,有鄒方鍔、葉方藹、吳偉業等,皆爲名流。黄瑚古文"得史遷八家之神",然不滿四旬而亡,文名不顯於世,同鄉諸人皆爲其抱憾。

本書爲黄瑚文集,按文體分類,上卷論、記、書、説,下卷序、銘、書後,體裁多樣,包羅宏富。《西漢論》《季札論》等,上至王朝興衰,下至人倫道德,皆有的放矢;《送劉震修之六安序》《吳梅村先生六十序》等，生發議論、描摹人情，亦紆徐委婉。其他各類，皆有可觀。

此本《黃夏孫遺集》前後無序、跋，然據鄒方鍔《大雅堂初稿》、秦瀛《小峴山人集》，二人皆作有《黃夏孫遺集序》，黃氏生平事迹由此二序可得一大概。又有顧棟高《萬卷樓筆記》、葉方藹《贈秦劉黃三子序》，於黃夏孫事迹亦有載。

據鄒方鍔《序》可知，黃瑚遺文曾由同郡華師道整理收藏。秦瀛《序》言，"夏孫死迄今且百餘年，其文不見傳於世，人亦少有能舉其姓氏者……夏孫文無刊本，余從友人處鈔存二卷"。故知《黃夏孫遺集》刊刻時間，當不早於清乾隆中期。

黃瑚傳世著作尚有劉師培跋清鈔本《黃大夏文》一卷，藏南京圖書館。（杜萌）

黃竹農家耳逆草不分卷

清黃百家撰。清康熙刻本。二冊。半葉十一行，行二十二字。白口，四周單邊。

黃百家（1643—1709），原名百學，字主一，號不失，又號未史，別號黃竹農家，浙江餘姚人，黃宗羲第三子。國子監生。幼承父訓，博覽群籍，研習詩文、曆法、數算、拳術。清康熙十九年（1680），明史館開，黃宗羲以年老辭，總裁徐乾學遂延請黃百家及萬斯同赴京入館，以所學撰《天文志》《曆志》數種。黃百家能傳父學，輒執筆代父書，并與全祖望續修百卷《宋元學案》。黃百家亦能詩，阮元《兩浙輶軒錄》選錄其詩。著有《黃竹農家耳逆草》《幸跌草》《學箕初稿》《明文授讀》《王劉異同》《夷希集》《明制女官考》《勾股矩測解原》《內家拳法》等。

該書不分卷，無序、跋，版心分別題"學箕三稿甲編""學箕三稿乙編""學箕三稿丙編""學箕三稿丁編""學箕三稿戊編""學箕三稿己編"，可知此書應爲《學箕三稿》。其中，甲編爲《求仁篇》《欲義篇》《格物篇》《慎獨篇》等文八篇，有眉批、圈點；乙編爲《上王司空論明史曆志書》《與上虞令陶侯論百官江渡書》等書三篇；丙編爲《搗書賦》《禿筆賦》《悲吳婦賦》等賦六篇；丁編爲《明史職官志序》《辨志堂詩經集解序》《補叙伯兄留窮草》等序、記十篇；戊編爲《娥東滄桑大患議》《娥東滄桑大患再議》等議三篇;已編爲《先遺獻文孝公梨洲府君行略》《贈太僕寺卿高公神道碑銘》等行狀、墓誌銘四篇。

黄百家傳承其父實學思想,文章樸素現實,表達真意,亦關注民生疾苦。如在《悲吴婦賦》中寫道:"丙辰丁巳間,授經海昌,見浙西民婦之苦,多非吾東浙所有者。……蓋因賦重東南,樂歲一畞所出,僅足上供,婦不如是,益不聊生,故天下惟三吴之俗,則然勢使然也,作賦悲之。"

黄百家注重經世致用,關注西方實學,以書中收録之《天旋篇》爲代表,該文以西方天文學理論,尤以"多重天説"系統闡揚中國傳統日月五星右旋説,并完整介紹了哥白尼日心地動説,爲中國古代天文學史之重要文獻。

該書卷端鈐印"安樂堂藏書記",可知其曾爲怡府藏書。怡親王府邸主人愛新覺羅·弘曉(1722—1778),字秀亭,號冰玉主人,怡賢親王愛新覺羅·胤祥第七子,襲怡親王爵。尤嗜典籍,建藏書樓九楹,名樂善堂、明善堂、安樂堂。由此可見,此本十分珍貴。（柳垚）

崔不凋先生詩稿

清崔華撰。民國三十六年(1947)太倉嚴瀛鈔本。一册。半葉十行,行二十字,小字雙行同。白口,四周雙邊,單魚尾。

崔華(？—1706),字不凋,一字藴玉,江蘇太倉人。舉孝廉,清順治十七年(1660)舉人,爲王士禛門生。性格孤潔寡合,詩則清迥自異。以"丹楓江冷人初去,黄葉聲多酒不辭"句得名,吴人稱其爲崔黄葉。有《櫻桃軒集》《餘不軒集》。又能畫,以畫翎毛花卉最佳。家居直塘,吴偉業稱其爲"直塘一崔"。

本詩稿未分卷,僅按詩歌題材,分爲四言古、五言古、五言絶、七言絶、五言律、七言律、歌、贊等。其詩歌風格,有卷首潛園居士錢詩棅詩可作解説,"獨出心裁筆落驚,詩成黄葉久知名。牢籠萬態風雲氣,浸灌三唐金石聲。玉樹樓前秋色澹,櫻桃軒下午陰清。婁江文獻多遺散,珍重斯編付管城"。除"黄葉"句外,崔華詩歌飄蕩牢籠之氣,於詩歌中俯拾皆是,如《寄懷唐雪井於維揚》"客到催將書信描,何情何緒寄江潮。但思昨夜懷人夢，曾踏楊花十五橋"。

該書前有錢詩棣題字、華旋元《叙》并弇山靜庵《識語》，末有楊毓昌題詩、蔣平階跋語。錢詩棣《序》言此詩稿爲崔華《餘不軒集》，復丐友人重録副本，贈縣圖書館以存。靜庵《識語》言華旋元叙文，在其《願戒香集》中題爲《餘不軒詩集序》，也以此詩稿爲《餘不軒集》。

詩稿鈔寫者爲婁東嚴瀛，字蓬仙，又字遺仙，江蘇太倉人。民國三十六年（1947）十月鈔此詩稿畢。紅格墨筆，清朗可觀。（杜萌）

愚齋梅花百詠二卷

清楊德建撰。清康熙四知堂刻本。一册。半葉九行，行二十字。白口，四周單邊。

楊德建，字魯山，東海（今屬浙江）人。生平不詳，主要生活於清康熙年間。清代詩人。《［乾隆］海寧州志》卷十五《藝文》（著述、碑版）"名賢著書目"著録其曾撰《愚齋詩鈔》。

是書書衣題簽刊"愚齋梅花百詠"，版心上鎸"梅花百詠"，中鎸葉數，下鎸"四知堂"三字。卷端題"愚齋梅花百詠""東海楊德建魯山氏著"。

是書爲作者詠梅詩集，以物詠志自古乃文人雅士題詩所好，如陶淵明之愛菊，周敦頤之愛蓮皆是。梅以其冰清玉潔、傲骨凌霜廣爲文士所愛，卷一前楊德建康熙二十年（1681）自識《引言》中特提及馮海粟、中峰國師二人，并引出此梅花詩創作原委："……況梅花一種，自古迄今高人達士代有所作耶。長至前一日，……無公即解囊示予馮海粟先生《百詠》暨中峰國師《和律百章》，讀之不覺擴我心目。"馮海粟乃元代散曲名家馮子振（約 1257—?），號海粟。中峰國師乃元朝僧人明本禪師（1263—1323），號中峰。二人曾因梅花詩相交，馮海粟曾撰《馮海粟梅花百詠詩》一卷，有明嘉靖三十二年（1553）朱宸泲刻本傳世，中峰禪師爲之序。中峰禪師亦曾作《中峰禪師梅花百詠》一卷相和。中峰禪師詠梅七律對後世文壇影響深遠，元末至明初唱和者甚衆。

是書卷一爲《和馮海粟先生梅花百詠即用原題步原韻》,共收絶句一百首,每首有獨立詩名,如《古梅》《早梅》《庭梅》等,皆與馮氏詠梅詩題相應。卷二爲效中峰禪師詠梅之作,前刊楊德建康熙二十一年(1682)自識《引言》一則,述作詩原委,首題《步中峰祖師和馮海粟梅花百詠仍韻》,共收律詩一百零八首。

書中"弦"(《題辭》首葉)、"炫"(卷端)、"玄"(卷二首、葉二等)缺末筆。書內有多處貼條修補痕迹,并有墨筆修改字迹(如卷二葉四貼補"寒煙""玉""心"幾字等等)。

書衣題簽下端鈐"芷湘子"朱印,卷端鈐"管庭芬印""培蘭"朱印,卷二末鈐"芷""湘"小朱印,是爲清代學者、藏書家管庭芬舊藏。(王維若)

悔齋詩六卷

清汪楫撰。稿本。一册。半葉七行,行十九字,無欄格。

汪楫(1626—1689),字舟次,號悔齋,原籍安徽休寧,僑居江都(今江蘇揚州)。早年屢試不第,任贛榆縣學訓導。清康熙十八年(1679)舉博學鴻儒,授翰林院檢討,充《明史》纂修官。康熙二十一年(1682)以册封正使出使琉球,奏琉球子弟願入國學者,詔允之。歸國之際不受例饋,琉球爲建却金亭。後歷任河南府知府、福建按察使、福建布政使。工詩,早年與汪懋麟合稱"江都二汪"。

封面題"汪舟次先生手書詩册"。前有王巖序。此書以體裁分類,五言古、七言古、五言律、七言律、五言絶句、七言絶句,共六類。汪楫《悔齋集》有康熙雍正間刻本,收五種,即《悔齋詩》《山聞詩》《山聞續集》《京華詩》《觀海集》,較此稿本增周亮工、方拱乾、李長祥序,亦以體裁分類。兩本相較,所收詩作各有參差,以五言古詩部分爲例,此稿本較刻本多《選陋軒詩》《題蘇母小影》《答贈黄心南兼呈爾止》《皇萍行》《送虚中歸省》《題房貞靖公傳後兼呈興公》《輿人述》《讀錢湘靈詩》《上巳集見山樓分得雲字》《孫風山先生南歸贈詩》十題,而缺《送吴五賓賢二首》《歲暮南村寄懷周櫟園先生》《哭程在湄》《寄葉又生》《贈别王季鴻》《聞周雪客游歙州賦寄》《寄宗定九》七題,兩者重合者則爲十二題。其他各類情況類似。可知此稿本所收作品在刻本之外者多達三分之一，頗具文獻價值。

王士禎序謂汪楫詩作，"以古爲宗，以潔爲體，以清泠峭蒨爲致"（見刻本）。周亮工序謂，"《悔齋》一篇，蕭遠閑曠，得古人之意而深之以性情"（見刻本）。汪楫與明遺民多有接觸，《哀鸑鷟（爲吳野人作）》《乞水行（爲吳野人作）》《一錢行》等詩作，可見遺民群體的懷抱與情趣。描寫民生疾苦之作，如《老農嘆》有句曰："頻年苦旱復苦潦，八口不得一口飽。心勞力作已難支，何堪賦役多紛擾。從來差徭半官稅，近比稅錢添一倍。練餉幸開來歲恩，運夫又受官河累。鬻兒僅得免鞭笞，吏胥那肯捐常例。同時鄰田多富人，祇今十家九家棄。"可略見清初社會情狀之一斑。

扉葉有丁鈞題跋二則。其一謂："汪舟次先生手書詩一册，今春得於胥門書估。卷中圈點評勘，朱墨錯雜。以《贈王築夫》詩題下識語證之，知朱筆出關中王氏巖之手，即爲是集作序者。墨筆初不審誰氏，翁松禪老人見之，定爲周櫟園侍郎，并出所藏侍郎與錢圓沙書相示，筆蹤惟肖。考侍郎與舟次先生相習（見侍郎爲吳野人詩序），此卷中亦屢有與櫟園先生詩，則墨筆出自侍郎，固可信也。"其二謂："松禪老人允爲是册作跋，因病擱置，一是日忽走力送還，未加一字。深不喻意，越夕而星殞矣，若有前知者。首頁觀款一印，即還書時所捺也。感愴曷已。"

序文首葉鈐"審言""常熟丁鈞字秉衡藏""德壽""翁同龢觀"印。扉葉另鈐"慎先祕笈之印"印。卷端鈐"舟次""汪楫私印""玉持堂""恨不十年讀書諸""耻人""偶然"印。五言律首葉鈐"白岳汪楫舟次氏一字耻人圖書"印，五言絕句首葉鈐"偶然"印，七言絕句首葉鈐"玉持堂圖書"印。（劉波）

漸江詩鈔附詩餘

清查容撰。清鈔本。一册。半葉十行，行二十字，小字雙行同。白口，四周單邊。

查容（1636—1685），字韜荒，號漸江，又號沇翁，浙江海寧人。一生未入仕途，以布衣終老。其詩詞文章超逸絕倫，頗爲世人所知。著有《尚志堂文集》《江漢詩集》《漸江文鈔》《彈箏集》《浣花詞》等。

本書按七言律、五言律、七言絕句、五言排律、七言排律、五言古風編排,分爲六類。內容以贈答、風景、際遇爲主,可見查容游歷廣泛,友朋衆多。詩歌風格樂而不淫、哀而不傷,多冲和沉鬱,少慷慨備悲壯,如五言律《寄吳育虛》"知我如君少,相期第一流。尊前多意氣,別後更窮愁。寂寞雷生劍,飄零季子裘。風塵今已倦,應共賦登樓"。書後附《漸江詩餘》,收查容所作詞八首。與詩歌相比,其詞作更顯語句婉轉,情感率真。

此詩集鈔寫字體圓潤,唯詩詞中偶有空字,不知出於何因。查容詩文集流傳較少,且多以鈔本形式保存。除《漸江詩鈔》外,尚有清乾隆間海寧吳氏拜經樓鈔本《查沂翁文集》四卷、民國七年(1918)上虞羅氏影印《浣花詞》一卷傳世。清代詩文集數量衆多,其撰者若非官宦或顯赫之人,則絕少有刊本傳世。(杜萌)

漁村小草一卷

清沈廣焞撰。清康熙三十八年(1699)家刻本。一册。半葉十二行,行二十一字。黑口,四周雙邊。

沈廣焞,字東臯,浙江海寧人。

此書爲沈廣焞詩稿,共收入三百二十三首詩,不分卷,不分詩體。集中收有清康熙三十五年(1696)詩,應爲其去世不久,詩集即付梓。

卷首馬思贊序,稱丁丑冬間游硤山,見吳介庵所編詩,其詩"醇正雅飭",而"其旁注頗甲乙謹嚴,改竄精削",批閱者爲吳介庵之妹婿沈廣焞。於是,訪沈廣焞於研山書舍,見其"案堆唐宋元人詩集,皆手所丹黄編次,要能獨出己意,不隨人言下轉者。讀其《漁村小草》,打景取象,純學放翁","不經意處,最其淘洗功深,而又不見其經營之迹。所謂錘煉而出之自然者歟"。詩集垂成之際,沈廣焞經吳介庵向馬思贊索序,於是有此序。

沈廣焞詩,詩情和平閑散,怨悱不亂。(趙彦楠)

鼓枻文集一卷

清丁灝撰。清康熙嬾雲閣刻本。一册。半葉九行,行二十一字。白口,左右雙邊。

丁灝,字勘庵,一字皋亭,上元人,丁澎族弟。丁澎與丁灝并稱“二丁”。丁灝
詩文均十分出色,有《鼓枻文集》傳世。

丁澎世奉天方教,丁灝爲其弟,也爲回族,對伊斯蘭教十分虔誠,曾協助劉智出
版其《天方典禮》一書,《天方典禮》一書卷十六前有“武林丁灝勘庵恭訂”字樣。丁
灝還參與了《天方性理》一書的寫作,并爲其寫序。

此書僅一卷,封面題“武林丁勘庵著　全集嗣出　嬾雲閣藏板”。正文首葉書
“仁和丁灝勘庵著　温陵黄虞稷俞邰選”。卷前有徐惺漫、胡在恪、周士儀序,胡序
中云“余與勘庵伯氏飛濤南宮同籍”。除書中三篇序外,杜浚的《變雅堂文集》中載
有《鼓枻集序》一文,云“近今復有飛濤、勘庵兄弟,并以才藻知名當世,世亦以‘二
丁’稱之”。曾燦的《六松堂文集》中也載有《丁勘庵鼓枻集序》一文,云:“丁字勘
庵,負少年不羈之材,邀游名公鉅卿間,幾二十年。其志蓋有用於世也,久而不遇,
浮家秣陵,思欲垂竿江潭,以終老其年,而先以‘鼓枻’名其集。”曾燦曾與丁灝交
游,《六松堂文集》中收録有多篇二人唱和之作。

此書收文有《東巡賦有序》《重修方正學先生祠記》《重修六和塔記》《南嶽福嚴
寺》《可汲軒記》《容居堂詩序》《徐櫟庵詩序》《金山消夏詩序》《匪莪集詩序》《松筠
圃無題詩序》等三十篇。書前有四枚印章,分别爲徐惺漫和胡在恪之印。（張晨）

懷香集四卷

清黄澇撰。清康熙刻本。一册。半葉十行,行十八字。黑口,左右雙邊,單
魚尾。

黄澇(1637—1710),字覲懷,號萍谷,江蘇無錫人。清康熙十一年(1672)拔
貢,二十一年(1682)任廣西天河縣知縣,三十四年(1695)任山東登州府知府。

本書卷前有二序:一爲廣陵年弟許嗣隆作,叙黄澇宦迹“由粤而晉而燕以至於
齊”;一爲康熙三十五年(1696)秋年弟雲間王九齡作,稱贊黄澇“古詩音韻騷雅祖
述建安諸子,次亦不失爲顔謝近體,以三唐爲宗,格高而調正,氣逸而情深,從容不

迫,有風人温柔敦厚之意焉"。

《懷香集》共四卷,收録黄澐康熙三十二年至三十五年(1693—1696)所作詩,年各一卷。詩作類型多樣,五言、七言、絶句、排律,往往皆有。内容則以送别、雅聚、感懷、游賞、題贈等爲主,充分體現出黄澐的官宦生活圖景與個人趣味。黄澐歷官多地,飽覽山河風物,其寫景詩尤爲人所稱道,如卷二《經樓停碧》"突兀丹樓白玉欄,西山遥送數峰青。耆闍香繞蓮爲座,嵩寺花開貝寫經。檐掛青霄空色界,榜懸碧字見精靈。幾回細雨斜陽裏,緑遍枝頭草一庭"。卷三《哭荆室鄒宜人十首》,哀挽妻子,感人傷懷。卷四《北征奏凱恭紀十章》,稱頌康熙北征準噶爾部噶爾丹叛亂之功,是詩集中少有的時代印記。

卷端鈐"傅沅叔藏書記"印,可知曾爲傅增湘舊藏。（杜萌）

徵緯堂詩二卷

清顧貞觀撰。清鈔本。四册。半葉九行,行二十四字。

顧貞觀(1637—1714),字華峰,一字華封,號梁汾,江蘇無錫人。少有才名,與秦松齡、嚴繩孫等人結雲門社,有"雲門十子"之稱。致力於詩古文詞,才調清麗,尤工詞。清康熙五年(1666)舉人。曾官中書舍人、國史院典籍。後去職游歷,又坐館於納蘭明珠府上,與明珠長子納蘭性德交好。顧貞觀未及弱冠即與吴兆騫相識,吴兆騫因科場案貶謫寧古塔,久不得歸。顧貞觀多方奔走營救,曾作《金縷曲》寄吴兆騫(即"季子平安否""我亦飄零久"二首)。納蘭性德讀之泣下,爲其斡旋,吴兆騫終得赦歸,此事傳爲佳話,顧貞觀亦"以俠聞四方"。著有《纕塘詩》《彈指詞》《徵緯堂詩》等。杜詔稱其《彈指詞》"極情之至,出入南北兩宋,而奄有衆長"。曾與納蘭性德合編《今詞初集》。晚年四處游歷,隱居講學以終。

是書共二卷,卷端注"又名《楚頌亭詩》"。集中《寄吴漢槎》("尺書自遠道")、《喜吴宏人兄弟放還有懷漢槎》二首("數有還鄉夢""遂有南歸日")等詩可與其傳世名篇《金縷曲》二首對照參看。《送嚴蓀友》《送秦留仙》等數篇,可見其與同里嚴繩孫、秦松齡等人的交往情誼。亦多四處游歷之作,用典精當,風格蒼凉。顧貞觀

爲詩以"古調自愛,不爲流俗轉移"（王士禛語）,詩作流傳較少,此本爲研究其詩歌創作之重要資料。（賈雪迪）

強意堂稿

清吳良樞撰。清刻本。一册。半葉九行,行二十字。白口,四周雙邊。

吳良樞,大致生活於清順治康熙間,字無咎,號璇在（或作"璿在"）,江西南昌人。除《強意堂稿》外,曾於康熙七年（1668）刻《朱子年譜》。

本書前有三晉督學使者高龍光《序》。全書共收詩二百六十二首,詩的内容非常廣泛,有詠物、詠史、寫景、雜感、酬應等。從形式看,多爲近體詩,以五律、七律稍多;也有不少古風,五言、七言、雜言均有,如《上邪》《相逢行》《贈大易山人》等,其中《贈大易山人》更是長達七百字。

其詩立意高遠弘大,多有"日月山川天光風雲"之語,即使寫景,也多聯古繫今,寓意深遠,但也流露出命運無常之感,如《臨高臺》《對酒行》。正如高龍光《序》中所言:"其學自制舉義以及詩古文詞,咸出經入史,貫穿百家爲之言。而又明體達用,不欲以經生名士自域……乃又好游名山大川,風雨鷄鳴則上友千古,過都歷國則盱衡當世。"

據本書目録,《強意堂稿》共收詩二百六十二首,文二十篇,表八篇。本集僅存詩,文與表俱缺。其《江石芸傳》一文收入清張潮所輯《虞初新志》中,篇末張潮評語云:"洪子去蕪,授我《強意堂稿》,美不勝收,僅登其一,餘者自當借光梓入《闡幽集》中,以成大觀也。"（彭文芳）

咸陟堂文集二十五卷

清釋成鷲撰。清康熙耕樂堂刻本。半葉九行,行十九字。白口,左右雙邊。

釋成鷲（1637—1722）,俗姓方,名顆愷,字麟趾,廣東番禺人。天性聰慧,有神童之稱,十三歲被南明永歷朝録爲博士弟子員。少喜任俠。清康熙十六年（1677）出家,康熙十八年（1679）拜臨濟宗離幻元覺爲師,派名光鷲,字即山,後改名成鷲,字迹删,號東樵山人。康熙二十年(1681)在廣州華林寺稟受十戒。康熙四十七年(1708)入肇慶鼎湖山任慶雲寺方丈,期間纂修《鼎湖山志》。康熙六十一年(1722)圓寂於廣州大通寺。釋成鷲與當時士人如屈大均、梁佩蘭等多有唱和,曾積極參與蓮社活動。又"志存施濟",創立積社,以積纍錢財,贖放物命,救濟貧困。釋成鷲著述頗多,沈德潛譽其爲"詩僧第一"。

《咸陟堂文集》二十五卷,卷首有釋成鷲小像,後爲自序。"咸陟"之名,釋成鷲在《紀夢編年》中釋曰:"我無心而感物,物將從吾心以應之,咸陟之謂也。"卷一、二爲《藏稿自序》等各種序五十篇;卷三爲跋、誌、銘,包括《石洞遺稿後跋》等十四篇;卷四、五爲《舍利塔記》等各種記二十篇;卷六、七爲《嬾元帥傳》等人物傳十八篇;卷八至十一爲《壽何一忍文》等壽文六十四篇;卷十二爲祭文十五篇;卷十三爲《題畫卷後》等題贈六篇;卷十四爲與友人書信七篇;卷十五爲尺牘七十六則,包括《與海雲方丈》等;卷十六爲教誡書二十篇,包括《答人論非時食》等;卷十七爲啓十一篇,包括《賀鼎湖山湛慈和尚主席啓》等;卷十八爲疏七篇;卷十九爲引十四篇,包括《爲布地庵化修造小引》等;卷二十爲問答辯論三篇,包括《南華問答》等;卷二十一爲説二十二篇,包括《菊説》等;卷二十二收《鼎湖山志》全書,共十六篇;卷二十三爲警語三篇,包括《同住警策》等;卷二十四爲雜著、題贊三十六篇,包括《調鷹者言》等;卷二十五爲《七星巖賦》等賦三篇。

清乾隆時《咸陟堂集》遭查禁,被列入《禁書總目》與《違礙書目》。(程佳羽)

曾麗天詩一卷

清曾炤撰。清刻曾燦輯《金石堂詩》本。半葉十二行,行二十四字。白口,四周單邊。

曾炤(1639—1670),原名傳炤,字麗天,江西寧都人,曾畹、曾燦之弟。清代詩人。存世詩作較少。曾侃編《寧都三曾詩》中,曾輯入《曾麗天詩》一卷。此本爲其兄曾燦所輯《金石堂詩》本。

《金石堂詩》爲曾燦所輯曾氏兄弟的詩集。曾燦言:"吾兄弟六人,……學詩者獨吾三人耳，而炤不及予，予不及伯子，令聞人言曾氏兄弟能詩，則未嘗不面慚發赤色，慘然而心傷也。"由此可知，《金石堂詩》亦可看作是曾氏家集。其内容包括曾畹《曾庭聞詩》六卷、曾燦《曾青藜詩》八卷、曾炤《曾麗天詩》一卷。徐柯評價此書："《金石堂詩》數種鋟板行世，名滿天下。"可見此書在當時文壇頗享盛譽。此書卷首《金石堂詩叙》載："曾氏兄弟能詩，子有六弟炤，年少負才，爲詩無甚久，則又不及子，其凡調有足取者，不幸客死彭城，稿多散佚。"由此可知，在曾氏諸兄弟中，僅有三人致力於詩學，其中曾炤排行最末，少年得志、才學過人，無奈客死異鄉，其所做詩稿多散佚，後經曾氏後人搜集整理得此集，難能可貴，有非常重要的文獻價值。

總觀曾炤此集，内容多是其離家後四處游訪的作品，充滿了離愁別緒，書中所保存作者本人的詩作不多，且内容多簡短。卷首題"寧都曾炤麗天著"。（李燕暉）

華琯山房詩集四卷

清董訥撰。清康熙三十一年（1692）毛端士刻本。四册。半葉十一行，行二十二字。黑口，左右雙邊。

董訥（1639—1704），字兹重，號默庵，山東濟南平原人。清康熙六年（1667）一甲三名進士，歷官編修、左都御史、江南江西總督、漕運總督。董訥不僅是一位好官，"爲政持大體，有惠於民"，而且還有豐富的才學，有《柳村詩集》十二卷、《督漕疏草》行世。董訥尊唐也尊宋，認爲宋詩是從唐詩繼承而來，風格與唐詩相異而已。董訥敬佩宋代蘇軾，喜讀蘇詩竟至廢寢忘食之境界。董訥還曾爲納蘭容若少年時的啓蒙老師，不僅傳授容若知識，還傳授他做人的道理、爲官的原則。通過師從董訥，容若學業和思想都有了很大進步。董訥爲清初重臣，《清史稿》有傳。在爲官期間，董訥得到了江南人民的愛戴，百姓還自發組織爲他立祠。康熙在二十八年（1689）南巡時，百姓們都跪在董訥祠前請求董訥復職。

此書共四卷，書前有康熙三十一年壬申（1692）秋七月毛端士《編次紀言》一篇，云："夫子之詩發源於六經，探討於漢魏六朝，而沉酣於李杜，尤工於杜者，比來愛放翁、誠齋諸君子清穎秀暢，爲少陵分支，故詩亦稍縱，益覺光焰奪目。"對董訥的詩給予了很高的評價。卷一有《暮秋送》《夏日奉》《雨霽順德曉發》《過黄粱夢祠》《磁州道中》《過魏武墓》《新鄭道中》《禹州有感》等一百篇。卷二有《恭逢皇上萬壽獻詩四章》《雨後大水遍野二弟調邀同諸友於城隅小圃依柳爲巢而飲分韻得洲宵二字》《擬古》《過城南李氏莊》《春日雜詩七首》《游邑東古寺》《擬閨怨四首》《留別調訪兩弟》等八十餘篇。卷三有《奉命視學畿輔出都日口占》《易水迎駕恩賜雙兔恭紀》《孤竹書院校士》《夷齊廟》《偏涼汀》《居庸關》《易水懷古》《出都偶成》等一百餘篇。卷四有《聞京江捕鱘魚進獻恭賦》《淮陰署中春盡之作步韻》《雨霽》《枯木》《月下同諸友酌非醉酒》《微雨夜坐》《初夏和行九乳鴉作》《渡黄河》等一百餘篇。《編次紀言》末印有兩枚鈐印,分別爲"棠邨後人""野石居士"。目録後印有"棠邨後人"等兩枚鈐印。卷一首有"蕉林後人""鎮陽梁彬"等三枚鈐印。（張晨）

離六堂二集三卷潮行近草三卷

清釋大汕撰。清康熙刻本。半葉八行,行十六字。黑口,左右雙邊。

釋大汕(1633—1704),俗姓徐,字庵翁,又字石濂、石蓮,號廠翁、石頭翁,別稱石濂和尚,覺浪禪師門徒。清康熙初,主廣州長壽庵,康熙三十四年(1695)越南國王迎往説法,頗信重,逾年辭歸,有《海外紀事》三卷以述之。回國後用在越南所得的巨額布施修葺廣州長壽寺與澳門普濟禪院。後遭牢獄之災,於康熙四十三年(1704)被官府逐回注籍地,在押解回鄉的途中客卒於常州。工詩及畫,交游甚廣。其詩雅有禪意,爲世所重。其著述豐碩,其《語録》十種及《證僞録》《不敢不言》《源流就正》《問五家宗旨》《客問》《惜蛾草》等,均已不傳;文史方面有《離六堂集》《離六堂二集》《潮行近草》《海外紀事》《離六堂近稿》《廠翁詩集》《燕游集》《繪空詞》《葉聲集》等,惜後四種今佚。

釋大汕先有《潮行近草》三卷,收録其康熙二十二年(1683)潮州之行的詩作,後有康熙懷古樓刻本《離六堂詩集》十二卷,再有康熙中續刻此《離六堂二集》三卷。

《離六堂二集》存卷十二、十三及未標卷數者一卷。卷首有高層雲序,序後有

圖十一幅，每圖後配以大汕友人弟子題辭。圖後爲正文，收録其在廣州住持長壽寺後的酬唱之作，時間大體在康熙二十三年（1684）、二十四年（1685）間，其中五言律詩、七言律詩及七言古詩各一卷。卷十二收五言律詩六十九首，卷十三收七言律詩五十一首，未標卷次者收七言古詩八首。《潮行近草》卷前有吳綺、林杭學、馬三奇序，吳序作於康熙二十三年，詩亦止於此年，集當是時所刻。内容爲五言律詩、七言律詩及雜詩各一卷，五言律詩五十五首，七言律詩二十二首，雜詩十四首。

釋大汕才情極富，稟賦奇高，高層雲在《離六堂二集》序中言其"於世間法、出世間法莫不通曉，天文、地理、兵農、禮樂之事，以至術數、書畫、琴棋、劍戟、百工之藝，莫不周知"，而他"動其胸中之奇而布之山水之間"，故其詩題材豐富、筆觸廣泛。梁佩蘭則評之曰："（大汕）從章貢溯彭蠡達金陵，有詩；下淮泗濟黄河過汴梁，有詩；著書蕩陰，息影嵩少，有詩；登臨太行，游覽關塞，有詩；中間經歷古殿幽宫、廢園荒隧、軍營井幕、城郭狐兔，及氣數之升沉、陰陽之消長、人事之倚伏，一一於詩中寄之。"

作爲清初嶺南遺民詩僧群的重要一員，釋大汕的禪境詩很少涉及佛語、佛典，但其善於營構清冷幽静的詩境，以彰顯自己的禪心，如"銅駝出秋水，玉樹下庭陰（《對月》）"，"一天細雨浮雲樹，滿地飛花雜草萊（《粤臺懷古》）"，"千山影入寒江裏，一片帆飛秋燕邊（《送黄蘭偶》）"。細觀之，其妙處正如高層雲《石濂和尚詩序》中所謂"不言禪而禪自在"，終至"詩禪兼善"。除一般的禪詩外，釋大汕還有反映時代變遷和民生疾苦的長篇歌行，如《船子謠》有"最怕挐船妻兒餓，攢泊蘆中浪打破"對船夫的悲憫等，此類詩數量雖不多，但氣近儒者，慷慨淋漓。鄧之誠在《清詩紀事初編》中評曰："唯集中《河決行》《地震行》《剿賊行》諸篇，悲憤乃同儒生。"（程佳羽）

珠山集二十卷

清平一貫撰。清康熙刻本。四册。半葉十行，行二十字。黑口，左右雙邊，單魚尾。

平一貫,大致生活於清康熙年間,字薪村,浙江山陰(今紹興)人。

本書前有康熙四十二年(1703)魯德升《叙》。全書收録詩歌約千首,表、啓、序、傳等文章百餘篇。詩歌題材較爲廣泛,篇數最多的當屬雜詠詩,達十一卷之多,并多冠以地名,如《武林雜詠》《越州雜詠》等。其内容亦圍繞此地之景觀、人事而作,如《武林雜詠》中的詩有《蘇堤春曉》《曲院風荷》《雷峰夕照》等。最獨特的當屬詠花詩,即《百花吟》和《梅花百詠》二卷。二者分别以百花和梅花爲描寫對象,花雖衆,寫來却各有不同,特點鮮明,顯示了極深的語言功力。好友毛奇齡這樣評價《梅花百詠》:"夫偶然爲之,而即爲其難,已屬罕事。然且多多益善,一如壚婦之數錢,旅人之算日,自非疆才敏思,什倍尋常,未易給也。"

詩集語言工整,明白曉暢,立意清新自然。魯德升在《叙》中云:"薪村是編,語其骨無一字蹈空,語其脉無一言倒置。陡然而起,領會卓犖,截然而住,餘韻鏗鏗,是其神也。時而安以樂則清風肆好,時而哀以感亦温厚和平,是其情也。"

鈐"雙鑑樓印"印,爲著名藏書家傅增湘先生舊藏。(彭文芳)

息廬詩六卷

清汪洪度撰。清康熙刻本。一册。半葉九行,行十九字。白口,左右雙邊,單魚尾。

汪洪度,字於鼎,號息廬,安徽歙縣人,寓居揚州。諸生。好學通經,善書畫,與弟汪洋度并稱"新安二汪"。著有《新安大好山水志》《新安節烈志》《息廬詩》等。《[民國]歙縣志》卷九有汪洪度傳,謂其"善屬文,工詩,受業於王士禛。士禛爲定其全集,歌行中賞其《建文鐘》篇,云中有史筆。靳治荆修邑志,延洪度專志山水"。

此書以體裁分類:五言古、七言古、五言律、七言律、五言絶、七言絶,共六類。寫景抒情之作,具見才情,如《肇林庵雙松》有"月明人獨坐,松子落蒼苔"句,《白石庵》有"柴門掩春雨,鐘磬出梨花"句,有超塵脱俗之致。《花下兒》《抱松女》《菜人市》《猿斷腸》《洲田謡》《翁履水》《流民船》《花鼓》諸詩,寫貧苦民衆生活,頗可見當時底層社會之一斑。《菜人市》小序謂,"歲大饑,人賣身割肉於市,曰菜人",讀之令人心驚。

前有吳苑序、王士禎序。王序評其詩作："率清真而峭勁，雄深而雅健，不牽時俗趨舍，知其性情得諸山川移易爲多。夫溪谷林麓中，雲霞日月出没變幻，縈青繚紫，山中人望之爲朝夕，往往結爲痼疾，托諸晤歌吟嘯而不自知。況黄山崢陵峭壁，奇秀甲天下，倜儻非常之士眠食其中，邈然與世人相絶，則於鼎之詩，其視輩流擘箋染翰者詎可以尺寸挈量哉。"

首葉鈐"敦好齋藏書印"印。（劉波）

含章閣偶然草

清姚含章撰。清活字本。一册。半葉九行，行二十二字，小字雙行同。白口，四周單邊，單魚尾。

姚含章，生卒年不詳，張英之妻，張廷玉之母。張英（1637—1708），字敦復，號學圃，晚年號圃翁。清康熙六年（1667）進士，歷任侍郎、經筵講官、翰林院掌院學士、文華殿大學士兼禮部尚書。先後參與纂修《國史》《一統志》《淵鑒類函》《政治典訓》《平定朔漠方略》等。

書前有張英撰《行實》，言張英年輕時生病經年，姚含章悉心照料，張英早年家貧，姚含章安之若素，不肯接受施捨。後來張英父子爲官，姚含章仍然"不事珠玉，不尚紈綺，常服之衣，躬自補紉"。更難得的是姚含章深明大義，"予所交朋友皆能辨别賢否，時引古事以相勸勉，絶不似巾幗語也"。姚含章有六子四女，多有賢能德行，堪稱教子有方。《清史稿》卷五百零八《列女一》中有其小傳，傳云："子廷玉繼入翰林，值南書房，聖祖嘗顧左右曰：'張廷玉兄弟，母教之有素，不獨父訓！'"姚含章得知此事後，賦詩《愧得虛名》以示謙退："識字祇堪觀典籍，論文究未解詩書。驚聞天上褒嘉語，慚愧人言盡是虛。"

本書收録姚含章所作詩六十餘首，均是近體詩，五七言律絶。從内容看，詩歌完全是姚含章日常生活的反映。以親情居多，寫給夫君的如《夫歸報平安》《春日暖室中衆花争放即事呈圃翁》，詩句中夫妻安謐和美之情流於筆端。次子張廷瓚長期出塞,姚含章寫了多首詩寄托思念之情,如《立夏後二日憶兒瓚》《喜兒瓚書至》《五月十二日喜見兒瓚書至》《憶兒瓚》《喜兒瓚回京》,慈母之心讀之令人動容。還有寫給張廷玉等其他兒女的,以及親戚往來的詩。除了親情還有寫景、詠物的詩,如《連日雪大》《秋葵》《窗前棗樹二株結實甚美》等。詩歌語言明白曉暢,詩意純净素雅,恰是詩人心靈的寫照。書末有清乾隆三年(1738)張廷玉跋語。

胡文楷《歷代婦女著作考》據《安徽才媛紀略》著録,作"含章閣詩"。(彭文芳)

慎修堂詩稿

清愛新覺羅·華豐撰。清鈔本。四册。半葉八行,行二十字。白口,四周雙邊,單魚尾。

本書不著撰者。書中有悼念王祖的《恭挽王祖和碩肅恭親王三十二韻》,和碩肅恭親王即第六代肅恭親王愛新覺羅·永錫,則著者當爲其孫。又因《追憶莫韻亭夫子》中有"時夫子爲禮部侍郎,華官禮部主事"注語,可推知著者應爲愛新覺羅·華豐。

愛新覺羅·華豐(1804—1869),肅武親王豪格後裔,肅恭親王愛新覺羅·永錫之孫,肅慎親王愛新覺羅·敬敏第三子,清咸豐三年(1853)襲爵,爲第八代肅親王。清道光四年(1824)封二等鎮國將軍,九年(1829)封不入八分輔國公,二十八年(1848)補授散秩大臣。咸豐間歷任正紅旗漢軍副都統、署理正黃旗護軍統領、稽查壇廟大臣、閲兵大臣、宗人府宗令等職。謚曰恪。

本書爲鈔本,墨筆鈔録於烏絲欄稿紙上,字迹疏朗典雅,分別收録五言絶句、五言律詩、七言絶句及雜體詩、七言律詩。詩歌題材多以詠物、寫景、記事居多,生活氣息濃厚。生活中的事件,一雨一雪,季節更替,都會被詩人記入詩中,如《七夕大雨》《立秋即事》《新雪》《觀射》等。所詠事物更是無論巨細,如《殘菊》《柿》《蚊》《榆錢》等。另有少量感懷、悼挽、雜記之類的詩。詠物詩以白描居多,不尚雕飾,但能捕捉事物的特點,言簡意賅地呈現出來,如《榆錢》《早梅》等。也有諷刺世態的詠物小詩如《蚤》，"小丑生成慣跳梁，善能趨避與潛藏"，影射鑽營小人入木三分。一些詩則抒發了真摯的感情，如《妻病篤》《病中自嘆》等。

《清人詩文集總目提要》收錄本書，將作者推定爲廖騰煌，當誤。（彭文芳）

三唐集韻二卷百名家英華一卷

清楊爲松撰。清米拜堂刻本。半葉八行，行十八字。白口，左右雙邊。

楊爲松，字青冬，自署茂苑人。

此書卷端署"茂苑楊爲松青冬父著　苕上韓裴萊園甫鑒　松陵趙澐山子父閱"。卷一爲五言律，卷二爲七言律，均爲集唐人詩句成詩。版心下鎸"米拜堂"。後附吳江顧有孝茂倫選，山陽黃之翰大宗、長洲蔣梧荆名參《百名家英華》，云："古人以集句名者，在宋則惟王荆公安石，嘗以'鳥鳴山更幽'對'風定花猶落'之句，沈存中稱其上句靜中有動，下句動中有靜，詞意工妙，信爲絕調。嗣後文信國集杜，王遂東律陶，剪綃平坵，咸有尚集，流傳藝林，共相愛玩，然未有多至七百餘篇，如吾青冬楊子者也。青冬故將家子，少諳韜略，夙著茂勛，與之相對，復恂恂儒雅，有雅歌投壺氣象胸中整暇，宜其驅使詩人於筆端，無異指揮健兒於帳下矣。"對青冬集句詩產量之大予以贊嘆，并對其對句的自然灑脱頗爲欣賞。

鈐有"襄□金德純珍藏圖書"印。（趙彥楠）

黃葉村莊詩集八卷後集一卷續集一卷

清吳之振撰。清康熙五十一年（1712）寫刻本。四冊。半葉十行，行十九字，小字雙行不等。黑口，左右雙邊，單魚尾。

吳之振（1640—1717），字孟舉，號橙齋，別號竹洲居士，晚年號黃葉老人、黃葉村農，浙江石門（今桐鄉）州泉鎮人。清康熙時貢生，薦授中書。黃葉村莊爲其所住之園，坐落於石門城西，因愛蘇軾"扁舟一棹歸何處？家在江南黃葉村"詩句，故名。吳之振藏書甚富，有家藏書目《延陵吳氏藏書目》。又從家藏書目中擇其善者，刻《宋詩鈔》一百零六卷。另著有《德音堂琴譜》。平生銳意於詩，兼工書畫。

本書前有清初著名詩論家葉燮序，《後集》前有康熙五十一年（壬辰，1712）徐煥序，《續集》前有吳之振侄吳景淳序。葉序對吳之振詩的風格作了探討："時之論孟舉之詩者，必曰學宋"，但葉燮認爲其詩屬於"似宋"而非"學宋"，因爲"學則爲步趨，似則爲吻合"。對於"似"，又説："孟舉詩之似宋也，非似其意與辭，蓋能得其因而似其善變也……孟舉之詩新而不傷，奇而不頗。叙述類史遷之文，言情類宋玉之賦，五古似梅聖俞出入於黃山谷，七律似蘇子瞻，七絶似元遺山。"葉燮認爲宋代詩家風格多樣，孟舉吸取各家長處，形成不拘一格的"善變"詩風。

不論"學宋"還是"似宋"，綜觀其詩，可謂深得宋詩平淡理趣之真諦。該書收錄之詩題材廣泛，似生活中信手拈來。如《七月一日子刻復舉一女内子有怨怏之色詩以廣其意》《責馬》《馬答》等，充滿生活氣息。語言更是樸實無華，幾近白描，如《象鬲》。

鈐"雙鑑樓珍藏印"印，爲傅增湘先生舊藏。（彭文芳）

思硯齋近草二卷

清許孫荃撰。清康熙刻本。二册。半葉十一行，行二十一字，小字雙行同。黑口，四周單邊，單魚尾。

許孫荃（1640—1689），字生洲，一字友蓀，號四山，江南合肥（今屬安徽）人。清康熙九年（1670）進士。曾任翰林院侍講，改庶吉士，後任刑部郎中、户部山東司郎中、陝西督學等職。法式善《槐廳載筆·品藻》中提到，許孫荃督學時"勤於課士，行部所至，遇古聖賢名迹，力爲修復表章，敬待名儒"，頗有美名。著有《慎墨堂詩集》《潼關衛志》等。

本書前有李天馥、李振裕、汪鋑、王弘撰、曹鼎望等人序。本書又名《華嶽集》，是許孫荃視學途中所作，其詩多記陝西名勝。華嶽，即華山，許孫荃"無境不至，至必賦詩"（李天馥序），而這些地方又以華山爲最高，故名《華嶽集》。

詩歌題材以懷古游歷較多，如《襄陵道中》《潼關》《渭川懷古》等。值得一提的是作者寫詩之勤，一步一詩，常常隨着日程從不同角度記録同一景物或地點，如《道遙嶺望見霍太山》《霍太山》《過霍太山有懷余郡霍山》《別霍太山》四首，由遠望到近觀、經過、離開，將静止的霍太山與時間的流動緊密融合。

詩中有好友李因篤、王弘撰、洪昇的評語，以小字區别。詩作多爲律絶近體，也有五七言古詩，其中長句《閲涇陽志有柳毅傳書事因隱括其詞爲詩》更是多達八百餘字。也有少量其他雜體，如《岐山書院四章爲茹府賦》即爲四言古賦。詩的風格也與題材相吻合，沈德潛《國朝詩别裁集》論其詩"激昂悲壯，多燕秦之聲"。（彭文芳）

午亭詩集一卷

清陳廷敬撰。清鈔《高都陳氏詩鈔》本。四册。半葉九行，行十九字，無格。

陳廷敬（1639—1712），字子端，號説嵓，晚號午亭，清代澤州府陽城（今山西省晉城市陽城縣）人。清順治十五年（1658）進士。初名敬，因同科考取有同名者，故由朝廷改名廷敬。自清康熙八年（1669）始，歷任國子監司業、侍讀學士、禮部侍郎、經筵講官、工部尚書、户部尚書及吏部尚書等職。康熙四十二年（1703）晉文淵閣大學士，兼吏部尚書，康熙五十年（1711）奉命總領閣務，次年病逝，卒諡文貞。

陳廷敬爲官清廉，學識淵博，一生編著有多種書籍，有五十卷《午亭文編》收入《四庫全書》。但其詩人的身份却長期爲其政治家等身份所掩蓋，爲人們所忽略。從清詩史的角度來看，陳廷敬實爲康熙詩壇不可忽視的詩人之一，而從康熙臺閣詩人的角度看，陳廷敬更具有代表性，與另一重要臺閣詩人王士成爲康熙詩壇的"雙璧"。其詩器識高遠、文詞淵雅，被康熙皇帝盛贊。清代最著名的清詩選本《國朝詩别裁集》及其他清詩選集中，皆收有陳廷敬之詩。其個人詩文集主要有《午亭文編》《參野詩選》《説嵓詩集》等。他曾多次主持編撰國家典籍史志，主要有《世祖章皇帝實録》《太宗文皇帝實録》《鑒古輯覽》《三朝聖訓》《大清一統志》《佩文韻府》《康熙字典》等。其中，《康熙字典》四十二卷，收録四萬七千多字，創當時的字書之最，對後世影響很大。

本書爲清鈔《高都陳氏詩鈔》本，卷首題名"午亭詩集"，作者題"文正公著"，後有《午亭二集》一併收録。前有作者自序,介紹了作者兒時的求學際遇。本書的内容主要是描述了作者的家中趣事,尤其是作者於故鄉修建的午亭山村的情貌,該山村至今仍保存在晉東南陽城縣皇城村,爲後人留下了珍貴的歷史資料。(李燕暉)

聊齋文集一卷詩集一卷詞集二卷

清蒲松齡撰。清鈔本。三册。半葉十行,行二十字或二十二字,小字雙行同。

蒲松齡(1640—1715),字留仙,一字劍臣,號柳泉,山東淄川人。清康熙五十年(1711)貢生。主要以游幕和做塾師爲生。著有《聊齋志異》十二卷,另著有《文集》四卷、《詩集》六卷。其子蒲箬爲貢生,孫蒲立德爲邑庠生,父子皆有文名。

是書分爲《聊齋文集》《聊齋詩集》《聊齋詞集》三部分,計文七十餘篇,詩歌近五百首,詞近二百首。《聊齋文集》中有些篇章真實地記録了當時的社會情況,如《康熙四十三年記災前篇》《秋災紀略後篇》《救荒急策上布政司》,記述了康熙四十三年(1704)發生在山東的澇災及隨後發生的蟲災,連續的災害使得山東境内糧食欠收,百姓相食,蒲松齡目睹慘狀,心懷國家,積極建言獻策。還有《上孫給諫書》,批評了橫行鄉里的親戚和僕役。此外還有反映淄川本地風土人情的賦,如《煎餅賦》《趵突泉賦》等。《聊齋詩集》中友人贈答類詩歌數量占了很多,其中與孫惠的應答詩歌最多。孫惠是蒲松齡同鄉,在江蘇寶應縣任知縣,念同鄉之情,賞識蒲的才學,特邀來寶應做幕賓。從書中《寄孫樹百》《至孫樹百家》《孫樹百先生壽日觀梨園歌舞》《樹百家宴戲呈》《樹百宴歌姬善琵琶戲贈》等可見孫惠幾乎時時刻刻提攜蒲松齡,在孫家生活的這段時間直接影響了《聊齋志異》的創作。此外給王士禎寫的挽詩也充滿了感情:"昨宵猶自夢漁洋,誰料乘雲入帝鄉。海嶽含愁雲慘淡,星河無色月凄凉。儒林道喪典型盡,大雅風衰文獻亡。薤露一聲關塞黑,斗南名士悉沾裳。"此外與友人如李希梅的唱和之作也占了較大部分。《聊齋詞集》用詞牌近二百個,多爲抒發一己之情懷和詠物之作。

書中間有朱筆點校、墨筆增補。此書爲倫明舊藏。(張偉麗)

雪晴軒文稿不分卷

清宋和撰。清鈔本。二册。半葉九行，行二十一字，無格。

宋和，生卒年不詳，字介山，號岸圃，室名雪晴軒、橋西草堂，安徽歙縣人。原爲商人，三十歲（一説五十歲）始讀書，十年學大就。工詩文，入京師，爲韓菼、陳鵬年、張大受、何焯所賞，謂其非唐以下之文也。韓菼曰：“第欲君集中有此文耳！”亦可知其約爲清康熙時人。晚期居隘巷中，閉門讀書，幾席蕭然。卒於京師。有《雪晴軒集》（一名《橋西草堂文集》，未刻）、《歷侯詩》、《宋介山文鈔》等。

此《雪晴軒文稿》分上下兩册，收録《張循吏傳》《郝大中丞傳》《黃巡撫傳》《陳恪勤公列傳》《張滌園先生墓誌銘》等包括各類人物傳記、墓誌銘、行狀在内的四十五篇文章。與作者另一舊鈔本《雪晴軒文稿》不分卷《詩集》八卷内容互不重複。其中《洪烈婦》一文叙述歙人洪志達與妻子葉氏在淳安鄭家村躲避兵災時，洪志達被環箭射死，葉氏以從容自若之姿態騙過賊人，從馬上跳崖而死，淳安人言之爲神的故事。其行文精要簡練，字裏行間却透出一股高風雄奇的悲愴之意，讀來令人長嘆。此文後來亦收録在《歙事閑潭》等書中。

此本首葉有鈐印“讀易樓袁氏藏書印”。（郭静）

雪晴軒文稿不分卷詩集八卷

清宋和撰。清鈔本。四册。半葉九行，行二十一字，無格。

此《雪晴軒文稿》共三册，第一册收録《評點國策序》《評點老子序》《中庸論文序》等評點序言、爲他人文集撰寫的序言、祝壽文等；第二、三册收録《上大冢宰宋漫堂先生書》《上執政書》《湯泉記》《南海圖記》等議論文、跋文、游記。三册共計二百餘篇。黃痦堂曾評其文特色“每喜以不結爲結”，謂宋和曾言“凡結處，須乘勢結之。譬之游客，往往不能歸者，以時過勢盡也”。傅增湘在《藏園群書經眼録》中謂其游記“所言多淺陋，是鄉曲小儒之游幕於北方者”。其後《雪晴軒詩集》一册，分爲五古、七古、五排、七排、五律、七律、五絶、七絶八卷，收録《屬句二首》《種竹詩七首》《得石軒詩》《貧居菊花》《大落墨歌送王孔昭游大梁》《春日集聽雨樓》《烈婦行》《賦得合璧聯珠十二韻》等近二百首詩作。

此本第三册後有清雍正四年丙午（1726）吳啓昆跋文《跋宋介山先生文後》。書末有鈐印"讀易樓袁氏藏書印"。曾爲傅增湘藏。（郭静）

游梁草一卷

清崔徵璧撰。清康熙刻本。一册。半葉十行，行十九字。白口，四周單邊。

崔徵璧，生卒年不詳，長垣（今河南省長垣縣）人。清康熙九年（1670）庚戌科第二甲賜進士出身，後官至副都御史。撰有《游梁草》《畫舫齋詩》等。與清代方志學者陳静庵交好，陳曾著書《補湖州府天文志》。與李深源有往來。

《游梁草》收詩三十餘首，體裁有五言絕句、七言絕句、五言律詩、七言律詩、歌行體等。作者寫作此書的目的在序言中表述地很明確，"有幸聞天語，無才愧守臣。鳳綸恩被渥，戢志勵貞純"，主要是爲了歌頌太平盛世，以盡人臣之心。詩歌題材主要分爲唱和交游類、寫景即情類、感懷詩等，包括《答照玉和尚》《和程静庵扇頭》《二月雨霽》《春分》《自笑》等。《禱雨行》《喜雨》是前後相連的兩首詩，《禱雨行》中寫道慘重的旱災，"郊原焦土難播種，爍石烈日風霾塵"，他把祈雨的希望完全寄托在君王的身上，詩歌的末尾寫道，"堯衢壤擊歌豐稔，萬方玉食奉聖君"。四海豐收之後，仍然把奉聖君作爲一個首要目的，這固然是作者的局限性，但是他的詩歌中對於黎民在旱災中苦苦挣扎之痛苦表現得十分真實。這樣的祈禱果然得到了上天的回應，在下一首《喜雨》中，寫道百姓看到下雨的場景，"憂者樂兮病者愈，焉用苗揠稼穡美"，十分生動地表現出了久旱之後，雨的寶貴及人們對於雨水的珍視。《初秋東郊夜行》是系列組詩，寫出了内心的苦悶，頗有田園詩的意境，如第一首，"將迎方卜夜，畦緑暗桑田。却看雲如織，誰云吏是仙。山村無犬吠，茅屋有燈傳。未睡孳孳起，僧閑抱被眠"。此外，比較有趣的是一系列口占詩，如《上元後三日占》《念日占》等，可以看出作者日常非常喜歡創作詩歌，生活給了他創作的靈感，寫作時嚴格按照詩詞格律的標準。

書前鈐印有"平湖""陸稼書"，陸稼書即爲康熙間名臣陸隴其。（張偉麗）

又來館詩集六卷

清劉中柱撰。清刻本。一册。半葉十行，行十八字，小字雙行同。黑口，左右雙邊，單魚尾。

劉中柱（約 1681—1727），字砥瀾，號雨峰，江蘇寶應人，明代著名學者劉心學之孫。又來館爲著者所居之處。劉中柱由廩貢生授臨淮縣教諭，遷國子監學政，後歷任兵部主事、户部侍郎，清康熙四十三年（1704）出任真定知府。劉中柱一生頗有清望，以獎掖後進著名，常與朱彝尊、查慎行、汪懋麟等唱和。著有《兼隱齋詩鈔》《小館詩集》《六館日鈔》《寶應名勝紀略》《史外叢譚》《南歸日記》《并州百篇詩》等，輯有《梓里詩選》等。

本書前有蕭山陳至言、大都吳穆序。全書共收録詩二百八十餘篇，按時間分爲六卷，卷端分别標注戊寅、己卯、庚辰、辛巳、壬午、癸未，即康熙三十七年至四十二年（1698—1703）。詩歌題材廣泛，既有生活事件的記録，也有詠物、寫景、感懷、詠史等，感情真摯，語言質樸。生活中的一點驚喜，一份憂傷，官職更替，甚至生病，都寫進了詩裏，如《兒輩寄佳釀到》《曉發泰安》《守歲》《哭長兒家珍詩五首》《改官户曹》《病痔》等。悼亡詩《哭長兒家珍詩五首》中有"兩年三賦哭兒詩"之句，詩人内心之痛苦令人唏噓。詩歌既有近體詩，也有五七言古詩。（彭文芳）

采霞集九卷

清釋岳峙撰。清鈔本。半葉十行，行二十字，無格。

釋岳峙，字杲山，號海門，浙江嘉興人，俗姓厲，海鹽净業寺僧，住平湖永壽庵。《［光緒］嘉興府志》卷八十一載，釋岳峙有"《采霞集》十卷，尤侗序，未刊"。今存此集僅九卷，清鈔本，無序跋。

本書各卷前有本卷目次，目次後爲正文。卷一收書柬及序文，卷端題"長洲尤侗悔庵叟選閲　遼左李鍵梅墅甫較定　海鹽衲子岳峙杲山手著"，包括書柬一百四十九篇;序文部分卷端與前同,收序文三十三篇。卷二收題跋七十七則,卷端題"山陰錢霍去病選閲　同里朱劌鹿巖較定　海鹽衲子岳峙杲山著"。卷三收疏引五十九篇,卷端題"茂苑宋實穎既庭選閲　華亭同學宗渭筠士較　海鹽衲子岳峙杲山著"。卷四爲像贊一百零八篇,卷端題"石門顧鴻雯賓遠選閲　蕭山毛遠公季蓮校定　海鹽衲子岳峙杲山著"。卷五爲四六文五十一篇,卷端題"荆溪陳維崧其年選閲　陳維岳緯雲較定　海鹽衲子岳峙杲山著"。卷六爲五言古詩六十三首,卷端題"魏里劉又伶隱篁選閲　金陵黃鶴田芝九較定　海鹽衲子岳峙杲山著"。卷七爲七言古詩二十四首及七言絶句八十七首,卷端題"樵李周篔青士選閲　當湖沈季友客子較定　海鹽衲子岳峙杲山著"。卷八爲五言律詩一百七十九首,卷端題"同里彭孫遹羡門選閲　蕭垂北江較定　海鹽衲子岳峙杲山著"。卷九爲七言律詩二百零六首,卷端題"鴛湖王庭邁人選閲　李良年秋錦校定　海鹽衲子岳峙杲山著"。

(程佳羽)

畫溪西堂稿三卷

清謝芳連撰,清王士禛評點。清康熙刻本。二册。半葉十行,行十九字,小字雙行不等。白口,左右雙邊。

謝芳連,生卒年不詳,字皆人,號香祖山人,江蘇宜興人。國學生。謝芳連工詩,尤善短詩,其詩境界幽遠,宗王士禛。謝氏於清康熙四十五年(1706)開始與王士禛通信,二人雖未謀面,然互懷知己之感。清乾隆元年(1736)謝氏應博學鴻詞之征。與袁枚有交,袁枚稱其"風調和雅,如春風中人"。著有《詩庸》六卷、《習説》三卷、《風華閣麗體》一卷等。

該書爲謝芳連詩集,卷一爲《嘯莊集》,卷二爲《簡言別録》,卷三爲《香祖山人文外》,共録詩二百四十六首。該書首有王士禛序,卷二末有宋犖題辭,詩中有王士禛評點。王士禛謂其詩"以禪喻詩,余深契其説,而五言尤爲近之,如王裴輞川,絶句字字入禪",認爲謝氏之詩有禪意,似王維之詩。宋犖亦謂其詩"取境於幽覓,致於淡蕭然高寄在筆畦墨町之外,至其興趣隱躍,獨得唐賢三昧",認爲其詩取境高遠而興味濃雅，有唐人之風。

該本"玄"字缺筆，據行款版式知其爲康熙寫刻本，字體精雅，保存完整。（賈大偉）

榕村藏稿四卷

清李光地撰。清刻本。二册。半葉九行，行二十五字。白口，四周單邊。

李光地（1642—1718），字晉卿，號厚庵，又號榕村，福建安溪人。清康熙九年（1670）登進士第五名，授翰林院編修，歷任侍讀學士、內閣學士、兵部侍郎、順天學政、直隸巡撫、吏部尚書、文淵閣大學士。諡文貞。李光地爲清初理學名臣，著述頗豐，承康熙之命編纂《性理精義》《朱子全書》《周易析中》等，同時著《大學古本說》《中庸章段》《二程子遺書纂》及《榕村講授》《榕村藏稿》《榕村詩集》《榕村語録》《榕村續語録》《榕村集》《榕村別集》《榕村續集》等。

《榕村藏稿》四卷，爲作者對《大學》《論語》《孟子》《中庸》部分章節的論述。卷一收巳刻文、卷二收己丑巳前文、卷三收己丑以後文、卷四收癸巳巳後文，共一百五十六篇，其中《大學》十篇、《論語》六十三篇、《孟子》五十四篇、《中庸》二十九篇，每篇後以幾句概言本篇內容。

《榕村藏稿》尚存清康熙五十三年（1714）刻本、清乾隆二十六年（1761）刻本、清康熙刻本、清刻本。此爲清刻本，全書重點內容處均有墨色圈點。內扉葉題"安溪先生榕村藏稿"，并爲加固貼紙，上鈐"蘇州府吳縣衙內朝西石俊瓔梓行"字樣。每卷分目，目録部分爲烏絲欄，內容則無欄，大多數篇目結束後爲半葉三欄，并書本篇簡單題名。卷三前爲佚名人跋，云"惜抱亦刻有制義，可傳者不過數篇，數篇中亦僅有一段兩股可採，乃謂安溪爲門外漢。君子一言爲知，一言爲不知，不可不慎也"，批駁姚鼐對李光地著作的不屑。

內扉葉題名左下鈐有"樂志堂藏書"朱文方印，書衣題名和卷端下鈐有"秋根書堂藏書""西諦七七以後所得書""鄭印振鐸"等朱文方印，曾由趙彦修、譚瑩、鄭振鐸遞藏。（彩雲）

李厚庵稿一卷

清李光地撰。清鈔本。半葉九行,行二十六字,無欄。

此爲《名家制義》書中内容之一,前有《題李厚庵稿》,謂李光地“於書無不通,經、史、性理、天文、兵法皆默識其然”。全稿收《子曰參乎全章》《顔淵季路全章》《大哉堯之全章》等對《論語》《中庸》《孟子》部分章節的闡釋,每段文字後有録文者的簡單評述。每篇題名下均署名李光地,重大内容後均爲朱色圈點。

《題李厚庵稿》鈐有“質王永瑢”朱文方印和“好讀書不求甚解”白文方印,曾經清乾隆六子永瑢之手。(彩雲)

草亭先生文集二卷詩集四卷補遺一卷

清周篆撰。清嘉慶二十五年(1820)晚香堂刻本。四册。半葉十行,行二十一字,小字雙行同。白口,左右雙邊,單魚尾。

周篆(1642—1706),字籀書,號草亭,吳江(今江蘇蘇州)人。書前附其子周勉所撰《草亭先生年譜》,可知周篆未入仕途,一生都在游歷和寫作中度過。其足迹至齊、魯、燕、晉、長沙、滇、南粵、閩等,幾乎遍及大半個中國。大好河山給周篆提供了素材,激發了靈感,每到一處,多有作品問世。如客居長沙時有《悼屈》《諍賈》。據《草亭先生年譜》,“所著有《蜀漢書》八十卷、《杜詩集説》二十卷、《文集》二卷、《詩集》四卷,卷共一百有六,爲百六集云”。可惜的是,書籍散逸頗多,至清嘉慶間已經所剩無幾。翁廣平清嘉慶五年(1800)所作《草亭先生文集序》云:“於陸鳳來處見草亭遺稿,録其《蜀漢書》中序贊八篇、詩十篇。”據此可知當時的《蜀漢書》已經殘缺不全。到嘉慶二十四年(1819),“先生所著《蜀漢書》已佚,《杜詩集説》若干卷今具存於吳溇張氏”(俞鍾嶽《草亭先生文集序》)。

本書包括《文集》二卷,收文六十三篇;《詩集》四卷,收詩三百七十三首;《補遺》一卷,收銘一篇,古體詩三十六首,今體詩五首。雖然《文集》《詩集》名稱與當初同,但各自所收篇目當與成書時有差異。《補遺》是周篆後人所收散逸詩文,綴於書後。

關於周篆的詩文風格，仇兆鰲《草亭先生百六集原序》云："余讀而慨然曰：草亭之法韓杜，固矣。顧其平居論說，又嘗先風雅而後杜，先左史而後韓。是草亭又捨韓杜而左史風雅是法也。"王士禎《草亭先生詩集序》云："至於詩，則上規風雅，下取初盛唐人之法，而以沉鬱頓挫出之。"（彭文芳）

象外軒集

清溥畹撰。清乾隆十六年（1751）刻本。一冊。半葉十行，行二十一字。白口，左右雙邊，單魚尾。

溥畹（1661—1728），俗姓顧，名蘭谷，江蘇如皋人。從小跟隨父親學習四書、易經、太極圖等。幾年後得病而爲僧，法名溥畹。其平生足迹遍布天下，每到一處都訪問耆老，游覽名山大川。因愛昆明山水，故留居，官府爲之建法界寺。少時曾隨師入見康熙，得侍輦下，著《金剛經心印疏》《楞嚴經寶鏡疏》進呈，康熙命陳廷敬校勘并付梓。之後溥畹還著《易説》二十卷，擬於康熙六十一年（1722）萬壽節作爲禮物呈送康熙皇帝，但未及送至而康熙逝世。於是在城東建造精舍以貯經卷，而以講易授徒。此外，溥畹還擅詩書，著《象外軒集》等。

象外軒，當是詩人居滇時之住所，詩集中有《象外軒》一詩："諸葛廬猶大，少陵堂太高。何如昆水上，象外絶塵囂"，又以爲詩集之名。著者在《象外軒集自序》中説："余是集以象外軒名者，藉事顯理，假物喻道……兹於本無可名而强名之曰象外，聊寫吾性情之所寄托。"

本詩集共收録詩歌一百四十六首。詩歌題材廣泛，以借物抒情、據事説理爲主。由於溥畹的特殊身份，其詩風格也顯現出儒、釋、道結合的特色。正如清代詩人舒瞻在序中所寫："其詩發乎豪雅，止乎淡泊，不假渲染，天藻自富。"（彭文芳）

西湖和蘇詩一卷

清魏麟徵撰。清鈔《石函三種》本。《石函三種》共二冊。半葉八行，行二十字,無直格。

魏麟徵(1642—?),字蒼石,溧陽人,家濟寧。清康熙六年(1667)進士,入翰林,康熙二十八年(1689)官杭州知府,調延安知府,四十七年(1708)官福建邵武知府,後任曲靖知府。《山東通志》有其傳。工詩,與王士禎、汪懋麟均有結交。著有《石屋詩鈔》八卷及《補鈔》一卷、《石屋剩集》二卷等。

書分上下卷,封面題"石函三種"。卷前有吳陳琰《石函三種叙》,據叙,魏麟徵爲官杭州,政清民和,但惜盛事之不常,佳詩之少而寡助,遂寓居石函橋側,終日取蘇東坡守杭時詩作讀之并和詩,完畢後招吳陳琰與許子莘校訂,是爲此書。書無目録,上卷開篇爲毛奇齡《西湖詩話》一則。書内容爲魏麟徵和蘇詩,均爲和蘇東坡詠西湖景致名勝詩作,有和題,有和韻,亦有借題,如《和鑒空閣》《和七寶寺題竹》《和雪霽韻》等。卷末有康熙辛未(三十年,1691)魏麟徵自識一篇,自評其詩集,"蘇長公有和陶淵明詩百餘首……公詩似陶仍是公,我詩擬蘇故是我",不乏自傲。卷後校對者署仁和張琨(禮庵)及錢塘許田(莘野)。上卷卷末附録《杭郡雜詠》十五篇,下卷爲《閩中吟》。

《石函三種》爲叢書,康熙間有刊本,爲魏麟徵獨撰,分別爲《西湖和蘇詩》《杭郡雜詠》《閩中吟》各一卷。第一種爲其寓居杭州時修復西湖勝迹,仿蘇東坡出守杭州而作,後兩種爲魏麟徵於康熙二十九年(1690)由杭赴閩,所見景色,記以爲詩。因魏麟徵寓居杭州石函橋側,故名此書以"石函"。其《石屋詩鈔》亦收《閩行日記》《閩中吟》二種。吳陳琰《石函三種叙》詳述魏麟徵此書成書始末。《國朝詩集別裁》卷九收魏麟徵詩七首。《四庫全書總目提要》評魏麟徵"大抵詩才清拔,而根柢不深"。

卷前鈐"慶瑞堂""漢水"等印。(戴季)

杭郡雜詠一卷

清魏麟徵撰。清鈔《石函三種》本。半葉八行,行二十字,無直格。

《杭郡雜詠》卷前鈐"魏氏"白文印。所收詩作有五言、七言等,共十五首,均爲詠杭州名勝、景致之作，如《泛錢塘江》《于忠肅祠》《晚經西湖》等。雖爲詠名勝，但多爲杭州煙雨之下朦朧蒼茫之城景，如"蒼茫煙靄夕陽孤，指點雷峰半有無"句，情感頗沉重；且十餘首詩中有三首詠忠烈詩，如"百代表忠殊未泯，寒煙荒草吊貞瑤"句，可見魏麟徵敬懷先古之心迹。（戴季）

閩中吟一卷

清魏麟徵撰。清鈔《石函三種》本。半葉八行，行二十字，無直格。

《閩中吟》收詩八十餘首，包含組詩，如《鼓山六絶》《南臺三絶句》《和陶靖節飲酒》等。主題主要爲游玩賞景而作，吟詠景色、遺迹等，如《鐵佛寺》《烏石山》《九仙山》等，多有古意。後有魏麟徵自識一篇，其居閩約半載，作詩百餘首，覽勝境而歡，唯未啖荔枝、未登武夷爲憾。（戴季）

石屋初集一卷二集一卷三集一卷四集一卷

清魏麟徵撰。清康熙刻本。一册。半葉十一行，行二十一字。黑口，左右雙邊。

封面題"石屋詩集"，爲石屋初集、二集、三集、四集各一卷。初集詩凡二百首，包括吟秋詩百餘首，應酬唱和詩多首，另有游陝西長安、潼關、山東泰山及河南洛陽時所作詩作。初爲彭子愛選而刻之，此本爲再次修訂本，稍有增删，詩以時間爲序編列。二集詩凡一百三十九首，包括長安詞四十首，太行雜詩十首，又有贈答詩、送別詩等多首。三集詩凡一百九十九首，原名《丹崖集》，今次修訂删去十分之三，是爲《石屋三集》，爲魏麟徵游山東丹崖三載，與山水爲友朋，寄性情爲詩，輯録而成。四集詩凡一百六十一首，魏麟徵遍游江淮海岱，覽雲山煙水而作詩數篇；後返鄉居住，觸景生情，觸緒成詩；又補官杭州近一年，賞游西湖盛景而作詩寄興。其間詩作，部分已刻成《西湖和蘇詩》《閩行日記》《閩中吟》三集，此集不贅録，另輯《白華堂稿彙》，是爲四集，包括金陵雜詠八首，揚州雜詠七首，以及答韻、和韻詩多首，主題多爲詠江淮、魯地名勝。每集後均署校對者名，均有魏麟徵自識一篇。（戴季）

崑崙山房詩集殘稿三卷百一詩二卷

清張篤慶撰。清鈔本。六册。

張篤慶(1642—1715),字歷友,號厚齋。十四歲作《夢游西湖賦》,十七歲與同邑的蒲松齡、李堯臣等人結郢中詩社。他與同鄉幾個很有才學的詩歌同好定期聚會,切磋詩藝。弱冠(二十歲)時,便著有樂府二百首。後致力於仕進,可惜未中,退居崑崙山下發奮讀書,自號崑崙山人,王士禛稱其"真冠古之才"。張篤慶生平著作頗多,有《八代詩選》《班范肪截》《五代史肪截》《兩漢高士贊》《崑崙山房詩》《古文集》等。《四庫全書總目》《清史稿》等著作中都提到了張篤慶,作爲僅僅是一介書生未曾考取功名的他,實屬不易。

張篤慶的詩集,因家貧均無力授梓,便都藏於家中,故流傳的基本都是傳鈔下來的鈔本。此本便是清人鈔寫之本,字體極爲工整,鈔寫在朱色欄格紙上,又有避諱字,頗似刻本。(蔣毅)

龍華院稿二卷

清釋中英撰。清順治刻《燈傳集》本。半葉八行,行十九字。白口,左右雙邊。

釋中英,字朗如,釋宗顯法孫。其作品被釋穸公輯入《燈傳集》,除《龍華院稿》外,《燈傳集》還收録明僧釋弘本的《柏支亭稿》及釋宗顯的《龍樹齋稿》。

本書卷端題"重玄釋朗如中英著　類庵釋道開自扃選",卷末附汊亭果禪師臨終偈及南來徹道人跋文一則。全書共收詩二百二十一首,其中卷上一百一十首,卷下一百一十一首。詩的内容以友人間的交游酬唱爲多,如《同幻與訪張康侯不遇》《文孝廉復停雲館》《對雨寄王荆臺》等。其餘多爲對生活的記録,如山居生活的閑適、時令佳節的記録、游歷山水的興味、尋訪古迹的感懷,均見諸筆下,娓娓道來,如《對雨》《山齋》《元夕》等。釋中英尤喜描摹各種景物,花鳥雲月,别有況味,如《雲廊》《蘭》《蕉》等。

釋中英的詩,如逸人隱士,與花爲伴,以鶴爲子,逍遥疏曠之氣撲面而來,"清曠

撩雲散,扶疏逗月圍(《洗竹》)","訝沉花底影,泛採水中香(《蝶溺》)",田園之樂躍然紙上,別有興味。(程佳羽)

診癡夢草十二卷

清余心孺撰。清康熙燕臺刻本。十册。半葉九行,行二十字,無直欄。白口,四周單邊。

余心孺(1633—?),字孝庵,號慕齋,慶遠府宜山(今屬廣西宜州)人。性敏慧,博學多才,工於詩文,亦通書畫。清康熙二十年(1681)鄉試亞元,仕延津知縣,改調思明,爲官清正,其政略皆人意計所難及者,致仕歸。著《道學淵源》《天笑集》等。生平參見《[乾隆]慶遠府志》卷八。

是書首爲王封溁《序》,後依次爲康熙三十一年(1692)李瑞徵《序》、劉國黻《序》、康熙四十年(1701)高熊徵《診癡夢草序》及申徵《序》、康熙三十八年(1699)《診癡夢草自序》。卷端題"龍水余心孺孝庵氏著","西陵王封溁慎庵先生較正古燕李瑞徵中峰先生圈評　江都劉國黻禹美先生參閱"。是書欄上所鐫評點文字,應即爲李瑞徵評點。

余心孺於《自序》謂己有十二癡:性癡、情癡、心癡、志癡、言癡、行癡、品癡、量癡、才癡、學癡、詩癡、文癡。又言是書得名云:"藏昧成癖,兀生南柯亭神游槐國,及晻暗於京邸,遺形忘我,偶有所觸,圖性繪心,連類象形,體謬做乎倉頡,何異癡人説夢?"而"診音令,訓自衒賣也",則余心孺《診癡夢草》爲書名,乃是"以詩文衒賣流布其醜"之意。

《診癡夢草》收古文雜著十二卷。卷一至二爲《性理管窺》,論及天、道、性、命諸題;卷三爲表、論、序、疏、引;卷四爲文、墓誌銘、記;卷五爲雜著;卷六爲啓;卷七至八爲尺牘;卷九爲《天笑集》,均爲擬騷作品;卷十爲賦、歌、吟、引、古詩、琴譜等;卷十一爲律詩;卷十二爲絶句、曲、詞、回文等。

題名葉鐫"燕臺梓行",鈐印"龍水余心孺慕齋印"。此爲其較早印本。是書僅見此一部傳世。今藏國家圖書館。(李文潔)

陽山草堂詩集四卷

清陳炳撰。清雍正刻本。一冊。半葉九行,行十九字。黑口,左右雙邊,單魚尾。

陳炳,字虎文,一字虎紋,江蘇長洲(今蘇州)人。世居陽山裘巷,故自稱陽山人,世稱陽山先生。性狷介,致力於古詩文,有詩名。詩宗王、孟,沈德潛《清詩別裁集》稱其詩"塵塊盡滌"。工書法,擅篆刻,治印取法顧苓,對後世印人較有影響。與同里黃中堅(震生)相友善。少孤,事母至孝,曾任教於村塾,布衣而終。

是書前有清康熙五十一年(壬辰,1712)王聞遠、清雍正九年(1731)蔡家駒序,以及黃中堅《陳陽山先生小傳》、蔡家駒《陽山先生小傳》、徐葆光《陽山陳先生墓表》。全書四卷,包括《青桂巖稿》《潤州草》《風蓬吟》《楚游草》等内容,每卷前有小序。詩多爲贈別懷人及攬勝寫景之作,於日常生活亦有所描繪。(賈雪迪)

似山亭詩四卷

清董訪撰。清康熙五十年(1711)家刻本。兩冊。半葉十行,行二十一字。白口,左右雙邊。

董訪,生卒年不詳,字季問,號裕庵,山東濟南平原人,董允禎之子,董訥之弟。監生。清初著名文士。喜好詩書,居所曰似山亭,終身以詩賦爲樂。

此書共四卷,卷首有序兩篇,首爲孫勷序,云"《似山亭詩》二百餘篇,平原董裕庵先生閑居獨樂言情述志之所爲作也",并在序中提及并評價了《病中得家書》《漁父》等五言詩及《漁家樂詞》等七言詩;次爲董思凝序。卷一有《池中新月次伯兄韻》《初春齋居》《漁父》《偷閑》《客至》等八十餘篇。卷二有《春日雜興》《喜雨》《與劉友論詩因成四韻》等八十餘篇。卷三有《元宵漫興》《雪夜戲成示同學諸子》《見樹稼口占》《聞二兄齋頭老梅盛開枕上口占》《夢中得句三月三日》等六十餘篇。卷四有《中秋至成趣園邀又韓張子過舍文飲因成短句》《秋夜次韻》《鳴玉秋夜讀劍南詩有作依韻和之》《催又韓詩口占》《偶成》等五十餘首。書中詩歌多爲五言詩或

七言詩，體裁豐富，多借物、借景抒發感情，還有不少爲詩人與友人、兄弟間的對詩。（張晨）

捫膝軒草稿一卷

清許箕撰。稿本。共十二開，半開五行，字數不等。

許箕，生卒年不詳，字巢友，號龐村，浙江海鹽縣（今嘉興）人，後移居梅里。《平湖縣志》云巢友性孤介，常閉户獨吟，梅里周箕嘗好結交，許箕戲言，“與爲熱周，寧爲冷許”，時人稱之。《梅里詩輯》云許箕純任天機，行兼狂狷，行書、楷書瘦硬通神，人以卷册乞書者，多寫己詩應之，蓋欲借書法以永其傳也。曹侍郎潔躬嘗稱其詩格清邁，書法秀拔追配古人，人品直比之嵇阮。《兩浙輶軒録》中記載周箕寫有《除夕懷許箕》詩：“今夕爲除夕，蹉跎又一年。明燈坐虛室，開篋檢殘編。茅屋春山路，梅花雪夜船。何當更乘興，樽酒共留連。”《全浙詩話》中記載許箕屢游湖中，交諸名士，尚氣誼。有《東湖留別詩》云：“解將劍掛徐君樹，不學袍憐范叔寒。”其風規良可挹也。王士禛《感舊集·送許箕還審山》：“窮陰當歲晏，相送出柴關。別酒難爲醉，離歌不解顔。蕭然元度宅，聞在食其山。遲爾春江上，遥同朔雁還。”據梁詩正《西湖志纂》記，許箕曾入鄉賢祠。

是書收録近體詩三十餘首，題材主要是朋友間唱和、細小的生活意趣等。其中一系列組詩，多爲在緑溪莊與友人唱和之作。如《緑溪莊次谷山先生韻》爲四首組詩。其中最後一首讓人記憶深刻：“蘚碧芹青色均匀，幽深不必問桃津。會心魚鳥静相得，在眼賓朋談益親。纔向城中開緑野，便教世上隔紅塵。醉吟争羨香山老，祇是知己一個人。”寫得清雅别致，頗有陶風。再如《次竹田緑溪雜詠原韻》也是一系列組詩，第一首云：“尚憶兒童戲，俄驚六十年。劉伶猶有地，伯道豈無天。酒畔回嗟嘆，花陰咽管絃，新詩互參訂，身後竟誰傳。”充滿蒼凉之意。

後有跋語，云許箕“善書，詩才雋佚，書法古媚。此册寫作兩佳”。鈐有“許箕之印”“東山”等印。（張偉麗）

誠一堂文稿一卷詩稿一卷

清程允基撰。清刻本。一册。半葉十二行,行二十二字,小字雙行同。白口,四周雙邊,單魚尾。

程允基,字寓山,徽州人。清代著名琴人,虞山琴派傳人。自幼習琴,曾挾琴游四方,結交操縵之士。清康熙年間客居羊城,與雲志高、胡洵龍和吳允謙等琴家交往,并參訂《蓼懷堂琴譜》。程允基致力於琴學,輯著有《誠一堂琴譜》六卷《琴談》二卷,收錄琴曲數十首及鼓琴技法、琴之故實等。另有詩文行世。

是書收程允基所撰序、書、論等各體文章數十篇并詩若干,文稿前目錄有缺葉,文稿、詩稿有數葉裝訂次序錯亂。所收文章尤以書、序爲多。詩以題贈懷人、寫景感事爲主,時有羈旅之思。

程允基身爲清代著名琴人,其詩作中對挾琴出游、以琴會友等題材有所反映,如《彈琴》《同人月下彈琴》《西寺千佛閣彈琴期胡遠山不至》《登滕王閣彈琴》《游七星巖彈琴》等諸篇,可備研究者參考。(賈雪迪)

懷古堂初集不分卷

清劉國英撰,清陶元淳等評。清康熙四十二年(1703)懷古堂刻三色套印本。四册。半葉七行,行十七字。白口,四周雙邊。

劉國英,生卒年不詳,字靈松,一字恕盧,山東萊蕪人。清康熙三十九年(1700)進士,官吏部郎中。著《懷古堂初集》不分卷。

此書扉葉有晚清著名收藏家那木都魯·光熙收藏印鑒"光熙收藏"。題名葉上書"遼海劉耀含著　恕盧詩鈔　懷古堂藏板"。鈐印"亦偶然耳""家在燕南趙北之間""未能寡過"。卷前有沈士尊、魯鴻麟等人序文各一篇,自序一篇。序後列有評論鑒定者姓名,如陶元淳、張泰來等。卷端鈐印"蘿邨蔣氏鳳覽堂圖書記"。

《懷古堂初集》按古詩、五律、七律、排律、絶句的體裁,收錄了劉國英二百三十餘首詩歌,其中五七言律居其半爲歌行,及絶句居其半遠宗少陵。其詩或悲歌按劍而起舞，“孤舟千里泊，歸夢五更長”（《春暮舟次阻風有懷朱爲若》）；或婉戀對月而禪參，“無住心常逸，忘機性自涼”（《夏日納涼金沙寺》）。劉國英爲官有道，作詩有魂。《懷古堂初集》對於研究作者其人及其所處時代的社會生活，具有很高的史料價值。

是書有紅、黃、緑三色套印詩評。（邵穎超）

來寄軒詩草四卷

清鈔本。四册。半葉十行，二十字，黑格。白口，四周雙邊。

封面題“清恪公遺稿”，故有以此認爲作者是浙江海寧陳詵者。然據詩作内容，可知作者應爲陳詵的兄弟陳論（1635—1709），字謝浮，號丙齋。清順治丁酉（十四年，1657）鄉試第四十九名，辛丑（十八年，1661）會試第三百四十四名，清康熙甲辰（三年，1664）殿試第三甲六十六名，授内宏文院庶吉士，改檢討。歷官刑部右侍郎、誥授中大夫。學有根柢，考據典確，内廷纂修之事不下數十種，如《皇輿考》、實録、國史等，皆預其中。歸田後居東郊閑園，里社雞豚，村莊花月，怡然自適，不以得失介意。著有《來寄軒集》《燕臺偶存》《鈐閣餘吟》《歸田録》，各若干卷。事迹詳見陳虞笙《海寧渤海陳氏宗譜》。

海寧陳氏“爲一邑鉅族”，時諺有“一門三閣老，五部六尚書”之稱（《清稗類鈔》）。陳論有子五：世儀、世傚、世傅、世倬、銓。其長子世儀，任海澄令，多異政。孫克鑑，少有雋才，十六歲補弟子員。隨父赴海澄，通吏治。著有《閩游草》《杞雛集》各若干卷。《來寄軒詩草》中，有《佛桑紅綉球皆閩産也儀兒由海道見寄各賦一律》，爲收到長子世儀所寄特産而作。與諸兄弟之間小集宴飲作品比比皆是，如陳詵（叔大）、陳元龍（乾齋）、陳訏（言揚）等。陳論與吳之振聯姻，其女適祈州牧吳寶芝。此詩集中亦有與姻親吳之振（號橙齋）、吳寶芝（詩中稱“吳婿”）往還之作，如《次橙齋得孫題喜報三元圖韻橙齋孫余外孫也》《同吳婿洎諸兒池上看芙蓉適橙齋以花糕見餉走筆代柬》。

此鈔本内收詩一千一百五十四首，多爲七言絶句、七言律詩等，亦有長詩。中有《恭賀御製賜圖大將軍詩二章原韻》《奉命編纘皇輿表恭紀》《上禱雨郊壇即日甘霖大沛恭紀》《孟秋朔享太廟午門候駕》《重午後二日瀛臺賜魚恭紀》《黔南奏捷》《實錄告成賜宴南宮恭紀》等任官時期詩作。歸田後即景雜詠、昆弟酬唱之作居多，如《歸田》《園居雜詠》《除夕長律四首》《修葺園徑有賦》《陶然亭雨後觀水》等，其中《醃菜口號》生動有趣。有讀鄉賢著作感懷，如《讀待軒先生易記有感》。即事詩，如《六謙弟濬河事竣招諸兄弟泛舟即事》等。行旅送別，如《便羽入黔寄懷香泉弟》《泊舟吳門履仁從孫誦途中所得佳句因廣其意續成一律》等。題詩，如《題袁度少編修怪石圖冊子》《題趙恒夫給諫竹林小照》《題盧素公白雲圖照》等。此外，亦有大量爲同僚父母所作賀壽詩、挽詩，如《壽史曹司尊慈吳太夫人》《挽嚴存庵宗伯次同年勞書升韻》等，反映出其閑居、讀書、交游生活諸方面。

卷端鈐“鹽官蔣氏衍芬草堂三世藏書印”“寅昉”等印，爲藏書家蔣光焴舊藏。

（趙大瑩）

世德堂遺稿一卷

清陳廷繼撰。清鈔《高都陳氏詩鈔》本。四冊。無框格。

陳廷繼，生卒年不詳，字綿齋，清代名臣陳廷敬之弟。陳廷敬弟兄幾人都在外做官，衹有二弟陳廷繼在家中主持家政，過着耕田讀書的生活，這也與陳氏家族的家教觀有很大關係。

此本正文卷首題名“世德堂遺稿”，作者題“陳廷繼綿齋著”。正文卷首有魯孫秉灼謹識序，對陳廷繼其人做了全方位的評價：“公康熙壬子拔貢生，歷永寧學正、國子監學録，遷行人司副以封光禄大夫。魚山公春秋高，弟昆皆任中外，遂告歸。待養定省之暇，尤耽聲韻著作日多……手澤千不存一，僅遺今體詩稿數首……今謹録之。”主要介紹了陳廷繼其人，才學能力均佳，在官場亦一帆風順，但其知進知退，後告老歸鄉，所作頗豐但留存甚少，其作凋零，至今僅存數首而已。此本有詩作《秋夜》《重九》《送別蔡美穀》《清化》等六篇，多爲借景抒情之作。（李燕暉）

一覽集三卷

清王掞撰。鈔本。一册。半葉十二行，行三十四字。白口，四周單邊，單魚尾。

王掞（1645—1728），字藻儒，一字藻如，號顒恭、顒庵、西田主人，齋名綠晝閣，江蘇太倉人。清康熙九年（1670）進士，曾官翰林院編修、右春坊右贊善、户部侍郎、刑部尚書、文淵閣大學士等。康熙六十年（1721）以疏請釋胤礽事受責，謫赴西陲軍前效力，以年老故由其子奕清代行。著有《西田集》。

是書計三卷，多爲王掞仕途未顯時四處游歷之作，寫羈旅之思，亦多思親懷人之作，如《月夜懷茂京侄》諸篇（茂京即其侄王原祁）。詩筆清麗可感。集中可見王掞與陳夢雷、徐乾學等人交往酬唱的情況。與行世之康熙三十九年（1700）所刻《西田集》相較，所收詩重合較多，然有《西田集》未收入詩數首，可備參看。

鈐"嚴瀛""耐厰"印，卷末有嚴瀛跋，叙其鈔錄所據底本之相關情況及原由始末，并署"太倉嚴蓬仙鈔藏"。（賈雪迪）

振雅堂文稿一卷詩稿六卷詞稿二卷

清柯崇樸撰。清康熙二十五年（1686）刻本。四册。半葉十行，行二十一字。黑口，左右雙邊。

柯崇樸，字寓匏，號敬一，浙江嘉善人。早年鑽研經籍，潛心古學。清康熙十八年（1679）應博學宏詞科，丁憂未就。其爲學爲文頗得時人贊賞，如卷前姜宸英序文所言："柯子寓匏之學，本之朱子，以紫陽之理發揮之爲著述，蓋所謂不求工而自工者。《振雅初集》余雖略覽其大概，知其不底於大成不止也。柯子又沈潛好學，浸淫經史，貫串百氏而出之爲粹然義理之言，則其成也又孰禦之哉。"康熙間，朱彝尊編選清代影響最大的通代詞作總集《詞綜》，柯崇樸功不可没，不但承擔了編次的任務，還補輯六卷，"附於初刻之末"，最終完成了三十六卷的《詞綜》，做到"搜羅既廣，潛隱靡遺"（柯崇樸《詞綜後序》）。《兩浙輶軒録》記載其尚著有《鼓應編》《紀游草》。

據卷一所收録《吕晚村先生行狀》,此本當刻於康熙間。正文包括《振雅堂文稿》一卷,收録辨一篇、論二篇、説一篇、序十一篇、題跋六篇、書四篇、行狀二篇、墙銘一篇、傳一篇、引二篇,卷前有姜宸英序;《振雅堂詩稿》六卷,以時間分卷,收録約康熙六年至三十年(1667—1691)左右古近體詩五百七十一首,卷前有丁棠發序、康熙二十二年(1683)陳恭尹叙、康熙二十五年(1686)李基益叙;《振雅堂詞稿》二卷,收録詞作一百五十首,卷前有朱彝尊序。

柯崇樸自幼研讀典籍,兼習詩詞,博採衆長,於詩、詞、文均有造詣。其文出入經史之間,行文嚴密,持論公允;其詩平和敦厚,古體尤佳,且因其四處游歷,内容比較豐富,"歷周、楚、燕、齊、浙、閩、粤、豫,凡奇觀異景,咸著詠歌,合登臨憑吊讌集懷思,凡逸侣高賢,總同倡和"(李基益叙);其詞雖非特别出衆,然"其用心也勤,其倚聲也敏"(朱彝尊序),亦頗有值得稱道之處。(李江波)

摘鈔學庵文集不分卷

清王原撰。清鈔本。四册。半葉十一行,行十七至十九字不等。

王原,初名深,字仲深,一字令詒,號學庵,晚號西亭,青浦人。清康熙二十七年(1688)進士,纍官廣東茂名、貴州銅仁知縣,授工科給事中。精研宋明理學,一以濂洛爲宗,且擅經學,能詩文。著作頗豐,經、史、子、集均有成書,有《學庸正訛》《歷代宗廟圖考》《深盧札記》《學庵類稿》《西亭文鈔》等。曾協助史館總裁徐乾學修《清一統志》。《[乾隆]青浦縣志》《[光緒]青浦縣志》有其傳。

此書不分卷,第一册爲奏疏;第二册爲議、策、論、説、辯、解,主要爲條議、奏摺、政論等;第三册爲書、賦、頌、序;第四册爲傳、贊、記、學規、箴、銘、文、墓誌銘、墓表、行狀,共收文百餘篇。卷前有目録,署"青浦王原　仲深　一字令詒"。

《[嘉慶]松江府志》載王原《學庵文類》《學庵詩類》共近百卷,後多有散佚。《[光緒]青浦縣志》載王原《學庵詩類》五十二卷,《學庵文類》四十四卷,"今見手稿本六册,卷未分"。北京大學藏《内閣庫存書目·集部》著録《摘鈔學庵文集》,一部四册,是爲此集。國家圖書館藏王原《學庵類稿》暨《理學臆參》鈔本一册,應與此集同時鈔録，據《學庵類稿》鈔本王原自序，該書乃王原讀書批閲後，命兒輩摘録成帙，以便參閲備忘，因此推斷是集成書概也因此緣由。（戴季）

學庵類稿二卷

清王原撰。清鈔本。一册。半葉十一行，行十九字。

書封面題“理學臆参”，卷端題“學庵類稿”。書分二卷，卷上“理學類一”，即“理學臆参卷上”；卷下“理學類二”，即“理學臆参卷下”，無目録。卷前署“青浦王原”。有序一篇，述成書緣由，此書乃王原讀理學之書，奮筆批閲，標出宗旨，批閲既畢，命兒輩摘録成帙，以便參閲備忘。上卷逐條鈔録王原讀書批注，内容涉及論“仁”、論“盛衰”、思“天命”、程頤“伊川先生曰”等宋明理學思想、名家言論及主要著作要旨，其中有《讀理性大全》長文一篇。下卷爲長篇評論，有《評湯潛庵語録》《評李中孚學髓》等。書稱“類稿”，蓋與其他諸種著作同刻，有“文類”“詩類”等。（戴季）

學庵類稿

清王原撰。清康熙刻本。六册。半葉十一行，行十九字。黑口，四周單邊，單魚尾。

卷首有清康熙丙子（三十五年，1696）魯超序、王原弟王瑛《茂名公牘序》，序後有目録。此類稿存三種十七卷，分三部分，前兩部分爲茂名公牘七卷、銅仁公牘七卷，均爲王原出任兩地公職時的俗吏公牘，包括移文、教令、獄案等，與明人公牘刻集無異；第三部分爲《明食貨志》十二卷。公牘與史著合刻，亦不多見。《食貨志》有序，一卷一目，十二卷爲十二目。王原此《食貨志》與《明史·食貨志》之關係，陳守實先生做過考證，《明史·食貨志》應與王原此稿無關。

《［光緒］青浦縣志》載《學庵文類》四十四卷，《學庵詩類》五十二卷，不見《學庵類稿》之稱。光緒時劉汝錫編王原文集《西亭文鈔》亦不見《學庵類稿》之名。

此書原爲劉承幹所藏，今藏國家圖書館。（戴季）

王麓臺司農詩集一卷

清王原祁撰。民國二十九年(1940)江蘇太倉嚴瀛鈔本。一册。半葉十行,行
二十四字。白口,四周單邊。

王原祁(1642—1715),字茂京,號麓臺,一號石師道人,江蘇太倉人,王時敏之
孫。清代著名畫家,婁東畫派代表人物,與王時敏、王鑒、王翬并稱"清四家"。長
於繪畫及畫論,著有《雨窗漫筆》《麓臺題畫稿》《罨畫集》等。亦工詩文。王原祁爲
清康熙九年(1670)進士,曾官任縣知縣、給事中、户部左侍郎等,世稱王司農。以畫
供奉内廷,康熙帝命其鑒定内府書畫。

是書共一卷。詩以寫景題贈爲主,可見其與朋友、親人的詩文往還情況。詩多
七律及歌行,七律對仗精工。寫景述游風格恬淡。另有題畫詩若干收於集中。與
其行世之《罨畫集》相較,《王麓臺司農詩集》所收之詩多見於彼書中,然有數首文
字略有出入,亦有《罨畫集》所未收入之詩。

鈐"嚴瀛"等印,卷端署"古吴後學嚴瀛蓬仙謹鈔藏"。(賈雪迪)

補亭詩集十卷御賜齊年堂文集四卷

清王晫撰。清乾隆二十七年(1762)刻本。四册。《補亭詩集》,半葉十行,行
二十一字,小字雙行同,黑口,左右雙邊,單魚尾。《御賜齊年堂文集》的版本爲清
刻本,行款爲半葉十行,行二十二字,小字雙行同,白口,左右雙邊,單魚尾。

王晫(1646—1719),字服尹,又字樹百,號補亭,嘉定人。少有詩文名,年六十
七始成進士,授庶吉士,次年其子王敬銘登第,王晫遂告歸。爲人謙和,工駢體文。
爲詩體源蘇、陸,與王原祁有交往。

本書收録王氏所作古近體詩五百餘首,以時間編次,自清康熙二十三年至五十
四年(1684—1715)。詩多五七言古體詩,以酬贈唱和、四方游歷之作爲主,偶有書
寫民生疾苦之作。王晫科舉不順,屢試不第,集中亦有數首對此有所體現。

《御賜齊年堂文集》收頌、賦、記、序、誄辭、壽文等各類文章,詩文序及題辭尤

多,《亡友朱曉思詩序》等文哀感動人。（賈雪迪）

洪去蕪文集

清洪嘉植撰。清鈔本。四册。行字不等。

洪嘉植(1646—?),字秋士,一字去蕪,號彙村,安徽歙縣洪源人,後居江寧、廣陵等地。曾從熊賜履學。爲詩文有古法,工五言詩。與鄭肇新、石濤、張弓等人交好。又與周斯盛、李澄中等以談詩相契,共斥當時劍南流派之非,力主挑宋以宗唐。輯有《朱子年譜》,著有《彙村易説》十五卷、《春秋解》二十卷、《去蕪詩集》四卷等,并曾訂刻《杜詩説》,參與校勘曹寅《棟亭五種·集韻類編》等。

洪嘉植游歷廣泛,文章"浩蕩無涯涘,有煙雲變態而天地日月風雷之情狀","大經大法莫不即一事一物而引伸觸類以會其全"(王源《洪去蕪文集序》)。

是書所收録内容爲書、序、雜記、銘等各體文章數十篇,其爲山水游記清新簡練,時而能融身世之感於其中,有慷慨悲歌之氣,詩文集序言數篇可見其文學理論主張。

是書與洪去蕪《大蔭堂集》内容基本相同,僅缺數篇,个别字詞有鈔寫訛誤。與《大蔭堂集》相校,其自稱"嘉植"處多有塗抹。（賈雪迪）

大蔭堂集

清洪嘉植撰。清鈔本。四册。半葉十行,行二十五字。

是書所收録内容包括書、序、雜記、銘等各體文章數十篇,其爲山水游記清新簡練,時而亦能融身世之感於其中,有慷慨悲歌之氣,詩文集序言數篇可見其文學理論主張。

《大蔭堂集》於清代曾遭禁毁,流傳較少,且洪嘉植詩文遺作於清代即已多散佚。此本鈔寫精工,殊爲珍貴。（賈雪迪）

亦種堂詩集五卷

清徐士訥撰。清刻本。一册。半葉九行,行十九字,小字雙行同。白口,左右雙邊,單魚尾。有朱墨筆圈點、鈔配。

徐士訥,字恂若,號敏庵,浙江淳安人。清康熙十五年(1676)進士。官嵩縣知縣,革除無名雜派,興伊川書院,勉勵農耕,深得民心。後任濟寧知州,盡力河渠,積勞成疾,卒於任上。湯斌稱之爲"冰清玉潔,實心愛民,海内第一廉吏"。

是書前有章振萼序。全書共五卷,收錄徐士訥所作古近體詩,其中卷一爲五言古、七言古,卷二五言近體,卷三七言近體,卷四七言近體、排律,卷五絶句。徐士訥爲詩有筆力,少雕琢,除酬贈唱和、寫景詠物之作外,《喜雨行》《洪水行》《見月嘆》等數篇於民生疾苦頗有關切之情。吟詠之中亦常以氣節風骨自礪。(賈雪迪)

中江紀年詩集二卷黄山紀游詩一卷

清袁啓旭撰。清康熙二十六年(1687)刻本。一册。半葉十行,行十九字,小字雙行同。黑口,四周單邊。

袁啓旭(?—1696),字士旦,號中江,宣城(今屬安徽)人,僑居蕪湖。國學生。工詩善書,與同邑施閏章、梅庚同負盛名,人得片紙藏弆之。著《中江紀年稿》。生平參《[嘉慶]寧國府志》《[嘉慶]宣城縣志》。

《中江紀年詩集》首爲宋實穎《題中江甲子詩》,稱贊袁啓旭及其詩云:"發揚踔厲、頓挫鬱塞,以秦風之悲壯而兼以楚騷之哀怨,真東南第一才子也。"《黄山紀游詩》首有靳治荆《黄山紀游詩合序》,爲梅庚、袁啓旭二人游黄山所作詩合寫之序言,評價梅庚、袁啓旭二人詩作云:"一則潔净空明,一則沈雄峭拔,一則雋永清超,一則峥嵘夭矯,一則如蒼松架壑、翳翠停陰,一則如飛瀑垂崖、崩雲泄雨,其登高望遠、窮幽極深之情及與諸名流嘯歌詠懷之致,一一露於筆墨間。"

《中江紀年詩集》未明確標出卷次,但於二卷卷首標列題名,葉碼自爲起訖,且二卷版心題名下分别鎸有"甲子""乙丑"字樣。則二卷分别爲袁啓旭清康熙二十三年(1684)、二十四年(1685)詩作,而宋實穎《題中江甲子詩》本是"甲子"詩集的序言。《黄山紀游詩》卷端題名下小字注"丙寅",乃康熙二十五年(1686)袁啓旭游黄山之作。

是書"玄"字異寫,避康熙帝諱。是書鎸刻工整,刷印精良,是較爲典型的康熙刻本。

此康熙刻本僅見此一部傳世。今藏國家圖書館。（李文潔）

雁黃布衲黃山游草六卷 存四卷

清釋大涵撰。清康熙刻本。半葉十行,行二十一字,小字雙行同。白口,左右雙邊。

釋大涵(1647—?),號喫雪子,俗姓潘,江蘇吳江人。入靈巖月涵爲弟子。游雁蕩、黃山,愛其名勝,合二名以"雁黃"自號。晚年住海寧安國寺。陳元龍撫廣西招之游桂,歿後爲作塔銘,藏桂林栖霞寺旁。其詩文傳本甚稀。《[雍正]浙江通志》卷二百五十一,載《黃山草》十二卷;《[光緒]杭州府志》卷一百十四,稱其又有《西湖草》一卷、《彈指集》四卷、《南皋集》一卷、《監管剩草》無卷數、《桂羅壯游集》四卷,今皆未見傳本。《販書偶記》中著録《雁黃布衲黃山游草》清康熙四十五年(1706)刻本六卷,疑即此書。

此書卷首有陳元龍序、潘耒序及查嗣珣序。序後正文,卷端題"江城喫雪大涵著"。此書現存四卷,即卷一、二、五、六。卷一自康熙甲戌(三十三年,1694)九月始,至十二月止,僅九月十七日、二十四日、二十九日,十月初八日、十九日、三十日,十一月三十日和十二月三十日無詩作。卷二自康熙乙亥(三十四年,1695)正月始,至六月止,僅正月二十二日無詩。卷五自康熙丙子(三十五年,1696)七月始,止於十二月二十九日,僅七月三十日及十一月三十日無作。卷六爲康熙丁丑(三十六年,1697)一月至六月三十日之間的作品,正月三十日,三月三十日,閏三月十二日、三十日及五月三十日無詩作。三年之間,幾乎每日均有詩作,多者十數篇,少則一兩篇,其數量既多,又頗得雁蕩、黃山奇景之味,殊爲難得。查嗣珣謂其詩"獨自吟賞,如身在雁蕩、黃山間",即贊其描摹精妙,又言時人譽其爲"今日之皎然參寥也",而細品,則"嘆其不縛於唐宋人之習氣,而義理淵邃,詞藻鮮瀅,逸似文房,峭似東野,淡若浩然,險若長吉,而尤長於樂府"。陳元龍亦稱:"雁公具絶俗之姿,抱遺世之慮,處幽獨無人之境,其心湛然無營而奇遇薄射於外,其思之起也,輪囷結轖幽閟幻眇而無所寄,不得不發之於詩,而其詩亦不得不工。"覽全卷可知二人評語雖高,但不可謂過譽矣。(程佳羽)

杏村詩集七卷

清謝重輝撰,清王士禎評。清康熙刻本。一冊。半葉十行,行二十一字。白口,左右雙邊。

謝重輝(1644—1711),字千仞,號方山,又號杏村、匏齋,山東德州人,出身仕宦之家,父親謝陞。謝重輝出生六個月時,其父去世。二十五歲,即清康熙八年(1669)赴吏部領職,後歷官刑部主事、刑部員外郎、刑部郎中。康熙三十四年(1695),因疾歸里,隱居於城南杏村別墅,整日以詩酒爲樂,後集晚年所作爲《杏村集》七卷。此集録康熙四十一年至四十七年(1702—1708)詩,皆歸田後作,多載王士禎評語。其出仕前和爲官時所作概削不存。據其好友徐嘉炎所作《謝方山匏齋詩略序》推斷,謝重輝還應有一本《匏齋詩略》。謝重輝在清代德州詩壇占有重要地位,沈德潛《清詩別裁集》所録七位德州詩人與三十首德州詩中,其詩多達七首。

《杏村詩集》共七卷,以年分類設卷,凡五百九十二首,分別是壬午(康熙四十一年,1702)詩九十六首、癸未(康熙四十二年,1703)詩七十二首、甲申(康熙四十三年,1704)詩七十七首、乙酉(康熙四十四年,1705)詩九十二首、丙戌(康熙四十五年,1706)詩八十首、丁亥(康熙四十六年,1707)詩九十九首、戊子(康熙四十七年,1708)詩七十六首。内容多爲紀事與抒情相結合,酷似田園詩鈔,多爲農桑之事、過訪贈答、游園觀賞等閑適之作,淡雅古樸,由詩篇中可見其思想傾向和對美醜的辨識,反映當時社會、政治、生活。收入《四庫全書·集部》,爲山東巡撫採進本。

此書尚存康熙間刻五卷本和七卷本,此爲後者。前有高珩序,形容作者詩句"若秋潭月,若松嶠風,若雪夜霜鐘,若幽人逸士步屧芝田而笙竽梵唄也"。摹刻"高珩之印""念東"二印。又有康熙四十七年戊子重五前二日漁洋老人(王士禎)七十五歲時評語,謂"杏村近詩,去膚存骨,去枝葉存老幹"。

《中國古籍善本書目》集 13064 條著録。鈐有"法梧門藏書印""詩龕書畫印""漢陽葉名澧潤臣甫印"等印，經由法式善、葉名澧遞藏。（彩雲）

秋影園詩七卷二集五卷北游草一卷

清吳闓思撰。清康熙刻本。六册。半葉十行，行十九字，小字雙行同。黑口，四周單邊。

吳闓思，生卒年不詳，字道賢，江蘇武進人，吳中行之孫。清康熙間畫家，其畫山水宗北宋之風，曾與毛奇齡、王翬有交。吳氏素喜廬山，畫有《匡山飛瀑圖》一卷，著有《匡廬記游》一卷，《四庫全書總目》有録。

該書爲吳闓思詩集，按格律分爲樂府、五言古詩、七言古詩、五言律詩、七言律詩、五言排律、五言絶句、七言絶句八種，共録詩六百二十六首。另《北游草》一卷，記其北游燕、晉之地，録詩一百二十三首。該書首有毛奇齡、李道泰、李欽式、李霈、周金然、楊夢鯉、喻良、俞兆章等人題詞，次有《無名氏詩自序》。

吳氏之詩内容廣泛，游歷感懷、諷諫時世及交往唱和之詩皆有涉獵。毛奇齡尤贊其樂府詩格律工整，稱其詩"各具音節，即俳歌、散樂亦似有領會録要見之詞句，此真荀勖、張華以來一絶事也"。李欽式亦稱其詩"風格高古，神骨超秀"。據吳氏自撰《無名氏詩自序》云"秋影園亦無其地也，乃無名氏夢中所見，偶有取焉耳"，知此書之名非吳氏之故園、別號，乃其自爲創製。該本行格疏朗、字體工整，"玄"字缺筆，爲該書所存最早刻本。（賈大偉）

谷園文鈔十卷

清胡介祉撰。稿本。十册。半葉八行，行二十字，緑格。四周雙邊。

胡介祉（1661—?），字智修，又字存仁，號循齋、茨村、隨園、種花翁、自娛主人等，原籍浙江山陰（今紹興），後改籍直隸順天府。父胡兆龍爲清順治朝部院大臣，以父蔭入仕，纍官河南按察使。清康熙三十四年（1695）罷官後，傾心著述。齋堂爲自娛齋。室名隨園。其工詩詞，著有《茨村詠史新樂府》《谷園文鈔》《隨園詩集》

《天中詠古詩》《南九宮譜大全》，亦編戲曲，有《隨園曲譜》《廣陵仙》等作品傳世。

卷首有康熙三十三年（1694）陳曾蕘、馮震生序。書中收録胡介祉文共二百四十六篇。其中，卷一賦，有《蘭賦》《黄鶴樓賦》《故鸞賦》等十二篇；卷二序，有《谷園印譜序》《許氏篆海序》《皇清詩鈔序》等四十六篇；卷三壽文、祭文、雜文，有《司馬中丞伊在顧公五十壽文》《哭劉外大母張太夫人文》《戲爲牡丹告封十八姨文》等三十一篇；卷四論、表，有《明季瑠禍論》《慎行論》《擬楊玉環七夕長生殿私誓謝表》等十八篇；卷五傳、記，有《李貞女傳》《冒巢民徵君傳》《宋雕漢書記》等十七篇；卷六書、啓、説，有《與朱竹垞檢討書》《爲長兒啓觀聘王氏啓》《茨村説》等十七篇；卷七題詞，有《唐太宗御製集題詞》《唐玄宗御製集題詞》《虞文懿題詞》等四十篇；卷八引、跋，有《碧玉串傳奇引》《石鼓文鈔跋》《陶靖節集跋》等三十五篇；卷九詔、議、碑、銘、頌、贊、墓誌銘、考、疏、連珠，有《擬唐賜李白狀元及第詔》《修河南通志議》《明經永舒張公暨配毛孺人合葬墓誌銘》等二十五篇；卷十狀，有《先考行狀宛委府君》《先妣劉夫人行狀》《先仲母方孺人行狀》等五篇。值得一提的是，《茨村説》寫道，“余向者曾號‘循齋’，乃季父所命，‘循’之爲言持也。余字‘智修’，修與持有同義焉，不忘幼服，益敢踐履也。……今不幸太夫人歿矣，南陔安在，雖欲循，無可往矣。白雲親舍歸體魄於先少保千秋之宅。……宅在順天宛平縣之東南四十里，傍有小村，土人名之曰‘茨頭’，蓋其來已久廬居，永日思念兩先人，不置因取以更吾號”，由此即可明晰胡介祉字號之事。

是書爲緑格稿本，各卷卷端均鈐“茨村”“介祉之印”“谷園”等三枚胡介祉藏書印。書中“玄”字缺筆避諱，可知是書應成於康熙間。（柳垚）

詠史新樂府一卷

清胡介祉撰。清鈔本。一册。半葉九行，字數不等，無格。

卷首有朱書撰《茨村新樂府序》，朱序褒獎該書與杜甫所作相當，“今得先生是篇，讀之上下少陵，少陵以詩爲史，先生以史爲詩，直可并席不讓”。另有清康熙三十二年（1693）、清雍正二年（1724）金陵人王耆題識二篇，後爲胡介祉自序。是書收録胡介祉所作《信王至》《嘉善生》《内丁散》等樂府六十篇，并附《懿安皇后書事》《睿親王致史閣部書》《史閣部答睿親王書》，記明末崇禎及弘光十八年間諸多時事。其中，"崇禎辛巳年，田貴妃父宏遇進香普陀，道過金閶，漁獵聲妓，遂挾沅以歸"一段文字，即記載陳圓圓於崇禎十四年（1641）被外戚田弘遇劫奪入京一事。

卷端鈐印三方"知堂收藏越人著作""會稽周氏""苦雨齋藏書印"，可知此書曾爲周作人所藏。（柳垚）

梅莊詩集一卷

清陳廷愫撰。清鈔《高都陳氏詩鈔》本。四册。半葉九行，行十九字，無格。

陳廷愫，生卒年不詳，字梅嵁，清代名臣陳廷敬之弟。陳廷愫在河北武安縣任知縣時，深得民心，有"陳青天"的美譽。任期屆滿後，陳廷愫寫信給在京做官的大哥陳廷敬，請其爲自己在京城另謀一官半職。陳廷敬便給四弟寫了一封家書，勸弟弟知足常樂，不要跑官，還是返回老家爲好，管理好田地莊園、照看好年邁的父母、欣賞田園風光、以詩書爲伴，這纔是人生最大的快樂。於是陳廷愫依兄言返回故里，贍養父母，以終天年。可見陳氏家族的家教之清廉。這種良好的家教傳承也使得陳氏家族得以延續發展，人才輩出。

此本《梅莊詩集》爲清鈔《高都陳氏詩鈔》本。正文題"梅莊詩集"，作者題"陳廷愫梅嵁著"，所收録詩作多爲《送韓師》《寒食祭百鶴阡》《人日梅莊》《清明夜聞杜鵑》等，風格多平淡，反映生活現實，而這些詩作也能與詩人本身的際遇相印證。（李燕暉）

西江草一卷

清陳貞源撰。清鈔本。一册。半葉十一行，行二十一字。白口，四周單邊。

陳貞源，字秀娟，海寧人。女詩人。《西江草》爲其詩集，收録其詩十四首，鈔寫工緻，字迹秀雅。

《西江草》爲民國藏書家徐光濟編輯的《汲修齋叢書》十五種之一。徐光濟

(1866—1935),字蓉初,一字申如,號寅庵,浙江海寧硤石鎮人。世代經商,家道富饒,至其父徐星甈時,始廣收古籍善本。徐星甈善書法,曾受聘於著名藏書家蔣光煦處,幫助鈔寫校勘善本及稀見之書。築紫來閣,藏書萬卷,以海寧鄉邦文獻爲多。常以校勘圖書爲樂。纂《汲修齋叢書》,未刊稿,藏國家圖書館。（陳紅彥）

閑存堂文集十四卷詩集八卷

清張永銓撰。清康熙刻本。八册。半葉九行,行二十字。白口,左右雙邊。

張永銓(1639—?),字賓門,號西村,上海人。清康熙三十二年(1693)舉人,授內閣中書,改徐州學正,未任,卒,門人私謚閑存先生。據清宋如林纂修《[嘉慶]松江府志》卷五十八載:"永銓研經博學,力宗程朱古文,亦一時作者。宋尚書犖嘗延主嵩山書院。"著有《閑存堂詩文集》《待删詩集》《薊門游草》《豫章游草》等。

另,其生卒年不見於史籍,但據張永銓《五十自箴文》云:"康熙紀元二十有七序,維仲夏五月十日,張子永銓時年半百。"可知,康熙二十七年(1688),張永銓時年五十。另,卷末《七十自箴文》言及:"西村張子,今年七十矣。……今戊子仲夏,爲余始生辰。"康熙戊子即四十七年(1708),由此推之,張永銓生年爲明崇禎十二年(1639)。

《閑存堂文集》十四卷,凡序、書、論、碑記、記、議、傳、墓表、行述、墓誌銘、銘、文、祭文、説、語、解、頌、疏等諸多文體盡皆收入。共收録《古秋堂詩集序》《與同年北直學院楊賓實書》《天文論》等作品一百六十一篇,篇末皆附毛奇齡評語。其文風多變,涉獵甚廣,多寫實議論之作,且有針砭時弊之語。例如,張永銓對科舉之弊給予關注,其《與同年修撰汪東山書》曰:"今日科目之途,進士之數獨少,故士之成進士者獨難。國初時,進士之數每科三百餘人,今則已減其半。各省之士舉於鄉,而赴試者舟楫車馬之費,冰霜風雪之苦,往往莫可名狀。其不憚拮据跋涉以爲之者,莫不期其成進士也,莫不期其以平日之揣摩爲制藝者。庶幾其一遇也。"同時,其根據自身經歷對舉業也提出懇切建議,其《書院粘壁語》曰:"不佞業在此席,不爲直陳,則不獨有虛當事作養人才之意,亦且有負生平與人爲善之心。"卷七所載

《游皇姑寺記》等十七篇，即其游記散文成名作《西山紀游》，將康熙二十一年（1682）暢游京西勝景所感詳細呈現，黃宗羲序曰："余於賓門之文，不能多見，見其《西山紀游》，亦大略可睹矣。其文簡鍊，所謂本之太史以求其潔者。"

《閑存堂詩集》八卷，收錄賦、四言古、五言古、七言古、五言律、七言律等作品，其中，有《璿璣玉衡賦》《環玉樓賦》《楓賦》等賦八首，有《高堂之什》《贈同游諸君子七首》《酬靈隱諦暉和上》等詩四百九十六首。其詩或抒懷、或記事，其中多寫實之作。例如，《所見》曰："毘陵西北是江濱，春草春花別樣新。見說去年書大有，圩傍多半是饑民。兒童跣足夜呼寒，嫗婦經旬菽未餐。但得翠華南幸日，流離不必繪圖看。"由此，張永銓對其時江淮地區災民流離失所、衣食無着之苦予以淋漓刻畫，而詩中語句所展現的底層民生之艱，亦對康乾盛世作了另類注腳。

書中有黃宗羲序、張永銓自序、袁甦《西山紀游跋》，均未標注時間。另有康熙四年（1665）袁甦《閑存堂詩集序》、十年（1671）袁甦《藏書樓記》、十七年（1678）袁甦《閑存堂文集序》、二十一年（1682）毛奇齡《西山紀游序》。書中"玄""弦"等字避諱，"弘"字未避諱。卷端鈐印"丁福保讀書記"。（柳垚）

絸齋詩談八卷論文六卷詩選二卷補遺一卷

清張謙宜撰。清乾隆二十三年（1758）法輝祖刻本。二册。半葉十行，行二十一字。白口，左右雙邊。

張謙宜（1649—1731），字稺松，號絸齋，又號山南學究、山南老人、山南書隱老人，山東膠州人。清康熙四十五年（1706）進士。室名家學堂、山對舊齋、絸齋。著作涉經、史、子、集四部，主要有《四書廣注》《四書質言》《四書疏義》《春秋左傳摘評》《左傳地理直指》《尚書說略》《張氏家訓》《絸齋詩集》《絸齋詩談》《絸齋論文》《膠州文鈔》等，另參修《石河場人物志》《山東鹽法志》等。

《絸齋詩談》首爲程盛修序，次爲法輝祖序，後爲張謙宜自序，再次爲目録，卷一至二爲統論，卷三爲學詩初步，卷四至七爲評論，卷八爲雜録。

《絸齋論文》首爲自序兩篇，次爲目録，卷一爲統論，卷二至四爲細論，卷五爲評品,卷六爲初學入手。

《絸齋詩選》二卷,收録《奉贈楊戩夏先生五百七十字》《自齊長城訖於海》《幕府行樂詞》等詩作三百零七題四百零六首。書中所載多爲張謙宜游歷途中所作,既有侍親入晉、隴上之行、赴考之游,亦有壯年返鄉、宦游江南、入川之旅。例如,《中衛(地直西藏蕃僧之通衢,故叙次加詳)》曰:"山勢東南盡,河流西北斜。旋風高折樹,烈日下蒸沙。斥土無螢火,炎天有柳花。田淤香稻葉,水冷細芹芽。虎迹伏荒草,駝鳴急暮笳。孤城開四術,板屋列千家。烽接臨洮塞,星衝博望槎。青酥三接酒(中酒名'三接'),紫雪九蒸茶(邊茶皆蒸)。馬市雕題驛,浮屠馴象車。佛曾分舍利,龍亦戴袈裟。禮視和親重,裝如報聘奢。降王收部曲,墢騎射亭鴉。四姓歸都護,三邊付押衙。秦兵方嘆喈,齊客正咨嗟。倚劍崆峒外,垂綸瀚海涯。壯心愁歲晚,秋色上蒹葭。"該詩將昔日邊塞重鎮中衛之地理、風物、宗教、歷史等詳細描繪,更將作者游歷邊塞之遐思娓娓道來。同時,張謙宜花甲之年方中進士,却隱居不仕,閉户著書,對此,其詩《自贈》予以解釋,曰:"買斷雲山賦卜居,年來客氣漸消除。何妨失馬仍求骨,敢信忘筌已得魚。十載疏狂深自悔,三分迂闊慎留餘。商量着足無多地,祇合隨緣静讀書。"言語中即將自身超脱世俗、淡泊名利之性格和盤托出。

《絸齋詩選補遺》一卷,則僅有《妖婦行(庚辰三月事)》《口技行》兩篇七律,記録途中所見地方奇風異俗。

聞名齊魯的藏書家李文藻亦在《絸齋詩選》首卷卷端批曰:"山農作詩甚富,此本選,多不當,甚爲宋蒙泉先生所詆。"宋蒙泉即宋弼(1703—1768),字仲良,號蒙泉,山東德州人。清乾隆十年(1745)進士,改庶起士,歷官編修、續文獻通考纂修官、甘肅按察使等。著有《蒙泉詩集》《思永堂文稿》等。不過,此《詩選》乃出自其《絸齋詩集》,應由張謙宜生前選定,對此,法輝祖跋曰:"今菊亭兄弟復出先生詩四百餘篇示余,且云此全稿三千餘首中,暮年自爲選訂者。……余不諳詩,不敢意爲增損,謹依原本公同好,亦仍續前刻之志耳。"(柳垚)

仙都紀游集一卷

清張遠撰。清刻本。一册。半葉九行，行十八字。黑口，四周單邊。

張遠（1632—?），字邇可，號梅莊，又號雲嶠，浙江蕭山人。其屢試不第，窮困潦倒，直至清康熙二十一年（1682），方以貢生赴廷試，惜未中。三十三年（1694），始選縉雲縣教諭。其詩風多變，多標新立異之作，自稱“爲詩言志而已，不知有三唐、六朝、兩宋”。其詩格得法於同里毛奇齡，音節諧適。著作豐富，其《杜詩薈粹》《張邇可集》入《四庫全書總目》，另有《昭明文選會箋》《李太白詩箋》《詩韻存古》《北曲司南》《易經本義發明》《詩經析疑》等。

此書共載《游仙都》《小蓬萊》《初暘谷》等詩八十首。結合《小蓬萊》云：“道廣地自勝，神超物可齊。吾亦作遐想，吏隱庶無睽。”以及《忘歸洞》曰：“際此衰暮年，心力減平昔。……得此憺忘歸，遑念身是客。”可知，此書所載詩作應爲張遠官縉雲教諭之際，游覽縉雲仙都風景時所作。縱覽全書，皆爲寫景抒情、游覽題詠之作。張遠將仙都地區之鼎湖峰、倪翁洞、芙蓉峽、小赤壁、朱潭山、趙侯祠等數十處絕美景致生動描繪，足見其清雅靈動之詩風。例如，《鼎湖峰》云：“行到丹峰勝景添，解鞍席地坐相淹。削成危石孤根直，衝破層霄一點尖。聞說此間會羽化，祇今何處覓龍髯。隱真尚有遺蹤在，我亦投閑欲此潛。”《筧溪口占》曰：“一水方灣又一灣，一山未斷又重山。枝頭并坐啼黃鳥，澗畔雙飛戲白鷳。”由此，張遠將仙都之峰巖奇絕、山水神秀等美景鮮活呈現，也表達了其對世外田園生活之嚮往。

此書版心題“張邇可集”，可知《仙都紀游集》應爲被採進《四庫全書總目》之《張邇可集》其中之一。據《四庫全書總目》卷一百八十三載：“是集凡分三種，曰《雲嶠集》一卷、《蕉園集》一卷、《梅莊集》二卷。《梅莊集》兼載詩文，《蕉園》《雲嶠》二集，則有詩無文。顧汧《序》謂，其詩凡三變，《蕉園》最先，《梅莊》次之，《雲嶠》則官縉雲時所作，爲最後。三集格調，皆與毛奇齡相近，蓋二人同里，得法於奇齡者多云。”因《蕉園集》爲其早期詩作且已不存，而遍覽存世之《梅莊集》所載詩作均未涉及縉雲及仙都，又因《雲嶠集》爲其官縉雲時所作，故可推定，《仙都紀游集》

即爲《雲嶠集》。

此書卷端鈐印"長樂鄭振鐸西諦藏書",卷末鈐印"長樂鄭氏藏書之印",可知此書曾爲著名藏書家鄭振鐸舊藏。此書爲海内孤本。今藏國家圖書館。(柳垚)

問亭詩集十四卷

清博爾都撰。清鈔本。四册。半葉八行,行十九字。有朱筆批校。

博爾都(1648—1707),滿洲人,愛新覺羅氏,字問亭,一字大文,號東皋漁父。清宗室詩人,清太祖高皇帝(努爾哈赤)曾孫,襲輔國將軍。著有《白燕栖詩草》。博爾都與清初文壇過從甚密,與施閏章、汪琬、陳維崧等常相唱和。

是書前有汪琬、毛奇齡序及作者自序,收古近體詩共計十四卷,以五律爲最多。博爾都與毛奇齡、梁培蘭等人交好,集中多有體現。博爾都交游廣泛,此書中亦可看到其與顧貞觀、石濤、徐元夢、孔尚任、王原祁、屈大均等人的交往酬唱之作。集中多題贈述懷、感時傷物之作,亦多題畫詩。寫景多着墨於京津一帶風光,清新自然。懷人之作語多深摯可感。詩風沉鬱蒼涼,間有孤寒悲苦之音,常懷出世之思。(賈雪迪)

南樓詩鈔一卷

清朱廷鋐撰。清康熙刻《百名家詩鈔》本。一册。半葉十一行,行二十一字。黑口,左右雙邊。

朱廷鋐,字玉汝,江陰人。清康熙戊辰(二十七年,1688)進士,授淳化令,會歲歉民饑,朱廷鋐覈實詳報,上官遲之,乃按户給帑一兩,隨以擅給自劾,不問,擢御史,歷大理寺少卿,告歸(見《江南通志》卷一百四十二)。

《百名家詩鈔》爲清初廬陵聶先纂輯,陸次雲、曾王孫、周金然、狄億厘定的一部詩集。這部詩集依詩人編定,人各一集。

此集收朱廷鋐詩一百四十五首,多爲寄情山水,與師友唱和感懷之作。(趙彦楠)

花韻軒集二卷

清吳暄撰。清康熙刻本。一册。半葉十行，行二十字。白口，左右雙邊，單黑魚尾。

吳暄(1664—?)，字少融，江蘇太倉人，明末著名詩人吳偉業幼子。增監生，薦充武英殿纂修。後歷任山東壽光、壽張縣知縣，頗有政績。著有《退盦詩集》。

該書爲吳暄詩集，録其詩一百三十七首。首有唐孫華序。吳暄之詩格律平整，然趣旨不足，無雋永幽思之意，亦無驚世駭俗之句。其《讀先大人集感賦》《春月二十二韻》語句深沉，亦動情之感。吳氏之詩多寫花語，其《題豐臺芍藥》六首，清新自然，并叙宛平芍藥最盛之景。

唐孫華序云："（吳暄）博覽群籍，含英咀華，分韻賦詩，染翰立就，其天骨秀異，吐納風流，絕似元朗…少融方當盛年，才涌未已。"此本刊刻之時，吳暄正值盛年，其人及詩才頗類其兄吳暻。該本刊刻甚精，保存完整，爲該書最早版本。（賈大偉）

浮玉山人集九卷

清周廷諤撰。清鈔本。一册。半葉十三行，行二十五字，無格。

周廷諤，初名珍，字美斯，號笠川，江蘇吳江人。嘗游宋實穎之門，陸續編次所作爲《笠澤詩鈔》三十二卷。

是書卷端署"浮玉山人集　吳江周廷諤美斯"，其後間有題下署"笠澤文鈔"，主要是對經書的解讀，包括《周易》《尚書》《詩經》《春秋》《周禮》《儀禮》等，間有朱筆圈點。卷末有兩則朱筆題識，一爲"雍正三年夏四月，晦日，雨窗選定丹黄訖，計易解十六則、書解二十則、詩解二十則、春秋解三十二則、禮解四十則，共一百二十八篇。笠川識"，説明全書解讀情況。另一則爲"删去易解二十三首、書解三十首、詩解三十六首、春秋解二十九首、禮解三十六首，共一百五十六篇。笠川再識"，説明書的增删情況。全書字體秀逸，文辭嚴謹。其後未見有刻本行世。

鈐有"長樂鄭振鐸西諦藏書""長樂鄭氏藏書之印"等印，原爲鄭振鐸舊藏，現

藏國家圖書館。（趙彦楠）

梅廳吟稿一卷

清曾安世撰。清康熙刻《百名家詩鈔》本。半葉十一行，行二十一字。黑口，左右雙邊。

曾安世，字濟蒼，號梅廳，浙江秀水人，生於湖北黃州府，曾王孫之子。貢生，天資穎俊，筆力勁爽，與金人瑞相善，故薰染亦深。授浦江訓導，任順天府輪井學院院長，後被流放，歿於清道光丙戌（六年，1826）。

《［光緒］嘉興府志》卷八十一載，曾安世著《梅廳吟稿》四卷。今存《梅廳吟稿》一卷，輯入《百名家詩鈔》。《梅廳吟稿》爲《百名家詩鈔》巳集中的一卷。此集所錄皆爲清初詞人，容量極大，分批多次刊刻，傳世數量衆多。許多優秀作品都收在集中，保存了大量文獻資料。清康熙刻本卷首有牌記“丙丁戊巳庚五集計共十卷余嗣刻”，題名“百名家詩鈔”，卷首凡例曰：“詩鈔原不必百家，百家者，約數之多者也”，“其國初先輩嗣刻甲乙兩集”。鈐“葉氏願草室印”印。後有梁清標撰《寄聶晉人》，云：“大手筆以勇猛心成指月續錄於今日，爲五百年未見之書。”另有熊賜履作《與聶晉人》，可見此書意義非凡。

《梅廳吟稿》卷首題“梅廳吟稿”，“秀水曾安世日峰”撰。開篇爲《詠史八首》，借詠史抒發作者情懷。其中《任丘曉發》《富陽羈泊》《冬日鴛湖即事》《采石懷古望烏江》《寄何倬雲》等幾首有句讀標注。其中《吳音》一首，有“吳音驚入耳，翻覺未能聽”一句，表達了作者對故土的眷戀。（李燕暉）

心遠堂詩八卷

清鮑鼎銓撰。清康熙七年（1668）自刻本。兩册。半葉九行，行二十字。白口，左右雙邊，單魚尾。

鮑鼎銓，生卒年不詳，字讓侯，江蘇無錫人。清康熙八年（1669）舉人，官知縣。工詩詞。其生平事迹可見《全清詞鈔》卷四和《兼濟堂文集》卷六。《梁溪詩鈔》謂其詩傳誦都門,尤爲魏裔介、龔鼎孳所器重。

書首有魏裔介、龔鼎孳、吳興祚和秦松齡所作序。卷首題“梁溪鮑鼎銓讓侯氏著”。全書按詩歌體裁分卷:卷一爲五言古詩,有詩四十四首;卷二爲七言古詩,有詩二十三首;卷三爲五言律詩,有詩一百十九首;卷四爲七言律詩,有詩一百四十四首;卷五爲五言排律,共八首;卷六爲一首七言排律;卷七爲五言絕句,共二十首;卷八爲七言絕句,共五首。其詩絕大多數記游山水,透露作者鍾情山水,嚮往恬淡生活;也有部分爲懷古詩、贈別詩等,盡洗鉛華,獨抒至性。(朱婷婷)

忍辱庵詩稿二卷

清查慎行撰。清同治元年(1862)樊彬鈔本。一冊。半葉十行。

查慎行(1650—1728),原名嗣璉,字夏重,一字夏仲,後改名慎行,字悔餘,號他山,又號查田,晚號初白老人,浙江海寧人。少受學黃宗羲,治經邃於易,尤工詩。清康熙三十二年(1693)舉順天鄉試,康熙四十一年(1702)因薦受詔,入值南書房。次年(1703)特賜進士出身,改翰林院庶吉士,散館授編修。清雍正四年(1726)因其弟查嗣庭案入獄,次年放歸田里,雍正六年(1728)卒。作爲清初六大家之一,查詩以宋詩爲宗,精工遒警,風味獨特。黃宗羲將其比之陸游,王士禎謂“奇創之才慎行遜游,綿至之思游遜慎行”。有《敬業堂詩集》五十卷《續集》六卷,《蘇軾詩補注》五十卷。

此書封面有馮汝玠題“問青老人手書詔獄集　嵩麓訪碑記　子鄭親家屬　己巳夏六月志青題於環璽齋”,問青老人即樊彬。是書共兩卷,首卷卷端題“忍辱庵詩稿卷上　詔獄集”,收詩爲丙午仲冬至丁未仲夏(即雍正四年至五年,1726—1727),計一百首;二卷卷端題“忍辱庵詩稿卷下　生還集”,收詩丁未仲夏至孟秋,計七十一首。此二卷爲《敬業堂續集》中兩卷,查詩《渡江後舟中及初到家作八首》中末首有“白頭白盡非初白,別署頭陀忍辱庵”句,忍辱庵之名或爲樊彬據此所題。末有樊彬書“壬戌六月初二日照鮑本批點,時大熱,揮汗如雨”,可知此書鈔校的準確時間爲清同治元年(1862)。此集爲名人鈔本,極爲珍貴。鈐“問青收藏”印。

（馬琳）

古香樓詩一卷雜著一卷詩餘一卷曲一卷

清錢鳳綸撰。清康熙刻本。一册。半葉十行，行十九字。白口，左右雙邊。

錢鳳綸（1644—?），字雲儀，浙江錢塘（今杭州）人，進士錢開宗女，貢生黃弘修妻。錢鳳綸生年，據其弟錢肇修《古香樓集序》云“今秋姊年六十”，署“康熙癸未三月既望”，癸未爲清康熙四十二年（1703），則知錢鳳綸生於一六四四年。卒年不詳。錢鳳綸父錢開宗，字聖庵。清順治九年（1652）進士，翰林院檢討，十四年（1657）充江南鄉試副主考，次年因科場舞弊案被斬。錢鳳綸母顧之瓊，字玉蕊。工詩文，招諸女創蕉園詩社。著《亦政堂集》，不傳。錢鳳綸年十六歸黃弘修。黃弘修祖母爲詞人顧若璞（1591—?），字和知，著《卧月軒稿》，乃顧之瓊姑母。

書名題《古香樓集》，共四卷，詩、雜著、詩餘、曲各一。前有錢肇修、黃弘修、毛際可、顧若璞序。詩、雜著皆題“母弟錢肇修石臣氏、錢來修幼鯤氏評”，詩餘題“同里錢馮嫻又令氏、沈柴静儀季嫻氏評”，曲題“同里錢馮嫻又令氏、沈李淑昭端明氏、沈柴静儀季嫻氏評”。

錢鳳綸出身書香門第，無奈命運多舛。幼年喪父，少年顛沛，中年子殤，晚年夫早其而卒。由此，《古香樓集》基調凄婉纏綿，所載詩詞皆以言情、詠物、游賞、酬答、閨情爲要，或唱和女伴、惜春閨怨，或示親別友、寄遠懷人，或吊古懷今、意切情真。毛際可《序》曰：“其爲五七言古及律絶體，沉雄妍秀，各擅其勝，而比事屬辭，尤有合於風人之旨。”

是書鈐印“春柳書屋”“獨志堂印”。（柳垚）

北上信口吟一卷

清陳廷宸撰。清鈔《高都陳氏詩鈔》本。四册。無框格。

陳廷宸，生卒年不詳，字六篋，清代澤州府陽城（今山西晉城市陽城縣）人，清代名臣陳廷敬之弟。以陳廷敬爲代表的山西高都陳氏家族，在歷史上非常有名，其家族人才輩出，號稱“一門九進士”。在陳廷扆這一輩之中，比較出名的就是陳廷敬，與其相較，陳廷扆并不算十分突出，但由於陳氏家族有很深的家學傳承，其後人通過家集的整理也爲我們保留了很多珍貴的研究資料。

此本書名下方題作者“陳廷扆六箴著”，收録詩作《別署（時判欽州）》《東王早發過武勝關》《新安道上叠前韻》《確山道中》《途中苦雨四首》《拐角鋪》等，詩風較爲傷感。作者在詩中吐露了人生的無奈，如“凄風苦雨客行多，六月紅塵奈若何”，借詩抒懷。由於作者留存下來的詩作并不多，僅此一帙，因此具有很高的資料價值。（李燕暉）

往深齋詩集八卷

清顧彩撰。清康熙四十六年（1707）辟疆園刻本。一册。半葉九行，行二十一字。白口，左右雙邊。

顧彩（1650—1718），字天石，號補齋，別署夢鶴居士，藏書家顧宸之子，江蘇無錫人。清初戲曲作家、詩人。舉人。顧彩聰穎好學，恬淡不争。游燕趙楚粵，察風土人情，無不有詩。交名公巨卿，然不屑屈志乞援引。著有《南桃花扇》《後琵琶記》等傳奇數十種，以與孔尚任合著《小忽雷》最爲著名（顧填詞孔譜曲）。詩得力於李白、杜甫、韓愈，撰《往深齋詩集》《鶴邊詞鈔》等。生平見《［民國］續曲阜縣志》卷五。

顧彩曾客居曲阜孔府。孔子六十七世孫孔毓圻與其訂交三十餘年，惜其詩作刻無片紙，故搜其佳詠，訂爲《往深齋詩集》八卷。卷一五言古詩，卷二至三七言古詩，卷四五言律詩，卷五至六七言律詩，卷七五言排律，卷八七言絶句。孔毓圻序對其詩評价頗高，云：“知其詩不同於今人之詩也。今之取貴顯者，其所爲詩亦不過以帖括之意爲之，取足應酬而已。豈若我顧子之詩，立旨深，取材精，緣境發情，緣情別體，漢魏唐宋無所不兼，而琢辭鏤藻，則高若奇雲，妙若異卉焉。”（劉悦）

力耕堂詩稿三卷

清楊賓撰。清康熙刻本。半葉九行，行十九字。黑口，四周單邊。

楊賓（1650—1720），字可師，號耕夫，別號大瓢，又號小鐵，浙江山陰（今紹興）人。其父楊越，字友聲，南明秀才。楊賓出身書香門第，少聰慧，稍長，工詩古文，務爲有用之學。其父楊越後因通海案與夫人范氏被流放寧古塔。楊賓携弟妹隨叔父楊戀經移居上海。楊戀經去世後，楊賓返回紹興，以授書爲業。清康熙十七年（1678），清廷開博學鴻詞科，江蘇巡撫張鵬仲舉薦楊賓，楊賓力辭。康熙二十年（1681），楊賓出游安徽、浙江、貴州、福建等地，以任幕僚爲生。康熙二十八年（1689）春，康熙帝南巡蘇州，楊賓率弟楊寶迎叩，請代父戍，被拒。同年初冬，楊賓出塞省親，到達寧古塔，侍奉父母之暇，詩書方面也有所爲。其父楊越於康熙三十年（1691）十一月病逝，後終得返葬。楊賓晚年寓居蘇州，專於金石書法，交游廣泛。

楊賓著述甚豐，有《塞外詩》《大瓢偶筆》《鐵函齋書跋》《家庭記述》《金石源流書要》《柳邊紀略》《晞發堂文集》《晞發堂詩集》《大瓢先生雜文殘稿》《大瓢日記》等。其中寫於康熙四十六年（1707）的《柳邊紀略》，系統記述黑龍江乃至東北的歷史地理，被梁啓超譽爲開邊徼地理研究風氣之作。

《力耕堂詩稿》是楊賓早年的詩作集，是書曾爲黃振元和周作人先後收藏，每卷首均有“摩西”朱文印以及“黃人過目”印，卷端有“苦雨齋藏書印”朱印。

此書前有唐大陶序、朱謹序、張永銓序。卷末有費密跋語。唐大陶序題下，鈐長形“知堂所藏越人著作”朱印，篆字陽文。唐序稱，楊賓的詩“圓瑩秀穩，其意、思、辭、言皆諧也”。朱序中，從作者身世的角度，以“誠”贊頌楊賓的詩與人，“觀其父子兄弟、夫婦朋友，罔不殷然相感而相説，而又托之篇章以導其誠”。此集刻於康熙二十三年（1684）前後，朱謹序作於康熙二十六年（1687），當是後來補刻。張序中，對楊賓父母流徙寧古塔，楊賓獨自留守扶携祖母弱弟的艱難處境，表示同情，感慨“楊子於家庭父子之間所爲食，詩書之報者何如”。費密的跋語則辭意平平，僅僅以“格力高老”套語相贈。

全書録古今體詩近三百首，略依年代排次。楊賓對《力耕堂詩稿》并不滿意，曾焚其版，是書流傳稀少，目前僅存孤本。（孟化）

長征草一卷即次吟一卷

清周昌撰。清康熙刻本。一册。《長征草》半葉八行,行二十字,白口,左右雙邊,上魚尾。《即次吟》半葉九行,行二十二字,無格,白口,四周單邊。

周昌(1632—1701),字培公,號介庵(或作"莽"),介翁,湖北荊門人。父早喪。周昌文武兼備,剛正毅勇,才智過人,恪盡職守,深諳治世之策,深得爲人之道,是康熙身邊的重臣之一。官至參議道臺、山東登萊道、盛京提督。三藩之亂時,曾勸降割據平凉的王輔臣。一生寫過衆多詩,時廣泛流傳。存詩集《長征草》一卷、《即次吟》一卷。《清史稿》卷二百五十一列傳第三十八《圖海傳》附其小傳。

封面題《歷年小草合刻》。前有序和小引,耿宗塤《長征草序》言:"蓋太上有立德,其次立功,其次立言。三者,人所願兼之而不能得兼之者也。"周昌立德、立功的同時,"可謂能立言者矣! 人生所不能兼有者,介庵得兼有之,博士風流,班生所棄,詩又其餘技也"。序後摹刻"耿宗塤印""蓼二氏"印。高璜《長征草小引》中曰:"頃,予僚友周子竹懶復出其阿咸《長征草》示予長篇短什,璀璨奪目,或寄托高遠則如蘇門長嘯,或感懷壯烈則如燕市悲歌。大約以忠孝之性寫其倜儻邁爽之情。嘻! 何才之備也。"極爲贊嘆周昌詩歌之豪邁、倜儻。顧誳《即次吟序》中記述詩三百篇,多爲忠臣孝子勞人韻士,或留心時物、或寄情山水詠歌。此序無格,字體亦與前不同。

詩集題名下均作"楚郢周昌介庵父著",顯然詩集由周昌子整理。《長征草》一卷,不分體,《從軍》等詩作約八十首,多記其軍旅生活,也不乏《哭子》《除夕》等念子思鄉之作。詩句正如耿宗塤序中所云:"介庵之詩清亮逸麗,古詩雄健磊落,竟如其人,皆本於忠孝之源,發於性情之至。"部分詩作天頭有手書批注。《即次吟》一卷,以體排序,含七言古、五言古、七言律、五言律、七言絶、五言絶,詩句静穆淵厚,古藻繽紛,足見作者功底深厚,才華橫溢。(彩雲)

尹灣小草不分卷

清黃逵撰。稿本。二册。半葉八行,字數不等。黑口。

　　黄逵（約 1621—1701），字儀逋，又字石儔，曾得古玉壺，故自號玉壺山人，又號木蘭老人，浙江山陰（今紹興）人。黄逵爲明末遺民，曾志抗清，流寓蘇州，久客泰州。其生性豪放，率真灑脱，樂施善交，工詩好酒，與畫家查士標、戲曲家孔尚任私交甚篤。孔尚任《湖海集·黄生傳》開篇云：“黄生者，狂生也。落落漠漠，與造物游，似一無文字之人。既讀其古文辭，高出漢魏，無論唐宋，當世之名能文辭者，咸無居其右。”其詩風格多變，早年雄奇奔放，晚年清雅飄逸。著有《尹灣小草》《玉壺遺稿》《黄儀逋詩》等。

　　該書共收録黄逵詩《題畫大幅水墨牡丹蘭花留别北倉趙纘功先生時丙午九月也》《僧舍詠榴花》《己未二月魯翁遠寄長箋有前歲餞行不及之作五用前韻答謝寄懷》等一百八十五首，多爲題畫詩，詩作起於清康熙五年（1666），止於康熙十九年（1680）。其中，《庚申夏初紫燕與胡燕相繼來巢前後凡四處喜書二十二韻記之》有云：“三年一歸省吾母，梁間破壘仍玄虛。到今花甲已一周，頭顱如雪志未舒。”庚申爲康熙十九年，黄逵自稱“花甲”，故而推其生年應爲明天啓元年（1621）左右。同時，其在《賦得鄰雞還過短墻來》中寫道：“每聽鄰雞籠早開，短墻飛度亦悠哉。呼群漸熟聲相應，戀主難忘去復來。花下引雛多自得，窗前覓食少鷺猜。閒觀物意滋吟興，莫笑狂夫心尚孩。”由此，黄逵將其遺民抗清心態與灑脱率真心理表露無遺。（柳垚）

雪湖集二卷

　　清張開第撰。清鈔本。二册。半葉九行，行十八字。

　　張開第，字訥亭，號雪湖居士，河南祥符縣（今開封）人。清康熙附貢生，曾任秀水、錢塘知縣。著有《稽古瑣言》《夢餘談勝》《竹窗夜話》《洗冤論述》《瘴鄉燈》《苗音考》《餘事編》等。

　　首有護葉，書“霜楓雪柳”，次爲清乾隆十三年（1748）張開第《弁言》。卷端題“雪湖集　乾隆戊辰復月以後作　大梁　張開第　訥亭　移寓湖上萬峰僧舍得詩四章末章贈住持讓山上人”。

此詩集是張開第居住在杭州時，將寓所由吳山趙氏園移至西湖南岸的萬峰精舍後所作。張與萬峰精舍住持讓山上人"連床握手如平生歡間，有吟詠必挑燈相商確以證得失，余之獲益良多也。居僅月，瑞雪盈尺，六合同色，憑欄遠眺，寒光逼眉宇，恍如置身蓬瀛，不復知七尺軀仍寄塵世。因思人生適意之遭，不徒在富貴功名也。山水之樂，賓主之歡，兩者每不能相遇，即遇矣，不崇朝而違之，愈增惆悵不能已。兹余之寓萬峰山房有三善焉，得勝地一也，有賢主人二也，又遇此佳景三也。不謀而獲聚，且久快意勝組緩什伯矣。……惟兹千層玉筍十里銀湖，橫空雁唳，寒漏無聲，寥廓寂寞中忽得此清瑩皎潔景象，淺斟低唱，人不知也。因舉'雪湖'名余詩，以志一時之快"。

此本是乾隆十三年以後鈔本，無刻本流傳。《中州先哲傳》《中州詩鈔》《中州藝文錄》均未著錄此《雪湖集》。柯愈春《清人詩文集總目提要》卷十二著錄"《雪湖集》二卷　張開第撰。開第號雪湖，直隸山海衛人。康熙三十九年進士。此集清鈔本，凡二冊，中國國家圖書館藏。"（李堅）

鬲津草堂絕句詩

清田霡撰。清康熙刻本。一册。半葉九行，行十九字，小字雙行同。單魚尾。

田霡（1653—1730），字子益，號樂園，又號香城居士，晚年自稱菊隱老人，山東德州人。清康熙二十五年（1686）拔貢生，授堂邑縣教諭，以病未赴。七十六歲時自作墓誌銘。作爲神韻派詩學重要人物，著有《鬲津草堂詩集》，由山東巡撫進呈，收入《四庫全書》，亦收入康熙乾隆間刻本《德州田氏叢書》中。又養菊、賞菊、詠菊，以菊爲友，晚年以詠菊爲主要内容的田園詩有《南游詩》一卷、《乃了集》一卷等，共計九十三首，約占全部詩作的十分之一，并命名七十歲以後所寫詩歌爲《菊隱集》。清雍正七年（1729）作《絕筆》詩。

《鬲津草堂絕句詩》一卷，收作者《歷下亭二首》等以花草樹木、田園風光、親友合唱、民俗風情、詠史、出游爲主的詩，凡五百餘首。其中《滄州早泊》《青縣》《楊柳青》《渤海》《湯泉五首》等詩記載了作者晚年曾兩次北上京師的事宜，頗有風趣；

《康熙庚寅余授堂邑司鐸辭不就後晤盧明府禹錫書以述懷二首》則記録授堂邑縣教諭，以病未赴事，其後雙行小字評語爲“令人解頤”。部分詩作後有雙行小字評語，《花開》一首後評語爲“元、白有此種，亦似王元之”，將其詩作特點以中唐詩人元稹、白居易及王元之之風作比喻；《客有遺余人參種子者戲占四首》後爲“可補《貨殖傳》所未及”，評價極高；有的僅爲一字“好”，也有簡單明瞭的“真絶唱矣”，也有長達五行的雙行小字評語，如《歲底雜詠十二首》後的長論。

是書尚見康熙刻本、清刻本、乾隆間刻《鬲津草堂詩》收本，此爲前者，據文中“真”字缺筆，避諱“禛”，推測其爲雍正時期印本。版心題名“鬲津草堂詩”，書末有里人孫勷作《讀〈鬲津草堂詩〉題後》。（彩雲）

復村集杜詩一卷

清王材任撰。清刻本。一册。半葉九行，行二十字。白口，左右雙邊，上魚尾。

王材任（1652—1739），字子重，又字復村，又字擔人，晚號西澗老人，湖北黄岡人。清康熙十八年（1679）進士，由中書官至僉都御史。康熙二十二年（1683），任四川副主考。康熙三十五年（1696），代表康熙致祭大禹陵。康熙四十年（1701），疏參安徽巡撫高承爵貪墨不法。康熙四十三年（1704）罷去，移居江蘇常熟。與詩人王譽昌輩結社倡和。撰有《復村集杜詩》一卷、《尊道堂詩鈔》八卷《別集》六卷。

是書前有魏象樞跋，謂王材任“黄岡才子年英妙，一取科名官清要。亥秋比士下三巴，爲訪浣花覓同調。歸來集成少陵詩，令我一讀一大叫。杜耶王耶孰辨之，覿面問君祇微笑”。又有朱日濬序，言作者入蜀及其詩詞之特色：“子重王子入爲吏部，出典蜀試，以鶴禁水鑑之司任皇華四牡之選，抒其宿抱，與蜀士遇，將見倡風應雅，屬詞賦事，鷹揚其體，鳳觀虎視，出其天章神藻，以潤爲國華，亦何不可？固獨取子美愁苦憔悴之詠而集之，何耶！”以杜甫蜀地之作比喻作者詩風。序末摹刻“朱印日濬”“菊盧”二印。

封面題“復村集杜詩”，卷端題下注“黄岡王材任集”。全文引用杜甫《對雨》《喜達行在所》等“愁苦憔悴”五言詩句以重組新詩作，《武功道中》《五丁峽》等詩凡六十餘首,均爲蜀地題材。每句引用詩下均雙行標注杜甫原詩題,體現集句詩詞格式。

目前所見《復村集杜詩》僅此本,《中國古籍善本書目》集 12448 條著録,藏國家圖書館。（彩雲）

恭紀聖恩詩一卷

清蔡升元撰。清康熙刻本。半葉九行,行十九字。白口,左右雙邊。

蔡升元(1652—1722),字方麓,號征元,浙江德清人。清康熙二十一年(1682)狀元,官至禮部尚書。工書法。著有《使秦草》一卷、《恭紀聖恩詩》一卷等。

本書卷首有李光地序、王掞序、湯右曾序,卷末有吳曹直跋。全書載録了蔡升元在康熙朝所作應制詩百餘首。李光地在序中説:"蓋先生一體,所以述恩遇、紀隆盛、抒忠愛、序行勞,效唐人之近制,而能嗣二雅之遺音。"本書所記即爲此四種,如述恩遇有《康熙二十一年壬戌九月傳臚日恭紀聖恩四首》,記蔡升元高中狀元的場景等;紀隆盛如《癸未春恭逢皇上五十正誕普天同慶臣升元與江浙臣民祝釐行殿不勝踴躍忭舞敬獻聖壽萬年頌四章》等;抒忠愛如《辛巳歲河臣張鵬翮疏請皇上親閱河堤再授善後之策,壬午冬頒詔南下至山左回鑾江浙臣民引領望幸,癸未春再疏恭請得奉諭旨百萬歡呼頂祝聖壽恭紀迎鑾詩二十章》中的序言"法天不息,獨厪堯咨舜儆之心;視民如傷,常懷禹範湯銘之訓"及詩文等;叙行勞如《乾清門奏事恭紀》中"宵旰寧緣寒暑輟,絲綸直并典謨崇"之語等。蔡升元任職期間,深受康熙皇帝喜愛,所記均爲與康熙相關的見聞,可與正史相佐證。（朱婷婷）

顯允堂詩鈔

清方士模撰。清康熙刻本。與黃大蘇《得月軒詩》合刻爲一册。半葉九行,行十九字,小字雙行同。黑口,左右雙邊,單魚尾。

方士模,字文冶,安徽歙縣人。據清光緒六年(1880)《孝義縣志》,方士模爲清康熙五十年(1711)舉人,清雍正元年(1723)任孝義縣知縣,雍正六年(1728)以才能調閩省。方士模知孝義縣期間，"厘奸剔弊，盜熄民安，每聽訟執事，胥役不敢多一語。攝篆寧鄉，有兩邑神君之頌"。

此本卷前有康熙五十年吳瞻泰序。全書共收錄詩作九十五首，均爲康熙四十九年（1710）作。據吳序，方士模"雅好杜詩，謂余評注杜詩，説發千古人未發之秘，鑽研尋玩，必探討其微而後已。……其爲詩質而不俚，妍而不纖。而按之法度皆合繩尺，其殆亦有所得歟"。其詩題材廣泛，寫景抒情，幽思懷古，無所不有，如《梅》《柳》《景侍御墓》《喜友人至》《冬夜》《月夜懷家兄》等，古體詩、五七言絶句、律詩兼擅，既可作"幾度憑欄立，離情奈月何"（《月夜懷家兄》）之類傷感淒涼之語，也有"不盡黄河水，排空萬里來"（《黄河》）的豪邁慷慨之氣魄。其詩宗法杜甫，頗得其中三昧，如《喜友人至》："客至驚還喜，拋書一笑迎。半床精舍雨，深夜故人情。舊事燈前話，新詩醉後評。明朝愁判袂，相隔幾重城。"確有唐人之風，質實清新，韻味悠長。

鈐"松亭主人"等印。（尤海燕）

得月軒詩

清黄大蘇撰。清康熙刻本。與方士模《顯允堂詩鈔》合刻爲一册。半葉十行，行十八字。黑口，左右雙邊，單魚尾。

黄大蘇（1669—？），字亦眉，自署西神人，生平不詳。據此詩集中《寄懷鄒舜威中表用答惠詩》《敬和家大人感懷》等詩作内容，黄大蘇父曾在山東東牟等地爲官，黄大蘇隨侍父親二十餘年，然其本人科場蹭蹬，屢試不第，有"功名似我千時拙，詩律如君入手難"之句。

卷前有黄與堅序。正文收錄黄大蘇詩七十八首，多爲隨父居山東時所作。内容約爲三類：一爲寫景抒情，如《趵突泉》《蓬萊閣四首》《華不注山》等；一爲幽思懷古，如《金陵懷古》《廣陵懷古》《李白讀書處》《羊叔子故里》《管鮑分金處》等；一爲酬答唱和，如《送符五歸里即和留别韻》《次韻送董傳游八閩》《次韻奉答丁蘭皋先生四律》等。多爲近體，亦有少量古體。

黃與堅評其詩曰：“獨我亦眉，直以詩詞爲麯蘖，年甚少而能直探其底蘊，雅調深情，雖老生宿儒莫之幾及，其亦可畏已。”其詩雖無驚人之語，然樸素清新，情感真摯，自有其可取之處。

此書稀見，《中國古籍總目》著録僅國家圖書館有藏。（尤海燕）

遠秀堂集文二卷賦一卷詩一卷詞一卷拾籜餘閒一卷

清孔毓埏撰。清鈔本。六冊。半葉九行，行二十一字，無格。清孔繼涵校。

孔毓埏（1665—1722），字鍾興，號宏興，山東曲阜人，孔子第六十六代衍聖公興燮次子。清康熙十八年（1679）世襲翰林院五經博士，賜三品階，授奉議大夫。幼讀詩書，好學而深思，工於著述，著有《研露齋文集》等。清聖祖康熙贊賞孔毓埏以文著稱於世，因此親筆題寫“遠秀”二字賜之，後人即以“遠秀”命名其文章總集。

此本內容豐富，體裁多樣。正文共六卷，其中文二卷，包括奏疏兩篇、序十八篇、論三篇、記四篇、説一篇、碑一篇、銘三篇、引二篇、題跋四篇、祭文十篇、連珠一則；賦一卷，包括曲阜賦一篇；詩一卷，題名《麗則集》，包括詩作一百一十八首；詞一卷，題名《蕉露詞》，包括詞作九十二首；雜著一卷，題名《拾籜餘閒》，包括各種雜説筆記近百則。

孔毓埏家學淵源，世代書香，於文、賦、詩、詞均有造詣。其文用語平實曉暢，娓娓道來，以平常之語出深摯之思，於平淡中見真意，尤以祭文爲出色，如《祭婿戴命初文》，哀痛悲涼，令人動容。其賦則汪洋恣肆，氣勢宏大，足顯著者才學深厚。其詩、詞語言富贍，文采斐然，頗得唐詩宋詞之風韻，深得時人賞識，古體尤妙，高古蒼勁，近於樂府。孔毓埏各體兼長，其作品有較高的文學價值。

此本粘貼有浮簽，上有朱筆題寫校改增删意見，并行格款式之修訂方案，當爲刊刻前校訂所用底本。有藍筆眉批，對孔毓埏詩、詞、賦評價甚高。

是書尚有清乾隆八年（1743）孔傳鏞刻本，亦稀見。鈐“孔繼涵印”“葒谷”印。

（李江波）

課慎堂詩集十九卷詩餘一卷散體文集十四卷駢體文集六卷

清李興祖撰。清康熙江栖閣刻本。十册。半葉十行,行二十二字。白口,四周雙邊,單魚尾。

李興祖,字廣寧,號慎齋,漢軍正黄旗人。以恩蔭官部曹,清康熙十三年(1674)任慶雲知縣,歷官河間府同知、知府、山東鹽運使、江西布政使、河南布政使,康熙四十三年(1704)革職。工詩文。

此書卷端題"銀城李興祖廣寧著　古黔王楫汾仲定　受業陶岐文治　男鼇又白校"。書前有康熙二十三年(1684)沈荃序,康熙三十二年(1693)孫光祀序,康熙二十九年(1690)彭開祐序,康熙二十二年(1683)王餘祐序,康熙二十九年(1690)錢金甫及毛奇齡序,康熙三十二年彭孫遹及戴本孝、王楫、王概序,後爲《鑒定姓氏》《選訂姓氏》。

扉葉題"江栖閣藏板"。瞿冕良《中國古籍版刻辭典》記載江栖閣爲李興祖堂號,《北京圖書館古籍善本書目》等著録此書爲李興祖自刻本,均有誤。按江栖閣爲王楫堂號,王楫著有《江栖閣集》。此書《文集》卷一收有《王汾仲江栖閣詩集序》,亦可證。此書王楫序稱,"余之遇公也最晚,公不以余老耄而登之膝,煦寒分燠者已二年,始得悉公之爲人與學問文章,今將梓是集而問世",則爲王楫所刻無疑。

詩集十九卷,以主題或創作時間編排:卷一樂府,卷二鬲津草,卷三醉餘草,卷四楚游草,卷五耕露草,卷六釣月草,卷七復嘯草,卷八倡和集,卷九邁征集,卷十以永草,卷十一四聲草,卷十二元封草,卷十三觀瀾草,卷十四嚶春集,卷十五歷下草,卷十六錦湖草,卷十七自携草,卷十八簡思草,卷十九歷亭草。每集前有小序。詩餘一卷。文集以文體分類:散體十四卷,卷一序,卷二記,卷三論,卷四傳,卷五行狀,卷六志表,卷七書,卷八牋牘,卷九引,卷十解,卷十一辨,卷十二説,卷十三跋,卷十四祭文;駢體六卷,卷一賦,卷二表,卷三啓,卷四贊,卷五銘,卷六雜文。毛奇齡序謂李興祖"自通籍以至課績,所至燕齊吳楚山川風物,舉凡賓客之往來,政治之

得失,悉有以見諸文章而形之賦詠"。（劉波）

紀游集句一卷

清徐聰撰。清康熙五十二年(1713)懷文堂自刻本。一册。半葉八行,行二十字。白口。

徐聰,生卒年不詳,字潛溪,漢陽人。

集句是特殊的作詩方法,係採用前人一家或數家的詩句而成一詩。晉代傅咸集《孝經》《論語》《毛詩》《周易》《周官》《左傳》《尚書》之句,爲《七經詩》（其中《尚書詩》今已佚）,被認爲是現存最早的集句詩。唐代人稱集句爲"四體"（宋陳師道《後山詩話》）,宋代確立"集句"之名稱,集句詩的寫作亦始流行。明清時代集句更趨盛行,清黄之雋《香屑集》十八卷集句爲詩達九百三十多首。

《紀游集句》共二十三葉,爲作者在吳門旅途中輯録而成。分五言律三十首、七言律三十一首、五言絶六首、七言絶十四首,共八十一首。包括贈友、吊古、覽物寄興、登高感懷等内容,對偶工整,意義通貫。書後有作者自跋,述及本書編輯於"癸巳（康熙五十二年,1713）之春,遨游吳越"時,隨身携帶《唐宋諸名家集》,在"與諸君子披襟相對,而上下其議論"後,"摘句尋章,集成近體八十餘首"。所輯録之詩句"皆當世所習聞",因此原句作者姓氏皆"從其略",非剽竊古人,祇是"紀其山川,所歷道途,所經景物之變遷,交際之惇厚"而已。本爲自娱,而同學吳門李璵（惠時）見之,建議付梓,避免傳鈔辛勞。書前有李璵序,稱其"使古人爲我用,而我不爲古人用"。書中有朱筆圈點及墨筆批注。（趙大瑩）

膝嘯文集二卷二集不分卷集唐不分卷

清張叔珽撰。清刻本。八册。半葉九行,行十九字,小字雙行同。白口,左右雙邊。

張叔珽(1666—1734),字方客,號鵠巖,別號樗翁,湖北漢陽人。據清劉嗣孔纂修《[乾隆]漢陽縣志》卷二十一載:"學行俱優,屢薦棘闈不售,由明經授徽州郡丞,攝篆東流,蠲除蘆課,邑人德之,例擢知府,告病歸籍。生平見善必爲,宗族里黨頗蒙其惠。"清康熙五十一年(1712),張叔珽補江南徽州府同知,并署理東流縣(今屬安徽池州),五十九年(1720)赴京候補知府空缺,未就即告歸。著有《膝嘯文集》《膝嘯詩集》《膝嘯集唐》等。據該書中《膝嘯山房賦》載:"吾德於何新? 吾神於何凝? 爰有山房,命曰'膝嘯',欲躡芳蹤於焉。……於是,主人復不禁抱膝而長嘯,望古而遥企者矣。"由此可知,其室名爲膝嘯山房。

《膝嘯文集》前有王煒、張汝瑚、薛熙、陸次雲、陳國祝序。共二卷,收録賦、考、論、記、序、書、頌、銘、像贊、祭文、傳等諸文九十二篇,其中,上卷收《理學澄源賦》《古樂考》《鬼神説》等三十篇,下卷録《古今文掬序》《與王不庵書》《管城子墓誌銘》等六十二篇。縱觀其文,既懷人寄慨,又賦物寓情,而於風土文化、民生利害、社會因革等無不關注,且考辨精詳。

《膝嘯文二集》收録《京華初使賦》《與許真意書》《論赤子之心》等文二十七篇。前有康熙五十九年陳鵬年序,序曰:"是集也,北來舟居之作也。膝嘯以賢能佐徽郡,兩解京餉,復監漕艘,自江淮以達京師。上下其間者數年,遍歷於名山大川之勝,鞅掌於晨霜曉月之中,固足以助其壯懷而獎其幽思矣。……行見千里,專城剔歷,中外凡所以宣猷布化,體國而愛民者,吾以爲即其文推之而有餘。"

《膝嘯集唐》成書於康熙二十八年(1689),爲張叔珽所作閨閣詩,均以《春閨》《夏閨》《秋閨》《冬閨》爲題,分爲五言古十六首、七言古十六首、五言律十五首、七言律十五首、五言排律十六首、七言排律十六首、五言絶十六首、七言絶十六首。前有陳光龍、查昇序,張叔珽自序及舊序,卷末有林覡翁、曹墨癡、蔣玉淵、何衣山、梅省庵題辭。成書過程恰如曹墨癡曰:"己巳冬,北風釀雪,肅氣沍寒,余同諸友於鵒巖膝嘯軒中浮白,圍爐分韻,和坡公詩。張子復磨墨呭嘀,電掣揮毫,少焉,成集唐閨詠一帙,顔以戲雪。"由此可知,《膝嘯集唐》又名《戲雪》《戲雪集唐》。張叔珽《戲雪集唐自序》曰:"且夫,人生一戲局也。古來富貴功名,賢知愚不肖之流俄而登場,俄而下臺,俄而戲中作戲,俄而戲外觀戲,達爾觀之,亦復何往? 非戲,兹又何怪? 予之戲作閨詩,以消此雪中趣耶。"由此,張叔珽之灑脱達觀盡在詩中。(柳

垚）

中邨詩草一卷

清顧仲撰。清康熙刻本。一册。半葉十一行，行二十一字。白口，左右雙邊。

顧仲，生卒年不詳，字咸三，又字中邨，號浙西饕士，浙江嘉興人。監生。顧仲少有俊才，六歲辨四聲，十歲能琢句。及長，善繪畫及詩文，曾從游於朱彝尊，多論詩之言。他認爲作詩應有自己的風格，不必一味拘泥於唐宋之詩。顧仲善畫蝶，人稱"顧蝴蝶"。著有《讀左》《説莊記》《養小録》等書。《兩浙輶軒録》卷十二有傳。

該書爲顧仲所撰詠蝶之詩，共録詩五百八十五首。據顧仲云昔日朱彝尊曾命他畫蝴蝶圖，畫完未題詩，以爲未盡善，於是他"不計工拙，得句即書，期於多首，以俟遇畫即題，或因句補畫，爲病餘消遣"。顧仲作此詩集是爲補充畫作而撰，固其詩多寫蝴蝶艷麗之態，亦誦蝶高潔之品，是繼北宋謝逸之後又一部詠蝶詩集。

該書首有朱彝尊、朱稻孫、沈善世諸人之序。朱彝尊稱其詩"不專一家，自具古致，是真能不負所言者"，認爲其詩別具一格，不拘泥古體，別開生面。該書卷末有諸家鐫刻出資人名氏，卷端有"同學諸子經閲"一行，知此本爲顧仲在世時由同學諸子共同出資鐫刻。該本爲是書最早版本。（賈大偉）

小方壺存稿十卷

清汪森撰。清刻本。四册。半葉十行，行二十一字。黑口，左右雙邊，單魚尾。

汪森（1653—1726），字晉賢，號碧巢、碧溪，安徽休寧人，徙居桐鄉。清康熙十一年（1672）恩貢生，官户部郎中。與其兄汪文桂、弟汪文柏均有文名，時稱"汪氏三子"。其碧巢書屋和汪文桂裘杼樓、汪文柏古香樓均收藏珍本秘籍，藏書數萬卷。交往多有名流，如黃宗羲、朱彝尊等。著有《碧巢詞》《小方壺文鈔》《粤行吟稿》等，爲修志之備，編輯《粤西叢載》三十卷、《粤西詩載》二十五卷、《粤西文載》七十五卷，保存了大量史料。其與朱彝尊共同編輯的《詞綜》三十卷是文學史上久負盛名的詞選著作。因有別業名"方壺"，故以"小方壺"命名其詩集。

此本十卷,前有朱鶴齡等舊序十篇及錢德震等書前序三篇。汪森少有才名,詩詞俱佳,此爲其歸里後銓取平生所作,親自纂輯,汰其砂礫,採其菁華而成。卷一至四爲古體詩,卷五至十爲近體詩,題材豐富,體裁多樣,古體則樸拙典雅,近體則俊逸清麗,文學造詣頗高。黄宗羲曾評價他的詩:"懷古感今,往復流連,其悱惻纏綿之旨,情文具備。"

鈐有"雙鑑樓珍藏印"印,爲傅增湘先生舊藏。(尤海燕)

晦堂詩鈔五卷

清許燦撰。清鈔本。二册。半葉十行,行二十一字。左右雙邊。

許燦(1653—1716),字衡紫,號晦堂,浙江嘉興人。三歲即隨母扶櫬還里,聰穎過人,苦志力學。清康熙年間中武進士,爲聖祖仁皇帝欽點御前侍衛出入,後升甘州營參。與法式善、鄭公玄、繆師伋、屠明簡、徐梗、許箕、褚醇、浦越喬、沈道、王復旦、夏雨全、袁枚、蔣秦樹等人相識。

是書分爲《燉煌集》上下二卷,涉及二百餘首詩歌,體裁種類較多,既有近體詩,也有古體詩,題材廣泛,有天時之寒燠、日月之晦明、風雨之作止、山川之修阻、道里之險夷、古迹之興廢、風俗之淳澆、物産之同異、人情之厚薄、友朋之離合,贈答讌會,皆有吟詠。寫法清新綿麗,句斟字酌,合乎詩家所謂温柔敦厚之旨。其詩作多境界闊大,充滿慷慨悲凉之氣,如《甘州述感》一首云:"慷慨報國計,老成濟時才。籌邊策縷縷,制勝謀恢恢。經權酌今古,事勢陳精該。"也有詩作寫得情思婉轉,如《滁州》一詩云:"飄零不定葦花秋,且駐征鞍上酒樓。紅樹清溪落殘照,一時凉思滿滁州。"

前有朱稻孫序,卷末有周翰、李翰孫短跋,間有朱筆批注。曾藏小謫仙居等地。(張偉麗)

戴潜虛先生文集四卷

清戴名世撰。清鈔本。四册。半葉九行,行十八字。白口,四周單邊。

戴名世（1653—1713），字田有，一字褐夫，別號憂庵，安徽桐城人，因家居桐城南山，人稱"南山先生"。清康熙四十八年（1709）進士，授翰林院編修。早年致力搜集明代史事遺書，著有《南山集》，此書涉及南明桂王時史事，大量引用南明年號，且借文抒發亡國之恨，被以"語多狂悖"罪名下獄，又二年被處死，株連人數衆多，其書版亦遭禁燬，此即清代著名的文字獄"南山案"。身後，鄉人及四方學者隱稱之爲宋潛虛先生，保存其文稿，有多種鈔本流傳。清道光以後其古文深爲方苞推崇，其文論觀點對桐城派之形成有重要影響。

此書四册封面上的題名分別爲"皖桐宋潛虛遺文""皖桐宋先生遺書""桐城宋潛虛先生遺稿""皖桐南山宋潛虛先生遺文"。正文開篇著録"戴潛虛先生文集桐城戴名世著"。此書實爲戴名世之《南山集》。

戴名世是清代文壇桐城派奠基人之一，主張爲文率真自然，直抒胸臆。《戴潛虛先生文集》含有史傳、論説、序、書、記等各類文體。史傳作品成就較高，傳記人物多爲明末抗清鬥争中的忠烈之士（如《温瀅家傳》《楊維岳傳》），筆法生動洗練而又述事周詳。有些文中所用史料真實，極具參考價值（如《孑遺録》《弘光乙酉揚州守城紀略》）。論説文中無論是史論（如《老子説》《撫盗論》），還是憤世嫉俗的雜文（如《錢神問對》《鳥説》），都簡潔樸實，但感情熾烈，言語犀利，筆墨酣暢。游記文細緻傳神，文筆清麗，生機益然（如《游天臺山記》《雁蕩記》）。

因《南山集》終清之世爲禁書，民間便改易名氏將此書傳鈔行世。國家圖書館現藏有三部鈔本，另兩部爲《潛虛先生文集十四卷年譜一卷》，清鈔本；《潛虛先生文集不分卷》，清李文田家鈔本。（董蕊）

潛虛先生文集不分卷

清戴名世撰。清李文田家鈔本。一册。半葉十行，行二十字，緑格。白口，四周單邊。

該書卷前有《尤刻原序》，包括朱字緑序、方苞序、尤雲鶚序。根據序中所述，此鈔本鈔自尤雲鶚刻本。國家圖書館藏清康熙四十年（1701）尤雲鶚寶翰樓刻本

《南山集偶鈔》、清康熙寶翰樓刻本《憂患集偶鈔　子遺録》，或即此鈔本所據。對比《憂患集偶鈔　子遺録》所收朱字緑序，可見内容大致相同，但具體表述略有不同。該書葉眉有墨筆批注，文中間有批校，篇末有題記。文中有避諱字，"貞"字諱改"真"，"鉉"字諱缺右下角之點。卷末有戴鈞衡清道光二十一年（1841）跋，跋後有李文田墨筆題記，鈔録楊賓《晞髮堂集》所收挽戴名世詩并簡評。

此書大致包括論説、序、書、贈序、壽序、傳、記幾大類。爲文率真自然，直抒胸臆，筆法生動洗練而又述事周詳。（董蕊）

黄山紀游草一卷西山絶句一卷

清宋定業撰。清康熙刻本。一册。半葉十行，行二十一字。白口，左右雙邊。

宋定業，生卒年不詳，字静溪，江蘇長洲（今蘇州）人。

此書卷首有沈受宏序，稱宋定業性好山水，有縱游名山之志，所游必携壺觴，酒酣便叫嘯自放於層巖絶壑之間。歲甲午，聞君快游黄山而歸，未幾馳書寄黄山紀略并絶句四十首，乞序之。宋定業游歷三十六峰，煙雲松石靈奇秀拔之境，盡入奚囊中。其詩可謂富且工矣，當爲當世傳誦。繼之爲計默序，稱宋詩行墨間超然塵俗，凡三十六峰秀麗奇峭，綴述如畫，黄山藉静溪以傳，静溪之精神面目且與黄山不朽。長至夜讌集鹾使公署公商刻先生詩，屬余乘醉放筆，作成此序。兩序介紹及評價洽確。此書行格疏朗，刻梓精良，實爲佳刻。宋詩後還有計默和汪士鉉的詩作，更增意趣。

鈐"芝堪劫餘""沈紹增""長樂鄭振鐸西諦藏書""濂溪"等印，曾爲鄭振鐸收藏。（趙彦楠）

滇游草

清朱綱撰。清康熙刻本。一册。半葉八行，行十九字，小字雙行同。白口，左右雙邊，單魚尾。

朱綱，字彦則，江蘇松江（今屬上海）人。朱綱科場不利，多年以游幕爲生。初爲長葛知縣米紫來延聘，不久入河南按察使石琳幕府，追隨其任職於河南、浙江、湖北、雲南等省，爲期近二十年。

此集又名《紉蘭集》。前有清康熙二十九年（1690）張淵懿序。是書以詩體分類，包括五言古、七言古、五言律、七言律、五言排律、五言絕、七言絕，共七類。集中多吟詠湘鄂滇黔風光名勝、民風土俗，亦有感懷、贈答之作。如《六月二十四夜》有句云："幾點譙更連戍柝，萬家燈火散平蕪。豐年祈穀村村社，禳祲烹鮮處處醺。"可略見雲南火把節的熱鬧場景。

《除夕》詩有注"是年戊辰，明年己巳"，戊辰、己巳分別爲康熙二十七年（1688）、二十八年（1689）。集中又有《上巳日大中丞石公入滇境》一首、《滇中即事呈大中丞石公五十韻》一首，石公即石琳，康熙二十五年（1686）由湖北巡撫調任雲南巡撫，任職至康熙二十八年升任兩廣總督。此集則爲康熙二十五年朱綱隨石琳由鄂入滇及其後在滇期間的詩作，故署曰"滇游草"。（劉波）

杜溪文稿四卷
白柴古文稿一卷

《杜溪文稿》，清朱書撰。《白柴古文稿》，清朱曙撰。清乾隆元年（1736）梨雲閣刻本。二冊。半葉十行，行二十一字。白口，四周雙邊。

朱書（1654—1707），亦名世文，字字綠，號杜溪。朱書與桐城派戴名世、方苞并稱清初三才子。朱書自幼聰明穎悟，二十歲文章即被稱爲"汪洋浩瀚如江河之東沛，不規之繩尺，自入先輩大家之室"。其生活儉樸，專心致力於古、時文的研究。三十四歲，在京考授教習，開始漫游。三十八歲，用八年時間，游齊、魯、燕、梁、秦、楚、吳、越諸地，寫出《游歷記》和《杜溪文稿》若干卷，於清康熙三十九年（1700），由戴名世作序在金陵刊刻成書。後"南山案"和清乾隆時期的禁書令後，其著作散佚大半。

此書首有序文，序末署"庚辰十月望日龍眠弟方苞頓首"，實際做序之人爲戴名世，時間爲康熙三十九年，朱書後來的文集前面都收此序。乾隆本爲掩人耳目，結尾改作"時庚辰十月望日龍眠弟方苞頓首序"。序稱《杜溪文稿》爲"朱君字緑所爲古文也","其稿凡數十萬言"。字緑才氣橫絶一世,爲"百世之人",因慕序作者之文,囑作者傳其文。并交代書由龔纓(字孝水)、朱文鑣(字履安)校定。

序後爲目録,收序、記、書、傳等文種。卷一下署"宿松朱書字緑　男曉重訂",曉爲朱書長子朱曉。

四卷後,附朱書次子朱曙《白柴古文稿》一卷,共收八篇文章。朱曙,字東御。卷端署"杜溪朱曙東御著"。(趙彦楠)

桑乾集一卷

清陳廷統撰。清鈔《高都陳氏詩鈔》本。四册。無框格。

陳廷統,生卒年不詳,字秋崖,清代名臣陳廷敬六弟。

此本書名下方題作者"陳廷統秋崖著",正文前序曰:"秋崖先生長華臞蒼,縉銀黄遨翔棘寺蘭省之間,年甫强壯,尚擁旌節官風憲以監司一道,可謂蚤貴矣。繼以小累去職,當事薦其才,董役渾河,領工徒數萬……爲堤幾十里,無日不督視,雖風朝雨夕,不敢少怠","凡撫景觸物、懷親念友、山顛水涯、往來行役之際,舉中所鬱結者一發之於詩,故其詩清真冲逸,約而達,婉而不迫,雖感慨激昂而不失忠厚温和之意,非所謂一本於性情者也"。從中可以看出,陳廷統是一位腹有詩書、極有才華的官員,且年富力强、十分有責任感,曾因工作中的小過失被連累,被派去駐守堤壩,但他率領衆將士日夜無休、盡職盡責,且人品端正,詩如其人。且由於"先生之兄爲相國先生,相國以詩擅天下,先生在家庭間耳濡目染,聞其論説,得所指授",足見其家教對其影響之大。其留存詩作多爲其守堤時所作,如《春日河上奉懷大兄》《河上憶舊寄六兄郎陽》;還有緬懷親人的,如《懷八弟灃州》《懷大侄》等。(李燕暉)

鶴峰近詩一卷

清沈五桌撰。清康熙刻《百名家詩鈔》本。半葉十一行,行二十一字。黑口,左右雙邊。

沈五桌，字鶴峰，浙江山陰（今紹興）人。清康熙二十四年（1685）進士。《鶴峰近詩》爲《百名家詩鈔》中的一卷。卷首題“名家詩鈔”“廬陵聶先晉人纂輯”“錫山顧貞觀梁汾　錢塘陸次雲天濤　山陰徐永言孝思　梁溪陳大成集生定”“鶴峰近詩”“山陰沈五桌嘉軒”。開篇爲《擬古》，其後爲《望西山》《姜蒼崖餽研歌》等五十三首，其中詠家鄉名人，思家鄉故土情緒爲多，表達了作者對故土的眷戀。（趙彥楠）

王屋山莊詩鈔一卷

清陳廷弼撰。清鈔《高都陳氏詩鈔》本。四冊。半葉九行，行十九字，無格。

陳廷弼，生卒年不詳，字荀少，清代名臣陳廷敬的七弟，陳懷貞之父。其兄陳廷敬在清朝政治史上地位顯赫，陳氏家族也是當朝望族，在人才輩出的高都陳氏家族，陳廷弼官職不甚高，詩作也不算出衆，但其詩作的留存爲後世研究陳氏家族提供了重要資料。

該本《王屋山莊詩鈔》爲清鈔《高都陳氏詩鈔》中的一卷，卷首題名“王屋山莊詩鈔”，下題“陳廷弼荀少著”。存詩不多，大體分爲三類：第一類爲風景描寫，如《珠江》《清溪至英德縣》《仙桃鎮》《大風望襄陽》《漳河》等，反映了作者郊游之廣闊；第二類爲對其子的牽掛和眷戀，如《山游用貞兒韻》《次吳舍侯西園雪後韻懷貞兒計偕北上》；第三類爲與友人的贈別詩等，如《送王進士還武昌》。縱觀其詩作，可見陳廷弼雖未有其兄陳廷敬在政治上的建樹之高，但也是一位有情有義、性情高雅之士。由於其人在整個陳氏家族中地位并不顯赫，因此鮮有詩詞留存，此家集保留了陳廷弼的多首詩作，尤爲珍貴。（李燕暉）

童二樹先生題畫詩一卷題梅詩一卷

清童鈺撰。清道光十四年（1834）管庭芬鈔本。與《奚鐵生先生題畫詩》一卷合爲一冊。

童鈺(1721—1782),字璞巖,一字樹,又字二如、二樹,別號二樹山人、樹樹居士,山陰(今浙江紹興)人。清代畫家。少年時專攻詩、古文,爲"越中七子"之一。善畫,尤善寫梅,生平所作不下萬本。工詩,亦以詠梅爲勝,世稱"二絶"。有"絶筆梅花絶筆詩"之譽。嘗預修《豫省志》《揚州志》,著有《二樹山人集》《香雪齋餘稿》等。傳世畫作有清乾隆四十二年(1777)《墨梅圖》,現藏廣東省博物館;另有《墨梅圖》,藏西泠印社。好藏書,所藏圖書數萬卷。與詩人袁枚從未曾相見,而極爲傾倒。卒後,袁枚爲其編詩十二卷。

此本封面題"童二樹奚鐵生二先生題畫絶句",卷首有"道光甲午長至後三日芷湘居士管庭芬書"之題記,介紹了童鈺生平。正文分《童二樹先生題畫詩》《童二樹先生題梅詩》,詩句工整,文中皆有紅色句讀。字裏行間透出作者不俗的品味及清麗的文風。由於作者本身對梅花極爲癡情,因此在《題梅詩》中更是將這種情感發揮得淋漓盡致。(李燕暉)

奚鐵生先生題畫詩一卷

清奚岡撰。清道光十四年(1834)管庭芬鈔本。與《童二樹先生題畫詩》一卷《題梅詩》一卷合爲一册。半葉九行,行二十字,無框格。

奚岡(1746—1803),名鋼,字鐵生、純章,號蘿龕、蝶野子,別號鶴渚生、蒙泉外史、蒙道士、奚道士、散木居士、冬花庵主,歙縣(一作黟縣,今屬安徽)人,寓浙江杭州西湖。清篆刻家、書畫家。不應科舉,寄情詩畫,山水花石,逸韻超雋。曾游日本,名噪海外。清乾隆時,征孝廉方正,辭不就。刻印宗秦、漢,與丁敬、黃易、蔣仁并稱西泠四大家。與陳豫鍾、陳鴻壽、趙之琛、錢松合稱西泠八家。

此書封面題"童二樹奚鐵生二先生題畫絶句",卷首有"道光甲午長至後三日芷湘居士管庭芬書"之題記,稱奚岡以詩畫擅長,"布衣之名振海内","奚則萬壑千巖,彌見蘊藉,偶作墨花,倍形蒼秀",對奚鐵生詩評價確當。全書書寫字體清麗娟秀,行文中多有朱墨圈點。鈐"芷湘"等印。(李玉瑋)

硯貽堂詩鈔二卷

清魯瑗撰。清康熙刻本。一册。半葉九行,行二十一字。白口,四周雙邊。

魯瑗,清康熙二十四年(1685)進士,由翰林歷任通政司右通政,學者稱西村先生。生平事迹記録較少。其孫爲清雍正朝黄巖縣縣令魯淑。

該本封面題"硯貽堂侍直草",正文前有王思軾《侍直草題詞》、陳元龍《題記》,正文題名"硯貽堂詩鈔"。詩文風格多恢弘大氣,多有頌揚君主政績的詩句。但由於作者在作品中太過於熱衷表達對統治者和當朝時政的頌揚,反而缺少了自身情感的流露,因此詩詞質量不甚高,文學價值稍遜,但些許内容或許能與作者自身際遇及當時的朝政相印證。卷末有吳涵序一篇,從側面反映了作者長於教化,以至"人人樂以爲師"的景象,可見作者爲學爲師皆頗爲盡責,多受世人敬仰。(李燕暉)

恕堂詩七卷

清宫鴻曆撰。清康熙刻本。四册。半葉十行,行二十一字。黑口,左右雙邊。

宫鴻曆(1656—?),字友鹿,一作西籙,别字恕堂,江蘇泰州人,宫偉鏐子。廪貢生,清康熙四十四年(1705)順天府舉人(經魁),康熙四十五年(1706)殿試二甲十八名進士,授翰林院編修、武英殿纂修官。宫鴻曆少以詩名,壯歲游京師,讀書蕭寺中。常與一二貧士行歌於酒市人海之間,竟忘其身爲太史之子、中丞之弟。晚年成進士,入詞館。

此書正文署"瀛海宫鴻曆西籙",刊刻中全書各卷前之卷次皆爲墨丁。收入《散懷集》上下兩卷、《舊雨集》上下兩卷、《感秋集》上中下三卷,共七卷。首有唐孫華序,稱"吾友瀛海宫恕堂先生門第高華,才性瑰麗,篤學好古","詩瑰奇典博,其雄深峭健,横空排奡,得之韓杜二家,至於豪蕩曲折,……尤神似蘇長公","如恕堂者,固當以大家推之"。其後爲顧嗣立序,評價"先生之身愈窮而詩愈工,年益進而篇益富"。兩序代表時人對宫鴻曆的才情評價,并介紹詩文内容。鈐印"湯印治

昭"。（李玉瑋）

天耳堂文集四卷

清王傑撰。清康熙十二年（1673）王天壁刻本。一册。半葉十行，行二十字。白口，左右雙邊，上魚尾。

王傑，明末清初文人。《天耳堂文集》爲其所作文論集，凡四卷七十一篇，卷一爲叙，包括《盛大勛卿菊泉公八表叙》等十三篇；卷二爲祭文，包括《祭姚大參文》等二十篇；卷三爲書和啓，包括《寄南博士成公書》等書六篇，《侯景陵劉會元啓》等啓十五篇；卷四爲雜著，包括《桃李門公論》等十七篇。

此爲清康熙十二年（1673）刻本，王天壁、文燦校。封面題"天耳堂文集"。前有康熙癸丑（十二年，1673）曹玉珂序，言："人有句云：'可憐尚有文孫後，不守先賢一字留。'嗟乎，豈非數世之憾事哉！嗣裁司李分符壽昌，得與陽穀王曠文寅翁爲近鄰，敦伯仲之誼，暇遇論文，一日梓《天耳堂文集》相示，蓋其尊甫廪坊先生所著，求珂爲序。珂讀其詩，奧博奇崛，遠絕浮響，非世之貌襲唐音者儷，其文瑰偉富麗，自成一家，亦不蹈衆趨之徑。嗚呼！盛哉！"述爲集撰序之經過。序末摹刻"西京曹玉珂""字鳴石號緩齋"印。

是書鈐有"臣印海寰""鏡宇"印，經吕海寰收藏。（彩雲）

萍游小草一卷

清吴枚臣撰。清刻本。一册。半葉九行，行二十字，小字雙行同。白口，四周單邊。

吴枚臣，生卒年不詳，字卜功。明末清初書畫家。其籍貫及生平仕途待考。曾與汪琬、王端淑等人交好。據王端淑序云："吴子卜功…交游遍天下。至於目之所閲，走娥江，探禹穴，窮五泄雁宕之奇，擷四明雪竇之秀，復度胥江，走三吴，北至齊魯，西通巴蜀，登五嶽，望滄海。"可知吴氏曾周游四方，游歷名山大川。

該書爲吴枚臣詩集，共收録其詩一百零八首。其詩分兩大類，即人物唱和及景物歌詠。袁雪序謂其詩"所見質，所言則，其英邁豪爽寔有大不同者，或曰人物志也，或曰山海經也，琳琳瑯瑯無美不備"，可見其詩文多叙事寫景之言。吳氏之詩寫景多用典故，寫人多叙情愫，故詩言語平實真切。其詩大多平實諧趣，少一般清初詩人之愁怨自艾之感，讀之輕快平和，亦有雅趣。

該本刻印清晰，保存完整，"玄"字不缺筆，爲清初刻本，亦是該書現存最早版本。鈐"四明盧氏抱經樓藏書印"等印。（賈大偉）

慎妄集二卷

清俞聃撰。清康熙刻《兩孤集》本。一册。半葉十行，行二十一字。白口，四周雙邊。

俞聃，生卒年不詳，主要活動於明末清初，一名王爵，字鷹中，又字延一，婺源（今屬江西上饒）人，俞塞族弟。俞聃生平事迹鮮見於史傳。游芑山張自烈之門，曾輯刻張自烈《芑山先生文集》、校刻俞塞《大剛集》。

是書卷首爲張自勳序、王絲序，皆述及俞聃襄助俞塞甚多。張序云："鷹中始終襄事，既經濟窀穸，復封其先塋，匪獨克恭厥兄，尤匡同人所未逮。故余雖未識鷹中之面，觀其所以待吾體者，其爲仁人孝子可知也。而且及先芑山之門，一見遂有老友之稱，則其爲芑山所推許，又何如哉。"又談及俞聃捐棄爲芑山刊刻遺集，可謂"内全其兄，外忠於師，不必別求功業，即此内外彌盡，已過人遠矣"。

卷上收五言古詩、七言古詩、五言律詩，卷下收七言律詩、戒餘十章、五言絕句、七言絕句、《芑山先生書》、《石灤州贈詩録左》、《方宗子投詩録左》，末附清康熙二年（1663）張自烈《俞節孝傳》，爲俞聃兄俞塞小傳。

是書有題名葉，題"兩孤存"，合俞聃《慎妄集》、俞塞《大剛集》二書，由俞聃刊刻，張自烈《俞節孝傳》末鎸"俞聃一名王爵鷹中氏校輯授梓"。

是書僅見此一部傳世。鈐"飛青閣藏書印""松坡圖書館藏"印。今藏國家圖書館。（李文潔）

安詩集一卷

清陳昂發撰。清康熙芳潤堂刻本。半葉十一行,行二十一字。白口,左右雙邊。

陳昂發,生卒年不詳,字淳夫,長洲(今江蘇蘇州)人。

《安詩集》是陳昂發的個人詩集,收陳昂發詩四十八首,由清人徐昂發、金國棟輯録在《小南邨二集》中。從詩作可知陳昂發與徐昂發等人關係甚密,如《自夏涉秋與南邨諸君子過從無間冬夜宿芳潤堂有作》。陳昂發曾游覽西湖,他不僅撰寫了《西湖》《孤山》《靈隱》等詩作,還撰寫了《岳墓》和《于墳》。《岳墓》一詩中陳昂發寫道:"茫茫趙江山,滅没飛過鳥。尺土爲君留,千古香不了。男兒重聲名,身喪一秭秒。故物有鐵人,魂應泣荒草。我來哭英雄,白日同皎皎。"在《于墳》中他寫道:"平生慕高賢,遺迹歷搜訂。碑捫蘿蘚青,墓叫幽荒應。仰公作用宏,手挽銀河定。及乎復蹕初,媒孽已不靖。亦冀格君心,讓遵唐虞聖。勉節就匪躬,豈曰戀政柄。剛風動天來,松柏敢争勁。此志卒未伸,一死亦甚正。遥望白雲堆,志士心炳炳。"《岳墓》《于墳》二詩,抒發陳昂發對岳飛、于謙的敬佩和仰慕之情。張雲章在《小南邨二集序》中對陳昂發等人的詩作給予了很高的評價,稱:"今兹《二集》之刻,較前未得列者一人,秦子南岡方以其詩名京師,而嘯園及蔣子香山,二繆子桐邨、曉穀皆舊侣也,今則加以繆子迁塈、李子在亭、陳子淳夫,他時稱詩者,其必曰'吴中八子'矣。"(趙前)

容居堂詩鈔七卷詞鈔三卷

清周穉廉撰。清康熙刻本。一册。《詩鈔》半葉九行,行二十字,白口,四周雙邊。《詞鈔》半葉九行,行二十一字,白口,左右雙邊。

周穉廉(約1657—1692),一作汝廉,字冰持,號可笑人,江蘇華亭人。周穉廉天分絶人,下筆千言,才名藉甚。著有《容居堂詩詞》及四六文。《[乾隆]江南通志》《華亭縣志》及《[光緒]重修華亭縣志》中均有其小傳。

此書爲周穉廉詩詞集。卷首爲彭開祜序,《詩鈔》卷端署"雲間周穉廉冰持氏著 同里范纘武功氏選"。卷一爲五言古詩,卷二爲七言古詩,卷三爲五言律詩,卷四爲七言律詩,卷五爲五言排律,卷六爲五言絶句,卷七爲七言絶句。《詞鈔》首爲張李定序,卷端署"雲間周穉廉冰持著"。詞共三卷。（李玉瑋）

大雲樓集十二卷續四聲猿四卷

清張韜撰。清康熙刻本。三册。半葉九行,行十九字。黑口,左右雙邊。

張韜,字權六,一字球仲,號紫微山人,浙江海寧人。貢生。清康熙二十二年(1683)起,任浙江烏程縣教諭十七載,三十八年(1699)升四川天全六番招討司經歷,越十年,四十七年(1708)任安徽休寧知縣。與毛際可、徐倬、韓純玉等文人名士多交游唱酬。著《大雲樓集》《天全六番稿》等,亦精戲曲,編《續四聲猿》等。

《大雲樓集》十二卷,將張韜所著賦、詩、詞、章、序、啓、祭文、樂府等諸多文體盡皆收入。對此,張韜《天全六番稿》自序曰:"歲癸亥,司訓烏程,吳興山水清遠,時爲西塞之游,署有桐軒花,時復多賓朋唱和。十七年中,得詩六卷,課文之暇,又得講義、樂府、雜著八卷,諸從游,强以棗梨。"由此可知,《大雲樓集》所載應多選自張韜任烏程教諭期間所撰之作。其中,有賦《採蘭賦（素交會課）》《擬璿璣玉衡賦》兩篇,有樂府《金川燕》《死景清》《南城鳥》等十篇,有詩《春風曲》《花朝西崬雨集》《送別徐子他山次顧悔我韻》等四百二十二題四百八十七首,有詩餘《昭君怨》《浣溪沙》《楊柳青》等十題十一首,有章《大學章》《學而章》《一貫章》等十二篇,有序《吳來敏文序》《盛悔亭西湖游覽詩序》《嚴月槎印譜序》等七篇,有啓《烏程高明府候啓》《沈宿東丈候啓》《迎烏程明府啓》等二十四通,有祭文《祭程伯寧文》《祭韓太夫人文》《祭吳紹疇太先生文》等十二篇。另,張韜仿徐渭《四聲猿》體例,作《續四聲猿》四卷,即雜劇四部《杜秀才痛哭霸亭廟》《戴院長神行薊州道》《王節使重續木蘭詩》《李翰林醉草清平調》。

書中有蔣薰、張英、顧豹文、潘廷章、嚴允肇、潘耒、韓純玉、張道孔序,毛際可、張敷跋,均未注年月,另有康熙二十一年(1682)朱嘉徵、二十三年(1684)徐倬序,

二十四年(1685)沈一揆跋。另,是書間有墨丁。卷首鈐印"拜經樓吳氏藏書"。卷
末有民國二十六年(1937)著名戲劇家吳梅跋,鈐印"瞿安""吳某度曲"。可知本書
曾經藏書家吳騫、吳梅遞藏。吳梅跋曰:"此四折,較桂未谷作,實高萬倍,尤以清平
調爲首,余一讀一擊節,不愧才人吐屬也。"可見,在吳梅看來,雖同作《續四聲猿》,
而張韜之水準遠在桂馥之上,由此,張韜亦不愧清代雜劇名家之號。(柳垚)

鶴侶齋文存稿

清孫勷撰。清鈔本。四册。半葉九行,行二十二字。

孫勷(1655—1739),字子未,號峩山,又號誠齋,山東德州東柳村人。自幼才
氣過人,二十四歲爲山東鄉試第一名,二十八歲考中進士。後入翰林院,授庶吉士,
官至通政使司右參議。詩文均工,尤以文出衆,蒲松齡曾稱其爲"海内宗匠",盧見
曾將孫勷在文壇的地位比之於王漁洋在詩壇的地位,評價甚高。與方望溪、鄭板橋
等人往來密切。著有《鶴侶齋詩文稿》《使黔偶記》《讀韓秘記》《四書集注》等。鶴
侶齋是其書齋名。

孫勷文名甚著,求文者甚多,然其生性恬淡,所作文脱稿後即隨手散落,留存者
不過十之一二,其子孫于盅念及先人手澤散失多矣,遂搜輯遺存,繕寫成帙,遂成此
書。此書前有吳鏡《鶴侶齋詩序》、方正玭《詩叙》、馮廷櫆《讀練江草》及孫于盅《識
語》,内容包括序文二十篇、書一篇、記三篇、恭紀一篇、表一篇、議一篇、奏摺一篇、
啓六篇、尺牘四十四篇、祭文十篇、哀詞五篇、行狀一篇、碑文一篇、傳七篇、墓表七
篇、墓誌三十六篇、筆記一篇、事略二篇、跋九篇、書後三篇。

此本中的序文、墓誌等内容保存了大量珍貴而可靠的第一手資料,可補史料之
不足,尤其對研究清前期山東歷史不無裨益。

目録鈐"玉函山房藏書"印。(尤海燕)

三友詩三卷

清釋岳砫撰。清康熙三十七年(1698)刻乾隆二十四年(1759)漏澤寺印本。

半葉九行,行二十字。白口,左右雙邊。

釋岳砡,字令聞,號顧庵,湖南石門人。俗姓徐,浙江海寧安國寺僧,主嘉興漏澤寺。

此集又名《松竹梅百詠》,計《詠松百絕》《詠竹百絕》《梅花百詠》各一卷。

《詠松百絕》前有陳莢序、大燈序及岳砡自序,卷首題"顧庵岳砡著",後即詠松七言絕句一百首。後接《詠竹百絕》,著者題名與前同,收詠竹七言絕句一百首。最後爲《梅花百詠》,著者題名同上,收詠梅七言絕句一百首。卷末有陳莢跋并一訥謹識。

古人愛松、竹、梅之品格,多有歌詠,釋岳砡各爲之詠詩百首,可謂愛之深切,大燈謂其詩"直寫性靈,字字雋逸",而使"讀之者神清氣爽,消去塵渣,如坐翠蓋綠蔭中飽領寒香以沁心骨也"。(程佳羽)

輯庵集二卷

清胡瑞遠撰。清康熙梅花書屋刻本。一册。半葉九行,行二十一字。白口,四周雙邊。

胡瑞遠,字慶衍,號輯庵,又號九陽道人,江蘇太倉雙鳳人。少從陳瑚學。敦行孝弟,静處一室,閉門却掃,終其身。以詩史自娱,與王吉武、康孫華等詩簡往來。同顧湄纂《重編雙鳳里志》,未刻而卒。著有《輯庵集》《聽月軒藏稿》《雙溪集》等。

是書題名葉題《雙溪胡輯庵集》,卷首有清康熙三十九年(1700)唐孫華、王撰、翁大中序,康熙三十四年(1695)顧湄序。上卷有《夏日途中偶憩》《擬古》《次韻夜泊申江》等五言詩一百一十八首,下卷有《寶刀歌》《歸燕吟》《詠臘梅分侵字》等七言詩一百六十七首。

書中"玄"字缺筆避諱,而"弘"字未避諱,結合序言所載,此書應成於康熙末期。是書卷首鈐印"蒹葭秋水之間""景鄭藏本""長樂鄭振鐸西諦藏書",卷端鈐印"天真爛漫""長樂鄭振鐸西諦藏書""吟清居",卷末鈐印"胡荃""長樂鄭氏藏書之印"。由此可知,此書經鄭振鐸、潘景鄭等遞藏,價值不容小覷。(柳垚)

高雲詩集七卷

清釋元弘撰。清康熙刻本。半葉十行，行十九字。黑口，左右雙邊。

釋元弘（1658—？），俗姓姚，字石庭，浙江會稽人。

此書前有徐述法、馬樸臣、孟駿序。孟序作於清康熙五十三年（1714），集應爲此時所刻，時元弘已五十有六，徐述法序謂其人“蕭然癯然，不勝衣笠，卓如淵之澄，如鑑斯礪，空明洞達，饒活潑機趣而無拘牽之迹，宜一無所縈其心”。馬樸臣稱其“才氣邁一世，既已爲僧，無所放其意，好爲詩，而越之士大夫，皆以爲不可及”，評價甚高。本書各卷卷端均題“會稽元弘石庭”。書中所收詩大體以編年爲序，但不分體，止於康熙五十二年（1713）。共計收詩五百二十首：卷一七十九首，卷二六十五首，卷三六十五首，卷四七十一首，卷五九十五首，卷六有六十六首，卷七七十九首。

卷中有對風物的描摹，“疏柳門前集亂鴉，橫塘一帶夕陽斜（《秋日》）”，“寒月鐘催上，微茫樹色開。鳥驚片葉落，犬吠一燈來（《聽月》）”；對名人古迹的吟詠，“偏偏書記是嬋娟，寒玉青山翠黛偏。携得錦江一段水，十離詩句寫新箋（《薛濤》）”，“秋色吳門老，登臨拜直臣。諫書驚海岳，節義動星辰（《虎丘謁萊陽二姜公祠》）”；對山居生活的記録，“客居蕭寺近，斜月亂鐘聲（《客居》）”，“夢餘高臥穩，花落不相關（《坐夏》）”；與友人的交游、唱和往來，“十載遥通夢，三年始見君（《歲暮酬贈李晉瞻》）”，“青山我欲歸，連宵思常切。同是客中身，不堪言離別（《送秋濤兄》）”；亦有對親人的思慕和懷念，“寒食一杯酒，凄然雙淚零。血痕譚水碧，草色墓盧青。殘雨吹楊柳，微風散鶴鴒。自憐蹤迹異，無著似飄萍（《寒食祭先慈》）”。元弘詩句精妙，馬樸臣將其比之古人，評價頗高，稱元弘“有脱口而出，振筆欲飛，孤鶴唳空，江波回瀾，此非得於李太白者乎？冥心内照，孤想入微，落花無言，太華夜碧，此非得於王摩詰者乎？若夫不着一字，盡得風流，穆如清風，與道俱往，此陶淵明之高詣也”。更可貴者，在於無論友朋親人，還是山川景物，元弘皆以情細述，讓人如臨其境，感同身受，正如徐述法所謂：“顧其爲詩，每有懷思之句，其於友朋，既多兼葭白露之什,而於母氏昆季,則復殷其刼原隰之感,此非得其情之正者耶?"
(程佳羽)

何求集五卷

清張曾褆撰。清張思廷、張思延等鈔本。五册。半葉九行,行二十二字,無格。

此書爲清代張曾褆詩集,由其子張思廷、張思延等鈔寫,共五卷,每卷封面上注明鈔寫時間與卷中所含詩篇數。《何求集》初編至三編每卷卷末有張思廷題識,五編應爲張曾褆自己鈔寫,末尾有其自識。初編卷端鈐有張曾褆及其子張思廷印。

張曾褆自年幼時就嗜好寫詩,習制舉業後輟筆二十餘年,後來閉户多暇纔又開始著詩。此集爲其子張思廷收集他平日所著之詩,經多年收集編制成集,《何求集》初編成時,張思廷請張曾褆爲集命名,張曾褆喟然嘆曰:"知我者謂我心憂,不知我者謂我何求",即命爲《何求集》也。(蔣毅)

德星堂文鈔一卷

清周尚中撰。清康熙刻本。一册。半葉九行,行二十字。黑口,左右雙邊,單魚尾。紫芝山房藏板,紫芝山房爲周尚中書房。

周尚中,字緘安,又字翼行,吉水人。《吉安府志》記載:"康熙間以選貢授建昌府學訓導,進諸生以有用之學……改金華府經歷,捐貲爲圜墙,歲時賑給,俾囚徒得所。卒於官所。"其人醇誠簡素,氣和貌温,爲當時賢士名流所推崇倚重。

此書前有梁機序一篇,正文主要是各類雜文十九篇,多爲壽序、文序,亦有募捐、送别等内容。議事則言簡意賅,論人則音貌儼然,文字功底十分深厚。梁機評價曰:"其言則見夫盛德之華,樸秀之氣,藴隆鬱積,發之聲調,葉繩度中,金石固有……詎得謂有觀止之嘆也!"(尤海燕)

藜乘初集一卷二集二卷

清劉以貴撰。清康熙刻本。二册。半葉九行,行二十字,小字雙行同。白口,四周雙邊,單魚尾。

劉以貴,生卒年不詳,字滄嵐,山東濰縣(今濰坊)人。康熙二十七年(1688)進士。曾官廣西蒼梧縣知縣,致力於革除陋習,營建茶山書院,教以《詩》《書》。著有《藜乘集》《古本周易》《析疑》并傳於世。

《藜乘初集》包括詩二十九首、論八篇、序七篇、辨兩篇、記兩篇、跋一篇、文一篇,《藜乘二集》包括文二十篇、詩一百一十首。後附王道烓康熙三十三年(1694)序。王道烓與劉以貴自幼相識,一向欣賞其"詩文奇橫",序文中點評劉以貴爲人爲文,頗多嘉許,尤贊其爲文不落窠臼,非"掇昔人膏汁潤腹自活者"。

其詩多爲寫景抒情、懷古唱和之作,如《長夏二首》《初秋》《憶寒食》《中秋和王藻庵年兄二首》《天寧寺懷古》等。寫景則取境新異,用語奇崛;述懷則深摯沉鬱,悲凉慷慨,確有力避俗套,求新求變之努力。其文如《太史公本紀論》《駁易圖論》《參同契論》等,常有出人意表之論,雖不免偏頗之處,也可作一家之言。(尤海燕)

湘草一卷

清童天采撰。民國浙江淳安邵瑞彭鈔本。一册。半葉九行,行二十五字。白口,左右雙邊,雙魚尾。

童天采,生卒年不詳,字溯白,浙江淳安人。清康熙歲貢。

此本收録童天采詩歌五十四首,内容以寫景、述懷之作爲多,如《採蒿曲》《望月山》《龍標雨夜》《五溪舟行即景》《江上晚興》《夜泊朗溪僻無人煙孤舟感賦》等,主要是近體詩,包括五七言律詩和絶句。

此本的最大特點是每首詩後均有點評,點評人爲漢北羅世珍及同里周上治。羅世珍,生平不詳。周上治,與童天采同時歲貢。詩後點評有的注明點評者,如"羅評""周評",有的未著評點者姓名,或爲羅、周之一。大部分詩爲一人所評,少量詩作後羅、周二人均有點評。評語一般都較簡短,寥寥數語,或詞采、或風格、或情感、或與前人相較,從不同方面對童天采詩作了點評。總的來説,羅、周二人對童天采詩評價很高,認爲童詩"寓意高雅""耐人尋繹""有晚唐遺音","用意深長,措詞淡永"。從點評中也可看出點評者與著者關係是比較密切的,如《江上晚興》一詩後有周上治點評:"尚肯把臂入林否?"顯然爲密友。但羅、周二人之點評并非阿臾奉承之辭,觀童天采詩,確有清新雋逸之氣,有唐人風骨,在文學方面頗有成就。（尤海燕）

雪溪吟一卷

清張道淙撰。清刻本。一册。半葉九行,行十九字。白口,左右雙邊

張道淙,號雪溪,江蘇常熟人。清雍正五年（1727）遵父張文鑌志,刻其父友陸典《覿庵詩鈔》。此集雍正間自刻,附其父《亦有集》後。

此書收録張道淙所作詩詞近百首,其中包含山水、花木、鳥獸、四季、會友、游記等題材,如《虞山晚眺》《白蓮次韻》《金魚》《春泛》等。讀詩之時,詩人閑在、豁達的心境呼之欲出。（蔣毅）

亦有集二卷

清張文鑌撰。清刻本。二册。半葉九行,行十九字。白口,左右雙邊。

張文鑌（1647—1714）,字以純,號就庵,安徽休寧人,後僑居常熟。縣試爲人奸訐後放棄舉業。以詩爲樂。

此書卷首爲王材任撰《張處士就庵公傳》,稱"張文鑌,字以純,自號就庵。先世爲休寧之蓀田人,明末其父叔宜公遷嘉興沈蕩鎮,自嘉興來虞山,遂家焉。時以純方十歲,赴童子試以冒籍攻去,後欲歸試於鄉,以千里往返難之。年十三,作詩有警句,覿庵見而奇之,遂與訂交……遂專心致力於詩。其爲人也,甘於淡泊,不慕富貴,讀書萬卷,……與人談古今事,如指諸掌,……性愛山水,尤樂與貧士交。客於吳興者二十餘年,甲午秋方歸家,居僅兩月,十月終於家,年六十有七。平生所著詩文每不留稿,後多散失。其子道淙檢遺篋中,惟《亦有集》若干卷,付梓傳於世",由此可推測張文鑌生卒年。繼之爲唐孫華序,稱"張子不第以詩鳴而已,兼工小令、長調,新聲雅奏,古調今翻","詩盛於唐,詞極於宋","張子以一人而具此二美"。之

後又有黄與堅序。隨後爲目録。正文行文中有朱筆圈點,共收詩詞二十五首。

張文鑨子張道淙,號雪溪,有《雪溪吟》一册,與《亦有集》合刻,共三册。全書字體娟秀,刻梓精良。(李玉瑋)

言志集

清趙鳳詔撰。清鈔本。一册。半葉九行,行二十一字,小字雙行同。白口。

趙鳳詔(?—1718),字龍崗,江蘇武進人。其家爲清康熙時聲名顯赫的"三世進士"之家,祖父趙繼鼎、父親趙申喬、叔父趙申季等一門三代六人中過進士,可謂家室閥閱。康熙三十三年(1694)任山西沁水知縣,後升任山西太原府知府。曾著有《龍崗筆記》一卷、《誠言和章》一卷、《傷弦稿》一卷,均不傳。

此書前有康熙三十二年(癸酉,1693)虞湖陶元淳序,正文共收録趙鳳詔詩歌一百四十餘首。内容有寫景抒情,如《閣上晚眺》《柳絮》《荷珠》等;有旅途述懷,如《游趵突泉》《寄内三首》等;亦有吟詠歷史,發懷古幽思之作,如《讀史漫成二首》等。趙鳳詔頗具才情,古近體均優,尤擅古體,動輒揮灑數十韻,成數百字,如《頌座主鄭司寇太翁太母雙節》等。

陶元淳序中稱贊趙鳳詔其人其詩道:"其爲人如朔漠萬里,驊騮絕騁;又如干將莫邪,銛利莫當。其發爲詩歌,撫事論古,意思慷慨,大約於君親僚友之際三致意焉。此其性情之正寄托之深,别有出於六朝三唐人之外,而非可僅以排比聲偶求之者矣。"除慷慨激昂之作外,亦有委婉深情之筆,如"少小癡情不自持,泥金消息慰心期。從兹拭盡青衫淚,休向窗前長鎖眉"(《寄内》之一),可見其真性情。(尤海燕)

蘭湖詩選十五卷

清釋願光撰。清康熙蒼萄樓借甕堂刻本。半葉七行,行十九字,小字雙行同。黑口,四周單邊。

釋願光,字心月,清康熙年間住廣州法性禪寺,與梁佩蘭等相友善。所謂蘭湖,起自明末，陳子壯居於城北蘭湖邊，與同好結蘭湖詩社，清顏師孔有詩以紀之："負郭悟性寺，吟社昔曾開。蘭湖汩瀰流，應有蘭香來。紅棉燭法院，青山瞰蓮臺。勝朝諸大老，此地同徘徊。……當年陳文忠，園樹枕湖隈。花竹宜風月，文藻逾鄒枚。"明亡後，"諸老亦殉國，白社化塵埃"，詩社亦不存。至康熙十九年（1680），梁佩蘭與陳恭尹、陶璜、方殿元、吳文煒、黃河鴈等又重修蘭湖詩社（又稱白蓮詩社）。時蘭湖故地已闢爲法性寺，寺中僧人遠公、心公亦解詩，法性寺遂成詩人雅集之地。康熙四十一年（1702），時人周大樽編成《法性禪院倡和詩》六卷《續集》一卷，書前便有法性寺僧釋願光同年所撰序，叙寺之本末與兹集之緣起。梁佩蘭既與法性寺詩僧願光交好，稱願光"爲人孤介絶俗，所居西郊，屢月不輕一出，而於風雅之會，雖風雨亦頻遙來"，二人時相過從，而獨漉、南樵、蒲衣諸老亦至，同結吟社，其所作輯有《蘭湖倡和集》。蓋《蘭湖詩選》應爲蘭湖詩社活動間輯録的願光作品。

　　本書卷前書名葉題"太史梁藥亭先生評定　蘭湖詩選　蒼葍樓藏版"，蒼葍樓，在法性禪院後面，旁有放生池。其後爲梁佩蘭序。卷首題"法性釋願光心月著"。分卷依體裁，第一册卷一收録五言古詩十首、七言古詩四首；卷二至五爲五言律詩，共收詩一百五十二首；卷六爲七言律詩十六首；卷七至八爲七言絶句，共五十二首。第二册卷十前有周大樽序，卷十收五言古詩十一首，卷十一收七言古詩九首，卷十二至十三收五言律詩一百零六首，卷十四收七言律詩二十首。詩作題材多爲交游及日常生活，有與友人交游的唱酬，如《送岑子霍山游靈洲》《期梁太史偕周子觀潮》《寄休公法度》；有記山水景物，如《松濤》《紅葉》《小雨》《臺關》《石門》；有描繪鳥蟲小獸，如《青廷》《蟋蟀》；有述其山居生活，如《灌園》《種樹》《訪隱者》《觀羽士祈雨》《聽周子大尊彈琴》。這些詩或借景抒懷，或覽物生情，亦有興亡之嘆、故國之思。

　　釋願光的詩，無綺麗雕琢之感，而有清逸冲淡之風，如"暝暝一綫水，曠哉天地間"（《元日立春作》）；"村暝煙交樹，潮平江化雲（《倚杖》）"；"山齊蒼藹迸，天籟落層雲。四壁吟蟲絶，一燈明夜分。開琴仍静默，飛瀑更氤氲。自信巖栖好，松濤曉夕聞（《松濤》）"，疏朗之氣躍然紙上。對於事物的描摹也生動可愛，如《題珠崖圖》

中"天風吹海水,白浪連山起。……黎人自耕鑿,不冠亦不履。……其地無大寒,盛夏風浩浩";或者《優曇花歌》中的"野僧養花不好奇,尋常草木隨意移。年年百鳳穿陽盛,今年特拔珊瑚枝。七月八月漸爛漫,一開數月花離離"。在吟詠中借景物抒懷,亦多佳句,如《過吳隱之詠貪泉處》"鬱鬱原上松,磷磷泉中石。哲人今安在,終古空遺迹。曠覽仰餘光,清聲久彌藉。倒景石門開,浮雲送歸客";或《邊柳》"誰信邊城柳,春殘葉著枝。沙場人易老,雨露爾能私。低拂穹廬帳,陰沿屬國陴。豈知親手種,今見十圍時"。

梁佩蘭認爲釋願光是"山林詩之雄傑也",將其與唐代著名詩僧皎然、齊已等相比,認爲"俱不能與公比量",而評其詩曰"詩精銳入冥,天骨自張姿態"。周大樽在卷十前的序中,亦稱願光之詩"一片真氣流露於字句之間,不煉而煉"。（程佳羽）

摛藻堂詩稿一卷續稿二卷

清汪文柏撰。清康熙刻本。一册。半葉九行,行十九字。黑口,四周單邊,雙魚尾。

汪文柏(1659—?),字季青,號柯庭、柯亭,安徽休寧人,占籍浙江桐鄉。清康熙間任京師北城兵馬司指揮,後罷歸。工詩畫,精鑒賞,家富藏書。著有《柯庭餘習》《古香樓吟稿》等。

《續稿》卷一書名下鎸"庚申",係康熙十九年(1680)作品;卷二書名下鎸"辛酉壬戌",係康熙二十年(1681)、二十一年(1682)之作。《詩稿》未題撰著時間,據其中《二十初度述懷》等詩題,可知撰作時間早於《續稿》,即康熙十九年(1680)之前。概言之,此書所收均爲汪文柏青年時在浙江桐鄉山居期間之詩作。

《詩稿》前有陳維崧序,後有陸貽典叙。《續稿》前有潘耒序。潘耒序追述二人交往情形:"吳興多佳山水,自卞山達於故鄣,溪行四五十里,煙樹蓊蔚,箸箭羅生,所謂上下若溪者也。其鳥瞻顧渚諸山,與陽羨相連,林壑尤深秀,以其地僻遠,四方之士罕至。休陽汪子季青築別業讀書其中,名其堂曰'摛藻之堂'。歲在戊午,余客斯堂者半載,與汪子唱和詩近百篇。"又謂:"汪子年甚少,資甚高,才甚美,宜其於世間可嗜好之事日夜追逐如弗及,乃其中恬然,一切紛華靡麗不能動其性情,已自殊絕,而又屏居深山,無人事之擾,心閑而志一,於以牢籠萬物之變態,發攄遺俗之胸懷,浩乎沛然,其詩之工又何疑焉。"

首葉鈐"芬亭"朱文橢圓印。（劉波）

梅莊唱和集一卷

清陳廷翰撰。清鈔《高都陳氏詩鈔》本。半葉九行,行十九字,無格。

陳廷翰,生卒年不詳,字行麓,清代名臣陳廷敬之弟。清康熙二十三年(1684)進士,後官至揀選知縣。爲高都陳氏家族所出的九位進士之一,雖未如其兄陳廷敬般有名,但也可謂盡職盡責。

正文卷首題名"梅莊唱和集",作者題"陳廷翰行麓著"。此集今存詩六首,多爲寫景抒情詩,如《歲暮齋成詠懷八首之四》《立春日喜晴》《沙河曉發》《雨後過梅莊》;還有兩首思念親友的詩,《九日思母庵》《呈別五六七八家兄》。其中《呈別五六七八家兄》和《沙河曉發》兩首後有小字注云,"以上二首不載唱和集,內容齊五叔口授者",可見是陳氏後人根據其長輩的回憶增添入詩集,尤爲難得。（李燕暉）

窵硯齋學詩不分卷

清戴晟撰。清乾隆刻本。四冊。半葉八行,行十九字。黑口,左右雙邊,雙魚尾。

戴晟(1663—1735),字晦夫,淮山(今江蘇淮安)人。曾經受業於甬東萬擇,研究經史,凡左史兩漢八家之文,晉魏三唐宋元之詩,無不卒讀。爲文不屑於效仿前人,多自出機杼,抒己胸臆。時人評價其作品:"藏光芒於幽秀之中,寓奇穠於平淡之內。"

是書前有王城序、鄭梁題詩,末有戴有光等人跋。全書共收戴晟詩作二百餘首,題材廣泛,有交友,有贈答,有詠物,有寫景。體裁有五言絕句、五言律詩、七言絕句、七言律詩、歌行體、排律等。其中的詠物詩多構思奇巧，平淡之中自有丘壑，如《詠窗外玉蘭》一首云，“十種芳容十種情，豐姿如玉倍晶瑩。可能消受風流盡，夢雨常飄莫便傾”，對其珍惜之情溢於言表。

戴晟與當時文人多有往來，其中有做過《杜詩選》的蔣荆名，還有清代著名的漢學家閻若璩，與之多有書信往來，并有唱和之作。戴曾作七言絕句《潛邱先生書來苦相勸勉兼以月泉吟社見示》一首以答：“浮名何用苦相尋，衹繫功夫淺與深。閉戶寧知塵俗相，開緘自得古人心。鉅公風雅留書卷，前輩篇章重藝林。盛美後先須繼續，可能好事月泉吟。”兩人感情深厚，閻若璩還曾留宿在戴晟的寤硯齋，有五言絕句《潛邱先生見過留宿寤硯齋》詩云：“談經愛盡日，風雨復雞鳴。長夜應無倦，燈花忽自生。較酬玉局字，吟詠畫船情。一夕爭千古，顏開心迹清。”還有商盤等人，亦與之交游往來。是書內容充滿了生活氣息，有燒鞭筍煮柳茶，也有煮豆粥款待偶然造訪的友人，可見清人生活的諸多細節。

是書經甬上鄭寒村、萬九沙、閻百詩等人校訂，由其孫戴有教、戴有光、戴有本付梓。

鈐印“復盦南氏”“寧武南氏珍藏”。（張偉麗）

樂志堂文鈔四卷

清姜承烈撰。清康熙二十八年（1689）自刻本。四冊。半葉十行，行二十二字。白口，左右雙邊。

姜承烈（1612—？），字武孫，號逌庵，祖籍餘姚，後遷會稽郡城。明季入山陰縣庠，後屢試不第。清康熙十八年（1679），都察院都御史魏象樞、副都御史金鋐推薦姜承烈爲博學鴻儒，固辭不就。後爲中州記室，於民有利。康熙二十年（1681）中舉，授儒林郎。入都七年，康熙二十七年（1688）南返。倪繼宗《續姚江逸詩》稱其“與倪燦、毛奇齡交善，及燦與奇齡舉博學鴻詞科，承烈益以詩文自雄”。著有《樂志堂文鈔》四卷。另據《［光緒］餘姚縣志》卷十七載，姜承烈又有《樂志堂詩集》，惜佚。另據張廷枚《國朝姚江詩存》云：“曾見其《百尺樓集》六冊，今不可得見。”則此集亦散佚。

　　該書分四卷，卷一爲賦，含《麒麟賦》《西湖賦》《明月賦》等八篇；卷二爲叙，載《〈書影〉叙》《〈古今言行録〉叙》《周櫟園先生〈賴古堂文集〉叙》等十四篇；卷三爲書、記、跋、辯，收書四篇——《與董文友書》《與董文友論文書》《與董文友論春王正月書》《與毛會侯書》，記二篇——《廣陵關廟記》《今蘭亭記》，跋二篇——《吳冠五北雪詩册跋》《魏子詩集跋》，另有《當陽侯先伯約公從祀辯》一篇；卷四爲論，録《于忠肅公論》《狄梁公論》《唐兵三變論》等論八篇。

　　姜承烈文風冷峻深邃，諸所論著洞中機宜。姜承烈與周亮工交游甚密，爲其《書影》作叙，而成語"榆枋之見"即出自其中一句，"今從櫟園先生游，然後信人之才分相越，真非意量所及，愧余猶榆枋之見也"。成語"風行電掣""陸離光怪"亦出自該叙。同時，姜承烈亦作《周櫟園先生六十壽叙》，對周亮工多予溢美之辭。另在《周櫟園先生〈賴古堂文集〉叙》中寫道："古文至今而極盛，然憂憂乎難言之。往者六季波，靡饁飣剽竊，至腐敗不可救。……夫古人之文，各不相襲，惟在自得其性情，柳與韓異，曾與歐異，即三蘇父子靡不各異。今必規規而肖之，銖銖而擬之，捨其性情而惟襲是圖，此與優孟抵掌何異？……故高者摹其格調，下者勦其成言，以空疏之胸，行其便易之習，一望雷同，了無生氣。"由此可見，姜承烈敢於針砭時弊，犀利批判其時呆板、僵化的文風。又，其在《西湖賦》中言及西湖"中亘二堤，一曰'蘇堤'，一曰'孫堤'"，由此可知，迄至康熙中期，"孫堤"尚未易名爲"白堤"。

　　各篇末間有毛奇齡、孟遠、毛際可、董無庵、宋實穎評語。書中"炫""泫"等字未避諱。卷首有康熙二十八年（1689）毛奇齡叙，毛叙稱："於是發篋中所存詩文，屬余評次，分爲若干卷，皆可傳者。顧篇帙繁重，未遑盡登梨棗，先以吉光片羽付梓問世。"由此可知，姜承烈著作頗豐，此書爲其先期揀選而輯，故書中未見詩。書中鈐印"知堂收藏越人著作""苦雨齋藏書記"，則知該書爲周作人先生舊藏之物。該書爲海内孤本，彌足珍貴。（柳垚）

梧岡餘稿四卷文鈔一卷

　　清金集撰。清康熙五十九年（1720）半亭書屋刻本。一册。半葉九行，行十九字。黑口,左右雙邊。

金集,生卒年不詳,字鳳坡,桐鄉(今屬浙江)人,原籍休寧,晚年僑居嘉定。著有《梧岡餘稿》四卷、《梧岡文鈔》一卷。

《梧岡餘稿》分《初學吟》《川上吟》《練江吟》《海東吟》四集:卷一《初學吟》,收錄八十七首詩,始於戊子春起,至庚寅冬止;卷二《川上吟》,收錄一百零四首詩,自辛卯春起,至壬辰春止;卷三《練江吟》,收錄一百一十八首詩,自壬辰夏起,至丙申秋止;卷四《海東吟》,收錄一百五十六首詩,自丁酉春起,至辛丑夏止。

《梧岡文鈔》一卷,收錄十二首,分別爲《梅花賦》《翠眉亭賦》《禁痼婢策(丙戌歲何簡齋明府觀風題)》《松蘿紀游》《羅溪東山禪院記》《漏澤園記》《菊賦》《小孃墳說》《羅溪城隍行殿募月米疏》《黃儀通注詩序》《杜律補注詩序》《吳復古詩序》。

此本爲清康熙五十九年(1720)半亭書屋刻本,版心下方刻"半亭書屋"。封葉有"羅水東灣小草堂藏版",卷前爲王吉武《序》,曰:"新安金君梧岡,清門華胄,折節讀書,工制舉業,欲以科名。自奮顧,尤好詩……君既不得志於有司,因就新例,方籍重治中別駕之任,以少展其驥足,異日揚歷亨衢,回翔清切,出其黼黻雲漢之才,作爲雅頌,以鳴國家之盛。彼謂詩必以窮愁羈旅爲工者,固不盡然也矣!"卷一由"男弘烝較字",卷二由"男弘燵較字",卷三由"男弘烺較字",卷四由"男弘烆較字",《文鈔》一卷由"男弘烝較字"。文中"玄"字缺筆。(彩雲)

浮雲草一卷

清釋行珠撰。清康熙五十九年(1720)劉旗錫、王思訓刻本。半葉十行,行十九字。黑口,四周單邊。

釋行珠,字古淳,別號宇堂,雲南太和人。游學江寧,與王思訓、劉旗錫友善。王思訓,字疇五,號永齋,雲南昆明人。諸生時即藉藉有聲,以熟悉滇中掌故,爲制軍范承勳聘修《雲南通志》。清康熙三十八年(1699)舉於鄉,康熙四十五年(1706)進士,改庶起士,授檢討,官至翰林院侍讀,歷江西督學使。王思訓鑒於修志時,除幾本元明以來舊志外別無參考,對雲南文獻的散佚深以爲恨,歸里後,"居恒以闡揚先賢爲志，思欲搜滇自漢以迄當代之殘篇鉅制彙刊，以惠滇人士"，可惜未能成書，齎志以歿。

王思訓、劉旗錫刻釋行珠詩百餘篇，題名《浮雲草》，意謂"天下之至空虛而不繫於物者，莫雲若也"，而釋行珠"生平隨寓而安，有超然自得擺脱塵網之致，亦如浮雲之出，處無心往來太虛之上而無所呈礙也"（葉丹序）。

《浮雲草》卷前依次有王思訓、戴大源、劉旗錫、葉丹所作序，卷首題"滇南釋行珠古淳氏著"。全書共收詩一百三十九首，非以年月編次，亦不分體，蓋將釋行珠之作撿掇而成。詩止於康熙五十九年（1720），後有李仍六十年（1721）跋。除釋行珠本人的詩作外，卷末附有王思訓諸人及其他相善文人的《題游五臺山贈行詩》十四首。

釋行珠的詩，内容涉及廣泛，有游歷名山勝景之吟詠，如《游虎丘》《金山江天寺》《岳王墓下作》等；有對於山居生活的記録，如《山居》《看花》《偶占》《山中送別》等；有與友人間的酬唱，如《酬宋左瞻》《雨公亭秋日和王太史原韻二首》《對梅吟呈學使王公》等；有感懷世事抒發胸臆之作，如《懷鄉》《長安有懷故國漫成一首》等。體裁亦多種，涵蓋五言絶句、七言絶句、五言律詩、七言律詩、五言古詩等。

釋行珠其人，"氣宇清和，周旋合度，有儒者風"，於儒學亦有其獨到之處，王思訓稱其"學博致高，絶無蔬筍氣味"，戴大源亦稱其"直指當前，揭明心印，鏡花水月，盡究根源，寔與聖門言行相表裏，不惑於虛無寂滅之法"，故其詩亦少有佛門高妙虛玄之音。葉丹評之曰："古樸淡雅，清思逸興。"（程佳羽）

東甌紀游一卷

清周彝撰。清康熙刻本。一册。半葉九行，行二十一字，無直格。白口，四周單邊。

周彝，生卒年不詳，字策銘，江蘇婁縣人。清康熙三十六年（1897）進士，官翰林院編修。彝工詩，好爲長篇，著有《華鄂堂集》二卷等。

此書首爲胡煽序，稱"雲間之詩自幾社諸君子原本六朝綺麗風靡波詭雲譎，國朝以來風稍變矣,然彼都人士多尚寬裕肉好之音,而寡廉直勁正之作。吾友周子策銘毅然起而矯之,居嘗撚髭苦吟或竟日不成一字,一有感觸輒疊疊數十百言……詩學未成不肯輕出示人……後十年間以詩鳴天下者,必吾子也。辛未莫春周子……過訪贈予《醉歌行》……兼出紀游詩示予",并稱"周子年壯學富,其志堅,其氣盛。大者遠者何所不至。……予老矣,終於周子有厚望焉"。

是書收周彝紀游詩,主題有靈隱寺、孤山、虎跑泉等,刻印精美,版心鎸"華鄂堂詩稿卷二",或爲《華鄂堂詩稿》中的部分。鈐印有"江左周郎"等。（李玉瑋）

華鄂堂詩稿二卷研山十詠一卷

清周彝撰。清康熙刻本。一册。《華鄂堂詩稿》半葉九行,行二十一字,無直格,白口,四周單邊。《研山十詠》半葉十行,行十九字,黑口,四周單邊。

《華鄂堂詩稿》版心題"華鄂堂詩稿",卷端題"華鄂堂詩稿卷一　古婁周彝策銘",行格疏朗,字體清麗,吟詠對象多爲江南景物。《研山十詠》卷端上題"研山十詠　以入天猶石色穿水忽雲根爲韻",下題"雲間周彝寒溪稿"。

此書封面鈐有"乾隆三十九年正月江蘇巡撫薩載送到周厚堉家藏　華鄂堂詩稿壹部　計書壹本"印,卷端鈐"翰林院藏"漢滿合璧官印,應爲編修《四庫全書》時進呈之書。鈐印還有"孫壯藏書印""雲間黄八峰周氏藏書"等。（李玉瑋）

尤徵君遺集三卷

清尤璋撰。清鈔本。三册。半葉十一行,行二十四字,無格。

尤璋(1661—1737),字仲玉,號醒鄉,宋尤袤之後,先世遷揚,明末其父轉徙毗陵、彭城等處,居江都(今屬江蘇揚州)。幼失母,事父至孝,析業時悉以祖産讓弟昆,其貧困者仍迎歸養之,篤於友朋死生之義,恒經紀其家而培掖其後。行修學邃,以老宿著聲,清雍正間舉博學鴻詞,辭不就,清乾隆元年(1736)舉孝廉方正。清康熙雍正間曾與修《江都縣志》《揚州府志》《徐州府志》《山東通志》。生平參見是書所載《尤徵君傳》及《[乾隆]江都縣志》《[嘉慶]重修揚州府志》。

是書卷首有蔣繼軾《尤徵君傳》，稱道尤璋學識云："生平於書靡所不讀，尤究心天文、地理、樂律、兵法、刑名、河渠、勾股之學，研精覃思，考核印證，雖專門名家每嘆服，以爲弗如，惜未得展其用。"

是書分三卷，上卷爲賦、序等，中卷爲墓誌銘、傳、記等，下卷爲疏、序、祭文等。書中偶有朱筆校字。

鈐"焦氏藏書""里堂"印，曾爲清代學者焦循收藏。

是書僅見此一部傳世。今藏國家圖書館。（李文潔）

焦氏文集

清焦袁熹撰。鈔本。四册。半葉十行，行二十四字。

焦袁熹（1661—1736），字廣期，江蘇婁縣人。清康熙丙子（三十五年，1696）舉人。爲人灑脱有出世之心，絶意仕途。曾參與編寫《明史稿》。著有《此木軒詩》《此木軒直寄詞》。

本書主要包括《此木軒史評彙編》二卷、五十餘篇題詞、賦和散文、《此木軒直寄詞》等。

《此木軒史評彙編》主要是焦袁熹對於二十二史的圈點、評語、論斷，以論斷人物爲主，評語散見在文章各處，由其門人徐逵照收集成册，列目爲卷上《史記》《漢書》《後漢書》《三國志》，卷下《晉書》《南史》《北史》《宋書》《南齊書》《梁書》《陳書》《魏書》《北齊書》《周書》《隋書》《唐書》《五代史》《宋史》《遼史》《金史》《元史》，其中《三國志》評語較多。體例爲列人物名稱在上，下爲評點之語，或直接評點人物，或對與該人物相關的史實點評，間有妙語，如衛玠條，云"晉家出此樣人物……樂廣爲玠婦翁，議者謂婦翁冰清，女婿玉潤，冰不如玉"；歐陽玄條云"部使者行縣，玄以諸生見，命梅花，立成十首，小事不必入史"。

其餘爲友人著作題詞和日常情感抒發之散文，可知他與繆謨來往甚多。繆謨，字丞文，又字虞皋，號雲章，一作雲莊，今上海松江人。善山水，詩文清麗，尤工樂府，論者比之白石道人姜夔。繆謨經常與焦袁熹以樂府詩歌往來贈答，袁氏有《繆雪莊南僊吕入變調樂府題詞》《繆雪莊九張機楚江情二曲題詞》《繆庚皋贈予新製樂府一卷題詞》等三篇,在文中分析各種文體的獨特之處,對樂府給予了極高的評價,"其於窮而猶可以爲者,夫纏綿妙麗樂府之上則也"。

焦氏作文,善用比喻、寓言,行文生動有趣,然又有低俗之嫌,甚有"以閻人屠豬聲爲題填一門曲,盡纏綿妙麗之致"之句。答友人書亦占較大篇幅,其中以《答曹諤廷書》《又答曹諤廷書》爲篇幅最長者。其言"雖本經正文未必字字看到,無言熟也。用功稍多者惟八股耳,故自八股爾外有問我者,輒捫舌駢顏,逡巡辭避,誠自知之明也",此固爲其自謙之詞,然亦可見八股對於士人的影響。在《與王範之書》一篇中,焦氏表達自己對八股之文的厭倦之情,但還是在文中傳授後輩如何作博得考官欣賞的八股文。後則有自注楚辭、詩文雜評之類,間有分析具體篇章。

末一部分爲《此木軒直寄詞》,收詞一百二十首,用詞牌近五十個,是焦氏平生所作詞之集合。(張偉麗)

愧齋文集略一卷詩集略一卷

清連青撰。清康熙刻本。二册。半葉九行,行二十一字。白口,四周雙邊。

連青,字柳林,福建綏安人。少讀詩書,聰慧過人,每操筆爲文,意匠獨造,邑人爭相傳鈔。清康熙二十年(1681)爲副貢生。然科場蹭蹬,參加會試屢不第。後官四川合江縣尹,上任不久即以太夫人年事已高,請告歸養。從此端居鄉里,遠離仕途。此本爲其傳世唯一著作。

此本爲連青歸里後檢點舊作,囑何梅、徐鋭排纂删定而成。分兩卷,一爲文集,一爲詩集。文集卷前有陳箴序,正文包括序九篇、引二篇、記四篇、書四篇、傳四篇、行狀一篇、論一篇、賦一篇。連青精研《左傳》《國語》《史記》《漢書》等史學著作,底蘊深厚,發而爲文,"篇篇稱善"(陳箴序),尤以《齊桓會葵丘而告諸侯》《燕將答魯仲連》《西子與范蠡》等篇,頗得陳箴賞識。其文中正平和,娓娓道來,言辭典雅,明白曉暢。詩集卷前有何梅序,正文包括五言古詩二十首、七言古詩二十五首、五言律詩八十九首、七言律詩五十二首、五言絕句三首、七言絕句十九首。連青詩學杜甫,尤其入蜀之後,因其經歷與杜甫的相似之處,且所見景觀亦杜甫當時所見,更着力於杜詩。連青之友何梅評價曰:"其生平所得力者,尤在於杜。今試合其前後詩,觀之衝口而成信筆而寫,有一不與杜詩相肖者乎?"其詩神韻雖與杜詩有別,但深厚沉鬱之處,亦頗有幾分相似。(李江波)

硯溪先生遺稿二卷

清惠周惕撰。清惠氏紅豆齋鈔本。一册。

惠周惕(1641—1697),原名恕,字元龍,號硯溪,自號紅豆主人,吳縣(今江蘇蘇州)人。清康熙十四年(1675)鄉試副榜,十七年(1678)舉博學鴻儒科,丁憂,不與試。二十九年(1690)鄉試中第十,三十年(1691)會試中第六,殿試二甲第七,成進士。選翰林院庶吉士,散館外調,左授順天府密雲縣知縣加二級,三十五年(1696)同考試官,未滿秩,卒於官舍。父以九經教授鄉里,惠周惕幼承家學,受業於汪琬,又從徐枋游,工古文詩賦。惠周惕開乾嘉吳派經學風氣之先,與其子惠士奇、孫惠棟皆以經學名世,世稱"吳門三惠",亦被稱爲"蘇州學派"。有清二百餘年談漢學者,必以惠氏爲首。著有《易傳》《詩說》《春秋問》《三禮問》《硯溪詩文集》等。

有關惠周惕生卒,學界一直未明。細讀書中《先府君行狀》的記載:"公以前明崇禎十四年正月十八日生於東渚舊宅,宅南有溪,方而窪,形如硯凹,俗名'硯凹溪',故公自號'硯溪'。後移居葑門,宅有紅豆樹,故又自號'紅豆主人'。……卒於官舍,時康熙三十六年閏三月二十八日也。"由此不僅詳知惠周惕之生卒年月,而且明瞭其名號之由來。

是書二卷,卷上收錄《丹陽》《多景樓》《金山》等詩四十三題八十首;卷下載有惠周惕序、跋六篇,分別爲《宋文森先生暨陸太夫人六十雙壽序》《山薑詩選序》《遵化李氏族譜序》《歷科文錄序》《書堯峰文鈔後》《書徐昭法先生手札後》,另有《論文十則》《鐵庵贊》,再有信札《與目存上人》《與文賓日》《家書一通》,末爲惠士奇撰《先府君行狀》及惠棟撰《硯溪公遺事六條》。

書中所載惠周惕詩以記事抒懷爲主。在其《余卜居城東以東鄰紅豆名齋目存上人爲余作圖且屬詩人石年題其上得五絕句》中有一首云:"東鄰紅豆無人愛,我得閑吟載酒過。多事詩翁添故事,長洲桃李妒如何?"可見惠周惕初定紅豆齋名之際之悠然心境。另,在惠周惕作於康熙十九年(1680)的《春日雜興十首》中,有一首專記其因丁憂而錯失博學鴻儒科一事,寫道:"聯翩貢達互彈冠,曾采虛名到叔鸞。事外去留容自度,此中得失付旁觀(戊午年,予名曾玷啓事,以父憂不赴召)。若論白望應難受,錯比高人亦未安。秖是世情思爛熟,且須剩我布衣看。"其時惠周惕正值不惑之年,由此詩作確可見其千帆過盡、淡然從容之感懷。此外,惠周惕主張爲學篤實、博聞强記,在書中所録《家書一通》中寫道:"惟能博聞强記,前後貫穿,爛熟於胸中,而後能領其意於章句之外。"

是書爲鈔本,間有校改,"玄""泓"缺筆避諱。書中有鈐印三方,"二百蘭亭齋藏書之印""劉喜海""無竟先生獨志堂物",由此可知,該書曾經藏書家吳雲、劉喜海、張其鍠遞藏。(柳垚)

伊想集一卷

清陶爾穟撰。清康熙刻本。一册。半葉十行,行二十一字。黑口,左右雙邊。

陶爾穟,生卒年不詳,字穎儒,號息廬,青浦(今上海青浦)人,遷居華亭楓涇(今上海松江),一作婁縣人。清代文學家。清康熙三十年(1691)辛未科二甲進士。曾任浙江上虞知縣,管理堰壩水閘,廉明惠愛,深受百姓尊敬。擢陝西葭州知州,以疾乞歸。清聖祖南巡,令扈從回京入值内苑。後以葬親復乞歸。師從華亭沈迴,與蕭中藟是同學。與姜遵、周渭、高士奇等交游。康熙十二年(1673)與顧衡、陸緯、姜遵等結文學社團春藻堂社,十六年(1677)與莊永言、戴有祺、姜遵等組建大雅堂社,旨在重振明末幾社遺風。工詩詞,以才思見長。有《遵渚集》六卷,《息廬詩》《丙寅集》《伊想集》各一卷。高士奇在《遵渚集》序中謂其"融液百家,出入六經,博而不腐,纖而不佻"。

此本《伊想集》全卷共九千餘字,收録《擬古》《南邨》《過陸氏綉林山房》等一百餘首詩作,題材多爲即興感懷。集前有杜濬、孫枝蔚、汪懋麟、倪粲、張彥之、陸嘉淑、蔡方炳題詞。孫枝蔚評《伊想集》“復以幽澹蒼老勝人，詩格愈工，可謂更上一層樓”。汪懋麟贊賞其擅長近體詩：“近來作詩者，開卷惟近體數首耳，求其排律，百韻古風數十句者絕少，甚至五七絕句亦不可得。吾子《伊想》獨喜其長篇及絕句。”張彦之贊其集各家之長，諸體畢備，“詩有別長，我於兹益信”。蔡方炳稱其“落筆如風雨驟至，工而復敏，兼相如、枚皋之勝，甫脱稿輒爲同人携去”。（郭静）

丙寅集一卷

清陶爾穟撰。清康熙刻本。一册。半葉十行，行二十一字。黑口，左右雙邊。

此本《丙寅集》全卷共七千餘字，收録《元日》《江上寄家誕先》《送劉兄恭歸虞山》等六十餘首詩。前有友人徐覽序，謂其詩“磅礴離奇之氣，軒昂磊落之姿，鸞鳳互飛，波濤怒立。不洗刷而焰，非烹鍊而工。上之出入三唐，下之驅馳兩宋”。其詩風格形式多樣，有模仿朱熹的哲理詩，效仿古人的擬古詩，亦有不少即興感懷詩，如《古渡橋同俞蒼文賦》：“西風禾黍揚州路，煙草茫茫没古渡。橋頭行客劇傷心，寒蝶衰荷共遲暮。石馬空埋宋帝宫，玉魚難覓隋皇墓。老僧抵掌訴繁華，清磬一聲醒畫寢。”其詩想象豐富，構思奇特，辭尚奇詭。顔光敏稱其“七古似青蓮、長吉，近體不專一家，而各盡其妙”。（郭静）

西齋集十卷

清吴暻撰。清康熙刻本。一册。半葉十行，行十九字。白口，左右雙邊。

吴暻（1662—?），字元朗，號西齋，江蘇太倉州人，吴偉業之子。清康熙二十七年（1688）進士。歷官至兵科給事中，因事落職。旋入值武英殿，充書畫譜纂修官。吴暻工詩，時稱雅音。家人奴隸，咸通音律。著有《西齋集》等。

此集卷首爲陳廷敬《西齋集序》及康熙癸酉（三十二年，1693）清和侄翊《西齋集原序》，後爲目録。卷端署“太倉吴暻元朗著　男霖獻可編校”。行格疏朗，刻梓精良。鈐有“許氏星臺藏書”“星臺藏書印”等印。

國家圖書館亦藏有此集稿本。（李玉瑋）

西齋集十二卷

清吳暻撰。稿本。四册。半葉十行,行十八字。白口,左右雙邊。

此書卷首爲陸寶忠清光緒乙未(二十一年,1895)跋文,稱"西齋爲梅村先生之子,幼禀家學,工詞賦。此詩集十二卷,乃其手定本,朱墨點竄去取犁然,所謂得失寸心,知者不知何時遺落人間。去臘費屺懷太史於書肆中見之携歸,屬余購藏。時適倭氛不靖,風鶴皆驚,圍爐頷誦斯編,想見國初人物之盛,撫今追昔,能不慨然?吳氏與我家有姻誼,其後人尚能讀書,異日南歸,當付還之,若能鏤版以行,則西齋爲不朽矣",詳細説明此書流散後購得,希望可轉作者後人并期待刊刻流傳等情況。

陸跋後爲康熙癸酉(三十二年,1693)佺翊《西齋集序》,後爲陸寶忠另一則跋文,云:"《西齋集》久藏篋中,去夏遭拳匪之變,將平生所收字畫書籍存東鄰玉皇閣中。城破後爲人盜去,字畫罕有存者,書亦失大半。而此集在簏底居然無恙,殆西齋心血所寄,默自護持。與吳氏子孫倘能刊刻,定當歸之,俾得流傳。否則寄與鄉中好事者,集貲鏤版,亦一表章先哲之雅也。"

其後爲吳暻《錦溪小集自序》,卷一後有《錦溪後集自序》。《錦溪小集自序》叙個人成此集經過。繼之陸寶忠又補跋三行,云:"西齋詩有淵源,固足諷誦,其遭逢盛世所往還者皆一時名臣學士可資考證。"後爲許琰跋,稱清宣統間經賀昆繁作緣得此書,有餘資時擬校刻也。集中多有朱、墨筆塗抹增删改訂之處,應爲民國二十三年(1934)鹽山劉氏晦印齋刊印《西齋集》時校訂擬付刻之本。

鈐有"西齋""浦玉田藏書記""陸印寶忠""陸氏寶忠""鹽山劉氏""晦印齋所藏秘笈""晦印齋""千里珍藏""劉千里所藏金石書畫""千里""劉印騎賢""一生不得文章父""許玠""倚天書屋""王申"等印。(李玉瑋)

迴青山房詩二卷桐埜山人集一卷稼雨軒近詩一卷桐埜詩一卷

清周起渭撰。清鈔本。與《伴鐸吟》合一册。半葉十行,行二十字,紅格。細紅口,左右雙邊。

　　周起渭（1665—1714），字漁璜，號桐野，貴陽青巖騎龍人。幼年即工詩，詩以
“奇”“新”著稱。十五歲以《燈花詩》嶄露才華，在京城以《萬佛寺大鐘歌》成名。
二十三歲鄉試第一，三十一歲進士及第。歷任翰林院檢討、編修、侍講學士。後任
浙江正考官、直隸學政和詹事府詹事等職。與姜宸英、湯右曾、顧圖河等以詩古文
辭頗負盛名者角逐，對上自建安，下逮竟陵詩派均有研究，《清史稿》評價其“詩才
雋逸，尤致力於蘇軾、元好問、高啓諸家。貴州自明始隸版圖，清詩人以起渭爲冠”。

　　周起渭一生成就主要在詩歌創作。《廻青山房詩》二卷、《桐埜山人集》一卷、
《稼雨軒近詩》一卷、《桐埜詩》一卷即爲其主要作品，集中收錄詩作數百首。幾度
刊刻傳世，有北本、南本、貴陽謝廷薰刻本、獨山莫友芝刻本等。

　　此爲鈔本，《廻青山房詩》卷端題“廻青山房詩”，後改“詩”爲“集”，旁注“乙巳
生，是年二十七歲”，上署“康熙壬申年十月起”，下署“紫池周起渭漁璜父著”。天
頭地腳及行文間有莫友芝墨筆、朱筆兩色批校等。其後有《稼雨軒詩序》，并接《桐
埜山人集》，署“貴陽周起渭漁璜父著”，《桐埜山人集》後接《稼雨軒近詩》，再接
《桐埜詩》。

　　與此合一册者爲《漁璜宮詹世系》一卷、《介眉集》一卷，半葉九行，行二十六
字，藍格，四周雙邊。《漁璜宮詹世系》爲周起渭世系。《介眉集》則收其文。之後
爲清康熙乙酉（四十四年，1705）樊澤達起草論詩短文。最後爲《伴鐸吟》一卷，下
署“夜郎李晉冀一甫著　男銘詩銘禮藏”。

　　李晉，字冀一。康熙甲子（二十三年，1684）舉人。官廣東靈山縣（今屬廣西）。
平生手不釋卷，博學多通，告歸後，縣令延請輯縣志。著有《萃奇堂詩文》《伴鐸
吟》等。

　　此書封面題寫“周漁璜集外詩，後附世系及《介眉集》、李晉《伴鐸吟》。阮學濬
編館閣詩有漁璜七律八首，當補入”。封二題寫“周漁篁先生集外稿，附世系及《介
眉集》。共詩五百零二首。附李冀一《伴鐸吟》”，并小字注明“先生辛酉副榜丁卯
舉人甲戌進士”等。

　　鈐印“獨山莫棠”等，或爲莫氏付刻前鈔寫校勘之底稿。（李玉瑋）

改庵偶集三卷

清仲弘道撰。稿本。一册。半葉十行,行二十字,紅格。白口,四周雙邊。

仲弘道(？—1707),字開一,號改庵,浙江桐鄉人。清順治戊子(五年,1648)中拔貢。曾師從顔李學派的李恕穀先生問學,學問大進。清康熙二年(1663),授予山東嶧縣知縣,在任五年間,行善政,并注重教育。康熙六年(1667),重建學宫。因觸動權貴利益,被以誌誤左遷,此後棄官而去。

此書收仲弘道文,卷首爲目録。卷端書"改庵偶集",署"桐鄉仲弘道開一父著",分記部上下、傳誌部三部分。記部上收禮記、游記、碑記等,記部下收人物、地震、饑荒、天氣等雜事,傳誌部收孝、讓、烈婦等人物傳。全書書寫工整,書眉和行文中有增删改訂,應爲準備付梓之稿。(李玉瑋)

廿六草二卷續一卷

清趙祺映撰。清康熙刻本。二册。半葉九行,行二十字。白口,四周單邊。

趙祺映(約1655—？),字渾庵,廣西全州人。清康熙二十一年(1682)舉人,四十五年(1706)任河南尉氏縣知縣。另據《[雍正]廣西通志》卷五十八載,趙祺映於康熙二十八年(1689)任宣化縣教諭,三十二年(1693)任潯州府教授,三十七年(1698)任南寧府教授。

對於此書題名由來,據趙祺映曰:"回憶生廿有六年而始拈韻,今拈韻又廿有六年,所閱歷不知凡幾,其間即事漫興、唱和、贈答,不一而足,皆概之以詩。……内除步先大人原韻,别爲《鳴和集》,其餘謹集爲一册,顔曰《廿六草》,間有叙文、歌詞、對聯,亦附載於内。"因該書成於康熙四十六年(1707),故可推知,趙祺映或生於清順治十二年(1655)前後。書中收録《補行鄉試獲售與同年文在公歸舟江上雨中即景兼有所感詩壬戌三月望八次韻三首》《孟夏上浣寓湘刹與同年文在公陳捷臣偶游伽藍殿見庭榴盛開喜而次韻予得十首》《趙方貽年表兄鹿鳴錦旋出詠榴十章見示即韻賦贈(王授汝)》等詩作三百餘首,其中,記事、詠物、抒懷、愁思等均有呈現,或五七言絕句、或五七言排律、或詩餘、或回文，另有序跋、祭文、對聯等。

趙祺映詩作多平和溫雅、清麗飄逸，如《和譚禹定并頭茉莉三首》之一云："蕤珠宮裏結成胎，笑倚香肩帶月開。詎是昭陽連袂入，敢同潙汭降恩來。紅妝爭洗嗤春杏，素綺雙裁瘦臘梅。長夏憑欄風細細，身疑劉阮到天臺。"恰如戴珮序曰："先生詩文，其意深，其旨遠，溫柔敦厚，最近風騷。以爲詩也，而名理寓焉；以爲理也，而象趣寓焉。求之也近，而即之也遠。"另，趙祺映作詞亦有婉約優美之風，將愜意生趣詳細描繪，如《美人（菩薩蠻）三首》之一云："沉魚落雁真堪美，珠簾掩映春風面。剛道是梨花，忽聞語咲嘩。想邀閑姊妹，欲作花間醉。陣陣麝蘭飛，解使蝶蜂隨。"在《廿六草續》中，載《和吳闇章戊子元日二首》等詩十四題四十八首，另有《移建尉邑魁樓記》《陰隲文序》。

卷首分別爲康熙四十六年戴珮序、四十七年（1708）吳憲儒序、四十六年李瀚序、四十八年（1709）張端翊序、四十六年趙祺映自序。書中無鈐印，爲海内孤本。（柳垚）

陳恪勤公集不分卷

清陳鵬年撰。稿本。五册。半葉八行，行十八字或二十字，無格。

陳鵬年（1662—1723），字北溟，一字滄州，湖廣湘潭（今湖南省湘潭市）人。清康熙三十年（1691）進士，纍官浙江西安縣知縣、海州知州、江寧知府、蘇州知府等職，晚年官至河道總督兼攝漕運總督。卒諡恪勤。工詩善書，有《陳恪勤集》《滄州近詩》《道榮堂文集》等。

此集爲稿本，收録陳鵬年詩文作品。其中第一册題漪園近詩；第二册爲秣陵集卷第一、浮石集第五；第三册爲淮海集卷第一（古今體詩共五十八首），又淮海集卷第一、第二，前後鈔寫字體不一；第四册爲文集，收有陳鵬年所作賦、序、跋、傳等；第五册又爲詩作，中間部分有書息齋近草，并有王禮培跋語。據王氏跋語可知此集當爲陳鵬年詩文集初刻十一集的殘稿本。書中有朱墨筆評點、批注、塗改，且《浮石集》處有"鵬年"朱文小印，十分珍貴。陳鵬年詩學杜甫，頗多關心民生疾苦之作，文雖爲應酬之作,但風格平淡自然。

書中鈐有"不薄今人學古人""念我能書數字至將詩不逼萬人傳"印。(馬琳)

詹鐵牛文集十五卷詩集十五卷

清詹賢撰。清康熙刻本。十册。半葉九行,行二十字。白口,四周雙邊。

詹賢(1663—?),字左臣,號鐵牛,樂安(今江西樂安)人。清康熙乙丑(二十四年,1685)拔貢,授德化教諭,升國子監學録。撰有《耐莊詩文稿》八十卷等。《[光緒]撫州府志》卷六十有小傳。

是書爲清康熙刻本,有内扉葉題"詹鐵牛集",鈐"鐵牛""世業豈沉淪"兩印。又卷首自序末亦鈐"詹賢之印""銕牛"兩印,知當爲詹賢自刻自印本。凡三十卷,即文集和詩集各十五卷。其中詩集厘分爲八種子目,即《耐莊草》四卷、《於路吟》二卷、《京游紀》一卷、《嘆逝編》一卷、《寄亭草》三卷、《鬱行謡》一卷、《師山草》二卷和《學步詞》一卷。自序云:"二十三年所爲詩文,遂至積纍日多。今删存爲二集,以紀歲昔,蓋其所由來者久矣。"卷末有壬辰(康熙五十一年,1712)潘繼元跋。(劉明)

倚雲樓文選四卷詞選一卷尺牘選一卷

清江蘭撰。清康熙刻本。三册。半葉八行,行十九字。白口,四周雙邊。

江蘭(1667—1697),字貞淑,湖北漢陽人。生於書香、官宦世家。其父江殷道,字九同,清順治十五年(1658)進士,官至江西按察使,江蘭乃其次女。長兄江縈,字采伯,號補齋,拔貢,官至都察院左都御史。兄江藻,字用侯,號魚依,由歲貢知龍巖縣,後升刑部員外郎轉工部郎中,監修太和殿工成,奉差督理坐糧廳事。康熙五十八年(1719)督京師黑窑廠,修建陶然亭。弟江芑,字豐貽,康熙三十九年(1700)進士,官至雲南按察使。江蘭飽讀詩書,少富才思,年十六歸張叔珽。江蘭生子張坦快(1687—1727),字居易,號懒庵,歲貢生,官光禄寺署正。徐如蕙(1679—1697),字瑶草,張叔珽側室,工詩,著有《廠雲樓詩鈔》《廠樓詞》。

該書卷首有張叔珽、江蘩、紀瓊序。後爲張叔珽爲江蘭作六百四十言《悼亡詩》及《獨坐有感兼哭亡姬徐如蕙三首》，并附尤侗、胡在恪等評語。再有張汝瑚撰江蘭傳、蔡震升撰墓誌銘，後爲張坦快編《倚雲樓集》凡例十二條。

張叔珽序稱"余不見元配者七年矣。……甲申秋日，兒子坦快手捧是集，跪請曰……"，可知此書編於康熙四十三年（1704）。其時，張坦快思母心切，向父提請編輯江蘭詩文，張叔珽"爰是洒淚濡毫，删繁就簡，去其風雲月露，惟存有關壼範之旨，閱五晝夜而卒業。因詔兒子曰：'爾母心血爲我删訂已定矣。'"江蘩序曰："三妹貞淑秉質幽閑，賦性靈敏，自識方名。……至所附徐瑤草諸詠，固久吾妹逮下之德而風美婉秀，掃去脂粉，其亦賢女也。"

《倚雲樓文選》收録江蘭文《選爲嫡姑劉太恭人求以身代文》、疏《選爲慈姑王太宜人求壽疏》、序《選廠樓集序》、記《選避地兩山記》、誄《選誄劉夫人》、啓《選邀請夫人賞菊啓》《謝惠鏡啓》、銘《選恒字銘》、書後《選十四條》、禽言《選九首》、時藝《選五首》。《倚雲樓尺牘選》收録《與王夫人》《與劉夫人》《復家大兄采伯》等尺牘選十二通。《倚雲樓詞選》收録江蘭作《點絳唇·小園即事》《憶秦娥·詠雪》《傳言玉女·端午》等詞二十二首。此外，書中附徐如蕙《廠樓詞》一卷，收録《巫山一段雲·奉和嫡夫人送春元韻》《江月晃重山·春日承命以此譜詠花》《鳳皇臺上憶吹簫·梅花》等詞十首。江蘭之閨閣詩詞風格頗有男子之勢，其中以《夢江南》三闋最爲聞名，即"君今去，君去莫躊躇。抱德懷才甘牖下，種花蒔竹等樵漁。孤負滿腔書"；"君今去，君去莫思量。親老正須謀禄養，家貧寧忍累糟糠。何用苦悲傷"；"君今去，君去莫遲延。萬里長征須努力，白頭事業總由天。亟亟快加鞭"，此詞大氣恢弘、沉穩磊落，非尋常女子可比。

書中鈐印"易簡齋""長樂鄭振鐸西諦藏書""唐氏宗堯""鑑清""澹霞珍藏""夢南樓""長樂鄭氏藏書之印"。可知，此書爲鄭振鐸等著名藏書家舊藏，價值頗高。（孫麗娜）

步陵詩鈔九卷

清沈堡撰。清康熙刻本。四册。半葉九行，行二十字。黑口，四周雙邊，雙魚尾。

沈堡,生卒年不詳,字可山,一字步陵,號漁莊,浙江蕭山人,清代著名學者高士奇的外甥,與清初著名經學家毛奇齡交好。性喜游歷,生平事迹散見其好友李時龍爲沈著《嘉會堂集》的跋語中,其人主要活動於康熙中後期。

《步陵詩鈔》是沈堡平生所作之詩集,前有高士奇、毛奇齡、李嶽峻、孟騂、柴世堂等人序,以及沈堡自序。根據自序可知,沈堡之前已有詩集刻版,名爲《昨非軒稿》,經其舅氏高士奇指點、修改和毛奇齡删改,於是盡毁前版,用修改後的詩作再加上一些未收詩,結集而成《步陵詩鈔》。高士奇對沈堡的詩作評價甚高,認爲其"詩體雄邁,辭約句準。篇動與古合,且能自抒志意"。柴世堂序中言沈堡少負奇才,且謙虛好學,清康熙四十二年(1703)與維揚許茹征曾經組織過一次湖上詩人大會,沈堡抱病未出,但作詩遥和,語驚四座。

是書包括五言古詩三十首,七言古詩二十首,五言律詩八十首,七言律詩百餘首,五言排律三十餘首,五言絶句近二百首,七言絶句一百五十餘首,共六百餘首詩歌。

五言古詩主要内容有唱和之作,有寫景、讀書、抒懷之作。五言律詩多以唱和與寫景,抒發個人感情爲主,其中比較有價值的是與毛奇齡的唱和之作。七言律詩是沈堡作詩選擇最多的體裁,其中比較有價值的是與高士奇唱和之作。這些詩歌都是研究高士奇、毛奇齡生平交游的一手材料,有一定的文獻學價值和文學價值。沈堡還寫過祝賀皇帝壽辰的五言排律。七絶之中有《梅花六詠》,分別是《含蕊》《半開》《全放》《初謝》《亂落》《勝瓣》寫梅花的六種狀態。(張偉麗)

嘉會堂集三卷

清沈堡撰。清康熙刻本。二册。半葉十行,行十九字,小字雙行,行二十九字。白口,左右雙邊,單魚尾。

是書内容包括三部分:《懷舊吟》一卷、《唱莊詩》一卷、《淮游紀略》一卷。

第一部分《懷舊吟》主要記載沈堡懷念二十年來故交好友,抒發自己懷舊、感慨現實的詩作。近四十首詩歌，每首記一人，内容多爲評價該朋友的成就和與自己的深厚感情。詩末皆有小字注明所懷之人的生平、功績，并將其詩作名句列入。

第二部分《唱莊詩》五十二首，内容多寫對《南華真經》的理解和對莊子的認知。以五言絶句、五言律詩、五言古體詩爲主。時人評價其《唱莊詩》，恰當地理解了莊子的本意，即寄情綿邈，浩若煙海，又如水中鹽味，色裏裹青，不脱不粘。

第三部分《淮游紀略》内容涵蓋廣泛，主要以作者在清康熙五十三年（1714）游歷江蘇吳江、揚州、鎮江、無錫、蘇州等地的所見所聞加上自己的所思所想成文，近三十篇。景物包括名勝舊迹、先世名園、名臣坊碣，人物包括古代賢豪、賢俊才士、媚娥漁人、緑林俠客等，涉及較多階層。其詩多懷古迹，抒發興亡之感，纏綿麗則，悲慨激愴。

《唱莊詩》之前有王袞錫、馬樸臣所作之序，後有李時龍所作之跋。《淮游紀略》前有吳介于用駢體文所作之序，後有李時龍所作跋語。

是書文中間有小字注釋，“玄”字皆避諱，“弘”字不避諱，係康熙間刻本，爲是書最早之刻本。（張偉麗）

水香園遺詩不分卷

清汪沅撰。清康熙刻本。四册。半葉八行，行十八字，小字雙行同。白口，四周單邊。

汪沅（1662—1690），字石湘，號硯村，別號梅麓、秋水，安徽歙縣人。擅文工詩，性情儒雅，耽於吟詠，交際廣泛。著有《水香園遺詩》不分卷、《硯村詩集》五卷等。

水香園始建於明末清初，位於潛口紫霞山麓，爲汪度（1602—1673）家族別墅。水香園的優美景觀遠近聞名，加之園主風雅慷慨好客，騷人墨客如約而至，殤詠唱合者風涌雲集。汪度去世後，次子汪沅繼承水香園，其間爲最盛。後家道衰落，清乾隆年間水香園轉手，歸同門汪應庚家孫輩所有。

《水香園遺詩》不分卷，集會賞花、憶人記事、讀書論史等古近體詩凡三百餘首,多爲清康熙二十七年至二十九年(1688—1690)之作。前有康熙丁丑(三十六年,1697)中秋其侄汪士鋐序,稱"家研邨先生學海驚龍,文場矗崔。弱領拈營,詞章便解雕蟲,髫歲擘箋,聲調遂推綉虎",盛贊作者自幼文采飛揚、能詩會賦之才華。序文字體隸味十足,末鈐"汪士鋐印""扶晨"印。

詩集題名後有"阮溪汪沇右湘氏著,本生男柯玥、男梓琴、樹琪、梁玳校字"。全文以分體排序,分別爲五言古、七言古、五言律、五言排律、七言律、五言絶句、七言絶句、樂府雜體。爲詩集寫序的汪士鋐深受作者鍾愛,詩文中多提起他,如《梅麓望栗亭不至》《和栗亭侄雨中同岸舫看梅元韻》等。作者作爲水香園主人,部分詩作圍繞水香園而成,《元旦大雪集水香園看梅分韻》《花朝前十日集飲水香園花下觀燈供限珠字》《仲春雨晴小集水香園看梅即限梅花二字爲韻》等以文人雅士聚於水香園賞景作詩爲主題。《寄壽翁山先生即次來詩元韻》則回憶屈大均(1630—1696,字翁山)曾應汪沇之徵作《水香園生嘉蓮詩二章》,汪沇見詩嘆賞,以爲在所徵同人詩百餘篇中最佳,稱爲嘉蓮榜眼,贈翁山一玉杯。送玉杯過程記述在《採菊行寄屈翁山先生》中,描繪此玉爲"有古於闐玉,制就金粟斝,中有雙龍文,色如銅雀瓦,黃流看在中,小片如桃赭"。除屈大均外,詩文多記當時文人雅士,如閔麟嗣、靳治荆等。

諸詩叙事甚有情趣,誦讀亦朗朗上口。文中雙行小字爲所涉内容之注解。末記刻工"黃公良刻"。(陳榮)

谿翁詩草二卷

清宋永清撰。清康熙刻本。二册。半葉十行,行十九字,小字雙行同。黑口,左右雙邊,單魚尾。

宋永清(1664—?),字澄庵,號谿庵,山東萊陽人。曾任福建武平知縣,後擔任臺灣府鳳山縣知縣。清康熙四十九年(1710),宋永清延攬鳳山縣教諭,與生員等諸人共同增補康熙三十五年至四十九年(1696—1710)間的臺灣府之政軍、民情、風俗諸事,稱爲《增修臺灣府志》,但未刊行。

本書分兩編，近四百首詩。第一編詩作是其擔任福建武平知府時所作，前有康熙四十九年施士嶽、孫曰高、陳聖彪等人序，在處理政事之餘，作者期望以詩之興、觀、群、怨治理百姓，故將全部精力放於詩歌創作上。《番社》《又見番茉莉》等詩，爲研究武平、臺灣等地的風土人情提供了較爲直觀的材料。第二編詩作爲其在臺灣鳳山知府任上所作，前有湯永寬、康熙四十五年（1706）吳方舉序及作者自序，內容多爲懷人、抒發個人情懷之作。其中與李寅交往最多，有《題李坦庵寅丈扇頭畫菊》《和李坦庵寅丈贈得頜上人元韻》《夏日同周郡憲李寅丈話舊感賦》《壽坦庵李寅丈》等篇。比較有特色的幾篇，主要記載宋永清與一員武將王四長的交往，從《題王四長元戎歷績疆場圖八絕》《元戎開府帥閩疆衣錦承》到《哭王靖臣元戎》，展示了一位清軍將領從戰功赫赫到戰死沙場的全過程。友人評價宋永清的詩作"正心浩氣，孤行於筆墨之間，所謂真性情發爲真文章者"。門人陳聖彪評價其詩曰："洋洋灑灑，其萬壑奔流隨風而至，又沛然其不可遏矣。"書中鐫刻有評語。鈐有"唯吾知足"印。（張偉麗）

依歸草十八卷存十七卷自長吟十二卷

清張符驤撰。清刻本。六冊。半葉九行，行二十字。黑口，四周單邊。張謙宜評并題詩。

張符驤（1663—1727），字良御，號海房，別號天傭子，海安鎮人。清康熙四十六年（1707），清聖祖玄燁南巡，張符驤進獻《迎鑾詩》十二章，陳述治國方略，甚得康熙嘉許。康熙五十三年（1714），張符驤中順天舉人。康熙六十年（1721），張符驤通過會試，錄爲進士，因在殿試時對答方策言詞激烈，被貶爲三甲第三十四名。五月，康熙帝於澹寧居召見張符驤等，因學識淵博，被選爲翰林院庶吉士。三年後，告老還鄉。張符驤不趨附權貴，對地方捐助、賑濟、疏通河道修堤等均盡力資助。張符驤詩詞文章甚豐，著有《依歸草文集》《自長吟詩集》《海房文集》等。

《依歸草》簽題"張良御集"，卷首有康熙甲午（五十三年）十月二十四日山東僋兄謙宜書於雅有園之煖室之《題海房集》，之後爲陸舜序、朱書序、總論、目錄，卷端署"揚州張符驤良御著",所收有傳、記、墓誌銘、序、論、書、啓等文體。偶有缺葉。共四册。

《自長吟》卷首有俞楷序,稱張符驤"以今古文妙天下,蓋自震川以還無敵手者"。序後爲目録,正文卷端署"揚州張符驤良御著",正文有樂府、五言古、七言古、五言律、七言律、五言絶、六言絶、七言絶、詩餘等。共二册。

鈐有"張印千峰""又松十朱""平籍瀾古"等印。(李玉瑋)

方日斯先生詩稿不分卷

清方邁撰。稿本。二册。半葉九行,行二十二字,無格。

方邁,生卒年不詳,字子向,號日斯,福建閩縣人。清康熙三十三年(1694)進士,曾任浙江蕭山知縣,後調蘭溪,以不善長官罷歸。其人通經史,好宋儒書,尤精周敦頤《太極圖説》。他任蕭山知縣時常與毛奇齡相互問難,闡發經義。方邁論經多有創建,認爲《周禮》《儀禮》爲戰國時人托名僞作,非西周舊禮。其人著述頗豐,著有《九經衍義》一百卷、《經義考異》七卷、《四書講義》六卷、《春秋補傳》十二卷、《考證資治通鑑前編》十八卷、《古今通韻集要》九卷。《文獻微存録》卷三有傳。

該書爲方邁詩集,録其詩四百六十七首。書首有"方日斯先生詩稿正副共兩本""副本辛酉九月,雪滄記",鈐"雪滄所記"印。曾爲黃世發舊藏。其詩文以七言律詩、七言絶句爲主,内容多爲時人唱和及游歷之語。其所撰前《八哀詩》《後八哀詩》記其父母、兄弟及舊友之事迹,言辭懇切感人,有較高的藝術水平,亦是清代詩賦的上佳之作。

該本流傳較少,殊爲稀見。(賈大偉)

方日斯先生文稿二卷

清方邁撰。稿本。四册。半葉八行,行十字;或半葉九行,行二十五字,無格。包背裝。

該書爲方邁文集,録序言三十四篇,史論七篇,小引六篇,像贊七篇,書信十四

篇,其中《與張申伯書》中附《學術辨言》十五篇,《九經衍義表》兩篇,賦三篇,人物
傳記十四篇,跋文三篇,墓誌銘三篇,雜説五篇,祭文二十四篇,各種題記十六篇,共
録文一百三十五篇。其中史論、《學術辨言》載方氏學術觀點,其對經傳多有疑義,
闡發亦有獨到之處。其中多篇文章不見於諸家文集記載,爲僅存孤本,學術價值
頗高。

書首有清康熙辛酉年(二十年,1681)九月黃世發跋,鈐“雪滄所記”印。卷二
《苦海志》末有陳貞庵題識,鈐“陳生介印”“貞庵”印。卷二末有門人汪周麟跋,鈐
“汪印周麟”印。該本字體及紙張多有差異,應爲不同時間寫就輯録而成。其文章
體例亦有混雜疑爲後世裝訂之誤。方邁卒後,該本一直藏於黃世發家,流傳甚稀。
鈐“黃印世發”“耦賓”等印。(賈大偉)

紀游詩草八卷文集存三卷

清林毓俊撰。清康熙刻本。四册。半葉八行,行二十字。白口,左右雙邊。

林毓俊,號爾千氏,福建莆田人,生卒年及生平不詳。著《紀游詩草》。

卷前有黎元寬、余颺、陸叢桂、黃居中序文各一篇,鈐印“黎元寬印”“博庵”“颺
印”“黃居中印”等。

《紀游詩草》以樂府詩、古詩、近體詩、絶句和排律分卷,約計五百首。另有文
集三卷名《紀游草》,按賦、記、雜著分,共八篇。創作時間從清順治十五年至康熙
六年(1658—1667)。林毓俊性喜游歷。泛大江,踰淮泗。渡黃河之阻,登空同之
丘。游必有詩,紀必有文。臨高臺而吊古,撫景物以追游。余颺贊其詩文“出高人
韻士遠矣”。是書對研究林毓俊生平及當時社會生活具有一定歷史價值。

是書有紅筆句讀及小字注釋。(邵穎超)

蓑笠軒僅存稿十卷

清樓儼撰。清康熙刻本。二册。半葉十行,行十八字。白口,四周單邊。鄒存
淦跋。

樓儼(1669—?),字敬思,號西浦,浙江浦江人。其父樓宗聖,因貿易遷居松江雲間,樓儼隨父同往。樓儼少年時即聰穎異常,學問淵博,工填詞。後於金山朱涇做官。清康熙南巡,儼獻《織具圖詩》,得到皇帝賞識,特擢第一,征入詞館,與杜詔等同館纂修《詞譜》。後選廣西靈川知縣,官至江西按察使。晚年寓居松江,卒於松江。因爲官清廉,兩袖清風,無以安葬,松江鄉賢和親朋好友合力資助,得以葬於父母之旁。著有《宋詩二十八調考略》《白雲詞韻考略》等。

蓑笠軒爲樓儼、王鳴韶室名,蓑笠指蓑衣與笠帽,室名寓隱逸垂釣之旨。樓著有《蓑笠軒僅存稿》,王著有《蓑笠軒遺文》。

《蓑笠軒僅存稿》目録有:《零雨集》一卷《附詞》一卷、《叩拙集附詞》一卷、《餘清詩稿》一卷、《朝天初集附詞》一卷、《碧檻集》一卷、《載月吟附詞》一卷、《北颿集》一卷《附詞》一卷、《洗硯齋集》一卷。

該本爲康熙刻本,正文前有“光緒甲午仲冬中浣海寧鄒存淦儷笙氏識於杭州白蓮花寺”的題跋,介紹了此書“自遭粵寇之亂久已遺失,今年秋復得於青雲街考市”,爲“僅存中之僅存”,極爲珍貴,後有“長樂鄭氏藏書之印”“儷笙夏閱”“長樂鄭振鐸西諦藏書”印。

詩文内容包羅萬象,有寫景、抒情、寄親友等,與詩人人生經歷相印證,表達了作者的家國情懷。是書具有史料和文學價值。（李燕暉）

晚笑堂竹莊詩集一卷

清上官周撰。清乾隆四年(1739)刻本。一册。半葉十一行,行二十一字。白口,左右雙邊,單魚尾。

上官周(1665—?),字文佐,號竹莊,福建長汀人。清代著名畫家,亦工詩及書法。一生未仕,游歷大半個中國。畫作尤工山水和人物,傳世較多。人物畫代表作當屬《晚笑堂畫傳》,畫家根據歷史材料,爲一百二十位歷史人物畫像,形神兼備,成爲後世臨摹的範本。山水畫則“煙嵐瀰漫,墨暈可觀”。

上官周五十始學詩,晚年游粵東時,“在羅浮,道士山灘爲余言曰:‘子終日模山範水,既能爲無聲之詩矣,曷不引商刻羽,求爲有聲之畫乎?'余領其言,始力學詩,凡遇登臨酬酢,有得於心,輒不禁形諸歌詠,積久成帙"。全書共收錄詩歌二百餘首。

詩人在寫作《晚笑堂竹莊詩集》時,已經是著名畫家,且又是閱歷見識豐碩之時,故而有着鮮明的特色,即寫景則"詩中有畫,畫中有詩",感懷則"骨骼蒼勁,立意深遠"。正如楊于位序中所論"風格遒美,如其畫然",温序評"其豐神嫵媚無異三河年少,而骨骼蒼老殆有金戈鐵馬之風"。(彭文芳)

栩莊詩集六卷

清洪鈱撰。清康熙刻本。二册。半葉八行,行十八字。黑口,四周雙邊。

洪鈱(1665—?),原名理,字孝儀,號薌泉、栩莊,安徽歙縣人。庠生。工詩文。著有《栩莊詩集》《七峰草堂詩》等。

該書六卷,收錄洪鈱詩作二百二十七首。其中,卷一爲《軒轅臺懷古》《雨後過西園》《詠冰》等五言古五十二首;卷二爲《廣陵古意》《寄汝中》《下河嘆》等七言古九首;卷三爲《雨花臺望報恩寺塔》《燕子磯懷古》《晚舟過三山》等五言律八十首;卷四爲《山居四首》《游岑山晚歸》《桐月》等七言律四十五首;卷五爲《雙樹庵》《竹西》《叢桂山》等五言絕句十三首;卷六爲《富春山懷嚴子陵先生》《清夜游》《放舟》等七言絕句二十八首。該書初成於洪鈱三十歲之際,其在《甲戌三十生辰舟中感賦》中嘆曰:"二旬卜索一陽初,三十悲風萬死餘。骨骼空成孤子淚,蓼莪忍廢古人書。"由此可見洪鈱之淡然清冷詩風。

卷首有先著序、清康熙三十五年(1696)洪嘉植、王源序,卷末有康熙三十五年洪璟跋。先著序言及洪鈱飽讀詩書,三十歲撰成此集。洪嘉植在序中稱贊洪鈱曰:"從弟孝儀於古有專嗜,讀書論世乃自欲沈酣,載籍以通古人立言之旨,雖不廢作詩時期,自見其性情而止於禮義,有非近人所易及者,絕不在乎藻繪刻鏤之工敏也。……孝儀年方三十,進而學焉。以幾於古人之所謂禮樂詩書,而得夫詩人之原委,以不愧於立言之意。雖百餘篇之所作,固宜存之自考其歲月之踐迹,亦所以就正於君子，而豈徒矜名以自域哉？”而王源序稱洪鉽詩作“清矯澹樸，傑然有獨立之槩”。另，其兄洪璟介紹了該書成書始末，其跋語云：“予弟孝儀讀古人書，尤刻意於詩。友人先還甫氏暨兄去蕪，嘗爲論次栩莊一集，爲相許可。今年春，詣京師，見聞日廣，淬勵益精，所經歷山水人物多見於詩，合前所作續之集中，王子昆繩復爲序以問世。”

該書卷端鈐“苦樓”印，卷末鈐“川樓藏書之章”印。書中避“玄”諱。是書刻印清晰，内容稀見。（孫麗娜）

柳洲詩存一卷

清柯煜撰。清康熙刻本。一册。半葉十行，行十九字。黑口，四周雙邊。

柯煜（1665—1735），字南陔，號石庵，别號青霞洞天外史，浙江嘉善人，清代學者柯崇樸侄。清康熙六十年（1721）登第，以磨勘黜落。清雍正元年（1723）復爲進士，官宜都知縣，改衢州府教授，因之爲詩：“長跪謝阿母，阿母屢點頭。折腰非爾願，飲水非吾憂。”時人評之曰：“由知縣改教授，是母是子，論者兩賢之。”雍正十三年（1735），方苞薦之應博學宏詞科，時煜已病，未及試，抱憾而卒。曾受業於朱彝尊，詩詞文兼工。著有《小幔亭詩集》二卷、《月中簫譜》二卷、《石庵遺詩》不分卷、《長谷詩鈔》五卷、《石庵樵唱》一卷、《濤江集》四卷、《慈恩集》三卷等。

此本收録柯煜詩作一百餘首，古近體兼存，内容以酬唱應和爲多，如《訪索素庵苑東别業和蔣京少韻》《沈客子竹西厚餘招同人寒食宴集分韻二首》《次韻答素庵》《送丁卓峰舅氏之任新安再用前韻》等。甚爲難得之處在於，此類唱和應答之作亦有較高水準。如《贈言堂宴集分韻》，簡約明快，爲其五言律詩中的佳作。此集中還有不少感念抒懷之作，如《懷六叔父雲南》《癸酉七夕三首》等，情真意切，感人至深，從文學性、思想性上來説，更高於唱和之作。此外，著者喜用典，尤以古體長詩用典爲多，如《送許湄右歸揚》《上尚書吉水公》等，均連續用典，一方面使詩歌内容甚爲豐富，另一方面亦偶感行文艱澀，可謂各有利弊。有朱墨筆圈點、批注。此本稀見。（李江波）

春暉樓四六八卷

清汪芳藻撰。清雍正七年（1729）刻本。八冊。半葉十行，行十九字，小字雙行同。白口，四周單邊，單魚尾。

汪芳藻，生卒年不詳，字蓉洲，安徽休寧人。主要活動於清康熙中後期、雍正時期，以貢生入太學，教習期滿，官至江都知縣，後因事落職，欲舉博學宏詞科，然不得試。工四六文，曾游歷京師，出入李維裕、蔡昇元之門下。雍正九年（1731）任興化縣知縣，此時窮困潦倒的鄭板橋向汪求助，汪芳藻除夕夜見板橋并贈金，在興化傳爲美談。

是書前有毛際可、李振裕、吳應棻、汪瀠等人所作之序。全書共收録近二百篇四六文，每篇之下均有數語評論，評語者皆爲學者名流。其中比較有價值的有《吳竹洲詩集序》，後有鄭板橋題語云："固寫吳君，亦復自寫吾師。少即知名，晚乃得達，其胸中鬱勃之氣，亦有不能自已者耶。"《程刺史德配吳宜人傳》後亦有板橋評云："實有準性酌情之妙，程宜人得此可以不朽矣。"《中州校士餞別圖題詞》後有清代桐城派代表人物方苞所作之評語："叙次排宕，頓覺文章增價，臺閣生風。"《李怡堂古香齋詩集序》後有洪昆霞評語云："前沉雄後秀拔，筆愈變而文愈奇。"汪芳藻曾爲清代詞人孔傳鐸作《紅蕚詞序》，與柴世堂亦多往來。另爲曲阜孔氏所作幾篇四六文，也有一定的文獻價值和文學研究價值。

毛際可對汪芳藻的駢文評價甚高，謂其"起伏頓宕皆有渾灝之氣，相爲回旋亦使人摩抄神骨間而得之也"，評價其"取材最富，其對仗最工……滔滔汨汨隨地湧出"。

書中有朱墨筆批點。首卷鈐有"雙鑑樓珍藏印"印，爲傅增湘舊藏。（張偉麗）

春暉樓駢體一卷

清汪芳藻撰。清鈔本。一冊。半葉九行，行二十一字。

是書共九篇，包括《曲阜謁聖恭紀》《申椒集序》《紅蕚詞序》《清濤詞序》《代大司空徐子貞答聘啓》《詩跋》《詠雪詩跋》《兩庠公祭衍聖公母呂太夫人文》《曲阜顔氏樂圃池館記》，都是標準的四六文字格式。内容多涉及孔氏後人，其中《申椒集序》《紅萼詞序》係汪芳藻爲孔子六十八代裔孫衍聖公孔毓圻之長子孔傳鐸的詞集所作之序。孔傳鐸，字振路，號牖民，清雍正元年（1723）襲封衍聖公。《清濤詞序》係汪芳藻爲衍聖公孔毓圻之次子孔傳志詞集《清濤詞》所作之序。孔傳志，字振文，號西銘，又號蝶庵，康熙、雍正間屢膺大典。（張偉麗）

寒中詩四卷

清馬思贊撰。清康熙刻本。一册。半葉十行，行十九字。黑口，左右雙邊。

馬思贊（1669—1722），本姓朱，字仲安，又字寒中，號衍齋，又號南樓，浙江海寧人。清代藏書家。父親馬維揚任揚州推官，性喜藏書、校勘。馬思贊繼承父志，又廣爲搜羅，家有藏書樓，名“道古樓”，藏書豐富，所藏多爲宋元珍本與金石書畫精品，頗有聲名，自稱藏品中“可與生命俱者”有十餘軸，如郭忠恕《春耕圖》、李公麟《蠻王酺樂圖》、劉松年《春山雨霽圖》、夏圭《華山看瀑圖》、黄子久《亂山古木圖》、王蒙《山村圖》等。道古樓後不慎燬於火災，所藏書主要流入馬玉堂的師竹齋與吴騫的拜經樓。馬思贊好學不倦，工繪畫、書法、詩詞，精篆刻，擅長畫蟲魚鳥獸、山川草木。與朱彝尊、查慎行等結交往來。著有《衍齋印譜》五册，朱彝尊爲之跋。還著有《道古樓藏書目》《道古樓歷代詩畫録》等。其夫人查惜，字淑英，係查慎行妹，在詩文方面也很有才情。

此書四卷，書前有朱爾邁序。朱序曰“讀《寒中詩》，一往有後氣，如天馬下坂，峽水倒流，闢易千夫，瀾翻無地而輒回波折，復極其夭矯滂洄之觀，耆宿所莫及也”，可見朱爾邁對此書給予了很高的評價。卷一包括《曉起》《登南樓》《城下人頭歌》《征婦嘆》《决絶詞》等。卷二包括《公無渡河效長吉》《夢游泰山華山亦奇事也》《夜坐》《聞蛙》《客中見月得家信》等。卷三包括《看月池上篇寄管立夫》《裴晴川病起不可無詩》《龍山寺社會詩》《讀南北史》等。卷四包括《作先公年譜成》《贈聞生》《見雨》《雨後同内子登南樓作》《七夕》等。

此書卷首有"長樂鄭振鐸西諦藏書"鈐印。（張晨）

伴鐸吟一卷

清李晉撰。清鈔本。半葉十二行，行二十四字，紅格。白口，左右雙邊。

李晉，字冀一。清康熙甲子（二十三年，1684）舉人，官廣東靈山縣（今屬廣西）。平生手不釋卷，博學多通。告歸後，縣令延請輯縣志。詩集有《萃奇堂詩文》《伴鐸吟》。

此書前爲樊澤達序。樊序稱"余少不諳音律，措足承明，屢屢抱媿。既而南歸，得從馬上口受法度於年友李君雪樵，雪樵談詩專重性情，荏苒十有八年矣。今復與年友冀一聚首京華，二李之才，不相伯仲，風雅何多讓焉。一日示余以《伴鐸吟》，古近體詩若干首，各書厥志，筆墨淋漓，胸懷感慨，使人賞嘆，三復不厭。冀一之留心於詩匪伊朝夕，陣掃千軍，源傾三峽，真有一往莫遏勢，是其才更有大過人者，吾猶畏，冀一之性情，超越尋常。筮仕伊始，炎熱之場，猶不汲汲焉，不役役焉，憒惋流連，言人所不能言，可以群，可以怨，又學詩之大關鍵，此固雪樵所亟取，而余當退三舍避之。冀一一行依吏與雪樵土壤錯交。吾知大庾嶺頭，越王臺畔，彼唱此和，日進月新，必有相得益彰者……"，對李晉詩才高度贊譽。

卷端書名後題"太史昆來樊先生校正"，下署"夜郎李晉冀一甫著　男銘詩銘禮藏"。後錄李晉古近體詩，多抒寫情志，語言酣暢，又鈔寫工緻，極少修改。

鈐"獨山莫棠"印，或爲莫氏付刻前鈔寫校勘之底稿。（李玉瑋）

皆山堂詩一卷

清馬思贊撰。清康熙刻本。一册。半葉六行，行十六字。白口，四周雙邊。

此書共一卷，目錄後有"古梅溪呂建侯鎸"，可知爲呂建侯刻。書中多處朱批。全書包括《東海謠》十首、《禽言》八首、《詠物》六首、《古意》四首、《買桑曲》一首等。其中詠物詩十分風雅別致，如《右芙蓉花》詩"花開嫋嫋何鮮妍，穠姿貴彩相纏綿，萬態低昂最可憐，最可憐，情何極，臨春風，畏春日"。詠物抒懷，頗爲淡雅，耐人

尋味。（張晨）

竹園詩選六卷

清張廷弼撰。清刻本。四册。半葉九行，行二十字。白口，左右雙邊，單魚尾。

張廷弼，生卒年不詳，字秉衡，號竹園，漢軍正白旗人。監生，娶妻羅氏，官直隸魏縣知縣，後補江南吴縣知縣。治理魏縣，政績頗佳，至吴縣以文教弘其吏治。其叔曾任南昌太守，舅氏曾任京兆尹。張廷弼與時任蘇州知府的陳鵬年多有唱和之作，陳鵬年與曹寅多有往來。後張廷弼在吴縣任上遭虧空彈劾，陳鵬年亦受牽連。

是書前無序、目録，後附賦四篇，末有門人徐實等人跋。全書收詩近九百首，内容多爲托物懷人、撫時追昔、友朋酬答，并歷史題材抒發個人感慨，沉雄豪宕之中，自具恬淡容與之致。作者至性激昂，忠義奮發，時時形之於詩，徐實對張廷弼的詩做了如下評語：“能文者，未必工詩，能詩與文者，未必原之於理學，而能見之於政事。”各詩體裁多種，包括七言律詩二百餘首，五言絶句近三百首，七言絶句三百四十餘首，五言排律四十首，七言排律八首。徐實先以七言律詩一編二百餘首詩刊刻於世，後又加入其他體裁詩歌、賦共計七百首，分類編輯并注明，整理後再次出版。

張廷弼喜歡山水題詠，每游山水多作詩詠之，詩作中山水詩的數量頗多。大江南北皆有其足迹，其山水詩範圍也從北至南皆有涉獵，有《游西山》《樂城道中有感》《出古北口》《洛陽夜雪》《舟返常熟》《舟過無錫》等。其山水詩中加入歷史興亡之感，《洛陽夜雪》中寫：“龍門山下白漫漫，風樹蕭蕭洛水寒。一夜郵亭三尺雪，不知何處卧袁安。”一些即景抒情之作也充滿了韻味，如《秋夜獨坐》：“夜静月華上，秋深漢影西。惟憐籬菊瘦，蕭散伴幽期。”此外懷人之詩也是他着筆較多的題材，與叔叔、舅氏、長兄、内兄、朋友分別之時，均要作詩以記之。他與内兄羅璞庵關係最好，寫有數首贈羅詩。此外，如《别洹水二三知己》中有“魚雁他時應絡繹，懷人佳句滿長安”，寫得頗有深意。還有充滿了灑脱、自由、積極樂觀的送别詩，如《道逢故人口號》：“山左塵途遇故人，我游荆楚子歸秦。幸今四海爲家日，南北東西自在身。”他還專門就著名歷史事件和歷史人物作詩若干，如《聶政》《首陽山》

《朱溫》等,其中《諫迎佛骨》云:"佞佛從來舉世狂,聖明豈可惑空王。投諸水火真良策,百世同心讀諫章。"張廷弼還曾經接受了皇帝賜給的乳餅、哈密瓜,并作詩《恩賜克食乳餅哈密瓜及瓜乾山榛恭紀》,還作有《狼居胥山大閱宴賜群臣恭紀十二韻》《乾清門應制》《再賜御書恭紀》等應制詩。

是書寫刻精美,書中鈐有"惟適齋"印,間有朱筆句讀、墨筆批注。（張偉麗）

鶴漊詩選一卷

清萬虁輔撰。清康熙刻本。一冊。半葉十行,行十九字,小字雙行同。黑口,四周單邊,單魚尾。

萬虁輔,生卒年不詳,字伯安,一字硯濤,江蘇宜興人。貢生。著有《鯖餘集》《鶴漊集》等。少時逸氣溢出,雅工制藝,尤喜駢儷語,性孤介正直,爲人構陷繫獄,久而得白,然孤介之性終不改。韻語不尚風格,一歸真意於倫常日用。其外祖父以理學名重當時,後家道中落,然伯安不畏貧寒,致力學業,深得清初文化名人姜宸英賞識,本欲擢拔,但爲人掣肘,不遂,宸英深憾此事。曾爲《鯖魚詩集》作序,并有《書鶴漊詩集後》《答萬鶴漊》,又有《夕望貽萬鶴漊》詩。另有《柬萬鶴漊》二首存世。

是書前有清康熙三十四年(1695)長洲尤侗序,收近四十首詩并《秋海棠賦》一首,内容多爲與同儕唱和、游記、抒發之作。詩中以歌行體詩爲多。最長爲《江南曲》,極力渲染江南之美景,"千里鶯啼宛轉飛,一天花氣迴環馥",結尾陡然一轉:"客言如是江南好,君獨胡爲滯異鄉?"尤侗對此句十分欣賞,并發出感慨:"江南之人大半漁名獵利,馳騖長安道上……伯安負才未遇,方與輦上諸公謀舍館計,可不爲之一喟乎!"其餘詩作以七言絕句爲多,《平原道中》一首頗有唐人遺韻:"村南斜日柳藏鴉,前路征夫問酒家。知爲游人恨憔悴,杏花看落又梨花。"尤侗對萬虁輔詩作十分推崇,并勉勵萬虁輔,正值盛世,知遇正未晚,宜挾一經以應詔。（張偉麗）

兗東集二卷小紅詞集一卷

清朱經撰。清康熙刻本。一冊。半葉十行,行十九字。黑口,左右雙邊,單魚尾。

朱經(1666—?),一作朱徑,字恭亭,號燕堂,寶應(今江蘇)人,雲南道監察御史朱克簡子,侍讀喬萊婿。少年逸才,好古文辭,工詩,著有《燕堂詩鈔》《兖東集》《友梅集》《小紅詞集》等。

《兖東集》二卷,卷上爲《兖東游記》十一篇,卷下爲《兖東游詩》五十五首。書後附《小紅詞集》一卷。《兖東集》乃朱經省親其兄之暇遍游兖東有感而作。書前清康熙四十四年(1705)翰林院編修宫鴻曆所作序曰:"恭亭之詩之文大者根柢於六經史傳,而其次亦折衷於職方之紀載……其文華而不縻,其言信而有徵。"《小紅詞集》一卷,計詞七十七首、散曲四首,前有康熙四十年(1701)黄雲序,後有高銑跋。其詞語多憂思,黄雲評"小令獨精秦、柳,長調間出蘇、辛"。

鄭振鐸先生舊藏。(朱默迪)

燕堂詩鈔一卷

清朱經撰。清鈔本。一册。半葉十行,行二十一字,小字雙行同。朱口,左右雙邊,單魚尾。

《燕堂詩鈔》爲朱經自編詩集,有清康熙刻八卷本,收自康熙二十五年至三十八年(1686—1699),共十四年之詩作,以其少時作品居多,《四庫全書總目》將該書列入存目書著録。據書末朱百度識語,此朱格鈔本爲清同治四年(1865)其五世孫朱百度選鈔,收《狎鷗亭詩》《兖東游詩》等,"《兖東游詩》刊入全集,共收詩五十九首,喬劍溪删去四首,并加點校"。喬劍溪,即喬億,乃喬萊孫。《兖東游詩》與康熙刻本《兖東集》内容對比,可見此部分是參照康熙刻本《兖東集》進行校對的。然而,此鈔本所收作品與康熙刻本《燕堂詩鈔》均不相同,爲待刻樣稿。(朱默迪)

梅溪譚士遠掘得書二卷

清譚文昭撰,清戎式弘評。清康熙刻本。一册。半葉八行,行二十四字,無直格。白口,四周單邊,單魚尾。

　　譚文昭,字士遠,號梅溪,直隸懷來沙城（今河北懷來縣）人。書齋名吐鳳軒。清代學者,約生活於清康熙年間。蓋曾客居或求學浙江寧波一帶,其師爲寧波儒士戎式弘（字或號午庭）。兄名學昭,字文斗。弟子以呂瑛爲首,多江姓族人,蓋曾長年任教江氏業塾。博覽群書,好老莊之説,授徒講學,著書立説。著有《譚子掘得書》二卷。

　　本書版心及目録葉書名題作"譚子掘得書",蓋取義掘而得之萬物自然之理,故名"掘得書"。仿諸子書體例,共三十篇,分上下卷。上卷爲《天心》《天上》《升天》《上古》《三代》《論史》《凡物》《觀物》《族類》《影論》《仁義》《本論》《形貌》《人壽》《説夢》,下卷爲《人身》《論福》《高人》《隱逸》《凡人》《女流》《論寶》《富貴》《神像》《游山水》《論書》《論文》,其中《隱逸》《富貴》《游山水》均一題兩篇。又附卷六篇:《聽鸝賦》賦一篇,《九日醉菊辭》駢文一篇,《燕哺黄雀説》《白玉樓記》《三我論》《吐鳳軒記》散文四篇。卷首有戎式弘康熙己巳（二十八年,1689）序文一篇及五言古體贈詩二首、作者自序、門人呂瑛跋文。其後爲參訂門人名録,呂瑛（字斐石）領銜共三十三人,大多爲江姓,蓋爲同族。再後爲目録三葉。正文首葉署"四明戎午庭老師評定",江宗孔（字望尼）、江日寧（字維康）、汪澧（字宗衡）、胡邦英（字象三）、王之績（字懋公）、譚學昭（字文斗,作者之兄）六人同訂。正文三十篇并附卷六篇皆有戎式弘（午庭）圈點、夾批,每篇篇末有評語一至三則不等,均出自戎氏及同訂六人,戎氏所評占其半數且列於首位。正文三十篇皆論説文章,作哲理玄思,自天道、人倫、神鬼、仙界、方術、古史、名物,以至興亡更替、德行修養、禍福運命、人體形貌、夢境幻象、居處閑情、文論思想,均有所涉。作者當是以本書爲其一生思想之集大成者,著書立説,窮究格致,有開宗立派之心。其思想蓋出老莊一派,多談玄理,好奇思妙想。其師友評語多奉諛之詞,未當公論,戎式弘師序更言"文章之奇莫過《南華》,而譚子是書會其意不師其句",更見誇飾,然於本書風格則言之不虛。附卷數篇爲文學作品,或韻或散,與正文體式不同而格調相類,可作餘興觀。全書葉面多有蟲蛀,雖已經裱補,亦有少量字迹缺失,末葉《吐鳳軒記》一文後半篇,更大幅殘缺,文句多不可見。又偶有校訂未精之處,如"九日醉菊辭"篇名,目録中"辭"誤作"詞",上卷第七葉左"大不知守","大"應作"犬"。扉葉鈐"長樂鄭振鐸西諦藏書"印,鄭振鐸西諦舊藏。（謝非）

蠖堂稿二卷

清劉家珍撰。清康熙刻本。一册。半葉十行,行十九字。黑口,四周單邊。

劉家珍（1667—?）,字席待,號鹿沙,江蘇寶應人,劉中柱之子。工於詩,父輩如喬萊、陶澂、查慎行等皆折節與之爲詩友。同輩唱和者則有馮念祖、殷譽、喬崇烈等。著有《蠖堂稿》《北省集》《藕花書屋集》等。

此書卷前有陶澂序一篇。陶澂（1616—1703）,字季深,一字季,號昭萬,江蘇寶應人。少年時以文才聞名於江淮間,和王筑夫并稱"寶應二杰",著有《湖邊草堂集》《舟車集》。

《蠖堂稿二卷》按古體詩、今體詩分卷,收録了劉家珍百餘首詩歌。劉之詩温厚平和,格調清新婉轉,"帆駛移青岸,波平下白鷗"（《渡湖》）,頗有何遜音韻和諧之美;而"黄昏何處泊,遥聽廣陵簫"（《邵伯舟中》）,則帶有李商隱哀婉憂約之風;"此別芳魂遠,憑高幾望君"（《壬申悼亡詩》）與蘇東坡《江城子》（十年生死兩茫茫）同爲悼念亡妻而著,質樸自然,感人肺腑;"交情寂寞吴門劍,壯氣銷磨蜀國星"（《秋日謁先司馬公墓》）,雄渾豪健,氣勢奔放,與陸游詩風相近。陶澂評曰:"蠖堂之詩無流僻、無噍殺。瀏瀏乎其言也,娓娓乎其情也。接何李之音徽,漱蘇陸之方潤。"《蠖堂稿》對於研究作者其人及其所處時代的社會生活,具有很高的史料價值。（邵穎超）

浮園詩集

清朱慎撰。清鈔本。一册。半葉八行,行二十二字,無格。有朱筆圈點。

朱慎（1650—1696）,字其恭,號菊山,浙江金華武義人。《留溪外傳》有云,朱慎"博學,能文工詩,重氣節,愛交游"。其父曾任江都知縣,他隨父任結識了不少當地名士,有"武川公子"之名。

《浮園詩集》係朱慎自作詩集，前有宣城吳肅公、遂安毛際可、豐南吳綺所作序。全書收錄古體詩及律詩百餘首，按詩體編排。另補遺一卷，據卷端所署，"此係菊山先生少年所作，集内不載"。後附《菊山詞》，乃其詞集，由李漁鑒定，張潮修訂。朱慎爲人有古俠之風，善思好辯，其詩讀之亦有清真、沉雄之感，有別於同輩之風。目前，朱慎所作詩詞僅見鈔本三種：北京大學圖書館藏鈔本《浮園詩集》一卷，武義縣民教館藏鈔本兩卷，及國家圖書館藏此鈔本。此外，還有王仲儒編《離珠集》選入朱慎詩一百三十八首，《[嘉慶]武義縣志·藝文》《詩觀》《兩浙輶軒録》等書中亦有收録。（朱默迪）

動忍齋詩稿二卷米山堂詩稿一卷

清馬元錫撰。清刻本。一册。半葉十行，行十九字，小字雙行字數不等。黑口，左右雙邊，單魚尾。

馬元錫，生卒年不詳，字簡亭，浙江上虞人。雖工帖括，而屢試未遇。後客居京城，以禄養侍詔。

本書前有查昇、清康熙四十七年（1708）王式丹、壽致潤、康熙四十七年諸起新等人序，卷一收詩一百二十八首，卷二收詩六十七首，共計一百九十五首。此集内收録詩文大多爲其客居京城期間所作，或記録客居生活之詠，或與友人文酒唱酬之作，頗有風土之思。後附《米山堂詩稿》一卷，收詩七十一首，此中詩文多爲其在越舊作，纍積成集。

馬元錫自少能文章，喜諧聲，所撰詩歌"皆至性流露"。馬元錫因離家以迎侍都門，而無法盡人子之孝，其母抱恨而終。蓋馬乃大孝之人，念及至此常悲痛難已，詩集中哭母詩竟達二十餘首。其中一篇《丁亥小除日棘人馬元錫泣識》，以《詩》中蓼莪自比，悽愴悲懷，讀之令人動容。（朱默迪）

饑鳳集十六卷

清蘇春撰。清康熙五十二年（1713）刻本。四册。半葉九行，行十九字。白口，四周單邊。

　　蘇春(約1662—?),字倫五,江西上饒人。清初詩人、書法家。諸生。清康熙十八年(1679)客湘南,二十二年(1683)入蜀,客金陵,二十六年(1687)入京,有塞外之役,三十九年(1700)客皖江,尋入閩甌。五十二年(1713)自刻詩集,年約五十。曾師從王士禛,與孔尚任相契,與羅牧、王暈、張潮等交游,又受毛奇齡賞識,爲其詩集作序。

　　本書四册以“元亨利貞”排序,見於版心。每四卷訂爲一册。首册正文前有十六卷總目録。全書共收詩一千三百二十四首,作於康熙三十五至五十一年(1696—1712)十七年間。以時間編次:第一卷,康熙三十五年(1696),丙子稿,六十六首;第二卷,康熙三十六、三十七年(1697—1698),丁丑至戊寅稿,七十七首;第三卷,康熙三十八年(1699),己卯稿,九十三首;第四卷、第五卷,康熙三十九年(1700),庚辰稿,前者稱“江北詩”,七十六首,後者“江南詩”,九十七首,蓋本年作者曾北上長江以北,將居於江南、江北兩地時所作分編兩卷;第六卷,康熙四十年(1701),辛巳稿,一百四十一首;第七卷,康熙四十一年(1702),壬午稿,五十二首;第八卷,康熙四十二年(1703),癸未稿,七十一首;第九卷、第十卷,康熙四十三年(1704),甲申稿,前者稱“家集詩”四十一首,後者稱“閩游詩”六十一首,蓋本年作者曾游歷福建,將出游期間所得詩另編一卷;第十一卷,康熙四十四、四十五、四十六年(1705—1707),乙酉至丁亥稿,五十二首;第十二卷,康熙四十七年(1708),戊子稿,九十首;第十三卷,康熙四十八年(1709),己丑稿,九十五首;第十四卷,康熙四十九年(1710),庚寅稿,三十六首;第十五卷,康熙五十年(1711),辛卯稿,九十八首;第十六卷,康熙五十一年(1712),壬辰稿,一百七十八首。卷首毛奇齡序,稱蘇氏詩“纏綿蘊藉,皆其性情溫柔敦厚也”。書末跋文兩篇,皆手書刻板。一爲作者兄蘇蒼望作;另一篇署名“九州鐵”,未知何人,有待考證。正文中亦常有此人評語,蓋爲作者友人。文曰:“嗟乎,鳳也而饑耶! 夫枳棘可栖,奚必梧桐? 稻粱可謀,何須竹實? 鳳而饑,鳳自爲之也。雖然,饑然後見鳳。世有以腐鼠相嚇者,吾爲之而指之曰:此饑而鳳者也。則亦可以少衰矣。”可見其與作者親密知己、目爲高潔,本書得名“饑

鳳集"淵源在此。第一册目録首葉鈐"江安傅沅叔藏書記"，民國傅增湘舊藏。（謝
非）

德園游草一卷

清馮俞昌撰。清康熙刻本。一册。半葉九行，行十八字，小字雙行同。白口，
四周單邊。

馮俞昌，生卒年不詳，漢陽（今湖北）人。舉孝廉，官縣令。書法畫苑無不精
擅，尤工山水。著《德園游草》。

此本收馮詩一百一十多首，卷端題"楚興國馮俞昌謝羅著"，正文三十三葉後
缺。書首朱嘉徵序，缺前二葉。序中云"余諷習之，如《聽潮》《安平泉》《五夜書
懷》，居然岑嘉州、李東川（李頎）之作；《浯溪》《柳浦》《西粵》《潭州記游》，更類太
白詩；而《西塞》《登天柱》《滎陽餞客》作，真不讓子美（杜甫）……其詩中有畫，畫
中有詩，則又比肩右丞（王維）耳"，多溢美之詞。其詩以紀行感懷者居多，如《雨過
聽前溪》《磁湖渡》《辛卯春仲入潭州紀游》《漢江感赤河避兵者》《雲臺山》《戊戌于
役星沙次岳州》《武昌晤潘明弼》《洞庭阻風》等，爲瞭解作者生平行迹、友朋往來之
可靠資料，頗具價值。（劉悦）

凉踽堂二集

清何樗撰。清雍正刻本。半葉十行，行十九字，小字雙行字數不等。黑口，左
右雙邊，單魚尾。書籤題"凉踽堂小草"。

何樗，字野望，號小山，廣東江門人。凉踽堂是其室名，義同"踽凉""踽踽凉
凉"的略語，冷落寡合貌。《孟子·盡心下》："行何爲踽踽凉凉？生斯世也，爲斯世
也善，斯可矣。"室名寓耿介自守之意。何樗纍世仕宦，但他未入仕途，不與俗士交
近，故取"凉踽"二字作爲室名。

本書前有清雍正六年（1728）同里梁迪、七年（1729）弟何霖序。據梁迪序，何
樗曾出版《凉踽堂初集》，主要爲唱和詩集，而《凉踽堂二集》爲其近作。《二集》收

録何樗自作古體詩、律詩和絶句百餘首,按詩體編排。然而,目前未見有初集出版,二集僅有雍正刻本。(朱默迪)

拾遺編一卷

清釋圓微撰。清康熙五十七年(1718)釋圓微自刻本。半葉九行,行十八字。白口,四周單邊。

圓微,字介庵,陝西白水僧。時人稱其"機致圓敏,豐裁雅飭,戒行卓然。詩固可稱,其爲人亦非時下方外所及"。此《拾遺編》收詩七十三首,圓微於卷首述編書緣起,乃其"舊章十不得一……整理先師遺篋,不料得長短律詩若干首,批摘井然,瑕瑜莫掩",故"含哀編次,名之曰《拾遺》"。

是書有清康熙庚子(五十九年,1720)南陽樊琳序,後爲戊戌年(五十七年,1718)圓微自序。二序後爲目録,卷首題"白水釋圓微介庵著",後即正文。卷中編次非以體裁相從,亦未見年月標識,圓微稱之爲"拾遺",不無道理。卷中間有小字批語,恐即序中所言圓微先師所作。内容多見山居風物及交游酬唱爲多。如"得意游魚頻躍水,忘機狎鳥自當風"(《湖上》),"湖上多仙蹤,仙人不可逢。但留山掛霧,日日似雲封"(《掛霧山》),"無聲壓竹重,有意作梅飄"(《詠雪》),"迎人亂石苔痕溝,夾路喬松暮靄深"(《晚游洞山寺》),"冷落花需冷處栽,幽香耐得十分開"(《梅花》),"如此才華見未頻,毫端揮灑見清新"(《鄭雪崖中翰枉顧賦詩依韻奉答》),"雪後寒潭静且深,勸君試向此中尋"(《贈葉容水次友人韻》)。亦有對於世俗景象的記録和哀憫,如"霪雨何時歇,閩雲望不開。田禾未一熟,計歲有三災。象外餓難忍,空中愁欲來。倚樓看浮缽,森森竟沉埋"(《乙未水災》)。

是書雖名爲"拾遺",中不乏佳作麗句,正如樊琳序中所評,其詩句"清真嫻雅,無時俗風味"。(程佳羽)

洞庭湖櫂歌一卷續一卷

清朱丕戴撰。清刻本。一册。半葉十一行,行二十一字,小字雙行三十二字。

白口，左右雙邊。

朱丕戠（1677—1734），字愷仲，號菊塍，浙江秀水人，朱彝尊從孫。清康熙間貢生。著有《亞鳳巢詩稿》（今未見傳）、《洞庭湖櫂歌》等。

此書爲朱丕戠櫂歌，卷末有王戠識語，稱“新城公詩云：‘曾聽巴渝里社詞，三閭幽怨此中遺。詩情合在空舲峽，冷雁哀猿和竹枝。’今讀菊塍《洞庭櫂歌》，纏綿凄惻，深得屈宋之遺。遠與漫郎欸乃媲美，近與君家竹垞先生《鴛湖櫂歌》并垂不朽矣。漢陽同學弟王戠拜識”。《洞庭湖櫂歌》一卷之後爲《續洞庭湖櫂歌》一卷。書末有張希良跋，稱：“向讀竹垞先生《鴛鴦湖櫂歌》，輒嘆以爲絶唱，一時難乎其繼，孰意又得愷仲《洞庭》之作也。愷仲爲先生從孫，英敏好學，偶侍其尊人簡在先生游楚歸而遂有斯編。沅芷湘蘭間，不且重添一佳話乎。若其考索精詳，寄托瀟灑，幾與《鴛湖》百吟後先輝映矣。勝地之幸，豈徒然哉。遼海靳治荊蒼涼凄切，接靈均之九歌，當何涓之一夕。楚黃八十有一舊史氏張希良燈下識。”可見王戠、張希良對其作品評價之高。

張希良，生卒年不詳，約清康熙三十九年（1700）前後在世。康熙二十四年（1685）進士，官翰林。歷左右春坊贊善，纂修《三朝國史》《一統志》《明史》《春秋講義類函》。纍官侍郎，督學浙江，致仕歸。希良工詩文，深古學，著《寶宸堂集》《春秋大義》等傳於世。文中提及《鴛鴦湖棹歌》是清朝著名學者兼文學家朱彝尊作品。嘉興古代詩人即以風土人情作爲詩歌題材，最早是宋代張堯同《嘉禾百詠》，至朱彝尊的《鴛鴦湖棹歌》，始蔚爲大觀，且流風遺韻綿延數百年不絶，在嘉興詩壇上形成一個特殊的流派。

此書刊刻精良，字體清麗，爲刻書之精品。（李玉瑋）

大野詩删六卷

清畢榮佐撰。清雍正刻本。一册。半葉十行，行十九字，小字雙行字數不等。黑口，左右雙邊，單魚尾。

畢榮佐（1670—？），字襄宸，號大野，新安人。

本書前有清雍正十三年(1735)中州竇容恂、龍眠張素書、同里高山啓、康熙四十九年(1710)潛川孫維棋等人序,畢榮佐總引。據高山啓序,此集乃爲畢榮佐往來江表之作,刊刻於新安。各卷校訂者均不相同,分別爲海陽朱兮灝校訂卷一,浮山吳兆震校訂卷二,龍眠張素書校訂卷三,同里高山啓校訂卷四,同里張世津校訂卷五,鏡隱方元璧校訂卷六。（朱默迪）

狷亭詩稿七卷

清陳沂震撰。清鈔本。一冊。半葉十行,行二十一字。黑口,左右雙邊,單魚尾,有朱墨筆校字。

陳沂震(1658—?),字起雷,號狷亭,江蘇吳江人,明嘉靖南京道監察御史陳王道五世孫。清康熙三十九年(1700)進士,五十五年(1716)五月授以禮科給事中,任山東提督學政。清雍正五年(1727),其次子盤剝難民事發,累及陳沂震,遂逸出爲僧,法號漏雲,亦號静峰,字明照,侍文覺禪師,後主持上海鐸庵。陳沂震自幼好山水作令,有《微塵集》《敝帚集》《狷亭集》,出家後有《漏雲居詩草》和《漏雲詩稿》。

據每卷前標題,此書所收詩爲陳沂震在康熙五十三年至五十九年(1714—1720)所作。詩稿依據年份排列,分爲七卷。國家圖書館藏鈔本上有朱墨批注,根據墨筆注釋,可知此稿"丙申"卷爲《微塵集》卷十三,"戊戌"卷爲《微塵集》卷十四,"庚子"卷爲《微塵集》卷十五。

《狷亭詩稿》七卷之中,前二卷題名"潞河詩",後五卷題名"山左詩",前二卷乃其居京城通州督倉所作,後五卷是授任山東提督學政時所作。從内容來看,所録詩文大多其爲官任内人物事情,亦有政史評論,可見其公事之餘尤好文章思辨。（朱默迪）

希雅文集

清郭人麟撰。清鈔本。一冊。半葉九行,行十九字。白口,四周雙邊。

郭人麟，字嘉瑞，號藥村，福建福清人。據《福建通志》，郭人麟爲清康熙二十九年（1690）副榜。工詩賦古文，行草繪事，爲當世所重。晚年益嗜書，著述纍篇，有《藥村外集》《藥村詞譜》《藥村留草》《學語集》《藥村詩義》等。

《希雅文集》由《希雅集文》一卷和《希雅集詩》一卷兩部分構成：集文以文體爲綱，分賦、頌、表、制詔、論、考、序、啓、文、贊、箴銘，計十一類三十五篇；集詩以詩體爲綱，分四言古、五言古、七言古、五言排律、五言律、七言排律、七言律、五言截句、七言截句，計九類九十八首。據書前自序可知，此集乃福建學政沈心齋擬目，郭人麟屬筆。此書行文正統規範，體裁完備，可爲八股之範。

國家圖書館藏清鈔本乃郭人麟自鈔，書中鈐有“人麟私印”“有行後人”“人麟手定”“藥邨”“家瑞”（嘉瑞）印。此書未見有版刻付梓，惜此本乃殘本，僅存《希雅文集》文前十三篇。（朱默迪）

乙未亭詩集六卷畏壘山人詩集四卷筆記四卷文集四卷

清徐昂發撰。清康熙徐氏德有鄰堂刻本（《文集》四卷爲鈔本）。七册。半葉十一行，行二十一字；《畏壘筆記》半葉九行，行十九字。白口，左右雙邊，單魚尾。

徐昂發，生卒年不詳，字大臨，號畏壘山人，又號絧庵，江蘇長洲（今蘇州）人。清康熙三十九年（1700）進士，由庶吉士授編修，官至江西學政。清雍正初年以事遣戍新疆。以文酒自豪，常傾四座。又長於考證。《畏壘山人文集》鈔者倫明（1875—1944），字哲如，廣東東莞人。清光緒二十七年（1901）舉人。曾任燕京大學、輔仁大學教授。著名藏書家，藏書室名續書樓。

該書《乙未亭詩集》《畏壘山人詩集》《畏壘筆記》爲合刻，牌記葉皆刻“德有鄰堂藏板”。《畏壘山人文集》爲經鉏堂鈔本影鈔本。《乙未亭詩集》版心鐫“乙未亭詩集”及卷次、葉次。卷前有韓菼序，卷一卷端題“乙未亭詩集卷一”，署“長洲徐昂發大臨”。卷六爲“宮詞”，前有康熙三十三年（1694）韓菼序，末有“題宮詞卷後”，即丘南汪琬鈍翁、德州田雯綸霞、長洲韓菼慕盧、四明周斯盛鐵珊、研溪周惕元龍分別題詩二三首。周惕題詩第一首末有小字注“大臨云，詩成後亡失小半”。《畏壘山人詩集》卷一卷端題"畏壘山人詩集卷一"，署"長洲徐昂發大臨"。版心鎸"畏壘山人詩集"及卷次、葉次。《畏壘筆記》卷一卷端題"畏壘筆記卷一"，署"長洲徐昂發大臨"。版心鎸"畏壘筆記"及卷次、葉次。《畏壘山人文集》無欄框。卷前扉葉有倫明朱筆題記："《畏壘文集》無刻本，假得經鉏舊録本照寫一本，足成完書。哲如記。"卷一卷端題"畏壘山人文集卷之一"，署"長洲徐昂發大臨"。

《乙未亭詩集》爲徐氏登第前所作，《四庫全書總目》未收録。《乙未亭詩集》卷前韓菼序評其詩云："筋力於漢魏以來，不沾沾於規撫唐，而亦無意於矯之。要其志趣自高，如朱子所謂洗滌腸胃間葷血脂膏，而芳潤易入也。"《畏壘山人詩集》爲徐氏登第之後作，《四庫全書總目》收入集部別集類存目。《四庫全書總目提要》評《畏壘山人詩集》詩曰："是集，諸體雜編，其五言古體大抵刻峭清新，一往駿利，有透空碎遠之音，而下手太快，亦頗乏渟蓄深厚，則思鋭而才狹之故也。"《畏壘筆記》正文前有作者康熙五十七年(1718)七月十八日"重録并書"小序，述及成書經過："予少讀書無所師承，隨讀隨忘，無益愚蔽。年已遲暮，不勝其悔。己丑、庚寅間，始隨筆札記。雖古人成説，有裨聞見、增長智識者，咸掇録焉。間參以臆見，用備遺忘，無或再使月悔朔、日悔昨云爾。"《四庫全書總目提要》評《畏壘筆記》云："其書皆考證之文，大抵皆採掇舊聞，斷以己意。……'孔叢子'一條，既灼知其書爲依托，而子思生無鬚眉之類，又引以證。蓋愛博嗜奇，隨文生義，未能本末賅貫。……核其所學，自不及國初顧炎武、朱彝尊等之淹通。然持擇矜慎，叙述簡潔，正舛訂譌，頗資聞見。在近時説部之中，猶爲秩然有條理者。究非明人雜録，轉相裨販，冗瑣無緒者比也。"潘景鄭《著硯樓書跋》評《畏壘筆記》云："專記讀書所得，有裨聞見，參以臆説，俾前人結轖處，得迎刃而解，非好學深思，胡能臻此？其書闡述《史》《漢》爲多，證群義以折衷一説，確有見地。"《畏壘山人文集》卷末附有一"佚存書目"，首云"佚存未備之書，購求原本鈔録，所有書目附於卷末，俟再得秘藏之本陸續繕成以行於時。苕溪漫士識"，後列《金佗粹編》《名臣碑傳琬琰集》《宣靖備史》《劉賓客文集》《十一家注孫子》《畏壘山人文集》等書目四十四種，應爲鈔本所據底本原有。類似書目又見傅增湘《藏園群書經眼録》卷四史部雜史類"宣靖備史四卷"條,亦經鉏堂寫本。傅氏所録書目三十四種,《畏壘山人文集》所録增十種。

《中國古籍總目》集部別集類清代之屬著録。（趙愛學）

拙齋集五卷

清朱奇齡撰。清康熙介堂刻本。二册。半葉十行,行二十五字。白口,四周單邊。

朱奇齡,生卒年不詳,字與三,又字子令,號拙齋,海寧（今浙江海寧）人。清康熙間貢生。著有《春秋微測》《續文獻通考補》《拙齋集》。

此集著録於《四庫全書總目》卷一百八十三集部三十六別集類存目,言奇齡"平生潦倒場屋、老而不遇、刻意以古文自任。所作皆簡潔明㟁、無鈎章棘句之態、而邊幅不免於稍狹"。共五卷,卷前有查嗣珣序、康熙己卯（三十八年,1699）三月祝翼恒序,其子嶽徵協慶、元榮協庭同訂。卷之一爲書、序,祝翼恒、查慎行選;卷之二爲記、傳,王世琦、查嗣瑮選;卷之三爲論,汪儒、查嗣珣選;卷之四爲策,張焕、查慎行選;卷之五爲雜文、行略、墓誌、祭文,湯叙、查嗣瑮選。

此書爲清康熙介堂刻本,第二册版心下刻"介堂"二字。據書中費寅（1866—1933,字景翰、景韓,號復齋,室名自怡齋）跋語可知,此集原僅殘存一册,爲卷三至五,是朱彰舊藏,鈐有"朱彰之印""海鹽胥郵朱氏號魯瞻弌字滴亭圖書"二朱記,後據朱澤民所藏完本鈔補卷之一、二,并録朱半塘恭壽手跋,纔使此集得成全璧。齊魯書社《四庫全書存目叢書》即據此本影印。

此書鈐有"費寅之印""復齋""自怡齋"印。（馬琳）

證園文鈔不分卷

清儲遜撰。清鈔本。二册。半葉九行,行二十五字。有朱墨筆批校。

儲遜,自號證園,別號證道人,江蘇宜興人,清康熙五十二年（1713）進士。生平不詳,僅知其客死天津北塘,其友繆共位爲之料理安葬,并哭以詩。

本書共收録傳九篇、論六十二篇、議十篇、文五篇、表二篇、銘二篇、題五篇。其中,占較大篇幅的六十二篇論大多爲政論或歷史人物評議,如《取士論》《養民論》《田光論》《扁鵲論》《宋高宗論》《京兆尹楊知至誣奏蝗不食稼論》等。而人物傳記、題辭銘誌大多爲儲遜爲其親友撰文。

此鈔本内有墨筆校字并圈點。墨筆校字大多爲對文章内容的批評,部分校字因書葉裁切殘缺不全。書中鈐有"松溪""茶敦"等印。（朱默迪）

問津集一卷

清陳賁懿撰。清鈔本。半葉九行,行十九字,無格。

陳賁懿,字白村,澤州府陽城（今山西晉城陽城縣）人,陳廷愫之子。清康熙五十年（1711）舉人,曾官杞縣知縣。

《問津集》卷首題"問津集",下題"陳賁懿白村著"。本集僅存陳賁懿所撰詩五首,其中七絕一首,七律四首。七絕一首題爲《永寧州道中》:"冷落旗亭罷酒卮,凄風苦雨客行遲。衹今蕭瑟寒山路,正是梅莊發花時。"此詩中,作者抒發了長途跋涉的辛勞。

此書爲清《高都陳氏詩鈔》本,鈐有"南通馮氏景岫樓藏書"印鑒。"南通馮氏景岫樓藏書"是馮雄的藏書印。馮雄（1900—1968）,字翰飛,號彊齋,江蘇南通人。畢業於唐山交通大學,後在商務印書館任編輯十餘載,先後編著水利、鐵道、世界文化史及大學叢書多達四十餘種。中華人民共和國建立後任中國科學院水利研究員。曾任郭沫若秘書。馮氏學識淵博,精通版本之學,喜愛藏書,藏書處名爲景岫樓,收藏古籍達萬卷。收藏中,尤重鄉邦文獻,曾藏鈔本《兩淮通州金沙場志》,爲海内孤本。馮氏藏書印有"景岫樓""南通馮氏藏書印""南通馮氏景岫樓藏書""扶海馮氏""馮雄""翰飛"等。上海合衆圖書館曾爲馮雄的藏書編撰《南通馮氏景岫樓藏書目録》三卷。馮雄著述頗豐,其著作有《蜀中金石志》《景岫樓讀書志》等。（趙前）

樸軒詩一卷

清陳崇儉撰。清鈔本。半葉九行,行十九字,無格。

陳崇儉，字樸軒，澤州府陽城（今山西晉城陽城縣）人，陳豫朋第三子。清乾隆九年（1744）舉人，揀選知縣。

《樸軒詩》卷首題"樸軒詩"，下題"陳崇儉樸軒著"。本集僅收陳崇儉所撰詩七首，其中五言律詩《乙亥元日登城觀日出》（小注雙行：時在雅堂公蓉城署）："海國逢元旦，登高望日旰。録濤搖赤壁，白練滾丹珠。瑞靄迎三始，陽和遍九區。願傾葵藿意，莫使失東隅。"此詩大氣磅礴，對仗考究，盡顯陳崇儉之才華。

此書爲清鈔《高都陳氏詩鈔》本，鈐有"南通馮氏景岫樓藏書"印鑒。（趙前）

蘭皋詩一卷

清陳傳始撰。清鈔本。半葉九行，行十九字，無格。

陳傳始，字蘭皋，澤州府陽城（今山西晉城陽城縣）人，陳壯履子。清雍正十年（1732）舉人，授福建古田縣水口關鹽使。

卷首題"蘭皋詩"，下題"陳傳始蘭皋著"。本集僅存陳傳始所撰五言絶句一首，詩名爲《中秋夜宿上黨》："幾度中秋節，團圓詠月圓。等閑爲客去，却對一燈眠。"詩後有識語一段："公之著作，遍覓不得。庚子仲秋，灼自山左歸於潞安旅壁，得讀此作，亟録之，以見一斑，云。"

此書爲清鈔《高都陳氏詩鈔》本，鈐有"南通馮氏景岫樓藏書"印鑒。（趙前）

仰山詩一卷

清陳景行撰。清鈔本。半葉九行，行十九字，無格。

陳景行，字仰山。《仰山詩》卷首題"仰山詩"，下題"陳景行仰山著"。此詩集僅存陳景行詩作二首，其一爲《寄懷盧柏庵》："秋來多白露，寂莫一欹歔。但憶離時語，頻看別後書。暮雲依遠樹，凉月下幽廬。那得蓮花幕，相將二月餘。"盧柏庵是陳景行的侄子，此詩寫出了陳景行對親人的思念之情。

此書爲清鈔《高都陳氏詩鈔》本，鈐有"南通馮氏景岫樓藏書"印鑒。（趙前）

改庵詩集一卷

清陳名儉撰。清鈔本。四册。半葉九行，行十九字，無格。

陳名儉，字雅堂，生卒年不詳，清代澤州府陽城（今山西晉城陽城縣）人，陳豫朋次子，陳師儉之弟，清代名臣陳廷敬之孫。清乾隆九年（1744）進士，出自有名的山西陽城陳氏家族。世居陽城的陳氏家族，在明末清初逐步發達起來，至清雍正時期，已經出了陳天祐、陳昌言、陳廷敬、陳元、陳壯履等九位進士，陳廷翰、陳壽岳、陳傳始、陳名儉等十位舉人。陳名儉爲該家族中所出的舉人之一，官至榮城知縣，但生平事迹史籍記載頗少，此書爲陳名儉其人和陳氏家族的研究提供了重要資料。

山西高都陳氏家族，在歷代均有著述，其著作雖多有散佚，但目前所見依然有不少。此本《改庵詩集》爲清鈔《高都陳氏詩鈔》本，封面題“高都陳氏詩鈔卷一”，下有鈐印三方，分別爲“手澤傳流子孫永保”“無忘爾祖聿修厥德”“陳錫璋識”，後有凡例六則，字迹潦草，指明其先人“詩卷繁多”，因此“僅以家庭唱和收入本集”，且其家族中陳廷敬所作《午亭文編》被收入《四庫全書》，頗爲難得。序後有目録，下方鈐“南通馮氏景岫樓藏書”印。此本詩作多爲描述日常生活，如《舟中課兒子法於讀示之以詩》《病中夜坐》《雨中送侄法登兒子法於入學》等，處處顯出作者的愛子之情。此外還有少數軍事相關題材的詩作，如《遲羽林軍不至》等。（李燕暉）

愈愚集一卷

清陳沛霖撰。清鈔本。四册。無框格。

陳沛霖，字慰蒼，生卒年不詳，清代澤州府陽城（今山西晉城陽城縣）人，清代高都陳氏家族後人。其生平不可考，但因其作收入陳氏家集，可斷定其爲陳氏家族後人，據詩集中各位作者的輩分排行可知，其出生較晚，應爲陳氏家族後輩。

此《愈愚集》爲清鈔《高都陳氏詩鈔》本。卷首題名“愈愚集”，作者題“陳沛霖慰蒼著”，卷首有作者自序曰：“詩之作蓋難言矣，非具斗石才求一言之俊逸而不得也，非讀萬卷書求一言之典則而不能也。余嗇於才而不覆於學，亦何敢言詩哉？”可見作者之謙遜。該詩集僅存詩三首，題爲《午日恭少姑母原韻》《次王紫居吊谷移居原韻》和《九月五日同李薇臨段順長寔夫湘珮游枋口用文潞公韻》，其詩作用詞虛浮，不甚精妙，與同家族其他詩人相較，略顯平淡，但作爲陳氏家族後代中少數有詩作流傳的詩人之一，其留存的詩作頗爲珍貴。（李燕暉）

玉照堂集句不分卷

清莊蕡菻撰。清康熙刻本。二冊。半葉九行，行二十字，小字雙行同。黑口，四周單邊。

莊蕡菻，生卒年不詳，字宜三、静芬，江蘇常州人，莊囧生次女，諸生孫師儉妻。治家有條法。性愛梅，詠梅之句獨工。著有《玉照堂集句》《悟香閣草》《詠蘭稿》。

此書首有清康熙壬戌（二十一年，1682）沈朝初（東田）序，稱莊蕡菻爲莊囧生次女，嫁孫師儉，性情賢淑，又性愛梅，所居庭院遍植梅花，詩作也多詠梅，且工於集句，起訖聯屬，對偶精切，如出一手。集六朝三唐名句爲詠梅詩不下百篇。并評價莊氏女甥鍾情詠梅，女中之幽人逸士，不遜林逋。閨中贈答，賦物遣興，悉爲集句。一題入手，直使古人奔走腕下。作詩難，集詩更難，難於一字不能易。蕡菻集句之妙則在一字不必易，一字不可易。對蕡菻集句詩評價極高。

序後即爲蕡菻集句詩，署“蘭陵孫莊蕡菻宜三氏集”。蕡菻集句涉及詩人衆多，但功力極深，集對揮灑自如。讀來確如沈朝初之評價，一字不必易，意趣叢生，足見蕡菻詩文根底之厚。書中間有墨筆圈點，集後附詠梅百首。（李玉瑋）

讀書堂詩稿二卷

清汪日祺撰。清雍正刻本。二冊。半葉十一行，行二十一字。黑口，左右雙邊，雙魚尾。

汪景祺（1672—1726），原名日祺，字無已、玉岑，號星堂，浙江錢塘（今杭州）人。出身官宦世家，其父汪霖曾任户部侍郎，其兄汪見祺曾任禮部主事。少年即有才名，但久困科場，清康熙五十三年（1714）中舉人，清雍正初年入撫遠大將軍年羹堯幕府,著有《西征隨筆》。後涉年羹堯案被處死,妻子流放黑龍江爲奴,兄弟叔侄流放寧古塔。

書前有翁嵩年、查慎行、章藻功序。卷端又題"江鄉羈旅集"。查慎行序述其命名緣由:"錢唐汪君無已爲名父之子,少負異才,年踰四十舉京兆秋試,三上南宮未第,飄然南歸,僦居東湖之上,益肆力於詩,自辛丑秋迄壬寅冬,所得凡四百七十餘首,題曰'江鄉羈旅集'。"此本卷一卷端題名下鐫"辛丑年七月起十二月止",卷二卷端題名下鐫"壬寅年正月起十二月止",可知所收爲康熙六十年至六十一年(1721—1722)詩作。此書不按詩體分類,而以創作日期爲序。查慎行序贊其詩作"感時以寄情,隨事以寓諷,正而不腐,奇而不生,澹而不枯,工而不靡"。

卷端鈐"沈吟至今""倔强猶昔"等印。（劉波）

延緑閣集十二卷

清華希閔撰,清時鈞轍、楊度汪校訂。鈔本。六册。半葉十行,行二十字。

華希閔(1672—1751),字豫原,號芋園,江蘇無錫人。清康熙五十九年(1720)舉人,應博學宏詞科,以副榜貢生爲涇縣教諭。清乾隆十六年(1751),華希閔因在南巡期間獻《廣事類賦》《游志録》《經史質疑》等書,故恩賜知縣。卒後因其"天性純孝、篤志窮經、平生著述頗多",御賜祀鄉賢祠。華希閔不僅勤於著述,亦自刻書,書閣稱劍光閣,所刻書多爲翻刻或重刊,如《廣事類賦》《遺山集》《訓俗疑規》《簡端録》等。《四庫全書總目提要》曰:"希閔因校刻吴淑《事類賦》,病其未備,乃廣爲此編,附刻其後,凡二十七門,一百九十一子目,亦如淑例自注,然終不逮淑書也。"

此書乃華希閔文集,收録華氏文章百餘篇,分爲經説、講義、史論、對策、序、記、書議、傳誌、述、雜著、詩詞賦十類。其中,講義爲其任涇縣教諭時在水西書院的問答。華希閔窮年著書,尤篤於經,序稱"華子之於經,深而好之篤矣⋯⋯誠所謂不苟同,亦不苟異者也"。而華希閔所爲碑銘、刻書序記,大多登作者之堂。

《延緑閣集》有清雍正刻本存世。此本乃據故宫博物院藏鈔本重鈔。（朱默迪）

西庵草一卷

清釋律然撰。稿本。半葉十行，行二十字。黑格，左右雙邊。

律然（1672—?），字素風，號西庵，俗姓秦，常熟人。虞山北麓梵壽庵僧，嘗聽講吳縣永定寺。工詩善畫。孫淇謂其"生以康熙壬子"，《自述》稱"余自戊辰（康熙二十七年，1688）冬薙染入空門，時年十有七"。

此稿本前有嚴德垕《西庵集叙》，後接錢陸燦《題西庵詩》，其後爲康熙三十九年（1700）律然自述，收詩約康熙三十四年到四十一年（1695—1702）。卷首題"釋律然素風"。卷中處處可見朱墨批校，多爲字句修改及修改因由，得意處圈出，字斟句酌，可見一斑。卷中有絶句、律詩、歌行等體裁，但詩作的先後次序并非嚴格依體裁類編，也没有嚴格按照年月次第。詩的内容有記山居生活、自身游歷等，如《己亥除夜有感》《山塘夜泊》《夜渡南湖》《清明後一日山游》《暮春田園雜興十二首》；有寫景詠物之詩，如《初夏》《詠燕》《春郊》《老樹》；有與友人的交游酬唱之詩，如《和同學蘭村見贈》《小春吟社諸公見訪》《落梅次本師和尚韻》《題黄調元小照》等。卷末先有錢陸燦跋，謂"遍閲諸作，和易輕穩，絶少字句之疵"。後有清嘉慶二十四年（1819）彭兆蓀跋及孫元培跋，彭跋云："右西庵上人詩集手稿，所詣雖未精，而清复越俗，讀之如在寒暑蕭寺中，支折脚鐺煮糙米飯光景。昌亭人海，浩浩市聲，得之不啻煙林孤磬矣。"

《清詩别裁集》稱其詩"不落禪門偈頌體"，王應奎則謂律然"以詩爲詩，不以偈頌爲詩"，如寫佛門生活，衹説"今住山中閑已慣，衹看明月不看燈"，或是"心如止水久忘機，偶共閑雲出翠微"，語句淡而有味，空而不玄；寫景詠物亦多佳句，有田園之風，如《荷池五詠》"一池端正相，誰向此中生"，"風卷一池碧，凉生滿院香"，"玉泛金盤露，香含碧沼身"等，讀之如含華咀英，滿口留香。黄岡法弟王材任更譽其詩"其清潔則皎然也，其蒼秀則貫休也，其雄渾則齊己也，是以空門詩家視之則可"，評價雖高，但亦頗中肯。（程佳羽）

清代詩文集
珍本叢刊

陳紅彥
謝冬榮
薩仁高娃　主編

國家圖書館出版社

總目·索引·提要

下冊

澄懷園詩選十二卷

清張廷玉撰。清乾隆刻本。四册。半葉十行,行十九字,小字雙行同。白口,左右雙邊,單魚尾。

張廷玉(1672—1755),字衡臣,號硯齋,又號澄懷主人,謚文和,安徽桐城人,大學士張英之子。清康熙三十九年(1700)進士。入值南書房,遷太子洗馬,歷任内閣學士、刑部侍郎、吏部侍郎、禮部侍郎、翰林院掌院學士、户部尚書、文淵閣大學士、文華殿大學士、保和殿大學士、吏部尚書等職,爲内閣首輔、軍機大臣。并配享太廟,此爲清代獲此殊榮之唯一漢文臣。歷事康雍乾三朝,位極人臣。任康熙雍正兩朝實録,《明史》《大清會典》《皇清文穎》等總裁官。自編訂著作爲《澄懷園全集》三十七卷,含《文存》十五卷、《詩選》十二卷、《載賡集》六卷、《澄懷園語》(筆記)四卷。詩文多爲應制酬酢、碑傳墓誌。《清史稿》卷二百八十八有傳。

本書十二卷分訂四册,每册三卷,第一册卷首有吴華孫清乾隆二年(1737)序、張廷玉同年自序,次則附載清雍正五年(1727)《傳經堂詩焚餘集》蔡世遠序、張廷玉自序。并有目録三葉,載每卷收詩體裁數量:卷一、卷二爲古體詩,卷一五十四首,卷二四十九首;卷三至十二爲近體詩,卷三一百一十三首,卷四一百一十二首,卷五一百零二首,卷六九十八首,卷七一百一十三首,卷八一百零七首,卷九一百零一首,卷十七十首,卷十一九十四首,卷十二一百零九首,共計一千一百二十二首。廷玉本於康熙中編訂詩集二十七卷,名《傳經堂詩集》,收詩多達二千餘首,後刪汰三成,并增補雍正間所作,以成本書。《四庫全書總目》卷一百八十四"别集類存目"載"澄懷園全集三十七卷"曰"詩選十二卷皆雍正乙卯(十三年,1735)以前作",即爲本書。作者爲一代名相,政務繁巨,學識淵博,亦頗有才情,詩情篤盛,平生所作達數千首之巨,本書裁汰編訂留其精者,田園題詠、日常詠嘆,多生活氣息;紀實酬酢之作,因作者身份顯貴,頗多史料價值。卷首鈐"定遠胡氏珍藏書畫"印。(謝非)

盛虎文詩稿一卷

清盛文炳撰。稿本。一册。無框格。

盛文炳，生卒年不詳，虎文或爲其字號。據詩稿中相關文字，生活在清康雍時期。

此稿收《范陽雜詠》《自嘆》《步朱竹垞太史閑情》等。《范陽雜詠》末有："余自癸巳歲北游至丁酉旋里，客居五載，惟在範陽爲最離索，故詩多感慨語，誠境有以迫之也。"《范陽雜詠》中詩名《涿鹿》《樓桑邨》《華陽臺懷古》《馮氏園》《雨窗》《七夕》《寂寞》《不寐》《苦寒》《度歲》，亦反映離索孤寂的心境。後鈐"文炳之印""虎文父"兩印，《自嘆》署"庚子秋作"，《太平廣記詩小序》則署"雍正己酉清明前二日書"，鈐印"盛文炳""虎文"。鈐印還有"藕漁""讀書秋尌桄""廣陵"等。詩稿爲後人集中裝訂，行字差異較大。（李玉瑋）

許屏山集九卷

清許田撰。稿本。二册。半葉十行，行二十字，無格。

許田，生卒年不詳，字莘野，一名畾，字畾父，一字改邨，號畾農，別號青塍，錢塘（今浙江杭州）人。曾任四川高縣縣令，後流寓杭州西湖。

是書包括《屏山西征集》五十餘首，《燕邸前集》六十首、《燕邸後集》七十餘首、《屏山對床集》四十餘首、《屏山雪竇集》近三十首、《屏山柿葉集》三十首、《瑞石山樓集》百餘首，近四百首詩，多爲近體詩。記述作者一生游歷之處，一人一事、一山一水所遇之感。許田曾被派往四川高縣任縣令，上任時路多崎嶇，人視爲畏途。從潼關出發至洛陽，行程之中多吟誦，"遂於車中置筆札，得句輒録之"。如此不易得來之句，"不慊意者隨削去"，故所存詩不多。然此不多之詩，亦頗費心力之作，自云："鉥腎縷肝，一字未安，至廢寢食，數年積成。"此後，作者在蜀中五年，閱窮愁蕭不能自振，獲得吏部補闕之機會，上任途中，將西行以來之詩作結集，是爲《西征集》。以作者入蜀之路綫爲綫索，先後歌詠了潼關、華山、終南山、馬嵬、鳳翔道中、定軍山、劍閣等地。將此行所經歷之蜀中奇山奇水，名人名家盡寫入詩中。希望將來這些篋中之作，有質於大雅君子。《劍閣》一詩中寫道：“高閣凌虛蜀北門，微茫一髮瞰中原。槎枒樹效旌鎗勢，斑駁苔留汗血痕……”，化用了李白的《蜀道難》詩句，寫得氣勢如虹。《薛濤井》中寫道：“剩有銀床覆綠茵，碧梧歌鳥清新。錦箋十樣傳佳製，想見紅窗弄筆人。”寫得凄惻婉轉。《晚泊白帝城懷古》云：“赤甲天半朱霞生，白鹽堆雪雲中明。雙峰突兀插霄漢，千秋萬古同孤燈。”《屏山雪竇集》寫作者在西湖南山處游歷，寫四時之景色，充滿曠然超脱之趣。作者自云有嚴壑之癖，一年游屐不知凡幾，將在石屋、雪竇顏之詩結成一集。《屏山柿葉集》主要記述作者的家庭生活，寫妻子去世、痛失幼子等事件，詩皆情深婉轉，感情真摯。《無家二首》其中一首云：“身在天涯祇念歸，今愁歸去事都非。癡無藥療情難割，恨少人知淚暗揮。”寫得極爲沉痛。

《屏山西征集》《平山雪竇集》《屏山柿葉集》前有許田自序，鈐印“掃塵齋積書記”“陳經堂”“弢邨圖詩”“禮培私印”“野華”“屏山書夢”等。（張偉麗）

露香閣二刻一卷摘稿五卷

清楊錫震撰。清康熙刻本。二册。半葉九行，行十七字。白口，左右雙邊。

楊錫震，生卒年不詳，主要生活於清康熙年間，字寶生，號勉庵，香山（今廣東中山）人。十六歲補入郡學，未幾入貢太學，爲官學教習。當時名流如徐健庵、仇滄柱等人皆所器重。康熙三十二年（1693）舉人，其志遠大，不欲小就，辭官歸里，不復仕。傳世著作還有《四聲韻譜》《韻補》等。事迹可見《〔光緒〕香山縣志》卷十四。

本書第一册卷前扉葉刊大字“露香閣二刻”，共一卷，收入楊錫震詩作百餘首。前半部主要是游賞之作，大量詩作記述作者離開故土，游歷江南所遇古迹風物之感，如《早發珠江》《張文獻祠》《石鐘山》《望湖亭》《嚴陵釣臺懷古》《于少保廟》《岳王墳》《靈隱寺喜晤碩揆禪師》《虎丘》等。後半部多交游酬贈之作，如《上長洲宋相公》《上彭少司成》《酬倪闇公太史過訪以新詩垂贈》《春日偕倪闇公太史王爵宸區子起游王園觀芍藥兼呈宛平相公》《贈陳廣陵太史》等。

第二册卷前扉葉殘損，刊大字"□□閣摘稿"，含賦、論、序、書、記共五卷。卷前刊康熙乙丑（二十四年，1685）楊錫震自識，書内收入其賦四則，《粵海賦》《閑居賦》《海棠賦》《玉獅賦》；論十七則，所涉内容廣泛，涵蓋地理、山川、氣候、古迹、職官等，如《廣州地理志總論》《形勝論》《氣候論》《風俗論》《古迹論》《選舉論》《職官論》等；序六則，收其所作序、題辭、跋等，如《送記汝禪師住鳳凰山序》《蘇二眉輯騷題辭》《任五陵越游遠游二草跋》等，其音韻學名著《重刻四聲韻譜序》亦收其中；書四則，《上劉大中丞書》《與薛劍公書》《答黎博庵學憲書》《復羅子白書》；記三則，《大小花園記》《九曲林記》《歸猿洞記》。清阮元所編《［道光］廣東通志》卷一百九十七著録"國朝楊錫震撰《露香閣摘稿》二卷、《露香閣二刻》二卷"，《［光緒］廣州府志》卷九十四載"國朝香山楊錫震撰《露香閣摘稿》十卷，《露香閣二刻》十卷（據張府志）"，目前國家圖書館藏本衹見《露香閣摘稿》五卷、《露香閣二刻》一卷，《中國古籍善本書目》集 12895 條著録此書。

是書卷端鈐"長樂鄭振鐸西諦藏書"印，卷末鈐"長樂鄭氏藏書之印"印，著名藏書家鄭振鐸舊藏。（王維若）

雲溪草堂詩三卷

清徐永宣撰。清康熙三十七年（1698）刻本。一册。半葉十行，行十九字，小字雙行，字數不等。黑口，四周單邊，雙魚尾。

徐永宣（約 1674—1735），字學人，一字辛齋，號茶坪，江蘇武進人。父元珙，官左都御史。室名雲溪草堂。清康熙三十九年（1700）進士，授户部主事，未赴任。受詩於同邑陳煉。居家數十年，致力於詩文，與常州文人關係甚密。宋犖開府江南後，刻《江左十五子詩選》，收入徐永宣早年詩作。嘗與莊令輿同選《毗陵六逸詩鈔》，以是知名。"六逸"指清初常州"學詩之士逸在布衣"的惲格、楊宗發、胡香昊、陳煉、唐惲宸、董大倫等六人。除《雲溪草堂詩》三卷，徐永宣別有《茶坪詩鈔》十卷、編有《清暉贈言》十卷等，聲名遍見康熙後期詩人文集之中。

《雲溪草堂詩》凡三卷，分《師竹集》《春草集》《力葵集》，各收古今體詩六十一首、八十九首、六十二首,總二百一十二首,爲康熙三十五年(1696)前後之詩。書前有康熙三十七年(1698)宋犖序,稱"其詩清新雋永,自能引人著勝"。詩學東坡,《法相寺》等篇詩意俱工,《哭子十首》真摯感人,《運艘多鼠乃不食書爲賦一絶句》生動有趣。唱和交游之作,如與胡香昊、楊道聲等人雅集詩作等。投贈有王士禛、宋犖、陳廷敬等。題畫以王鑑、王翬、惲格爲多。王翬在六十八歲時爲徐永宣做《雲溪草堂圖》,著録於《石渠寶笈三編》(延春閣),今藏臺北"故宫博物院"。

此本爲康熙三十七年徐氏自刻本。書中鈐"知北樓所藏書"印。國家圖書館另有同版傅增湘舊藏本。(趙大瑩)

澂志樓詩稿不分卷

清侯方曾撰。清鈔本。三册。

侯方曾,字文榮,號筠莊,河南杞縣人。清康熙三十三年(1694)舉人,候補内閣中書。善詩文。著有《澂志樓詩稿》《紺碧亭詩集》《棟軒詞稿》《苑游紀行詩》《陝游草》等。卷首清嘉慶二十一年(1816)朱錫穀序云:"吾友侯心古先生輯其大父筠莊先生遺詩示余,余受而讀之,如春雲之麗空,如幽泉之鳴壑。"由此可知,是書由方曾之孫心古於嘉慶年間輯録而成。

該書共收録方曾詩四百七十六首,其中,上册收《喜吾廬成》《西湖》《秋海棠》等詩一百一十五首,中册録《送敬韋叔赴大樑》《不寐》《嫋嫋亭》等詩一百五十三首,下册載《獨夜對學》《紺碧亭春帖》《張日容贈詩依韻奉答》等詩二百零八首。方曾詩文以抒情、詠物、記事爲主,據阿思哈纂修《[乾隆]續河南通志》載:"爲詩以發抒性靈爲宗,後與海内諸詩人唱酬,討論法律益細。"例如,其五言詩《除夜》云:"時序驚除夜,勤殷問此身。艱難歷歲月,容易老精神。處世何妨拙,謀生不厭貧。行藏憑造化,莫漫負青春。"由此可知,方曾嚮往豁達淡然之人生。另,書中多首詩由周斯盛、田雯評點。周斯盛(1637—?),字屺公,一字鐵珊,人稱證山先生,浙江鄞縣人。清順治十一年(1654)舉人,十八年(1661)進士。康熙八年(1669)任山東即墨縣知縣。著有《證山堂集》《證山詩餘》《證山文集》《甲辰詩》等。田雯(1635—

1704），字紫綸，一字子綸，亦字綸霞，號漪亭，自號山姜子，晚號蒙齋，山東德州人。康熙三年（1664）進士，授中書舍人，十九年（1680）提督江南學政，二十六年（1687）爲江蘇巡撫。著有《山姜詩選》《古歡堂集》《黔書》《長河志籍考》等。書中即有十四首詩言及周斯盛，如《喜周屺公先生再過荒齋》："五年別緒大梁秋，楚水江雲足壯游。淮上蓮花傳入幕，荊南黃鶴幾登樓。荒齋重下先生榻，殘歲應忘獨客愁。旋壓小槽容盡醉，不須寒夜典鷫裘。"由此足見二人交游甚密。

書中無鈐印。嘉慶二十四年（1819）《大樔侯氏詩集》收録此《澂志樓詩稿》，相比之下，此鈔本墨筆圈點密布，且對詩之題名、字句刪改頗多，由此可見其成書過程，亦可視爲初編稿本。（孫麗娜）

小山詩初稿二卷續稿四卷

清王時翔撰。清乾隆十一年（1746）王景元刻本。六册。半葉十一行，行二十一字，小字雙行三十一字。白口，左右雙邊，單魚尾。

王時翔（1675—1744），字抱翼，一字皋謨，號小山，江蘇太倉人。諸生。青年時科考失意，故絶意科舉，授徒於太倉、吳中（今蘇州）兩地。清雍正六年（1728）入仕，任晉江知縣，歷政和、甌寧兩縣，後以疾歸。清乾隆元年（1736）復起用爲蒲州同知，遷成都知府，善政績，稱循吏，以年老求退未允，卒於官。善詩，亦善詞，與同鄉學者顧陳垿（字玉停）最相友善，唱和頗多，二人均爲著名之婁東詩社成員。作品受王士禛、朱彝尊、沈德潛稱贊，沈氏《國朝詩別裁集》有載。著有《小山詩初稿》二卷、《續稿》四卷、《後集》二卷；以及《清濤詞》《紺寒集》《青綰樂府》《初禪綺語》《旗亭夢囈》各一卷，總稱《小山詩餘》；詩、詞、文合編爲《小山詩文全稿》二十卷。《清史稿》卷四百七十七有傳。

本書第一、二册爲《小山詩初稿》二卷，每册一卷，第三至六册爲《小山詩續稿》四卷，亦每册一卷，兩編卷首均有總目録，每卷卷末均題"男景元校刊"，可知本書爲作者之子王景元編輯刊刻。《初稿》卷首有沈起元乾隆十一年（1746）序，及本集清康熙五十二年（1713）初刻時唐孫華之序（附五言古體贈詩）、王吉武（作者宗侄孫)序、王慮(作者族孫)序。《續稿》卷末有顧陳垿乾隆十一年跋。第一册書前襯葉又有姜左禹題跋,概述作者生平,稱其"生康熙季年",應爲"康熙早年"之誤,又言"是集刊於乾隆年,寫樣端謹,與敬業堂及《西陂類稿》如出一手,清初諸大家集靡不開卷秩然,如展翰苑白摺。是本楮印軒朗,流傳甚罕,想見當時有限,彌足重也",又述本書收藏情况,"蔭梧學部傳樸堂世守檻書俱付劫灰,避地淞滬,依舊涉足坊肆,孜孜不倦,每得佳本輒以見示,因泚筆識之"。

《初稿》卷一收詩一百二十六首,卷二收詩九十六首,凡二百二十二首。《續稿》卷一一百三十八首,卷二一百三十四首,卷三一百二十九首,卷四一百一十七首,共五百一十八首。應是以寫作時間編次,此二編及《小山詩後集》是爲作者詩作全集。袁行雲《清人詩集叙録》稱"其詩鎔冶杜、韓,氣骨遒勁","就其工力而言,要非同社諸子(指婁東詩社諸詩人)可及矣",并列舉本集中《得朱竹垞先生凶問》《偕葉嘯古游支硎山》《贈明史館胡大襲參一百三十韻》《贈家司農麓臺》《贈孫莪山先生》《題層嵐曉色圖贈王石谷》《田家行》《秋霖嘆》《古釵嘆》《江村行》《颶風》《賣屋詞》《于忠肅公墓》爲上乘佳作。本書既爲王氏一生詩作之總結,則爲考研其人其詩之基本資料。卷首鈐"葛昌楣讀書記"印。(謝非)

樂靜堂集二卷雞肋集一卷

清納蘭揆叙撰。清鈔本。一册。半葉八行,行二十字,小字雙行同,無格。

納蘭揆叙(1675—1717),字愷功,號惟實居士,滿洲正黄旗人,清康熙朝重臣納蘭明珠次子,清代著名詞人納蘭性德之弟。少讀詩書,師從吴兆騫,又學詩於查慎行。其兄納蘭性德與朱彝尊、姜宸英、嚴繩孫、顧貞觀等人宴集於花間草堂,召揆叙拜見諸公,諸公皆以異才目之,時年不滿十二歲。初爲佐領侍衛,清康熙三十五年(1696)授翰林院侍讀,充日講起居注官。三十八年(1699)扈從江南,康熙對其人品文章皆十分贊賞。四十一年(1702),康熙命諸臣作論,揆叙文出,康熙極爲欣賞,謂其議論、識鑒、辭藻均壓倒諸人,遂擢拜翰林院掌院學士兼禮部侍郎。歷任工部侍郎、督察院左都御史。喜藏書,所藏皆珍品,身後藏書多歸天府,《天禄琳琅書目》多有著録。著有《益戒堂集》十六卷、《隙光亭雜識》六卷《後識》六卷,輯有《歷朝閨雅》十二卷。惜體質羸弱,年四十三病逝。謚號文端。

此本卷前有徐倬序一篇,正文收録納蘭揆叙壬申年詩三十五首,癸酉年詩四十二首。納蘭揆叙古近體兼長,此本收録詩作以寫景、述懷及步韻唱和爲主。其詩在清代即已備受好評,徐倬贊其詩:"如九皋之鶴唳於天,而霜青露白也,如紫府仙人,雪月交光,而獨立於瑶臺之上也。"楊鍾羲《雪橋詩話》云:"愷功詩功力實過於乃兄,孫愷似序《益戒堂集》謂其辭必達意,語必肖題,非虚語也。"其師查慎行更是一力推崇,贊譽有加。揆叙詩學蘇軾、韓愈,近體語句清新,古體意境深邃,在清代詩壇上占有一席之地。

此本合鈔《雞肋集》,爲納蘭揆叙少時之作。鈐"四明盧氏抱經樓藏書印""海豐吴氏"等印。是書尚有清康熙間謙牧堂刻本及民國二十二年(1933)馮汝玠鈔本,均稀見。馮氏鈔本即據此爲底本過録。此爲學界研究納蘭揆叙生平及其詩作之珍貴資料,極具文獻價值。(李江波)

柘湖小稿一卷

清鄭鉽撰。清康熙刻本。一册。半葉十行,行二十一字。黑口,四周雙邊,上魚尾。

鄭鉽(1675—1722),字季雅,一字冀野,江蘇長洲(今蘇州)人。《[光緒]蘇州府志》卷一百三十七載,撰有《括囊居士集》二十卷。存《柘湖小稿》一卷、《冀野詩集》不分卷。

《柘湖小稿》一卷,康熙間與清宋定葉撰《黄山紀游草》、《西山絶句》一卷、清柯煜撰《柳洲詩存》一卷、清沈堅撰《借題集句》一卷合刻爲一本。

此稿題名"柘湖小稿",下注"長洲鄭鉽季雅",收作者《初至平湖》等詩文三十九首,長短不限,五言、七言皆存,多以游覽賞景内容爲主,部分詩作題名以成文背景做題,如《九月十六夜陸同庵携酒登弄珠樓翫月醉後挐舟訪素軒高士重過湖上徘徊達曙始歸長歌紀事》,所提携酒賞月和訪素軒湖上游蕩二内容在詩文中充分得到闡釋,同時反映作者酒後生悲見摯友開懷心情,"人生非愁即風雨""對景不飲猶眠蠹""良朋折簡朝忽至""如解繫馬争趁趨"。文中不乏史書、墓銘觀後感,《題張子宜先生墨迹》爲觀張孫敏求所藏元末明初文人張適(1330—1394)墨迹所感,《觀隨清娱墓銘》則小字介紹墓主人爲司馬遷侍妾,碑文由褚遂良撰文并書。全文朱圈斷句。

《中國古籍善本書目》集 12523 條著録。合刻本鈐有"芝堪劫餘""沈紹增""長樂鄭振鐸西諦藏書"印。(陳榮)

進呈詩不分卷

清馮敦忠撰。清康熙四十四年(1705)刻本。一册。半葉九行,行二十二字。黑口,左右雙邊,雙魚尾。

馮敦忠,清初江南省松江府(今上海松江區)人。府學貢生,清康熙四十四年(1705)江南鄉試舉人。該年康熙帝第五次南巡,三月十七日至蘇州,廿五日至松江,敦忠參與蘇州府城葑門外之迎駕大典并獻詩十首,四月鑾駕北歸復經蘇州,馮氏又於十九日御舟經錫山時參與迎送并再獻詩十首,得聖祖命内臣問其履歷,御覽其詩并賜傳諭旨。

本書爲僅十葉之册子,録作者頌聖詩三題二十二首,皆爲康熙四十四年三四月間康熙帝第五次南巡至松江府時所作,一爲《恭和御製回舟至常州府是夜甘霖大霈元韻七言律詩》七律二首,一爲《康熙四十四年三月二十五日恭遇皇上巡幸松江敬賦迎鑾詩》七律十首,一爲《康熙四十四年四月十八日聖駕自蘇幸金陵恭賦》七絕十首。因稱及"天子""皇上"等處過多,書中抬格排印比比皆是。卷末載聖祖皇帝御覽作者獻詩後命内臣傳諭旨,"這進呈的詩也罷了去得知道了"。蓋作者身爲松江府學貢生,又恰於聖祖南巡期間南闈中舉,聖駕兩次至松江府,其均參與迎駕并獻詩,此編即爲其獻詩合集,詩皆歌功頌德、堆砌辭藻之作,無可觀,蓋馮氏爲自抬身價、光耀門楣而自出資刻印。

書衣印花圖案紙,卷前一葉附朱印御製七言律詩一首。(謝非)

魚眠集一卷

清吳焯撰。清鈔本。二册。半葉九行，行十八字，無格。

吳焯（1676—1733），字尺鳬，號繡谷，別號蟬花居士，浙江錢塘（今杭州）人。清代著名學者、藏書家。吳焯善詩文，曾與毛奇齡、朱彝尊講學。清康熙四十四年（1705）南巡之際，吳焯獻賦，得皇帝稱譽。吳焯喜藏書，曾輯《熏習錄》一卷，仿晁公武、陳振孫書目體例，記其所藏古籍之由來及版刻特徵，有藏書樓，名瓶花齋。吳氏藏書甚富，凡宋刻元刊及舊家善本皆求之若渴，每收一書，必精勘校審，述考證始末。吳焯歿後，其子吳玉墀將其部分藏書捐入四庫館，共計四百餘種。著有《繡谷雜鈔》《藥園詩稿》《玲瓏簾詞》《經山游草》等書。

該書爲吳焯詩文集，共錄詩文二百二十八首。據書首清雍正三年（1725）吳焯自序云：“自辛丑夏至自京師集其前所爲詩，既訂爲《□花集》。迄今又五年，中間所作大抵贈答居多……卷中述舊諸篇與近來感事之作能怨已夫，於是命童子謄寫。”知此集所錄爲康熙六十年至雍正三年（1721—1725）吳焯所作之詩。該集所錄多爲吳氏與人唱和贈答之詩，其中可知吳氏交往事迹及生平履歷。其中所作有關於吳氏採書之作，可知吳氏藏書之由來，是研究吳焯藏書經過的重要史料。

吳氏之詩，樸素古雅，詞句平鋪直叙，簡單明瞭。其感懷之詩，低徊深沉，語句洗練，爲清初詩集佳作。該本字迹工整，保存完好，爲是書唯一存本。（賈大偉）

益翁文稿一卷

清錢元昌撰。清鈔本。一册。半葉十行，行二十二字，無格。

錢元昌（1676—？），字朝采，一字野堂，晚自號益翁，浙江海鹽人。清康熙四十一年（1702）順天鄉試副貢，同年授廣東長寧令。因捕盜有功，清雍正六年（1728）任廣西柳州知府。九年（1731），調桂林知府。雍正十一年至乾隆八年（1733—1743），於貴州任糧驛道，銜名“督理貴州清軍糧驛傳道事務按察司副使”。著《益翁文稿》《益壽翁詩稿》《粵西諸蠻圖記》等，亦主纂《［雍正］廣西通志》《［乾隆］海鹽縣續圖經》。另有《芝蘭圖》《融江山色》《秋山居》《林泉高興圖軸》等畫作傳世。

是書收文章十七篇。其中，粵西舊稿四篇：《秀峰書院議（雍正十一年三月桂林府）》《賀少保鄂公總制雲貴粵西三省啓》《迎雲貴廣西總制太保高公啓》《送少保鄂公入勤啓》；黔中雜文十三篇：《雍正十三年今上登極賀表》《恭進貴州通志稿》《馮司馬實政略序》《祭徐太傅蝶園先生文》《祭少司馬吳眉庵文》《金玉記序》《題貴州糧驛道大堂壁》《奏覆藏富於民貴責實效議》《奏覆因利導民條議》《議覆開報倉糧折耗文》《詳覆開修川黔交界道路文》《嚴禁買米積弊以除民累告示（乾隆元年）》《詳請崇祀陳大中丞文》。以上文章可補廣西、貴州史料之闕。

卷端錢元昌按語云：“向有文二册，存於虞山外家。久遭回禄，不復記憶。自來宦途遷，無所存。壬戌孟冬，僅剩邇年題識小草。癸亥臘月，塌除書室，復檢得黔中雜文數篇，有粵西舊稿，隨筆録之，不次先後。”可知，乾隆八年癸亥（1743），元昌偶得黔、粵西舊稿數篇，彙成此書，亦知其著述多散佚不存。幸由藏書家錢泰吉於清道光六年（1826）手鈔，是書得以存世，即書衣題“丙戌秋日得益翁手鈔本於族兄藩處，因鈔此册，泰吉記”。卷首有泰吉題識，徵引元昌生平。是書爲藏書家黄裳舊藏，鈐印“來燕榭珍藏記”“黄裳藏本”“來燕榭珍藏圖籍”“黄裳青囊文苑”。（孫麗娜）

退庵文集二十一卷 存七卷

清李敬撰。清刻本。一册。半葉九行，行十九字。白口，左右雙邊。存七卷（卷一至六、卷九）。

李敬（1620—1665），字聖一，一號退庵，六合（今江蘇六合縣）人。清順治四年（1647）進士，授官行人司行人，歷官廣西道御史、湖南按察使、宗人府丞、刑部侍郎。與王士禛交往甚密。王士禛《池北偶談》卷十三有云：“順治戊戌、己亥間，予在京師，辱忘年之契，論詩文一字不輕放過。”其學以白沙、定山爲宗，工詩文，著有《退庵集》《學詩録》。

據《四庫全書總目》卷一百八十一集部三十四別集類存目，《退庵集》共有二十一卷,其中包括詩詞十二卷、奏疏及雜著等文集九卷,此本爲文集,且僅存卷一至卷六及卷九,其中卷一至卷三爲疏,卷四爲議,卷五序,卷六爲記,卷九行狀一篇。卷前有熊伯龍序及作者自序,卷中有墨筆所描不清楚字迹,卷末有墨筆小字題"順治四年丁亥進士"。復旦大學圖書館藏此集全本,共十六册,是僅存之全本。（馬琳）

玉禾山人詩集十卷

清田實發撰。清刻本。四册。半葉十行,行十九字,小字雙行同。白口,左右雙邊。

田實發,字玉禾,號梅嶼,安徽合肥人。清雍正八年（1739）進士,授知縣,改徐州府學教授。著有《玉禾山人詩集》十卷,編纂《沛縣志》《合肥縣志》等。

《玉禾山人詩集》十卷,卷首有提督兩江學政右春坊右中允兼翰林編修海寧楊中訥序,稱贊:"玉禾田生其善鳴者乎,雕鏤景物,陶冶性靈,時寄其幻眇之思而絶去感激怨懟,無聊不平之語,何其雅以正也。"又太湖同學魯一貞序曰:"讀梅嶼詩,乍一開卷,恍有胡麻飯屑,引人鼓枻而前,精神踴躍,及一掩卷,則惘然如失。梅嶼身有仙骨,句耐人咀味,兹刻特百中之一耳。"對作者詩文評價極高。又同學弟東閭倪岱序言:"梅嶼天資爽逸,仙才飈發,嗜古力學,家貧不可支,日則酬應逋負辦結薪米,晚入侍慈闈曲承色笑。"描繪田實發才藝與生活窘境。

該集分集而不分體,前八卷皆詩,計有《趙樹邨莊録》《龍舒集》《秦淮集》《黄蘖齋稿》《鴻影草》《霞鶩吟》《金臺游草》《梅嶼詩鈔》各一卷,凡三百四十九首。卷九爲《緑楊亭詞》及《續集》,凡九十首,卷十則賦三篇。詩、詞、賦合四百四十二首。卷五有丙戌（乾隆四十五年,1706）長夏所作《支更枕歌并序》,叙其在張姓友家見所藏瓷枕一枚,入夜枕中則按更而報,家人疑其爲鬼物沸湯煮之,遂不復鳴。而作者考其爲諸葛亮時軍中用物,頗有傳奇色彩。卷九諸詞多有副標題,如《虞美人·詠栽蘭》《滿江紅·天門山》《滿庭芳·觀放風》《醉春風·詠楊花》,均簡單標注成文背景。

該集尚見清乾隆間兩衡堂刻本、清鈔本及民國間合肥王揖唐《今傳是樓》影印本。此爲康熙博雅堂刻本。護葉内題"合肥田梅嶼著　玉禾堂詩集　古吴博雅堂梓"。天頭爲"學憲楊夫子鑒定"。文中"玄"字缺筆,部分内容朱色圈點。鈐"孫厚卿平生精力所聚""徐世昌印""鞠人"等印。（陳榮）

玉巢詩草四卷

清徐紫芝撰。清雍正刻本。一册。半葉十行,行十九字。黑口,左右雙邊。

徐紫芝,生卒年不詳,字鳳木,號玉巢,浙江建德（今杭州）人。入科場三十年無果,一生布衣,多與清康熙年間文人交游。時人評價其"善於交友,嗜學不倦"。徐鳳木與陳厚邨交厚,清代金式祥撰寫的《粟香隨筆》中有與徐鳳木交往的故事,幾人常聯句,徐鳳木雖是布衣,佳句頻出:"水淺擱舟沙怒語,山彎轉柁月回眸。"金式祥評價其"善寫舟行之景,"將之與趙翼等人善寫七言律詩者并提。清代陶元藻著《全浙詩話》中云:"癸酉春,予在王孟亭太守處,見建德布衣徐鳳木,席間吟一絶云:'自笑不如原上草,春風吹到也開花。'"建德縣令莊念農,喜徐鳳木之文采,贈詩云:"玉峰花影颺簾旌,庵户閑雲静不扃。未必山城無綺皓,斯人即是少微星。"徐鳳木將這些詩記載到自己的文集中,莊念農去世後,詩多散佚,其子於徐鳳木集中鈔得此詩,成爲詩坛一段佳話。

其詩集名爲"玉巢",蓋其號爲玉巢。時人對徐鳳木詩作評價甚高,稱其詩作"波瀾壯闊,渺渺無際"。吴敬梓評價徐詩爲"二百年竟無此作"。内容包括五言近體詩二十首、五言絶句二十餘首、七言近體詩五十餘首、七言絶句百餘首。題材包括家庭生活、同僚唱和、友人送别、登高郊游、讀史懷古、懷人思念等。《滕王閣》一首寫得氣象闊大:"巋然樓閣峙江干,檻外波光萬頃寬。獨詫子安文賦壯,秋風誰許并登壇。"幾首思鄉之作更是寫得情真意切,《望署鄉思兼寄胡陸村》云:"將除夜更念慈親,百里家山入夢頻。官閣梅花清可戀,不如風雪渡江人。"

是書前有青陽吴襄、涇上鄭相如、全椒吴敬梓序言。吴襄（1661—1735）,字七雲,青陽人。康熙五十二年（1713）進士,授翰林院編修。清雍正元年（1723）升侍讀學士。一生博覽群書,詩文造詣頗高。吳敬梓(1701—1754),字敏軒,安徽滁州全椒縣人。精於《文選》,著有小説《儒林外史》。

全書間有朱筆點校。（張偉麗）

鴻雪齋詩鈔一卷

清臧琮撰。清乾隆刻本。一册。半葉十行,行二十一字,小字雙行同。白口,四周雙邊。

臧琮(？—1742),字坤儀,山東諸城人。清康熙四十五年(1706)進士,五十七年(1718)任龍川知縣,興文教,升寧夏府西路同知,興水利,擢禮部員外郎,出爲建寧府知府,清乾隆二年(1737)以母老乞養歸。生平參見《[嘉慶]龍川縣志》《[咸豐]青州府志》。

首有乾隆二十五年(1760)宋弼叙、趙國麟序、方苞序。末有臧琮子祚鞏跋。

是書收臧琮詩若干首,爲生前所未刊。卷端題“瑯琊臧琮省齋甫著　男祚鞏永琡彙輯　孫宸薰廣南(宸)黔子申(宸)煦升如(宸)燕説班檢字”,乃臧琮子祚鞏輯刊,經族孫檢校。臧祚鞏跋述其刊刻之事云：“壬戌之夏,先大夫見背。檢點篋笥,手澤尚新。《光裕堂房稿》《經史纂要》二種已久付剞劂矣。《硯香堂詩稿》四卷、《雍睦堂》二卷未校,《鴻雪齋詩稿》卷已校竣。諸前輩語(祚鞏)曰：‘先公弱冠聲蜚黌序,及成進士,蒞政四方,在在有循良聲,生祠尸祝,鄉謚曰孝義先生。固已大節可見。至若上下千古,囊括藝林,宦游所經,東甌富沙,玉門紫塞,巫峽夜郎,奇勝瑰偉,掌攬胸吞,而悉發之諷詠,以抒其忠愛之誠。藝文經濟,實相表裏,非徒事月露風雲者比也。《鴻雪齋詩稿》其亟刊之,以爲諸詩稿之先聲乎？’”

是書僅見此一部傳世。（李文潔）

日堂文鈔一卷

清盧軒撰。清刻本。一册。半葉十一行,行二十一字。白口間黑口,左右雙邊。管庭芬跋。

盧軒，初名輅，字素功，一字六以，號日堂，浙江海寧人。清代經學家。清康熙四十八年(1709)進士，官至翰林院編修、國子監司業。長於《春秋》之學，著有《日堂文鈔》《春秋三傳纂凡表》等。

卷首有《日堂文鈔目次》，作者題"海寧　盧軒原名輅素功甫　著"，下有"海昌管大""庭芬私印"鈐印兩方，目錄後有"道光十四年甲午十月既望邑後學管庭芬謹跋"一篇，下鈐"庭""芬"印，內容介紹了作者盧軒長於《春秋》之學，爲使這樣一位名重海內的學者不至於"身没而名即湮"，於是將他的作品裝潢成册，以日堂爲名，以示尊重。正文有《郊祀月日辯》《答楊庶吉士論筮法書》《春秋古經序》等篇，論及作者對《春秋》一學的研究心得及看法。亦有《四殿下壽序》《查學士妻陳宜人殯表》等與友人往來過程中的禮節性文章。後引《海寧州志·儒林傳》一篇，介紹了盧軒其人的生平，是研究作者及其作品的重要資料。（李燕暉）

雲在詩鈔九卷

清查祥撰。清乾隆刻本。二册。半葉十行，行二十一字。黑口，左右雙邊，單魚尾。

查祥(1676—1757)，字星南，號穀齋，又號雲在，浙江海寧人。清代詩人、書法家。清康熙五十七年(1718)進士，選庶吉士，授翰林院編修。清乾隆元年(1736)試博學宏詞科，充律例館纂修，與杭世駿、錢陳群同僚，纂修《大清律例》。晚年歸鄉，主持編纂《兩浙鹽法志》《兩浙海塘通志》《兩淮鹽法志》。其生於海寧查氏名門，少從查嗣璉(查浦)學詩，得其詩學家法。書法趙孟頫、董其昌，摹可亂真。著有《雲在樓詩鈔》九卷。

本書第一册爲卷一至四，第二册爲卷五至九。卷首作者自序一篇，言五十歲以前詩稿於病中爲家人誤焚，故本書所收皆其晚年三十載之作。正文首葉題作者之子查虞昌、查鳴昌校字，作者之孫查和敏、查耀、查鵬扶、查鶚薦及外孫陳念本校刻。全書共收詩五百四十五首，蓋以時序編次，其中大半爲律詩，凡三百零七首，次則古體一百二十四首，再次絶句九十首，餘則雜言古體七首、排律九首、六言詩八首，又卷三《題張侍御松嚴公奏毀魏忠賢墓碑紀事録後》、卷七《覺羅東鄂氏夫死殉節》竄入散文二篇，未知爲編訂失誤或別有用意。查氏既生詩書世家，吟詠頗勤，僅此編晚年所得亦有半千之數，律詩尤其所擅，典雅工整，多有佳句。且其翰林學士，見多識廣，題材豐富，詠本鄉風物、各地名勝，交游朝野名士顯貴，侍奉御前恭和御製詩，抒懷詠志，吟詠日常事物，題畫題扇題壁，内容豐富，眼界寬廣，自與山野高士、廟堂權貴、閨閣才女之詩氣象不同。又多長詩題，近似短文；時有白話淺俗之詩，有如口語，殊爲特異；多長篇古風，鋪陳繁復；雜言古體句式參差，詩而類文，別有風味。又有罕見之排律與六言詩多首，後者尤其出奇。集中所涉交游唱和之人衆多，且大多當時軒冕鴻儒，考索價值自非泛泛之輩可比。（謝非）

在亭詩稿一卷

清李果撰。清康熙刻本。半葉十一行，行二十一字。白口，左右雙邊。

李果（1678—1750），字碩夫，號客山，又號在亭，晚號悔廬，江蘇長洲（今蘇州）人。自幼艱苦力學，忍饑誦經，晝夜以繼，怡然自得。晚年文譽藹鬱，過吳門者爭識其面。著有《在亭叢稿》十二卷、《詠歸亭詩鈔》八卷。

《在亭詩稿》一卷是《小南村集》内容之一，是集由清徐昂發選、金國棟輯，凡《小南村集》七卷、《小南村二集》八卷。金國棟，字最木，江蘇吳縣（今蘇州）人。著有《芳潤堂詩稿》二卷，輯入《小南村集》。

《小南村集》前清康熙庚寅（四十九年，1710）七月徐昂發序，“金子最木近輯酬倡之詩凡六人，人各爲卷，取淵明移居詩句，總曰《小南村集》，屬予審定，且請爲之序……最木且曰，吾夙好林泉，久厭喧雜，將謀十畝之園於山水佳絶處，栽花種竹，仿陶九成遺意，命之曰小南村，與同志樂之，然則其寄托也愈遠，吟詠愈益多”，説明此集形成經過及題名來歷。所收六人詩集分別是朱囊《漫與詩稿》一卷、蔣夢蘭《香山詩稿》一卷、金國棟《芳潤堂詩稿》二卷、繆宗儼《桐村詩稿》一卷、秦應陽《草草亭詩稿》一卷、繆嗣寅《曉谷詩稿》一卷。《小南村二集》則不收前六人之秦應陽詩集，又補入繆宗侃、李果、陳昂發共八人之詩集八卷。前有張大受（1660—1723，字匠門）辛卯（康熙五十年，1711）秋跋。

李果《在亭詩稿》一卷，收《送放勺湖二首》《高酣亭》《秋夜》等詩凡四十二首，多爲送朋會友、游山賞景内容。其中《南村六子詩》專頌《小南村集》收六位，分別是朱囊《朱嘯園》、蔣夢蘭《蔣香山》、金國棟《金野齋》、繆宗儼《繆桐村》、秦應陽《秦南岡》、繆嗣寅《繆曉谷》。

此爲清康熙芳潤堂刻本，護葉内題"徐大臨先生選　小南村集　芳潤堂藏板"。繆嗣寅《曉谷詩稿》一卷後，隔葉上刻"小南村二集　芳潤堂藏板"。故是集原爲二册，現裝訂成一册。蘇州大學圖書館藏完本，上海圖書館、中國社會科學院文學研究所藏殘本。此爲國家圖書館藏完本。（陳榮）

北游草一卷偶游日紀一卷

清梁機撰。清康熙三十五年（1696）刻本。一册。半葉九行，行十九字，小字雙行同。白口，四周雙邊，單魚尾。

梁機（1678—?），字仙來，一字慎齋，號散華老人，又號三華山人，江西泰和人。少時即以詩才聞名，赴京省父，見王士禛，受其詩法，又受名士王源賞識。清康熙六十年（1721）中進士，選庶吉士，改補知縣，又改儒學教授，未赴任。清雍正十二年（1734），受江西巡撫常安聘請，任豫章書院掌教（山長），訂立《豫章書院從學六箴》，世稱"梁機六箴"。清乾隆元年（1736）受大學士朱軾舉薦試博學宏詞科，未入格。著《三華集》四卷，《四庫全書總目·別集類存目》著録曰："是集機所自編，分四子部：一曰《入洛志勝》，多爲題詠古迹之作；一曰《燕雲詩鈔》，隨侍其父宦游京邸之作，皆王士禛選定；一曰《徵草》，則乾隆元年薦舉博學宏詞召試入都之作；一曰《還草》，則試不入格歸途之作也。"

本書爲作者寫於康熙三十四年（1695）之兩部著作合刻，時爲弱冠少年，而詩才橫溢，聞名士林。《北游草》卷首多達七篇序文，作者分別爲楊大鶴、胡任興、黃元治、梅之珩、劉然、王源、姚士在、蔣漢紀，卷末爲宋恩玉康熙丙子（三十五年，1696）跋文。《偶游日紀》卷首有錢名世康熙丙子序文，此皆前輩著名學士詩家，可見作者之廣受器重。

《北游草》作於該年春季，時作者之父任職兵部武庫司，作者自江西原籍北上赴京省親，此爲途中見聞唱詠所作，凡詩五十五首、詞三首、賦一篇，以游蹤編次。諸體兼備，自古風、絶句、律詩以至排律、樂府、四言、雜言，乃至賦體與僻調詩餘，可見作者才氣，蓋亦有少年氣盛炫才之意。所寫題材爲思鄉思親、詠古迹、詠懷、酬贈等。所收第二首《奉和同懷兄僧來贈別原韻》附梁僧來原唱五古一首。

《偶游日紀》爲該年十月初八丁酉至廿九日戊午凡二十二日之日記，此爲作者在京省父期間曾出游京郊、直隸，遠至井陘縣後返回之路途見聞記述。自十月初八日出彰義門離京，經盧溝橋、良鄉、琉璃河、涿州、高碑店、安肅縣、清苑縣、慶都縣、定州、新樂縣、藁城縣、真定府、獲鹿縣等地，期間在藁城縣逗留三日，至井陘縣，逗留五日後原路返回京城。除返回路上六日無詩外，之前十六日每日均得詩若干，日記正文詳述本日見聞、觀覽、交游，何時何地緣何而作述，詩作附於本日日記之後。全書凡詩三十九首、詞四首、賦一篇，己亥（十月初十）日記中又追述本年春自江西泰和赴京路上於盧山一寺廟所作七絶一首，爲《北游草》中未載。詩以旅途詠懷與歌詠途中所見古迹爲主，律詩、絶句、古體兼備，作者似又喜寫排律，十數日中得兩首五排，亦偶有樂府舊題、雜言古體及四言詩。詞四首調牌分別爲《雨霖鈴》《月下笛》《望湘人》《永遇樂》，甲辰日（十月十五）宿藁城縣時作小賦一首。日記第十篇爲丙午日（十月十七），刊刻時誤作"丙子"。（謝非）

思儼齋詩鈔五卷

清陳廷埰撰。清乾隆二十六年（1761）刻本。一册。半葉十行，行十九字，小字雙行同。白口，左右雙邊，單魚尾。

陳廷埰（1678—？），字石泉，號山鶴，浙江嘉興人。蓋生於清康熙中，至清乾隆前期年近八旬尚在世。幼時喪母，依居姊夫家，與外甥陳群、友張庚共讀，好詩文，不事舉業，終身未仕。晚年自編訂平生所著詩文爲《思儼齋詩文鈔》，由其子陳鏊、陳寶霖及重表侄孫曹培亨等審校刊刻。

本書爲作者詩歌全集,與《思儼齋文鈔》合稱《思儼齋詩文鈔》。卷首有序言六篇,作者分别爲張甄、舒瞻、慕豫生、陳群(作者外甥)、曹培亨、金元標(作者表外甥)。其中舒序、曹序有署日期,前者爲乾隆丙寅(十一年,1746),後者爲乾隆辛巳(二十六年,1761),曹序爲本書刊刻時所作,舒序却早在十餘年前即成文,或陳氏此前别有詩集刊刻,本書爲其晚年編訂一生所作而再次結集。序言後爲總目録一葉,列各卷收録詩體數量:卷一擬樂府三十四首、雜體古詩四十九首,卷二五古八十一首,卷三七古八首、五排四首、五律四十首,卷四七律三十八首、詠燈五十五首,卷五五絶十九首、七絶五十四首、附詩餘八首,共計詩三百八十二首、詞八首。陳氏創作以古風與七絶爲主,古體詩樸素質直有氣骨,嫻於典故,有漢魏遺風,近體詩渾融敦厚,音律和諧,多寫田園鄉居題材,格調清麗曠達,顯出隱士高節。卷四中《詠燈》組詩七律五十五首,唱詠不同材質、功能、季候、場所之燈,自天燈、地燈至雪燈、漆燈,自春燈至秋燈,自桅燈、軍燈至滚燈、堂燈,自城中、塞上至閨房、宫殿,類目繁多,構思奇巧,格式工整,佳對屢出,頗富特色。(謝非)

清霽樓詩集

清陶祉撰。清雍正刻本。一册。半葉九行,行十八字。黑口,左右雙邊。

陶祉,字錫兹,江蘇長洲(今蘇州)人(生平不詳,此據卷端得知)。據此書卷前陶祉清雍正六年戊申(1728)自序,陶尚刻有《南窗漫稿》一集,惜今不存。此集爲陶祉自刻本,收録其詩作共計一百八十七首。多爲唱和應答、感物逢時之作,如《寄張曙巖丈》《寒夜與姜綸周論史》《憶庭梅三首》等,風格清雋疏朗。

此本刊刻精良、字體優美。(馬琳)

貞奩閣集二卷

清竇氏撰。清康熙五十六年(1717)刻本。一册。半葉九行,行十八字。白口,左右雙邊。

竇氏(1677—1716),直隸大名府(今河北大名縣)人。清代女詩人。生於詩書官宦世家,父竇日嚴官至知府,竇氏排行第三,前有二兄,長兄早逝,次兄竇瓚,又有一姊。十二歲喪母,十七歲嫁同郡世家子弟太學生陳朝廌,三載而夫亡,侍養孀姑,未幾姑又亡。朝廌本陳哀餘子,幼時出繼叔父,竇氏遂又依居朝廌生父家,其家漸敗落,竇氏以己財資濟,遂至困頓,後哀餘亦卒,竇氏歸父家,年四十病亡。其一生屢喪親屬,獨居寂寞凄苦,唯以詩書自遣,父兄檢其生前遺稿編成《貞奩閣集》,含詩、詞各一卷。

　　本書卷一為詩,凡一百五十九首;卷二為詞,凡二十二首。卷一中《雪夜書懷步家大人原韻》七律附竇日嚴原唱一首、竇瓚步韻三首。卷首清詩人龔纓序、作者兄竇瓚序,卷一末竇瓚評語一篇,全書卷末作者父竇日嚴作竇氏小傳一篇。竇氏閨閣女子,生平事迹皆憑其父兄序傳文字今方可得知。竇氏詩大體專作近體,罕有古體,大半為律詩,餘則絕句,排律僅一首。竇氏於閨閣孀居中孤苦度日,吟詠辭章却少閨怨,稀見凄苦之語,不過多愁善感浪漫愁思。取材日常生活,花鳥魚虫、雨雪月夜、春秋節令,敏感多思,於日常中發現美感浪漫,隨時吟詠,有感輒得篇。其作娟麗婉約,纖緻精巧,見出女性細膩柔情。重親友之情,時有贈和父、兄、嫂、姊妹、女伴之作。工於聲律格式,音韻不錯,對仗尤整,又好用疊字,多在對仗中,如"騰騰雲隱天邊月,細細香生雪裏梅""燕語喃喃頻勸酒,鶯聲嚦嚦故催觴""麥霑靈雨層層綠,柳帶輕煙淡淡黃""庭院成團風細細,旗亭舞影月纖纖"之屬,娟秀可愛,不一而足。集中又有回文詩五絕兩首,更見巧思。再者,詩題亦為優美佳句,如《賦得惜花春起早》《賦得愛月夜眠遲》《賦得掬水月在手》《賦得弄花香滿衣》,秀麗別致。竇氏詞格調與詩相類,皆婉約之作,委婉繾綣,細膩多情。書中有墨筆圈點。民國徐世昌編《大清畿輔書徵》,今人胡文楷編、張宏生等增訂《歷代婦女著作考》皆著錄本書。（謝非）

蠶桑樂府一卷

清沈炳震撰。清鈔本。一冊。半葉八行,行二十字,小紅格。白口。

沈炳震(1679—1737),字寅馭,號東甫,浙江歸安(今湖州)竹墩村人。歲貢生。少好博覽，紀傳年月、世系，他人所不經意者，必默識之。及長才益閎雅。鄉試八次，皆因言論激烈而未中，決意杜絶科舉，專攻經史。清乾隆元年（1736）薦試博學宏詞，報罷，明年卒。炳震著作宏富，尤深史學。著有《增默齋詩》八卷、《井魚聽編》十六卷、《唐詩金粉》十卷、《歷代帝系紀元歌》一卷、《二十四史四譜》五十卷、《新舊唐書合鈔》二百六十卷、《九經辨字瀆蒙》十二卷等。

本書是作者以桑蠶生長的各個不同階段爲主題，小引以文説明，繼之吟詠作詩，內容生動，生趣盎然。封面題有"沈東甫蠶桑樂府手寫稿"。卷端鈐印"吳興劉氏嘉業堂藏書記"，説明書曾藏嘉業堂。此書有殘損，并經後人修復。（李玉瑋）

敬軒集四卷其恕堂稿六卷三津新草不分卷

清楊宗禮撰。清鈔本。三册。半葉八行，行十六字，無格。

楊宗禮（1679—？），號敬軒先生。清初詩人，康熙雍正間在世。概爲天津人，生於軒冕世家。室名其恕堂、栖鳳山房，前者取自《論語·衛靈公》："子貢問曰：'有一言而可以終身行之者乎？'子曰：'其恕乎？'"；後者出自《論語·微子》載楚狂接輿之歌"鳳兮鳳兮，何德之衰"。康熙丙子（三十五年，1696）、己卯（三十八年，1699）兩舉鄉試不第，後蒙蔭爲貢生，辛卯（五十年，1711）授淮安知府，後罷官歸居天津，吟詩作賦度日，與直隸張坦等交游唱和。所作詩文編爲《敬軒集》《其恕堂稿》《三津新草》。

此三種書分訂三册。《敬軒集》四卷，卷首張坦雍正戊申（六年，1728）序及作者自序，每卷卷首有本卷目錄，正文首葉題"東海刺史弘農楊宗禮著稿"。以詩體編次，卷一爲五言絶句四十八首，卷二七言絶句九十三首，卷三五言律詩四十八首，卷四七言律詩七十六首，凡二百六十五首。《其恕堂稿》六卷，卷首郎起升雍正戊申序，每卷卷首有本卷目錄，正文首葉題"東海刺史弘農楊宗禮手著"，書衣書名題"其恕堂集"，書中題名爲"其恕堂稿"。以詩體編次，卷一爲五言古體十四首，卷二爲七言古體九首，卷三五言絶句二十六首，卷四七言絶句三十四首，卷五五言律詩二十一首，卷六七言律詩八十八首，共計一百九十二首。《三津新草》不分卷，卷首王鴻儒序,分三部分,每部分正文前有該部分目録,前兩部分正文首葉題"東海刺史弘農楊宗禮著稿"。第一部分爲文七篇,含賦一篇、散文六篇;第二部分爲七言律詩一百二十七首;第三部分爲詞三十首,含二十二種詞牌,以詞牌編次,每調均有副題。三集共收詩五百八十四首、詞三十首、賦一篇、散文六篇。

三册均秀麗楷書鈔録、朱筆圈點。目録多有與正文不符之處,尤以《其恕堂稿》爲甚,多爲目録詩題與正文有異,又有目無篇、有篇無目、詩作次序倒置、目録未鈔組詩子目等,凡數十處,又有正文漏鈔詩題、兩卷目録混鈔一處之誤,故此鈔本仍待再校訂。《三津新草》所收文均有、詩時有篇末評語,出自張坦(字逸峰,號眉洲)、王鴻儒(字雲履,一字秋浦)、郎佩谷,又有兩篇評語未署姓名。更有兩篇評語署名"乩筆",一篇署名"吕祖乩筆"。此十數篇詩文評與三集之序言均行極力吹捧之能事,盛贊過甚,近於諛詞,楊氏詩雖可觀,固未及當此也。《三津新草》末一首《行李子·看菊》字體墨色與前文殊異,點讀亦改爲墨筆,應爲之後補鈔。(謝非)

哭婦集

清馬世隆撰。清鈔本。一册。半葉八行,行十七、十八、二十字不等,無格。

馬世隆,號儒山,生平不詳,蓋爲清康熙朝至乾隆前期時人,籍貫遼寧。

本書爲作者悼亡詩集,據書衣題籤可知,作於乾隆十三年(1748)七月七日至閏七月十三日月餘之間。題籤言"計詩百首",卷末又題"以上計一百一十五首",實爲一百一十六首,其中七絶八十五首、五絶四首(組詩)、七律十一首、五律十二首、五古四首,均爲無題詩。除第四十六首"曠代孤忠羨武矦"七律一首似非悼亡題材外,其餘皆爲作者悼念亡妻所作。盡是哀音苦調、凄絶之語,文辭質實,多爲直抒胸臆,較少比興、用典,作者與亡妻生前之深摯感情,喪妻後之悲慟絶望,盡由詩作得見。據詩中所寫可知,作者爲晚年喪妻,據第六十七首"木土形骸共一丘"七絶一首詩尾夾注又可知,作者曾有南氏、邵氏兩夫人,其一已亡故數十年,另一爲方今亡故,作者今將二夫人合葬一墓。據第六十八首"地下相逢語意和"七絶一首又可知,南、邵二夫人生前均有生養,今均已成年成家。

悼亡詩之傳統，自西晉潘岳《悼亡詩》三首發軔，經歷代詩人屢有佳作，如唐元稹《離思》五首、宋蘇軾《江城子·十年生死兩茫茫》等，均爲單篇絶唱或組詩名作，本書作者三十餘日作百餘首悼亡詩，編次成集，乃屬史上罕見，作者生平既不聞名於後世，此集亦從未刊刻，此書誠爲頗富特色之稀世史料。

書衣題名籤爲"遼郡馬世隆哭婦集"，鈐"焚古堂鈢"印，又記"起自乾隆戊辰七月七日終於又七月十三日計詩百首"。無目録。正文凡二十紙。以稍有連筆之工整楷書鈔録，每葉均有行草眉批，每首詩均有圈點，偶有行間塗改與小字雙行夾批夾注。應非初稿，而是作者本人之謄鈔件。（謝非）

北田吟稿二卷

清尤怡撰。清乾隆刻本。一册。半葉十行，行十九字。白口，左右雙邊，單魚尾。

尤怡（1650—1749），字在涇，又字拙吾，別號飼鶴山人，吳縣（今江蘇蘇州）人。醫學家、詩人。本富户子，家道中落，曾賣字於佛寺。後師從名醫馬俶，以醫爲業，多治奇症，遂聞名於世。又好詩，與同里沈德潛、顧嗣立交游唱和。著有醫書《傷寒論貫珠集》《金匱要略心典》《金匱翼》《醫學讀書記》《静香樓醫案》等，詩作編爲《北田詩稿》。《清史稿》卷五百零二有傳。

本書分上下兩卷，卷首有顧嗣立清康熙六十年（1721）序、沈德潛清乾隆九年（1744）序。卷上收古體詩五十九首，卷下收今體詩（近體詩）一百首，其中《抱病齋居有懷同心數子率爾成詠》一組十首爲作者與九位友人唱和所得，每人作一首。尤氏詩多爲游覽詠景之作，遍及吳中名勝，又有華山等地入詩，可知其曾游歷關中，可據其詩考其生平行迹。其詩又多涉友人酬贈，可據以考其交游，於雍乾時吳中文人結社交往研究當有裨益。詠懷雜感則見作者性情。作者同鄉學者顧嗣立於本書序中評尤氏詩"高潔雋永，自足成家"，名學者沈德潛更比之於唐代大詩人皮日休，盛贊不已。本書與洪均《東岸吟稿》合刻。正文首葉鈐"雙鑑樓珍藏印"。（謝非）

東岸吟稿一卷

清洪均撰。清乾隆刻本。一冊。半葉十行,行十九字。白口,左右雙邊,單魚尾。

洪均(1722—1795),字噝夫,號鳴佩,安徽寧國府(今宣城)人。本居陵陽東岸(今安徽青陽縣陵陽鎮附近),後客居吳地(今江蘇蘇州一帶)數十年。工詩文,不樂仕進。與沈德潛、周準、沈用濟等友善,聯結詩社,多有唱和,晚年歸里。著有《東岸吟稿》。

本書卷首有周準序。據周序所言,"東岸"乃作者陵陽舊居之地,故以之名其詩集。全書以體裁編次,先五古二十一首,次七古十五首,次五律十四首,次七律十七首,再次五絕七首,末以七絕十一首壓卷,收詩八十五首。集中多爲吟詠山居田園生活、江南自然風光之作,格調清新閑適。詠懷淒苦之作蓋爲客居異鄉愁思所致。亦有詠史、詠古迹以及樂府詩,與方東華、周準等友人唱和之作。書中偶有朱筆圈點。與尤怡《北田吟稿》合刻。(謝非)

東山偶集一卷

清曹三德、曹三才撰。清刻本。一冊。半葉八行,行二十一字。黑口,左右雙邊。

曹三德,字安道,號日亭。清康熙三十九年(1700)進士,中書舍人。著有《東山草堂集》一卷。曹三才,字希文,號廉讓,海寧人。康熙三十八年(1699)舉人,湖州教授,鎮海教諭。著有《廉讓堂詩集》三卷、《半硯冷雲集》三卷。曹三德、曹三才二人爲兄弟,皆爲明末遺民詞人曹元方之子。曹元方,字介皇,號耘庵,明末遺民詞人,海鹽人。明崇禎十六年(1643)進士,明福王時,充常熟知縣。福王敗,再投唐王,授吏部文選司主事,晉驗封司郎中。後加御史銜,巡閱長江防務。唐王敗,隱居硤石村,築草堂,自號"檇李遺民"。八十二歲卒。其詞多抒家國之感,并寫隱居意趣,意切情真,頗具感染力。

受其父曹元方影響，曹氏家族有良好的家學傳統，在經歷了明清朝代更迭之後，對於政治和社會有更加清醒的認識，因此兄弟二人在任皆擔任文教序列的官員。清初刻本《東山偶集》是曹三德、曹三才兄弟的詩集。該本卷首有曹三德撰《謁尤悔庵先生求先大父暨府君合傳》，其中有"余何知詩，祇因頻年困抑，觸境生情，因物寓志，同學不以爲枉，多唱和，稿成輒去，偶記數什以正大雅云爾"之句，說明作者此書爲觸境生情之作，目的在於抒發情感、托物言志。後有"大兄見示苦旱詩和齋韻"一篇，署名"弟三才"，可證此爲曹三才之作。尾鈐"日亭""曹三德印"。此書對保存曹氏家族作品、瞭解曹氏家族思想變遷有很重要的意義。（李燕暉）

茂山堂詩草一卷二集一卷

清梁迪撰。清康熙刻本。一冊。半葉十行，行二十一字。黑口，左右雙邊。

梁迪，生卒年不詳，字道始，廣東新會人，清初著名詩人、學者梁佩蘭侄。清康熙四十八年（1709）進士，官山西平陸、屯留知縣。在任期間政績卓著。然不久即告假還鄉，自此不再出仕，以詩酒自娛。

此本初集共收録詩歌一百七十一首，二集收録詩歌三百六十九首，卷前有康熙四十八年劉曰烓、張大受序，康熙四十七年（1708）顧嗣協序，康熙三十五年（1696）梁佩蘭序，顧嗣立題詞，初集卷末有繆沅跋。梁迪詩內容豐富，舉凡寫景、紀事、擬古、唱和等，無一不有。其中有大量寫景紀游詩。劉曰烓序云："梁子以聰明絕世之姿，讀書養氣，蓋已有年，而連不得志於有司，於是走吳楚，跋涉燕齊雍豫間，歷覽寓內名山水，以暢其胸中鬱勃之氣，而復於所至之險阻情僞，靡弗備嘗而周知之。"其足迹遍及大江南北，因此，其詩多有山水景致之描寫，紀游以思古抒懷，立意常有令人耳目一新之處。此外，《茂山堂詩草》二集有長詩《西洋風琴》，其小序曰："西洋風琴似笙而大，以木代匏，以青金作管，以革囊鼓風，奏之聲聞百里，友人亦傅見澳門，歸而仿作，因命同歌。"爲歷史上首次記錄風琴傳入中國的情況，是珍貴的史料，多爲研究者所引用。

梁迪詩的文學性、思想性均爲時人所推崇，如顧嗣協評價曰："其取材也，宏而博;其立格也,樸而老;其命意也,遠而旨;其措詞也,麗而不靡,艷而不纖。"張大受亦贊其詩:"能揮斥其才情而又講求夫格律……抒寫性靈,激發志意,斯真所謂源流古人而不染外習者歟。"(李江波)

玉鑑堂詩鈔不分卷

清張嘉論撰。清乾隆張光世刻本。一册。半葉九行,行十九字。白口,四周單邊。

張嘉論,字龍雲,號綠筠,浙江海寧人。貢生,清雍正年間知沛縣、常熟、江寧等縣。著有《玉鑑堂稿》《玉鑑堂詩鈔》《三傳異同考》《韓詩補注》等。

此書是張嘉論之子張光世在其去世之後爲他刊行的詩集,篇目包括《賦得寒食東風御柳斜》《下第歸舟》《題家爾石種菜圖》《精禱》《蘆花》《送查八星南下第南歸》《送鄒大琢其之雲南》《和湯西崖少宰紅金魚十韻》等等。(李堅)

立誠齋詩集一卷

清陳隨貞撰。清鈔本。四册。半葉九行,行十九字,無格。

陳隨貞,生卒年不詳,字克亭,清代名臣陳廷敬七弟陳廷弼之子。清康熙四十八年(1709)進士。陳隨貞考中翰林時三十五歲,是高都陳氏家族的第八位進士,第五位翰林。陳隨貞雖高中翰林,但無意做官,所以,他到翰林院不久,就請假回鄉,不再赴任,過起了隱居的生活,在政治舞臺上沒有太大成就,但其歸鄉後的作品亦留下了一些反映陳氏家族日常生活的資料。

《立誠齋詩集》爲清鈔《高都陳氏詩鈔》本。作者題"陳隨貞克亭著",所存詩作尚多,主要分爲山水風景游記詩,如《王屋山歸途復雨》《入山四首》《王母洞》《鐵盆山章》和送別友人詩,如《時復遂剪燭臨危之願爾》《送金陵李舅氏南歸》等兩類。作者由於其自身際遇,無心仕途,自稱"素有看山癖",醉情於山水之間,對官場名利毫無興趣,而對家庭生活樂在其中,這是陳氏家族中一個比較另類的特例,但他這種淡泊的人生態度也十分值得贊賞。(李燕暉)

緑楊紅杏軒詩續集六卷

清蔣仁錫撰。清康熙刻本。四册。半葉十行,行十九字,小字雙行字不等。黑口,左右雙邊。

蔣仁錫,字静山,順天府大興縣人。清康熙三十八年(1699)中舉,四十八年(1709)己丑科進士,官至禮部主事。善詩文,師從王士禛,亦工書法。著有《緑楊紅杏軒集》《緑楊紅杏軒詩續集》等。蔣仁錫曾涉康熙三十八年順天鄉試科場舞弊案,據吳振棫《養吉齋餘録》卷四載:"康熙己卯,京闈以賄賂公行,士子爲文揭於市,逮治主考姜宸英、李蟠。姜瘐死,李謫戍,遂命下科壬午另編官卷。……中堂四五家盡列前茅,部院數十人悉居高第。王熙孫景曾,李天馥子某,熊、蔣以致仕之兒,直獻囊金滿萬。工部尚書熊一瀟子本,左都御史蔣宏道子仁錫,史貽直、潘維震因乃父皆爲主考,遂交易而得售。"

是書六卷,共收録蔣氏詩作三百二十首。其中,卷一爲著雍攝提格詩六十四首,卷二爲屠維單閼詩四十二首,卷三爲上章執徐詩五十八首,卷四爲重光大荒落詩七十首,卷五爲玄黓敦牂詩二十七首,卷六爲旃蒙作鄂詩五十九首。可知,以上各卷分別作於康熙三十七年(1698,戊寅)、三十八年(1699,己卯)、三十九年(1700,庚辰)、四十年(1701,辛巳)、四十一年(1702,壬午)。該書卷首有錢名世序。錢名世,字亮工,江蘇武進人,與蔣仁錫同年鄉試中舉,康熙四十二年(1703)中探花,後任翰林院編修、侍講學士。錢氏對蔣氏詩文頗有贊譽,其序稱:"同年蔣子静山少負儁才,間出其餘力爲詩,大抵挾李杜以爲準,時時軼出於韓蘇二家。大司寇新城王先生亟賞之,一時詩名噪甚。今復衰其六年來之所作問序於余。余發篋讀之,見其舉體遒上脱棄,凡近長篇之汪洋恣肆,固已闖二公藩翰而升其堂,而今體小詩則律切而思精,漸就衝淡。"

是書序言、目、卷端、卷末均鈐印"鵬南"。書中"玄""弦"均缺筆避諱,應爲清康熙刻本。(孫麗娜)

學吟草六卷

清嚴德垕撰。清雍正六年（1728）刻本。一冊。半葉十行，行十九字。白口，左右雙邊。

嚴德垕，字麟洲，號藥園，江蘇常熟人，嚴煒之子，嚴虞惇縱兄（《［同治］蘇州府志》卷一百三十八）。清康熙三十八年（1699），嚴德垕與方苞同中己卯科舉人（《［乾隆］江南通志》卷一百三十三）。

王應奎《海虞詩苑》載其生平，云：“爲諸生祭酒者二十餘年，始以歲貢生登己卯賢書，再上公車，不第。遂以母老不復出。自少濡染家學，即善爲詩，晚得目疾，乃謝去時藝，專務苦吟，故篇什富焉。沒後，其子復銓請於沈歸愚宗伯，爲删訂而序之。今已付梓者有《學吟草》六卷。”

嚴德垕能文辭，尤工詩，與嚴虞惇皆以詩文名世。書前有清雍正戊申（六年，1728）沈德潛序，稱其“温厚婉約，順成和勤……游屐所至，窮幽極遠，借山川之勝以發抒其抱負，以狀其文章之氣，方意磊磊落落可以任人世之重……其詩可傳世而行遠”。《學吟草》共收詩二百一十四首，包括感懷、行旅、交游等内容，趨古而不摹古。

除《學吟草》外，嚴德垕尚有《南游草》一卷（有康熙間嚴氏澗松居自刻本傳世），歌詠東粵往來道中山川名勝，有馮武序。常熟嚴氏，以詩書傳家，文脉不斷。其孫嚴文豹（贊夏）爲清乾隆二十一年（1756）舉人。曾孫嚴大綸（經茴）亦乾隆癸卯（四十八年，1783）舉人，著有《虞北山房詩稿》四卷。

此刻本有圈點及眉批。（趙大瑩）

研莊遺稿二卷

清吕種玉撰。清康熙五十一年（1712）刻本。二冊。半葉十行，行十九字，小字雙行字數不等。白口，左右雙邊，單魚尾。

吕種玉（1681—1711），字藍衍，一字農煙，祖籍安徽歙縣，後遷長洲（今江蘇蘇州）。官至候補理藩院知事。工詩，著有《言鯖》二卷。

本書卷前有清康熙四十七年（戊子，1708）朱彝尊序，另有其兄吕孚嘉、康熙五十一年（1712）同里汪份、歙州吴瞻泰等人序。全書分爲二卷，上卷録詩六十五首，下卷録詩六十一首，多爲詠物詩，如題桃花、題柳、題牡丹等。其兄在序中言其詩："其旨微，其思深，其辭簡古純粹。"吴瞻泰序中言此書爲種玉卒後，其兄孚嘉謀爲刊刻。

書末附有彭定求撰墓表、何焯撰家傳、李陳常撰傳，吕種玉生平介紹甚詳。

此書刊刻精美，流傳稀少，《中國古籍總目》著録僅國家圖書館有藏。（戴季）

雙江卧游草一卷

清金虞撰。清鈔本。一册。半葉十行，行二十字，無欄格。

金虞（1681—?），字長孺，號小樹，浙江錢塘（今杭州）人。《［乾隆］杭州府志》卷八十九《循吏》有傳："金虞，字長孺，錢塘人。少以文學著聲，康熙庚子（五十九年，1720）舉人。以保舉署黄梅縣。有洪貞女繼嗣未定，族人争其貲，貞女義，不赴質，虞造門請見，即日定其事。改署石首，洪水決堤，虞誓以身禦，督修三晝夜，堤遂成。授孝感知縣。剔侵隱，清盜原，遇疑獄，一勘即得。麻城有婦逃匿，誣繫多人，掘及枯墳，刑及問官，既成讞，卒廉得其實者，虞之力也。以憂去，起補山西蒲縣。洪洞謀鑿山奪蒲縣喬家川水源，虞力言於臺使，得如故。卒於官，貧無殮。"所著另有《小樹軒詩集》《錦溪游草》。

據此書所收詩作，金虞以隨同課試各府州生員之暇，游歷廣西之桂林、昭州、梧州、潯州、柳州、賓州等處，觀覽象鼻山、七星山栖霞洞、立魚峰、獨秀峰等名勝及鄒道卿祠、馬伏波祠、昆侖關、柳侯廟等古迹。集中有《潯守陳葯町送鯉魚和豫立韻》一首，按陳葯町即陳堯賢，浙江仁和（今杭州）人，清雍正元年至五年（1723—1727）任潯州府知府。又有《大中丞臨川夫子壽日恭頌》《補清風集詩呈坐主臨川中丞》二首，臨川中丞即李紱（1675—1750，字巨來），江西臨川人，雍正二年至四年（1724—1726）任廣西巡撫。據此可知，金虞此集當撰於雍正二年至四年間。

諸詩多吟詠風光、抒情懷古之作。如《象鼻山》:"垂鼻鱗困掛水涯,蠻奴日日掃蒼苔。如何碧筍排衙處,幻出黃門舞隊來。野火焚身須化石,江花照影不聞雷。玉河隄畔分明見,一蔫雲旗賜浴回。"又如詠柳侯廟絕句之一:"種柳江邊生暮蔭,沙街回步款薌林。牆根剩有韓碑在,丹荔黃蕉不可尋。"民風土俗,亦時見筆端,如《獞家》小序曰:"丁塘小泊,閑步至獞家村。村人肅客甚謹,愧無茶,請以家釀進,弗敢飲也。僕人聞獞女製帨甚工,詢之,謝無有。少選乃出,其白質青章,刺龍鳳花朵,頗纖好。云是少時認同年物,不售外人。蓋獞人以春時男女踏歌埒次相配偶,號爲認同年云。"(劉波)

匏村詩稿

清俞魯瞻撰。清乾隆刻本。一册。半葉九行,行十九字,小字雙行同。白口,四周單邊,單魚尾。

俞魯瞻(1681—1744),字岱巖,號匏村,江蘇無錫人。生性高潔,淡泊名利,喜事花草,好游山水,歷試不第,工於詩。

本書前有清乾隆十一年(1746)彭啓豐、華希閔、顧棟高等人序,又有乾隆十一年陳倫、乾隆十二年(1747)王游跋。全書收詩凡百十三首,多爲與顧棟高等其他詩人唱和之作。顧棟高序稱其"積五十餘年,得詩數千首……删取其百之一以授及門,待商定之"。彭啓豐在序中評價其詩謂"風骨清雋,不溺於西昆綺麗之習,而纏綿宕逸,一往而深"。書衣鈐"繩武樓藏"印。(戴季)

敦古堂擬古文集三卷

清李舜臣撰。清乾隆刻本。三册。半葉十行,行二十四字。白口,左右雙邊,單魚尾。

李舜臣,字向皋,河北蔚縣人。清雍乾間以擅詩文聞名遐邇。《[乾隆]蔚縣志》卷十九《封蔭》載其"承兄禮部尚書周望廕候補主事"。與修《[乾隆]蔚縣志》,任分纂。

前有乾隆八年(1743)王芥園序、乾隆七年(1742)金志章序、乾隆元年(1736)王育柟序、雍正十三年(1735)劉紹雲序、乾隆四年(1739)馬毓秀序。王育柟序稱："向皋李老先生,蔚蘿望族,纍世通顯,而先生雅不喜仕,閉户讀書,至老弗倦。以其餘閑發爲著作,卓犖沉雄,凌厲千古。"金志章序謂："李向皋先生自哀所治雜文若干首,都爲兩卷,自題曰擬古。"此書共三卷,則此後或又有續作。

此書大致以文體分卷,卷一考、論、序,卷二傳、碑記、祝壽文、墓誌等;卷三游記、跋、祭文、序等。分類并不嚴格。書末李舜臣《自述平生功力序》稱："更追維十數年内,筆不停手,丹黄古籍,無間寒暑,採集郡邑志書,纂彙李氏家譜。凡桑梓壽屏誄軸,廟刹碑文,友戚傳記,多經秃管勒成。至詠歌酬應之叢繁,有求必應,斷不敢高抬身分,故爲拒人。漸漸纍積雜著文五百餘篇,雜著詩七千餘首,箱笥塞滿。"可見其勤於撰作,此書所收則爲精選之作。

天頭偶刻評語,每篇之末有評語若干則。(劉波)

陶人心語稿二卷

清唐英撰。清稿本。八册。半葉十行,行二十一字。

唐英(1682—1756),字俊公,又字叔子,晚號蝸寄居士,先世爲關東瀋陽人,其祖入關隸漢軍正白旗。清雍正元年(1723)授内務府員外郎,六年(1728)奉使景德鎮任官窑駐廠協理,後調任粤海關、淮海關及九江關監督。所撰《陶人心語》五卷,前四卷按詩體分類,卷五爲雜文,皆自編,清乾隆五年(1740)武林古柏堂刻。另有《陶人心語續選》,大抵一官一集,編年爲次,乾隆間古柏堂陸續付梓,見有五卷本、九卷本、十卷本、十二卷本。又有《續選》十四卷本,未見。《補遺》一卷,附《可姬傳》一卷。

《陶人心語稿》,除此稿本外,還存清鈔本,八册。此稿本前二册護葉貼題名簽"陶人心語　古柏堂",正文則作者手稿,多爲雜鈔,如人物介紹、楹聯鈔録、匾額文字和布局等諸内容,第三册爲"上諭"鈔録,第四册前半亦爲雜鈔。

第四册後半以及後四册則爲"陶人心語稿",以年編次,分乾隆十三年(1748)

歲次戊辰正月初一日起、乾隆十四年（1749）歲次已巳正月起二部，均爲居潯州（今江西九江）時所著，收郊游、會友、賞景、節日等詩作。文中多處塗改、貼補内容，盡顯稿本特色。第八册末葉爲作者於"乾隆庚午（十五年，1750）由潯州權，奉命改調粤權，夏五月度庾嶺而南見嶺巔'鷹回人遠'之碣，不禁爽然。兹於壬申（十七年，1752）春，復回潯權度嶺而北，又見此碣，不禁欣然"，從而題額爲"人回鷹遠"四字，乾隆十七年正月制。第二部稿"乾隆十四年歲次已巳正月起"前夾有錢塘學弟李世衡稿《恭頌唐蝸寄權部二十四韵》一紙。後注一行"十五年（1750）十一月二十七日潮州總口劉相公寄到。此人在庵埠王縣丞衙中"，上鈐"李氏石頑""丙戌孟夏廿四日生""世衡""石頑"等印。

是書鈐"長樂鄭振鐸西諦藏書""長樂鄭氏藏書之印"等印，鄭振鐸舊藏，現藏國家圖書館。（陳榮）

松露堂詩稿四卷補遺一卷

清王鈞撰。清乾隆五十二年（1787）刻本。一册。半葉九行，行十九字，小字雙行同。白口，左右雙邊，單魚尾。

王鈞，生卒年不詳，字爾陶，直隸高陽縣人。清康熙五十一年（1712）進士，授浙江青田知縣，後調山東萊蕪縣，官至户部左侍郎。

本書前有清乾隆五十二年（1787）同里劉祖志序，并華亭項齡原序。王鈞一生爲官廉潔清貧，著作無力印刷出版，乾隆年間由其孫王菜刊以行世。集分四卷，并《補遺》一卷，卷一、二詩多詠物詩、詠列女詩、題鄉居生活詩，卷三多懷古詩、詠懷詩、山水詩、題名勝詩，卷四多題畫詩、和詩等，《補遺》另收其作三篇。

《紅豆樹館詩話》評其詩："近體勝於古體，置之晚唐人中，當與黄滔、杜荀鶴相伯仲。"鈐"餘事作詩""清白吏""光熙所藏"等印。（戴季）

查學庵雜稿不分卷

清查雲標撰。稿本。行字不定，無格。

查雲標，生卒年不詳，字學庵，浙江海寧人。清康熙五十一年（1712）進士。官禮部主事。著有《勉耘詩文集》十七卷、《查學庵詩稿》二卷。《兩浙輶軒續録》卷四著録，查雲標還編有《查氏族譜》。

《查學庵雜稿》爲查雲標手書原稿，其書體多爲行草，且删改較多。《查學庵雜稿》中，不僅有詩稿，還有大量的文稿，文稿中有很多是查雲標爲他人代筆之作。故首册封面有許嘉猷墨筆書識語一行，題"首九葉查雲標主政代陳春輝邦彥作"。"陳春輝邦彥"即陳邦彥，字世南，號匏廬，一號春暉，又作春暉老人，海寧鹽官人。康熙四十二年（1703）進士，授翰林院編修，入值南書房，後升侍讀學士。清乾隆初官至禮部侍郎。查雲標曾官禮部主事，或爲陳邦彥屬下，故代爲起草文稿。《查學庵雜稿》第二册封面有許嘉猷墨筆題跋三行："内有復兒隨同年陳牧之還家詩，則此手迹是康熙壬辰年進士主客主事查學庵名雲標所録稿，非星南及初白翁也。戊寅重九，洗心庵主許嘉猷識於桐陰仙館"。許嘉猷（1758—1830），字儒珍，一字慕魯，號順庵，浙江海寧人。乾隆五十四年（1789）舉人，官沛縣知縣。少年即善行、楷書，老而益工。此書所鈐"順庵""順庵經眼""擷芳亭長"等印鑒，皆爲許嘉猷藏書印。《查學庵雜稿》首册及第二册封面題"查初白雜録"，當原藏書者誤爲查慎行手稿所致。（趙前）

和雪吟一卷附菊窗詩餘一卷

清劉慎儀撰。清嘉慶七年（1802）刻本。一册。半葉九行，行二十一字。黑口，四周雙邊，單魚尾。

劉慎儀，號菊窗，山東德平人，濱州虞城令劉加隆女，舉人李圖南繼室。年二十九卒。菊窗擅吟詠，工水墨，尤擅詞。著有《緋雪編》《菊窗吟稿》等，《全清詞》收其詞六闋。

本書書名葉題"樹滋堂十六種二"，卷前有清乾隆三十年（1765）葛周玉序，言其與友人共同校訂付刊此書以慰李圖南。并李圖南題詞一篇，曰："詩因嚼雪而集，名和雪"。卷前另録《山東通志》之《菊窗小傳》一篇。書末有歷城徐定邦跋、清嘉慶三年(1798)葛周玉識。全書收詩凡十三首,附《菊窗詩餘》十闋。詩多爲感懷詩、詠物詩、春閨詩,文辭清麗。

《和雪吟》由葛周玉初刻於乾隆三十年,此本爲嘉慶七年(1802)葛氏重刻之本。(戴季)

南阜山人敩文存稿十五卷南阜山人詩集類稿二十二卷

清高鳳翰撰。清鈔本。八册。半葉十行,行十八字,無格。

高鳳翰(1683—1748),字西園,號南村,晚號南阜山人,別號衆多,山東膠州城西南三里河村人。歷官歙縣丞、績溪令。工書畫、篆刻,爲“揚州八怪”之一。清乾隆二年(1737)患風癉,右臂不仁,以左手作畫,因號“尚左生”。有《硯史》傳世。又擅詩,詩文集衆,如《南阜山人詩集類稿》《江幹集》《歸雲集》《歸雲續集》《青蓮集》。

《南阜山人敩文存稿》十五卷:卷一序,卷二傳,卷三記,卷四書,卷五表、狀、誌、銘、題跋、書後、碣,卷六文,卷七説,卷八賑荒八議,卷九修城條議,卷十江行日記(清康熙四十八年,1709),卷十一南行日記(清雍正六至七年,1728—1729),卷十二皖江紀行(雍正八年,1730)附蕭揚淳化帖十跋,卷十三賦,卷十四尺牘,卷十五雜著。

此《南阜山人詩集類稿》二十二卷收高鳳翰詩集四部,《擊林集》《湖海集》《岫雲集》《鴻雪集》。收詩數量當遠勝於《四庫全書總目》著録“《南阜山人詩集》七卷”。卷前有“高南村先生遺像”“像贊”及雍正十二年(1734)自題,云“詩自戊子(康熙四十七年,1708)有訂稿,前此爛紙久如敗蝟……綜生平,約舉四部類稿……紀以年,叙用驗,功候亦令後之覽者按紀檢披,行蹤可繪”。據卷末題字,此爲乾隆九年(1744)高鳳翰自編,男汝魁孫攀鱗存。又,“甥王泰來手録”(《湖海集》卷五末)。(劉悦)

小石山房遺草一卷小石山房剩草一卷

清余江撰。鈔本。二册。半葉八行,行二十二字。

余江,字石臺,浙江慈溪人。諸生。晚年以醫術浪游松江三泖間。

卷前有清嘉慶二十年(1815)柯振嶽序并鈐印,卷末有張廷輝跋。全書分《遺草》一卷、《剩草》一卷,兩者夾雜鈔録。書無目次,《遺草》多詠物詩,《剩草》多詠梅詩、詠人詩、懷古詩。書中有柯、張二氏朱墨筆圈點及批注、詩評。《遺草》及《剩草》爲余江嘉慶十九年(1814)刻《醉雲樓詩草》別本。

張廷輝在跋中提到,“壬申三月,爲先生七十壽辰”,此“壬申”當爲嘉慶十七年(1812),據此推斷余江生於清乾隆八年(1743)。另柯振嶽序中言“而先生年已七十矣。是秋病,易簀前一日猶手披遺稿,注七律一章”,據此余江卒年當在嘉慶二十年。(戴季)

潘水三春集十二卷

清納蘭常安撰。清乾隆五年(1740)受宜堂自刻本。八册。半葉九行,行二十字。白口,左右雙邊,單魚尾。

納蘭常安(1684—1748),字履坦,葉赫納蘭氏,滿洲鑲紅旗人。清康熙中,以諸生授筆帖式,自刑部改隸山西巡撫署。清雍正元年(1723)任山西太原理事通判。後歷官廣西按察使、雲南按察使、貴州布政使、江西巡撫。清乾隆四年(1739)十二月官盛京兵部侍郎,五年(1740)中改刑部左侍郎,六年(1741)起任浙江巡撫。少受業於尚書韓菼,工文辭,有所論著,多譏切時事,時論疑其中蜚語以死,非其罪也。所著有《受宜堂集》四十卷、《二十二史文鈔》一百零九卷、《古文披金》二十四卷、《受宜堂宦游筆記》四十四卷等。《清史稿》有傳。

因其“此一任也,臘中奉命,夏杪回車,計其時雖歷六月,而迎春送春俱在關外,是三春景色得之獨全;因寓居東郭,適臨潘水之濱”,故將此集命名爲《潘水三春集》。扉葉牌記題“受宜堂潘水三春集　本堂藏板”,卷首有乾隆五年七月常安自序、乾隆五年三月陸慶元序、凡例九則、總目,各卷前亦有該卷目録,卷端題“納蘭常安履坦著　男珉琇琦同校”。

此集爲詩文集合編,卷一論,卷二序,卷三記、説,卷四題跋,卷五書,卷六頌、箴、銘、連珠,卷七賦,卷八至十二詩。此集專收乾隆四年十二月底至五年六月,常安任官盛京期間"政務之餘,自爲書寫"之詩文,間及與此履職時地事相關者。或紀其足迹所至之山水故物,如《望醫巫閭山》《入姜女祠見文文山題聯感而有賦》等;或述其地物産百貨瑰異於他省者,如《盛京物産賦》《盛京瓜果賦》《鹿尾賦》等;或統論評品盛京之英才名宦者,如《馬人望論》《耶律孟簡論》等;或記其讀書之心得者,如《跋老泉〈審勢論〉後》《書〈文中子補傳〉後》等。通過其詩文,可大致瞭解盛京之自然風光、民俗日用,亦可得以窺見常安之學問和思想旨趣。

是集刻印精良,《八旗通志·藝文志》《八旗文經》《販書偶記續編》《中國古籍善本書目》《中國古籍總目》均有著録。（朱婷婷）

容臺存草

清林廷標撰。清刻本。半葉十行,行二十字,小字雙行同。黑口,左右雙邊,雙魚尾。

林廷標（？—約 1746）,字赤城,安徽當塗人。以舉人拔充宗學教習,後以廉州合浦縣令罷歸。

此集前有清乾隆二十七年（1762）姚江黃千人、門人覺羅普爾泰序。廷標罷歸後恐作品湮毁,其門人覺羅普爾泰及黃千人共同訂定其詩作而成書。

詩凡六十餘首,多記京都景物,詠物詩如《竹塘》《村雨》《沙村早蟬》等,亦有其他主題詩作,如題畫詩《爲吳教長題畫》等。（戴季）

敬亭詩草八卷桂軒詩草二卷敬亭文稿四卷

清沈起元撰。清乾隆十九年（1754）刻本。四册。半葉十行,行十九字,小字雙行同。白口,左右雙邊,單魚尾。

沈起元（1685—1763）,字子大,號敬亭,江蘇太倉人。清康熙六十年（1721）進士,選庶吉士,改吏部主事,後擢員外郎。曾執掌太倉婁東書院講習理學,并曾在濟南主持灤源書院。除詩稿文集外,另著有《周易禮義集説》《周易洗心》等著作。

起元先於康熙五十一年(1712)自刻《桂軒詩草》二卷,清乾隆十九年(1754)又刻《敬亭詩草》八卷、《敬亭文稿》四卷。

《敬亭詩草》前有其兄沈德潛序、乾隆甲戌(十九年,1754)許廷鑅序。書分八卷,每卷題名下注明所作時間,八卷詩作起於康熙乙酉(四十四年,1705),止於乾隆己巳(十四年,1749)。

《桂軒詩草》前有康熙壬辰(五十一年,1712)王吉武序,言其詩"得於斯游者即以詩論",另有康熙壬辰王慮序。詩多爲詠山水。

《敬亭文稿》卷前有《高邑李月嚴先生詩集序》。書無目次,按成稿時間依次列文,涉及政論、雜文、解經、人物傳記、墓誌銘、祭文等。

其詩時與許廷躁齊名,稱"許沈"。沈德潛序其詩:"格高者規模少陵,長編百韻以下俱近白傅。"《晚晴簃詩彙》以爲其詩"踔厲沉雄,於國初諸大家外,能獨樹一幟"。(戴季)

龍山詩鈔初集二卷

清侯肩複撰。清雍正三年(1725)刻本。一册。半葉九行,行十九字。白口,左右雙邊,單魚尾。有墨筆及朱筆圈點。

侯肩複,生卒年不詳,字碩林,號龍山,河南商丘人,詩人侯恪曾孫。擅詩文,清乾隆時拔貢,曾任南京國子監祭酒,并曾主授魯山琴臺書院。著有《南游草》《龍山詩鈔》《畫徵録》等,參與纂修《盧氏縣志》十七卷。

肩複學詩李白,詩作風格奔放,語言明快。湯准《龍山詩鈔序》云:"余觀龍山詩,吐屬典麗,風格高超,而灝氣流轉,真意融洽,與世之剽竊捫扯者迴别,詩壇中未易之才也。"肩複曾與沈德潛唱和詩歌,沈德潛贊其詩曰:"素聞中原侯氏世擅騷壇,今觀侯龍山詩,不益信乎!"肩複與錢陳群、張南華、高硯亭等文人均交好。

此書前的序有缺葉,現存楊長松、陳履中二人序,長松言肩複詩"甚得古風人性情,而七律高華雄渾"。書有目次,自題"雪苑侯肩複碩林甫著"。上卷收詩七十餘首,下卷收詩百餘首,多爲懷古、贈别詩。目次後附"評語六則",分别爲六位才學

之士點評肩複詩之語。卷後附刻《臨漪園賦并序》一篇。（戴季）

睫巢後集三卷

清李鍇撰。清乾隆十年（1745）刻本。一冊。半葉十行，行二十一字，小字雙行同。白口，左右雙邊，單魚尾。

李鍇（1686—1755），字鐵君、眉山，漢軍鑲白旗人，湖廣總督李輝祖之子，大學士索額圖之婿，家世顯貴。曾任官庫筆帖式。清乾隆元年（1736）薦試博學宏詞，未中。好山水，游蹤遍四方。晚年遷居河北薊縣盤山鷹青峰，自號“鷹青山人”，築室睫巢，閉門著書。撰有《原易》《春秋通義》《尚史》《睫巢詩集》《睫巢文集》等。

此集以文體分類，有樂府、詩二類。各類首葉格式類似卷端，共三葉（樂府一葉、詩二葉），書名下并不標卷次，而扉葉、目録、版心等處亦無卷次信息。

前有乾隆九年（1744）秦蕙田序、李鍇自識。書後有乾隆十年（1745）杜甲跋。杜甲跋謂：“洪東閣刊其初集，然多少年之作。吾家少陵云：老去漸於詩律細。余復刊其近詩爲後集云。”自識謂：“野人居草澤，甚無事，遇物而孚，輒行歌以遣興。然老眊，得便隨手棄，所記録者歲不過四五千言。初誦之若可喜，經時自惡其惡，又削其三之二焉。”可知此書爲李鍇晚年詩作之選集。

李鍇詩名頗盛，沈德潛《清詩別裁集》卷三十選録其詩五首，評其詩作“古奧峭削，自闢門徑，高者胎源杜陵，次亦近孟東野”。《清詩別裁集》所選五首中，《江南》《當來日大難》二首見於《睫巢後集》。

目録首葉鈐“珊瑚閣珍藏印”朱文長方印。（劉波）

築間籟一卷

清鄒一桂撰。清乾隆刻本。一冊。半葉九行，行二十一字。黑口，左右雙邊，單魚尾。

鄒一桂（1686—1772），字原褒，號小山，晚號二知老人，又號讓卿，江蘇無錫人。清雍正五年（1727）進士，授翰林院編修。歷官雲南道監察御史、貴州學政、太常寺少卿、大理寺卿、禮部侍郎，官至内閣學士。擅畫花卉，學惲壽平畫法，風格清秀。曾作《百花卷》，每種賦詩，一經進呈，皇上亦賜題絶句百篇。清乾隆六年（1741）自貴州還，輯此期詩作《築間籟》一卷，乾隆初刻。後輯所作《小山詩鈔》十一卷。又有《小山文稿》（不存）、《小山畫譜》、《大雅續稿》。劉青芝《江村山人稿》有所作序。《梁溪文鈔》卷三十録其文六篇。

《築間籟》一卷，乾隆刻本，收作者乾隆六年前詩作五十餘首，多以貴州山水、花草、樹木、事物爲主。詩文對事物的描述極爲細膩，如《玉屏山》描繪"帆落橋門瀠水灣，竹間鳥語聽關關。屏風玉立臨清鑑，此是黔南第一山"。尤其《東山十二景》對東山亭苑、雲霧、旭日、銅鼓、螺峰等十二景致的描繪栩栩如生，使人有身臨其境之感。《相見坡》中則夾雜苗語，題下注釋爲"雜苗語爲長句聊志，方言一二以資解頤"，同時對文中"雅務"旁注爲"難行"、"商訛"旁注爲"放牛"、"阿蒙"旁注爲"母"、"打雞"旁注爲"坐"、"固麥"旁注爲"吃飯"。

題名下鈐有"閑居燕樂"閑印，末鈐"符氏瑞徵寶藏"印。（陳榮）

瘦暈山房詩删十三卷續編一卷

清羅天尺撰。清乾隆三十一年（1766）順德羅氏刻本。四册。半葉十行，行二十一字，小字雙行不等。白口，左右雙邊，單魚尾。

羅天尺（1686—?），字履先，號石湖，廣東順德人。清雍乾時期嶺南學界詩人、學者，其才學得惠士奇賞識并手録其詩賦示諸生，與何夢瑤、蘇珥等人并稱爲"惠門八子"。清乾隆元年（1736）舉於鄉。後隱居石湖，因自號。工詩文，結南香詩社。著有《瘦暈山房集》《五山志林》等。

天尺富才學，擅詩文，是嶺南詩壇代表人物之一，彭端淑贊其"才氣縱橫，可配古人"，鄭虎文贊其"以詩文雄踞壇坫垂三四十年。嶺南推名宿者，率以孝廉爲稱首"。其師惠士奇評其詩曰："詩與爲贋唐，不若真宋，精求於韓杜，而次助以眉山、劍南，是惟君子。"意即天尺詩作反對一味模仿唐詩氣象，而崇尚宋詩風骨，追韓愈、杜甫神韻，同時兼有蘇軾、陸游之特色。其詩風剛勁有骨，富有鮮明的時代氣息。

卷前有其師惠士奇序，又鄭虎文、彭端淑、張汝霖、蔡時田、何夢瑤序（殘），卷後有“受業弟天俊謹識”一篇。書無目次，卷一、二爲五古，卷三至五爲七古，卷六、七爲五律，卷八、九爲七律，卷十爲排律，卷十一、十二爲七絕。

此書寫刻精美，鎸刻精緻。（戴季）

兆仙堂詩稿

清金秉恭撰。清乾隆二十九年（1764）東海金氏刻本。二册。半葉八行，行十八字，小字雙行同。白口，左右雙邊，單魚尾。有墨筆圈點、批注。

金秉恭，生卒年不詳（據此集内《祝棺歌》，清乾隆十四年（1749）秉恭已逾花甲），字安卿，自署東海（今江蘇東海）人。武舉，清雍正八年（1730）任職廣東，曾任粵東協領，在任三十餘年。

前有乾隆九年（1744）陽羡山人湯先甲序，又有乾隆八年（1743）自作《兆仙花小記》，後有乾隆二十九年（1764）其弟秉倫跋（殘）。目次分爲古詩、五言律、七言律、七言絕句、詩餘等。

全書共收詩一百六十六首，附詞二十七闋。湯序稱其詩：“沉鬱豪邁，寓意深婉。其詠物莫不窮形，盡相取類。”其弟云：“兄性曠逸，夙耽聲韻之學……生平所作詩甚夥，晚年究心性命之理，淡忘人事，并詩歌亦摒棄，不復介意，以故詩稿多不存。秉倫檢舊篋僅得數卷，不敢聽其就湮，爰付剞劂。”據此，此集爲金秉倫所刻。此集詩詞多花草風物詠物之作，《全清詞》收其《滿江紅》《月上海棠》等詞四闋。

書中鈐“易水趙永藏書”“趙永”“子貞”等印。（戴季）

種竹山房稿五卷

清岳禮撰。清刻本。四册。半葉九行，行十九字。白口，四周雙邊，單魚尾。

岳禮（1688—1771），字蕉園，那穆都魯氏，滿洲正白旗人。清康熙辛卯（五十年，1711）舉人，雍正年間由工部員外郎授甘肅觀察，愛民如子，乾隆間遷西寧府知府，後官至陝西分巡漢興兵備道。爲官清正，所至卓有政聲。

岳禮生平所著詩文頗豐，此書爲其詩集，分爲五卷，後附《奉使遼東集》《蘭雪堂稿》《甘泉集》《净香方丈稿》《湟中詩草》《漢南詩草》等。其詩寫景詠物和一般酬答居多。第四册卷末有“岳承善、岳德敏、岳先福同録校”字樣。

清代文學家法式善在《蘭雪堂詩集序》中評論道：“芝圃方伯自江西馳書至，寄其先人焦園先生《蘭雪堂遺詩》，乞余叙之。余謂詩以道性情、哀樂寄焉，誠僞殊焉。性情真，則語雖質而味有餘；性情不真，則言雖文而理不足。先生之詩不名一體，要皆有真意真氣盤旋於中，而後觸於境而發抒之，感於事而敷陳之。方其舟車南北，俯仰山河也，則有雄傑之篇；憫農勸稼，感舊懷人也，則有愷惻之篇；及解組歸田，一琴一鶴，某水某丘，寓諸吟詠，則又有蕭疏澹遠之篇。時不同，境不同，詩不同，而性情無不同。吾故曰：先生之詩真詩也。”

國家圖書館另藏有《岳蕉園詩文集》，其中詩的部分僅收録《奉使遼東集》《蘭雪堂稿》《甘泉集》《净香方丈稿》《湟中詩草》《漢南詩草》。此詩集應爲目前所見岳禮詩最全者。（孟化）

師竹軒詩存一卷

清郭世臣撰。清道光二十一年（1841）刻本。一册。半葉八行，行二十一字。白口，四周單邊，單魚尾。

郭世臣（1688—1746），字非喬，號松坡，山東濰縣（今濰坊）人。生性孝友，謹事繼母，撫諸弟懇至無他腸，母愛之踰己出。少年席世業，有儁才，以文取清瘦，不利科場。放懷詩酒，日與名士游。其父病逝後，郭世臣無意人間事，闢師竹軒旁小園與諸名宿觴詠其中。家道中落以後，他以訓詁爲生，久益困，乃挾詩文數卷衣食於奔走。凡所過通都大邑，遇名山水，必俯仰憑吊，嘯傲歌哭，盡興而後去。晚歲走京都，投其時官御史的姑表弟劉統動。

郭世臣去世九十五年後，其曾孫郭峻嵩將家中所存詩卷手稿整理出來，詩剩本計一百一十三首，請侄孫郭去咎點評，并摘其精切不磨者，命長子郭爲賢録之，爲《師竹軒詩存》一卷。

此書選入郭世臣六十首詩。其中包括組詩《小園十詠》，描寫了師竹軒之西的小園風景。詩中涵蓋詠物、題畫題詞、送友、追憶故人、評點歷史人物以及勸人讀書等內容。

此書卷端題"道光辛丑鐫 家塾藏板"。卷首有清雍正八年（1730）劉統勳的《師竹軒詩存原序》、道光二十年（1840）仲冬侄孫郭去咎的《松坡先生傳》。其中，劉統勳點評郭世臣，"文清矯有餘而惜欠豐潤，詩幽折無泛語可傳也"。郭去咎認爲郭世臣的詩"皆出自性，多悲傷憔悴之音，與世俗賣弄才華、嘲吟風月者不同"。卷末依次爲道光二十一年（1841）二月初九日同邑後學蒯雲青、道光二十年元孫郭爲賢跋。（孟化）

心齋詩稿不分卷

清金介復撰。稿本。四冊。半葉十二行，行二十二字，無格。

金介復（1602—1675），因父幼年寄養於朱氏，故姓朱，初名袞，又名訓，字九章。明亡後，復金姓，名俊明，字孝章，號耿庵，自號不寐道人，江南吳縣（今屬江蘇蘇州）人。明諸生。金俊明一生經歷坎坷，明亡後杜門潛心詩文書畫、藏異書，且手自鈔錄珍本以及交游文稿凡百餘種。藏書亦豐，收經籍秘本、名人手稿數百種，裝成巨帙。書堂有春草閑房，對宋、元人秘本細加校勘後，自刻成書行世。著有《春草閑房詩文集》一卷、《退量稿》一卷、《春草閑房未刊詩》一卷、《闡幽錄》二卷、《康濟譜》二十五卷。一生以鈔書爲樂，主要有《金石例》《南湖詩集》《道園學古錄》《居竹軒集》《張蛻庵集》《范石湖詩集》《圭峰集》《雙泉漫稿》《鹿皮子集》《靜思先生集》等，皆與次子金侃一字一句手鈔所得。藏書印有"遂逸樓""吳會孤山""不寐道人""芳草王孫""誰與玩此芳草""耿庵"等。

此爲金俊明稿本，題"心齋詩稿"，收《始演編》《小碎詩篇》《遠游編》《荷塘池稿上》《西歸編》《雲林澗稿》《洗吟賜草》《未知非編》等以交游、詠懷爲主的若干首詩，且未見於作者傳世詩集中。文中修改、批注琳琅滿目。部分紙張較殘。（陳榮）

葵園詩集四卷

清陳德榮撰。清乾隆刻本。一册。半葉九行，行十九字，小字雙行同。白口，四周雙邊，單魚尾。

陳德榮（1689—1747），字延彦，號密山，直隸安州（今河北安新縣）人。清康熙五十年（1711）舉人，五十一年（1712）進士，充武英殿纂修。曾任湖北枝江縣知縣，遷貴州黔西州知州，丁父艱歸。服除，署威寧府知府，遷大定府，官至安徽布政使，建陽明書院，卒於官。政績顯著，誥授通議大夫。著有《葵園詩集》四卷、《知稼軒文稿》、《蠶桑要録》等。亦善戲曲，今存有《菩提棒》雜劇一種。

此詩集書名葉題有"武興陳密山著""葵園詩集""本衙藏板"。書前有清周長發序，其中評價陳德榮"猶以字民未登衽席用爲殷憂，形諸歌詠，他如懷人吊古賦物攄情，皆得風人比興之義。方伯之詩寔方伯之人爲之也，讀方伯之詩忠孝之心可以油然而生矣"。

全書共四卷，按詩諸體編次，卷一收録三十八首五言古體、二十四首七言古體，卷二收録一百三十八首五言近體、四首五言排律，卷三收録一百三十首七言近體，卷四收録六首五言絕句、一百一十六首七言絕句，共四百五十五首。

袁枚在《隨園詩話》中對陳德榮有如下評價，"密山先生人淳樸而詩極風趣"。《國朝畿輔詩傳》卷三十中記載，《紅豆樹館詩話》稱其"留意經濟，自令守歷陞方伯，所至問民疾苦，平反鈎稽，有廉明聲，不止爲文章以自見。詩集身後刊行，五言勝於七言，山川險塞之作鐉削雄奇與杜陵入蜀諸詩爲近，而清明郊行一絕，又秀色可餐，有悠然弦外之音，蓋其才能斂能縱，故不假繩削，胥合矩矱，洵無媿作手也"。

（孟化）

完顏氏文存三卷

清完顏留保撰。清鈔本。三册。八行二十四字。白口，左右雙邊。

完顏留保（1689—？），字松裔，晚年自號恤緯老人，滿洲正白旗人。清康熙五十三年(1714)舉人，康熙六十年(1721)賜進士，改庶吉士。爲八旗子弟中賜進士者之第一人。清雍正元年(1723)充實録纂修，散館授編修，官至吏部侍郎。留保文采出衆，詩詞尤精。《熙朝雅頌集》收有詩十七首，《皇清文穎》收有《聖駕南苑大閲恭記詩》等四首。他還曾參與修纂《明史》，并榮任《明史》總裁之一。此外還撰有《大清名臣言行録》《年譜》《自省録》等。

《完顏氏文存》分爲三卷，卷前有目録，無序跋，寫作年份不詳。依據書末附有的"乾隆十二年大姑爺三十五歲癸巳年九月初一日寅時、大姑娘三十六歲壬辰年十二月十七日寅時"等字樣，推測此本成於清乾隆十二年(1747)前後。

卷上有二十二篇文章，其中爲論有《仁者以天地萬物爲一體論》《周勃論》《讀邊長白虎口餘生論》《錢法策問》《風俗策問》等，賦有《惜光陰賦》《日月合璧五星連珠頌》等，表有《辛丑會試表》，算學之作有《六壬金口合占小序》及《六壬金口合占用法表》。

卷中有十四篇文章，其中《關中風土記》《粵東風土記》《山左風土記》《西江風土記》《浙江風土記》記述雍正年間各地地方形勢以及山險海防運河等情況，對各地駐兵制度及錢糧徵銀等内容記載甚詳，并討論大政，洞悉時務。還有《東省應商事宜》《戒溺女説》《記僕人語》《皇華紀略》等。

下卷有十七篇文章，首先詳細記録了《省身功課》《讀書功課》《養身功課》《持家功課》，然後以大量篇幅講述其先祖、祖父和父輩的情況。如《曾祖考祝文》《祖考祝文》《考妣祝文》《伯父祝文》《先父先伯父至性友愛録》《先母慈祥遺愛録》《先伯父母恩育録》等。此外卷末有《完顏氏祠堂記》及《紀恩前録》《紀恩後録》，其中多記康熙及雍正的諭旨。

袁枚在《吏部侍郎留松裔先生傳》中，對其評價如下："公往來勘歷不下七八千里，所到必有日記，書其山川要害，土俗華離，爲治理張本。又必賦詩，推廣風化之情，昭彰元妙之思，屢唱皇華，不知勞瘁。"

書中有朱筆圈點，文章後多有評語，少數幾處有署名評語。如卷上《仁者以天地萬物爲一體論》文後，有署葉長揚評論，"程朱之理爛熟，韓歐之氣盡舒透宗"。

卷中卷下有署"舊史金以成""老圃金以成"的評論。（孟化）

菜根堂論文一卷

清夏力恕撰。清刻本。一册。半葉十行，行二十三字。黑口，左右雙邊，雙魚尾。

夏力恕(1690—1754)，字觀川，晚號澴農，自稱菜根老人，湖北孝感人。世代以文章傳家，三歲即能以意推字偏旁，得其音義，稍長於書無所不讀，尤長於詩。清康熙五十九年(1720)舉人、六十年(1721)進士，改翰林院庶吉士，授編修。清雍正元年(1723)任順天鄉試同考官，二年(1724)山西鄉試正考官，加日講官起居注。後以父母老告歸，以著述爲務，主修《湖廣通志》，後主講江漢書院，建十賢祠、德教祠等表彰先賢。後辭歸，引疾不復出。晚年布袍竹杖，所居村爲上農，自比於農，學者遂稱澴農先生。此外撰有《菜根精舍詩草》十二卷《續草》四卷、《菜根堂文集》十卷，皆輯入《澴農遺書》。

《菜根堂論文》書名葉中間題"論文"，右側題"夏觀川先生遺著"，左側題"猷盦署簽"。卷端下題"澴農遺書第十"，卷末署"六世孫正乾校字"。

該書兼論古文、時文。夏力恕主張"以窮理爲要"，崇尚"雅正清真"，"爲文之的，雅正清真，包括無餘矣"，"雅正以立其本，清真以致其精"，"必交相爲用，其義始全"。（孟化）

菜根堂文集十卷首一卷

清夏力恕撰。清刻本。二册。半葉十行，行二十三字。黑口，左右雙邊，雙魚尾。

據《孝感縣志》《程大中夏先生傳》等記載，夏力恕還撰有《四書札記》十六卷、《證疑備覽》六卷、《杜詩筆記》二十卷、《菜根精舍詩》十六卷《古文》十卷。

該書卷首一卷，收録《國史儒林傳》《湖北通志・文苑傳》《[嘉慶]孝感縣志・列傳》《程大中夏先生傳》等文而無序跋。卷首後爲十卷目録，其中卷一多爲論説，如《文王卦圖説》《郊社社稷辨》等；卷二、三、四爲族譜序、詩序、集序、傳序等；卷五多爲跋和序；卷六全爲壽序；卷七爲各種傳記，如《劉節婦傳》《陳孝子傳》等；卷八爲墓誌銘；卷九爲祠堂記；卷十爲祭文。目録末左下端署"七世孫彤陔敬謹承刻"。

書中每卷卷端下題"澴農遺書第十一"，每卷卷末都有兩位校對人的名字，校對人均爲族孫。據此推測當刻於清末。《文集》卷十四有清乾隆十四年（1749）所作《祭先府君》文，有"不孝六十之年"句，又程大中所撰傳，稱其享年六十五，合而推知其生卒年。（孟化）

菜根精舍詩草十二卷續草四卷

清夏力恕撰。清刻本。六册。半葉十行，行二十三字。黑口，左右雙邊，雙魚尾。

《菜根精舍詩草》前有清乾隆十年（1745）孟秋晏斯盛、十年仲夏靖道謨、十年春仲段嘉梅、八年（1743）七月七日徐本仙序及乾隆六年（1741）夏五蒲節前一日自序。序後爲目録。目録後鎸有其子扶黄所作題記："是編辛酉秋校刊，未果者不逮八百首，辛酉後續增若干，黄復檢删去諸稿内因人因事因時地而存者又得若干，首總千三百有奇，體雖分彙而先後以年，其用功得力之次第亦可見云。"稱此集詩止於乾隆九年（1744）。鑒於黄跋及晏序等皆作於乾隆十年，推測此集當於此時初刻。

全書分爲十二卷：卷一四言詩，六十四首；卷二擬樂府，二十二首；卷三五言古詩，四十六首；卷四五言古詩，五十五首；卷五七言古詩，四十八首；卷六七言古詩，四十九首；卷七五言律詩，一百六十一首；卷八五言律詩，一百六十一首；卷九七言律詩，一百三十八首；卷十七言律詩，一百三十八首；卷十一七言律詩，一百三十六首；卷十二五言絶句五十八首、七言絶句一十八首、七言絶句二百二十三首。

《菜根精舍詩續草》收録了乾隆十年之後夏力恕的作品，由其子彙集成册，輯録遺詩四百餘首。分爲四卷，接續前書編卷，目次如下：卷十三古近體詩，一百零九首（始乙丑秋迄丙寅冬）；卷十四古近體詩，一百二十二首（始丁卯春迄辛末冬）；卷十五古近體詩，九十九首（始壬申正月迄癸酉四月）；卷十六古近體詩，一百零一首

（始癸酉五月迄甲戌十一月）。（孟化）

米堆山人詩鈔八卷

清張揆方撰。清乾隆刻本。一册。半葉十行，行十九字，小字雙行同。白口，左右雙邊，單魚尾。

張揆方（1691—?），字道營，又字同夫，號米堆山人，江蘇人，張雲章季子。幼承家學，與同里張觀光、張鵬翀、張錫爵及昆山朱厚章結詩文社。清康熙五十六年（1717）舉人。《[光緒]嘉定縣志·文學》有傳，附於其父張雲章之後：“子揆方，字道營，一字同夫，康熙丁酉順天舉人。選任縣知縣，以耳疾不赴。閉户讀書，間作楛槎竹石，高蒼秀潔。”他寧肯沉迷詩文之中，不願混迹於官場，頗有陶公之遺風。“工詩文，與同宗北田觀光、詹事鵬翀、鈍閑詩老錫爵、昆山朱徵士厚章結詩社，酬唱無虚日”。詩才絶艷，著有《百花小吟》等。陳滄洲曾在《晚晴簃詩彙》卷五十九中評價道：“同夫天資駿發，學有淵源。《百花》一帙，驚才絶艷，亦復别有寄托，不獨以賦物爲工。”

《米堆山人詩鈔》前有張鵬翀、清乾隆四年（1739）朱兆曾以及乾隆十年（1745）沈德潛序。其中張序稱“舊時懷會與離别相思之作，無不具見，而詩思之纏綿、格律之清穩，視前又高數格”。朱序則評價道“集中五律風骨高華，肩隨王孟，七律音節雄亮，方駕錢劉，七古才氣逋逸，遠追太白”。沈德潛認爲其“五古沖和夷繒，七言縱横奔放，乍陰乍陽，而律令妥帖，别於野戰”。（孟化）

泛槎吟不分卷

清張有瀾撰。清乾隆刻本。一册。半葉九行，行二十一字，小字雙行同。白口，左右雙邊，單魚尾。

張有瀾，生卒年不詳，字西清，江蘇武進人。貢生。

《泛槎吟》是一本紀行詩集，記録了張有瀾自清乾隆九年（1744）接受時任陝甘總督尹繼善的派遣，赴西北管理西夷事宜的歷程。他自京師而西安，經蘭州，過張掖,逾酒泉,抵西寧。其中驛軺所至,凡遇名勝古迹,靡不寫之。

該書前依次有尹繼善、陳弘謀、林鄂昌、郭朝祚、戴永植等人序以及張有瀾自序。其中尹繼善序謂:"閱詩文,音節宏亮,氣象光昌,巖疆風景夷情誠僞無不盡。"陳弘謀贊揚道:"大約皆紀行之作,而詠懷往迹,寄意遥深,忠愛之誠,時時流露行間,非爲作者嗟乎?"并認爲張有瀾才學兼備,爲其詩打下根底。張有瀾在自序中則闡述了書名的由來以及印行此書的用意。

該書諸詩既有《過趙州橋》等古迹描述,又有感懷、友人述答、人物回憶等内容。(孟化)

遺安堂詩

清金英撰。清乾隆刻本。一册。半葉十行,行十九字。白口,左右雙邊,單魚尾。

金英(1692—1758),字逸亭,號谷村(又作字谷村、號秋崖),山東德州人。出身世家,一生仕途失意,寄志於詩文之中。曾請業於飴山老人趙執信,并與景州詩人李露園、曹綺莊等人交游甚篤。其詩有數百篇,然存世者僅八十餘首,編入《遺安堂詩》而流布於世。

金英推崇趙執信"詩之中要有人在,詩之外要有事在"的詩歌理論,以文意爲主,以語言爲役。選材從其所近,風格自由多變。既創作古體詩,也創作近體詩。此書刻於清乾隆三十年(1765),前有同邑鄉人宋弼序,其中描述宋弼在金氏亡後哀其遺篇,刊行於世。所收詩有《壬申九月憶舊事》,是集中可見編年最晚者,即乾隆十七年(1752)。金英存世資料甚少,但其授業於清初著名山東詩人趙執信,爲其結集者宋弼又是紀昀的至交好友。金英的詩集,是研究清初山左詩學的重要材料。(曹菁菁)

長嘯齋詩集一卷

清孫轂撰。清刻本。

孫穀(1692—1737），字雨田，號祈園，室號長嘯齋，爲孫宗彝曾孫，高郵人。清雍正五年(1727)舉賢良方正，補博士弟子員。先後授江西南康知縣，署贛州府同知。後病卒於家，年四十六。所著詩文《長嘯齋詩集》一卷由其子整理而刊行於世。生平可參見本書卷前翰林院侍講任啓運序。

書前有劉晟序、任啓運序。收錄孫穀詩共計八十二首，多爲交游詩。并不孜孜於聲律而以抒情叙事爲主，“其纏綿悱惻也近乎騷，而温厚和平則復歸於雅”。書後附有孫穀長子孫同郊詩一卷并桐城張若谷序、次子孫同庶詩一卷并任基振序。孫同郊之詩力守先正，蒼茫渾厚。孫同庶之詩據説得到清代名士杭世駿的贊賞。孫同庶著有《飛桂軒文集》《飛桂軒詩集》《瓶室詩餘》若干卷，然未見傳世。

本書爲清嘉慶年刻本，封面題有“介�氏讀”四字，書中有朱筆批校一處。（曹菁菁）

休寧汪文端公詩一卷

清汪由敦撰。清鈔本。一册。半葉十行，行二十字，無格。

汪由敦(1692—1758)，初名汪良金，字師苕，號謹堂，又號松泉居士，安徽休寧人。清雍正二年(1724)進士，改庶吉士。清乾隆間，纍官至吏部尚書。老誠敏慎，在職勤勞。金川用兵，廷諭皆出其手。卒，加贈太子太師，謚文端。由敦學問淵深，文辭雅正，兼工書法。著有《松泉集》等。

此集收汪由敦詩二十四首，鈔寫工緻。鈐“吴城”“敦復”兩印。（李玉瑋）

珊珊軒詩鈔五卷

清徐夢元撰。清嘉慶十一年(1806)刻本。一册。半葉九行，行十九字，小字雙行同。白口，四周雙邊，單魚尾。

徐夢元(1693—1770)，字端木，別號徐村，浙江錢塘（今杭州）人。年幼通敏，功名困頓，止於諸生。一生功名不得志的他，曾寄情於山水之間，游歷吴門、江右、湘楚，至三衢（今浙江地區）而歸於故鄉。夢元交游廣泛，與蘇杭兩浙文士多有往來。平生以授徒教館爲業,其舊居名爲一橋書屋,弟子遍及錢塘。徐氏館於夏氏時,曾著有《感應篇》《覺世篇》《傳奇六種》評注,由夏緜世光堂於清乾隆十四年(1749)刊行。生平詳迹參見卷前屠文焯《徐徐村先生小傳》。

本書收録徐夢元所作詩二百零二首,全書按照五言古詩、七言古詩、五言律詩、七言律詩、七言絶句的體例編次,分爲五卷。書前有清嘉慶五年(1800)屠文焯序,後有乾隆四十三年(1778)屠紹理跋。

徐夢元之詩"宗香山,間亦出入宋元",時人評價很高。徐氏生平詩文皆夥,而傳世甚少。其文稿多燬於屋宅之火,而旅居詩歌存者亦稀。乾隆四十三年,其弟子屠文焯命子屠紹理將搜求而得的百餘篇遺稿鈔録成册,共分五册。嘉慶五年,屠文焯兄屠文焯刊行此書,爲五卷本。又朱文藻在其《碧溪詩話》中提到曾將屠紹理之五册本删訂厘爲二卷,然今未見。(曹菁菁)

陳石閭詩三十卷

清陳景元撰。稿本。十册。半葉九行,行十九至二十字不等。白口,四周單邊。

《陳石閭詩》是陳景元的詩集。陳景元,約1736年前後在世,字子文,號石閭,又號不其山人,漢軍鑲紅旗人,祖籍山東琅邪,後徙遼東。工詩,善書。清咸豐年間詩人魏變均説:"遼東以詩名著者,國朝自三老始。三老者李鐵君、陳石閭、戴遂堂,皆吾鄉先哲也。"四庫館臣對陳景元詩作給予很高評價,《四庫全書總目提要》卷一百八十五有:"《石閭詩》一卷(江西巡撫採進本),國朝陳景元撰。景元,號石閭,鑲紅旗漢軍。生平作字效晉,作詩效漢,務欲自拔於流俗之上。是集乃其手書擬古詩六十餘首,以貽雷鋐者。前有短札,亦其手書。鋐并鈎摹筆迹刻之,紙版頗爲精好。景元詩雖以漢爲宗,而性既孤僻,思復刻峭,結習所近,乃在孟郊、賈島之間。如米摹晉帖,矩度不失二王;而波勒鈎剔,乃時時露其本法。於漢人不雕不琢之意,未能全似也。此本以篇葉較少,不能成帙,舊附於李鍇《睫巢集》以行,然二人同時唱和,名亦相齊,未可列諸附綴,故仍各著於録焉。"以上可知,四庫館臣所見《石閭詩》，因其篇幅少，故附在李鍇《睫巢集》後面，而四庫館臣認爲"二人同時唱和，名亦相齊"，因此分別進行了著録。另外，四庫館臣所見《石閭詩》僅有一卷，存詩六十餘首。國家圖書館藏《陳石閭詩》爲三十卷，收詩上千首。此書鈐有"郎牙陳景元字子文號石閭又號不其山人""陳印石閭""石閭陳景元印"等，通過這些印鑒，我們可以瞭解陳景元的祖籍、字號等情況。另外，此書還鈐有"法印式善""詩龕鑑藏""詩龕居士存素堂圖書印""吳興劉氏嘉業堂藏""朱嘉賓"等印鑒，可知清代至民國間有法式善、劉承幹、朱嘉賓等收藏。（趙前）

王文肅公詩集

清王安國撰。民國二十九年（1940）鈔本。一冊。半葉十行，行二十四字，小字雙行同。白口，四周單邊。

王安國（1694—1757），字書城、書臣，號春甫，江蘇高郵人。清雍正二年（1724）一甲二名進士，授編修。曾以左都御史領廣東巡撫，後任兵部尚書、吏部尚書，晚年充會典館總裁，謐文肅。王安國文采斐然、深研經籍，其子王念孫、其孫王引之以小學之成就馳名儒林。王安國有《王文肅公詩集》《王文肅公遺文》行世。《清史稿》有傳。

王安國一生以仕事顯達於朝堂，其詩作後人留意不多。王氏詩作工於詩律，精於典故，有以文章入詩、以事入詩的風格。王士禎死後，清代詩壇的風氣活躍起來，王安國正處於這一時期。其詩作走出"神韻説"的約束，在詠史、紀事方面頗有佳作。

王安國詩集僅有此一種鈔本存世，此集無序無跋，不分卷，有目録。正文收詩六十四題，《補遺》收詩三題。卷首有"巖瀛""蓬仙"鈐印。卷後有"太倉嚴蓬仙鈔藏"題記。然而嚴氏的輯録并不嚴謹，本書《補遺》所收詩三題四首，實爲《婁東詩派》所録王錫爵的作品，而非王安國之作。（曹菁菁）

瀛壖百詠一卷

清張湄撰。清乾隆七年（1742）刻本。一冊。半葉十行，行十九字。黑口，左右雙邊,雙魚尾。

張湄,字鷺洲,號南漪,又號柳漁,錢塘（今浙江杭州）人。清雍正十一年（1733）進士,官至兵科給事中。頗著風節,能詩。與厲鶚、金志章等唱和。著有《柳漁詩鈔》。

首有清乾隆七年（1742）張湄序,卷端題"瀛壖百詠　錢唐張湄鷺洲",版心中鐫"瀛壖百詠"。後附"臺灣雜感四首",末有劉良璧跋。

此書記錄臺灣地區的風土人情。張湄序曰:"余奉使持節是邦,自厦抵臺自郡治,訖南北二路,即志乘所載合之,巡歷所經凡歲,時習俗、山川草木禽魚之類,苟有可紀輒賦短句,投之奚囊。經歲纍百篇。……誠欲使覽者一手卷而如身履其地,庶幾後之於役君子或等余爲識塗之馬未可知也。"此書收錄《厦門》《大擔門》《水程》《望向》《澎湖》《鹿耳門》《七鯤身》《赤嵌城》《竹城》等文章。

鈐印"中法漢學研究所圖書館"。據《中國古籍善本書目》和《全國古籍普查基本數據庫》,此本僅國家圖書館藏兩部。（李堅）

鴻詞所業三卷

清杭世駿撰。清鈔本。

杭世駿（1696—1772）,字大宗,號堇浦,別號智光居士、秦亭老民、春水老人,室名道古堂,仁和（今浙江杭州）人。清雍正二年（1724）舉人,清乾隆元年（1736）舉博學宏詞,授編修,官御史。八年（1743）因上疏言事,遭帝詰問,革職後以奉養老母和攻讀著述爲事。十六年（1751）得以平反,官復原職。晚年主講廣東粵秀書院和揚州安定書院。工書,善寫梅竹、山水小品,生平勤力學術,著述頗豐,有《道古堂集》《榕桂堂集》等傳世。

杭世駿生前在儒林即有令名,身故後其詩文集《道古堂集》及七種著作已刊行。其曾孫杭福烺又整理先祖遺稿六種編爲《補史亭剩稿》,膳錄成冊。《鴻詞所業》即在其中,分上中下三卷,收錄杭世駿所撰賦文,既有韻文,又有經史之論,其中《六宗考》考證經文"六宗"之意,賅存前人衆說,論而不議,折中各說,頗能代表杭氏經學之特點。

此書版心刻有“道古堂鈔本”字樣。書前有乾隆五十八年（1793）趙一清（字東潛）序。《鴻詞所業》有乾隆五十三年（1788）刻《道古堂外集》本，此爲杭氏鈔本，十分珍貴。

書中鈐有“邢氏之襄”“南宫邢氏珍藏善本”諸印。（曹菁菁）

楚帆集

清陳浩撰。清乾隆二十一年（1756）刻本。一册。半葉九行，行十九字。白口，四周雙邊，單魚尾。

陳浩（1696—?），字紫瀾，號未齋，又號生香，順天昌平人。清雍正二年（1724）進士，授翰林院編修，官詹事府少詹事，清乾隆二十二年（1757）罷。傳世詩文集多見《生香書屋集》，乾隆年間三多齋刻，清道光九年（1829）重刻，凡詩集七卷、文集四卷、《恩光集》一卷。

本書《楚帆集》一卷，收録了陳浩乾隆十八年至二十一年（1753—1756）督學湖北時在當地游覽酬唱所得之詩歌。書前有乾隆二十一年（1756）漢陽彭湘懷序，同年陳浩自序，書後有方璲跋。據彭序言，“丙子（即乾隆二十一年）秋九月，公將報政還朝，懷亟請其集，校而刊之”，説明此書乃陳浩離任返京前在漢陽刊印。

本書卷端鐫“生香書屋詩稿”，書内詩歌後收入《生香書屋集》中。（曹菁菁）

石笥山房文集六卷詩集四卷

清胡天游撰。清嘉慶三年（1798）刻本。二册。半葉十一行，行二十二字。黑口，左右雙邊，單魚尾。

胡天游（1696—1758），榜姓方，一名騤，字雲持，又字稺威，號松竹主人，又號傲軒，浙江山陰（今紹興）人。清雍正七年（1729）鄉試舉副榜。清乾隆十四年（1749），大學士史貽直薦充三禮館纂修，後授直隸州同知。客游山西，依侍郎田懋。蒲州守周景柱聘修《蒲州府志》。二十三年（1758）正月，卒於蒲州。有《石笥山房詩集》《石笥山房文集》傳世。

胡天游反對當時文壇主流桐城派的"義法"之論，主張恣肆奇崛的文氣，不拒魏晉六朝的藻麗俳句，是清代駢文中興中不可忽視的作者。其爲人孤直，生時毀譽參半，身後文章行世。袁枚、杭世駿、鄭板橋對其文采都評價甚高。其同鄉章學誠對胡氏的評價最爲中肯："鄉人取比毛西河氏，此恐未逮，當與杭菫浦氏齊。"

胡氏文集，乾隆年間即有刻本《石笥山房文集》，有四卷本、五卷本之分。此本爲清嘉慶三年（1798）刻本，文集六卷，文類分別爲卷一賦、擬奏、擬頌，卷二序，卷三記、啓、書，卷四碑、銘，卷五雜著，卷六祭文哀辭、誌銘墓表。此後之《石笥山房集》文集部分大致祖從此本之收文排序。詩集按體裁分卷，卷一五古，卷二七古，卷三五律，卷四七律。此書卷前有齊召南序、朱仕琇《方天游傳》、袁枚《胡稚威哀辭》。

書中鈐有"柳唐書屋""呂乾之印"諸印。（曹菁菁）

培遠堂偶存稿十卷手札節要三卷

清陳宏謀撰。清刻本。八册。半葉九行，行二十字。白口，四周雙邊，單魚尾。

陳宏謀（1696—1771），字汝咨，號榕門，原名弘謀，因避乾隆帝名諱而改名宏謀，臨桂（今廣西桂林）人。清雍正進士，歷官布政使、巡撫、總督，至東閣大學士兼工部尚書。在外任三十餘年，任經十二行省，官歷二十一職，所至頗有政績。清乾隆三十六年（1771）卒，謚文恭。

陳氏爲清朝中期能史，世人多奉其奏疏文檄爲圭臬。陳氏著作頗豐，其文集存世者常見《培遠堂偶存稿》，乾隆年間有刻本五十八卷，其中文集十卷、文檄四十八卷。此本收文集十卷并《手札節要》三卷，全書按照文體編排：卷一至卷三爲序，卷四爲記，卷五爲頌、賦、詩、跋，卷六、卷七爲祭文，卷八爲碑銘表，卷九、卷十爲雜著。文集有乾隆三十年（1765）沈德潛序，序後注"吳門穆大展局刻"，《手札節要》卷前爲乾隆三十三年（1768）序，序後有牌記"吳門近文齋穆氏局刻"，其刊刻時間不晚於嘉慶年間。（曹菁菁）

待廬先生詩緒

清方澤撰。清刻本。半葉九行，行二十二字，小字雙行同。白口，左右雙邊，單魚尾。

方澤（1697—1767），字巨川、苧川，號待廬，安徽桐城人。少師族人方苞。清乾隆十二年（1747）優貢生，曾入京爲八旗官學教習。有《待廬先生詩緒》《待廬文集》《待廬遺集》存世。

作爲桐城派方苞弟子，方澤的詩文力求"雅潔"，所作曾入選王步先編輯的"龍眠十子""江左七子"之選集。乾隆三十二年（1767），方澤曾整理其詩文爲四卷，存於家中，因貧未刊刻。其孫從書稿中選出詩作若干，題爲《待廬先生詩緒》刊刻行世。方澤之曾孫方東樹爲桐城派宿儒，清光緒二十年（1894）刻《考槃集文録》後附有《待廬遺集》，兼收曾祖方澤詩文，以詩爲多，共二卷，顯然有所整理與增補。《待廬先生詩緒》保留了方澤詩作較早版本的面貌，洵可珍視。

本書共收詩五十九首，卷前有姚範、葉西、王洛題詩，又收姚鼐《方待廬先生墓誌銘》并方績序。方氏序末署"嘉慶丙寅"，即嘉慶十一年（1806），又卷端鎸"孫績譔鈔曾孫東樹校字"字樣，據此推測本書的鎸刻時間當即在此年前後。（曹菁菁）

奉使紀行詩二卷春和堂紀恩詩一卷春和堂詩集一卷静遠齋詩集十二卷

清愛新覺羅·允禮撰。清雍正刻本。四册。半葉八行，行十六字，小字雙行同。白口，四周雙邊。

愛新覺羅·允禮（1697—1738），清聖祖康熙第十七子，歷康熙、雍正、乾隆三朝。受雍正、乾隆兩朝皇帝重用，雍正年間封果親工，管理藩院事，後授權其管理工部、户部、宗人府等。乾隆朝亦被委以重任，管理刑部等機構。乾隆三年（1738）因疾而終，享年四十一歲。謚號爲毅，世稱果毅親王。生平事迹見《清史稿》卷二百二十《諸王六》本傳。

此爲果親王允禮詩文集。允禮與佛教有深厚淵源，自青年時代便熱衷對寧瑪派佛教經典的研修，曾親自編譯或組織翻譯寧瑪派佛經（藏譯蒙）。雍正六年（1728）爲防止新疆準噶爾部再次南侵西藏，清廷欲將七世達賴喇嘛及其父移至四川泰寧之惠遠廟。雍正十二年（1734），允禮奉命前往泰寧，送達賴喇嘛入藏，循途巡閱諸省駐防。《奉使紀行詩》二卷記載的便是此段經歷，允禮將沿途州縣見聞、名勝古迹俱寫入詩中，撫今追思，寄托幽思。卷上前刊雍正十三年（1735）和碩果親王所撰《紀行詩序》，序後刊"崎嶇踏白雲""果親王寶"二印。開篇第一首題"雍正十有二年歲在甲寅果親王臣允禮奉旨前往打箭爐與達賴喇嘛相見兼閱視經過地方營伍隨於十月朔後五日圓明園陛辭起行"。書內所收詩作多爲此行沿途所作（如河北、山西、陝西、四川等省），卷上詩多題州縣，如《盧溝橋》《涿州》《壽陽》《平遥》《渭南》《五丈原》《劍門》《發成都》《打箭爐》等；卷下詩多題名勝風光，如《游昭覺寺》《過費褘祠　昭化》《三灘峽》《唐張悦讀書臺》等。句中遇典故、地名常以小字注釋。凡遇聖、恩、皇、賜等字多另起行，并提二字。

　　允禮自感蒙皇恩深重，遂將所受君恩漸次録之，鋟之於板，以子孫不忘聖恩高厚。其中《恩旨彙紀》一卷、《恩賜彙紀》一卷附於《春和堂紀恩詩》之前，前者收録雍正元年至十三年（1723—1735）所頒恩旨全文，其中包括允禮於雍正元年被加封郡王之旨，雍正十二年十月初六日被委任前往泰寧與達賴喇嘛相見之旨等。後者收録同期恩賜詩文、御書匾額對聯等，如《恩賜御製五言詩扇》《恩賜御書匾額聯對》《恩賜御製生日詩》。兩部《彙紀》恰可與允禮整部詩集所涉經歷彼此參看。《春和堂紀恩詩》爲允禮本人隨記詩作，以表對君恩感激懽豫之心，積久成帙，次而録之，如《奉旨册封郡王恭紀》《奉旨管理武英殿恭紀》《奉旨兼領御書房處恭紀》等。

　　至於平素感事抒懷、退食優游、流連景物、即境與事等詩，如《春日偶成》《望月》《春和堂》《煙雨磯》《上元前二日自暢春園入宿傳心殿道中觀燈曹公觀是夜有雪》，則分別收入《春和堂詩集》一卷、《靜遠齋詩集》十二卷（含庚子、辛丑、壬寅、辛卯、壬辰、癸巳、甲午、乙未、丙申、丁酉、戊戌、己亥諸集）。這些記録生活點滴，吟詠性情之作，不僅反映出允禮之生活經歷、閑適意趣、文學造詣，對於研究清史，研究

允禮生平都是很有價值的第一手史料。（王維若）

雪窗雜詠一卷

清經畬主人撰。清刻本。一册。半葉六行，行十一字至十二字不等。白口，四周雙邊。

愛新覺羅·弘瞻（1733—1765），雍正帝之六子，別號"經畬主人"，是康熙皇帝的第十七子果親王允禮繼子，清乾隆三年（1738）襲果親王。謚曰恭，稱多羅果恭郡王。善詩詞，"幼受詩法於沈歸愚（德潛）尚書，恪守三唐遺軌，近體尤高秀"（《晚晴簃詩彙·詩畫》）。著《鳴盛集》傳世。事迹見《清史稿》卷二百二十。

書内無序跋。前半部刻弘瞻詠雪詩，卷端題"經畬主人著"，有"不同同之""果親王"朱印。後半部附慎郡王允禧和詩，題"紫瓊道人和"，有"慎郡王章""辛卯人"朱印。

慎郡王，即愛新覺羅·允禧（1711—1758），原名胤禧，因避雍正帝諱，改胤爲允。字謙齋，號"紫瓊道人"，康熙帝第二十一子，弘瞻之叔。能詩善賦，書畫兼長，尤擅行書、山水花卉畫。昭槤《嘯亭雜錄》卷十《三王絶技》評價其"詩筆清秀，擅名畫苑"。著《花間堂詩鈔》一卷、《紫瓊巖詩鈔》三卷、《紫瓊巖詩鈔續刻》一卷等。生平事迹見《清史稿》卷二百二十、李濬之《清畫家詩史》等。

本書共計二十八葉，先有弘瞻長律一首，題曰"冬夜積雪初晴因約施静波顧端卿二客詠雪窗雜詩并請紫瓊叔同作得長律一首"。次爲詠雪詩三十首，題爲《雪意》《初雪》《雨雪》《風雪》《聽雪》《踏雪》等，以不同視角描摹雪之各種意態情趣。再次刊慎郡王允禧同名和詩三十首。末刊"時乾隆著雍攝提格之菊月中浣五日奉經畬主人教謹書""門下士朱文震"。下有"臣文震印""青雷"朱印二枚。允禧在王公貴族中以禮賢下士聞名，其府邸供養了一批詩人、書畫家，以酬唱雅集交流書畫心得，朱文震乃其中之一。朱文震，生卒年不詳，字青雷，號去羨，山東歷城人。少年孤貧，好學不倦，層赴京城游歷，爲允禧賞識，在允禧處得觀大量法書、名畫。初學花鳥，師承鄭板橋，後專攻山水，精書法、篆刻。是書書法乃朱文震所書，以行書

上版,字大悦目,筆鋒秀逸。(王維若)

半舫齋編年詩二十卷

清夏之蓉撰。清乾隆刻本。四册。半葉十行,行二十一字,小字雙行同。白口,四周單邊,單魚尾。

夏之蓉(1698—1785),字芙裳,號醴谷,晚號半舫老人,江蘇高郵人。清雍正十一年(1733)進士,乾隆初舉博學宏詞科,授翰林院檢討,充福建鄉試正考官,提督廣東及湖南學政。後歸鄉主講鍾山、麗正書院,工書法、富藏書。《清史列傳·文苑傳》有傳,稱其"足迹半天下,所至題詠唱酬無虛日。虛懷樂善,盛名耆德,爲海内所矜式"。曾主持修纂《[乾隆]高郵州志》。《[嘉慶]揚州府志》卷四十八亦載其生平。

此本編年詩二十卷,收録古今體詩一千一百餘首。據卷前乾隆辛卯(三十六年,1771)跋語,是編"起康熙丁酉迄乾隆辛卯,凡五十餘年中出處事迹,彙爲一編",又"原稿二千六百餘首",後由弟子侯學詩,以"選詩之例,以氣格爲主"的原則,"爲之删輯"而厘訂成書。又全書按紀年順次編排,如卷一卷端"古今體詩五十八首"下,雙行小字注云"起丁酉至壬寅入鄉學後,渡湖館龍岡暨赴金陵作",大致介紹了詩作的背景。

半舫齋爲夏氏室名。夏氏好刻書,多以半舫齋爲名,今存刻本《讀史提要録》等,向爲清刻精品。後半舫齋室名爲夏之蓉長孫味堂所用,乾隆四十九年(1784)寫刻精印有《檢討公年譜》一卷等,并刊刻同邑高郵人士詩文著作,如李必恒《樗巢詩選》等。夏氏家刻,一脉相承。夏味堂博通經史,精刻書,爲清代小學家,著《拾雅》六卷,成書於嘉慶二十四年(1819),同年刻於家中遂園,《續修四庫全書》即據此本影印。(李慧)

半舫齋古文八卷

清夏之蓉撰。清乾隆刻本。四册。半葉十行,行十一字。黑口,左右雙邊,單魚尾。

《半舫齋古文》八卷,包括《周公居東辨》等篇,方苞譽其古文"可方侯(方域)、魏(禧)"(見《清史列傳・文苑傳》)。(李慧)

半舫齋偶輯四卷

清夏之蓉撰。清乾隆刻本。二册。半葉十行,行十一字。黑口,左右雙邊,單魚尾。

《半舫齋偶輯》四卷,當是作者平日爲學、讀書鈔書之隨手札記,細分天文、考古諸種,可知其涉獵廣泛、博學多聞,亦可窺夏氏本人治學路徑。年譜爲夏之蓉長孫味堂所輯。(李慧)

先庚學吟集

清徐璣撰。清嘉慶七年(1802)刻本。與《歷游庚庚集》合刻爲一册。半葉八行,行二十一字,小字雙行同。白口,四周雙邊,單魚尾。

徐璣(1697—?),字陶村,號愚谷,江西鄱陽人。《[乾隆]嵩縣志》載其字愚谷,《[同治]鄱陽縣志》載其字衡友,號陶村。清雍正八年(1730)進士,先後任湖南耒陽、河南嵩縣知縣,乾隆十一年(1746)以目疾致仕。爲官頗有政績,在耒陽"清理歷年糧册,剖劉氏奇誣"。在嵩縣"與邑士講學論文,一化悍俗"。著有《庚庚集》《陶村詩稿》等。

此書卷首冠清嘉慶七年(1802)徐正倫叙,繼以《嵩山宦迹傳》等。《先庚學吟集》收詩五十餘首,爲其出仕前所做詩之選集。其"自識"釋名謂:"吟始庚寅,十年學於家塾鄉里,庚子以後十年學於郡邑會城……吟之學先自庚,學之更亦庚以先之。先之者,抑後有繼也。"

《先庚學吟集》不見著録,概因其與《歷游庚庚集》合刻的緣故,所以没有單獨列出。但此書無統一的題名,且徐璣序言有明確的説明,所以不應與《庚庚集》混爲一談。(董馥榮)

歷游庚庚集

清徐璣撰。清嘉慶七年（1802）刻本。與《先庚學吟集》合刻爲一册。半葉八行，行二十一字，小字雙行同。白口，四周雙邊，單魚尾。

《歷游庚庚集》包括南游詩一百餘首、北游詩七十首左右，是其爲官後所做。集前有徐璣《自識》云："庚戌釋褐，觀政湖南，民社未厭，應酬頗多，謝任養疾，吟呻亦復不少。庚申往豫補嵩，隨時隨筆，又積歲年，散佚大半。撿其存者，南游若干首，北游若干首，爲《歷游庚庚集》。"詩的内容有應酬唱和之作，有詠古抒懷者，也有部分關於任職經歷的描寫。如《至汴梁奉中丞雅公面委巡查開封衛輝彰德三郡蝗螭歷伏及秋捕竣反命》《奉命相度伏牛山情形移駐員弁分設泛鋪并定會巡善後事宜》等，反映了當時社會的情况和基層官員的工作情形。其詩風樸素平實。（董馥榮）

妙葉堂詩鈔一卷附録一卷

《妙葉堂詩鈔》，清釋燈岱撰。《附録》，清釋正曉撰。清雍正二年（1724）釋燈岱自刻本。半葉十行，行十九字。黑口，左右雙邊。

釋燈岱（1667—？），字岳宗，桐城人，俗姓姚，爲張廷玉外家姚氏子。少業儒，僑居白門。性喜佛教，遂剃度於句容西來寺國公。後至淮陰，掛錫湛真禪院，從師傳遐。清康熙四十七年（1708）聖祖南巡，與湛真住持朗公同往接駕。朗公示寂，燈岱遂主法席。開堂説戒，名動遠近，文人達官咸與結交。與姚陶、許志進交往甚密。研求法藏之暇，亦喜吟詩。堂名妙葉，似取自方以智之論："言爲心苗，有不可思議者，誰知興乎？知《易》爲大譬喻，盡古今皆譬喻也，盡古今皆比、興也，盡古今皆《詩》也。存乎其人，乃爲妙葉，何用多談？"

《妙葉堂詩鈔》書前有康熙六十一年（1722）張廷玉序，詳述燈岱生平及時人對其的評價。卷首題"龍眠釋燈岱岳宗著"，收詩三百十七首，其中有游歷名山勝景之作，如《釣魚臺》《枚皋里》《劉伶臺》《玉喬井》《陸丞相祠》《程將軍墓》等；有對於山居生活的記録,如《偶然作》《山居春曉》《移竹》《品茶》等;有友人間的交游酬唱,如《曉望寄樹宗兄》《舟中同山夫兄作》《懷家息園太守》等;有感懷世事抒發胸臆之作,如《哭親》《示問耕侄》《答山中人》《題先老人畫》等。體裁以五、七言絶句和律詩爲多。卷後有清雍正二年(1724)岳宗題識,謂偶得亡徒正曉遺篋中詩,附於妙葉堂詩後,共附詩八首,即《附録》一卷。

燈岱之詩,清和雅致,不特堆砌辭藻,亦少雕琢之態,如"桂輪似鏡虧猶半,玉露如珠滴已圓。夜色此時真入畫,水光遥與白雲連(《同友人夜泛蕭湖》)",或"東風吹面冷,曉色怯春寒。砌草青初發,庭梅白可看。到來塗路遠,望去水雲寬。緑劇偏休暇,從容盡日歡(《元旦後五日同家息園太守暨諸名士過誕登訪履石和尚分得十四寒》)"。正如張廷玉在序中所評,"閲之,善其詞清致逸,純任自然,不事雕繢,無塵土氣,亦無蔬筍氣"。(程佳羽)

乙巳丙午集一卷

清陳師儉撰。清鈔本。四册。半葉九行,行十九字,無格。

陳師儉,生卒年不詳,字汝賢,號鶴皋,清澤州府陽城(今山西晉城陽城縣)人。陳豫朋長子,清代名臣陳廷敬孫子。清雍正五年(1727)進士。出自有名的山西陽城陳氏家族,陳氏家族從明嘉靖年間至清雍正年間,共出了陳天佑、陳昌言、陳廷敬、陳元、陳豫朋、陳壯履、陳觀顒、陳隨貞、陳師儉九位進士,其中陳廷敬、陳元、陳豫朋、陳壯履、陳隨貞以及陳師儉三代共六位翰林。陳師儉是陳氏家族的第九位進士、第六位翰林。他雖考中翰林,但未到翰林院任職,因爲當時西南地區正在改土歸流,需要一大批人員充實地方官員,所以陳師儉就被派去做廣西泗城府的同知。陳師儉做了泗城府同知後,第二年就病故了,終年三十歲,可謂英年早逝。陳師儉的妻子,稱陳衛氏,被封爲五品誥命宜人,她早年孀居,知書達理,在陳氏家族中很有威望,孀居四十年,爲其貞潔,被後人稱爲女宗。

《乙巳丙午集》爲清鈔《高都陳氏詩鈔》本。卷首題"陳師儉鶴皋著",其詩作《一姑一媳仰茹弓田緊閨》中"睹先生席,白髮青燈"一句,可作爲作者自己的真實寫照,該集詩作多爲送別友人和風景描寫之作。加之作者才學頗高,因此詩風流暢,頗有文采,可惜天妒英才,作者英年早逝,所留下的詩作并不甚多,亦爲後世對作者本人和陳氏家族的研究提供了重要資料。（李燕暉）

松華館合集

清方學成撰。清乾隆宛陵方氏刻本。十册。半葉十一行,行二十二字。白口,四周單邊。

方學成,生卒年不詳,字武工,號松巖,江南旌德（今安徽旌德縣）人。初爲廩生,清雍正七年(1729)舉孝友端方,歷任山東夏津、栖霞、武城知縣,夏津縣任上主持續修該縣志書。好讀書,長於詩和古文。

此書前有清乾隆元年(1736)潘偉序等,版心下題"松華堂",目録列《梅川文衍》等十三種。方學成《梅川文衍自序》述及成書刊刻概況,"今上改元之歲……同學諸子咸請爲余校刻舊稿","爰出篋衍所存,俾以類編次,分十有三種,爲《松華館合集》,屬潘君韞英序首"。

此書收文廣泛,包括十三種文類,《梅川文衍》十二卷,中有各類序文凡六卷,餘爲記、書、尺牘、銘、祭文等各式文體;《華南先德述》一卷,記述方氏先世;《履齋時文》,經汪越、王汝驤二位先生評點,存《瑚璉也》等二十篇;《春風堂試帖》,存清康熙己亥(五十八年,1719)春月《江南試卷》、夏月《江南月課》,以及雍正甲寅(十一年,1734)《觀風》等篇;《學古偶録》兩卷,方氏於夏津任上修志的記録見載於此卷;另有《硯堂四六》兩卷,《栗山詩存》十八卷,《唱酬紀勝》存詩文二十四首;餘爲《讀黃合志》《梅溪韻會》《歲寒亭畫句》《青玉閣詞》《檀園雅音》,凡五種,行款更爲半葉九行,行十九字,白口,左右雙邊,無魚尾,版式字體與前几卷明顯不同,且版心無"松華堂"字樣等。

該書每册均鈐有"真州吳氏有福讀書堂藏書"印,據此可知經晚清著名藏書家吳引孫測海樓收藏。（李慧）

醒齋主人杜胡集一卷

清焦憬撰。清鈔本。一册。半葉十一行,行二十四字,無格。

焦憬,明江都東鄉八港口焦氏望武後裔,爲東七房焦天植之孫。天植,字培之,清順治辛卯科副榜,以文學名。生七子:濤、瀾、淇、淮、瀛、浴、涌。淇,字衛水,太學生,未弱冠,應醶使魏公試,首拔,榜名下注云:"寸晷立就七藝,精純暢達,可蔔異日勛名。"生四子:憬、熹、恫、杰。

焦憬,字逢庚,號醒齋。清雍正元年癸卯(1723)科武舉人,與徐芃、徐弃疾爲詞友。居親喪,與兩弟廬於墓,三年不宿内,不一飫酒肉。睦姻任恤,排難解紛,君子以克承父德。子有焦輪、焦軾。所著《醒齋主人杜胡集》一卷,輯入焦循鈔《江都焦氏家集》,無單行本流傳。

焦循的一生,對鄉邦先賢的著述歷來十分重視,勤加搜録,且以之爲己任。因此由他整理的里中文獻很多,《江都焦氏家集》即其整理先祖詩文的成果,無刻本傳世,僅存此鈔本。

此本前存焦循跋,曰"杜胡謂杜蘅、胡繩,皆香草也。杜胡詞猶言香草也"。叙説題名來由,透露醒齋主人與己關係。鈐有"里堂""焦循手録""陳瘦喦章"等印。(陳榮)

崧甫初學文類不分卷

清黃永年撰。清刻本。一册。半葉八行,行二十字。黑口,四周雙邊。

黃永年(1699—1751),字静山,號崧甫,廣昌(今屬江西)人。清乾隆元年(1736)進士,授刑部主事,後授甘肅平涼府知府,改江蘇鎮江,又改常州。爲政寬重有體,尤盡心於溝渠之利。爲學不專主一説,尤好明代羅洪先著作,精治六經及宋元明諸儒之書,主張學者求道,當以治經爲本,以程朱諸子之書爲階梯門徑,力戒末流空疏之失。名弟子有陳道。著有《希賢編》《静子日録》《南莊類稿》《白雲詩鈔》《奉使集》等。

此本前有新城涂學琪（字贊皇）、涂登（字于岸）二人序。新城爲春秋時晉國曲沃的別稱，即今山西聞喜縣東北。涂氏二人無傳。

此書内容按經義、論、説、記、序和跋六類編次，前四類所含篇章依次爲《春秋四傳異同辨》《趙盾論》《周禮九夏左傳三夏説》《興説》《南昌府學教習樂舞記》。序類内容較多，存《送王方伯復庵先生升左副都御史序》《贈涂于岸序》《〈匡游草〉序》《〈立堂詩稿〉序》等。跋類含有兩篇，《鄧又楷七月紀事感懷詩跋》《贈涂于岸序》，經核對，《贈涂于岸序》與序類下同篇内容相同，應爲編審裝訂不精所致。

此書流傳不廣，《中國古籍總目》著録僅國家圖書館有藏。又據鈐印“橋川時雄”，可知曾經日本漢學家橋川時雄收藏。橋川時雄（1894—1982），字子雍，號醉軒、曉夫、潛夫等，日本福井縣人。民國七年（1918）來華，任《順天時報》記者。民國十六年（1927）創辦并主編《文字同盟》雜志。與中國的學界名流如羅振玉、魯迅、周作人等，都有不淺的交往，頻繁出入各書肆及藏書家之間。（李慧）

白鶴堂詩稿四卷

清彭端淑撰。清乾隆刻本。一册。半葉九行，行二十一字。白口，左右雙邊，單魚尾。

彭端淑（1697—1777），字儀一，號樂齋，丹棱（今屬四川）人。清雍正十一年（1733）進士，授吏部主事，後出爲廣東肇羅道，爲官清廉有政績。不久歸鄉，主講錦江書院，以實學造士，多所成就。工詩文，著有《白鶴堂文集》《晚年詩稿》等。生平事迹見《清史列傳》《國朝先正事略》《國朝耆獻類徵》等。

此本正文卷端題“晚年詩續刻”，鈐“禹城縣印”印。卷前有清乾隆四十一年（1776）自序，云：“余曩有晚年檢存詩二卷，爲坊間所刻以行，今年秋間居無事……與至作詩數十章，其中或有可採者，不忍自棄，并取舊作，撿存若干，彙爲一集。”可知在此乾隆四十一年本刊行之前，彭氏曾有詩二卷刊行，當爲《白鶴堂晚年自訂詩稿》二卷。該書共四卷，卷一五言古，卷二七言古，卷三五言近體、七言律，卷四五言、七言絶句，凡一百一十餘首，中有墨筆圈點校改字樣。

端淑詩文,頗負時望,與弟肇洙、遵泗并稱"三彭"。他的五言古詩質樸厚重,尤爲人贊賞,張維屏以爲"蒼健沉鬱,大有杜意,似非船山所能及"(見《國朝詩人徵略》)。如《游中巖》一首,"中巖尤突兀,橫插兩崖際"之句風格沉鬱,頗有杜詩之風。集中另有《赤壁懷古》《憶山居》《早發武功》《觀音碥》《鳳嶺》《劍門》《峽門》等篇。徐世昌《晚晴簃詩彙》中評彭氏,言其"晚始爲詩,取法杜、韓,涂轍甚正,盤空出硬語,不肯落當時寠臼,自是雅言"。

此書流傳不廣,中國人民大學圖書館見藏,《中國古籍總目》著録僅國家圖書館有藏。(李慧)

充射堂集十二卷

清魏周琬撰。清康熙刻本。四册。半葉十行,行十八至二十字不等。黑口,左右雙邊。

魏周琬,字旭棠,一字竹君,興化(今屬江蘇)人。清雍正元年(1723)應京試成進士,榜名爲周琬。授湖南善化知縣,官至湖北巡撫,清乾隆二十六年(1761)革職。

此集爲魏周琬詩文集,共收詩九卷,文三卷。詩分詩集四卷、詩二集一卷、詩三集二卷、詩四集一卷、詩五集一卷,文有文鈔一卷、《大易餘論》一卷、《春秋餘論》一卷。詩卷首有王令樹序,卷端署"陽山　魏周琬　旭棠"。《大易餘論》前有自序。并署"陽山魏周琬旭棠氏箋"。《春秋餘論》卷端署"陽山魏周琬旭棠氏著"。全書行格疏朗,字體清雅,刊刻精良。(陳紅彥)

表忠觀原碑紀事詩

清余戀槤撰輯。清乾隆五十九年(1794)刻本。一册。半葉十二行,行二十四字。白口,四周單邊,單魚尾。

余戀槤,字舟尹,號蘿村,浙江諸暨人。此本題名據書名葉題,正文卷端題"杭郡庠得表忠原碑記事詩",南澗佑啓樓藏板。卷前序文存兩篇:一爲清乾隆癸酉年(十八年,1753)間魯曾煜所撰,一爲余氏本人自序。由魯序可知余氏履歷,序云:

"以名進士官杭郡，教授訓士。"

表忠觀碑，由北宋蘇軾撰并書，宋元豐元年（1078）刻立。此碑書法方整峻偉，屬坡公得意作，在書法史上占據重要地位。關於碑石的來歷，此本所收范咸詩文前有記述，較序言更爲明瞭。此碑"已數易石，其在觀者，嘉靖間杭郡守陳柯重爲模刻；其在郡學者，則正德間巡按宋廷佐自仁和縣學移至"，後碑石埋塵土中，"諸暨余先生掌教是邦，治地得斷碑二"，由此也約略可知余懋棟履歷生平。而表忠觀碑重現世間，"鄉人作詩以紀其事，因爲長歌以貽先生"，另收有鄭羽達、傅王露、王杜、魯曾煜、胡國楷、范咸、桑調元、張映斗、厲鶚、周京、鮑鉁、陳士璠、沈昌宇、潘作梅、丁敬和邵祖節等凡三十四人的紀念詩集作品。

余氏本人紀念文章也收録其間，稱此碑在杭州一衆古迹中"尤絶倫"，并生動記述了此碑出土的過程，云："露元豐字，忙呼鍬綆，鳩役夫，邪許千聲，出片石，一索再索，如連珠洗磨，風骨殊瘦"，又言明"錢王功德浹吾土，坡公手筆邁千古"，爲表忠觀碑的研究留下了有價值的資料。

此本流傳不廣，《中國古籍總目》著録僅國家圖書館有藏，另有清光緒七年（1881）浙江錢塘丁氏嘉惠堂刻本存世。（李慧）

詩存四卷觀劇絶句一卷

清金德瑛撰。清乾隆刻本。一冊。《詩存》，半葉九行，行十九字，小字雙行同，白口，左右雙邊，單魚尾。《觀劇絶句》，半葉八行，行十八字，小字雙行同，白口，左右雙邊。

金德瑛（1701—1762），字汝白，一字慕齋，號檜門，仁和（今浙江杭州）人。清乾隆元年（1736）舉博學鴻詞科，得一甲一名進士，官都察院左都御史。工書法，學趙孟頫、董其昌，尤善鑒别金石摹本及古人墨迹。著有《檜門詩疑》。

此本爲兩種書合訂，題名自擬，如心堂藏板。《詩存》卷前有乾隆三十二年（1767）錢陳群序，末有戊子（乾隆三十三年，1768）蔣士銓序。蔣士銓爲有清一代著名的文學家、書法家。據蔣氏序知，金德瑛殁後七年，遺作刊刻於秀州，當爲此書最早版本,即乾隆三十三年杭州刻本,亦即此本。另據《詩存》目録著録,共收録檜門先生古今體詩四百零一首。《觀劇絶句》前爲乾隆己卯(二十四年,1759)金氏自序,後爲其子忠淳跋,云"(《觀劇絶句》)作於戊寅、己卯冬春之間","共三十首,手書一册","中頗多不經人道語,格不雷同"。書中有多處朱筆圈點和校字眉批。

金檜門先生喜好山水,據蔣士銓序所記,"凡使節經過勝區古迹,無寒暑雨雪,必命駕登覽"。詩歌中多登臨題詠之作,幾乎足迹所至之處,都留有詩篇,如《康郎山功臣廟歌》《渡彭蠡湖》《望華山》《望中條山》《趵突泉同限激字》《秋日游千佛山》等。他爲詩擅長七言體,與友人常詩文題贈往來,如《題鄭板橋贈蘭竹畫》,而《板橋分贈古鏡五盦疊韻謝之》等篇則見悉其金石志趣。(李慧)

藏密詩鈔不分卷

清傅爲詝撰。清乾隆刻本。一册。半葉九行,行二十二字,小字雙行同。白口,左右雙邊。

傅爲詝(1700—1770),字嘉言,號謹齋,別號巖溪,雲南建水人。清雍正進士,選庶吉士。清乾隆初由翰林院檢討授貴州道監察御史,後任奉天府府丞,管學政事。由京城購書數萬卷,歸里後擁書藏密齋。後復入京,官至都察院左副都御史。著《讀禮偶存》《讀漢書論》《藏密文鈔》《藏密詩鈔》等。

此書版心上鎸"藏密齋"。卷前有乾隆丙戌(三十一年,1766)儲麟趾所作序。儲序云:"北征詩何爲而作也?巖溪先生家居養母,既十三載喪葬禮終,而依依魂夢瞻戀闕廷,乃策馬爲萬里之行,故效浣花老北征之篇以作此詩,而名即因之也。"杜甫舊宅在成都浣花溪,且杜甫有《北征詩》,故"北征詩"應指傅氏北行所寫的詩詞。序又云:"又幸與先生同生於辛巳,而是集適成於辛巳之冬",即詩集編成於乾隆二十六年(1761),亦可知傅爲詝復入京的時間在此之前,另可補儲麟趾生年。儲氏評詩詞曰:"故六十一篇中,低徊俯仰皆別弟思親,懷人感舊,戀故廬恤僕御,至性至情。"而所謂"北征詩"部分實爲五十七首。

此本雖不分卷,然内容明顯分爲兩部,前即"北征詩"部分,後爲"應制集"部分。"應制集"前有作者自題小引,述及詩作"恭和御製"情由,時間爲乾隆甲申(二十九年,1764)。卷末收録清篆刻家熊爲霖等多人爲其詩作所題跋語。

鈐"駱晉生珍藏"印。(李慧)

施愚山先生學餘文集二十八卷

清施閏章撰。清康熙四十七年(1708)棟亭刻本。六册。半葉十一行,行二十一字。白口,四周雙邊。

施閏章(1618—1683),字尚白,一字屺雲,號愚山,晚年又號蠖齋,江南宣城(今屬安徽)人。清順治六年(1649)進士,授刑部主事。十八年(1661)舉博學宏儒,授侍講,預修《明史》,進侍讀。文章醇雅,尤工於詩,與宋琬有"南施北宋"之名。著有《學餘堂文集》《試院冰淵》等。

此爲施閏章文集,封面題"施愚山先生全集",其後爲魏禧序、校閲者名單,次爲湯斌撰施愚山墓誌銘、文集目録。目録署宣城施閏章著,男彦淳、彦恪同録輯,孫琮、瓅校字,琛、碧同校。卷二十八末有"康熙戊子九月棟亭梓行"牌記。全書含賦、序、記、游記、傳、墓誌銘、祭文、雜著、書等文體,内容豐富。是書爲研究施閏章生平著述及交游的參考資料之一。(李玉瑋)

敬齋集一卷

清焦兆熊撰。清鈔本。一册。半葉十一行,行二十四字,無格。

焦兆熊,明江都東鄉八港口焦氏望武後裔,爲東七房焦明通之孫。明通,縣學生,生六子:溥、演、潤、潼、注、淳。潼生五子:兆熊、成五、兆彪、兆鰲、慎。兆熊,字學時,號敬齋。清雍正四年丙午(1726)科武舉人。著《敬齋集》一卷,輯入焦循鈔《江都焦氏家集》,無單行本流傳。(陳榮)

隱拙齋文鈔六卷附詞科試卷

清沈廷芳撰。清乾隆刻本。四册。半葉十行,行十九字。白口,四周雙邊。

沈廷芳（1702—1772），清代藏書家、校勘家。字畹叔，一字萩林，號椒園，浙江仁和（今杭州）人。清乾隆元年（1736）舉博學鴻詞科，選爲翰林院庶吉士，授編修，纍官至河南按察使。家有隱拙齋，藏書甚富。出身世家，從小篤志於學，先後隨查慎行學作詩文、桐城方苞學作古文，能詩善文，尤精於古文，晚年曾掌教於粵秀、敬敷等書院。長於校勘，著有《十三經正字》《續經義考》《古文指綏》《隱拙齋詩文集》等。

本書前有序文四篇，首爲乾隆九年（1744）吳廷華撰，次爲乾隆己巳（十四年，1749）鞠遜行所作；再次爲乾隆庚午（十五年，1750）門人成城和乾隆甲戌（十九年，1754）門人衛晞駿所撰。卷末有乾隆十五年毛贄跋語。

此書分爲六卷，卷一爲頌、贊、狀、表、後論、札子、恭記、經問、史問、銘和像贊；卷二爲序，收錄爲友人詩集所作各類序言；卷三收書、啓、記；卷四爲傳；卷五是碑、墓誌、葬誌、墓碣和墓表；卷六爲行狀、哀辭、祝文、祭文和書後，其中《翰林院編修查先生行狀》一篇，則爲其師查慎行所作。末附《詞科試卷》，收《五六天地之中合賦》等篇。内容豐富，可知見著者家世、生平、交游、治學等情況。

此書流傳不廣。另據鈐印"雙鑑樓"，知爲傅增湘舊藏。（李慧）

野園詩集三種三卷

清介福撰。清鈔本。四册。左右雙邊，單魚尾。民國周肇祥跋。

介福（？—1762），字受茲，一字景庵，號野園，佟佳氏，滿洲鑲黃旗人，撫順人。清雍正十一年（1733）進士，改庶吉士。十三年（1735），命在南書房行走。乾隆元年（1736），散館授檢討，後任盛京刑部侍郎、禮部侍郎、正紅旗滿洲副都統等。乾隆前期屢掌文柄，四主會試，四主鄉試。著有《退思齋詩》《關中紀行草》《采江小草》等。

周肇祥（1880—1954），字嵩靈，號養庵，別號退翁，浙江紹興人。清末舉人，肄業京師大學堂。民國後任四川補用道、奉天勸業道、臨時參政院參政、湖南省省長、清史館提調、北京古物陳列所所長等。晚歲以金石書畫授諸生。工詩文、書畫，喜收藏金石書畫、璽印磚瓦，亦能治印。編著有《婆羅花樹館藏印》《東游日記》《山游訪碑目》《婆羅花樹館題跋》《遼金元官印考》等。

三種三卷分別爲《西清載筆錄》《野園詩集》《留都集》。各卷字體不同，則非一人所鈔。《西清載筆錄》簽題"西清載筆錄"，卷前無序，無卷端題名。版心魚尾上題"野園"。正文有朱圈句讀。《野園詩集》簽題"野園詩集"，卷內有朱圈句讀及多處墨筆删改、勾乙。《留都集》簽題"留都集戊辰"，卷內有朱圈句讀、墨筆圈句，偶有朱、墨筆校改。卷末有周肇祥戊寅（民國二十七年，1938）九月跋，述及此三稿爲滿洲介福所撰，并錄《熙朝雅頌集》介福小傳，又簡評介福詩，且記此三稿爲"張芝圃送閱屬題"。集中《春日獨酌偶和陶公飲酒》二十首多有墨筆圈句，應即周肇祥所爲。

《西清載筆錄》之"西清"指清宮南書房，在乾清宮西南。集中所收多爲和御製詩，如《恭和御製王諤豐年農慶圖元韻》《十月三十日世宗憲皇帝萬壽恭和御製元韻》《南書房敬觀御書舊作喜雨賦恭紀》《扈蹕南苑紀事十二首》《自圓明園隨駕進宮恭和御製元韻二首》《隨駕出塞駐蹕長山峪行宮恭和御製元韻》等，則此《載筆錄》應爲介福任南書房行走隨侍皇帝時的詩作。從中亦可見皇帝巡幸行迹。

《野園詩集》收《題張臨川世兄垂鈞圖》《壽姚年伯母張太夫人》《七夕後二日游普覺寺》《詠白鸚鵡》《蟋蟀》《古北口》等吟詠、感懷、題畫、祝壽、紀游詩。其中《秋夕偕彭芝亭、丁芝田、鮑集軒小集野園》詩，可説明此詩集"野園"之由來。

《留都集》之"留都"指盛京（今遼寧省瀋陽市）。盛京爲清入關前的國都。詩中所收多爲感懷吟詠之作，如《春日漫興》《寫經》《午衙即事》《春雪曉歸自東郊》等。詩中間有小字注，除有關介福生平、履歷者外，又有皇帝言行、朝廷政事及相關史事等。周肇祥跋評介福詩云"今讀此詩，頗多秀句，且有見道之言。在滿洲人中可謂難能足貴者矣"。

此本鈐有"佟""佟雅""濠濮間想""珥筆承恩""臣介福""景庵""一片冰心在玉壺""富察恩豐席臣藏書印""苦雨齋藏書印"印。前七印當皆介福藏印，後二者爲富察恩豐和周作人藏印。富察恩豐（約 1868—1903），字席臣，滿洲人。清光緒十六年(1890)進士。任總理衙門章京、外務部員外郎等。民國後任税務處股長。曾選編旗人作品三十六種成《八旗叢書》。上述周肇祥跋云"張芝圃送閲屬題",查張芝圃或即琉璃廠書肆瑞芝閣店主張瑞昌,字芝圃。則此本自介福手散出後,曾經富察恩豐、張芝圃、周作人遞藏,或爲富察氏去世後,經瑞芝閣售與周作人。該書《中國古籍總目》著録,僅國家圖書館有藏。(趙愛學)

古鹽官曲一卷

清查岐昌撰。清鈔本。一册。半葉十行,行二十四字,小字雙行同,無格。

查岐昌(1713—1761),字藥師,一字石友,號巖門山樵,浙江海寧人。清官員、詩人。諸生。官至崇明縣令。精於詩文。其詩句新異,而散體文尤有法度。著書室曰得樹樓、南燭軒、巢經閣、巖門精舍。著有《巖門精舍詩鈔》二卷、《巖門詩文集》四十卷、《查氏詩逸》二十四卷、《古鹽官曲》一卷,還有《吳趨》《江上》《豫游録》等,輯有《柘城志》十卷、《歸德府志》。

此本卷首題"古鹽官曲一百首海昌查藥師岐昌撰",鈐"復齋校讀古籍印記"印,天頭有"吳評"批注,文中有句讀。卷末有"秀水王又曾""附題古鹽官曲後"一篇,鈐"費寅之章"印。作者自序曰:"予少作《海響竹枝詞》十章,稿久不存,近聞當事將重修邑志,聊作風土,旁搜逸事,成雜詩百首,頗多舊志所未備,題曰'古鹽官曲',採風者幸無忽緒。"可見作者做此書目的是描述古代鹽官鎮的風土人情。鹽官鎮,隸屬浙江省嘉興市海寧市,是一個有兩千多年歷史的古鎮,早在漢代便開始曬鹽製鹽,因此得名。作者文中還描述了"新年影戲聚星缸,金鼓村村鬧夜窗,艷説長安佳子弟,熏衣高唱弋陽腔"的皮影戲盛景。此書爲我們保存了大量的民俗資料,頗有收藏價值。(李燕暉)

易安詩稿一卷

清周秉鑑撰。清嘉慶十年(1805)活字本。一册。半葉十行,行十九字。白口,四周單邊,上魚尾。

周秉鑑，字顯光，號易安，江蘇元和人。撰有《易安草創》十卷、《易安詩稿》一卷，輯有《守城法》《甫里逸詩》《假年録》等。

《易安詩稿》一卷，清嘉慶十年（1805）木活字印本，與《甫里逸詩》《假年録》等合刻，依版心上端題名，此集在《假年録》中，下端則印"易安書屋"。前有作者清乾隆四十七年（1782）自序，言"余生逢聖世治，生之暇與二三知己嘯詠歲月，未嘗以工拙計也"。後刊印年款爲"嘉慶十年歲次乙丑閏六月印"。又有乾隆五十六年（1791）彭政序，曰"今麥秋，惠示詩集，披誦數過，益想見其爲人概厥生平，志潔行廉，嗜古樂善，每於風晨月夕，酣酒浩歌，不知老之將至，其殆江湖散人之流"，贊作者詩歌灑脱奔放。後有作者嘉慶乙丑閏六月七十三齡時的自跋，由此判斷作者至少活至七十三歲。

詩稿無目録，與合刻其他文相同，首行爲作者簡介"周秉鑑，字顯光，一字易安"，次行起《杏花春雨詞次翟春溪韻》等詩文百餘首，内容豐富，聚友送別、春游賞花、歲交雜詠、書齋美圖題文等，詩體五七言不限。其中，不乏描述自己的詩作，如《六十自述》中曰："萬古茫茫説向禽，向禽而外少同心。年華去去去終去，欲海深深深更深。白髮有情容爾老，青燈無語伴吾吟。人生六十何須道，一寸光陰一寸金。"《自題寫真》中描述"碌碌庸庸六十年，有何面目向人前。還教畫者圖真貌，不怕羞顔後代傳"，語言輕鬆歡快、風趣幽默。

《中國古籍善本書目》集 19475 條著録。合刻本鈐印有"周印秉鑑""顯光""長樂鄭振鐸西諦藏書""長樂鄭氏藏書之印"。（陳榮）

附蓬小草一卷

清田玉撰。清乾隆吴郡刻本。一册。半葉九行，行十九字。白口，四周雙邊。

田玉，生卒年及生平不詳，由卷端著者項得其字號爲香泉。

此書版心下鐫"敬和堂"，卷前有清乾隆乙酉（三十年，1765）徐方高序，書於敬和堂之東軒；另有乾隆己酉（五十四年，1789）袁枚所作序文。徐序云"乾隆丙子香泉田公駐防高澗，予時館其署，公手附蓬詩一編示予"，可窺見其成書脉絡。袁枚序云："今年春，田香泉先生以大耋考終，余爲輯其行事作傳以永之矣，其子涵齋又袞其遺稿，屬余爲序。"又評點田氏詩集曰："余讀之天真爛漫，意到筆宣，深合古人爲詩之意，然則梓而存之，非特人子孝思所不宜得已，即本朝藝文志中亦可自成一家，不止與南朝之沈慶之、曹景宗争勝也。且喜惜墨如金，官雖閑，年雖高，并不多作，《大雅》曰'矢詩不多，惟以遂歌'，其先生之謂歟。"

目録詳列詩文題名，凡一百七十餘首。此書摹刻精良，卷末題"吴郡穆氏局刻"，蓋出自名家穆大展之手，穆氏於蘇州開設近文齋書局。

此書流傳不廣，《中國古籍總目》著録僅國家圖書館有藏。（李慧）

和陶百詠二卷

清齊召南撰。清光緒十九年（1893）刻本。一册。半葉十行，行二十一字，小字雙行同。白口，左右雙邊，單魚尾。

齊召南（1703—1768），字次風，號瓊臺，晚號息園，浙江天台人。清乾隆元年（1736）舉博學宏詞，乾隆二年（1737）廷試二等，改庶吉士，散館授檢討，後歷官至禮部侍郎。撰有《禮記注疏考證》一卷、《明鑑前紀》二卷、《水道提綱》二十八卷、《寶綸堂文鈔》八卷、《寶綸堂詩鈔》六卷等，另編有《歷代帝王年表》一卷。《清史稿》有傳。

本書前有清光緒十九年（1893）趙時桐序，詳述刊書經過："今年冬，有人自天台來者，宿於張松壽孝廉廷楝家，孝廉蓋其友也。余亦與爲莫逆，過從甚密。是日，適值余在座，叩以姓名，知爲先生（齊召南）哲嗣息孫茂才藝游，因先生之墓被蛟水衝倒，意欲售先生所藏書籍及此稿，充修墓之數。余聞惻然，即贈以資費若干，并囑其將稿付余。余爲編定目録，授諸手民，以垂不朽於千萬世。"齊召南《和陶百詠》一卷此前未刊行，因趙時桐之力而得以面世。

和陶詩乃據陶淵明詩作，採用步韻、次韻、從韻等形式創作的詩歌。此書收録齊召南所撰和陶詩百首左右，僅有三首注明寫作時間，分別爲雍正十三年（1735）、乾隆二年（1737）和三年（1738）。所撰和陶詩中，就内容而言以友朋唱和爲主，如

《戊午臘日映雪讀陶詩有感因和飲酒廿首上弘雙豐將軍》《和淵明雜詩十二首答印香將軍霞軒世子之問兼呈永大貝勒丹益亭上公》等，從中亦可見其交游。（謝冬榮）

九宮山人詩選四卷存二卷

清閻介年撰。清刻本。一册。半葉九行，行十六字。白口，四周雙邊，單魚尾。

閻介年（1695—?），字葆和，號静齋，別號九宮山人，直隸蔚州（今河北蔚縣）人。清雍正十一年（1733）進士，清乾隆元年（1736）舉博學宏詞，歷官會寧、永濟、隴西、皋蘭等知縣，階州知州、蘭州知府，分巡甘肅兵備道、陝西驛鹽道等職。

本書書名葉題“九宮山人詩鈔”，前有目録、參訂同學（包括牛運震、續縉、鞠遜行、吳鎮四人）以及乾隆二十三年（1758）奉新帥家相、錢塘吳嗣富序。帥序稱贊道，“九宮山人負詩名河朔間三十年”，又言“今讀山人詩，如《北征》《河渠》《五凉》《寧夏》諸篇，舉河湟千里，凡山川、雲物、風俗、教化與夫古今沿革、攻守異宜之故，咸歷歷楮墨間，雅而不浮，婉而多致”。

全書分爲四卷：卷一《宮巖草》收詩三十七首，《三晉草》收詩八首，《隴右草》收詩四十三首；卷二《金城草》收詩一百二十八首；卷三《酒泉草》收詩十八首，《青門草》收詩二十首；卷四《歸來草》收詩三十三首。共計收詩二百八十七首。九宮山人長年爲官關隴地區，所撰詩亦以反映該地風土人情、歷史文化等爲主，可爲研究西北史地之資料。

本書裝訂較亂，卷三、四未標卷次，誤裝訂在卷一中，序也有裝訂差錯之處。（謝冬榮）

效顰集不分卷

清潘錦撰。清朱格鈔本。六册。半葉十行，行二十一字。白口，四周雙邊，單魚尾。

潘錦，號綱堂，別號柯亭，山陰柯橋鎮（今屬浙江柯橋區）人。清雍正十一年

(1733)捐貲選爲新野典史,歷二十年,勞心勞力於民事,部推三次,即期遷擢,清乾隆十八年(1753)牽連被劾,候審於南陽,次年事白還鄉。集中所作詩,常一題疊至三十或五十首,如《和周僖齡落花》三十首,《春怨》《秋怨》各五十首,又有百首如《梅花百詠》《西廂詩》一百零八首。乾隆十九年(1754)鮑遥齡跋述《西廂詩》之緣起:"南陽質審,不平之氣無以自鳴,取《西廂記》而閲之,以遣悶懷,以消永日,既而紬繹其詞,節取其句,律以七言,以唐突我雙文,此《西廂詩》所由作也。"其人雖一介微官,風塵小吏,然極詼諧幽默,自具性情,至爲難得,它詩題如《居官怕調》《病妓怕嫖》等可見一斑。此鈔本眉目齊整,或是付梓前定本。鈐印"許氏珍藏""王氏珍藏""豐蘭堂書庫寶藏印""華傳春印""葉傳書記"。書口題"效顰集",下署"萼輝堂藏板"。(田曉春)

鮚埼亭詩集十卷

清全祖望撰。清鈔本。二册。半葉十一行,行二十字,無格。孫毓修跋。

全祖望(1705—1755),清代學者、文學家。字紹衣,號謝山,鄞縣(今浙江寧波)人。清雍正七年(1729)貢生,三年後中舉。清乾隆元年(1736),薦舉博學鴻詞,同年中進士,選翰林院庶吉士。因不附權貴,次年即返里,後未出仕,專事著述。曾主講於浙江蕺山書院、廣東端溪書院。浙東學派的重要代表人物。學術上,推崇黃宗羲,自稱爲梨洲私淑弟子,又受萬斯同影響,專研宋和南明史事,留意鄉邦文獻,尤好搜羅古典文獻及金石舊拓,曾編成《天一閣碑目》。其著作頗豐,撰有《鮚埼亭集》三十八卷及《外編》五十卷《詩集》十卷,還有《漢書地理志稽疑》《古今通史年表》《經書問答》《句餘土音》等,又七校《水經注》,三箋南宋王應麟《困學紀聞》,續選《甬上耆舊詩》。

《鮚埼亭詩集》集名源於地名鮚埼。鮚埼,在今浙江省奉化縣境内,距縣城約十五公里,瀕海,有鄉建制。在鮚埼鄉之東南一公里處,有山名曰埼山。鮚埼作爲地名,始於西漢,蓋因埼山附近盛產海生物鮚而得名,漢時曾被作爲貢品。

《鮚埼亭詩集》收全祖望詩,對於全祖望詩的評價,卷末有孫毓修跋,跋稱:"謝山先生之於詩未云當家，故其門弟子不與文集刻，然學人之詩亦是別致，且可考見謝山一生日曆焉。道光末年鄭氏箋經閣刊本甚草草，此四明盧氏抱經樓鈔本，較刻本多而《句餘唱和集》一種，王梓材《宋元學案考略》云：‘謝山卒，其書多歸抱經樓盧氏’，則此本當是青崖從稿本録出，傳授之間淵源可溯，宜與俗本不同也。卷六闕首葉，倩吾友姜佐禹依刻本寫之，又補目録一葉。辛酉新曆七月十日休沐日留庵書。”孫毓修判斷，此鈔本爲盧氏抱經樓從全祖望稿本録出，較道光鄭氏箋經閣刻本多《句餘唱和集》一種。孫毓修，清末目録學家、藏書家、圖書館學家。字星如，一字恂如，號留庵，自署小淥天主人，江蘇無錫城郊孫巷人。清末秀才。對全祖望此集鈔本的判定大致可信。

書内鈐有“四明盧氏抱經樓藏書印”“孫毓修印”“小淥天藏書”等印。（李玉瑋）

澹竹軒草三卷

清李枝桂撰。清乾隆刻本。四册。半葉八行，行十九字。白口，左右雙邊，單魚尾。

李枝桂，字健林，上海人。《[嘉慶]松江府志》卷六十《古今人傳》李朝宰傳附其子李枝桂傳：“枝桂，字健林。附貢生。質直有文名，内行肫摯。以醫客京師，輦下諸公争重之。乾隆六十年欽賜國子監學正。嘉慶元年與千叟宴，賜如例。著有《澹竹軒集》。”《[同治]上海縣志》卷二十七《藝文》載李枝桂著有《内經指要》《醫宗約貫》《醫林證驗》等醫書三種。此外另有《片玉編》《伍陣奇方》《傷寒辨訛》《女科識病捷訣》等著作多種。

此書以文體分類，卷一賦，卷二、卷三所收均爲詩。書前有清乾隆十五年（1750）朱佩蓮序，謂“健林天資既敏，又自少喜涉獵，開卷有得，登山臨水時即其所得形諸詩賦，不作艱深之態、汗漫之詞，如風入松而自然成音，行水而自然成文”。（劉波）

余先生詩鈔一卷

清余元甲撰,清蔣德選。清乾隆三十年(1765)刻本。一册。半葉十行,行十八字,小字雙行同。白口,左右雙邊。

余元甲(？—1742),字葭白,初字柏巖,江都(今江蘇揚州)人。諸生。少饒於財,遇人危難不惜出千金救之,後貧困,唯肆力於詩,簡古淡泊。清雍正十二年(1734)薦以博學宏詞,辭不就,年踰六十以憔悴死。著有《濡雪堂詩集》,歿後嘉興蔣德選其詩九十六首爲余先生詩鈔一卷。生平參見《[乾隆]江都縣志》《[嘉慶]重修揚州府志》。

是書卷首有清乾隆三十年(1765)蔣德序;次原序,收厲鶚序、余元甲小引;次題後,爲趙執信《讀濡雪堂詩》四首。余元甲詩多以冰雪崢嶸觸懷,初名爲《銷寒集》,後以厲鶚名其堂爲"濡雪堂",余氏遂以之爲詩集之名。其詩集收余元甲清康熙六十一年至雍正二年(1722—1724)之間所作詩,在原序中余元甲引云:"甲辰冬,録壬寅以後詩句爲《濡雪堂集》,簡策甚少,以不涉於寒事并游覽寄贈非冬日者悉不入也。"

此詩鈔共收古律雜歌詩九十六首,選自余元甲《銷寒集》《遺集》。是書卷端題"嘉興後學蔣德選";卷末鐫"男夢易、孫炘校字""宛陵劉芝山録寫",又鐫牌記"乾隆乙酉年二月余氏濡雪堂開雕"。與卷首蔣德序對應,知是書乃余元甲歿後,其子藏山請蔣德删定《濡雪堂集》,而後余氏刊行於乾隆三十年(1765)。

是書罕見流傳。(李文潔)

青坪詩稿二卷附詞一卷

清湯懋統撰。清雍正刻本。一册。半葉九行,行十九字,小字雙行同。白口,左右雙邊,單魚尾。

湯懋統(？—1735),字建三,號青坪,安徽巢縣人,懋綱二弟。年十五補博士弟子員,十九官潁州訓導,清雍正五年(1727)十月秩滿,去潁家居。雍正十一年

（1733）任廣西遷江知縣，居官二年卒。與朱卉等交游酬唱。有詩《哭齊三四弟》，悼弟懋紳。劉道源《居巢詩徵》云：“聞之故老，青坪善指頭畫，時推聖手。”清乾隆間長兄懋綱將此稿與懋紳《石矍詩稿》合刻并撰序，倩朱卉及同鄉王夢鯨點訂之。前有乾隆六年（1741）潘乙震序。詩自雍正四年（1726）訖十二年（1734）。附詞集一卷，有沙偉業序，稱其“少筑詩城，閫盧駱王楊之座；長登詞苑，奪關高辛柳之標”，雖是溢美，亦有可觀處。（田曉春）

石矍詩稿一卷

清湯懋紳撰。清雍正刻本。一册。半葉九行，行十九字，小字雙行同。白口，左右雙邊，單魚尾。

湯懋紳（1710—1733），字齊三，號石矍，安徽巢縣人，懋綱三弟。生平喜爲詩，清雍正元年（1723）因長兄湯懋綱而與朱卉相識於京師，草衣山人頗推重其詩才。年少多才而早夭。

清乾隆間長兄湯懋綱將此稿與二弟懋統《青坪詩集》合刻，倩朱卉及同鄉王夢鯨點訂之。有王蓍、王夢鯨、吳敬梓、汪有典、湯懋綱、朱卉、湯懋統序。（田曉春）

集思堂外集六卷

清陳道撰。清道光刻本。一册。半葉十行，行二十二字。白口，四周雙邊，單魚尾。

陳道（1707—1760），字紹孔，一字紹洙，號凝齋，江西新城人。清乾隆十三年（1748）進士，候選知縣，以親老不仕。幼從黃永年問爲學之道，沉潛儒書，好宋代理學，學宗濂洛，兼資陸王，尤服膺“寂感相資”之説。家居時留意於農田、水利，歲歉時仿范仲淹之法立義田兩千畝。著有《凝齋遺集》八卷。事迹見《清史列傳》卷六十七《儒林傳上》。

《集思堂外集》六卷，係陳道去世多年後，其孫用光多方搜集逸稿輯刊而成。内有《崇志堂易解札記》二卷、《讀四子書筆記》一卷、《尺牘》一卷、《癸亥紀事》一卷、《師友各札》一卷。《崇志堂易解札記》末有用光跋語,稱陳道爲"先大父",知用光爲其孫,跋中詳述刊刻《札記》之緣起及過程。《讀四子書筆記》多有用光按語,闡發原文。《師友各札》皆有按語説明撰著時間,又有"曾孫蘭祥"識語。此書爲研究陳道生平思想之重要文獻資料。(樊長遠)

鶴門雜爼二卷

清陶維垣撰。清嘉慶二十年(1815)刻本。二册。半葉七行,行十九字。白口,四周雙邊,雙魚尾。

陶維垣,生卒年不詳,清乾隆間人。字愚墟,號鶴門,會稽(今浙江紹興)人。諸生。科第不暢,壯歲游粵,遂家於此,以撰寫應酬文稿爲生。

是書前有清嘉慶十九年(1814)姬光璧序、乾隆三十七年(1772)自叙,自叙稱"自客南中,嫁衣筆墨不下數百,皆以應酬塞責,無一當意者⋯⋯於故紙堆中檢得數篇,付葉生觀光録而存之"。陶氏歿後,其子陶欽等取遺稿刊行,目録後陶欽識語謂其有《韻辨》《叩拙詞》二書,爲晚年手定,詩古文多散佚,詩失去五七古二卷,存近體不滿百篇。今書中包括賦二篇、近體詩六十餘首,碑記、序、祭文、引、啓、約、雜説、題畫、銘、聯若干篇。搜輯遺文成書,故名"雜爼"。所作文章頗多代筆之作,各篇後有姬光璧評語。陶欽所謂《韻辨》《叩拙詞》二書未見傳世,據《清人別集總目》著録,《鶴門雜爼》亦僅見國家圖書館有收藏,可謂稀見。

此本爲經鋤山堂所刻,原爲周作人藏書,鈐有"苦雨齋藏書印""知堂收藏越人著作"等印。(樊長遠)

補亭先生遺稿不分卷

清觀保撰。稿本。一册。無格。

觀保(?—1776),索緯羅氏,字伯雄,號補亭,滿洲旗人。清乾隆二年(1737)進士,改庶吉士散館,授編修,官至禮部尚書。罷,復官左都御史,謚文恭。索緯羅氏爲滿洲科舉世家,四代"皆以詞林起家,爲八旗士族之冠"。其父永寧,字東邨,亦爲當時著名詩人，著有《東邨先生詩》《寸寸集》《鑄陶集》等書。其從兄德保亦爲詞人，官至禮部尚書。著有《定圃先生遺稿》等書。《八旗詩話》有傳。

該書爲觀保所撰律賦之文，共收其賦二十九篇。觀保所撰之賦文筆暢達，説理明晰。其行文典麗華贍、五彩紛呈，所論之言多爲經書義理之闡發，然生動活潑，不似一般道學家之庸言，誠清初佳賦之代表。書首有法式善跋，法式善稱"此册皆先生隨意書，而端莊秀勁直逼古人……存先生真迹印證絲毫不差"，知此本爲觀保手稿。

觀保生於科舉世家，其所撰《定圃先生遺稿》録其詩文，然於律賦僅見於此書。閲此書可知其行文之流暢、學養之深沉。該本保存完整，紙墨如新，字體隽永清麗，有朱筆眉批圈點，文獻價值頗高。鈐"法印式善""梧門鑒賞""詩龕鑒藏""存素堂珍藏"諸印。（賈大偉）

晚晴樓詩稿四卷詩餘一卷

清曹錫淑撰。清鈔本。一册。半葉八行，行二十字，無格。

曹錫淑（1709—1743），初名延齡，字采荇，上海人。曹一士、陸鳳池之女，嫁同鄉舉人陸秉笏，與其姊曹錫珪、表妹趙婉揚等唱和頗多。其子陸錫熊爲《四庫全書》總纂官。有《晚晴樓詩稿》，詩作亦見於《國朝詩選》。

此本前録《欽定四庫全書提要》語、黄之雋序、蔣季錫序、陸秉笏序及與陸錫熊書；末有曹錫淑弟錫端跋語及歸懋儀絶句五首。此集中《欽定四庫全書提要》及序跋語中均題爲一卷，而書中雖未明確標明卷數，實際却以古詩、五律、七律、七絶、五絶而各立卷端，姑且著録爲四卷。其中七律九十餘首、七絶一百餘首，是詩人最擅長的體裁。《欽定四庫全書提要》稱其詩作"以性情深至爲主，不規規於儷偶聲律之間"。

此書鈐印"晚晴樓""鳳初珍賞"。（馬琳）

蝶樓詩一卷

清陳坦撰。清鈔本。四册。無框格。

陳坦,字蝶樓,生卒年不詳,清代澤州府陽城(今山西晉城陽城縣)人,清代望族高都陳氏家族後人。其先輩中有如陳廷敬這樣位高權重的傑出政治家,也有號稱"進士九出,翰林六鳴"的一門九進士,六位翰林。與他們相較,陳坦的人生比較平淡,似乎面對這些先輩能人有些許自卑心理,或由此因,詩人所留存下來的詩作較少,僅有的五首詩皆出自陳氏後人輯録的家集,因此本集的保存對研究陳氏家族和清代家學很有價值。

此《蝶樓詩》爲清鈔《高都陳氏詩鈔》本。後有目録,下方鈐"南通馮氏景岫樓藏書"印。正文字迹工整,作者題爲"陳坦安齋著",僅存詩五首,各有特色,如《涼夜不寐》"紙帳清涼稱瘦軀,浮生禪意未全枯。貪魔病豎相追逐,酒醲花枝任有無"和《生日同諸兄弟暢飲》"世味飽嘗濃淡後,相憐如此是天親"等句,反映了作者飽嘗世間冷暖後,對家人更深的眷戀,也反映了作者生活的時代,陳氏家族達到巔峰後逐漸走向衰敗的殘酷現實,婉轉表達了詩人對生不逢時、人生不順的隱隱不安。除了這一類的詩外,五首之中另有《雪水烹茶》及《蓮曲》這樣的日常生活描寫,特別是《蓮曲》一首,作者借蓮花喻女子,用女子的口吻描寫出了閨閣女子羞怯似花的神姿,尤爲特別。(李燕暉)

西巖近草一卷

清申居郿撰。鈔本。一册。半葉十行,行二十二字,小字雙行同。白口。

申居郿(1710—?),字錫勳,號西巖,直隸廣平(今屬河北)人,河朔詩派領袖申涵光之侄。清乾隆六年(1741)拔貢。少有文名,工詩。以國子生校書西清,期滿,議叙授連州州判。《大清畿輔書徵》卷三十一略叙其生平,并著録其所著有《弄珠集》三十二卷、《西巖贅語》一卷、《杜詩指掌》及《嶺南詩稿》等,編有《申氏拾遺集》二卷,搜輯申氏所著詩文遺稿,各繫以小傳。

此書收詩三十二首,和作居多,俱爲晚年所作。《堂成》一首作於"丁酉夏月",有句云"年近古稀幸且康",自注"時年六十八矣",丁酉爲乾隆四十二年(1703),可推知其生於清康熙四十九年(1710)。申居郿自幼隨伯父申涵光學詩,宗法杜甫而

旁採諸家之長，晚年作品積澱愈深厚，《詠懷》八首尤佳。是書未見刊本，僅國家圖書館收藏鈔本一帙，鈔寫頗爲工緻。（樊長遠）

西巖詩稿一卷

清申居鄖撰。鈔本。一冊。半葉十行，行二十二字，小字雙行同。白口。

是書原卷數不詳，僅存卷五，收詩四十二首，約爲清乾隆三十四年至三十六年（1769—1771）間之作品。其時申氏已入老境，而所作各詩俱見才力，醇厚老到。據《廣平府志》卷三十四《藝文略·集部》載，申氏作著《西巖詩稿》爲二卷，《大清畿輔書徵》卷三十一據以著錄。蓋晚年時又搜羅詩作結集，卷帙遂多。二卷及多卷本《詩稿》均未見刊本，各家書目亦絕少著錄。此本爲僅存之殘本。（樊長遠）

許氏四吟

清許道基撰。清乾隆刻本。四冊。半葉十一行，行二十一字，小字雙行同。白口，左右雙邊，單魚尾。

許道基，生卒年不詳，榜名開基，字勛宗，號竹人，又號霍齋，浙江海寧人。清雍正八年（1730）進士，官户部主事，後轉刑部，官至户部郎中。據《［乾隆］海寧州志》載，其卒年六十一，著有《理參經參》十卷、《尚史》七十卷、《明致軒詩文集》二十卷。今多佚而不傳。

《許氏四吟》共有四集，含《春隰吟》《冬隰吟》《靡至吟》和《粤吟》，每一集爲一冊。《春隰吟》前有清乾隆十七年（1752）晉陽孫嘉淦序，正文後又有《附春隰吟》《後春隰吟》和《綴春隰吟》。《冬隰吟》前有乾隆十九年（1754）李錫秦序及許道基所撰小引，卷後有乾隆十九年楊煥綸跋。《靡至吟》卷前有乾隆二十二年（1757）慕遷焞序，又許道基自序，言"今日深嘗詩人靡至之苦，簌簌然以名其吟"，卷後有周春跋絕句十一首。《粤吟》書名葉題"越吟"，該集爲其在粤西任職間所作，卷前有乾隆二十一年（1756）自序。

首都圖書館藏有乾隆三十二年（1767）刻本《許氏四吟》四種。北京大學圖書

館藏有乾隆十九年刻本《冬隙吟》。福建省圖書館和北京大學圖書館藏有乾隆二十二年刻本《靡至吟》一卷。（安延霞）

御製文津閣記一卷詩一卷

清愛新覺羅·弘曆撰，清劉權之書。清鈔本。二冊。半葉四行，行十至十二字。

愛新覺羅·弘曆（1711—1799），即乾隆皇帝，廟號高宗，自稱"文治武功十全老人"。乾隆帝詩詞歌賦、琴棋書畫，無一不精。其詩作多達四萬二千餘首，幾與《全唐詩》相埒。尤重視文物典籍收藏與整理，下令編纂《石渠寶笈》《四庫全書》等。代表作《樂善堂集》《御製詩集》。

劉權之（1739—1819），字德輿，號雲房，湖南長沙人。紀曉嵐門生。清乾隆二十五年（1760）進士。工詩詞，善書畫。曾預修《四庫全書》。

《御製文津閣記》上卷爲劉權之敬書高宗弘曆著《文津閣記》，简述修建文津閣之由及藏書文津閣之妙。下卷則摘選乾隆御製詩七首并附詩注，記錄乾隆帝駐蹕承德避暑山莊閱《四庫全書》之感。其中三篇因"上偶閱文津閣之書，不意其訛舛至於纍牘連篇"，故"責令總纂、總校、分校重加考覆"而作，如"淵源重校畢京中，次第於斯津合通"，"四閣書成四庫藏，再三不礙校讐詳"。該書以清代盛行的館閣體書就，典雅莊重，秀潤圓融。卷尾鈐印"乾隆御覽之寶""臣""之"。此書對於研究文津閣由來及文津閣全書勘校史有重要價值。（邵穎超）

御製萬壽山五百羅漢堂記一卷

清愛新覺羅·弘曆撰，清謝墉書。清鈔本。一冊。半葉六行，行十四字。

謝墉（1719—1795），字昆城，號金圃、豐甫、東墅，晚號西髯，浙江嘉善楓涇鎮人。文學家。代表作《安雅堂詩文集》。

清乾隆二十二年（1757）高宗弘曆撰文并書"萬壽山五百羅漢堂記"，宮廷畫師王方岳奉旨繪圖。爲迎合聖意，以示永傳，謝墉恭錄乾隆皇帝所著記文即爲是書

《御製萬壽山五百羅漢堂記》。卷首序文簡述五百羅漢由來以及清高宗在萬壽山建五百羅漢堂之緣由。正文分十段，以天干爲段名，將五百羅漢置於祇樹園、獅子窟等諸境界聖地中，有静有動，有情有義，神態各異，栩栩如生。卷尾鈐朱印"臣墉""敬書"。萬壽山五百羅漢堂在清咸豐十年（1860）庚申之亂時被英法聯軍所焚，現祇有堂前石橋與堂東的"御製五百羅漢堂記碑"尚存，故書中記録和考證堂内五百羅漢塑的重要文獻有極寶貴的史料價值和文物價值。（邵穎超）

洗竹山房詩選二卷

清范永潤撰。清乾隆五十一年（1786）刻本。二册。半葉九行，行十八字，小字雙行同。黑口，四周單邊，單魚尾。

范永潤（1711—1784），字吴雨，號洗竹，晚年自號悟翁，鄞縣（今屬浙江寧波）人。歲貢生，官會稽訓導。著有《洗竹山房詩選》。

本書共計兩卷，由其内侄仇國垣編次，外甥李承道參訂，伯子范震華校刊，仲子范震藻謄真。卷前有清乾隆三十二年（1767）友人鉛山蔣士銓序，認爲其詩"不拘一格，大約得力於香山、劍南、東坡、誠齋之間，言情則洞澈隱微，體物則雕鏤奥突，句必剗鏤，字必裁冶"。卷後附乾隆四十九年（1784）李昌昱所撰《生藏初成詩册序》，其中談及作者生平。（安延霞）

陵陽山人詩鈔八卷

清姜宸熙撰。清乾隆五十二年（1787）楊拙庵刻本。四册。半葉九行，行二十一字。白口，四周單邊，單魚尾。

姜宸熙，生卒年不詳，字檢芝，一字笠堂，號陵陽山人，烏程（今屬浙江湖州）人。諸生。負有詩名，壯年游歷南北，與諸名公相酬唱。著有《陵陽山人詩鈔》八卷。

《陵陽山人詩鈔》共八卷，分別爲《清籟集》《江行集》《雲巢集》《閩游集》《勞人集》《韓江集》《嶺嶠集》和《燕游集》。此書原刻於閩中，板留不歸。姜宸熙没後數年，楊拙庵偶見其手稿，讀之大驚，即買舟訪其家，然其故居已易主，子貧乏，幾不能自存。其遺詩散失殆盡，唯餘印本一帙，取以贈之，楊拙庵遂爲之重刻。此本即爲楊拙庵重刻本。共收古今體詩四百七十二首。此本卷前有清乾隆五十二年（1787）烏程潘翥之序，述本書成書經過。又王露序，乾隆二十五年（1760）諸錦、乾隆三十年（1765）沈德潛和乾隆二十九年（1764）沈廷芳等人序，以及乾隆三十年自序。各卷前又有自序：《清籟集》前有乾隆二十一年（1756）自序，《江行集》前有乾隆二十二年（1757）自序，《雲巢集》和《閩游集》前各有乾隆二十六年（1761）自序一篇，《勞人集》前有乾隆二十七年（1762）自序，《韓江集》前有乾隆二十九年（1764）自序，《嶺嶠集》前有乾隆三十四年（1769）自序，《燕游集》前有乾隆三十六年（1771）自序。

諸錦序稱其詩“淡遠處似韋柳，樂府如西海謠如，吁嗟篇短古，擬陶如山居……諸詩匠心獨運，諸體各臻其妙”。（安延霞）

聞漁閣續集不分卷瓠屋漫稿不分卷

清萬光泰撰。稿本。二册。半葉十二行，行字不等。

萬光泰（1717—1755），字循初，一做晴初，號柘坡，秀水（今浙江嘉興）人。清乾隆元年（1736）進士（一作舉人）。工詩，善山水，筆墨瀟灑純古，尤善篆刻，兼精算學。著有《柘坡詩集》《筍子莊印補》。

《聞漁閣續集》及《瓠屋漫稿》爲作者未刊稿，前有乾隆丙寅（十一年，1746）田盤栖碧釋雲序，云：“柘坡先生善詩，有妙悟。客津門，與藕汀居士友善。聞漁閣、藕汀館，柘坡處也。鄰積水，每至秋空一碧，露葭煙葦，輒動江湖簑笠之思。因取唐人詩‘鳴榔聞夜漁’之句以顏其閣，而詩亦由是得名。”叙説作者才華及室名來源。乾隆十年（1745）作者自序言：“辛酉之冬，予在天津，恂叔爲築屋三間，後臨積水，顏曰‘聞漁閣’，取唐人‘鳴榔聞夜漁’句也。壬戌予旋里，癸亥從兄宦粵東，甲子復自粵北還。今年春公車四上不第，恂叔仍留予聞漁閣，則所爲三間者已闢爲‘落葦館’，而向所謂積水者積土實其涯，復爲三間，尺寸不殊，户牖如故。”詳述聞漁閣建造及命名來歷。又稱"居是閣凡一年，得詩若干首，即名曰《聞漁閣續集》"，述此集產生經過。據正文所曰恂叔，應指藕汀居士。序末鈐"光泰"白文方印。

《聞漁閣續集》不分卷，内容以送別親友、賞景唱誦、憶人記事爲主。《瓠屋漫稿》題下注"乾隆丙寅"。作者與藕汀居士（恂叔）往來密切，詩文中多有反映，如《次韻恂叔雪夜偶成》《爲恂叔寫藕汀圖》《正月十日恂叔海光寺放魚用東坡西湖放魚韻同廷蘭堯鄉作》等。全書塗乙較多，天頭多見增補。

是書鈐有"古杭董醇""湯聘伊印""羅振玉""董醇印""光泰""小字蛟""玉簡齋""聘伊曾藏""繼祖印""鄧實讀既"等印，經多人遞藏。（陳榮）

許紅橋先生文集一卷

清許朝撰。清光緒二十七年（1901）鈔本。半葉十行，行約二十二字，緑格。緑口，左右雙邊。

許朝（1702 — ?），字光庭，江南常熟（今江蘇常熟）人，父許穀。清雍正壬子（1732）舉人，清乾隆己未（1739）進士。嘗與文士交，爲同邑蘇瞻（字耕庚）詩作序，爲其作序則多摘録其佳句"鳥語寒煙外，人行古木中"。曾任廣西懷遠縣知縣，後知柳州。在江西玉山設教以終。爲人性簡淡，不事鋪張。詩、古文有名，著《紅橋集》。

是書包括《莊紅階制義序》《蘇小山遺詩序》《胡雨涇歷試草序》《踐臨聖教序帖》《五賊説》等十三篇文章。然此書并非全帙，翁同龢曾在古里村瞿元炳家見其完帙，於是鈔録剩餘的目録於前稿，有《興遷江令邑大巖書》《與程巨山書》《興安南國督鎮書》等三十餘篇文章，多叙同僚之意。《蘇小山遺詩序》中描述蘇小山作詩的場景："微子言，吾已草於腹，遂奮筆而書之。"小山之才子形象，躍然紙上。

是書曾爲邵環林所鈔，僅十三篇，後爲翁同龢手鈔録副本并收藏。前有胡天游序、沈德潛序，後有翁同龢跋。沈德潛在序中云："從來詩文不能與政事兼長者……其性情不爲仕宦汩没，發爲詩文，肯借他人之性情爲性情者耶？"對許朝詩作評價甚高。

是書曾藏翁同龢處,間有朱筆批校。(張偉麗)

粵游草

清鄭天梅撰。清乾隆十七年(1752)刻本。一册。半葉八行,行十八字,小字雙行同。白口,左右雙邊,單魚尾。

鄭天梅,生卒年不詳,主要活動於清乾隆年間,字冰玉,鉛山(今屬江西上饒)人。清乾隆四十五年(1780)拔貢。著有《粵游草》。

本書書衣墨筆題"粵游草",并有"蝶夢"二字。卷前有乾隆十七年(1752)袁世璧序,又作者自序。目録題"卷一",收詩一百四十三首,多爲其游歷粵東山水時所作。

書中有墨筆圈點。鈐"静生""張兆安印"等印。(安延霞)

縞紵草

清王家俊撰。清乾隆刻本。一册。半葉九行,行十九字,小字雙行同。黑口,四周單邊,單魚尾。

王家俊,生卒年不詳,字槐堂,一字王屋,檇李(今屬浙江嘉興)人,主要活動於清乾隆年間。工詩,著有《縞紵草》。

王家俊愛吟詠,好游覽,負有詩名。據趙梗序稱,其年未登强仕,而著作已不下數千首,知縣楊承綜、符大紀等皆欲捐資代其鏤版,被其婉拒,後趙梗强其授梓,出《縞紵草》。其内容多爲山人釋子流連山水風月之作。

本書卷前有趙梗序,述成書經過。又清乾隆十九年(1754)太原張愉際序,張愉際稱其詩"清新俊逸,妙語動人",又贊曰"宏才逸思,變幻瑰奇"。卷後有乾隆二十五年(1760)姚晉錫跋。(安延霞)

佛香閣詩存五卷

清郭肇鑌撰。清乾隆三十二年(1767)刻本。二册。半葉十行,行二十一字,小字雙行同。白口，左右雙邊，單魚尾。

　　郭肇鐄（1714—1753），字韻清，一字奉墀，號鳳池，安徽全椒（今屬安徽滁州）人。清乾隆二年（1737）進士，授檢討。乾隆六年（1741）典試福建，升翰林侍講，經史館纂修，兩與禮闈分校。乾隆十四年（1749）平定金川進詩受賞，選入《方略全書》。以艱歸，服闋北上，聞兄病亟，終夜憂惶，卒於途中。所著有《佛香閣詩存》。

　　盧見曾《雅雨堂集》中有《郭韻清侍讀詩集序》，以爲其詩清而婉，麗而不靡，直追古人，情感出於肺腑，而不假雕繪，令讀者有餘感。其所著《佛香閣詩》，據《［光緒］重修安徽通志》載，共計八卷。此本爲五卷本。卷前有其甥祁開繻謄鈔的郭肇鐄自序，乾隆三十一年（1766）長洲沈德潛序和吳鋮序。未見盧序。自序和吳序中均稱全書共計二百餘首詩，然此本實際收古今體詩三百餘首。每卷的卷首標注有該卷時間及總量，卷末有分類統計。卷一首葉標注爲乾隆十四年詩八十四首，但卷末總量共計八十二首；卷二首葉僅標注乾隆十五年（1750）詩，卷末統計總量爲六十五首；卷三爲乾隆十六年（1751）詩十四首，卷首與卷末總量一致；卷四首葉標注爲乾隆十七年（1752）詩八十一首，但卷末統計總量爲七十九首。卷五爲乾隆十八年（1753）詩八十一首，卷首與卷末數量一致。書中有墨筆圈點。

　　本書由吳門穆大展局鐫刻，內鈐“光熙所藏”印。（安延霞）

容瓠軒詩鈔四卷

　　清賈田祖撰。清乾隆刻本。一冊。半葉十行，行十九字。白口，左右雙邊，單魚尾。

　　賈田祖（1714—1777），字稻孫，又字禮耕，江蘇高郵人。諸生。據《［嘉慶］高郵州志》載，田祖直諒好學，多所瞻涉，喜《左氏春秋》，未嘗去手。旁行斜上，朱墨爛然，著作凡三千餘篇。清雄博奧，見者驚爲奇才。性明達，於釋老神怪陰陽拘忌無所惑。後應試泰州，病一宿而亡。著有《容瓠軒詩鈔》等。

　　《容瓠軒詩鈔》共計四卷，收錄田祖古近體詩三百一十三首。此本卷前有清乾隆四十年（1775）作者自叙。國家圖書館另藏有一部乾隆刻本《賈稻孫集》四卷，其内容與《容瓠軒詩鈔》一致。

本書鈐"菜畦""臣經之印""緯堂"等印,書中有朱筆和墨筆批點。另有朱格手寫夾葉兩張,題有不同詩人作品之目録,其中標記田祖詩九首。(安延霞)

曉堂集七卷

清石文成撰。清乾隆刻本。一册。半葉十行,行十九字。白口,四周雙邊,單魚尾。

石文成,生卒年不詳,字聞琢,號曉堂,安徽桐城人,主要活動於清乾隆年間。以諸生考職選長沙縣丞,升城步知縣,歷署十餘州縣,擢寶慶府通判。其爲政期間,抑豪强,恤孤弱,深得民心,後以知州用,未選而卒。工詩,輯有《國朝詩話》和《歷朝詩話》,著有《曉堂集》。

本書無目録,前有岣嶁曠敏本序,又清乾隆二十九年(1764)稽山陶士儇、陳浩、乾隆二十九年饒學曙、乾隆二十八年(1763)林愈蕃、乾隆二十九年邵玘、顧奎光等序。顧序後有墨筆題記,題曰:"具不凡之姿,得山川之秀,發而爲文,加之陶冶於六經三史,精神骨力其全備歟。思緻琢練,不愧杜牧,然幽閑擴達,似猶過之。"全書七卷,一卷一集,每集前有作者叙説:卷一《松聲草》,取"松聲小暑寒"之意,爲乾隆十九年其在長沙期間所作;卷二《行脚草》,爲乾隆二十年(1755)奉檄委查户口期間所作;卷三《昌江草》,爲平江任職期間所作;卷四《行役草》,爲乾隆二十三年(1758)奉檄北上時所作;卷五《蒸江草》,爲乾隆二十四年(1759)由北京回任,自乾隆二十五年到二十六年(1760—1761)間所作;卷六《北征草》,多爲乾隆二十七年(1762)北上往返所作,以及回任數首;卷七《廬峰草》,爲乾隆二十九年(1764)在江華時所作。書中有墨筆批點。(安延霞)

補拙詩存一卷

清釋一純撰。清嘉慶元年(1796)刻本。一册。半葉十行,行十九字。白口,左右雙邊,單魚尾。

釋一純(1715—1781)，字敏修，自號補拙老人，海昌（今屬浙江海寧）朱氏子，惠力寺僧人。其生平見於《補拙詩存》卷前本傳。所著有《補拙詩存》一卷。

一純天性慈和，操守堅固。其以爲詩非釋家所貴也，三十以前不事吟詠。之後雖有所作，亦隨棄之而不存，僅作陶情適性而已。其弟子乘誠等在一純生前搜羅其詩欲以付梓，未許，但云："梓則不可，爾等其各書一本，以自覽也可。"一純圓寂後，弟子仍恐拂其意而未能付梓。後清嘉慶年間由計士增編次并代付梓。此本卷前有清乾隆年間秀水汪彝鼎序、一純自序，以及録台宗世系原本的一純本傳。卷後有嘉慶二年(1797)計士增跋，述其成書原因及經過。書中有朱筆和墨筆圈點。（安延霞）

芯題上方二山紀游集一卷

清查禮撰。清乾隆十二年(1747)刻本。一册。半葉十二行，行二十四字。細黑口，左右雙邊。

查禮(1716—1783)，原名禮，又名學禮，字恂叔，一字魯存，號儉堂，別號鐵橋、榕巢，順天宛平（今北京豐台）人。清朝著名文學家、書畫家和收藏家。清乾隆元年(1716)舉人，官歷陝西司户部主事、廣西慶元府同知、太平府知府、四川寧遠府知府、四川按察使、布政使、湖南巡撫等職。查禮生平於詩、詞、書、畫無所不精，富於藏書，與其兄查爲仁接待各方名流與學者無數，曾與南方江浙藏書家如趙昱、馬曰琯、汪沆、厲鶚等多有書史研討往來。集六百餘古印章爲《銅鼓書堂藏印》四卷傳世，多有題識和跋語，迄今猶被名家視爲珍品。畫學著作有《畫梅題跋》。另有《銅鼓書堂詞話》。子查淳將其詩文、雜著彙爲《銅鼓書堂遺稿》三十二卷。

《芯題上方二山紀游集》爲查禮所撰游記。該書卷首有友人記曰"宛平查君恂叔，嗜山水游，穿抉奇險，披剔榛莽，好發古人未之境，聊識數語於首。乾隆十二年上元前二日槐塘弟汪沆"，可見查禮愛好寄情山水之間。另有"乾隆丁卯二月八日仁和弟張熷前記"。卷首題"宛平查禮恂叔"，鈐"石塘書屋"印。卷中有"查恒昌、查義、萬光泰、汪孟鋗、釋佛雲、高鐟"等友人的詩作穿插其間。卷尾有跋："山游往來凡半月得詩五十三首,聯句一首,附詩六十三首。乾隆十一年丙寅。"署名"江寧穆鳴岐"。書中内容多是京郊的游歷之作,開篇爲北京房山地區的簡介,後有作者在房山石經、香山、潭柘寺等地區的游歷和詩作,可見作者題名中所指"二山"應爲今北京地區的房山和香山。此書對掌握清朝時北京地區的自然環境和風土人情都很有參考價值。（李燕暉）

梅崖居士文選鈔

清朱仕琇撰。清鈔本。一册。

朱仕琇(1715—1780),字斐瞻,號梅崖,福建建寧人。年十五補諸生,清乾隆九年(1744)舉鄉試,乾隆十三年(1748)進士,選庶吉士,改知山東夏津縣,又改福寧府教授,念母老告歸,母喪復補福寧,後以疾辭。晚年爲鰲峰書院山長。著有《梅崖居士文集》三十卷、《外集》八卷。

朱仕琇一生博極群書,肆力古文。據《[光緒]重纂邵武府志》載,其嘗與人論文云:"爲文當先高其志,使其志與古人齊,則觀古人之言,猶吾言也。然後辨其是非焉,究其誠僞焉,定其高下焉,如黑白之判於前矣。於是順其節次焉,通其訓詁焉,沈潛其義蘊焉,調合其心氣焉。久則自然合之,又久則變化生之,於是而其文之高也,如纍土之成臺,如鴻漸之在天,有莫知其所以然者。"又言"清穆者惟天,淡泊者惟水,含之咀之得其妙",其爲文曲折變化,一以淳古冲淡出之。所著《梅崖居士文集》共計三十卷、《外集》八卷,包括頌、賦、論、傳、贊、祭文、記、墓誌銘、序、書等,外集後還附有《梅崖朱公墓誌銘》及《朱梅崖行狀》。該書乾隆刻本,見藏於國家圖書館、首都圖書館、天津圖書館、山西省圖書館、福建省圖書館等單位。《梅崖居士文選鈔》爲清鈔本,選鈔仕琇文十八篇,含傳、記、論、墓誌銘等。書中有墨筆批點。（安延霞）

正頤堂文集六卷

清江權撰。清乾隆刻本。二册。半葉九行,行二十一字。白口,四周單邊,單魚尾。

江權（1716—?），字越門，又字熙璿，安徽歙縣人。清乾隆十五年（1750）進士，官夔州知府。在任期間仁政愛民，安良除暴。據《〔道光〕歙縣志》載，署雅州府期間，時小金川僧格桑肆逆，權密請發兵鎮木坪，民乃安。大軍進剿之際，又奉檄督糧運并護軍需，皆先期抵達。後特旨補授夔州知府。所著有《正頤堂文集》《叢蘭詩草》《鳳城集》《嘉陵集》《東皋集》《蜀道吟》《東歸集》等。

《正頤堂文集》共分爲六卷：卷一爲序，卷二爲傳、墓誌銘，卷三爲碑，卷四爲記，卷五爲文、書札，卷六爲跋、雜著。此本收録於《江越門集》，共計六卷七十八篇文。卷前有古虞張鳳翥所作原序。卷末刻有"虬川黄雲景鐫"字樣。（安延霞）

雲林小硯齋詩鈔三卷

清顧文鉁撰。清乾隆四十一年（1776）刻本。一册。半葉九行，行十九字。白口，四周雙邊，單魚尾。

顧文鉁（1736—1814），字蘆汀，江蘇長洲（今屬蘇州）人，顧嗣立曾侄孫。工詩文書畫，尤嗜金石，精於賞鑒。據《國朝書人輯略》載，其曾手摹《婁壽》《裴岑》二漢碑刻石。居濟寧二十年，與黄易、何元錫等來往密切。晚年貧病交加，仍手不釋卷，著書以自得。所著有《雲林小硯齋詩鈔》。

本書前有清乾隆二十四年（1759）張熙純、乾隆十一年（1746）盛百二序，以及櫟亭卜擴忠和桐鄉施福元題辭。卷後有附録，共計六首詩，作者爲元和許文琬。顧文鉁之詩清新脱俗，張熙純贊曰"鮮新若春萼之耀林，清麗若秋雲之出岫"，盛百二亦稱其詩"直書其性靈，無規橅刻畫之痕，濃澹合度，情致悱惻"。（安延霞）

集蘇一卷

清王祖肅撰。清鈔本。一册。半葉九行，行二十字不等，無格。

王祖肅（1717—1792），字季龍，號敬亭，山東新城（今桓臺）人，王士禎從孫。貢生，屢試不第，清乾隆二十一年（1756）以生員揀選州判，任常熟縣丞，後改任句容縣知縣、華亭縣丞,後屢官武進知縣、徽州府知府、池州知府、江西建昌知府、貴州鎮遠知府,官至正四品。曾與虞鳴球合修《[乾隆]武進縣志》,并於乾隆年間重刻王士禛《漁洋山人詩問》二卷。有自記年譜《敬亭自記年譜》。

集名"先高祖敬亭公手鈔蘇詩墨迹",後署"億年重裝珍藏楊篆之題籤",爲王祖肅玄孫題寫。卷前有祖肅序一篇,其任新安司馬之時,處理公務之餘,閱覽詩書,讀《蘇文忠公集》,因"記性平庸",故而鈔録蘇詩墨迹而成此書,并隨身携帶翻閲,旨在携其歷名勝山水,"領會其旨趣,可以不孤矣",是爲陪伴。内葉有題籤署"乾隆丙辰三月十二日發於桐蔭堂敬亭氏謹識"。書無目録,卷端題"集蘇",後鈐"臣祖肅印""敬亭"二印。全書大字摘鈔蘇詩,以雙行鈔録詩句,詩句下附詩名,并於所鈔詩句後小字附注所思所想或詩句典故,如"一紙鵝經逸少醉,他年鵬賦謫仙狂"句後,附注王羲之愛鵝之典故;又如"霜風可使吹黄帽,樽酒那能泛浪花"句後,附注"《史記·鄧通傳》:櫂船者爲黄頭";又如"十年且就三都賦,萬户終輕千首詩"句後,附注左思作文之始末。蘇詩之後,又附加鈔寫白居易、王維、邊貢、邊習詩各一首,及歐陽修《伶官傳論》一篇。(戴季)

粤游吟一卷

清王毓柱撰。清乾隆刻本。一册。半葉八行,行十八字,小字雙行同。白口,左右雙邊,單魚尾。

王毓柱(1718—?),字秀子,號畏堂,直隷寶坻(今屬天津)人。候選布政司理問。據清鈔本《竹香樓詩集》史樹青題記,其"嘉慶元年,年近八旬,預千叟宴之列,亦一鄉之人瑞",其本人亦有詩題爲《八十初度名譽無聞悵然有作》。著有《粤游吟》《竹香樓詩集》等。

此本書籤題"畏堂詩鈔",并有"乙酉年訂"字樣。書名葉題"粤游吟"。卷前有錢唐陸烺、蕭山戴兆垣、連平何淙序,又清乾隆三十年(1765)施印序,以及詩人自序。卷後有武林顧正謙、蕭山戴兆垣、王惺、詞林釋圓德等人題辭。本書爲詩人游歷粤中時所作,多爲旅途感懷及與親友唱和之作。陸烺序文稱其"諸詠中山川游歷

則極考據之精,親知唱和則多溫厚之旨,憑吊寓感慨,酬贈見深思,有筆有書,情至文至"。（安延霞）

竹香樓詩集五卷

清王毓柱撰。清鈔本。四冊。半葉十行,行十九字。

《竹香樓詩集》共分爲五部分:《竹香樓初集》《竹香樓二集》《粵游吟》《豫裝草》《式矩集》。其中《粵游吟》爲其游歷粵中時所作,國家圖書館藏有清乾隆刻本。此本内封有 1962 年 9 月 14 日鄉後學史樹青的墨筆題記,言此稿爲王毓柱未刊之完本。書眉處有署名"米人""志望"和"墨坡"的評點,"米人"即寶坻知縣楊瑛昶,餘二人皆爲作者友人。楊瑛昶盛贊其詩"簡老嚴警,斷制有法",且"太白之超妙,王孟之自然,兼而有之"。（安延霞）

雁橋詩鈔

清朱宗光撰。清乾隆刻本。一冊。半葉九行,行十九字。白口,左右雙邊,單魚尾。

朱宗光,生卒年不詳,字孟實,號雁橋,江蘇寶應（今屬揚州）人,主要活動於清乾隆年間。據《[道光]寶應縣志》載,宗光爲克簡曾孫,父澤代負邑聞望,其少承家訓,品行端正,學識淵博,嘗採古聖賢有關身心性命之言,彙爲二帙,題曰《自警編》,并終身肆力。且性至孝,乾隆三十年（1765）拔貢,例授州判職,念母年老,辭不就。設帳於鄉,受經者以百計。著有《雁橋詩鈔》《雁橋文稿》等。

此本卷前有乾隆六十年（1795）長洲沈德潛叙,述其應友人喬億之邀删定宗光之詩,并言宗光爲朱經之孫,喬億之婿,宗光"承其指授而不襲其面目,雜詩擬古諸篇有陳正字之古奧,張曲江之蘊藉,而源流出於阮步兵之詠懷",然其詩"雖別出機杼,不襲大父與婦翁面目,而性情之纏綿真摯則一"。全書共收録宗光所作古今體詩六十八首。（安延霞）

清白堂存稿九卷

清王希伊撰。清朱格鈔本。三册。半葉十行,行二十三字。

王希伊(1719—1794),字耕伯,號在川,江蘇寶應(今屬揚州)人,清代學者王懋竑之孫。清乾隆六年(1741)舉人,官陝西白水縣知縣,在任期間實心愛民,公正嚴明。且重教化,創建彭衙書堂,後因病改松江府青浦縣教諭。據《[民國]寶應縣志》載,所著有《青白堂稿》十二卷、《彭衙存稿》十卷、《由拳存稿》四卷、《文編七種》和《行編七種》,今多佚而不傳。

本書一作《青白堂存稿》,共計九卷,卷一至八爲文,卷九爲詩。書中有朱筆和墨筆圈點。另北京大學圖書館藏有稿本《青白堂存稿》十六卷、《初稿》一卷、《雜記》一卷,南開大學圖書館藏有清同治三年(1864)刻本《清白堂存稿》十六卷。(安延霞)

食味雜詠一卷

清謝墉撰。清鈔本。一册。半葉十行,行二十一字。

謝墉(1719—1795),字昆城,號金圃,又號東墅、豐甫,晚號西髯,浙江嘉善楓涇(今上海市金山區)人。清乾隆十六年(1751),皇上南巡,謝墉以優貢生召試,賜舉人,授内閣中書。十七年(1752)進士,改庶吉士,授編修。典福建鄉試,歷官吏部侍郎。因撰寫閩浙總督喀爾吉善碑文語失當,降編修。充任《四庫全書》總閱官。撰有《聽鐘山房集》二十卷,又名《安雅堂集》。又有別本《聽鐘山房集》不分卷、《聽鐘山房集食味雜詠》二卷。

《食味雜詠》一卷,清鈔本,毛裝,封面、封底隱約可見大方官印,似以鈐有官印的舊紙補做封皮。封面題“食物雜詠一百一首”。前有作者自序:“乾隆辛亥夏養痾杜門,因思家鄉土物數種不可得,率以成吟,於是連續作詩,積五十八首,而以現在所食皆北産也,復即事得四十三首,共成一百零一首,各係數言於題下。”詳述此集形成過程。又有清嘉慶十八年(1813)門生阮元書於紅方格紙上序,云:“此卷爲偶詠食品之詩,通乎雅俗,然考證之多,非貫徹經史蒼雅博極群書者不能也。"對食味下注文極爲贊賞。末有石韞玉(1756—1837)書於緑方格紙上的後序,述謝墉早歲以文學知名,後入翰林院授編修等諸事。封面内貼紙記録《東墅集》十餘册相關文。

正文以"南味五十八首"和"北味四十三首"組成。南味涉及新筍、早韭、潑芥菜、蠶豆、銀魚、龍井茶等南方食物;北味則有京米、北酒、燒小豬等諸美味。每味下詳細介紹此食物基本特征、製作方式及古書中記載,後撰詩文,充分顯示作者土物知識之豐富,極具科普價值。

作者自序後補充署名"東墅老人嘉善謝墉",正文前補充題名"食味雜詠一百一首"及作者"嘉善謝墉撰",正文天頭多處粘貼紙籤并附提示文,正文多有校訂,正文後貼紙籤書"道光十二年小門生阮福、阮祐校刻",由此判斷此本是現存清道光十二年(1832)刻本之底本。

是書除清道光十二年(1832)刻本和此清鈔本外,尚存清鈔《聽鐘山房集食味雜詠》二卷本,亦毛裝,存作者自序,稱南味"五十餘首"、北味"三十餘首",與此本有所出入,并雖以南北味分册,但相應詩作前未明確標示此本般"南味五十八首"和"北味四十三首"。另,據其上文字與内容校核,應以此本做底本。

三本均藏國家圖書館。二鈔本由《中國古籍善本書目》集 14171、14172 條分别著録。是本鈐有"阮元印""曾在周叔弢處"印。(陳榮)

汪陶村先生詩稿不分卷

清汪焯撰。鈔本。一册。半葉八行,行二十字。

汪焯,生卒年不詳,字心來,號陶村,安徽歙縣人,主要活動於清乾隆年間。諸生。焯家住阮溪,聚族而居,其前輩多詩人,工書,詩宗王韋。著有《汪陶村先生詩稿》《汪陶村梅花詩》《陶村吟》等。

此書卷前有乾隆三十三年(1768)鮑倚雲序,又張棟序。鮑倚雲贊其爲詩"頗不作窮愁態,大致情深蘊藉,韻老格堅,洗脱鉛華,特存神骨"。書中有朱筆和墨筆批點,卷首署有"鮑薇省先生圈點",所指即鮑倚雲。

　　焯風雅之名震江漢,漢上詩人彭棟塘爲其刻《汪陶村梅花詩》三十律傳世。然其詩多不自收拾,即事成吟而隨手散去,其存者十之有一。乾隆三十年(1765)焯將存稿編爲一册,即《汪陶村先生詩稿》。安徽省圖書館藏有清刻本《汪陶村梅花詩》。所撰《汪陶村先生詩稿》今僅見鈔本。(安延霞)

蔣春農文集不分卷遺研齋集二卷

　　清蔣宗海撰。清鈔本。八册。半葉十行,行二十二字,藍格。白口,四周單邊。

　　蔣宗海(1720—1796),字星巖,一字星嚴,號春農,一號冬民,晚號歸求老人,江蘇丹徒人。幼年聰穎,六歲爲詩。稍長,每日讀書至三更,自題居室名"一月得四十五日之齋"。清乾隆十七年(1752)進士,十九年(1754)考授内閣中書舍人,選入軍機處行走,參校《通鑑紀事本末》。宗海無意仕途,二十一年(1756)以丁憂歸里不出,二十四年(1759)辭官歸隱,潛心詩文,精賞鑒,工篆刻,又善丹青。以培養士子爲己任,主講梅花書院二十載。其間,與畢沅、王文治、袁枚、翁方綱、汪之珩等名流交游甚密。辭官後,曾應兩淮鹽運使盧見曾之請,主持纂修《金山志》《焦山志》《平山堂志》等。著有《索居集》《南歸叢稿》《春農吟稿》《蔣春農文集》等。

　　本書爲《蔣春農文集》與《遺研齋集》合鈔。卷首有清嘉慶四年(1799)翁方綱《蔣春農文集序》、嘉慶六年(1801)沈業富《春農先生文集序》、嘉慶八年(1803)王芑孫《遺研齋集序》、嘉慶二年(1797)章學誠《春農先生文集書後》、李保泰《蔣春農先生傳》。其中,《蔣春農文集》收録《聖駕四幸江浙恭頌謹序》《春風晴雪圖賦》《命說》《休寧學訓導韓君傳》《京口重修金龍四大王廟碑記》《候選知府左君墓誌銘》等文二百餘篇;《遺研齋集》收録古體詩《種菊二首和陶靖節雜詩韻》《題相馬圖》《平安車圖歌爲西平先生作》,今體詩《勘書》《雜題畫梅》《憶山十律寄山中故人》等詩三百餘首。宗海嗜藏古籍,藏書樓名椒馨閣,所藏三萬餘卷,多宋元善本,藏書印有"潤州蔣氏藏書""丹徒蔣氏宗海星嚴氏校正經史子集之章""丹徒蔣氏一號冬民"等。同時,善校勘、精鑒定,正如宗海詩《勘書》云:"善本難求費揣摩,淋漓朱墨辨淆訛。拂塵不去烏成馬，掃葉旋生豕渡河。思誤忽通真大適（用邢邵傳語），闕疑無計更旁羅。茫茫七略勞津逮，庭雨春深幾倍多。"對此，翁方綱在《蔣春農文集序》中寫道："而春農每來座中，手披篋槽快辨橫飛。有與商古籍者，則屈指唐鎪、宋槧，某書某板闕某處，某家鑒藏某帖，如貫珠，如數家珍。問者各得其意以去，而春農雜以諧謔，初若不經意也。"由此可見宗海對古籍版刻之熟稔。另，乾隆三十八年（1773）清廷爲編纂《四庫全書》而詔求天下遺書，宗海應揚州大鹽商江春之邀，別擇手定，令揚州所進爲第一。

是書每册卷端鈐印"東莞莫氏五十萬卷樓"，可知其爲近代著名藏書家莫伯驥所藏舊物。莫伯驥（1878—1958），字天一，廣東東莞人。藏書達五十餘萬卷，室名福功書堂、五十萬卷樓。既藏且讀，著述宏富，著有《五十萬卷樓藏書目録初編》《五十萬卷樓群書跋文》《中國先民生活史》《歷代文人生活史》《滿人漢化史》《中國近五十年史》《歷代詩方言考》《福功堂隨筆》等，惜多燼於兵燹。

此書鈔寫字體古雅，工整不苟，保存完好。（孫麗娜）

虞東文鈔四卷詩鈔三卷應制詩一卷

清顧鎮撰，清吳卓信輯。稿本。六册。半葉十行，行二十五字，黑格。白口，左右雙邊。

顧鎮（1700—1771），字備九，號古湫，又號虞東，江蘇昭文（今常熟）人。清代著名經學家。清乾隆十九年（1754）進士，官至宗人府主事。顧鎮祖父顧應瑞、父顧黃鉞俱爲飽學之士，顧鎮自小習經，尤喜於《詩》。著有《虞東學詩》十二卷。

吳卓信（1754—1823），字頊儒，號立峰，江蘇昭文（今常熟）人。諸生。清學者、藏書家。吳氏長於經學古文，喜刻書，厭棄舉業。晚年曾周游四方，於山川地理多有考證。著有《漢書地理志補注》一百三卷、《喪禮經傳約》一卷、《澹成居文鈔》四卷。

該書爲顧鎮文集，《文鈔》卷一爲賦、頌、表，卷二爲序，卷三爲記、書、論說、雜著，卷四爲傳、墓表及墓誌銘。《文鈔》彙集顧氏所撰各種文體，其中序言、記論多載其學術觀點,傳及墓誌銘多存其人文交往。《詩鈔》分爲《蓉莊初稿》《西河集》《山居樵唱》三部分,録其詩二百零四首。《應制詩》録其爲清廷御製詩文三十三首。顧鎮曾長期任國子監講習,所撰賦、表多科舉典章之言,所作應制詩亦爲典禮辭章之文。

顧鎮爲清代經學家,如沈德潛《序》言"作詩爲備九之餘事"。其詩多義理之言,將經學義理融於詩意之中,亦有雅趣之句,但多正論典章之句。沈德潛謂其詩"安和整飭,一循正軌,一切纖佻肥膩與蕭索荒幻無而中之"。該本爲此書稿本,蓋未經刊刻之底本,字迹工整雅致。鈐"鐵琴銅劍樓""古禺瞿氏"等印。(賈大偉)

研露齋文鈔不分卷

清饒學曙撰。清道光七年(1827)刻本。三册。半葉十行,行二十二字。白口,四周單邊,單魚尾。

饒學曙(1720—1770),字霽南,號筠圃,又號雲浦,江西廣昌(今屬撫州)人。清乾隆十六年(1751)進士,廷對一甲第二,授編修,歷左右中允,轉侍講,充武英殿、通考館、功臣館纂修。其才識宏達,爲文章以浩氣行之,詩古義,兼雅頌。居翰林十六年,凡大典禮進擬之作,多出其手。著有《研露齋文鈔》。

饒學曙生前著述豐富,去世後其門人畢沅索其全稿意欲付梓,然途經洞庭湖時没於水中。其子硯畬收集其繕寫副本,僅得一小部分原稿内容,由趙楙勛校勘後付梓,即《研露齋文鈔》。此本分爲上、中、下三册,共收録文章九十三篇。内容包括謝表、論、贊、記、傳、序、祭文、墓誌銘、賦等。卷前有乾隆四十五年(1780)蔣士銓、嘉慶五年(1800)彭元瑞序,孫爾準和鄭祖琛序,以及趙楙勛跋。趙跋叙述了此書的成書經過。(安延霞)

燕石齋詩草一卷

清吳興炎撰。民國初年刻本。一册。半葉十行,行二十二字。白口,左右雙邊,單魚尾。

吳興炎，生卒年不詳，字龍漠，號陶夫，江南清河（今江蘇淮陰）人，主要活動於清乾隆年間。諸生。著有《燕石齋詩草》。

吳興炎平生遨游南北，科場屢不得志，以諸生終老。其著作失傳已久。此本爲民國初年其族裔吳仲谷、吳其輚等人在殘本基礎上補校選刻而成。共收録吳詩九十三首，多爲其往來燕趙齊魯道路之作。卷前有民國八年（1919）同邑段朝端序，卷末有民國七年（1918）族裔吳其輚跋及九年（1920）識語，述其成書原因及刻書經過。（安延霞）

小長蘆漁唱四卷

清朱方藹撰。清乾隆刻本。一册。半葉十一行，行二十三字。白口，四周單邊，單魚尾。

朱方藹（1721—1786），字吉人，號春橋，浙江桐鄉（今屬嘉興）人。由附貢生考授翰林院孔目。工詩，尤工長短句，據《［光緒］桐鄉縣志》載，侍郎王昶曾選其作品入江南二十四家詞内。善畫，以梅花最爲突出。清乾隆二十七年（1762），皇帝南巡時，以所圖花卉進呈，召試取二等一名。著有《小長蘆漁唱》《春橋草堂集》《畫梅題記》等。

《小長蘆漁唱》共計四卷，卷一計三十六調，附刻一調；卷二計二十八調，附刻五調；卷三計二十六調，附刻二調；卷四計三十二調，附刻二調。内容多爲朱方藹所作詞，以及部分友人唱和之作。其往來酬唱者，如長洲吳泰來、青浦王昶、上海張熙純、嘉定曹仁虎、上海趙文哲等，皆爲一時名家。此本卷前有乾隆七年（1742）高不騫以及秦亭杭世駿序。高序稱贊其詞"句琢字煉，律諧調合，殆能兼南北宋之長"。（安延霞）

拙巢先生遺稿一卷

清吳霖撰。清鈔本。一册。半葉十一行，行二十一、二十四字不等，藍格。白口，四周單邊。

吴霖(1721—1791),字西臺,別字拙巢,號石齋,浙江海寧人。附貢。吴霖弱冠即鋭意向學,曾與其弟吴介如負笈從師於錢塘桑弢甫、胡又乾門下,爲海寧鄉賢高柱峰、祝貽孫、鍾千仞等人所器重。吴霖爲人積極進取,才識明練,處事務實,與人交往和藹謹約。但對於學問嚴謹認真,對義理問答之言論,則持論慷慨,觀點明確,即使嫌怨亦有所不避。吴氏於科場屢試不中,後以文名世,得補博士弟子。

該書爲吴霖詩集,録其詩二十五首。該書卷末有《吴霖傳》,次有清乾隆乙巳(五十年,1785)秋八月陳若蓮撰序,末有沈開勛題詞。其中沈氏題詞中概述了該書的流傳經過及成書歷程。吴氏之詩多游歷觀景之作,兼有個人感懷之情。其中《耕煙山館牡丹盛開有感》《桃溪食菜吟》《客舍移植牡丹漫成二絶》諸詩俱爲寫景佳作。而《五十自遣》《己亥除夕》《六十初度艤舟鴛湖感賦》等詩抒發了鬱鬱不得志的個人感慨,情感真實飽滿,俱爲清詩佳作。

該本版心下鎸"汲修齋校本",爲徐氏汲修齋鈔本。《汲修齋叢書》爲清末藏書家徐光濟所輯,共收録清代海寧十五位學者的詩文集。徐光濟(1866—1935),字蓉初,號寅庵,浙江海寧人。其人喜藏書,筑紫來閣,藏書萬餘卷。該本字迹工整,行格疏朗,爲清末鈔本佳品,亦是該書所存較早鈔本。(賈大偉)

蘭山課業松崖詩録二卷

清吴鎮撰。清木活字本。二册。半葉九行,行二十二字。白口,四周雙邊,單魚尾。

吴鎮(1721—1797),初名昌,字信辰,一字士安,號松崖,別號松花道人,甘肅臨洮人。清乾隆十五年(1750)舉人,歷任山東陵縣知縣,湖北興國州知州,湖南沅州府知府。晚年主講於蘭山書院。除《蘭山課業松崖詩録》外,著有《松花庵全集》,收録其詩文集等十餘種。

吴鎮平生博極群書,兼深禪理。其晚年詩律愈精,與袁枚、王鳴盛、姚頤、王曾翼、楊芳燦等人彼此唱和。袁枚盛贊吴詩"深奥奇博,妙萬物而爲言,於唐宋諸家不名一體,可謂集大成矣"。其生平著述頗豐,乾隆五十七年(1792)左右選取舊作

《松花庵詩草》《松花庵游草》《松花庵逸草》《蘭山詩草》中部分作品彙刊爲《松崖詩錄》。此本版心題《松崖詩錄》，卷前有乾隆五十七年王曾翼序，以及牛運震、陳鴻寶、吳壇、吳鎮、楊芳燦、張世法等人所作舊序，又乾隆五十七年袁枚和楊芳燦序。卷末有劉紹攽、吳鎮本人、楊芳燦等人的原跋，又李芮、艾恒豫跋，以及節錄盛仲圭、王鳴盛、龔梧生、姚頤、袁枚、楊芳燦等人的題跋。書中有姚頤、楊芳燦、牛運震等人的評點。（安延霞）

樂圃吟鈔四卷

清張玉穀撰。清乾隆六十年（1795）刻本。一册。半葉九行，行十九字。白口，左右雙邊，單魚尾。清暉樓藏板。

張玉穀（1721—1780），字蔭嘉，號覲頒，又號樂圃居士，江蘇吳縣（今蘇州）人。諸生。曾先後游學浦起龍和沈德潛門下。著有《古詩賞析》《樂圃吟鈔》等。生平見於卷前錢俊選爲其所作《郡廩生樂圃張先生傳》。

據錢俊選稱，張玉穀“善詩、古文，工八法”。其生前著有《古詩賞析》。去世後藏書被竊，遺稿也因之散佚。其子大鈞多方搜集得部分遺稿，并由其甥嚴廷燦囑其生前好友錢俊選點定合刊爲《樂圃吟鈔》。

本書書名葉鎸“樂圃詩鈔”，前有清乾隆六十年（1795）錢俊選序及其所撰《郡廩生樂圃張先生傳》。全書分爲四卷，各卷前有目錄。另國家圖書館藏一部八卷本《樂圃吟鈔》，内有清嘉慶三年（1898）嚴廷燦跋，前四卷爲詩，後四卷爲詞。

卷首鈐“林印傳樹”“仲德”等印。（安延霞）

淡如軒詩鈔

清胡士瑛撰。清嘉慶五年（1800）鈔本。四册。半葉十行，行二十一字。

胡士瑛，字硯輝，號嵐峰，邢臺人。清乾隆間諸生，二十九年（1764）讀書郡城龍岡書院，以事戍荆南，清嘉慶二年（1797）遇赦回籍。

本書卷首題有“此本嘉慶庚申鈔”一行，知爲嘉慶五年（1800）鈔本。卷首有

《嵐峰詩序》,署“嘉慶十年歲次乙丑初夏松坡鈍叟吳養民序於本郡演馬莊之華文書社”。次《詩叙》,署“乾隆癸丑宿月楚華容張晰習園氏題於岳陽旅舍”。次《詩序》,署“乾隆四十年歲次乙未孟冬之月笠澤菊莊氏席紹明拜識”。次《淡如軒詩鈔叙》,署“乾隆辛亥夏月巴陵黄經德綜南氏拜序并書於雪鴻軒”。卷端題“淡如軒詩鈔”,署“邢臺胡士瑛硯輝氏著”。

集中詩作由兩部分構成,一爲獲災荆南之前所作詩,一爲荆南之地尋山問水、知交往來酬和之作,編成一集。詩分五言古、七言古、七言律、五言律、四言絕、六言絕、七言絕、五言排律、五言絕諸體。胡士瑛多年旅居荆南,詩作《天邊月》《苦雪嘆》《塞下曲》對塞外苦寒、民生疾苦多有記述。《望遠曲》等抒發離愁別恨之情,身世飄零之感,“今年又值秋風起,朝夕望郎何時已。待到腸斷血淚枯,定將離思推在山頭石腹裏”,讀來令人嗟嘆淚下。

此本有朱筆圈點。《續修四庫全書總目提要》著録。（顏彦）

南園初集詩鈔一卷

清陳文棟撰。清乾隆刻本。二册。半葉八行,行十八字。黑口,左右雙邊。

陳文棟,生卒年不詳,號澄齋,浙江海寧鹽官人,陳世倌之孫。曾任松溪縣儒學,在粵東游歷。陳世倌(1680—1758),字秉之,號蓮宇,謚號文勤公,浙江海寧鹽官人。清康熙四十二年(1703)進士,改庶吉士。後官至侍讀學士,督順天學政。陳世倌爲官,常以百姓之苦爲苦,曾上《籌河工全局利病疏》,對於皇帝南巡、籌措河工等利弊直陳己意。陳文棟與杭世駿交好,“相交特厚”。杭所著《道古堂全集》中有《題陳文棟蕉下撫琴圖》一首,中有“嶺竹溪湍韻絕哀,特留大葉罩蒼苔”,可見陳文棟琴藝頗佳;“坐侍月明元鶴來”一句表現出作者淡泊平和的人生態度。杭世駿對陳氏家族評價頗高:“遍觀其一族之群彦,莫不林林角立。”陳文棟號稱“清才”,與家族的影響不無關係。陳文棟的姑夫爲錢琦,奉命巡視臺灣。對陳文棟評價甚高,言其:“盛世負俊才,挾奇氣,由是浸淫卷軸,疏瀹性靈,摩壘揮旌,鏗鏘金石和其聲以鳴。”陳文棟妻族亦多能詩者,與内兄畢乾三有唱和,關係甚好。與吳巽襄、金存夫、汪祈、謝宗翰等相交。

是書主要包括古今體詩百餘首，其中九十餘首爲近體詩，其中有五言絕句、五言律詩、七言絕句、七言律詩。對仗工穩，格律和諧。古體詩十餘首，多爲長篇換韻、歌行體詩。詩歌題材範圍廣泛，有寫景色之詩，抒情懷之詩，有贈答之詩，有叙當地民俗之詩，有寫烈女之詩等。其中有一首詩，記謝程宗雪夜送梅花，將兩人之間的友情，表現得款款又別致。詩云：“清友敲門冒雪來，應知客裏獨徘徊。舊年輸去花前酒，換得寒香今夜開。”清乾隆丁卯（十二年，1747），杭州赴試之後，陳文棟即扶病歸里，病中所作之詩，多抒發寂寥、落寞之感。“窗外芭蕉聲萬點，應知葉葉雨中殘”，是詩人病中真實的寫照。景物之中，作者偏愛梅和蓮，以贈梅、梅爲題材的詩歌十餘首。開篇兩首寫蓮的詩多清新別致：“綠水滿池塘，荷開十里香。採蓮人去去，一去晚風凉。”《養蠶詞四首》描寫了浙江地區獨有的農事活動：“近川蠶室掩紫扉，牆下猗猗桑葉肥。料得今年蠶口食，不須鬻我嫁時衣。”反映了當時下層民衆的疾苦，頗有白居易時事詩的風格。還有兩首寫烈女、烈婦的詩，表現了作者對美好生命逝去的惋惜之情。

杭世駿對陳文棟的詩集評價甚高：“曄然若春花之爛，瀏乎若秋氣之清。”陳世倌也非常疼愛陳文棟，“獨喜文棟學業如斯”，對他寄予厚望，“他日珥筆石渠，摛詞天禄，定能鼓吹休明，頌揚盛烈”。錢琦每天面對變幻莫測的大海，用海浪的變換來形容陳文棟詩作：“蹴浪疾雷轟空，倐開倐合，一朗一晦，意即所謂詩之離合變換。”

是書前有杭世駿所作之序、陳世倌所作序、錢琦所作序。鈐有“臣陳之章”“別字詒堂”等印。（張偉麗）

肅堂詩草一卷

清焦汝敷撰。鈔本。一册。半葉十一行，行二十四字，無格。

焦汝敷，明江都東鄉八港口焦氏望武後裔，爲東七房焦天植玄孫，焦憬之孫，焦輪之子。輪，字蒲載，縣學生。生汝敷，太學生，以詩名。號肅堂，撰有《肅堂詩草》一卷，輯入焦循鈔《江都焦氏家集》，無單行本流傳。（陳榮）

來鶴堂詩集一卷

清于宗英撰。清同治十一年(1872)刻本。一册。半葉八行,行二十一字,小字雙行同。白口,四周雙邊,單魚尾。

于宗英(1722—1782),一作于宗瑛,字英玉,號紫亭,漢軍鑲紅旗人。清乾隆十九年(1754)進士,官至江南監察御史。工詩文,善書畫,書學顔真卿,參以蘇軾、米芾兩家。擅長山水畫,間作寫意人物及花卉禽蟲,皆有天趣。著有《來鶴堂詩鈔》《來鶴堂詩餘鈔》《來鶴堂文鈔》《來鶴堂制藝》《來鶴堂試帖鈔》《來鶴堂賦鈔》等。

于宗英雖性好吟詠,但多不自存稿。其子于鰲圖在其去世之後收集其詩作二百餘首,編爲《來鶴堂詩鈔》六卷。國家圖書館所藏《來鶴堂全集》中收録六卷足本。《四庫未收書輯刊》中載四卷。此書收録詩作約四十首。書末鐫"同治壬申仲春歸清河郡女曾孫修儒校刊"。

書衣有墨筆題記,言"來鶴堂于清端公成龍詩集",當誤。卷端鈐"恩華""詠春"等印。(安延霞)

蘭陔詩集三卷

清鄭王臣撰。清刻本。一册。半葉九行,行十八字。白口,左右雙邊,單魚尾。

鄭王臣,生卒年不詳,字慎人,一字蘭陔,號黄石山人,福建莆田人。清乾隆六年(1741)拔貢,歷任銅梁、成都井研知縣,官至蘭州知府。鄭王臣與隨園老人袁枚私交甚篤,《隨園詩話》中載鄭王臣"年未六十,以弟喪乞病歸",曾"在隨園小住。一日,買書兩船,打槳而去"。其歸鄉後與宋帝賚、曾範洪等人結蘭社,并著有詩集。主要著作有《莆風清籟集》《蘭陔四六》《蘭社詩稿》《蘭陔詩話》等。

此書包括三部分:《香草草》多爲感悟傷懷之作,卷前有符曾、朱佩蓮和高景光等人題辭;《藥蘭唱和詩》爲著者與友人符曾的應答酬謝之作,卷前有乾隆二十一年(1756)周長發題辭;《燕中懷古詩》多爲詠史懷古之作,卷前有陳浩、周長發和王鳴盛等人題辭，末有曾恒德、符曾、張甄陶、陳霨等人識語。

《蘭陔詩集》有僅存其中一二種者，又另見有《集杜詩》和《連雲草》者。（安延霞）

帶存堂集十卷

清曹度撰。清鈔本。八冊。半葉十行，行二十一字，無格。

曹度，生卒年不詳，字正則，號疊耻民、越北退夫，浙江崇德（清改石門）人。事跡參見《嘉興府志》《己畦集》《拜經樓詩話》等。僑居語水，少從餘杭俞嘉言游，學詩古文，有南村、栗里之風，五言風骨尤高。諸生。通經史，善詩文，工書法，遁居村野，閉門著書，深得夏允彝賞識。明清易代，曹度絕意仕進，嘗作《疊耻民傳》，有《帶存堂集》傳世。緣與呂留良同里，其書遂爲清廷所禁，故此集屬於鈔本而未見刻本。

是書內容豐富，涵括序、記、行狀、祭文、墓誌、疏、題辭、跋語、書後、書札、葬錄、譜錄、考、論等各種文體。每冊首葉皆題"越北退夫曹度正則著"九字。第一冊收錄曹度所作祝壽、文集之序，自《天蓋樓評選近科程墨序》至《從嫂方太恭人七十壽譙序》，凡十三篇。其次是《歸鶴記》《鄞南楊氏一門忠節合藏記》和《春暉草閣記》。第二冊收錄墓誌銘十二篇。第三冊收錄行狀四篇（《先母程太君行狀》《青臣許公行狀》《曹射侯先生行狀》和《先大母節壽費孺人行述》）和祭文四篇。第四冊收錄疏三篇，題辭五篇，書後十二篇，雜著中還含有題跋、銘文等。第五冊收錄書札四十五篇。第六冊收錄葬錄十五篇。第七冊《譜錄上》收錄序十一篇，論二十篇，書後十篇。第八冊《譜錄下》收錄序二十一篇，書後十一篇，考五篇和論二十三篇。書寫時遇有文字訛誤，則徑改，或劃去，或塗抹，故書中多有文字更改痕迹，可知此書保存原貌較好，未經再行謄錄，疑非定稿。第四冊《雜著》第十一葉粘貼兩張白色細長紙條，分別書寫"杜預曰在家則主中霤在野"和"則爲社"雙行文字。

這些史料爲系統考察曹度之人際關係、學術、思想和明清時期之喪葬文化均有助益。當然，該書亦有瑕疵。第一，全書體例雖然較爲嚴謹，却未能整齊劃一。如

“書後”之體,前見諸第四册,後見於第七册和第八册。第二,正文所用字體或楷書,或行書,或草書,或交相雜用,未能統一。

《帶存堂集》卷首有拜經樓藏章,可證其爲乾嘉時期海寧人吴騫秘本專藏。吴騫著《己畦集》録之,改“集”爲“記”。另有柳奇“煙舫”鈐印。（朱婷婷）

硯山堂集四卷

清吴泰來撰。清刻本。四册。半葉十行,行二十一字,小字雙行同。白口,左右雙邊,單魚尾。

吴泰來(1722—1788),字企晉,號竹嶼,江蘇長洲(今蘇州)人。清乾隆二十五年(1760)進士,曾授内閣中書,後乞病歸,建有遂初園以藏書,多宋元善本,曾主講關中書院和大梁書院。著有《硯山堂詩集》《净名軒集》《曇香閣琴趣》等。

吴泰來工詩善畫,與王鳴盛、錢大昕、曹仁虎、王昶、趙文哲、黄文蓮等人并稱爲“吴中七子”。其詩與洪亮吉等唱和,意致蕭閑,才情明秀。據《[同治]蘇州府志》載,《硯山堂集》共計十卷。今傳世本多有不同,華東師範大學圖書館藏清嘉慶年間刻本八卷,首都圖書館藏乾隆年間刻本二卷。本書共四卷,一卷一集一册,分别爲《初禪集》《松谷集》《浮江集》《荷鋤集》。卷首有惠棟序,書中有朱筆和墨筆圈點。

鈐“古吴孫氏”“潤宇長壽”等印。（安延霞）

十誦齋詩

清周天度撰。清鈔本。二册。半葉十行,行二十一字,小字雙行同。

周天度(1708—?),字心羅,一字讓谷,又字西陬,浙江仁和(今杭州)人。周天度受業陳兆崙之門,清乾隆十五年(1750)舉鄉試第一,乾隆十七年(1752)成進士。其文名噪於京師,詩賦文詞四方傳誦。初宰饒陽,後調清苑升主事,官至許州知府。著有《十誦齋集》。

周天度性情豪邁,喜好游覽,所至輒有吟詠。張燾稱“其詩充蔚豪健,跌蕩可喜,雅不欲多存,其入此編者皆卓乎必於可傳者也"。此書爲其詩集鈔本,前有乾隆十四年(1749)陳兆崙、乾隆十三年(1748)張熷序,卷端題名下署"壬戌戊辰",推測此書所收詩乃著者乾隆七年至十三年(1742—1748)所作。

周天度另著有《十誦齋集》六卷,分爲詩四卷、雜文一卷、詞一卷,有乾隆四十八年(1783)刻本、清光緒十年(1884)重刻本。（安延霞）

六堂詩存四卷續集一卷

清萬經撰。清乾隆刻本。四册。半葉九行,行十八字,無欄綫。白口,四周雙邊,單魚尾。

萬經,生卒年不詳(據《六堂詩存》作者清乾隆三十四年(1769)自序云"年近五十",三十八年(1773)序云"今年逾五十",可知其大概生年),字陳常,號六堂,陝西三原人。曾任職京兆順天府滏陽縣(今河北磁縣),又任順義(今北京市順義區)縣令。清人另有同名萬經(1659—1741),字授一,號九沙,浙江鄞縣人。或有混而爲一者。

該詩集牌記葉刻有"乾隆己丑年梓""懷晉堂藏板"。依次有乾隆三十四年同年張裕犖序、張坦序、萬經自序三序。序後爲《六堂詩存目録》。卷一卷端題"六堂詩存卷一""三原萬經陳常氏著""男朝宗滙川、元暉晴川同校字"。版心鎸"六堂詩存"及卷次、葉次。卷四後爲續集,前有乾隆三十八年同年裴曰修序、作者《續集説》二序。序後爲"六堂詩存續集目録"。卷端題"六堂詩存續集",版心仍爲"六堂詩存""卷四"。集中之詩間附小序。

據萬經自序,該詩集乾隆三十四年編成於滏陽任上。又據自序"自辛酉以迄今日"句,可知所收諸詩爲乾隆六年至三十四年(1741—1769)間所作。書成四年後,又續刻續集。全集共收詩四百四十九首,其中續編九十三首。根據萬氏自序及他人序,可知萬氏爲官"鬱鬱不得志",故寄情山水,其詩多爲歷仕各地期間,吟詠山水花草、名勝古迹、讀書所得等。其中多有"憂愁鬱抑之詞"。張裕犖序評其詩云:"磊落有奇氣,節奏參差,陰陽闔闢,音調大率鼻祖杜陵而於王、孟諸君子尤得力焉。”張坦序評曰：“清新俊逸幾不減開府、參軍，使漁洋見之或亦當引爲同調也。”
裘曰修序評其正集詩“理醇氣厚，調高音雅，體物之工、運思之巧，譬如集山海之珍，
餉人於無盡也”，評其續集曰“匪但愛其祖述漢唐，尤樂其父母斯民之意時流露於
筆端。誠中形外，非苟焉而已也”。（趙愛學）

家事集三卷

清楊磊撰。清乾隆刻本。一册。半葉十行，行十九字，小字雙行同。白口，四
周雙邊，單魚尾。抱經堂藏板。

楊磊（1703—？），字石餘，一字石漁，江蘇丹徒（今屬鎮江）人。著有《家事集》。
楊磊幼年失怙，寄養於外家，成年後喜好游歷名山大川，詩歌多有感而發。與張岡、
過春山、過雪槎、吳泰來、沙白杓、朱昂、朱楷等人交好，朱楷稱其“豪情壯志發於詩
歌，灝灝瀚瀚，筆騰墨飛，不爲風格所縛”。

此書收録楊磊所作古今體詩近二百首，前有朱楷清乾隆十四年（1749）序、楊磊
乾隆十三年（1748）自序。目録後有姚浩的題字“偶逢佳士亦寫真”，以及徐璋於乾
隆十二年（1747）爲楊磊所作畫像，像後題字“宋南渡楊氏明洪武間千鍾公第十二
世孫名磊字石餘一字石漁四十五歲像”。依據畫像所作時間及當時年齡，可推知楊
磊生年，又其自序也言“今年近五十”。

書中鈐“雙鑑樓”印，係傅增湘舊藏。（安延霞）

東谿詩草三卷

清朱琪撰。清雍正十三年（1735）刻本。二册。半葉八行，行十八字。白口，左
右雙邊。

朱琪，生卒年不詳，字珣叔、芷閭。曾游竹垞太史之門，工五言詩。

首爲清雍正癸丑（十一年，1733）柘南徐懷仁《東谿圖序》，稱爲朱琪友，譽朱琪
性情雅潔，詩筆近陶韋，不樂仕進。想東谿爲先人墓田所在，欲築室於旁，讀書終
老。先屬沈某繪圖以寄其情。自言曰：“東谿三面皆水，中央一區，踞勢爲勝，探景

者極奧，讀書者窮源。吾故有取乎爾。今繪圖祇得其概也。"繼之爲雍正甲寅（十二年，1734）陳巽《東谿詩草序》稱："吾友朱君珣叔別駕，才高而意約，氣盛而心虛，貧而好施，老而好學，俗子畏其傲，賢者愛其謙，真詩人也。……四十年來，苦心孤詣，同人每勸剞劂，而君猶欿然不自滿，未欲遽問世。今僅刻其近三年所作。屬余序之。"後爲雍正乙卯（十三年，1735）朱稻孫序，稱家五兄芷閭先生，得朱竹垞評價"五古近陶，五言近體似王孟，詩筆雅秀，深得風人之旨"。卷端題"東谿詩草"，署梅會里朱琪珣叔。各卷分別以壬子稿、癸丑稿、甲寅稿標注。此本刻梓精良，惜卷末有缺葉。（李玉瑋）

岫雲吟稿

清沈士模撰。稿本。一册。

沈士模（1723—?），字岫雲，浙江嘉興人。監生。其詩典雅剛健，著有《岫雲吟稿》。

此本封面題"岫雲吟稿"。卷首有李兆熊墨筆題識，提到此本爲李兆熊採訪《續輶軒錄》時所見，且《續梅里詩輯》中收錄有其詩《舟至毗陵》，但此本中未見有該詩。正文前題有"辛亥年稿"字樣。卷末亦有李兆熊清光緒十六年（1890）墨筆題識，言"先生詩學劍南而未成家"。（安延霞）

嘯樓稿二十卷

清錢俊選撰。鈔本。五册。半葉九行，行十九字。

錢俊選（1723—1805），字宗啓，號嘯樓，江蘇金匱（今屬無錫）人。清乾隆十九年（1754）歲貢生，候選教諭。著有《嘯樓稿》。

本書前有楊逢春題贈、張玉轂題詞、楊逢春《壬寅春王恭祝嘯樓世長兄六十初度》和《題嘯樓觀泉圖》。內容包括錢俊選所作古今體詩、論、信札、序、跋、壽言、傳、記、墓誌銘等。

錢俊選另有《嘯樓遺文》三卷，民國二十三年（1934）鉛印本，國家圖書館、吉林

大學圖書館、蘇州大學圖書館等有藏。（安延霞）

蘇閣文稿不分卷

清吳壽暘撰。稿本。六册。

吳壽暘（1771—1835），字虞臣，一字周官，號蘇閣，又號蓬庵，浙江海寧人。諸生。吳壽暘爲清代藏書家吳騫次子，因其出生之日吳騫得宋刻《纂圖互注重言重意周禮》，故取字“周官”。後吳騫又得宋刻《百家注東坡先生集》，遂名其號爲“蘇閣”。吳壽暘繼承其父之書後悉心整理，與陳鱣、黄丕烈、吳翌鳳等藏書大家交往甚密。吳氏酷愛鈔録、校勘舊籍，有手鈔本數種，研究遺書，實有心得。著有《拜經樓藏書題跋記》五卷《補遺》一卷、《富春軒雜著》二卷、《蘇閣詩稿》四卷、《古銅印考》一卷等書。《兩浙輶軒續録》卷三十有傳。

該書爲吳壽暘文集，無書衣，原爲散葉，後按次序訂爲六册。其所録文章爲《蒙古景州印考》《書校本蘆浦筆記後》《漢尚方鏡銘跋》《釋漢布》《漢清明鏡考》《書顔魯公祭侄文稿後》《鉤當公事印考》《宋忠勇軍第三都都虞候朱記考》《校中興通鑑書後》《書影宋京本周禮重言重意互注後》《史記索隱校本序》《明汪刻後漢書跋》《胡刻李氏周易集解校本序》《書校本錢塘遺事後》《興平報國寺敕牒碑跋》《彭節愍公圍城家書跋》十六篇。其中《漢清明鏡考》《鉤當公事印考》有兩稿，《蒙古景州印考》《宋忠勇軍第三都都虞候朱記考》有三稿。《宋忠勇軍第三都都虞候朱記考》後附有陳鱣《宋忠勇軍右進邊第三指揮第二都都虞候記考》一文。

該書爲清嘉慶十九年至二十三年（1814—1818）吳壽暘稿本。其内容多爲《古銅印考》及各書校勘之記。該本有塗改字迹及墨筆批注，可見著者觀點。其文稿之變化亦可見吳氏考證之過程。該本爲是書現存唯一稿本。（賈大偉）

眉洲詩鈔一卷

清朱維魚撰。清刻本。一册。半葉十行，行十九字，小字雙行同。黑口，左右雙邊，單魚尾。

朱維魚（1726—1787），字牧人，號眉洲，浙江海鹽人。諸生。維魚爲清代學者朱琰從孫，受業於朱琰，又學詩於董潮，并得其正傳。工詩善文，然不得志於有司，曾以諸生游雍豫燕趙等地。所著有《眉洲詩鈔》《河汾旅話》。

其生平所爲詩不下千餘首，然大半散佚，存者僅十之二三，編爲《眉洲詩鈔》。《眉洲詩鈔》共分五部分，分別爲《驢背集》《易水村集》《鼓缶集》《峻南集》以及《無題詩》三十首。卷前有沈初清乾隆二十八年（1763）爲《驢背集》《易水村集》兩集所作序，《鼓缶集》前有朱琰乾隆三十七年（1772）的題辭，《峻南集》前有莊大中乾隆三十八年（1773）序，《無題詩》前有陳嗣龍序，卷末有孫景燧乾隆三十九年（1774）跋，述作者生平及成書經過。（安延霞）

什一偶存

清徐葉昭等撰。清乾隆五十九年（1794）徐葉昭刻本。六册。半葉十行，行二十二字。白口，左右雙邊，單魚尾。

徐葉昭（1729—？），字克莊，號聽松主人，烏程（今屬浙江湖州）人，爲徐繩甲之女，許堯咨妻，清代著名才女。徐氏自幼隨父兄學習，喜古文，稍長，則好佛道二氏書，二十歲後篤信程朱理學。其文宗唐宋八大家，多言典章制度之興衰。著有《職思齋學文稿》一卷。《兩浙輶軒録補遺》卷十有傳。

該書爲徐葉昭家集，共收書五種。其中《郇城剩稿》爲徐繩甲文稿十篇，《敬齋僅存稿》爲徐葉昭仲兄徐斐然文稿五十八篇，《職思齋學文稿》爲徐葉昭文稿三十五篇，《清渠遺文》爲徐葉昭之弟徐爾駿文稿九篇，《希之遺文》爲徐葉昭之侄徐學堅文稿八篇。徐葉昭之文宗理學道統之説，其述婦德、妻道之文多爲禮教之言，亦風氣使然。

此書爲徐葉昭編輯刊刻，於每書卷首叙該書流傳及刊刻經過，甚爲詳明。書首有民國二十四年（1935）周作人墨筆題識。周氏謂其文“多樸實冲雅，可誦讀，大不易得”。鈐“知堂禮讚”“苦雨齋藏書印”“冷暖自知”諸印。（賈大偉）

春江文集六卷

清陳夢元撰。清道光五年（1825）刻本。二册。半葉十行，行二十一字，小字雙行同。白口，四周雙邊，單魚尾。

陳夢元，生卒年不詳，字涵一，一字春江，號體齋，湖南攸縣人。清乾隆十九年（1754）進士，選庶吉士，授翰林院檢討，後充三通館纂修。其人明習掌故，勤學好問，與朱筠、姚鼐、戴震等人交往甚密。陳氏文章正傳，平生辨義利、嚴廉恥，淡泊名利，爲官二十年以著述自娱，人稱體齋先生。

該書爲陳夢元文集，内容博雜。卷一爲品讀諸書之言，卷二爲考證人物及學問之論，卷三爲考證字義之解，卷四、卷五爲書論及答問學問之語，卷六爲雜記、序言。陳夢元於小學、經學、史學多有考證，認爲不明字義不可讀經，不通經意不可誦史。其説宗漢學之言，對《詩》《禮》多有考證，論據扎實，論史亦有創建。

該書爲清道光五年（1825）陳氏家刻本，據書首《合刻家體齋詩古文集暨時文稿序》稱陳夢元在世時屢次欲刊刻其書而未果，至道光五年纔在其孫陳石麒、陳石麟的倡議下謀諸族人出資刊刻而成。該本爲是書所存最早版本。（賈大偉）

憑軒遺筆二卷

清焦軾撰。清鈔本。一册。半葉十一行，行二十四字，無格。

焦軾，明江都東鄉八港口焦氏望武後裔，爲東七房焦天植曾孫，焦憬之子。字應瞻，一字憑軒，又號熊符。縣學生，工詩古文辭，善雅謔，書法入歐、顔之室，擘窠大字，揮筆立成，縱橫皆如鑄鐵。長於六書，一依許氏《説文》，時郡人知《説文》者尚鮮也。焦循嘗從其學詩，并爲其編詩文集《憑軒遺筆》二卷，輯入其鈔《江都焦氏家集》，無單行本流傳。

此稿分上下卷，上卷一處紙張印有造紙印"仁豐字號"等字樣，下卷中一葉内容上貼有焦循後人焦汝霖（1870—1935）清光緒戊戌年（1898）二月下旬跋。書末存焦循題識，回憶從幼起隨先生學詩，曰："先生没三十年，先生所爲詩、古文、詞多不存稿,間有存者零紙片素,未經縢寫蓋十之一二而已。嘉慶丁卯秋九月,族兄信堂出先生草稿屬循理之,録得二卷,仿《笠澤叢書》體合詩賦記傳爲一編,名之曰《憑軒遺筆》。憑公先生諱軾,字應瞻,一字熊符,號憑軒,晚又號直道人。信堂名汝成,先生子也。"由此推斷焦軾卒年應爲清乾隆四十二年(1777)前,此稿則輯於清嘉慶丁卯(十二年,1807)九月。(陳榮)

蝸牛草堂詩稿一卷

清焦永撰。清鈔本。一册。半葉十一行,行二十四字,無格。

焦永,明江都東鄉八港口焦氏望武後裔,爲西四房焦明顯之曾孫,焦慶來之孫、焦鑣之子。字聲依,江都學生,善詩古文。所撰《蝸牛草堂詩稿》一卷,輯入焦循鈔《江都焦氏家集》中,無單行本流傳。

是書題目初爲《聲依遺詩》,後改爲《蝸牛草堂詩稿》。末有焦循清嘉慶丁丑(1817)正月跋,謂:"三十年前曾見其古文一帙,今求之不可得。嘉慶丙寅僅於族子依蒲家得七律五首,族兄子均取手寫也。近又求得《蝸牛草堂詩》一卷,合前共三十九首。"叙述輯稿過程。卷端鈐有"陳瘦喦章"印。今藏國家圖書館。(王永全)

頻迦偶吟六卷

清張世犖撰。清乾隆三十六年(1771)鈔本。一册。朱文藻跋。

張世犖,字寓椿,一作遇春、又作寓春,號無夜、無垢、妙峰,別號夢蓮生、夢蓮居士,浙江錢塘(今杭州)人。清乾隆九年(1744)解元。書法仿東坡,氣勢豪縱,人求書必飲盡醉,醉後輒隨筆作書。據清鄭澐纂修《[乾隆]杭州府志》卷九十四載:"性落落寡合,然與人無機心。晚年學佛,怛化於潮鳴寺。其同年友汪憲醵資葬之。"著有《南華模象記》《周易原意》《楞嚴經注》《莊子續編》等,其中以《南華模象記》最爲著名,《四庫全書總目》稱之"其學以禪爲宗,因以禪解《莊子》"。

該書共收張世犖所作《閑步入慧雲寺見紅梅》《正月二十七日偕屬樊榭西溪探

梅日午微雪復霽遂至溪上巢留宿永興寺（戊午作）》《吳山訪王鍊師不遇返坐神霄院望江》等詩作一百八十九首，其中，五言古三十六首、七言古九首、五言律五十四首、七言律四十四首、五言排律五首、七言絕四十一首。張世犖在詩題末尾標明詩作時間爲戊午、乙亥、丁丑、己丑，可知作於乾隆三年至三十四年（1738—1769）之間。古代文人多寄情自然山水、鍾情清幽寺廟，結交僧侶，於其中參禪論道、詠詩作賦。本書所載多爲張世犖游寺訪僧、景中寓禪之作。例如，《慈仁寺雙松歌和阮亭》曰：“我家住錢唐兩峰，三竺洞壑何崢嶸。其南萬松嶺西折，九里松濤聲潝洞。硔訇突羅刹蒼翠，晻靄上欲摩青銅。北來計偕逐官道，黃塵蓬勃浮虛空。厂聞慈仁雙松古，蹇驢許借東家東。一株拔地起千尺，頹顏綠發狀似百歲翁。一株偃卧倚石如飛鳳，展翅拏攫枝玲瓏。老夫解衣盤礴雜坐卧，微霜灑面來清風。碧眼胡僧不可招，畢宏韋偃筆所窮。歸來夢登華頂峰，仙人王晉招我騎白龍，玉笙吹徹雲旃紅，笑問石梁橋上三株好，何似雙根托梵宮。”此中詩句既活潑又灑脱，頗有以禪釋道之飄逸清雅。另有《除夕窘甚》描寫其北上趕考途中之拮据窘境，該詩云：“計拙無衣食，時哦老杜詩。鬻書酬價薄，借米療飢遲。北上真爲累，賢書徒爾爲。却歡元旦近，喧聒不多時。”亦有吟誦地方美食的生動詩作，如《春餅》曰：“歲籥復更寅，雕盤喜薦新。餅師呈小伎，雪月鬪精神。入手秋雲薄，沾脣玉茗春。食單删未盡，紅縷細茵陳。”其中，張世犖用“秋雲薄”“玉茗春”之語令春餅之形、色、香、味躍然紙上，也呈現出一個文人墨客的生活之趣。

是書卷端鈐印“文藻手鈔”。另有乾隆三十六年（1771）朱文藻題跋。結合本書所載張世犖詩作下限爲乾隆三十四年，且張世犖葬事由汪憲籌辦，因此，推測張世犖或卒於乾隆三十四年至三十六年（1769—1771）間。朱文藻（1735—1806），字映漘，號朗齋，清浙江仁和（今杭州）人。其博通經史，終生爲科舉所困，奔走四方爲稻梁謀，故入館於同邑汪憲振綺堂，爲其校勘群籍，代編著述，著《西湖志略》《武林舊聞》《武林耆舊詩》《金皷洞志》等，亦參編《[乾隆]杭州府志》《全浙詩話》《濟寧金石志》等。因汪憲與張世犖交好，故朱文藻受命手鈔此書。朱文藻跋語未涉此書所載詩作，僅述張世犖生平，稱世犖“屢北上下第，益工詩，詩多效法唐人以切題"。跋尾鈐"朱文藻印"印。另,該書目録鈐印"汪魚亭藏閲書""振綺堂兵燹後收藏書""吴興劉氏嘉業堂藏書記",可知此書曾爲錢塘汪氏振綺堂、劉氏嘉業堂遞藏。（孫麗娜）

籍韜古堂集二卷

清徐堂撰。清乾隆刻本。二册。半葉九行,行十九字。黑口,左右雙邊,單魚尾。

徐堂（1724—1771）,字紀南,號秋竹,浙江仁和（今杭州）人。徐氏自幼聰穎,善作詩,不好科舉,從學於杭世駿門下。徐堂天性磊落不羈,凡有貧戚無不慷慨解囊,終至家資日衰,其人好飲酒,常游於山水之間。後因咯血之疾而殁,年僅四十七歲。《兩浙輶軒録》卷三十二有傳。

該書爲徐堂詩集,共録詩二百二十三首。徐氏之詩多五言律詩及七言絶句。其詩或寫景寄情,或詠史抒懷,或追憶故人,或訴其情趣,語言平直,風格放達,詩如其人。徐氏作《雜擬十首》頗有古風,殊爲可觀,其中"慷慨丈夫志,婉變兒女情。人世有代謝,造化分虚盈"之句寓意深沉,可稱清詩佳作。

書首有吴穎芳撰《徐秋竹傳》、清乾隆三十一年（1766）徐堂自叙。徐堂自叙云"計所作詩,不下千首,丙戌秋索居無俚,擇其言情托意之作,得二百餘篇,釐爲二卷"。據吴穎芳《徐秋竹傳》載,其書爲徐堂親手校訂,徐氏彌留之際托其校勘其書,則該書刊刻之際,徐氏已殁。該本爲是書最早版本。（賈大偉）

紉餘漫草一卷

清王慧增撰。稿本。一册。半葉九行,行二十字,無格。

王慧增,清女詩人,字瓊仙,號娥溪,江蘇常熟人。王愚軒女,徐某妻。

此稿本,卷首有清乾隆四年（1739）除日伯戊草題《紉餘詩序》,言:"余侄女娥溪,一弱女子耳,何以嫻吟詠而能詩耶,或曰其母瞿孺人教之也,或曰孺人没後先大夫續教而成之也。余曰否否。……娥溪之能詩謂其由於教乎,抑亦天性明敏而可以爲教者地乎！……娥溪之學詩得成，寔由蕙性蘭心，故瞿孺人篤之於始，先大夫董之於後，用以有成譬之，美玉韞璞雕琢一施而輝煌潤澤燦爛人間，此娥溪之所以得擅其能也。”甚贊作者天生聰慧。乾隆七年（1742）六月韓芝序中又言：“王娥溪者，余世丈愚軒先生巽女也。其在家也，克敦女道。歸於徐，克敦婦道織紉之餘尤工吟詠，特以所著《紉餘詩草》一册，仰托愚翁囑余序。”由上題跋時間判斷王慧增爲乾隆朝人。書後有顧謙跋及題詩，書於左右單邊七行格内，又有王秉鈞、聞人瑞、瞿驥跋。

詩集題名“紉餘漫草”下注“娥溪王慧增瓊仙氏草”，凡《詠梅》等詩五十六首。詩文中不乏反映作者世交，如與顧謙（字樵雲）之交體現於《和顧樵雲墻上秋海棠元韻》中“俯視垣衣同作伴，僅他根畔咽蛩螿”，恰與集後顧謙跋文及題詩呼應。全文朱筆批注并圈點，批注多爲對詩文的評介，《和西京先生早秋雜興元韻》眉批爲“寫景冷細”，《見懷依韻奉答》眉批爲“秋月胡笳一聲一血”，《哭祖父》眉批爲“情真語切”“沉痛”。部分語句中雙行小字多爲解釋文中某語或介紹文中人物、事宜。詩稿落筆鏗鏘有力、語言温婉大氣，正如韓芝序所謂“設此而有巾幗之遺不適，足爲鬚眉增色也哉”。

鈐有“慧”“增”“琅琊氏印”“□概書生”“鐵琴銅劍樓”“古禺瞿氏”“顧謙之印”“有光”“顧”“謙”“臣印瑞之”“雪舸”“鳥唬花落文章”“瞿驥之印”“上試”等印。（王永全）

石齋遺稿一卷

清吳嶸撰。清鈔本。一册。半葉十行，行二十二字，無格。

吳嶸（1726—1755），字介如，别字石齋，浙江海寧人。錢塘諸生，著名藏書家吳騫之仲兄。吳嶸生性聰穎，少工書，學顏柳，詩文亦有法度。曾游歷西湖，從學於錢塘胡又乾。吳嶸處事廉謹敦厚，素爲師友稱頌。曾與其兄吳霖同學於崇文書院三年，敏而好學，晨夕執經，問義無間。然因發奮過度，積勞成疾，二十九歲而殁。著有《藤蓋軒雜録》。

該書爲吳嶸詩集，録其詩及散句十首。首有清乾隆乙巳（五十年，1785）秋八月陳若蓮序、次沈開勳題詞，書末有乾隆乙巳中元日吳騫題識。其中多爲寫景及與吳騫應答之詩。其《西湖竹枝詞》三首，寫西湖之景，頗有韻味，如“恨煞白沙堤一道，無端隔斷兩邊晴”，“神燈夜夜常來往，不照湖心照妾心”諸句甚佳，值得涵詠吟誦。

據吳騫及陳若蓮序云，該書爲吳嶸歿後，吳騫整理編輯成書，而吳嶸生前其稿多散佚不見，亦爲一大憾事。該本鈐“李印盛鐸”“木齋”“麟嘉館寫校本”“菽微手録”諸印，爲李盛鐸鈔本。李盛鐸（1859—1934），字義樵，一字菽微，號木齋，江西德化人。中國近代著名政治家、收藏家，清末出洋大臣之一。著有《木犀軒藏宋本書目》。該本無書衣，字迹工整雋美。（賈大偉）

甌北集三十卷

清趙翼撰。清鈔本。六冊。半葉十一行，行二十一字。

趙翼（1727—1814），字雲崧，號甌北，又號裘萼，晚號三半老人，江蘇常州人。清代著名文學家、史學家。清乾隆二十六年（1761）進士，授翰林院編修，官至貴西兵備道。辭官後，主講安定書院，游於蘇常之間。趙翼長於史學，考據精賅，所著《廿二史札記》與王鳴盛《十七史商榷》、錢大昕《廿二史考異》并稱清代三大史學名著。趙氏論詩主“獨創”，反摹擬，與袁枚、張問陶并稱性靈派三大家。

該書爲趙翼詩集，共録詩兩千三百零八首。趙翼之詩取材廣泛，袁枚謂其詩“目之所寓，即書矣；心之所之，即録矣；筆舌之所到，即奮矣；稗史、方言、龜經、鼠序之所載，即蘭入矣”。除題材廣泛外，趙詩風格亦多變，時而深沉低鬱，時而飄逸放達，使讀者游心駭目，不可知其定規。蓋趙翼之詩既得性靈派之真，又得史學家之深，故其詩於飄逸游逞之中蘊藉典故之思，自成風格。

該本首有汪由敦、蔣士銓、袁枚、王鳴盛、翁方綱、吳省欽、祝德麟諸家序言，盡述其交往經過及成書歷程。該本字體工整清麗。（賈大偉）

巒山遺集十卷

清王有嘉撰。清乾隆四十一年（1776）刻本。四冊。半葉九行，行十九字。白口,四周雙邊,單魚尾。

王有嘉,生卒年不詳,字隨孚,福建龍溪人。清乾隆己卯(二十四年,1759)舉於鄉。家富藏書,擅長駢體文,詩學韓昌黎,撰有《正篤堂文集》等。《[乾隆]龍溪縣志》卷十七有傳。

是書內扉葉題"乾隆丙申冬鐫　正篤堂藏板　漳仰賢齋梓"。卷首有乾隆甲午(三十九年,1774)官獻瑤序,云:"今序次其詩、古文辭若干首,擇其尤雅者爲卷十,以授其徒陳生寧侯暨蔡生維章付梓。"推知官獻瑤甄選詩文萃爲一書,即於乾隆三十九年開始刻板,至四十一年(1776)方刻完。次巒山遺集目錄,目錄葉題"清溪官石溪先生評選",官石溪即官獻瑤。又題"門人陳士楨、蔡秉文録,男咸亨、復亨校",則又經王有嘉之子校過。據目錄,全書凡十卷,另附補編一卷。内容爲卷一賦,卷二至六詩,卷七爲雜著、頌和贊,卷八爲書,卷九爲序、墓誌銘表和行狀,卷十爲祭文和哀辭。詩文間有小注。(劉明)

曉窗詩鈔二卷詩續一卷

清徐曰明撰。清乾隆刻本。一册。半葉八行,行十九字,小字雙行同。白口,左右雙邊。

徐曰明,生卒年不詳,字東啓,號曉窗,奉新(今江西省宜春)人。進士。其兄弟爲目耕,亦能詩。徐曰明爲詩多有古意,氣甚豪邁,語多直樸,直追古人。曉窗年少得第,不屑屑於外,所爲詩多得於游歷之餘,往往徘徊風土,感寓深切,浸淫古人之味,務盡所與而不已。時人對徐曰明之才華十分肯定,所謂"天下人才匪難於産,而難於盡其才"。認爲他通過寫作詩歌達到了"盡其才"的境界。常與其堂弟徐曰都談論詩歌,以致"里中風雨,連榻相切劇者十數年"。與彭晉生、趙牧亭、潘雪青、羅效仁等交。

是集乃是徐曰明謁選京師、官雙流所删存者,又取近詩裁定續梓,合爲一集。所收詩歌約一百二十首。其詩歌内容題材多爲壯游天下,所遇佳山勝水,憑眺吁嘘之作,與海内名人文酒之會相交之作。積攢作品時間跨度二十年,時人評價其詩作,格益老,語益工。體裁包括古體詩,五言絕句、七言絕句、五言律詩、七言律詩等。表達的感情多爲深沉内斂之情,如《烏夜啼》一首:"閑門靜閉人語稀,有鳥宿我庭樹啼。惡聲寥戾聽不得,坐令掩卷常太息。星月當窗澹無塵,對此可以清心神。烏啼於人復何興,一曲高歌消百慮。"與乾隆時期著名戲曲家蔣士銓往來,詩集中有《早行有感寄懷同年蔣心餘太史》云:"天涯寒月照流澌,旅恨撩人正此時。萬里飛鴻向春急,五更征馬度山遲。風塵久謝高人夢,身世空多往事悲。怪得清容老居士,歸來江上好吟詩。"

是書前有盛謨序,後有徐曰明的堂弟徐曰都所作之跋語。盛謨,字字雲,巢以居,治古文,有名當世。《曉窗詩鈔》中有《栖碧寺同盛字雲先生暨同人作》《壽盛字雲先生》《余歸自皖途次聞字雲先生下世即哭以詩》。末一首寫得情真意摯:"相識亦已晚,分携又去年。知君長恨處,是我未歸前。風雨千秋重,文章一代懸。多慚吳季子,掛劍獨愴然。"

首卷鈐一印爲漢語、滿語兩種文字所刻"翰林院"三字。（張偉麗）

甲乙存稿四卷別稿二卷

清程大中撰。清刻本。三册。半葉十行,行二十字。黑口,左右雙邊,單魚尾。

程大中,生卒年不詳,字拳時,號是庵,應城（今屬湖北）人。舉人,清乾隆間任蘄州學正。丁丑（二十二年,1757）成進士,文章學問卓越一時。著述甚富,撰有《四書逸箋》《在山堂集》等。《[光緒]黄州府志》卷十三、《清文獻通考》卷二百十七有傳。

是書卷首有乾隆二十年（1755）陳浩序,次丙子（二十一年,1756）程大中自序,云:"始甲子（1744）,終乙亥（1755）,得古文三卷、詩一卷、騷賦一卷、駢體一卷,説經之文得《周禮外義》二卷,蓋沾沾費日力於此者有年矣。"全書凡六卷,即存稿四卷,卷一至三爲文,卷四爲詩,與自序所言"得古文三卷、詩一卷"相合。別稿兩卷,卷上爲擬騷、賦、連珠和銘諸體文,卷下爲序、啓和雜著諸體文,與自序所言"騷賦一卷、駢體一卷"相合。唯未見説經之文即《周禮外義》二卷。別稿卷下末題"弟大

義、大吕校字"。（劉明）

餘事集一卷附螽書

清程大中撰。清刻本。一册。半葉十行，行二十字。黑口，左右雙邊，單魚尾。

《餘事集》收録詩作五十餘篇，五、七言詩體皆有，屬詩集，蓋詩乃閑餘之事而名爲"餘事集"。《螽書》卷首有小序，云："予讀劉蜕《山書》，愛而私之。既而强學之，命之曰《螽書》，言乎其不足自存於書也。"叙撰作此書之旨意。（劉明）

晚翠集二卷

清焦繼轍撰。清鈔本。半葉十一行，行二十四字，無格。

焦繼轍，明江都東鄉八港口望武後裔，爲東七房焦天明通曾孫，焦潼之孫，焦兆熊之子。兆熊，字學時，號静齋。清雍正丙午（四年，1726）科武舉人，著《静齋詩》一卷。生繼武、繼轍，皆縣學生。繼轍，字鑒前，少貿易折資，改而讀書，年已二十矣，卒爲通人。善書法，工於詩，與詩人張輅交。生開基、福基。著有《晚翠集》《撫城雜詠》《仿古雜記》《良友贈言》，共若干卷。《晚翠集》無單行本流傳，輯入焦循鈔《江都焦氏家集》中。（王永全）

清華堂集四卷

清石椿撰。清乾隆三十四年（1769）石椿刻本。二册。半葉十行，行十九字，小字雙行同。白口，左右雙邊，單魚尾。

石椿，生卒年不詳，約生活於清雍正乾隆時期，字大年，號野堂，儀徵（今屬江蘇揚州）人。諸生，工詩善畫。著有《叢蘭山館初稿》《清華堂集》《真州懷人詩》《野堂詩鈔》等。清王豫《淮海英靈續集》云："《群雅集》謂其篤於友誼，著懷人詩百首，纏綿悱惻，令讀者輒動黄壚之感。"《清畫家詩史》《江蘇詩徵》有載。

《清華堂集》收其詩一百七十餘首，或感懷詠物，或唱和贈别，或題畫紀行。清乾隆三十四年（1769）沈廷芳序中評："不詭奇，不鑱刻，簡潔圓潤，無噍殺之音，有和平之德。殆能本情性者乎。"版本據沈序"今刻其《清華堂集》,問序於余"及"真""巓"避諱。又書末次二篇《紀夢》題名後小字云"戊子（乾隆三十三年,1768）冬杪卧病",收詩約止於此。（劉悦）

不厭吟録五卷

清馮克家撰。稿本。一册。半葉九行,行二十一字。黑格,白口,四周單邊。清馮浩跋、胡重批點并跋。

馮克家（1718—?）,字接堂,浙江海寧人。增生。馮克家自幼愛吟詩,至耄耋之年仍吟詠不輟,著有《不厭樓吟稿》。吳騫、錢大昕曾稱他"吾舊識中倜儻最能詩,不忘趨庭訓"。《兩浙輶軒續録》卷九有傳。

該書爲馮克家詩集,按其創作地點不同分爲《目雲草堂》《梅盧》《純暇書屋》《先照山房》《東南村書齋》五部分,共録詩二百七十八首。該集每卷均寫明作詩時間及地點,對詩人生平經歷及作詩經過交待清晰。該書録馮克家自清乾隆二十四年至三十六年（1759—1771）所作詩文,書首有乾隆戊申（五十三年,1788）十月胡重跋、馮浩跋、乾隆五十二年（1787）周春《序》,卷端有"乾隆戊申春後學錢塘胡重讀,十月十日再重讀"兩行題識。

馮浩（1719—1801）,字養吾,號孟亭,浙江桐城人。乾隆十三年（1748）進士,授翰林院編修,歷官山東道御史,著有《孟亭詩文集》。胡重（1741—1811）,字子健,號菊圃,浙江錢塘。工詩詞、精於校勘,曾校《馮注李義山詩集》《説文》,清代藏書家。馮浩稱馮克家詩"其古近體、五七言無不工。接堂取材也博,用力也專……入唐宋大家之室也",足見其詩造詣之深。該本紙墨如新,字體清麗,爲馮氏稿本。（賈大偉）

不厭吟録八卷

清馮克家撰。清鈔本。一册。半葉十行,行十九字,無格。清錢大昕、馮浩題詩,清吳騫跋。

此本分《目雲草堂》《梅盧草（庚辰復館梅盧至癸未十二月）》《純嘏書屋（甲申正月至丙戌六月）》《先照山房（丙戌六月至十二月）》《南村（丁亥正月至辛卯四月）》《斯是齋（辛卯七月至戊戌十二月）》《古處樓（己亥至丁未）》《不厭書屋》《西江紀行》《［乙卯六月自江西旋里後詩］》，不著卷數。收詩自庚辰（清乾隆二十五年，1760）前，至乙卯（乾隆六十年，1795）後其七十多歲，跨數十年。（劉悅）

著書自序彙鈔

清周春撰。清汲修齋綠絲欄鈔本。一册。半葉九行，行二十字。白口，四周單邊。

周春（1729—1815），字松靄，號芚兮，晚號黍谷居士，又號内樂村叟，海昌（今浙江海寧）人。清乾隆十九年（1754）進士，官廣西岑溪知縣，革除陋規，興修水利，頗有政績。丁父憂去官。歸後潛心讀書著述三十餘年。學識淵博，通經史，精音韻，工詩文。爲詩不屑於規行矩步，乃心精所至，真意自流。著有《松靄詩鈔》《遼詩話》《十三經音略》《海昌攬勝》等。沈德潛《遼詩話序》中稱其“事典而核，語贍而雅”。《清史稿》卷四百八十一有傳。

此本收其著作自序二十一篇，或有署年，依次爲《先天易圖説》《易考》《書考》《書音》《〈詩·小雅·鹿鳴〉之什解》《儀禮測義》《四書古注摘鈔》《四書辨音》《大學集成》《中文孝經》《爾雅廣疏》《忠經後定》《學語》《〈通志·氏族略〉補》《選材録》《悉曇奥論》《杜詩雙聲疊韻譜》《遼詩話》《增訂〈遼詩話〉》《選詩協音考》《〈柏窗筆談〉序》。其中十餘種爲未刻之本。又附《記火燬三書》，叙乾隆二十二年（1757）不幸燬於火之《古今圖譜考》《文中子精語》《評注古文六種》。書首有乾隆三十年（1765）許焞序，知此所録爲周春早年著作。序云：“讀著書緣起，雖不獲見其全書，已粗悉其梗概。”版心下鎸“汲修齋校本”。文中有朱筆改字。（劉悅）

潯陽詩稿一卷詞稿一卷輞川樂事一卷新調思春一卷

清戴全德撰。清嘉慶三年（1798）刻本。半葉六行，行十八字，無直格。白口，左右雙邊。四册。

戴全德，生卒年不詳，沈陽人，滿族戴佳氏，清乾隆嘉慶間人，自號愓莊主人。清代戲曲家，曾任兩淮鹽政、九江榷運使。著有《輞川樂事》《新調思春》，總名爲《紅牙小譜》。戴全德本不通漢文，後通過多年學習鑽研，終得貫通，這點他在自叙中也有所提及。在清代文人中，戴全德創作小曲數量較多，內容十分豐富，跳出古典漢文範圍，到民間取材，成就亦較高。

《潯陽詩稿》卷前、《輞川樂事》卷前分別有著者自叙一篇。《潯陽詩稿》收錄有《游馬祖山七言古詩一首》《鎮江樓觀江七言古詩一首》《游廬山五言古詩十首》《重修琵琶亭即景十二首》《煙水亭即景》《春日山游》等共計二十六篇，均爲寫景詩，描繪了許多山川美景。《潯陽詞稿》收錄有《戊午元夕海天寺觀燈戲作》《題愛山樓》《游琵琶亭即景二闋》《戊午初夏題硤石小憩山房》《琵琶亭賞牡丹二闋》等共計十餘篇，著者作詞使用的詞牌包括早梅芳、點絳唇、如夢令等。此書還收錄了單折雜劇兩種《輞川樂事》《新調思春》，并收錄多篇小曲，他的一部分作品由滿文與漢文結合成曲。

此書兩篇自叙前均印有兩枚鈐印，分別爲"長樂鄭振鐸西諦藏書""載鈞之藏"。兩篇自叙後均印有著者戴全德鈐印兩枚。前兩册末葉均印有鈐印"長樂鄭氏藏書之印"。鄭振鐸對戴全德有很高的評價，他曾説："最早的大膽地從事於把民歌輸入文壇的工作者，在嘉慶年間祇有戴全德……祇有他本來不通曉漢文的旗人纔有勇氣，在古典主義全盛的時代，第一個脱出了這個古典的陷阱，到民間來找新的材料。"（張晨）

小山居稿二卷

清何琪撰。清嘉慶元年（1796）刻本。一册。半葉十行，行十九字，小字雙行同。白口，左右雙邊，單魚尾。

何琪，字東甫，號春渚，或作春巢，又號南灣漁叟、二介居士。因得明代女畫家、名妓馬湘蘭所用硯，又號湘硯生，浙江錢塘（今杭州）人。布衣。阮元欲以孝廉方正舉之,琪作詩却謝,元益高之。博學善詩,又工書能篆。行、草仿董其昌,分隸尤名於時。詩翰翛然遠俗,清介自守。著有《小山居稿》《唐栖志略》。

此本首有清嘉慶元年(1796)何琪自序。依時間爲序,收其平生詩作二百多首,題材廣涉記事、紀行、贈別、悼亡、題詠等。其中題畫詩頗多,可知其與當時畫家往來密切。部分詩名記干支年號,如卷一《乙亥上元作》(乾隆二十年,1755)、《戊寅正月三日飲沈敬履於小山居》(二十三年,1758)、《壬辰入閩過仙霞嶺有作》(三十七年,1772)、《癸巳仲冬赴淮南別内子》(三十八年,1773)等;卷二詩名中"己亥七月(四十年,1775)"、"丙午除夕(五十一年,1786)"等字樣。著者生年亦據《六十自壽詩》後一首詩名中"己酉(五十四年,1789)仲冬抵淮"推知。又《述昬》中小字作"時余年三十",其前次二首詩名中鐫"戊寅(二十三年,1758)正月",與前大致相符。卷二末有佚名墨題兩行。(劉悦)

李南澗先生文集補一卷

清李文藻撰。鈔本。一册。半葉十行,行二十四字。白口,左右雙邊。

李文藻(1730—1778),字素伯,一字茝畹,晚號南澗,山東益都人。自幼天資俊朗,聰穎異常。十三歲時,隨父游曹家亭子,仿蘇軾《赤壁賦》作《曹家亭記》,見者皆嘆爲神童。及長,從錢大昕游,窮經志古,肆力於漢唐注疏。李文藻不僅擅詩文,且通經史,好藏書,精於金石、方志、目録之學,爲官也以清白强幹、體恤民情著稱。清代學者錢大昕稱他爲"天下才"。

作爲一代鴻儒,李文藻的創作非常豐富。翁方綱在其墓表中説道:"先生爲學,無所不賅,尤肆力於漢唐注疏。工詩文,雅善駢體。"李文藻的詩文創作也受到了乾隆時代學風與文風的影響,詩文創作比較豐富。其在嶺南時,郵亭僧院,信筆留題,多有佳作。李文藻的古文,主要是序、跋、論、傳、銘、書、札、記游和隨筆等體裁。如此書中所著古文《四松記》,工整而不失板滯,鋪叙描繪而不失於雕琢,人物、場面、情景都描摹得真切生動。

書前有清光緒十三年(1887)閻湘蕙序,天頭間有朱筆眉批。(孫恒)

鶴沙吳氏試體詩賦合刻四種

清吳省欽、吳省蘭撰。清刻本。四冊。半葉十行，行二十一字，小字雙行同。白口，左右雙邊，單魚尾。勤補堂藏板。

吳省欽（1730—1803），字冲之，號白華，江蘇南匯人。清乾隆二十八年（1763）進士，由編修屢遷左都御史。和珅秉政，吳省欽攀附和珅，其品德不足稱。工詩文，著有《白華初稿》等。吳省蘭（？—1810），省欽弟，字泉之，乾隆四十三年（1778）進士，官至工部左侍郎。

本書包括吳省欽的《白華試體詩賦》，吳省蘭的《稷堂試體詩賦》《奏御稿存》《十國宮詞》。《白華試體詩賦》收詩二十八首，內容以描述帝王勤於朝政的詩賦居多。《稷堂試體詩賦》共計二卷，卷一五言長律六十首，卷二五言長律五十首，七言長律十三首。《奏御稿存》爲進諫君王的奏稿，具有一定的史料價值。《十國宮詞》共計一百首，內容主要爲勸諫君主的詩詞。（孫恒）

經訓堂詩集四卷 存二卷

清孫起楠撰。清刻本。一冊。半葉十行，行二十一字。白口，左右雙邊，單魚尾。

孫起楠，生卒年不詳，字幼梅，一字蕢皋，晚號石溪，湖南新化人。清乾隆四十二年（1777）優貢，歷官善化訓導、湖北潛江教諭，晚築室石溪，故又號石溪。起楠學博才瞻，文采煜然。晚官潛江，檄修《湖北通志》書，未成而卒。有《經訓堂詩集》四卷。

全書共四卷，此本存卷一和卷二兩卷，收錄孫詩一百二十餘首。前有清嘉慶六年（1801）無錫秦瀛序，內稱贊孫詩"孕古轢今，除纖汰濫，古色斑斕，如睹商周鼎彝，而沈涵浸灌，鏗鏘鼓舞，卓然成一家言"。（孫恒）

聽匏軒詩稿

清陳大文撰。稿本。一冊。半葉九行，行二十二字。

陳大文,生卒年不詳,字彰黻,一字禾村,漢軍旗人。清乾隆二十五年(1760)舉人,曾官四川大邑知縣。

本書不分卷,按照體裁分類,内容以唱和、題贈等爲主。書中有多處校改,并夾有數紙詩稿。據所鈐"陳大文印""彰黻一字梓亭""聽匏軒"等印,此書爲稿本。

《八旗藝文編目》著録。(孫恒)

游奉頤詩鈔

清游奉頤撰。清鈔本。一册。半葉八行,行二十二字。白口,四周雙邊。

游奉頤,生平不詳,字小程,河州(今甘肅臨夏)人。曾就讀蘭山書院。

本書前有清乾隆五十九年(1794)游奉頤自叙,内言自己愛好吟詠,"以故遥山近水輒效塗鴉,秋月春花竟自刻鵠"。末有乾隆五十四年(1789)吳鎮叙,贊揚游奉頤之詩:"余主蘭山書院講席時,門人游生袖其所爲詩一卷就正焉。際之見其才思怒發,殆勃勃乎不可遏",并提出自己對於爲詩之道的見解,"詩之爲道也,始則涵之以爲性,繼則發之以爲情,終則依之以爲命,維情與性固結莫解,醖釀彌深"。所録詩多爲游覽感懷之作。(謝冬榮)

墨卿堂集三卷

清恒裕撰,清玉保輯。清嘉慶刻本。二册。半葉九行,行二十一字。白口,四周雙邊,單魚尾。

恒裕(1731—1782),字惇夫,一字益亭,滿洲正黄旗人,姓完顔氏。清乾隆三十五年(1770)舉人,官中允。

本書前有乾隆五十九年(1794)鐵保序,末有程虞卿跋。全書分三卷,卷一爲文,包括賦、書、序、記、傳、碑銘、説、祭文;卷二、三爲詩。此集爲恒裕弟玉保所編輯,然未及付梓而玉保卒。鐵保與恒裕交往最深,因而主持刊刻成書。

鈐"詠春所收"印。(孫恒)

惜抱軒課徒草

清姚鼐撰。清刻本。一册。半葉九行，行二十五字。黑口，左右雙邊，雙魚尾。

姚鼐（1731—1815），字姬傳，一字夢穀，室名惜抱軒，世稱惜抱先生，安徽桐城人。與方苞、劉大櫆并稱爲“桐城三祖”。清乾隆二十八年（1763）進士，任禮部主事、《四庫全書》纂修官等，年四十辭官南歸，先後主講於揚州梅花、江南紫陽、南京鐘山等地書院四十多年。著有《惜抱軒全集》等，曾編選《古文辭類纂》。

此書所收爲姚鼐所作制藝之文，包括《論語》二十七篇、《大學》二篇、《中庸》五篇、《孟子》二十六篇。文章的字裏行間刻有點評圈點，文末間刻有學生評語，極盡褒獎之詞。

惜《中庸》四篇及《孟子》諸篇皆缺。（孫恒）

疏影樓稿不分卷

清許德瑗撰。清鈔本。一册。半葉八行，行二十一字。白口，四周雙邊，單魚尾。

許琛（1731—約1790），許良臣之女，字德瑗，以字行，號素心，福建侯官人。許琛幼聰慧，能詩，工書畫。其少年隨父許良臣宦粤，好學詩，及笄時已有詩名，其詩直抒胸臆不藻飾。善畫，初畫花鳥，孀居後專畫梅蘭竹菊，隨意點綴，各有天趣。書法則臨摹董其昌。著有《疏影樓稿》。

本書前有《何節婦傳》，仁和汪新、晉安黃惠叙，後有錢唐方芳佩跋。書中有不少詩是題畫作，其中尤爲偏愛梅菊作圖。此外，書中包括不少友朋之間的賀詞、祝詞、哀詞，描述各種不同自然景觀及各行各業人物特徵的詩等。

鈐“瑯嬛妙境”“駱駝書屋”等印。（孫恒）

響泉集十九卷

清顧光旭撰。清乾隆刻本。四册。半葉十行，行十九字。白口，左右雙邊，單魚尾。

顧光旭(1731—1797),字華陽,號晴沙,又號響泉,江蘇無錫人。清乾隆十七年(1752)進士,官至甘肅平凉道、署四川按察司使。工書法,與王文治、劉墉、孔東山、梁同書、周稚圭相頡頏。著有《響泉集》《梁溪詩鈔》等。

本書前有乾隆四十一年(1776)彭啓豐、三十年(1765)王宫序。全書共計十九卷,下又分小集:卷一《泉上小稿》(起丁卯秋,訖壬申夏),卷二至四《半日讀書齋餘稿》(起壬申秋,訖壬午),卷五至六《可耕餘稿》(起癸未春,訖丁亥冬),卷七至八《風草行廬稿》(起戊子,訖壬辰夏),卷九至十《叱馭小稿》(起壬辰秋,訖丙申夏),卷十一《峨眉小稿》(丙申夏),卷十二《吴船小稿》(丙申秋),卷十三《錦樹園稿》(起丙申冬,訖丁酉冬),卷十四至十五《吾廬漫稿》(起戊戌,訖辛丑),卷十六至十九《松風閣稿》(起壬寅,訖丁未)。

鈐"詩龕居士存素堂圖書印"印。(孫恒)

玉映樓吟稿一卷

清曹柔和撰。清乾隆刻本。一册。半葉八行,行十八字。白口,左右雙邊,單魚尾。

曹柔和(?—1756),字荇賓,上海人,貢生曹泰女,知縣黄文蓮妻。柔和工吟詠,其吟古詩音節鏗然,在《關山月》中寫道:"明月當三五,迢迢掛碧空。關山千里隔,涕淚幾人同。雲鬟侵香霧,征衣度朔風。不堪雙照斷,緘意向飛鴻。"著有《玉映樓吟稿》。

本書前有清乾隆十八年(1753)曹泰序,後有乾隆五十二年(1787)黄文蓮跋,并附悼亡詩十首。全書收録曹柔和所作詩八十餘首,詩後間刻劉耕南評語。寫刻精美,十分珍貴。(孫恒)

桐韵詩删一卷

清潘本温。清乾隆刻本。一册。半葉八行,行二十一字,小字雙行同。白口,左右雙邊。

潘本温（約 1740—1775），字虹衢，自號茹芝山人，浙江歸安（今湖州）人，清乾隆二年（1737）進士潘汝龍之女。生而奇慧，識鑒過人，讀詩書，明義理。後嫁作長興嚴芳園之妻。伉儷情深，安貧不怨尤，且暮辛勤，兼以兄弟摧折，懷抱多傷，悵悵而卒，年僅三十五歲。《［同治］湖州府志》卷六十一載，其著有《夢花小草》，目前未見傳本。

卷首依次有《桐韵詩刪序》《挽虹衢潘氏嫂詩文》《徵桐韵詩刪啓》，均爲禮園嚴似會所撰。其中序作於乾隆三十一年（1766），啓作於乾隆四十一年（1776）。

嚴似會序中稱：“余少孤失學，捫腹空空，弱冠無聞，倒屜落落。亂頭側帽，羞稱孟氏雙珠；抱甕負薪，愧問潘家連璧。今也幸追謝女，漫思繼踵王郎，談經於紗幮，無弗了然在耳，解圍於步幛。”叔嫂二人經常吟對：“既朝詠而夕哦，應盈箱而滿篋，然終不得多見者。豈未肯輕示人乎。竊謂白燭之吟，一炬而終留佳句。遥念新妝之什，千秋而猶播芳名。雖玉蘊櫝中，赤虹未化（時未擬刻），後必珠輝川上，象罔爭羅。因集所吟，遂成是引。”對潘本温的詩詞評價很高。

《挽虹衢潘氏嫂詩文》中哀悼：“獨是幼好文詞，長宜家室，而德性貞淑者，中壽而卒，良可哀也，享年不長，固委之天命，終其身以憂愁，見之吟詠，亦有天意存焉。試於死之後，而揆生之日，必非無繇而短折。”并追叙了其坎坷的家世，指出玉折的四繇。其一，年少時，其父和幼弟先後卒；其二，二八年華出嫁，長子五歲而死；其三，子女漸多，貧益難支，又遇疾病和火災；其四，其夫暴病而卒。感慨“古來淹博之名士，大抵少達而多窮，而貞静之閨媛，動多短壽而薄命。斯非天之忌閨秀，更酷於風雅士乎？”挽文中還有“撿桐韵詩存，并夢花小草殘稿讀之”一句，可知潘本温曾著有《桐韵詩存》和《夢花小草》，但後者當時已經成殘篇。

挽文後有附録徵到詩，收録有菊泉高掄印、南洲沈鵬、歸沈室小姑餐霞氏宗光的題詩。高掄印，浙江杭州府仁和縣人，乾隆二十五年（1760）庚辰科進士，候選知縣，曾任河南府登封縣知縣。嚴宗光，字餐霞，浙江歸安（今湖州）人。

是書書名據正文題。正文卷首鈐有“茹芝山人”和“潘本温氏”方形朱印。筆調自然樸實,收録有百餘首詩。

文後有其子嚴彩題記,"彩年十二,慈母見背,所遺剩稿殘篇,不克窺,夫微奥凛承嚴君庭訓,幸列宮牆,苐詩教温柔敦厚,猶茫然未有得也。乾隆辛丑夏,外伯祖潘榕堂(諱汝誠)即母之胞伯告歸林下。越歲壬寅春,彩以桐韵、夢花兩詩稿爲母請序,初不意外伯祖携至雄城,未幾,壽終書院,因撿叔父禮園先後所成文啓,同付梓人,俾母之畢生事略亦見一斑。"

卷末附録乾隆三十八年(1773)春二月嚴似會所做《題夢花小草次虹衢嫂潘氏原韻十首》。(孟化)

西征録七卷

清王大樞撰。鈔本。六册。半葉九行,行二十二字。

王大樞(1731—1816),字白沙,號天山漁者、空穀子等,安徽太湖人。清乾隆三十六年(1771)舉人,舉江左孝廉,揀選知縣。少孤獨,勤讀書,築室於司空山下,購書萬卷,日夜寢讀其間。著有《西征録》七卷、《古史綜合》十二卷、《春秋屬辭》十二卷、《詩集輯説》二卷,均刻於世。另著《古韻通例》《陶詩析疑》《鴻爪録》等書,稿成未刻。

本書前有清嘉慶十九年(1814)王大樞《刻西征録識言》,乾隆五十六年(1791)蔡世恪、郭榜序。全書分爲七卷,卷一、卷二爲紀程,卷三爲新疆,卷四爲雜傳,卷五、卷六爲雜草,卷七爲跫音。

王大樞曾在新疆流放十三年,直至嘉慶五年(1800)方纔被赦回鄉。在此期間完成了《西征録》《天山賦》等著作。《西征録》資料豐富,考察詳實,具備史料價值,其詩内容分類井井有條,饒有旨趣,寄情於景。(孫恒)

天山集二卷

清王大樞撰。鈔本。四册。半葉九行,行二十二字,小字雙行同。

本書前後無序跋,分爲二卷:上卷收録文十六篇,下卷收録頌一首、詩二百五十五首。根據此集名及詩文内容,當皆爲王大樞在新疆時所作。上卷第一篇《天山賦》,篇幅較長,并夾有注釋,描述了天山的地理與景觀,頗爲難得;下卷《邊關覽古六十四詠》作於清嘉慶元年(1796),其時在伊犁已八年,對歷史上與新疆有關的人物與遺迹等賦詩感懷。第四册書末有"存草上終",詩似未鈔全。

此詩文集鈔寫工整,内容詳實,是研究新疆歷史文化的重要資料。(謝冬榮)

白蘭堂吴游紀略一卷

清馮公亮撰。清乾隆刻本。一册。半葉九行,行十九字。白口,左右雙邊。

馮公亮,字石門,廣東南海人。弱冠補諸生,康熙末以貢生選江蘇常州通判。曾與沈德潛會方還、方朝於勺湖園,流連觴詠。清雍正二年(1724),調陝西漢中通判,以廉干稱。十年(1732),遷直隸遵化(今屬河北省)知州。以親老願歸養母辭,改授福州府理事同知。清乾隆元年(1736)引疾歸里,結屋廣州城南濠畔街,開白蘭堂詩社。撰《白蘭堂吴游紀略》一卷。又有《白蘭堂詩選》一卷,其五世孫馮詢輯入《馮氏清芬集》。

《白蘭堂吴游紀略》收詩百餘首,如《謁張文獻公祠》《次贛州》《登中華山》《登滕王閣》《望鄱陽湖》《游西湖》《姑蘇雜詠(十二首)》《閏四月二日買舟歸里》等。前有乾隆八年(1743)沈德潛序,云:"(馮)君嘗別駕於吴之毗陵郡,後報最僑寓於吴之山塘二年。至是送其猶子正中赴選都門,因再游吴。計其所歷山川都邑,吟詠殆無虛日。留題雖不專於吴,而舟楫所極,則止於吴,故悉以'吴游'統之。"又云:"馮君筮仕以來,皆非閑曹,而詩學日進,展卷之下諸體各臻其妙,令人讀之不忍去口……嘆服馮君作吏而詩能巔峰造極。"此寫刻上板,堪爲精刻。鈐"存素堂珍藏""天半朱霞"印。(劉悅)

經畬齋詩鈔一卷

清愛新覺羅·弘曕撰。清乾隆二十三年(1758)刻本。一册。半葉九行,行二十一字。白口,四周雙邊。

《經畬齋詩鈔》集弘曕撰古今體詩三百二十一首,由其門下士濟南朱文震書。卷首右下方有白文印"餘事作詩人"、朱文印"富察恩豐席臣藏書印"和"珊瑚閣珍藏印",卷尾末端鈐"文震印"。書中詩文可分爲贈友送別詩,如《春日送人入蜀》《贈周蘭坡先生》;思念親友詩,如《奉挽二十一叔父慎郡王》《秋夜懷人》;即景抒情詩,如《園中春曉》《自得園晚發》;詠物詩,如《秋花雜詠》《歲寒十客》;叙事詩,如《南苑——大閱恭賦四十韻》《觀儺歌》。弘曕詩風清麗,被譽爲"詩宗歸於正音,不爲凡響"。其詩作多反映皇族日常生活,包括與友談詩論作、隨駕南苑狩獵、踏春出游見聞等,詩句充滿閑逸之氣。此書是清代王府刻本的代表,對後世研究果恭郡王生平及其所處時代的社會歷史特徵具有一定參考價值。（邵穎超）

鳴盛集二卷

清愛新覺羅·弘曕撰。清乾隆二十七年（1762）刻本。四册。半葉十行,行十九字。白口,四周雙邊。

《鳴盛集》爲弘曕所撰詩集,收録其在清乾隆十三年至二十六年（1748—1761）間所著古今體詩幾百首。卷前有弘曕自書序文一篇,序文末端有白文印"果親王寶"、朱文印"衆妙之門"。文中表達對聖恩的感謝之情,"余自束髮受書,蒙皇上教育之恩,與諸皇子讀書禁苑……歲在庚午,蒙恩册封供職藩邸,時賜召對,皇上必殷勤勗勉諄囑有加,余感激天恩,亦不敢稍自怠逸……",并説明此詩集乃"樹於盛代和鳴之美,余固有所不辭也"。序文以行書書就,帶了幾分清初館閣書風,蓋因時代風氣使然。

書中詩作多反映皇族日常生活,也有部分記録軍隊凱旋和皇家盛宴,藉以稱頌高宗盛世。此書是清代王府刻本的代表,對後世研究果恭郡王生平及其所處時代的社會歷史特徵具有一定參考價值。（邵穎超）

愚谷文稿不分卷

清吳騫撰。清稿本。行字不等,無格。

　　吳騫（1733—1813），字槎客，號兔床，祖籍安徽休寧，生於浙江海寧。清乾嘉時期與黃丕烈、陳鱣等齊名的藏書家、文獻學家。吳騫酷愛藏書，他在《愚谷文存》卷十三《桐陰日省編下》中説："吾家先世頗乏藏書，吾生平酷嗜典籍，幾寢饋以之。自束髮迄乎衰老，置得書萬本，性復喜厚帙，計不下四五萬卷。……皆節衣縮食竭平生之精力而致之者也。"并建拜經樓作爲其藏書之地。吳氏所搜宋元刻本往往有名人題跋，如陳鱣、鮑廷博、黃丕烈等，更顯珍貴。黃丕烈因所藏宋本書多，將他的藏書室命名爲百宋一廛，吳騫聽説後，自題其居曰"千元十駕"，意思是千部元版，抵得上百部宋版書，一時傳爲佳話。吳騫著述頗豐，有《拜經樓書目》《拜經樓詩文稿》《拜經樓詩話》《愚谷文存》等著作傳世。

　　《愚谷文稿》共四葉，第一葉題名《晉銅鬲銘》，卷端題《古銅鬲釋文》一篇，卷末署名"庚戌冬十一月吳騫志"。該銘文是吳騫友人丁升衢臨摹并於乾隆五十四年（1789）寄給吳騫，吳騫鈔録并撰寫了一篇釋文，該銘文五百餘字，記録了春秋時期晉國之事。丁傑，字升衢，浙江歸安人。乾隆四十六年（1781）進士。通經史，旁及説文、音韻，擅長校讎之學。著有《周易鄭注後定》《大戴禮記繹》等。

愚谷詩稿六卷

　　清吳騫撰。清鈔本。四册。

　　《愚谷詩稿》多是吳騫與友朋家人游玩山水的唱和詩作，包括《中吳游草》一卷、《江上玲瓏集》一卷、《東山紀游唱和詩》二卷、《述盦古器詩》一卷和《哀蘭集些》一卷、《永安湖紀游》。《江上玲瓏集》天頭有朱筆校改，《東山紀游唱和詩》天頭有墨筆校改。詩稿每册筆跡不同，應爲不同人所鈔寫。詩稿中有"吳兔床書籍印""竹下書堂""兔床印"等吳騫鈐印多枚。（李興芳）

哀蘭集些一卷

　　清吳騫撰。稿本。半葉十行，行二十二字，無格。

　　《哀蘭集些》收吳騫所撰《哭蘭貞十九首》，是吳氏爲懷念愛妾徐蘭貞創作。前有《徐姬小傳》一篇，是吳騫在徐姬生前所做。徐姬十九歲嫁給吳騫，三十一歲去世時吳氏已七十高齡，吳氏晚年更加懷念徐姬，因作詩寄託哀思。詩集共兩册，第二册是作者後來重新謄鈔的，有批改，將《哭蘭貞十九首》題名更改爲《哀蘭絕句十九首》。題名下有“吳騫之印”和“兔床漫叟”兩方鈐印。（李興芳）

翁覃溪詩不分卷

清翁方綱撰。稿本。二十九册。無格，毛裝。錢載評。

翁方綱（1733—1818），字正三，一字忠叙，號覃溪，晚號蘇齋，直隸大興（今屬北京）人。清代書法家、文學家、金石學家。清乾隆十七年（1752）進士，授編修。歷督廣東、江西、山東三省學政，官至内閣學士。精通金石、譜録、書畫、詞章之學，書法與劉墉、梁同書、王文治齊名。論詩創“肌理説”。著有《粵東金石略》《蘇米齋蘭亭考》《復初齋詩文集》等。

錢載（1708—1793），字坤一，號蘀石，又號匏尊，晚號萬松居士、百幅老人，秀水（今浙江嘉興）人。清朝官吏、詩人、書畫家。乾隆十七年（1752）進士，改庶吉士，散館授編修，後授内閣學士兼禮部侍郎，上書房行走，《四庫全書》總纂，山東學政。官至二品，工詩文精畫，善水墨，尤工蘭竹，著有《石齋詩文集》。乾嘉間秀水詩派的代表。

此詩集所録詩爲翁方綱擔任廣東學政期間撰寫，撰寫後將詩作寄錢載批改，錢載批改指點後，翁方綱再行修改。第一册書皮翁方綱云：“蘀批一詩内紕繆，乞逐細抹出，祈於年内撥冗一辦，至開歲初旬即有便使入京，嵩人走領，仍乞封付伊帶回，詩甚淺稗，不可以示人也，拜托拜托。”

歷經八年，册末有四月廿七日錢載信札，稱：“來函之言，句句真言，具見兄真實得力處，《金石略》先刻出，妙極妙極。詩集須鈔定，此固難事，第一前後題目須畫一而參差，畫一則爲今例，參差略見其大概，必不得參差而後參差也。詩宜少存，與其累贅，則寧可潔净爲主，弟拙詩亦不得不删存，雖不好，亦且存之。然自上年一年不曾有整功夫，寓目一過，其難其難。”

　　第七册首有翁方綱自題,爲茬燈時從三水入南海界敬書。詩稿爲陸續完成,請錢載陸續評介,返回再行修訂。

　　書中有"別裁僞體親風雅""覃溪草稿""壽如金石""轉益多師""石洲草堂""攬石齋""檇李""乃復其初""神韻""鹽官蔣氏衍芬草堂三世藏書"等鈐印,流傳有序。詩集資料性强的同時,見證了翁方綱在詩學上的進步,和翁、錢間交往的情况,足見珍貴。（李玉瑋）

零文雜鈔不分卷

　　清翁方綱撰。稿本。五册。

　　此爲翁方綱稿本,清乾隆三十七年(1772)乾隆帝下召設立四庫館,到乾隆四十七年(1782)第一部文淵閣《四庫全書》鈔成,其間衆多學者參與,他們爲《四庫全書》編纂做出了巨大貢獻。翁方綱即爲其中之一,爲後人留下了一部珍貴的《翁方綱纂四庫提要稿》。翁方綱在館修書期間,校閲從各省徵集的圖書,隨校隨記,寫成千餘種的校書筆記,終成《四庫提要稿》。翁氏每種書除寫提要外,或鈔録其内容,或羅列其子目及序文。其隨筆所及,有評論,有記事,或爲提要初稿,亦或僅爲隨校閲隨撰寫之札記,略顯凌亂。札記所涉及書有《南豐曾子固先生集》《臨川文集》《歐陽文忠公集》《汪藻浮溪集》《華陽集》《文字纘義》《太玄經》《攻媿集》等。封面題寫爲"零文雜鈔",并列子目《訂補浮溪集提要》《謚法通考提要》《文昌雜録提要》《詩經類考提要》《元儒考略提要》等。（李玉瑋）

兒觥詩并序

　　清翁方綱撰。清乾隆刻本。一册。半葉七行,行十五字。白口,四周雙邊。

　　此書封面簽題"兒觥詩并序",鈐"文毅公五世孫"朱印。首爲清乾隆五十二年(1787)翁方綱《敬爲常熟趙氏乞曲阜顏衡齋先生歸兒觥序》,之後爲翁方綱《兒觥歸趙歌》,詩末翁方綱識語,説明乞顏氏將兒觥歸趙之背景,後爲乾隆五十二年翁方綱於南康書院作《兒觥徵詩小引》。

全書僅十葉,末葉有刊刻者署名"方又新刻字"。字大行疏,版式精美。(李玉瑋)

心香室詩稿不分卷

清彭冠撰。稿本。二册。半葉十二行,行二十字不等。白口,四周單邊。

彭冠,生卒年不詳,號竹右,浙江嘉興人。曾從清朝官吏、詩人、書畫家錢載爲師。富收藏。

是書封面有題字"竹右一稿　乾隆癸卯年重閱"。卷首題名爲"心香室詩文稿",鈐有朱印"彭冠小印"。收録有清乾隆癸未至乙酉(二十八年至三十年,1763—1765)間彭冠所做詩文。多爲與友人唱酬贈別、日常生活感懷、山水詩、讀史懷古之詩,多爲五七言律詩。有的詩前有成詩的背景介紹等文字。

書中有多處紅色或墨筆圈點,有删改痕迹,個別地方有夾條"排律勿鈔"。(孟化)

孟蘭舟先生詩文稿不分卷附録一卷

清孟生蕙撰。清鈔本。十一册。半葉八行,行二十二字,無格。

孟生蕙(1736—1810),字鶴亭,一字惠叔,號蘭舟,山西太谷人。清乾隆二十八年(1763)進士,選翰林院庶吉士授編修,授禮部郎中。曾任雲南副考官、湖廣道監察御使、補授江南道監察御史,擢工科給事中,轉吏科掌印給事,升鴻臚寺少卿,又改光禄寺少卿,補受通政使參議。後因彈劾直隸總督開礦儀式,措辭失當,被降職,後乞假奉母回鄉。辦學堂,教諸生,深受百姓愛戴。死後被供奉於文廟"鄉賢祠"裏,列入"三立祠"。孟生蕙作爲紀昀門生,紀昀曾評價其文章有"清直氣"。著有《蘭舟詩集》《蘭舟文集》。

是書爲詩文合集,其中第一册中收録了孟生蕙起草的奏疏,第二册爲傳記、碑記、書院記、答友人書等,第三册爲《孟氏家譜序》《居官寡過録序》《郭孝廉父子孝行傳序》《任佩中先生文集序》等,第四册爲各種壽序,第五册爲祭文、墓誌銘,第

六、七、八册爲詩,第九册收録有墓碑、神道碑、墓表、碑銘、墓誌銘,第十册爲墓誌銘。第十一册爲附録,卷首有徐繼畬撰寫的《孟蘭舟先生崇祀鄉賢序》,後爲孟生蕙子孫爲其先祖製作的"請入鄉賢事實全册",收録了有關孟生蕙生平事迹的奏章文章以及縣志中的記載等文獻資料,如《通政使司參議孟公生蕙傳》《太谷縣志》中章嗣衡所撰孟生蕙事迹等文章。

書中有多處白底或者紅底墨筆批注小條,似爲付梓之本。（孟化）

六義齋詩集四卷雲岫詞一卷

清施朝幹撰。清刻本。一册。半葉十行,行二十一字,小字雙行同。白口,四周雙邊,雙魚尾。

施朝幹（?—1797）,字敬居,號鐵如,一號小鐵,江蘇儀徵人。清乾隆二十八年（1763）進士,歷任宗人府府丞、太僕寺卿等。乾隆六十年（1795）充山東鄉試正考官,後奉命督學湖北,卒於任所。其品性廉介,爲官時罕接賓客,專心誦讀經書。善詩,年少時即有詩名。王鳴盛刻《吳中十子詩》,以施朝幹居首。其詩多爲紀游、酬贈與詠懷之作,較少反映現實。其詩不事藻繪,朴質清真,以復古之才寓獨造之意,往往能够寫出内心的獨特感受。王昶稱其"得之孟東野、梅聖俞爲多"。其文亦簡潔有法度。著有《六義齋詩集》四卷、《雲岫詞》一卷、《一勺集》一卷、《正聲集》五卷,輯《武林人物新志》六卷。

此本前有乾隆六十年冬十有一月既望施朝幹自序,認爲作詩當守温柔敦厚之旨。部分詩後有小字注釋,説明撰寫緣由等。（肖剛）

繞膝軒詩稿

清楊士佑撰。清鈔本。一册。半葉九行,行二十一字。白口,四周雙邊,單魚尾。

楊士佑,生卒年不詳,主要生活在清道光前後,字風雅,號霜巖散人,湖南新化人。

本書前後無序跋，所收詩多以感懷、唱和、詠物爲主。其中有多首詩與林聯桂有關，如《林明府辛山先生月課賦得憶荔四首》《上林明府邑侯》《林邑侯觀風洋溪賦得勸農二首》《林邑侯觀風爐觀賦得銷夏二首》《哭林辛山先生》。林聯桂（1774—1835），字辛生，廣東吴川人。道光八年（1828）進士，曾任湖南遂寧、新化等知縣，卒於任上。集中另有《紀恩二首》詩，内有序談到："佑幼遭不辰，中年失志，每以蹭蹬見諸吟詠，鳥語蟲吟，鮮有知者。歲辛卯，邑侯林公辛山先生治我梅山，善政多暇，觀風下里。因以舊作獻於道左，蒙朱批數語，弁於簡端，謂爲佳詩足消暑，大加賞識，喜感交集，因作此再呈辛山先生。"從此可略知楊士佑生平，及其對林聯桂的知遇之感。（謝冬榮）

兩間草堂詩鈔□□卷

清潘宗秋撰。稿本。一册。半葉十行，行二十一字，緑格。白口，左右雙邊。

潘宗秋，生卒年不詳，字小江，江蘇儀徵（今揚州）人。五歲孤露，母孺人多疾。後得汪釖漂太守、錢次封觀察、熊夢庵觀察等指導，與之唱酬新作詩文詞賦，名聲大噪。後因親友先後病殆，其生活頻年潦倒。

是書書葉有石樵題書名。卷首爲清道光十二年（1832）阮榮所做紀略，云："儀徵阮梅叔孝廉亨珠湖草堂筆記云，潘小江茂才，著《兩間草堂詩》，少年孤露，音多悽惻，當俯視温李矣。……其選格必分正變，選字必分雅俗，而性情所抒，無不從人腑肺中流出，故予另録全詩入《琴言集》。"鈐有"少梅""阮榮之印"朱印。後爲道光十一年（1831）張安保叙，介紹了與潘宗秋相識的過程及其生平，并評價道："初年余習二李，……二十歲後漸學元白，以造平澹，近年專究以陽杜，上溯漢魏六朝，下迨宋金元明諸大家，天分極優，學力又至。"叙末鈐"石樵翰墨""安保印信"朱印。此外有道光壬辰（十二年，1832）阮亨題七言律詩："風緊愁雲撥不開，雪花如掌打窗來。傷心孤露詩千首，傲骨奇寒酒一杯。驪唱陽關無此慘，猿啼巫峽有餘哀。挑燈細讀安仁集，莫負題橋濟世才。"再次爲張安保《題詞》一首，詞旁有句讀。周棣、鄭士傑、黄湛華、楊翰、張符瑞等做讀後題記，并鈐有"周棣之印""楊翰之印""符瑞"等朱印。

該詩鈔存留卷六至十一,卷端題"儀徵潘宗秌小江著"。書中鈐有"小江識印""兩間草堂"朱印。文中有多處紅筆、朱筆圈點,書眉上有批注。卷十末有張安保題七言律詩一首。卷末有少黼宣維禮、蘇州韻僊校讀題記,鈐有"少甫""韻仙"等朱印。（孟化）

四中閣詩鈔二卷

清黃立世撰。清嘉慶八年(1803)刻本。二冊。半葉十行,行二十一字,小字雙行同。白口,四周雙邊,單魚尾。

黃立世(1726—1786),字卓峰,號柱山,山東即墨人。清乾隆十九年(1754)會副,歷任保昌、花縣、朝陽等縣知縣。

本書前有戴均元、戴聯奎序,末有清嘉慶八年(1803)世侄李世湉跋。全書分爲二卷,每卷下分諸小集,其中卷上有十九小集,卷下有十三小集。戴均元序談及黃立世生平:"柱山先生以名孝廉出宰粵東十年而罷歸,未竟所設施後,乃周行江浙,遨游燕晉。"戴聯奎在序中評價其詩道:"凡山川風土之迹,友朋離合之感皆見於詩,不爲格律聲調所縛,類發乎心性所欲言,而不失其哀樂之正。"

卷上《盱江集》有《乙未初度》詩云"荏苒流光便五旬",據此推知其生於清雍正四年(1726);又卷下《歷下一集》有《閭邱二集》,中有詩題云"十月十五余初度也",據此可確認其生於十月十五日。李世湉跋中言"蓋自先生之殁距今已十有七年矣",從此又可推知其卒年。（謝冬榮）

潛索錄四卷

清范宏禧撰。清乾隆刻本。二冊。半葉十行,行二十二字。白口,四周雙邊。

范宏禧,字畏齋,漢軍鑲黃旗大學士文程曾孫。幼以苦學致羸疾,遂不求仕進,唯讀宋儒之書。此書首爲清乾隆十七年(1752)孫嘉淦序、乾隆五十四年(1789)法式善序,書末有其子建幟跋。是編多推尋易理,皆其病中所札記。從題跋可見,《潛索録》爲范宏禧病中札記。范少年時即博覽群書,積勞成疾後於病中仍然手不釋卷,玩索易經性理及程朱邵子所著諸書。一日幡然悔悟將所著付諸一炬。之後潛心探索天地萬物之理,有心得便隨手記録,病隨二十年,所録之書也斐然成集。自名《潛索集》。子建幟謹集遺稿,索求法式善等序言,待刊刻,以惠後學并慰先人之志。所刻行格疏朗,嚴謹認真。(李玉瑋)

延芬室集殘稿

清永忠撰。稿本。三十三册。

永忠(1735—1793),字良輔,一作良甫,又字敬軒,號渠仙、臞仙、臞禪、且憨,又號香園、覺塵、純素、存齋,別號玉海生、琨林子、九華道人、栟櫚道人、延芬居士,恂勤郡王允禵孫,多羅恭勤貝勒弘明子。清乾隆二十一年(1756)封三等輔國將軍。爲避不測,其精力才華多貫注禪道兩途。《國朝耆獻類徵·文藝》稱永忠"詩體秀逸,書法遒勁,頗有晉人風味。常不衫不履,散步市衢,遇奇書異籍,必賈之歸,雖典衣絶食,所不顧也"。詩畫琴書皆佳,工竹石小景。

此集按年鈔寫。有詩有文,乙改甚夥,眉批滿目。作爲宗室詩人,永忠深情於曹雪芹。第十五册内有關於《紅樓夢》詩三首,題爲《因墨香得觀紅樓夢小説吊雪芹三絶句》,因此引起紅學家的廣泛關注。中國科學院圖書館(今中國科學院文獻情報中心)亦藏有《延芬室詩》稿本一卷。(肖剛)

隱硯樓詩合刊二卷

清温慕貞、温廉貞撰。清乾隆三十三年(1768)刻本。一册。半葉八行,行十八字。白口,左右雙邊,雙魚尾。

温慕貞、廉貞爲親姐妹,浙江烏程人,主要生活在清乾隆年間。慕貞爲姊,適苕溪朱時發,卒年五十四。廉貞爲妹,適雉城王静甫。

本書分爲二卷,卷一爲温慕貞所撰,前有乾隆戊子(三十三年,1768)同里錢鳴泰序、西江李瑞麟贈言、温廉貞序,所選詩按體裁編排,包括五言律六首、七言律五首、五言絕一首、七言絕二十六首,共計三十八首;卷二爲溫廉貞所撰,前有乾隆三十三年著者自序,内除簡述自己的生平外,還談及因爲外甥朱曾三刊刻其亡母詩集,要求將其詩整理合刊,所選詩亦按體裁編排,收録詩五言律四首、七言律十五首、五言絕一首、七言絕二十六首,共計四十六首。

温氏姐妹一生坎坷,發之於詩。錢鳴泰在序中言"兩孺人素以能詩名,皆少喪所天,零丁孤苦,依母氏爲命",并指出"今集中所載諸詩,兩孺人不得已自道其奇窮之況,原不必有意求其詩之工拙也"。(謝冬榮)

經進文稿一卷駢體文鈔二卷

清沈叔埏撰。清道光二十九年(1849)刻本。一册。半葉十行,行二十二字。白口,四周雙邊,單魚尾。

沈叔埏(1736—1803),字埴爲,一字劍舟,號雙湖,秀水(今屬浙江嘉興)人。生有異秉,喜書籍,及長,屢受知於學使,乾隆南巡時召試一等,賜舉人,授内閣中書,參與《一統志》《通鑑輯覽》《歷代職官表》《四庫全書》等的編纂。清乾隆五十二年(1787)進士,授吏部主事,旋即以母年高告歸,長年主魏塘講席。撰有《頤彩堂文集》十六卷、《頤彩堂詩鈔》十卷等。

此爲沈叔埏文集。《經進文稿》一卷,收文六篇。《駢體文鈔》二卷,收文十七首,其中卷上以頌、摺爲主,多爲代擬文,卷下則以序跋爲主。《經進文稿》中有《文淵閣表説》一文,對文淵閣的建置以及《四庫全書》的編纂多有涉及,具有一定的資料價值。此書後有清光緒九年(1883)重刻本。

鈐"鄭沅之印""叔進"等印。(謝冬榮)

掃垢山房詩鈔十二卷

清黄文暘撰。清嘉慶七年(1802)孔憲增刻本。四册。半葉八行,行十七字。白口,左右雙邊。

黄文暘(1736—?),字時若,號秋平、焕亭,甘泉(今江蘇揚州)人。家境窘困,屢試不第，終以貢生。工古文詩詞，尤通聲律之學。大學士阮元與其時有唱和，此書中阮元序云：“秋平之年長元幾三十歲，自幼里巷間爲忘年交。”清乾隆四十五年（1780），兩淮巡鹽御史伊齡阿奉旨在揚州開設曲局，查改有礙清廷劇本，聘文暘總裁。四年後事竣，文暘追憶所見，編《曲海》，今存《曲海目》。又好審辨金石文字，著有《古泉考》八卷。另著有《通史發凡》三十卷、《隱怪叢書》十二卷等。

　　該書十二卷，共收錄文暘所作《同人集樂善庵送春有懷瑩攄大師》《自題文集四絕句》《秋日題壁》等詩三百三十四題六百四十八首。《清史列傳》卷七十二稱文暘詩“清越高潔”。其詩七絕風調悠揚，如《題孔荃溪鏡虹書屋詩集》云：“花雨繽紛遍六虛，點頭人向月中耡。世間桃李羞凡艷，天上雲霞結梵書。貝葉繙經獅作座，扶桑剖繭鳳銜梳。與君更欲參無相，不染維摩最自如。”同時，五絕亦饒有餘韻，如《閉門》云：“不記身爲客，依然晝閉門。空堦留宿雨，午夢入青尊。倚杖存山意，尋詩得爪痕。多情雅作陣，日日報黃昏。”另，書中所載亦可管窺文暘對賦詩之態度，其在《編詩》中寫道：“日日愁新詩亦新，愁多誰爲掃詩塵。數來舊句如前夢，想到生平又一巡。故紙不堪煮作飯，落花聊可聚爲茵。短檠笑共愁人語，惟我知君最苦辛。”正如阮元序云：“然其醞釀者，深爲有本之流，取諸左右，適逢其原，不徒以風雲露之詞浮慕成篇。”

　　該書卷首有嘉慶七年（1802）孔憲增、阮元、孔昭虔序，另有嘉慶八年（1803）孔憲圭序、嘉慶七年孔憲塈跋。卷末言明此書由其子黃金鎮校。其中，孔憲圭序曰：“先生於嘉慶己未夏始至吾邑，就吾兄怡齋公之聘。”可知，文暘於嘉慶四年（1799）入館曲阜衍聖公家。孔憲塈跋曰：“嘉慶五年春，秋平黃先生選輯共所作制藝文錄爲一集，冠以小序，授其二子，越一年，又刪定其所作詩歌，屬其子藏諸笥中。”另，孔憲增序、阮元序均言及刻書緣由。孔憲增云：“先生年近七旬，目光瑩然，鬚髮鬖白。顧守韋布之素，著作等身，經世之略。雖不獲試，而不憂其窮抑。聞先生之家，配有德耀，子有機雲，春秋佳日，一庭倡和，熙熙融融，何其自適也！顧其爲詩也，不多存稿。增於行篋中得舊詩若干首，益以山左諸詩，次爲若干卷，付諸梓人。”阮元寫道：“近年秋平在曲阜，衍聖公尚幼，秋平爲之師，觀於魯國山川、孔庭禮器，以博物之衷、好古之志,形而爲詩,其所攄寫當更有進。昔史克爲僖公作頌,魯人歌之,至今編諸三百。觀秋平之詩,其亦風雅之正聲也哉。今春三月,元外舅如川封公,爲之刊板,因爲之叙如此。"

該書鈐印"真州吳氏有福讀書堂藏書""石樵""子通""經濟私印"等。"玄""眩""泫"缺筆避諱。另,"第六卷"卷端誤刻爲"第七卷"。然瑕不掩瑜,該書對窺探清嘉道年間詩風仍有裨益。（孫麗娜）

隣璧齋集八卷

清陳奎撰。清刻本。二册。半葉九行,行二十一字。白口,左右雙邊,單魚尾。

陳奎,生平不詳,江西臨川人。曾任江蘇學政。

此書爲著者古文集,分爲八卷,無序跋,有目録:卷一雜著十三首,卷二書十二首,卷三尺牘二十首,卷四序十三首,卷五序七首,卷六記十三首,卷七傳八首、書事二首,卷八贊三首、銘七首、跋二首、書後十首、誌表祭文七首。共計一百一十七篇。篇末往往有自記及友朋、門生評語,涉及鄒景尼、黃赤水、饒砥修、祝策勳、封午暉、家克占、門生黃文枡、鄒德昭、紀向辰、左飛文、門人吳東昇、陶會君、張坤元、門生劉塾、章盈川、門生左峻、彭朝宗、李乾子等十餘人。書中卷二《與鄒景尼書》《與鄒德昭論本朝文選書》《與左飛文論文書》等諸文可見其文學思想。

鈐印"吳驤發印"。另據《清人詩文集總目提要》載,江西省圖書館藏清嘉慶十四年(1809)刻本《隣璧齋集》十六卷。（謝冬榮）

吉雲草堂集十卷附詞二卷

清徐志鼎撰。清乾隆五十三年(1788)刻本。四册。半葉十行,行十九字,小字雙行同。白口,四周雙邊,單魚尾。

徐志鼎(1745—1799),字調元,號春田,又號紅亭,別署玉雨主人,浙江嘉興平湖人,徐士谷之子。清乾隆四十年(1775)進士,授四川南溪知縣。後掌教觀海書院、東川書院及桐鄉分水書院。徐氏詩詞兼優,詩宗韓昌黎。著有《爭光集》一卷、

《紅亭日記》二卷、《要壺叢談》五卷、《吉雲草堂集》四十二卷、《玉雨詞》二卷、《鷗邊吟舫集》《出峽集》《東湖修禊詩》一卷，修纂《[嘉慶]桐鄉縣志》十二卷、《桐鄉碑碣志》、《平湖縣志》二十卷。

此集含《吉雲草堂詩》十卷，有古今體詩一千零一十一首；《玉雨詞》二卷，有長短調一百三十一首；附《寅谷先生遺稿》一卷，有古今體詩一百六十首。集前有乾隆丙午（五十一年，1786）九月既望吳錫麒《吉雲草堂詩集序》，乾隆癸巳（三十八年，1773）涂月汪輝祖序，《玉雨詞》前有乾隆乙巳（五十年，1785）春孟胡奕勳序，及蔣泰來（寅谷）、秦瀛（小峴）、顧宗泰（星橋）、王春煦（冶山）、馬恒錫（愛蘆）、陸烜（梅谷）等六人"詩餘題詞"。《寅谷先生遺稿》末附徐志鼎跋。此集從乾隆年間開雕，至嘉慶二年（1797）方止。其中卷八爲癸丑（乾隆五十八年，1793）續刻，卷九爲乙卯（乾隆六十年，1795）續刻，卷十爲丁巳（嘉慶二年）續刻。

此本鈐有"揚州阮氏琅嬛僊館藏書印"朱印。（肖剛）

沅香閣存草一卷

清項蕙卿撰。清嘉慶二年（1797）刻本。一册。半葉九行，行十九字。白口，四周雙邊，單魚尾。

項蕙卿，生卒年不詳，字秋如，江蘇常州人。

本書前有清嘉慶二年（1797）二兄項本彝序，末有龔紉蘭、沈岫霞、史和等人題詞。所收之詩，内容以詠物、感懷爲主，前者如《白牡丹》《荷珠》《新柳》《芍藥》《新月》《午日》等，後者如《登樓感懷》《秋夜書懷》《暮春書感》等，係典型的閨閣女子所撰之詩。内有多首與二兄相關的詩，可見兩人兄妹情深。

此書《歷代婦女著作考》未見著録。（謝冬榮）

烟波閣詩一卷

清王復撰。清鈔本。一册。半葉十行，行字不等。

王復（1738—1788），字敦初，號秋塍，浙江秀水人，監生。嘗赴京師，游秦中，與畢沅（1730—1797）交游。後任河南商丘縣令，尋調偃師。撰有《晚晴軒稿》八卷、《煙波閣詩》一卷、《中州紀游》《樹護堂詩》二卷。

《煙波閣詩》爲《名家詩詞叢鈔》内容之一，鈔於素紙上，收入作者《南禪寺訪洵庵上人之値》等詩二十餘首，長短不一，五言、七言不限。全文天頭、行間多處增補，多處圈點。

《中國古籍善本書目》集 16662 條著録。《名家詩詞叢鈔》鈐有"泖生""調生過眼""劉印履芬""江山劉履芬觀""秋心""寫秋心館""紅梅閣""江山劉履芬彦清父收得""長樂鄭振鐸西諦藏書""長樂鄭氏藏書之印"等印，經葉廷琯（1792—1868）、劉履芬（1827—1879）、鄭振鐸（1898—1958）遞藏。（王永全）

章氏遺著不分卷

清章學誠撰。清鈔本。四册。

章學誠（1738—1801），字實齋，浙江會稽人。清乾嘉時期重要的史學家、思想家，在史學、文獻學、目録方志等領域有突出的建樹。著有《文史通義》《校讎通義》等書傳世。

朱錫庚，字少白，一作少河，朱筠次子。章學誠曾拜朱筠爲師，寄居在朱筠家中，并與朱錫庚成爲好友。章學誠生前有將自己的著作鈔寄師友保存的習慣，因此朱錫庚保存了許多章氏的著述。清道光三年（1823）冬，朱錫庚將他保存的章學誠著作彙編成書，題名《章氏遺著》。此鈔本第二册末葉有朱錫庚的跋語云："實齋長於史學，爲乾隆年間一代通人。每有所著，輒鈔録寄余。余收藏之成帙，因爲裝訂大小五册。"朱氏所編章氏著作應爲五册，國家圖書館藏四册，另一册藏於北京大學圖書館。

國家圖書館藏本前三册封面寫有"章氏遺著"，第四册寫有"導窾集"。文中有朱錫庚的朱筆、墨筆跋文校對以及翁同龢的題跋文字。并有朱錫庚印章及"常熟翁同龢藏本"藏書印。（李興芳）

庚辛之間亡友列傳

清章學誠撰。清末虞山周氏鴿峰草堂烏絲欄鈔本。一册。

清乾隆四十五年庚子至四十六年辛丑(1780—1781)兩年間,章學誠生活十分困頓,往河南投友,路遇盜賊,盡失囊篋及生平撰著,而其生平知交師友又多於庚辛前後過世。乾隆五十三年(1788)秋,章氏有感於十餘年出處離合之情,感舊而爲亡友作傳,計十二人:侍朝、胡士震、沈棠臣、陳以綱、唐鳳池、樂武、錢詔、徐薌坡、張羲年、顧九苞、羅有高、曾慎。末附章氏好友周震榮長跋,於正文內容頗有補充。章氏博涉史籍,於史學撰著理論極有創獲,故所撰史傳文章文情俱勝。

此書章氏生前即刊版行世,但流傳極少。此爲常熟周大輔家鈔本。周大輔(1872—?),字左季,好藏書,家有鴿峰草堂,尤喜鈔録稀見之本,以精善著稱。鈐有"鴿峰草堂鈔傳祕册"等印。(樊長遠)

湘南集二卷邕管集一卷

清劉玉麟撰。稿本。一册。半葉八行,行十六字,無格。胡虔跋。

劉玉麟(1738—1797),字又徐,江蘇寶應人。博通經史。以直隸州州判,分發廣西,歷任鬱林州判,官象州、北流知縣。著《甓亭遺稿》,有《湘南》《邕管》《香爐》《蓮峰》《恊懷》諸集。

《湘南集》分古體詩、今體詩二卷,集詩四十首。卷前有胡虔序文一篇,鈐印"雒君""虔印"等。卷端鈐印"周暹""玉麞""春圃"等。《邕管集》卷前有劉玉麟自序一篇。集詩文四十餘篇。多爲其在邕州爲官所作,故名《邕管集》。

劉玉麟工詩。其寫景詩多爲雲廣一帶景色,如《登伏波亭》描繪桂林山水鍾靈毓秀的美景,生動形象,令人流連忘返。叙事詩則描繪百姓生活,如《輿夫嘆》刻畫了一個輿夫的形象,通過對比其離開王府前的作威作福與離府後思念故主之情,諷刺官宦仕家霸道橫行、欺凌百姓的現象。送別詩採用借景抒情、寓情於景的手法直抒胸臆,表達詩人對友人臨別在即、難捨難分的深厚友情。此外,還有托物言志詩和感懷親友詩等，皆至情至性、詞淺情深。此集對於研究作者其人及其所處時代的社會生活，具有很高的史料價值。

是書爲周叔弢舊藏。有朱筆圈點批注。（邵穎超）

浣青詩草二卷詞草一卷

清錢孟鈿撰。清鈔本。二册。半葉八行，行十九字。

錢孟鈿（1739—1806），字冠之，一字筱如，號浣青，江蘇武進人，刑部尚書錢維城之女。幼以孝聞，從母金氏受詩，諳於吟詠。十九歲嫁巡道崔曼亭爲妻，常相唱和。爲詩宗法唐賢，以浣花（薛濤）、青蓮（李白）爲歸，故自號浣青。自幼讀史，淹通故事，又隨夫宦游秦、蜀等地，親臨古迹，頗多詠史懷古之詩。詩名卓著，受到袁枚等士大夫的推崇。亦擅長填詞。著有《浣青詩草》《浣青詩餘》及《鳴秋合籟集》。生平見《清史稿·列女傳》。

是書初刊於清乾隆年間，此則爲節鈔本。前有乾隆三十六年（1771）茶山序，洪亮吉、竹初居士劉紹攽跋，袁枚、崔曼亭題辭。所選詩以風格淡泊、高雅之作爲主。洪亮吉《北江詩話》稱"崔恭人錢孟鈿詩，如沙彌升座，靈警異常"，於此可見一斑。

鈐"駱駝書屋"印。（樊長遠）

白華堂集

清王焯撰。清嘉慶十四年（1809）刻本。二册。半葉十行，行二十一字，小字雙行同。白口，左右雙邊，單魚尾。

王焯，生卒年不詳，字少凱，號碧山，浙江嘉興人。初爲貢生，考入八旗教習，受知於彭元瑞。清乾隆四十二年（1777）丁酉中舉，官鎮海教諭。阮元《兩浙輶軒録》卷三十二有小傳。《輶軒録》引《梅里詩續輯》云："少負奇氣，詩亦雄偉，崛強不肯拾人牙慧。詩融貫漢魏三唐而自具別裁，其懷古諸作逼似大樽、梅村、漢槎諸先輩，允稱騷壇後勁。年幾強仕始得鄉舉，秉鐸不數年而卒。尤精選理。"王焯少與朱炎、沈初、高文照唱和，與汪輝祖、周春有交，乾隆四十年（1775）之後，與陸以誠、朱大樽、張燕昌酬答較盛。詩作淵雅,所涉較博,爲人推重。著有《兩部鼓吹》《兹器測微》等書。

此集前有清嘉慶十九年(1814)門人丁子復序,稱:"碧山先生没二十餘年,遺稿尚未編纂,謝舍人恭銘,先生高弟也,恐日久散失,屬子復搜輯校訂,以付剞劂。"内含文集二卷,卷上爲論説、書後及書函,卷下則序記、傳志及紀事。又詩集八卷、詩外集二卷,録乾隆二十九年(1764)至去世前夕所作詩。卷端有朱筆題識一行"小門生崔以學勘過"。文中有朱筆眉批,知此本爲門人校勘本。(樊長遠)

炊菰亭詩一卷

清李衍孫撰。清鈔本。一册。半葉十行,行二十四字。

李衍孫,生卒年不詳,字蕃升,號昩初,山東武定府惠民縣人。清乾隆三十年(1765)舉人,歷官蒲城、沔縣等縣知縣。著有《吾廬詩集》不分卷、《哀劬堂稿》不分卷。其壽五十六歲,五十三歲時被罷官,歸里後輯有《武定明詩鈔》四卷、《國朝武定詩鈔》十二卷補二卷,表彰其鄉先哲。

此書分《去秦草》《徒駭草堂詩》《燕臺訪舊集》三集,附録七絶五首。各子集内分體編排。共收詩三百五十一首。封面題"求益我齋　鈔本"。此爲清道光二年(1822)其繼嗣李堯臣求我益齋鈔於兖州學舍之本,有乾隆三十五年(1770)堯臣題識,又有道光二年(1822)撰、十年(1830)修改後跋,稱其遺詩五百餘首,自鈔存三百餘首,"内惟《炊菰亭本集》及《河上集》爲少壯時所作,得詩九十餘首;《二紅堂稿》半屬强仕以後之什,得詩三十餘首;至《去秦草》等共二百四十餘首則皆罷官後之所作",及"仲鄰題識"。書成後并未刊刻,此爲僅存之鈔本。書中有朱筆圈點。(樊長遠)

就畇詩稿

清邊嶰禧撰。清鈔本。五册。半葉九行,行二十五字,小字雙行同,朱格。白口,四周雙邊,單魚尾。

邊嶠禧(1732—1770)，字霄芝，一字仰祝，號枝山，直隸任丘（今屬河北）人。清乾隆二十四年(1759)舉人。著有《就昀齋詩草》《古今詩話》《孝經彙》各若干卷。《［道光］任丘續志》卷上有傳。

明清時期任丘邊氏爲當地望族，書香世家，邊嶠禧幼從叔父、著名詩人邊連寶受詩法，亦善吟詠。此本爲朱格鈔本，第一册爲《就昀詩稿》四卷，有邊瀹慈題記云："此四卷應在自訂以前，此所存者後多删去，其間可存者謹記小點於題上，與後本複載者别用尖圈記出。譌字極多，有可臆度者用雙點點出，再校原本。"書中有浮簽及校改。瀹慈當係其後輩。第二册爲《就昀齋詩草》，爲删訂自存之本，有乾隆三十三年(1768)自序。第三册爲《庚辰間草》，末附瀹慈所撰《家大人事略》，所述與《就昀齋詩草》自序不合，不詳爲何。第四册爲詩集，無題名。末册爲《明史三字無雙譜樂府》，所收詩作按年編次，自乾隆十五年(1750)十八歲學詩起，終於乾隆三十三年(1768)，不分體裁。

據《大清畿輔書徵》卷十八載，邊嶠禧著有《就昀齋詩草》十卷、《駢體文》四卷，不知刊刻與否，亦未見傳本。有此鈔本存世，實屬難得。（樊長遠）

夢溪詩鈔一卷越吟草二卷

清魏晉錫撰。清道光二十七年(1847)刻本。一册。半葉九行，行二十一字。白口，左右雙邊，單魚尾。

魏晉錫(1722—1786)，字澤漪，號夢溪，鄉榜名晉賢，江蘇丹陽人。清乾隆三十四年(1769)進士，纍官至禮部儀制司郎中，因母病乞假歸鄉。乾隆四十五年(1780)任恩科會試同考官，狀元汪如洋即出其門。後出知汝寧府，代理南汝光道，能體察民情，頗有政聲。後以病辭官，歸鄉後受聘主講戴山書院。旁通醫理，著有《傷寒辨微論》，未見刊行。

此二編爲其曾孫景仁所刻。全稿已散佚十之八九，景仁多方搜集，僅得古近體詩五十餘首，惟《越吟草》較爲完好。《夢溪詩鈔》有清道光二十六年(1846)徐青照序、二十七年(1847)吉鍾穎序。《越吟草》有自序。晉錫嗜金石碑版之學，其《觀瘗鶴銘用東坡自金山放船至焦山韻》《焦山古鼎歌用昌黎石鼓歌韻》等詩均有典型。與吉鍾穎、劉大藻、戴敦元等唱和之作亦不少。《越吟草》以游紹興禹陵等作爲勝。（樊長遠）

自怡集十二卷嶺南詩鈔二卷

清吳錫麟撰。清嘉慶十二年（1807）刻本。八册。半葉十行，行十九字，小字雙行同。黑口，左右雙邊，單魚尾。

吳錫麟（1740—1807），字上麒，號竹泉，浙江嘉興人。清乾隆三十年（1765）舉人，官遂安教諭，清嘉慶初，吉慶督兩粵，招致幕府，任粵東鹽筴官。善畫山水、梅花，筆墨瀟灑，氣味清古，兼工篆刻。著有《自怡集》《嶺南詩鈔》《有正味齋駢文》。

《自怡集》爲吳氏自輯平生詩作。卷前有清嘉慶十二年（1807）其弟錫鳳序，稱：“去歲除夕喜得旋里，執手欣然，出篋中所刻《嶺南集》二卷并《歸舟雜詠》二十餘首，……若豫知玉樓之將赴召者念兄，年雖長余三齡……還家聚首四旬，和詩一什，竟成絶筆。”知吳氏即於作序之前去世。又吉慶序、仇養正題詞、毛賡昌跋。書名葉題“惠連居藏板”，卷末鎸“馬江李卓明刊刻”。全書按年編次，起自乾隆十八年（1753），止於嘉慶四年（1799），凡古今體詩八百六十五首。取材廣泛，爲詩主性靈而不徒恃性靈，頗見功力。《嶺南詩鈔》爲官粵八年時作品，起嘉慶四年至十一年（1799—1806），以當日軍營、海上貿易、鹽價稅收并寄情於詩。書中間附錫鳳等唱和之作。（樊長遠）

錢南園先生遺集五卷

清錢灃撰。清同治十一年（1872）刻本。二册。半葉十行，行二十一字，小字雙行同。白口，左右雙邊，單魚尾。

錢灃（1740—1795），字東注，一字約甫，號南園、介石生、如海居士、雲南昆明人。清乾隆三十六年（1771）進士，改翰林院庶吉士，授檢討，四十六年（1781）擢江南道監察御史。上疏彈劾陝西巡撫畢沅，畢沅奪職三級；復彈劾山東巡撫國泰驕縱無度，一時聲名大著。擢通政司副使，提督湖南學政，後任湖廣道監察御史。詩文蒼鬱勁厚。工書，正楷學顏真卿，行書參用米芾筆法，爲清中葉以後學顏字者所取法。又工畫馬，筆墨凝重，自成風格。《清史稿》卷三百二十二有傳。

錢氏生前無詩文集行世。清嘉慶六年（1801）法式善輯其遺詩二百餘首爲《南園詩存》，由趙州師範校刊。清道光十五年（1835），錢灃之子錢嘉棗又輯得《南園文存》二卷刊行。清同治十一年（1872），劉崐將上述二種合編，并從羅研生處覓得佚詩一卷，刊於長沙官書局，即此本。卷首有劉崐叙，法式善、姚鼐原刻序，袁文揆《錢南園先生別傳》、程含章《錢南園先生墓誌銘》及挽詩等。凡古今體詩二卷、補遺一卷，書、論、序、跋等遺文二卷。錢氏生性骨鯁，居官嚴憚，詩文如其人，風骨嚴峻。

鈐"張氏圖書"等印。（樊長遠）

西溪詩草四卷

清丁珠撰。清嘉慶十八年（1813）潛山丁氏刻本。一册。半葉九行，行二十四字，小字雙行同。白口，左右雙邊，單魚尾。

丁珠，生卒年不詳，字貫如，一字星樹，號西溪，安徽潛山人。清乾隆三十五年（1770）舉於鄉，授甘肅靈州知州，因公罣誤，而作《馬嵬坡》詩見賞於巡撫秦承恩、布政使周增，代謀開復，改授靈璧訓導。卒年七十餘。生平見本書卷前其好友熊寶泰所撰序。

丁氏詩作受袁枚賞識，與黃星巖并稱"袁門二星"，袁枚《論詩絕句》有"星樹星巖七字佳，是儂題出好才華"之贊譽。佳句選入《隨園詩話》卷六，尤以"此事未知何日了，著書翻恨古人多"之句爲袁氏稱道。清嘉慶十八年（1813），其孫萬鈞從其遺書中檢得《西溪詩草》詩稿三卷，又從零星片紙及親朋等處搜集若干首，續爲《補遺》一卷，編次成集，雕印行世。全書共收詩百餘首，以詠懷、詠史（如《馬嵬十絕》）之七言絕句爲佳。卷末有萬鈞跋，言其詩作得失及刻書經過。丁氏所作詩有袁枚爲之延譽，一時詩名藉甚，而萬鈞所刻此集傳世頗爲稀見。近人蔣元卿《皖人書録》僅載《西溪詩草》不分卷,同縣郝如壎鈔本。此本爲國家圖書館所藏四卷足本。
(樊長遠)

思亭文鈔二卷

清顧塈撰。清刻本。一册。半葉九行,行二十一字。白口,左右雙邊,單魚尾。

顧塈(1740—1811),字堯峻,號思亭,江蘇長洲(今蘇州)人。蘇州縣學諸生,受業於沈德潛。清乾隆三十八年(1773)在天津應召試詩,爲皇帝嘆賞,擢第一,賜舉人,掌教大名天雄書院。乾隆五十年(1785)授丹徒縣學教諭,清嘉慶十二年(1807)升常州府學教授。生平喜讀書、吟詠,不逐名利。著有《思亭詩鈔》八卷、《文鈔》二卷、《賦鈔》二卷、《覺非庵筆記》一卷、《時藝》一卷。

此書前有乾隆五十七年(1792)蔡之定序稱,"曩讀《詩鈔》,傾心綦至,兹復承示鴻篇,知必有異乎人者",知其刊行《詩鈔》之後,又輯此《文鈔》二卷。凡雜著三十篇、駢體文十三篇。

此本曾爲傅增湘舊藏,鈐有"傅增湘讀書"印。(樊長遠)

刻楮吟一卷陟岵草一卷字字珠一卷夢餘草一卷

清周文鼎撰。稿本。一册。半葉九行,行二十字,無格。

周文鼎,字約耕,江蘇常熟人。所撰除《刻楮吟》《陟岵草》《字字珠》《夢餘草》各一卷外,另有《約耕集》《願學集》一卷。

此本卷首有程定謨、許廷誥題詩。程定謨(?—1837),字心宇,號醒雨,清代昭文(今江蘇常熟)人。歷任安徽廬江訓導、翰林院典簿。程氏善詞章,有《小書舟樂府》三卷行世。詩末鈐有"定""謨""詩到無人愛處工"印。許廷誥(1765—?),初名景誥,字八兼,號伯緘,江蘇常熟人。諸生。工隸書。有《碩寬堂詩鈔》等。許廷誥題詩題於嘉慶戊辰(十三年,1808)閏五月。還有"許廷誥讀過"觀款。《刻楮吟》卷端署"布衣學人周文鼎",《陟岵草》卷端署"南沙周文鼎著",《字字珠》卷端署"周文鼎約耕甫著",《夢餘草》署"白川後人周文鼎著"。行文中有朱筆校定圈點,字體娟秀。表現内容多離愁別緒，追思悼亡等。

鈴有"鐵琴銅劍樓""瞿氏鑒藏金石記"印。（李玉瑋）

補亭詩鈔五卷

清馮念祖撰。清鈔本。二册。半葉八行，行十六字，小字雙行，行二十四字，無格。

馮念祖（1762—1807），字爾修，號補亭，浙江海寧人。諸生。嘗館於吳中鮑氏，才名噪甚。精於詩，爲清錢大昕（1728—1804）、孫星衍（1753—1818）所賞。後以雙目失明廢。著《補亭詩鈔》五卷、《東游草》一卷、《吳會吟》一卷、《瀕海集》一卷。生平見《兩浙輶軒續録》卷十六。

此本收念祖詩兩百多首，數量遠勝於《東游草》一卷、《吳會吟》一卷、《瀕海集》一卷（國家圖書館藏）。收詩雖有重出，然文字或異。《吳會吟》中《懷鮑卧雲表弟游武林》，此本作《懷鮑卧雲游武林》，録三首之二、三，第二首中"倚樓落葉滿楓林"作"兼葭影裏憶知音"，第三首中"駐馬孤山復泛舟"作"棹入西泠碧樹幽"，意境似更勝。又《閲史絶句》三本均收，此本多録一首，"琅邪刻石紀功回，徐市樓船採藥開。海上神人消息斷，鬼雄親爲祖龍來"，且第四首中"文成五利皆前鑒"作"文成五利身名裂"。書中亦存原詩注語若干，爲瞭解詩文之重要資料，如《夜雨懷夢唐陸氏齋頭》後小字注"即明瑟園主人陸增舊宅"。書前副葉黏墨筆書札一通又書末副葉黏紙一張，書《補亭詩草補遺》三十五首目及將付資請人鈔寫事宜。（劉悦）

東游草

清馮念祖撰。清刻本。一册。半葉九行，行二十一字。白口，四周雙邊。

《東游草》十四葉，無序跋，收詩四十五首，多爲紀游所作，如《同鮑卧雲弟泛舟虎邱》《天平謁范文正祠》《仙人影》《兼山閣》《馳煙驛》《拂水巖同鮑西洼弟作》《過無錫望慧山》《渡揚子江望金山》《瓜洲》《揚州詞》《水繪園有感陳迦陵事》《黃河曲》《河口酹飲》《月中聽王惜暮歌》《日暮》《山中雲》《下相懷古》《黃鄉》《停舟萬年牖雷雨交作》《東平道中》《西楚霸王墓》《皖城懷古（三首）》《登高唐州城》《自聊城至汶陽途中口占》《曉過穆陵關》等。又有《夏鎮送別王惜晷》《新秋和桐城鄧司六》《閱史絶句》《高唐雜詩》等詩。（劉悦）

吴會吟一卷瀕海集一卷

清馮念祖撰。清鈔本。一册。半葉十行，行二十字，無格。

《吴會吟》三葉，收詩九首：《將至吴門留別友人》《送吴於門之廣陵》《題朱蘭崖遺稿》《歲暮懷人（十首存四）》《懷鮑卧雲表弟游武林》《九日同選堂表弟邀古歙鄭吉也泛舟石湖》。《瀕海集》收詩數十首，如《題陳芝田妹丈柳塘煙水圖》《病中憶弟》《與吕耕山夜話次元韻》《詠古劍贈吴槎客先生》《祝晴江母舅五十大壽》《閱史絶句》《干令升墓》。此書與馮氏撰《補亭詩鈔》重出較多，與《東游草》亦有重出。部分書葉有墨筆修改。《瀕海集》卷首數葉又有朱筆圈點及評點之眉批。書末副葉黏清光緒三十年（1904）朱欄箋紙一張。（劉悦）

輯園偶吟草

清楊瑞華撰。民國三十年（1941）鈔本。一册。半葉十行，行二十字。白口，四周單邊。

楊瑞華（1734—1798），字蔭年，號輯園，晚號省緣，江蘇太倉人。諸生，以貲授中書科中書。性至孝，尚氣誼。著作曾由後人結集爲《飲馬懷正集》四十二册，《續集》五十四册。民國二十六年（1937）抗日戰爭全面爆發，此書多半散佚，祇餘《正集》卷十七和《續集》卷二十二。

《輯園偶吟草》書衣題名《扣槃吟》。"扣槃"語出《詩經·國風·考槃》，意擊槃爲樂，是隱士的象徵。楊氏詩集以此爲名，應有以隱士自喻之意。此鈔本自成書始即遭遇坎坷，嚴瀛於卷末作《重録扣槃吟記》載，此書清嘉慶五年（1800）初次散出，後經族中菊伯覓得，本擬刊行，未得付梓，復又流散書肆。民國八年（1919）嚴瀛初録此書，民國二十六年（1937）戰亂，三遭散失。至民國二十八年（1939），方在族兄經營之染香樓中發見此書,并於民國三十年(1941)鈔畢。

此鈔本前附《[嘉慶]直隸太倉州志·孝義傳》所載楊瑞華事迹。詩集所錄詩近五十首,内容以描寫鄉居生活爲主。題材有贈答、送别、寫景、感興、懷古等。體裁則五七言、古體、近體皆有。其中以五古較佳,如《求友》"嚶嚶春樹禽,求友鳴高枝。落落窮巷士,抱影空嗟咨",模擬古人,雖少新意,亦屬工緻。(杜萌)

漁山詩稿十卷首一卷

清朱天衣撰。清嘉慶二十年(1815)刻本。四册。半葉九行,行二十一字。黑口,左右雙邊。逢吉堂藏板。

朱天衣(1741—1810),字崀齋,號漁山,晚號退寮,浙江嘉興人。清乾隆五十四年(1789)舉人,後絕意仕進,鄉居教書爲業。

《漁山詩稿》爲朱天衣晚年自訂詩集,收詩五百九十九首。起乾隆二十五年(1760),迄清嘉慶十五年(1810),凡五十一年。詩稿共十卷,卷一《冰繭集》;卷二、三《舞蛟集》;卷四至七《玉樹集》;卷八至十《東嘯集》,卷末附有《東嘯集補遺》十四首。據卷端嘉慶十九年(1804)受業門人金楷識語可知,朱天衣"中年後交游絕少,又足迹未逾五百里,以故贈答游覽之作甚罕"。卷六《四十九吟》一詩,有"崀齋四十九,事懶名心灰。卧游歷五岳,鼻息鼾如雷",亦是佐證。

此本卷端有吳省蘭爲朱天衣畫像,題爲《桐蔭炑賡圖小像》,後附題圖詩一首:"據梧而吟,清風謖謖。碧雲在天,女蘿披石。得意疾書,墨痕新緑。瞻仰豐規,温其如玉。"又有《桐蔭秋賡圖題詞》若干首,爲朱天衣友朋所作。卷末朱天衣嘉慶十六年(1811)詩作十四首,是爲補遺。并有其子朱邕跋語。

朱天衣詩作,卷端金芝跋言,其作詩多"隨所感觸,發爲吟詠,篇什益多,味其言,皆性真流露,有當乎温柔敦厚之遺意"。觀其詩,確可體會其刻意雕琢少而自然性情多。卷四第一首《渡錢塘江抵西興》"伊軋肩輿過草橋,輕陰微雨上寒潮。一蒿水度江干淺,十里沙行渡口遥。鐘鼓西來傳薄暮,樓臺東望冠層椒。萍蹤漂泊知何似,驛吏逢人漫折腰",可爲代表。

朱天衣曾囑托門人金堦與子閟共同刊刻此書，且不可絲毫更改，故此本完整保留了朱天衣詩作原貌。（杜萌）

秋心集一卷

清沃林撰。清乾隆刻本。一册。半葉八行，行十九字。白口，左右雙邊。

沃林（？—1770），字松亭，一字楓溪，江蘇山陽人。諸生。沃林家中排行老么，父母早亡，與其侄子沃元同歲，共學於私塾。他自幼體弱多病，常嘔血不止，家道中落，補得博士弟子員，後遂無心科舉仕途之業，一心寄情於詩文之中。

該書爲沃林詩集，錄其詩九十二首。其詩多游歷感懷之作，其情深沉肅鬱，寫秋訴愁之詩亦多感人之句，蓋與其家道中落及年幼多病有關。其詩多爲沃林“歷年遭坎坷、經盤錯、窮愁抑、鬱感憤而成者”。其中《憶游平山》二首於惆悵之中亦有風韻留戀之感，語句頗爲清麗自然，實爲佳作，值得涵詠玩味。

該書首有張年豐《松亭外傳》，清乾隆庚寅（三十五年，1770）九月既望陳肇基《序》，常循《序》，李華《秋心集序》。書末有其侄沃元撰其生平跋文。該書集乾隆三十一年至三十五年（1766—1770）詩人所作詩文。據沃元跋文稱沃林在彌留之際將《秋心集》詩稿交付於他，并囑其交於常循、陳肇基兩先生，使其得以刊行於世。該本刻印精良，字體工整。（賈大偉）

種李園稿

清顔崇榘撰。清道光二十九年（1849）刻本。一册。半葉十行，行二十一字，小字雙行同。黑口，左右雙邊，單魚尾。

顔崇榘（1741—？），字運生，號心齋，山東曲阜人。清乾隆三十五年（1770）舉人，曾任曲阜四氏教授，清嘉慶四年（1799）秋攝理通州海門同知，後任官江蘇興化知縣。著有《種李園詩話》《磨墨亭詩稿》，另有《續魯故同席錄》《心齋紀異》《朕鯖小紀》等。生平喜好金石之學，兼有墨癖，書法亦善。

此本《種李園稿》不分卷，天津王大淮海門校，曲阜劉文炳刻。卷末有“男懷鈺懷玨謹校字”，懷銈、懷玨爲顔崇槼二子。王大淮，嘉慶十五年（1810）舉人，天津副貢，官山東曲阜知縣。本詩集所收詩作大約按創作時間先後排列，起自嘉慶元年（1796），截至嘉慶十七年（1812）冬，此時顔崇槼已七十歲。顔崇槼詩作内容與其生活經歷息息相關，攝理海門同知，有《庚申二月初至海門寄未谷滇南》，叙述年老猶需在宦途的清苦與孤獨。後至江蘇興化途中，路過京口，有《京口早發》“晨風夕月塔孤影，野水寒煙山四圍”。其詩作遣詞造語多温和冲淡，雖老境而不顯頹唐，苦中作樂，饒有意趣。（杜萌）

摩墨亭稿

清顔崇槼撰。清道光二十九年（1849）刻本。一册。半葉十行，行二十一字，小字雙行同。黑口，左右雙邊，單魚尾。

本書前有清道光二十四年（1844）阮元序，卷末題“曲阜劉文炳鐫”。書名葉題名爲馮桂芬所書。全書不分卷，收録顔崇槼歷年所作詩，題材有酬唱、題畫、詠物、感懷等，體裁亦五七言兼有，五古頗具古風，如《妾薄命》。顔崇槼鄉居曲阜期間，與同鄉桂馥交游，《古意同未谷作》一詩，即爲二人唱和之作。

阮元對顔崇槼頗爲賞識，任職山東學政時獨推兩人，一爲桂馥，一爲顔崇槼。阮氏於序中言，“曲阜令尹王君大淮命其子鴻搜羅而刻之，爲小集，詩格清高，卓然成家”，可知此詩集整理曾經曲阜令王大淮之子王鴻之手。（杜萌）

辦差日記一卷清河詩草一卷歸田偶興一卷

清張錦撰。清乾隆刻本。一册。《辦差日記》，半葉九行，行二十一字，白口，左右雙邊，單魚尾；《清河詩草》，半葉八行，行二十字，白口，四周單邊，單魚尾；《歸田偶興》，半葉九行，行二十字，白口，四周雙邊，單魚尾。

張錦，號菊知，山西陽城人。清乾隆四十六年（1781）會試中試，次年官清河令，歷三閲月即罷任。

乾隆四十五年（1780）乾隆皇帝第五次南巡，次年初，張錦被召至任丘行宫，負責整理皇帝駐留此地期間所作詩文并各類墨寶。《辦差日記》即爲張錦在鈔録御製詩時所寫的十日内日記,後附徐後山與沈梅村評語。

乾隆四十六年(1781)六月,張錦任清河令,然爲事所累,歷三月即罷任。三月之間,張錦與民同樂,卸任後,鄉民遞相送贈。《清河詩草》即爲此間所作。詩作五言、七言皆有,内容包括飲餞、留别、議論、吊贈等類别。風格樸實真切,雖無甚文采,然情感真摯。如《農民吴玉餽生魚兩尾》:"學未優兮仕自疏,半籌莫展愧尸居。我非子産能持鄭,何處斯人學餽魚。"卷首有乾隆四十七年(1782)張錦自序。

《歸田偶興》爲張錦罷官以後,歸園田居之作。有和陶、律陶、集陶三類,可見張錦對陶淵明的仰慕與喜愛。卷首有石麟壽序言,稱贊其詩"和陶神與古會也,集陶天衣無縫也,律陶化工在手也",極盡稱贊之能。卷末有徐後山點評,亦贊其詩不輸陶淵明。

此合刻本行款版式各不相同,應是在不同時間先後刊刻彙印而成,時間在清乾隆間。(杜萌)

澹如軒詩鈔五卷

清章銓撰。清鈔本。一册。半葉十行,行二十一字,紅格。白口,四周單邊。

章銓,生卒年不詳,字拊廷,號湖莊,浙江歸安人。清乾隆三十六年(1771)進士,由翰林改户部主事,升郎中,出爲寧夏知府,後歷知湖北襄陽府、廣東韶州府,終於廣東糧儲道,著有《吴興舊聞補》《湖莊詩集》。

《澹如軒詩鈔》收録章銓詩作的創作時間,大概在乾隆四十五年至四十八年(1781—1873)之間。乾隆四十五年所作詩雖單獨成編,但没有題名,其他四編,即《郎官續集》《郎官續集辛丑》《郵程隨詠》與《銀川集》。前兩編爲章銓任户部郎中時所作,後兩編爲章銓出任寧夏知府途中及到任後所作。

章銓所作宴游詩往往無甚新意,描寫日常生活、抒發情感則多佳句。如《苦雨》一首,描寫秋日淫雨不絶,"老農有奇占,乘船入城市……更苦床床漏,難謀席他徙"。再如《南留智旅店别王少林嵩高郡丞》"燈火黄昏夕,天涯會面難。談心惟旅店,分手又河干",情感深摯而悠遠。此外,詩集中還有章銓在行旅途中所録題壁詩,與友朋酬唱時友人的唱和之作。

《詩鈔》卷首録有《[光緒]歸安縣志》所載章銓事迹。卷端鈐印"争硯廬""吴興劉氏嘉業堂藏"兩方朱印。從鈔寫筆迹來看,應非一人所鈔,但字迹皆圓潤清秀,可稱佳本。（杜萌）

染翰堂詩集不分卷

清章銓撰。清鈔本。六册。半葉十行,行二十一字,白口。四周單邊,單魚尾。

本書收録章銓自清乾隆二十六年至清嘉慶五年(1761—1800)所作詩。卷端有序言三則,一爲嘉慶三年(1798)戴璐所作,先録作於乾隆三十三年(1768)的駢文頌賦,後叙與章銓生平交游,辭章極盡誇贊之能;二爲嘉慶五年(1800)章銓於廣東韶州知府任上自序,述此詩集收詩起止,并其科舉、仕宦經歷;三爲乾隆四十四年(1779)章銓自序,簡陳其歷年詩作結集情况,自乾隆二十六年至三十二年(1761—1767)詩鈔爲一册,乾隆三十二年另有《鶴湖》《江淮》《風雪》《驢背》等集,另爲一帙。

《染翰堂詩集》所收詩時間跨度較大,章氏自謂"其體屢變"。觀其詩,多鋪陳而少情致,唯所到之處皆一一賦詩,故可因其詩而考其行。又此詩集爲其子章慶潮與同鄉姚廷文所校,間有眉批。

後附《湖莊詩餘》,載章銓所撰詞,婉委清雅,略有可觀。卷末有一題籤:"集内詩餘數首,散在詩内,應摘出歸入此卷,又試帖詩亦應歸入試律末卷内。庚申三月十四。"應是鈔成此本後,發現有未妥帖處,故有此言。

鈐"虞傳"印。（杜萌）

功餘草一卷

清榮玉潔撰。稿本。一册。半葉八行,行十六字,無格。黄廷鑑跋。

榮玉潔(1710—1765),字澹庵,江蘇常熟人,諸生榮孝先女,諸生季鳳光妻。

此爲稿本,收詩八十一首,卷端署“公山張御衣評點　琴川王譽昌校定　澹庵榮玉潔著　男文潮孫隨參”。首有黄廷鑑跋,跋稱:“此册乃余外高祖母榮夫人詩稿也,藏余家幾五十年,後爲鼠嚙,將入紙簏,重爲粘補成帙,以備有好事者或付梓或選刻,不僅作者幽光得顯,亦爲吾邑閨秀中添一詩人也。幸甚。道光己丑六月朔四世外孫黄廷鑑識,時年六十有八。”并注:“夫人爲諸生季鳳光室,鳳光父才,字元裳,號北園,有詩名,著有北國初、二集,尤西堂陳確庵皆爲之序。”序後有作者小引,稱幼喜詩書,然非女子宜學,遂放棄,習女紅。然心中一直無法忘却,便在昆弟誦讀,先父講解時傾聽,後戲謔中顯露詩才,并將觸景生情之作書於短箋,輯録若干,名爲《功餘草》,爲聊以娱情之作。（李玉瑋）

溪西集一卷集句叢鈔四卷

清戚學標撰。清嘉慶十五年(1810)刻本。二册。半葉九行,行二十二字。白口,左右雙邊,單魚尾。

戚學標,字翰芳,號鶴泉,浙江太平(今浙江温嶺)人。清乾隆四十五年(1780)進士,官河南涉縣知縣,後改寧波教授,未幾,歸鄉。早年從天臺齊召南游,稱高第。性情剛直,多與上官齟齬。詩宗杜甫,古文尚兩漢,尤精考證。著有《漢學諧聲》《詩聲辨定陰陽譜》《四書偶談》《鶴泉文鈔》《景文堂詩集》等。

《溪西集》共收戚學標所作五律、七律各五十首。卷端有清嘉慶十五年(1810)林茂堃所撰識語,述其編纂詩集的過程,與戚氏詩作之特點。戚氏此集,皆以“溪、西、雞、齊、啼”五字爲韻,用典既多,故林茂堃多有注釋。

《溪西集》因嚴格遵守五字韻,且有百首之多,讀來難免有牽强之感。所幸詩作取材範圍廣泛,有一定生活氣息,尚可一讀。如《示兒子》“書窗對好溪,布席近樓西。仰面休看鳥,求心甚放雞。一經先業在,八行古賢齊,冀爾吟孤鳳,慎毋鷗怪啼”,頗爲有趣。

此集後另有《集句叢鈔》四卷,卷端有戚學標自叙,言集句詩爲平日酬應必備,集杜、集李、集唐詩已專門刊刻行世,此四卷《集句叢鈔》爲雜集諸家之作。集句來源有《詩經》《離騷》《文選》、陶淵明、王維、白居易、蘇東坡等，仍以集唐詩爲主。
（杜萌）

香雲草屋詩稿一卷

清傅汝懷撰。民國二十六年（1937）鈔本。一册。半葉九行，行二十五字。

傅汝懷，字淵伯，號碻園，貴州甕安人，傅玉書長子。歲貢生。博學能文，尤長於詩，掌教黔西萬松書院。曾校刻其父所編之《黔風舊聞録》與《黔風鳴勝録》，著有《保菽軒詩草》。

據卷末清光緒十一年（1885）傅壽朋識語，傅汝懷爲壽朋族伯祖，所著《香雲草屋詩稿》本有二十八卷，存於家者僅卷七、九、十、二十六，且多有殘缺。壽朋將詩集中，除投贈、歌頌類外保存尚完好的詩作鈔爲一卷。國家圖書館所藏此本，卷後又有小字題“據朱桂華先生藏鈔本重鈔”，不知朱氏藏本是否即爲壽朋鈔本。

此詩稿所録皆傅汝懷詩作之吉光片羽。部分詩作風格樸素而俊秀，寫實性與敘事性較强。如《述吏語》言猛虎出入城郭，傷害民人，小吏無從處置，具有極强的畫面感。另有一部分詩作，則因其未入宦途，故多鄉居閑游之作。如《閑居》“終古乾坤大，幾人自在行。好游成野客，識字誤儒生。象演天山卦，吾降後先庚。閑居可無待，莫訝數難争”，亦屬超脱。

此鈔本字迹俊秀清新，布局舒朗，可稱佳本。（杜萌）

酉樵山房文集四卷

清猶法賢撰。清道光十五年（1835）木活字本。四册。半葉十行，行二十一字。白口，四周雙邊，單魚尾。

猶法賢，字心魯，號酉樵，貴州甕安人。清乾隆二十七年（1762）副貢，官鎮遠教諭，後遷至鎮遠府教授。年八十七而卒。平生肆力古文，結集爲《酉樵山房文集》。另著有《黔史》四卷，參與纂輯《［乾隆］鎮遠府志》。與傅玉書并稱爲貴州兩大“詩宗”。

《酉樵山房文集》爲猶法賢古文全集。卷首有乾隆五十六年(1791)傅玉書序，并清道光十三年(1833)李遇孫序。李遇孫曾選猶法賢古文四十七篇爲集，道光十五年(1835)猶法賢長子猶以�排印全集時，未及請序，故借李遇孫爲選本所作序冠此。卷末有李遇孫爲猶法賢所撰《貴州鎮遠府教授酉樵猶君傳》，叙猶法賢生平經歷并爲學志趣；另有湯溪范欽所作《酉樵猶老夫子文集跋》，稱猶法賢"理本程朱，格宗韓柳"。

此文集共四卷，卷一爲記；卷二序、論、書、書後；卷三跋、銘、説、傳、事狀、墓表、哀辭、哀誄；卷四爲墓誌銘。猶法賢爲文樸素平直，確爲古文風範。卷一《酉樵記》，叙其別號由來，以夢中見老人伐樵於酉山，類比己身於學林琢磨經史子集。卷三《臨川文跋》，以王安石學問文章天下推服，而變法革新禍亂當世，論儒家之重躬行，可見其識見之板正。

此文集爲猶法賢之子猶以榅借范欽等友人之力，於道光十五年以活字印行。卷端鈐有"法賢""心魯"二朱印。（杜萌）

一園文集十二卷附補遺

清俞廷舉撰。清嘉慶十七年(1812)刻本。七册。

俞廷舉(1743—?)，字石村，號一園，又號一園山人，廣西全州人。清乾隆三十三年(1768)鄉試中舉，四十六年(1781)出任四川營山知縣，後因久病革職，養病成都期間，曾應邀參纂《四川通志》，後回原籍。

《一園文集》據序題，又稱《静遠樓全集》，前有沈清任、左方海、李元、朱雲焕、阮龍光序，又有王宫、程尚濂題詞。據左方海序，"所刻有一園古文、時文、與醫書、堪輿家言，及未刻詩集、詩餘各種，咸以之來囑予叙，且諄諄然囑余丹鉛塗改甲乙之"，似《一園文集》與《一園時文》成書時間在《一園詩集》之前。

一園時文

清俞廷舉撰。清嘉慶十七年(1812)刻本。一册。

《一園時文》書名葉題"弍園時文　石村自評"。前有清嘉慶十五年(1810)自序、清乾隆四十九年(1784)仁和沈清戊子課草序、戊子課草原序，全書分上論、下論、學庸、上孟、下孟、補遺六部分。本爲俞廷舉自作文，附評語，以爲科舉津梁。

一園詩集十四卷

清俞廷舉撰。清嘉慶十七年(1812)刻本。六册。

《一園詩集》卷首有清嘉慶十七年(1812)作者自序，稱一園七十老人；并李元、阮龍光、朱鈞直序，後附作者跋文。《詩集》分爲五編，卷一至二《飛雲草》，録二十歲前後讀書桂林獨秀峰時，與諸友結社會文之作；卷三至四《嘸綠草》，録二十三至三十五歲之間，家居讀書之作；卷四至六《水雲草》，録三十五至三十九歲，北上京師，往來煙波水雲之中所作；卷六至十《浣花草》，録乾隆四十六年入蜀後所作；卷十一至十二《歸田草》，爲四十五歲以來所作；卷十三詩餘，題《紅牙草》；卷十四《静遠樓別集》，皆匾聯之類。

俞廷舉文章追模古人，左方海序言"其爲文則韓潮蘇海，若長江大河滔滔蕩蕩，剛勁之氣，終不能遏"；詩則如李元序所稱，"流連於父子兄弟五倫之間，言短興長，情真語摯"。（杜萌）

摘録班斧集一卷

清莊一夔撰。清嘉慶刻本。一册。半葉九行，行二十一字。白口，四周雙邊。

莊一夔(1743—1827)，字在田，號讓齋，江蘇武進人。曾任湖北荆門州吏目。精醫擅詩，尤擅外科和兒科。著有《驚風辨證必讀》《福幼編》一卷、《遂生編》一卷、《廣生編》一卷、《種痘簡易良方》《保赤全編》二卷(與莊楷著作合編)、《宛南吟草》等，《遂生編》專醫痘症，《福幼編》專治慢驚。

本書前有清嘉慶十二年(1807)海慶序，內稱《班斧集》"集中之詩計二百首，無語不香，有言必秀，和韻者居其大半。至琵琶疊韻三十首，無一處重複，尤爲前人所未及，而立意清新，鍊字工穩，竟似美玉無瑕，天衣無縫，讀之令人心曠神怡，手不能

釋"。并一再稱頌其詩集風雅俊逸,光怪陸離。又認爲作者能醫擅詩,互相補益:
"觀其醫不知莊君能詩,觀其詩知君善醫岐黄,高妙究從學問中來。"本稿於莊君詩
集中"摘録琵琶詩三十首,落花詩十首,美人詩二十首",故書籤、目録均題"摘録班
斧集"。序後有目録,《再詠美人》十首經墨筆改爲七首,而正文末葉有裁剪粘貼,
故内容似不全。卷末裁剪粘貼葉内容爲:"沉魚落雁,閉月羞花,詠美人,八字盡之。
無一語重複,亦無一字借用,曲繪其美,非揣摹純熟,曷能臻此化境。袁枚拜讀。"又
墨筆題"秋庵秘笈"。(徐慧)

鐵硯山房稿一卷

清鄧石如等撰。清木活字本。一册。半葉十行,行二十四字。白口,四周雙
邊,單魚尾。

鄧石如(1743—1805),名琰,以字行,一字頑伯,别號完白山人,又號笈游道
人,安徽懷寧人。書法篆刻,皆臻神妙。

本稿前有兩篇散文,分别爲鄧石如《上樊大公祖陳寄鶴書》《上寄鶴書後太守
樊公晉仍以鶴送歸僧院詩以志喜》,後又有鄧傳密《乞住惜陰書舍四松别業博山園
啓》及魏源、馬沅、馬毓桂讀啓題語。鄧傳密(1795—1870),原名尚璽,字守之,號
少白,鄧石如之子。曾從清代名士李兆洛(字申耆)學,晚入曾國藩幕。敦樸能詩,
篆、隸有家法,爲清代書法家、學者。此兩篇散文後爲《鄧氏詩略》,輯録鄧氏詩人
詩歌數篇。如首篇爲《皇城留别三兄思範歸里》,署名"世霖";第三篇爲《大觀亭謁
余忠宣公墓》,署名"石如"。多爲近體寫景、紀游、抒懷詩。

鄧石如除此稿外,尚有鈔本《完白山人集》不分卷,安徽省圖書館、安慶市圖書
館藏;清刻本《完白山人詩鈔》一卷,凡詩七十二首,《續修四庫提要》著録;《完白山
民寄鶴書》一卷,光緒二十一年(1895)無錫鄧氏成都刻,四川省圖書館藏;《完白山
人詩文輯録》一卷,穆孝天、許佳瓊編,録詩七十一首,詞五闋,楹聯二副,文十篇,書
信六通。(徐慧)

牧石居詩集二卷

清釋默可撰。清嘉慶十六年（1811）刻本。一册。半葉十行，行二十一字，小字雙行同。白口，左右雙邊，單魚尾。

默可（1743—1808），字杲堂，號芋香，又號牧石，俗姓翁，幼名起昆，江蘇吳縣（今蘇州）人。年十六出家吳縣竺峰庵，後雲游。年二十得戒於福州鼓山遍照和尚。清乾隆四十六年（1781）朝五臺，歸應彭紹升，請居海會庵，閉關二十年。性至孝，待人温如，博通内外典而不事著述。

本稿正文前有清嘉慶十五年（1810）長洲顧承序、牧石老人小像及印庚實題辭。據詩集目録可知，詩集包括卷上五言古詩十三首、七言古詩六首、五言律詩十五首；卷下七言律詩十九首、五言絶句十四首、七言絶句五十八首附塔銘。顧序談及詩集成稿緣由：“石屋詩，圓淨名通，離諸障礙，心好之。竊以爲石屋之詩非詩也，智慧發光而已矣。牧石上人，今之石屋也。禪餘之暇，喜爲韻語，行脚時，紙墨不具，拾落葉書之。今不可得見矣。癸卯以來，閉關海會，人稍稍見其手迹，亦未嘗有稿也。上人化後，予從知識家搜羅鈔録，凡得若干篇，於是上人詩始有定本。”正文有墨筆圈點。（徐慧）

緑煙瑣窗集

清明義撰。清鈔本。一册。行字不一。

明義，號我齋，富察氏，滿洲鑲黃旗人，都統傅清子，將軍明瑞弟。官至參領，任上駟院侍衛，爲皇帝管馬執鞭。

本集書衣有陽文方印四枚、陰文方印一枚。題“緑煙瑣窗集詩選”。卷端題“緑煙瑣窗集”，下鈐陽文方印閑章“松月夜窗虛”兩次。正文包括四言古詩、五言古詩、七言古詩、五言律詩、七言律詩、五言絶句、七言絶句、詞等，分體鈔録，每種體裁前均有題名、著者。内有《題林瀟溪竹苞松茂圖》等詩詞。卷末有《古意》一篇，字迹似與前文不同，又有多處塗改，疑爲另一人鈔録。卷末鈐“賞心樂事”等印章

數十枚。正文有朱筆圈點、少量批語。（徐慧）

粤游詩草二卷

清沈峻撰。清乾隆五十六年（1791）刻本。一册。半葉八行，行十六字，小字雙行同。白口，四周雙邊，單魚尾。

沈峻（1744—1818），初名揮，字丹崖，號筌浦，一號存圃，直隸天津人。清乾隆三十九年（1744）鄉試副榜，次年考充八旗教習。五十一年（1786）授廣東吴川縣知縣。五十七年（1792）以失察私鹽案遣戍新疆。清嘉慶二年（1797）歸里，授徒講學至終。生平有詩近三千首，晚年删汰自輯，編爲《欣遇齋詩集》十六卷，清道光十一年（1831）其子兆澐刻。

《粤游詩草》二卷爲沈氏任粤時所作。正文前有陳張元序、乾隆五十六年（1791）沈峻自序附題句一首、林泰雯序。陳序盛贊沈氏不僅政績斐然，又發聲爲詩，學道愛人：“邑侯存圃沈公政尚慈仁，治崇寬簡……牛刀之暇，時出其文章緒餘，寄筆墨於山水涯谷鳥獸蟲魚之花，實撫字之勤勞，簿書之鞅掌，輒於詩焉……夫以公之政績，可以留不朽於斯土者，固不徒在於詩，然被公之政，讀公之詩，因公之聲而得公之心，則又知爲民父母者，學道愛人之化，固在此不在彼也。”沈峻自序交代了學詩的經歷及成稿的經過：“童年與伯兄屬志爲排偶聲律之學，及中歲衣食奔走，輒捨去俛就一官，倏忽五稔，回溯舊業，如前塵昨夢矣。顧偶不自禁，擁鼻作洛生詠，燈青月白，欲喚奈何……時日既久，因録成帙。”林泰雯對沈峻詩歌評價也頗高：“歌嘯近體，則珠聯綺合，風雅宜人。古製亦流水行雲，縱捈惟我無事，鏤金錯彩，娟娟如水際芙蓉，奚取牛鬼蛇神，濯濯似月中楊柳。”林序亦給出了其詩論主張和詩歌宗奉：“宗初盛而薄中晚，一洗白俗元輕，追正始而別僞裁。”詩草正文分兩卷，卷上爲古體，卷下爲近體。（徐慧）

鴛鴦社草一卷

清王路卿撰。清鈔本。一册。半葉八行，行十九字。

　　王路卿,清女詩人,字綉君,號仙媚,江蘇通州人,孝廉馬振飛妻。天姿穎異,讀書過目成誦。所繪禽魚花鳥極工。閑製小詩,琴瑟唱酬,伉儷極篤。撰有《鴛鴦堂集》《錦香堂集》。

　　此集爲清鈔本,題名“鴛鴦社草”,下注“白琅王路卿(丁酉科舉人馬振飛之配)”,收入作者《早梅》等詩四十餘首,皆與社友所作。作者作爲女子,其詩文語句時而歡快、時而安静、時而悲切,如《吊會稽女子·其三》中“杜宇聲聲喚阿誰,一回腸斷一回悲。小星椔木人何在,忍使梨花著兩垂”,表達作者極度哀痛和思念;《草亭即景》中“研墨忘心倦,怡情遠俗塵。山居鋤野蘸,鳩語話殘春。覓地堪栽竹,耽書可療貧。水流花自發,渾似葛天氏”句,寧静中透露着愉悦之情。全文部分語句有貼改,多處墨點、劃綫,部分語句後有糾正,如對《懷遠》詩,指出“‘忘’與‘柳’不對”,將《種桃》的“春生芝草緑”劃改爲“清風漫草碧”等。

　　《中國古籍善本書目》集12037條著録。(王永全)

净香居詩草一卷題畫詩一卷

　　清金夢蘭撰。清刻本。一册。半葉八行,行十九字,小字雙行同。白口,四周雙邊,單魚尾。

　　金夢蘭,女,字香甦,江蘇淮南人。

　　此集卷末缺葉、有水漬。卷首缺翁方綱序。卷首有清嘉慶辛酉(六年,1801)吴鼒序。序後又有籰睦汪端光、揚州羅聘、友松老人歸錢程璿題詞,及船山居士張問陶、韻徵女史林頎聯句,吴鼒序稱:“香甦夫人派洗香奩,輝流彤管,上頭夫婿,巨眼能知,北渚神君,天風自御,逸詞琢雪,遠韻穿珠,可以互答宫商,可以并登壇坫,梅花一笑,不誇天女投壺,牙管雙擎,祇合水仙配食。”

　　全書收録詩凡一百六十一首,多爲五七言近體詩,有思親、寄贈、感懷等主題,又有净香居題畫詩五十二首。據程璿題詞“羨君詩畫稱雙絶,占盡人間第一仙”,羅聘題辭“縹緲香甦題畫詩,唧來青鳥出瑶池”,可知作者多寄情詩畫,又於畫後多作題畫詩。張、林聯句評價其詩意人生:“清絶詩人配(船山),迥然鸞鳳音。一空脂粉氣(韻徵),獨證妙明心。點筆晨留畫(船山),收絃夜倚琴。塵勞修净業(韻徵),鴻案對沈吟(船山)。"其詩作中有《月夜鼓琴》《試茶》《憶綉園》等詩題,可見其生活雅意,詩、畫、琴俱佳。(徐慧)

汪容甫先生詩集六卷附録一卷

清汪中撰。清光緒二十六年(1900)刻本。一册。半葉九行,行二十字,小字雙行同。白口,四周雙邊,單魚尾。

汪中(1745—1794),字容甫,一字頌父,江都人。清乾隆四十二年(1777)拔貢。生平以作幕爲生,以治學爲命。

本集書名葉題"汪容甫先生詩集六卷附録一卷",牌記題"光緒庚子夏日刻鵠齋梓"。前有胡念修清光緒二十六年(1900)《重刻汪容甫先生詩集序》一篇,記叙了詩集成書過程:"及甲午之秋,復以事道出先生之鄉,偶游書肆,忽從故紙中見先生詩集一册,倍值購歸,讀之百回,不寐者旬日,爰謀付諸手民,亟公同好,嗣以書爲排板。魚豕過多,塵俗贅人,未遑重訂,束之高閣,非初心也。今夏曝書,復見斯集,乃最録而析校之,以壯《刻鵠齋叢書》之色,他日者更得胡先生説經專書而并刻之。"此序後又有員燉、劉台拱《容甫先生遺詩題辭》兩篇及阮元《容夫先生小傳》一篇。

正文前有目録。前五卷爲詩,卷六爲補遺詩,附録一卷。卷一至六卷端題"容甫先生遺詩　江都汪中著　建德後學胡念修校"。附録題"建德後學胡念修校"。員燉、劉台拱《容甫先生遺詩題辭》後有汪中子汪喜孫謹按:"劉先生校《述學》并寫定遺詩,喜孫益肆搜羅,都爲一册,有朋舊遺詩入選而兹册未載,以先大夫草稿自删,不敢有加焉。喜孫記。"即《容甫先生遺詩》,爲劉臺拱寫定五卷,喜孫輯《補遺》一卷,又録顧蒓、黄景仁等哀挽之作爲附録一卷。卷末有汪中曾孫祖同跋文一篇。(徐慧)

審巖詩集一卷

清楊于果撰。清楊繼曾刻本。一册。半葉十一行,行二十二字,小字雙行同。

白口,四周雙邊。

楊于果,字碩亭,晚號審巖,甘肅秦安人。清乾隆四十年(1775)進士,歷官襄陽、宜昌、枝江、南漳等地。楊于果爲官清廉公正,乃一代儒官。在南漳任上曾親獲邪教衆人,而後僅囚匪首,保釋盲從愚民。著有《史漢箋論》等。

本書版心題"非能園"。是書以詩體劃分,各個部分爲:五言古體詩十五首,七言古體詩四首,五言律詩十二首,七言律詩十六首,五言絕句二首,七言絕句十一首,附悼亡詩十九首,共收詩七十九首。書後另附楊于棠著《鶴皋詩鈔》。

據卷前題識,楊于果詩稿多散佚,部分由其孫楊敦基收藏,至曾孫楊繼曾編輯成一卷付梓。（朱默迪）

邀月樓古今體詩

清陳有懿撰。清道光二十七年(1847)刻本。一册。半葉七行,行二十字,小字雙行同。白口,四周雙邊,單魚尾。

陳有懿,字守瓶,興寧人。清乾隆己酉(五十四年,1789)拔貢,清嘉慶四年(1799)任陽江教諭。《陽江志》稱其"貌温而恭,言寡而中,士類欣親炙之,參謀決策,與平會匪,尋以終養去官"。

書名葉、序中等處題"自怡詩集",故此集又名《自怡詩集》。正文前有清道光二十七年(1847)黃釗謹及譚英序。據黃序可知,此集爲守瓶子陳秋田所輯,并求序於黃。黃序又稱:"先生之學源本風雅,先生之行品入儒林者矣。其詩以道性情、紀時事,後之人知人論世,將於是乎覘之?"又記述先生自拔萃後教職到值任陽江教諭,均深得民心。先生淡泊寡營,所交均爲其所仰慕之風雅先輩,如伍雲山人、古琴江丈等,故讀先生詩而知先生之友,識先生之友即以知先生之行。譚英爲守瓶同年至友,時值江城司鐸之年,守瓶將新詩示於譚英,對於陳氏才學詩歌,譚英的誇贊毫不吝嗇:"夫其襟情朗暢,才藻清華,華在毫端,珠藏字裏。故爾雲馳電武,温學士猶遜八义,兼之畫妙書精,鄭廣文并稱三絕。試臨風而朗誦如咽,露以清心。樂府數篇,言言漢魏,歌行幾闋,字字徐庾,七律之秀逸菁蒼,不亞曉風楊柳;五言之清微澹

遠,何减疏雨梧桐……"滿篇極盡溢美之詞。序後有目録,詩集不分卷,共有古今詩題五十四首。(徐慧)

密娱齋詩稿一卷

清鄧汝功撰。清乾隆刻本。一册。半葉十行,行十九字,小字雙行同。白口,左右雙邊,單魚尾。

鄧汝功,字謙持,一字午崖,山東聊城人。清乾隆四十年(1775)進士,未釋褐卒。

本稿書籤上墨筆題"密娱齋詩稿",下又題"菜根香室藏本　丙午重訂"。正文前有清乾隆乙酉(三十年,1765)盛百二栞序、李文藻序。盛序稱:"午崖大兄以高邁之資,幼承家學,泛濫宏博,發爲文辭,其言大而肆,乃自壬午以後始存其詩爲初稿。蓋其擇之精、存之慎,其音韻則清越,其氣體則高潔,取古人之神味而遺其糟粕,超然塵俗之表,溔然不滓。"可見,詩稿收壬午以後即作者二十七歲以後詩歌,編年排列,如卷端題《午崖初草(壬午至己丑)》。

其詩稿取名"密娱齋",意旨自娱性情,與世無争,不計工拙。盛氏偶與午崖論及經史,認爲其"學術之醇疵、文章之留別,隻語單辭,動中肯綮,出其緒餘,見之吟詠"。故雖然其詩亦工,然不可僅以詩人視之。清代金石學家、藏書家李文藻與謙持以論詩訂交,認爲其"内行醇備,立志卓然",序謂"其詩古體出於韓蘇,近體似錢郎"。謙持詩作甚夥,經由德州宋先生選定乃成此定稿。正文有墨筆圈點批注。(徐慧)

抾笏軒存草二集

清琨玉撰。清乾隆三十九年(1774)刻本。一册。半葉八行,行二十一字,小字雙行同。白口,四周單邊,雙魚尾。

琨玉,字子如,號霞川,滿洲旗人。清乾隆三十年(1765)拔貢,曾官安徽梅城、霍丘等縣知縣。受知於長洲彭啓豐。

本書二集一卷，收己丑（三十四年，1769）至壬辰（三十七年，1772）存古今體詩共一百六十三首。內有《新春出郊聞村裏簫鼓聲喜而有作六首》《以詩代柬寄懷袁簡齋太史》，末有乾隆三十五年（1770）翁義海跋。

書中墨筆題字"枝海所藏"。此本在國家圖書館、山西大學圖書館有藏。（徐慧）

息存室吟稿續集一卷

清杭其玉撰。清嘉慶二十二年（1817）刻本。一冊。半葉八行，行二十一字。白口，四周雙邊，單魚尾。

杭其玉（1738—1815），又名溫如，又字玉輝，陝西咸寧（今西安）人。清乾隆二十二年（1757）嫁與徐牧。三年後徐牧去世，一生安貧守節，以手工度日，侍奉公婆甚孝。晚年生活孤苦無依，靠親友鄰居接濟勉強度日。喜作詩，自云"念愚生不幸，遭際萬狀，借詩文述其苦事"（《與王南莊先生書》）。

詩集有《息存室吟稿》和《息存室吟稿續集》存世。《息存室吟稿》早在清嘉慶十三年（1808）刊刻而成。《息存室吟稿續集》乃是杭氏去世後，其北鄰王南莊和其侄延齡收集其遺作，於嘉慶二十二年（1817）集資刊成。《息存室吟稿》和《息存室吟稿續集》大致共收詩歌約五百首。

《息存室吟稿續集》古今體詩均有，內容多為作者所歷所見所感。悼亡詩如《悼李母何太君》等；詠物詩如《白菊》《泥孩兒》等；生活隨筆較多，一事一聞皆入詩，如《病目》《落齒》等；感懷詩如《除夕》等。由於其特殊的人生經歷，詩歌多以描述生活的困苦為基調，情緒也抑鬱不得舒展。如《感懷》一詩，由十四首五律組成，每首均以"行年六十九"開頭，懷念故人，感悟人生之艱難，讀之令人感傷。但也有不少詩歌透露出生活的希望和亮色，如《謝贈麥米》《謝鄰嫂送黃柑》《謝惠米肉》《表姊自種南瓜召予同食》等，皆是對友好幫助的由衷感謝。書中還多次提到瓶花，如《瓶梅二十首》《瓶中海棠》《瓶中白石榴》《偶見紅白花共插一瓶》等，顯示了詩人對生活的熱愛。

書前有同邑孟元泰序,對其人其詩做了評價:"由其詩以得其節操,得其識見,得其學問天性,而知其乾坤正氣一代偉人,無慚大丈夫也。"書末附刻《與王南莊先生書》。(彭文芳)

花逸居詩稿三卷

清計士增撰。清嘉慶刻本。一册。半葉十行,行十九字。白口,左右雙邊,單魚尾。

計士增(1746—1798),字耕畦,號漁溪,嘉興南湖人,爲嘉興名士計甫草之族孫。據卷前小傳,"其先世常家漁溪,遂號漁溪。性放達,好吟詠,不閑小節,人有就之質是非者,論甫定而吟聲大起,於是人目爲'計癡'焉"。不屑事舉子業,惟以詩酒自娱,"遇知己即索飲,飲既醉,筆墨淋漓,揮灑如意,書益佳,而詩益妙"。以課徒自給,貧無子嗣,惟遺《花逸居詩稿》數百首存世。計士增生前聚嘉興文士創立詩社,卒後詩社諸人輯其遺稿,擇其優者編爲《花逸居詩稿》三卷,其弟學樵上人傾囊而出將之梓行於世。

此本收録計士增詩一百一十餘首,卷前有汪大經、汪雲、清嘉慶九年(1804)同里范燕、嘉慶九年吳江宋景穌等人序及秀水汪鉉撰小傳,卷末附釋弟乘樵(學樵)悼亡詩三首,同社詩友卜光裕、汪雪等悼亡詩四首。

其詩體裁多樣,題材廣泛,尤以詠史詩爲出色,如《過岳于二少保祠》《范文正公墓》《岳忠武銅爵歌》等,深沉悲慨,寓意深遠。汪大經評價其詩曰:"余最愛其'夢驚孤枕雨,葉落滿庭風'及'元從今日改,天與玄年同'之句,意味深長,真得甫草先生遺響。"宋景穌認爲:"其詩原本性靈出入唐宋間,不斤斤於求工而天趣橫生,具一種瀟灑出塵之氣,以天分勝,不以人力勝也。"計士增天分較高,於詩歌又頗爲用心,此本集中了計氏的優秀詩作,有較高的文學價值。(尤海燕)

禮耕堂詩集三卷外集一卷

清施國祁撰。清鈔本。一册。半葉十二行,行二十四字,綠格。四周單邊。

施國祁(1746—1824),字非熊,號北研,清代學者、校勘家,浙江歸安(今屬浙江湖州)人。爲諸生,好學不倦,工詩古文,善填詞,尤熟於研究金國史事,著有《金史詳校》一書。

此爲施國祁詩鈔本,鈔以緑格稿紙。首有烏程蔣錫初題詩、劉安仁題款,卷端鈐有"詞仙讀過""莅圃收藏"朱印。詞仙或爲蔣錫初,莅圃爲吳興適園張鈞衡之子張乃熊之字,適園應爲此書原藏之處。此本鈔寫工緻,鈔寫所本之本或已不存,偶有增補或注釋之語書於書眉,補注者多爲蔣錫初。卷中有籤統計各葉字數及全書總字數,二萬二千十七字。(趙明利)

虛白齋詩草三卷

清霍維瓚撰。清乾隆五十年(1785)刻本。一册。半葉十行,行二十一字,小字雙行同。白口,左右雙邊,單魚尾。

霍維瓚(1746—1781),字尊彝,號矐仙,餘姚諸生。喜交游,以詩爲行卷,故明、越二郡無不知有霍君。《虛白齋詩草》三卷乃其遺集,歿前數年撰輯縣中先正詩爲《姚江詩話》。

《虛白齋詩草》共收録霍尊彝詩文、聯句百餘首,大致以時間爲序,小字作注。前有邵晉涵、清乾隆五十年(1785)黄璋序,後有乾隆五十年五伯兄霍維嶽跋。邵晉涵序曰:"尊彝弱歲即能詩,稍長樹志慕古,所作日多句鍛字鍊、掐肺鏤肝,工爲愁苦之言。"(朱默迪)

嘉樹堂稿十卷

清陳守謙撰。清刻本。二册。半葉十一行,行二十三字,小字雙行同。黑口,左右雙邊,單魚尾。

陳守謙,生卒年不詳,字益齋,海寧鹽官人。《嘉樹堂稿》卷十有詩曰"聞臺灣平巨寇蔡牽"。蔡牽於清嘉慶十四年(1809)敗於清軍,據此推斷陳守謙乃嘉慶間人。

《嘉樹堂稿》共十卷,收録陳守謙詩、詞、文、賦約千首。前後無序跋,《清人詩文集總目提要》載此集前有嘉慶十一年(1806)汪淮序,今未見。（朱默迪）

嘉蔭軒詩集二卷

清伊湯安撰。清刻本。一册。半葉十二行,行二十四字。小字雙行同,黑口,左右雙邊,雙魚尾。

伊湯安,滿洲正白旗拜都氏,字小尹,號耐圃。清乾隆三十六年(1771)舉人,四十五年(1780)任奉天寧遠州(今遼寧興城)知州,創修州治城垣,建柳城書院,置學田,開寧遠文風。後官至内閣學士,清嘉慶二十年(1815)休致。在嘉興任太守時,撰并刊《嘉興府志》八十卷。另著《耐庵集》。

本書共收録伊湯安所作詩三百餘首,詩集由其子鐘昌、繼昌、岳昌共同編校。書前有作者自序,云“余詩不足傳,存諸家塾留示子孫則可,因題數語卷端,以示意云”。伊湯安師從真州施鐵如,善古體詩。《嘉蔭軒詩集》中所録詩古體居多,兼有律詩,多爲紀游、酬贈、詠懷或唱和之作。正如其自序所言,“詩本性情而作,彼風雲月露、流連光景者,奚貴焉”,其詩多有感而發,情感真摯,不失爲傳家之作。

自序首葉鈐有“瑯嬛妙境”印,知此書爲麟慶舊藏。麟慶係金世宗二十四世孫,爲清代著名藏書家。晚年購入李漁的半畝園,作“瑯嬛妙境”藏書樓,編成《瑯嬛妙境藏書目録》四卷。（朱默迪）

蒼庵先生詩鈔

清楊光祖撰。清鈔本。四册。半葉八行,行二十字,小字雙行同。

原書未署名,正文前有高洪濤題識稱“蒼庵先生”。據《晚晴簃詩彙》,蒼庵先生乃爲楊光祖,字顯堂,號蒼庵,漢軍鑲藍旗下士,生卒年不詳,歷官紹興鹽官、南寧知府。

原書并無題名,據内容題爲《蒼庵先生詩鈔》。書前有高洪濤題識。高洪濤乃其曾孫楊石衷之師,因石衷早逝,感蒼庵先生後繼無子,故得其文稿,以作題識。詩稿未分卷,多爲蒼庵紀游、詠懷之作。筆意清新,情思篤摯。

高洪濤題識末鈐"廷桂之印""芳宇"印,卷首鈐"詠春所收""小琴如意"印。
(朱默迪)

楊書巖先生古文鈔二卷

清楊峒撰。清鈔本。二册。半葉十一行,行二十二字。白口,四周雙邊。版心下鐫"李氏聖譯樓筆述"。

楊峒(1748—1804),字書巖,益都回籍(今山東青州)人。清乾隆三十九年(1774)舉人。貫通經史,工古文詞,尤精韻學。著有《毛詩古音》《律服考古録》。《[咸豐]青州府志》有傳。

全書分上下二卷。上卷有序跋、記文、經解等三十八篇;下卷有行狀、墓誌、傳略等二十四篇,卷前有丁培基題識。書巖先生行文工整,尤善論經史。如《古今尺步考》詳細列注古代度量,可見治學嚴謹、涉獵廣泛;又如《讀五帝本紀》《論語端章甫解》《周易鄭本序》等經綸文章,可示範後世。

據題識所言,此本乃丁培基參照邑眷張仲軒存本補録而成,約成於清光緒年間。山東省博物館藏有嘉慶鈔本。(朱默迪)

逃虚閣詩集六卷

清張錦芳撰。清嘉慶刻本。二册。半葉十行,行二十二字。黑口,四周單邊。

張錦芳(1748—1794),一名芝,字粲夫,一字藥房,廣東順德人。清乾隆四十五年(1780)解元,五十四年(1789)進士,官至翰林院編修。通説文之學,兼擅繪事,亦善篆刻,紀昀見之稱爲奇士。與欽州馮敏昌、順德胡亦常并稱"嶺南三子",又與黄丹書、黎簡、吕堅號"嶺南四家",且皆以張錦芳爲首。著有《南雪軒文鈔》等。《嶺南四家詩鈔小傳》《[道光]廣東通志》有傳。

《逃虚閣詩集》凡六卷,共收古今體詩四百九十七首。書前有清嘉慶四年(1799)馮敏昌序。時人對其詩評價極高,《嶺南四家詩鈔》稱其"汪洋馳鶩,牢籠百態,直可接武曲江"。《廳松盧詩話》評其"言必稱乎心,才必範以法,文根於情,味餘於聲,是真得温柔敦厚之旨者"。張錦芳喜作長短句,尤善五古,詩宗大蘇,上溯韓、杜。

本書由其子思植、思齊於嘉慶六年(1801)付梓,另有清光緒十年(1884)張氏餘慶堂刻本。國家圖書館藏嘉慶刻本,書衣有汀州伊秉綬題簽。(朱默迪)

問樵詩續鈔五卷補遺一卷

清史有光撰。清道光二十六年(1846)季芝昌太平院署刻本。一册。半葉十一行,行二十二字,小字雙行同。黑口,左右雙邊。

史有光(1749—1820),字然冰,一字問樵,江陰人。庠生。《[光緒]江陰縣志》有傳。

此書封面及書名葉題"問樵詩續鈔",乃史有光詩補遺。書前有清嘉慶二十四年(1819)祝百十序,目録後有季芝昌題識。是書共收古今體詩五百七十四首,於嘉慶七年至二十年(1802—1815)間粤東歸後所作,按時間順序分爲《歸颿集》《倦飛集》《邗江集》《萍寄集》《巢雲集》五卷及《補遺》一卷。《雪橋詩話》稱其詩"筆至高曠,其七古頗似樂天"。(朱默迪)

適園詩録不分卷

清阿林保撰。清嘉慶刻本。二册。半葉八行,行十九字。白口,四周雙邊。

阿林保,號雨窗,姓舒穆禄氏,滿洲正白旗人。自清乾隆三十一年(1766)保舉吏部筆帖式起,歷任安徽鳳臺知縣、山東鹽運使者、山東按察使、浙江鹽運使、長蘆鹽運使等職。清嘉慶元年(1796),因總商欺隱革職,後於四年(1799)授江西廣饒九南兵備道,擢江西按察使,至十四年(1809)官至兩江總督,卒於任,謚敬敏。

書前有嘉慶十一年(1806)張菊溪序、十二年(1807)葉紹本題識、七年(1802)汪日章題識和再識、二年(1797)三月張問陶題識、二年四月伊秉綬題識、五年(1800)吳嵩梁題識、十年(1805)二月吳廷琛題識、十年孟夏吳照題識、十一年李堯棟題識。書後有嘉慶十二年（1807）阿林保自記，乾隆五十七年（1792）自識，嘉慶二十三年（1818）吳昇重梓後記。版心下題"守意龕定本"。有豐紳泰墨筆題識及圈點批校。是書共收詩九十五首，大多爲紀游、唱和、詠懷之作。

據張菊溪序，其守意龕曾於嘉慶十一年先錄一卷付梓。又據吳昇後記，此本始於乾隆五十一年（1786）吳昇見阿林保，後經九年編校，約於乾隆六十年（1795）初成。因阿林保去世，書稿并未付梓，後於嘉慶二十三年重梓。

鈐"詠春所收"印。（朱默迪）

楓樹山房詩一卷

清惠兆壬撰。清《名家詩詞叢鈔》本。一册。

惠兆壬（？—1849），原名潤，字秋韶，浙江仁和（今杭州）人。清道光二十年（1840）舉人。工書，精鑒別。著《楓樹山房詩》《集帖目》等。其生平鮮見於史籍，關於其生卒年，亦語焉不詳。兆壬在《集帖目·自序》落款"道光戊申季夏仁和惠兆壬自序"，可知《集帖目》成於道光二十八年（1848）。另，徐康在《集帖目·序》中寫道："僕與秋韶先生訂交在壬寅之春，後爲薦於嘉禾錢樾廷通判處教讀，遂以兒旦附學。時相過從，見先生從事此書，朝夕矻矻，伏案旁徵博採凡十餘過，始得此净本。雖有待補者，然搜葺之富，見識之超世已無偶矣。嗣先生得末疾，手不能書，尚一編不釋。閱一歲，即歸道山。"由此可推知，兆壬卒於道光二十九年（1849）。

該書收錄《澄江詠懷古迹雜詩》《大佛山馬上口占》《游嶧山》《贈王日齋明府》《元駒行同許季青作》《贈日者坐談子》《除夕元旦兩日酣飲和陶飲酒詩二十首（甲申）》《戊子季夏借榻樂善庵避暑得詩五首呈先機和尚》《建隆寺訪問樵上人上人精於琴彈碧天秋思一曲》等詩九題四十三首。其中，既有行旅抒情，又有生活詠志，亦有吟嘆唱和，還有排憂感懷。其在《建隆寺訪問樵上人上人精於琴彈碧天秋思一曲》中寫道："客人久不教，遥嘆問枯禪。一笑登高閣，爲余揮七弦。微微問斷雁，活活佇秋泉。曲終渾無語，逸情對碧天。"問樵上人爲其時揚州建龍寺著名禪師，精通古琴，尤善古琴曲《碧天秋思》，兆壬此詩恰恰將其時琴師隨手撫弦，琴聲悠揚高遠而使滿座清凉之景和盤托出,且栩栩如生。由此亦可見兆壬深遠閑淡、清新雅致之詩風。

該書與他書合鈔,該册卷端鈐印四方:"江山劉履芬觀""紅某閣""長樂鄭振鐸西諦藏書""劉履芬印",可知其先後爲藏書名家劉履芬、鄭振鐸遞藏。同時,該書所載惠兆壬詩作未見他書所載,爲海内孤本,文獻與版本價值兼具,彌足珍貴。(孫麗娜)

桂亭公餘小草一卷

清廣玉撰。清嘉慶十八年(1813)刻本。一册。半葉十行,行二十四字,小字雙行同。白口,四周雙邊,單魚尾。

廣玉(1750—?),字桂亭,滿洲正白旗人。曾在山西朔平、浙江杭州任職,清乾隆五十九年(1794)任肇慶知府。平生喜好搜集硯臺,居處號百硯齋。

本詩集爲廣玉離任肇慶前後所輯之小集。卷前有友朋等人的酬唱詩作,其中有一首題爲《癸酉秋中恭賦七律兩章奉送桂亭大公祖大兄大人榮旋》,知此集之刊刻在清嘉慶十八年(1813)後。小集共收録七十八首詩歌,大抵爲上任肇慶途中所見所感之作以及在肇慶任上之所作。其中有幾首詩歌反映了廣玉在任上製作御用端硯之事。

書前有清代學者梁同書題字。集後有福建巡撫韓克均嘉慶辛未(十六年,1811)跋語,論廣玉之詩"有冲和醇厚之氣",確爲合乎實際之論。

鈐有"詠春珍藏"印。(曹菁菁)

蓮城詩草不分卷

清張駿撰。清鈔本。一册。

張駿(1740—1834),字荔園,號信裳,浙江海寧人。清乾隆四十五年(1780)進士,著有《荔園詩鈔》等。張駿生平資料奇缺,僅見《[光緒]處州府志》卷十三《職官上·教授》載:"張駿,字荔園,海寧州人。由進士於五十一年四月間任。性謹嚴,不輕言笑,博覽群書,諸子百家無不洞曉,與士子講解詩文,曲盡其妙,庠序至今欽之。"由此可知,張駿於乾隆五十一年(1786)起,任處州府(今浙江省麗水市)教授。

因處州別名蓮城,故張駿以此命名本書,書中未分卷,共載張駿所作《紅門局看梅還憩問水亭望湖上諸山同俞秉淵陳安期周雲孫二首》等詩二百二十二題三百六十六首。卷首有清嘉慶三年(1798)吳騫序,序中云:"吾友張君荔園別十有三年,頃自括蒼司訓假歸,以所著《蓮城詩草》見視,且屬爲論次。予受而卒讀,其詞胥冲和恬雅,獨擴心得,至天真流露處,絶不作艱深僻澀語,蓋深得夫溫柔敦厚之遺,而一本於性情之正者。……獨以母老,願改學職,得就近迎養,銓授括蒼司訓,欣然捧檄以行。"由此可見,吳騫對張駿詩作之風與爲人之道均贊譽有加。張駿在書中標明詩作時間爲丙午、戊申、己酉、辛亥、壬子、癸丑、甲寅,即作於乾隆五十一年至五十九年(1786—1794)之間。書中所載皆爲其處州府教授任上作品,既有記事,又有抒懷。例如,《王健二招同徐西河雅集率成奉賦》即描寫其初來處州上任之時,當地士子接待之景:"我初下車席未暖,捧檄催科當訓讀。村莊大叫長官來,一一驚竄如獐鹿。就中解事二三子,招我蓬蘆一再宿。却疑供膳學茅容,雜進山肴并野蔌。"另據《偶談處郡風土爲賦長句》云:"宦游十載客懷奢,瘠土誰知儉物華。瓜艇入城秋色晚(西瓜自溫販來,已七月矣),魚鹽上市夕陽斜(魚蝦入市,恒在傍晚)。郵亭夾道曾無柳,古堞環山不見花。夢想西湖好煙月,綠蓑青篛是吾家。"由此亦可管窺清代處州風物。

該書卷端鈐印"吳騫讀過""君詔""芹伯""張乃熊印""莅圃收藏",吳騫序鈐印"事學鐘離存義概書求宛委續餘編"。可知,該書曾經吳騫、張乃熊經眼、收藏。張乃熊,浙江吳興(今浙江省湖州市)人,字芹伯,一字芹圃,清光緒三十一年(1905)貢生,著名藏書家張鈞衡長子,繼承其父適園遺書,嗜古籍鑒藏,所編《芹圃善本書目》流傳於世。

是書鈔寫工整,版本稀見。(孫麗娜)

荔枝百吟一卷

清廖炳著。清鈔本。半葉九行,字數不等,無格。

廖炳(1704—?),字天瑞,福建侯官人。清乾隆三十五年(1770)舉人。著有《香粟齋詩集》。

此本以荔枝爲題詠對象,從荔枝樹到荔枝花、葉,從荔枝的色、香、味到荔枝的品性,從荔枝的種植到荔枝的購買、進貢、貯存,從品嘗荔枝到製作荔枝食品,從荔枝詩詞到荔枝圖畫,從荔枝的産地到荔枝的品種,從荔枝的環境到荔枝的典故,方方面面,無所不包。例如《荔樹》《荔花》《荔色》《荔香》《荔味》《荔性》《植荔》《買荔》《貯荔》《貢荔》《藏荔》《鹽荔》《蒸荔》等,共一百首詩,均爲五言絶句。古來以荔枝入詩的不少,其中不乏名人名篇,如蘇軾《食荔枝》《荔枝嘆》、杜牧《過華清宮絶句》、宋徽宗《宣和殿荔枝》、張籍《成都曲》、白居易《種荔枝》、文徵明《新荔篇》等,但這樣全面詳盡地對荔枝的歌詠確乎前無古人,後無來者。此《荔枝百吟》堪稱寫盡了荔枝,令後人幾無置喙之處。由此可見著者對荔枝的酷愛。

此本爲叢編《荔枝志餘》四種之一。其餘三種分別爲清吳道榮所撰《妃子笑》一卷,清曹溶撰《荔枝吟》一卷以及廖炳《荔枝雜著》一卷。(李江波)

荔枝雜著一卷

清廖炳撰。清鈔本。一册。無格。

此《荔枝雜著》爲《荔枝志餘》四種之一。前有目録,包括制一篇《擬册絳囊生爲南離王制》、樂府《荔枝香》及傳一篇《緑珠外傳》(書中無此篇)。其中樂府《荔枝香》是作者根據元雜劇《西廂記》中《長亭別》一折而作新曲,雖爲游戲之筆,却十分自然明快。

此書鈐有"慈耳秘籍""百鍊庵""謝剛國印"印,可知曾藏於近人謝剛國處。(馬琳)

二餘堂詩稿二卷

清師範撰。民國十年(1921)鉛印本。二册。半葉十一行,行二十五字。白口,四周雙邊,單魚尾。

師範（1751—1811），字瑞人，號荔扉，又號金華山樵，雲南大理人。少年博學，年二十一中鄉試第二名，補劍川學博，後官至望江縣知縣，爲官有道，敦禮興學。資助學院諸生，又搜刻望江先賢遺文。清嘉慶十六年（1811）卒於安徽望江旅次。師範慷慨多能，有關國計民生者，莫不考求實用，尤熟水利邊防之事，晚年編成《滇繫》百卷，四十冊四十五萬字，爲研究西南輿地不可或缺之文獻。又著有《南詔徵信録》《金華山樵集》《課餘隨筆》《雷音集》《蔭春書屋詩話》《小停雲館芝言》《二餘堂詩稿》等詩文集。

師範推崇詩作自然清新、針砭時弊。洪亮吉稱贊其詩作"鼓蕩山川之靈氣"。

書前有洪亮吉序、師範自序、劉開序、嚴昌汝序。據師範自序，其著作較爲豐富，其在乾隆三十三年到六十年（1768—1795）創作的二千首詩歌，編爲《金華山樵詩前集》；乾隆六十年至嘉慶六年（1795—1801）創作的一千九百首詩歌，編爲《金華山樵詩後集》；又收嘉慶六年秋至十四年（1809）春的詩作爲《二餘堂詩稿》，共計一千零七首。此書爲《二餘堂詩稿》，收詩始於嘉慶六年。全書按照年代和詩體排序，結構整飭。

此爲趙藩、李根源重新校印之本，僅有兩卷，至乙丑即嘉慶十年（1805）止，顯非《二餘堂詩稿》全本，或爲《師荔扉先生詩集殘本》之一。（曹菁菁）

紫華舫詩初集四卷竹滬漁唱一卷

清屈爲章撰。清嘉慶刻本。二冊。半葉十二行，行二十三字。黑口，左右雙邊。

屈爲章，字含漪，號韜園，浙江平湖人。

此《紫華舫詩初集》前有簽題"'紫華舫初集'五字，爲兔床先生題簽。卷首有'竹下書堂''兔床''漫叟'朱記"。其後爲清嘉慶十二年（1807）屈爲章友吳縣潘世恩序，序中稱"平湖屈韜園，生於華閥，長厥名都，勤學博聞，物疏道近，具靈明之殊質，懷淵通之令才……"對屈爲章評價甚高。之後爲吳興徐熊飛序。屈爲章詩詞多宴游題畫，友朋唱和等。此書行字疏朗，刊刻精良，流傳稀罕。

書上鈐"漫叟""兔床""竹下書堂"印,經吳騫父子收藏。(趙明利)

梅花書屋近體詩鈔四卷

清葉廷勳撰。清嘉慶十六年(1811)刻本。四册。半葉七行,行十六字,小字雙行同,無直格。白口,四周單邊。

葉廷勳(1753—1809),字光常,號花溪,原籍福建福清,廣東南海人。晉封資政大夫,誥授中憲大夫,欽加鹽運使司鹽運使。其祖爲明神宗時期宰相葉向高。葉廷勳喜書畫、好收藏,交游甚廣,與當時社會名流如翁方綱、伊秉綬、湯貽汾等多有交好。著《梅花書屋近體詩》四卷,并與翁方綱合校《王文簡公古詩選》。

是書外有藍色四合函套,灑金書簽墨題"梅花書屋詩鈔"。扉葉刊大字"梅花書屋詩鈔",下刊小字"嘉慶辛未年伊秉綬題"。卷前刊清嘉慶十六年(1811)伊秉綬序一則。伊秉綬是清代中期影響很大的隸書名家,字組似,號墨卿、默庵,福建汀州寧化人。清乾隆五十四年(1789)進士,授刑部主事,遷員外郎等職。喜繪畫治印,尤工書法,與葉氏父子情誼深厚,葉廷勳去世後,其墓表亦由伊秉綬書寫。

書內收葉廷勳所作五言律、七言律、五言絕、七言絕詩作,内容涵蓋其日常生活諸多側面,或吟風弄月(如《對月》《落花》《中秋夜半風滿樓口占》),或詠古寄懷(如《籌筆驛懷古二首》《題三顧草廬圖》),或游歷遣興(如《游金山寺登妙高臺》《舟過石門》),或記録點滴人生感悟(如《冬夜夢醒作》《過兒時讀書處》)等。由於詩人常年生活於西關地區,詩内有不少記述當地風物的内容,如《廣州西關竹枝詞十首》《珠江雜詠二十四首》《中秋珠江泛舟二首》《于役澳門紀事十五首》等,借其詩作可略窺西關地區自然風景,人文風物。此外其詩中還有很多與友人交游酬贈之作,如《呈李叢谷先生》《踐吳荷屋庶常入都》等。與伊秉綬之交往亦多有提及,如《謁墓歸舟夜泊江千次前韻和家竹庭兄二首》《重陽後二日觀魚水榭與宋芷灣太史毛壽君山人伊墨卿太守同賦》。《伊墨卿太守都門歲仍用前韻奉寄》後附《附録伊墨卿太守和作》一首,乃伊秉綬與之酬唱之作。

書内"絃"字缺末筆(卷四葉二)。卷二、卷四末刊"男夢麟夢龍夢鯤恭校字"。

書前空白葉鈐"光熙所藏"印。卷前三則序首分別鈐"臣文良印""梅花溪山藕扱南""冶庵""文良""心閑吟思生境静俗情掃""冶庵"印。目錄葉鈐印"費莫氏文良藏書之印"。（王維若）

巢雲閣詩續鈔一卷附集陶律

清何綸錦撰。清刻本。一册。半葉九行，行十九字。白口，四周雙邊，單魚尾。

何綸錦（1753—?），字子襄，號雲子，浙江山陰人。清乾隆四十二年（1777）舉人，曾游學於京師，官金華學官，中年後主持絃歌書院。生平喜好詩文，其詩風清淡婉約。又致力諸經考據，於《禮》《易》及諸子之説有所辨析，著有《四書直指》《巢雲閣詩鈔》《古三疾齋雜著》等書。

本書前後無序跋，共收録何氏所作詩歌二十六題，其中多古風。所附《集陶律》收録古風七題四十二首。嚴榮評價其詩歌"出入萬怪，力追一真"。（曹菁菁）

訥庵詩稿六卷

清毛孝光撰。清刻本。一册。半葉十行，行二十四字。白口，左右雙邊，單魚尾。

毛孝光（1752—?），約爲乾隆嘉慶時人，字初文，號訥安，一作訥庵，自署平江。清代著名弈者，兼通詩韻。汪秩重刻《弈理析疑》，係毛氏所校。孝光又與汪秩同輯《受子譜》一百三十局。詩集有《訥庵詩稿》。

本書爲毛氏親自編輯之本。毛氏又請錢大昕、王鳴盛鑒定，汪秩也有點評。全書以詩體分卷：卷一爲五言古詩，卷二爲七言古詩，卷三爲五言律詩，卷四、五爲七言律詩，卷六爲五言絶句。

毛氏作詩平直，講究音韻，師法唐宋。其與蘇州、金陵等吳派名士多有唱和之作，如鮑廷博、陳鶴、熊寶泰、潘樂山、沈棟、趙懷玉、吳文溥、汪穀、葉樹藩等，可資生平交游之考證。

鈐有"一九四九年武强賀孔才捐贈北平圖書館之圖書"印。（曹菁菁）

怡雲山館詩鈔八卷

清陳榕撰。清道光十二年(1832)刻本。四册。半葉九行,行十九字,小字雙行同。白口,四周雙邊,單魚尾。

陳榕(1752—1832),字自華,一作蔚南,號改庵,又號春駬,雲間(今上海)人。諸生,恃才狂傲,爲當事者戒飭。清嘉慶初,官湖北石首縣丞,與張問陶、黄景仁等有交游。及歸鄉里,遷居白龍潭,名華谷山莊,有詩紀之。著有《怡雲山館詩鈔》《雲香書屋詩鈔》等。

書前有裕謙、蔣澐、明保序。雖有八卷,然詩歌編排隨意,既不按體例編排,亦未依年代編次。因有清嘉慶六年(1801)所作《五十自壽》而推知其生年。集中多有其在湖北任上之作,其中《楚中大水歌》記録了江漢兩岸的災情。(曹菁菁)

玉門詩鈔二卷

清鐵保撰。清嘉慶刻本。一册。半葉八行,行十六字。白口,四周雙邊。

鐵保(1752—1824),字冶亭,號梅庵,本姓覺羅氏,後改棟鄂氏,滿洲正黄旗人。清代書法家。書法早年曾學館閣體,後學顔真卿,糾正館閣帶來的板滯之病。與成親王永瑆、劉墉、翁方綱稱爲"清四大書家"。

清乾隆三十七年(1772),鐵保中進士,授吏部主事,後升爲郎中,户部及吏部員外郎,翰林院侍講學士、侍讀學士,内閣學士。清嘉慶四年(1799),鐵保先因彈劾官員過當被貶到盛京,不久以吏部侍郎出任漕運總督。嘉慶十年(1805),升任兩江總督,賞頭品頂戴,成爲管轄江蘇、安徽和江西三省的最高軍政長官。嘉慶十四年(1809),發生山陽知縣王伸漢冒賑,鴆殺委員李毓昌事件,鐵保被免職,流放新疆。清道光初年,鐵保告病退休,道光四年(1824)去世。《清史稿》有傳。

《玉門詩鈔》爲鐵保在疆所作的七十一首詩,多描寫新疆的自然風光和風土人情。在卷首的自序中,鐵保云"奔走龜兹疏勒間,山川人物見所未見,偶有所觸,記之於詩",便是《玉門詩鈔》之所由來。笪立樞在後跋中稱其在鐵保總制新疆時負笈從游,受命編次鐵保詩集,稱《玉門詩鈔》,在《梅庵詩鈔》外"另闢一格,情隨事遷,亦自寫其真境而已"。

此本刻梓精良,校勘精審。（趙明利）

淮西小草一卷

清鐵保撰。清嘉慶七年（1802）刻本。一冊。半葉八行,行十六字。白口,四周雙邊。

《淮西小草》寫南方景色,書前有鐵保自記云:"水行四閲月,荻岸維舟,蓬窗聽雨,耳目爲之一新,興至得詩若干首,以識歲月。"可知所收詩係鐵保在漕督任内,督漕北上,興之所至,所成之詩。并云刻以代鈔,比之雪泥鴻爪云。此即《淮西小草》之由來。書後清嘉慶壬戌（1802）受業蓬萊張振德跋,稱鐵保督漕北上得詩若干,每"脱稿輒珍録之,歸署後索讀者益夥"。於是"與桐城許鯉躍、春池山陽丁珩雲驪協謀付梓,以公同好"。

此書刊刻精良,卷端鈐有"謙益堂藏書印"印,或曾藏富察昌齡處。（趙明利）

謙山遺稿

清朱鐘撰。清同治九年（1870）刻本。一冊。半葉十行,行二十一字。白口,左右雙邊,上魚尾。

朱鐘,字質亭,號謙山,安徽黟縣人。清嘉慶九年（1804）副貢。游吴楚鄒魯間,結納多知名士。工詩古文詞。撰有《謙山詩鈔》四卷、《謙山遺稿》不分卷。

此本封面及護葉題爲"謙山遺稿",前有"同治庚午冬月南溪別墅開雕"牌記。孫汝霖同年同月撰序中言"謙山先生事刻自中年,餘稿尚夥,咸豐中疊遭寇擾,家藏書籍被焚,遺稿亦多散佚。去年夏,重修縣志,余採訪事竣,續刻族内諸前輩詩集,仍搜破簏中得先生未刻詩一冊……付諸剞劂",叙説遺稿刊刻過程。

遺稿存四十九首,不分體,多爲訪友答謝、觀圖題詩、游覽雜詠等。部分詩作天頭有批注,指文中某字不可通,如第一首《擬東坡和陶歸田居三首》天頭云"千字不可通,上云少年,此應中年",同時在文中"千"字旁改成"中";《奉送吳南昀明府歸里》天頭指出"生字不可通",并示大字"聲";指出《出都後寄汪瀚雲御史》中"浹"爲"陝",《接唐陶山太守通州書》中"戳"爲"戮",《西江雜詠》中"翻"爲"鄱"。

末有"同治十年四月壬戌程鴻詔校字"一行,下鈐"程氏"印,并粘紙補書"程鴻詔,江蘇後補知府,著有《恒齋集》"。據此,天頭批注應是程鴻詔(字伯敷)所爲。

(王永全)

小樓吟稿

清謝方端撰。清光緒二十六年(1900)刻本。一册。半葉七行,行十八字。白口,左右雙邊,單魚尾。

謝方端,字小樓,廣東陽春人,著名女詩人,生卒年不詳,約生活於清雍正至乾隆年間,或至嘉慶年間而卒。解元謝仲坑之女,年少隨父宦游,歷覽湖廣名勝,又聰慧善讀,好學强記。結親貢生劉宗衍,生子劉世馨,亦爲嶺南詩人。著有《小樓吟稿》一卷、《小樓吟草》二卷。

乾隆年間廣東督學李調元非常欣賞謝氏之詩,爲其詩稿作序,稱頌謝氏之詩"沖容大雅,陶寫天性"。謝氏詩集刊行於世後,名滿嶺南,有"順德陳静齋,陽春謝小樓"之譽。晚年居於和平縣學署,縣中諸生絡繹前往請教詩法。

此書初刻於乾隆四十三年(1778),清光緒二十六年(1900)劉氏子孫次第審校而重刻,是爲此本。該書共收録七十一題七十三首。謝氏尤擅五言、七言律詩,其中不乏佳作。雖爲女性,所見所感却不限於閨閣之中。寫景與詠史往往能自然結合,用典恰當,體察入微,確實爲清代女性詩人中的佼佼者。(曹菁菁)

囈語亭詩集三卷尾聲集一卷反童吟一卷孺喁草一卷

清吕又新撰。清刻本。二册。半葉八行,行十八字。白口,四周雙邊,單魚尾。

吕又新(1753—?),字學山,號囈語老人,自署古不夜人,東萊不夜縣(今山東威海)人。科場不遇,困頓一生,謀生於奉天府。有《囈語亭詩集》傳世。

　　《囈語亭詩集》書前有沈承瑞、李鴻祖序，分上、中、下三卷，未按時間詩體編次。呂氏漂泊關外十餘載，"與邊風塞月相撐持，遇可謂窮矣……宜其詩之近於騷而涉於怨也"。呂氏作詩，推崇袁枚，工於古體詩，感情真摯，往往描寫底層人民的生活。《人日城南放米行》描繪了地方官貪污賑災糧以致流民命懸一綫的慘狀。

　　呂氏老而歸鄉之後，至七十歲而作之詩，編輯成册，是爲《尾聲集》，共百餘首。有徐卿書跋。呂氏七十六歲後又有詩作，集爲《反童吟》一卷，收詩五十五題，其中過半爲擬古詩，借樂府詩題而擬作，頗有詩趣。七十九歲時又集若干詩篇爲《孺喁草》，共收詩二十餘首。

　　此書中《囈語亭詩集》刊刻於清嘉慶二十年（1815），《尾聲集》刊刻於清道光二年（1822），《反童吟》刊刻於道光八年（1828），《孺喁草》刊刻於道光十一年（1831）。（曹菁菁）

新坂土風

清陳鱣撰。清鈔本。

　　陳鱣（1753—1817），字仲魚，號簡莊，清代著名學者、藏書家、校勘家，浙江海寧人。爲諸生，舉孝廉方正，清嘉慶戊午（三年，1798）舉人，著《河莊詩草》。少承其父許氏説文之學，而兼宗北海鄭氏，《論語注》《孝經注》《六藝論》皆採輯遺文，并據本傳參以諸書排次事實爲年紀。嘉定錢大昕，謂爲"粲然有條，咸可徵信"。好購藏宋元雕本書及近世罕見之本，其舉孝廉方正也，儀徵阮元爲舉主，手摹漢隸"孝廉"二字，以顔其居，并爲書士鄉堂額。仲魚既没，遺書散佚，相國爲刊《續唐書》於粵東。與段玉裁、邵二雲、王懷祖皆有交往。段玉裁對於陳鱣所作《孝經鄭注》一卷、《論語》、《六藝論》一卷等，一一雒讀，嘆其精當。鱣所注之書甚多，没後多有散佚，最爲可惜者爲《説文正義》，竭數十年之心力，不知所歸，僅剩《詩人考》三卷存世。還著有《蜀石經毛詩考異》二卷（藏於拜經樓）存世。

　　陳鱣與清代著名學者、藏書家黃丕烈爲好友，與之多交游。陳鱣在黃丕烈所藏陳壽撰《吳志》之書手跋中曰："去冬偕蕘翁泛舟虎邱，訪購是書自謂追隨樂事，今春過士禮居，蕘翁出示，則裝演已就。適徐君孄雲亦在坐，相與展玩，并讀跋語，嘆賞不置。"陳鱣與拜經樓主人吳騫同講訓詁之學，經眼之書多與吳騫有關，在《東城雜記》中記載："嘉慶十四年冬日，陳鱣借録於吳門寓舍，并校一過，時方得樊榭徵君所著《玉臺書史》，因拜經樓主人交易而觀，各鈔副本云。次年春正月鱣識。"陳鱣曾撰《經籍跋文》，對經部類古籍來源多有考證，曾輯《論語古訓》等書。丁丙《善本書室藏書志》中多次引用陳鱣的考訂結果加以佐證，以《禮記集説》一書爲例，此本爲嘉靖本翻元本，"又與陳鱣《經籍跋文》所載元本合，當是嘉靖間南康逸老堂所刊澔書，成於至治……"。三人交往之情形，在錢泰吉所撰《甘泉鄉人稿》中有記載云："時同州人吳騫……拜經樓多藏書，仲魚亦喜聚書，得善本互相鈔藏。更有吳門黃丕烈蕘圃爲之助，以故海昌藏書家推吳氏、陳氏。"簡莊先生一生熱愛經籍校釋，《兩浙輶軒録補》記載，其"病痢疾，猶爲錢橋論古音分部之疏密，并剖十餘事而卒"。

《新坂土風》主要是陳鱣以詩歌的形式記載家鄉浙江海寧的風土人情。共收録詩百餘首，以七言絶句爲主。海寧舊稱海昌，其地邊臨大海，有魚鹽之饒，稻蟹之富，菱芡之美。地益蕃廡，人材輩出。關於創作《新坂土風》的緣起，陳鱣《簡莊詩文鈔》中寫道："戊戌夏初，自西湖歸東海，偶拾鄉邦遺事，或别出紀傳，或散在閭閻，雅俗雜陳，得詩百首，命曰《新坂土風》，聊附嚴門諸家之後，下里歌詞，無當輶軒採擇也。"仲魚詩既工，取材僅在鹽官一邑，且多出於志乘之外，以徵故實，以備風謡。詩歌體例主要寫景爲主，每篇并無題目，詩旁則對所涉及的人物、景點加注。如寫"桂花廳"的一首，詩云："城南城北盡繁華，未减當年朱十誇。醉月樓頭堪賃酒，桂花廳上好團茶。"旁邊加注道："朱太史竹垞送楊以齋還里詩：'人家户户通舟楫，藥草村村盡畫圖。'醉月樓在富家橋畔，桂花廳在州治前。"還有一些頗有哲理，"蕭寺平林隔短牆，誰知佛法有炎凉。年年北寺人如蟻，西去會無一瓣香"。旁注云："安國寺俗名北寺，每歲六月二十九日香市最盛，延恩寺俗名西寺，與安國寺相連，諺云：'北寺燒香，西寺乘凉'。"還有的詩歌記載了一些江浙地區的民俗，如"俗以正月初三日爲小年朝，凡往南海燒香者，俱於是日起"。江南地區寒食節後養蠶的習俗,還有記載了當時發生的一些特殊事件,如"崇禎戊辰海嘯之變","漁稅每舟約三錢"等等,均可做相關史料之補充。

前有嘉慶丁巳(二年,1797)無錫秦瀛序,後有徐鴻熙跋。據書後徐鴻熙跋可知,是本乃己未年(嘉慶四年,1799)間根據葛問原石菖山館藏書,沈蕉農手鈔本。

是書間有朱筆校訂,并在空白葉上多作注明。首卷鈐有"用拙齋珍藏記"等印,卷末鈐有"硤川紫來閣徐氏印"印。曾藏徐鴻熙處。(張偉麗)

芙蓉山館詞鈔

清楊芳燦撰。清鈔本。半葉九行,行二十三字,無格。

楊芳燦(1753—1815),字才叔,一字香叔,號蓉裳,江蘇金匱(今無錫)人。清乾隆四十二年(1777)拔貢,後應廷試,四十五年(1780)補甘肅伏羌(今甘谷)知縣。乾隆四十九年(1784),防禦回民謀反有功,擢知靈州(今寧夏靈武)。因其不願外任,乃入爲户部員外郎,與修《會典》。後丁母憂而歸。清嘉慶十三年(1808)二月爲衢州正誼書院山長,十月到杭州關中書院爲山長。十六年(1811)十月入蜀,參加重修《四川通志》,十九年(1814)爲成都錦江書院山長,次年卒於蜀。有《蓉裳公自訂年譜》傳世(前有小像,光緒丁亥(十三年,1887)排印本)。

楊芳燦好詩文,年未及冠,所作詩文已爲藝林所重,與弟荔裳并稱"二楊"。嘗曰"色不欲麗,氣不欲縱,沈博奧衍,斯駢體之能事矣"。與洪亮吉、孫星衍等齊名。詩學李商隱、李賀,世謂盈川(楊烱)復生。詞尤爲擅長。著有《吟翠軒詩》二卷、《真率齋詞》二卷、《芙蓉山館詩鈔》八卷《補鈔》一卷、《芙蓉山館詞鈔》二卷、《芙蓉山館文鈔》,輯有《荊圃唱和集》等。另著《四川金石志》三卷,收入《四川通志·輿地志》內。王昶《湖海詩傳》稱其詞"兼有夢窗(吳文英)、竹山(蔣傑)之妙"。陳廷焯云"金匱二楊(蓉裳、荔裳兄弟),工爲綺語"(《白雨齋詞話》),"蓉裳詞低佪深婉,情詞兼工"(《云韶集》)。《續四庫全書提要》評曰:"詞清妍婉麗……如啖鮮荔枝,香色味三者俱佳,真足令才人學人一齊拜倒。"

《芙蓉山館詞鈔》二卷,收詞凡七十闋,附《捐蓮詞集溫庭筠詩》三十二闋、《移筝語》三十二闋。後有朱希祖跋,指出此鈔本内所收詞與刻本"次叙不同"且有刻本所無者,而《拗蓮詞》《移筝語》皆刻本所無,認爲"此殆爲原稿歟"。(趙大瑩)

景廉堂年譜一卷偶一草拾遺二卷

清劉廷楠撰。民國二十七年(1938)《清芬叢鈔》本。一册。半葉八行,行二十四字,小字雙行同。

劉廷楠(1753—1820),字讓木,號云岡,河北獻縣人。清乾隆四十五年(1780)舉人,乾隆五十二年(1787)進士,清嘉慶三年(1798)授信宜縣令,五年(1800)攝惠州河源縣事,六年(1801)移任揭陽縣令。後升嘉應州知州,署廉州府事。私謚文定,署所居爲景廉堂。著有《景廉堂偶一草拾遺》二卷。本集前有《景廉堂年譜》可資參考。

張潤於民國年間從方志資料中搜集京畿地區宿儒之舊作,劉氏的詩作得存一續。此書收入《清芬叢鈔》,僅有稿本傳世。此集共收録劉氏詩作七十餘首,文八篇。劉廷楠爲清中期能吏,詩文傳世不多,張潤贊其有"韓文杜詩"之風:無一字無來歷,或有可參。集中詩歌年代可考證者,皆按時間序次。詩序、點注皆存,實爲不可多得之文學史料。

本書爲民國二十七年(1938)劉修鑒輯《清芬叢鈔》之一,僅國家圖書館有藏。(曹菁菁)

駕千遺墨不分卷

清陳兆騤撰。鈔本。三册。

陳兆騤,字駕千,號謹莊,江蘇吳江人。清乾隆三十九年(1774)舉人,授宿松教諭,未任卒。《[嘉慶]同里志》卷二十三記載其著有《謹莊自訂詩文集》,未見流傳。

全書共三册,其中詩二册、文一册。詩集所收詩有《甲辰孟陬可亭將別予之泰安寒夜煮茗劇譚口占二絶》《辛酉春再赴公車時歸自京師》等約計一百六十篇,文有《雜説》《審聲》等二十二篇。駕千詩的形式多樣,有律詩、絶句,亦有古體詩。詩的内容主要是記述個人的生活，以記事憶人爲主，間有寫景狀物之作。其中《流民嘆》《觀插秧示蔣某》兩篇是其比較少有的反映社會生活的作品。駕千詩的風格清淡簡樸，不事雕飾，給人以自然真實的感受。詩文中的注文對於詩的寫作背景或時間做了比較細緻的説明，使我們可以據此對陳兆騤的生平有一個大致的瞭解。其中《雜憶》是一篇自傳體五言長詩，記述了作者的主要生平活動。詩内有注云“余以戊戌之平泉，至辛丑還家”，後接詩句“臨去記來游，余年二十九”。由此可推算陳兆騤出生的時間大約在乾隆十八年（1753）左右。再者陳兆騤曾授宿松教諭，未任卒。駕千集中有明確紀年的最晚時間是《泉井記》的落款時間嘉慶八年（1803），授職一事對陳兆騤來説是很重要的，必定會有所記録，而無論是詩還是文中均没有授宿松教諭的内容，可以推斷陳兆騤在嘉慶八年前尚未授職。從《雜憶》詩中還可以看到，陳兆騤中舉後屢試不第，常年奔波於外，曾先後在平泉、福寧、遵化等地擔任幕僚，除此之外，則以教授謀生。作爲一名生活在社會下層的知識分子，他的朋友大多也比較普通，所以詩中提到的人物多不可考。其中比較特殊的人物是以廉吏著稱的陸曜。陳兆騤曾經擔任陸曜之子的老師，因此和陸曜有較多的交往。集中有《題朗夫先生畫二首》等和陸曜有關係的詩五篇、文一篇，是比較有價值的資料。文集内所收《平泉亭碑記》與《遵化烏龍泉記》也是比較有特色的地方文獻史料。

此稿本三册筆迹不盡相同，書寫尚工整，間有若干塗抹修改的痕迹，當屬謄稿本。鈐“兆騤”“駕千氏”“范定時印”等印。（董馥榮）

小莊先生詩鈔七卷

清萬法周撰。清道光八年（1828）刻本。二册。半葉十行，行二十一字，小字雙行同。黑口，左右雙邊，單魚尾。

萬法周，生卒年不詳，字希喆，號象濂，又號藥堂，湖北雲夢人，生活在清乾隆嘉慶間。乾隆五十三年（1788）前後，曾入京爲國子監監生，博聞强識。乾隆五十五年（1790），保舉入武英殿校録，與陸錫熊前往瀋陽等地重校《四庫全書》。仕途不乘意,後出任湖北教諭。生平可參見書前諸序。

《小莊先生詩鈔》乃清道光八年(1828)萬氏門生程懷璟諸人搜集萬氏所存之詩稿,校訂刊刻而成,共分七卷,收録了二百五十八首詩,并附刻駢體文三篇。按照詩體之五言古詩、七言古詩、五言律詩、七言律詩分卷。此集中之詩,乃萬氏二十餘年的所作。萬氏文集曾有潘紹觀整理本和陳宗實整理本,皆有文有詩。陳氏之本,各體詩稿有二十卷,與此本不同。

萬氏隨陸錫熊北上瀋陽重校文溯閣《四庫全書》之時,著有《征途剩稿》,擬行刊刻而請劉墉、陸錫熊爲序。然今未見此刻本。劉、陸二人序文并收録入此集前。

萬氏曾入京爲武英殿校録,後漂泊鄂中,一生困頓。其詩歌寄懷詠古,題材多樣,文字樸素,議論深刻,不乏佳作,是清中期詩史的重要材料。(曹菁菁)

歲寒小草

清謝寶樹等撰。清嘉慶十七年(1812)刻本。一冊。半葉八行,行十八字,小字雙行同。白口,四周單邊,雙魚尾。

謝寶樹、吳友篪、王肇泰、壁昌四人具體生平均不詳,但約生活在清嘉慶道光間。據本書前自序及目録可知:謝寶樹,字玉森,號珊嶠,自號坳堂漁父,順天大興人;吳友篪,字彥和,號編山,自號鹿角峰樵,江蘇吳縣人;王肇泰,字敏夫,號瑞庵,自號毘林居士,順天武清人;壁昌,額爾德特氏,字東甫,號星泉,自號且道人徒,蒙古鑲黃旗人。其中謝寶樹亦爲嘉慶年間藏書家,一生未得功名而致力於鈔書、校書,有《北平謝氏藏書總目》。

此書爲謝寶樹所輯的四人唱和詩集。卷前有嘉慶十七年(1812)謝氏序,卷末有吳友篪跋語。以年齡爲序,分別輯録了四人於嘉慶十六年(1811)冬月,往來唱和於"北城之粉子亭"之詩作,其中謝寶樹詩二十九首、吳友篪詩十九首、王肇泰詩二十一首、壁昌詩十七首。吳跋有言:"一歲之歲寒,猶不可以終聚矣。珊嶠懼聚之難也,彙同人酬倡而付諸梓。詩不必工,體不必備,所期他日者,秋水一方,明月千里,共貞松柏之盟也。"正道出了此書結集及名之《歲寒小草》的緣故。(馬琳)

水墨齋詩集二卷

清黄湘撰。清道光五年（1825）刻本。一册。半葉十行，行十九字。白口，左右雙邊，單魚尾。

黄湘（1755—1825），字士庵，一字柿庵，號漁叔，江蘇荆溪（今宜興）人。工詩善畫，好奇嗜古，爲荆南吟社成員，與萬之蘅、張衢等人交游切磋。著有《水墨齋詩集》二卷、《妨帽軒吟稿》二卷。

此書爲黄湘所作詩集，共兩卷，收詩二百二十餘首。前有清嘉慶十六年（1811）吳騫序、四年（1799）萬之蘅序、二十三年（1818）伍宇昭序及清道光五年（1825）吳昂駒序，言"今年春編次其前後所作授梓，予過訪於妨帽軒中，適遇刊布將成"，可知此書刊於此年。黄詩以盛唐爲宗，多描述自然萬物的興味，清新自然而又含蓄蘊藉。如《曉雪望行人》"疏木含煙淡，晨寒鳥不飛。何人踏殘雪，來扣酒家扉"；又如《南澗》"亂石紅泉瀉，花光照客衣。樹深陰乍合，山近翠初微。白日塵心静，青天瀑布飛。隔窗聞梵唱，坐久欲望機"等。

鈐"適盦藏書""陽羨徐氏正誼堂家藏圖籍碑帖記"印。（馬琳）

妨帽軒吟稿二卷

清黄湘撰。清道光五年（1825）刻本。一册。半葉十行，行十九字。白口，左右雙邊，單魚尾。

此集前有清嘉慶二十四年（1819）春張衢序言，後有清道光五年（1825）黄湘之侄星照跋語，與《水墨齋詩集》同刊於道光五年。兩集以時間爲序，《水墨齋詩集》收録黄氏嘉慶十四年（1809）以前詩，《妨帽軒吟稿》則收録嘉慶十五年至道光元年（1800—1821）的詩作一百六十餘首。此集中，黄湘詩風較前期更爲沉鬱老練。

鈐"適盦藏書""陽羨徐氏正誼堂家藏圖籍碑帖記"印。（馬琳）

松溪詩草

清吳台撰。清嘉慶二十四年（1819）刻本。二册。半葉十一行，行二十二字。

白口,左右雙邊,單魚尾。深柳堂藏板。

　　吳台,生卒年不詳,約生活在清乾嘉時期,字位三,涇縣(今安徽涇縣)茂林都人。附貢,由兵馬司正指揮改湖南通判,署長沙府通判。與洪亮吉等人有交往,曾參與纂修《涇縣志》。

　　此集包括《北游草》《湘游草》各一卷、《釣游草》三卷。卷前有清嘉慶二十四年(1819)吳台自叙,知嘉慶元年(1796)吳台尚有《深柳堂詩》附刊於其父吳葆孫《竹坪詩草》之後。《北游草》《湘游草》二集頗多羈旅行役、詠史述懷之作,詩風沉鬱;《釣游草》爲歸鄉後作,“殺風景事咄咄逼人,老境日增,添詩懷之感慨矣”(見吳台自叙)。(馬琳)

紅杏山房詩集

　　清宋湘撰。清嘉慶刻本。四册。半葉九行,行十九字。白口,四周雙邊,單魚尾。

　　宋湘(1756—1826),字焕襄,號芷灣,廣東嘉應(今廣東梅州市)人。清嘉慶四年(1799)進士,選翰林院庶吉士,散館授編修,官至湖北督糧道。《清史列傳》説宋湘“爲文章醇爾後肆,詩沉鬱頓挫,直逼少陵。粤詩自黎簡、馮敏昌後,推湘爲巨擘”。有《不易居齋集》《紅杏山房詩鈔》等。

　　此書乃《不易居齋集》《豐湖漫草》《豐湖續草》《紅杏山房詩鈔》《紅杏山房試帖詩》《紅杏山房試詩》《漢書摘詠》《後漢書摘詠》合刊。

　　《不易居齋集》起嘉慶元年至三年(1796—1798),共收録宋湘古近體詩作七十二首。據卷前嘉慶七年(1802)作者自序可知,當時宋湘身處京師,但屢試不第、窮困潦倒,其所作詩歌亦充滿“愁苦森發”的心聲。如“久客名何在?奇窮骨奈驕。百思唯睡好,一枕得春曉。惜字留殘刺,傾家曠敝貂。天寒日更短,庭樹亦蕭蕭”(《支離四首》其三);又如“乍見山河影,西窗一抹痕。漸多微礙樹,又上欲當門。孤客荒吟思,沉疴負酒樽。掩關愁索卧,牢落夢中論”(《山齋秋夜四首》之二)。

　　《豐湖漫草》收古今體詩七十五首,賦二首。《豐湖續草》收古今體詩一百二十四首。前有宋湘嘉慶六年（1801）自序。

《紅杏山房詩鈔》，目録載有《燕臺剩瀋》一卷、《南行草》一卷、《滇蹄集》兩卷、實際有《燕臺剩瀋》一卷、《南行草》一卷、《滇蹄集》三卷、《楚艘吟》一卷，共六卷。《燕臺剩瀋》正文前有作者自記，述詩集寫作背景、成書過程。《南行草》文前亦有自記，述此詩集成於嘉慶十八年（1813）由翰林出守雲南途中。《滇蹄集》文前自記寫道，此集乃"出守滇中積年所作"。《楚艘吟》一卷，後有同治己巳（八年，1869）宋維松識語。據此可知，《楚艘吟》爲同治年間增刻。

後《紅杏山房試帖詩》《紅杏山房試詩》《漢書摘詠》《後漢書摘詠》均爲一卷。

鈐"紫江朱氏存素堂所藏圖書"印。（馬琳）

劉氏三種

清劉士璋撰。清道光十九年（1839）刻本。三册。半葉九行，行二十字，小字雙行同。白口，四周雙邊。

劉士璋，生卒年不詳，字南赤，江陵（今湖北沙市）人。清乾隆三十年（1765）拔貢，朝中試以部曹徵用，辭謝不就。喜藏書，藏書樓名富猗樓，又工於詩文，"其詩精深高妙，足以追配前喆，文亦有典有則，考據詳盡"（見陶樑序）。著有《三湖漁人集》《漢上叢談》《夢竹軒筆記》《案自警編》《江陵志刊誤》《郢小記》等。

此書爲清道光十九年（1839）刻本，包括《漢上叢談》四卷、《夢竹軒筆記》二卷、《江陵縣志刊誤》六卷三種，前有北海圖書館藏鈔目録一葉。其中《漢上叢談》《夢竹軒筆記》爲筆記小説，有清嘉慶五年（1800）吳省序及道光十九年陶樑序、乾隆六十年（1795）劉士璋所撰例言。《江陵縣志刊誤》有陳詩序。"是編訂譌核實，搜剔頗詳，諸如怪異瑣屑芟薙者屢矣"（見陶樑序），亦可見作者於學術考證之功力。（馬琳）

清芬精舍小集三卷

清王嶽蓮撰。清嘉慶二十三年（1818）刻本。一册。半葉十行，行十八字。白口,左右雙邊,單魚尾。

王嶽蓮(1779—1827),又作王蓮、净蓮,字韻香,號清微道人,又號玉井道人、平安竹,錫山(今江蘇無錫)人。自幼出家於福慧雙休庵,由佛入道。能詩,工小楷,善畫蘭竹,與文壇名士往來唱和頗多,其所藏《空山聽雨圖》小影,名流題詠者多達百餘家。完顔麟慶在《鴻雪姻緣圖記》中稱其"腹有詩書,別有出塵之致",同時代女詞人吴藻亦贊其"香火因緣,語言文字,唱絶云山侣"。

此集共三卷,卷上爲衆人所題《空山聽雨圖》之詩、賦、詞、曲等,前孫星衍《空山聽雨詩序》;卷中爲嶽蓮所作《詠蘭》一百零六首,及秦瀛所撰《畫蘭小賦》;卷下爲《説竹四十八則》及潘奕雋所撰《説竹小序》。觀其詠蘭之詩作,詩中有畫、清新脱俗;其説竹之語,涉及竹之屬性、用途、畫法、典故等方面,無所不包。

鈐"净蓮之印""韻香""彝齋""清微道人"等印。(馬琳)

張立本詩集五種

清張立本撰。清鈔本。四册。半葉九行,行十九字。

張立本,字培庵,安徽望江人。清乾隆間諸生。

本書共收録張立本所撰詩集五種,分别爲《愛日堂初稿》《聽松草》及《續聽松草》《趨庭詩稿》《陟岵樓詩稿》《新息旅草》。集中多詠物、懷人的閑適之作,值得注意的是有一些對當代詩人的評價,如《重題小蒼山房文集後》中評袁枚"絶世聰明一支筆,如君不愧號詩才";《讀蔣心餘先生詩》評蔣士銓"健筆居然追老杜,奇才不愧比東坡"等。

此集爲鈔本,集中有多處浮簽批注,似爲刊刻鈔録底本,今不見刻本存世。(馬琳)

禮石山房詩鈔四卷

清吴堦撰。清嘉慶刻本。四册。半葉九行,行二十二字,小字雙行同。白口,左右雙邊,單魚尾。

吴堦(1756—1821)，字次升，又字禮石，號古茨，江蘇武進人。監生，清乾隆四十九年(1784)召試二等，以知縣分發山東，參與鎮壓白蓮教有功，官至曹州知府，卒於任上。工詩詞，通曉音律，與余鵬、黄仲則齊名。曾主持纂修《續修郯城縣志》，著有《禮石山房集》《金鄉紀事》《手治官書》等。

此集爲吴堦詩集共四卷，卷前有清嘉慶元年(1796)管粤秀序。集中頗多登臨、題贈、詠物、懷人等詩作，其中《讀陳忠愍公家傳》《賦得雪來唯有客先知用東坡公效歐陽禁體》《傷逝歌爲懷寧余少雲作》《從趙味辛舍人乞天竹索詩賦一十八韻》等長詩寫得或氣勢磅礴或婉轉動人；再如《憶内二首》《立秋前一日雨窗録亡友余少雲詩》《詩友黄仲則景仁以癸卯春客死運城經臨其地愴然感懷》等詩中流露出的對骨肉親朋的摯愛之情，極具人情之味，讀之使人感傷不已。

集中有墨筆圈點。（馬琳）

六觀樓文存一卷六觀樓詩存一卷附記吴逆始末

清許鴻磐撰。民國十三年(1924)鉛印本。二册。半葉十行，行二十四字。白口，四周雙邊，單魚尾。

許鴻磐(1757—1837)，字漸逵，號雲嶠，濟寧州(今山東濟寧)人。清乾隆四十六年(1781)進士，官指揮，改安徽同知，擢泗州知州。許鴻磐博極群書，尤精史學、輿地之學，撰有《方輿考證》一百卷。凌廷堪嘗謂人曰："海内輿地之學，以鴻磐爲第一專家，其會通今古精審之處，不減梅磵、戴敦元。嘗與江藩共觀其書，嘆曰：'鴻磐曾官指揮，當時以俗吏目之，失鴻磐矣。'"另有《雪帆雜著》一卷、《尚書札記》四卷、《六觀樓詩文集》、《六觀樓北曲六種》等。《清史列傳》卷七十二、《清儒學案》卷一百十二有傳。

此集共兩册，爲許氏家印本，從侄曾孫鍾璐校輯，從侄元孫莪華校印，收録許氏詩文最爲完備。第一册爲《六觀樓文存》一卷，卷前有清同治八年(1869)李福泰《六觀樓文集拾遺序》，共收録許氏序、記、書、跋等文章五十篇；第二册爲《六觀樓詩存》一卷，存世一百九十餘首，并附《記吴逆始末》一文，詳述吴三桂叛亂的全過程。許文出入唐宋八大家之間,詩宗杜甫、蘇軾,詩歌風格亦由唐入宋,曾手鈔《六觀樓杜詩鈔》二卷,選詩三百一十八首。

據卷末民國十三年(1924)鍾璐、莪華跋語可知,許氏之詩文集此前幾散佚殆盡,同治九年(1870)李星衢(即李福泰,字星衢)曾得文稿三十篇刊於粵東,題《六觀樓文集拾遺》,之後又經過李東涵與查星階的陸續搜集,復得文二十篇、古近體詩數十首,得以彙編成帙,又有莪華先鈔録後付印,纔成是書。國家圖書館亦藏有民國鈔本,與此本順次、内容均相同,或爲莪華鈔録之本,此鉛印本之底本。(馬琳)

三惜齋散體文五卷

清盧浙撰。清道光刻本。五册。半葉九行,行二十五字。黑口,左右雙邊,單魚尾。

盧浙(1757—1830),字讓瀾,號容庵,江西武寧人。清嘉慶四年(1799)進士,三遷至户部郎中,嘉慶二十三年(1818)升兵科給事中,官至太僕寺卿。"爲人謙謹淳樸,不事聲華,讀書必求心得,著有《周易經義審》《讀史隨筆》《爲學須知》《三惜齋制藝詩稿》若干件"(王子音序)。據清劉錦藻《清續文獻通考》卷二百五十七《經籍考》,盧浙"爲學邃於《易》,少授徒饒州,著《周易經義審》,合義理象數爲一。書成,門外彦芝三本,人以爲瑞云"。可見其《周易經義審》爲時人推崇之程度。

此本前有嘉慶二十五年(1820)甘揚聲序、嘉慶二十五年王子音序。全書共五卷,卷一至二爲《三惜齋散體文初刻》,約五十篇,爲序、記、跋、書、墓誌銘等。卷三爲《中州集》,前有清道光二年(1822)盧浙自序,後有熊如泌跋,正文有序、書、墓誌銘等二十三篇。卷四至五爲《三惜齋散體文續刻》,有書、啓、傳、墓誌銘等三十九篇。"容庵文疏暢盤礴,含蓄蕴釀,務以理勝,求之古人,當在歐、曾之間"(王子音序),有一定的文獻價值。

此本稀見,據《中國古籍總目》,僅國家圖書館藏。(尤海燕)

香山草堂集選四卷

清繆鏡撰。清嘉慶刻本。二册。半葉九行,行十九字,小字雙行同。白口,左右雙邊，單魚尾。有朱墨筆圈點。

　　繆鑌（1757—?），字爾鈞，號洪陽，丹徒高資鎮人。居近香山，又號香山居士。性耿介誠篤，幼喜讀書，不好嬉戲，凡程朱之理、陰陽術數，無不探其精義，窮究其理。及長，家道中落，遂學醫以謀生濟世。多得名醫指點，精於醫術。清嘉慶元年（1796）開制科，舉孝廉方正之士，繆鑌入選，以祖父年老辭不就。仿《四書大全》作《傷寒大全》初、二集，《四庫館醫宗金鑑》著録。又作醫書《心得餘篇》《傷寒一百十三方精義》，惜均不傳。曾游揚州、西安、湘楚等地，作詩集《西征草》《西冷草》《楚游草》以紀之。善畫，有時名。晚年歸里，結屋數椽，奉母居之，名曰香山草堂，彙選所作詩爲《香山草堂集選》。

　　卷前有嘉慶二十三年（1818）王豫撰《繆徵君香山先生小傳》。詩以近體爲主，間有古體，内容一爲寫景紀事，如《登香山》《游白公祠》《獅子林》《春江月夜》《傍花村看菊同旭齋秋穀》《秋夜飲占香閣》《葛貞女》《五烈祠》等；二爲酬和應答，如《周曙峰過訪次韻答之》《次友人梅花元韻》《友人客楚中見寄并遺物詩以酬答》等。正如其《六十述懷》詩中所云：“做客渾忘歲月深，壯游未減少年心。孤舟江漢千回夢，匹馬關山萬里吟。畫事難償成宿債，藥緣得濟感知音。蹉跎不覺韶華老，六十臨頭白髮侵。”自其詩作可一窺著者多年游歷生活中行醫、作畫、寫詩、交游的生活狀態。

　　此本稀見。據《中國古籍總目》，僅國家圖書館藏。（尤海燕）

古州詩草一卷

清沈毓蓀撰。清鈔本。一册。半葉八行，行二十字，小字雙行同，無格。

　　沈毓蓀（1756—1837），字于澗，號蘋濱，長安鎮人。廩貢生。“少有才名，俠義鄉里”。壯歲正值長安鎮原有長安書院停辦多年，便和陸鳴盛、鄒諤、陳光庭等復建書院，阮元題名爲仰山書院（取“高山仰止”之意）。晚年迫於生計，應山陰李宗昉之邀，遠赴貴州。後又隨李至江西任靈山草院山長。

　　此書首爲清嘉慶丁丑（二十二年，1817）冬日戢山弟樂善拜稿《家蘋濱先生古州詩草序》，稱古州本化外地，雍正間始入版圖，追想前人經營遺烈日久漸湮，且僻在荒陬，高人才士足迹罕至，歌詠絶少，蘋濱先生性倜儻，工詩，自浙走數千里來黔，與樂善有詩往還。別後重逢時，取《古州詩草》一卷，多爲此地山川風土，別開生面。後爲王占豐題詩、俞枚序等。

此卷書寫工緻，無框格，行間有朱墨筆圈點，書眉上有批注。鈐有"紫江朱氏存素堂所藏圖書"一印。（趙明利）

岫雲草一卷

清韓崶撰。清道光十一年（1831）刻本。一册。半葉九行，行二十一字。白口，四周雙邊，單魚尾。

韓崶（1758—1834），字禹三、桂舲，號種梅老人，江蘇元和人。其父是升客游京師，授經諸王邸，以名德稱。韓崶少慧能文，清乾隆四十二年（1777）拔萃科，分至刑部，悉心讀律，平反滇南盜案，升郎中。多次勘辦各省大案。乾隆五十四年（1789）出爲河南彰德知府，遷廣東高廉道。因坐失察罪降刑部主事。清嘉慶間署兩廣總督，督查澳門情況，力主嚴密海防。纍遷至刑部尚書。清道光四年（1824）復因失察奪職，議流放，因年老從寬，命效力萬年吉地工程處。五年（1825）召署刑部侍郎，次年告病歸里。雖政務繁忙，然五十餘年無一日廢書，故以"還讀"命名其書齋。著有《還讀齋詩稿》《還讀齋詩話》。《清史稿》有傳。

卷前有韓崶自序，石韞玉、彭蘊章等題詞。卷末有清道光十一年（1831）尤興詩、朱琦、蔣廌塤跋。韓崶與石韞玉、彭蘊章、尤興詩等均爲問梅詩社成員。問梅詩社是清中期蘇州地區著名的詩社，成員多爲蘇州地區知名文士，也包括梁章鉅、林則徐等官員，閑暇之時常聚會唱和，切磋詩義，在當時影響很大

韓崶仕宦多年，往往有感而發，輯爲此本，計百餘首。石韞玉論其詩曰："即論詩格兼唐宋，半是眉山半少陵。"蔣廌塤則認爲："先生之詩又如絳雲在天，舒卷自如，其言則溫厚和平，其情則真誠篤摯，其感人也如春風之鼓物，如霖雨之滋生，非獨叱咤風雲已也。"晚近的徐世昌對之評價亦甚高，其《晚晴簃詩彙》中評韓崶詩：

"高朗和平,沈厚悱惻,讀之使人增忠孝愷悌之心。"（尤海燕）

嘯經草堂拾唾餘草六卷

清丁德皋撰。民國鈔本。一冊。半葉十行,行二十一字。

丁德皋,生卒年不詳,約爲清乾隆嘉慶間人,字介莊,楚南醴陵人。據其詩作《雜感》注,丁德皋乾隆四十九年（1784）入邑庠,嘉慶五年（1800）爲廩生,未入仕,躬耕自給。《湖南通志》載其著有《嘯經堂集》,今不傳。

此本按體裁分類,卷一收録五言古詩五十八首,卷二收録七言古詩二十七首,卷三收録五言律詩六十五首,卷四至五收録七言律詩一百一十八首,卷六收録五言絶句六十四首。其詩多寫景,以牧童、漁父、田園四季、風花雪月描繪田園風光及自己躬耕田園的生活場景,如《田家雜興擬儲太祝》《牧童詞》等,亦多有書寫名勝風景,發懷古幽思之作,如《紅拂墓懷古》《湘妃廟》等。丁德皋仰慕陶淵明,有《飲酒詩和陶徵君》連作十八首,其詩風也近於陶淵明,清幽淡遠,於山水之間怡情養性,恬然成趣。

據丁德皋詩注,嘯經草堂爲嘉慶四年（1799）所修,爲著者讀書、居住,閑暇之時"偶然弄柔翰,聊以自歡娛"之處（丁德皋《移居嘯經草堂效陶徵君》之四）,因此以"嘯經草堂"爲其作品命名。（尤海燕）

是亦草堂詩稿

清楊元愷撰。清鈔本。二冊。半葉十行,行十九字。

楊元愷（約 1737 —？）,字湘石,浙江錢塘（今杭州）人。清乾隆四十三年（1778）進士,官河南葉城知縣。據李格《[民國] 杭州府志》卷一百五十《武林人物新志》載:"性好飲,非酒不握管。工娥隸,作擘窠書尤見筆力。求書者每載美醞易之。"

此本收楊元愷各體詩歌二百一十餘首。楊元愷雖頗具才華,然一生貧病交加,境遇坎坷,備嘗人世艱辛,因此其詩作多悲涼之語,或即景抒情,或借物詠懷,或叙事,或唱和,多有身世之感,炎凉之嘆,尤其是集中多首悼亡詩,如《哭施二樊桐》《哭葉大栗垞》《哭李三春洲》等,哀痛凄凉,有"浮世光陰催電火,窮年書札散煙雲。湖山絶迹同杯酒,風雨兼愁入誄文"等句,讀之頗爲傷感。楊元愷晚年作《老癡》一詩自嘲曰:"生涯潦倒百無知,休怪兒童説老癡。世味淡來猶愛酒,情懷滅盡未忘詩。"從藝術性上來説,楊元愷詩往往立意高遠,詞采斐然,用韻、對仗均工,時有佳句,如"遠客登高非故土,凉秋多病感衰年。黄花白髮愁相對,落木征鴻路杳然"等,頗有幾分唐人風範。

鈐"吴興劉氏嘉業堂藏書記""揚州阮氏琅嬛仙館藏書印"等印。(尤海燕)

雪泥書屋遺文四卷雜文一卷

清牟庭相撰。民國二十五年(1936)鈔本。三册。半葉十二行,行二十四字。

牟庭相(1759—1832),後更名牟庭,字陌人,又作默人,山東栖霞人。少有詩名,有"山左第一秀才"之稱。清乾隆六十年(1795)貢生。曾任觀城縣訓導,不久即以病辭。因科舉連蹇,遂專心學問。與同縣郝懿行相友善,共研樸學,淹通經史,兼精算學,著書達五十餘種,然生前僅《楚辭述芳》刊行,餘者因戰亂佚失大半,今存《投壺算草》一卷、《擬我法集》二卷、《周公年表》一卷、《詩切》、《同文尚書》等。其論著《同文尚書》歷四十餘年心血而成,不但是《尚書》研究領域獨出新見的佳作,而且是古文獻研究的典範之作,頗具學術價值。家中藏書甚富,藏書處有雪泥書屋、横經精舍。其子牟房曾編有《雪泥書屋遺書目録》。

此本爲民國二十五年(1936)五月北平圖書館(今國家圖書館)借安丘趙氏藏本傳鈔。卷前有武林朱氏墨筆題記。《雪泥書屋遺文》初不分卷,朱氏過録之時依類進行了編輯整理,正文包括傳十篇、墓誌銘四篇、序十五篇、書五篇、啓一篇、記三篇、跋二篇、頌一篇、贊二篇、壽序九篇、祭文二篇。第三册合鈔《雪泥書屋雜文》,包括《周公年表》《史趙亥字算考》等五篇雜文。阮元在《小滄浪筆談》中評價牟庭相:"栖霞牟庭相,能以古文爲時文,詩亦古雅可誦。"

此本尚有清光緒十九年(1893)武林朱氏鈔本。此本當即自朱氏鈔本過録。

（尤海燕）

木雁齋詩二卷

清胡長庚撰。清乾隆刻本。一冊。半葉九行，行二十一字。白口，左右雙邊，單魚尾。

胡長庚（1759—？），字應宿，號少白，又號城東居士，安徽歙縣人。清道光三年（1823）進士，官禮部侍郎。道光十七年（1837）考選山東道監察御史，升任雲南昭通府知府，以才明心細，辦事認真卓異候升，母憂歸。清咸豐元年（1851）起，知山西汾州府。工篆刻。著有《嶺雲雜著》一卷、《木雁齋雜著》、《木雁齋秋懷詩》等。

卷前有清乾隆四十八年（1783）江上錦序。收錄胡長庚詩作二百餘首。其詩古近體兼備，以古體爲妙，近體稍遜之。其古體詩典雅古樸，頗有樂府之風。如《效陶靖節詠貧士七首》之一："裊裊孤生蘿，上無喬木依。托根寒崖下，不見朝陽暉。惜此清溪流，慕彼高雲飛。溪流逝不返，雲飛行自歸。棄材非遯世，懷道甘忍飢。榮華不及時，枯瘁徒爾悲。"清雅質實有古風，確爲佳作。是書有四卷本，清嘉慶十五年（1810）刻，流傳不廣。

鈐印"長樂鄭氏藏書之印"，爲鄭振鐸舊藏。此本稀見。據《中國古籍總目》，僅國家圖書館藏。（尤海燕）

一枝山房詩草

清張殿甲撰。清嘉慶二十四年（1819）刻本。一冊。半葉九行，行十九字，小字雙行同。白口，四周雙邊，單魚尾。書名葉題"穌氣堂藏板"。

張殿甲，生卒年不詳，大約生活於清乾隆嘉慶間，字碩亭，廣川人。早年曾入仕途，不久即乞歸，自此優游林下。處鄉間有古之鄉先生風，置祭田八百畝，捐義田三百畝，建家學以裕後，深受鄉人敬重。

此本卷前有嘉慶十八年（1813）王宗誠序、嘉慶二十一年（1816）汪守和序、嘉慶十六年（1811）張殿甲表侄祝德全序。卷末有嘉慶十四年（1809）張殿甲自序。

正文收録古近體詩百餘首，以近體爲多。其詩有唐人之風，清新優美，情真意切，著者多經生死離散，是以集中悼亡詩尤爲凄切動人。

張殿甲家學淵源，其父生前性好積書，以藏書傳後人。張殿甲自序云："雨窗獨坐，未嘗不檢點遺書，尋究大義，見古人砥節礪行，發爲文章，自抒懷抱，間有紆曲不能自鳴者，每借昆蟲草木以寫其意。余早歲乞休，息機宦轍，田園終老，偶撿篋中所藏，自經秦晉，泛吴越，游齊魯，半世閲歷，得詩百餘篇，重意不重詞，隨時記事，貽厥孫謨，垂則來葉，非敢借以問世，然仰惟先人遺書之至意，是余雖恨之百，猶可云幸之一也。"此本爲張殿甲人生閲歷所積，多年所經所見，有感而發，傳之子孫，啓發後人，以不負先人藏書、遺書之志。

此本稀見。據《中國古籍總目》，僅國家圖書館藏。（尤海燕）

雀硯齋文集八卷

清張錫穀撰。清道光三年（1823）兩廣運署刻本。八册。半葉十行，行二十一字，小字雙行同。黑口，四周雙邊，單魚尾。

張錫穀（1750—1830），字蓮濤，湖北沔陽人。清乾隆五十四年（1789）進士。仕於黔，歷任印江、黎平、都匀等地知縣。後決意歸去。嗜讀書，工詩，名重一時。與阮元爲同年友。阮元曾欲延之以賓館，以便兒孫輩求教，不意錫穀旋有奉移兩粵之命，遂不果。著有《雀硯齋詩文集》十六卷等。清丁宿章《湖北詩徵傳略》論其詩曰："清微簡遠，不以奇警雄鷙爲能。冥心孤詣，直造古人，盛爲兩溟熊先生所許。"

此本卷前有清道光四年（1824）阮元序。卷末有道光三年（1823）翟錦觀跋。正文按文體分類，卷一爲賦十九篇；卷二爲奏摺四篇、策問一篇、序十八篇；卷三至四爲序三十一篇；卷五爲序六篇、記十六篇；卷六爲書一篇、考一篇、説一篇、引三篇、疏三篇、啓二篇；卷七爲傳九篇、祭文三篇、行略二篇、墓誌銘一篇、墓表一篇；卷八爲雜著九篇、續編五篇。張錫穀各體兼長，阮元贊其"學博而文雄"。此本由張錫穀受業弟子翟錦觀主持刊行。翟錦觀官右江時曾主持刊刻《雀硯齋詩集》八卷，而《文集》八卷雕版漫漶且有魚魯之訛，因此重又校對鋟版，遂成此書。

鈐“寄馨藏書”“書弍味軒”印。此本稀見。據《中國古籍總目》，僅國家圖書館藏。（尤海燕）

佩蘭齋詩鈔

清黃寅撰。清鈔本。一冊。半葉七行，行十八字。白口，四周雙邊，雙魚尾。版心題“乙山課藝”。

黃寅，生卒年不詳，約清乾隆嘉慶間人，號蘭溪，蘭砂楓朗（今屬廣東梅州大埔縣）人。清嘉慶十二年（1807）中鄉試。官南雄保昌訓導。夏之蓉曾聘其主韓山書院，至則無疾而終。著述甚豐，然多不傳。

此本卷前有《縣志儒行傳》。收錄黃寅詩作一百餘首，各體兼備，以五七言絕句、律詩爲多，内容多爲寫景述懷，唱和應答，如《蓮》《秋興》《陋室》《秋懷三首》《夏日讀書寄友人》《述懷》《夜飲齋中有懷》《和張儀坡同年》等。其詩質樸清遠，有田園之風。如《題齋中小門》：“舉杯邀月共，拂袖引風來。高齋無俗客，時把小門開”，堪爲黃寅詩的典型之作。據《縣志儒行傳》，“有《佩蘭齋詩鈔》若干卷藏於家”，然此本不分卷，當爲後鈔本。

據《中國古籍總目》，此本僅國家圖書館藏。（尤海燕）

常惺惺齋詩二卷

清謝蘭生撰，稿本。一冊。半葉八行，行十九字。白口，四周雙邊。

謝蘭生（1760—1831），字佩士，號澧浦、里甫、理道人，廣東南海人，寓廣州。“常惺惺齋”爲謝蘭生居處。清嘉慶七年（1802）進士，羊城書院掌教。工詩善畫，詩學蘇軾，畫得吳鎮、董其昌、王原祁等人法。阮元重修《廣東通志》延爲總纂。詩學蘇軾，書師顔真卿，參以褚遂良、李邕。畫學尤深，探吳鎮、董其昌之妙。用筆雄俊有奇氣。著有《常惺惺齋文集》《詩集》《書畫題跋》等。

《常惺惺齋詩》爲謝蘭生詩集，二卷，多爲吟詠名山大川，風景名勝之作，詩句酣暢，鈔寫工緻，行文中標有“删”字應爲整詩删節，有個別文字逐改。應爲作者本

人改訂之本,有重要的文獻價值。鈐印"里甫居士""謝印蘭生"等。(趙明利)

雪蓬集七卷春波詞一卷

清殷坼撰。清鈔本。四册。半葉十行,行二十一字,無格。

殷坼,生卒年不詳,主要活動於清乾隆嘉慶時期,字玉田,一字芥舟,江蘇江陰人。乾隆五十年(1785)進士,六十年(1795)曾任新寧知縣,嘉慶二年(1797)任邵陽知縣,四年(1799)升寶慶府同知,官至順天府治中。生平參見《[道光]寶慶府志》。

是書卷端題"蓉江芥舟氏殷坼著"。卷首有夏孫桐《雪蓬集序》。夏孫桐(1857—1941),字閏枝,亦爲江陰人,清光緒十八年(1892)進士,授編修,歷官湖州、寧波、杭州等地知府,民國初入清史館,工詩文,著《悔龕詞》、輯《晚晴簃詩彙》及《清儒學案》。

《雪蓬集》凡詩六卷,賦、文一卷,又《春波詞》一卷,止於從軍楚南時,而通籍後所作不興。夏孫桐在《雪蓬集序》中評價是書云:"光緒邑志於先生行誼著述概未之及,藝風初亦未見,向余錄副以去,謂可列吾邑詩人一家矣。"

是書爲夏孫桐游京師時所得,後轉付殷坼五世孫子琴,并作序以備刊布之用。《雪蓬集序》云:"近遇先生族裔亦平明經,知先生來孫子琴能守故業而槧書已散,即以此集歸之,亟欲刊布,乞爲弁言。"又云:"今子琴能表彰先德,不墜家風,不獨見清門貽澤之長,亦桑梓文獻之幸也。"

是書鈔寫工整,間有朱筆校改及句讀,校改之處或爲字句之斟酌,或爲異寫字之規範,可見鈔校之一絲不苟。繆荃孫曾錄副此書,并著錄於《藝風藏書再續記》。夏孫桐在《雪蓬集序》中談及殷氏後裔欲刊此書。但存世僅見此鈔本一部。(李文潔)

杏本堂詩古文學製二卷

清陳之綱撰。清嘉慶十三年(1808)刻本。二册。半葉十行,行二十一字,小字雙行同。白口，左右雙邊，單魚尾。

陳之綱（1735—?），字旭峰，浙江鄞縣（今屬浙江寧波）人。清乾隆五十五年（1790）進士，官國子監助教。嘗館盧氏抱經樓，讀其藏書。生平嗜詩、古文詞。其詩直抒性真，法式善、陳慶槐諸人皆推重之。輯有《四明古迹詩》四卷。

《杏本堂詩古文學製》由陳之綱之弟子李澐付梓。全書共計兩卷。卷上爲陳之綱所作古今體詩，含《焚餘草》《燼後吟》《想當然詩》等。卷下爲陳之綱所作古文，含壽文、祭文、書信、序、跋等體例。此本卷前有清嘉慶八年（1803）法式善序，嘉慶七年（1802）馬履泰序和長洲吳雲序，嘉慶四年（1799）陳慶槐序，以及陸開榮、趙睿榮、范紫垣序，又何元烺跋，嘉慶九年（1804）何道生序，李澐序等。《焚餘草》前有乾隆四十六年（1781）自序。《想當然詩》前有嘉慶七年自記。（安延霞）

雨香龕詩草掇餘

清張招覲撰。清嘉慶十四年（1809）刻本。一册。半葉九行，行十九字，小字雙行同。白口，四周單邊，單魚尾。

張招覲（?—1809），字籽園，號紫垣，晚號再生髡，景州（今河北景縣）人。諸生。工詩，其詩入選《畿輔詩傳》。另著有《豹隱廬課詩》。

張招覲生平好吟詠，尤工五律。幼時隨父任而游歷南北，所至皆有吟詠。然每作旋焚，多無存稿。後其子罌等搜集家人寫集散遺，并親友所記憶者追録之，得詩百餘首，多應酬之作，編爲《雨香龕詩草掇餘》。此書共收録張招覲詩一百七十六首。卷前有清嘉慶十四年（1809）馮淑清序，又段琜序，又馬鳳燾及趙任序。段琜序稱"籽園才秉夙慧，今古墳籍，寓目殆遍，落筆萬言，不作窠臼語"。卷首鈐"張招覲印""紫垣"等印。卷末有嘉慶十四年其子罌等人之後記，述其成書經過。此書後還裝訂有《豹隱廬課詩》。（安延霞）

燃灰文鈔一卷詩鈔一卷

清王森文撰。清光緒三十三年（1907）鈔本。一册。行字不一。

王森文,生於清乾隆二十四年(1759),約卒於道光初年。字吉農,號春林,山東諸城人。清嘉慶十年(1805)進士,歷任陝西鎮安、安康、雒南、蒲城等縣知縣。《[咸豐]青州府志》有傳,内載:"森文狷介好學,天文、輿地、樂律、句股靡不究心,尤精三禮,有《禹貢圖》《冠裳圖》與《長安》《武功》二志并傳。"

本書前有著者自序,言"余不善作文,更不善作詩,偶爾操觚,輒棄不録",然因子侄所請,鈔録存家塾,并告誡"毋刊刻、毋傳寫、毋乞人選録"。《燃灰文鈔》一卷,收録王森文所撰文章二十二篇,體裁多樣,内容豐富,以金石、地理以及傳記爲主。每篇文天頭處多有批語,末有友朋弟子評語。

書籤墨筆題"丁未荷月鈔訂怡堂題籤",鈐"棣華書屋"印。前有尹彭壽題記,署"同治丙寅中秋節月下東武尹彭壽記於家園"。書末有"同治四年乙丑夏六月念三日同邑後學尹錫綸重讀於對山書屋"諸字。鈐"東武尹氏珍藏""尹興宗印"等印。此鈔本爲東武尹氏舊藏,其中尹彭壽爲晚清著名金石學家。(謝冬榮)

青來館吟稿十二卷

清沈銓撰。稿本。七册。半葉九行,行十九字,緑格。白口,四周單邊。陳兆壽、王翼淳題詩。

沈銓(1761—?),字師橋,又字季掌,號青萊,一作青來,直隸天津人。擅繪畫、彈琴。《天津縣新志》卷二十三記載,著有《六琴十硯山房詩》十二卷,又名《青來稿吟稿》,今不傳。稿七册,十二卷詩,一卷文。卷首有陳兆壽、王翼淳題詩,卷端題"青來館吟稿卷一　丙午丁未",丙午爲清乾隆五十一年(1786),各卷以編年編排,止於清嘉慶二十三年(1818)。卷三首有乾隆乙卯(六十年,1795)八月陳慶槐題識、嘉慶元年(1796)朝鼐題識。卷五首有愚弟文治題識,稱"古今體悉宗唐音,不落宋元人牙慧,剪竹讀過,令我吟興勃勃"。卷七首有程振甲題識。詩十二卷後附有一册,爲此部書的第七册,封面僅"青來館"三字。

稿本七册,皆爲毛裝,各册鈐有"長樂鄭振鐸西諦藏書""長樂鄭氏藏書之印"印。(趙明利)

松風老屋詩稿十六卷詩餘二卷

清錢清履撰。清道光元年（1821）刻本。九册。半葉十行，行二十一字。白口，左右雙邊，單魚尾。

錢清履（1761—1833），字慶徵，號竹西，嘉善（今屬浙江嘉興）人。清乾隆五十九年（1794）舉人。官至湖北白河口同知。據《［光緒］嘉興府志》載，其嘗宰蘄水，嚴斥堠，清户糧，進邑中子弟，教之如家兒，而發奸摘伏，不稍姑息，頗有政聲。年踰六十告歸，居家十餘年。集故舊十五人爲千齡會，邑中有疑難，每得其一言以決。平生喜爲詩，著有《松風老屋詩稿》十六卷。

《松風老屋詩稿》共計十六卷，另有清嘉慶十七年（1812）十一卷本。此本爲十六卷本，由其門人閔文鳳校刊。收録古近體詩一千八百八十七首，内容按歲次排列，爲乾隆四十年至嘉慶二十五年（1775—1820）間所作。并附《詩餘》兩卷八十一首。卷前有劉錫五、丁履端、王仲湛、劉彬士、詹應甲、顧澍、徐必觀、蔣澐、關發奎、胡理元等人的題詞。（安延霞）

養初堂詩集十二卷紅薑館詞鈔一卷

清馮震東撰。清道光元年（1821）刻本。四册。半葉九行，行十九字。白口，左右雙邊，單魚尾。宜園藏板。

馮震東（？—1850），字少渠，一字筠少，安徽滁州人。清嘉慶間廩生。以孝廉方正用知縣，歷署廣西岑縣、懷集等地。清道光三十年（1850）擢湖北鶴峰州，未赴，卒。據熊祖詒《［光緒］滁州志》載，其爲官清廉，且在任多惠政。耄而好學，所著有《人鑑録》《養初堂詩集》《粤中稿》《紅薑館詞鈔》《文徵録》《宜園詩話》等。今見者有《養初堂詩集》和《紅薑館詞鈔》。

《養初堂詩集》共計十二卷，并附《紅薑館詞鈔》一卷。金陵劉文奎局鎸字。卷前有嘉慶二十二年（1817）錢唐吳錫麒序。各卷前均有目録。共收録馮震東詩八百餘首，爲乾隆五十九年至嘉慶二十二年（1794—1817）間所作。吳序贊其詩"因風

而呼,天籟自奏"。《紅薑館詞鈔》收録馮震東詞五十六首。（安延霞）

梅軒詩鈔一卷

清魏國卿撰。清乾隆刻本。一册。半葉十行,行二十二字,小字雙行同。白口,左右雙邊,單魚尾。

魏國卿,生卒年不詳,字錫命,一字西銘,山西汾陽人。監生。以吏目歷官松江府經歷、華亭縣丞、金匱縣望亭巡檢,所至皆有政聲。工詩,《汾陽縣志》中稱"其詩不名一體,慷慨激昂,纏綿悱惻,兼而有之,爲沈歸愚、王西莊兩先生所賞異"。

魏國卿性情豁達,好游歷。《梅軒詩鈔》即收録其游歷途中山水題詠,以及與各地名流相互唱和之作。全書共五部分,分別爲《秦游雜詠》《都門客興》《閑情漫草》《軟紅寄傲》和《江左長吟》。卷前有清乾隆三十二年(1767)長洲沈德潛序和王鳴盛序。書後有乾隆三十三年(1768)黄庭簡所作後序。王序曰:"西銘之詩平奇濃淡,不拘一體,要皆經之以性情,緯之以書卷,無摩擬規仿之迹,而有瀏亮綺靡之妙,洵能自名其家者也。"（安延霞）

苣香閣詩鈔二卷

清詹瑞芝撰。清咸豐元年(1851)刻本。一册。半葉九行,行二十一字。白口,四周雙邊,單魚尾。

詹瑞芝(?—1846),字蘭芬,浙江巖陵(今屬杭州)人。詹瑞芝爲曾大觀之繼室。曾大觀,字静齋,聰識好學,善騎射,尤工文詞。清乾隆六十年(1795)武舉,清嘉慶四年(1799)進士,榜眼及第,御前侍衛,賞戴花翎,授楓嶺游擊,歷任浙江衢州總鎮、福建建寧總鎮,官至福建陸路提督。詹瑞芝母李氏素善詩,詹瑞芝幼承慈訓女紅,工詩,能繪事。

詹瑞芝生平喜爲詩,數量頗多,清道光十一年(1831),聶容峰太守歐夫人曾慫恿付刻,然其不欲以閨閣文字遠傳於外人,故雖有序而未刊。後其作歷久散失,清咸豐元年(1851)其子曾鑑衡收其遺作付梓之。全書共計兩卷,收録詹瑞芝所作古今體詩百餘首。此本卷前有道光十年（1830）楊季鸞序，道光十一年呂子班序。呂子班序贊其詩"詞意真摯，清超出塵，一洗巾幗脂粉塗飾之迹"。卷後有咸豐元年曾鑑衡跋，述成書經過。（安延霞）

皇華草

清昇寅撰。清道光刻本。一册。半葉七行，行十六字。白口，四周雙邊，單魚尾。

昇寅（1762—1834），字賓旭，一作賓初，號晉齋，姓馬佳氏，鑲黃旗滿洲人。清乾隆五十五年（1790）拔貢，清嘉慶五年（1800）舉人。曾任浙江道監察御史，翰林院侍讀學士、禮部侍郎、工部右侍郎（旋改刑部）、熱河都統、寧夏將軍、綏遠城將軍、都察院左都御史，兼鑲紅旗漢軍都統并署工部尚書等。清道光十四年（1834），奉使桂粤，授禮部尚書。歸至陽朔，以疾卒，年七十三，贈太子太保，予謚勤直。工詩，所著有《晉齋詩存》二卷。

昇寅所著《晉齋詩存》二卷，内含《代吃草》《京華草》《紀程草》《錦里草》《皇華草》《蜀道草》《紫塞草》和《閱伍草》八種。各書原稿均有詩一二百首，其自加删訂，僅存十之二三，嘗言："余詩多紀事之作，存其紀略足矣。"此本爲《皇華草》單行本，其内容與《晉齋詩存》中的《皇華草》有異。此本中部分詩於《晉齋詩存》中未見，且包含有部分《蜀道草》的内容，而詩句亦有不同，疑爲删訂前版本。詩後多有楊（迦釋）未禪、王（夢庚）西躔、潘（時彤）紫垣、丁義渠、蘇廷玉、鄭獻卿等人的評語。楊未禪贊其詩"氣象光昌，格律遒健"，王西躔贊曰"格高韻老，盛唐正宗"，潘紫垣稱"讀書得間，論古有識"。書葉上方亦有批語，稱其詩"老吏斷獄，用筆如刀"。卷末有楊（迦釋）未禪的跋文。鈐"詠春所收"印。（安延霞）

鶴舫遺詩四卷

清吴焜撰。清嘉慶二十四年（1819）刻本。一册。半葉十行，行二十二字。白口，左右雙邊，單魚尾。

吴焜(1762—?),字子曜,號鶴舫,安徽歙縣人。諸生。工詩。

此本卷前有清嘉慶二十四年(1819)和嘉慶十六年(1811)鮑桂星序,内言:"鶴舫以詩鳴吾歙,其所爲試貼,余嘗序而梓之於楚,時君佐余視楚學也,踰年别去,又踰年而鶴舫卒。"後鮑收集焜之遺作編爲四卷,是爲《鶴舫遺詩》。卷一爲七言古體,卷二爲五言今體,卷三爲七言今體,卷四爲試貼。鮑桂星在序中稱贊其詩道:"鶴舫之詩之華妙精麗,瑰雄警策,當其得意前無古人。"(安延霞)

未之思軒詩草拾遺一卷

清朱錫庚撰。清咸豐七年(1857)鈔本。

朱錫庚(1762—?),字少白,一作少河,大興(今北京)人,朱筠次子。朱錫庚四歲始學《爾雅》,十四歲時開始"學爲制藝",十六歲"入學爲諸生,日事舉子業"。年二十五從邵晉涵讀《左氏春秋》,"考三《傳》之得失,内外傳之同異,地理之沿革,音訓之淆訛,作義疏以復賈、服古注"。清乾隆五十三年(1788)中舉人,官至山西候補直隷州知州,清嘉慶十五年(1810)被彈劾罷職。罷官後不再復出,專事讀書寫作。江藩在《國朝漢學師承記》中評價朱錫庚"讀書好古,精於《左氏春秋》,能世其學"。有《朱少河先生雜著》《韓非子校正》等書傳世。

《未之思軒詩草拾遺》收録朱錫庚詩作六十二首,爲其孫朱庭幹手鈔。朱庭幹在書中記録該書由來:"全稿爲劉燕亭世伯携去代刻未果……偶於敝簏中檢點殘編計得各體詩六十二首,因草録一册敬存。"并於咸豐丁巳(七年,1857)手鈔詩作以便珍藏。書中有"未之思軒""貞齋"鈐印兩枚。(李興芳)

璞存山房初稿一卷

清朱錫庚撰。清刻本。

《璞存山房初稿》内僅有一篇《書〈聲韻考〉後》,作於清乾隆五十九年(1794)。乾嘉時期著名學者戴震著《聲韻考》四卷,主要梳理了反切、聲韻學的源流。朱錫庚評價此書"闡聲韻之原始,辨唐宋之異同,足補正顧氏之所未逮",同時指出戴氏

所論"其間亦不無一二可疑者"，朱錫庚於聲韻考據方面有一定的研究。（李興芳）

鐵如意庵詩稿六卷

清袁鴻撰。清光緒三十年（1904）刻本。二册。半葉九行，行二十三字，小字雙行同。白口，左右雙邊，單魚尾。

袁鴻（1762—？），號遬堂，又號篋生，江蘇吴縣（今蘇州）人。其父景輅、兄棠皆能詩。據《[光緒]蘇州府志》卷第一百零七《袁棠傳》載，鴻官福建永春州知州。

《鐵如意庵詩稿》共計六卷，收録古今體詩七百二十五首。有清道光六年（1826）刻本。《郋園讀書志》中有著録，認爲其詩風格爲"隨園一派"。此本爲袁鴻曾孫袁莼重刻本。書籤題"竹溪高曾集"，并署"姚江邵元瀚題籤"。卷前有道光六年（1826）大興徐鑑序，桐城徐煒和趙軒波序。後附《瑶華仙館剩稿》，作者爲袁鴻之妻吴江王蕙芳。卷末有清光緒三十年（1904）袁莼跋，述成書經過。

鈐印"祖正之印"。（安延霞）

自娱草二卷

清趙念祖撰。清道光十九年（1839）刻本。一册。半葉八行，行二十一字。白口，左右雙邊，單魚尾。枕淥軒藏板。

趙念祖（1762—1832），字乃繩，又字筊齋，號瓠生老人，晚號處休老人，丹徒（今屬江蘇鎮江）人。據《[光緒]丹徒縣志》載，趙念祖爲清嘉慶十二年（1807）舉人，歷任新陽訓導，青浦、常熟教諭。

據趙念祖自序言，其"作詩多成於矢口，不求甚解，甘苦自領之，得失自知之，性情自娱之，工與拙，非所計矣"。《自娱草》共計上下二卷。此本書名葉題"自娱草詩集"。卷前有清道光十年（1830）瓠生老人自序。卷末有《七十自述即却兒輩稱觴之舉》詩，自述生平。（安延霞）

松壺先生集四卷

清錢杜撰。清光緒六年（1880）刻本。一册。半葉十一行，行二十二字。白口，左右雙邊,單魚尾。

錢杜(1764—1845),初名榆,更名杜,字叔美,號松壺小隱,亦號松壺,亦稱壺公,錢塘(今浙江杭州)人,錢樹弟。出身仕宦,清嘉慶五年(1800)進士,官主事。性閑曠灑脱拔俗,生平屢致千金,不爲家計,隨手散盡,還要避債絶域。好游歷,一生遍歷雲南、四川、湖北、河南、河北、山西等地。嘉慶九年(1804)曾客居嘉定(今屬上海),清道光二十二年(1842)英軍攻略浙江,避地揚州,遂卒於客鄉。

錢杜作詩宗唐代岑參、韋應物,詩意清曠。書法學唐褚遂良、虞世南,有清俊温雅之氣。精通畫法,用筆嚴謹,有清秀之致,自稱一家,門生弟子衆多,有“松壺派”之稱。除花卉、人物之外,還擅畫山水,宗法趙令穰、趙孟頫等,以細筆和淺設色爲主,運筆松秀縝密,所畫山石、人物形象,能寓巧密於樸拙之中,頗有裝飾意趣。偶用金碧青緑法,鮮妍雅麗。著有《松壺畫訣》《松壺畫憶》《松壺畫贅》等。

本書前有陳文述作叙,桂馥、王定國、孫原湘、蔣寶齡題辭。陳文述評價道“海内詩人衆矣,超妙清曠鮮有能及叔美者”。此書《松壺先生集》分四卷,《畫贅》上卷收録一百零二首詩,下卷收録一百二十七首詩,此兩卷多爲錢杜的題畫詩,以及對畫理的論述。《畫憶》上卷收録論畫訣六十五則,此卷是作者針對前人寶貴的繪畫創作經驗,以及自己的創作體會進行梳理概述。《畫憶》下卷是他所見的各家名迹,收一百零一則。(孫恒)

望嶽樓古文

清朱霈撰。稿本。一册。

朱霈,原名榮朝,字熙佐,一字井南,號約齋,安徽黟縣人。清乾隆四十八年(1783)舉人,曾館於百齡,晚年主講緑江書院。著有《望嶽樓詩》二卷、《經學質疑》四卷、《牖窺雜記》,編有《河上金針》。另撰有《望嶽樓華樹集》《史策剩言》《經苑》《三禮質疑》等十餘種,稿成未刊。

本書不分卷,按照文章體裁分類,其中論著十篇、書啓十七篇、記傳十八篇,篇末多有友朋評語。又多篇文標題下注明寫作時間,以嘉慶年爲主。

書内收《自叙》一篇，简述著者讀書爲文的經歷，并詳列著述目録，對於瞭解其生平頗有幫助。（謝冬榮）

抱月樓小律二卷

清胡相端撰。清嘉慶二十一年（1816）刻本。一册。半葉八行，行二十一字。白口，左右雙邊，單魚尾。

胡相端，字智珠，直隸大興人。父胡文銓，清乾隆四十年（1775）乙未科進士。適許蔭基。另著有《散花天室稿》三卷。

本書前有清嘉慶十九年（1814）夫許蔭基、錢塘陳文述序，歸懋儀題辭，末有嘉慶二十一年（1816）龍巖林寶跋。全書分爲二卷，收録胡相端所作詩一百餘首。

許蔭基在序中述及胡氏學詩、作詩經歷及特點，稱"内子爲先生愛女，生有夙慧，能讀父書"，"尤嗜七言絶，故所作亦斯體居多"。林寶在跋中對胡氏詩也是贊賞有加："《抱月樓詩》獨寫性靈，盡芟膚廓，故能玲瓏清脆，妙緒紛披，時或矯健雄奇，聲情激越，求之閨閣，罕覯其倫，顧所作惟七絶一體，而衆體未備，人或少之，殊不知詩之各體，惟七絶最難，非神而明之。"

《歷代婦女著作考》著録此書，内言常熟翁氏藏有一鈔本，僅一卷，較此刻本多一董珠女史題辭。（謝冬榮）

散花天室稿三卷

清胡相端撰。清道光三年（1823）刻本。一册。半葉八行，行二十一字。白口，左右雙邊，單魚尾。

本書書名葉有"蓉峰矗太史鑒定"字樣，前有清嘉慶丁丑（二十二年，1817）唐仲冕序。唐仲冕（1753—1827），號陶山居士，湖南善化人。清乾隆五十八年（1793）進士，官至陝西布政使，與胡相端之父爲同年。唐仲冕在序中言："女士長於詩畫，詩工花蕊夫人體，畫在仲姬、冰仙之間。"所謂"花蕊夫人體"一般爲七言絶句。又言"墨刻有《抱月樓詩》二卷，極窈窕蘊藉之致。今又茸近作一百四十餘首爲《散花天室稿》，屬余點定。”該書卷三前有嘉慶己卯（二十四年，1819）濟南李廷芳、仁和錢栻、清道光二年（1822）魯山陳邦泰等人序。書末有陳邦泰、暎薇女士、秋谷、潘宗秋、汪端光等人題辭。

散花天室係胡氏從其夫許蔭基居所之名。卷三李廷芳序署“散花天室詩二集序”，則此卷當在前面兩卷之後再行續編。全書收詩在二百首左右。詩的内容以詠物、懷人、唱和爲主。胡氏家境中落，屢遭不幸，言之於詩，則多憂鬱悲憤之作。

卷二末鎸“姑蘇南倉橋愛蓮室周宜和刻”字樣。（謝冬榮）

安福樓閒吟一卷

清馮□□撰。清同治六年（1867）天台陳氏迎瑞堂刻本。一册。半葉八行，行二十。白口，四周單邊，單魚尾。

馮氏，生平不詳，浙江天台人。本書目録前有題記，對其身世略有言及：“太宜人係景田公德配，本邑乾隆名解元馮二知公孫女，柯山公長女，幽嫺淑慎，共欽母儀。安福，宜人妝樓舊名。”

本書目録書名題“馮太宜人安福樓賸草”，係馮氏之子陳芍川編輯，收録詩四十一首，包括五古一首、七言絶句八首、五言律二首、五言絶句十首、七言律二十首。

後附《枕濤軒詩草》一卷，章氏撰。章氏係陳芍川室，安徽銅陵人。該書收録五古一首、七言律三十一首、七古三首、七言絶句六首、五言律五首，共計四十六首。

二人所作之詩以詠物、感懷爲主。（謝冬榮）

月珠樓吟稿一卷

清黄蘭雪撰。清乾隆嘉慶間吴氏拜經樓刻《海昌麗則》本。一册。半葉九行，行十七字。黑口，左右雙邊。

黄蘭雪，字香冰，荆溪（今江蘇宜興）人，布衣黄湘雲之女。工詩。黄湘雲，字柿庵，號嘯洲。畫工山水，書善行草。蘭雪嫁陽湖伍嗣興，子爲諸生伍兆燦。據《名媛詩話》載：“侄婦毗陵吕静閒（淑）……侄女伍麗卿（藴芬）、佩霞（湘君），皆工詩。"

該書前有清嘉慶十年（1805）張衢序、嘉慶十一年（1806）吳騫序，并有潘際雲題詩三首、蘇士樞題詩二首。其中，張衢對蘭雪之清麗詩風贊譽道："吾鄉自唐以來，未有以詩文雄長藝林者。有之自迦陵始，迦陵而後嗣響不乏。而閨房之秀，亦未有以清麗句辭稱重於時者，有之自香冰始。然則雙溪風雅，又安知不果在香冰也。"同時，吳騫與黃湘雲交好，其在序中言明其刊刻蘭雪詩作之緣由："得讀其詩，符采朗澈，氣清而骨腴，卓然有林下風。香冰亦以予與嚴君契之深也，手録其《月珠樓吟稿》一卷，屬爲點定。……香冰性樂鈆槧，而襟情恬曠、不羨華綺，居恒慕桓少君、孟德耀之爲人。湘雲無子，故尤憐愛之。相攸得武進伍子穎少筑甥館而處焉。……（穎少）嘗彙刻《毘陵伍氏合集》，久爲藝林紙貴，此又古今才女子所希遘者。……往予刊海昌閨秀詩詞爲《麗則集》，香冰雅慕之，今是編也，請携歸刻附‘麗則’之後，他時或離或合一聽之，知人論世者，不亦可乎？僉曰善，并書之，以爲序。"由此可知，伍宇昭輯刻《毗陵伍氏合集》之時，蘭雪之《月珠樓吟稿》尚未成書，故未收録其中，因此蘭雪請求附刻於吳氏拜經樓《海昌麗則》之中。

書中收録蘭雪作《春雪曉望》《薄暮》《重過洑溪望承雲塔》等詩六十三題九十首。蘭雪之閨閣詩不僅清雅秀麗，而且深婉真摯。例如，其清麗詩風可由《春雪曉望》窺之："曉風獵獵雪花生，額覆香貂寒未輕。二月簾櫳花信杳，怪來百舌不聞聲。"同時，蘭雪與父相依爲命，其在《憶母》中寫道："静掩山牕睡起遲，不勝歸思亂如絲。何因便泛城南棹，得伴慈幃夜坐時。"由此足見其對母親之深切思念。另，其細膩心緒亦在秋思中躍然紙上，其《寫懷》曰："倚檻秋花放玉簪，那禁風雨思沉沉。静中惟對秦詩鏡，能照愁人不語心。"蘭雪閨閣詩有一定影響與播布，清光緒間沈善寶《名媛詩話》卷四曾收其《月珠樓吟稿》中詩作三首，一爲《病瘧後偶成六首》一首："吟情蕭澹久無詩，日上簾鈎任網絲。欲寄故園書一紙，碧雲迢遞雁來遲。"餘爲《和兔床先生蘇臺楊柳枝詞十二首》中二首，即"少女風微次第吹，姑蘇驛畔碧垂垂。望中每喜黃昏月，一綫蛾眉映柳眉。一種鵞黃映緑波，飛花如雪水如羅。吳娃柔櫓蕩舟去，愛唱彎彎月子歌。"此二首爲蘭雪唱和吳騫所作，詩風清脆可愛由此可見一斑。

是書中"弘""泓""舷"缺筆避諱。鈐有"某會禺忻氏墨林如意室曾藏""得此書不甚易願後人勿輕棄""寶華之印""虞卿"等印，經考證，可知該書曾爲浙江藏書家忻寶華舊物。忻寶華（約 1882 —？），字虞卿，浙江嘉興人。清末諸生。篤嗜典籍，現有《澹庵書目》傳世，其遍收嘉興府屬七縣先賢遺著，始創嘉興地方文獻《檇李文繫》。

該書爲吳騫拜經樓所刻，軟體寫刻，端楷圓秀，尚存康乾時期刻本之舒展靈氣。此版爲《月珠樓吟稿》首次刊刻，亦爲清代唯一版本。另，民國二十四年（1935）武進伍璣等重輯《毗陵伍氏合集》時，又將此書收録。故此拜經樓本頗顯珍貴。（孫麗娜）

花南吟榭遺草一卷

清葉令儀撰。清乾隆五十六年（1791）刻本。一册。半葉八行，行十九字，小字雙行同。白口，四周單邊，單魚尾。

葉令儀（1752—1783），字淑君，浙江歸安人。六歲隨母居京師，十一歲即嫻吟詠，穎妙若夙習，後又輾轉河南、山西等地。成年後，適同邑錢粟頤，居錢塘，卒於吳興。

本書前無序，末有弟紹楏識語，除簡述令儀生平外，對此書成書過程也有涉及："壬寅（令儀）得羸疾，癸卯夏病益劇，力疾取舊稿數册，手自删削，十存其一，甫逾月下世，年三十有二。"因令儀曾隨父爲官多地，故書中有多首舟行各地的賦詩。書中以詠物感懷之作居多。

此書爲葉紹楏輯《織雲樓詩合刻》之一。書末鐫有"吳郡劉萬傳刻字"字樣。（謝冬榮）

織雲樓詩合刻五卷

清周映清等撰。清嘉慶二十二年（1817）刻本。二册。半葉八行，行十九字，小字雙行同。白口，左右雙邊，單魚尾。慎餘書屋藏板。

葉紹楏（？—1821），字振湘，號琴柯，歸安（今屬浙江湖州）人，湖南布政使佩蓀子。清乾隆四十四年（1779）舉人，以《四庫全書》議敘内閣中書。五十八年（1793）成進士，授編修，歷任河南道監察御史、雲南學政、工科給事中、刑科給事中、鴻臚寺少卿、順天府府丞、大理寺少卿、廣西布政使等，官至廣西巡撫。據《［光緒］歸安縣志》載，紹楏恬淡寡嗜欲，居官謹慎，詩宗唐人，兼工倚聲，旁通象緯、音韻之學。著有《古今體詩》六卷、《詞》二卷、《觀象權興》八卷，自爲年譜，及弟紹木、子慶熊後跋。今多已佚。

歸安葉氏一門風雅之盛，被袁枚視爲浙冠。《織雲樓詩合刻》爲葉佩蓀兩夫人及媳女所作。此本共計五卷，含《梅笑集》《蘩香詩草》《花南吟榭遺草》《繪聲閣初稿》《繪聲閣續稿》五種。《梅笑集》爲周映清所撰。周映清，字皖湄，歸安人，佩蓀室，紹楏母。《蘩香詩草》爲李含章所撰。李含章，字蘭貞，晉寧（今屬雲南昆明）人，湖南巡撫李因培女，佩蓀繼室，紹楏繼母。《花南吟榭遺草》爲葉令儀所撰。葉令儀，字淑君，佩蓀長女，紹楏女兄，適同邑錢上舍慎。詩筆深婉，善於言情，以羸疾早卒。《繪聲閣初稿》和《繪聲閣續稿》爲陳長生所撰。陳長生，字嫦笙，又字秋穀，太僕寺陳卿兆崙女孫，紹楏室。卷前有乾隆五十六年（1791）永濟崔龍見跋，嘉慶二十二年（1817）海鹽朱方增序。又王鳴盛、錢大昕、祝德麟、戴璐等人的題辭。《花南吟榭遺草》後有乾隆五十六年葉紹楏跋。（安延霞）

露華榭集四卷

清張翊撰。清嘉慶刻本。一册。半葉十行，行二十四字，小字雙行同。白口，左右雙邊，單魚尾。

張翊（1774—？），字勿翊，號淥卿，又號六琴，元和（今江蘇蘇州）人。監生，官山東膠州巡檢。師從吳錫麒，與郭麐有舊，與阮元、王昶等亦有交往。長期幕游山左。生平散見該集中。阮元《揅經室集》中有《題張淥卿翊露華榭稿》詩，可見其平生遭遇。其妻陸鄂華，善繡工詞，早夭，有《菩薩蠻》一闋傳世。

詞集前有吳錫麒序及《摸魚子》一闋，嘆"其情結於幽微，韻深於幼眇，清同落葉吹入秋聲，高若白雲蕩爲水氣"。集後有同里陳杰跋。郭麐稱其詞"好爲穠纖側艷之體，而清氣自不可掩"。吳衡照《蓮子居詞話》卷四曰："張淥卿詡尤能作苦語，真詞中獨闢之境。"所附《獺祭魚亭駢體存》爲其文集，録賦三篇、跋文一篇，後皆祭文、書信之類。詩刻於清嘉慶十六年（1811），詞刻於嘉慶十四年（1809）。（張曉天）

小維摩詩稿一卷

清江珠撰。清嘉慶十六年（1811）刻本。一册。半葉十行，行二十一字，小字雙行同。白口，左右雙邊，單魚尾。金陵劉文奎家鋟。

江珠（1764—1804），字碧岑，以多病號小維摩，甘泉（今屬江蘇揚州）人。江藩三妹，受學於汪縉。年十八適吾學海。事舅姑以孝聞，善理家務。閑暇時授子弟書，寒暑無間。生平見該集前兄江藩序及卷末夫吾學海後序。江藩稱其作詩不落閨秀窠臼，"詞必窮力而追新，情必極貌以寫物，綜而核之，可謂清麗居宗、華實并用者焉"。顧廣圻有《題小維摩詩稿》詩一首，述其平生大略。江珠另有《青藜閣集》一卷，有清乾隆五十四年（1789）《吳中女士詩鈔》本及清道光二十四年（1844）《國朝閨閣詩鈔》本兩種版本行世。

書前有江藩、陳燮、徐煜、歸懋儀、侯如芝序，并陸元溥、張延輝、唐仲冕題辭。書後有其夫吾學海序，述其生平及刻書始末。此集《販書偶記》著録。索諸公藏書目，僅有國家圖書館一處收藏。（張曉天）

那文毅公遺編

清那彥成撰。清緑絲欄鈔本。一册。版心下鐫"二十四詩品齋"。

那彥成（1764—1833），字詔九，一字東甫，號繹堂，章佳氏，滿洲正白旗人。阿桂孫，那容成父。清乾隆五十四年（1789）進士，改庶吉士，授翰林院編修。歷任工部尚書、内務府大臣、軍機大臣、陝甘總督、兩廣總督等職。清道光八年（1828），回疆張格爾亂平，督辦善後。加太子少保，繪像紫光閣，列功臣之末。後被斥"擅禁貿易，肇釁誤國"，革職。卒後，宣宗追念其平亂之功，贈尚書銜，諡文毅。生平見《清史稿》《清史列傳》等，另有題"贈尚書銜原任直隸總督諡文毅那彥成碑文"墓碑一通。有《那文毅公奏議》八十卷存世。另著有《阿文成公年譜》及《賑記》四卷。有《瑤華詞》一卷，今未見。

此稿爲其孫慶廉所輯，曾孫鄂禮重訂。全書以古文、詩、詞順序排列，觀字迹可知古文、詩爲一人所鈔，詞爲另一人之手筆。卷前鈐"鄂禮珍藏""訓春所收"二印。（張曉天）

艷雪堂詩集八卷

清張晉撰。清鈔本。八册。半葉八行，行二十五字。

張晉（1764—?），字雋三，山西陽城人。少工於詩，補學官弟子，輒棄去，不求仕進，僅以諸生終。浪游於梁閩越吳楚燕齊間，凡二十年。清嘉慶間在沁州充教職。後隨劉大觀仕山東武安。與法式善、孫星衍、楊方燦、張問陶等交往。歸鄉後，居於陽城縣西南王屋山下，與弟子友朋徜徉詩酒，抒寫性靈，終日唱和。嘉慶十六年（1811），張晉爲時任山西督學的周系英所賞識，并於嘉慶十七年（1812）協助刊印《艷雪堂詩集》，一時風行，雄視三晉。周系英稱其在山右文人中"堪與午亭（陳廷敬）、蓮洋（吳雯）鼎立"，贊其淡於名而深於詩。

此書前有嘉慶十七年周系英《續尤西堂擬明史樂府序》、道光十六年（1836）阮元《明史樂府跋》、道光二十年（1840）張澧中題詞、道光十八年（1838）徐宗幹序、道光二十年黃宅中跋，及道光十八年鄒在衡跋、王發越《重校張雋三先生詩集叙》、張繼孟《張雋三先生詩集跋》。此書收錄張晉各體詩歌共計九百六十七首。張晉擅長七言歌行、五言絕句。其中，頗多叙寫山水風物、民俗民生的游歷之作，清新自然，韻味悠長。詠史論古是張晉詩歌的另一大主題，如《讀史記四十首》《讀後漢書作小樂府三十八章》《讀唐書列傳二十八首》《續尤西堂擬明史樂府一百首》等。此外，還有大量的文人交往唱和詩、題畫詩、續作等，反映其琴書相伴、詩酒相酬的文人生活。

此書有道光十七年(1837)刻本。（王俊雙）

續尤西堂擬明史樂府一卷

清張晉撰。清嘉慶十七年至十八年(1812—1813)刻本。一册。半葉十行,行二十一字,小字雙行同。白口,四周雙邊,單魚尾。

本書書名葉刻"張雋三擬明史樂府""督學使者周　鑒定""附論詩絕句""本院藏版"。書前有周系英序及目録。收録張晉擬樂府詩共計一百首,乃其效仿尤侗《擬明史樂府》一百首所作,以樂府民歌的表現手法,歌詠明代史事。卷首自叙曰:"嘗讀尤西堂先生《擬明史樂府》,愛其述事遣辭,才識兼到。嘉慶庚午夏日,里居無事,因續作一百首。凡西堂已作者,不更作。其中或意見不同,或情辭未盡,亦間有重複,非必與西堂争勝也。"周系英稱贊其"質而不俚,婉而多風,節奏天然,斷制精確,不覺一讀一擊節。非徒言語妙天下,蓋其學識過人遠矣"。

書後所附張晉《仿元遺山論詩絕句》六十首,作於清嘉慶十八年(1813),後有劉汲跋,稱作此六十首詩時,《續尤西堂擬明史樂府》刻竣在即,故而一併刊行,以傳於世。（王俊雙）

宛隣文二卷

清張琦撰。清刻本。一册。半葉十一行,行二十三字。白口,左右雙邊,單魚尾。

張琦(1764—1833),初名翊,字翰風,號宛隣,江蘇陽湖人,張惠言弟。清嘉慶十八年(1813)順天鄉試舉人,補實録館謄録官。清道光三年(1823),時年六十始適山東鄒平、章丘知縣。道光五年(1825)任館陶知縣,道光十三年(1833)卒於官。在館陶八年,民甚愛戴之。琦少工文學,與兄編修惠言齊名,亦精於輿地、校勘、書法、戲曲、醫學。所撰《宛隣詩》二卷《文》二卷、《立山詞》一卷,輯入《宛隣書屋叢書》,由其子曜孫於道光二十年(1840)刊刻,又有清光緒間刻本,另有《宛隣草稿》

二卷《隨録》一卷,稿本。傳見《清史稿》卷四百七十八《列傳·循吏三》。

本書版心下方刻"宛隣書屋"。書名葉刻"宛隣文二卷　道光二十年二月刻"。卷一末有"孤曜孫校"。共收録文章二十七篇。卷一收録《魏文侯論》《樂毅論》《商鞅論》《趙奢平原君論》《公子成論》《六國論》《范增論》《留侯論》《陳平周勃論》《對春秋問》《答陸劭文論保甲書》《上湯侍郎書》《與包十五書》《答吳仲倫書》《書湯陰令豐公事》《書慎伯郭君傳後》《古詩録序》《詩稿自序》《十二艷品序》;卷二收録《答趙乾甫書》《漢書西域傳補注序》《賴古齋文集後序》《素靈微藴序》《亡女緯青遺稿序》《姚太宜人墓誌銘》《記楊誠村軍門事》等。（王俊雙）

壬午紀程一卷

清文榦撰。清道光刻本。一册。半葉十行,行二十一字,小字雙行同。白口,左右雙邊,單魚尾。

文榦（1765—1823）,原名文寧,因避道光帝諱改爲榦。字蔚其,號遠皋,又號楨士、芝崖等,滿洲正紅旗人。清乾隆四十九年（1784）進士,散館授編修,纍官至工部尚書、河南巡撫,因事革職。清嘉慶二十五年（1820）賞副都統銜,繼玉麟爲駐藏辦事大臣,道光元年（1821）抵藏,三年殁於官。有《壬午紀程》《精勤堂吟稿》。

此集封面題"壬午赴藏紀程全册",版心書"壬午紀程卷一"。卷前有目録,卷末有門人楊學韓跋語。據跋可知,此集原有三卷,按"庚、辛、壬"志年,此"壬午紀程"爲文榦道光二年（1822）由前藏赴後藏巡閱所作之詩。集中《白地》《大風》《定日早發》等詩中,充滿身在異域邊塞的奇險與荒寒,《班禪處借用穹廬周圍上下及床几鋪陳皆飾細氈五色錦北地所未睹也余名之曰雲錦窩志一絶於孜隴行次》《那爾湯寺詠物四首》等亦對西藏的風土風物有所描述和説明。

據《清人別集總目》,此集僅國家圖書館有藏,十分珍貴。（馬琳）

瓶水齋論詩絶句

清舒位撰。清鈔本。一册。

舒位(1765—1816),字立人,又字犀禪,號鐵雲,大興(今屬北京)人。清乾隆五十三年(1788)舉人。因伯父官江南,故寄居於吳。曾隨父入粵,又隨人幕府至黔。屢試禮部不第,生活艱辛,四處奔波,販米自給。作爲"性靈派"後期的代表作家之一,其詩作有强烈的個人特點,不循古法。陳文述於《舒鐵雲傳》(見《瓶水齋詩集》卷首,《續修四庫全書》本)裏稱舒"於經、史、古文無不讀,尤喜觀仙、佛、怪誕、九流、稗官之書,一發之於詩"。著有《瓶水齋詩集》《乾嘉詩壇點將録》等。

此《瓶水齋論詩絶句》爲舒位效仿元好問《論詩絶句》而作,共包括絶句二十八首,評點了清初詩壇的代表詩人及詩作。包括吳梅村、龔芝麓、周櫟園、高栖雲、侯朝宗、徐東癡、施愚山、宋荔裳、尤悔庵、王西樵、王阮亭、宋漫堂、朱竹垞、朱文盎、汪鈍翁、陳迦陵、陳獨漉、彭羨門、吳蘭次、姜西溟、丁藥園、趙秋谷、田山薑、吳天章、崔不雕、吳修齡、查初白、湯西崖二十八人,其中既有清詩大家吳偉業、王士禛、朱彝尊,也有高栖雲(即高珩)、吳修齡(即吳喬)等存詩不多或不以詩歌著名的詩人。

卷末有清道光丁未(二十七年,1847)六月望後六日梵麓山人跋及《春緑小稿叙言》。(馬琳)

江上萬峰樓詩鈔四卷

清何元撰。清道光刻本。一册。半葉十行,行二十一字,小字雙行同。黑口,四周雙邊,雙魚尾。

何元(1766—1825),字叔度,一字琴心,號玉屏,高要(今屬廣東省肇慶市)人。貢生。工詩,與兄彬并稱"肇慶二何"。師從馮敏昌,馮曾評其詩曰"雄深雅健,渾厚高朝,兼有昌黎東坡之勝,直摹青蓮少陵之壘"。有《江上萬峰樓詩鈔》四卷、《紅蘭館文集》一卷。

此集卷前有清道光六年(1826)彭泰來跋語、陳曇撰《何叔度明經傳》、陳在謙撰《二何傳》、許乃濟撰《何叔度明經墓表》及《肇慶府志列傳》。何元一生未有功名,而獨以詩名,其生平事迹等此集收録可謂完善。集中共有詩歌二百一十六首,頗多詠物、紀游、羈旅行驛之詩,如"白浮金色都含笑,清到人天不住心"(《隨魚山師游大佛寺觀梅》），"秋盡江楓空瑟瑟，春來鴻雪復翩翩"（《送別劉廣文歸里明春司鐸欽州》），"山下孤城小彈丸，滿城空翠夕陽寒。三更日出孤舟客，夢到飛雲頂上看"（《東江紀行》）等句皆用語清奇，然氣勢開闊，可謂嶺南詩人之佼佼者。

此書末題"男榮祖惠祖繩組覆校""省城西湖街雙桂齋承刊"，鈐"定遠胡氏珍藏書畫"印。（馬琳）

小杏山房詩草二卷

清蔡鑾登撰。清道光刻本。一冊。半葉十行，行十九字，小字雙行同。白口，左右雙邊，單魚尾。

蔡鑾登（1766—1834），字金殿，號蔗田，浙江嘉興桐鄉人。早年科舉不第，後前往山東，效力漕運修治。因表現良好，遷河南中牟縣爲吏，後又擢升爲河南榮澤縣令。著有《小杏山房詩草》。

書前有開封人馮瀛、查人漢序，可能刊刻於河南地區。書分卷一卷二，大致以年代爲次，乃蔡氏宦游年間之作，主要爲交游之詩。書末有周鴻慶跋。（曹菁菁）

韓江櫂歌一卷

清樂鈞撰。清嘉慶六年（1801）刻本。一冊。半葉八行，行二十字，小字雙行同。白口，左右雙邊，單魚尾。

樂鈞（1766—1814），初名宮譜，字元淑，號蓮裳，江西臨川人。清代詩人、駢文作家、小説家。清嘉慶六年（1801）舉人，赴京師，游吳越、南粵等地，僑居江淮。師事翁方綱。有《青芝山館集》《蕊宮仙史》《韓江櫂歌》《耳食録》傳世。

櫂歌本指漁民在撐船時候唱的漁歌，後演化爲與水鄉有關的詩詞，并形成一種獨特的詩歌創作方法。樂鈞在粵游歷之時，收録韓江櫂歌并加以再創作，共得百首。書中自注精審，説明了南粵地區的風俗人情，足爲一方之志。書後有王芑孫跋。（曹菁菁）

詩草存删一卷花癡生詞稿一卷文稿一卷

清葉舟撰。稿本。四册。半葉九行,行二十字,緑格。白口,四周雙邊。

葉舟(1766—1832),字布驫,江蘇江都人。工書法,精詩律。另著《石林草堂詩存》一卷,有清道光刻本。《晚晴簃詩彙》中録有其詩。

《詩草存删》收録葉舟所作詩二百首左右,内容廣泛,書寫工整,天頭處間有眉批,多品評其詩的精妙之處,又有墨筆標注"删"字樣。葉舟詩學朱篔(字二亭),李文瑛認爲"布驫折肱斯道,胚胎少陵,有古韻而無弱筆,亦如姚姬傳比部(姚鼐)之稱吾師(朱篔)所謂'布衣詩人之絶出者'"。釋清衡在讀此集後稱贊道:"字字冰雪,宛如鶴背人語。"

《花癡生詞稿》收録所作詞十首,所用詞牌有薄命女、醉春風、髻雲鬆、南鄉子、阮郎歸、如夢令、重疊金、點櫻桃、好女兒、采桑子等。《文稿》十二篇,體裁包括序、傳、書、跋等。

鈐"葉中子"等印。書前有多名友人題跋、題詩及題款,清汪端光、袁承福、李文瑛、釋清恒跋,熊方受、阮亨、裴挺、張維貞、謝墍題詩,李方湛、趙祖仁、鄧立誠、李育、阮亨、謝墍、徐鳴珂等題款。從中可見其交游,亦爲此本增色不少。葉舟著作存世無多,此稿本更顯珍貴。(謝冬榮)

百宋一廛賦一卷

清顧廣圻撰,清黄丕烈注。清嘉慶十年(1805)刻本。周星詒批識。半葉九行,行十八字。白口,左右雙邊。

顧廣圻(1766—1835),字千里,元和(今江蘇蘇州)人。清代著名校勘學家、目録學家、藏書家。《清史列傳》評價其"經、史、訓詁、天算、輿地,靡不貫通,至於目録之學,尤爲專門","乾、嘉間以校讎名家,文弨及廣圻爲最著"。黄丕烈(1763—1825),字紹武,號蕘圃,又號復翁、佞宋主人,江蘇吳縣(今蘇州)人。黄氏畢生致力於古籍的收藏和整理研究,所藏甚富,宋版達百餘種,故專闢一室名曰"百宋一麈"。

清嘉慶七年（1802），黄氏邀顧千里作《百宋一麈賦》，賦成後，黄氏爲之做注，云："予以嘉慶壬戌遷居縣橋，構專室，貯所有宋槧本書，名之曰'百宋一麈'，請居士撰此賦，既成，輒爲之下注。多陳宋槧之源流，遂略鴻文之詁訓，博雅君子，幸無譏焉。"一時傳爲佳話。

顧氏所撰之賦文主要描述黄氏藏宋版書情況，黄氏注文則更像藏書版本目録。注文詳注宋版書的版本及流傳情況。《百宋一麈賦》著録宋版書一百二十二種。卷末有牌記"嘉慶乙丑九月蕘翁手寫刊行"，係黄丕烈手寫上板，彌足珍貴。（李興芳）

冷齋吟續編二卷

清冰月撰。清嘉慶刻本。一册。半葉八行，行十六字。白口，四周雙邊，單魚尾。

冰月，字冷齋，清宗室。少寡，子女早亡，清節自勵。

冰月著有《冷齋吟初編》三卷，已有清嘉慶三年（1798）刻本。此書爲續編，分爲上下二卷，收詩一百零六首。書中除詠物感懷之作外，還有一些友朋唱和詩，特別是與歸真道人唱和之詩，達十餘首之多。歸真道人，陳廷芳女，巴尼璋室，早寡，能詩，著有《冰雪堂詩稿》。

書末粘貼有宗室女史善熹墨筆題識一紙，内贊譽冰月道："詩才蘊藉，詞意清新，久已閨閣知名，足爲我皇族女子生色。"

鈐"閨閫叢珍""崑山徐氏"印。（謝冬榮）

吟簫偶存二卷

清錢樟撰。清嘉慶二十五年（1820）鈔本。二册。半葉八行，行十六字，無格。

錢樟，字魚山，一字耐亭、尋千，浙江海鹽人。諸生。著《耕菖堂詩集》。生平鮮見史籍。爲錢泰吉（1791—1863）族内曾祖，故而推知其生於清康熙末期。

是書上下兩卷。上卷《船過吳江》《乙亥除夕》《閲邸鈔作》等詩九十四首。下卷《重行鄒滕道中》《題趙子固水墨水仙花》《送徐叔文南歸應試》等詩八十七首。卷首錢樟自序曰：“歲乙亥，余買舫北行，過淮安，歷台莊，時方瀦水爲運艘，計閘不得即啓，因捨舟而陸，策蹇訪故人於天雄，盤桓署中者數月，既而適館於戴氏。丙子夏，南還，就試臨安，秋杪，復北征，留任城州署。丁丑秋，再歸。南帆北策，勞勞者三年，偶有發，見諸吟詠，自維我生不辰，與世概多齟齬，比於屈平之行吟，伍員之吹簫，古今人洵有同慨，存之聊以自言其志云爾。”其中，天雄爲直隸大名府舊稱，城州即安徽亳州，可知錢樟由乙亥即康熙三十四年（1695）起北上壯游，經江蘇、山東至直隸大名府駐留，次年返浙應考未中，秋末復北上亳州，後年歸鄉。是書所載即其康熙三十四至三十六年（1695—1697）有感而作。

書衣有清嘉慶二十五年（1820）錢泰吉題識云：“族曾祖魚山先生有《耕菑堂詩集》（無卷數）、《灌花詞》三卷，失傳久。歲庚辰，族孫韶檢舊書篋得此二卷，俾泰吉鈔其副，謹藏焉。泰吉謹識。”可知此書原本由錢韶家藏，錢泰吉借而鈔之。卷末有黃裳墨筆題跋，落款“乙未小雪日　來燕榭記”，鈐印“黃裳小雁”，可知該跋題於1955年。其後又有墨筆題“丙申四月廿一日　裝畢記”。鈐印“小雁”，則知是書於1956年由黃裳改裝完成。是書另有鈐印“官冷身閑可讀書”“冷官無事屋廬深”“黃裳藏本”“黃裳青囊文苑”，可知其先後經錢泰吉、黃裳所藏。（孫麗娜）

藤花閣詩草

清虞葉縈撰。清道光六年（1826）刻本。一册。半葉八行，行十八字，小字雙行同。白口，左右雙邊，單魚尾。

虞葉縈，字佩祁，江蘇金壇人，順天府尹虞錦亭女。幼時喜歡吟詠，其母口授唐詩；稍長，學爲詩，頗楚楚有致；長適金匱附生顧詒綏。約清嘉慶二十三年（戊寅，1818），因産後抱恙而逝，年甫三十。

書名葉題“藤花閣詩鈔”，前有清道光六年（1826）劉仲剣撰《例贈孺人亡甥女虞佩祁小傳》，對虞葉縈生平叙述較詳。集中之詩，或詠物，如《詠燭》《詠草》《蟋蟀吟》《詠蕉扇》;或與親友唱和,如《擬唐人四時塞下曲恭和家慈原韻》《夏日納涼次佩湘妹韻》;或讀書題畫詩,如《讀太白集》《題漁父圖》《讀孟東野集》《讀李昌谷集》等。（謝冬榮）

石如吟稿

清江介撰。清道光十三年(1833)刻本。二册。半葉九行,行十八字。白口,四周單邊。

江介(1767—1832),字石如,浙江杭州人。工詩擅畫。著有《石如吟稿》。

本書書名葉題"石如遺稿外集",牌記題"道光癸巳夏開雕清吟閣瞿氏藏板"。前有道光癸巳(十三年,1833)瞿世瑛序、桐鄉汪之虞序。汪之虞序中詳細叙述該書刊刻的經過:"辛卯重九,從外舅過先生齋,見案頭有手鈔自定稿一卷,讀未竟,先生曰:'此余少時游戲之作,無足存者,子見賞即以持贈。'虞携歸藏之。壬辰夏,自樅李舟還,訪先生而先生已歸道山,春秋六十有六……聞尚有自定詩及雜著若干卷未梓。癸未春,虞下榻清吟閣,潁山瞿君見先生是稿而善之,即以原本付刊。"此書所收以詩爲主,兼及詞、賦等。

書末有"武林任九思栞"字樣。此書刊刻精緻,瞿世瑛序言"此本悉其手書,且以餉今之號石如筆墨者",洵爲清代寫刻中之白眉。（謝冬榮）

白華樓詩鈔箋注增補八卷

清薩玉衡撰。稿本。五册。半葉九行,行十九字,小字雙行同。

薩玉衡(1758—1822),字蕙如,號檀河,閩縣(今福州)人。清乾隆五十一年(1786)舉人,大挑第一。授陝西洵陽知縣,權三水、白水、榆林等縣事,後任綏德知州、榆林知府。時白蓮教義軍由陝入川,搶渡嘉陵江,總督坐失戰機,他被連坐論譴戍,援贖免歸。薩玉衡工詩,被認爲沉雄瑰麗,不亞於吳偉業、朱彝尊,能自闢蹊徑,爲清閩派詩人中足以震揚一代者。著述頗豐,有《經史彙考》八卷、《小檀弓》十二卷、《傅子補遺》,并續成鄭荔鄉《全閩詩話》《五代詩話》《金淵客話》《曲江雜録》

等,惜燬於火未傳。《清史列傳》卷七十二《文苑》有傳。

　　薩氏詩作結集爲《白華樓詩鈔》,其族孫薩嘉曦在《白華樓詩鈔附錄》中云:"白華樓者,族祖檀河公去官歸里後,著書會文之所,故以白華樓顔其詩集也。"原爲六卷,不愼燬於火,存詩二百六十六首,編爲《白華樓詩鈔》四卷,清嘉慶十八年(1813)付刻,好友陳壽祺爲之序。至清光緒間,其族孫承鈺輯《焚餘稿》一卷,清宣統間,承鈺之子嘉曦又輯《附錄》一卷,皆有刊本。薩玉衡次子大年(字蘭臺)曾據嘉慶刊本手加箋注,因財力不足,未能刊刻,僅謄繕成册,爲同鄉葉恂予保存。民國時薩氏後人薩君陸得到薩大年箋注之副本,乃據以增補注釋。卷一至五爲《詩鈔》,依箋注本次序,仿《雁門集》體例,先正文,次摘字箋注,次增補,旁搜博採,頗爲詳備,且眉目十分清楚;卷六爲《遺文》,卷七爲薩嘉曦所輯《白華樓唱和錄》,卷八爲《別錄》,卷末附薩君陸所輯《別錄增補》,序跋及題詞、本傳等彙編於卷首。成書於民國二十六年(1937),因故未能付印,此爲僅存之稿本。(樊長遠)

艮山文集八卷續集三卷

　　清賈聲槐撰。清道光七年至十年(1827—1830)刻本。四册。半葉十行,行二十二字。白口,左右雙邊,單魚尾。

　　賈聲槐(1767—?),字閣聞,號艮山,山東樂陵人。清嘉慶四年(1799)進士,官至浙江温處道。

　　本書前後無序跋,分爲十一卷,卷一至八刻於清道光七年(1827):卷一頌,卷二解、辯、論,卷三議、説、箴、銘、書後、書、序,卷四序、記,卷五至六傳,卷七碑文、墓誌銘、墓表,卷八行狀、哀辭、祭文;卷九至十一爲續集,刻於道光十年(1830):卷九序、記、贊、傳、誌銘、墓表、祭文,卷十傳、誌銘、墓表、記,卷十一序、傳。後三卷所收文體多有重複,或爲陸續刊刻。

　　鈐"少泉蔡氏珍藏"印。(謝冬榮)

改吟齋爐餘什一

　　清葉樹枚撰。清道光十四年(1834)刻本。一册。半葉十行,行二十一字,小字雙行同。黑口，左右雙邊，單魚尾。

葉樹枚（1767—1824），字條生，號改吟，吳江人。平生嗜詩，老而彌篤。吳江葉氏人才輩出，冠蓋相承不絕，家族文化具有蓬勃的生命力。著有《改吟齋詩》四卷等。

葉氏詩集初刻於清嘉慶十三年（1808），爲《初集》四卷。至清道光七年（1827），二十年間，積稿又多，惜盡遭火厄，所幸其從孫蘭生鈔出八卷，中缺道光五至七年（1825—1827）間作品，又從朋好處鈔撮，殘稿薈萃爲一卷，故名“爐餘什一”，於道光十四年（1834）刻印行世，共收詩數十首。清代吳江葉氏文采風流爲人推重，葉樹枚爲其代表之一。早年爲詩多尖新之辭，晚年一變而爲高淡。刻此書時已年近七十，窮老工詩，皆清寥可誦。書中有道光十四年黃安濤、宋咸熙序及葉氏自序。傳世較少。（樊長遠）

改吟齋集九卷

清葉樹枚撰，稿本。六册。半葉十行，行二十一字，無格。仲湘跋。

此書收葉樹枚詩，第二册卷首有清道光二年（1822）冬嘉善黃安濤爲《改吟齋詩》做序。題下注“未刊現存”字樣。繼之爲道光二十五年（1845）二月仲湘題識，稱硯農王君屬爲選閱，就最心折者各鈐名印於眉端。第六册爲續集，封面題“改吟齋續集”，提示“此卷原鈔猶有模糊之處，望格外用心，以免錯誤”。卷首亦有仲湘題識：“乙巳仲春仲湘謹讀數過，最欣賞者鈐名印爲記。”全書經仲湘審閱，在欣賞的詩作眉端鈐有“湘”印。仲湘（1802—約1853），字壬甫，號蘭修，吳江人。諸生。無意科名，專好詩詞，著有《宜雅堂集》《宜雅堂詞》《咒紅豆詞》《緑意庵詞》等。此書多處朱墨筆修改提示。（趙明利）

蠶叢集二卷

清宋啓雲撰。清道光二十九年（1849）刻本。二册。半葉八行，行二十字，小字雙行同。白口，四周雙邊，單魚尾。尺蠖軒藏板。

宋啓雲，生卒年不詳，字石舟，湖南桃源人。早年從事舉業，屢試不售，游幕豫中。

本書前有清嘉慶十四年（1809）晉陵許彙源、十七年（1812）蓼城祝廷保、二十一年（1816）鮑桂星、道光二十六年（1846）周曦、道光二十七年（1847）周祖培等人序及著者自序，末有宋世煊跋。宋世煊在跋中感慨道"先君子抱經世之才，坎壈於遇，往往資典墳以怡志，托歌詠以抒情，交游半天下，所與皆當代聞人，酬答之章、賡和之什久而盈篋。"

全書分上下兩卷，收録詩共二百九十九首。詩作内容以友朋唱和、題贈爲主。

（梁玉蘭）

聽松閣詩不分卷

清沈銘彝撰。清鈔本。二册。半葉九行，行二十字，小字雙行同，紅格。白口，左右雙邊。

沈銘彝（1763—1837），字紀鴻，號竹岑，嘉興人，父可培。官至教諭。著有《雲東遺史年譜》一卷、《後漢書注又補》一卷、《孟廬札記》八卷、《沈竹岑日記》等。

此本卷首有同里趙榮蕉雨題詞，次爲同里蕉雨趙榮《乙酉三月望前二日竹岑先生以火集示讀并惠生地黄一觔作歌志謝》詩、嘉慶壬申（十七年，1812）陽月下浣海寧後學王鈞《語溪新詠序》，稱竹岑先生胸貯千秋，筆揮五色，追陳王之七步，擅飛卿之八義，對竹岑先生詩文評價甚高。繼之清道光四年（1824）沈銘彝自序。全書鈔寫工緻，偶有眉批及注。

鈐有"趙印之謙""彦清""繼祖讀過"等印。（趙明利）

蘭綺堂詩鈔九卷

清王鼎撰。清嘉慶八年（1803）刻本。二册。半葉十行，行二十一字。白口，左右雙邊，單魚尾。

王鼎，生卒年不詳，號條山，華亭人。清乾隆四十五年（1780）舉人，屢困春闈。

本書前有清嘉慶六年（1801）王昶、乾隆二十九年（1764）王鳴盛、乾隆十九年（1754）長洲沈德潛、王賓等人序。王鳴盛在序中稱王鼎少負異才，"有聲庠序，餘事爲詩，得風雅之正。絛山以風神跌宕勝……樂府、古今諸體兼擅所長"。

王賓在序中稱此書共十七卷，"蓋不及十之四五焉"，則此書當有十七卷，現此部書存九卷，各卷單有集名：卷一《江千集》，卷二《吳趨集》，卷三《齊東集》，卷四《南歸集》，卷五《煙波集》，卷六《玉峰集》，卷七《維揚集》，卷八《度嶺集》，卷九《西泠集》。

另王賓在序中提及"久之，登庚子鄉薦年已六十矣"，則王鼎主要生活在雍正、乾隆時期。（梁玉蘭）

吳越游草一卷

清王豫撰。清嘉慶刻本。一册。半葉九行，行二十字，小字雙行同。白口，左右雙邊，單魚尾。

王豫（1768—1826），字應和，號柳村，丹徒（今屬江蘇鎮江）人，後移居江都。諸生。生性好游，蹤迹遍京口諸山水間。吟詠其中，不求聞達。其論詩以唐代王、孟、韋、柳爲宗，高淡醇雅，不爲風氣所轉移。清道光初年，江都縣令陳文述以山林隱逸薦應孝廉方正，豫力辭不赴。所著有《種竹軒詩文集》《儒行録》《王氏清録》《王氏法言》《明世説新語》等，輯有《揚州圖經》、《群雅集》四十卷、《群雅二集》十八卷、《江蘇詩徵》一百八十三卷。與張學仁合輯《京江耆舊集》十三卷。《清史列傳》卷七十三有傳。

《吳越游草》全書含王豫及其子王屋、王敏詩百首。此本後還裝訂有王屋所撰《爾雅山房詩選》和王敏所撰《詩征閣詩選》。書衣有墨筆題字，題曰"王氏父子詩"，又"《吳越游草》，王豫著；《爾雅山房詩》，王迺西著；《詩徵閣詩選》，王敏著"。卷前有阮亨序，言豫"以詩交天下士，而足迹至西泠而止，三十歲後遂屏居不出，著述自娛"。豫詩前有小序，言清嘉慶二十四年（1819），豫偕兩子屋、敏自京口買舟游西湖，言情書事，得詩三十五首。（安延霞）

壽寧堂遺稿四卷

清金孝楠撰。清嘉慶刻本。二冊。半葉八行,行二十字,小字雙行同。白口,左右雙邊,單魚尾。

本書前有嘉定李賡芸撰《皇清敕授徵仕郎國子監博士墨莊金君墓誌銘》,對金孝楠生平叙述甚詳。金孝楠(1768—1808),字載馨,自號墨莊,浙江秀水人。幼早慧,十七歲充博士弟子,二十二歲官國子監博士,以微疾乞假歸家,與友朋相互切磋,"雅好經術,旁及六書七音九章三角之學,靡不研究,尤工韻語"。

此爲金氏古今體詩集,分爲四卷,各卷單有集名:卷一《覆瓿草》,收詩四十七首;卷二《覆瓿續草》,收詩三十六首;卷三《秋江集》,收詩五十首;卷四《秋江續集》,收詩五十首。四卷共計一百八十三首。(梁玉蘭)

寫韻樓詩草一卷詞草一卷

清吳瓊仙撰。稿本。一冊。半葉十行,行二十一字。白口,四周雙邊。

吳瓊仙(1768—1803),字子佩,一字珊珊,江蘇吳江人,翰林院待詔徐達源妻。清代文學家、女詩人。瓊仙少入家塾,精詩文,不煩講解,善書法,臨唐晉小楷尤好。其夫徐達源亦好詩文,得吳氏大喜過望,夫妻經常同聲賡歌,唱和詩詞。二人曾同拜袁枚爲師,吳氏曾爲袁枚校訂詩文。《[同治]蘇州府志》卷一百三十一有傳。

該書爲吳瓊仙詩集,録其詩六十八首,詞三首。其詩清婉真切,寫景雅趣盎然,寫情温清敦厚,讀之心中雋然。吳氏之詩多有與夫君唱和之詞,其思夫、愛夫之情深沉雋永,躍然紙上。描寫其妹則活潑可愛、靈動光彩,爲一般男性詩人少有,亦是清代詩文佳作。

該本首有題簽云"寫韻樓遺詩",鈐"吳子佩""寫韻樓"二方印,爲吳氏稿本。此本無序跋附録,書寫工整,字體清麗娟秀,筆畫纖柔巧緻,撇捺舒懶自然,讀之耳目豁然一新。該本爲是書現存最早版本。(賈大偉)

張叔未編年詩不分卷

清張廷濟撰。稿本。四册。半葉十一行，行二十一字，小字雙行同，無格。

張廷濟（1768—1848），初名汝林，字順安，號叔未，又號未亭、竹田、海岳庵門下弟子，晚號眉壽老人，浙江嘉興人。清書畫家、金石學家、詩人。清嘉慶三年（1798）解元，屢試禮部不第，遂隱居嘉興新篁（舊稱竹田里、竹里）。自筑清儀閣，搜藏各類典籍、古器、金石碑版以及書畫，精於金石考據及文物鑒賞。室名有清儀閣、桂馨堂、八磚精舍等。與翁方綱、阮元、邢澍等交往密切。善書法，《清史列傳》云："叔未書法米南宫，草隸獨出冠時。"又工詩詞，一生創作甚多，後自删爲七百餘首，集爲刻本《桂馨堂集》十三卷。另著有《清儀閣題跋》《清儀閣古印偶存》等，輯《秋笳餘韻》。

此《張叔未編年詩》稿本，詩自清乾隆四十九年甲辰（1784），迄清道光十七年丁酉（1837）。有親筆改訂，及刻本未載詩數首。如嘉慶廿五年庚辰（1820）四月八日所作《盆梅感賦》，未見於刻本。其詩多題詠金石書畫，如《隋美人董氏墓誌》《蘇文忠公馬券石刻》等，風格古樸蒼勁，典雅真切，亦有紀事詩及即事感懷詩若干。每詩一一注明所作年月日，亦爲刻本所無。此稿本頗爲珍貴，是刻本《桂馨堂集》中《順安詩草》八卷的前四卷底稿。集中另有《清儀閣雜詠》《竹田樂府》《竹田畫者詩》《竹里耆舊詩》《感逝詩》各一卷。

此本前有"清儀閣詩原稿改正本　秀水莊氏所藏"題名。鈐有"涵芬樓藏""海鹽張元濟經收""張叔未""廷濟""秀水莊氏蘭味軒收藏印""聘伊曾藏"等印。（郭静）

竹里耆舊詩一卷

清張廷濟撰。稿本。一册。

此本爲張廷濟所作題詠新篁竹里年高望重人物之詩集底稿，收録了對王幼扶、王雲生、李元龍、吴觀周等人物小傳的詩詠創作。每詩前有人物名號、生平簡介，後附相關書札文章，或附張廷濟自己撰寫的盛贊、墓誌等文。清道光時期的刻本《桂馨堂集》對此稿本個別人物詩後附錄有所補充，但删去了對胡雄飛、顧沛蒼的題詩；稿本亦無刻本中的張稼石、史正初、王玉成、周渭洙等個人詩詠。其詩多以平白精煉、蒼勁有力的語句記述先人事迹，并表述了對先人不羈之才的贊美和深恭敬仰之意。對於研究清初活動在新篁地帶的人物具有較高參考價值。

此稿本封面題有"張叔未書竹里耆舊詩""癸亥嘉平蒼雪齋裝册"。後有張開福（海鹽張燕昌之子，張廷濟侄）題款"道光辛亥嘉平月三日侄開福讀"。鈐有"越翁審定""張開福印""湘漱""越翁"等印。爲特藝公司前門經營管理處舊藏。（郭静）

環青閣詩稿二卷

清王韞徽撰。清鈔本。一册。

王韞徽，字澹香，江蘇婁縣人，王春煦之女，鹽場大使楊紹文之妻。王春煦，字冶山清，清乾隆四十年（1775）乙未進士，五十四年（1789）官宜昌知府，卒於任。王韞徽克承家學，工詩善書，著有《環青閣詩稿》四卷行世。其詩入選惲珠所輯《閨秀正始集》。

《環青閣詩稿》四卷，刻於清道光年間。此集前兩卷爲清嘉慶間王韞徽自己所編，收詩一百五十首，後兩卷爲其子道光元年（1821）所輯，收詩百餘首。澹香詩情詞婉轉，和平安雅，於平常中見新意，頗爲時人所稱道。因其有隨同父親及丈夫宦游的經歷，所以其詩所涉及的範圍較一般閨閣詩人要豐富。比如王春煦在宜昌任上曾遭遇川匪圍城之亂，王韞徽作爲親歷者，有《喜得捷音》等詩記録其事，從女性的視角描述軍事體裁是比較罕見的。集中還有多首詩是王韞徽與潘素心等其他女詩人的唱和之作，從一個側面反映了當時女性詩人間的交往活動情況。

此鈔本二卷，爲王韞徽自編部分。卷首下鈐"虛澹物自輕"印。書眉有墨筆批注。與刻本比較，此鈔本所收詩數量要少，其中部分序文、題詞及詩中小注的文字也不盡相同。比如鈔本自序云："今檢歷年所作，除散失外，凡若干首，録爲□卷。"

則此時詩集尚未定稿。又鈔本自序云："先君子批語即録於上，詩本不足存，特不敢忘先君子遺言。"依此言所述，眉批所鈔當爲王春煦之批語。刻本的自序中無此語，且無王氏批語。從自序的内容推測，此鈔本的編輯時間當早於刻本，因此具有較高的版本和資料價值。

此鈔本爲民國時期著名學者、藏書家倫明舊藏。（董馥榮）

桐花書屋詩草不分卷

清何秉棠撰。清倫仙館鈔本。一册。半葉九行，行二十四至二十六字。紅格，四周雙邊。

何秉棠，生卒年不詳，清嘉慶間在世，字子甘，號南屏，安徽歙縣人。官兩淮鹽知事。深於詩學，諸女聞庭訓，各擅才名。

此書首題"桐花書屋詩草"，下署"古歙何秉棠子甘"。全書内容多爲師友間酬唱應答、題畫和詩、贈別詠景、感懷飲宴、悼亡懷古等，景色涉陝西等地。倫仙館鈔寫，字體娟秀，書寫工緻清整，偶有修訂。鈐"姚氏藏書""姚彤章"等印。（趙明利）

小安樂窩詩鈔不分卷

清邵樹德撰。稿本。一册。半葉八行，行二十一字，無格。邵恩多校，黃丕烈校并跋。

邵樹德，字敬與，號荻香，江蘇常熟人，清乾隆五十二年（1787）舉人。長於律賦。

此書不分卷，卷首爲清嘉慶七年（1802）張燮序，稱邵樹德爲其同邑唱和者，邵樹德詩最多，評價邵詩："荻香至性淳實，少作多纏綿悱惻之語，既壯出游，瞻宫闕城郭之壯麗，覽太行黃河之雄深，大放厥詞。"在荻香殁後十年，其子出其詩，選其精者二百篇付諸剞劂。同時唱和諸君皆無詩集流傳。

此書卷末黃丕烈跋稱久聞邵樹德詩名，未得相見，直至張燮携邵樹德之子赴考相見，知邵樹德已逝，然欣慰其有傳人，邵樹德子出此《小安樂窩詩鈔》一帙，慰讀邵詩之心。聞聽即將付梓,获香之詩可以廣其流傳,甚爲欣慰。

此書間有朱墨兩色修訂痕迹,應爲謄清稿本。鈐有"黄丕烈"印。(趙明利)

桐華館詩鈔三卷金屑詞一卷

清胡金題撰。清嘉慶刻本。一册。半葉十行,行二十一字。白口,左右雙邊,單魚尾。

胡金題,生卒年不詳,字品佳,號瘦山,浙江平湖人。諸生。曾協助其父胡昌基(1750—1836)編纂《續檇李詩繫》,先父而卒。

本書前有清嘉慶九年(1804)嘉定李賡芸、徐熊飛序。李賡芸作爲胡金題師,對其贊賞有加:"顧生之於詩好之篤,爲之不倦,而年尚少,其所成就於異日者殆不可限量。"徐熊飛在序中提及一次集會中吳文溥對胡氏詩評價道:"瘦生詩清新綿摯,有南園北郭諸子遺韻。"作爲胡氏十餘年朋友,徐熊飛認爲"瘦山詩凡數變,愈變愈工妙,雖蹤迹不出百里,而詩名滿於吳越"。

合印有胡金題撰《金屑詞》,前有清乾隆六十年(1795)懷寧余鵬年叙。

鈐"韻儂""尚左生"印。(梁玉蘭)

潛志樓初集十卷

清陳冲撰。清道光八年(1828)刻本。八册。半葉十行,行二十四字。黑口,四周單邊,雙魚尾。

陳冲,生平不詳,卷端署"綏城陳冲卓莪著"。以直隸州別駕官於西江。

本書書籤題"卓庵初集",書名葉題"道光戊子歲仲秋月鎸""卓庵居士初稿",目録題"卓庵居士初集"。卷端題"大興朱石君先生鑒定"。書前有清嘉慶十年(1805)二月大興朱珪序。朱珪在序中主張"詩以漢魏六朝爲上乘,古文以韓歐爲法式,窮經以漢儒鄭孔注疏之學爲準則",對於學生陳冲也是贊賞有加,認爲"其天資高朗,穎悟過人,而學問淵博精湛,所作詩古文純茂質實有法"。陳冲以朱珪爲師,深得其傳。在《潛志樓詩集自序》中多次提及朱珪的詩學主張,如"先生言,詩之言以自然爲真”，又如“蓋先生論詩，首重在於心氣之道之不可不有養之，次則標其清真二言，以爲作詩要訣”。

據目錄所載，《潛志樓初集》共收錄陳冲所著十六種七十卷，此次選印了其中的自序文一卷、賦一卷、廣離經一卷、古今雜體詩十卷。十卷詩集中以友朋之間的唱和、題贈之作居多，亦可見其交游之廣。（梁玉蘭）

行餘集二卷

清張邦慶撰。清道光八年（1828）刻本。一册。半葉九行，行二十一字。黑口，左右雙邊。

張邦慶，浙江海鹽人，生平不詳。

本書前有任宗延等人題詞、清道光八年（1828）張慶邦自序。據自序言，張慶邦將赴都參與銓選爲吏，在友人勸説下，將之前所作之詩删繁就簡，付梓刊行。

此書所錄諸詩，以詠物之作居多，如《杏花》《牡丹》《詠蘭》《月波樓》《詠殘薔薇》等，另有詠懷、題贈之作等。卷下第一首詩言及“甲申采芹”，按“甲申”爲道光四年（1824），“采芹”指考中秀才。（梁玉蘭）

時齋詩文集

清李元春撰。清道光刻本。二十二册。半葉九行，行二十字。白口，左右雙邊，單魚尾。

李元春（1769—1854），字又育，一字仲仁，號時齋，朝邑（今陝西大荔）人。清嘉慶三年（1798）舉人，官至大理寺評事。

李元春勤於筆墨，著述頗豐。《時齋文集》前有著者自序及清道光四年（1824）順德張青選序。張序中引用了婁東王履基對李元春之文的評價：“時齋之文，如神皋奧區，沃衍千里，桑麻菽粟皆適於用。”《文集》分爲十卷，包括：卷一釋一、原二、解六、辨八，卷二論十七、議三，卷三説二十四，卷四書十六，卷五記十九，卷六序十一，卷七序十九，卷八傳十九、書事二，卷九誌銘十六、墓表一、哭祭文五、行狀一，卷十雜文六、賦六、問一。後又有《續刻》八卷和《又續》六卷。《時齋詩集初刻》分爲四卷：卷一四言三十一首、五古九十三首、七古二十一首，卷二五律五十三首、七律六十首，卷三五絕五十一首、七絕九十二首，卷四試律四十八首，後又有《續刻》一卷、《又續》一卷。《桐窗餘稿》詩文雜陳。

《清人詩文集總目提要》言中國科學院圖書館（今中國科學院文獻情報中心）藏有一部《桐閣全書》，除上述諸種外，還有《桐窗殘筆》二卷、《桐窗散存》二卷、《桐窗拾遺》二卷。（梁玉蘭）

静宜吟館詩集一卷

清于修儒撰。清同治十一年（1872）刻本。一册。半葉八行，行二十一字，小字雙行同。白口，左右雙邊，單魚尾。

于修儒，生卒年不詳，字子進，于成龍後代，于崇璟妹，于鍾岳姑。

于修儒幼承家訓，善文能詩，後因其母離世，抛棄筆墨多年。于崇璟於清咸豐四年（1854）寫下四首絕命詩後殉難，于修儒作多首詩懷念罹難的兄長，詩風悲憫，令觀者動容。其《哭長兄野魚普安殉難》云：“一夕音書達異鄉，驚鳳陡起燕分行。高堂夢斷垂親淚，絕檄魂歸哭國殤。豈必生還如定遠，從聞苦戰效睢陽。姓名千載留青史，同氣能無抱感傷。”《謁襄勤公墓詩》：“二百年來沐國恩，巍巍勛業玉碑存。遺封馬鬣荒村外，衰草寒鴉滿墓門。”其二：“簪纓七葉舊清門，傳列名臣國史存。一綫無人延世澤，空留孤女泣黃昏。”清光緒年間，于修儒與嫂、侄同扶父兄侄三代共九棺歸葬，滿門忠烈淒壯之至。

此書録詩一百二十八首，以吟詠家門不幸、抒傷春悲秋之感爲多。前有掖水李長霞（1825—1879，字德霄，號錡齋）序，稱“其詩格高詞雅，爲一時閨秀冠”。書後有清同治十一年（1872）春于氏自識，説明與李氏交往情況及成書經過。（張麗）

秋鳴集

清胡瑩撰。清嘉慶二十四年（1819）刻本。一册。半葉八行，行二十一字，小字雙行同。白口，四周雙邊，單魚尾。含花室藏。

胡瑩，字峒齋，生卒年不詳。卷首署晉陵籍，即今江蘇常州。因其所著《秋鳴集》稀見，故其名鮮爲人知。吳炎湘序稱"峒齋冠游京師，屢躓棘闈，游幕資生，晚得縣丞，分發山西"。

此書卷首及書口題"秋鳴初集"，其他部分均爲"秋鳴集"。前有清嘉慶戊寅（二十三年，1818）七月既望寧化吳炎湘序，稱"有《秋鳴集》二册，委序於余"。嘉慶二十三年林芬作序，亦稱"戊寅秋七月，余友胡峒齋書來，以詩集二卷，囑余刪定"。林氏"讀其書纏綿真摯，如與晤語，令人憮然慨然"。嘉慶二十四年（1819）胡瑩自序，言明書名《秋鳴集》之由來。書前有張彬、李寶裔、張懋田、唐祖樾等四人題詞，及趙翼、洪亮吉《秋鳴集評》。趙翼稱"其清在神，其秀在骨。工夫又極老成，有彈丸脱手之妙"，洪亮吉贊其"氣息淵雅，情詞斐惻。游山問水、登臨吊古之作，亦皆有遠識"。

此本現存一册，不分卷，存詩一百七十首，多爲游歷河南、湖北等地所做，疑爲殘帙。（張麗）

藤花廳偶吟草

清潘世恩撰。清道光十一年（1831）刻本。一册。半葉六行，行十九字。白口，四周雙邊，單魚尾。

潘世恩（1769—1854），初名世輔，小字曰麟，字槐堂，一作槐庭，號芝軒，晚號思補老人，室名有真意齋、思補堂、清頌，江蘇吳縣（今蘇州）人。清乾隆五十八年（1793）一甲第一名進士。授修撰，後歷任工部、户部尚書。清道光十三年（1833）任體仁閣大學士，旋命爲軍機大臣。又進東閣大學士。十八年（1838），擢武英殿大學士。卒諡文恭。著有《思補齋奏稿偶存》《思補齋筆記》《消暑隨筆》《讀史鏡古篇》《有真意齋文集》等。

本書書籤作《兩漢循吏詩》，乃作者讀《漢書》和《後漢書》中的《循吏傳》而撰寫的詩作，包括《讀〈漢書·循吏傳〉》四章和《讀〈後漢書·循吏傳〉》三章，"博綜載籍,洞達治體",得以成篇。附道光辛卯(十一年,1831)嘉平月朔日曹振鏞跋,贊其詩"宏雅樸茂,奄有漢魏"。後有《補循史詩》三章,"復舉循史事實之散見於他傳者"爲之。有道光辛卯季冬歸安葉紹本跋,稱其詩"旨遠詞醇、體侔雅頌"。

循吏以"德治""仁政"爲施政理念,兩漢時期的循吏更是將這種施政理念發揮得淋漓盡致,他們對當時社會經濟的發展、百姓生活的富裕、道德文化的提升以及社會的穩定做出了重要貢獻。潘氏爲一代名臣,四朝元老,爲人縝密。其以兩漢循吏爲題,欲"盡爲政之要兹""揭爲治之本",藉以表達政治理想和抱負主張。(張麗)

幼樗吟稿偶存二卷

清方廷瑚撰。清鈔本。二册。

方廷瑚(1776—1859),字鐵珊,號幼樗,浙江石門(今屬桐鄉市)人。清嘉慶十三年(1808)舉人,任平谷知縣。後因眼疾調任保定府經歷,爲官幾十載,卒於保定府。方廷瑚爲著名畫家方熏長子,幼承庭訓,善詩,亦工繪畫,尤善畫梅,能繼家學。方氏曾爲阮元門人,亦曾學詩於楊夑生。《兩浙輶軒續録》補遺卷四有傳。

該書爲方廷瑚詩集,卷一録詩一百二十二首,卷二録詩一百一十首。該本首有樊榕題識,鈐印"雲章私印"。次有清光緒四年(1878)沈丙墀跋,鈐"沈印丙墀"印。次有吳傑跋、"庚寅仲夏曇士弟謝江讀於玉亭官舍"一行。次有《方鐵珊先生傳》、查揆《小樗吟稿序》。沈丙墀跋云"《幼樗吟稿》二卷,方先生自書也。先生卒後此稿歸壽原諸先生收存。光緒戊寅秋……轉贈志别",知此本爲方氏稿本。吳傑跋云"膾炙人所同嗜,敝署戚友傳鈔殆遍,異日付之剞劂,定卜洛陽紙貴",知此書傳鈔甚多,曾有刻本流傳,惜今已不存。

方氏善畫,其詩不以韻勝,平鋪直叙。内容多以人物交往唱和及山水描寫爲多,亦多言情趣而已。其人爲阮元門人亦以詩文著稱。其詩作不言仕途不順,人世多舛,而達觀知命,豁然有高格之風。查揆、吳傑諸人亦在嘉道時以詩文名世,而稱贊其詩,足見其詩文造詣頗高,爲嘉道時期傑出詩作之代表。該書流傳甚少,無刻

本傳世，該本爲其僅存之本，紙墨如新、字體雋永。鈐"清苑樊氏蔭蓀所有"印。（賈大偉）

緑窗詩草初集一卷續集一卷

清白氏撰。清嘉慶刻本。一册。半葉九行，行十九字，小字雙行同。白口，四周雙邊，單魚尾。

白氏，真實姓名不詳，號香室女士，直隸高陽（今屬河北）人。嫁順天教授高陽王菜（清嘉慶十四年（1809）進士）爲妻，約卒於清乾隆末年。爲人聰聽强記，針黹之餘喜吟詠。

此編爲初集、續集各一卷，係白氏逝世後，其夫王菜摭拾其遺稿訂正付梓者。有嘉慶三年（1798）王菜序，稱"訂其存稿得若干首，取白樂天'嫁晚孝姑'之意，題曰'緑窗詩草'"。按白居易《秦中吟》十首之一《貧家女》有句云："緑窗貧家女，寂寞二十餘。貧家女難嫁，嫁晚孝於姑。"取其事母至孝之意。其詩不僅題詠閨閣、燕居生活，因曾隨父官於晉中，集中又有旅途所見、詠史感懷若干首，頗能於慷慨之中自饒敦厚，無香奩綺靡舊習。

此書《河北通志稿》《高陽縣志》著録，《昆山徐氏藏閨秀書目》著録爲四卷，蓋所著陸續付梓。此本僅初、續二卷，爲初刻本。書中有朱墨筆圈點，前有自序，末附吾溪居士評語八則、齊正誼《香室女士小傳》、劉昇《女士贊》。（樊長遠）

瀛洲集三卷容臺集一卷

清英和撰。稿本。四册。半葉九行，行十九字，無格。清法式善跋，張問陶圈評并跋，胡敬、吳嵩梁題款。

英和（1771—1840），字樹琴，一字定甫，號煦齋，別號粤溪生，晚年自號賸叟，索綽絡氏，滿洲正白旗人，尚書德保之子。清乾隆五十八年（1793）進士，選庶吉士，授編修。官侍讀、内閣學士，歷官至户部尚書、協辦大學士、加太子太保。曾監修道光陵寢，後地宫漏水，奪職發配黑龍江，道光十一年（1831）釋回，子孫復官。卒贈三品卿銜。爲官之餘嗜藏書,有宋元本數百卷。著有《恩福堂詩》。《清史稿》卷三百六十三有傳。

《瀛洲集》收癸丑至庚申年間(乾隆五十八年至嘉慶五年,1793—1800)所作詩,《容臺集》爲嘉慶五年所作。其間英和由中進士官至禮部侍郎兼副都統,仕途亨通,閱歷見聞在詩中頗有描述。書中有法式善等題記、觀款,法式善題記稱已精選廿四首入《朋舊及見錄》。書中頗有批點、修改,另浮簽評語多處。(樊長遠)

恩福堂散文一卷奏議一卷

清英和撰。清鈔本。二册。

此書分《散文》一卷、《奏議》一卷,各一册,其中《跋阿文勤公奉使高麗圖》《恭跋先世父文恭公詩翰》,爲有關其先世阿克墩出使事;《劉文清公詩集跋》《滿洲掌院題名碑記》《癸酉暮秋紀事》各篇亦頗有史料價值。有清道光九年(1829)自序。鈐有"泰雲敬藏"印。

《恩福堂奏議》收嘉慶九年至道光五年(1804—1825)間奏議十三篇。(樊長遠)

恩福堂詩鈔十二卷試帖詩鈔二卷

清英和撰。清鈔本。四册。

此書爲英和詩集,所收詩按年編排,起自清乾隆庚子(四十五年,1780),迄於清道光丁亥(七年,1827),共數百首。末附《試帖詩鈔》二卷。無前序、後跋,鈔寫甚工。其中多紀事詩,頗可考見其生平閱歷。《清史稿》本傳稱"英和通達政體,遇事有爲,而數以罪黜。屢掌文衡,愛才好士。自其父及兩子一孫,皆以詞林起家,爲八旗士族之冠",於此集中可見一斑。英和詩集於道光十一年(1831)始付刊,此鈔本尚在刻本之前。書中鈐有"詠春所收""錢唐薛氏藏書印"二印。(樊長遠)

遂初堂未定稿

清焕明撰。清嘉慶道光間稿本。三册。

焕明（1771－1831），字瞻庵，愛新覺羅氏，滿洲鑲紅旗人，莊親王舒爾哈齊後裔。清乾隆五十五年（1790）封奉恩將軍，次年任副護軍參領。清嘉慶四年（1799）始學八股文。嘉慶五年（1800）任遼陽城守尉。嘉慶十七年（1812），成親王薦爲復州城（今遼寧省瓦房店市）守尉。清道光六年（1826）復攝熊嶽副都統印，後調興京城守尉。道光十一年（1831）十一月十二日卒於任所。工書畫篆刻，諳熟滿文，從舅父瑛寶學詩畫篆刻，與同族叔祖裕瑞多唱和之作。著有《遂初堂詩集》《槐陰小志》等。

該書爲稿本，存三册。第一册書衣題“遂初堂未定稿”，署“甲戌”“瞻庵焕明”，爲嘉慶十九年至二十年（1814－1815）詩稿。第二册書衣題“遂初堂初稿”，署“辛巳壬午”，爲道光元年至二年（1821－1822）詩稿。第三册書衣題“遂初堂甲申詩稿”，署“乙酉”，爲道光四年至五年（1824－1825）詩稿。書中有《金陵十二釵詠》《分詠立齋扇上畫美人林黛玉》《代查丹禾少府詠畫美人薛寶琴》等十四首題紅詩，對紅學研究有一定參考價值。

書中遍布焕明與其叔祖裕瑞之圈校、批注。該書鈐印“臣焕明印”“瞻庵”“襄平司城”。又有道光元年（1821）裕瑞題跋。裕瑞跋語云：“竊謂前時所作，每務繁盛，未免失之泛濫者有之，今則擇韻琢句，較前緊約整煉多矣。前每務急就，未免失之草率者有之，今則精推細敲，較前莊嚴典雅多矣。從前作詩之二病，業已沙汰殆盡。”可見，滿人焕明之漢詩水準確有提升。

是書爲稿本，爲《遂初堂詩集》所未載。（孫麗娜）

粤游小草

清沈心益撰。稿本。一册。半葉九行，行二十六字，無格。

沈心益，清康雍時人，生卒年不詳，字時偕，桐鄉人。卷首爲同學周曾道序，稱沈心益“文章道誼卓犖不同俗，同鄉士大夫莫不奉之爲典型”，伯仲六人及雅士騷人往來唱和，有《晚佳軒詩集》行世。心益未弱冠，其詩文即被山左顏學山先生嘆賞。武林田慎皋任粤東吳陽令時羅致幕下，相得甚歡。與諸君公暇登臨山水，酒酣耳熱則吟詩唱酬,結集而成《粵游草》。後爲清康熙辛丑(六十年,1721)八月峽西同學教弟湯士琦序。湯序稱沈心益垂髫之年即以詩聞名於鄉,伯仲六人交相唱和。後游歷嶺南、富春、東山、南海等勝迹,凡造物深奧怪異之奇景,收積於胸,即席賦詩詠懷。其詩曲而長。

卷端題寫“丁酉歲仲春朔日錢江解維粵游小草　桐鄉沈心益時偕氏著”,收五言古風、七言古風、五言律、七言律、五言絕句共二百三十餘首。詩文在寄情山水中凝結着濃濃的鄉愁。鈔寫工緻,應擬刊刻,似爲謄清稿本。鈐印“湯印士琦”“石裹”等。(趙明利)

鷹巢詩集二卷

清釋定志撰。清道光十年(1830)刻本。一册。半葉十行,行二十一字,小字雙行同。黑口,左右雙邊,單魚尾。

釋定志,生卒年不詳,字旅樹,號鷹巢,江蘇六合人。清嘉慶道光間人。年十歲出家爲僧,從石塘祖游。二十四歲因忤衆被擯,寄於石頭城畔烏龍潭上。晚年爲金陵承恩寺住持。工詩,善張旭草書,有《據梧集》《竹香樓稿》《承恩寺詩存》《承恩寺緣起碑板録》。

此集二卷,共二百首,前有道光十年(1830)自序,略述生平。作品以詠物、題畫詩爲多,若《救圩嘆》《積潦没骭嘆》《蟲蠹豆根行》等,每有悲憫之意見於言表。清符葆森編《國朝正雅集》卷九十八選其《貧士》《和劍堂登雨花岡有懷芷庵詩》等十首,引《蘭言集》評其詩云:“詩才天授,所作如古樂府、如古謠諺,無一語寄人籬下。”此本爲歸安嚴氏舊藏,鈐有“嚴啓豐印”等印。(李静)

春雨草堂剩稿四卷

清高垛撰。清道光刻本。一册。半葉八行,行十九字。白口,四周雙邊,單魚尾。

高垛(?—1811),字琴泉,又字雨公,鐵嶺人,漢軍鑲黃旗籍,畫家高其佩之孫。

清嘉慶六年（1801）順天府舉人，入佐蜀帥戎幕，參與鎮壓白蓮教起義。科舉不暢，仕途偃蹇，鬱鬱不得志而卒。

此集係高氏沒後，道光間其子鑰官四川岳池尉時掇拾遺稿，刊刻而成。卷一至三爲分體詩二百九十六首，卷四爲《清溪紀游詩》十九首，記京西十渡山水。附刻《題萬輞岡指畫》古今體八首、《撲棗記》一篇。高氏少時曾隨宦浙中，得見著名詩人杭世駿，受其指點。集中有錢塘詩數首。爲詩主性靈，尤工律詩。卷一《二炷香》記白蓮教起事及覆滅經過。卷三七律《閨情》爲回文詩，可見其才情流露。

書前有初彭齡、蔡之定、吳樹萱、吳秀良、汪恩序，末響山氏後叙。據《八旗藝文編目》載，高氏另著有《清蔭書齋詩稿》，與此集收詩大致相同。此本爲桐城光熙舊藏，鈐有"光熙印信""玉如""清蔭軒"各印。（李靜）

賜書堂四種

清聶鎬敏撰。清刻本。四册。半葉十行，行二十字，小字雙行同。白口，左右雙邊，單魚尾。

聶鎬敏，生卒年不詳，字豐陽，號京圃，別號松心居士，湖南衡山人。清嘉慶六年（1801）進士，授翰林院編修，十六年（1811）任安徽學政，轉兵部職方司郎中，後遷嚴州府知府。在任多惠政。以母老乞致仕。博學多識，工於詩文，著述頗豐，有《松心居士詩文集》《賜書堂經進初稿》《讀經析疑》等行世。

《賜書堂四種》包括：《易理象數合解》二卷，嘉慶二十五年（1820）自序；《古本大學通解》二卷，嘉慶二十一年（1816）自序；《賜書堂試帖》三卷，嘉慶十三年（1808）星巖老人序；《賜書堂律賦》二卷，嘉慶十三年星巖老人序。前二種爲經學著述，後二種爲科舉應試文章。

書中鈐有"杜氏玉叔"等印。（李靜）

含飴堂重游璧水詩集一卷

清李文榮等撰。清光緒七年（1881）刻本。一册。半葉九行，行二十一字，小字雙行同。白口,四周雙邊,單魚尾。據清道光三十年(1850)本刻。

李文榮(1772—1854),字華亭,號冠仙,又號霽嵐,晚號桐軒,別號如眉老人,丹徒(今屬江蘇鎮江)人。諸生。通時藝,精醫術。初受陶澍聘,主講南匯、青浦書院,後入袁江醫館。著有《知醫必辨》《仿寓意草》《含飴堂課孫草》《含飴堂重游璧水詩集》等。

《含飴堂重游璧水詩集》首刻於道光三十年。鎮江市圖書館藏有道光三十年刻本。此本爲清光緒七年(1881)文榮子士林重刻本。然卷末有題詞一闋,爲光緒八年(1882)題。此本含文榮原韻七律四首,和原韻二百八十八首,又不拘體韻一百一十首,題後詩一首,又詞一闋,附録敬步原韻二十四首。卷前有光緒七年古吳陸序和李恩綏序。卷後有李士林跋。(安延霞)

松廬詩鈔八卷

清王協夢撰。清刻本。二册。半葉十行,行二十一字,小字雙行同。白口,左右雙邊,單魚尾。

王協夢(1773—1848),字渭畋,號松廬,豫章(今江西南昌)人。清嘉慶十九年(1814)進士,選庶吉士,歷官工部營繕司主事、郎中,山東道監察御史,施南府知府,江蘇常鎮通海兵備道臺。少曾從李如筠學。另著有《奏稿》二卷、《雜文》二卷。《國朝御史題名》《清續文獻通考》《晚晴簃詩彙》皆有載。

此書卷首有李如筠、蔣雲寬、汪全德、周立恭、金正儀等人"題辭"。凡八卷,各卷端題"松廬詩鈔",署"豫章王協夢渭畋"。卷尾有跋,署"壬午三月協夢自記"。據王協夢跋可知,此集是在其五十歲時"甄擇歷年所作"而成。

書中有寄贈親人之作,如《寄呈省齋叔父蘇州》《同内侄鄭智堂登吳山閑眺》,可爲其家世備考。王協夢廣交友,集中多與友人出游、題詠、唱和之作,如《三月初八日同文四橋(崇雅)、曾緑雪(濬)、徐健齋(立德)卧龍崗看桃花有作》《題趙伯聲詩草》等。王協夢仕宦多年,旅居京城時所作詩對北京景致多有吟詠,述及琉璃廠、法源寺、崇效寺、聖安寺、白雲觀、覺生寺等地,是考察京城地理名勝的重要史料。

王協夢關心民生疾苦,《欒城女子歌》講述了無名妓女的悲慘身世,有"奈何凶族來封狼,利其姿首如毛嬙。威凌勢迫歸平康,脅之以刃何倉皇"之句。《馴象歌》則記錄了馴服南掌國(今老撾)上貢大象的奇景。

蔣雲寬在"題辭"中稱王協夢詩"清妍醇雅,格無纖荼,具有風人豐骨"。汪全德稱其"選詞清雋,得气深醇"。(顏彥)

陸震東詩

清陸震東撰。清鈔本。一册。半葉八行,行二十字,無格。

陸震東,生卒年不詳,字融伯,浙江德清人。清乾隆壬子(五十七年,1792)舉人,官仙居訓導。撰有《枕經軒詩鈔》。《兩浙輶軒續錄》卷十六有小傳。

此爲清鈔本,按"弦""絃""炫""泓"諸字闕筆,而"寧"字不闕,疑鈔於清嘉慶間。共收詩六十餘篇百餘首,間有小注。又就原鈔改動數處,如《庚辰春日同汪君小湖吳君祖望游括蒼洞天》詩,"吳君"原鈔作"吳生"等。書末有清同治九年(1870)王魏勝跋,云:"詩一本,居然唐人嗣響藏余家數十年矣。擬付梓人,未知能償願否也。"所稱"詩一本"即此帙鈔本。暫未檢得是書有刻本存世,故此本可謂鳳毛麟角,洵爲可珍。書中鈐"杏邨家藏"一印。(劉明)

守經堂剩稿二卷

清陳孝恭撰。民國十五年(1926)鉛印本。二册。

陳孝恭(1851—1915),字壽民,滋陽(今山東兗州)人。其弟孝恪,清光緒十二年(1886)進士,著有《養松堂遺詩》,二人詩文合爲兗州雙璧。

本書前有朱士焕序,署"丙寅新秋世愚弟朱士焕識",據序可知,此集乃孝恭侄之垿所集刊,請托朱士焕爲序。次菏澤李經野《守經堂剩稿叙》。次目錄。第一册後有張肇瑞跋,署"光緒歲次游兆涒灘立秋日張肇瑞希清氏謹跋於耕道別館"。第二册末有陳之垿跋,署"歲次壬戌仲春侄之垿謹志"。

據之垿所記,他於孝恭逝世後開始搜集孝恭之作,然其全稿不幸曾一度燬於劫火,此集所存較其全稿百不及一二矣,故曰《剩稿》。全書凡二卷,所收之詩文諸體兼備,包括詩四十五首、賦二首、序七首、辯論九首、書牘十一首、碑記十首、傳一首、祭文六首、試帖五十六首、制藝四首。

李經野在序文中稱孝恭詩文"才力富健,振式浮靡"。史載陳孝恭資料甚少,集中詩文可見其生平事迹及創作思想,如《五十七自壽》《六十自壽》除回顧人生經歷,亦概述世事變遷;《赴嶧別王西蕃》《挽李芳池孝廉》則可見其行藏及交往,皆具有重要文獻價值。(顏彥)

楊愚齋全集

清楊丕復撰。清光緒刻本。一百二十册。半葉八行,行二十二字,小字雙行同。白口,四周雙邊,單魚尾。

楊丕復(1780—1829),字愚齋,湖南武陵人。清嘉慶十二年(1807)舉人,官石門縣訓導。楊氏家學深厚,富藏書,其弟丕樹舉清乾隆六十年(1795)湖南鄉試第一,其子彝珍,字性農,清道光三十年(1850)進士,官兵部主事,有《移芝室詩文集》《紫霞山館詩鈔》傳世。孫琪光,著有《讀子華子》《讀史臆説》等。

此集凡四種。《儀禮經傳通解》五十卷,并《序説》一卷、《雜説》一卷、《綱領》二卷,卷首有《儀禮經傳通解題詞》、清光緒十九年(1893)曾孫世瑄撰跋、琪光撰《石門訓導先大父愚齋公家傳》,卷端署"武陵楊丕復愚齋甫著　男彝珍率孫世瑄校刊"。《春秋經傳合編》三十六卷,并《雜説》一卷、《書法彙表》三卷、《辨疑》二卷,卷首有嘉慶四年(1799)楊丕復自序,卷端署"武陵楊丕復愚齋甫著　孫琪光曾孫世獻世瑄元孫守科守元刊校"。《朱子四書纂要》四十卷。《輿地沿革表》四十卷,卷首有光緒十四年(1888)楊彝珍序、孫琪光跋。

鈐"漢口嶺南會館捐""京師廣東李堂書藏"印。(顏彥)

丹衢詩稿四卷

清方坦撰。清道光七年(1827)刻本。二册。半葉九行,行二十字。白口,四周雙邊,單魚尾。

方坦,生卒年不詳,字履上,號丹衢,別號龍眠山人,安徽桐城人。

此本封面題"丹衢詩稿",内封題"丹衢詩草",署"道光丁亥""古絳新鐫"。卷首有姚興泉序,序末有木記"姚興泉印"。按:姚興泉,字問樵,號虛堂,人稱落花先生,著有《一枕窩詩》三卷,《雨中消夏録》二卷。次方坦自識。次丹衢詩稿目録。各卷卷端題"丹衢詩稿",署"桐城方坦履上",卷末署"男祖武校字"。

此本凡四卷,古今體詩四百六十二首。詩歌主要内容有四類,首先,記録與母親相依爲命的生活,其《丙辰往黔臨歧漫賦》《甲戌五月初二日作》《省親》等皆言及母親,另有《都昌呈族祖定之先生》《舟中示族弟蕙林》等呈贈親族之作。第二,集中輯録與友人酬唱贈答之作,如與湯雨生、黎濂薌等人消夏雅集之作,可以與黎中輔纂修《大同縣志》所載相佐證。第三,方坦曾入黔、晉,經行所見多有記述,如《大同》《應州道中》等。再有,集中亦有閑居詠興之作,如《閑興》《長嘯》《秋思》等,寄情遣懷,感慨言志。

此集卷末有題集,云"改罷重删手自鈔,長吟幾度費推敲……鐫成莫道全無用,展卷猶堪記舊交",可見其詩歌創作之用心。集中《陳烈婦》《九龍壁歌》《雲中懷古爲查藹堂賦》等詩收入黎中輔纂修《大同縣志》。

鈐"方坦""龍眠山人""丹衢行一""履上"等印。(顏彦)

石雲山人詞選一卷詩選六卷

清吳榮光撰。清道光十九年(1839)刻本。四册。半葉九行,行二十一字,小字雙行同。白口,左右雙邊,單魚尾。

吳榮光(1773—1843),字伯榮,一字殿垣,號荷屋、可庵,晚號石雲山人,別署拜經老人,廣東南海人。清嘉慶四年(1799)進士,官編修,擢御史,巡撫天津漕務,歷任河南道監察御史,清道光年間官至湖南巡撫兼署湖廣總督、貴州布政使、湖南巡撫等職,後因事被降職爲福建布政使。長金石考證之學,擅書畫辭章,并富鑒藏,刻有《筠清館法帖》,著有《歷代名人年譜》《筠清館金文》《筠清館鐘鼎款識》《筠清館金石録》《吾學録》《帖鏡》《盛京隨扈日記》《緑伽南館詩稿》《辛丑銷夏記》等。生平事迹可見《清史列傳》《國朝書人輯略》等。

此本前有《石雲山人詩集原序》，署“道光乙未夏六月上澣通家生潘世恩序”。此集由《詞選》及《詩選》合刻而成。《詞選》首題“石雲山人詞選”，署“南海吳榮光伯榮甫譔，女尚憙校刊”，并題“余僅一女，解填詞漫録二十首付之，拜經老人記”。《詩選》首題“石雲山人分體詩選”，署“南海吳榮光伯榮甫譔，子尚忠、尚志，婿葉應新校刊”，詩選前題“余兩子一婿，皆學爲詩，選此四卷與之，拜經老人記”。集内詩有五言古、七言古、五言律、五言排律、五言絶句、七言律、七言律諸體。

集中《懷人》系列諸詩寫生平好友，於清乾嘉間交往經歷多有記述，又可補其人生平事迹。其詩詞又每多書畫題詠之作，可見其書畫造詣及其書畫活動。榮光仕宦南北，《峽山寺》《十二月初四日都江買舟》等詩記其游歷，於各地風土地貌亦有生動描繪。（顔彦）

古雪詩鈔一卷續鈔一卷詩餘一卷

清楊繼端撰。清嘉慶十四年（1809）刻本。二册。半葉九行，行十九字，小字雙行同。白口，四周雙邊，單魚尾。

楊繼端（1773—1817），字明霞，號古雪，世稱“古雪女史”“西川女史”，四川廣元人。父楊璽（1734—1806），字輯五，清乾隆二十五年（1760）舉人，歷四川省納溪縣教諭、潼川府教授、江蘇省六合縣知縣、蘇州府水利同知。古雪幼隨父居納溪學署，性喜吟詠，師夸其有“詠絮”之才，遂賜號“古雪”。年十九與遂寧張問萊婚，張問萊（1775—1838），字壽門，號旂山，與兄問安、問陶皆爲蜀中才子。

古雪隨之父及夫歷官江浙、川蜀，其詩記其兩地間經行，如《進峽》《拜先文端公遺像》等，既有補其生平行藏，又記其合歡與愁苦之情，盡顯其温柔敦厚之德。離別遠行之際，每多送別之作，如《自吳返浙留別冠山弟婦》等，緣情纏綿、至真至性。途經勝地，多登臨懷古，感懷抒志，如《白帝城懷古》《金山》等，故吳錫麒稱其詩“殆深於三百篇之旨”“其激昂慷慨，有非尋常閨閣所能言者”。古雪亦善書畫，有書畫題詠之作，如《石濤畫》等。

此書前有梁同書、吳錫麒、石韞玉、徐步雲序，卷端題"古雪詩鈔"，署"西川女史楊繼端著"，卷尾有王慧雲跋。《續鈔》卷首有徐步雲序，卷端題"古雪詩續鈔"，署"西川女史楊繼端著"，卷末鎸"杭州愛日軒陸貞一梓板"一行，并張問萊跋。《詩餘》卷端題"古雪詩餘"，署"西川女史楊繼端著"，末有禮華老人跋。（顏彥）

自怡軒詩鈔一卷

清呂子珊撰。清咸豐刻本。一冊。半葉九行，行二十一字，小字雙行同。白口，左右雙邊，單魚尾。

呂子珊，字亦士，江蘇武進人。清嘉慶十五年（1810）舉人，官河南偃師知縣。爲人性方嚴，不苟言笑，好學深思，至老不倦。有《明史摘要備覽》等集，參纂《呂氏族譜》。

此本卷首有自怡軒詩鈔序，署"咸豐己未仲春上浣受業覺羅耆齡敬撰"。按：耆齡（1804—1863），字九峰，滿洲正黃旗人。清道光十七年（1837）舉人，官刑部主事，累遷郎中，出福州將軍，謚恪慎。据耆齡序可知，呂子珊游瀋陽，時耆齡年六歲，從學於呂，此序受呂子珊子進亭所托而作。集中有《和耆九峰留別盱江書院諸子詩四首之一》與此序相呼應。卷尾有跋，署"咸豐五年七月孫南懋先謹誌"。据跋可知，此本所輯之詩皆由懋先"繕寫成帙"，然一則呂子珊"留心有用之學"，二因"以吏治民生爲念"，故"於詩不常作"，三因酬應之作"皆棄置勿錄"，故所存者僅十之二三。

此本卷端題"自怡軒詩鈔"，署"毗陵呂子珊亦士"。凡詩七十一首，多酬贈題詠之作，如《送馬澹人四律》《題蔚存舅氏山居策杖圖》《恭祝蔭陶年伯六旬榮慶》，可知其生平交往，亦有補其人生平事迹。又有嗟嘆身世之作，蹤迹所至如長安、桂林、瀋陽、江西、江南，所詠多發悲苦之聲，感慨身世漂泊。《紀事》專寫其家男女二僕，可見其對平民布衣關切之情。（顏彥）

悔庵學文八卷

清嚴元照撰。清光緒五年（1879）劉履芬鈔本。二册。無格。

嚴元照（1773—1817），字元能（一作修能），一字久能（一作九能），號悔庵、悔庵居士，又號蕙榜，浙江歸安（今湖州）人。清藏書家、版本目録學家、文學家。貢生。工於詩詞古文，又熟小學，精治目録版本學。平生聚書數萬卷，分别貯於"芳淑堂""柯家山館""畫扇齋"内，多宋槧元本。嚴元照撰藏書題跋甚多，所録書跋，多爲其他藏家未具；所作跋語，以考核精審知名。晚年藏書流散後，部分歸入丁丙八千卷樓，部分歸於陸心源皕宋樓。著有《爾雅匡名》《悔庵文鈔》《悔庵詩鈔》《娱親雅言》《柯家山館詞》等。

此爲劉履芬鈔本。首有劉履芬表兄德清許宗彦撰寫序文，後爲目録及嚴元照自序。卷末有劉履芬題識稱："悔庵學文八卷，稿本今在仁和朱氏，光緒己卯三月既望假鈔，至閏三月上澣七日竣事，江山劉履芬記。"其後還有《墓誌》一篇。

劉履芬（1827—1879），字彦清，一字泖生，號漚夢，祖籍浙江江山，隨父客居江蘇蘇州。劉履芬幼承家教，又從名儒王韜齋學文，酷愛詩詞，通曉音律。清道光二十六年（1846），入國子監爲太學生。清咸豐七年（1857），捐户部主事。清光緒五年（1879），代理嘉定知縣，因爲民雪冤與兩江總督沈葆楨不洽，含憤自殺，巡撫吴元炳聞其爲雪民冤而死，從厚殮恤。著作有《古紅梅閣集》八卷、《鷗夢詞》一卷等。性嗜書籍，遇善本不惜重價全力購求，又不能購者，則手自鈔録，每日鈔數十張，終日伏案鈔寫。所居書屋名古紅梅閣，書籍環列，篋滿架溢，藏書富一時。

鈐有"長州章氏四當齋珍藏書籍記""劉履芬"印。（趙明利）

珮芬閣焚餘

清緱山譴客撰。清道光十三年（1833）刻本。一册。半葉八行，行十九字，緑絲欄。

查若筠（？—1833），字綺庵，號緱山譴客，浙江海寧人。刑部郎中查世倓（1750

—1821）女，兵部員外郎汪如瀾室。若筠少聰穎，博涉經史，過目成誦，尤愛唐人名句。另著有《曼陀雨館詩存》，未見傳世。清潘衍桐《兩浙輶軒續録》有載。

查氏乃明清之際江浙顯姓望族、文學世家，在科舉、仕宦、學術、文學等方面均取得過顯著成就，查氏一門出現過許多閨閣詩人，如查繼佐妾蔣宜有《藥閣閑吟》，查慎行母鍾韞有《長綉樓集》《梅花樓詩存》，查開妻錢復有《桐花閣詩鈔》《拾瑶草》，查慎行妹查惜有《吟香樓詩》，查揆妹查映玉有《梅花書屋詩稿》。查若筠是查氏家族女性詩人的重要成員，集中有《吊大姐》《吊嫂氏劉恭人》等，可見其族中女眷之交往情誼，又有《贈蕉窗夫人》《如夢令寄次鴻夫人》等，亦是考察清中期女性詩人創作景況的重要史料。查若筠此集是查氏家族文學史料的重要組成部分，體現了查氏家族家風文風的影響和延續。

此本書名葉題“珮芬閣焚餘”，後署“道光癸巳墨琴女史曹貞秀書於寫韻軒時年七十有四”，有“貞秀之章”“墨琴”印記。卷首有甥潘恭常、曹貞秀、顧蕙、兄查元偁、娣趙棻題詞。卷尾有查若筠子和梅、鼎權跋。此集由詩詞兩部分構成。据卷尾跋可知，道光十一年（1831），其夫逝世，查若筠悲慟不已，遂將往昔所著悉焚之，其子從殘爐中拾取若干首，并加删酌，因名之曰“焚餘”。此書寫刻精美，十分珍貴。

鈐“當湖朱善旂建卿父珍藏”印，知爲朱善旂舊藏。《海昌藝文志》《［民國］杭州府志》皆見著録。（顏彦）

塵遠書屋詩稿一卷

清祥林撰。清道光二十年（1840）刻本。一册。半葉十行，行二十字。黑口，四周雙邊，雙魚尾。

祥林，生卒年不詳，號竹軒，滿洲正白旗人。清世祖七世孫，奉恩輔國公晉昌子。

此本書名葉題“塵遠書屋詩稿”，署“道光庚子年鐫”“眠琴吟舫藏版”。卷首有序，署“嘉慶己卯一陽來復之月江左古鄮城易齋愚弟邱叔倫頓首拜書”。卷端題“塵遠書屋詩稿”，署“長白宗室祥林竹軒”。

集中詩按時間繫年先後彙集,歷三十年,約起自清嘉慶十九年(1814),訖於清道光二十年(1840)。祥林書室名塵遠書屋,《自題塵遠書屋》寫書室格局及書屋生活:"四面敞虛牖,短牆修竹栽。自然炎暑退,漸覺夕涼來。古畫乘閑讀,野花隨意開。晚間時一臥,新月映莓苔。"祥林詩作多吟詠北地風光,如《消寒十詠》以"寒"爲題,描繪了北地邊塞自然風景和軍旅生活。祥林廣結名士,特別是與劉大觀、張船山、吳蘭雪、葉耕畬等相友善,諸人間酬贈之作反映了嘉道之際交游狀況;且詩中多小字夾注,記友人字號、里居、職官、著作等,可爲其人生平備考。祥林旅居京城時對京師景致每多吟詠,述及戒臺寺、棗花寺、萬壽寺、陶然亭、翠微山、西山等地,是考察京城地理文化的珍貴史料。祥林亦好賞鑒,多題詠之作,如《題美人竹陰抱琴圖步元韻》《題瑞芝崖家藏仇十洲揭鉢圖手卷》等。集中有不少悼亡之作,如《哭高雲槎選拔》《哭陳春帆》,表達其對親友之哀思,感情真摯深切。

鈐"富察恩豐席臣藏書印"印,知爲富察恩豐舊藏。(顏彥)

春郊詩集四卷

清徐畿撰。清嘉慶刻本。一册。半葉十行,行十九字。白口,左右雙邊,單魚尾。

徐畿,字宏京,號春郊,浙江桐鄉人。歷經清乾隆、嘉慶、道光三朝。學貫百家,尤工於詩。一生周游各地,時常以詩歌形式記録所見所聞。

《春郊詩集》收録詩歌二百餘首,從内容來看,題材非常豐富,有寫景、送別、懷古、讀史、題畫以及酬答應和等。從體裁來看,以律詩和古體爲主。其讀史之作《明史樂府》《讀漢書》很有特點。《明史樂府》將明史中有代表性的事件以詩歌的形式表現出來,如《議大禮》《復河套》《桂州禍》《椒山膽》《海公印》《劉大刀》《公好官》《温閣老》《毛都督》等,《讀漢書》則以詩歌品評《漢書》里的人物,如《高祖》《孝惠帝》《蘇武》《嚴助》《朱買臣》《霍光》等。從文學藝術性來説,此類詩歌并不算上乘之作,但貴在融入著者的思考,不時別有新見。

同里陸思忠在卷前的序言中評價徐畿:"春郊徐先生刻意爲詩,其氣清而醇,其音雅,其體以整以暇,若網在綱,如金有範,以之步武。國初作者其庶幾焉,余弱冠論詩,程君伯垂曰:'詩教方衰,掃別調,鳴和聲,吾黨職志也,余深謝不敏。'春郊曰:'當仁不讓,有志竟成,亦在勉之而已。'既而伯垂中道殂謝,春郊則業與年俱進,晚乃卓卓名家。"徐畿詩作甚富,惜曾爲人竊去大半,陸思忠等人力索之,止得此二百餘篇,付梓以留存後世。（尤海燕）

百尺樓吟草不分卷

清陳廷選撰。清道光十三年(1833)刻本。一册。半葉九行,行二十一字,小字雙行同。白口,左右雙邊,單魚尾。

陳廷選,生卒年不詳,字華甫,廣東番禺人。清乾隆五十九年(1794)舉人,清道光十一年(1831)任鄠縣知縣,廉潔自律,嚴明法紀,頗有政聲。道光十五年(1835)調任榆林府,因病辭職,後病卒於西安,時年七十歲。少有文名,十二歲即以《梅蕾》詩爲時人賞識。其人"容貌粹然,辭氣藹然,其詩冲夷簡澹似陶韋而超俊雄傑又似李杜,殆博綜諸家而鎔成一子者"(湯金釗序)。著有《百尺樓文集》《百尺樓吟草》《百尺樓吟草續編》。

此本卷前有道光十一年湯金釗序、林召棠序、道光十三年(1833)程翠序、胡元瑛題詞、武東旭七律二首。正文共收錄詩歌二百五十餘首,分四部分:《百尺樓吟草》《岡州吟草》《前北游草》《後北游草》。其内容多爲各地游覽、赴任途中所見所聞,正如林召棠序中所説:"俄而景星慶雲,俄而飄風驟雨,俄而琪花瑤草,俄而古柏蒼松,俄而忠臣孝子之自寫曲衷,俄而高人畸士之獨攄偉抱,根柢漢魏,取法三唐,諸美備臻,莫名其妙。"從體裁來看,以近體詩爲主,尤以律詩爲多。其中《曉發望金山》等若干首收錄於凌藥洲所選《嶺海詩鈔》,林召棠贊之曰:"奇氣鬱盤,有倚天拔地之慨。"（尤海燕）

聽雨軒詩草四卷

清崇福撰。清道光十三年(1833)刻本。二册。十行二十字。白口,左右雙邊,單魚尾。

　　崇福(1784—?)，姓圖博特氏，滿洲旗人。二十歲時被選爲侍衞，號壽石將軍。然其志不在此，性喜詩詞。扈從有詩，宦游閩浙亦有詩，日積月纍，不下千餘首。然其性情灑落，所作詩未曾整理編輯，多爲友人携去，存稿不過十之二三。聽雨軒爲其書房名。

　　卷前有清道光十三年(1833)王俞臣序、道光五年(1825)柯介生序及題詩《讀聽雨軒詩集書後》、崇福自序等。本書以集編卷，共分四集。初集多爲寫景狀物，如《春柳》《新燕》《春水緑波》《鳳仙花》《首夏初晴》《松濤》等；二集多爲即事抒懷，如《御河觀蓮》《即景書懷》《圓明園觀蓮》《早發柳新莊》《觀日出》等；三集多爲旅途見聞，如《早過滕縣見桃花盛開》《過錢塘舟中》《過仙霞嶺》《過臨江驛》等；四集多爲自抒懷抱或讀史抒懷，如《即事書懷》《放歌》《晚坐偶成》《虞姬》《昭君》等。

　　崇福擅七言，絶句、律詩俱佳。讀其詩，詞句清麗、婉約，韻味深長，誠如王俞臣序言所説："將軍生平及讀所著詩殆如劉勰所云，情深而不詭，風清而不雜，事信而不誕，義直而不同，體約而不蕪，文麗而不淫者，庶足以括全詩之旨乎。"文學造詣頗高。

　　鈐"清遠書屋"印。（尤海燕）

珠村草堂集一卷

　　清張千里撰。清道光十三年(1833)刻本。一册。半葉十一行，行二十三字，小字雙行同。黑口，左右雙邊，雙魚尾。

　　張千里(1784—1839)，字子方，號夢廬，祖籍浙江嘉興，後遷至桐鄉烏鎮珠村。初習儒業，以貢生資格歷任紹興府學教授、新城縣訓導。後懸壺濟世，精於醫術，名噪東南，爲清朝一代名醫。善書法，能詩文。學術造詣頗高，時與逸舲、吳古年被譽爲"吳西三杰""浙西三大家"。家中藏書數萬卷，藏書室曰珠村草堂。爲人重情義，頗爲時人贊賞。著有《珠村草堂醫案》《珠村夜譚》《菱湖櫂歌百首》《閩游草》等。

《珠村草堂集》書名葉題"閩游草"。張千里曾爲人所薦爲閩浙總督孫爾準治病，至則疾不可爲矣，遂游於閩地。兩月間得詩百餘篇，厘爲兩卷，是爲《閩游草》。卷前有清道光十三年（1833）馮登府序、道光十二年（1832）宋咸熙序、朱紫貴序。内容主要記録張千里游閩地間的所見所聞所感，不僅包括在閩地参觀的各種自然人文景觀，如《曉發富春》《江郎三片石》《水口驛食雪魚》等，還包括與各類友人的相見會面、唱和題贈，如《曉發江口驛順風揚帆晚抵橫山同周雅三清元夜話》《贈鄭廉訪疊韻》《月夜寄懷陳扶雅沈夢塘》等。體裁以律詩爲多，兼有絕句和古體。其詩"才鋒踸屬，思致清婉"（馮登府序），有較高的文學價值。（尤海燕）

嚶求集

清繆艮撰。清光緒六年（1880）學海書局鉛印本。一册。半葉十三行，行三十字。白口，四周雙邊，雙魚尾。

繆艮（1766—1835），字兼山，號蓮仙。浙江杭州府仁和縣人。年十三時，讀書不成，從賈，十五歲時復棄賈讀書。至二十三歲方入庠爲生員。其後九試皆北。由於仕途不順，家境貧寒，繆艮長年在外漂泊謀生，以教書作幕爲業。其前半生教讀足迹遍布蘇州、揚州、豫章等地，四十五歲後寓粵，又踏遍廣州、南雄、永安、潮州等地。卒於廣州。繆艮曾做《四十二願》："十願衡文天下，樂育英才，十一願出使外邦，遍歷異域……"錢鍾書對此評曰："這個筆硯生涯的寒士可能是清代要出洋當外交官的第一人。早在鴉片戰争之前，他已有那個欲望，真是時代的先驅者了！"雖然不曾做過外交官，但因緣機會，繆艮在廣州與越南使節有過交往，聲名遠播至越南本國，越南王子曾托繆艮爲其詩集作序。除《嚶求全集》外還著有《文章游戲》《涂説》。

《嚶求集》題名源於《詩經·伐木》："嚶其鳴矣，求其友聲。"卷前有自序一篇，作者自云："余游粵以來，計今二十有六稔，年已七十矣，交友既廣，寓書亦多，其間道殷勤、通款洽蓋不知凡幾，坊友屢乞余稿付梓，因檢殘編斷簡於敗篋中，得什之二三，殆如時鳥變聲，藉以呼朋引類云爾。"共收録著者致友人的書信二百二十七通。

其間多爲叙別情、談近况之語,可做著者生平研究的第一手資料。同時,繆艮書信文筆甚佳,讀之詞采斐然,情深義重,有較高的文學价值。(尤海燕)

我園草

清秀堃撰。清刻本。一册。半葉八行,行十八字,小字雙行同。白口,四周雙邊,單魚尾。

秀堃(1774—?),原名秀寧,字琪原,一字楚翹,號松坪,一號鋤月老人,姓他塔喇氏,滿洲正藍旗人。清嘉慶六年(1801)進士,授編修。清道光二年(1822)爲和闐辦事大臣。著有《只自怡悦詩鈔》,包括《驛路草》《我園草》兩種。秀堃在嘉慶二十三年至道光四年(1818—1824)間曾在新疆辦事當差,自云:"七年間尋勝昆侖,問源星宿,冰山瀚海,風壁炎域,周歷七萬餘里,雖極人間之苦境,然亦豪士之壯游,始覺日前之實景實事,大半移我性情,遂不能已於詩矣。"其以詩筆記録邊疆塞外的别樣風光和異域風情。

《我園草》近百首,多爲著者家居的生活、交往以至人生感悟。如寫六十歲感悟的《六十自壽》《六十自幸》《六十自嘲》,寫其家園林居舍的《我園》《鋤月山莊》《聽雨軒》《晚香榭》等,生活氣息較爲濃鬱。由此也可見此本題名之來由,"我園"實爲著者所建園林名。

卷末附撰者手稿一通:"自題《只自怡悦詩鈔》後二十五年所造因,空中樓閣鏡中身。雪泥鴻爪真耶幻,開卷爲之一愴神。一派寒蛩唧唧語,災梨禍棗渾多舉,妄於無佛處稱尊,聊以自娱而已矣。鋤月老人草稿。"

鈐"詠春""恩華"等印。(尤海燕)

席門集十六卷

清陳海霖撰。稿本。四册。半葉八行,行二十字。白口,左右雙邊。

《席門集》是陳海霖撰寫的詩集。陳海霖(1772—1828),字玉珊,陝西城固人。官商州學正。"幼學爲文,出語驚其長老。年十三補博士弟子員"(張井《皇清勅授修職郎商州學正玉珊陳公墓誌銘》）。陳海霖著述頗豐,除《席門集》外,還著有《放懷集》《南游草》等。

國家圖書館藏《席門集》,全書十六卷。正文前有清道光十年(1830)郭麐序;張井(芥航)撰《皇清勑授修職郎商州學正玉珊陳公墓誌銘》;張日章(裘堂)撰《勑授修職郎陳君玉珊誄詞》;《席門集》十六卷目録。這部《席門集》,是張井委托郭麐整理編輯的。郭麐在道光十年序中云:"關中陳君玉珊,已丑年卒於清江浦之逆旅。河道總督張公芥航其故交且姻連,既爲視其舍,斂附身之具以歸其喪。又得其篋中之詩名《席門集》,凡十餘册,屬吳江郭麐删定,分爲若干卷,將付之梓且屬爲之序。"由此可知,張井爲陳海霖故交,在整理陳海霖遺物時得《席門集》詩稿,請郭麐編輯,擬雕版印行。張井,字儀九,號芥航,又號畏堂、二竹齋。曾官江南河道總督,二品頂戴。《席門集》目録前用紙的書口處有"二竹齋"三字,可知爲張井自署用紙。《席門集》原無卷次,整理者分爲十六卷,目録後注明"共八百一十六首"。《席門集》内容豐富,記録了陳海霖人生軌迹和情感歷程。作品不僅包含大量的出行、交游、唱和之作,還有一些寫給妻女的詩作,抒發其真情實感。如《棧中冲險示内子》:"十年五就南宫試,一別三移北斗春。不第何須怨薄命,能歸已幸得全身。祗慚妾面羞郎面,莫信新人勝舊人(往歲訛傳予取妾)。布襪青鞋倩手製,秋風江上待垂綸。"(趙前)

芬若樓四六文鈔二卷

清張鐸撰。清道光十六年(1836)刻本。一册。半葉十行,行二十一字。黑口,左右雙邊,雙魚尾。

張鐸(1774—1822),字椒卿,一字子木,號春廬,江蘇鎮洋人。張鐸生性聰穎,鄉里有神童之稱。十七歲補縣學生,後中鄉試副榜貢生。然其後屢薦不遇,遂以文酒自放。家貧而好施,授徒爲幕以爲生。博聞强識,詞華富贍,深爲時人賞識,"每製一文,人争傳頌",然生平著述疏於整理,病逝之後其子詢之纔搜輯遺篇,編爲《芬若樓詩文鈔》。據《[宣統]太倉州志》卷二十五,張鐸著作還有《春廬詩稿》。

惜今皆不傳。

此《芬若樓四六文鈔》二卷爲其門生出資刊刻。書名葉題"芬若樓駢體文""墨井閣藏版"。正文末題虞山劉寶成鎸。卷前有清道光十六年(1836)王家相序,卷末有常熟黃廷鑑撰《婁東明經張君墓誌銘》。本書共收録張鐸撰著文、誄、書、啓、壽序等十六篇,均以駢體四六文形式撰成。每篇後有評。張鐸才華出衆,文采斐然,黃廷鑑對其文學造詣贊譽有加,認爲張鐸"工詩、古文、樂府,而尤長於駢體。其用典也,鈎新攫異,無一庸近語。博麗瑰奇中能排宕流轉,一洗迦陵善卷之習,不輕爲人作,作必蘄勝於人"。

鈐"雙鑑樓藏書印"印。(尤海燕)

清暉齋詩鈔

清歸觀成撰。清嘉慶稿本。二册。

歸觀成,字有聲,號欣然,浙江海昌人。

此集爲清嘉慶稿本。文前陳鱣嘉慶丙子(二十一年,1816)十月序稱"欣然自幼失怙,伶仃孤苦,仗母教克自成立。早歲能文蜚聲,藝苑畢業,暇酷好吟詠",述作者身世,叙撰序經過"丙子七月既望,欣然歸自京江,出所著《清暉齋詩鈔》示余,并囑點定"。又有吳德基、宋洙等多人題識,識末均鈐其印。嘉慶庚辰(二十五年,1820)張大勛序中回憶與作者多年交情,言"讀君之詩,能無愧乎,君索序於余,余不獲辭,因歷叙二十餘年來,兩人交誼之厚,與天聚散之感"。

石楠老人蔣學堅撰、門人費寅校録的《海昌著録續考》卷一中收入上述陳鱣、張大勛序,并録"蔣學堅跋"云:"余囊求先生詩苦不可得。辛卯仲冬,過社廟,羽士吟舫出詩一册見示,前缺數葉,不署姓氏,携歸細閱,乃知爲先生詩,喜甚。今秋於費生敬庵處又得二册,分《學語》《梓里》《京口》《閉户》《困勉》《鬼笑》六集,知先生當日吟詠甚富。"得知全書三册六集。

是本僅見前二册四集,應爲蔣氏所提"於費生敬庵處又得二册"之二册,原封面"聽香樓藏(鈐"費寅之印")壬辰冬日重訂"亦可印證。四集分别爲:《學語集》

起癸亥（1803），盡丙寅（1806）；《桑梓集》起丁卯（1807），盡乙亥（1815）；《京口集》起丙子（1816），盡是年；《閉户集》起丁丑（1817），盡是年。第一集收入《檢書》《滌硯》《試墨》《烹茶》《讀畫》《尋詩》等"學語"有關係列詩作，第三集則留居京口時《留别家人》《出門》《寄家書》等系列詩作。文中時附張大勛、陳焯、陳坰等爲書題跋人員詩韻。全書天頭多存評語，部分詞句亦有修改，第四集詩《舟中贈任滁山》末題"已卯秋日，弟佑拜讀贊評，不揣鄙陋，良可咲也"。鈐"笠漁氏"印，評語及修改或爲周祖佑（1900—1968）所作。

書末有跋"是稿藏篋笥久。辛酉春檢書，重題於後。復齋費寅"，爲收藏者手書。後又有"戊寅秋日卍雲侄陳坰孫學"題。

鈐有"觀成""欣然""有聲""費寅""聽香樓""臣是酒中仙""敬庵""太僕後裔"等印。（薩仁高娃）

幼學堂文稿四卷

清沈欽韓撰。清道光刻本。四册。半葉十行，行二十二字。白口，左右雙邊。

沈欽韓（1775—1831），字文起，號小宛，江蘇吳縣（今蘇州）人。清嘉慶十二年（1807）舉人，授安徽寧國縣訓導。家貧，然勤學苦讀，終有所成，尤長於訓詁學，著述甚豐，達四五百萬言。除《幼學堂文稿》外，尚著有《兩漢書疏證》七十四卷、《水經注疏證》四十卷、《左傳補注》十二卷、《左傳地理補注》十二卷、《三國志補注》八卷等等。《清稗類鈔》中曾將沈欽韓《兩漢書疏證》一書與錢大昕之《廿四史考異》等并提，認爲其"精深確當，讀史者宜奉爲指南"，是乾嘉時期重要的學術著作。沈欽韓以經史考證見長，并將經史考證方法移植到詩歌注釋中，嚴謹周密，所著《王荆公詩補注》《韓昌黎詩補注》等在清代詩歌注釋史上有很重要的地位，深受後人推崇。

此本四卷，爲沈欽韓所著各類雜文，未按文體整理分類，包括序、書、辯、論、考、記、賦、頌、傳、文、誄、哀辭等各種文體。沈欽韓雖治學精嚴，然詩文并無學究之氣，"健入震出，盡破唐宋壁壘而自合矩矱，一可爲後世法"（包世臣《藝舟雙楫》卷四）。

嘉慶間曾刻《幼學堂文稿》四卷《詩稿》十卷，道光間續刻《文稿》四卷、《詩稿》七卷。此本僅存《文稿》四卷。另有清光緒間廣雅書局刻《廣雅叢書》本《幼學堂文稿》一卷及民國間鈔本《幼學堂文稿》八卷《詩稿》十七卷。民國間鈔本蓋據嘉道間刻本鈔錄。

幼學堂詩文傳世稀少。鄭振鐸在《劫中得書記》中提到："沈欽韓《幼學堂集》，藏書家素目爲難得之書。每獲睹一部，必競收之。然藏此者，海内亦不過寥寥三數家耳。"

鈐"盱眙王錫元蘭生收藏經籍金石文字印"印。（尤海燕）

幼學堂詩稿十七卷文稿八卷

清沈欽韓撰。民國烏絲欄鈔本。十册。

沈欽韓在乾嘉時期的學術史上有重要地位，然其詩文的各種版本均傳世稀少。目前所知，幼學堂詩文初刻於嘉慶間，含《文稿》四卷、《詩稿》十卷。清道光間續刻《文稿》四卷、《詩稿》七卷。時至今日，初刻、續刻傳本均稀見。此鈔本《幼學堂詩文稿》共十册，包括《幼學堂詩稿》十七卷《文稿》八卷。雖爲民國間鈔本，然其自嘉道間刻本鈔錄，内容、版式、行款全同，鈔寫工整，字迹清秀，且爲全璧，頗爲珍貴。

鈐"雙鑑樓藏書印"印。（尤海燕）

誦芬堂詩鈔十卷二集六卷三集六卷首一卷四集四卷文稿二卷首一卷

清郭儀霄撰。清道光刻本。七册。半葉十一行，行二十四字。黑口，四周雙邊，雙魚尾。

郭儀霄（1775—1859），字羽可，江西永豐人。清嘉慶二十四年（1819）舉人，官内閣中書。詩、書、畫并稱三絕。詩學於張瓊英，王鼎贊其詩曰："類多慷慨激昂之作，幽秀處類淵明，嶠硬處類山谷，殆能得其鄉先生之宗派者矣。"善畫竹，世人皆以之與北宋著名畫家文與可相提并論。據説"朝鮮使每朝貢至京師，輒索羽可詩集書畫去"。曾主梅江等地書院講席。"爲人倜儻有大志，研經治史務求其可用者，不屑屑於章句。"

《誦芬堂詩鈔》一集卷前有清道光九年（1829）潘世恩、張際亮、黃爵滋、王鼎等序文，又有吳傑、湯儲璠、潘曾綬等題辭并張瓊英、龔士範等評語，後有郭儀霄自序。二集卷前有周作楫、潘德興、王贈芳、熊遇泰等序。三集前有葉紹本、馮詢等評語、題辭。四集卷前有道光二十六年（1846）劉釋序、馮詢等評語。郭儀霄自序謂："詩千二百首多不足存，存十之三，聊以志師友聚散之故、骨肉身世之感、河山游歷之況、古今事物之情。"《誦芬堂文稿》卷前有潘世恩、梅曾亮等評語，收錄記、序、疏、墓誌銘等四十三篇。

郭儀霄詩以新樂府爲最佳，關注現實，思想深刻，爲歷來論者所稱道。吳蘭雪評郭儀霄詩曰："羽可之詩，樂府特佳，余皆醞釀深醇，粗枝大葉，不假修飾，其拙處往往不工對仗，然不礙其可傳。"其詩强調經世致用，是清嘉道時期的代表性詩人。

（尤海燕）

雲柯館學詩

清桑庭檺撰。清嘉慶刻本。一册。半葉九行，行十九字，小字雙行同。白口，左右雙邊，單魚尾。

桑庭檺，生卒年不詳，字典林，號雲柯，浙江錢塘人，桑調元之孫。清乾隆乙卯（六十年，1795）舉人。

此書前有清嘉慶丁卯（十二年，1807）桑庭檺自序。序中稱："自少即耽吟詠，然無意規摹古人，詢以漢魏六朝三唐兩宋之源流派別，懵如也。每有所作直自寫其胸臆而已。謬爲當代宗工所激賞，好之不置，四十年來積稿盈篋，衍極知荒率，顧念髫齔時，侍先大夫杖履，獲聞緒論，以爲詩以言志，志和者音必雅，緣是握管時頗懷矜慎，不敢以鄙倍之辭取罪名教。"闡述其作詩所秉承的理念，并述及此書成書的背景和原因。

書中收錄詩詞八十餘首，除《冬柳》四首、《感興》二十首組詩外，還有讀感詩，如《冬夜讀文山集敬書集後》《題爛柯山傳奇》等,贈友人詩如《送汪浣花(大紳)還嘉禾》《送友人還里》等;描寫景物詩如《冬菜》《佛手柑》《竹儿》《蘆雪》《楓人》等。(孟化)

棣萼書屋集毛詩詩

清賈學閔撰。清嘉慶二十五年(1820)刻本。一册。半葉九行,行二十一字。白口,四周雙邊,單魚尾。

賈學閔,字謙六,右玉(今山西朔州)人。清嘉慶十九年(1814)進士,官東嘉、雲和縣明府。賈學閔爲人樸古雅直,爲官清勤刻苦,政聲藹然。

此本書籤題"棣萼書屋集毛詩詩",署"庚辰之夏芝庭署"。卷首有序,署"嘉慶庚辰錢塘王武錫謹序於雲和學舍之規矩草堂"。次序,署"嘉慶二十五年七月　日桐鄉屠本仁序"。據屠本仁序可知,明府幕客王芝庭與雲和博士王寄廬於賈學閔病中見此集,乃從臾發刊,然刊未成而賈氏逝。卷尾有跋,署"嘉慶庚辰之夏麗水王尚忠謹跋"。此本卷端題"棣萼書屋集毛詩詩",署"右玉賈學閔謙六"。

此集凡八十餘首,間有長篇,如《田家》《汾陽王》等。其體裁,有閨怨類如《古怨歌》;有詠史類如《首陽山謁夷齊廟》;有雜詩類如《擬寄外》;有行旅類如《旅夜對月》;有贈答類如《題友人出獵圖》;有勵志類如《座右銘》。屠本仁在序中稱:"以其通經學古之功,專爲科舉之業,氣體雄壯,骨力剛勁,所謂西北之文也。"(顔彦)

蘭軒未訂稿

清竇蘭軒等撰。清道光十一年(1831)刻本。二册。半葉八行,行十八字。白口,左右雙邊,單魚尾。

竇蘭軒,生卒年不詳,灤州豐潤縣(今河北唐山)人。清乾隆辛卯(三十六年,1771)武進士竇文魁次女,灤州武舉王廷勛繼室,清道光乙酉(五年,1825)舉人山東知縣王庚之母。竇蘭軒與姐姐竇蓮溪都善詩文,時有"竇氏二才女"之稱。竇蘭軒的詩比較本真自然,清新流暢,鍛字煉句頗有功力。

《蘭軒未訂稿》一册,分爲《初集》和《二集》兩部分。集中除了寫景詠物外,多爲兄弟姐妹之間的酬答,如《送桂弟侍親之楚》《中秋寄蓮溪》等。

是書書名葉鐫"道光辛卯年鐫　平灤王氏藏版"字樣。卷首有清嘉慶甲戌(十九年,1814)王昌序。《初集》卷端右下方有"男王庚恭校"字樣,有"徐"赤色方印。《二集》卷端右下方有"男王庚恭校"字樣。書末有道光十一年(1831)八月王庚題識:"嗚呼,吾母固不欲以詩見也,然吾母往矣,苟非及今詮次以傳或至散失,庚罪滋甚,用敢泣請父命,照依舊本恭録百有四十餘首付梓,以志不忘。"

此外,寶蘭軒之子王庚,還摘刊《蓮溪詩集》《桂園詩稿》《紫墅詩稿》中的若干首詩,依次輯録成一册詩稿。該册前有嘉慶二年(1797)寶徵榴桂園氏所做的《蓮溪詩集序》。《桂園詩稿》前有道光二十七年(1847)王庚《桂園夫子詩稿後傳》,介紹了桂園的生平事迹,并説明"全稿經母氏手訂共若干篇雜記共數頁,兹謹就李東橋夫子名根蟠所序録者刊附母氏詩後"。《紫墅詩稿》收録道光丙申(十六年,1836)李同生所撰《寶紫墅先生詩稿紀略》,指出"紫墅姓寶氏,名毓麟,桂園先生弟也。……寶母太安人所舊存者數十首,爰囑生徒鈔録成帙,以備遴選"。

王庚在書末説明此書稿用意,"往年摘刊母氏詩二卷,兹并摘刊姨母及兩舅氏詩若干首,餘所存尚四之二三,俟遇宗工大匠一爲抉擇,再當精梓問世"。(孟化)

息矙山房詩文集十三卷

清魏瀚撰。清道光刻本。二册。半葉九行,行二十一字。白口,四周單邊,單魚尾。

魏瀚,原名焯,字光潛,號南崖,湖南衡陽人。少有神童之譽,十歲成秀才,清嘉慶五年(1800)舉人,歷任浮山、安邑、武鄉知州。政簡刑清,以善決獄,調省城司獄事。卒年六十四歲。

是書《詩集》一册八卷,卷一收録古今體詩四十八首,卷二收録古今體詩四十首,卷三收録古今體詩五十五首,卷四收録古今體詩四十七首,卷五收録古今體詩四十首,卷六收録古今體詩三十二首,卷七收録古今體詩二十六首,卷八收録詩餘十七首。

《文集》一册五卷,其中卷一爲雜著十五篇,如《雷候論》《書辰溪流民言》《募誦金剛經引》等;卷二爲書三篇;卷三爲叙十五篇,如《楊蘊山岳陽拾遺叙》《屈氏族譜叙》等;卷四收録記四篇、文三篇,如《重修玉皇殿記》《昌山聖姥祠記》《祭風神文》等;卷五收録行狀一篇、墓誌銘三篇以及祭文四篇。(孟化)

憶山堂詩録六卷

清宋翔鳳撰。清嘉慶刻本。一册。半葉十行,行二十字。白口,左右雙邊。

宋翔鳳(1776—1860),字虞庭,又字于庭,室名浮溪草堂、憶山堂、洞簫樓、碧雲盦、香草齋、樸學齋、浮溪精舍等,長洲(今江蘇蘇州)人。學者莊存與外孫,莊述祖外甥,清經學家、訓詁學家,常州學派代表人物之一。清嘉慶五年(1800)舉人,歷官湖南新寧縣、寶慶府同知。清咸豐九年(1859)加銜爲知府。與龔自珍爲友,龔曾譽之"奇才樸學"。從張惠言受古今文法,爲其經學弟子之一。通訓詁名物,志在西漢家法,微言大義,得莊氏之真傳。兼工詩詞,在其師張惠言逝世後,問詞於江都汪全德,接受其"平其氣以和其疾"之主張,且"以填詞之道,補詩境之窮"。有《憶山堂詩録》六卷、《洞簫樓詩紀》、《樸學齋文録》;詞有《洞簫詞》一卷、《香草詞》二卷、《碧雲盦詞》二卷,合稱《浮溪精舍詞》;又有《樂府餘論》一卷。兼重考據學,著有《論語説義》十卷、《論語鄭注》十卷、《大學古義説》二卷、《五經要義》一卷、《五經通義》一卷、《過庭録》十六卷等,總稱《浮溪精舍叢書》。

此本《憶山堂詩録》六卷收詩自清乾隆五十八年迄清嘉慶十八年(1793—1813)。卷一乾隆癸丑至嘉慶丙辰(1793—1796)詩五十三首;卷二嘉慶丁巳至壬戌(1797—1802)詩七十首;卷三癸亥至乙丑(1803—1805)詩五十六首;卷四丙寅至庚午(1806—1810)詩四十九首;卷五辛未(1811)詩五十八首;卷六壬申至癸酉(1812—1813)詩六十六首。目録有卷七至卷九,小字注"已後續刻",并未收録。作者當時雖未經歷鴉片戰争、太平天國内亂等動蕩,但長期沉淪下僚,懷良才而仕宦不顯。其遭遇與心境發之於詩,直抒胸臆中交織着沉鬱的情懷。卷前有嘉慶二十三年（1818）自序云："然二十年以來，戚愉離合之變萬狀，欲記其蹤迹而抒其懷抱……世之覽者，亦可以知其生平，傷其抑鬱矣。"另有清道光五年（1825）增修本，卷前有嘉慶二十五年（1820）作者自序，提到此集名稱來由，"憶山堂者，取謝氏之詩以自名其居也"，推測即謝靈運詩《道路憶山中》。

此本目録末有"金陵劉文奎局刻"字樣。鈐有"松廬審定""文思院水曹郎"印。（郭静）

静樂軒詩鈔

清卞斌撰。清刻本。一册。半葉八行，行二十字。白口，左右雙邊，單魚尾。

卞斌（1778—1850），字叔均，號雅堂，浙江歸安人。其室名静樂軒。清嘉慶六年（1801）進士，補刑部山東司主事，調任常州知府，後升任廣西左江道，歷官按察使等職，擢光禄寺卿。清道光二十五年（1845）告老歸里後，籌建龍湖書院。清光緒三年（1877）俞樾到此主講，龍湖書院聲譽鵲起。通小學，著有《聲律》《説文箋正》《論語經説》《粤西風物略》《刻鵠集》等。

是書分爲《北窗集》《北池集》《八景集》《泛舟集》四集，其中《北窗集》古今詩四十四首、《北池集》古今詩三十五首、《八景集》古今詩四十四首、《泛舟集》古今詩三十一首，總計一百五十四首。

《北窗集》中多組詩，如《北窗詩》十四首、《四時湖上歌》四首、《楊花曲》三首。《八景集》中《菱湖八景詩》是卞斌"薄留京師十三年矣，思念釣游經歷如昨，里中舊有八景，追憶成詠托興於斯"。除此以外，還收録有《古北口》《塞上曲》《布達拉》等詩。（孟化）

鳳巢山樵求是二録四卷續録一卷

清吳慈鶴撰。清道光刻本。兩册。半葉十一行，行二十二字，小字雙行同。白口，四周雙邊，單魚尾。

吳慈鶴（1778—1826），字韻皋，號巢松，嘗自號鳳巢山樵，江蘇吳縣（今蘇州）

人。山東布政使吳雲綉之子,少隨父宦游粤東等地。清嘉慶十四年(1809)進士,授翰林院編修,充雲南鄉試副考官,嘗授河南學政,遷翰林院侍講,後調山東學正,轉侍讀,卒於任所。平生喜游覽,見聞發而爲詩。與彭兆蓀交好,彭兆蓀稱其詩爲"能掃弊祛惑者","瑩澈靈府,發揮高致"。以詞章名世,著有《蘭鯨録》《風巢山樵求是録》《岑華居士外集》等。

全書共四卷,其中卷一收録古今體詩一百四十五首,卷二收録古今體詩九十五首,卷三收録古今體詩九十一首,卷四收録古今體詩一百一十三首。書後還有《鳳巢山樵求是續録》一卷。卷首有清道光五年(1825)吳慈鶴自叙。

《續録》卷首道光七年(1827)梁章鉅序,對吳慈鶴生平經歷以及兩人交往過程,做了叙述,感嘆"然其才足以措萬物、理萬事而僅發之於辭章,其學足以興農桑、訂禮樂而僅勞之以衡校,上有特達之知,下負人倫之望,而年不酬德,位不副名,命實爲之,爲之何哉? 此余所以讀巢松先生之詩而有餘痛也"。(孟化)

硯雨山房詩鈔

清胡塏撰。清道光二十六年(1846)刻本。一册。半葉八行,行十八字,小字雙行同。白口,四周雙邊,單魚尾。

胡塏,生卒年不詳,字西堂,曾任江西靖安縣知縣。

是書卷首有清道光二十六年(1846)胡塏堂弟胡塋所撰序,序中記述了兩人的交往,胡塋求學之路和治學之徑,以及此書成書背景和原因。正文中收録胡塏的詩作,或良朋贈答,或覽物興感,或即事書懷,諸吟詠者體備,如《春日驛路有感》《過中水城南》《步友元韻四章》等。

鈐有"胡塋""兑山""胡塏之印""西堂"朱印。(孟化)

螺漂竹窗稿一卷歸吾廬吟草一卷

清梁信芳撰。清道光二十九年(1849)刻本。一册。半葉九行,行二十一字,小字雙行同。白口,四周雙邊,單魚尾。

　　梁信芳(1778—1849)，字孚萬，號薌甫，廣東番禺人。清嘉慶十三年(1808)舉人，其後五應會試不中，遂絕意功名仕進之念，不復出。家居讀書教子侄，嚴而有法。晚年厭時事，杜門謝客，究心經史，以吟詠詩章爲樂。著有《喪禮酌宜》《家訓摘要》《桐花館詞鈔》《北游草》等。

　　是書前有曾國藩前序、羅文俊後序，此書序後有多人題辭，如張維屏、順德馮奉初、番禺何若瑶、廣西蔣達、山東郭汝誠、廣西龍啓瑞、番禺陳其錕、香山鮑俊等人，對此詩稿均給予很高的評價，認爲堪稱"詩史"。其中張維屏在題辭中贊道："詩雖不多，體則咸備。樂府古詩，每宗唐代；七言近體，兼法宋人。抒情則語必由衷，賦物則妙能入理。事本駭聞，意或形其激憤；言者無罪，義總歸於和平。作於此日，聊爲紀事之辭；傳之他時，可備考古之助。"題辭後有清道光二十四年(1844)其子國瑚、國琮題識，詳述了成書背景和內容。

　　《螺澩竹窗稿》計三十八題六十九首，《歸吾廬吟草》計十四題二十九首，共五十二題九十八首，近三分之二的詩篇內容都跟鴉片戰争有關，題材廣泛、內容豐富，記事抒懷，兼而有之。此書是研究鴉片戰争時期廣州之戰的重要史料。（孟化）

讀史雜詠

　　清牛坤撰。清刻本。一册。半葉九行，行十八字，小字雙行同。白口，四周雙邊，單魚尾。

　　牛坤，生卒年不詳，字次原，順天大興人，彭元瑞弟子。清乾隆五十一年(1786)舉人，清嘉慶四年(1799)進士，授户部主事。二十一年(1816)官雲南學政。生性倜儻，不拘細節，廣於交游，積學不倦。偶作詩，亦清新可喜。錢詠《履園叢話》中曾録入其詩《臨清即事》一首。《津門詩鈔》中亦録有其部分詩。另著有《五代史續補》二卷。

　　是書前有胡兆松的《讀史雜詠題辭》。胡兆松，字蒼巖，會稽人。清道光元年(1821)順天中舉人，歷官山西夏縣、靈丘縣知縣，政風卓著。後主講西河書院，工詩古文詞，游其門者多所成就。

是書收録十六首詠史詩,按照時間順序,以五言律詩的形式,評點歷史。多處有點評,如"至論破的""奇而有至理""持平之論""深識偉論"等。(孟化)

楚璧吟一卷

清郭悦芝撰。清嘉慶二十三年(1818)刻本。一册。半葉八行,行二十字。白口,四周單邊。

郭悦芝,生卒年不詳,字石雲,濰縣(今山東濰坊市)人。家學淵源,少時除跟隨家人學習外,還師從左村先生,善工詩,寫景寫情有獨到之處。以教書爲業。著有《楚璧吟》一卷。

其書籤題爲"石雲郭先生詩草",正文題"楚璧吟"。書前依次有清嘉慶戊寅(二十三年,1818)張文郁序、郭同雲序。張文郁,字東秩,爲郭悦芝友。郭同雲,字雁廬,曾著有《雙清閣詩集》八卷,爲郭悦芝族叔。書末附有嘉慶二十四年(1819)族弟郭去咎所撰跋文,稱:"(石雲兄)後又隨左村先生業,由是工詩,然不多作之,惟質亦家雁廬叔,此外見者恒寡。予偶於兄齋得數首,細味之,一種清深宕逸之致溢於言外,非人所易至。戊寅歲,其及門梓其詩,友人張君東秋爲之倡,坡公云,博觀而約取,厚積而薄發。兄性好吟哦,肷其篋,衹得數百篇,而所刻不滿百首,且爲老年之作,蓋知兄之不自是而甘苦備嘗,深於此道久矣"。(孟化)

捧硯編

清崔錫華撰。清同治刻本。二册。半葉十行,行二十五字。黑口,四周雙邊,單魚尾。

崔錫華,生卒年不詳,號亦園,宜興(今浙江宜興市)人。清嘉慶辛酉(六年,1801)江南解元,嘉慶己巳(十四年,1809)恩科進士。精理學。

是書名據目録題。卷端有清同治辛未(十年,1871)匡源序,卷末有崔錫華孫崔廼選跋,詳細記録了成書始末。目録分爲《上論語》《下論語》《大學》《中庸》《上孟子》《中孟子》《下孟子》及《附編》。其中《附編》十篇傳記則是從家乘中輯録,并附

像贊一則。正文中每篇文章文字旁標有句讀，文後崔迺疊又做了詳注。（孟化）

近邨居詩鈔五卷

清張露撰。清嘉慶二十二年（1817）刻本。一冊。半葉十行，行二十一字，小字雙行同。黑口，左右雙邊，單魚尾。

張露（1741—?），字藥圃，江蘇吳江人。近邨，詩人所居之處。長洲顧日新序言：“其所居曰近邨，知其胸懷高曠，真無忝於古人者也。”亦通醫術，著有《傷寒論約注》。

本書前有清嘉慶三年（1798）楊觀吉、十八年（1813）吳桓、十二年（1807）史堂、二十一年（1816）沈大本、陳懋、徐喬林、二十二年（1817）顧日辛等人序以及著者自序。史堂在序中言及其詩的風格，中云：“好讀古書，兼精岐黃之術。其爲詩也，不傍門戶，獨寫性靈，有俊逸清新之譽。”自序這樣評價自己的詩歌：“歷觀古名家之作，有淡遠、濃艷、沉雄、飄忽之殊，俱從性情中流出，所以溪徑不同，門戶各別，自成一家也。余性好詩，老猶耽此，所作者不過記事言情，懷人詠物而已。如登臨吊古諸題，前人名作已多，何必效顰遺笑，第有落花依草之情，而無冒雪騎驢之興，則不強作，故不多也。詩雖率意而不由溪徑，不傍門戶，言我性情，見我面目，是我之詩也。”

本書共收錄詩歌約二百首。題材廣泛，有記事、寫景、詠物、游記、題畫、酬應等。作者記錄生活瑣事充滿真情，如《視王尊墟疾》，從路上景色的蕭疏，到對友人疾病的憂愁，見面後的敘舊，錯過相約之事的遺憾等細密情緒的描述，反映了朋友間真摯的感情，充分體現了其“獨寫性靈”的特點。《菊》中“獨甘澹泊風霜裏”也正是詩人的人生理念。詩歌語言質樸明快，率真自然。近體詩居多。（彭文芳）

春雲集六卷續錄一卷

清嵩禄等撰。清咸豐刻本。三冊。半葉九行，行十九字。白口，四周雙邊，單魚尾。

嵩禄,生卒年不詳,字申齋,滿洲鑲白旗人,舉人。

本書前有清嘉慶二十四年(1819)劉培元、清道光四年(1824)徐如澍、道光九年(1829))李敦業序,末有道光十九年(1839)李從圖跋、朱爾福等人題辭。全書分爲六卷續録一卷,爲清代旗人成瑞所撰輯。前四卷爲嵩禄、嵩年、敬文、敬訓之詩各一卷,卷一爲嵩禄的《天香雲舫詩草》,卷二爲嵩年的《竹素園詩草》,卷三爲敬文的《紅葉山樵詩草》,卷四爲敬訓的《叢蘭山館詩草》,第五卷爲成瑞自己之作《薜荔山莊詩草》。成瑞將詩集拿給老師劉培元,求爲作序,劉培元又將自己的詩集《西亭詩草》放入,而成《春雲集》。後來,成瑞又將長子玉符所作之詩集輯爲《定舫旅吟剩稿》,作爲《春雲集續録》附後。

此書以成瑞家族詩集爲主,劉培元序言詩的内容"而要以關乎倫常民物者爲首,其餘游歷山川亦半屬王事馳驅與省攴省兄,記所曾經作也"。(彭文芳)

蘇甘廊詩集十八卷文集二十卷樂府二卷

清杜煦撰。清咸豐刻本。十二册。半葉十一行,行二十三字。白口,左右雙邊。

杜煦(1780—1850),字棣君,一字春暉,號尺莊,山陰(今浙江紹興)人。清嘉慶十二年(1807)舉人,"博極經史,而志在輔翊聖賢","平生以名教自任,一言一動,皆可經法,雖疾病,著述不輟"(見《清儒學案》卷二百零二《諸儒學案八》)。嗜金石,喜藏書。有《越中金石記》《蘇甘廊詩文集》等。

此書卷前有紅、白二色浮簽多枚,書題名、卷數、字數等信息,共包括《詩集》十八卷,《文集》二十卷及《樂府》二卷。其中詩集部分有陶濬宣批校題跋;《文集》前有孫瘦梅手書校訂若干條。陶濬宣(1846—1912),原名祖望,字文冲,號心云,別號東湖居士、稷山居士,會稽(今浙江紹興)人。清光緒二年(1876)舉人。曾主講廣東廣雅書院,後歸鄉建東湖書院,改通藝中學堂,清宣統元年(1909)改法政學堂。工書,尤擅魏碑。有《稷山讀書札記》《稷山文存》《入剡日記》等。孫瘦梅即孫道乾,號葆園,生卒年不詳,會稽人。工詩賦,有《貽研山房詩文集》等。據陶氏跋語可知，此集爲初版，刊成後版燬於燹，流傳極少，且書中有紅色圈記之詩已選入潘衍桐所輯《兩浙輶軒續録》。另外值得注意的是，書中還附存有杜春生（字子湘，號蕺陽，杜煦之弟）詩作四首及所撰世系，蕺陽先生詩作賴此集以存，故十分珍貴。

此書鈐有“瀋宣”“陶文冲讀書記”印。（馬琳）

稽瑞樓文草一卷

清陳揆撰。清翁氏陔華吟館鈔本。一册。半葉十行，藍格。

陳揆（1780—1825），字子準，海虞（今江蘇常熟）人。諸生。清代著名藏書家，精於古籍校勘，致力搜集鄉邦著述，與吳卓信、張金吾、孫原湘交往最密。稽瑞樓爲其藏書樓，有《稽瑞樓書目》四卷。

封面題“稽瑞樓文稿”，共收録陳文《論唐宋文》《論書貴舊本》《題張氏新編金文》等十三篇。《清人文集別録》中評其《論唐宋文》一篇“校韓、歐之異同，而識議不高。知其於文章之道，功力本淺。宜其平生不多下筆，殆亦自知其所短耳”。此本末附有孫原湘撰《陳君子準傳》一篇，孫原湘與陳揆交往頗多，此傳真實可靠，後人對陳之生平介紹，多出於此文。

此本版心有“陔華吟館”字樣，陔華吟館爲清代翁心存室名。以墨筆鈔寫，字迹工整，偶見朱筆改誤處。（馬琳）

小紅泉山莊詩稿七卷

清史麟撰。稿本。四册。半葉十二行，行二十四字，藍格。白口。

史麟，字仲仁，號啓堂，江蘇溧陽人。諸生。工詞。有《五雲溪漁唱》。小紅泉山莊爲其室名。

此爲稿本。第一册收卷一、卷二，封面題“小紅泉山莊詩稿 第一册”，內封題“小紅泉山莊詩稿 第一册”，鈐“五雲溪詞客”印。卷首題“長洲愚弟沈傳桂讀於錫山官廨，道光十三年七夕後三日小游仙館拜讀一過。蕉窗齊學裘識”，次後爲“道光乙未秋日小佺石峻華拜讀於虎林寓館之緑窗青史之廬”。繼之爲之林題詩、錢之鼎題記、清嘉慶丁卯（十二年，1807）蓮裳題記、章子雲、蔡蘭孫、徐鑑、宋孝淳、吳雲、鄧顯鶴、陸咸高、齊彥槐、趙函、張井、潘德輿等人題記，之後爲正文。卷端題"小紅泉山莊詩稿卷一"，鈐有"史印麟""五雲溪詞客"朱印，行文中眉批、圈點、修改等。稿紙版心下印"小紅泉山莊"。卷二末有"庚寅四月浣花日少海弟汪仲洋讀過"題款，并鈐印"少海讀過"，"丁酉十一月長至同墨卿弟謝元準讀過"題款，清道光十八年（1838）九月崔書黻題識。

第二册收卷三、卷四，封面題"小紅泉山莊詩稿　第二册"，内封題"小紅泉山莊詩稿　第二册"，鈐印"五雲溪詞客"，其後爲錢之鼎、顧鶴慶、齊學裘、樂鈞、徐穎、邵堂、盧昌祚、趙函、吳俞昌、周儀偉、蔣志寧、朱孫、石俊華、黃曾等題款。卷四末"庚寅四月廿三日少海汪仲洋用墨筆讀過"題款，并鈐"少海讀過"印，"丁酉十一月廿八日謝元準讀一過"題記，"戊戌九月下浣仲綸弟崔書黻題識"。

第三册封面題"小紅泉山莊詩稿　第三册"，内封題"小紅泉山莊詩稿　第三册"，鈐有"五雲溪詞客"印，其後爲清道光戊子（八年，1828）春潘德輿題識，楊鑄、蔡照、陳連、趙函、朱孫、石俊華、玉溪、路浦等題款，鮑爲霖、易端光題詩。卷六末有沈傳桂、謝元準題款。

第四册收卷七，内封題"小紅泉山莊詩稿　第四册"，鈐有"五雲溪詞客"印，其後爲陳連、張井、趙函、石俊華、謝元淮等題款，余最、齊學裘題詩，卷七末崔書黻題識。

潘德輿評價《小紅泉山莊詩》，五古雄渾，直匹杜韓；七古豪宕，追蹤蘇陸，本朝詩人漁陽、竹垞、秋谷、初白後新推吾仲任（疑爲仲仁之誤）先生矣。評價極高。

此稿行格疏朗，書寫工緻，間有圈點删改，書眉多有簽批，應爲付梓前修訂稿本。之後未見刻本，或未及刊刻。對研究清代詩歌及詩人交游具有較高的資料價值。（趙明利）

集益齋稿四卷首一卷末一卷

清王廣蔭撰。清同治元年（1862）刻本。三册。半葉十行，行二十一字，小字雙行同。白口，左右雙邊，單魚尾。

王廣蔭（？—1850），字愛堂，江蘇通州（今南通）人。清道光三年（1823）進士，授翰林院編修。歷任内閣學士、直隸學政、左都御史、禮部侍郎、工部尚書、兵部尚書等職。諡文慎。

書前有浙閩總督徐宗幹序以及門人季念詒跋。徐宗幹爲王廣蔭的同鄉姻弟，序中詳細介紹了王廣蔭的經歷、爲人、才學等。卷首爲“撰擬進奉文字”，共收録誥命文、碑文、祭文十篇；卷一爲文集，收録經進文九篇，雜著六篇；卷二爲詩集，共收録帖體詩館課五十首（有附），帖體七言詩十首，古近體詩八十一首；卷三爲館賦，收賦四十篇；卷四爲時文。卷末爲《附刻品芳家塾課藝》。

王廣蔭早年開館授徒，中進士後又曾官居學政，多次擔任鄉試會試考官，可以説其一生與科舉密不可分。因此無論其詩還是文，大多有着科舉的痕迹，文爲經進文，詩爲帖體詩，賦爲館賦。正因如此，其文風莊重，思想正統，堪爲後學進階之典範。正如其門人季念詒跋中所言：“言論風采，又稍稍窺公著作，類皆根柢，經術疏瀹性真，粹然大儒醇臣之氣象。”（彭文芳）

緒餘集詩稿一卷詩餘一卷碎錦一卷

清姚德豐撰。清道光刻本。一册。半葉八行，行二十一字。白口，左右雙邊，單魚尾。

姚德豐，字稔齋，祖籍襄平（今遼陽）。歷任兩淮知事、餘東場大使等職。後辭官歸林，在吳越一帶生活。姚德豐的身上體現了道家和儒家兩種人生理念。道家思想體現在對官場的厭棄，正如劉恒春序所説，姚德豐認爲“逐逐於名利場如蛹之自縛其身，至於老死而不知悟”。儒家思想體現在他的“愛人”之心。姚德豐曾督辦河工，看到勞工貧苦，變賣家産替其償還，焚燒借券兩萬餘張。歸林後懸壺濟世，創立姚壽春堂，以醫藥濟人。輯有醫書《增補急救方》。

本書三卷，包括《緒餘集詩稿》一卷、《詩餘》一卷、《碎錦》一卷。《緒餘集詩稿》收録詩一百三十五首，内容以詠物和紀游居多。詠物詩的獨特之處在於作者往往借物喻人,如《古木》,正是由於地處偏遠纔得以成材;如《危橋》,由橋之危引申至現實之危。紀游詩多是蘇州一帶古迹,如《登虎丘塔》《游獅子林》《五人墓》等,從中可以感知詩人的正義感。《詩餘》收録詞四十一闋,内容大致有詠物、閨怨、閑居等,大多寫得富有生活情趣。《碎錦》一卷,收録火齊環、回文印、井田、算盤等文字游戲十三種,均是作者"十齡時戲作"。雖是少年游戲之作,却新穎有趣,保留了一些現在難以見到的古代文字游戲。

詩歌語言明白曉暢,感情真摯自然,堪稱詩之美者。(彭文芳)

少溪詩草一卷附翠螺閣詞稿梵麓山房叢稿

清徐庚瑞等撰。清鈔《名家詩詞叢鈔》本。一册。半葉十行,行二十字不等,無格。

徐庚瑞(1778—?),字錫卿,號少溪,浙江江山(今衢州)人。清道光丁酉(十七年,1837)拔貢。除《少溪詩草》外,還著有《孝子朱尚聰傳》,并有《璜圃泉詩》《百祐塔詩》傳世(見《[同治]江山縣志》)。

《少溪詩草》共收詩廿二首,其中與劉北芝、劉香雪、劉眉士相關的贈行詩六首,其中與劉眉士的兩首,未見其他文集收録。内亦有劉卿生索題詩圖之作,卿生,乃劉佳之子劉履芬(1827—1879),號泖夢,通曉音律,晚清吴中詞派的一員,著有《古紅梅閣遺集》八卷、《鷗夢詞》一卷。徐庚瑞與劉佳(眉士)爲舊交,清嘉慶庚申(五年,1800)同補博士弟子員,同受業於廣文蔡東軒先生。劉佳(1784—1845),原名侹,字德甫,號眉士,浙江江山人,官溧水知縣。徐庚瑞與劉眉士"歷歷交游五十年","論交最深",其《贈劉眉士佳計偕北上》,收入《兩浙輶軒續録》,可與《少溪詩草》中的兩首互補。道光戊子(八年,1828)春正,徐氏訪劉眉士,過溧陽,"循聲克著",嘗書聯贈别,曰:"勉爲良吏斯民幸,問到廉聲稚子知。"此聯收入《少溪詩草》,并增爲一律,題《去春將别眉士,拈詩二句,書聯留贈,今足成一律》。劉眉士稱"少溪以文行,有聲吾党中人"(《釣魚蓬山館集》卷六《徐陶庵先生家傳》),并爲其詩集作序,稱"其詩文初不自收拾,或爲人携去殆盡。今年夏乃裒集所謂詩一卷,而屬序於余"（《釣魚蓬山館集》卷六《少溪詩草序》）。惜該序并未收入此清鈔本。

此本與《翠螺閣詞稿》《梵麓山房叢稿》合鈔一册。書末鈐有"江山劉履芬觀"和"長樂鄭氏藏書之印"印。（趙大瑩）

天籟詩稿四卷

清李廷稷選。清咸豐八年（1858）刻本。一册。半葉九行，行二十一字。黑口，左右雙邊，單魚尾。

李廷稷（？—1816），生平未詳。此本書籤題"天籟詩稿"。書名葉題"天籟詩稿"，牌記"咸豐八年十月代州馮志沂署"。卷首有南陽洪得斑《呈李伯相書》。次李廷稷《天籟詩稿序》，次《天籟詩稿目録》。卷端題"天籟詩稿　李廷稷相伯著　男尚迪、尚健謹校"，卷末有清咸豐戊午（八年，1858）中秋李尚迪跋。

詩稿凡四卷，收古近體詩共三百一十二首，卷一七十五首，卷二六十二首，卷三六十首，卷四十五首，所録詩據時間先後次第爲序，起自清嘉慶八年（1803），止於二十一年（1816）。集中有《秋夜天籟閣小集》，知天籟閣是詩人日常休憩自娱之所。史載李廷稷資料甚少，詩稿諸多詩篇記録其生平、喜好、感懷等，可爲其生平事迹備考，如《追感》《半世》《自述》等。李廷稷居於北方，對北地風物多有描繪，如《冬夜》《寒食》《三月十六日大雪十絶句》等。閑居生活，多讀書吟詠，故集中多讀書賞畫之作，如《讀淮陰侯傳》《宣和白鷹圖》等。嘉慶十五年（1810），李曾到平壤，有《入平壤》《宿九連城》《入燕京》等系列篇什記其往返所見所聞，可知遼東地理風貌及清季中期往來交往之情形。（顏彦）

介存齋詩四卷

清周濟撰。清道光三年（1823）刻本。一册。半葉十一行，行二十一字。白口，左右雙邊。

周濟（1781—1839），字保緒，一字介存，號未齋，晚號止庵，江蘇荊溪（今江蘇宜興）人。清文學家。清嘉慶十年（1805）進士，官淮安府學教授。爲學重經世濟用,好讀史及兵書將略,著有《晉略》八十卷,自負有濟世偉略而不能用。推衍張惠言詞學,覃精研思,持論精審,爲常州派重要詞論家。著有《味雋齋詞》一卷、《詞辨》十卷、《介存齋論詞雜著》一卷、《宋四家詞選》等。《清史稿》卷四百六十八有傳。

此爲周濟之詩集,卷首有清道光三年(1823)介存居士自叙。卷一、二、三卷端,分別將作詩時間鐫於卷次之下,分別爲“乙丑到壬申”“癸酉”“甲戌到庚申”,卷四末有“維揚磚街青蓮巷内柏華升刻”。全書刊印精美。(趙明利)

止庵文止庵詩止庵詞

清周濟撰。鈔本。四册。

本書前後無序跋,分爲《止庵文》《止庵詩》《止庵詞》三部分,其中第一至二册爲《止庵文》,第三册爲《止庵詩》,第四册爲《止庵詞》。《止庵文》按體裁分類,有論、書、序、傳、墓誌銘等,序中有多篇與丁晏(1794—1875,字儉卿)相關,由此可見兩人交往之密切。《止庵詩》按年編排,起辛卯(道光十一年,1831),止戊戌(道光十八年,1838)。《止庵詞》亦按年編排,起壬辰(道光十二年,1832),止己亥(道光十九年,1839),多注明寫作時間或地點,如“壬辰春皖江作”“乙未作”“以下淮安作”“以下漢上作”等。(梁玉蘭)

黃華詩集一卷

清鴛浦主人撰。稿本。一册。半葉八行,行二十字。左右單邊。

鴛浦主人即王繡,王繡(1802—1848),字黻文,號鴛浦,今河南湯陰縣古賢村人。自幼博覽經史,尤酷愛詩歌,有“詩癖”之稱,學使姚秋農稱其詩“清新俊逸”。雖出身名門,但家禍連連,不得不爲衣食奔走。嘗於洹河北岸設書館教書,教書之餘,常與刺史王青崖吟詠相娱。清道光元年(1821),繡鄉試中舉,授鄭州學正,二十八歲時因病歸鄉。繡爲人剛直,一生清貧,但勤於著述,有詩歌、音韻學著作多部,有《鄴中集》、《雅言堂詩集》、《游黃華詩草》、《等韻原流》(已佚)、《韻學指南》等。

　　道光五年（1825）二月十六日至三月初八日，黄華同好友數人到林慮山游覽，一地賦一詩，輯録爲《黄華詩集》。前有自序一篇，落款爲"湯陰王綉書於渠渠書屋"，序中提到綉嘗聞林慮山黄華水之勝景，於仲春時節與友人王子孟陽、田子安宅游賞河南林縣林慮山，停留十日，興致所致，得詩三十六首，歸家後又得四首，共四十首，因而録成一册。序後有目録，署"鴛浦主人未定稿"。黄華爲林慮山水名，故以名詩集。卷末有王綉跋語，言此集初成時贈與友人，後復得副本，又"點訂數處，補注二十條"。後有隴右張和題詞，評此詩集"大集無體不備，傳神無處游滑痕，寫景無處斧鑿痕""格高韻遠，骨秀神清"，卷尾有其友人岱西朱名焰題詞一篇，謂此詩集"卅首新詞記勝游，名山從此屬名流。黄華寂寞無人問，都向先生卷裏求"。此詩集一詩一景，繪景寄情，情與勝景互相應和，融爲一體。

　　王綉詩歌，彼時在中原地區頗有影響，俗語講"三不如"，即"書不如王鐸，畫不如董襄，詩不如王綉"，可見其詩之優秀。（戴季）

天香别墅學吟

　　清王振綱撰。清鈔本。二册。半葉十行，行二十一字。白口，單魚尾。

　　王振綱，字冶香，浙江上虞人。好詩，常以詩會友。據書前《遺稿學吟合訂自跋》，作者爲赴詩會需携詩前往，故而整理出亡父之詩，之後在友人建議下將己詩附於其後一起付梓，然并未刊成，仍以鈔本存世。王振綱還撰有《天香别墅漫存》《虞志備稿》，參訂《虞乘刊誤》等，但均未刊行，以稿鈔本存世。

　　《天香别墅學吟》共收詩約一百九十首。從內容看，有紀游、題圖、題照、懷古、贈别、唱和、祝壽、悼亡、家居等。其中紀游名勝古迹的詩較多，如《游靈隱飛來峰》《謁岳鄂王墓》《游范氏天一閣》等，或描繪湖光山色，或抒發對歷史的感慨。對日常家居生活的記録寫的很别緻，如《臘月喫蕓薹菜葚》，將早春吃到新鮮蔬菜的喜悦心情寫的非常生動。詩歌形式上，古今體詩均有。

　　詩稿鈔於綠絲欄稿紙上，字迹工整娟秀。詩稿修改頗多，從筆迹看，非止一人。這些修改既有行間朱墨筆圈點修改，也有眉批；既有對格式的訂正，也有對詩句的删改,還有對詩句的褒貶評價。

鈐"琅玡""彭甫"等印。(彭文芳)

心筠堂詩鈔五卷詞鈔一卷

清汪鈞撰。清道光六年(1826)刻本。一册。半葉十二行,行二十四字,小字雙行同。白口,左右雙邊,單魚尾。

汪鈞(約1781—?),一名嘉昇,字平甫,江蘇金陵人。清道光間爲鄧廷楨記室。

本書詩五卷,共收錄詩二百四十八首。題材大致有兩類:詠史與現實。詠史題材的核心是詠歷史人物,從帝王、名臣、后妃到普通歷史人物都有。這些歷史人物有的是直接吟詠,如《秦始皇》《漢高祖》《唐太宗》《淮陰侯》《嚴嵩》等。有的是間接吟詠,如藉助古物、畫像、古墓、古迹等詠古代人物,如《謁大禹廟》《秦鏡》《王右軍像》《明妃出塞圖》《周公墓》等。現實生活的題材也很廣泛,詠物、寫景、交友、游歷、日常生活等均可入詩,如《齒痛》將牙痛這種小事隱喻社會百態,寫得趣味盎然,發人深思。另詞鈔一卷,收錄四十九闋,有詠物、詠史、交友、題畫等内容。

詩和詞均收錄少量他人作品,乃唱和之作。詩詞後面附有《心筠堂聯句詞鈔》,是著者與朋友聯句而成,每人句下綴其名,很有特色。

語言通俗平易,毫無雕琢。書籤題"心筠堂稿"。(彭文芳)

縐雲樓詩鈔一卷

清李寶緗撰。清咸豐刻本。一册。半葉八行,行十九字。白口,左右雙邊,單魚尾。

李寶緗,字蕓閣,江蘇丹徒人。諸生。其叔李兆禧序中云:"寶緗得天頗優,讀書一二過即能成誦,而資性曠達,善飲,喜爲詩,弱冠後遂放於詩酒。"

清咸豐壬子(二年,1852)林植本序言:"論者謂君詩有奇氣,殆如其爲人。然坐是日益窮蹙。"

本書收錄其詩九十餘首,古體近體均有。題材廣泛,如叙事、寫景、游歷、登臨、懷古、題畫、唱和、悼亡等。他的詩非常有生活氣息，并有着自己的感情和立場。如《打蝗行》描寫蝗災之年，民衆不分老幼都去滅蝗的場景，尤其對兒童的活動寫的生趣盎然。《剪髮謠》寫民間傳説有鬼魅偷剪人髮，人心惶惶，作者寫此詩批評疏解。再如《哭古香弟五十韻》以洋洋七百字長詩悼念其弟，字裏行間是彼此深厚的感情，讀之令人動容。

其爲人曠達，詩風也是真摯豪放，簡明利落。正如李兆蕐序所言：“然於木落秋空、天高月小之下偶一批覽，輒低徊不能置，覺其妥帖排奡、清新俊逸中別具一種蕭疏澹遠之致。”（彭文芳）

真一酒一卷首一卷

清張紹先撰。清刻本。一册。半葉八行，行十八字。白口，四周雙邊，單魚尾。

張紹先（？—1825），字芑園。書前有長白達三叙，其中有對其生平的介紹：“甘源張子芑園，以名孝廉困於鹽場。性狷介，處膏腴而不染，用是潦倒十餘載……道光乙酉，芑園以俸滿赴部，冀獲一令，以奉甘旨。行有日矣，一朝遇疾而逝。”

真一酒，宋蘇軾居嶺南時所釀之酒。用做詩集之名，因與蘇軾有關。事實上，這部詩集是屬於集句詩，就是從現成的詩篇中摘取現成的詩句，重新排列組合而成的詩歌。集句詩發端於西晉，成熟於北宋。從詩句來源看，杜甫、黃庭堅、王安石、蘇東坡等名家之詩均可被“集”。本書所集爲蘇東坡詩。好的集句詩要求形式上符合詩詞格律，又要有新的内容和主旨，渾然天成，不露摘鈔痕迹。《真一酒》集句詩的水平頗高，正如達三序中所言：“今觀芑園所集，大氣鼓盪，組織精工，光彩陸離，五色奪目，真不啻若自其口出者。”

此詩集爲清道光間刻，共收録集句詩六十餘首。内容多爲名勝古迹，或登臨游歷之所。行文格式也有集句詩的特色。首先是集句所成新詩，之後緊隨的是每句的出處。如《寒碧池》：“池上千尺柳，蟬聲雜鳥聲。浩歌清興發，一濯滄浪纓。”接下來是“池上：和鮮于子駿新堂月夜”，意爲“池上千尺柳”句，出自《和鮮于子駿新堂月夜》一詩。

書前有道光五年（1825）長白達三叙、清嘉慶二十一年（1816）其弟芥航序、錢塘徐文博等人序以及卷首作者自序。有趣的是除了達三叙外，其他三篇都採用了"集文"的形式，即摘鈔名家文章中的句子重新組織而成的文章。其弟芥航乃集韓愈之文，徐文博序乃集《文心雕龍》，自序乃集蘇軾文而成。這樣，序與正文相輔相成，遥相呼應，別具特色。（彭文芳）

却埽齋學草

清楊漣撰。清同治刻本。一册。半葉八行，行二十字，小字雙行同。白口，四周雙邊，單魚尾。

楊漣，字鏡瀾，號意園，山東歷城人。清乾隆乙酉（三十年，1765）拔貢，初選平度訓導，再移泗水，後爲聊城教諭。性格鯁峭，居常鍵户讀書，避俗若仇。曾任楚襄鹿門書院講席。《［民國］續修歷城縣志》卷四十一有傳。

楊漣自幼讀書不屑章句，獨好唐宋爲代表的近體詩。正如其在自序中説："七八歲即好詩，輒取唐賢近體律絶日諷詠之。長應科目，學爲制舉之文，顧心不甚好，而益喜聲律之學。"但楊漣作詩即興而作，隨意放置，散佚較多，加以搜集，"乃略挑擇，録爲一卷，題曰《却埽齋詩草》"，但未及付梓。後其子若榮收集其詩集爲一册，付梓時恰逢若榮族侄毓琦從書笥撿到一本楊漣手定詩册，乃"先兄伯杞手鈔於嘉慶壬戌者（書末若榮識語）"，遂一同付梓，重複者保留。

詩的内容有交友、游歷、詠物、感懷、祝壽、題畫等，還有與友人的聯句詩。作者近體詩功底深厚，語言古雅，講究對仗，風格以工整凝重爲主。

書前有楊漣自序，書後有楊若榮識語。（彭文芳）

慎其餘齋詩集六卷

清王贈芳撰。清木活字本。一册。半葉十行，行二十三字，小字雙行同。白口，四周雙邊，單魚尾。

王贈芳（1782—1849），號霞九，廬陵（今吉安）人。清嘉慶十六年（1811）進士，改庶吉士,授翰林院編修。曾任廣西、福建、湖北鄉試副考官、會試同考官,湖北學政。歷官福建、河南、陝西、山東、江南、貴州鹽道御史。調濟南知府,升雲南鹽法道。因疾病辭職歸家,以著述自娛。著有《毛詩綱領》《春秋綱領》《綱鑑要録》《湖北表徵録》《書學彙編》《慎其餘齋文集》等。

《慎其餘齋詩集》收録詩作二百餘首,古體近體均有。從内容看,有寫景、紀游、題畫、題照、祝壽、悼亡、送別、唱和等。由於多次擔任鄉試、會試考官,詩作中有不少此類詩歌,如《典試閩中紀》《典試湖北紀》等。詩歌語言平實雅正,感情真摯自然,社會生活氣息濃厚。如《糧船行》寫出了碼頭上運糧大船的忙碌,是當時社會生活的真實畫卷。再如一些親情題材的詩歌,如《哭子》《悼亡妻四首》《寄家信》《送弟京如南歸四首》《寄懷粵西諸同人》,更是寫出了詩人對親人以及朋友的深厚情感。(彭文芳)

耕獵齋詠史樂府二卷補遺一卷

清周懷綬撰。清光緒七年(1881)刻本。二册。半葉八行,行二十一字,小字雙行同。白口,四周雙邊,單魚尾。有朱印眉批。

周懷綬(1782—?),字藕珊,一作亦山,江蘇陽湖人,明户部尚書周金後裔。屢試不第,後絶意仕進,閑居講學,以著述自娛。著有《耕道獵德齋吟稿》《國朝分選試帖箋注》《蟫食餘編》《讀古手記》等。

是書前有海昌文泉弟樂清序和清咸豐二年(1852)同里朱清矞序。卷首署“陽湖周懷綬藕珊著受業呂振騏季英輯注”,全書爲五言詠史詩集,效王士禛詠史小樂府體而作,所詠史事至崇禎帝縊死煤山而止,又有《述祖德》一篇。

全書共收詩二百六十餘首,多平叙史實而少著論斷,然亦有論斷藴藉、能發己見之作,每首後有呂振騏注,詳叙其本事。有安詩、陸繼輅、史福臻、盛思本、潘鏞、丁文釗等人多條眉批,如《十常侍》言:“賊已起黄巾,深宫土木新。逢君十常侍,流毒遍生民”,史福臻評曰“千古同此浩嘆”。

書後附補遺一卷,係徐堉補注,及各家跋語若干。(賈雪迪)

金粟書屋詩稿不分卷二知堂試帖偶存一卷

清平浩撰。稿本。四册。半葉九行，行二十一字，無格。

平浩，生卒年不詳，字養中，號元卿，一號悔遲，山陰人。家富圖籍。《兩浙輶軒續録》卷三十九中記載，其與從兄鶴舫、種瑶、從子侣舫倡和，又與泊鷗吟社茹韻香、紀百穀、鄔雪舫諸老游，詩日益進。

是書前三册爲《金粟書屋詩稿》，從癸未到丁末，第四册附有《二知堂試帖偶存》一卷，時間從庚辰至壬午。

卷首有平浩自序，"余六齡趨塾知辨四聲，讀漢魏唐宋詩句，心切慕之。年十二從家侣舫師入吟雲社中，學爲古今體詩，嗣後日事詠吟，將舉業荒蕪，以爲李杜不難致也，至今三十年矣，一事無成，百年有限，愈學愈難，不但古人相去天淵，即國初大家尚難夢想，悔何及哉，思付一炬，因半世心血卅載，交游盡在此中，細撿舊稿"而成。序後有清道光甲午（十四年，1834）朱鳳梧跋。跋後依次爲平疇、梁之望、步青題詩。

是書鈐印有"雲卿""平浩""平""古越平浩"等印。曾爲周作人舊藏，每册均鈐有"苦雨齋藏書印"印。（孟化）

掛月山莊詩鈔二卷

清觀榮撰。清道光鈔本。二册。半葉六行，行十八字。

觀榮，生卒年不詳，字青農，號梅林，滿洲正白旗人。官淮北榷運使。

本書前有清道光四年（1824）李黼平、四年桂齡、五年（1825）彭浚、三年（1823）程虞卿、三年戴鈞元、四年觀瑞等人序，書末有道光十五年（1835）觀榮侄張南題識。觀榮詩內容廣泛，有詠物，有唱和，也有抒懷等。

桂齡在序中評價觀榮詩説"語雖和平而意則沉摯"，并指出"兹其弟竹樓將爲付之剞劂"。程虞卿也對觀榮詩贊譽有加："氣力深厚，洗六朝之習而入三唐閫奥。憶弟思親至性至情溢於言表，於山水泉石曲繪其妙。"戴鈞元讀其詩後感嘆道"此正始之音也,昔所謂本真性情以發爲心聲者"。

《掛月山莊詩鈔》有道光十五年刻本,此鈔本上多有眉批、删改、評語等。兩相比較,刻本基本上按照鈔本改正,如卷上《將軍石》"名應避魑魅,像不上麒麟"句,鈔本將"避"改爲"辟",又將"像不上"改爲"形不畫",刻本上都是修改之後的文字。故此鈔本或爲刊刻前的校改本,其價值不言而喻。（梁玉蘭）

嘯厓山人爐餘詩稿附常惺惺子自娛詩草

清金諤撰。清鈔本。一册。半葉八行,行二十四字。有朱筆圈點,墨筆眉批。

金諤(1783—1860),字一士,號嘯厓,江蘇江陰人。室名篤慎堂。清嘉慶舉人,署嘉定縣教諭,補蒙城縣訓導。平生所著詩文甚富,然多燬於戰火,現存《篤慎堂爐餘詩稿》二卷《文稿》一卷。其詩往往"藉江山之勝概,寫羈旅之閑情"（繆荃孫語）,詩筆老練。

是書封面題"篤慎堂爐餘詩稿南游詩補句",前有清同治己巳(八年,1869)季夏同里董威序,言"嘯崖先生爐餘集,頗惜其南游草中多未成篇之作,……補而成之,可也。予小子謹揣途中情景與句中命意而補成之,別爲一卷,仍將原句敬書首端,而附書補句於旁"。可知《南游筆記》爲其父金諤游閩時紀行之詩,其中有未成篇什的散句,其子補全成篇,仍將金諤原句置於前而補成之作書於其後。詩多七言絕句或律詩,補作亦渾然一體,頗有可觀之處。

後附《常惺惺子自娛詩草》,存鄂中歌一首,係金應澍爲其侄金國琛(逸亭)所作。此詩語言沉鬱蒼凉,附有較爲詳細的自注,多言及清軍與太平天國的戰事情況。有張憲和多處眉批,并有楊象濟、張憲和跋語。（賈雪迪）

花洋山館文鈔四卷詩鈔十二卷試帖二卷

清張熙宇撰。清光緒七年(1881)刻本。七册。半葉十一行,行二十一字。白口,四周雙邊,單魚尾。

張熙宇(1783—1853),字玉田,號曉滄,峨眉人。清嘉慶舉人,清道光十三年

（1833）進士,選庶吉士,散館以知縣分發廣東,委署樂昌縣事,補揭陽知縣,兼署海陽、海澄縣事。調番禺知縣,升南澳府同知,遷廣西南寧府知府,擢左江道,兼右江道臺。清咸豐元年（1851）調福建興泉永道,簡放甘肅按察使,又改調任安徽按察使。後以抵擋太平天國軍不力,議處正法。一説吞金自殺。善詩文,著有《曲江書屋詩文集》《花洋山館詩鈔》等。又輯評有《七家詩選》等,被譽爲“應制正宗”。

是書有《文鈔》四卷,多爲詩文集叙及壽叙。詩文集叙中可見其文學主張。《詩鈔》十二卷,前有序及題辭數篇,其中李惺序則對張熙宇之生平所叙較詳,存古近體詩七百餘首,徐世昌《晚晴簃詩彙》稱其所作古今諸體詩皆“無意求工而自成馨逸”。孫桐生《國朝全蜀詩鈔》亦稱其詩筆“婉麗清腴,兼有中晚唐之勝”。另有《試帖》二卷。（賈雪迪）

夢香居詩鈔八卷

清陳在謙撰。清嘉慶道光刻本。二册。半葉十行,行二十二字,小字雙行同。白口,四周雙邊,單魚尾。

陳在謙（1781—1838）,字六吉,號雪漁,廣東新興人。清嘉慶九年（1804）舉人,清道光六年（1826）授清遠縣教諭,後監越華書院。與番禺陳曇、高要彭泰來二人以學問切磋。錢儀吉客游廣東,與之相交好。道光十八年（1838）卒於官。好治詩文,工於繪畫。所著有《夢香居士集》十五卷、《七十二草堂文勺》四卷,并選有《嶺南文鈔》十八卷等。

是書有初集四卷,前有嘉慶二十一年（1816）譚敬昭序,收古今體詩一百二十一首;二集四卷,前有道光壬午（二年,1822）陳在謙自序,收古今體詩一百六十七首,兩集共計存詩二百八十餘首。陳在謙自少往來南北,又曾客山左,其游迹所及,多見於詩,集中亦多酬贈感懷之作。（賈雪迪）

石經閣文稿一卷竹邊詞一卷

清馮登府撰。稿本。一册。半葉十一行,行二十三字,紅格。黑口,左右雙邊。

馮登府（1783—1841），一作登甫，字雲伯，號勺園，又號柳東，齋名石經閣，浙江嘉興人。清嘉慶二十三年（1818）舉人，二十五年（1820）進士，改庶吉士。散館，授江西將樂縣知縣，不久以親病去官。服闋，官寧波府教授。嘗從阮元游，元重其學，契洽甚。修《鹽法志》《福建通志》等，一生以著書立説爲業，不爲仕途所羈絆。對經史百家無不廣聞博記，而經學造詣尤深。古文宗桐城派，詩宗朱彝尊，兼工詞。并精篆刻，喜聲律，興趣廣泛，尤其諳熟金石掌故，又專於訓詁學。有文集八卷、詩四卷、詞四卷，還有《小謫仙館摭言》《石經考異》等。

此爲馮登府稿本，封面題寫"石經閣文稿竹邊詞"，内封"石經閣札記"，小字注"癸巳夏始八月成浙江甄録四卷三月刻月湖秋瑟一卷"，并鈐"石經閣"印。正文書以紅格稿紙，行草字體，文體有書、序、跋、銘、題名等。《竹邊詞》書寫整齊，收録作者詞二十餘首，後附已刊未刊目録，末爲四明洞天畫配文。行文中多修改、增删處。稿本，資料價值較高。（趙明利）

衎石齋詩集

清錢儀吉撰。清咸豐七年（1857）潘貽穀鈔本。五册。半葉九行，行二十一字，無格。存二十四卷：《澄觀集》八卷、《定廬集》六卷、《旅逸續稿》二卷、《浚稿》八卷。

錢儀吉（1783—1850），初名逵吉，字藹人，號衎石，又號新梧（一作心壺），浙江嘉興人。自幼好詩能文，清嘉慶十三年（1808）進士，改翰林院庶吉士。散館，授户部主事，升刑科給事中。纍遷至工科給事中，罷歸。任職清廉耿正。後因事降職，絶意仕進，於道光年間游廣東，主講粵東學海堂。晚年客居河南開封，主講河南大梁書院。著《碑傳集》《三國晉南北朝會要》《補晉書兵志》等。文集《衎石齋記事稿》正稿十卷、續稿十卷，輯有《經苑》。還有《北郭集》《澄觀集》《定廬集》《衎石齋晚年詩稿》《颿山樓初集》《刻楮集》等。長於曆算。一生酷愛藏書。有仙蝶藏書所。

《澄觀集》二册，每册收四卷，卷首有錢儀吉序，稱"余初入都，假館於姑丈繆十二員外所,廊榭臨池,地極清曠,匾曰澄觀,取陸士衡連珠語……"有錢泰吉校改,朱墨筆圈點修改增刪,天頭地脚間有批注,卷四末題寫"丁巳十一月二十日弟泰吉校完前四卷",卷末跋題寫"丁巳十一月廿二日弟泰吉校完第五卷至此"。

《定廬集》六卷一册,卷四後有"丁巳十一月廿九日泰吉校讀畢前四卷",卷五末題寫"十二月朔泰吉校讀",卷六末有"丁巳十二月初二日晨起呵凍讀校泰吉"。此册增改浮簽較他册爲多。

《旅逸續稿》二卷、《浚稿》卷一至三合爲一册,《旅逸續稿》卷二末題寫"丁巳十二月初四日泰吉校讀"。

《浚稿》卷八末題寫:"丁巳十月廿八日弟泰吉校完浚稿八卷。兄捐舍於庚戌四月,今所録庚戌詩止三首,不知尚有稿否,俟查補。"全書末有錢泰吉次子、錢儀吉侄錢應溥跋,稱"從父衎石給諫自定未刻詩稿三十卷,續有刪改及補録者以朱墨二色分志卷中。咸豐丁巳歲,先大夫屬海昌潘稻孫茂才貽穀全録副本,其刪改及補遺處則手自過校悉依原稿。濮陽彝齋見而愛之,傳人別録,全部互易欣賞,兩家各藏其一,而彝齋所藏則先大夫手澤存焉,尤爲可寶。辛酉以後兵燹頻年,余家舊籍大半灰燼,將先人遺集及從父未刻稿謹守未失。先大夫避地至安慶,病中時爲應溥道及海昌故交,累唏不怡。今年冬奉櫬歸葬,重與彝齋相遇,出示此編,紙墨如新,音容永隔,撫卷摩挲,不忍展視。稻孫於海昌城陷時,不屈殉節,無愧完人。對此手迹,尤令人感嘆不置也。乙丑除夕子密錢應溥敬記於陳氏"。較爲完整地記録此書成書留存經過。

錢儀吉詩主要内容有幾大類:一是記録生活關注時事者;二是記録對社會倫理道德的關切,如貞潔孝順等;三是題畫;四是言情,所言爲親情、友情;五是歌詠景色記録游歷生活等;六是詠史。堪稱題材廣泛,内容豐富。

錢儀吉詩平淡含蓄中見深刻清新,博採衆長,詩學成就頗高,對後世有較大影響。(趙明利)

衎石齋集

清錢儀吉撰。清鈔本。七册。半葉九行,行二十一字,無格。

此《衍石齋集》收入《澄觀集》四卷、《北郭集》四卷、《定廬集》二卷、《閩游集》二卷、《家書》一卷。

《閩游集》卷首卷名下署"嘉興錢儀吉新梧"，略有殘破，但鈔寫極工。間有朱墨筆修訂。《澄觀集》卷一、二釘爲一册，封面寫壬申、癸酉、甲戌秋，爲清嘉慶十七年至十九年(1812—1814)所作。首爲自序，稱初入都，因所住繆十二員外住處區曰澄觀，取爲集名。卷一末有振聲題識。第二册封面寫己巳、庚午、辛未，爲嘉慶十四年至十六年(1809—1811)所作，卷末有黄裳朱筆跋文，稱得自嘉興，鈔者爲錢儀吉老妾寡媳，爲其家藏之物。《北郭集》兩册，前有錢儀吉自序，叙集名由來。集末有黄裳題記"乙未冬日收於海寧錢氏丙申重展題記"。《家書》一卷。末有丙申四月黄裳題跋，稱"此錢泰吉手書家書札稿一册，余與海寧錢氏家集多種同收得之，付工重裝，爲十四册，亦可謂好事之至矣"。

鈐"來燕榭珍藏圖籍""黄裳青嚢文苑"等印，黄裳舊藏。（趙明利）

衍石先生致弟書存稿

清錢儀吉撰。清鈔本。一册。半葉九行，行二十字不等，緑格。白口，四周雙邊。

此爲錢儀吉致弟書之存稿，書封面有題，署"從亥孫婿常州巢章甫敬題"。巢章甫，江蘇武進（今常州）人，單名巢章，字章甫、章父、鳳初，號一藏。齋堂爲海天樓、静觀自得齋。壽璽弟子，張大千門生。工書，善山水，精篆刻。

本書係錢儀吉在廣東期間與兄弟信件的留底。信件内容涉及書籍收藏編印、友人交游、生活狀況、社會情境等，涉及人員、事件豐富，時間主要在清道光十二年至二十三年(1832—1843)，間有朱筆圈點，字迹秀逸，叙事清晰，有資料價值和藝術價值，可資研究和欣賞。（趙明利）

颺山樓初集六卷

清錢儀吉撰。稿本。一册。

全書分爲六卷:卷一賦九篇,卷二志一篇,卷三論十三篇,卷四辨一篇、説五篇、記五篇,卷五至六序十九篇,共計五十三篇。錢儀吉文集最早有清道光十二年(1832)刻本《衍石齋記事稿》,此本内有十篇收録在刻本中,另外四十三篇則未見。婁東周懃將此稿與刻本的相同篇目進行校對,撰有校記數十條,冠於書前。書前另鈔録有《清史列傳》《[光緒]嘉興府志》中錢儀吉傳記。

書末有周懃長篇墨筆題記,對此稿本進行了詳細的考證,認爲"此本之寫成下距《記事稿》之付刊相去近二十年",又認爲此本"定係殘本,原稿約當有十卷之數",還談及稿本的來源,"此本余於己巳冬得之於南京夫子廟冷攤"。

書中粘貼有浮簽十餘紙,又多有勾乙删改處,鈐"本廬江何氏""錢儀吉印""屬山樵者"諸印,確係錢氏稿本,頗爲珍貴。(梁玉蘭)

閩游集二卷

清錢儀吉撰。清宣統刻本。一册。半葉十一行,行二十一字,小字雙行同。黑口,左右雙邊。

卷首有清咸豐辛酉(十一年,1861)錢泰吉序,稱兄詩稿手定本卷册不齊,兄謝世後子孫未有能清寫全部者,前年請人鈔成一部,泰吉依元本對校,改定信息寫於旁,以示學者。清寫一部收藏。原本外有兩清本。勸蔣寅昉出資刊刻,補稿則海昌門人唐端甫謄寫一部,不至孤本獨存。繼之爲清道光辛丑(二十一年,1841)錢儀吉自序,稱幼好詩,早年所作《敝帚集》等雜置故紙中,後失之。是歲冬到閩,明年冬又到閩,期間作若干篇曰《閩游集》,此外將在京師所作并納卷中,期待兒輩彙輯成全。全書收古今體詩一百二十一首,題材豐富,有讀書、有聯句、有游玩等。各卷首署"嘉興錢儀吉星湖",各卷末署"從侄孫志澄命第四孫侑謹清稿"。刊刻嚴謹工緻,可資研究錢儀吉詩及生平經歷。(趙明利)

秋鷴遺稿二卷

清徐濬撰。清嘉慶二十二年(1817)刻本。一册。半葉十一行,行二十三字,小字雙行同。白口，四周雙邊，單魚尾。有朱墨筆圈點、墨筆眉批。

徐潛（約1784—1809），字榮泉，一作蓉泉，別字秋鶚，浙江海寧人。弱冠補博士弟子，年二十六而卒。才思敏瞻，工詩，苦吟不輟。

是書爲徐潛友人朱蔚在其逝後爲其編次付梓，前有吳騫、朱蔚之序，張駿、鍾大源等人題詞，存詩九十餘首，詩筆清淡工麗，"不失溫柔敦厚之旨"（吳騫語）。此書流傳不廣，據《清人別集總目》，僅藏國家圖書館。（賈雪迪）

鸝韻軒吟草一卷

清戴鑑撰。清鈔《名家詩詞叢鈔》本。一冊。每半葉十行，行二十字不等，無格。

戴鑑，生卒年不詳，字賦軒，一字石坪，號石屏，山東濟寧人，生活於清道光間。有《潑墨軒詞》三卷，與同名詩集合刊。

是書記載戴鑑所作詩歌近三十首，多爲組詩，五言絕句、五言律詩、七言絕句、七言律詩兼有，題材多樣，既有感懷時事之作，也有抒發各人感情的作品，還有讀書筆記等。

其中《閱唐代叢書隨意吟成以作筆記》詩云："俠邪隨處是荆榛，獨有隴西竟絕倫。南部煙花北里志，何曾封誥到夫人。"對於研究唐傳奇在清代文士之間的傳播有一定價值。此外還有《讀左雜詠》記作者讀楚霸王項羽事迹的感想："彼可取而代，乃係霸王語。何用知非僕，光武早自許。由來英雄人，出言亦軒舉……"《乙酉水災雜感》是以組詩的形式展現了清康熙乙酉（四十四年，1705）的水災慘狀："茅檐衝突苦狂風，瓦破垣頹面面通。不論山村與城市，人家大半水當中。"這些平實的詩歌，頗有白居易詩的風采，既可補充當地災異史料，又有一定的文獻價值。

是書間有小字注。（張偉麗）

知德軒遺稿

清汪錚撰。清咸豐七年(1857)刻本。二冊。半葉十行，行二十一字，小字雙行同。白口,四周雙邊,單魚尾。

汪鋹(1784—1844),初名觀光,字叔瞻,號鐵庸,安徽桐城人。少孤,力學博覽,屢試不第,清道光二十四年(1844)中進士,將官廣東知縣,未到任而卒。工詩古文辭。著有《知德軒詩鈔》,輯有《四書萃説》《五經薈要》《六書音韻》《勾股算法》等。

是書有《詩鈔》四卷、《文鈔》二卷。《詩鈔》有甘泉董醇、貴筑石贊清、山左王榕吉叙,江都蔣超伯、姻小弟葉名澧、黔筑周灝等人題辭,後有咸豐丙辰(六年,1856)男先烺、先培跋。是書存古近體詩三百五十餘首,詩多游歷紀行之作,王榕吉言其詩"奇思遥情,脱落畦畛,模山範水,瀟灑出塵"。題畫詩亦工,卷四《讀嘆咭唎擾邊邸報有感》十首作於第一次鴉片戰爭期間,贊揚林則徐禁煙事,并流露出對投降派的不滿及反擊侵略者的願望,尤爲值得注意。《文鈔》前有梁園胡真璜、順天李清鳳等人叙及湘鄉彭洋中所作傳,於汪鋹生平叙述甚詳。末有"男先烺校字"。(賈雪迪)

雨窗文存一卷

清周叙撰。清道光刻本。一册。半葉十行,行二十一字,小字雙行同。白口,左右雙邊,單魚尾。

周叙(1784—1850),字雨窗,號褉亭,江蘇高郵人。清道光十五年(1835)歲貢生,選訓導。性耿介,幼喪母,事父極孝,與兄友愛終身。平時以表闡幽潛爲己任,搜集鄉邑文人之作,邑中之先輩多賴以傳。晚歲舉孝廉方正,辭不就。工詩古文,著有《雨窗文存》《雨窗遺文》《雨窗吟存》等,輯有《感舊文集》(一作《感舊前後集》),已佚;與王敬之、夏崑林共撰《同岑唱和》,共輯有《高郵耆舊詩存》。

是書有道光乙未(十五年,1835)宋茂初、十六年(1836)張經、十七年(1837)王敬之、十六年夏崑林等人序。是書篇後有宋茂初(實甫)、夏崑林(瘦生)等人評語,語涉内容、文法等諸方面,如《上宋實甫先生書》後有"雨窗爲邑中諸老輩徵文,復徵詩孳孳刻之,因予寄迹符離致書索序,何其勤也"。又如《展九文游臺後游記》

《中秋同人泛月序言》等篇，清新流麗，感慨遥深。亦有關涉民生之作，其爲文"真摯沉著"（王敬之語），有慷慨悲涼之氣。（賈雪迪）

雨窗文存續

清周叙撰。清道光刻本。一册。半葉十行，行二十一字。白口，左右雙邊。

是書前有壬寅九月宋茂初、清道光乙巳（二十五年，1845）傅桐、道光庚子（二十年，1840）孫應科、道光乙巳印天保等人序，文末亦有評語，語涉内容、文法等諸方面。多紀游及記人之作，如《九月由天王寺至文游臺登高記》《答瘦生所櫟記》等。其文風"冲淡峭拔""抑揚唱嘆"，寄慨遥深。（賈雪迪）

雨窗遺文

清周叙撰。清咸豐二年（1852）刻本。一册。半葉十行，行二十一字，小字雙行同。白口，左右雙邊。

是書有"咸豐壬子秋鎸　雨窗遺文　愛蓮堂藏版"。收《維則編書後》《吟古鏡齋續集序》《胡夑園七十壽序》等二十餘篇，部分篇目後有評語，語涉内容、文法等諸方面。（賈雪迪）

感遇堂詩集八卷外集四卷

清陳曇撰。清咸豐二年（1852）刻本。四册。半葉十行，行二十一字，小字雙行同。黑口，左右雙邊，雙魚尾。

陳曇（1784—1851），字仲卿，廣東番禺人。早慧，少而能詩，爲伊秉綬所賞。弱冠補博士弟子，屢試不第，清道光二十二年（1842）始以貢生候補澄海縣訓導，署揭陽教諭。通史學，尤熟兩漢南北史。有詩名。陳曇生平好游歷，多有結交。著有《海騷》《感遇堂駢體文》《廊齋隨筆》等，因慕酈露（湛若）之爲人，名其齋曰廊齋。與梁廷枬等人交好。

是書封面題"感遇堂詩集"，前有高要馮譽驥跋文、愚弟梁信芳序文，《感遇堂詩集》收録陳曇於甲午至辛亥（1834—1851）間所做古近體詩近八百首，爲其晚年所作，與早歲所作詩相較，"詩境一變"，伉爽轉爲沉鬱，梁信芳在序文中言"絢爛歸於平淡"。末有"吉水李榮章耀棠覆校"字樣。

是書扉葉題"感遇堂文集"，扉葉有"咸豐貳年感遇堂文集鄘齋藏版"，前有道光十三年（1833）嘉善陳鴻墀序，卷一至四均署"感遇堂外集""番禺陳曇著"。是書存《孔雀賦》《離騷賦後序》等駢文、散文數十篇。是書流傳較少，《清人別集總目》僅著録國家圖書館有藏。（賈雪迪）

路太史文集不分卷

清路德撰。清鈔本。六册。半葉九行，行二十五字。

路德（1784—1851），字閏生，號鷺洲，陝西盩厔人。清嘉慶十二年（1807）中舉，十四年（1809）進士，入爲翰林院庶吉士，曾出任户部湖光司主事、軍機章京，後辭官回鄉，施教於乾陽、象峰、對峰、關中、宏道等書院，前後三十餘年。路德長於時藝訓蒙，撰有《關中課士詩賦》《蒲編堂訓蒙》等十一種。除制藝訓蒙之外，路德著述亦十分豐富，有《檉華館詩集》《仁在堂文集》《路閏生文稿》《峭碧山房詩鈔》《吟碧山房詩鈔》《路閏生雜文稿》等。

本書書名葉題"路太史文集六本，此無刻本，先生名德，陝西西安府盩厔縣人，嘉慶十四年進士"。全書不分卷，内容按文章類型編排，第一册爲序言，第二册爲序與記，第三册爲詩，第四册爲書、説、論、傳，第五册爲墓誌銘、祭文、跋，第六册爲詩、聯語。

其序文多爲他人詩文集題寫，於人物生平及詩文特點，概括精當，爲研究清代文人文集，提供許多資料；其論説類文章，既有關乎學理典故之論，也有涉及日常情理之説，觀點鮮明，論説精闢，頗可一觀。

此書鈔寫精審，字迹清晰，在鈔本中可屬上乘。書中鈐有"植槐書院""受命於天"朱印。（杜萌）

燕晉紀游草一卷

清凝齋撰。清鈔本。一册。半葉九行，行十六字，無格。

愛新覺羅·禧恩（？—1852），字仲藩，睿親王淳穎之子，隸正藍旗。書前有“燕晉紀游草　凝齋著”，疑“凝齋”爲禧恩書齋。清嘉慶六年（1801）授頭等侍衛，十年（1805）晉御前侍衛，十八年（1813）擢理藩院侍郎，二十年（1815）任内務府大臣。後因擁立道光皇帝有功，而屢受恩眷，先後任理藩院尚書、吏部尚書、兵部尚書。禧恩曾兼領户部、禮部、兵部及内務府諸多事宜，亦一時權臣。清道光十八年（1838）以管理南苑不善爲由，降内閣學士。道光二十二年（1842）任盛京將軍，在職期間籌措防禦及善後政策，殊有成效。道光二十五年（1845）以病解職。咸豐帝繼位後又得重用，任户部尚書。《清史稿·列傳》卷一百五十二有傳。

是書封面題“燕晉紀游草　凝齋著”，此書爲禧恩在嘉慶十六年（1811）伴駕游歷河北、山西等地所作游記、詩文。禧恩對所經之地記述甚多，對山川方位，水流源頭，地名由來，歷史典故等諸多方面俱有考證，并詳述皇帝經歷各地的時間及地點。禧恩在陪皇伴駕的途中共寫詩三十五首，其詩多爲觀景有感而發，或述其景致之雅趣壯美，或感其歷史之變化無常，詞句時而精雕細琢，時而粗獷放達，堪稱清詩佳作。

該本字體方正雋雅，墨色清晰如新。（賈大偉）

見星廬詩稿

清林家桂撰。清嘉慶十九年（1814）刻本。四册。半葉十二行，行二十四字。黑口，左右雙邊，單魚尾。

林家桂（1778—1859），又名聯桂，字辛山，號道子，廣東吴川人。清嘉慶九年（1804）舉人，清道光六年（1826）進士，官晃州直隸廳通判。主講羅江書院。入樊楚雄幕府，有奇士之稱。

本書前有趙翼序、嘉慶十九年（1814）番禺張維屏序，另有楊煒題詩若干。書名葉有"嘉慶甲戌仲秋鐫　見星廬詩稿南海謝蘭生書"。全書共八集：第一集《軒軒軒集》、第二集《遠征集》、第三集《羅江集》、第四集《吳陽集》、第五集《高文集》、第六集《幕巢集》、第七集《北游集》、第八集《南帆集》，其中第五集《高文集》分上下。

趙翼在序中叙述了《見星廬詩稿》各集的創作時間，"其在蓬廬嘯詠，蓮幕搦管時，則有若《軒軒軒》《幕巢》諸集；其在講院，擁皋、鍵户授徒時，則有若《羅江》《吳陽》《高文》諸集；其在選貢充廷，春官就試時，則有若《遠征》《北游》《南帆》諸集，而總名之曰《見星廬詩稿》"。又張維屏序中言，"今秋自都中歸，取其《見星廬詩》，删存其半，將授梓"，則此詩集爲林家桂自訂。

此外，《幕巢集》中有《日本夷歌》一首，爲嘉慶十八年（1813）正月，日本夷人乘船至吕宋，中途遇風翻船，僅三人漂至澳門，爲林氏救助，觀其樣貌，問起習俗，因作《日本夷歌》。林家桂作《舟晚》一詩，選入《晚晴簃詩彙》。

此書流傳不廣，僅國家圖書館有藏。（杜萌）

稚園詩鈔四卷

清齊康撰。清道光刻本。一册。半葉八行，行十九字。黑口，左右雙邊，單魚尾。

齊康，生卒年不詳，字晉藩，號藥潯，又號秋舫，婺源（今屬江西）人。清嘉慶十九年（1814）進士，選知縣，二十二年（1817）任淮安府學教授。

全書共四卷，卷首爲清道光十四年（1834）齊康自序。言其雖作詩不輟，然從未自覺整理，後於家中及親友處得詩若干，爲僅存之作，故以敝帚自珍之意，結集於此。

齊康詩作内容豐富，有爲官途中所見所聞，如《過梁武帝陵》；與仕宦友人交游，如《迎春和筠圃觀察仍疊前韻》；題圖詩，如《羅浮蝶夢圖》。亦有抒發己意之作，如《五十自壽》《山中有懷》等。詩歌體裁多樣，以五言詩、七言詩爲主，也有樂府詩。各類詩作中，以抒情詩較爲感人，如《書懷詩》"幾處關河月，侵晨色欲殘。山高天易曙，風細雨初乾。落葉新霜冷，孤峰曉日寒。余懷真渺渺，獨自倚欄干"。

格律規整，寫景含情，沉鬱深摯。

此書流傳不廣，據《清人別集總目》著録，僅國家圖書館有藏。（杜萌）

秋舫古近體詩存

清齊康撰。清道光刻本。一册。半葉八行，行十九字。黑口，左右雙邊，單魚尾。

此書不分卷，書名葉、版心題"秋舫詩存"，卷端題"秋舫古近體詩存"，卷首有清道光十二年（1832）齊康自序。全書收詩七十餘首，體裁豐富，内容多樣，有部分詩作與齊康另一詩集《稚園詩鈔》重合。在内容編排上，詩作後附有姚鼐、張問陶、胡永焕以及齊彦槐所寫評語，多讚美之詞，如《早發鳳游山寺》，張問陶評"承接處有神無迹，結構自然，兼擅翁山、愚山兩家之勝"。齊康爲齊彦槐從子，齊彦槐於清嘉慶道光間以文名，姚鼐爲安徽桐城派大家，胡永焕在詩文、書法方面亦有不俗造詣。能得諸先生點評，實爲齊康之幸。

齊康在序中談及，"盛子履、徐畫江、潘四農、丁柘塘諸君子咸謂其有可採，重爲編校，且勸之梓"，此詩集之編排，多得此四人之力。

此書卷端鈐有"嬋嬛妙境"朱印。流傳不廣，僅國家圖書館、南京圖書館有藏。（杜萌）

證諦山人詩稿十八卷詩餘一卷

清葉騰驤撰。清鈔本。六册。半葉九行，行二十一字。白口，四周雙邊，單魚尾。版心題"晴峰詩稿"。

葉騰驤（1769—?），字晴峰，號證諦山人，越州（今浙江紹興）人。

本書前有清嘉慶二十五年（1820）葉騰驤自序。全書共十九卷，其中詩十八卷，詩餘一卷。詩作起止時間爲清乾隆五十一年至嘉慶二十五年（1786—1820），共一千一百七十首，按事件先後分卷編排。

葉騰驤在自序中詳述其在各時段所結詩集，"歲癸丑至金陵和太守騰頫署中，學申韓之術,旋丁母艱,不果,時則有《敕雁集》二卷……退居鄉里,舌耕者八載,時則有《耐寒集》《自怡草》諸編……庚午、辛未二載,家太守暨春林王明府延主興郡關南書院講席時,則有《終南草》……癸酉八月夏自越至金州,仍主關南書院者四載,有《漢南草》之作。丁丑四月家太守擢福建觀察使,邀余偕往行……張司馬延余至漢陰,掌教育英書院二年,之間得詩二卷,曰《漢陰吟》。庚辰,蜀梅江錢通守署中課讀館稿,稍暇,彙輯舊作,復十去三四,存十八卷,聊以志生平之困頓抑塞,并爲序其大概"。可知此詩集爲葉氏半生詩作總彙。觀其詩,亦可知其生平經歷及際遇。

序言後有朱印三枚,分別是"際昌之印""松雲""宰臣藏書"。(杜萌)

證諦山人詩稿十卷

清葉騰驤撰。清道光木活字本。四册。半葉八行,行二十字。白口,四周雙邊,單魚尾。版心題"證諦山人稿"。

全書共十卷,其中詩九卷,詞一卷。詩以類型編排,卷一古樂府、卷二新樂府、卷三擬古、卷四爲五古、卷五爲七古、卷六爲五律、卷七爲七律、卷八爲五絕、卷九爲五言排律。卷十詞集。葉騰驤一生輾轉各地,詩歌取材廣泛,遣詞造語亦頗有可觀。

卷首清嘉慶二十五年(1820)葉騰驤自序與鈔本《證諦山人詩稿》自序相同,又有清道光二十四年(1844)後序詳細講述了葉騰驤詩作創作經歷以及本書成書過程。從清乾隆五十一年至嘉慶二十五年(1786—1820)所作詩,精選一千一百七十首,彙爲《證諦山人詩稿》十八卷鈔本。自嘉慶二十五年至道光二十四年(1820—1844),作詩千餘首,然皆散失,鈔本之前所編各集,亦蕩然無存。"因即稿中所存千餘首,復汰去數百首,姑存八百首,分爲十類,不復編年,以先後如一轍也。"可知此活字本《證諦山人詩稿》,是從鈔本《證諦山人詩稿》刪減而來。(杜萌)

吟秋百詠

清鄭均福撰。清道光二十四年(1844)芝蘭書屋刻本。一册。半葉八行,行二十字。白口,四周雙邊,單魚尾。

鄭均福(1826—?),字平軒,號芝蘭主人,和陽(今河北南和)人。思州刺史鄭秀峰四子,鄭均福隨父就思州刺史任,并就學於駱鳴鳳,學唐詩,吟詠不輟,作此詩集時,年紀不過二十。

本書前有清道光二十四年(1844)王學曾叙、駱鳴鳳序,又有吳照、申祐、王學曾、徐承賢、彭懋修、吳東震、崔培之、彭衣章題辭。後有道光二十四年鄭均福自題識語。版心題"芝蘭書屋",每葉天頭有王學曾、吳南庵、駱鳴鳳等人所寫評語,言其詩有唐人風韻,如《秋晴》天頭有"南廣評鮮麗",《秋陽》天頭有"省三謂布景襯題有烘雲托月之妙"等。

全書不分卷,王學曾叙言"與渠江學博吳南庵先生唱酬《吟秋百詠》,其中天地人物草木鳥獸,無不詳賅。其筆清,其律嚴,其氣肅,其味永。殆與子方《秋聲》、少陵《秋興》,并得寄懷於商音者也"。王叙言與彭衣章共同促成此詩集之刊刻,鄭均福自識中亦有提及,言二人"欲代爲付梓"。

本書卷端鈐有朱印"石榮暲蓉城仙館藏書",可知曾經石榮暲收藏。（杜萌）

壯游吟草初集一卷二集一卷

清鄭小康撰。清道光二十年(1840)刻本。一册。半葉十一行,行二十一字。黑口,左右雙邊,單魚尾。

鄭小康(?—1833),號愚谷山人,江蘇丹徒人。在京城經商爲業。

本書前有清道光二十年(1840)宋鈞元序。全書共兩集,《壯游吟草初集》一卷,《壯游吟草二集》一卷,收詩一百七十八首。初集、二集內容皆以漫游、酬贈爲主,特別是鄭小康曾漫游川陝,其經行各處,多有詩作以記所見所聞,質量亦屬上乘。

宋鈞元在序中謂:"小康詩工近體。奉母居京師,隱闤闠三十年,不求人知,人亦罕有知者。與同里錢鶴山、張茶農、俞竹軒暨余爲文字交。……道光癸巳冬小康病革,乃以此卷付余。"可知宋鈞元爲鄭小康摯友,鄭小康生前曾將詩集刊刻一事相托付。

鄭小康詩作或慷慨大度，凜然有風骨，如《早春送蔡鳳崗由楚入蜀》："休言迢遞道途難，把酒今宵且盡歡。漢水月明孤棹遠，巴山雪積萬峰寒。"談及親情，亦樸素率真，溫柔感人，如《雪夜憶弟》："雨雪夜霏霏，高樓望汝歸。一年音信杳，千里夢魂飛。"

本書卷端鈐"恩華"朱印。（杜萌）

南北游稿

清蘇於沛撰。清道光鈔本。一册。半葉八行，行十九字。

蘇於沛（1781—1855），字春甫，號雨亭、棲巖居士，自署徐溝（今山西太原）人。父作聖，官廣東鎮平縣。清嘉慶六年（1801）拔貢，十五年（1810）肄晉陽書院。十六年（1811）獻《清涼山賦》。二十一年（1816）署河津教諭，清道光十五年（1835）遷蒲州府教授。清咸豐五年（1855），以資除江西東鄉縣知縣，以年老辭。後卒於家，年七十四歲。著有《賜綺堂紀》等。

本書前後無序跋，按作者游歷行迹分爲《南游稿》與《北游稿》。南游經過之地，有章丘、滕縣、陰平、邳州、宿遷、清江浦、淮陰、寶應、揚州，至揚州後，因他事所阻，歸舟向北，此次出行共歷時半年。北歸路上詩作，多回憶江淮各地名勝、歷史及往來人物；北游涉及十二地，五台獻賦後，北上入都。路綫大致由井陘出山西，入河北，經定州、保陽入京城，後以西山爲中心，游歷陶然亭、香山、望湖亭、慈航寺、龍窩寺等名勝。北游期間，"與老師、同年游景觀畫賦詩，經年返鄉，同人皆送其行"，此次游歷時間爲嘉慶十七年（1812），前後不足一年。

蘇於沛游歷詩，兼有懷古論今與寫景抒情之作，頗可一觀，如《井陘道中》"水剩山殘斷復連，誰從赤幟吊荒煙。惟餘關口崎嶇路，屈指重來又五年"。（杜萌）

西亭小稿

清蘇於沛撰。清道光鈔本。一册。半葉八行，行十九字。

本書前有清道光十四年（1834）王省山識語。書後有作者小記，述其詩作編纂過程，言：“束髮至解組，五十年中共得詩一千五百有奇，嚮刻三分之一，所謂《賜綺堂正續集》是也。涇陽劉正甫孝廉，曾於全稿內不論已刻未刻，選存二百餘首，歸里後與喬甥鶴僑，工部郵筒往還又囑其評，選亦得二百餘首，弟去取之間較正甫，原本不甚相同耳……老女簪花自忘其醜，大雅君子幸而諒之。栖巖山人漫識己酉小除日。”

全書不分卷。據書前自序可知，此詩集主體部分創作於蘇氏爲官中陽縣期間，另有少量詩作完成於道光十年至十三年（1830—1833）間。因在中陽縣爲官時曾修西亭居之，故名此詩集爲《西亭小稿》。

本書有眉批，除王省山所寫評語後有“松坪”字樣外，其餘諸條沒有落款，不知何人所評。

鈐有“王省山印”印。（杜萌）

賜綺堂詩稿二卷

清蘇於沛撰。清道光鈔本。一册。半葉八行，行十九字。

書名“賜綺堂”得自清嘉慶十六年（1811）三月，帝幸五台山，蘇於沛曾獻頌文，因其文采斐然，得皇帝賜局緞袍褂料，因此命其堂曰賜綺堂。

本書前有清道光十年（1830）蘇於沛自序，後有銅鞮王省山識語。王省山（1787—1855），字仲巡，號松坪，沁縣人。其識語云：“以温厚和平之音，抒蘊藉纏綿之旨，純任自然，……諸體俱清超脱俗而五古尤勝，其得意處皆從苦思靈悟得來，非循行數墨者可比，吾晉諸人不能不爲足下高置一座也。”

是書分兩卷，上卷部分詩作鈔自《南北游稿》，其他詩作亦以游歷見聞爲主；下卷取材廣泛，各類題材皆有。

本書鈐有“王省山印”印。（杜萌）

賜綺堂詩摘存二卷

清蘇於沛撰。清道光鈔本。一册。半葉八行，行十九字。

此書爲摘録《南北游稿》《蒲坂詩稿》以及刻本《賜綺堂正續集》而來,故名《賜綺堂詩摘存》。

本書卷末有清道光十三年(1833)從侄蘇始大所作序。蘇始大,字蔭遠,嘗從蘇於沛問學。蘇始大序言:"同里喬鶴儕水部於京師廠肆見有售先生詩集者,浼人訪問兼徵全稿,先生不以所長而見秘,喬君録存若干首,所謂《賜綺堂詩摘存》者也,余實任鈔胥之役",可知此本爲蘇始大所鈔。

全書共二卷,上卷存詩八十七首,下卷存詩一百七十六首。全書内容包含詩人南游北游,做官蒲坂、河中等地的經歷。書眉有喬松年所作評語。(杜萌)

林文忠公書札詩稿

清林則徐撰。稿本。一册。

林則徐(1785—1850),字元撫,又字少穆、石麟,晚號竢村老人、竢村退叟、七十二峰退叟、瓶泉居士、櫟社散人等,出生於福建侯官(今福州)。歷官十四省,以忠誠正直、廉潔愛民而名滿天下,受到廣泛贊譽,曾任江蘇巡撫、湖廣總督、陝甘總督、陝西巡撫和雲貴總督,兩次受命爲欽差大臣,卒謚文忠。因其主張嚴禁鴉片,維護國家主權和民族利益深受世人敬仰。清道光十九年(1839),林則徐虎門銷煙,次年英國發動了第一次鴉片戰争。在炮火威脅和朝中投降派讒言誣陷下,林則徐以"誤國病民,辦理不善"的罪名被革職發配伊犂。

《林文忠公書札詩稿》收林氏詩五首,信札兩通,所言"梧江學使大人"爲孫毓溎。孫毓溎(1803—1867),字犀源,一字梧江。道光二十四年(1844)狀元。道光二十六年(1846)孫毓溎任雲南學政,在任上協助林則徐處理政務,得到林則徐的賞識。林則徐用兵雲南,平息"漢回互鬥",孫毓溎建言獻策,二人相處共事三載,寫詩唱酬,往來十分密切。

此札爲林則徐手迹,信札詩稿上鈐有"少穆手織""浩劫之遺""王氏文農收藏金石書畫之印""文農審定""文農長壽""文農長年""文農曾見""文農""慷慨悲歌之士"等印,表明曾爲王文農所藏。(趙明利)

畿輔輶軒集

清張祥河撰。稿本。一冊。半葉五行，無格。

張祥河（1785—1862），字號有元卿、詩龕、鶴在、法華山人，原名公璠，婁縣（今上海松江）人，照從孫。清嘉慶二十五年（1820）進士，官工部尚書。張祥河不僅官至高位，還能書善畫，勤於著述，傳世作品很多。張祥河花卉清勁瀟灑，尤工畫梅。山水則氣韻筆力都有獨到處，書法摹張照，圓潤渾厚。寫意花草宗徐渭、陳道復，山水私淑文徵明，晚年又涉石濤（道濟）一派。清咸豐十一年（1861），因病致仕。次年卒，謚溫和。

《畿輔輶軒集》爲張祥河詩集，卷首題寫"畿輔輶軒集　丙辰正月"，查丙辰爲咸豐六年（1856）。詩文清勁灑脱，字體飄逸渾厚。紙有破損，有些地方字有損。卷末落款"法華山人"。鈐"元卿""張印羊河""詩翁"等印。係張祥河手稿。（趙明利）

陳蓮汀詩稿

清陳銑撰。清嘉慶間稿本。一冊。

陳銑（1785—1859），字春臺，號蓮汀、幼庵、梅涇外史，秀水（今浙江嘉興）人。性質高曠，《國朝書人輯略》中寫道，陳銑好古精鑒，善書法，少即游山舟學士之門。山舟學士即爲梁山舟，字元穎，號山舟，清代著名書法家。陳銑嘗刻一小印"頻羅弟子非得意書不能用此印也"。與姚燮、李春田、陳澹園等交。

是書記清嘉慶十年（1805）前後事，清錢恬齋先生改削。收詩二十餘首，體裁包括五言絕句、五言律詩、七言絕句、七言律詩。題材涵蓋十分廣泛，描寫文人物品、朋友相交。詩前有内容來歷，如開篇描寫古硯的一首詩，乃作者拜訪吳葛齋時，看到其家有一方天然古硯，此硯來自於滎陽太史後人，竊喜留貽名人。回來之後，復成長句，云："名士由來寶硯田，前人衣鉢後人傳。一呼作友盟潘子，再拜稱兄憶未顛。鴝眼分明真活相，馬肝溫潤自天然。遙知染翰南滎畔，細檢松煙帶露研。"

據書中跋稱,此書初被覆"松雪千字文"之封面,吴葆琳以很低廉的價格購買於石駙馬街。打開看時,纔發現原來是《陳蓮汀詩稿》,僅讀完一卷,便掩卷欽佩不已。

鈐有"恬齋"等印。曾藏吴葆琳處。（張偉麗）

懷人詩一卷

清伊湄撰。清道光二十五年(1845)刻本。一册。半葉八行,行二十字。白口,四周雙邊,單魚尾。

伊湄,生卒年不詳,字狷君,自署闆陽(今遼寧北鎮)人。與梅曾亮、查芙波、宗滌樓、吴子序等人同年。

本書書名葉題"修慧齋懷人詩",卷端題"修慧齋詩草",第二行降格題"懷人詩",《懷人詩》爲《修慧齋詩草》的組成部分。書前有清道光二十三年(1843)瑞安孫衣言序,後有道光二十五年(1845)其兄裕貴跋,詳述其代奕蓮舫刻書經過。此集所懷之人,有邵五峰、查芙波、瑞容堂等二十五人,人各一首,共二十五首,皆爲七言絶句。

《懷人詩》題下自注謂:"余性情孤僻,素寡知交。且十餘年來,生死榮枯,晨星寥落。壬寅長夏,追溯舊游,祇就現存者,各以二十八字標其梗概。"壬寅年爲道光二十二年(1842),觀此句之意,則當年同榜題名之人與相交友朋,身份際遇已大不相同,伊湄感時而作,故其詩能"一往情深,耐人尋繹"。正如孫衣言序所謂"皆悱惻情至,宛約動人。可知其深於情也,今賦《懷人詩》二十五首,其中榮悴離合,人各不同"。（杜萌）

柏梘山房文集十六卷駢文一卷

清梅曾亮撰。稿本。九册。半葉九行,行二十字,紅格。四周雙邊。高均儒、董文焕跋。

梅曾亮(1786—1856),原名曾蔭,字伯言,又字葛君,江蘇上元(今南京)人,祖籍安徽宣城,曾祖時移籍江蘇。"少時工駢文",年輕時以詩文見長。十八歲時拜姚鼐爲師。清嘉慶二十五年(1820)中舉。清道光二年(1822)中進士,以知縣銜分派貴州,未赴任。曾入安徽巡撫鄧廷楨與江蘇巡撫陶澍之幕。道光十二年(1832),再次入京。十四年(1834)授户部郎中官,二十九年(1849)去官回鄉,在京師近二十年。道光末年、咸豐初年主講揚州梅花書院。著有《柏梘山房文集》《詩集》《文續集》《詩續集》《駢體文》等,另編有《古文詞略》二十四卷。

此爲稿所用爲海源閣稿紙。版心上鎸"柏梘山房文稿"中有"益之手校"。卷首爲戊子秋七月植之弟東樹識,稱梅曾亮筆力高簡醇古,時得古人行文筆勢妙處。全書所收有論説、書啓、贈序、書序、傳、墓誌、贊、哀詞、祭文等,最後附一卷駢文。書寫工緻,行文中有增補、删改、圈點、塗抹、描潤。書末有咸豐六年(1856)高均儒跋,稱柏梘山房文稿九册,分十八卷,上元梅户部撰,聊城楊侍郎録,存户部,復因加墨編定,間有近年之稿,則户部手録侍郎依之以付刊。由此應爲海源閣楊以增膳清稿本。按:高均儒,字伯平,秀水人。廩貢生。性狷介,嚴取與之節。治三禮主鄭氏。尤服膺宋儒,見文士蕩行檢者則絶之如讎,人苦其難近。

高均儒跋後有同治壬申(十一年,1872)董文焕跋,稱此集爲上元梅伯言先生手訂,聊城楊端勤公家藏。咸豐甲寅(四年,1854)付梓。按:董文焕,字堯章,號研秋、研樵、硯樵,山西省洪洞縣人,咸豐六年(1856)進士。

卷端鈐有"研樵眼福"印。（田野）

紅藕花山房詩鈔二卷卷首一卷

清鄭漱香撰。清道光二十一年(1841)刻本。二册。半葉八行,行十七字,小字雙行同。白口,四周雙邊,單魚尾。圃餘書屋藏板。

鄭湘蘭(1786—1838),字漱香,一字健持,江西臨川人。清嘉慶二十三年(1818)舉人。清道光二年(1822)與修縣志。六年(1826)大挑二等,選安義縣學訓導。卒後編爲此集。

本書前有翰林院庶吉士徐謙序,論其詩歌曰:"獨抒性靈,一空依傍,其五言往往工於發端,得唐賢法乳,悼友之作字字忱摯,視夫平原嘆逝蘭成思舊,悽惋一致,先生殆古之詩人歟?"序後有道光二十一年(1841)吳思澄撰《鄭漱香先生傳》,完整呈現了詩人的生平:"弱冠即爲童子師以養母,年二十四以縣試第一人,補郡學生,旋試優等,飆名噪甚,其讀書不拘一轍,經史外凡有關古今治亂得失,可見諸施行者,罔不綜核考覽,爲文磊落豪雄,有奇氣,而一衷於律……嘉慶戊寅,舉鄉魁第四,入都……嘗言學貴實用,不尚空文……既屢試春官不第……因就大挑入二等,受教職,以歸時道光丙戌六年也……久之補安義縣訓導,安義學缺,余省屬中爲最下,修脯歲入不滿百金,則仍教學以自給,然自是益縱飲自放,未幾,遂得偏枯疾以卒,卒年五十三。"對其詩鈔成稿情況亦有簡單介紹:"所爲詩古文詞稿,多爲人取去,或澨散不收拾,所録存者僅十之二三,今將與其素交及門下士搜輯謀付梓,以歸其子而藏之家屬。"詩鈔正文前有滄州劉士瀛書《詩龕入定圖》圖像、崖竹李宗澳題詩及詩鈔總目。末有受業子婿廖延齡跋,記叙漱香最後患偏枯之疾至故去的過程。(徐慧)

涵碧樓詩稿初刻二卷

清黃雲湘撰。清光緒二十一年(1895)鈔本。二冊。半葉六行,行二十字,小字雙行同,朱格。白口,四周雙邊。

黃雲湘,生卒年不詳,字蘅卿,浙江仁和人,知縣黃春渠孫女,諸生陸潤生妻。黃春渠由名進士宰閩,有循吏聲,以墨誤去官,滯榕城。陸氏爲績學士,亦工詩。

此稿前有清光緒二十年(1894)楊鶴鳴、楊和鳴、劉家謀、梁康辰序。楊鶴鳴爲黃春渠忘年交,常樽酒論文,又爲黃氏姻家琴友,其序云:"其詩皆發乎情,止乎義,無脂粉氣,有風雅音,信乎先生能詩之言不謬也。"楊和鳴叙則不乏溢美之詞:"讀之韻葉雙聲,詞編十索,艷奪六朝之綺,巧穿九曲之珠,細刻則入木三分,高唱則去天尺五。羚羊香象不誇一指之禪,翠翡蘭苕幷隸十眉之史,不足以永棗梨之壽,而增楮墨之光者乎?"劉序評論蘅卿詩歌曰:"緑筍一束,青蓮百篇,拓璇璣之舊圖,儷金珠之妙曲。謝道蘊柳絮一吟,江采蘋梅花八賦。筆星夜朗,陋畫史之百眉。墨兩秋寒,悟詩禪於一指,信進士之不椰,真才子而掃眉。矧夫二玉成珏,雙蓮爲苹,祭始影以好顔,拜妝陰而乞巧,情文并茂……"梁序對其人其詩則更是不吝美言:"句好如仙,才堪泣鬼,軍張娘子任掃千人,石煉女媧嘆迷五色。僻韻能呼雌霓,巧窮文士之心,曼聲慣賦雄風,豪有丈夫之氣,不棄菅蕭蒯,竟詢芻蕘僕也。"序後是鄭祖琛、徐寶森、劉家謀、楊和鳴、梁康辰等所作《涵碧樓詩稿題辭》數首。此稿《販書偶記》亦有著録。(徐慧)

宮閨組韻

清陳圳撰。清鄧學洙鈔本。一册。

陳圳,生卒年不詳,字長源,晉安(今福建閩侯)人,一説長樂人。《宮閨組韻》爲唐人詩句的集句,共一百二十首。所謂集句爲詩,清代梁章鉅《巧對集》中對此解釋説:"集句爲詩始於晉傅咸,今載於《藝文類聚》者,不過寥寥數句。有唐一代,無格不備,而是體亦闕,如至北宋石延年、王安石、孔武仲等閑作……"對於陳圳寫《宮閨組韻》一書,《巧對集》中寫道:"吾閩侯官之陳長源(圳)在前朝已有《宮閨組韻》之作,亦集唐律爲之。分宮詞、閨詞爲上下卷,徐興公以爲句皆天成,對皆巧合。"

是書前有謝章鋌所作之序。序中言集句起於王荆公,國朝朱彝尊尤爲擅長此道,曾經編寫《蕃錦》一集。謝章鋌(1820—1903),字枚如,福建長樂人。清光緒二年(1876)進士,官内閣中書。後辭官歸鄉,好游山水,工詩詞,有《賭棋山莊集》傳世。其墓誌亦藏於國家圖書館中。

是書分爲上下二卷。卷上爲宮詞六十首,選取王建、杜甫、李商隱、劉長卿、韓偓、韋莊、花蕊夫人等百餘位詩人的作品,許多中小詩人的作品,藉此保留下來。如盧宗回上句"渭水寒光浮藻井"對李白詩中"巫山枕障畫高郵",下句對仗極其工整。其詩歌涵蓋了初唐、中唐、晚唐三個時期。卷下爲閨詞六十首,多爲閨中怨春訴情之作,多爲纖巧穠麗之詞。如杜牧"迷與每慚花月夕"上句對劉瑤"綠窗寂寞背燈時",李賀一句"南山桂樹爲君死"對劉方平下句"朝日殘鶯伴妾啼"。

是書曾有陳圳的老師徐興公序之本,然已佚,祇剩此種版本,具有較高的文獻價值。鈐印有"越山斈""章鋌之印""學沐""沂東""長樂鄭振鐸西諦藏書"等。
(張偉麗)

太璞廬詩選六卷

清郭去咎撰。清道光濰縣許氏刻本。二册。半葉九行,行二十一字。白口,四周雙邊,單魚尾。

郭去咎,字悔存,號震庵,山東濰縣人。諸生。詩文多磊落不平之氣,記事抒情,貼切有味。

本書前有清道光(十二年,1832)朗和尚叙言,又有去咎胞兄《太璞廬詩選原序》稱:"昔先兄復堂不喜爲詩詞,而以古文爲性命。家弟悔存獨肆力於填詞賦詩、古文制義而不喜駢儷,性情學術不可以爲僞如此。悔存之詩,光怪微眇,不執一格,而廬山真面目則歸於豪放。今所選者特載什一於千百,識者引而伸之,觸類而長之……嘉慶二十一年五月朔日胞兄去咨書後。"卷末有去咎侄兆封作《雪中記事》,題記曰"悔存叔詩文分鈔者五人……粗成卷後,十一月十三日叔氏冒雪來齋中,命封改正訛字,詩以記之",交代了詩選成稿事宜。(徐慧)

震庵集二卷

清郭去咎撰。清道光刻本。二册。

本書分爲《震庵内集》一卷、《震庵外集》一卷,乃去咎所作雜文。内外集各一册。内集爲黄紙本,刻於清道光二十一年(1841),半葉九行,行二十一字。黑口,四周單邊,單魚尾。外集爲白紙本,刻於道光二十七年(1847),半葉九行,行二十一字。白口,四周雙邊,單魚尾。

内集前有道光二十年(1840)郭去咎録其兄復堂先生《志硯》一首,假借爲序;末有二十一年去咎弟磐石作震庵内集跋:"悔存兄老而數奇,險阻備嘗,然窮蹙日久,而著述益富。《太璞廬詩選》《松香詞摘録》久已膾炙人口,而古文制義充盈篋衍,以艱於資斧未嘗梓以問世。客歲,余謂兄曰:'文章爲精神所聚,吉光片羽,足驗性情,如卷石勺水,山海之巨觀寓焉。盍稍付剞劂,以防朽蠹。'兄諾之,乃自訂古文《一隅集》,其餘悉聽之造化。"外集正文前有道光二十七年門人陳圩序交代詩集付梓經過:"圩從吾師游數年之久,耳提面命,無間於寒暑,師弟之際有古風焉。雖制義文字必取法乎歸唐,而於經傳子史研究無少輟,故師著述甚富而不輕以示人……乃於引見之後告假,旋里謁師於太璞廬,年已七十有三,目雖昏花而身其康强可慶也。因請出其《震庵集》《太璞廬詩選》《松香詞鈔摘録》,共若干卷,携歸任所,并付剞劂,庶一慰教育之忱,不遺憾於息壤。"(徐慧)

蔗園詩存

清張豐撰。清道光三十年(1850)刻本。一册。半葉八行,行二十字,小字雙行同。白口,四周雙邊,單魚尾。

張豐,字亨甫,號小南,山東濰縣人。清嘉慶十二年(1807)優貢,官武安知縣。

本書前有清道光二十九年(1849)張豐侄黄樂之跋:"曩在都門與吴蘭雪、張亨甫諸公論詩,蘭雪自命顧視清高,與王仲則同調,亨甫自許清超絶俗,爲閩中第一。然兩君詩才,不外一清字。今讀蔗園先生詩,真清絶人寰,令人味之無極。其氣格本自唐來,而豐骨隽峭,獨開生面,則又清而能真出自天成,不可强致也。"

正文前有目録,卷端署張豐著,胞弟、男、孫、甥等人校閲、校刊,此書爲家刻本。(徐慧)

蔗園古集

清張豐撰。清道光三十年(1850)刻本。一册。半葉九行,行二十五字,小字雙行同。白口,四周雙邊,單魚尾。

本書書名葉、書簽等題"蔗園集",卷端題"蔗園古集"。前後無序跋,但有目録,收録張豐所作古文三十四篇,文體包括序、論、傳、記等。此集較爲稀見。(徐慧)

佩蘭軒繡餘草

清文篁撰。清光緒九年（1883）家刻本。一册。半葉九行，行十九字，小字雙行同。白口，四周雙邊，單魚尾。

文篁（1786—1817），字湘華，滿洲鑲紅旗人，克勤訥平郡王之曾孫女，自幼即孤，有一兄一姊。姊毓秀，字淑榮，聰明敏捷，淹博能詩，惜未字而卒。兄景麟，字子仁，清嘉慶十三年（1808）進士，歷官詹事。文篁及笄之年，家道敗落，已同寒素。

此稿爲文篁遺稿。正文前有文篁之子慶岳序，正文後有清光緒癸未（九年，1883）文篁孫恩隆、恩良跋，叙及此稿成稿及付梓經過：“先大母篤於内行，博學工詩，而不欲以詩名顯，故吟成稿輒棄去。《佩蘭軒繡餘草》一卷，先大夫隨時搜輯，手自鈔存者也……孫謹受而藏之，未敢一日去諸懷，忽忽至今，又十餘年矣。今歲，延吉君子猷課兒輩讀，君喜詩，嘗論及吾鄉《閨秀正始集》，因思集中有爲先大母師事友事者數家，詩學之自，實有淵源，因檢出呈於吉君。君讀竟，力贊付梓，謂無論承於庭訓，付梓爲再不可緩之事，即以詩論，要亦入雅出風，足可媲美正始稿，中如《詩以代束》《詩以代諫》《秋感》《秋懷》諸作，皆卓然見道之言，與尋常月露之辭迥異。”可見遺稿得以付梓頗費周折，直到孫輩方得以梓成。

而據序稱，文篁“幼睹榮華，長傷凋謝，于歸後仍時以家貧親老爲念，於是戚斯嘆嘆，斯詠鬱結，憂傷之意每見於感時詠物之章，此遺稿之所以多哀音也”。詩稿多感懷詠物，不乏哀怨凄婉之作，與作者生世性情不無關聯。

鈐“駱駝書屋”“徐”等印，爲徐祖正舊藏。（徐慧）

桐花閣詩集

清吴蘭修撰。鈔本。一册。半葉八行，行二十字。

吴蘭修，字石華，號荔村，廣東嘉應人。清嘉慶十三年（1808）舉人，任信宜訓導。卒年五十餘。家富藏書。所撰尚有《守經堂集》一卷、《桐花閣詞》一卷、《荔村吟草》三卷。清道光元年（1821），蘭修與曾釗、張維屏等結希古堂文社。曾校《西廂記》，稱“第六才子書桐華閣校本”，於道光二年（1822）爲之作序。

全書録詩一百六十四首，多爲五言近體。卷末有清光緒二十五年（1899）柳橋墨筆購藏此書題識：“《桐花閣詩集》世不獲見。余偶游京都廠肆，見此甚喜，樂詢其價，亦廉甚，因購歸。此書乃吴蘭修先生所輯，嘗見其《端溪硯史》及其詞，而其詩集則不多見，余子孫其珍藏焉，可也。光緒二十五年夏月柳橋識。”題識後鈐朱文方印“方功惠藏書印”。據此可知，此集爲方功惠購藏。方功惠，字慶齡，別字柳橋，湖南巴陵（今岳陽）人。清晚期著名藏書家。此書目録葉又鈐陰文方印“巴陵方氏碧琳琅館藏書”。（徐慧）

凝神草堂詩存二卷詩餘一卷

清秦士豪撰。鈔本。一册。半葉九行，行十八字。白口，左右雙邊。

秦士豪，字屺陵，號擎峰，浙江慈溪人。貢生。仕至鹽運司知事，歷署泰州角斜場大使、海州臨興場大使、惠州謓水場大使。

此書卷首有秦士豪之友吴錫麒嘉慶拜撰序，繼之邵正笏、張廣埏、王學厚、陸晟曾題詩，孫熊慶題詞，以及陸晟曾致石芬信札一通，均有對秦士豪詩之贊譽。

全書鈔寫工緻，間有批注浮簽，朱筆注明增删以及修訂，《詩存》爲上下兩卷，《詞》一卷。書末爲嘉慶二十年（1815）秦士豪子秦豐岐識語，稱秦士豪“自少耽吟詠，帖括之暇，輒及聲詩，比登仕版，簿書鞅掌，猶與賓僚酬唱無虛日，宦轍所至，遇諸名勝必紀以詩，所得不下千餘篇。……病請假杜門，不涉公事，删訂舊稿，存詩二百首有奇，合八集爲上下兩卷，手自編寫。寄請鑒定於大司成錢塘吴穀人年伯，岐奉命賫質蒙弁珠玉以還，遂附驛郵遞粵，而先大夫已抱疾而革。就床展閲，猶檢病中諸草增入之，并付侍者曰，必歸示岐”。待秦士豪去世，秦豐岐念其父手定之編爲畢生心力所在，不忍湮没，遂擬付剞劂，告慰先人。此爲成書過程，作者自行芟訂，去粗取精，頗具價值。後人鈔録，并準備刊刻以廣流傳，然未見刻本流傳，或未及刊刻。（田野）

就正齋文集二卷

清楊源漢撰。清道光二十二年（1842）新化楊氏刻咸豐六年（1856）新化楊氏重印本。一册。半葉九行，行二十字。白口，四周單邊，單魚尾。

楊源漢，字同江，自幼聰慧，好讀書，以父基嶽遠館他鄉，從邑名宿段曜、曾承謙受學，文思勃崒，不軌於法。入郡學，即爲督學岳侍御鎮南所賞識，拔冠歲試，曹食餼刊其文於試牘，自是聲名鵲起，臨貢，坐武童重冒譴被黜，至清咸豐末，襄辦防堵，上功開復，充正貢。源漢個性和易，甘於淡泊，布衣粗糲，安之若素，癖嗜奇聞，有異書不惜二癡之誚，務求借觀。居鄉時，恒授徒爲業，善啓迪先後從游者，毋慮數百人，多資成就（據清同治十一年（1872）刊本清關培鈞《［同治］新化縣志》卷第二十三）。

文集正文前有目録，共録文章三十八篇，知府邵綏名爲之序。邵序稱："余雖未識其人，稔其生平，直而温，寬而栗，有古君子風，且負異才，流覽經史，獨攄心得。生受業其門，得指授講貫之力爲多。丙辰春，生甫掇芹香，乃出同江所撰古文一卷，請序於余，余以次披讀之，乃嘆其大含細入，與古爲化，考其馳騁瞻逸之能、正大醇古之旨，亦可見其志，愈以見平日所信者良不誣，學者得是書而讀之，豈特取青紫如拾芥，即以爲升堂入室之階亦無不可，又何患乎文氣之卑靡，而體裁之龐雜也哉？"（徐慧）

印軒吟稿一卷

清朱綬撰。清鈔本。一册。半葉十行，行字不等，無欄，無格。

朱綬（1789—1840），字仲環，號酉生，晚號仲潔，又作仲結，江蘇元和人。清道光十一年（1831）舉人，嘗佐梁章鉅幕，章奏多出其手。又勤學敦行，廉清簡默。詩文格律精嚴，又工古文辭，與沈傳桂等稱"吳中後七子"，又與王嘉禄并稱"朱、王"。生前自刻《遺硯樓小集》一卷，附其妻高篔《綉篋小集》一卷，清嘉慶二十二年（1817）刻。卒後編爲《知止堂集》，計《文集》八卷、《文補遺》一卷、《詩録》十二卷、

《詞録》三卷，道光二十一年（1841）刻。另存《印軒吟稿》一卷。

《印軒吟稿》一卷，爲《名家詩詞叢鈔》内容之一，鈔於素紙上，收入作者《有盦》等作四十餘篇，長短不一，五言、七言不限。

鈐有"劉印履芬""江山劉履芬觀""紅梅閣""長樂鄭振鐸西諦藏書"等印。（王永全）

馬教諭遺稿二卷補遺一卷

清馬維藩撰。清宣統三年（1911）刻本。一册。半葉十行，行二十一字。黑口，左右雙邊。

馬維藩（1789—1853），初名昌培，字伯元，一字秋耘，湖南寧鄉人。清道光二年（1822）舉人，授新寧教諭。"生平淬品勵行，言動有法，讀書不放一難字，蓄一疑義。"門下學生頗多。

此稿書名葉題"馬教諭遺稿"，牌記題"宣統辛亥五月刊於莓田古屋"。正文前有清宣統辛亥（三年，1911）梅英杰序、《寧鄉縣志人物傳》。梅序中詳述了成書經過且稱先生詩文"清樸可誦"。正文兩卷：卷一箋啓十九首，卷二文一篇、詩八首、家書一篇。附補遺詩三首，附録又有鄧顯鶴、劉基定、易清照等所作壽言。（徐慧）

斗樞詩志

清許經文撰。鈔本。半葉十一行，行二十四字，無格。

許經文，生卒年不詳，海昌（今屬浙江嘉興）人，生平事迹不詳。

是書主要是歌詠海鹽一帶各種名勝和名人，開篇詩即爲："海寧古是鹽官地，南北東西百里寬。城外石塘千百丈，帑金纇發萬民歡。"名勝如清康熙十三年（1674）建告天樓、潮神廟、文廟、瓦石堰、安國寺、種慈庵、府君廟、安國寺、白馬廟、海寺龍王廟等百餘處，每處皆賦詩，描述該處的歷史、地理位置、由來等，如海寺龍王廟賦詩云，"汪店橋邊有渡船，雲龍寺裏曉鐘傳（俱在三都八莊）。燒丹石井今猶在，知是仙人馬自然"，不僅準確地表述出了此處名勝的特點，且意味悠長。書中記載的重要信息還包括名勝的歷史沿革和來龍去脉，爲後人留下了珍貴的歷史資料。比如海鹽地區的兵備衙門，"雍正十一年設，乾隆十九年裁，今署杭嘉湖道"。詩中還有關於當地族人的記載，如記三觀墩一地，朱姓族人非常多，記其"朱氏人家族最繁，相傳半出是花園。墳名在卅二都八莊，西牌樓卅一都十二莊，亦多朱姓，云是同宗各一源，各有科第"。這些記載對於研究當地人口變遷、充實縣志有一定的補充作用，具有一定的文獻價值。詩人通過當地的名勝擴展到民生疾苦，在最後一首詩中寫道："民驕士弱日憂心，租税無還着意侵。强占霸吞多伎倆，可憐業主不能禁。"

是書爲鈔本，具有獨特之版本價值。（張偉麗）

冬青書屋吟稿二卷文稿一卷

清晏訴真撰。清道光二十九年（1849）刻本。一册。半葉九行，行二十一字，小字雙行同。白口，左右雙邊，單魚尾。

晏訴真，生平不詳，字雪研，安徽含山人。另撰《春暉園詠花詩》一卷，附《水中梅景三十韻》一卷、《閨中怨》一卷，有鈔本存世。

此書包含《冬青書室吟稿》二卷、《冬青書室文稿》一卷。《吟稿》前有清道光六年（1826）作者表弟程雲序、道光二十九年（1849）作者侄孫殿齡序及休陽女士汪文鸞題四律詩、湖州女士姚文玉題四律詩、道光二十三年（1843）雲間女士許若蘭題詩、二十八年（1848）俞樾題詩。程序云："予與晏白華茂才弦韋爲贄，杵臼定交，既深萱杜之歡，又托葭莩之戚，因得讀其壺史……中年之後風格愈高外，弟筆妍思，妙發錦心，譜芍藥之箋，南國群芳，品題殆遍，西湖十景，摹寫尤工，若非扇爐冶於靈胸、運茗華於巧腕，安得清言綺燦、秀語珠圓乎？"孫殿齡之序則描述了雪研女士偏饒逸緻的生活："朝洗硯而暮彈琴，别具閑情。春種蘭而秋藝菊，烹茶釀酒，有時用佐清談，掃地焚香，終日惟耽靜坐"，稱其"律絶古今，盡是庾新鮑俊，文章駢散，無非宋艷班香"，又交代了"冬青"之名之來源，"所居室外有冬青一樹，生如芝草之無根，性比梅花而更傲，蒼皮不老，秀色可餐，經冬而古雪長留，入夏而驕陽遠避，天殆借女貞之樹以成貞女之名乎？"（徐慧）

小弇山堂詩草二卷

清馮啓榛撰。清咸豐二年（1852）欣園刻本。二冊。半葉九行，行二十一字，小字雙行同。白口，左右雙邊，單魚尾。欣園主人藏板。

馮啓榛（？—1849），字晉魚，一字晉漁，廣東鶴山人。弱冠舉孝廉，就職中書，遷刑部主事，旋知山西隰州，有政聲。清道光二十四年（1844）任滿賦閑，不久病逝於金陵。生平見本書卷前清咸豐二年（1852）許乃釗、羅天池二序。

據許、羅序可知，馮啓榛從胡承珙游，受三禮之學。平生亦致力於鼎彝、錢幣、星相等雜藝，未聞詩名。曾於甲子（清嘉慶九年，1804）、甲戌（嘉慶十九年，1814）兩度夢中游弇州山人故園，故其集題曰《小弇山堂詩草》。卒後四年，由其子拾掇遺稿，付之梨棗。（張曉天）

使蜀小草二卷

清吳嘉洤撰。清道光二十七年（1847）刻本。一冊。半葉十行，行二十二字，小字雙行同。白口，左右雙邊，單魚尾。

吳嘉洤（1790—1865），字清如，室名退齋、澄之、新有軒、儀宋堂，江蘇吳縣（今蘇州）人。清道光十八年（1838）進士，授內閣中書，歷官宗人府主事、戶部河南司員外郎。與戈載、沈彥曾等同爲“後吳中七子”，爲吳中詞派的代表人物。生平略見《儀宋堂詩文集》卷首亢樹滋《吳嘉洤行狀》。有《儀宋堂詩文集》《秋綠詞》《儀宋堂詞》。

卷前有道光二十六年（1846）邵懿辰序。吳嘉洤爲文宗法歐陽修，清真雅正。詩歌追慕王士禛，出入蘇黃之間，有“此夜荒山中，不知几黃葉”，故有“吳黃葉”之譽。詞作多宗法南宋，詞論多有見地。吳氏曾於清咸豐九年（1859）編訂其詩文稿，惜毀於太平軍兵燹。道光二十六年，吳氏奉旨輔助徐士穀典試四川期間，作詩一百六十餘首，次年付梓。（張曉天）

是吾齋集八卷續集四卷

清于卿保撰。清道光同治刻本。四册。半葉八行,行十九字,小字雙行同。白口,左右雙邊,單魚尾。

于卿保(1790—?),字邛山,一字邛仙,漢軍鑲紅旗人,居鐵嶺,宗瑛子。楊鍾義《雪橋詩話餘集》記"己未邛山卒年七十",此己未當爲清咸豐九年(1859),或爲其卒年。官河南下南河同知。卿保與孫平叔、姚伯昂、蔣吟秋、謝駿生等多有唱和。于氏自宗瑛至鍾岳凡四代,皆效忠清廷,卿保《述哀》詩即記述了咸豐五年(1855)鍾岳兄弟糾衆抗擊安南匪徒擾境之事,"老夫南望收殘淚,不墜家聲有二孫",二孫即指鍾岳、鍾毓,時卿保已年近古稀。

《是吾齋集》八卷,清道光間刻,書簽題"是吾齋詩初集",《初集》前無序言,是書收《放鶴》《元日下邳道中遇雪》等詩,爲卿保自刊,蓋宦游防河時所著。《是吾齋續集》四卷,清同治間刻,爲卿保致仕後隱居蘇門時所著。《續集》前有同治四年(1865)卿保女修儒識語,交待成稿經過:"家大人性耽文藝,曩官河上,不廢吟詠,嘗厘訂所著,付諸手民,抽籤以後,頤志林泉,偶有感觸,輒托於豪素,迨捐館舍,修儒哀輯殘稿,未鋟木者,篇什尚夥。兄子鍾岳牂牁遠宦,死綏效忠,寒宗零替,付托無人。設庋藏不謹,或有散佚,遂致湮没無傳,心滋恩焉。爰出環珥,爲剞劂資,次於初刻。"

鈐"臣本布衣""礪堂藏書""詠春所收"等印。(徐慧)

咫聞軒詩草十卷補刻一卷

清帥方蔚撰。清道光同治刻本。四册。半葉八行,行二十一字,小字雙行同。白口,左右雙邊,單魚尾。

帥方蔚(1790—1871),字叔起,一字子文,號石村,江西奉新人。清道光六年(1826)一甲三名進士,授編修。八年(1828)充山東鄉試副主考,遷湖廣道監察御史,轉雲南道監察御史。以病告歸,主白鹿、經訓書院。

此爲清帥之憲輯《帥氏清芬集》十八種之一。此稿正文分初刻、二刻、三刻、四刻，每刻前有序目，初刻序目後有凡例。初刻二卷，卷一爲詩甲古今體詩九十五首，卷二爲詩乙古今體詩一百零九首；二刻三卷，卷三詩丙古今體詩五十三首，卷四詩丁古今體詩四十五首，卷五詩戊古今體詩六十首；三刻三卷，卷六詩己古今體詩八十一首，卷七詩庚古今體詩七十首，卷八詩辛古今體詩五十九首；四刻二卷，卷九詩壬古今體詩三十八首，卷十詩癸古今體詩一百一十一首。書末有清同治元年（1862）帥方蔚子汝愨、之憲及孫大佺跋語一篇，交代此稿成稿編排付梓經過，頗爲詳細，又論及方蔚詩學特色，并對詩集命名作了説明，"咫聞與紫雯皆子文之借音也"。後又附《咫聞軒詩草補刻》數首。（徐慧）

春及園蟲鳴草四卷

清孔昭恢撰。稿本。四册。半葉九行，行二十字，無格。

孔昭恢，字景度，號鴻軒，山東曲阜人。清嘉慶十五年（1810）舉人，候選布政司理問。

春及園者，其家泗上別墅，林下優游之地。據卷前孔昭恢自述，其二伯父曾作《蟲聲詩》，極有神韻，孔昭恢將之録於卷首，且以"蟲鳴"命名自己的詩集，以表達對此詩的喜愛敬仰之情。是爲此書題名之由來。

卷前有嘉慶二十年（1815）孔昭恢叔父序、清道光四年（1824）慕宗愨序并題詩以及方世振題詩。正文分四卷編次，凡四百餘首。題材豐富，舉凡景物山水、羈旅送別、思古述懷、唱和應答等，無所不有。且風格多樣，古近體兼善。其古體詩古樸深厚，情思綿長，如《捕蝗嘆》《荆軻詠》《代弟輩祭家汝調先生哀辭》，感人至深。其近體詩典雅精緻，有唐人之風，如《晚秋野望》《雁聲》《送綱文兄赴杭唷六妹新寡》等，時見佳聯妙語。此外，如《煮粥謡》《録科日在試院門前口占》等詩諷喻世情，自嘲嘲人，亦給人印象頗爲深刻。其詩確如方世振題詩所贊："飄然神妙到毫巓，星宿羅胸別有天。出語從無牙後慧，透宗不是口頭禪。"孔昭恢在《論詩》一詩中説："語多澀處因才窘，典愛貪時爲學疏。真景真情真閲歷，寫來原不費功夫。"他才高學深,加之見多識廣,以真情出之,詩作自是出色。

書名葉鈐“崇山秘笈審定”印,卷端鈐“蟲鳴小草”“彦合琭玩”等多方印。有朱筆點評,頗多贊譽,如評《謁孟廟》“孟廟詩雍雍大雅,此爲第一”。另有墨筆圈點及點評,贊譽之外,亦有批評,如評《雜感》六首,“前四首甚佳,後二首似近尖刻”,與朱筆點評者應非一人。

此爲《春及園蟲鳴草》初稿,另有道光二十五年(1845)刻本。此本多處可見增删塗改之痕迹,自删改塗抹之處可見著者對用字及詞句的對仗、平仄等方面的推敲過程,有很高的文獻價值,彌足珍貴。（李江波）

硯農雜稿四卷

清侯盛烈撰。清鈔本。二册。半葉十行,行二十二字,小字雙行同。

侯盛烈,字銘鼎,號錦堂,又號硯農,直隸贊皇人。清嘉慶十五年(1810)舉人。《[光緒]畿輔通志》卷一百三十六載,所著又有《游閩雜稿》一卷,今未見傳。

稿前有清咸豐十年(1860)銘鼎自序,時年七十有八。自序交代了雜稿創作動機及成稿經過,頗爲自謙:“是編皆未出山以前,硯田耕耨之餘,或因事應酬,或隨時消遣,東塗西抹,毫無足觀,早宜付之一炬,以免貽笑大方。因係半生心血,所寄未忍抛擲。爰大加芟汰,僅存詩詞及雜體文各若干首。其由閩歸田以後,潦倒荒疏,筆墨愈少,姑類附之。”可見,此稿内容多爲銘鼎賦閑之時所作,經由作者嚴加芟汰。

卷端署名“房子侯盛烈銘鼎著　男昌域孫錫鉞編”。内容按體裁編排,卷一、二爲詩,卷三爲詞,卷四爲銘文、賦、序、記、説、祭文、墓誌。（徐慧）

第二槎亭吟草五卷

清鄧祥麟撰。清鈔本。一册。半葉十行,行二十字,小字雙行同。

鄧祥麟,生卒年不詳,字樵香,號幼鳴,又號桃生、二槎過客,直隸欒城人。清嘉慶舉人,嘉慶十五年(1810)入國史館充録事。二十五年(1820)官廣西横州知州。清道光三年(1823)以直忤上司被革職。著有《第二槎亭吟草》六卷《續草》二卷、

《大翮山房集》四卷、《雲衣集》二卷、《六影詞鈔》六卷等。

《第二槎亭吟草》卷端署名"欒城鄧祥麟幼鳴甫"，詩歌按紀年編排，五卷分別錄嘉慶庚辰（二十五年，1820）、清道光辛巳（元年，1821）、壬午（二年，1822）、癸未（三年，1823）、甲申（四年，1824）五年間作品。詩作當均是爲官廣西橫州知州時作品，如首卷首篇即爲《之官橫州留別》："萬里下炎荒，雄州説簡陽。猛寬都未試，學仕恐相妨。舊雨懷江樹，新篇媿海棠。春明一揮手，閒看計偕忙。"詩體大多爲五七言律絕，亦有其他，如卷五首篇《元日試筆六言》："人生及時行樂，未知命竟何如。但願得一知己，悔不讀十年書。"遣詞造句極爲通俗簡易，直抒胸臆。（徐慧）

郵程紀事草一卷赴簾日記吟一卷

清觀瑞撰。清刻本。二册。半葉八行，行二十一字，小字雙行同。白口，左右雙邊，單魚尾。

觀瑞，字雲亭，號竹樓，姓索綽絡氏，滿洲正白旗人。清嘉慶十五年（1810）舉人，二十年（1815）任廣東文昌知縣，清道光十年（1830）署江西廣饒九南兵備道，此後歷署吉南贛寧兵備道、江西鹽法道，在江西任官至道光二十五年（1845）。撰有《郵程紀事草》一卷、《章門紀事草》不分卷。《八旗藝文志》載，觀瑞還著有《竹樓詩集》，未見。

《郵程紀事草》與《赴簾日記吟》合刊。《郵程紀事草》正文前有嘉慶二十四年（1819）竹西詞家江藩序、吳其濬序，二十五年（1820）張署序及觀瑞侄鄒紹觀跋。序跋後又有觀瑞侄齊元發題辭及禹山陳廷選題辭，題辭後附錄編校及門姓字。本集作品皆觀瑞出都赴海南島所作。卷端鈐"富察恩豐席臣藏書印""詠春珍藏"印。

《臥簾日記吟》正文前有道光元年（1821）汪景福、張衍基、劉霈、謝光國等人序，蘇鴻題辭及嘉慶觀瑞自序，本集爲觀瑞由瓊赴省紀程之詩。卷末附錄《瓊南和別詩》。（徐慧）

章門紀事草

清觀瑞撰。稿本。二册。半葉八行，行二十字，小字雙行同，紅格。白口，四周雙邊。

章門，江西贛縣古城門，此集用以代指江西。此集不分類，以撰作時間爲序。從詩題看，首册各詩，作於己丑、庚寅、辛卯、壬辰、甲午年間，即清道光九年至十四年(1829—1834)年之間；第二册各詩作於甲午、乙未、戊戌、己亥等數年，即道光十四年至道光十九年(1834—1839)之間。第二册之前，有道光丙申(十六年，1836)張維屏序。首册前半天頭有批語數則。

首册封底内面鈐滿漢合璧長方官印兩枚，唯文字不够清晰，難以盡識：第一印文爲"……税……關防"，左右書"道光元年九月　日""道字六十六號"；第二印文爲"……税關防"，左右書"乾隆十四年九月　日""乾字二千二百三十六號"。第二册封底内面鈐滿漢文合璧"廣信府印"，左右有"乾隆十五年三月　日""乾字三千六百十五號"等文字。

集中各詩，多爲題贈酬答之作，也有紀事抒懷篇章，書名"紀事草"，正指此而言。(劉波)

欣所遇齋詩存九卷

清吴家懋撰。清道光二十九年(1849)刻本。三册。半葉八行，行十九字。黑口，左右雙邊，單魚尾。

吴家懋(1791—?)，字菊湖，廣東番禺人。清嘉慶二十五年(1820)進士，改庶吉士，散館授知縣，歷官直隸鄗城知縣，終廣西龍滕州知州。生平受知於梁章鉅，與徐寶善、張祥河、黄爵滋等交好。

書前題"欣所遇齋詩存　道光己酉嘉平菊湖書"。前有家懋自序，叙及詩論及成稿付梓經過，"詩道性情而已，必尊唐庳宋，立户分門，互相訾詆，抑末矣。善言詩者，欲其陶寫性靈，沉吟身世，模範山水，憑吊古今，故論取其正，詞取其雅，意取其新，句取其警口頭語……余壯年釋褐，浮沉宦海垂三十年，所履之地簡多於繁，以其暇肆力於詩古文辭，故生平造詣得力於宦游爲獨多。今行年六十矣，飛倦知還，不忘結習偶發，陳篋得新舊所作千餘首，汰成六百，付之剞劂"。可見，本稿多爲其宦游時所作。

本書其詩多詠山川名勝，如《懷古十首》《陶靖節故里》等。（徐慧）

征帆集四卷

清陳熙晉撰。清咸豐元年（1851）刻本。二册。半葉十行，行二十一字，小字雙行同。黑口，四周雙邊，單魚尾。

陳熙晉（1791—1851），原名津，字析木，號西橋，浙江義烏人。貢生，以教習官貴州開泰、龍里、普定知縣，官至湖北宜昌府知府。

集前有清道光二十六年（1846）王柏心序，言及詩作創作時間及内容等："西橋先生宦黔時，嘗有是役矣。其得詩獨多……所遇民俗之疾苦，鹽筴之弊，堤防之患，江淮汜溢，運道濡滯，受病之縣，往往雜見於篇什，其深言至計皆可。"又有道光二十六年蕭山蔡聘珍序，交代創作經過、詩作内容、評價等。據序可知，詩作多爲宦游時所作，詩集存道光十四年至十六年（1834—1836），除記山川物產、風俗民謠外，亦多記滇蜀楚吳名勝。序後又有監利龔紹仁、海寧蔡逸、清平劉耀藜等人題辭。卷末有道光三十年（1850）萬承宗書後序。（徐慧）

知止齋遺集

清翁心存撰。清稿本。二十六册。半葉十行，行二十三字。

翁心存（1791—1862），字二銘，號遂庵，江蘇常熟人，翁同龢父。清道光二年（1822）進士，選庶吉士，授編修，擢中允。歷官督廣東學政、江西學政，大理寺少卿，國子監祭酒，工部、户部侍郎，工部、兵部、吏部尚書，掌院學士，協辦大學士等職，官至體仁閣大學士，爲同治帝師，卒諡文端。翁心存喜藏書，精於版本校勘之學，亦能文善詩，著有《知止齋遺集》（見《清史稿》卷三百八十五）。

此集爲翁氏朱絲欄稿本，内容包括《知止齋詩稿》《淮海集》《學言集》《石室詩鈔》《夢葛集》《蘭言集》《中吕集》《了觀集》《知止齋文稿》《知止齋文縢稿》《知止齋奏議》《知止齋摺稿偶存》《摺稿》《館課詩賦稿》《詩賦稿》《古文稿》《課藝》《陔華館制義存》《陔華小題文存》《翁氏名賢録》《京兆退思録》共二十一種。翁心存詩體近中唐，“已少承平之象，漸多悽愴之音”（繆荃孫《瓶廬詩稿序》）。集中存有大量奏摺，是我們瞭解晚清政治情况的珍貴史料。館藏尚有翁氏另一稿本《知止齋日記》。

此書鈐有“翁心存字二銘號遂庵”“知止齋”印，可知其爲翁氏家藏。（馬琳）

甘泉鄉人稿二十二卷

清錢泰吉撰。清道光二十九年（1849）陳錫麟等鈔本。四册。半葉十行，行二十一字，紅格。白口，左右雙邊。

錢泰吉（1791—1863），字輔宜，號警石，又號深廬、甘泉鄉人，浙江嘉興甘泉鄉人。清嘉慶十三年（1808）入縣學。清道光元年（1821）因屢困場屋，援例以訓導候選。五年（1825）秋，應鄉試仍不中，遂不再應考。七年（1827）選授杭州府海寧州學訓導。清咸豐三年（1853）具文引退，擬歸里，因衆人挽留，被延聘爲安瀾書院講席。四年（1854）刊刻其文集《甘泉鄉人稿》二十四卷。十一年（1861）爲兄錢儀吉校《閩游集》鈔本。與莫友芝、蔣光煦、孫衣言、方宗誠、李善蘭等文人交游甚密。清同治初年，因避太平天國之亂，病卒於安慶。泰吉藏書四萬卷，喜鑒賞，精校勘，藏書室名冷齋，取“官冷身閑可讀書”之意。著《曝書雜記》三卷、《清芬世守録》、《學職禾人考》、《海昌備志》等。

是書共二十二卷。卷首有其兄儀吉道光十六年（1836）序，二十九年（1849）泰吉自序。由自序知是書成於道光十四年（1834）。卷一爲書札，卷二至九爲題跋，卷十至十六爲序記、題跋、銘志、雜文、行狀、墓表，卷十七至二十二爲古今體詩。另附外編十二卷之目録，其中卷一、二爲《曝書雜記》，卷三、四爲《海昌人物擬傳》，卷五至八爲《海昌備志采訪日記》，卷九爲《海昌學職禾人考》，卷十至十二爲與衍石兄書。泰吉擅校讎之學，書中所載以其所作序跋文字爲多，皆反復校讀之心得，亦詳記古籍版刻源流與批校題跋，學術價值頗高，久爲學者所重。

是書卷端題“己酉夏五月受業年愚侄陳錫麟謹繕”，則知由陳錫麟、潘貽穀於道光二十九年（1849）鈔録。陳錫麟，字襄夔，浙江海寧人，清同治元年（1862）進士。是書爲泰吉親手校勘，卷中蠅頭細書，删改頗多，批注極詳。（孫麗娜）

二南詩鈔二卷

清周樂撰。清道光刻本。兩册。半葉九行，行十九字，小字雙行同。白口，四周雙邊，單魚尾。

周樂，字二南，山東歷城人。清道光元年（1821）恩貢。應同里咸寧知縣李肇慶之招，赴西安依人作客。歸里主講景賢書院。除詩集外，又有《二南文集》二卷、《文外集》二卷，道光二十二年（1842）枕湖書屋刻。別有《題真語者齋吟草》不分卷，稿本，清末張傑、周天爵、梁士俊、劉耀椿、王鳴鳳跋，山東省圖書館藏。

是書書名葉題“道光己丑鐫紉香齋藏板”。前有道光九年歷城余正西序、道光九年（1829）桐城姚景衡序、道光二年（1822）歷城梁士俊序、道光二年東阿周天爵序、嘉慶十八年（1813）歷城范堈序、嘉慶二十三年（1818）雲間蔣錦標序。序後又有歷城李偁、歷城何鄰泉、海寧俞顯以、如皋章寅等人題詞。

是書上下兩卷，其詩有感而發，不事雕琢。卷端有“同學余正西秋門評定”，收《初春即事》《移居》《風箏》等。（徐慧）

二南詩續鈔三卷

清周樂撰。清道光刻本。三册。半葉九行，行十九字，小字雙行同。白口，四周雙邊，單魚尾。

是書書名葉題“道光辛卯鐫紉香齋藏板”，其中卷二有補遺。前有清道光二十九年（1849）海昌周樂清序、道光二十七年（1847）歷城李偁序、道光三十年（1850）東牟春舫王者政序。序後又有廣西許延徽、春園嵇文駿、天雄王佑等題辭。是書三卷，卷一有“海昌周樂清文泉評定”，收録《漫興》《哀張節婦》等。（徐慧）

二南詩續鈔二卷

清周樂撰。清道光刻本。兩册。半葉九行，行十九字，小字雙行同。白口，四周雙邊,單魚尾。

是書二卷,序言、版心上題“二南續鈔”。書前有清道光十一年(1831)燕山徐琨序、洛陽郭階平序。序後又有岐山王樹堂、番禺陳廷選等人題詞。卷端有“洛陽郭階平鶴眠評定”,收《秋日閒興》《夜雨》《九日同地山先生庚甫先生秋門登牛頭寺》等。(徐慧)

姑誦草堂遺稿二卷

清胡鼎臣撰。清同治十二年(1873)刻本。二册。半葉十一行,行二十二字。黑口,四周雙邊,單魚尾。

胡鼎臣,字子重,湖北天門人。是書前有監利王柏心序,序里提及與竟陵張瑋公、劉孝長、胡子重爲友,故對子重生平、詩學淵源均頗爲瞭解。序中論述最爲詳細的是子重詩學發展及詩歌藝術價值:“子重少好樂府、漢魏古詩,及晉元亮陶氏、唐子美杜氏、明獻吉李氏之作,思沉力厚,一往逴鷙;中年以後,則渾融磅礴,純任天機,脱去摹擬町畦。”子重僅有詩稿傳世,然對於子重詩歌,柏心最爲看重的是其言之有物、感情充沛的藝術特色。

是書前題“姑誦草堂續稿上下二卷”,詩約止於清咸豐元年(1851),共六百餘首,收《雜詩》《江上偶懷》《湖堤曲》等。(徐慧)

粵生詩草

清鮑東植撰。清鈔本。一册。半葉九行,行二十四字,小字雙行同。白口,四周雙邊,單魚尾。

鮑東植,生平資料極罕見,《清人詩文集總目提要》《清人別集總目》著録此集,然無詩人其他資料。

此稿卷端題“粵生詩草”,詩題下題“樂府”,未署名,鈐“臣僑”“曾經滄海到蓬萊”印。是書正文含樂府數篇,有句讀。

卷中又有題“粵生詩草春華集　古今體詩雜存　古歙鮑東植著”,鈐“敬事”

"紙短情長""病夫"等印。文中鈔録古今體詩數篇。書末有墨筆題記，大義鈔録如下："右詩得於廠肆，爲歙鮑東植□□光緒已丑會試齒録。東植爲鮑琪豹之父，道光庚子年直隸州分省補用。"（徐慧）

怡雲草三卷

清劉秉彝撰。清道光十一年（1831）吟石山房刻本。二册。半葉七行，行十八字。白口，四周雙邊，單魚尾。

劉秉彝，字叙堂，湖南武陵人。清嘉慶中舉人。所撰尚有《粵游草》一卷，爲叙堂隨兩廣總督祁𡊮至粵時所作，清道光十六年（1836）刻，中國科學院圖書館（今中國科學院文獻情報中心）藏。裳華《皇華記》傳奇，有其題詩三首。

此集正文前有嘉慶二十一年（1816）何均序。何序論及叙堂爲人，又論及其創作，尤其推崇其作詩不假雕琢、造句自然。對其通透豁達之心胸也予以了褒贊。此集卷一至二題"館石阡作"，卷三題"館石阡思南都匀藩署作"，詩歌多贈和唱酬之篇，如《贈陳二心莊》《得家書》《和菊農太守仲秋赴鄉月夜之作》等。

鈐"紫江朱氏存素堂所藏圖書"印。（徐慧）

䙴䡒亭文稿

清祁寯藻撰，稿本，一册。

祁寯藻（1793—1866），字穎叔、淳浦、實甫，號春圃、觀齋、息翁，山西壽陽縣平舒村人。清嘉慶進士。歷官至軍機大臣，左都御史，兵、户、工、禮諸部尚書，體仁閣大學士、太子太保。清道光十九年（1839）赴福建籌辦海防，查禁鴉片。爲"三代帝師"（道光、咸豐、同治）、"四朝文臣"（嘉慶、道光、咸豐、同治）、"壽陽相國"。一生勤政，政績卓著。清中晚期著名書法家，楷書尤佳。爲學主張通訓詁、明義理。

此爲祁寯藻稿本，收祁寯藻《致兵部尚書王大人信札》《復鄂中丞信》《祁氏先塋記》《釋奚》《先太夫人畫像記》《祭三代文》《封墓文》等文稿及《沁園春·詠七夕秋花》等詩詞。行文中及書眉等處修改增補甚多，當爲起草時之稿本。一手資料，

極爲珍貴。（田野）

饅龕亭詩文稿

清祁寯藻撰。稿本，一册。

此爲祁寯藻稿本，收祁寯藻信札、《九九消寒圖識語》、記事便簽等文以及《生日感懷二首》《題文德成萬壑松風圖》《午日早期書懷》等詩。書寫於多款箋紙上，多書以楷書或行草，飄逸瀟灑，圈改批注多現，爲珍貴手稿本。文後多署“息翁”或鈐“息翁”印章。（田野）

味澹軒詩草十卷

清文鴻撰。清道光十七年（1837）刻本。一册。半葉九行，行二十一字。白口，四周單邊，單魚尾。

文鴻（1793—1846），字賓叔，江西萍鄉人。

本書前有清道光十七年（1837）馮奉初序。文鴻兄弟七人，同受庭訓，皆有聲於庠序間。奉初與文鴻兄叔來相識，因叔來而得閱賓叔詩作，故此序同時論及兄弟二人詩歌。序後有“墨齋”“馮奉初印”。

是書録“味澹軒詩草初刻卷一　萍鄉文鴻賓叔”，卷二至十同卷一。收録《擬古詩十九首》《擬自君之出矣二首》等詩。

鈐“李健家藏”印。（徐慧）

北征詩鈔六卷

清俞汝本撰。清道光刻本。二册。半葉九行，行二十二字，小字雙行同。白口，四周雙邊，單魚尾。

俞汝本（1793—？），字秋農，浙江新昌人。清道光十六年（1836）進士，官貴州獨山州知州。《兩浙輶軒録》載，汝本尚著有《燼餘存稿》十卷。

是書版心上題“聽秋聲館詩集”，卷端及書名葉題“北征詩鈔”，詩作紀年編排，起於道光二十三年（1843），迄於道光二十七年（1847）。正文前有道光二十五年（1845）同年進士道州何紹基序、同年友人孫宗禮序及作者自序。自序詳述了詩鈔創作緣由、經過及命名。何序則對其行役時所作詩歌作了評述：“運鉛之役，至勞苦且淹滯也。俞君秋農獨於行役兩載，中讀古人者作爲文章，森森叢叢若是，其富且根底性靈，盱衡往迹，橫屬之處如鵬搏龍矯，獨到之處如沈鈎没羽，蓋中有所得，故隨事境之得失利鈍，皆有以察，其必然安其所不必然而然也。”

是書卷一署“蜀行小詩　越新昌俞汝本秋農著”，卷二署“漢陽集　越新昌俞汝本秋農著”，卷三署“江東集　越新昌俞汝本秋農著”，卷四署“直北集　越新昌俞汝本秋農著”，卷五署“南旋集　越新昌俞汝本秋農著”，卷六署“再來集　越新昌俞汝本秋農著”。卷末有道光二十七年門人鄭珍後序。（徐慧）

世忠堂文集

清鄒鳴鶴撰。清鈔本。一册。半葉八行，行二十字，無格。

鄒鳴鶴，字鍾泉，江蘇無錫人。清道光二年（1822）進士，雲南即用知縣，親老告近，改發河南，署新鄭，補羅山，有惠政。

此書爲鄒鳴鶴文集，封面題“李申耆閲定本”，李兆洛、蔣彤跋并圈點。

李兆洛（1769—1841），字申耆，晚號養一老人，陽湖（今屬江蘇常州市）人。清嘉慶十年（1805）進士，選庶吉士，充武英殿協修，改鳳臺知縣。後主講江陰暨陽書院二十年。精輿地、考據、訓詁之學。陽湖派代表作家之一。書學功底極深，尤善行草。蔣彤爲其弟子。李兆洛跋寫於道光己亥（十九年，1839），對鄒氏文稿多有贊譽，并允俟小暇爲之做序。蔣彤稱自己拜謁李兆洛師時，李以鄒氏文稿問蔣彤評價，蔣彤稱氣直以昌，情摯而博，其人必非淺儒俗吏。此評價深得李兆洛認同。并記同門友趙芸西、周秉之評價，鍾泉先生政事行誼爲一時之冠。

入此集者有傳、序、疏、行述、記、書等文體，各文後皆有蔣彤批注。部分用白紙，之後用四寶齋紅格稿紙，行間間有圈點校改等。全書行文平實，書寫工緻。（田野）

蓮溪吟稿八卷續刻三卷蓮溪文稿一卷續刻一卷蓮溪試帖一卷
蓮溪先生文存二卷

清沈濂撰。清道光咸豐光緒廣州刻本。九册。《蓮溪吟稿》,二册。半葉九行,行二十一字,小字雙行同,黑口,四周雙邊,單魚尾。《續刻》,一册。行款同前。《文稿》,四册。半葉九行,行二十五字,白口,左右雙邊,單魚尾。《試帖》,一册,行款同《吟稿》。《文存》,一册。半葉十行,行二十一字,黑口,四周雙邊,單魚尾。

沈濂,字景初,一作景周,號連溪,浙江秀水人。清道光三年(1823)進士,由刑部主事補雲南司,升安徽司員外郎,出守江蘇鎮江府,署淮徐道。清咸豐元年(1851)乞假歸,年届六旬。

《蓮溪吟稿》書名葉署“始言堂藏版”。牌記題“咸豐甲寅冬日開雕”。收録清嘉慶十六年至咸豐四年(1811—1854)詩,詩歌按紀年編排,前有甘泉鄉人錢泰吉咸豐四年序,此書亦刻於此年,每卷正文前有目録,錢序稱其詩“清新俊逸”,道咸間有名於世。

《續刻》書名葉署“始言堂藏版”。牌記題“咸豐丙辰秋日開雕”。録詩止於咸豐六年(1856),當是晚年所作。

《文稿》書名葉題“道光戊申春仲新鎸　蓮溪文稿　始言堂藏版”。書前有道光二十八年(1848)穆彰阿、錢泰吉、沈維鐈序。正文前有目録。所收文章均爲讀四書雜論。

《文稿續刻》書名葉題“咸豐甲寅秋仲新鎸　蓮溪文稿續刻　始言堂藏版”。書前有道光二十八年仲弟洛撰序,後有目録,收《論語》《中庸》《孟子》雜論。

《文存》正文前有蓮溪先生小像及像贊。後有全菽薛時雨序、沈濂侄俞樾序及勒方錡序。由俞序可知其詩集先於文集付梓,且尚刊有《懷小編》二十卷,爲隨筆録記。

《文存》正文前有目録。卷末有錢應溥跋,卷尾鎸字“光緒十七年辛卯冬十二月鋟版於廣州,孫男衛僅校字”。(徐慧)

頤志齋詩草四卷

清丁晏撰。清鈔本。二册。半葉十一行，行二十一字。

丁晏（1794—1875），字儉卿，號柘堂，江蘇山陽人。清道光元年（1821）舉人，官至內閣中書。清咸豐十年（1860），因抗擊捻軍守山陽城有功，由侍讀內閣中書加三品銜。晚年主講於麗正書院。性嗜典籍，勤學不輟，著述宏富，達四十七種之多，已刊者有《尚書餘論》二卷、《毛鄭詩釋》三卷、《子史粹言》二卷、《石亭紀事》一卷《續編》一卷等，彙編爲《頤志齋叢書》。未刊稿鈔本尚多，國家圖書館等地有收藏。

丁晏長於經史考據，爲清代校勘名家，而於生平所作詩文不甚整理。民國間，上虞羅氏爲之刊《頤志齋文鈔》一卷、《感舊詩》一卷，收入《雪堂叢刻》中，篇帙不足。民國三十八年（1949），其玄孫丁步坤排印《頤志齋文集》十卷，文章略備，而詩集仍無刊本，今傳世詩集鈔本數種，收詩多寡不一。此本四卷，卷一收清嘉慶十七年至二十三年（1812—1818）詩，卷二收道光四年至七年（1824—1827）詩，卷三收道光八年至十二年（1828—1832）詩，卷四收道光十六年至二十一年（1836—1841）詩。本書所收之詩爲其青壯年時期作品，以吟評、題圖、贈答之作居多。前有道光十二年丁氏自序，又十六年周濟序及朱琦、黃爵滋等人題辭。黃爵滋評價謂“古體在宋元名家之間，律體多力追唐賢之作，要其嘯歌之旨、諷諭之原，直造古人，都無苟作，是作者立命處”。

書中有朱筆圈點、批校。（李静）

蕉窗囈語續集

清汪丙新撰。清光緒九年（1883）刻本。二册。半葉七行，行二十一字。白口，四周雙邊，單魚尾。

汪丙新（1794—?），原名荆川，字松樵，山東樂陵人。清嘉慶二十一年（1816）舉人，歷知陝西高陵、寧陝、長武等縣。丙新久官秦晉，詩作甚富，記其宦場交游，往往直抒胸臆。所撰尚有《蕉窗囈語》二卷、《大夢紀年》一卷、《詩文合鈔》一卷。《蕉窗囈語》皆古近體詩,五十歲時自定。

《蕉窗囈語續集》二卷,凡詩二百二十七首,自清咸豐五年(1855)迄於清同治七年(1868),乃丙新晚年知河南南陽、山西交城時所作。前有清光緒七年(1881)洪洞後學王軒序,論及丙新詩歌變化及特色:"先生詩自抒胸臆,不拘拘於規仿而長於言情,一開卷而知其爲循吏之詩,非僅以詞人見者也。先生退老就養山西,詩境又一變,不煩繩削而自然合拍,蓋老境冲淡,或猶真能不爲物累,比則又徵先生所養之有素矣。集中凡流連光景,以及尋常酬應不甚經意者,概從删削,計存十之六七。"可見,《續集》亦爲作者自訂,詩作經過作者嚴加汰選删削,集末又有光緒八年(1882)男爾腥、爾舶跋語,交代《續集》成稿付梓經過。(徐慧)

玉函山房文集

清馬國翰撰。清鈔本。一册。半葉九行,行二十一字。白口,左右雙邊,單魚尾。

馬國翰(1794—1857),字詞溪,號竹吾,歷城人。清道光十二年(1832)進士,官陝西敷城、石泉等縣知縣,升隴州知州。清咸豐七年(1857)卒,年六十四。以輯《玉函山房輯佚書》有名於世。國家圖書館藏其所著尚有《玉函山房詩集》四卷,清刻本,詩記事止於道光十四年(1834);《玉函山房文集》五卷、《玉函山房詩鈔》八卷,清刻本;《夏小正詩》十二卷,道光二十二年(1842)刻本;《月令七十二候詩》四卷,清光緒十五年(1889)玉函山房刻本。此外,還有《玉函山房制義》二卷,道光間刻,復旦大學圖書館藏。

《販書偶記》著録此集。全集鈔録文章二十一篇,多爲考訂解説文章,有《告朔非朝廟辨》《先生謂父兄説》《閔子辭費宰説》《寢衣説》等。全書字迹清秀工整。(徐慧)

心閑館小草附詩餘

清屈凝撰。清道光十年(1830)刻本。一册。半葉十二行,行二十四字。黑口,四周雙邊，雙魚尾。此集與屈敏《松風閣詩》合刊。

屈凝（1794—1816），字茝湘，諱凝，江蘇常熟人，屈敏（字夢蟾）姊，屈竹田女，楊希鏞聘妻。家學深厚，"前母錢安人、母葉安人俱工詩，君幼聰慧，讀書穎悟過人，少長學吟詠，得句輒佳著，有《心閑館小草》，精琴理，并嫻楷法，能作擘窠大字，與兄子謙妹夢蟾皆擅清才"。

本稿正文前有清道光十年（1830）楊希鏞、清嘉慶二十四年（1819）席佩蘭原序。楊序交代了此稿付梓經過，評述茝湘詩言志詠歌，往往流露其性情："茝湘雖筆墨無多，乃其憶父及母病諸作，孝思何肫篤也？其月夜及消夏諸作，天趣何清遠也？其護芳蘭之開、嗟玉蘭之敗，則又即物寄慨，而哀思苦調，凄苦繁絃，年命之促，宛自成爲詩讖也，殆性情之流露於不自知者耶？"

正文有詩歌二十餘首，收錄《憶父京師》《讀前母錢安人小玉蘭堂遺稿愴然有作》。詩後附詩餘三首。（徐慧）

松風閣詩

清屈敏。清道光十年（1830）刻本。一册。半葉十二行，行二十四字。黑口，四周雙邊，雙魚尾。

屈敏，生卒年不詳，字夢蟾，江蘇常熟人，屈竹田女。家境深厚。此集與屈凝《心閑館小草》合刊。

正文收錄《讀前母錢安小人玉蘭堂遺稿同伯姊作》《詠竹》《社日同姊茝湘》等八首詩，卷末爲清道光九年（1829）楊希鏞撰《元聘室臨海君墓誌銘》，深情追憶了其與茝湘結爲同心的經過，流露出痛失愛妻的悲戚哀婉之情。（徐慧）

挹蘇樓遺集三卷附録一卷

清施彰文撰。清刻本。一册。半葉十行，行二十二字，小字雙行同。黑口，四周雙邊，單魚尾。

施彰文（1794—1857），字美蘅，號香海，諱彰文，廣西蒼梧人。清道光間歲貢生。有《挹蘇樓詩集》《同人詩鈔》《女士詩》録行於世。

《挹蘇樓遺集》三卷,前兩卷題詩,第三卷題爲集外詩,凡古今體詩二百零七首。卷三後附《挹蘇樓遺文》,含序二篇、凡例一篇,内《挹蘇樓同人詩鈔序原序道光己丑》謂,"予不能詩,而好與騷人友,嘗濱江構一樓,桂林左麗生以其可望蘇山,遂名挹蘇",當爲此集名稱之來源。集中《夜泊陽朔》《游七星巖》《銅鼓歌》《怪風歌》《灘江火災行》《獨秀峰》等詩,皆記桂林山水名勝及游客盛況。

《遺集》還附録有黎文田、鍾彬等題贈詩文三十二首,繆艮、彭泰來尺牘三篇,汪運《王施合刻序》一篇。末有李璈撰《施香海先生墓表》,彭泰來撰《傳》,蘇時學撰《小傳鐔津考古録》一篇。(徐慧)

古微堂文稿

清魏源撰。稿本。四册。緑格。

魏源(1794—1857),原名遠達,字默深,湖南邵陽人。中國近代啓蒙思想家。清道光進士,官至知州。學識淵博,著述頗豐,主要有《書古微》《詩古微》《默觚》《老子本義》《聖武記》《元史新編》和《海國圖志》等。《海國圖志》記述世界各國的地理、歷史、經濟、政治、軍事和科學技術,乃至宗教、文化等情況,并附有世界地圖、各大洲地圖和分國地圖,對强國禦侮、匡正時弊,振興國脉之路作了探索,是其中有較大影響的一部。古微堂爲魏源室號。

《古微堂文稿》爲手稿本,四册,共收五十三篇短文,文中有墨筆批注圈點,也有朱筆圈點評價等,其中部分文稿反復出現,有寫兩遍,有寫三遍,文字略有異同,主要是根據之前批點續有修訂,殆爲修訂後重鈔録。除却重複篇數,此書短文數量應爲四十三篇。文章内容有碑銘、叙録、凡例、經論、墓誌銘等。

全書文字非出一人之手,殆爲續有鈔、校、批注。具有較高的資料價值。(田野)

偶寄園集三卷

清周曰庠撰。清咸豐七年(1857)刻本。二册。半葉八行,行十九字。白口,四周雙邊,單魚尾。

周曰庠,字杏村,號偶寄園主人,直隸赤城人。是書書名葉處署"咸豐丁巳新鐫偶寄園集 餐霞樓藏板"。此集前有清嘉慶二十四年(1819)陳永清序,謂嘉慶二十二年(1817)與杏村同游姑蘇,作記賦詩。又有嘉慶十七年(1812)范樵序及咸豐三年(1853)陳省欽序。陳序概述杏村爲人爲學及文章:"杏村以儒而兼乎佛者也。其爲人敦樸慤愿,恂恂儒雅,好誘掖後進,與人爲善,遇拂意事理遣情恕,未嘗疾聲遽色,鄉里以是重之。……其生平如此,故其發爲文也,如花拈笑,如香沁心,如頑石之點頭,如金繩之覺路,得佛家無爲之説,而大暢之……公有《欸乃聲詩集》,余已樂爲序,又爲《書帶草文集》,體格一如其詩,其外有《酌雅贈言》《七英傳》等集。"此後又有咸豐四年(1854)自序。自序簡要交代了此集付於剞劂之經過。末有朱松齡題詞。

正文卷上爲賦、記、序、文、書,卷中、卷下爲詩,分別爲五言古六首、五排律一首、五言律二十四首、七言律十五首、附贈言詩十一首、七絶十六首、集句三十七首、附五絶二首,詩共一百一十二首。(徐慧)

拜石山房詩集五卷

清陳登泰撰。清咸豐二年(1852)刻本。一册。半葉九行,行二十一字,小字雙行同。黑口,左右雙邊,單魚尾。

陳登泰,字子望,浙江會稽人。官山東沂州府經歷。

此《拜石山房詩集》五卷爲陳登泰之子伯蒼録出付梓,剞劂前請序於宜黃符兆綸和桐鄉沈炳垣,故正文前有清道光十六年(1836)宜黃符兆綸序,又有清咸豐二年(1852)桐鄉沈炳垣序。沈炳垣與伯蒼同時爲宦於滬,沈序叙及伯蒼父子望爲宦經歷及詩作特色。符序則論及陳氏父子家學及人品才華:"余惟子望學瞻才富,使獲大用,奚止作詩。既已困不遇時,涸迹於佐貳,又何必作詩,乃澄心渺慮,思超出於風塵之外,此其賾必過乎人。且吾見世之爲人子孫者,往往惟祖父之田產廬舍是競,而其他或忽焉,伯蒼於先人所嘔心血,獨斤斤寶貴如是,要皆尋常人所難,能是當論其作詩之志與所以存是詩之心，不徒以詩論詩也。"

詩集編年，起清嘉慶十九年（1814），止道光十二年（1832）。末行書"咸豐壬子四月二十八日桐鄉沈炳垣編次"。（徐慧）

吉羊鐙室詩鈔

清瞿樹鎬撰。清同治刻本。二册。半葉九行，行二十字。白口，四周雙邊，單魚尾。

瞿樹鎬，字經犖，嘉定人，瞿中溶子，錢大昕之外孫。官至陝西耀州知州。長金石考據，輯有《集古官印考證》。

本書扉衣書籤題"吉羊鐙室詩鈔"，署"洪鈞題簽"。書名葉亦題"吉羊鐙室詩鈔"，署"吳大澂題"。卷首有序，署"同治五年歲在柔兆攝提格孟秋上旬姻愚侄毛鳳枝拜序"。次孫啓林、楊鐸、吳存義、胡志章、陳亮疇、潘祖蔭、翁同龢、周虣盛等人題詞。次徐松、薩迎阿、李嘉端、吕耀斗、李文瀚等人題跋。毛鳳枝在序中稱譽瞿樹鎬之詩作："公之詩皆有爲而作，有慨而言，語摯情真，非同浮藻。是以不事雕琢而詞旨清雋，超出流俗之外；不矜聲調而音韻鏗鏘，迴超凡響之上。與夫世之剽漢剿魏、抱杜尊韓、貌爲高古而轉昧性靈者，未可同日語。"

此本凡五集，《去鄉吟》收録清道光二十三年至二十九年（1843—1849）所作詩，《老新草》收録道光三十年至咸豐九年（1850—1859）所作詩，《憂亂草》收録咸豐十年至同治三年（1860—1864）所作詩，《息影吟》收録同治四年至五年（1865—1866）所作詩，《求伸集》收録同治六年至十年（1867—1871）所作詩。

鈐"光烈所藏"印。（顏彦）

醉六山房詩鈔四卷

清王日章撰。清煙嶼樓刻本。一册。半葉八行，行二十字。白口，四周單邊，單魚尾。

王日章（1795—1836），字絅齋，又字軼吳，號心學，别號樞歧，鄞縣（今浙江寧波）人。少學於檢討潘世清。

本書卷首有《醉六山房詩鈔目》，凡四卷，收録古今體詩一百四十首。卷一爲七言絶，卷二爲七言絶、五言絶，卷三爲五言律、七言律，卷四爲四言古、五言古、七言古，卷末附詞一首《風蝶令》。各卷端題"醉六山房詩鈔卷幾"，署"鄞王日章絅齋稿"。卷端題名下題"煙嶼樓叢書"，知此本爲徐時棟校刻《煙嶼樓叢書》本。按：徐時棟（1814—1873），字定宇，一字同叔，號柳泉、淡潊、淡齋，别號西湖外史，浙江鄞縣人。清道光二十六年（1846）舉人。富藏書、多刻書，主持纂修《鄞縣志》，校刻有《宋元四明六志》等。集中有《自述示柳泉》，可見王徐二人詩歌唱和交往。另集中多有徐時棟雙行小字夾注，可補其生平事迹及創作旨歸。如卷一首注云"先生詩專寫性靈，而七絶尤甚，且七絶獨多於諸體"，"故時棟次先生詩以七絶冠諸體師志也"，既總評其詩，亦闡明編纂次第。又如《風蝶令》詞有注云"先生亦工填詞，記甲午在它山時曾見數闋，今都散去，僅存一闋矣"，可見王日章詞作亦佳，惜皆散佚。

鈐"徐時棟手校""浙江盧氏寶鳳樓藏書印"印。《［光緒］鄞縣志》卷五十八著録此書。（顔彦）

炊經酌史閣四集五卷

清查冬榮撰。稿本。三册。半葉十二行，行二十四字，小字雙行同。白口，左右雙邊，單魚尾。

查冬榮（1795—？），字子珍，號辛香，浙江海寧人。客居河南二十餘年，曾主講汝陽書院。另著有《詩禪室詩集》二十八卷，《炊經酌史閣詩草》等。

本書爲查冬榮詩集，共計五卷，一卷一集：卷一《河陽集》、卷二《東游集》、卷三《周甲集》、卷四《思歸集》、卷五《感悼集》。書前有友人彭旭觀款一行，書中多有其眉批、校改，且鈐有"彭旭讀過"印。彭旭，字暄隖，湖南新化人，清道光舉人，曾任河南項城知縣，著有《珂溪山房詩鈔》十八卷。

鈐"子珍子""臣冬榮印"等印。（梁玉蘭）

紅蕉吟館啓事

清嚴廷中撰。清咸豐刻本。一册。半葉八行，行二十字。白口，四周單邊，單魚尾。

嚴廷中（1795—1864），字秋查，又字石卿，號巖泉山人，云南宜良人。曾官萊陽縣丞、姜山縣丞，遷諸城、福山、蓬萊知縣，調兩淮鹽運司，後主雲南雏山書院。工詩詞，兼善吟詠。著有詩集《紅蕉吟館全集》，戲曲集《秋聲譜》。

本書卷首有序，署“咸豐丁巳仲夏姻愚弟李岱霖序於平度州署槐西舊館”，後有方形木記“李岱霖印”“伯陽”。據序云：“秋查丙申歲客揚州，以《春草詩》四首名，時有春草主人之目，江左名流和者數百家，人比之漁陽秋柳。所著《紅蕉吟館全集》，大江南北傳鈔幾遍。”上元孫若霖《雙紅豆閣詞》卷二《金縷曲》注，“嚴秋槎，滇南人，著《紅蕉吟館詩集》，任山東萊陽丞，歷權七縣事，有政聲，上官欲擢用之。一日辭官去，過揚州，留一載。今歲來金陵，與余一見如舊識”，可知廷中曾於道光中游揚州、金陵等地，作《紅蕉吟館詩集》時已蜚聲江南。

此本收録廷中所作尺牘，卷端題“紅蕉吟館啓事”，署“宜良秋查嚴廷中”。卷中諸篇多題名爲“柬某某”或“寄某某”，人名後多有雙行小字夾注記人物名號職官，又補其人生平事迹。（顔彦）

香雪梅花屋詩集

清劉聶昌撰。清咸豐五年（1855）刻本。一册。半葉六行，行十六字。白口，四周單邊，單魚尾。

劉聶昌，字仲寅，大定（今貴州畢節）人。清道光十一年（1831）辛卯科拔貢，十三年（1833）入值軍機，官至南韶連道。清陳昌言纂修《［光緒］畢節縣志》有載。

本書卷首有序，署“龍集旃蒙單閼月維圉陽十有九日曼叟弟邱煌拜題”。按：邱煌（1784—1858），本名若水，字叔山，又字樹山，號暗甫，貴州畢節人。清嘉慶十年（1805）進士，授編修。歷官國史館協修、文淵閣校理、會典館纂修、會試及鄉試考官,湖廣、山西、河南、浙江諸道監察御史,湖北糧道等職。擅長書法,著有《府判録存》《一漁草堂詩》《今文質疑》《保筠堂法貼》等。据邱序可知,此詩稿經邱煌校讎。劉嶽昌作有《次曼曳前輩改新春句韻》與之相呼應。

"梅花屋"因屋外種梅七株得名,屋内有《伴梅圖》,有春海師爲其篆書題"香雪梅花屋",故以其名其詩稿。劉嶽昌爲官多年,以直諫赫然聞名海内,詩稿多酬贈之作,述其與何根雲、黄壽臣、張豐舟、柏雨田等人交往,且詩中有雙行小字夾注,記人物行藏,既有補其人生平事迹,又可見嘉道間仕宦交游生存景況。集中又有即景抒情、題詠賞鑒之作,如《萱堂荷亭觀射圖》,有"四十歸田膂力剛,武部兵科講戎行,廿年險阻已備嘗,雖曰居安危不忘"之句,自述生平戎馬生涯。

此爲批點本,有眉批,每詩後又有總評。（顏彦）

聽香讀畫山房遺稿四卷

清德誠撰。清鈔本。一册。半葉八行,行二十字,藍格。白口,四周單邊。

德誠(?—1850),字默庵,號鶴雲,清宗室,隸滿洲鑲藍旗,簡恪親王豐訥額孫。清道光六年(1826)進士,改庶吉士,授編修,歷官侍講學士、副都御使、盛京各部侍郎、倉場侍郎。道光二十二年(1842)出鎮泰陵,二十五年(1845)總督倉場。有《聽香讀畫山房詩稿》傳世。

此書共四卷,卷首無序。卷一爲《使黔草》,有《甲午典試黔南出都誌感》《述懷》《渡北河》等共計四十餘篇,内容多爲作者使黔途中所見景色的描寫或所想所感;卷二爲《易水委蛇集》,卷端葉有增補"宜入新春萬事遂心""宗室德誠默庵氏"等字,有《偶成》《麟梅谷少宰閲工至易喜成二律》《寄同年柏靜濤少司寇出使》等共計四十餘篇,内容多爲作者與同儕或親朋唱和之作;卷三爲《宦餘草》,有《闈中十詠庚子順天監臨作》《步卓海帆大農登明遠樓韻》《和曹曙珊侍御明遠樓作》等共計十餘篇;卷四爲《津門草》,有《同朱橙堂前輩潞河泛舟即事口占一律》《和穆鶴舫相國丙戌海運紀事》《使旋家兄示詩一章次韻和之》等篇。書中詩歌多爲五言詩和七言詩,内容多爲詠物詩、寫景詩等,通過借物借景來抒發内心的思想感情。（張晨）

聽香讀畫山房遺稿四卷

清德誠撰。清咸豐三年（1853）刻本。二册。半葉八行，行二十字，小字雙行同。白口，四周雙邊，單魚尾。

本書前有清道光三十年（1850）李家輝序、清咸豐元年（1851）柏葰序、咸豐二年（1852）楊殿邦序、咸豐三年（1853）文蔚序，及咸豐元年朱鳳標題詞。全書分爲四卷，各卷單爲小集：卷一《使黔草》、卷二《易水委蛇集》、卷三《宦餘草》、卷四《津門草》，多爲作者爲官各地時所作。

柏葰在序中認爲"蓋默庵夙喜吟詠，時而太白飄逸，時而子美沉鬱，不名一家，各體兼備"。楊殿邦也指出德誠之詩"蓋多師爲師，不名一格"。

本書刊刻工整，序據手書上板，頗爲精緻。（梁玉蘭）

雲在山房詩草一卷

清羅修茲撰。清木活字本。一册。半葉十行，行二十三字，小字雙行同。白口，四周雙邊，單魚尾。

羅修茲，字在軒，湘潭人，天閭之孫。另著有《辛甲存稿》，徐世昌《晚晴簃詩彙》有載。

此本卷首題"雲在山房詩草"，署"湘潭羅修茲在軒甫"。末有雲在山房詩草跋，署"道光十年庚寅嘉平月上浣侄汝槐拜撰"。按：汝槐，改名汝懷，芷江訓導，候選内閣中書。據其跋可知，集中之詩爲汝槐輯録清嘉慶十九年（1814）以前羅修茲之舊作而成。

本書凡古今體詩八十餘首，附於羅天閭《西塘草》後。《移居西塘舊宅》描寫舊宅樣貌及生活："盈盈西塘水，先祖卜其宅。讀書兼課農，栖遲自朝夕。"集中詩歌多即景抒情，如《晚興》《曉起》《雨後晚歸山館》；又有酬贈友人之作，如《寄梁石浦星沙》《九日有作寄陳竹軒劉紫階瑞凌兄弟》。部分詩歌有汝槐雙行小字夾注，集中凡"玄"字皆缺筆。

此本曾國荃《［光緒］湖南通志》、王闓運《［光緒］湘潭縣志》皆見著録。又鄧顯鶴《沅湘耆舊集》收録其詩十七首，并贊譽其詩"陶鑄性靈，流連物態，格律雅近王孟，不愧名家之子"。（顏彦）

笑鄉詩鈔

清張恒潤撰。清刻本。二册。半葉九行，行二十字，小字雙行同。白口，四周雙邊，單魚尾。

張恒潤（1797—？），字玉樵，號笑鄉，奉天鐵嶺人。徐世昌《晚晴簃詩彙》有載。

卷首有序，末署"益陽海秋湯鵬撰"。按：湯鵬（1801—1844），字海秋，益陽人。清道光二年（1822）進士，歷官禮部主事兼軍機章京，補户部主事轉員外郎，著有《浮邱子》等。次序，末署"揀之藴秀撰"。次序，末署"道光戊戌年重陽後一日心齋弟全順拜序"。卷端題"笑鄉詩鈔　鐵嶺張恒潤玉樵撰"。卷尾有跋，署"鑑堂鍾允明跋"。

本書共録詩二百三十二首。集中之作多爲即景抒情之作，如《閒居》《庚辰八月感成》。又有詠物詩，托物言志，如《梅》《紙窓》。酬贈之作，記其日常交游，如《登妙峰簡吟社諸友》等。

湯鵬在序中稱其詩"旨主於温柔敦厚，其音渢渢乎有一唱三嘆之遺意"。（顏彦）

勿憚改齋吟草四卷續稿四卷

清顧師軾撰。鈔本。二册。半葉十一行，行二十二字。

顧師軾（1798—1884），字景和，號袖雲，江蘇太倉人。秉性孝友、恬淡，好吟詠，尤留心鄉邦文獻。采訪死事者爲《太鎮忠義録》，又輯《節孝録》，以教後生比以禮法，談論鄉邦文獻娓娓不倦。著有《梅村先生年譜》四卷、《世系》一卷、《南園詩文徵略》等。

此爲顧氏詩集，《吟草》四卷，爲清道光二十一年至清咸豐七年（1841—1857）

所作,收古近體詩一百三十四首。首有黃錞等人題詞,末有顧氏自跋。《續稿》四卷,爲咸豐八年至清光緒五年(1858—1879)所作,收古近體詩九十七首,第一卷自訂,第二、三卷《焚巢剩語》及第四卷《燕芹叢語》乃太倉繆朝荃等掇拾,清光緒十三年(1887)繆氏刻入《東倉書庫叢刻初編》中。此本即據繆刻本所鈔,鈐有“嚴瀛”印。(李静)

十硯齋遺稿墨迹

清王言撰。清寫本。六册。半葉七行,行二十二字。四周單邊。經折裝。

王言(?—1711),字慎夫,號兩峰,江西新淦(今江西新幹縣)人。清康熙十八年(1679)進士,先後任柳州郡丞,永清知縣。他爲官多惠政,體恤民苦,不畏權貴。康熙二十七年(1688)任馬平縣令,整治河道,政績卓著。康熙四十一年(1702)任永定河總監,其任三載,廉潔奉公,賢聲顯著;後任宛平知縣、順天府尹。王言年老將歸時,康熙親賜“天下清官第一”金匾。其一家三代四位進士,是名副其實的書香門第,清譽“大車四進士”。存《十硯齋遺稿墨迹》詩集一卷。

此書六册,不分卷,爲王言詩集《覆瓿剩草》《杏花春雨山莊賦草》《自怡軒詩餘》,含詩文多篇。詩集前有題辭,其一爲《奉題詠無雙譜詩集》,署名爲“北平曉峰劉傑未定稿”,鈐“蓮孫”朱印,并題詩三首;其二爲《如皋顧鈞題詩》二首;其三爲《虞南官署奉題詠無雙譜大集》,署名“彭澤朗渠汪鳴相拜稿”,并題詩四首。《覆瓿剩草》後有“愚弟羅湘”及其門人跋文共三篇,《自怡軒詩餘》後有王賡榮等跋文兩篇。

此外還有鈔録唐宋金元明名家詩詞共七十八首,每葉兩首,如劉禹錫《烏衣巷》、蘇軾《大雨》、元好問《問詩》、文徵明《夜坐》等,朱筆句讀。

還有《南陵無雙譜》并題詩。目列《博浪椎》《垓下嘆》《三字獄》《庶無愧》共涉及四十人,包括張良、項羽至岳飛、文天祥等歷史名人,每人題下列簡歷,并於目後各詠詩一首,題詩共四十首。目録後鈐“十硯山房主人”印,詩後鈐“王言蓮舫氏”印,後有劉傑、顧鈞等五人跋。《無雙譜》爲清初浙派版畫代表,因所選四十人事迹舉世無雙,故名。本爲繪綉像并題詩,康熙金古良繪製版本最早最佳。

此詩集所録王言詩多以觸景感懷爲題,如《秋懷》《旅感》《秋夜雨霽》等,文辭清麗,感情惆悵。王賡榮評其詩"深情往復,綺語纏綿","其語意入乎情之中,超乎情之外"。羅湘評其詩"獨寫性靈,別具風骨"。門人評其詩"專尚性靈,得温柔敦厚之旨"。(戴季)

静妙齋詩草二卷

清梁以任撰。鈔本。二册。半葉十行,行十八字,小字雙行同。緑口,左右雙邊,單魚尾。

梁以任,生卒年不詳,高要(今屬廣東)人。《續修高要縣志稿》卷二《選舉録》載:"梁以任,廩貢,候補訓導。"此書爲以任詩集,卷端題"番禺梁鼎芬初定 義烏朱一新再定",鈐有"鼎芬印信"印。凡收詩近百首。其中除題詠、贈答等佳作外,多與鴉片戰爭期間廣州中英戰事及匪患有關,如《有感八首——辛丑夏外夷初犯廣州》《肇慶府城陷紀哀》《虜人行》《聞廣州警報——甲寅以來各處紅匪未靖丁巳外夷復犯廣州十一月城陷》《從軍行八首》《虎總兵殉節詩》等,都出自親歷親聞,可作詩史觀。

據《清人別集總目》,此書存世僅有此鈔本。(李静)

紫來閣吟草

清陸詠金撰。鈔本。一册。

陸詠金(1834—?),字西庚,江蘇嘉定人。諸生。少而穎慧,有神童之譽。好學能文,尤善於吟詠。《嘉定縣志》卷二十七《藝文志四》稱其"詩筆排奡,善押險韻"。二十五歲失蹤於太平天國之難。平生著述不少,都燬於亂匪劫火之中。

此書原稿兩册,由其侄世益保存。民國十四年(1925),世益北上參加革命及"三一八"戰役,因被捕倉皇南渡,文稿遺失。後吳稚暉輾轉將文稿携歸,上册已不復存。張志成、志修兄弟爲陸詠金外孫,從世益處借得殘稿鈔録,即此本。此本收詩、賦數十首,其中避難諸作可稱有價值之詩史。前後有汪致堯題詞。卷首有陸世益題識,詳述陸詠金生平及文稿原委。又有張志修題識,述鈔書始末。（李静）

飲翠山房詩草

清楊際運撰。稿本。一册。

楊際運,生卒年不詳,字士會,號小崖,一字會伯,涿鹿人。其父楊鏌。清嘉慶二十三年（1818）舉人,官河南羅山縣知縣。與黃爵滋有交游,著有《碧山草堂詩集》。

此《飲翠山房詩草》不分卷,共存詩三十八首,計三十七題。體裁豐富,主要有五言古詩、五言律詩、七言絶句、五言絶句等。詩多即事即景詠懷之作,如《書堂秋夜》《春居漫興》《春暮偶成》《江村晚景》《晚行》《途中遇大雨》等,表達了作者閑適的書齋生活,頗有田園意氣。此外,還有少量抒懷之詩,如《感懷》《旅寓書懷》《述懷》等。山西聞喜支鳳翱在此文末有一篇跋文,贊其“五古清雅隽逸,律近體秀潤朗徹,截句五言渾成,七言疏俊,大都以風格見長,氣體自與唐人相近”。跋文落款有“道光元年六月二十一日”字樣,則作者詩作,當在此之前。

又,嘉慶二十一年（1816）黃爵滋、余學閩、徐湘潭、艾暢、李覺五人同游廬山,登五老峰,一時英雄意氣,引無數時人艷羨,爭相題詩作畫。張叔淵景仰游廬五少爲人,於道光十三年（1833）作《游廬五少圖》,楊際運專在跋文之後又加一首《題游廬五少圖爲黃樹齋太史作》,其與黃爵滋交情可見一斑。稿本中隨處可見圈點、删改,反映出作者真切的寫作思路,頗爲珍貴。

書名下鈐“僉翖”印,内葉鈐“詩外一言無”“丁巳生”等印。支鳳翱跋文下有“鳳翱”“子翔”印。（宋宇馨）

味鐙閣詠史

清羅珊撰。清咸豐八年（1858）刻本。一册。半葉八行,行十七字。白口,四周雙邊。

羅珊（1812—1868），字玉泉，一字湘琳，號鐵漁，廣東東莞人。清道光間，張維屏掌教寶安書院，羅珊從之學詩。後入龍溪書院，師事陳澧。屢試不中，以教書爲業。常與邑人簡士良、蔡召華等相唱和。著有《味燈閣懷人詩》《味燈閣詩鈔》等。

此書係清咸豐八年（1858）羅氏詠史閣自刻本，由其友人劉俊卿助資、黃汝梅訂正并手書上版。卷前有羅氏師友張維屏、何仁山、鄧呈圖等序，王運霖、吳炳南、陳良玉等題詞二十餘篇，卷末黃汝梅、陳澧跋及羅氏自跋。序跋題詞或楷書，或隸書，或行書，或篆書，極具藝術性。書中詠卞和、披裘公至趙孟頫、許謙等歷史人物共百首，版框上鐫評語。雖然詩不甚佳，而版刻形式實屬上乘。羅氏爲地方文人，聲名不彰，此書傳世亦不多見。（李靜）

黃雁山人詩録四卷

清莊緝度撰。稿本。二册。無框格。

莊緝度（1799—1852），字眉叔，又字裴齋，號黃雁山人，別號迦齡居士，武進人。清道光十六年（1836）進士，授户部主事，河南、廣西司行走，加員外郎銜，車河學習用同知，補山東曹州府曹河同知，署兖州府運河同知。浮沉宦海，未竟其用。工詩詞、楷書，精收藏。據《清史稿·文苑傳》記載，他與吳頜鴻、趙申嘉、陸容、徐廷華、汪士進、周儀顥并稱爲“毗陵後七子”，以詩詞著稱於世，有《黃雁山人詞》四卷、《迦齡盦詩鈔》一卷傳世。其自爲詩集序云“二十五歲以前所作凡三千餘首，删存四百三十二首”。有《手鈔楹帖挽聯》一卷。書法以楷書見長，且金石收藏甚豐，著有《裴齋碑目》一書。

此《黃雁山人詩録》四卷，爲莊緝度詩集，收莊詩四百一十六首，卷首封葉寫“道光辛丑芟訂　黃雁山人詩録　聞仙音室藏”，其後有道光丙戌（六年，1826）歸安張師誠蘭沚跋語，稱昔粵人陳恭尹論詩云，感人以理者淺，感人以情者深云云。後有道光辛丑（二十一年，1841）十月上元蔡宗茂識語，其後爲正文。詩文編排有序，鈔寫工緻，行文有朱筆墨筆圈點，應爲謄清稿本。

鈐有“眉叔莊緝度印”“聞僊音室”“橫雁山人詩稿”“晉翼輔堂”“襄齋莊緝度

印”“丙申進士”等印。（田野）

松寥山人詩初集十四卷南來詩録四卷

清張際亮撰。清道光刻本。三册。半葉十行,行二十一字,小字雙行同。白口,左右雙邊,單魚尾。

張際亮(1799—1843),字亨甫,號華胥大夫,福建建寧人。肄業於福州鰲峰書院,清道光十五年(1835)舉人。少年時爲陳壽祺所器重,在都時與徐寳善、湯鵬、潘德輿等唱和甚密,與姚瑩最善。道光二十年(1840),姚瑩曾邀之往臺灣,未果。二十三年(1843),聞姚瑩因守土事被誣下獄,入都營救,勞瘁而卒。以忤顯宦曾燠,終生不得志,遂放浪山水,遍游天下山川,窮探奇勝,借詩歌發其窮愁慷慨不得志之情,沉雄悲壯,感慨國事及人民疾苦之作尤佳。詩名極盛,在嘉慶道光間主盟壇坫。在當時福建詩人中推獨步,後以“同光體”爲旗幟的閩派崛起,其詩壇地位纔有所下降。著有《張亨甫全集》。生平事迹見《清史稿》卷四百八十六、姚瑩《張亨甫傳》。

《松寥山人詩初集》爲張氏詩作初次結集,道光四年(1824)自刻於福州,晴雪山房藏板。共收古近體詩六百一十首,是其十六歲至二十六歲之間的作品。卷十一至十四題《婁光堂稿》,道光八年(1828)續刻於京師,録詩三百首。《南來詩録》百餘首,係道光十三年(1833)張氏赴粵途中題詠山川風土及與友人唱酬之什。（李静）

南浦秋波録三卷

清華胥大夫撰。清光緒刻本。一册。半葉十行,行二十字。白口,左右雙邊,單魚尾。

此書卷端題“華胥大夫著”。“華胥大夫”爲張際亮之號。全書爲筆記雜著,記其在福州南臺地區冶游時的所見所聞,涉及當地歌妓及演藝等事。卷一爲紀由,叙述閩中樂妓的發展歷史,上溯至唐代中葉,止於清道光年間,粗略描繪閩中戲曲業的演變情況。卷二爲紀人,爲著名藝人慕碧雲等十二人傳,末彙傳一篇、表一篇,合叙爲不甚著名的藝人之事。卷三爲紀事,分《宅里記》《習俗記》《歲時記》《瑣事記》四篇,記戲曲界軼事、用語及地方習俗均較詳,文字簡潔,又頗有見地,具有一定的史料價值。

鈐"昆山徐氏之書"印。（李静）

石瀨山人詩録八卷

清馮度撰。清道光十七年(1837)刻本。四册。半葉九行,行十九字,小字雙行同。白口,左右雙邊,單魚尾。

馮度(1799——?),字子徵,原字星路,安徽滁縣人。諸生。少從趙紹祖游,清道光十二年(1832)隨侍其父任廣西岑溪知縣。好吟詠,不求仕進。著有《梅鶴幻影圖題詠》。

此集前有冷葆頤序,承齡、吕鳳鳴、潘丙等題詞,又詩評三則。詩凡八卷,分《宜園初存稿》《晴快齋集》《觀海集》《燕雲集》《楚塞集》。據《宜園初存稿》目録注"庚午,時年十二",知其生年當爲清嘉慶四年(1799)。冷序謂"今子徵年未四十",則道光二十年(1840)前後尚在世,卒年則不可考。其詩風樸素淡遠。岑溪爲山水佳勝之區,馮度興到成吟,所作《都嶠山歌》《蒼梧舟中》《伏波樓》等,皆清新靈雋,宛然可喜。

書末有"粤東省城西湖街正文堂刊印"字樣,則此書刻於廣州。（李静）

聽秋軒詩鈔二卷

清朱部撰。清道光二十六年(1846)刻本。一册。半葉九行,行十九字,小字雙行同。白口,左右雙邊,單魚尾。

朱部,生卒年及生平不詳,由卷端及序言得其字號爲逸驪。此本書名葉題"道光丙午刊",卷前序言兩篇皆作於丙午(道光二十六年,1846),序末刻有"旌邑湯鵬南刊"字樣。

此書分上下兩卷,收録古今體詩一百六十餘首,内容多爲寫景紀物、游記以及答親友和詩。其間《驅儺謡》一首,朱氏"兒時嘗親見之,因事禁已久,作《驅儺謡》,存古禮也",詩中云:"海姑珊珊金步摇,排解兩鬼手頻招。鬼判捉筆畫鬼字,手舞足跳抑何驕。里保社長走相喧,衣冠顛倒各有言。好巫徵鬼習太陋,迎猫祭虎禮亦煩。地爻瓦卜語儺神,癘疫不到平安邨。犧牲滿階血滿地,後者爲糧魅早避。陰伏陽愆亦何虞,苦雨凄風願無至,毋謂驅儺近於戲。"對於儺戲這種古老的民間戲曲形式,朱氏的描述可謂生動具體,爲今人留存了寶貴的資料。

此書流傳不廣,《中國古籍總目》僅著録國家圖書館有藏。（李慧）

同舟異楫十二吟

清章啓勛撰。清咸豐九年(1859)刻本。一册。半葉六行,行十六字,小字單行同。黑口,四周雙邊,雙魚尾。

章啓勛,字錫山,號蓮溪,江西南昌人。以祖保承襲雲騎尉。曾隨侍舅氏鄭鍾泉宦游於荆豫、廣西等地。另著有《籟典》四卷。

此本書籤題"同舟異楫"。卷首有序,署"咸豐己未年季秋月濠梁愚弟戴文選拜序於宛陵衙齋",後有木記"臣文選印""少甫"。次章啓勛自序,署"咸豐己未秋九月錫山章啓勛蓮溪氏自記於吏隱草堂",後有木記"章啓勛印""蓮溪"。按:戴文選,字少甫,安徽人,著有《吟林綴語》。據序可知,清咸豐元年(1851),戴課讀於章官署時,見其所做《同舟異楫》,故勸其付梓,并爲之評注。

目録及卷端皆題"同舟異楫十二吟"。詩集共十二吏吟,每吟二首,計二十四首。十二吏吟分别爲:《仙吏》《俗吏》《儒吏》《庸吏》《循吏》《酷吏》《廉吏》《貪吏》《老吏》《滑吏》《良吏》《污吏》。據章氏自序,其隨舅氏宦游多年,於宦途尤留意,所做十二吏吟是對宦情世態變幻多端之感慨。故其《酷吏》《貪吏》《滑吏》《污吏》之句多有針砭諷世之意,而《老吏》中有"卅載名場空色相,半生宦海任浮沉","游興久衰情更淡,歸來兩鬢滿青霜"之句,不啻爲個人宦途之寫照。全集以吏爲詩,正如戴文選所評,"美善刺惡,得風人勸懲之旨……得力於性情、閱歷、學問、見識之

真,大可爲移風易俗之一助也"。(顔彥)

望雲精舍詩鈔

清薩大滋撰。清宣統二年(1910)蒔花吟館刻本。一册。半葉九行,行二十一字,小字雙行同。黑口,四周雙邊,單魚尾。

薩大滋(1818—1856),原名韋寶,字肇敬,號佑之,又號樹堂,福建福州人。郡增生。

本書前有書名葉,書名題字出鄭孝胥之手,又有林壽圖(歐齋)、楊浚(雪滄)等人題詞,卷端署"族孫嘉榘校刊"。薩嘉榘(1876—1960),號逸樵,現代藏書家,福建文史館館員。又粘貼有一紙,係薩嘉徵墨筆所書,除簡介薩大滋外,也指出薩氏與林、楊諸人唱和之作尚多,惜遺失甚多,"此刻僅及其半,稱憾事焉"。

書中所收之詩多爲感懷、唱和之作,從中可見作者的交游,如《送孫穀庭翼謀北行二首》《送孫穀庭太史入都》與孫翼謀(曾任安徽巡撫)有關,《奉楊雪椒慶琛光禄》《壽楊雪椒光禄七十》則與楊慶琛(曾任光禄寺卿)相關。《挽宮傅林文忠公》對林則徐一生忠於王事予以褒揚。

此本爲薩大滋詩作的首次刊刻。(梁玉蘭)

望雲精舍詩草箋注二卷

清薩大滋撰,清薩君陸箋注。稿本。四册。半葉九行,行二十二字,小字雙行同。

薩君陸,生卒年不詳,譜名福綏,號幼實,福建福州人。郡庠生。留學日本,歸國後曾任福建華僑學校校長、福建實業司秘書科長、教育司視學、南洋各島特派視學專員、中央觀象臺技士、北京僑務局參事等職。

本書前有民國二十八年(1939)林步隨序、孝樨跋,二十五年(1936)薩嘉曦、二十七年(1938)薩君陸序,以及題詞、唱和詩等。全書分爲兩卷,每卷又分上、下子卷,收錄古今體詩共計三百二十七首,其中卷一上九十四首、卷一下一百零二首、卷二上七十三首、卷二下五十八首。據薩君陸序言："清宣統庚戌,族叔逸樵曾選刊一次;民國丙子,族叔寄農以手録全稿見示,盧溝事變,兀坐孤城,依照前此箋補《雁門集》諸例,歷數閱月粗脱稿。"

除本書外,薩君陸另著有《雁門集編注增補》《白華樓詩鈔箋注增補》《荔影樓詩鈔甲乙集箋注》《珠光集箋注》等,皆與薩氏先賢有關,惜僅以稿本存世。（梁玉蘭）

退省堂詩集六卷

清麟桂撰。稿本。六冊。半葉九行,行二十字,藍格,花欄。

麟桂,生卒年不詳,字月舫,索綽羅氏,滿洲鑲白旗人。歷官光禄寺卿。著《退省堂詩集》。是書卷前有麟魁、平翰等序文各一篇,自序一篇。

麟魁(1791—1862),字梅谷,索綽羅氏,滿洲鑲白旗人,麟桂之兄。清道光六年(1826)進士,曾任盛京刑部侍郎。序前鈐印"詠春所收"。平翰,生卒年不詳,字岳生,號樾峰,山陰人。清代書法家,行書學褚遂良,兼採顏、米,有秀勁姿。刻《求青閣》帖,著《黔軺吟》。序末鈐"平翰""播州太守"等印。

《退省堂詩集》收集麟桂詩文幾百篇,蔣文慶贊其詩"性情肫摯,溫柔敦厚","從來説夢殊堪笑,未必聰明不是癡"(《書齋冬夜步佩珩弟韻》),於昆季朋友間唱和之作,皆出於勤勤懇懇之忱。"寄語君家須仔細,春風不减朔風凉"(《和眉峰太守原韻》),其學道愛人之懷流露於篇什。觀察上海以後,盤錯艱難之志見於字裏行間,"此時多小關心夢,笑我無求好獨醒"(《舟中夜坐》)。是書對研究麟桂生平及當時社會生活具有一定歷史價值。

該書封面鈐印"花好月長圓人健",卷端鈐印"月舫""詩草"。（邵穎超）

沈四山人詩録六卷附録一卷

清沈謹學撰。清道光三十年(1850)刻本。一冊。半葉十行,行二十二字。白口,四周雙邊,單魚尾。

沈謹學（1800—1847），字詩華，又字秋卿，浙江元和（今杭州）人。少警異，讀書得其要領，然不喜舉子章句之學，獨喜爲詩，以傭耕爲生，窮困而終。

本書前有潘曾沂序、江湜撰《沈山人事略》，末有清道光三十年（1850）潘曾沂跋。全書收録沈氏所作古今體詩三百二十七首，按時間繫年，起清嘉慶十九年（1814），訖道光二十七年（1847），分爲六卷（卷六爲補遺），内容以題贈、唱和、感懷爲主。另有附録一卷，爲友朋唱和、贈送、悼亡之詩。

潘曾沂在序中不僅言及與沈謹學交往過程，而且還説明"沈四山人"的由來。在跋中則詳述此詩集的刊刻，指出此書得以刊刻乃是元和鄉人屠蘇主持的原因。（梁玉蘭）

染香小榭詩存一卷

清吳望曾撰。清咸豐八年（1858）刻本。一册。半葉十一行，行二十二字，小字雙行同。黑口，左右雙邊，單魚尾。

吳望曾（1798—?），字熊侯，號小舟，安徽涇縣人。清道光元年（1821）舉人，曾任靈璧縣訓導。張湛鴻在序中提及望曾出身："靈鐘涇水，秀擢茂林；家從渤海遷來，譜自延陵分出。"望曾出自茂林吳氏，茂林吳與旌德江、績溪胡、宣城梅號稱皖南四大姓。

本書前有道光九年（1829）張湛鴻序，稱望曾常事吟詠，"或即景而生情，或借題而寫意；得唐時之風韻，不愧香山；有宋代之機神，合稱玉局"。該書卷端題"染香小榭詩存卷一"，然僅有一卷；末有"男崇光孫翊廷同校刊"字樣，説明此書爲家刻本。書中所收之詩多爲寫景、抒情、唱和之作。（梁玉蘭）

晚晴樓詩稿不分卷

清王棻撰。清光緒鈔本。二册。半葉十二行，字數不等。

王棻（1806—?），字建棠，號小舟，浙江慈溪人。監生，以軍功叙知府。《［光緒］慈溪縣志》又言"字建堂，號同生"。

本書目錄下有"次男仁厚彙鈔"字樣,可證此詩稿係王棻後人所編輯。全書收錄王棻所撰詩作共九百六十三首,按照體裁編排,分別爲五言古七十七首、七言古五十四首、五言律二百七十七首、五言排二首、七言律三百一十二首、五言絶三十五首、六(四)言絶七首、七言絶一百九十九首。

書衣有徐圓成墨筆題識:"奉還詩稿三本,祈察收。拙選録出十七首,入《耆舊集》中。明歲工竣,即當呈閲。初意欲每友各刊一卷,現合刻共爲十六卷,每友接續刊刻較易,事可成也。甲申冬月,海鹽徐圓成題籤。"徐圓成,字古春,晚清中醫學家,曾行醫津沽,名噪一時,熱心編刊文獻。題識中所言《耆舊集》或爲其中之一,然未見傳本,疑未刊刻成書。

鈐"圓成"印。(梁玉蘭)

爇餘吟

清陸以湉撰。清鈔本。一册。半葉九行,行二十五字,紅格。白口,四周雙邊。

陸以湉(1802—1865),字薪安,一字定圃,號敬安,浙江桐鄉縣人。清代醫家。幼讀四書五經,多聞博識。青年即教授生徒。嘗於清道光年間中舉人,道光十六年(1836)中進士,并以知縣分發湖北,後以父命改從教職,并選授浙江台州教授、杭州府教授。後以母老請辭回鄉,嗣後又赴上海、杭州執教講學,不久辭世。曾主持分水(今桐廬)近聖書院以及杭州紫陽書院講席。其弟及子因病誤治亡後,專心鑽研醫道,醫術精湛。編著有《冷廬雜識》《冷廬醫話》《再續名醫類案》《冷廬詩話》《蘇廬偶筆》《吳下彙談》等。

此本鈔録并校勘,字體清秀,卷端題"爇餘吟杭州紀難詩六十首　桐鄉陸以湉定圃著　鄞縣郭傳璞恬士録",爲金峨山館郭傳璞鈔録陸以湉詩集。卷二題"爇餘吟續杭州紀難詩二十首　桐鄉陸以湉定圃著　鄞縣郭傳璞恬士録"。郭傳璞(1855—?),字晚香,號怡士,浙江鄞縣(今寧波)人。清末藏書家、書畫收藏家。清同治六年(1867)舉人。清光緒間以孝廉任文職官員,拜姚燮爲師,後爲浙東名家。工於駢文和詞章之學。據《鄞縣通志》記載,其收藏古籍和金石書畫甚富,有金峨山館,編有《便査書目》，著録圖書一千四百餘種，在書目之後，附有《癸酉增置書目》《甲戌選存書目》《丙子置書目》《丁丑置書目》《戊寅增置書目》《饋贈友人書目》《金峨山館法帖目録》等。另有金石目録《四明金石志》，刻叢書十二種，比較著名的是《金峨山館叢書》。雅好音樂，精通音律，自能制曲和工於詩文，撰《金峨山館文酌》一卷、《金峨山館文甲乙集》、《吾梅集》一卷、《游天窗巖記》一卷、《劫餘隨筆》等。此卷末鈔"同治元年十月十七日桐鄉陸以湉識於滬上寓廬"。卷三題"爇餘吟烏鎮紀難詩四十首　桐鄉陸以湉定圃著　鄞縣郭傳璞恬士録"。此卷末鈔"咸豐十年十二月下澣五日陸以湉識於柳絲寓廬"。卷四題"爇餘吟續烏鎮紀難詩四十首　桐鄉陸以湉定圃著　鄞縣郭傳璞恬士録"。此卷末鈔"同治元年十月二十一日陸以湉書於滬上寓廬"。之後爲王士雄"同治建元壬戌一陽來復之日海昌後學王士雄拜題於黃歇浦西之隨息居，"跋稱《爇餘吟》爲史詩，爲必傳之作。王士雄（1808—？），字孟英，號夢隱（一作夢影），又號潛齋，別號半癡山人、睡鄉散人、隨息居隱士、海昌野雲氏（又作野雲氏），祖籍浙江海寧鹽官，遷居錢塘（今杭州）。此本或爲郭傳璞録陸以湉詩之待刊清稿本，未見其後刊刻本行世。（田野）

七竹山房詩草四卷近草一卷

清張景沂撰，清吳修鳳評。清鈔本。二册。半葉九行，行二十四字，小字雙行同。白口，四周單邊，單魚尾。

張景沂，字春波，一字魯泉，號松崖，河北景縣人。清道光十八年（1838）進士，任山西寧武知縣，歷署陽高、懷仁等縣，二十九年（1849）丁外艱後，無意仕進，居家課子弟讀書，清咸豐中因守城有功獎直隸州知州用，晚年主講南宮東陽書院。

本書前有清同治四年（1865）陵州吳修鳳、六年（1867）張景沂自序，所收諸詩按年編排，起庚戌（道光三十年，1850），訖丙寅（同治五年，1866），後附《七竹山房近草》，收録同治六、七年所作詩。

吳修鳳在序中言及讀張景沂詩後的感想，"見所爲詩誠以樸，伉以直，豪宕而激切，不必求工於語言，而所云真性情者時時流露於語言之表"。張景沂在自序中主張爲詩之道,因人而異,"豈盡合乎溫柔敦厚之風,難概律以興觀群怨之旨亦淺者見淺、各言其志而已",因此希望後人讀其詩,"固不得斤斤以古人之法律繩之也"。(梁玉蘭)

自鏡鈔八卷

清趙重三撰。清光緒五年(1879)愛日書屋刻本。四册。半葉九行,行二十四字。白口,左右雙邊,單魚尾。

趙重三(1801—?),字省吾,陝西渭南人,生員,僑寓蒲城,喜談性理,讀書多有心得,樂善好施,至老弗衰。《[光緒]新續渭南縣志》有傳。

本書前有清光緒二年(1876)其婿王化遠序、清同治十年(1871)蒲城王長庚《省吾先生家傳并序》,末有同治十年浦城王驄《讀趙省吾先生自鏡鈔書尾》及王化遠跋。全書共八卷:卷一至二内篇,前者爲輯録趙重三祖父、父母、妻妾等人的傳記資料,後者爲答後輩書、祭原配陳氏文;卷三至四外篇,收録所撰書、序、考、論、傳等文;卷五至六古鑒,爲作者讀書札記;卷七至八今鑒,前者爲詩集,後者爲《自鏡俚言》。

王化遠在序中談及其岳丈趙重三曾將此書稿授之,并言:"此吾數十年食舊德、由舊章商量舊學之所鈔,漸積而成者也。雖未敢必不離經戾俗,然自趨庭游方,迄今將老,於日用飲食知能學慮一切交際往來,覺如是則安,不如是則不安,非狃也,蓋祖父師長之教如是也。"此書既爲家族資料集,也是趙重三一生讀書治學心血所在,故而書籤題"趙氏家乘",冀望傳之後人。

此書流傳不廣,《中國古籍總目》僅著録國家圖書館有藏。(梁玉蘭)

訪粤集一卷白雲唱和詩一卷

清戴熙撰。清道光二十年(1840)刻本。一册。半葉八行,行二十一字。白口,左右雙邊,單魚尾。

戴熙(1801—1860),字醇士,號鹿床,浙江錢塘人。清道光十二年(1832)進士,曾任廣東學政、翰林院侍講學士、光禄寺卿、禮部侍郎、兵部右侍郎等職,二十九年(1849)致仕歸里。清咸豐十年(1860)二月,太平軍破杭州,戴熙自沉於水,時年六十,後謚文節。戴熙工於繪事,名滿天下,晚年書法又爲人所寶,著有《習苦齋畫絮》十卷、《古錢叢話》三卷、《習苦齋古文》四卷、《習苦齋詩集》八卷等。

道光十八年(1838),戴熙受命督學廣東,本書收録詩作即爲其任此職時所撰寫,既有游覽感懷之作,也有友朋唱和之作,還有詠物之作。書前有番禺張維屏叙、鎮平黄釗題辭、番禺黄玉階評,後附《白雲唱和詩》一卷,係游白雲寺時與黄體芳、張維屏、黄釗、黄玉階諸人唱和之詩,後又有道光二十年(1840)戴熙題記、黄釗附記。戴熙以書畫著名,詩歌多不爲人所知。黄釗讀此《訪粤集》後評價道:"胎息純乎玉局,性情風格又大似香山、渭南,而氣骨魄力則少陵、昌黎之所自出也。"

本書末有"粤省西湖街正文堂刊"字樣,言明刊刻該書的書坊,有助印刷史研究。鈐"苦雨齋藏書印"印,爲周作人舊藏。（梁玉蘭）

師竹山房遺稿一卷

清張德昇撰。清光緒十四年(1888)刻本。一册。半葉十三行,行二十二字。黑口,左右雙邊,雙魚尾。

張德昇,生平不詳,張慎儀在跋中談及張德昇説:"公性任俠,善讀書,顧不喜爲科舉文,而以經世之學出佐名公卿,所至有聲。"

本書收録張德昇所作之詩,胡薇元認爲"讀其詩,姿采幽茂,古力蟠注,情思婉妙,絶去粉飾肥艷之習",又認爲"先生食貧,居幕府,遍歷邊徼,尤多采風紀俗之言"。

本書前有清咸豐元年(1851)李應荇題辭、清光緒十四年(1888)胡薇元叙,末有光緒十四年張慎儀跋。據書末"侄曾孫慎儀校栞"及跋記載,此書爲張德昇侄曾孫張慎儀刊刻於四川。張慎儀(1846—1921),著有《蜀方言》及詩文詞等。

卷端鈐"長汀江瀚捐置京師圖書館"長條印。（曾慶文）

象之上公詩稿五卷

清象之撰。清鈔本。五册。半葉八行,行十八字。

本書前有積厚叙,説明編校此書始末:友人蔚樞擬刊刻其父象之上公遺詩,托請積厚編輯整理,積厚費數月之功,始克成書,編爲五卷,共收録詩九百三十四首。各卷大體按體裁編排,但是也不完全一致,卷一多種體裁皆有,卷二爲五言絶句,卷三五言排律,卷四七言絶句、七言律,卷五爲補遺。

卷一《生春紅硯詩》詩注"得硯在嘉慶甲子",卷五内有《道光元年九月初十日雨》一詩,可以確定著者生活年代在清嘉慶、道光前後;又卷二多首詩提及"察哈爾""口外""居庸關""張家口"等,説明作者此時駐守塞外,故多有塞外風景及感懷之作,卷三有《戊辰秋隨蹕木蘭——自塞上旅還述事兼擬小憩得詩四首》詩,卷五内又有《秋杪園圓明園值夜大風感懷》《雨中赴思元主人之招》(裕瑞字思元),由此推測該書著者或爲八旗中人。

鈐"詠春所收"印,係恩華舊藏。(曾慶文)

蕙綢室初稿一卷

清蔣澹懷撰。清鈔本。一册。

蔣志凝(?—1843),字子于,號澹懷,江蘇元和(今蘇州)人。室名蕙綢室。其生平資料頗難覓得,據《蘇州府長元吳三邑諸生譜》卷五,蔣氏爲清嘉慶八年(1803)諸生。《國朝詞綜續編》卷十五載:"(蔣志凝)道光癸卯秋,殁於京邸。"可知,蔣氏卒於道光二十三年(1843)。著作有《心白日齋詩鈔》四卷存世。另,《蘇州府志》,"蔣志凝,字子于,諸生。工詩,詩才繁富而能約用之……性兀傲,以貧故常爲人幕下客,然不可其意即謝去。又不得於其婦,恒獨居僧舍,"可見,蔣氏年長後多坎坷困頓,鬱鬱寡歡。

該書收録蔣氏所作《曉步湖上》《孤山詠古》《吳山寫望》等詩九十四題一百一十六首。縱覽全書,可知所載多爲蔣氏早期紀游詩作。由《別李二仲雅三年矣,戊辰秋試遇於白門，即事述懷，題其所示詩卷後》詩題可知，該詩作於嘉慶十三年（1808）。書中所載，均爲蔣氏壯游江浙所感。其中，拜謁懷古詩作不少，如《錢武肅王祠》《洪忠宣公祠》《岳忠武王墓》《太白墓》《賈島墓》《靈澤夫人祠》《金忠宣公祠》《過阮大鋮葵處》等。因蔣氏其時年少，故書中所載詩作多輕快灑脫，如其《少年行》云："廐伏神駒匣寶刀，有金祇結五陵豪。平生兒女英雄意，笑看紅閨綉戰袍。"另，其《蕙綢室夜坐即事》云："院小夜愔愔，春寒受一襟。花香噓燭暗，茗味和書深。蘊藉閑中事，纏綿別後心。軸簾調短笛，眉樣月吹沈。"由此可見蔣氏年少之際的悠然自得與逸致閑情。（孫麗娜）

蕅香閣詩稿續集

清聶雲章撰。清鈔本。一册。半葉八行，行二十字。

聶雲章，字浣溪，湖南衡山人。生平不詳，主要活動時間在清咸豐前後。

本書所録之詩，以詠景、詠物、親友唱和爲主，詩作範圍比較局限，反映作者作爲閨閣詩人的狹窄活動空間。書中《適接所寄潤甫大伯今年五十聞赴臨川丞任道遠難達書感時事述懷十律和外原韻》《茶村侄自江右避亂歸過衡喜晤》兩首詩對咸豐之時的太平天國運動偶有涉及，有一定的資料價值。

卷端鈐"駱駝書屋"印，爲昆山徐祖正舊藏。胡文楷《歷代婦女著作考》即據此鈔本著録，但誤將作者年代歸入現代，實應爲清代。（曾慶文）

問花別墅吟草

清韓雲濤撰。清咸豐刻本。一册。半葉九行，行二十一字，小字雙行同。白口，左右雙邊，單魚尾。

韓雲濤，生卒年不詳，字荊門，浙江錢塘人。早年入幕，後捐升知縣，歷任山東樂安、單縣、博平、即墨等地知縣。

本書前有清咸豐二年（1852）韓雲濤自序，内言其所作詩稿多有散失，"今偶於故篋中檢得數紙，增以近作，於公餘之暇手自録出，非敢以存稿自居，貽譏大雅，不過等記事之珠,隨時摸索,往事不致淪忘,且留示後昆,庶知余之生平梗概,并可知竹逸雲眠"。又言"問花別墅"乃是杭州舊居,幼時讀書之所,以之命名示不忘舊也。

書中所録之詩,以友朋唱和之作居多。作者爲官多地,沿途及任職時亦有詩作。最後《有感》一詩,乃病逝前所撰絶筆詩,由此亦可知此書收詩的下限。書末有咸豐八年(1858)其子光鼎跋,對韓雲濤生平叙述甚詳。(曾慶文)

淡禄堂雜著二卷

清朱蕡撰。民國十七年(1928)木活字本。二册。半葉八行,行二十四字,小字雙行同。黑口,四周雙邊,單魚尾。

朱蕡(1804—?),字堯階,湖南湘鄉人。少與曾國藩爲莫逆之交,中興名將劉蓉、曾國荃曾受業其門。

是書前有清光緒八年(1882)蕭山丁蘭徵序,稱作者與曾國藩爲莫逆之交。全書二卷,卷上包括古今體詩存、駢體文存,詩起清道光十六年(1836),止清同治十一年(1872)。多爲一時酬應、師友交往之作,如《哭曾文正公》《送曾孝廉滌生入都叙》等。卷下爲聯語雜存,分勝迹、春聯、題贈、哀挽、市肆等類。

書後附民國十七年(1928)朱蕡之孫朱祖堯跋。(張傑)

衣讔山房全集

清林昌彝撰。清同治二年(1863)廣州刻本。四册。半葉十行,行二十三字,小字雙行同。白口,四周雙邊,單魚尾。

林昌彝(1803—1876),字蕙常,又字藆溪,號茶叟、五虎山人,福建侯官(今福州)人。清道光十九年(1839)舉人,此後多次參加會試皆不中,乃遍游大江南北,與當時知名之士如陳壽祺、何紹基、張際亮、魏源、姚燮、何秋濤、張穆、沈葆楨等多有交往。清咸豐三年(1853),進呈所著《三禮通釋》,賜官教授,先後主持福建建寧、邵武兩府教席。清同治元年(1862)至廣州游歷,曾在海門書院講學。林昌彝是林則徐族弟，曾著《平夷十六策》《破逆志》等，又著《射鷹樓詩話》，"射鷹"諧音"射英"，輯録鴉片戰争前後詩壇文獻，用救亡圖存的眼光來論詩歌。一生著述頗豐，除治經之作近二十種外，另有《海天琴思録》《衣讔山房詩集》《小石渠閣文集》等，今人輯有《林昌彝詩文集》。《清史列傳》卷七十三有傳。

全書八卷，按年編排。詩風沉穩開闊，善於長句、組詩。其詩内容廣泛，詠古之作有《閲世二十一首》《棲霞嶺拜岳忠武王墓》等；與林則徐活動相關的有《家少穆先生招游小西湖夜泛》《少穆先生屬題其尊人暘谷封翁飼鶴圖》《送少穆先生總師粤西》等；與師友交游者有《送梁君榮（佩璋）八首》等；詩論之作有《論詩一百又五首》等，涉及阮元、何紹基、林則徐等近四十人爲其詩集作評贈，張繼亮、魏源、姚燮等二十餘人爲作題詞。後有同治八年（1869）丁傑作後序。

另有《外集》一卷，收試帖詩五十首，道光三十年（1850）林則徐爲作序。《賦鈔》一卷，收辭賦八篇，咸豐元年（1851）羅惇衍爲作序。（張傑）

退思室詩鈔二卷

清魯慶恩撰。清道光十一年（1831）刻本。一册。半葉九行，行二十一字，小字雙行同。白口，左右雙邊，單魚尾。

魯慶恩（1803—?），字小蘭、筱蘭，江蘇丹徒人。屢次參加鄉試均未中。

書衣題"魯慶恩著　道光辛卯刻　詩自元年起"。詩作按年編排，起於清道光元年（1821），止於道光十七年（1837）。書前有作者自記，謂："詩者不過遣興書懷、達情紀事而已。選詞琢句以沽名，何心之苦而意之愚也。"

因慶恩家道中落，科名不順，詩中情緒雖然總體上屬於平和，但各種窘迫不時流露，對於失意文人的生活狀態有比較典型的反映。如其《秋闈報罷》詩云："浹旬守望已心昏，消息傳聞亦斷魂。勉學時趨仍落拓，死爲厲鬼亦含冤。"《秋闈榜前夜寒有感》言："獨寐如羈旅，惺忪覺夜長。夢回千里月，骨冷五更霜。貧病心交迫，升沉意轉忘。尤憐窮蒼裏，幾輩綴愁腸。"

書衣有墨筆題記，書中有朱筆圈點。（張傑）

蕉窗詩鈔八卷

清齊學裘撰。清道光刻本。二册。半葉八行,行十九字,小字雙行同。黑口,四周單邊,單魚尾。

齊學裘(1803—?),字子冶,一字子貞,號玉溪,晚號老顛,婺源(今屬江西)人,彥槐子。室名有壽鼎齋、寶禊室、雙溪草堂等。清道光間諸生,光緒間寓上海,與劉熙載、毛祥麟過從甚密。工詩善書,藏書宏富。著有《蕉窗詩鈔》《劫餘吟》《雲起樓詞》《蕉窗詞存》《賣漁灣詞》《見聞隨筆》《書畫録》等。

詩作按年編排,起於道光四年(1824),止於道光十七年(1837)。作者奉父僑寓於江蘇宜興,觀景交游,澹然自適。性至孝,不時描寫奉養父親起居生活的各種情景。書前有道光江之紀、徐壿、潘光序,李兆洛等三十八人題辭,張井等六人題跋。衆友人交相盛贊其學有淵源,才高品逸。收於本書卷一中的《梅花九首追和高青邱韻》尤爲衆所稱賞,其中有云,"忽疑簾捲飛瓊在,可要簫吹弄玉頻。聞道補之工寫照,暗香疏影恐難真"。筆觸細膩,自然清新。(張傑)

心亭亭居詩草雜存不分卷

清林召棠撰。清鈔本。一册。半葉九行,行二十四字。

林召棠,字芾南,廣東吳川人。清道光三年(1823)進士,授修撰。十一年(1831)充陝西鄉試正考官,歸講端州書院。除此詩草外,還有清光緒十八年(1838)刻《心亭亭居文鈔》一卷,吳宣崇輯入《高凉耆舊遺集》,北京大學圖書館藏;清鈔本《心亭亭居文存》不分卷,廣東省立中山圖書館藏。

此稿書衣題"先大父殿撰公詩集貳卷恭呈大人鑒定敬求寵賜弁言韶州府英德縣訓導林晋堃謹呈"。番禺陳其錕爲之序,因與詩人交游頗多,於其服膺最深,故陳序對芾南品行性情、詩作出處梗概及詩作之旨均做了交代,稱:"先生行誼甚高,言呐呐若不出諸口,然中懷坦蕩,表裏洞徹,久與之接,和氣益然。棄官歸養,超然遠引,終其身,足迹不入城市,其寄托高遠矣……讀其詩,出筆高超,吐詞秀拔,五言尤工,具體唐賢,蓋先生倫常之地,知大本之所存於世間,一切富貴利達漠然無所動於中,故其爲詩冲淡如王孟,幽深如韋柳,雖所作不多,譬之享太牢者,得一勺之泉、一杯之露飲,而甘之至,泉之清、露之潔,本原具在,自有脱然於埃壒之表者。"後又有道光二十七年(1847)自記。凡詩一百五十二首,多應酬交往之作。(徐慧)

馮野臣詩草

清馮炎撰。清末朱絲欄鈔本。四册。半葉八行,行二十四字。白口。

馮炎(1807—?),字野臣,廣東鶴山人。功名不高,但頗富文才,關心民情、時事。

是書由五部分組成。詩作中有明確紀年的起於清道光十五年(1835),止於清同治元年(1862)。其中《觀岳樓詩鈔》作於作者在粵期間,對鴉片戰争時期的夷亂和香港、澳門的社會面貌有珍貴反映,熱情歌頌了關天培等民族英雄的殉難壯舉。道光二十七年(1847)其兄馮森中進士,自道光二十九年(1849)起,赴河南開封、新安等地,輔佐其兄爲官。清咸豐四年(1854),馮森病故於新安縣署,馮炎料理善後,於咸豐七年(1857)奉兄靈柩南旋。《前游梁吟》《後游梁草》作於這一時期。同治元年前後,作者曾經出游本省水東、福建福州等地,乃有《游水東詩草》《游閩詩草》之作。在這幾部詩集中,對個人身世、旅途風景、地方民俗、社會動亂等的描寫都有可觀之處,如《汴城雜詠》《新安雜詠》《後兵差行》等。(張傑)

留香小閣詩附詞

清楊懋建撰。清光緒鈔本。二册。半葉七行,行十七字,小字雙行同。

楊懋建(1807—1873),字掌生,號爾園,別署蕊珠舊史,廣東嘉應(今梅縣)人。早年肄業於學海堂,清道光十二年(1832)恩科舉人,十三年(1833)參加會試,本已得中第九名,但因試卷用字違例,終致落罷。遂放蕩不羈,流連於京城酒肆歌場,結交戲曲優伶。十六年(1836)出居保定,二十七年(1847)以科場事獲罪,次年春被遣戍湖南。晚年歸粵東,主講於陽山書院,以此終老。楊懋建自幼聰穎過人,學識廣博,且精戲曲掌故,著有《辛壬癸甲録》《長安看花記》《丁年玉筍志》《夢華瑣簿》,記叙道光年間北京梨園景象,爲清代戲曲史研究提供了寶貴的資料。

本書爲精鈔本,字體精美,鈔寫細緻。但無總書名,詩、詞、文有大體歸類,不過亦有交叉。出現的詩詞名有《留香小閣詩》《留香小閣詞》,但詩中有詞,時間交錯。作者交游廣泛,文筆細膩,疏放中含具深情。文章内容較紛雜,包括《安濟廟考》《嘉應識小書》《重修楊氏族譜募疏》等。（張傑）

夢約軒四書文存一卷續一卷律賦偶存一卷試帖偶存一卷詩存一卷

清何俊撰。清光緒元年(1875)湖北臬署刻本。六册。半葉九行,行二十一字,小字雙行同。白口,四周單邊,單魚尾。

何俊(1797—1858),字亦民,安徽望江人。清道光九年(1829)進士。曾參與治理南河,歷官廣西桂林知府、直隸大名道臺,升任江蘇布政使。

《四書文存》收録的是制藝文章,也即八股文。正卷計收《齊之以禮》等三十二篇,續卷計收《道千乘之國》等十六篇。前有道光間徐启山、衛鶴鳴舊序,清光緒元年(1875)胡鳳丹新序。《律賦偶存》收録的賦文對仗工整、限韻嚴格,但文學性并不高。計收《慎乃儉德賦》等十五篇,前有道光二十六年(1846)作者自序。《試帖偶存》收録的是科考詩,形式嚴謹,但内容空洞。計收《晴天養片雲》等七十首,前有清咸豐二年(1852)魯一同序。《詩存》所收方爲普通的文學詩歌,計有《遣懷》等近百首,其中對治理南河、地方施政的描寫均價值頗高。

鈐"真州吳氏有福讀書堂藏書"印。（張傑）

淳則齋文鈔二卷

清洪齮孫撰。清鈔本。一册。半葉十二行,行二十五字,黑格。白口,左右雙邊。

洪齮孫(1804—1859),又名德方,字舲甫,又字子齡,江蘇陽湖(今常州)人,清代文學家洪亮吉幼子。清道光十九年(1839)舉人,官廣東鎮平知縣。著《補梁疆域志》四卷、《淳則齋駢體文》二卷《詩集》二卷等。有清一代，駢文復興，亮吉自成一家，頗負時譽。齡孫善守家學，卓然名世，亦爲清嘉道間駢文名士。恰如是書卷首道光十五年（1835）浙派詞人董毅跋云："子齡童時即學爲駢儷之文，長而益進，縱橫馳驟，不可一世。"

據董跋"今年復聚於里，因得統觀前後所爲之文，炳蔚喬皇，充實粹美"一句推之，是書或成於道光十五年。是書分二卷，共載齡孫駢文三十篇。其中，上卷收《伯兄祐甫先生遺書序》《方彥聞隸書楹帖跋》《東皋草堂記》等十七篇，下卷錄《前山東督糧道孫公墓表》《吕季穎誄》《張母吳太孺七十壽徵詩啓》等十三篇。其作品涵蓋祭文、墓表、銘誄、序跋、賦等，文字或沉鬱悲愁、或清新生動，風格亦古亦今，博通沉實，温潤雅正。

卷首另有清代藏書家趙之謙清同治九年（1870）題記、民國五年（1916）莊蘊寬題識，卷末有清末民初浙江藏書家楊見心跋。其中，趙記云"此本爲漢陽葉氏鈔藏，同治戊辰九月得於京師，"由此可知，此書爲清中後期著名疆臣葉名琛家族之舊藏。書名葉題"淳則齋駢文""楊見心藏本，屬莊蘊寬爲之署面"。是書鈐"莊蘊寬印""見心""楊復""楊""楊見心印""豐華堂書庫寶藏印""楊復之印"印。諸跋皆言"淳則齋駢文從未付刊"，可見此本彌足珍貴。（孫麗娜）

蔣氏三種十二卷

清蔣彤撰。清道光光緒武進盛氏洗心玩易之室刻暨木活字本。四册。行字不一。《丹棱文鈔》半葉十四行，行二十五字。黑口，單魚尾。

蔣彤，生卒年不詳，字丹棱，陽湖（今江蘇常州）人。活動於清道光年間，諸生。受教於著名學者李兆洛。著有《喪服表》三卷、《喪服傳異説集辨》一卷、《集傳》六卷、《周官要論》一卷、《周官札記》二卷、《外藩事略》八卷等，其書多佚。

本書共包括三種。第一種是《丹棱文鈔》四卷，清光緒三十四年（1908）武進盛氏洗心玩易之室刻朱印本，書中文體包括序、書後、記、碑銘、傳、書、文、諭等，計有八十九篇，其中有關經史諸子的考論皆甚精奥，如《周官祀天四辨》《上養一子論

〈元經〉書》等,書後有光緒三十四年盛宣懷跋。著名詩人龔自珍在《己亥雜詩》中贊之云:"江左星辰一炬存,魚龍光怪百千吞。迢迢望氣中原夜,又有湛盧劍倚門。"另外兩種分別是蔣彤編《李先生年譜》三卷、《先師小德録》一卷、《暨陽答問録》四卷,爲道光活字本,皆是與蔣氏之師李兆洛相關的年譜、筆記等文獻。

鈐"兩行血淚"印。(張傑)

枕經堂雜著二卷

清劉石溪撰。清刻本。二册。半葉九行,行二十五字。白口,四周雙邊,單魚尾。

劉景伯,生卒年不詳,字石溪,四川内江人。清道光咸豐間曾官四川新都縣教諭。一生好古倡學,工詩詞古文,著作尚有《枕經堂文集》四卷、《春秋提綱》十卷、《春秋析疑》二十卷、《蜀龜鑒》七卷等。

此書收有文章七十九篇,體裁包括論、傳、考、壽言、墓誌銘、序、記、書等。其中既有《正統論》《原士》等宏觀論述,也有《上黄制軍保蜀議》《太子太傅楊忠武公傳》等關涉四川全省人事者,更多的則是《何孝子傳》《新都縣晏侯德政記》等關涉省内某地人事者,從中可見地方文人的文化視野。(張傑)

獨慎齋詩鈔八卷

清梁承誥撰。清光緒九年(1883)江都梁氏刻本。二册。半葉九行,行二十一字,小字雙行同。白口,四周雙邊,單魚尾。

梁承誥(1805—1887),字少卿,別號擔雲老人,江蘇江都(今屬揚州)人。在揚州等地授徒凡三十年。太平天國戰争期間,入雷以誠幕府。清同治初選授清河縣學教諭,遷徐州府學教授。於書無所不讀,經史以外,通奇遁星卜之術。著有《周易圖解》《毛許字證》等。

詩作起於清道光四年(1824),止於清光緒九年(1883),其間由於戰亂,詩稿多有散佚。作者的人生經歷明顯可以分爲兩個階段。清咸豐以前處於承平之世,揚州又是江南文化的核心區域,因此這一時期的作品對於瞭解當時的地方風物、人情頗多助益,如《史閣部墓》《獨慎齋雜興十六首》等。當然,道光二十二年(1842)前後,鴉片戰爭的烽火燒過此地,《真州火》等的反映也很真切。而自咸豐三年(1853)開始,隨着太平軍攻克南京,江南陷入一片混亂,作者的人生也進入了一個新階段。此後他長期在安徽、江蘇等地入幕、爲官,與太平軍、捻軍有過直接接觸,其詩歌從一個地方官員的角度,對雙方的描寫頗有價值,如《張小虎京江陣亡》等。書前有咸豐同治間雷以諴、錢振倫序,光緒九年自序謂:"余於詩未得窺其堂奧,惟隨所感觸以存其真,姑以見吾生所歷云爾。"書中間有朱筆校改。(張傑)

殷齋書札詩稿

清張穆撰。稿本。一册。

張穆(1805—1849),譜名瀛暹,字誦風,又字石州、石舟、碩舟,別署季洩、季翹、惺吾、殷齋,晚號靖陽亭長,山西平定人。清道光十一年(1831)優貢,後充漢白旗教習。十九年(1839)應順天鄉試舞弊被斥,遂永不得應試,從此專心著述。少時以文聞名,而立後精研漢學,尤擅西北輿地之學。著述有《殷齋文集》《殷齋詩集》《閻潛丘先生年譜》《顧亭林先生年譜》《唐兩京城坊考》等。

該書爲許瀚所收信札集,收錄張穆致許瀚信札共二十通,另有清道光九年(1829)馬星翼致許瀚詩札一通,卷末附清乾隆八年(1743)山東日照卜寧一爲同里丁法曾《群芳雜》(即《群芳譜詩集》)作序信札一通、詩札一通。按:許瀚(1797—1867),字瀾若,一字印林,又字元瀚、符瀚,號培西,室名"攀古小廬",山東日照人。道光十五年(1835)舉人。以樸學、金石學聞名,著有《別雅訂》《印林遺著》,被吳縣潘文勤刊入《滂喜齋叢書》。又有《古今字詁疏證》《經韻》《韓詩外傳勘誤》等,由門人輯其遺稿,編爲《攀古小廬雜著》。未編者藏同里金石名家丁艮善處。

書中所收張穆書札中,有十八通爲未注年代之敘事信函,這些信札不僅涉及張穆編撰《蒙古游牧記》《顧亭林先生年譜》等過程,還保留了張穆與許瀚、王筠、桂馥等師友交游等重要記載,其中諸多文字均可印證或訂正《石州年譜》《許瀚日記》等相關文獻所載,因此,該書是研究張穆學術思想與個人生平的珍貴史料。例如,張穆在道光二十五年(1845)致許瀚信函中言及:"弟近因爲祁太公校刻《藩部要略》,自成《蒙古游牧記》數卷,其書恰好補星翁《水道記》所未及,現尚未卒業,今年必瞭。"由此可知,張穆在道光二十五年即已開始編撰,此即可訂正張穆族侄張繼文所編《石州年譜》所載"《蒙古游牧記》之著述始于道光二十六年(1846)"之説。另兩通信札爲張穆注明年月之未定詩稿,分別爲卷首道光十九年(1839)無題詩、二十二年(1842)《題徐樹人太守登太白樓圖即送作郡蜀中》。此亦可校正《殷齋詩集》所載詩句。

該書書衣墨筆題"名儒手迹　丙子夏重裝"。題名葉墨筆題"張石州先生手迹"。鈐有"少山收藏""石州""瀛壖""季洩又字石州""石州啓事""馬星翼印""東泉""仲張"等印。另有藏家鈐"丁少山""艮善印信""艮善之印""日照丁氏少山""東海上人"印,考此五方印章,知該書爲師從許瀚的清末小學家丁艮善舊藏。按:丁艮善(1829—1893),原名揚善,字少山,又字紹山,山東日照人。精研《説文》,酷嗜金石,兼擅考證,潘祖蔭稱其"山左宿學"。曾爲許瀚、陳介祺校勘多種。著有《吕氏春秋校録》等,另校訂吴式芬遺著《攈古録》等。（孫麗娜）

北游詩草

清何探源撰。清鈔本。一册。半葉九行,行二十五字,小字雙行同,橙格。白口,四周雙邊,雙魚尾。

何探源(1817—1871),字衍明,號秋槎,廣東大埔人。清咸豐九年(1859)進士,授翰林院庶吉士。清同治元年(1862)任潮州韓山書院主講,同治七年(1868)回京散館,選補四川閬中知縣,轉任開縣知縣,吏治卓著。天資穎悟,富於才藝,其書法秀雅端正,有歐柳遺風。

本書書籤題"詠梅山館存稿",所選詩作起於清道光二十三年(1843),何氏於當年中舉,而中進士則是在十六年以後,所以他曾屢次北上應試,也曾去江蘇、湖南等地,其作品對沿途風景、俗尚多有反映,返鄉之後對潮汕地方人情、人物也多有描叙。後來他入川爲官，又寫有多首反映地方吏治的詩作。書後附楹聯數十首，包括壽聯、挽聯、賀聯、額聯等，形式多樣。《閬中縣署聯》云："清愼勤，三字銘心，尤慮清而不明，愼而不決，勤而不能持久；情理法，一官在手，當思情有可憫，理有可恕，法有可爲變通。"方圓有度，傳誦一時。（張傑）

得清净理齋遺稿四卷

清程福增撰。清同治刻本。二册。半葉九行，行二十一字，小字雙行同。白口，四周雙邊，單魚尾。

程福增，生卒年不詳，字幼峰，江西南昌（此本卷端題西昌）人。優貢生，候選郎中。著有《得清净理齋遺稿》四卷。其父程喬采（1783—1858），字藹初，號晴峰，清嘉慶十六年（1811）進士，官至湖廣總督，著有《飛鴻軒吟存》一卷。

《得清净理齋遺稿》由程福增子轂敦刊，侄際唐校，共收録程福增詩約二百五十首，所作時間大約爲清道光二十九年至咸豐六年（1849—1856）。此本卷首有咸豐八年（1858）潘錫恩和清同治五年（1866）許振禕序。據潘序云，程福增敏而多才，能文章。隨其父任游歷吳越江淮之地，受到當時名俊的交口稱贊。然不得志於有司。

其詩作多送别、贈行、感悟之作，如收録《登樓晚晴》《送十妹於歸舟中口贈》《初夏偶作》《甲寅四月家君將有萬里之行時予以病未從感賦四首》等等。（安延霞）

餐霞仙館文稿

清賈敦艮撰。清鈔本。一册。半葉九行，行二十一字。白口。

賈敦艮（1808—1865），原名溥，字博如，號芝房，浙江平湖人。功名不高，僅爲諸生，曾在乍浦、吳江等地做塾師。其兄弟敦臨、敦復皆頗具文才，世稱"當湖（平湖）三鳳"；父親賈朝琮，父子四人被合稱爲"一琮三鳳"。與顧廣譽、沈曰富等爲師友。善爲古文，一以桐城派爲宗，以追摹古人相期許。在江浙一帶參與書畫、詩詞活動,十分活躍,與顧蓉坪、崔吟珊、丁鶴儔、沈懷辰等共結"古歡吟社"。曾協助朱壬林編纂《當湖文繫》,著有《餐霞仙館詩》《康瓠雜識》《耆舊録》《賈芝房自纂年譜》等。

本書的内容包括論、議、書、傳、贊、序、記、跋等,沈曰富、顧廣譽等爲其作評論。作者主要活動於江浙一帶,所爲詩文可謂地方名士的代表。書前有清咸豐十年(1860)符葆森序,謂作者之文乃"學者之文也。出以真樸,凡人情世故、纖悉日用靡不備舉。其妙猶在言外有事、事外有致"。

符氏序前有咸豐同治間顧邺杰、仇炳台、顧作偉墨筆題識,序後有道光間黄安濤、姚椿識語,另有姚汭題詞。書中間有校改。(張傑)

妙香館詠物全韻

妙香館詠物全韻

清銘岳撰。清道光十三年(1833)刻本。一册。半葉九行,行十八字。白口,左右雙邊,單魚尾。清銘岳撰。清鈔本。一册。

銘岳(?—1859),字東屏,號瘦仙,郡望蘇完(今吉林撫松),姓瓜爾佳氏,漢軍正白旗人。清道光十五年(1835)進士,歷官江西東鄉縣知縣、南康府同知、江蘇記名道員。富收藏,多才藝,琴、棋、書、畫無一不能,尤擅治印,著有印譜專書。

此書收有描寫紙鳶、泥錢、火判、九連環、蓮蓬人、走馬燈等的詩三十首,生動描繪了道光年間的流行游戲、巧藝,給人以耳目一新之感。其中像不倒翁、兔兒爺等一直到現代仍爲流行玩具,而泡戲、婆婆車等所具有的就是歷史價值了。并且作者還見微知著,有所勸諭,强調"窮聖賢之理,任家國天下之事,固有斷不可以游戲者在矣"(序)。前有湖雲所作序,後附作者自識。鈐"光熙所藏"等印。

國家圖書館還收有此書的一部鈔本,鈔寫精細,但無前序、自識及目録,卷端下題"湖雲夫子鑒定"字樣,與刻本略有不同。(張傑)

妙香館文鈔二卷

清銘岳撰。清道光二十九年(1849)刻本。二册。半葉九行,行二十一字。黑口，左右雙邊，單魚尾。

作者曾經出版《妙香館詩文集》，《妙香館文鈔》爲續刻，所收文章體裁多樣，包括序、傳、記、哀辭、書後、日記等。多數爲紀實，也有少數爲虛構，鐵侯、徐奏均、樹齋等爲作評注。作品當中，《于役江州舟行日記》記述了鴉片戰爭時期江西的兵防情形。

書前有清道光間周如墀序，對作者文才贊賞有加。後爲黃秩林、袁翼撰《游廬山日記序》兩篇，後爲道光癸卯（二十三年，1843）萬永熙序，簡述了作者詩文的編輯刊刻情況。（張傑）

東使吟草一卷出塞雜詠一卷

清花沙納撰。稿本。一册。半葉八行，行二十字，無格。方朔圈評并跋。

花沙納（1806—1859），字毓仲，號松岑，蒙古正黄旗人，烏米氏，内大臣德楞泰之孫，黑龍江將軍冲阿之子。清道光十二年（1832）進士，歷任散館編修、國子監祭酒、都察院左副都御史、翰林院學士、理藩院尚書、吏部尚書等職。清咸豐初，清政府財政窘困，其於咸豐二年（1852）奏請貨幣改革，次年，受命與陝西道御史王茂蔭會同户部，於同年發行以銀兩爲單位的官幣和以制錢爲單位的寶鈔，以濟時需。第二次鴉片戰爭期間，咸豐八年（1858）五月，英法聯軍北犯大沽，其奉派爲欽差大臣，偕同大學士桂良赴天津議和，簽訂《天津條約》，又赴上海會同兩江總督何桂清，與英、法、美簽訂《通商章程善後條約》。其既通詩文，又善琴畫。著有《東使吟草》《出塞雜詠》《東使計程》《韻雪齋小草》《韓節録》等。

此書由《東使吟草》與《出塞雜詠》合訂而成。《東使吟草》爲道光二十五（1845）所作，三月至五月間，花沙納奉旨出使朝鮮册封王妃，途間留心記録，遂成此紀行詩集。其中載《乙巳三月奉命敕封朝鮮王妃恭紀》《出都》《道中新柳》等詩四十一首，詩文既展現邊疆風貌，亦記述朝鮮風情。《出塞雜詠》爲道光二十一年（1841）所作，十月花沙納奉旨出塞，前往北疆蒙古，途間感慨滿懷，遂成此集。其中載《十月二十日出都二首》《奉使出塞紀事》《胡俗嘆》等詩十七首。

卷首有道光二十八年(1848)方朔題跋,書名葉亦由其題簽,由跋可知,全書由其加朱圈評。方朔,字小東,安徽懷寧人,官江蘇候補同知。《出塞雜詠》書衣題"戊申重九鈔於汧園",可知此出自其時詩人李德儀。李德儀,字吉羽,號小麐,江蘇新陽(今屬昆山)人。清道光二十七年(1847)進士,改庶吉士,散館授翰林院編修,官至侍讀學士,著《安遇齋詩集》等,齋名"汧園"。

是書鈐"方朔之印""小東居士""臣花沙納""松岑""富察恩豐席臣藏書印"等印。是書爲稿本,彌足珍貴。(孫麗娜)

周少白詩稿

清周棠撰。稿本。一册。無行格。

周棠(1806—1876),字召伯,一字少白,號蘭西,山陰(今浙江紹興)人,清畫家。官光禄寺署正。寫意花卉酷似徐渭、陳淳。山水則師石溪、石濤。晚年專畫石,張之萬稱之爲清代畫石第一。朝鮮使者每乞其畫歸。能詩,兼工篆、隸,善刻印章。

此書收周棠詩,卷末有周棠題記述成集緣由:"余素愛古詩,而每短推敲之功,偶有口占,存稿,不敢示人,枚卜仁弟見而悅之,購册囑録,即希吟定。蘭亭西客周少白棠識於京寓。"全書收詩《物趣究何窮》《又次日續吟八首》《同友人飲酒樓分韻得腸字》《重陽遣興四首》《送秋航上人》等,詩風清朗,頗有意趣。書風飄逸,極具美感。(田野)

味無味齋詩鈔一卷

清董兆熊撰。鈔本。一册。半葉九行,行二十五字,無欄格。

董兆熊(1806—1858),字敦臨,一字夢蘭,江蘇吳江人。本姓王,父早逝,其母董雲鶴撫養成人,母家無後,遂隨母姓。諸生。清咸豐元年(1851)舉孝廉方正。專意著述。考訂《新唐書》舛漏,成《新唐書注》;又以南宋時期多載道之文,輯成《南宋民録》;以明末遺民資料散見,著《明遺民録》,皆不存。有《味無味齋詩集》十卷、

《味無味齋詩鈔》殘存二卷。

《味無味齋詩鈔》一卷，爲《名家詩詞叢鈔》之一，鈔於素紙。清道光壬寅（二十二年，1842）受業門生龍游徐本元跋曰，"本元從先生久，知先生之爲人行高人倫，孝出天性，拾椹遺親，捧硯泣祖，白眼看天，黃金結客，行歌街上，或披裘向負薪，抱郹廬中，時讀書以決策，品勝於鶴，無鄙事之掛口，"贊賞作者性情高潔、孝順好學。後又與董海上遇見，授其囑編校之命，寫此跋。

全文由《海上偶存草》《吳門寓稿》《吳門續寓稿》《濆川吟稿》組成，多以游覽、思念、讀史、感懷爲主題，七、五言具存，長短不限。《宋仙居陳氏墓甎硯歌爲徐生仙槎（本元）賦》，即以海上遇見徐本元爲引寫作，此作天頭有江湜（1818—1866，字弢叔）批注。《病後得母書》中對母親的思念與感懷真真切切。文中多提同時期人物，如汪獻玗（字月生）、劉彥冲（字泳之）、陳梁叔（名克家）等。詩作後，又録《與任熊卿書》《與劉文半谿書》二文。

書中鈐有"長樂鄭振鐸西諦藏書"等印。（王永全）

鄭柴翁詩稿

清鄭珍撰。稿本。一册。卷軸裝。

鄭珍（1806—1864），字子尹，號柴翁，又號巢經巢主、子午山孩等，貴州遵義人。清道光五年（1825）拔貢，十七年（1837）中舉，會試以目疾報罷。歷任古州廳、鎮遠、荔波縣學訓導，清咸豐五年（1855）苗民起義攻荔波，曾率兵拒守。學精三禮，通音韻訓詁。詩宗杜甫、韓愈，爲道光同光體詩派重要詩人，同光體作家如沈曾植、陳三立、范當世等皆宗尚之。其詩"凡所遭際，山川之險阻、跋涉之窘艱、友朋之聚散、室家之流離，與夫盜賊縱橫、官吏割剥、人民塗炭，一見之於詩"，"而波瀾壯闊，旨趣深厚，不知爲坡、谷，爲少陵，而自成爲子尹之詩"（唐炯《〈巢經巢遺稿〉序》）。著述宏富，其《巢經巢全集》收有《巢經巢經説》《儀禮私箋》《説文逸字》等十七種，詩文集包括《巢經巢文鈔》四卷、《巢經巢詩鈔》前集九卷後集六卷外集一卷等。生平事迹見《清史稿》卷四百八十三、《清史列傳》卷六十九、趙愷《鄭子尹先生年譜》等。

卷簽題“鄭柴翁先生詩卷　紫江朱啓鈐藏　許寶蘅題”。此卷爲朱啓鈐舊藏,許寶蘅卷首題名,傅增湘、邢端卷末題識,章士釗題詩。據傅增湘識考,“卷中之詩皆寫致伯英太守者。考伯英于姓名鍾岳,天津人,久宦黔省,積功擢至觀察使。其宰遵義時,與翁爲文字交,酬倡往還不絶”。

鈐“紫江朱氏存素堂所藏圖書”“雙鑑樓”“章士釗印”等印。聚諸名家於尺幅之間,此卷的文學和文物價值均不待言。(張傑)

重訂巢經巢詩鈔後編四卷

清鄭珍撰,清姚大榮考訂。鈔本。半葉九行,行二十字,小字雙行同。白口。

是書前有民國六年(1917)姚大榮序,據姚氏所言:“先生之詩,始刻於咸豐壬子,係四十六歲以前之作,出自先生手定,一一皆可據依。四十七歲迄於末年稿本,則有滇蜀二刻出自傳鈔,亦編年而參以後人私意,後先倒置,按之事實多所牴牾,信乎口耳所傳,不如書策之可信也,蜀刻曰《巢經巢詩後集》,嗣經鄒懷西觀察再刊於京師,陳庸庵制府三刊於滬上,均與前集并梓。滇刻曰《巢經巢遺稿》,得詩較多,中有重新編訂八十七首爲署本所無……”

所收詩作起於清咸豐二年(1852),止於咸豐十年(1860)。卷一(自壬子至甲寅)收古今詩共六十四首,卷二(乙卯)收古今詩共六十首,卷三(自丙辰至丁巳)收古今詩四十六首,卷四(自己末冬至庚申)收古今詩四十六首。(張傑)

白雲紅樹山房韻語偶存

清慶廉撰。清鈔本。四册。半葉七行,行十六字。白口,四周雙邊,單魚尾。

慶廉,生卒年不詳,字儉泉,章佳氏,滿洲正白旗人。其家世清華,祖上阿克敦、阿桂、那彦成均爲朝廷重臣。清道光十六年(1836)進士,以疾罷官,乃退居林下,賦詩自娱。

作者是典型的八旗文人,生活優裕,興趣廣泛。其詩作充滿閑情逸致,以“寒”

爲題，竟寫有《寒山》《寒琴》《寒雁》等三十首，以"日月"爲題，也從初一寫到了三十。其他如懷古、游賞、思人、感物，均文字優美，但難言深切。詩後附有詞三首、賦二篇、文一篇。最後是其子鄂禮於清咸豐八年（1858）撰寫的簡要編後記。

鈔寫精細，鈐"詠春所收"等印。（張傑）

萬言書一卷嘯古堂文鈔一卷

清蔣敦復撰。稿本。一册。

蔣敦復（1808—1867），原名金和，易名爾鍔，更名敦復，字劍人、子文，號老劍、仲韜、江東老劍、克庵居士，寶山人。自幼飽讀詩書，無奈一生諸生，五赴鄉試而不售。生性曠達，落拓不羈，好評時事。清道光二十二年（1842）英軍入侵，敦復上書兩江總督牛鑑，獻策抵禦，因直言而觸官怒，後避禍爲僧。後牛鑑被查，敦復還俗，由此窮困潦倒，浪迹南北。王韜述敦復"僻嗜阿芙蓉膏，有所得輒以供養煙雲，坐是奇窮，清衫藍縷，幾至納屨踵決"。晚年寓居上海，在墨海書館中助西人譯書。常與當代名士交往，先與王韜、李善蘭并稱"海天三友"，後又與王韜、馬建忠稱爲"海上三奇士"。著有《擬與英國使臣威妥瑪書》《嘯古堂詩文集》《芬陀利室詞》，并編《英志》八卷，記英吉利國事甚詳。其文頗受龔定庵影響，峻厲風發。

此本爲《萬言書》與《嘯古堂文鈔》合鈔一册。題名葉爲俞樾用琉球國紙題"蔣子萬言書"，并鈐"日損益齋"印。此後爲莫友芝題跋："因時勢徹利弊之言，當事者舉此措之以定禍亂，以致太平，由運之掌也。乃僅使老劍獨有一篇萬言好文字，奈何哉？獨山小弟莫友芝拜跋。"跋末鈐"莫友芝圖書記"印。莫友芝（1811—1871），字子偲，號邸亭，又號紫泉、眲叟，貴州獨山人。道光十一年（1831）舉人。精版本目録、金石考據學，并以書法、藏書聞名。

《萬言書》前爲咸豐十一年（1861）敦復自序，鈐"蔣敦復""長洲章氏四當齋珍藏書籍記"印。此序云："咸豐三年春，江省陷。余寓海上，作《憤言》三篇、《戰守》二議。十年春，杭省陷。避兵富春山中，作《後憤言》三篇，俄而蘇省又告陷矣。泛海旋滬，上書，當事不報。明年春，賊氛益熾。區區感憤，益無聊賴。放筆爲此，肝疾大作。嗣是絕口不道世事,知我罪我,聽之悠悠之人而已。"此《萬言書》即敦復於咸豐十年(1860)自薦滬上主官所作。其中極論時事、有理有據,提出"合天下之全力,破天下之成局,求天下之真才"三種禦侮強國、興利除弊之政見。旋以保舉得訓導,先後入上海縣令劉郇膏和上海道應寶時幕。《嘯古堂文鈔》卷端鈐"蔣敦復""江東老劍"印,所載即咸豐三年(1853)三月太平軍攻陷南京後,敦復所作《憤言》三篇、《戰守》二議,與咸豐十年所作《後憤言》三篇。其中,《憤言》分上中下,全稱《癸丑春賊熾餂王師燼江寧陷草莽臣灑血淚作憤言告當事》;《戰守》分《議戰》《議守》,均鈐"蔣敦復"印;《後憤言》亦分上中下三篇,均鈐"敦復之印"印。書中洋洋灑灑,針砭時弊,極言江南防備太平軍之策。由此《萬言書》與《嘯古堂文鈔》,可詳見敦復身爲寒士狂生終生所持之用世之心,與懷才不遇之惑。

晚清思想家王韜謂敦復"晚年以上《萬言書》得一席地,"一語道破敦復撰書之意,亦可知此書於敦復而言至關重要、意義非凡。書中塗抹勾乙,可知作者思緒。是爲稿本,彌足珍貴。(田野)

蕉雨軒詩草一卷

清王璞撰。清咸豐十一年(1861)二樹齋刻本。一册。半葉八行,行二十字,小字雙行同。白口,四周單邊,單魚尾。

王璞,生卒年不詳,字石樵,直隸文安(今屬河北廊坊)人。璞舉業不順,應京兆試十一年俱北。後官至安州訓導。詩文之外,王氏喜治鐘鼎古文,擅長考據,集中多記文物。著有《望古遥集詩存》一卷、《蕉雨軒續草》十卷、《集集詩存》一卷等。

此集爲王氏早年所做,共百數十首,多爲與親友交游唱和之作。前有清咸豐十年(1860)小陽月廿一日劉湕年序,咸豐十年王璞自序,後有咸豐十一年(1861)仲春四日胡鴻達跋。據劉序及自序,知其約生於清嘉慶末年,據柯愈春《清人詩文集總目提要》,王氏於清光緒初年仍在世。

此本有朱筆圈點、批注。鈐"王璞私印""石樵""石樵詩稿"等印。(肖剛)

畹香樓詩稿二卷

清梁蘭漪撰。清光緒二十一年（1895）石印本。一冊。半葉十行，行二十五字，小字雙行同。黑口，四周雙邊，單魚尾。

梁蘭漪（1727—?），字素涵，號蓉溪，江蘇廣陵（今揚州）人。著名學者汪中的嬸母，清乾隆十年（1745）出嫁於汪家。夫妻琴瑟和諧，感情深厚，年未三十而夫亡寡守。辛苦撫育一子一女成人，生活清貧而不廢吟詠。子孫後代皆有成就，可謂女德典範。其子名端光，字劍潭。官至知府，亦有詩名，與著名學者、詩人洪亮吉爲友。

是書前有清光緒二十年（1894）會稽孫星華序，稱賞梁氏詩作"得性情之正，兼才識之宏"，謂其"毓秀清門，傳芬家學。禱始影而靈根夙具，論詠雪而慧解獨超"。

全書兩卷，卷一開始反映的是婚前婚後的生活，美滿幸福。但丈夫早年去世，各種苦況遂紛至沓來。詩作反映了養兒育女、養家糊口的艱辛，但即便如此，對於生活依然充滿希望，努力發現其中的樂趣，有《新鶯詞》《春雪歌》諸作。卷二收《彈琴歌和端兒作》《答叔母梁夫人》《癸巳秋率兒婿女媳掃夫子墓》等等。

與《鐵盂居士詩稿》《據梧吟館詩存》《桐花吟館詩存》合刊。（張傑）

鐵盂居士詩稿五卷

清汪竹海撰。清光緒二十一年（1895）石印本。四冊。半葉十行，行二十五字，小字雙行同。黑口，四周雙邊，單魚尾。

汪全泰，生卒年不詳，字竹海，號鐵盂居士，江蘇真州（今儀徵）人，女詩人梁蘭漪之孫，汪端光之子。清嘉慶九年（1804）舉人，常年任職京官。其弟汪全德，字竹素，嘉慶十年（1805）進士，官至江西按察使，著有《崇睦山房詞》一卷。兄弟二人有大竹、小竹之目。

書名葉題"鐵盂齋詩鈔"。作品按寫作時間編排，主體是居京期間往來酬酢，觀景賞物之作。京外詩作，最有特點的在鴉片戰爭期間，英軍自長江入侵，沿江一帶一時大亂,作者自揚州避難至淮北,《淮安舟次聞警》等多首詩反映了當時的亂象。

書前有清光緒二十五年(1899)王錫蕃、光緒十九年(1893)洪良品、光緒己卯(五年,1879)王懿榮、光緒五年馮崧生所作序;後爲王守訓、陳祖寶、慧成、周儀暐題詩。王懿榮謂:"先生詩境在唐中晚。此當時手自定稿,多京師讌集南北道路之作。一時簪裾之雅,津梁之異備著於篇,亦史詩也。"

與《畹香樓詩稿》《據梧吟館詩存》《桐花吟館詩》合刊。(張傑)

據梧吟館詩存二卷

清汪滋樹撰。清光緒二十一年(1895)石印本。一册。半葉十行,行二十五字,小字雙行同。黑口,四周雙邊,單魚尾。

汪滋樹(?—1868),字沁園,江蘇真州(今儀徵)人。詩人汪全泰之子,以副貢生出宰直隸。

書名葉題"據梧吟館詩集",版心題"據梧吟館詩稿"。卷一名《趨庭集》,主要作於居京期間,其中《自京赴淮陰紀述四百字》是一首長詩,描寫出京探望病父的過程和心情,是古代不多見的反映父子關係的詩歌。卷二名《萍梗集》,爲赴魯蘇期間的作品。書前有清光緒間潘宗藝序、王守訓題詩,書後附光緒間汪昌頤跋。汪昌頤係汪滋樹侄孫,記述了汪氏家集的出版情況。

與《畹香樓詩稿》《鐵盃居士詩稿》《桐花吟館詩》合刊。(張傑)

桐花吟館詩存

清汪佩珩撰。清光緒二十一年(1895)石印本。一册。半葉十行,行二十五字,小字雙行同。黑口,四周雙邊,單魚尾。

汪佩珩(1851—?),字季玉,號桐仙,江蘇真州(今儀徵)人,女詩人梁蘭漪五世孫女,汪滋樹之獨生女。年十八父母相繼棄世,後嫁與王錫蕃爲妻。錫蕃清光緒二年(1876)進士,十九年(1893)出任福建學政。在丈夫支持下,汪佩珩與堂侄汪昌頤一起整理先人著作,將高祖母、祖父、父親的詩文石印出版,并附以己作,真州汪氏之文名得以留存。

是書前有光緒乙末(二十一年,1895)曹用霖、光緒乙未沈壽慈序,沈壽慈、汪昌頤題詩。書名葉題"桐花吟館詩存",版心題"桐花吟館詩稿",收詩近三十首,反映日常生活中的感懷,對父母的思念,與丈夫的眷戀。

與《畹香樓詩稿》《鐵盂居士詩稿》《據梧吟館詩存》合刊。(張傑)

心盦詩存十二卷附錄一卷

清何兆瀛撰。清同治十二年(1873)刻本。五册。半葉十行,行二十一字,小字雙行同。白口,四周雙邊,單魚尾。

何兆瀛(1809—1890),字青耜,一字澈叟,號心盦,江蘇江寧人,禮部尚書、軍機大臣何汝霖之子。清道光二十六年(1846)舉人,清咸豐七年(1857)補授陝西道監察御史,清同治六年(1867)出任浙西觀察,清光緒四年(1878)出任廣東鹽運使,晚年寓居杭州。

《心盦詩存》十二卷,收録古今體詩一千三百餘首,書末附《孟久初學詩》一卷。詩作内容涉及生活的各個方面,如詠物、寫景、紀游、題畫、雜感、唱和等。其中較有特色的是擬古詩不少,如《游仙詩》《擬玉臺體》《擬子夜歌》《新年樂府三章》等。

此書與《心盦詞存》四卷、《心盦詩外》、《心盦詩存》、《老學後盦自訂詩二集》六卷、《老學後盦自訂詞二集》二卷、《泥雪録》一卷《老學後盦憶語》一卷、《知所止齋自訂年譜》等八種合訂在一起。(彭文芳)

心盦詞存四卷

清何兆瀛撰。清同治十二年(1873)刻本。兩册。半葉十行,行二十一字,小字雙行同。白口,四周雙邊,單魚尾。

是書前有赫舍里如山冠九序,言心盦之詞境,"是故詞之爲境也,空潭印月,上下一澈,屏智識也;清磬出塵,妙香遠聞,參净因也。鳥鳴珠箔,羣花自落,超圓覺也”。全書收《疏影用白石韻和小石詠水仙花》《木蘭花慢寒蝶》等詩二百零八首。
（彭文芳）

心盫詩外

清何兆瀛撰。清光緒二年（1876）刻本。一册。半葉十行，行二十一字，小字雙
行同。白口，四周雙邊，單魚尾。

是書前有評語六篇，首篇言：“祁師相云試帖體貴端莊，詞宜瀏亮，若徒雕繪滿
眼無真意，貫穿其間亦覺索然，合閱諸作，用意布局遣詞均有條理，尤能以氣驅使，
瀠洄動宕，情詞斐然，於此道已得三昧。”後有清同治五年（1866）春杞序。收《舒文
廣國華報》《池塘春草》等文。全書有圈點標注。（彭文芳）

心盫詩存

清何兆瀛撰。清光緒五年（1879）刻本。一册。半葉十行，行二十一字，小字雙
行同。白口，四周雙邊，單魚尾。

是書前署“光緒己卯三月刊心盫詩存陳澧篆”。次爲無錫秦緗業、神臺侍潘敦
儼、鏡水湖邊七十老漁俞濩題詞。後爲丙子年（清光緒二年，1876）自序，言及“此
行往返百餘日，舟車無聊，以詩自遣”。但正因爲數量巨大，自然無法做到精雕細
琢，所以總體而言詩作以淺顯簡明爲主。但或許如此，纔能展現詩人最本真的一
面。“生平不喜和韻，尤不工投贈之什，自抒性情，自寫身世，但期爲我之詩耳。”

卷首爲“心盫詩存　此卷盡録陳蘭浦國子評語　金陵何兆瀛澈叟”，收《北行
述懷（丙子八月一日）》《泊唐棲》等等。（彭文芳）

老學後盫自訂詩二集六卷

清何兆瀛撰。清光緒十三年（1887）刻本。二册。半葉十行，行二十一字，小字
雙行同。白口，四周雙邊，單魚尾。

是書前有清光緒十三年（1887）澈叟自序，時年已七十九歲。全書按年編排，收

録卷一古今體詩一百一十五首（壬申至丙子）；卷二古今體詩一百五十五首（丁丑至庚辰）；卷三古今體詩一百三十二首（辛巳壬午）；卷四古今體詩一百六十四首（癸未甲申）；卷五古今體詩一百二首（乙酉丙戌）；卷六古今體詩七十五首（丁亥）。收録《元旦試筆》《仲春巡海作》等詩。（彭文芳）

老學後盦自訂詞二集二卷

清何兆瀛撰。清光緒十三年（1887）刻本。一册。半葉十行，行二十一字，小字雙行同。白口，四周雙邊，單魚尾。

此爲作者晚年自訂之詞兩卷，書前有弟子譚獻叙。收録詞一百一十八首，卷上收《齊天樂（登粵秀山）》《金縷曲（同劉樹君作）》等，卷下收《滿江紅》《清平樂》等。詞以其豐富的、靈活多變的句式，寫景抒情。（彭文芳）

泥雪録一卷老學後盦憶語一卷

清何兆瀛撰。清光緒十四年（1888）刻本。一册。半葉十行，行二十一字，小字雙行同。白口，四周雙邊，單魚尾。

《泥雪録》卷前有清光緒乙酉（十一年，1885）作者自序，序中言："迨同治丁卯五十九歲，由臺省乞外爲外吏者又十餘年。今老矣，養痾武林回憶前塵，恍如夢境，拉雜成詠，得詩百首。"《老學後盦憶語》前有光緒戊子（十四年，1888）作者自序，言："此卷所記皆同治丁卯外宦以後所聞見，故以粵東解組爲斷，而再到武林作寓公以來，偶有所憶亦即屬入，今年正八十，自後有記憶者另入札記焉。"（彭文芳）

知所止齋自訂年譜

清何兆瀛撰。清咸豐刻本。一册。半葉十行，行二十一字，小字雙行同。白口，四周雙邊，單魚尾。

是書前有"知所止齋自訂年譜　受業年家子胡嘉楷謹題"，前有《御賜祭文》一篇，《御賜碑文》一篇。由正文可知本書主體爲何汝霖生前自述，去世後由何兆瀛

補記并加按語。（彭文芳）

書春堂詩集二卷續集一卷

清麟光撰。清咸豐七年（1857）刻本。二册。半葉八行，行二十字。白口，四周雙邊，單魚尾。

麟光，原名徐受麟，字筆春，號石蓮，滿洲鑲藍旗人。清道光十四年（1834）授刑部主事，升工部員外郎，轉遷都察院御史。清咸豐七年（1857）補放甘肅平涼府，護理平慶涇道。另著有《雨窗記事》一卷、《蟋蟀摘要》一卷。

此本凡三卷，分上下二集，并續集一卷。上集卷首有書春堂集上序，署“道光壬辰年孟春月長白石蓮麟光序”，次南皮松巖常春序、林鳳官序，次蔡紹洛等人題詩。下集詩歌之外，收録《雨窗閒筆》十一篇，末有吉爾占、玉柱跋，昌本識。《續集》首有麟光自序，卷尾附咸豐十一年（1861）補入詩文三段。据麟光序可知，此集自道光十一年（1831）居張城始輯歷年篇什，至咸豐七年放甘肅時成此集。

麟光在京爲官四十餘年，上集輯其在京所作諸詩，多爲詠物即景，如《落葉》《清明即景》，且同題吟詠甚多，如《游昆明湖》《題畫》等，可見其仕宦休閑生活。又多記盛京風景名勝，如《妙峰山》《黑龍潭》等，城内風光，如《望海樓》組詩述及望海樓、青蒲園、釣魚臺等地。下集輯其奉差口外歷年所作，記所見所聞，如《走薩達克圖見野花句》；抒發羈旅思鄉之情，如《張家口中秋有感》；與親友酬贈之作，如《寄妹丈雪航札》。《續集》補歷年閑詠之篇。麟光一生仕宦，京中吟詠，隨筆自抒，清爽自然；京外奉差，記塞外邊城民俗風光，筆調質樸寫實，不加雕飾，可補北部邊塞歷史地理史料之闕。

鈐“長白居士”“麟石蓮”印。（顔彦）

玉臺舊館古今體詩選

清麟光撰。稿本。一册。半葉九行，行二十四字。白口，四周雙邊。

本書收録詩約百首。其中《雜詩四首》下注“二十七首選四”，可知這些詩是經過挑選而成，即"選詩"，這些詩古今體均有，而多仿古之作，如《短歌行》《塞下曲》《飲馬長城窟行》等。另附有和詩以及集句詩，如《附選次韻七十一首》《遣悶三十首（集唐）》《綺懷十六首（集唐）》《冬嶺秀孤松賦》等十四篇賦，《印藪小記》《跋文安董金坡先生書册》等文。

是書前有其師許叔平手書題辭及自序，書末有親朋好友邢佩鋌等人拜讀題記。偶有墨塊塗改，有墨筆圈點。

鈐"叔平所作""奉恩私印""玉臺舊館""麟光"等印。（彭文芳）

半巖廬詩册

清邵懿辰撰。稿本。一册。半葉六行，字數不等，無框格。

邵懿辰（1810—1861），字位西，一字惠西，號映垣，仁和（今杭州）人。清道光十一年（1831）舉人，授內閣中書，後升刑部員外郎。清咸豐四年（1854）坐濟寧府，以治河無功被撤職。咸豐九年（1859）由安慶引疾歸，家居養親。十一年（1861）在抵抗太平軍圍攻杭州中身亡。他對經學頗有研究，與曾國藩、梅曾亮、朱次琦等時有往來，探討學問。他久官於京師，熟悉朝章國政，朝廷不少大典、禮制、誥文均出其手，且博覽典章，撰有《禮經通論》《尚書傳授同異考》《杭諺詩》《孝經通論》等。并精於目錄學，所編《四庫簡明目錄標注》二十卷，是研究中國目錄版本學的重要參考書。

《半巖廬詩册》爲邵懿辰給沈兆霖五十歲生日禮物。沈兆霖（1801—1862），字尺生，又字朗亭，號雨亭，又號子榮，錢塘（今浙江杭州）人。道光十六年（1836）進士，歷任翰林院編修、兵部右侍郎、吏部右侍郎等職。咸豐十年（1860）署户部尚書。英法聯軍進攻北京，他飭直隸各州縣組織民團襲據敵人。清同治元年（1862）署陝甘總督，在出兵攻回民起義軍返署途中，遇山洪暴發，被洪水冲歿。贈太子太保，謚文忠。有《廣印人傳》。

詩册末邵懿辰跋文稱："庚戌重九日，朗亭三兄同年五十初度。無以爲壽，爰取數月來拙作，詩三十四首，書之素册，聊當禽犢之獻。其間詞義陋劣，字句疵纇，幸吾兄俯而教之,不足爲外人道也。"沈兆霖跋亦云:"此位西同年庚戌見贈詩册也,時余年五十。"

後此册爲邵懿辰同鄉友人方恭釗(字勉甫)所得。黃彭年跋云:"此册詩三十餘首……勉甫得之沈文忠家……而勉甫寶此遺編,孜孜不倦。"(田野)

半巖廬遺詩

清邵懿辰撰。稿本。一册。

邵懿辰嗜宋學,文宗桐城,與曾國藩、梅曾亮、朱次琦等相游處,文益茂美。然所著詩文因戰亂多亡佚,盱眙吳氏望三益齋、吳縣潘氏旁喜齋先後搜刻其詩,分別收録三十五首、一百零四首。民國元年(1912),其孫邵章入京師,搜訪十載,至民國十一年(1922)刻成《半巖廬遺詩》二卷,共收詩一百四十二首,分體編排,并輯清道咸諸老酬答之作三十二家一百十則,爲附録一卷。

此爲邵氏稿本,册葉裝,上下夾板護持,上夾板封面有邵章題字,護封有楊文瑩題簽"半巖廬遺詩　楊文瑩署檢"。其後爲清同治十年(1871)七月既望仁和朱學勤識語。從識語可知詩册係清道光三十年(1850)邵懿辰録贈朱學勤者,同治十年朱氏又回贈邵氏子。朱跋後爲同治十年七月十七日吳縣潘祖蔭跋、孫詒經跋、杜文瀾題詩、林啓題詩、譚獻跋,之後有詩葉十二開,録詩作十題十七首,詩葉末題"庚戌孟夏,雜録近作,請修伯世兄正之,位西邵懿辰"。其後爲清光緒丁酉(二十三年,1897)楊文瑩應邵章之邀題跋、陳豪題詩、梁鼎芬題詩,清宣統二年(1910)吳慶坻題跋等。諸家題跋、題詩亦十二開。

稿本中的詩作均已收入邵章刻本。然兩本用字、詩句均小有不同,知此稿本并非邵章付刻所用底本。刻本分體排列,若詩題中無明確紀年,則詩作創作時次幾不可考;手稿於此尚可小有補證。稿本中諸家題跋、題詩僅朱學勤、潘祖蔭、譚獻三則見於刻本,他皆未見。由此,此稿本兼具較高文獻、藝術價值。(田野)

半巖廬詩卷

清邵懿辰撰。稿本。兩軸。

此稿兩軸,第一軸封面題"半巖廬詩卷 咸豐元年爲許子雙太媧丈書者 癸丑誦芬姑母檢還世守 孫孝章謹題眉"。引首題寫"先祖爲許子雙太媧丈書詩卷 癸酉中秋孫男章敬題於瘦竹幽花之館",其後正文前題寫"位西先生墨妙橫幅"一行,之後爲正文。正文後邵懿辰識語,寫此爲"子雙親家六兄大人以庚戌來都謁造下榻一載……瀕行出素紙索書近作,爰錄每詩請正,即以志別"。卷尾有邵章跋文一則,介紹子雙生平、索此詩幅背景及之後歸還收藏之緣由。第二軸封面題"半巖廬詩卷 丙子仲冬孫男章敬題"。引首爲邵章甲申題"先祖致江都蔣叔起超伯會元詩束 曾文正詩附後 甲申孟陬邵章謹題"。之後正文爲"丁未季秋月邵懿辰應叔起之邀書憂字韻詩",後附曾國藩詩一首。

邵懿辰稿及邵章題跋相得益彰,此稿文獻及藝術價值不言而喻。（田野）

半巖廬集外詩草

清邵懿辰撰。清鈔本。一册。半葉十行,行二十二字,無格。邊保樞、邵章跋。

此書封面邵章題寫"任丘邊氏所藏半巖集外詩草 癸酉得於杭州戊寅付裝孫男章敬題"。卷首爲邵章題名《邵蕙西員外詩錄》。邵章跋云:"此册原藏任邱邊氏,癸酉夏杭友得之,寄貽世守。卅年前,竺潭世丈曾鈔畀一分……維時半巖廬全書適告厥成,爲之欣慰者纍日。"

正文收詩十八首。書末有丁亥七月邊保樞跋文,稱幼時曾獲仰瞻邵懿辰風采,殆邵懿辰殉國時,伯兄所鈔錄零帙更令人倍加珍惜,後知所錄爲潘祖蔭集刻所缺,則更感嘆珍貴等等。本書鈔寫工緻。（田野）

半巖廬文稿

清邵懿辰撰。清鈔本。三册。邵章跋。

此鈔本三册,上册邵章跋稱:"是稿乃桐城蘇厚子儀宋堂所藏者,時先祖與厚子先生交最篤,每有撰著必詒書就正,兼以質之、植之先生,故稿末均有評語。"下册邵章跋則稱:"光緒戊申,余任武昌法校長,招厚子先生孫英伯佐教務。英伯遂以是歸之。其中有未刻文二篇,急補梓以附遺集之後。壬子冬日章再志於京師。"即邵章任湖北法政學堂監督時,蘇惇元之孫正任教務,於是蘇藏稿本一併還予邵家。

跋文描述、文稿展示邵氏遺文形態,與後世刻本頗有差異,校勘及文獻價值較高。(田野)

邵蕙西先生詩稿

清邵懿辰撰。稿本。一册。

此稿本封面邵章題"先祖寄吳花宜先生滇中詩册　癸酉春初敬彊前輩歸界世守章識",内封吳慶坻題"邵蕙西先生詩楮手迹　錢塘後學吳慶坻題",其後爲邵懿辰詩九首,共四開,詩後爲吳慶坻跋并題詩兩開。跋中稱此詩稿爲其父所留存,邵章出邵懿辰詩集時,吳慶坻曾經鈔出潘祖蔭刻本中所無之詩補刻本之不足,後因覺爲邵章先人之手澤,歸還邵章所有。詩則述自己因邵章"抱殘鈌善本"編輯邵懿辰詩集,所以歸還邵懿辰詩作手稿,成人之美的善行。

吳慶坻(1848—1924),字子修,又字敬彊,號補松老人,錢塘(今杭州)人。清光緒十二年(1886)進士,改翰林院庶吉士,散館後授編修。歷任四川學政、湖南提學使、政務處總辦、資政院碩學通儒議員。善詩文,工書法。

此書既存邵懿辰詩稿,又留吳慶坻書法,文獻、藝術價值兼具。(田野)

邵位西詩册

清邵懿辰撰。稿本。一册。

此稿封面有"位西詩册　位西署",卷首爲清光緒壬寅(二十八年,1902)徐賡陛跋、光緒癸卯(二十九年,1903)吳慶坻跋、吳棠題字"膏馥千秋"、馬新貽清同治乙丑(四年,1865)題詩、王拯同治三年(1864)題詩。其後爲邵懿辰詩十四題二十二首,詩末説明爲"己酉冬日,勉甫世兄以素册屬書近詩,潦草應命,詩拙字劣,殊不足觀也。位西邵懿辰并識"。其後依次爲孫衣言、沈兆霖、程恭壽題詩及孫衣言題寫跋文。孫衣言跋記述道光己酉(二十九年,1849)位西員外郎手書詩二十一篇贈方恭釗（勉甫），勉甫請其題詩諸事。繼之爲蔡振武同治四年跋、羅惇衍同治八年（1869）跋，最後爲光緒元年（1875）潘曾綬題詩。

邵懿辰稿及諸多名家題跋題詩，其文獻及藝術價值不言而喻。（田野）

蕙西先生遺稿

清邵懿辰撰。清同治鈔本。一冊。版心有"養拙齋"三字。

此本封面有王二題寫"邵蕙西遺稿　辛卯十月廿四日　王二題於望蔡　癸卯五月晦日重讀於江城寓廬記之　有數誤字前時未及校改者今并訂正"。首有潘祖蔭序，正文題"蕙西先生遺稿　仁和邵懿辰"。書錄邵懿辰詩文，有朱筆圈點修改。末爲同治己巳（八年，1869）順德羅惇衍跋，并錄曾國藩、孫衣言等多人識語。叙位西員外詩寫作、收藏勉甫（方恭釗）處及流傳情況。全書鈔寫工整，對研究邵懿辰生平及詩歌創作爲珍貴資料。（田野）

陳蘭甫未刊遺文

清陳澧撰。鈔本。三冊。半葉十行，行二十一字，小字雙行同。

陳澧（1810—1882），字蘭甫，號東塾，別號江南倦客，番禺（今屬廣東廣州）人。清道光十二年（1832）舉人。二十年（1840）聘爲廣州學海堂書院學長、菊坡精舍山長。二十九年（1849）選爲廣東河源縣學訓導。清咸豐六年（1856）選爲知縣，不願出任，請京官職銜，得國子監學録。陳澧不僅好詩詞古文，還廣覽群書，於小學、音韻、天文、地理、算學、音律、篆刻、書法等，無不精通，終成一代大家。著述多達百餘種，如《朱子語類日鈔》《説文聲表》《切韻考》《聲律通考》《漢書地理志水道圖説》《漢儒通義》《東塾讀書記》《東塾遺書》等。

《陳蘭甫未刊遺文》收陳澧未刊之文四十七篇。典籍考證如《駃騠三千解》等，人物傳記如《工部尚書兼管順天府府事陸文恭公家傳》等，序跋如《雙桂堂印譜序》《莊光印拓本跋》等，銘文如《玉壺硯滴銘》《湖北鹽法道鄒君墓誌銘》等，書院教研文章如《引書法示端溪書院諸生》等，圖記如《珠海老漁圖記》等，讀後如《讀史記魯

世家》等，書信如《與王峻之書》等，賦如《素馨燈賦》等。（彭文芳）

寧河廉琴舫侍郎墨迹

清廉兆綸撰。稿本。四册。

廉兆綸（1810—1867），榜名師敏，字琴舫，又字葆醇，號樹峰，順天寧河人。清道光二十年（1840）進士。欽點庶吉士，授翰林院編修。二十三年（1843）補授武英殿纂修，二十七年（1847）補國史館纂修。後因父親病故，回鄉丁憂。道光對其十分贊賞，遺命曰：“諸臣可大用者，兆綸也。”清咸豐元年（1851）服除，三年（1853）値南書房，次年授右贊善，督江西學政，擢内閣學士，五年（1855）授工部侍郎，八年（1858）任户部侍郎。廉兆綸自幼工騎射，精兵法，咸同間正值國家多事之秋，内憂外患，矛盾重重，廉兆綸屢獻良策皆不納，君臣間多生齟齬，遂罷官歸里，在天津主講問津書院，教書育人，修脯自給。其一生著作甚多，然因戰亂等故，所存無幾，除《寧河廉琴舫侍郎墨迹》外，今僅《廉琴舫集》七種、《深柳堂集》四卷存世。

此本第一、二册爲廉兆綸墨迹彙存，其中第一册包括廉兆綸履歷底稿一份以及奏折、説帖、祭文、碑文、跋文、詩詞、楷書試帖詩、信札等各類文書底稿多份。第二册爲各類詩詞歌賦的行楷臨寫以及廉兆綸手書各類簡帖、名號等。據第二册卷末廉佺題識，其所收集廉兆綸手書各類原件大約有三百二十七張，係廉佺隨時收藏，纍積多年所成，詩文稿則多自遺篋中得之。後廉佺僑寓宣南，略爲分類裝幀，以遺留子孫長遠保存。然則此本所收不過一百餘張，顯已遺失過半。第三册爲廉兆綸爲姚氏所作壽序殘本。此壽序爲廉兆綸子廉佺自舊箐中搜檢而得，大約作於道光時，文字有缺失，僅存四百二十二字。文末有庚申年廉佺口述廉繩祖代書題識一則。第四册爲鄭存紵所撰廉兆綸手書雲南臨安知府鄭受山墓誌銘拓片殘本。

此本不僅使後人得見廉兆綸手書真迹，而且提供了研究廉兆綸及道咸同時期歷史的珍貴的第一手資料，彌足珍貴。（李江波）

使瀋紀程偶吟

清徐桐撰。清光緒刻本。一册。半葉九行，行二十一字，小字雙行同。白口，四周雙邊，單魚尾。

徐桐（1818—1900），字豫如，號蔭軒，漢軍正藍旗人。清道光十八年（1838）進士，改庶吉士，授編修。清同治九年（1870）爲太常寺卿，次年充内閣學士、禮部右侍郎。清光緒四年（1878）起歷任禮部尚書、吏部尚書，協辦大學士、體仁閣大學士等職。晚清理學家，是保守派代表人物之一。排斥西學及洋人，庚子之變時，自縊而亡。著有《治平寶鑑》。

本書是徐桐出使瀋陽的日記，出使緣起是"奉命偕刑部侍郎薛允升前往奉天查辦事件"。時間從光緒九年（1883）十二月十九日起，到光緒十年（1884）五月二十一日止。每一天的行程記録非常細緻，路途之艱難也偶有記録，如光緒十年（1884）三月十四日："路泥滑難行，輿夫履泥行，有没至脛者。"還有行程期間獲悉妻子病重，"君命在身，不暇内顧矣"。回京復命後才去悼念亡妻，都體現了作者細膩的思想感情。

鈐"臣本布衣""礪堂藏書"等印。（彭文芳）

故城賈氏遺稿四卷

清賈潤等撰。清嘉慶十七年（1812）刻本。一册。半葉九行，行二十一字。白口，左右雙邊，單魚尾。

賈潤，字若水，故城人。縣學生祀鄉賢祠，誥贈通議大夫蘇松常鎮太糧儲道布政使司參政。賈泓，字秋水，故城人。貢生，授州同，誥贈通議大夫廣東都轉鹽運使司鹽運使管鹽法道事。賈棠，字青南，故城人。歲貢生，歷任順天通判、工部都水司員外郎、刑部福建司郎中、瓊州知府、廣東都轉鹽運使司、鹽運使管鹽法道事。

此書凡四卷，爲賈臻所收先人詩文著述。書籤題"遺稿輯存"。書名葉題"故城賈氏遺稿"，後有識語，并署"板存從吾所好軒"。卷首有《遺稿輯存總目》，後有"嘉慶十七年歲次壬申冬十有二月大寒後二日補梓"。集中"弘"字缺筆。

据卷首識語云："先人著述雖小碎篇章，不啻金玉，凡我子姓，隨時搜輯，詳校續梓，以示後之人。不拘體裁，不分門類，惟以世代長幼爲後先。"選録典籍凡十五種，包括卷一《從吾所好軒遺稿》《西成村舍遺稿》《瞿瞿堂遺稿》，卷二《惟飲吳水別墅遺稿》，卷三《西成散人遺稿》《無遮居士遺稿》《敦好齋遺稿》《隨中子遺稿》《棲心不買山居遺稿》《静者居遺稿》《小竹風騘主遺稿》《紫筠齋遺稿》，卷四《蕉園主人遺稿》《闇齋華胥客遺稿》《宜亭鋤藥叟遺稿》。所收篇什文包括序、跋、記、頌贊、論辯、哀祭、傳狀諸體；詩分七言絶、七言律、五言律、歌行諸體。起自清康熙五十三年（1714），迄於嘉慶九年（1804）。（顔彦）

蕉園噴飯集四卷

清韓文命撰。清鈔本。四册。

韓文命，生卒年不詳，自號蕉園癡人。其弟張志保在清同治八年（1869）序中略述其生平：“弱冠補博士弟子員，後以家計，棄舉不業……平生長於著作，尤工詩律。”

第一、二册爲文，有記、賦、啓、論、説、傳、序、跋等。作者關注社會現實，對社會醜惡現象抨擊入木三分。如《哀金蓮賦》反映了女子裹脚的痛苦，字裏行間充滿同情與悲憫，以及對始作俑者的憎恨。作者的幽默也有體現，如《戲爲花告蜂蝶狀》《戲爲蜂蝶供狀》《戲爲蜂蝶戀花判》三篇，分别作爲原告狀紙、被告供詞、判辭，模擬一場完整的訴訟，從而揭示社會人情世態，幽默詼諧又合情合理。

第三、四册爲詩詞，原題《蕉園小草》。前有李良玉、雷命的題辭，以及《蕉園小草自序》。從形式看有古體詩、近體詩、詩餘、曲、歌等形式。作者認爲自己寫詩純粹是有感而發，排遣苦悶，并非以此求名。正如《蕉園小草自序》所説：“不過風晨雨夕見景生情，月下花前逢場作戲。信手拈來，罔非詼諧之語；隨心吐出，多成戲笑之辭。借長吟以遣悶，因謔浪而解愁。任情以往，工拙何知；乘興而來，瑕瑜莫計。”

從文中可知，作者還鈔録有《蕉園鈔書》和《所見集》。（彭文芳）

兩罍軒題跋

清吳雲撰。稿本。一册。

　　吳雲（1811—1883），字少甫，號平齋，晚號退樓，安徽歙縣人，一作浙江歸安人。清代畫家、收藏家。清咸豐九年（1859）任蘇州知府，卸任後居蘇州吳門，善書能畫。吳雲收藏甚富，因藏有齊侯罍兩件，乃在其居所建“兩罍軒”。吳氏以風雅博識見稱於世，與何紹基交往甚密。

　　該書爲吳雲所撰題跋之文，共録文章九篇。是書所録之文爲考證古籍、圖畫、碑刻及印章之論。吳雲尤對《西嶽華山碑》之歷史沿革、流傳及相關典故論述甚詳。吳氏考證古籍多引證諸家書目并參以史書、筆記之言，清晰詳明，邏輯性强。其文不僅考論古籍版本、對比諸家優劣，還述其書籍刊刻流傳經過及現存狀況。

　　該本爲吳雲稿本，紙墨如新，字體雋美，附有朱筆批注。其行草如流雲飛鳳，一氣呵成，藝術價值頗高。鈐“吳雲”“吳雲私印”“平齋”“兩罍軒”諸印。（賈大偉）

拳峰館癸丑以後詩不分卷

　　清許宗衡撰。清稿本。二册。半葉九行，行二十二字。白口，四周雙邊。

　　許宗衡（1811—1869），初名鯤，字海秋，號我園，室名意隱齋、拳峰館、玉井山館，江蘇江寧府上元（今南京市）人。清道光十四年（1834）起寓居揚州。清咸豐二年（1852）壬子恩科進士，官内閣中書、起居注主事等，久居京師。據《江寧府志》載：“宗衡淡於仕進，喜詩古文詞，而性頗簡傲，所心契，山陽魯一同、蘄周黄雲鵠數人而已。”工詩文，京師群推爲首，詩風沉鬱；詞作不多，但尤爲後人所推賞。時值太平天國起義、英法聯軍入侵等内憂外患，致其激憤多思之意發之於詩詞，題材多爲感傷國事、憂懷蒼生及憶念家園。有稿本《拳峰館詩》二卷、《許海秋文稿》不分卷、清同治間刻本《玉井山館集》二十五卷等。國家圖書館藏其稿本三種：一爲《拳峰館詩》二卷《詞》一卷，一爲《拳峰館詩》一卷，一爲《拳峰館癸丑以後詩》不分卷。

　　此《拳峰館癸丑以後詩》收録了許宗衡自咸豐三年癸丑（1853）迄咸豐九年乙未（1859）八月之間的詩作，共計一百餘首。咸豐二年時許宗衡進士及第，其詩篇有不少圍繞京師周邊地域而作，如《良鄉》《安肅道中》《保定》《郭隗故里》《曉發定州》《由真定至獲鹿》等。後又有《青玉峽》《由坡頭至芹泉驛》《土陘嶺至壽陽》《裴家峪》《由洪洞抵平陽》等。作者途經河北、山西兩省，一路懷古述今，憶念家園，後返回京師。許宗衡是一位關心國事、憂慮國運之慷慨志士，在此集中亦有關於太平天國戰亂的《紀事詩·用杜洗兵馬韻》《喜聞官軍次九江》《哀陳母詩》等作品。許宗衡的詩詞作品將自身的命運多舛與家國命運聯繫在一起，是其作品乃至人格的閃光點，無怪學者譚獻評曰：“海秋先生，傷心人別有懷抱，胸襟醖釀，非尋常文士。”

此本前有孫楫題詩。鈐有“遠宗館”“許宗衡”“海秋初稿”等印。（郭静）

拳峰館詩二卷詞一卷

清許宗衡撰。清稿本。二册。半葉十一行，行二十一字。黑口，四周雙邊。

此集前有吳讓之（吳熙載）題名“拳峰館詩稿”。據自序“自辛卯至今，删存十之三四，録爲上下二卷”，可知此詩集二卷爲作者從自清道光十一年至二十九年（1831—1849）的詩作中節選而得。作者亦叙述了其習詩經歷以及作詩之由：“宗衡性伉直而躁，好爲古文詞，無師承從，橫恣肆極。其意之所止，而饑寒驅迫，抑鬱無聊，不敢告人，私以發之於詩……必有相視甚樂者，雖買山之貲未知來處，而遺世之想決自今日，爲太平之民契性命之旨而又何？詩之不可爲，抑豈獨詩之可爲哉？”詞集一卷收録詞作四十首，僅《百宜嬌·秋日雨中與西澗飲湖舫》一首在之後的刻本《玉井山館詩餘》中收録。卷末作者自識云“諸詞無一可存者，不諧音律，直儈父耳”，可知作者對此集詞作音律并不滿意，因而未付刊行。也有學者認爲，許宗衡後期對國難時事的關注與濟世責任感，代替了前期懷才不遇、寄懷友人等個人生活情懷，因而再讀自己早期之作發覺有所局限。

此本前有道光二十九年冬十月許宗衡自序《道光辛卯至己酉詩自序》，道光二十九年王鳳翼、黄秩林、程宇光題款，道光三十年（1850）魯一同跋，咸豐元年（1851）程宇光題詩，咸豐五年（1855）吳養原題款；後有咸豐壬子（二年，1852）秋許宗衡自識。鈐有“廷颺私印”“懷岳廬”“韜庵詞翰”“通父”“句生心賞”“宇光”“御賜桐陰清快”“大學士一等伯”“許宗衡印”“海秋”“書畫船”“熙載”等印。（郭静）

拳峰館詩二卷

清許宗衡撰。清稿本。一册。半葉十行，行二十字，無格。

此《拳峰館詩》二卷爲清末原刊底本，有詳細的朱筆圈點及批注，浮簽貼條甚多。據卷前作者自識，此集收詩自清道光三十年（1850）三月起，迄清咸豐二年（1852）八月，共計三百一十九首。其詩風格沉鬱多思，内容滄桑感人。作者在自識中評價此集："所存較真實……且多蕪雜，間亦仍有佻薄者甚矣"，又解釋了爲詩之難的原因："有心爲詩，與人争名，抑或下筆時冀有賞音……一意孤行必不得已。"可見作者後期對自己作品源於刻意或一己之私情的不滿及反思，亦可窺見作者當時的心態及所形成的詩論，并影響到了其後期的詞作風格。

此本卷前有咸豐四年（1854）夏六月許宗衡自識，蔣超伯、何兆瀛、符保森、譚廷獻等跋，葉毓祥、吳養原、耿治潤、汪南金等題款。鈐有"海秋""紙西竹屋""南樵""心公""廷獻""蓬瀛舊侣""宗衡""許宗衡印""海秋初稿"等印。（郭静）

山外山房詩集二卷
滌濫軒詞殘稿滌濫軒文殘稿

清劉書年撰。鈔本。三册。半葉八行，行二十四字。

劉書年（1811—1861），字仙石，河北獻縣人。清道光二十五年（1845）進士，改翰林院庶吉士，授編修。官貴州安順知府，移知貴陽，叙功以道員記名。出曾國藩門下，與黄彭年、鄭珍、莫友芝等相交甚厚。致力於經史小學，晚喜治《三禮》。喜爲詩，兼工長短句。著有《滌濫軒説經殘稿》《滌濫軒雜著》《黔行日記》《黔亂紀實》《聖廟從祀紀録》等。生平事迹見《清史列傳》卷六十九、《大清畿輔先哲傳》卷二十六、張之洞《貴陽府知府劉君墓碑》。

詩作起於道光二年（1822），止於咸豐十一年（1861）。書前有《大清畿輔先哲文苑傳》及咸豐同治間承齡題詞、許同莘跋語，許同莘謂其"早年詩冲和融易，逮入黔以後，境界一變。《黔陽書感》《南嶽山督役》諸篇憂傷惻怛，情見乎詞。豈感物造端,有不能自已者耶?"書後附其孫劉修鑒志言。與《滌濫軒詞殘稿》一卷、《滌濫軒文殘稿》一卷合鈔。詞稿收《鵲橋惜别》等十一闋,文稿收《天賜時王賦》等十六篇。(張傑)

眉緑樓詞

清顧文彬撰。清光緒十年(1884)吴下刻本。四册。半葉九行,行二十一字。白口,左右雙邊,單魚尾。

顧文彬(1811—1889),字蔚如,號子山,晚號艮盦,元和(今蘇州)人。清道光二十一年(1841)進士,曾官刑部主事、湖北漢陽知府、武昌鹽法道臺、浙江寧紹道臺等職。喜愛書畫,工於詩詞,構建怡園,爲蘇州著名園林庭院,内有過雲樓,收藏古今金石書畫。

本書前有顧文彬七十四小像、清咸豐十一年(1861)莊受祺序、清光緒十年(1884)俞樾序。本書收録皆爲顧文彬所作詞,分爲八集:《靈巖樵唱》收詠懷之作一百二十首,《今雨吟》收酬贈之作一百零一首,《小横吹剩譜》收紀游之作五十一首,《鶯花醉吟》收言情之作五十七首,《蜨板新聲》收詠百花之作一百首,《蟭巢碎語》收詠物之作五十七首,《百衲琴言》集古人之句以爲詞計八十七首,《跨鶴吹笙譜》收賦怡園景物之作六百首,共計一千一百七十三首。各集之前另有序文,著者有鄭文焯、曹鍾英、潘遵祁、李鴻裔、王錫振、馮志沂、蔣德馨、潘鍾瑞、張金鏞、張曜孫等人。

莊受祺在序中評價顧文彬的詞"風格清俊,不同凡艷";曹鍾英認爲"誦其詞,清迥邁俗,出入周、柳、姜、張之室"。(曾慶文)

見山樓詩稿

清張毓楨撰。稿本。一册。半葉九行,行二十一字。

張毓楨(1848—?),字南湖,直隸文安(今河北文安)人。清同治十二年(1873)選貢,曾官内閣中書。

本書前有清同治七年（1868）焦聯甲、王璞、劉嶸、隱庵等人序、題詞，同治八年（1869）徐保桂序、詩評，同治九年（1870）楊逢春、賀家駿序，末有同治十一年（1872）郭爲霖、九年董楫跋。本書所收詩按年編排，起同治三年（1864），訖同治十年（1871），天頭處粘貼有芝樵等人評語。同治七年（1868）有詩《二十一歲初度》，據此推斷張毓楨生於道光二十八年（1848）；又同治十年有詩《閨情》，後有注，署"紅豆主人"，當爲其號。（曾慶文）

純齋詩録

清裕英撰。清同治十三年（1874）刻本。一册。半葉九行，行十九字。黑口，左右雙邊，單魚尾。

裕英，字純齋，戴佳氏，滿洲鑲黄旗人。清道光十一年（1831）舉人，年八十餘而卒。

本書前有清同治十三年（1874）盛昱序，内對裕英生平叙述頗詳："先生以名孝廉困頓場屋，無書不讀，鋭意著述……尤好爲詩與文，集都爲百餘卷……以積資爲詹事府主簿，一出爲倉監督，旋謝病去，晚歲館昱家。"該書爲裕英詩集，收録其所作詩五十五首，内容以友朋唱和、感懷爲主。通篇手寫上板，鐫刻精緻，頗爲難得。

卷端鈐"富察恩豐席臣藏書印"印，説明此書係近代藏書家恩豐插架之物，恩豐注重收藏八旗人著述，編有《八旗叢書》。另，恩華《八旗藝文編目》著録，《清人詩文集總目提要》誤作"鈍齋詩録"。（曾慶文）

海棠書屋詩稿一卷

清劉錫恭撰。清同治十三年（1874）刻本。一册。半葉九行，行二十一字，小字雙行同。白口，四周雙邊，單魚尾。

劉錫恭，生卒年不詳，字恪庵，順天通州人。

本書收録劉錫恭所撰詩三十首左右，内容以詠物、感懷、送别之作爲主。前有清同治十二年（1873）許振礽、十三年（1874）津門王文錦序。許振礽在序中談及劉錫恭其人其詩，"劉君恪庵孝廉，余門下士也。嗜古多聞，澄懷遠觀，於書無所不讀，然有述作之志，尤工詩，古體尤勝，五言立意深妙，七言才狀而氣逸"，又提到"惜乎風流長逝，篇什僅存"，説明此時劉錫恭業已故去。王文錦在序中言其居通州時，識劉錫恭之子，得見此書，并"聞恪庵先生以名孝廉終"，科宦不聞，終老鄉里。

末有"男湖謹刊"字樣，説明此書爲家刻本。（曾慶文）

貽馨堂集十卷

清劉長華撰。清同治九年（1870）崇川劉氏刻本。二册。半葉十行，行二十五字，小字雙行同。白口，左右雙邊，單魚尾。

劉長華（1810—？），字品芳，號椒泉，別號滁浮居士，江蘇南通州（今江蘇南通）人。清道光十四年（1834）舉人，清咸豐八年（1858）選補華亭教諭。著有《滁浮居士塵游録》，輯有《歷代同姓名録》二十三卷、《漢晉迄明謚彙考》十卷、《皇朝謚彙考》五卷、《崇川書香録》、《鴉片戰争史料》等。

本書前有清同治九年（1870）張雲望序。全書分爲十卷：卷一至二性理説，卷三家規七十六則，卷四誡子三十二則，卷五至十雜文。目録卷七處鐫"辛未續刻"字樣，此書刻於同治九、十年間。此書《性理説》開篇即云，其讀完《朱子語録》、薛氏《讀書録》等之後，感到"欣欣自喜，輒視記誦詞章皆末也"，説明此人服膺程朱理學。卷十《答廬江王梅村占魁總戎書》内提到"談兵十二則"，劉長華生活時代内憂外患，讀書之餘還關注時政。

國家圖書館另藏劉長華自編年譜稿本《滁浮居士塵游録》，對其生平記載甚詳。（曾慶文）

海外宦游草嶺南宦游草

清汪崇貴撰。清末鉛印本。四册。半葉十一行，行二十四字，小字雙行同。白口，四周雙邊，單魚尾。

《海外宦游草》卷端題"鐵嶺汪崇貴知希著"，從籍貫推測當爲八旗之人，清光緒十八年（1892）十一月初八日《移居》詩下有注"所居牛巷東墻外即旗下箭道"可爲佐證。《八旗藝文編目》"假之鳴軒詩草"條著者著録爲："漢軍崇貴著。崇貴字知希,氏汪。官二尹。"

　　本書收録崇貴所作詩多成於清光緒年間。從詩集中可略考崇貴的生平:光緒二十八年（1902）《六月廿七日予初度》詩注"時年六十六歲",又《答方溶吾同庚詩次韻》注"六月二十四日爲荷花生日,余生於廿七日",由此考證崇貴生於清道光七年（1827）六月二十七日;《楊晴帆刺史惠五律一首次韻答謝》詩注"貴在粤廿餘年矣",又《追哭植南婿》注"（光緒）戊戌八月廿三日,婿病,没於羊城,予在曲江縣丞任所也",由此可知崇貴長期任職廣東,但職位并不高。

　　《清人别集總目》著録《假之鳴軒詩草》《海外宦游草》等,《清人詩文集總目提要》僅著録民族文化宮藏《假之鳴軒詩草》《感遇百韻詩草》,兩書的著者皆著録爲"汪崇貴"。（曾慶文）

省過齋詩草一卷

　　清吳元照撰。民國七年（1918）吳氏傳鈔本。一册。半葉十二行,字數不等。白口,四周雙邊,單魚尾。

　　吳元照,生卒年不詳,字星門,又字小莊,安徽歙縣人。《[民國]歙縣志》卷十五著録吳元照著有《省過齋感世詩草》和《海棠巢詩鈔》,前者當爲本書。蔣元卿《皖人書録》未著録吳元照。

　　本書收録吳元照所作感懷詩近二十首,多與太平天國運動有關。後有清咸豐四年（1854）阮亨叙、趙濟舟撰《吳母林孺人歷難小傳》（後附詩八首）、題詞（出自阮亨、金長福等人之手）。書末有民國十一年（1922）吳葆琳墨筆題記,言此本乃民國七年（1918）據原本鈔録,本擬付之梨棗,因故未果,便將此鈔本捐贈北平圖書館（今國家圖書館）,又言林孺人八首詩曾刊於《國學萃編》中。（曾慶文）

轉蕙軒駢文稿

　　清謝質卿撰。清同治十一年（1872）刻本。一册。半葉九行,行二十一字。白口,四周雙邊,單魚尾。

謝質卿(1809—?),字蔚青,號穉蘭,江西南康人,廣西巡撫謝啓昆之孫。清道光二十六年(1846)舉人,歷官陝西朝邑、長安知縣,升乾州知州、興安府知府,終於潼商兵備巡道。另著有《轉蕙軒詩存》四卷。

本書前有山陰萬同倫序、自識。全書收録著者所撰駢文二十五篇,體裁多樣,有賦、序、書、贊、記等。據自識,著者從二十五歲起方始學做駢儷之文,道光十三年至二十五年(1833—1845)間共存四十餘篇,後有散失,僅存此二十餘篇,"大都緣情托興之作"。(曾慶文)

爾爾書屋詩續集不分卷文集不分卷

清史夢蘭撰。稿本。三册。

史夢蘭(1812—1898),字香崖,一作湘崖,一字秀崖,號硯農,祖籍江陰,明萬曆間遷至直隸樂亭(今屬河北)西南大港。清文學家、詩人、作家、藏書家。自幼好學,無書不通。清道光二十年(1840)中舉人,任史館謄録,選山東朝城縣令,以母老未赴任。清同治八年(1869)直隸總督曾國藩開設禮賢館,禮聘史夢蘭創修《畿輔通志》、校刊《畿輔叢書》,力辭不就。碣石山修建别墅一座,名曰"止園",奉母教子,以著述自娱。藏書數萬卷,有藏書樓爲"爾爾書屋"。著述頗豐,修纂《樂亭縣志》《永平府志》。著《疊雅》《燕説》《古今諺拾遺》《金史宫詞》《永平詩存》《止園詩話》《爾爾書屋詩草》《止園筆談》《輿地韻編》《全史宫詞》等。因學識淵博,被慈禧稱譽"京東第一人"。

此爲史夢蘭稿,第一册爲詩,收詩五十餘首,後附有題趙忠愍公遺像册,收詩,藍框無格,并附刻本永平府志列傳書頁。書中夾有受業内侄垣爲史夢蘭詩續稿中選用其作品的説明文字,并附詩,稱呈正稿。還有紅紙一張,爲萬培元請祠大明湖題聯,另有致小梅仁兄信札草稿。第二册爲書院條規,藍欄。第三册爲文,含序、跋、墓誌碑銘、函札等多種文體文字,時有增删修訂批注等。行楷夾以草書,朱欄,無格。近年出版《史夢蘭全集》未能收入,此次出版,可補其缺。(田野)

櫟寄詩存

清汪曰楨撰。稿本。一册。半葉十行,行字不等,紅格。

汪曰楨(1813—1881),字仲雍,一字剛木,號謝城,又號薪甫,浙江烏程(今湖州)人。清代史學家、詩人、數學家。清咸豐四年(1854)舉人,官會稽教諭。少時博覽群書,平生酷愛書籍。工於填詞,精通音韻學,兼通數學、天文、曆法等。編《二十四史日月考》五十卷,撰《烏程縣志》《南潯鎮志》等,著有《四聲切韻表補正》《玉鑑堂詩集》等二十餘種。

卷首署"烏程汪曰楨",所收詩起自辛未(清同治十年,1871),以時間排序,内容多爲題畫、詠史、賞景等,以行草書寫,間有修訂刪改等,止於辛巳(清光緒七年,1881),這年汪曰楨辭世,即詩集爲汪曰楨最後十年作品,詩集所收作者引經據典,盡顯深厚學養。(田野)

玉鑑堂詩録

清汪曰楨撰。稿本。一册。半葉十行,紅格。四周雙邊。蔣世鏞、陳政鍾、葉廷琯等題款。

此書第一册封面題"玉鑑堂詩録起庚子迄庚午",集中所收詩集中在庚子至庚午(清道光二十年至清同治九年,1840—1870)三十年間,所做之詩或題畫和詩,或詠史念友,或寄情山水,内容豐富。行文中多朱墨修訂圈點,時有增删。

卷首有方屏山、蔣世鏞、陳政鍾、葉廷琯、嚴錦等拜讀題款,卷端署"玉鑑堂詩録烏程汪曰楨"。字體秀麗,偶有朱墨兩色圈改修訂。鈐"謝城"印,爲汪氏稿本。(田野)

望三益齋公餘吟草二卷歸田詩草一卷

清吴棠撰。清刻本。一册。半葉十行,行二十二字,小字雙行同。白口,四周雙邊,單魚尾。

吴棠（1813—1876），字仲宣，號棣華，清末安徽盱眙（今屬江蘇）人。清道光十五年（1835）舉人，歷任江蘇清河知縣、漕運總督、兩廣總督、閩浙總督、四川總督等職，謚勤惠。所著《望三益齋存稿》除《公餘吟草》《歸田詩草》外，還有《爐餘吟草》二卷、《詞草》一卷、《雜體文》四卷、《謝恩摺子》一卷、《讀詩一得》一卷等。

《公餘吟草》收録吳棠爲官之餘所作詩，按年編排，起清咸豐九年（1859），訖清同治七年（1868）。吳棠所存詩作并不多，此兩卷收詩四十餘首。因其爲官顯赫，詩中有與丁晏、劉履芬、王蔭棠等人交往之作，又有《題關忠節公天培延齡瑞菊圖》《潮陽吊林文忠公則徐》等與關天培、林則徐相關的詩作。

《歸田詩草》收録光緒二年（1876）吳棠開缺回籍時所作詩，前有張之洞題詞，内有與諸人的留贈詩，也有回籍過程中途經各地時所作詩。（曾慶文）

豐樂樓詩草六卷

清毛鳩臣撰。稿本。一册。半葉九行，行二十二字，無格。

毛鳩臣，生平不詳，字雲門，毛晉後人。

是書爲稿本，卷端署“錢唐毛鳩臣雲門著”。凡六卷，各卷分別爲五言古詩、七言古詩、五言律詩、七言律詩、五言排律（含六言絶句）和七言絶句。卷首有清康熙丙寅（二十五年，1686）諸匡鼎序，云：“雲門集詩一編，索余爲序，三復讀之，斟酌風雅。要歸性靈，其神氣弈弈，尤覺隱現於楮墨之表。”書中有朱筆批語，如《嬾園望湖》詩小序“陰晴昕夕”句，批語云“昕，音欣，日將出之時”。又有朱、墨兩色校改，如《悠悠》“野花開遍不名名”句詩，第一個“名”字朱筆改爲“知”字。

鈐“毛印鳩臣”“雲門”印。（劉明）

蟲吟詩草一卷

清何芷卿撰。清同治十二年（1873）刻本。一册。半葉十一行，行二十二字。白口，四周雙邊，單魚尾。

何芷卿（？—1839），四川金堂人，陳氏妻，祖父何世珩曾任金匱知縣。

　　本書收録何芷卿所作詩二十餘首，以感懷詩爲主。後有清咸豐六年（1856）陳爾芾跋。陳爾芾，號小蕘，曾任陝西武功、長安知縣，何芷卿之子。陳爾芾跋言其母"性耽吟詠，積稿逾尺"，惜卒後散佚，僅存十之一二。

　　本書另合刻有何芷卿之女陳友琴詩集《蘭音閣詩草》二卷。這兩種閨閣詩集胡文楷《歷代婦女著作考》皆有著録。（曾慶文）

蘭音閣詩草二卷

　　清陳友琴撰。清同治十二年（1873）刻本。半葉十一行，行二十三字。白口，四周雙邊，單魚尾。

　　陳友琴，字雅南，胡紹鈁妻。該詩集按年編排，起清道光十六年（1846），訖二十七年（1847），共二百零四首。

　　此閨閣詩集胡文楷《歷代婦女著作考》有著録。（曾慶文）

夢柏山房詩草八卷

　　清張璲撰。稿本。二册。半葉九行，行二十一字。

　　張璲，生卒年不詳，字子岡，江西南昌人，活動於清道光至同治間。工篆刻，尤善於治玉印，名噪一時。本書卷五有《四十自述》一首，略述生平。

　　張璲平生所作詩有兩千餘首，友人謝庭蘭爲之刪存三百餘篇，編爲八卷，即此本。本集大致按年編次，約自清咸豐六年至同治十年（1856—1871）。其詩莊雅温婉，不以纖巧爲工。因其幼年喪父，賴母苦節撫養長大，故客游期間所爲詩多憶母之作。又身處太平天國戰亂時期，從湘軍奔走於金陵、皖城之間，目睹烽煙慘淡，人民流離，有所感即發爲詩篇，如《鍾山大營即事》《從軍行》等，感時傷亂，能得少陵風旨。

　　書前有同治三年（1864）張文虎序、咸豐十年（1860）萬寬小序、范凌霄序、同治七年（1868）謝庭蘭序、同治十二年（1873）自序，又有吳嘉賓、李瑶等題跋三十六則，馮詢、俞樾等題辭二十二則，對其詩歌成就均備極推崇。

此書無刻本存世。除此本外,僅南京大學圖書館有同治間稿本一帙。（李静）

藜軒詩稿

清秦金燭撰。民國二十四年(1935)偃師樹德圖書館石印本。一册。半葉十二行,行二十六字。白口,四周雙邊。

秦金燭(1814—1871),字藜軒,别號野雲,河南偃師人。家富有資財,清道光二十六年(1846)出資賑濟災民,次年奉命辦理賑濟事務,清咸豐十年(1860)起助辦團練,以抗擊太平軍與捻軍,後以軍功賞授奉直大夫五品藍翎候選同知。清同治十年(1871)病逝。

秦氏自幼能詩,高祐在序中評其詩曰:"風流跌宕,才情洋溢,古今體大類白傅(白居易)、髯蘇(蘇軾)。"原著有《野雲詩稿》《棲雲山房詩稿》,民國二十三年(1934)河南省教育廳徵集文獻,其後人進遺稿,於是合刊爲《藜軒詩稿》不分卷。全書按年編次,所收爲道光十年迄同治七年(1830—1868)間所作詩,計四百二十三首,内雜詞作,有佚名眉批評點。前有民國二十一年(1932)高祐序,末附高祐《秦藜軒先生傳》、張文江《例授奉直大夫五品藍翎候選同知增廣生員藜軒秦先生神道碑》、秦景星《秦公墓誌銘》及武敬初、秦澤普跋并勘誤表。（李静）

燕臺吟草

清黄秩林撰。清道光二十七年(1847)刻本。一册。半葉八行,行二十字,小字雙行同。白口,四周雙邊,單魚尾。

黄秩林(1814—1860),字子幹,號仙樵,宜黄(今屬江西)人。清道光二十三年(1843)舉人,充右翼宗學教習,改補湖北松滋知縣。曾佐布政使馬秀儒招降數萬流賊,因功攝襄陽篆,後丁母憂去官,不逾年而卒。《[同治]宜黄縣志》卷三十《宦業》有傳。據《宜黄縣志》載,黄氏所著另有《丁未舟車吟》《戊申楚游草》《粤游草》《己酉北游草》《主静軒試帖》《燕門百菊詠》等,皆未見傳世。

黄氏生平好吟詠,宴飲、冶游及歷官所至都有詩文結集。先刻有《主静軒詩》

一卷、《舟車詩集》一卷，《燕臺吟草》爲第三種，有何杙序、朱履恒跋。凡收詩近四十首，均爲道光二十七年（1847）所作，内容爲"見月思鄉，倾風念友，今雨舊雨冠蓋之逢迎，大山小山塤篪之酬和，屬車載酒，塔寺搜奇，畫壁題詩，旗亭賭勝"（何序）等等，以唱和贈答詩爲主。（李静）

垂涕集二卷

清林大椿撰。清同治十三年（1874）刻本。一册。半葉十一行，行二十一字，小字雙行同。黑口，左右雙邊，單魚尾。

林大椿（1812—1863），字護士，别字宏訓，號恒軒，浙江樂清人。清咸豐九年（1859）歲貢生。家富藏書，藏書之所名"菜香室"，記誦博洽，《樂清縣志》謂其"四部之書靡不研精覃思，卓有所見，舉所懷抱，咸於詩乎發之。所傳有《求是齋詩鈔》三卷、《垂涕集》二卷，染版初出，紙貴一時"。尤好鑽研天官曆算及方技、風角等數術家言。著有《求是齋詩鈔》《壬戌紀事詩》《劉蒙川年譜》《海滋方言》等。傳見民國二十年（1931）《樂清縣志》卷八。

林大椿以詩名於一時，爲當時樂清詩壇盟主。《垂涕集》分上下二卷，爲林氏逝世後門下弟子輯刻，書名葉題"菜香室藏板"，卷末鐫"東甌師古齋刻"，有林氏好友孫衣言序。孫序謂其五言古詩質實有義理，可傳於世。

此集流傳稀見，僅國家圖書館有藏本。（李静）

蓼紅閑館詩稿

清許旦復撰。清光緒十四年（1888）鈔本。半葉十行，行二十二字，緑格。緑口，左右雙邊。

許旦復，生卒年不詳，字海樵，歸安（今浙江湖州）人。多與清嘉慶、道光年間人交。汪曰楨撰《玉鑑堂詩集》中有《讀許海樵旦復紀石齋磊遺詩用丙辰年舊韻》一詩云："哭耽吟事忘輖饑，風采平生憶素髭。閱歷干戈身似奇，淋漓楮墨語尤奇。老成幾輩嗟先逝，年少將來孰我知。太息哀齡况多病，可堪和淚爲評詩。"張鑑在

《冬青館集》中有《許海樵以其徒種竹圖索詩因書》一詩云："田園雖轉蕪，經史豈云熟。抱此歲寒心，苦未離塵俗。吾友不速來，示我紙一束。言得王子猷，繞池植修竹。能詩交賢豪，礧砢多節目。時持冰雪文，步出西堂讀。秋深巾寫凉，日薄鬚眉綠。我欲往從之，相期海禺麓。何以致勿諼，願借坨南屋。"

是書前有蔣錫玿所做之題詞，以詩評價許旦復："仗履欣隨大父行，鬚眉和藹鬢毛蒼。心能見道天常樂，口不言貧境亦忘。時以良箴寓諧謔，每逢後輩樂褕揚。遺詩一卷曾批讀，太息高風倍感傷。"是書内容多爲友人之間唱和，家庭生活等，如《責子》《病後偶述》等。對於生活中的細小事件頗多感觸，《病中憎蠅》一詩云"闖然入幕競營營，繞鼻緣鬚太不情。便死何勞充吊客，此生惟恐污清名。瘦來那得脂膏噉，倦極還愁夢寐驚。拔劍一揮旋復至，喧聲時雜藥爐聲"，描寫細緻而生動。此外，還有數首記災的作品，表現出作者心懷天下百姓哀苦，如詩中多次出現水災後的情形，字字如血淚，如《沿街哀》云"水長廬爲漂，水退食已絕。兒女啼號可奈何，含悲且共街頭乞"。這種慘狀也都在《琳宮厄》《挖棺竊》中有所體現，《鬻兒痛》一首因爲太過悲慘，墨筆評語云"凄慘人間，不忍卒讀"。

是書鈐有"張乃熊印""菦伯"等印。張乃熊（1891—1945），字芹伯，一字芹圃，浙江南潯人，清末民初著名藏書家，間有墨筆批注。（張偉麗）

鶴儕詩存

清喬松年撰。稿本。十册。半葉十行，行十六字，紅格。白口，四周雙邊。

喬松年（1815—1875），字健侯，號鶴儕，山西徐溝（今清徐）人。出身書香、顯宦之家。祖父人傑爲湖北按察使，生父邦哲爲遵化知州，嗣父邦憲爲翰林。清道光十四年（1834）中舉，次年成進士，授工部主事，後任湖南鄉試副主考，再遷郎中，清咸豐三年（1853）任常州知府。四年（1854），協助總督怡良鎮壓上海小刀會，得賜花翎，授常鎮通海道。六年（1856），署兩淮鹽運使。九年（1859），兼辦江北糧臺，因參與鎮壓太平軍籌餉有功，晉二品，可專折奏事。清同治二年（1863）任江寧布政使，後任安徽巡撫，鎮壓捻軍。五年（1866），調陝西巡撫。十年（1871），授河東河道總督。清光緒元年（1875），卒，贈太子少保，謚勤恪。松年飽學詩書，知識淵博。著有《蘿摩亭遺詩》《蘿摩亭札記》《蘿摩亭文鈔》《論語淺解》《喬勤恪公奏議》等，編有《緯捃》《喬氏載記》等。

是書不分卷，收松年所作《野望》《苦寒行》《挽葉伯華同年二首》等詩五百餘首，多爲咸豐年間作品，皆爲詠物、懷古、思人、寫景、記事之作。如《奉命團練至靖江校閲》即松年於常州知府任上所作，該詩曰：“書生本不解譚兵，愬魂江幹奉使行。但有語言教父老，不將賦欲事旗鉦。百年人共思毛土，一戰功能借背城。戰士何時齊解甲，更從陌上勸深耕。”該詩既載其督辦團練事，又述其反戰情結，可爲研究其生平及社會興情所參。是書爲稿本，保留松年信手塗抹、反復增删之迹，且未經刊刻，文物與文獻價值兼具。

是書鈐“曾在周紹良處”“蠧齋所藏”“榮學齋”印。（孫麗娜）

十願詞人集

清秀瑩撰。清鈔本。二册。半葉九行，行二十一字。

秀瑩（1836—1897），字子哲，一字蕙襟，自號桐根居士，晚號握月生，齋名“守雁山房”，順天大興（今屬北京）人，祖籍浙江慈溪。清咸豐二年（1852）舉人，充景山教習。清同治二年（1863）授雲南恩安知縣，後擢員外郎。晚年主講四川芙蓉、少城、錦官諸書院，卒於蜀。妻沈仲懿亦能詩詞，夫妻唱和，甚爲相得。仲懿歿後，秀瑩誓不再娶，作悼亡詩至數百篇。《畿輔先哲傳》卷二十六有傳。《晚晴簃詩彙》卷一百五十四謂其文采冠時，詩古文詞卓然成家，尤工倚聲，選其詩十四首。

此書上册爲古體詩一卷、近體詩一卷，又文集二卷，包括賦、書、序、啓、跋等；下册爲詞稿。鈐有“守雁山房”“臣秀瑩”“恩安邑令馮”等印，或即爲其任職雲南時作品鈔録謄清稿。書中間有朱筆批點。

《畿輔先哲傳》稱其“手輯《蕙襟集》四十卷藏於家”，清宣統三年（1911）選刻十二卷。此《十願詞人集》則爲其早期詩文集，僅國家圖書館藏有鈔本一帙。（李静）

夢花閣詩稿

清湘岑撰。清鉛印本。一册。半葉九行,行二十二字。白口,四周雙邊,單魚尾。

湘岑,生卒年不詳,清嘉慶年間人,宗室固山貝子永澤女,蘇完多齡原配夫人。自幼學詩於其兄理齋,有較好的文學修養。針黹之餘,極喜作詩,常深夜秉燭吟詠,不幸身弱多病,二十四歲便病故。

《夢花閣詩稿》一卷爲湘岑遺詩,收詩四十二首。清道光二十一年(1841),其夫多齡命後妻之子景霖鈔録付梓。書前有馬沅、莊綰度、傅桐與多齡所撰序言四篇,書後有景霖跋。馬沅稱其詩“有白屋老學之風,清而不靡”;莊綰度稱“其辭致高遠,優游而不迫,委典以達理”,皆不免溢美。

此本係據道光刻本排印,傳世較少。《八旗藝文編目》別集七有著録。鈐“徐”印,爲徐祖正舊藏。(李静)

我媿之集

清何栻撰。清咸豐木活字本。一册。半葉九行,行二十四字。白口,四周雙邊,單魚尾。

何栻(1816—1872),字廉昉,一作蓮舫,號悔餘,江蘇江陰人,寓居揚州。清道光二十五年(1845)進士,清咸豐六年(1856)任建昌知府,以城陷於太平軍奪職,之後入曾國藩幕,頗得賞識。清同治元年(1862)在曾國藩力助之下復官吉安知府,同年以嫌去職。於是游走江南經商,致巨富。在揚州建壺園,創立湖心詩社,吟詠唱和。藏書達四萬卷,多精本。著有《悔餘庵集》三十二卷。

建昌城陷時,何氏妻薛氏及三女均被難,此書所收《孝烈夫人傳》《烈孝女傳》《忠孝生傳》《義客傳》等十一篇文字,都是爲紀念死難諸人所作,故集名《我媿之》。何栻早年爲文於駢、賦二體最爲擅長,受到時人推重,曾國藩譽其“才人之筆,人人嘆之”,於此書中可見一斑。此書可謂是當時的戰爭實録,有一定的史料價值。

（李静）

判花軒集詩一卷文一卷

清王祖源撰。清鈔本。一册。半葉十一行，行二十五字，無格。

王祖源（1822—1886），原名伯濂，字淵慈，號蓮塘，山東福山（今煙臺）人。清末金石學家王懿榮之父。清道光二十九年（1849）拔貢，任兵部主事，後因其父陝西巡撫王兆琛被參，家道没落，在京爲官期間甚爲清苦。後歷官四川成綿龍茂道，署按察使。與其子王懿榮均嗜好收藏古物，精於金石之學。祖源亦工詩，師從福山名儒蕭培敦，嘗以詩作與四方君子相唱和。著作有《天壤閣詩存》《判花軒集》《漁洋山人秋柳詩箋》等，輯刻有雜纂類叢書《天壤閣叢書》十二種。

此集一册，詩文各一卷。卷前題“判花軒集　福山王祖源蓮塘”，共收詩二百五十六首，詞三闋，文二十九篇。

是書收清道光丙午（二十六年，1846）以後清同治壬戌（元年，1862）以前詩約百餘首，於咸豐兵亂散佚，後鈔得十首附此集内。詩有七律、七絶、五律、古體詩等，多寫實景，詠景、物、時令等，如“晚上寒山徑，陰濃雨未成”，“元宵未到剪燈忙，兒女登堂介壽殤”等句；亦有贈答感時之作，抒發情致及感懷，如“暑氣漸消暑病生，河魚腹苦太縱橫”等句。筆法頗具浪漫主義情懷，如“此身唯有花知己，説與流鶯不忍聽”等句，亦有展現政治品格及政治理想的詩作，如“人生致富須由術，官到虛名不值錢”等句。文有序、跋、記、碑記等，亦有奏摺。

是書見《［民國］福山縣志·藝文》。（戴季）

雕青館詩草一卷

清汪曰杼撰。清咸豐刻本。一册。半葉九行，行二十一字，小字雙行同。白口，四周雙邊，單魚尾。

汪曰杼（1816—1872），字七襄，號絢霞，浙江烏程人，學者汪曰楨之妹，蘇州同知桐鄉嚴錫康之妻。烏程汪氏、桐鄉嚴氏都是清代著名的書香世家，汪曰杼曾祖母金順有《傳書樓集》一卷,母趙菜有《濾月軒集》一卷,姑母汪懋芳有《壽花軒詩略》一卷,姊曰采、曰琛亦爲女詩人,兄曰楨有《玉鑑堂詩集》六卷;嚴錫康有《餐花室詩稿》十卷,其母王瑶芬有《寫韻樓詩鈔》一卷,妹昭華、永華、澂華等亦皆擅吟詠,有詩集傳世,也是一門風雅。汪曰杼受家風熏陶,工詩善畫,多才多藝。

《雕青館詩草》收詩數十首,詩風温婉,因其工於繪事,故以題畫詩爲多。前有清咸豐十一年(1861)其兄曰楨序,妹曰杏、侄女乃爉題詞。正文收録《題仕女圖四首》《題自畫牡丹》等。(李静)

濱竹山房詩存三卷詩餘一卷

清鄒漢池撰。清刻本。一册。半葉九行,行二十一字。黑口,四周雙邊,單魚尾。

鄒漢池(1817—1871),字季深,湖南新化人,鄒漢勛弟。諸生,清咸豐七年至九年(1857—1859),佐辦湖北洪江郡城軍務,清同治四年(1865)加五品銜。通經史,曉音律、天文曆數,尤精於輿圖之學。著作有《春秋紀元甲子表》《春秋地名人名表》《日食録》《度里表》《濱竹遺稿》等二十餘種。

是集卷一爲道光時所作詩,内多擬古;卷二爲咸豐時作,多涉及太平軍攻占武昌事;卷三爲同治時作,多行旅、贈答詩,如《簡左恪靖》等。又《詩餘》一卷,存詞若干首。鄒氏才思敏捷,如《詠史》詩四十首,自西漢至明,深於鑒裁,可稱爲學人之詩。末附清光緒元年(1875)李建所撰《事略》一篇,詳述其生平。(李静)

玉杯珠柱齋詩稿十卷

清武麟仁、武純仁撰。鈔本。一册。半葉十二行,行二十二字。白口,四周單邊。

武麟仁,生卒年不詳,字静如,江蘇太倉人。工詩詞,長於翰墨,且工於繪畫。生平不可考。其姊武淑儀亦能吟詠,著有《海棠春曉樓吟草》一卷。

此書爲武氏詩集,卷端題"玉杯珠柱齋詩鈔",按年編次,各卷用歲星紀年,起自昭陽大淵獻（清咸豐癸丑，1853），迄於昭陽作鄂（同治癸酉，1873），共二十年間所作詩百餘首。作品以詠物、贈答及題畫詩爲主。其中卷三、卷四卷端撰者分別題"太倉　武純仁　頡范""婁東　武純仁　搴蘿"，"純仁"當爲麟仁之弟。此本有牌記云"己卯首夏鈔於申江"，卷末題"太倉嚴蓬仙鈔藏"，有"嚴瀛"印。嚴瀛，字蓬仙，太倉人，自民國至建國初鈔錄罕傳鄉邦文獻頗多。書中偶有朱筆校字。

據《清人別集總目》著錄，此本傳世僅存鈔本一帙。（李靜）

卧游太華齋詩稿

清武麟仁撰。鈔本。一册。半葉十二行，行二十四字。白口，四周單邊。

此書爲武氏詩集，收録清咸豐末年至同治初年間的詩作。其時太平軍已攻陷杭州，即將爭奪太倉，嚴氏避難於崇明，詩集中所題詠多爲避難期間的見聞雜感。《暮秋雜感》《客有自故鄉來者述四月被禍之慘感而賦此》《村居雜感》等作品頗有沉鬱之氣。

此本前有畢光祖序。末有民國二十八年（1939）嚴瀛跋，稱從蔣士淵處借本鈔録，今蔣氏藏本已不可得，存世僅此一本。（李靜）

退谷文集二卷

清程守謙撰。清光緒刻本。二册。半葉十行，行二十二字。白口，四周雙邊，單魚尾。

程守謙（?—1876），字荀叔，儀徵（今屬江蘇）人，定居揚州。諸生。曾在河南、福建、四川等地游幕，足迹半天下，卒年五十餘歲。清咸豐三年（1853）太平軍攻陷揚州時，其父程兆棟偕一門八口殉難，故守謙平生也以氣節自勵。著有《退谷文集》二卷，生平見書前所附黃雲鵠撰《程荀叔傳》。

守謙與上元許宗衡、蘄州黃雲鵠、代州馮志沂爲文字交，尤服膺著名學者汪中。書中以傳贊、誌銘之文爲多，皆有史料價值，其中如《先兄乂庭家傳》《記城變》等篇記録太平軍攻打揚州情形，可稱爲信史。爲文平易暢達，語言洗煉，長於叙事狀物，描摹山水之作如《閩游記》《記建陽山水》等篇亦爲人稱道。

此書書名葉題"退谷文存",有清光緒二年(1876)方濬頤序。(李静)

小鄧尉梅花園詩文集二卷

清鄧維霖撰。清光緒鈔本。四册。半葉九行,行二十二字。

鄧維霖,字雨民,廣東南海人。曾任職長沙,據書中有詩題云"癸酉之官永綏賦懷三十六韻",知其清同治十二年(1873)官永綏同知。集中詩文約止於光緒二年,又郭嵩燾光緒八年(1882)序稱"洎予自海外歸,雨民之卒久矣",郭嵩燾於光緒五年(1879)自英國公使卸任回國,則鄧氏約卒於光緒二至五年之間。

此集爲其子仲韓所輯,收其平生所作文、詩各一卷,文五十一篇,其中兩篇爲代人作,標"擬删",詩百五十二首。有光緒十三年(1887)天津後學華鐸孫拜讀題識。仲韓輯此書,本欲刊刻行世,因故未果,今僅存此鈔本。(李静)

集道堂外集詩二卷

清江湜撰。清鈔《名家詩詞叢鈔》本。一册。

江湜(1818—1866),字弢叔,一字持正,别署龍湫院行者,長洲(今江蘇蘇州)人。性聰慧,通經史詞賦,重實學。府庠生,後三應鄉試不第。清道光二十四年(1844),入山東學政幕。清咸豐七年(1857),赴京投其表叔彭藴章,時彭爲大學士,贈金助其捐官,循例得從九品縣尉,分浙試用,掌杭州都轉鹽運司使文書。十年(1860),奔走避兵。清同治元年(1862),再入福建,教書爲生。二年(1863),委爲温州長林場鹽課大使,四年(1865),調杭州佐治海運事。五年(1866)七月初三日,以病卒於杭州旅舍。江湜出身寒士,以文學世其家,但遭逢離亂,半生困頓,輾轉多地,爲稻粱謀,其以詩抒懷,記録行旅所感,闡發人生之悟,尤以白描風格之近體詩卓然於晚清詩壇。近人陳衍《近體詩鈔》稱其爲"咸同間一詩雄也"。著有《伏敔堂詩録》《伏敔堂詩續録》等。

是書二卷,卷一收《述懷》《過仙人塘》《病起》等詩二十九題三十八首。卷二録

《己丑立夏日宿元絜齋中時練兄臥病城西》《示家弟》《采蓮曲》等詩三十五題四十六首。縱覽全書，可知所載多爲江湜早期詩作。由詩題《己丑立夏日宿元絜齋中時練兄臥病城西》可知，該詩作於清道光九年（1829），江湜年方十二歲即已通詩文、舞筆墨。書中詩以寄情、叙事爲主，不同於其後期詩作之危苦之言。以本書所載最末一首《酬吳江徐治伯丈》爲例："我年十二三，便解愛杜李。日暮里塾歸，咿唔秋燈裏。父執時談詩，傾耳不能已……重登先生堂，十有餘年矣。古人三日别，尚用刮目視。而我故依然，自笑馬牛齒……向來耿耿心，獨似荒江汜。小友既許儕，討論從今始。"可見，江湜於此詩中輕鬆追述私塾求學場景，雖其自認前期詩作受杜李影響頗多，但其不用典、少雕飾的白描詩風已初現端倪。此直白詩風也正是其性格之真實寫照，正如其在《題施愚山詩集後》開篇寫道"詩品如人品，心聲見一斑"。錢鍾書先生則視江湜與黄遵憲齊名，其在《談藝録》中寫道："弢叔或失之剽野，公度或失之甜俗，皆無妨二人之爲霸才健筆。"（孫麗娜）

秋蟪吟館詩鈔八卷

清金和撰。稿本。七册。半葉十行，行二十一字，無格。

金和（1818—1885），字弓叔，號亞匏，江蘇上元（今南京）人。早年讀書江寧惜陰書院，工詩文辭，長期應舉不中，一生與功名無緣。

金和去世後，其摯友束季符（允泰）囑譚獻選輯《來雲閣詩稿》六卷，分《然灰集》《椒雨集》《殘冷集》《南棲集》《奇零集》和《壓帽集》，集以編年各一卷，自清道光十八年（1838）迄清光緒十一年（1885），丹陽束允泰於光緒十八年（1892）刻於杭州。後其子金遺、金還輯其所作，該詩稿爲原編自署之名《秋蟪吟館詩鈔》，計詩鈔五卷，附詞鈔二卷、古文一卷。卷次與前大體相同。後又重輯，編爲《秋蟪吟館詩鈔》七卷，汰去《壓帽集》，增入《壹弦集》，爲清咸豐六年（1856）十月至九年（1859）冬所作詩二百餘首，梁啓超爲之序，民國五年（1916）刻。别有《寄吾軒詩草》一卷，稿本。

金和諸詩每集前叙述寫作背景及其思緒、處境。《然灰集》收道光戊戌十八年至咸豐壬子二年（1838—1852）十五年間詩作，本有二千餘首，然咸豐三年癸丑（1853）太平軍攻陷南京，金和詩作均失，後其據記憶恢復，取名曰《然灰集》。

《椒雨集》上下二卷，收咸豐三年癸丑（1853）二月至四年甲寅（1854）二月間所作詩文，凡百五十餘首。太平軍攻陷南京時，金和全家陷於城內，其極力謀求維繫清廷統治，聯合城內人欲與清廷官軍相應，然失敗，幾近丟了性命。是年七月，其母又亡。因名之《椒雨集》。

《殘冷集》收咸豐四年甲寅（1854）八月至六年丙辰（1856）十月，著者居泰州、清河、松江時詩，凡百餘首。

《壹弦集》收咸豐六年丙辰（1856）十月至九年己未（1859）冬赴杭州時所作詩，凡二百餘首。

《南棲集》收咸豐十年庚申（1860）閏三月之後七八年間，金和南下避於潮州時詩作，因“簿書期會之煩，刑獄權算之瑣”，使得“文章之事，束之高閣”，故名曰《南棲集》。

《奇零集》收同治六年丁卯至光緒十一年乙酉（1867—1885）年間諸詩。

《壓帽集》，作者極愛歐陽修“酒黏衫袖重，花壓帽檐偏”二語，故將此集名為“壓帽集”。

此為《秋蟪吟館詩鈔》稿本，首卷《然灰集》按體編排，數處留空白，次卷《椒雨集》以下則以時間排序。《椒雨集》上下二卷及卷四《殘冷集》、卷五《壹弦集》之前、末附《壓帽集》皆為楷書，卷六《南棲集》《來雲閣詩》、卷七《奇零集》則改為行書，筆迹與前後不同。其中，《椒雨集》天頭有數則批語，各卷多處見修改。稿本在補充後刊詩作內容、還原文稿次序、校勘文字、考證史實等方面極具文獻價值。

是書前有“乙卯二月梁啓超校讀”題記，馮桂芬、張紫禾咸豐十一年（1861）跋，卷三末存瑞徵、陸光祖題識。鈐有“商輅”“苟全性命於亂世”“臣桂芬印”等印。

（王永全）

榕城課士草

清秦焕撰。清光緒七年（1881）刻本。一冊。半葉九行，行二十五字。白口，四周雙邊，單魚尾。

秦焕（1818—1891），字文伯，江蘇山陽人。清咸豐十年（1860）進士，授户部主事，清光緒六年（1880）任桂林知府，十年（1884）至廣西按察使。另著有《劍虹居集》四卷。

本書前有光緒七年（1881）秦焕自序，詳細言明編纂此書的緣起："予自庚辰季春握篆桂林，至今剛及一年，其有書院月課，或窗下會課，間有以文來質者，偶擬作示之文，不求精，衹求肖題而止，業得二十篇，付梓以免傳鈔，俾諸生知所自立。"此書即爲秦焕任桂林知府時所撰八股文，共計二十篇，用以指導學生學習撰寫應試時文。每篇文章之後皆有秦焕同年、同僚或友朋的點評，多爲襃揚之詞。秦焕反對爲文簡單模仿、片面因襲，主張"蓋讀書所以明理，述古貴於通今，言聖賢之言，即未能心聖賢之心，要當自抒心得，空所依傍，期不負國家以文取士之意"。（曾慶文）

澹勤室詩六卷補遺一卷再補遺一卷

清傅壽彤撰。民國十六年（1927）紫江朱氏涉園刻二十五年（1936）增刻本。一册。半葉十三行，行二十二字。黑口，左右雙邊，單魚尾。

傅壽彤（1818—1887），字青餘，晚號澹叟，貴州貴築人。清咸豐三年（1853）進士，選庶吉士。後以知兵事被王茂蔭舉薦於朝，發河南軍營治兵，與太平軍、撚軍轉戰於黃河沿岸。咸豐十年（1860）授歸德府知府，調南陽府。清同治三年（1864）調守開封。纍官至河南布政使。去官後定居長沙，築止園自娱，與郭崑燾、郭嵩燾、王闓運等觴詠往還。工書法，得何紹基真傳。著有《汴城籌防備覽》《孔庭學裔》《孝經述》《古音類表》等等。

此書爲傅氏詩集，牌記"同治辛未七月刊於大梁越五十有七年丁卯六月涉園重刊"，收古近體詩四百三十八首。民國十五年（1926）傅氏外孫朱啓鈐以大梁初刻本重刊，又從墨迹拓本中輯録古近體詩十五首、詞二闋，爲《補遺》一卷，次年刻成；十年後又得遺詩十二首，爲《再補遺》一卷。

後附傳略及朱氏刻書跋。傅氏從戎多年，以文韜武略顯名於世，其詩多紀時

事,詩風沉雄悲壯。（李静）

晚香閣詩鈔二卷

清朱清遠撰。清光緒四年（1878）刻本。一册。半葉十一行,行二十三字,小字雙行同。黑口,左右雙邊,單魚尾。

朱清遠（?—1870）,字韻荷,一字綠芙,浙江仁和（今杭州）人,燕山徐韻笙妾。

本書前有清光緒四年（1878）復叟序,内評價朱清遠所作詩道:“其詩天然清雋,五言古尤簡拔,姑不具論,俟世之誦其詩者論之。”全書收録朱清遠所作詩計一百四十五首,其中卷上收古今體詩八十首,卷下收古今體詩六十五首,後附詞五首。所收詩中,除感懷、游覽之作外,多與夫君唱和或與其相關的詩作,亦可見詩人的細膩及兩人的纏綿。《歷代婦女著作考》著録。（曾慶文）

嗣安堂詩録

清汪獻玕撰。清鈔《名家詩詞叢鈔》本。一册。半葉十行,行字不等,無欄格。

汪獻玕（?—1848）,字彦石,號月生,江蘇長洲人。諸生。師事陳涣。年逾三十遽卒。

《嗣安堂詩録》一卷,爲《名家詩詞叢鈔》之一,鈔於素紙,草體,收作者有關花草、山川、節氣、人事等詩五十餘首。作爲詩録,部分詩作帶有序,介紹文中涉及人和事。如《張吴閶詠并序》中叙述元末義軍領袖張士誠事迹,對文中所涉劉夫人、隆安之主、七妮、金禄、錢蓮仙等多人加以介紹,極具史料價值。（王永全）

景祁齋詩録一卷

清汪獻玕撰。清鈔《名家詩詞叢鈔》本。一册。半葉十行,行字不等,無欄格。

《景祁齋詩録》一卷爲《名家詩詞叢鈔》之一,鈔於素紙。有丙申年（清道光十六年,1836）頤道老人、丙午年（道光二十六年,1846）匏廬居士等多人題跋,均贊作者才華横溢,詩風似韓、杜,清遒古雅。

詩録以寫作年排序，始於己亥（道光十九年，1839），終於乙巳（道光二十五年，1845），有詩、序、傳、記等。末有甲寅年（清咸豐四年，1854）男丙昌校記，己亥年門人江湜（1818—1866，字弢叔）繕稿跋。

全文天頭多有批注，多引"生甫""梁叔"（陳克家？—1860）等評價，又引《說文解字》《古文尚書》，對部分生僻字標出切韻，如《古意》天頭批注"此首奇字甚多，就許氏所有者略注二三。先君子嘗謂游戲之作不必存集詢之。弢叔亦如是云。昌敬述"。部分段落後鈐"苕生"印。

鈐有"苕生""泖生""調生過眼""劉印履芬""江山劉履芬觀""長樂鄭振鐸西諦藏書""長樂鄭氏藏書之印"等印。（王永全）

長言詠嘆集

清段永源撰。清刻本。一册。半葉十行，行二十三字。白口，左右雙邊，單魚尾。

段永源（1811—？），字錦谷，一字廉泉，雲南晉寧人。由貢生從軍於湖北，受知於胡林翼，以薦舉得官，補廣東碣石廳通判。與王國才同在軍營，作戰有功。多才藝，善畫梅、蘭、竹、菊，寫仙佛尤妙，兼工山水詩文。致仕後歸寓昆明，壽至百齡而終。著述有《畫餘偶存》八卷、《錦谷詩集》等等。事迹見《雲南通志》《晉寧州續志》。

此集收古體詩近百首，皆以詠菊花爲主題，長短不拘。起自"題蘭第四百首"，可見其關於此類題材詩作頗多，故集名"長言詠嘆"，寄意遠深。書前有清咸豐十一年辛酉（1861）陳祖元序，末有咸豐十一年梁有章跋。此本傳世少見。（李靜）

慎自愛軒録存

清梅雨田撰。清光緒十四年（1888）刻本。八册。行字不一。黑口，四周雙邊，單魚尾。

梅雨田，號古芳，湖北黃梅人。清同治元年（1862）進士，歷任江西瑞金、靖安等縣知縣。工繪事。著有《慎自愛軒詩文集》。

本書前有清光緒六年（1880）孝感沈用增、十一年（1885）賀壽慈序。全書分爲詩、雜文兩部分。其中詩十二卷，主要按照時間編排：卷一癸巳至丙午，卷二丁未至壬子，卷三癸丑至丙辰，卷四戊午至庚申，卷五辛酉至壬戌，卷六癸亥至乙丑，卷七丙寅，卷八丁卯，卷九戊辰至癸酉，卷十甲戌至庚辰，卷十一枌香餘草，卷十二續杜工部詠懷古迹五首等。雜文分内外篇，内篇三卷：卷一論、説、辨，卷二考、書後、序，卷三記、傳、書事；外篇亦分爲三卷：卷一論、説，卷二序、記、引、議，卷三傳、墓誌銘、書。

從文中所收《漢學宋學異同論》中可以看出，作者的學術主張爲漢宋調和論。
（曾慶文）

祥止室詩草十卷

清沈炳垣撰。稿本。八册。半葉十行，字數不等，緑格。四周雙邊。毛裝。馮焌跋，方坰、吳廷榕等題款，屠詒燕題詩。

沈炳垣（約1784—1855），原名潮，字魚門，號曉滄，浙江海鹽人，祖籍桐鄉。清藏書家。清嘉慶十五年（1810）舉人，清道光六年（1826）發江南任知縣，後又任上海、南匯、元和、崇明、太倉等知縣，擢松江府海防同知，管理中外船隻，與外國人談判交涉，俱不辱使命。道光二十五年（1845）進士，選庶吉士，授編修，遷中允。清咸豐四年（1854），督廣西學政。咸豐七年（1857）春，與太平軍激戰於南寧，卒於任上，贈内閣學士，謚文節。沈炳垣喜讀書，藏書室名“斫硯山房”“三千藏印齋”“祥止室”等。編《斫硯山房藏書目》四卷，著録圖書千餘種，繕寫精審。著《斫硯山房草》《祥止室詩鈔》《讀漁洋詩隨筆》等。

此爲沈炳垣詩集稿本，第一册封面題“祥止室詩草曉滄手訂”，并鈐有“曉滄”一印。卷首爲馮焌跋，跋稱：“曉滄仁兄以祥止室詩草見示，客窗枯坐，讀之覺生意勃然，覬我深矣。”其後爲錢聚仁、張敦瞿、方坰、吳廷榕、周百順等題款，屠詒燕題詩，之後爲曉滄道光丁亥（七年，1827）自識：“稱爲吏期間，不廢作詩。偶有所得及間爲酬應之篇,録諸此册,成此詩集。"其後爲正文。第二册封面題"祥止室詩草",鈐"六橋煙雨中人"印,卷首沈炳垣自識,字裏行間有朱批。其後各册大致如此。

藏書印有"炳垣之印""臣炳垣印""沈印炳垣""炳垣""炳垣手稿""曉滄""曉滄詩翰""曉滄手草""蘭崖讀過""祥止室主""祥止室""華著身室""祥止""銀漢紅墙""平興"等。(田野)

樂潛廬詩集

清王思仲撰。清光緒二十六年(1900)刻本。一册。半葉十行,行二十一字,小字雙行同。白口,四周雙邊,單魚尾。

王思仲(?—1879),字曙岑,浙江奉化人。學識淵博,有詩名聞於鄉間。久困場屋,五次應舉均不售。本書前有清光緒二十六年(1900)劉紹琮序,云"今先生逝世已二十有一年矣",可推知其卒於光緒五年(1879),生年則不可考。

此集收詩百十首,逝世後由其婿劉紹琮編刊。其中《詠列朝義士》《惡鄉原》及詠三國人物《楊奉韓暹》《荀彧荀攸》《陸遜陸抗》《蔡瑁張允》等篇,可見其平生以氣節自勵。《辛壬紀事二十八首》價值最高,記清咸豐十一年至同治元年(1861—1862)太平軍攻占奉化事,各詩多自注,如"咸豐辛酉十月二十四日粵賊陷縣城","賊封倉穀、設卡局","進貢索馬"等等,詳述太平軍占領情形,可作詩史觀。

王思仲爲地方文人,聲名不彰,故詩集存世亦不多。(李静)

蘭言室文存

清姚文馥撰。鈔本。四册。半葉九行,行二十五字。

姚文馥,生平不詳,江蘇丹徒(今屬鎮江)人。活動於清咸豐至光緒間。著有《元彝遺集》附《朱方先民事略殘編》《蘭言室雜記殘編》,曾重修《丹徒姚氏支譜》。

此鈔本四册,不分卷,原不題作者姓氏,據第四册《支譜序》末署"同治十一年壬申夏二十三世孫文馥謹識",自記姚氏家族遺事,知爲姚文馥遺稿。首册有其子(名字不詳)墨筆題識云:"此四册文底,迺先府君自著且手録也。已另謄清本曰

《蘭言室文存》,擬列入《懷芬精舍遺稿》中彙刊。"是書凡收雜稿四十九篇,多爲論説之文;記事自清咸豐二年迄光緒五年(1852—1879),詩作有《唐賽兒事書後》《黄節婦傳》《滕紹衣尤英》《朱方先民事略》等。

《懷芬精舍遺稿》似未刊行,姚氏存世著作皆爲稿鈔本,此本《蘭言室文存》爲僅存之帙。(李静)

半醉半醒吟二卷

清吳崇壽撰。清咸豐八年(1858)刻本。一册。半葉十一行,行二十二字,小字雙行同。黑口,左右雙邊,單魚尾。與吳望曾《染香小榭詩存》合刻。

吳崇壽,字少籛,安徽涇縣人。清道光十七年(1837)舉人,曾任江蘇直隸知州。

本書前有清咸豐八年(1858)江都郭夔叙,内言吳崇壽"君性耽壺榼,雅好謳吟"。咸豐八年夏,吳崇壽刊刻其祖、父詩集時,在友人勸説下,將自己所撰詩若干首,一并付諸梨棗,附刊於後。

全書收録了吳崇壽所作詩,其中抒景、詠物之作不多,與人、事相關的詩作較多,可爲家族、交游研究之資料。末有《鴉片流毒中國成癮莫救戲成八章以附卷尾》一首,反映道咸時期鴉片流毒的狀況,也體現了詩人憂國憂民的情懷。

書末有"男翊家校刊"字樣,説明此書爲家刻本。(曾慶文)

雪杭遺稿三卷

清陳昆撰。清光緒六年(1880)木活字本。一册。半葉九行,行二十三字。黑口,四周雙邊,單魚尾。

陳昆,生卒年不詳,字斗叔,號雪杭,湖南湘鄉人。據文前清光緒庚辰(六年,1880)朱文通序可知,在陳昆逝世後,友人朱恢元請朱文通(字次江)編選其遺稿,得詩五十餘首,編爲二卷,選詞十餘首編爲一卷,於光緒六年印行。

陳氏爲詩學李白,尚雄奇綺麗。《遺稿》中如《虞山觀晚霞歌》《金山寺看雲歌》《兩峰山人鬼趣圖歌》各篇均有太白遺風。

此書爲活字排印，書末有"上湘文會堂印刷"一行，排字不甚精，有朱印改字數處。末有墨筆題記云"民國六年七月工商司同事湘南陳伯言兄贈"，疑陳伯言爲陳昆後人。（李静）

《荔影堂詩鈔甲乙集》箋注四卷

清薩大文、薩大年撰。稿本。四册。半葉九行，行二十一字，小字雙行同。

薩大文（1820—？），字肇擧，號燕坡，福建閩縣人，薩玉衡長子。清道光二十年（1840）擧孝廉，後入京應試不第。薩大年（1826—？），字肇乾，號蘭臺，福建閩縣人，薩大文弟。道光二十六年（1846）擧人，以欽點内閣中書授建寧府學教授。

此書爲薩大文、大年兄弟詩作之合集。《荔影堂詩鈔甲集》二卷，清薩大文撰；《乙集》二卷，清薩大年撰。《甲集》有古今體詩一百一十四十六首，又補遺一首、别録一則；《乙集》有古今體詩一百十六首，又《倡和録》一首。《甲集》七古中《竹燈檠》一首有句云"丹荔影中置吟榻，宵深猶聽讀書聲"之句，故集名"荔影"。詩歌内容題材均較爲廣泛，《晚晴簃詩彙》選《甲集》之《郊行》一首，《乙集》之《四皓墓》《文姬歸漢圖》二首。

《荔影堂詩鈔甲乙集》被收入清光緒間薩大年所刻《閩中薩氏家集》，民國時大年從曾孫君陸爲之箋注。書前有清光緒戊寅（四年，1878）門下晚學生薛肇基、光緒辛巳（七年，1881）蟄雲郭則澐序，光緒乙巳（三十一年，1905）侄孫薩承鈺原跋、光緒癸卯（二十九年，1903）侄孫承鈺《燕坡公荔影堂詩鈔跋》、承鈺《蘭臺公荔影堂詩鈔跋》及民國二十六年（1937）薩君陸序。《箋注》成書後并未刊行，此爲稿本，鈔寫工整，注釋詳實，文獻價值較高。（李静）

有誠堂吟稿

清方彦珍撰。清道光四年（1824）刻本。一册。半葉九行，行二十一字，小字單行同。白口，左右雙邊，單魚尾。

方彦珍，生卒年不詳，字静雲，號岫君，江蘇儀徵人，國學生方國祥次女。幼從父讀,七八歲即解四聲,長工吟詠。嫁陳立基爲妻。陳氏家道中落,彥珍操持家計,以賢能聞於親族間。

此書書名葉題"有誠堂詩鈔",有清嘉慶十七年(1812)屠倬序,清道光四年(1824)李周南題詩,道光四年汪端光題名并序、張安保題詩、方贊清及文治序,末有道光五年(1825)其婿劉錫如跋。

全書按體裁編排,凡五律十六首、五絕六首、七絕二十五首、七律四十五首、格詩十二首,又詩餘十六首。《有誠堂詩餘》曾選刻入《小檀欒室彙刻閨秀詞》第六集。方氏詩風莊雅不佻,寓幽閑貞靜之意,在閨秀集中可推上乘。(李靜)

古華山館雜著三卷

清沈梧撰。稿本。三册。半葉十行,行二十字,字數不等,綠格。白口,四周單邊。

沈梧,字旭庭,吳江人。清道光舉人。善書畫,喜收藏歷代名人尺牘,收藏甚富。主要生活在清同治光緒年間,爲收藏尺牘之巨擘。其書畫學惲南田,書法亦似之。《清史稿》有傳。撰有《石鼓文定》十卷、《漢武梁祠畫象考證》二卷等。

此稿本三卷,第一卷爲散氏銅盤銘釋文,分爲三部分:第一部分描述銘文基本情況,凡一十九行,行十九字,間有缺字,共三百四十九字,經揚州徐氏、洪氏遞藏,并華秋岳繪圖,吳山夫、錢大昕等均有釋文,然各家釋文互有舛異難解;第二部分爲沈梧釋文;第三部分爲釋文按語。第二卷爲武氏石闕記,行文大致與第一卷相類,第一部分描述武氏石闕記基本情況;第二部分爲武梁祠畫象并題字的描述及録文,對十幅畫象進行了詳細的描述和録文;第三部分爲武梁祠畫象贊釋讀。第三卷爲邊濕原隰辨,爲文字辨析考證,後接邊濕原隰考證弁言、邊濕原隰辨書丁鼓後等。此稿爲金石文字考據之作,非詩文集,然初選誤入,念其資料價值較高,姑妄保留。(田野)

靈臺小補

清悟夢子撰。清道光鈔本。一册。半葉九行,行十五字,字數不等。白口,四周雙邊，單魚尾。

金連凱，生卒年不詳，姓愛新覺羅，字樂齋，號悟夢子，滿洲人。宗室，清嘉道間人。

本書前有著者長篇序，正文内容包括：《梨園矗論》《附録七截八首》《戲題梨園脚色》《戲題梨園所奉諸名號》《三郎金花俳神等贊》《念四言對一副》《七字扁額一面》《自題四截句》。本書是金連凱所撰有關戲曲的文章、詩句、楹聯。書中對戲曲多有批評，如《梨園矗論》開篇即云："余平生最惡，莫甚梨園，比諸孽海萬丈深淵，從古至今爲患久矣。"

《靈臺小補》有清道光十四年（1834）刻本，刻本内容除鈔本文字之外，另還有《續題七截五首》《梨園説》《心上篇》等。此鈔本書寫工整，裝幀精美，書末有"道光十三年十月初三日何長工謹録"字樣，或爲此書的早期鈔本。

鈐"詩橋過眼""栽培方寸"等印。（曾慶文）

萍花繡餘詩草一卷

清楊凝道、夏佩蘭撰。清道光十四年（1834）刻本。一册。半葉七行，行二十字。白口，左右雙邊，單魚尾。

楊凝道，生平不詳，敬齋或爲其號，四川繁江人。車酉序稱其家族"吾蜀望族也，文獻世胄，簪纓巨家，地無近遠皆稱之"。夏佩蘭爲楊凝道之妻，車酉稱"武林女史"，當爲浙江杭州人。

本書收録楊凝道、夏佩蘭夫婦所撰詩作，其中楊凝道三十餘首，内容以親友唱和、感懷、游覽詩作爲主，夏佩蘭詩作十餘首，内容也以唱和、感懷、游覽詩作爲主，如《春日同夫子游金山》《梅花和席慧文世姐序》《登黄鶴樓》等。

前有清道光十四年（1834）車酉序，評價楊凝道詩説"風神搖曳，秀雅絶倫"，而夏佩蘭詩作，部分已經收入惲珠編輯的《國朝閨秀正始集》中。此次出版，乃選録楊、夏二人詩作十之一二付之梨棗。卷端題名下鐫"集録"字樣可爲明證。（謝冬榮）

曲園擬墨

清曲園撰。清刻本。一冊。半葉九行,行二十五字。白口,左右雙邊,單魚尾。

俞樾(1821—1907),字蔭甫,晚號曲園居士,德清(今屬浙江)人。清道光三十年(1850)進士,改庶吉士。清咸豐二年(1852)散館授編修,五年簡放河南學政。罷官後移居蘇州,主講紫陽書院,晚年又主講杭州詁經精舍。是晚清著名的學者、經學家、文學家、書法家,被尊爲樸學大師。工篆、隸。古文不拘宗派,詩溫和典雅。與曾國藩、李鴻章、潘祖蔭等交好,弟子有章太炎。著有《春在堂全書》《群經評議》《諸子平議》《古書疑義舉例》等,一生著述繁復。《清史稿》有傳。

此《曲園擬墨》一冊,不分卷,彙刻俞樾擬答的清光緒朝鄉試、會試闈題。以年份爲別,先後依次是光緒戊子鄉試、己丑鄉試、庚寅會試、辛卯鄉試、癸巳鄉試和乙未會試闈題的擬答;涉及的地域有順天、江南、浙江、福建、河南、湖北、江西、四川、廣西等,其中尤以順天、江南、浙江的闈題爲主。幾乎每篇擬墨之後,都附有"自記"或加"又記",闡述俞樾答題的心得體會和對試題的看法和思考。俞樾治學以經學爲主,又精通八股文的寫作,此《曲園擬墨》不僅展現俞樾高超的科舉作答水平,其經學思想也可窺得一斑。(宋宇馨)

好學爲福齋文鈔二卷

清俞樾撰。清刻本。二冊。半葉十行,行二十五字。白口,左右雙邊,單魚尾。

本書前有清道光二十八年(1848)安徽孫殿齡序。孫殿齡,字蓮叔,富家子弟,同俞樾相交甚篤,以"異性兄弟"相稱。此《好學爲福齋文鈔》即孫氏出資爲俞樾刊刻,是俞樾最早刊行的著作之一。全書共二卷,卷一主要是論,有《丹朱商均論》《晉文公論》《百里奚論》等二十三篇文章;卷二包括論、辨等,有《明人爭國本論》《孔子弟子三千人辨》《書漢書蕭何傳後》等二十九篇文章。俞樾自幼"溺於詞章",孫氏序言中云"自幼即喜爲古文辭,論古人得失,皆中理解"。本書所刻,即俞樾早期所作駢體文,集中反映了俞樾早期學術旨趣。(宋宇馨)

六友山房外集一卷

清闞鳳樓撰。清光緒五年（1879）吳門刻本。一册。半葉九行,行二十二字,小字雙行同。白口,左右雙邊,單魚尾。

闞鳳樓（1821—1886）,字仲韓,號因是公,安徽合肥人。貢生,官奉賢縣知縣,擢州同。嘗從張樹聲軍,掌理文檄。徐世昌《晚晴簃詩彙》稱:“仲韓天資俊邁。於書無所不讀,尤嗜經世之學。”著有《新疆大記》《六友山房文集》《六友山房詩集》多種。

本書前有楊峴等四人手書的點評信束、弟闞鳳池家書兩則、清光緒四年（1878）闞鳳樓自記。卷末有光緒間方承霖跋,附存其子闞濬鼎著《杜陵古柏行賦以古來材大難爲用爲韻》《雲臺二十八將賦以圖二十八將於雲臺爲韻》。全書不分卷,共收闞鳳樓賦三十首,主要爲寫景詠物和詠史兩大類。如《春柳賦》《憶菊賦》《唐明皇夢唔梅妃賦》《沛父老留漢高祖賦》等。除正文外,各篇尾又附“文伯評”“鳳池評”“原評”“自記”等,以精煉的句子或評價該文優劣或作簡短的注釋。

文伯乃闞鳳樓兄長,根據闞鳳樓自記“鳳樓十五齡從家兄文伯學韻語”,則篇尾“文伯評”尤顯珍貴。又據方承霖跋文“原稿多散佚,近復稍爲檢輯”,可知此《外集》刻印多爲不易。楊峴爲晚清隸書名家,其在卷首手書亦可兹一觀。（宋宇馨）

瘦華盦詩稿四卷

清周世緒撰。清徐氏煙嶼樓鈔本。一册。半葉十二行,行二十一字,紫格。紅口,左右雙邊。

周世緒,字克延,一字壽孫,又作壽蓀,號小崖,浙江鄞縣人。工篆隸。熟悉鄉里掌故。擅填詞,填詞有宋人之風。撰有《壽孫館稿》十卷,其中一卷名《瘦華盦詩稿》。另有煙嶼樓鈔《瘦華庵詩稿》四卷、《爲負笈草》一卷、《斜陽學散吟》二卷、《茆店集》一卷。煙嶼樓,清徐時棟藏書樓名。時棟,字定宇,鄞縣人,道光舉人,官內閣中書。家藏書六萬卷,築煙嶼樓儲之,校讀精審。著有《煙嶼樓讀書志》《煙嶼樓筆記》等。

此書卷首有《周氏世系》,繼之爲《小崖府君家傳》、耐生鄭喬遷《瘦華盦詩稿序》。序稱:"周君克延,余妹婿也,好爲詩,且甚勤,積之既久,因手定一册,以示余,并囑弁言。……克延精隸屬,余嘗過所,爲瘦華盦者,見古今金石文字,充積左右……取法乎上,僅得乎中,求諸詩,何獨不然? 余之取三百篇爲詩法亦猶是耳,克延欲以詩鳴世乎,毋以余言爲河漢也。"正文署"周世緒百葉父"。版心印有"煙嶼樓初本",鈔寫工緻,字體娟秀,鈔本之上乘。

書上鈐有"柳泉書畫""伏跗室藏書印""城西草堂""甬上""鄞徐時棟柳泉氏甲子以來所得書畫藏在城西草堂及小北閣中"等印。(田野)

結盦草

清徐永昭撰。清鈔本。一册。半葉九行,行二十六字,無格。

徐永昭,生卒年不詳。本書自題"蕊珠宮小吏"撰。卷端有朱方印"徐氏永昭",乃作者自印。

本書共收《甲子元宵》等詩十九首、吊文一首。《吊給諫黄叔揚先生有序》稱自己尋找黄公葬地,幾經辛苦,且被人嘲笑爲癡狂之舉:"詢其居址遺迹,或笑余爲狂……復哭之以詩:中庸大意本無奇,説與旁人自不知。千載琴川橋下石,教誰推落峴山碑。"也有訪友贈言、寫景寄情等詩,如《踏月訪友》中言"伊人家住畫橋頭,乘興相遇結夜游。剥啄柴門渾不應,一鈎明月帶星流",《夏初曉思》言"燕子來時春萬里,玉驄嘶處柳千尋。無端昨夜階前雨,滴碎紅蕉一卷心"。

卷端另鈐"鏡之珍藏""鐵琴銅劍樓""古里瞿氏"白文印,另有"就床吹落讀殘書""在水一方""緑窗人静"印。有朱筆圈點。(趙大瑩)

讀雪齋詩集七卷

清孫文川撰。稿本。四册。半葉九行,字數不等。

孫文川(1822—1882),字澂之,一作澄之,號伯澂,江蘇上元(今南京)人。清末詩人、學者、藏書家、書法家。清道光諸生，受當時著名學者王煜、馮桂芬欣賞。太平天國攻陷南京時，城中部分士子聯絡城外清軍爲内應以求反攻，文川與謀其事，事敗輾轉流亡於蘇皖間，後避亂上海。先後爲曾國藩、沈葆楨舉薦，任知縣、知府，終以母老辭歸，考證金石自娛。著有《讀雪齋詩集》《淞南隨筆》《古錢譜》等。其詩多描寫戰亂景象，爲學長於考據，藏書甚富，喜金石，尤愛收藏古錢，對書法、繪畫亦有造詣。其書齋用晉孫康"映雪讀書"典故命名"讀雪齋"。

《讀雪齋詩集》七卷爲作者稿本，字迹不一，應非一時一地鈔録，修改圈點之處俯拾皆是。全書分爲四編：卷一《蘆中吟》收詩三十首，卷二《磨盾草》收詩七十五首，卷三《檣影集》收詩三十三首，卷四至七爲《海上蔎吟》凡二百五十一首，此四編均古近體混雜，共收詩三百八十九首。按每編序言可知其詩作由來：《蘆中吟》爲清咸豐三年（1853）春夏太平軍陷南京，作者携家眷輾轉逃難於蘇南皖南時所作。是編名爲"蘆中吟"，蓋用伍子胥逃難"蘆中人"之典故。《磨盾草》爲咸豐三年秋至四年春（1853—1854）作者在南京城外清軍將領向榮統領之江南大營效力時所作，是編題名應取自軍旅之意；《檣影集》所收詩作於咸豐五年（1855）上半年，時作者隨友人游宦於江蘇常州、蘇州等地，友人時任糧儲道，孫文川受邀爲其僚屬，公事繁忙，多於行舟途中拈筆作詩，故是編名爲"檣影集"；《海上蔎吟》在本書四編中篇幅最繁，收録作者自咸豐五年（1855）八月至十一年（1861）十一月客居上海六年間所作之詩，細分之，則卷四收録咸豐五年八月至六年（1855—1856）一年餘所作凡八十九首，卷五收録咸豐七年至八年（1857—1858）凡六十三首，卷六收咸豐九年至十年（1859—1860）共五十四首，卷七爲咸豐十一年（1861）四十五首。

觀之本書所收詩作，可知孫文川專寫亂離，其生逢太平天國戰亂，奔難流離經歷頗似杜甫於安史亂中，玩其詩風、考其詩集編次，均效仿老杜。以離亂時序編排，詩作記動亂時事有如實録，《蘆中吟》自序"若云'詩史'，則吾豈敢！"，更見其追躡老杜之雄心。詩集中古體、近體混雜，叙寫亂世、記述見聞、傷國憂民悼友，古體多長篇歌行，近體多七律詠懷，此皆杜甫特長。《蘆中吟》《磨盾草》《檣影集》記作者於蘇南皖南逃亡流離，頗類老杜於至德乾元中輾轉奔逃於關隴蜀，至《海上蔎吟》

雖亦多時亂之詠,然寓身滬上暫得安棲,其詩格調又有子美成都草堂之味。

該稿本於首册正文前又有諸親友寄孫氏信札、孫氏雜詠雜記凡數十件,或録於稿紙,或寫於信箋粘附册頁之上,應爲坊間流傳之本書光緒刻本所無,是爲未曾刊布之珍稀資料。又,因手稿非一時一地所鈔録,字體不一,楷、隸、行、草皆備,尤有精美者,孫氏工於書法亦可由此稿本得見其實。

首册卷端鈐"苟全性命不求聞達"印,末册卷末鈐"多物多黌""苟全性命不求聞達"印,書中不同處又有多種鈐印。(謝非)

百不如人室詩草三卷詞草七卷

清潘鍾瑞撰。稿本。五册。半葉九行,行二十一字,藍格。白口,四周雙邊。

潘鍾瑞(1823—1890),字麋生,一作麟生,號瘦羊,別稱香禪居士、近僧,江蘇吳縣(今蘇州)人。室名"香禪精舍",又名"百不如人室"。諸生,太常寺博士。潘奕雋曾孫,陳其章婿。曾與其族叔潘遵瑹及吳嘉洤、王壽庭、宋志沂、劉觀藩等繼戈載輩之後,重建吳中詞社,爲吳中詞派後期的領袖人物。少孤力學,書法魏隋,精篆隸,長於金石考證。工詞章,究心文獻。曾助杜文瀾校正《詞律》,於律吕亦爲精通。著有《香禪精舍集》《香禪詞》《香禪精舍游記》等。

是書第一册卷端有復丁老民仲湘、弟管蘭滋、縵虹弟玉等人的題記,以及劉禧延所做律詩二首,題記及律詩下方鈐有"仲湘之印""管蘭滋印""禧延詩印""十如居士"等印。正文題名"百不如人室詩稿"。以年代爲編,含乙卯、丙辰兩卷。乙卯卷端題"長洲潘鍾瑞麟生",鈐"瘦羊詩詞""廷琯曾讀""劉禧延讀"等印。丙辰卷端題"長洲潘鍾瑞麟生",鈐"麋生"朱印。第一册末葉有"丁巳冬日拙孫弟王叔釗校讀一過丁巳十二月子絹用朱筆校一函"字樣。卷末有"百不如人室"朱印。

第二册收録詩一卷,以丁巳爲編。正文題名"百不如人室詩草長洲潘鍾瑞麟生"。卷端有杜元勛、秋紅等人題詩并鈐印。卷末有"戊午初夏拙孫弟王叔釗讀并校戊午五月子絹校戊午十一月下旬辰孫弟劉禧延讀并忝校"等字樣,鈐有"劉禧延讀"等印。文後有同郡王壽庭和宋志沂跋。

第三册至第五册爲《百不如人室詞草》，共七卷，但第三册百不如人室詞草總目中僅列五卷，卷一癸卯至丙午共四十闋，《研紅簃姑存稿》；卷二丙午至己酉共五十闋，《風雩閑詠》；卷三己酉至壬子共三十五闋，附一闋，《秋江聽水譜》；卷四癸丑至乙卯共四十三闋，《僵瑟音》；卷五乙卯共三十九闋，附二闋，《尋鷗語》。第五册中收録兩卷，卷六爲丙辰四十四首，卷七爲丁巳六十五首。

第三册卷首有“同郡王壽庭養初校讀時戊午五月上澣”題字及“壽庭曾讀”朱印，有王叔鈞、屠嘉瑞、吳縣顧元恭、顧影、宋志沂等序。其中詞草總目下方鈐有長方形朱印“百不如人室”。其後爲潘鍾瑞自序。序後有蕭山汪藻、觀保題詩，鈐“繡蝶盦詞”“辛芷”印。

是書中，有多處黄色、紅色或墨筆批注和圈點，此外書中還有有多處夾頁和小條，或題詩或評論，據宋志沂題識可知，多爲吳中詞社諸人所做。（孟化）

三十六芙蓉館詩存一卷夢影詞一卷

清關鍈撰。清咸豐七年（1857）刻本。一册。半葉十行，行二十一字，小字雙行同。白口，左右雙邊，單魚尾。

關鍈（1822—1857），字秋芙，號妙妙道人，錢塘（今杭州）人。嘗從魏謙升學書法、楊澂學畫、李玉峰學琴，“能琴能畫、亦詩亦禪”，是清末著名的才女。錢塘諸生蔣坦之妻，與其結廬西湖之畔，伉儷情深，一時爲人傳頌。

此清咸豐七年（1857）蔣氏刻本實爲合集，彙刻了關鍈所著《三十六芙蓉館詩存》《夢影詞》和蔣坦爲其妻關鍈所著《愁鸞集》和《秋燈瑣憶》。《詩存》由關鍈之妹關鏑校對，前有清道光二十九年（1849）丹徒嚴保庸序、周可宗繪《秋芙夫人寫經圖》、山陰秦雲題秋芙夫人遺照詩。《夢影詞》前有清咸豐五年（1855）海鹽黄燮清序及咸豐四年（1854）魏滋伯序。另，關鍈還有爲《夢影詞》所作的自序，此《詩存》本無，徐乃昌《小檀欒室彙刻閨秀詞》有存。

此《詩存》一卷、《夢影詞》一卷，多爲關鍈的閨房唱酬，多往來寄贈、題詠之作。關鍈與沈湘佩、沈湘濤等多有相交，細讀關鍈詩詞，還能勾勒出清後期杭州著名閨秀詩人群像。

鈐"昆山徐氏之書""駱駝書屋所藏"等印。(宋宇馨)

焦東閣詩集一卷詩稿一卷

清周伯義撰。鈔本。一册。半葉九行,行二十五字。

周伯義(1823—1895),字子如,别號焦東野史,丹徒(今江蘇鎮江)人。歲貢生,候選教諭。其先世代服賈,而伯義奮志業儒,於書無所不讀,尤擅金石之學。工篆、隸。性至孝。著有《焦東志》《北固山志》《金山志》《焦東閣日記》等。

此鈔本前有介紹周伯義生平及輯校緣起的小序一篇,選取其古今體詩中有關掌故、風俗的詩作若干,梓而傳之。由周伯義門下士姚錫光、高覲昌編校。周伯義著述多方志,於地方山川、形勝、古迹、建置等熟諳,又善古詩詞,則此鈔本中所編校詩作足可一觀,亦能補當地風俗掌故之不足。(宋宇馨)

兩彊勉齋集

清倪文蔚撰。清光緒刻本。四册。半葉九行,行二十一字。黑口,四周雙邊,雙魚尾。

倪文蔚(1823—1890),字豹岑,號七鳳山樵,安徽望江人。室名兩彊勉齋。清咸豐二年(1852)進士,欽點翰林院庶吉士,三年(1853)任刑部主事,即成曾國藩幕僚,後歷任荆州知府、廣東按察使等職,官至河南巡撫。倪文蔚學識淵博,工於詩畫。著有《禹貢説》《兩彊勉齋文存》《兩彊勉齋古今體詩存》《兩彊勉齋館刻賦存》《兩彊勉齋試帖詩存》《荆州萬城堤志》等書,并有書法作品和楹聯作品傳世。

是書係倪文蔚所著《兩彊勉齋古今體詩存》一册、《兩彊勉齋館刻詩賦存》一册、《兩彊勉齋文存》兩册的總集。

《兩彊勉齋古今體詩存》收録三百餘首詩,前有清同治十三年(1874)會稽施山、清光緒四年(1878)舒卓元、李廷鉽等人評語,光緒九年(1883)倪文蔚、光緒十年(1884)李元度等人序。《古今體詩存總目》收録古今體詩三百零八首,體裁以五律、五古、七絕、七律、長短句等多種形式，題材廣泛，涉及紀行、詠史、懷古、懷人、贈酬詩等諸種，如《虎丘燈船行》，通過描寫在虎丘燈船行間所聞之聲聯想到百姓疾苦，流露出作者對老百姓命運的深切關懷之意。

《兩彊勉齋館刻詩賦存》署"光緒癸未刊於桂林節"。是書前有樊增祥序、彭瑞毓弁言一篇。分爲館課詩與館課賦兩類，乃其都轉官太史時之所寫。

《兩彊勉齋文存》署"光緒十一年刊於羊城節"，卷上分爲經説、奏議、序跋、贈序，卷下分爲傳、碑誌、雜記、哀祭等文。如《望江水利記》體現倪文蔚對家鄉的感情非常深厚，當作者論述治河之計時，更加關心百姓生計，尤其令人感動和欽佩。

（董静）

陶樓雜稿不分卷

清黄彭年撰。稿本。八册。

黄彭年（1824—1890），字子壽，號陶樓，晚號更生，貴築（今貴陽市）人。清道光二十三年（1843）舉人，二十五年（1845）進士。改翰林院庶吉士，散館授編修。清咸豐初年，隨父在籍辦團練，参加鎮壓農民起義。清同治初年，入川督駱秉章幕，又因参加鎮壓石達開得保薦。後由陝西巡撫劉蓉聘其主講關中書院，李鴻章聘其修《畿輔通志》，并主講蓮池書院。清光緒八年（1882）升按察使。十一年（1885）調陝西按察使、署布政使。又遷江蘇布政使，疏浚吴淞江等。十六年（1890）調湖北布政使，得總督張之洞倚重，病逝任上。工書畫，有《達摩圖》等；擅長詩文，著《陶樓詩文集》《紫泥日記》等。纂修《畿輔通志》三百卷，著《東三省邊防考略》《金沙江考略》《歷代關隘津梁考存》《銅運考略》等，學術價值較高。

此八册爲黄彭年稿之彙編，内容豐富，有序跋、祭文、悼文、碑銘、碑記、信札、詩詞、志稿、讀書札記、賀壽文、題畫、聯語、官箴等，還有文集草稿、雜記、蓮池書院學規、校勘記、陶樓偶存稿、奏稿、祈願文等，涉及黄彭年履職之貴州、陝西、江蘇、湖北、河北多地，言及地情、政治等，涉及人物有所交游同僚和來往名人、家人的信函往還，如胡林翼、孫星衍等。有本人筆迹，亦有晚輩，如子黄國瑾等抄録，還有抄録他人如翁方綱跋《褚摹蘭亭宋拓本》、王樹柟序跋等。所用稿紙亦五花八門,有修《畿輔通志》《遯庵存稿》《半巖廬鈔本》之稿紙,亦有碧梧齋、五芝堂、松竹齋、松華樓箋紙,還有便簽。八大册,煌煌巨製,爲研究黄彭年、其家族方方面面及所在時代的文化背景等都是難得的珍貴資料,其所題畫、題跋以及來往信件等則對研究其交游和藝術學術觀點等有所裨益。

鈐有“緗盫藏書”“傳騄堂”“黄氏家藏”等印。（田野）

知退齋古文補

清張瑛撰。清光緒二十八年（1902）刻本。一册。半葉十行,行二十一字。黑口,左右雙邊。版心題“知退齋古文補刊”。

張瑛（1823—1901）,字子燮,號仁卿、退齋,江蘇常熟人,張珽弟。諸生,選青浦縣訓導,與修《蘇州府志》,歷官奉賢、陽湖諸縣。富藏書,工書。著有《通鑑校勘記》《論孟書法》《乞師日記》《知退齋稿》等。

是書前有後學鎮洋王祖畬撰《退齋張先生傳》,後有清光緒二十八年（1902）後學俞鍾鑾跋。王祖畬（1842—1918）,字紫翔,又字歲三,號漱山,一作溪山,江蘇鎮洋人。清光緒九年（1883）進士,官河南湯陰知縣。俞鍾鑾（1852—1926）,字次輅,一字養浩,號荆門,別號一舟,江蘇常熟人,光緒二十三年（1897）舉人。

是書乃《知退齋稿》之未刻本,係對已刊刻的書目所作之補充。是書共計十一篇,前四篇爲論和講章,中間四篇爲贈序和雜記,後三篇爲書信和傳記。所收録之文有張瑛博覽經籍有所感而記之作,亦有爲舊故所贈之作。首篇《讀書法》云:“讀書當分死活,坐言起行活書也”,“爰仿魏政公十思疏,上自君國下至士庶,推廣爲三十條”,告誡後學讀書學習宜活學活用,不要讀死書。（董静）

蘭雪吟

清景廉撰。清宣統三年（1911）石印本。一册。半葉八行,行十五字,小字雙行同。黑口,四周雙邊,雙魚尾。

景廉(1823—1885)，字儉卿、秋坪，號季泉，又號隅齋，顔札氏，滿洲正黄旗人。清咸豐二年(1852)進士，改庶吉士，八年(1858)官伊犁參贊大臣，清同治間坐事落職，發寧夏軍營領兵轉戰。清光緒二年(1876)起爲左都御史，官至軍機大臣，兵部尚書。景廉一生爲官勤政愛民，舉賢薦能。代表著作有《冰嶺紀程》，附《度嶺吟》詩一卷，詩紀新疆風物。

是書以時間爲序記述作者蘭陽之行，將所見景物以詩抒情，詩中寫"積雪未融，新泥旋凍，信宿逆旅，村沽壺榼，堪禦峭寒，雪後看山，不惟夏秋"，取蘭陽鴻雪之意題爲《蘭雪吟》。是書收録了十五首七言格律詩。從内容上看，多爲紀事詩，亦有唱和詩。其中多借景抒情，如《望薊門》裏詩人感慨地説："大地朝易生短彎，滿山晴雪在吟旌。人間真隔紅塵境，天上誰瞻白玉城。鼕鼓漁湯渾往事，感眦不覺淚緣纓。"其文文采華麗，真實自然。書末有"雞林顏札定信甫草"字樣。（董静）

所樂軒稿四卷

清錫淳撰。稿本。四册。半葉十二行，行二十三字，小字雙行同。

錫淳(1823—?)，原名錫縝，字厚安，一作厚庵，號渌矼，姓博爾濟吉特氏，滿洲正藍旗人。清咸豐六年(1856)進士，改庶吉士，授編修。清同治十一年(1872)由户部郎中授江西督糧道。清光緒四年(1878)任駐藏大臣。工書、善詩文，尤工四體書。著有《退復軒詩集》《文集》等，是清代晚期一位重要的滿族文學家。

本書前有林則徐、楊盛朝、周騰虎、吕成思、孫運錦、劉達善等人題詞。此係錫淳所作古今體詩集，實録其所見所聞，抒發詩人情思及志在報國的理想。共四册，每册一卷，共收録二百三十九首詩，包括五言古詩、五言律詩、五言絶句、七言絶句等。從内容上看，多有反映民生疾苦，揭露官場黑暗之作，如《天池子》《岷州道中二首》等；有寫景言志之作，如《涿州夜發》《題畫》《秋望三首》等；亦有抒發感情抱負、記述友朋交往之作，如《歸去三首》《懷人詩五首》等，另有數首涉及林則徐的，如《林文忠公挽詩六首》《見林尚書》《挽林忠公四首》等。此詩稿涵蓋了清自道光二十年(1840)迄咸豐四年(1854)的作品，内容全面，有一定的藝術特色和文獻價

值。（董静）

綉佛齋詩鈔一卷

清劉肇域撰。鈔本。一册。半葉八行，行二十四字，小字雙行同。

劉肇域，生卒年不詳，字蕉雪，直隸獻縣人。據書前所附家傳，劉君曾祖父劉文燦清雍正二年（1724）武進士，山東兗沂鎮總兵。祖父劉廷楠清乾隆五十二年（1787）進士，廣東廉州府知府。父親劉一士候選從九品。劉肇域幼而聰慧，勤學好問，年十六以冠軍入泮，文名籍甚。家素貧而藏書頗富，劉君寢饋其中，手不釋卷者且十數年，學業精進。清道光十七年（1837）舉於鄉，適業師張虛谷宦蜀隨焉，道光二十九年（1849）署南和訓導。清咸豐三年（1853）進士，以知縣即用籤分浙江。曩游蜀見官吏多營緣奔競，心甚鄙之，因以才力不及請改教職，謁選大名府教授，清光緒元年（1875）調順天府教授。生平著述有《綉佛齋詩文集》八卷、《蜀游日録》四卷、《蜀中日録》二卷。

此書共收録一百二十餘首詩，多爲七言絶句、七言律詩，亦有少量五言絶句、五言律詩、古體詩。内容涉及寫景、紀行、懷人、懷古等諸種。書中記述劉君從守練村出發，徑河南陝西，至蜀中之行，有紀游寫景抒發途中之感，如《次深澤》《杜村鋪題壁二首》《渡崤口占二首》等；亦有歌詠山水景物之作，如《題大石橋》《淇水橋》《千佛崖歌》等；還有懷古詠史之作，如《謁岳武穆王祠》《武侯祠》《詠懷古迹四首》等；其餘如《燈下贈邊仲思》《順德店中憶王五橋》《夢朶庵白公寄詩二首》等，反映詩人對友人的思念。此詩稿爲劉肇域子侄劉修鑒所輯，此詩僅以鈔本傳世，流傳不廣。

（董静）

憩雲閣内集一卷外集一卷寄燕草一卷

清郭兆封撰。清咸豐十年（1860）刻本。一册。半葉九行，行二十字。白口，四周雙邊，單魚尾。

郭兆封（？—1860），字岱雲，號燕趙小吏，濰縣（今山東濰坊）人。從其自序、同鄉的序言以及其侄子的後跋中可以知曉其大致的生平，他在諸生時就以"學行"聞名於鄉里。清乾隆六十年（1795）科考不售，"儒襟就一縣尉"。清咸豐九年（1859）冬，補容城典史，未及上任就以病告歸，十年（1860）卒於家。

全書分爲《憩雲閣内集》《外集》《寄燕草》各一卷。前冠序言三篇，分別爲友人宋玉璿、咸豐戊午（八年，1858）同鄉王塏、咸豐丁巳（七年，1857）自序；後附侄子郭綏之跋。内集收詩三十首；外集收詩二十七首；《寄燕草》收詩八十一首。

據《中國古籍總目》，此本僅見國家圖書館藏。（石光明）

報好音齋文稿不分卷

清廷樾撰。清同治刻本。三册。半葉九行，行二十四字。白口，四周雙邊，單魚尾。

廷樾（1825—1867），字雅南，滿洲正白旗人。據温忠翰序和芳宇跋文可知他在福建作縣官十三年，文稿大多作於此時，且未完成便去世了。本書是其兄長廷芳宇收集編纂并由其家人刊刻而成。廷桂，字芳宇，號万石山人，廷樾兄長，清道光十九年（1839）舉人，歷官永州知府，著有《仿玉局黄樓詩稿》等。

是書前冠年愚弟温忠翰序。本書第一册分爲：《陰符經雜説》、《陰符經原注》上中下、《陰符經臆説》、《續説》等，包括文章二十四篇。第二册爲：《易學管窺總》，包括文章四篇。第三册爲：《易學管窺》上，包括文章二十四篇。第三册前有兄長芳宇跋。温忠翰在序中評價此書"皆探源易象、陰陽之學。《陰符經臆説》一卷，尤發古人未發之秘。觀是集知其生平探討不在章句之末，而析理必抉其精，格物必澈其微"。

鈐"詠春藏經籍金石書畫""詠春所收""在廷氏五經畎所藏""濼水"諸印。（石光明）

亢藝堂集六卷

清孫廷璋撰。清鈔本。二册。半葉十行，行二十一字，無格。

孫廷璋(1825—1866)，字仲嘉，一字仲佳，號蓮士，後改名淳溥，清同治帝載淳即位後，復名廷璋，會稽(今紹興)人。孫姓本爲紹興望族，廷璋祖父時家道中落，廷璋父親慶琛是很有名的刑名師爺。清道光二十九年(1849)舉人，曾官國子監學正、候選知府。廷璋自幼受學，通十三經，精駢體文。

此書收孫廷璋詩詞、策、條陳、序跋、書，各卷首下署“會稽孫廷璋蓮士著”“會稽孫廷璋苓畤著”“會稽孫廷璋仲嘉著”“會稽孫廷璋井公著”，其中蓮士、苓畤、仲嘉、井公皆爲其字。書中有朱、墨筆圈點批改，於行文中異體字等均予圈改修訂，字體娟秀，修訂謹嚴。(田野)

蓮華居士遺集

清孫廷璋撰。稿本。一册。

本書前有著者清同治元年(1862)自序，開篇即言：“二十年來作詩詞率不存稿，間有録者，不滿二三百篇。”目録題“河西草堂詩集”。全書收録孫氏所作詩近百首，間有標注撰寫年代，如第一首作於清道光三十年(1850)。書後附《玉井詞》。

此本多有墨筆批注，細審其筆迹，當出李慈銘之手。李氏與孫廷璋爲好友。清咸豐六年(1856)李慈銘曾館於孫家，教其子侄輩。同治十年(1871)在潘祖蔭支持下，李慈銘整理舊友詩文集刊刻入《滂喜齋叢書》中，孫廷璋《亢藝堂集》即爲其中之一。國家圖書館藏有一部鈔本《亢藝堂集》，上有李慈銘批校，當是此書刊刻前的校改本。而此《蓮華居士遺集》則與《亢藝堂集》相關，前者的修改意見反映在了後者之上。如校本上《爲同年陳晝卿孝廉題其亡婦鏡香女史遺草》詩，此鈔本詩名原作“代人題鏡香女史原草”，旁有墨筆校改，即爲校本上的詩名。因此，此鈔本對於研究孫廷璋《亢藝堂集》的刊刻具有重要的意義。(謝冬榮)

退步軒詩草

清恒林撰。稿本。四册。

恒林，生平資料不詳。退步軒爲清恒林、程佑裕室名。退步，出自《朱子語類》

卷一百二十五：“老子之學，祇要退步柔伏，不與你争。”

此本《退步軒詩草》封面題“退步軒詩草　頭册”。前有作者自序一篇，全書四册，看似雜亂，興之所至，實則有兩條綫索，一條是以時間爲綫，如《甲子秋月稿》《戊午桂月稿》《庚申稿》《壬戌稿》等；一條是以作者的交游地爲綫，如《梧江紀行詩》《潯江紀行詩》《樊江紀行詩》等。作者在每一章節完畢之後都會作序一篇，描寫當時的心境，并附評論。如《梧江紀行詩》之後論述了作者爲官爲人的心得，并有“書生本色”印。在這些序中，作者亦有吐露心聲的語句：“灰心於進取者蓋已，然一日無退步之顏，自警抑自慰也……放懷山水，怡志詩影，亦曰退一步想，是然云自慰也乎，予以一介書生，謬應民社，敬仰衆先古人而於山水之好物者之宜，每不禁於蒼凉抑塞之中。”表達了作者於諸事不求完滿，但求退步留以餘地，《退步軒詩草》亦因此得名。後有張潤農對此書的評價曰：“合讀諸作，五古長於七古，律詩尤長於古詩，而絶句亦節短，音長目饒，風味其中，抒寫懷抱，寄擾遂深，好句極多，僅擇其尤者謬加圈點。”可知，鈔本中硃批皆爲張潤農所作。（李燕暉）

叙舊齋詩稿

清董長樞撰。清光緒十一年（1885）刻本。一册。半葉九行，行二十字。白口，四周雙邊，單魚尾。

董長樞，生年不詳，字書門，鄒縣（今山東鄒城）人。約卒於清光緒初年，從序中可知他世居於鄒，“早歲入邑庠，食餼積學未遇，晚以明經居家教授子姪”，晚年患“風痹疾，卧床者十餘年”，卒於家。

本書前有光緒乙酉（十一年，1885）張希曾、孫濟奎、孔昭浹、受業表弟杜義榮序。收録詩歌九十一首，從詩歌的内容看多爲輕鬆快意的詠物、詠景、朋友間的答贈等。孫濟奎在序中説：“先生天性超然，澹於榮利，以田園杖履爲優游，以翰墨琴書爲欣賞，以兄弟天倫爲和樂，以朋友道義爲肋劇。故發於聲者，自然成章，不假雕琢，良由得於天性者。”

此書《中國古籍總目》僅著録國家圖書館藏。（石光明）

海鷗吟館詩鈔

清戴家麟撰。民國三年(1914)鉛印本。一册。半葉十行,行二十四字。白口,四周雙邊,單魚尾。

戴家麟,生年不詳,約卒於清末,字夢香,安徽休寧人。書齋號海鷗吟館。

本書收錄詩歌二百零五首,前有清光緒六年(1880)程夔所撰序言一篇,由程夔十三叔"彝甫公"編輯整理并由上海商務印書館代印而成。詩歌内容多樣,包括即景、詠物、抒懷、與友人唱和題贈等等,形式豐富,有五言、七言、律賦、竹枝詞等。程夔序中言:"一編在手,萬古拓胸,神游漢魏,胎息齊梁。法律之謹嚴,詞氣之婉雅,有古大家風範。"

據《中國古籍總目》,該書僅著録國家圖書館藏。(石光明)

虚白室詩鈔十卷

清方昌翰撰。清光緒十三年(1887)刻本。二册。半葉十行,行二十一字。黑口,四周單邊,雙魚尾。

方昌翰(1827—1897),字宗屏,號滌儕,書齋號虚白室,桐城(安徽桐城)人。清道光監生,清咸豐元年(1851)舉人,曾官河南新野縣知縣,在官有政聲。清光緒元年(1875)自免歸鄉,以撰述自樂。著作有《虚白室詩鈔》,并收集彙編本族明清七位學者詩文爲《桐城方氏七代遺書》。

全書分爲十卷,按時間順序編排,卷一《春明集》,時間爲丁未至壬子,收錄詩歌五十六首;卷二至三《避地草》,時間爲癸丑至丙辰,收錄詩歌八十七首;卷四至五《梁園集》,時間爲丁巳至戊辰,收錄詩歌四十九首;卷六《磨盾集》,時間爲己巳至乙亥,收錄詩歌四十三首;卷七《漢廣集》,時間爲丙子至庚辰,收錄詩歌三十二首;卷八至十《遂初集》,時間爲辛巳至丙戌,收錄詩歌九十六首。全書共收錄詩歌三百六十三首。

《中國古籍總目》此本僅著録國家圖書館藏。(石光明)

壯懷堂詩初稿八卷

清林直撰。清鈔本。四册。

林直（1827—1873），字子魚（或作子隅），福建侯官人。"髫齡侍父京邸，有詩名。繼隨宦燕豫齊魯吴越湘桂諸省，多領略名山大川勝概"《[民國]閩侯縣志》卷四十八。清道光三十年（1850）爲同鄉林則徐記室。後從軍閩浙，參與剿滅太平軍。清同治時以軍功授粤知府。

本集收録五百餘首詩，有古今體詩和少量賦。內容上顯著的特點是所歷所見所感皆入詩，即以日記爲詩。如第一、二册就記録了一次完整連續的游歷旅程。先是《過盧溝橋》出京，然後《過琉璃河》《涿州過渡》《保定遇雨》《正定道中》《邯鄲行》《南陽懷古》《武昌懷古》《岳陽樓用杜韻》《長沙吊賈傅故宅》《夜泊湘潭》《衡山吟》《永州懷古》《桂林》，即從北京到河北、河南、湖北、湖南、廣西，脉絡清晰連貫。除了游歷，也有日常生活的隨筆，如《七夕》《聞砧》等。詩歌直抒胸臆，語言明白曉暢，清雅灑脱。

書前有林則徐所做評語言："隸事典切，結響沉雄，詩筆於梅村爲近。"另有清代福州藏書家楊慶琛評語，以及劉家謀、謝章鋌、李應庚的題辭。（彭文芳）

偷閑小草二卷

清亢樹柟撰。民國十五年（1926）刻本。一册。半葉九行，行二十一字。白口，四周單邊，單魚尾。

亢樹柟（1828—1903），字勺山，江蘇元和人。其侄金天翮序云："本吴地之名門，家道中落而習緡錢之業，三月盡其術"，即辨錢幣之真贋。又學習錦緞之業，亦精通。清同治帝大婚時，由於衣式檔案遭兵燹而無法裁製禮服，經詢問亢樹柟纔解決，可見其對中國古代服飾的熟悉。亢樹柟有很強的宗族觀念，不辭勞苦修建宗祠和宗譜，也非常重視對族人後代的教育，威望頗高。

是書爲古今體詩，內容有記事、游記、酬唱、悼亡、感懷等。尤其是叙事古詩，記録描寫頗爲詳細。如《觀機器濬江歌》，記述洋人用機器疏通河道之事。先寫歷來河道人工疏通之難，再寫從看見洋人“深目高鼻氣抖擻”的新鮮，再到機器高效迅捷疏通完之後的嘖嘖稱奇，都有着鮮明的時代特徵。

書前有金天翮以及愚園灌叟胡光國序，徐金緒等八人題辭。書後附金天翮《清授朝議大夫兀勹山先生家傳》，其子惟恭《清授朝議大夫先考勹山府君行述》以及姻親王友德跋。（彭文芳）

小睡足寮詩録四卷補録二卷續録四卷散叟倦吟一卷二友詩録一卷

清秦敏樹撰。清光緒二十三年至宣統二年（1897—1910）刻本。二册。半葉十行，行二十二字，小字雙行同。白口，四周雙邊，單魚尾。

秦敏樹（1828—？），字林屋，一字散之，晚號散叟、林屋散叟、冬木老人，江蘇吳縣（今蘇州）人。曾任浙江天目山巡檢、候補知縣。五十歲專用水墨，鎸一印曰“五十戒色”。擅詩，工山水、篆刻。畫作有《西湖載酒圖》《靈峰補梅圖》等。

本書爲《小睡足寮詩録》四卷《補録》二卷《續録》四卷與《散叟倦吟》一卷、《二友詩録》一卷的合訂。秦敏樹齋名爲“小睡足寮簾閣”，故名其詩。《小睡足寮詩録》四卷《補録》二卷《續録》四卷，收録詩約八百首，均爲古近體詩，爲六十歲前所作詩，并於清光緒二十三年（1897）付梓。作者感嘆“吁嗟倦矣”，本想就此擱筆，“然忍俊不禁仍有所作”，於是將後來所作詩另集爲《散叟倦吟》，於清宣統二年（1910）付梓。《散叟倦吟》後附《二友詩録》，乃將好友鳳天石、陸恩樹二人的詩作綴於此。

書前有俞樾序：“概散之於丹青篆刻，無所不精，而尤長於詩。其爲詩無妃青儷白之俗態，亦無瑚肝琢腎之苦調，而夷猷淡宕，有清氣旋繞於其筆端。”還有清咸豐十年（1860）同里馮桂芬序以及作者自序，許瑶光、嚴鈖、詹嗣曾、湘業等人的題辭。書後有楊白、俞岳等人的跋。（彭文芳）

鐵笛樓詩六卷

清張雲驤撰。稿本。一册。半葉八行，行二十一字，黑格。

張雲驤,生卒年不詳,字南湖,順天文安（今屬北京）人。清光緒元年（1875）拔貢,官至内閣中書。撰有《芙蓉碣》傳奇等,生平事迹參《芙蓉碣》序跋及題辭等。

此帙爲稿本,所收詩作凡六卷,爲《滄浪集》《金臺集》《鳳池集》《萍施集》《雲鳥集》《一官集》,每卷前有小序,如《滄浪集》前云“余家漳水之旁,古武平亭也。小時讀書之暇,輒酣嬉於煙水間。性無所好,嗜爲詩歌,以少作半多蕪雜,今取甲子至辛未詩,汰其半,存之曰《滄浪集》”。

書末粘附張雲驤致友人信札一通。鈐“曼生盥讀”印。（劉明）

越縵堂杏花香雪齋詩鈔九卷

清李慈銘撰。稿本。二册。半葉十二行,行二十二字。無格。

李慈銘（1830—1894）,初名模,字式侯,後改今名,字炁伯,號蓴客,室名越縵堂,晚年自署“越縵老人”,會稽（今浙江紹興）西郭霞川村人。清光緒六年（1880）進士,官至山西道監察御史。數上封事,不避權要。日記三十餘年不斷,讀書心得無不收録。學識淵博,承乾嘉漢學之餘緒,治經學、史學,蔚然可觀。

此本首爲李慈銘朱筆序,記其一生經歷及此集之編纂,稱“予自道光九年己丑歲冬降生至甲辰已歷春秋十六矣,予在家塾隨侍王父暨先父,及從師友,所作詩不下一二百首,定名《松下集》,因遭洪楊兵燹,廬舍燼付劫灰,稿亦隨之淹末,間或記憶一二,寫入白華降跗閣集中……光緒紀元歲在乙亥訖至甲午已歷念載,幾所作古今體詩略計千餘首,其間酬戲之作半已删削,竟存八百餘首,尚不敷分訂十集。待至明年,或可充卷,命名《杏華香雪齋》。輦下諸公及外省同好多勸手定詩文集以爲身後計……所積剞劂之資悉耗於喪病事”。直到光緒二十年（1894）,李慈銘侄維榮以月餘之力鈔出全卷《杏華香雪齋詩集》,請李慈銘作序,并自注校訛。序落款爲“甲午六月初三日越縵老人慈銘并記病中强出試筆於翠舫軒中”。鈐“慈銘私印”印。卷端題爲“越縵堂杏華香雪齋詩鈔甲集”,鈐有“會稽李氏越縵堂鑒藏金石書畫印”“慈銘私印”印。鈔録行文中有李慈銘朱筆校改增删注釋等。丙集卷端鈐有“越縵詩書畫印”印,丁集卷端鈐“湖唐林館山民”印,戊集卷端鈐“慈銘私印”印,庚集卷端鈐"越縵老人"印。自甲集至壬集,共九卷。由此李慈銘序及正文可見,此書鈔録乃李慈銘侄維榮所爲,李慈銘以朱筆校改增删注釋,校勘水平高,鈔録修訂字體工緻,使此書兼具資料和藝術價值。(田野)

成山廬稿十卷

清唐炯撰。清刻本。四册。半葉十行,行十八字,小字雙行同。白口,左右雙邊,單魚尾。

唐炯(1829—1909),字鄂生,晚號成山老人,貴州遵義人。清道光二十九年(1849)舉人。清咸豐間署四川南溪知縣、綿州知州。清同治初年太平天國時守綿州,以不到千人之卒,抗數十萬攻城敵兵,直到援兵來到。朝廷嘉獎,令爲蜀兵將領。清光緒間署鹽茶道,後擢雲南布政使。中法戰争時期因失利奪職。光緒十三年(1887)起督辦雲南礦務,光緒三十一年(1905)以病辭。撰有《成山老人自撰年譜》,在叙述個人經歷後,附有大量原始資料,保留了許多諭旨奏章公文等,具有重要的史料價值。

《成山廬稿》共十卷,八卷爲詩,兩卷爲文。詩共有六百餘首,并注明寫作時間。因爲其將領身份和戰争經歷,其詩被稱爲"豪傑之詩"(王栢心序)。詩歌語言毫無雕飾,均是有感而發,多反映社會現實之詩。如《水夫詞》以一個被拘來服役的水夫的視角,揭示了連年戰亂給人民帶來的痛苦和災難。又如《老鴉行》,以鳥爲喻,反映了因缺少志士而小人猖獗的社會現象。後兩卷爲文,共三十餘篇,有傳記、序跋、酬應、書信等。

書前有同治六年(1867)彭松毓序,同治八年(1869)王栢心序,光緒五年(1879)薛福保序。(彭文芳)

諷字室詩集

清唐仁壽撰。清鈔本。一册。半葉十二行,行字不等。

唐仁壽(1829—1876),字端甫,號鏡香,浙江海寧人。貢生。錢泰吉任海寧州學官時，追隨多年，受古文法，究心六書音訓之學。好聚書，多購宋元善本，纍數萬卷，多秘笈珍本，悉心讎校。後曾國藩推薦至金陵書局，校核群籍，與汪士鐸、莫友芝、張文虎、李善蘭等刊刻《二十四史》。《海昌藝文志》卷十八載著《諷字室古今體詩》三卷，未刊。今存《諷字室詩集》一卷，清末唐氏諷字室鈔本，一冊，唐嘉登跋。清《［光緒］杭州府志》卷一百一十四載又有《諷字室文稿》，今未見傳。

《諷字室詩集》一卷，爲唐仁壽子唐嘉登輯本，護葉題"諷字室詩集"，并記唐嘉登戊寅（光緒四年，1878）二月十六日跋五行，謂"先君詩稿半皆散失。登懼手澤之將湮也。力爲訪求得若干首，集爲一册，隨得隨鈔，不分次序。閱者諒其苦哀而寶藏之爲幸。倘蒙集貲擇要以刊，則是手澤不致終湮，登實頂感於無涯矣"，叙説詩集産生經過。

首有南匯張文虎（1808—1885）撰《唐端甫別傳》，稱"三女皆適士族，一子嘉登，隨侍書局，自課之。君歿後，涇洪觀察留嘉登行館從師讀。君所作散佚，嘉登將纂輯之，以存其概，觀察曰是必能繼父之志"。書前另有武昌張裕釗（1823—1894）撰《唐端甫墓誌銘》以及鈔於藍格紙上的孝感李傳黻撰《唐端甫墓表》，字體亦不同。

詩集多附成文年月，并以"五古""七古""七律"來分類。部分詩作用前人詩韻，如五十九句長詩《火輪船》採用了韓愈（昌黎）《陸渾山火》韻脚，丙寅《正月廿七日同人游焦山》引用蘇軾（東坡）《自金山放船至焦山》詩韻；部分詩作無明確標題，以闡釋詩作産生背景來做題，如《張嘯山（文虎）廣文，歲集同人祝蘇文忠公生日。今年冬十月，既歸滬上，書來倦倦，恐此集遂已。時壽已，約諸友同過飛霞閣薦芷。是日飲罷，輒用坡公〈聚星堂雪〉詩韻，賦一篇寄廣文（癸酉）》；部分詩作後有作者評論，如針對《甲子除夕遣懷用坡公除夕野宿常州城外二首韻》和《乙丑元旦對酒作》後，作者曰"除夕、元旦三詩皆近劍南一派，詩能窮人，窮而後工，固如是耶（自記）"。

全文不分次序，隨得隨鈔於朱格紙上，行間及天頭多見增删文字，顯示鈔本原貌。版心下端有"諷字室鈔本"五字。（王永全）

趙悲庵詩文稿

清趙之謙撰。稿本。二册。

趙之謙(1829—1884),字益甫、撝叔,號鐵三、孺卿、冷君、憨寮、坎寮、悲庵、無悶、梅庵、悲翁等,浙江會稽(今紹興)人。清咸豐九年(1859)舉人,官江西鄱陽、奉新、南城知縣。著有《悲庵居士詩剩》《六朝別字記》《補寰宇訪碑録》等,輯有《仰視千七百二十九鶴齋叢書》。

第一册爲文稿,卷首有題簽"趙悲盦手書文稿精品庚申秋日北溟偶題",卷端有"寄情於此""饑鳳軒""陶毅印"朱印。前十葉,紅格,半葉八行,行二十字;後八葉無行格。修改處頗多。

第二册爲詩,卷首題簽"趙撝叔詩文剩稿精品庚申秋月北溟觀於廠甸因題",卷尾有"陶毅審定""唐華館""陶中穆"朱印,全册無行格。　(田野)

望三散人感舊集

清郭麐撰。清咸豐四年(1854)刻本。一册。半葉九行,行十九字,小字雙行同。黑口,左右雙邊,單魚尾。

郭麐(1823—1893),字子嘉,號望三散人,濰縣(今山東濰坊)人。清末學者、書法家。出身於没落的書香門第,少時隨父宦於吳楚,與諸位幕僚吟詩唱和。父親去世後隱居山林,性情孤傲,不與世俗相合。雖處貧困,但潛心學問,酷愛金石,工篆籀摹印。一生著述豐富,有《濰縣金石志》《望三詩稿》《濰縣金石遺文録》《濰縣古城考》《濰方言》《四海漢碑圖考》《五祀考略》《二郭佚詩》《抱瓠老人詩集》《急就新編》《濰縣竹枝詞》等。

本集爲古近體詩和賦,有送別、悼亡、酬贈、感懷等内容。有的詩含蓄有深意,如《雉子斑》,寫雄雞因羽毛美麗而惹來殺身之禍,倒不如"白頭城上鳥"因無人喜愛而保得平安。

書前有阮元等六人所做題辭。書後有侄孫斌壽清咸豐四年(1854)跋,其中提

到成書原由。（彭文芳）

尺澤齋詩鈔八卷

清蔡元燮撰。清光緒八年（1882）昆明刻本。二册。半葉十行，行二十字，小字雙行同。白口，四周雙邊，單魚尾。門人周有琪手寫上版。

蔡元燮（約1833—？），字寄廬，湖南常德人。清同治八年（1869）知新平縣事，在任期間平邑人內亂，持躬廉慎，有吏才。歷官石屏、鎮雄等地。曾任安平同知、東川知府。勤於課士，樂育人材，百姓稱戴廉能。工詩文。與劉鳳苞、李壽蓉等人有交往。

是書共八卷，前有清光緒八年（1882）蔡元燮自序。共收録其自清道光二十八年至光緒七年（1848—1881）所作古近體詩六百四十餘首。蔡元燮於時事頗爲關注，如《哀鴻吟》詩記道光二十九年（1849）湖南水災餓殍遍地的慘狀。此外書中對太平天國戰事亦多有所反映，清咸豐丁巳（七年，1857）英法聯軍進犯廣州等列強入侵之事也有所涉及。

此書流傳不廣，據《中國古籍總目》，僅藏國家圖書館及北京大學圖書館。（賈雪迪）

海珊詩草

清韓寶鴻撰。稿本。存三册。

韓寶鴻（1814—？），字海珊，號少文，又號劭文，山東福山人，寄籍直隸大興。清道光十九年（1839）舉人，清咸豐九年（1859）己未科進士，選庶吉士，散館授禮部精膳司主事，後擢爲禮部郎中。有文名。著《兩水文鈔》《兩水詩鈔》。

據書衣所題，是書存第二、四册，另有一册書衣題爲"海珊詩草　丁未至己酉庚戌"。第二册收丙申古近體詩一百十五首、丁酉古近體詩一百三十四首、戊戌近體詩七十首，末署"咸豐元年歲次辛庚閏中秋前七日重訂"。第四册收丙午古近體詩三十四首、丁未古近體詩三十四首、戊申古近體詩四十四首、己酉古今體詩三十七首、庚戌古近體詩四十四首、辛亥古近體詩一百一十六首、壬子古近體詩二十六首、癸丑古近體詩二十三首。韓寶鴻生平著作大多散佚，此書爲研究其生平及創作的重要資料。

鈐“寶鴻”“少文”等印。有墨筆圈點删改及浮簽評點。（賈雪迪）

瓶廬詩稿八卷

清翁同龢撰。稿本。十册。毛裝。

翁同龢（1830—1904），字叔平、瓶生，號聲甫，晚號松禪、瓶庵居士，江蘇常熟人，大學士翁心存之子。清咸豐六年（1856）一甲一名進士，歷任户部侍郎，都察院左都御史，刑部、工部、户部尚書，軍機大臣兼總理各國事務衙門大臣，是當時著名的清流領袖。戊戌政變後，罷官歸里，卒後追諡文恭。翁同龢爲光緒師傅，“得遇事進言”，光緒“每事必問同龢，眷倚尤重”。翁同龢之兄翁同書因在太平天國戰爭中“頌賊”等事，遭到曾國藩、李鴻章彈劾，翁同龢由此終身與李鴻章爲仇。李鴻章在洋務運動中主張的變科舉、重西法、練海軍、開鐵道諸事，處處遭到主持户部的翁同龢掣肘，“故李公困疆畿二十年，疑謗紛紛，終不獲行其志”。

翁同龢出身世宦，富藏書，且詩文簡練凝重，書法縱橫跌宕，有顔體風骨，著名於世。遺著有《瓶廬詩稿》《瓶廬文鈔》《翁文恭公日記》等。但翁同龢生前并無詩集，《瓶廬詩稿》八卷爲翁氏後人、門生搜集，邵松年爲其校勘刊印。書末有“邵松年寄與翁斌孫信函”兩通，説明校勘過程。除整册外，尚有校勘的散葉。

此書十册，一、二册爲目録，三至十册爲詩稿。首册封面題寫“先文恭公瓶廬詩稿目録乙卯十二月十日編成”，卷一前爲翁同龢七十一歲像。《詩稿》共收詩一千一百餘首，紅格紙，應爲付梓前的謄清稿本，具有較高的資料價值。（田野）

西夔山居殘草

清王星誠撰。清同治四年（1865）刻本。一册。半葉十行，行二十一字，小字雙行同。白口，四周雙邊，單魚尾。

王星誠（1831—1859），本名于邁，又名章，字平子，更字孟調，山陰人。少有文名。與李慈銘少年同窗，尤爲相交。弱冠補博士弟子，後因家貧而客游餘姚、蕭山、河南等地。清咸豐九年（1859）中副貢生，放榜後一日而卒。王星誠以才氣爲師友稱賞，尤工詩詞。李慈銘録其遺草。有《西崑山居殘草附詞》。丁紹儀《國朝詞綜補》、黃燮清《國朝詞綜續編》均選録其詞。生平事迹詳見李慈銘《越中三子傳》、周星譽《王君星誠傳》。

是書前有清同治乙丑（四年，1865）蕭山徐光第序，同治壬戌（元年，1862）吳縣潘祖蔭序，由徐序可知本書爲徐光第在潘祖蔭、陳壽祺所刻基礎上增補數篇付姚詩雅刻成。書末有徐光第、姚詩雅、周天麟題辭。存詩八十八首、詞二十八首、文三篇。（賈雪迪）

剩馥吟二卷

清胡傑人撰。清光緒四年（1878）木活字印本。一册。半葉九行，行二十一字，小字雙行同。白口，四周雙邊，單魚尾。

胡傑人（1831—1895），譜名德備，字芝麓，自號子碌，手有歧指，因又號指六異人，晚號姚海壽人，又有賽竹樓主之稱，浙江餘姚人。屢試不第。能醫。性好弈，工書畫篆刻，家有賽竹樓，藏古今書畫。工詩，著有《剩馥吟》《剩馥續吟》《賽竹樓雜俎》《醫商》《本草徵要》《本草別名考》《針灸輯要》等。

是書前有嚴蔚文序及作者自序，有徐爾康、胡德輝題辭。卷上署“剩馥吟卷上己酉起壬戌止”，卷下署“剩馥吟卷下癸亥起戊寅止”，其存詩自清道光二十九年至光緒四年（1849—1878），題材廣泛，嚴蔚文稱其詩“懷古則自出心裁，論事則獨抒見解，或登臨山水，寄彼閑情，或嘯傲軒窗，寫其逸趣”。卷首的《坎鎮竹枝詞八首》對胡傑人家鄉餘姚坎鎮的風土人情有生動體現。集中對當地佃户抗租鬥争及太平天國戰事也有所反映，如《餘邑遭變紀事六首并引》。胡傑人喜讀蒲松齡《聊齋志異》，集中可見數首相關詩作，如《讀蒲柳泉聊齋志異題詞》。其行醫生涯在詩作中也多有體現，如《藥具題詞》。

是書流傳不廣,據《中國古籍總目》,僅藏國家圖書館。(賈雪迪)

公餘集二卷

清如許齋主人撰。清光緒十一年(1885)刻本。二册。半葉九行,行二十二字。白口,左右雙邊,單魚尾。

旺都特那木濟勒(1844—1898),字衡齋,自號如許齋主人。成吉思汗功臣烏梁海氏者勒篾後裔,蒙古喀喇沁右旗世襲札薩克多羅都棱郡王,加親王銜,卓索圖盟盟長,貢桑諾爾布之父。清同治七年(1868)襲王爵,娶清禮親王世鐸之妹,授和碩額駙、兵備扎薩克、御前行走,與清廷王公過從甚密。精通蒙古、滿、漢、藏四種文字,工畫,喜好京劇,於王府内築戲樓“燕貽堂”。工詩詞,嗜吟詠,有《如許齋詩集》。徐世昌《晚晴簃詩彙》卷一百七十九選其詩。

是書前有清光緒十一年(1885)愛新覺羅·世鐸序及清同治十一年(1872)作者自序。以詩體編次,多寫景詠物、題贈懷人及歌詠升平之作。

此書流傳較少,據《中國古籍總目》,僅藏國家圖書館。(賈雪迪)

杜門詩草

清趙運昌撰。民國二十四年(1935)鉛印本。一册。半葉十行,行二十四字,小字雙行同。黑口,左右雙邊,單魚尾。

趙運昌(?—1919),字善卿,號琴鶴,隴西(今屬甘肅)人。清光緒三十二年(1906)舉人。西安師範學堂畢業後,任隴州高等小學堂教習,後回鄉創辦高級小學堂。思想較爲先進,主張改革讀經制度,增設科學課程,號召女子入學,反對纏足陋習。經于右任介紹加入同盟會。

詩集共收録古今體詩一百六十五首,有詠物、雜感、即事、懷古、酬贈等。這些詩多記録所見所感,反映了詩人的志向情懷。如《嘲蠅》以戲謔口吻,勸蠅勿爲讒佞之事。詩歌語言簡明平易。前有清同治十年(1871)伍重華序,民國十九年(1930)王應奎序,民國二十二年(1933)灘雲序。《杜門詩草》原附梅荈《紅葉山房詩草》，因故未刊，但仍保留影印“梅莽遺墨”及跋。

鈐“還讀我書樓藏書印”印。（彭文芳）

天霞山館文存六卷南安紀録一卷刻鵠軒存稿二卷

清龍起濤撰。清光緒刻本。六册。半葉七行，行二十四字。白口，四周雙邊，單魚尾。

龍起濤（1832—1900），字倣山，號禹門，江西永新人。弱冠補縣學生，有文名，就讀白鷺書院。清同治十二年（1873）舉人，次年進士。以知縣即用分發湖南，歷官辰谿、芷江、桑植、華容、常寧等地。著有《毛詩補正》二十五卷、《天霞山館文存》六卷《詩存》二卷《制藝文》一卷等。生平事迹詳見王先謙《誥授朝議大夫湖南常寧縣知縣龍君墓誌銘》。

《天霞山館文存》前有王良弼撰天霞山館文鈔叙及光緒十六年（1890）作者自序；《南安紀録》前有戊子（1888）作者自序；《刻鵠軒存稿》前有光緒丙申（二十二年，1896）作者自序。《南安紀録》及《刻鵠軒存稿》主要爲其在湖南各地爲官時所作。此書流傳不廣，據《中國古籍總目》，僅藏國家圖書館。（賈雪迪）

繫匏子詩詞文存稿

清李齡壽撰。稿本。一册。

李齡壽（1833—1890），字君錫，號辛坨，江蘇吴江人。廪貢生。曾與修《[同治]蘇州府志》《[光緒]吴江縣續志》等。屢試不第，後棄科舉之業。工古文。與熊其英（純叔）、柳以蕃（子屏）、凌泗（磬生）、凌淦（仲清）等人交好，協助凌淦編輯《松陵文録》。曾結小滄浪詩社。中年後致力於醫學，批注凌淦《退庵醫案》，校輯重刊俞震《古今醫案按》等。著有《匏齋遺稿》五卷。

此李氏稿本寫於無界欄稿紙之上，書衣題“繫匏子詩詞文存稿”。有朱墨筆圈點批注。有多處校訂修改及删選記録。書中《繫匏子詩稿》《繫匏子詞》兩部分存詩詞若干，另有文四篇。詩多酬贈懷人、感時傷懷之作，於農事也有所涉及。

李齡壽"才氣通敏,爲文操筆立就",然其詩文多散佚。此稿本可見其部分詩詞原貌及其修改增删之用心,可作爲研究其人及其詩文的重要補充資料。(賈雪迪)

萃錦吟墨稿

清愛新覺羅·奕訢撰。稿本。二册。

愛新覺羅·奕訢(1833—1898),姓愛新覺羅氏,號樂道主人,又號鑑園主人。清道光帝第六子,封恭親王。清咸豐十一年(1861)授議政王。咸同光三朝屢任軍機大臣、總理衙門大臣。主持内政外交,興辦洋務。清光緒十年(1884)甲申易樞,遭罷黜,十年後再度啓用。諡曰忠。著有《廞獻集》《岵屺懷音》《樂道堂古近體詩》《萃錦吟》等。

是書爲集句詩集,徐世昌《晚晴簃詩彙》稱此書"皆集唐人句。其時正值罷政,瘝口曉音,見於言表,《厏堂》《香屑》所處迥殊,固未可同日語也"。

《萃錦吟》有光緒十一年(1885)江蘇書局刻本、光緒十八年(1892)廣東撫署刻本及光緒十一年(1885)刻十九年(1893)增刻本。

此爲奕訢手稿本,殊爲珍貴。鈐"正誼書屋"印。有多處删修。(賈雪迪)

樂道堂文鈔五卷續鈔一卷廞獻集一卷岵屺懷音一卷廣四時讀書樂詩試帖一卷豳風詠一卷正誼書屋試帖詩存二卷樂道堂古近體詩二卷續鈔一卷春帖子詞一卷

清愛新覺羅·奕訢撰。清咸豐光緒刻本。十六册。半葉九行,行十八字,小字雙行同。白口,四周雙邊,單魚尾。

《樂道堂文鈔》五卷,扉葉署"董恂謹題",前有清同治六年(1867)自序;《樂道堂文續鈔》一卷,扉葉署"沈桂芬敬題",有清光緒三年(1877)自序;《廞獻集》一卷,有同治元年(1862)自序;《岵屺懷音》一卷,前有同治元年自序;《廣四時讀書樂詩試帖》一卷,前有清咸豐六年(1856)自序及沈兆霖、黄倬、潘祖蔭等人題詞,朱鳳標等跋；《豳風詠》一卷，前有咸豐七年（1857）自序及朱鳳標、沈兆霖、匡源等人題詞，孫衣言、李德儀跋；《正誼書屋試帖詩存》二卷，前有同治六年自序；《樂道堂古近體詩》二卷，有同治六年自序；《春帖子詞》一卷；《樂道堂古近體詩續鈔》一卷，所存詩自同治七年至光緒三年（1868—1877），有光緒三年自序。

奕訢爲晚清政壇重要人物，是書可與其生平史料相互參照，作爲研究其交往情況及心態的重要資料。（賈雪迪）

晦子詩鈔二卷

清朱滋澤撰。清光緒鈔本。二冊。半葉八行，行十六字。白口，單魚尾。

朱滋澤，生卒年不詳，字晦子，四川崇慶人。清光緒七年（1881）知南漳縣，性明察，善斷疑獄。後官湖北候補道。曾與重修《［光緒］襄陽府志》。徐世昌《晚晴簃詩彙》卷一百六十八收録其《金陵懷古》詩。

是書刻印精工，其中多詠史懷古、題贈懷人之作，詩風沉鬱蒼涼。

鈐有“子强氏珍藏圖書之章”等印章。（賈雪迪）

海漚集一卷

清劉慶崧撰。清宣統三年（1911）廣州石印本。一冊。半葉七行，字數不等。白口，四周雙邊。

劉慶崧，生平不詳，字瓶蓀，號萍僧，江西南城人。工於書法，善治印。

本書爲劉慶崧詩詞集，卷端題“玉華盦詩詞鈔第八卷”，起清光緒三十三年（1907），訖宣統三年（1911）。前有光緒三十四年（1908）俞鍾穎呈稿。題詩及正文皆據手稿影印。從詩詞中可略考證著者生平，如《貂裘換酒己酉初度自題小照》中有“去日苦多，來日少算。百年已自消磨半，經過事，休留戀”句，據此推測其生於清咸豐十年（1860）。最後一首詩言“宣統三年正月朔日，司法公所成立，不才以臬幕改充一等科員”，説明劉慶崧宣統時入廣東布政使幕府。（謝冬榮）

樂志簃文録

清沈祥龍撰。清光緒二十六年（1900）文墨齋刻本。一册。半葉十一行，行二十三字。白口，左右雙邊，單魚尾。

沈祥龍（1835—？），字約齋，婁縣（今屬上海）人。清同治六年（1867）丁卯科優貢，善書，另著有《論詞隨筆》《樂志簃詩集》等。

本書前有"樂志翁六十有七小像"以及著者自題、清光緒二十六年（1900）自序。全書分爲四卷：卷一論、辨、説、序、跋、書後二十一首；卷二書、示、贈序、記二十一首；卷三碑、墓表、碣、誌銘、傳十六首；卷四行狀、行略等十二首。《樂志簃記》詳述了置樂志簃的緣由；《通政使署吏部左侍郎周公神道碑》《左春坊左中允劉先生行狀》等對於研究相關人物具有一定的資料價值。（謝冬榮）

大圍山房文集十卷

清涂啓先撰。民國十三年（1924）同文書局石印本。三册。半葉十二行，行二十六字。黑口，四周雙邊，單魚尾。

涂啓先（1834—1900），字宗謨，一字舜臣，晚號大圍山人，人稱大圍先生，湖南瀏陽人。清同治七年（1868）曾與修縣志，十二年（1873）優貢，未中而考取八旗官學漢教習，清光緒八年（1882）入湖廣總督涂宗瀛幕府。

本書前有民國四年（1915）劉人熙叙、光緒二十七年（1901）歐陽中鵠《涂訓導行狀》、男涂儒翯撰《先君舜臣府君年譜》，書後附録爲黄嗣東作涂啓先小傳。劉人熙叙説涂啓先爲文"根據事理，尤長幹濟，其公牘文字尤爲"。

涂啓先科場屢試不售，多任職於鄉，所作之文也往往與鄉邦有關，如譜序、傳記等，又有《保甲説》《里社説》等諸文，皆與地方治理有關。（謝冬榮）

怡然閣詩鈔二卷

清裘佩秋撰。清道光二十八年（1848）刻本。一册。半葉七行，行二十字。白口,四周雙邊,單魚尾。

裘紉蘭,字佩秋,江西新建人,漢陽同知裘行恕孫女,阜寧知縣裘增慶女,宣化知縣南昌黃維炘繼妻。《國朝閨閣詩鈔續編》選錄其所作詩十九首。

本書爲裘紉蘭之子黃德坊、德堅校刊,前有彭玉雯、范綺蘭序及《集國朝閨秀句》。所收錄之詩按年份編排,起清道光八年戊子(1828),訖二十七年丁未(1847),其内容多爲感懷、詠物、友朋交往之作。彭玉雯評其詩"有悲壯者,有秀遠者,清麗中時出新意,間亦豪放自喜,其至性至情之流露如此"。

胡文楷《歷代婦女著作考》著錄。(謝冬榮)

山海題襟集

清錢國祥等撰。清鈔本。一册。半葉十行,行二十一字。朱口,四周單邊,單魚尾。

錢國祥,字乙生,江蘇吳縣(今蘇州)人。廩貢生、候選訓導,汪鳴鑾視學陝甘時延往襄校,清光緒十七年(1891)任上海製造局兼翻譯館校勘教習,纂述不下數十餘種,又編校各國交涉公法論、交涉便法論,風行海内外。《[民國]吳縣志》卷六十六有傳。

本書前有光緒十六年(1890)南昌萬立鈞序,稿紙版心下鎸"式詁堂稿"字樣。《山海題襟集》爲錢國祥輯錄自己所撰和友朋唱和之詩集。萬立鈞序中言錢國祥:"嘗於八閩、山左幕中裒其所作暨友朋唱和,彙爲《山海題襟集》。"集中涉及江標、董若洵、潘鍾瑞、陸懋修、陸潤庠、汪鳴鑾等三十三人,於此亦可見錢國祥之交游。

(謝冬榮)

心清室文存五卷

清王振聲撰。鈔本。六册。半葉九行,行二十字。白口,四周單邊。

王振聲(1842—1923),字邵農,北通州(今北京通州區)人。清同治元年(1862)舉人,十三年(1874)進士,曾任工部主事、江西道監察御史、工科給事中、安徽徽州府知府,後辭官歸里。

本書前有民國二十一年(1932)三河郝崇峻、侄婿馮汝琪序,世愚侄如皋冒廣生《故徽州府知府王公家傳》。全書分爲五卷:卷一諫桓奏議(内分上下兩卷),卷二趨庭退記,卷三序、記、書後、跋尾等,卷四碑、書、傳、壽序等,卷五撰聯類鈔。全書鈔寫工整,當爲付刻底本。

郝崇峻在序中對王振聲文章特點評價説:"邵農姊丈平生治學一以存成主敬爲歸,其爲文伸明義理,樸實簡潔,而於倫常修己之學致力尤多。"

國家圖書館另藏有其稿本《心清室日記》《心清室函稿》等。(謝冬榮)

心清室詩存

清王振聲撰。鈔本。四册。半葉九行,行二十字,小字雙行同。白口,四周單邊。

本書前有民國十二年(1923)大興朱寯瀛、世侄郭家聲序。全書不分卷,内含九集,《夢餘集》二十四首、《京曹集》二十八首、《小桃源集》三十二首、《辛壬癸甲集》二十六首、《雲海鴻泥集》五十首、《澹静集》一百二十二首、《山居集》二十五首、《心清集》二百零九首、《畫中詩集》一百五十二首。各集順序按時間編排,共計收録詩六百六十八首。全書鈔寫工整,十分精緻。

郭家聲序談及王振聲詩,言:"生平兼通藝事,畫尤絶人……詩不恒作,藉以抒寫性情,不事摹擬,晚歲所爲漸夥,深造自然。"(謝冬榮)

味蓼軒詩鐘彙存二卷附禊帖二卷

清吳燾撰。清光緒三十二年(1906)山東官印書局鉛印本。一册。半葉十行,大小字不等。白口,四周雙邊,單魚尾。

吳燾,字子明,雲南保山人。清光緒二年(1876)進士,曾任廣西荔浦知縣、河北邯鄲知縣、冀州知州、吉林提法使等職。著有《梨園舊話》等。

詩鐘是清以來文人之間的限時吟詩文字游戲。本書是吳燾所做詩鐘文字集。

書前有光緒二十六年（1900）吳燾序，内言此集文字乃是吳燾光緒十四年（1888）僑居桂林與友朋雅集時所作，二十六年從故紙堆中尋得舊作，略加整理。每條詩鐘文字的内容分爲三部分，首爲詩題，次爲詩作一句，再次爲評語。後附集襖帖、集唐。

卷端著者署“滇西太保山樵”，太保山位於保山城西，原名松山，明嘉靖改爲現名。（謝冬榮）

賦秋聲館詞録

清徐誦芬撰。清鈔《名家詩詞叢鈔》本。一册。半葉十行，行二十五字，無格。

徐誦芬，字茂才，號紅荃，江蘇吳縣（今蘇州）人。清同治七年（1868）貢生（《［同治］蘇州府志·選舉八》卷六十六）。曾與吳大澂、葉昌熾等同在正誼書院求學，時馮桂芬（1809—1874）爲主講，後馮桂芬修《蘇州府志》，徐誦芬爲分纂之一。傳世有《喬聲集》三卷、《白門于役草》一卷、《賦秋聲館詩鈔》、《賦秋聲館詞録》等。

此鈔本内詞九闋，有寫景寄情之作，如《桂枝香月夜》《高陽臺雪牕偶作》《月華清病夜》《滿江紅思隱》；有行旅之作，如《滿庭芳經大父別墅》《滿江紅敬題硯孫師三山華記後》。硯孫，或爲江蘇吳縣張鴻基（字儀祖）之號。另有《百字令次韻答泖生》《望海潮慰泖生下第》，其中的“泖生”，或爲劉履芬（1827—1879）。

書前有“劉履芬印”和“不使蘖泉”兩白文印。書後鈐“長樂鄭氏藏書之印”印，爲鄭振鐸舊藏。（趙大瑩）

吟雪山房詩草一卷

清翁曾翰撰。稿本。一册。半葉八行，紅格。白口，四周雙邊。

翁曾翰（1837—1878），字季才，號海珊，江蘇常熟人。清朝大臣翁同爵之子，後過繼翁同龢爲嗣。清咸豐八年（1858）順天鄉試舉人，恩賜内閣中書，升典籍，賞加五品銜，内閣侍讀。清光緒四年（1878）回籍處理生父翁同爵喪葬之事，後途經天津感染傷寒，不幸早逝。所寫日記手稿，名《海珊日記》，九册，現存國家圖書館。

此本封面題寫“海珊自訂吟雪山房古今體詩稿”，收翁曾翰詩一百零一首（三首爲附葉），内容多爲詠梅、思親、詠春等主題，字體清麗、整齊，偶有校勘提示，爲謄清稿本。所用箋紙下書“懿文齋製”，懿文齋爲清末琉璃廠文具店。

此本資料、藝術價值俱高。（薛文輝）

嘯笑齋存草八卷詞一卷文二卷

清劉肇春撰。清光緒二十三年（1897）刻本。二册。半葉九行，行二十一字。黑口，左右雙邊，單魚尾。

劉肇春，生平不詳，卷端署“樂山劉肇春熙臺”，當爲四川樂山人，字熙臺。

本書前有清光緒二十一年（1895）同里王元盛序，談及劉肇春生平，如“幼游蕭明經載寅之門”，又對其詩略有評價“而熙臺之詩鮮明豪儁，江東不第”，可惜早逝，距作序時已經二十年，“詩文散佚，今得一敬五郭長公爲之倡拾捐鑴”。所作詩以唱和、感懷、游覽居多。《嘯笑齋文》卷一《嘯笑齋記》，詳述書齋取名嘯笑齋的緣由。（石光明）

悚齋詩存一卷

清于蔭霖撰。民國影寫本。一册。半葉六行，行十二字。白口，四周雙邊。

于蔭霖（1838—1904），字次棠，號悚齋，奉天府伯都訥廳（今屬吉林扶餘）人。清咸豐九年（1859）進士，曾官廣東按察使、雲南布政使、湖北巡撫、河南巡撫等職。于蔭霖爲晚清理學名臣，服膺程朱之學，反對空談，力主變法。所著有《于中丞遺書》六種。

于蔭霖不以吟詠見長，此書收録其所撰詩二十二首中，贈答之詩有《送別孫蘭卿先生》《壽張香濤制軍》，游記之詩有《游卧龍岡》《過醫無閭生》等。全書乃其弟子成多禄從其日記中鈔輯而成。成多禄（1864—1928），字竹山，號澹堪，漢軍正黄旗人。曾任京師圖書館副館長。工於書法，自成一家。本書即據成多禄鈔録手迹影印。

本書末有民國十五年（1926）柯劭忞、張朝墉二人跋。（石光明）

七寶樓詩集七十四卷存七十卷

清胡大鏞撰。稿本。十四册。半葉十行，行十八字，小字雙行同。白口，四周雙邊。

胡大鏞（1815—?），安徽休寧人。清咸豐二年（1852）貢生。目前僅見《七寶樓詩集》傳世。室名居安山房。

是書缺卷五十六至五十九。卷首有清道光十七年（1837）陳孚恩跋。陳孚恩（1802—1866），字子鶴，號少默，別號紫藿，江西新城（今黎川縣）人。官至禮、兵、刑、户、吏各部尚書。清代著名書法家。書中所收詩作爲道光十年至同治元年（1830—1862）之間。

該書在當代紅學研究中占有一席之地。其中，卷二十七所載五律《雨夜得古香北地書書詩束尾》三首，作於咸豐元年（1851），對《紅樓夢》中"大觀園"原址位置問題提供了重要綫索。此詩題有注寫道："來書云訪古，得《紅樓夢》中大觀園故址，晤老衲，爲賴大耳孫。是真聞所未聞。夜雨無聊，拈句略寄相思云。"這組詩云："尺書來日下，問訊到閑鷗。有分功名淡，奇情古迹搜。殘僧感興廢，春夢悮温柔。未必干卿事，詞人慣買愁。""閑愁消不盡，分贈素心人。入畫樓臺幻，無情草木春。三生慳好夢，一宿種前因。粉黛餘黄土，葬花塚可真。""仿佛湘裙蝶，清流有斷橋。故宫悲瓦礫，野史話漁樵。（來札云館舍埀仄如航。十里之遠，清流激湍，映帶左右，平橋遠樹，中間有僧寮與故王宫府一二處；數與老衲話於其間，即所謂賴大耳孫也。）命共桃花薄，魂隨柳絮消。天涯今夜雨，同夢憶迢迢。"這三首詩和兩條注，尤其是大鏞所載友人余古香遇見自稱榮國府管家賴大後代的老僧，成爲紅學家周汝昌先生所持大觀園原址位於北京恭王府的重要依據。可見，該書對清代文學史研究具有一定價值。

書中墨筆圈點密布，且對詩之題名、字句删改頗多，應爲稿本。是書無鈐印，流傳不廣，爲海内孤本。（孫麗娜）

春草堂詩集二卷

清姜良楨撰。清光緒二十四年（1898）刻本。一册。半葉九行，行二十一字。黑口，左右雙邊，雙魚尾。

姜良楨，生卒年不詳，字問松，江蘇六合人。清光緒七年（1881）任直隸冀州吏目，以事忤長官，罷歸。與吳汝綸、何濤等唱和。

書衣有墨筆題記"春草堂詩集二卷　六合姜良楨問松著　武昌張廉卿先生裕釗　桐城吳摯甫先生汝綸　通州范肯當先生　當世先大父松坡公及大父弟子衡水劉華西跋培新記"。

書前有清光緒戊戌（二十四年，1898）其胞弟良材序。序中介紹了姜良楨的生平以及成書經過，序中云"删其重複者訂爲上下兩卷，慮其久而遺失也，命堂弟良驍校正"。書後有吳汝綸、賀濤、劉乃晟、張裕釗跋，均對此書給予了很高的評價。吳汝綸跋評價此書"春草堂上卷其峭拔處絶類小杜，至下卷波瀾老成，則又出入於韓孟二公矣"。張裕釗跋稱此書"詞不求怪麗，而氣自清腴，意不求艱深，而韻自和雅"。

卷上及卷下卷端均印有"六合姜良楨問松著胞弟良材校字"。卷上有古今體詩八十三首，包括《秋月》《柳綫》《佛手柑》《入塘題壁》《送春有感》《遂寧道中題壁》《題馮孝廉詩文集》等。卷下有古今體詩一百六首，包括《贈華秋吟明經用東坡題林逋詩後元韻》《過邯鄲盧生廟題壁》等。

書末鈐"一九四九年武强賀孔才贈北平圖書館之圖書"印。（張晨）

守來山房囊韃餘吟二卷

清恩澤撰。稿本。二册。半葉八行，行二十字。白口，四周雙邊，單魚尾。

恩澤（？—1899），字雨三，噶奇特氏，古郢城人，蒙古鑲藍旗人。荆州駐防，室名守來山房。官至吉林副都統、黑龍江將軍。其寫詩不求音韻諧和，但求存其真，且嫻於文墨，有不少詩篇存世。

上卷書衣署"古郢城恩雨三澤遺著　守來山房囊鞬餘吟上卷"。下卷書衣署"守來山房囊鞬餘吟下卷"。書前有清宣統元年（1909）王闓運序。此書大多爲描寫其軍旅經歷和邊疆風土民情的詩作。

上卷有《讀張太岳全集題後》《武昌懷古》《自君之出矣》《秋閨怨》等篇。下卷多朱筆批校，卷端有朱筆增補"囊鞬餘吟卷下此下另一行寫高二字下空二格"。下卷有《檄赴塞上軍營行有日矣留別家人暨諸同好》《峴山懷古》《南陽題壁》《博望驛》等篇。《從軍難》描寫了其穿越戈壁、天山，遠赴新疆軍中的艱難過程。《庚寅春校閱邊軍歷寧姓各城兼之省垣旋琿後再赴黑頂子道經俄卡一路得此》等長詩記述了滿洲、鹿部、犬部等少數民族地區的風土人情、生活習俗以及中外交往等情況，同時也表達了其力圖治理好邊疆的願望。

此書語言樸實簡潔，借景抒情，以情襯景。鈐"詠春珍藏"印。（張晨）

逸廬詩草附外集一卷

清陳長吉撰。清光緒刻本。半葉九行，行二十一字，小字雙行同。白口，四周雙邊，單魚尾。

陳長吉，生卒年不詳，字石逸，號逸廬，室名仰山堂，江蘇丹徒人。生活於清道光至光緒年間。清同治八年（1869）治吉水，曾參與纂修《光緒吉水縣志》。擅長鑒別書畫，富收藏。

是書多爲與友人的唱和詩，此類詩題名多爲友人的籍貫字號，如《趙詠芝司馬解組歸來賦此話別》《聞朱君硯濤事賦之》《秀峰見示八絕爲沈仲復中丞題畫再賦一章》等，是陳長吉在江蘇、江西、雲南、兩廣等地交游的記錄；又有感懷詩數十首，如《倒疊前韻》《追憶武林舊游感而賦此》。又有外集一卷，亦爲唱和詠懷。

書末有光緒五年（1879）作者識文一篇。（朱婷婷）

聽鸝軒詩鈔

清戴燮元撰，清李長榮輯。清同治九年（1870）廣州刻本。一册。半葉十二行，行二十三字。黑口,左右雙邊,雙魚尾。

戴燮元(1837—?),字和甫,號少梅,江蘇丹徒人。清咸豐九年(1859)中舉,官戶部郎中。其父戴肇辰以軍功起家。燮元曾在捻軍動亂時積極獻策。著有《聽鸝軒詩鈔》《東牟守城紀略》,輯有《瑞芝山房詩鈔》八卷《文鈔》八卷和《京江鮑氏三女史詩鈔合刻》。生平事迹見本書卷首李長榮撰《戴燮元》。

《聽鸝軒詩鈔》又名《柳堂師友詩録》,爲李長榮所輯。李長榮(1813—1877),字子黼、子虎、紫黼,少字文炳,號子虎居士,齋號柳堂、深柳堂,廣東南海人。咸豐六年(1856)廩貢生。卷首有李長榮題詞,無目録。是書共收録戴燮元雜識十九首,卷後又摘載五言十四句、七言二十五句。書中記有《河防嘆》《喜聞官軍收鎮江瓜州》《埋胔骼》等,可從此間找尋戴燮元對抗捻軍、憂慮國事的痕迹。又有《丁巳季秋侍慈親之山左登舟述懷》《別妹》《李子黼廣文(長榮)有詩見贈次韻答之》等,可見其對家人和好友的情誼。李長榮稱其詩"言皆有物,倫紀甚篤,五律清蒼,五古樸摯淵微,覺去古風人未遠"。

鈐"謙益堂藏書印"印。（朱婷婷）

寄簃文存八卷二編二卷

清沈家本撰。清宣統元年(1909)鉛印本。三册。半葉十三行,行二十九字。黑口,四周雙邊,單魚尾。

沈家本(1840—1913),字子淳,別號寄簃,吳興(今浙江湖州)人。清光緒九年(1883)進士,官至刑部右侍郎、修訂法律大臣,并兼大理院正卿、法部右侍郎等職,曾參與晚清改革。家富藏書,輯有《枕碧樓叢書》十二種。喜治目録學,專事經史考證,後又專研法學,著有《古今官名異同考》《讀史瑣言》《寄簃文存》《枕碧樓偶存稿》《歷代刑法考》《律目考》《歷代刑官考》《刑志總考》等三十餘種。後人又輯《沈寄簃先生遺書》甲編二十二種、乙編十三種。

本書初編共二册八卷四十五篇,從卷首所在小引看,曾在光緒三十三年(1907)刊印發行。主要内容包括:卷一奏議,共載六篇上呈光緒、慈禧的奏議,建議實行寬刑政策,主要内容包括"删除律例内重法""虛擬死罪改爲流徒""僞造外國銀幣設立專條""旗人遣軍流徒各罪照民人實行發配""變通行刑舊制"等;卷二律目考,論述我國历代法律發展的概況;卷三充軍考,分上中下三篇,考證充軍的由來,并附明問刑條例充軍條款一百三十三條;卷四序文十三篇,主要是刑律和刑法學方面的文章;卷五論故殺,對歷代刑法中故意殺人罪進行詳細分析,又列出英國、日本兩國作對比,并附故殺案件數例;卷六收六篇論、三篇書後及答問一篇,分析殺死姦夫、逼人致死、誣告等問題;卷七跋文十篇,主要是中國封建法制書籍和史料的跋文;卷八婦女離異律例偶箋,是對婦女離異案例的處理意見。二編分上下兩卷三十八篇。卷上十四篇,其中有八篇上呈皇帝、皇太后的奏議,如"變通旗民交産舊制""設律博士"等,也有對再醮婦主婚人、變通異姓爲嗣的闡發;卷下二十四篇也主要是序跋,其中有"日本享保本名律跋",在考證這些書籍的同時,沈家本也發表了自己的法學觀點。

　　沈家本是著名法學家,他在書中强調正確執法,認爲需要開展法律教育,設置律學博士,教授法學,培養執法人才,這在當時是十分可貴的。《寄簃文存》爬梳整理了我國古代豐富的法制史料和法學理論觀點,又注意吸收西方近代法學思想,刑法思想尤爲突出,有不少獨到見解,即使對當今法學研究仍有借鑒意義。

　　本書最早的版本即爲光緒三十三年(1907)的二册八卷本,亦爲修訂法律館印發。後來在清宣統元年(1909)又加入二編進行再版,遂成此書。沈氏去世後,民國三年(1914)《法學會雜志》第二卷上刊出了《寄簃文存三編》,收文六篇。二十年代後期,又有人整理編成《沈寄簃先生遺書》。《寄簃文存》被收録在《遺書》中的甲編。這時的《寄簃文存》打亂了原版順序,重新分爲八卷九十篇。後來此書又經過多次出版。(朱婷婷)

吴摯甫先生文稿不分卷雜稿不分卷詩稿不分卷

清吴汝綸撰。稿本。六册。毛裝。

吴汝綸(1840—1903),字摯甫,一字摯父,安徽桐城人。清同治進士,授内閣中書,曾師事曾國藩,又與李鴻章關係密切,曾、李奏議,多出其手,先後任曾國藩、李鴻章幕僚及深州、冀州知州。長期主講蓮池書院,清光緒二十八年(1902)任京師大學堂總教習,并赴日考察學制,回國後創辦桐城中學堂,桐城文派末期代表人物之一。一生大部分時間致力治學和教育,對中西文學兼蓄并用,主張洋務,教育救國。主要著作有《吳摯甫文集》四卷《詩集》一卷、《吳摯甫尺牘》七卷等,總結集爲《桐城吳先生全書》。

此書六册,一至三册封面題寫"先大夫文稿第一、二、三册"。首册内封題寫"吳摯甫先生文稿",收吳汝綸文,有賀壽文、序、傳、神道碑文、墓誌銘、奏禀文字、電文底稿等。同治年間爲多,有朱墨兩色圈點批注,張裕釗等批字多見。有草稿,亦有謄清稿,或在文末提示"照繕""請酌改"等。第四册封面題寫"先大夫隨筆一卷　辛亥五月闓生裝訂敬藏",詩、賦、論等各種文體及隨手記錄一些文字混雜。第五册封面題寫"先大夫隨筆第二卷　民國廿四年八月闓生裝訂",詩、賦、論等各種文體及隨手記錄接濟賬單等。第六册封面題寫"先大夫詩稿一卷附朋游來牘",中收與李鴻章、曾國藩、黎庶昌、莫友芝、袁世凱等函牘、楹聯及詩文等。全書各種箋紙、素紙,大小顏色不一,形狀各異,推測或爲吳汝綸子吳闓生整理裝成册。

此書收錄豐富,對研究吳汝綸的思想、交游、教育思想以及其個人生平、家族情況及當時的社會背景等具有較高的資料價值,同時具有較好的藝術價值。(薛文輝)

九思堂詩稿七卷

清愛新覺羅·奕譞撰。清刻本。六册。半葉九行,行二十字,小字雙行同。白口,四周雙邊,單魚尾。

奕譞(1840—1891),字樸庵,號九思堂主人,又號退潛主人,清宣宗道光帝第七子,光緒帝生父。是對晚清政壇影響較大的重要歷史人物。清道光三十年(1850)封爲醇郡王。清咸豐十一年(1861)參與"祺祥政變",深得慈禧信任,步入政壇。清同治十一年(1872)晉封爲醇親王,管理神機營事務。清光緒十年(1884)

中法戰爭爆發，奕譞主戰，并實際掌管軍機處。十一年（1885）任命爲總理海軍事務衙門大臣。十六年（1890）十一月病逝。好書法、歌賦，以詩文見長。《崇道堂詩話》謂其詩"清華秀逸，自是富貴神仙品格。然其恭儉之度、憂憫之懷，時流露於字裏行間，而出以空靈含蓄之筆"。有《九思堂詩稿》及續編、《退潛別墅存稿》、《竹窗隨筆》、《巡閲海防日記》等。

此詩稿收錄奕譞咸豐至同治間的詩作。自序謂同治十三年（1874）成書，收錄其記游、感懷、詠史及扈從皇帝應景唱和之作。詩稿自序云"堂名九思者，余十一齡時，文宗顯皇帝御書以賜者也，因以名集"，介紹了書齋名之來歷。又提到編成是書時的想法："兹就錄存底本者，刪繁去複，僅存十之六七。編輯若干卷，刷印數部，分置邸寓、園寓及西山別墅，所謂祇可自怡悅是已。而仍以吾師書冠是編之首者，所以不忘初誡，兼示後人也。不倩人題前跋後者，所以避近名之累也。"是書卷端下署"和碩醇親王著"。卷一《展謁述哀諸作近體詩》、卷二《咸豐年間恭和恭紀諸作近體詩》、卷三《同治年間恭紀恭依諸作古近體詩》，卷四至卷七皆爲《古近體詩》，共計一千一百八十六首。奕譞本人文武兼備，其詩頗有武人豪邁壯烈之風骨，如《讀史》"一呼豈料真移陳，萬騎誰教竟渡河。兒輩逡巡原愕眙，中軍談笑故婆娑"。早年管理神機營，常騎馬操練，留下不少詩篇"西域權奇種，飛騰健且良"。另一方面，奕譞雖然位高權重，但爲人小心謹慎、謙和淡泊，其詩作亦有不少清幽浪漫之意。如對所居之處蔚秀園最初的感受"蔚秀名園荷寵深，欣欣草木被春霖。安排疊石青山曲，指點茅亭碧水潯"；又有對相鄰的燕園"百年池館繁華盡"的描寫。詩稿還記述了其與兄長咸豐帝奕詝的交往，如限韻詩游戲、和詩等，可見奕詝對奕譞的照顧與教誨。

又有四卷本行世。另有《九思堂詩稿續編》十三卷，收錄其光緒年間的詩作。

（郭静）

傅成霖詩文稿

清傅成霖撰。清光緒二十六年（1900）稿本。一册。半葉九行，行二十五字。

白口,四周雙邊。

傅成霖(1846—1900 後),字子巖,號渭磯,又號慰季,常州陽湖(今屬江蘇)人。清咸豐十年(1860)恩貢生,清光緒十七年(1891)舉人,候選直隸州州判。光緒二十一至二十六年(1895—1900)主講平陵書院。

此本收其詩詞文百餘篇,詩詞文雜錄,并無分類。前有光緒二十六年(1900)傅成霖爲學生陳蔭齋作《蛻秋齋稿序》,後有爲曾子剛先生作祭文。詩多贈別、題詠、唱和之作,如《贈湘生》《贈別張履端》《留別顧茂才純齋》《題嶺梅小影》《題篆雲詩草》《和沈子佩原韻》。又《書燈》《佛燈》《客燈》《漁燈》和《袖爐》《硯爐》《酒爐》《丹爐》等,以燈、爐爲主題而作。又有祝壽詩、挽詩,及《避亂吟》《哭長女性詳》等生平相關詩。詞多爲題圖所作,詞牌有《摸魚兒》《滿江紅》《浪淘沙》《蝶戀花》《臨江仙》等。

此本稿紙版心下鎸"松竹齋"。朱、墨筆改字及增補部分,字迹較草。版本時間據書中"癸巳(光緒十九年,1893)""庚子(光緒二十六年,1900)"字樣。(劉悦)

澤雅堂文集八卷

清施補華撰。清刻本。三册。半葉十行,行二十字。白口,左右雙邊,單魚尾。

施補華(1841—1890),字均甫、均父,浙江烏程(今浙江湖州)人。清同治九年(1870)舉人,先後入左宗棠、祁寯藻、曾國藩幕,因性格孤傲被視爲狂士,不受重視。清光緒三年(1877)西行從軍參與平定阿古柏入侵,留下多篇詩作與隨軍札記。後出嘉峪關,循天山南下至新疆阿克蘇,入張曜(張勤果)幕,深得信賴。光緒十三年(1887)官至山東道員,居於濟南。與戴望(戴子高)、陸心源、凌瑕交往甚密。自小雖貧苦,但勤於讀書、刻苦就學。其作品文辭簡潔,氣象宏闊。主張詩貴真情,自成特色。徐世昌《晚晴簃詩彙》評其詩:"詩閎偉沈摯……皆自至性流出,或議其學社落科曰。"狄葆賢《平等閣詩話》謂其:"多聞而善詠,與德清戴子高布衣齊名。"光緒十六年(1890)病逝。有《澤雅堂詩集》《澤雅堂文集》以及詩學專著《峴傭説詩》傳世。

此文集共八卷,收錄分類文一百三十餘篇:卷一論説十篇,卷二書二十八篇,卷三序十七篇,卷四記十五篇,卷五傳、書事二十六篇,卷六墓誌、墓表十七篇,卷七題跋、銘十篇,卷八祭文、哀詞十二篇。卷前有光緒癸巳(十九年,1893)春凌瑕序。凌瑕,字子興,號病鶴,歸安(今浙江湖州)人,與施補華是總角之交。凌瑕序簡短記述了施補華的一生,以及刊刻此遺作之不易。施補華在世時僅有《澤雅堂詩集》六卷付刻,其餘未刻之詩、古文稿,張曜爲其刊行,於是有《澤雅堂詩二集》。後張曜過世,文稿遂中斷,由其親朋好友郵寄給凌瑕,老友陸心源篤念故交而慨許授梓。另文集卷三末篇《別弟文》叙述了早先家庭貧窮困苦之狀,用以告誡其弟勿忘昔日家難、珍稀今日不易,知足不貪,是一篇言語樸實、真情流露的家訓文。卷二《致尚雅珍閣學書》曰"不以卑召侮,不以亢取戾。其存於中者,則莫不以剛",可見作者性格剛烈耿直,文風亦蕭穆懇切。卷六《戴子高墓表》記載戴望同治十二年(1873)卒於江寧書局,施補華與唐仁壽爲其身後事出力甚多。文集内容豐富,反映了作者以及當時其交游之人的生平、事迹、觀念等,具有較高的價值。

另有光緒年間湖城義塾刊陸心源輯《湖州叢書》本。(郭静)

瓠肥詩存

清張英傳撰。清光緒鈔本。八册。半葉八行,行二十三字,朱格。白口,四周雙邊,單魚尾。

張英傳(1825—?),原名祖繼,字颱生,號瓠肥,又號字翁,河北南皮人。曾客京師數年,是張之洞的族孫與管家。少孤苦,年將三十始學詩。後師事張之洞(孝達公)授書論難,寄人廡下四十五年,稱自己爲"苦人"。年逾七十仍不輟筆,得張之洞贈以"貧非省事無奇策,老忌多思罷苦吟"。著有《瓠肥詩存》。

此集收錄詩近千首,按時間地點分類彙編。如第一册前六十餘首標明爲自清咸豐四年(1854)二十九歲起,作者家居初學詩作。後十餘首標明爲客居京師時所作。其餘各册皆如此記錄,如同徐徐鋪開作者的人生軌迹。卷前有清光緒二十六年(1900)庚子三月張英傳於武昌客舍自序,序中悲戚慨嘆"六親無緣,一技無成……年已七十五歲，不但詩學止於此，并先傾後通之念亦止矣……又當厄運初遭之際，卅年心血一旦劫灰，人琴俱亡，憑何使後人知所遇之苦"。自序後附七十五歲相片一張，後有字翁自贊、仁權敬題"如瓠張蒼，福禄蟬聯。我亦肥白，何獨不噞"十六字。後有其自撰《英傳生傳》。

是書詩文體裁不拘一格，題材則多爲感慨自身、交游往來、悼念親朋以及見聞所感，可謂包羅萬象，生動豐富，是作者一生經歷與感思之寫照。辭藻大多質樸無雕飾，情真意切。頗多自憐之言，如《侍從世父虚齋公》"往事渾如夢，重談不忍聽。先生仍蹇鑠，小子早零丁"；《安命》"一生祇鑄錯，敢怪世人嘲"。其中多首提到於張之洞并受教的經歷，如《和孝達公見贈元韻》"風掃雲開見日華，迷途幸遇指南車。頑軀一任肥如瓠，病眼那知老漸花"。亦有不少雋永的花草詠物詩，如《白月季》"恰有素娥眉淡掃，年年四季鬭嬋娟"；《紫芍藥》"一片飛霞落絳雪，神光艷奪赤城標"。

鈐有"張英傳印""瓠肥""蘇梅鴛鳳相上下""鄙語燕雀何能群"等印。（郭静）

蘭香吟館詩稿

清趙文粹撰。清光緒鈔本。一册。半葉八行，行二十字，朱絲欄。白口，四周雙邊，單魚尾。

趙文粹，生卒年不詳，號心笙，廣西永寧（今蒙山）人。出身文學家族，趙文偉弟。清同治十年（1871）辛未科進士，翰林院編修。先後於同治十三年（1874）、清光緒五年（1879）兩任密雲縣知縣，光緒十六年（1890）任薊州知州。翁同龢在日記中數次提及趙文粹前來拜見，稱其"能吏也"。曾修《密雲縣志》六卷。另桂林市圖書館藏《蘭香吟館詩存》，内有其後人趙友琴作序，談及其家族情況"余家世耕讀，高祖考廷禎公、曾祖考慶祥公均工詩……先叔祖考心笙公，諱文粹，爲先曾祖考慶祥公之次子"，可知趙文粹生平一二。

此本前有光緒二十六年（1900）蔡壽臻序，序中評價其"詩中長律香山之遺，五古有似陶處，七古有似蘇處，五律出入王孟，七律則近放翁，七絕亦有漁陽神韻。其妙處猶在性情之真溢於言表,官箴治譜家事世情,生平所歷一寓於詩,所謂詩中有我也"。卷端題"蘭香吟館詩稿桂林古田郡心笙趙文粹著"。詩編年,起同治四年(1865),止光緒十六年(1890)。收詩《甘棠渡》《居庸關》《順義道中》《泛海行》《代官薊門書懷八首》《鼓樓鐘》等約八十餘首。其題材多即興感懷,風格清新雅緻,抒情真切動人,讀來有朗朗上口之趣,如《秋日登陶然亭》"城市苦紛擾,驅車出南郭,小雨媚新晴,天高氣寥廓……歡令聊可娛,悲往忽不樂。把酒發浩歌,秋花吐一萼"。又如《三河道中》,將一腔思緒細膩地融於暮景之中"輕車羸馬趁秋風,宦況詩情望眼中。寒磬數聲蕭寺暮,斜陽一抹遠山紅……"(郭静)

醉鄉侯詩鈔一卷

清丁立寅撰。民國鉛印本。一冊。半葉十一行,行三十字。白口,四周雙邊,單魚尾。

丁立寅(1842—?),字謙如,丹徒(今江蘇鎮江)人,生平不詳。爲人慷慨豪放,嗜酒,善圍棋、音樂詞曲。據前楊邦彥序可知其"氣質雄厚,音吐宏亮,詞源既汨汨不窮,偶及時勢,慨當以慷,大有劍拔弩張之概",并轉述星藜(趙光禄)對丁立寅性格及文學境遇的介紹"此君生於世族,天資極高,惟性成戇直,不屑俯仰隨人。故雖文學日優而愛古薄今,即小試時藝仍以古文法行之,故賞音罕覯,仍潦倒於童子軍中"。忘年之交楊廷傑形容其"嘯聲如洪鐘,又如江潮滔滔不絶",數百十步外人聞之如近在咫尺。

此集封葉題"松銘庵喬梓集王震書"。書名葉題"醉鄉侯詩草 丙子季夏 潘展題"。卷端題"醉鄉侯詩鈔 京江丁立寅謙如"。收詩近三百首,起清同治六年(1878),止清光緒二十八年(1902)。前有民國二十二年(1933)楊邦彥及楊廷傑序。其詩既有發乎性情之正的天籟,又有即景興懷的人籟,如《狂吟》"我騎鸞鳳太空游,五色雲從足下浮",《戲作》"一壑一邱餘落日,一聲聲起一溪風",恣情縱意;又如《六十述懷》"壯志未能遂鴻鵠,素心從不慕貂蟬",《感懷偶作》"命不如人可奈何,白髮蒼顏年已老",多懷才不遇、憤憤之言。(郭静)

攖寧齋詩草不分卷

清劉肇均撰。鈔本。一册。半葉八行,行二十四字,小字雙行同。

劉肇均,字伯洵,河北獻縣人,劉書年之子。清咸豐十一年(1861)拔貢生,有雋才,志節魁磊。曾游京師,與張之洞、邊雲航齊稱爲“畿南三才子”。年二十八卒。後其女劉文嘉爲張之洞子張權室。本詩集爲張之洞所編《思舊集》所收録。

劉肇均性格磊落,風格豪邁,其詩風也基本如此。如《憶南皮舊游寄張季》一詩,先寫詩人與友人張季年少時“談兵共學萬人敵,愛客每典千金裘”,贊美張季“浩浩雄才君第一,筆掃千篇逐奔電。建安以後二千年,盛事寂寞今重見”。在詩中稱贊之情溢於言表,全詩格調高遠,胸臆奔放。

此外,本集有《有所思》《長歌行》《燕歌行》《猛虎行》等樂府歌行多首,亦爲其特色。(羅瑛)

味雪堂遺草

清林賀峒撰。清光緒刻本。一册。半葉九行,行二十五字,小字雙行不等。白口,四周雙邊,單魚尾。

林賀峒(1842—1906),字訪西,福建侯官(今福州)人。林則徐謫戍新疆,至峒峒時,得知家中長孫降生,即名之曰“賀峒”。清同治四年(1865)優貢生,十二年(1873)舉人,任教習。清光緒十年(1884)升道員,十三年(1887)署理南韶連道兼太平關監督。後任高廉欽兵備道、雷瓊道兼瓊軍統領、韶州知府、蘇皖閩鐵路學堂總辦等職。

光緒三十二年(1906)八月,林賀峒卒於上海。其子林清畬清理遺物,發現詩文數十篇,即囑堂弟林玉銘訂正付梓,是爲本書。由於林賀峒長年爲官,本書多應酬文字,内容相對狹窄。本集分文集和詩集兩部分,其中文集十六篇。在這些文章中,壽序(啓)便達九篇。這些壽序(啓),所祝壽之人主要是總督、巡撫、道員、縣令等各種官員,如兩廣總督張之洞《祝湖廣張香濤制府六十壽啓》、太子少保工部侍郎盛宣懷《盛杏孫宮保六十壽序》、江蘇巡撫陳夔龍《中丞陳公五十雙壽序（代）》等。另有《戊戌蒙恩召見條陳》《東事私議》《上海添設銅元廠議》《請開鐵路捐議》《亡女珍辛紀哀》等七文，或建議，或紀念親人。詩集與文集相似，亦多贈答之作，如《甲午冬仞飛弟通籍來粵即將歸里賦此贈別》《金湉生同轉寄惠粟香隨草文稿賦謝》等等。詩作語言質樸無華，不雕飾。書末有光緒丁末（三十三年，1907）林玉銘跋，言本集成書經過。

本書爲王蔭泰贈書。王蔭泰（1886—1947），山西臨汾人，民國時曾任外交總長、司法總長。（羅瑛）

幽蘭軒詩選

清周曜雲撰。民國鉛印本。一册。半葉十二行，行三十一字，小字雙行同。黑口，四周雙邊，單魚尾。

周曜雲（1853—1912），未知其名，曜雲其字，廣東番禺人。光禄寺署正周碧珊第三女。生而聰慧，幼而失怙，依母成立。酷好讀書，内閣中書外祖父黄培芳授之以唐詩。年十七，適同縣順天府尹梁肇煌之子諸生梁少浦爲室。梁氏于歸六年，姑亡。又一年餘，夫亡。梁氏孝侍其舅肇煌數十年如一日，撫教嗣子梁廣昭。周氏卒後，族黨謚曰節孝慈惠。

周曜雲二十餘歲即守節自苦，其抑鬱悲哀之情，揮之於詩。周氏後人從中精選一百有六首，編爲是集。相對於其他閨秀詩，本集最大的特點，是所收詩反映地域較廣。周氏雖早年喪夫，但其舅在廣州、北京、南京等地爲官，周氏隨侍，故其詩非僅三尺閨閣之中遥想遐思而已，如《越華書院觀荷》作於廣州，《隨侍家舅大人赴寧藩任有賦》《瞻園懷古》《金陵夏旱得雨喜賦呈家舅大人》等作於南京，《隨侍家舅大人將之京留别鳳城龍氏姊妹》作於鳳城，《春日渡河南訪三兄遇雨》等作於河南等地方。其次，真情流露，周氏懷念親人之作，如《先姑忌日泣賦》《先夫子忌日泣賦》《春陰細雨愴然思親》等，感情真摯，他如《讀史雜詠》十二首、《中秋夜與馥嵋妹玩月》《看菊懷靖節先生》等，不一而足。這些詩，不是一位嫠婦無望的呻吟，而是其真情的流露。尤其是《供梅》一詩"紙窗竹屋畫堂陰,無限幽情對苦吟。破臘雪傳春信早,拂衣猶帶晚香深。芳魂未點羅浮月,清夢遥分鄧尉林。我有生來冰雪骨,與花同證歲寒心",更是這種感情最直白的表露。

此書封面題"先祖母著詩集一卷　敬贈國立北平圖書館惠存　梁方仲",并鈐朱印。卷前有軍机大臣戴鴻慈《梁節婦事略》、民國元年(1912)南海陳知儉《梁節母周太夫人小傳》、光緒二十年(1894)梁鼎芬題詞二首。其中,《梁節婦事略》叙梁氏生平,其中詳記梁氏之母訓梁氏勿殉節而要事舅立孤之言及其詩歌風格。《小傳》記梁氏出身、守節、教子、相夫、儉樸、周濟窮人等感人事迹。（羅瑛）

秋照軒感事述懷詩

清許珏撰。清光緒刻本。一册。半葉十行,行二十五字,小字雙行同。白口,左右雙邊,單魚尾。

許珏(1843—1916),字静山,號復庵,江蘇無錫人。清光緒八年(1882)舉人。曾爲出使美國、西班牙、秘魯大臣之參贊,出使意大利大臣。上疏反對立憲,爲時論所斥。辛亥革命後,隱居不出。許氏卒後,其子同範輯其作品爲《復庵遺集》二十四卷,其中奏議三卷、出使公牘一卷、佐輶牘存二卷、禁煙牘存六卷、文集四卷、詩集二卷、書札五卷、家書節鈔一卷,民國十五年(1926)鉛印。其門生陶世鳳編有《復庵集》十卷,民國十五年鉛印。

篇首詩題名《己亥九月自晉入都山行連日感事述懷雜書所見得詩五章》,全書共五首,均爲五言十二聯排律。這些詩寫光緒二十五年(1899)九月,詩人坐騾子從山西去北京途中幾日内的所見所聞所思。如第二首寫山西大量種植鴉片,"奈何罌粟花,栽植盈陌阡",由此批評官民貪利,"農氓倖逸獲,縣令貪税錢"。第三首寫中國交通落後,如山西"犖確滿行徑,傾仄無夷軌。危崖俯百仞,去險不盈咫"等。全詩表現了詩人對國家的悠悠隱痛。詩末署"錫山許珏初稿"。（羅瑛）

紫琅玕院遺稿

清曾紀燿撰。清光緒七年(1881)刻本。一册。半葉八行,行十八字。白口,四周雙邊,單魚尾。

　　曾紀燿(1843—1881),字仲瑛,湖南湘鄉人,曾國藩次女,湖南茶陵陳松生室。曾紀燿幼時未曾入學問字,婚後爲貧困的家庭生活所累。清光緒四年(1878)曾紀澤出任駐英、法專使,陳松生爲駐英二等參贊,紀燿隨行。在英國,紀燿閑居無事時,便鈔漢晉唐宋詩以課其女,自己也從中學會了作詩。紀燿卒後,其夫在遺物中發現其遺詩。曾紀澤將其詩稿整理,并選録其中二十首,名之曰《紫璚玕院遺稿》,付梓刊行。這些詩均爲五言(其中多爲五言排律),主要内容爲曾紀燿平生所見或所念,表現出女性特有的細膩感情。前者如《烏》《蘭》《蝨》等,或贊美烏鴉、蘭花,或批評蚊子貪婪,顯示出女詩人的愛憎。後者如《月夜憶淑懿誦芬及諸妹》《聞蟬憶伯兄二弟》《追憶伯姊》《吊九妹》等,或思念親人,或悼念親人。書末有清光緒七年(1881)十二月八日曾紀澤跋,跋言曾紀燿作詩及發現整理這些詩的經過,并謂紀燿其人"温柔敦厚,秉之天性",其詩"雋永之言,居然可誦","造次出語,不假雕飾,往往合於古之作者"。

　　此集曾在清宣統元年(1909)刊入《揚子江小説報》第五期(鉛印本),有曾紀澤序。(羅瑛)

七硯齋百物銘一卷雜著一卷

　　清馮譽聰撰。清光緒二十九年(1903)刻本。一册。半葉九行,行二十一字。白口,四周雙邊,單魚尾。

　　馮譽聰(1858—1930),字雨樵,四川什邡縣人。年十八入泮,補廩生。清光緒八年(1882)舉順天府鄉試。光緒十四年(1888)分發雲南,歷任東川知府、廣南知府。馮氏爲官清廉,重視教化。著有《七硯齋集聯》一卷、《鈍齋詩鈔》二卷、《七硯齋詩草》二卷等,編有《翠屏詩社稿》十卷,纂修《東川府志》《什邡縣志》,續修《東川府續志》,補刻《廣南府志》。另著《三農經》《元包經》等。

　　馮譽聰格物窮理,對於所見之物,綜觀之而識其形,冥想之而研其理。將其揮之於詩,便爲《七硯齋百物銘》。此集收詩九十八首,其中所寫,有文具如烏銅墨盒、竹鎮紙、筆套等;有生活用具如酒甕、穿衣鏡、紙屏風等;有農具如蓑衣、雨衣、水車;還有動物桐花鳳、植物淡巴菰、天體玉蟾蜍(月亮)等,凡九十六種物體。這些詩,有三個特點:其一清新可喜,如一縷春風,其言藹如也;其次字數長短不拘,本集最短之詩《硯銘》纔九字,另有十一字、十二字者、一百二十字不等;其三蘊含哲理,警誡世人,如《鏡銘》指出世人多虛僞,《劍銘》指出"柔則全分剛則折,鋒芒太露亦凡鐵",《車馬銘》指出名利牽人等。第三點是本集的最大特點。

《七硯齋雜著》共有九文。其中《雍侯廟碑文》爲修補什邡侯雍齒廟而立的碑文,《龍神祠祈雨文》是作者任廣南知府時在龍神祠求雨之文,《竹夫人小傳》三文和《郭索傳》《麴秀才傳》用擬人手法分別寫一種圓柱形竹製凉具、螃蟹和酒,《田建侯大令德配韓宜人贊》言田亮勛妻室蒙難經過。本書卷前有光緒二十九年(1903)四川慶符田亮勛序。(羅瑛)

清綺軒詩剩

清陶安生撰。清同治八年(1869)刻本。一册。半葉八行,行十七字,小字雙行同。白口,四周單邊,單魚尾。

陶安生(1844—1870),字竹筠,號南沙女史,江蘇常熟人,鎮江府學教授陶貴鑒側室之女,安徽廬江郎中章玗室。生而夙慧,幼而好學,七八歲即修《四書》及《詩經》《孝經》等。陶氏侍親以孝,相夫以敬,待仆以寬,躬自勞苦,後因太平天國戰爭,隨家人轉徙避難,中道以殁。

陶氏在隨侍之暇,吟詩作賦。曾將自已的作品編集爲《清綺軒詩草》,後因兵亂散佚。陶氏卒後,其夫將餘詩編成此集。此集收詩八十二首。其內容如徐士魁序所云:"凡烏哺酬恩,雞鳴警惰,鴒原急難,燕翼詒謀,莫不達諸歌詠,寫此性靈。"這些詩作,詩句秀雅,詩味雋永,又統歸於溫柔敦厚。這是中國封建社會一個賢淑女性思想和心靈的真實寫照。

此集卷前有清同治八年(1869)黄光彬《清綺軒詩剩序》、同治五年(1866)宗廷輔《章韞卿部郎德配陶恭人傳》、同治七年(1868)黄業良序、同治七年外甥徐魁士序,以及張文鋭、張盛典、凌錦章、徐冕士、計煜等題詞等。這些序和題詞,從不同方面評介陶氏其人其詩。如黃序贊陶氏其人"不壽而壽,實遠勝於壽而不壽者萬"等。最末爲章玘跋,述陶氏生平、品德和才藝,及編集過程。

鈐"駱駝書屋珍藏""昆山徐氏""闈闈叢珍"印。（羅瑛）

郭水容稿一卷

清郭溶撰。清鈔本。一册。

郭溶,字水容。生平不詳,郭柏蒼之子,黃濬外祖父。郭柏蒼(1815—1890),字兼秋,別署寱軒老人、夢鴛滕館主人,福建閩侯人。清道光癸未（三年,1823）舉人,官至內閣中書及主事。著述甚富。曾築"沁泉山館",藏書六萬卷,後多散佚。黃濬(1890—1937),字哲維,號秋嶽,室名花隨人聖庵,郭溶外孫,郭柏蒼曾外孫。民國初留學日本。先後在北京軍閥政府和南京國民政府任職。後因將國家軍事機密透露給日本間諜,被以叛國罪處死。黃濬幼時曾跟隨其外祖父郭溶在曾祖郭柏蒼所建"沁泉山館"讀書。

此書正文前有《題郭水容稿》一篇,盛贊郭溶與其弟的文學功底。正文分《君子無終》一節、《子華使於》全章、《知之者不》一節、《子謂顏淵》全章、《子張問明》一節、《魯子曰君》一節、《君子道者》等篇,皆作者爲學問道之作。其中《仕而優則》反映了作者一心向學之心,《正己而不求於人》也透露出作者濃濃的學者風範。由於作者生平資料甚少,此書的保留對於研究作者及其家族人物的思想脈絡頗有價值。（李燕暉）

淡集齋詩鈔四卷

清梁承光撰。清光緒三十年(1904)梁氏鉛印本。一册。半葉九行,行二十二字,小字雙行同。黑口,四周雙邊。

梁承光(1831—1867),字稚香,廣西臨桂（今屬桂林市）人。"爲人磊落豪放,交游甚廣,喜談兵,好騎馬"（梁漱溟《桂林梁先生遺書·年譜》）,清道光二十九年

（1849）舉順天鄉試。清咸豐六年（1856）任内閣中書，後任總理衙門章京、山西永寧知州。梁氏知永寧州時，因捻軍勢盛，陝甘回民亦響應，梁氏竭力籌防，因勞瘁卒於任。

梁承光歿後，其詩爲妻室劉氏所保存，共二本，一爲梁氏僑寓京師時雜存稿本，一爲梁氏赴山西後手稿本。由於梁氏家貧，本書直到梁氏卒後三十八年，方由其子梁濟編定印刷（手稿原缺字句仍舊）。本書共四卷四種，每卷一種。第一卷二十四首。因梁承光之父梁寶書在咸豐初年得罪上司而被奪去直隸遵化知州職，卸任後虧纍極重，梁承光弱冠之年爲持家計，饑驅奔走，備嘗勞瘁。此時所作之詩，爲《負米集》。第二卷是《薇垣集》六十四首，是梁承光在任内閣中書時所作。第三卷是《山右前集》五十八首，爲同治二年（1863）和三年（1864），梁氏赴山西以後所作。第四卷是《山右後集》三十六首，爲同治四年（1865）梁氏在永寧知州任上所作。

本書前有光緒三十年（1904）九月東閣大學士孫家鼐序、工部尚書陸潤庠序。其中陸序云，此集“多慷慨論事之作，即一投一贈，莫不有真性情行乎其間。其風格則皭然不群，而意態之雄傑又時或遇之”。書末有光緒三十年三月梁承光之子梁濟跋，此跋述梁承光一生涯略，及梁濟編輯印刷本書過程。本書封面由張建勛於光緒三十年孟冬題簽。（羅瑛）

冬心齋詩存一卷

清陳存懋撰，清陳任中編。鈔本。一册。半葉十一行，行十六字，緑絲欄。白口，四周單邊，單魚尾。

陳存懋，字宫德，號竹香，晚號澹園居士，江西贛縣人。清同治十三年（1874）進士，改庶吉士，散館授檢討。清光緒八年（1882）充湖北鄉試主考官，此後歷任順天鄉試同考官、紹興鹽茶總辦等職。晚年家居，主講書院。著有《冬心齋詩文稿》五卷、《試帖詩》一卷等。陳氏書法亦聞名於時。陳任中，陳存懋子，字仲騫，光緒二十八年（1902）舉人，曾任京師大學堂檢查官、教育部總務廳主任、北洋政府教育部次長等職。

本書卷首《詩話》一篇，論陳存懋詩，較爲公允，如寫道"《過盧生祠題辭四首》是澹園使鄂時作……四詩以恬靜之筆寫忠愛之忱，解紛言志……《再疊傳舍人元韻一首》想見承平文酒先正風規可與玉堂補竹圖并傳。七古中如《題香雪論心圖》《橫溪泛月歌》，七律中如《七鯉鎮河堤晚眺補》和管士一同年使鄂之作，諸篇直抒襟臆，上揖三唐，蓋於青田青邱兩集致力甚深云"。

作者宦游多地，詩作題材比較廣泛。其中有思念親人者，如《辛巳八月北上舟中對月感懷》《九日感懷》《秋夜憶弟》等；友朋唱和者，如《辛卯分校北闈和殷厚培給諫》《和徐壽蘅前輩步聚奎堂衷白先生原韻》等；寫景詠物者，如《餐氣嶺》《朶山亭》《佛殿美人蕉》等；登臨題畫者，如《豫讓橋懷古》《游通天巖步陽明先生原韻》《游麂嶺歌》《題吳潤谷先生采菊圖》等。（羅瑛）

不薄今齋時文

清戴錫鈞撰，清裴章輯。清光緒六年（1880）刻本。一册。半葉九行，行二十五字。白口，左右雙邊，單魚尾。

戴錫鈞（1846—1901），字藝邘，又作毅夫，號鴻慈、知甜生，江蘇長洲人。清同治五年（1866）鄉試第二十二名舉人，同治十三年（1874）進士，同年隨李鴻藻督辦河工。清光緒十七年（1891）任吏部考功司員外郎，旋補考功司郎中，十八年（1892）爲工部寶源局監督，二十六年（1900）補直隸、大名知府。次年，禱雨烈日中，感暑熱而卒。著有《不薄今齋時文》與《采百集》二卷等。《［光緒］吳縣志》卷六十八有傳。

時文，也稱制藝、制義，是明清時代科舉應試的文章，亦即八股文。戴氏舉進士後，供職京師，一時名公巨卿聞其才名，索觀其制藝，爭相推許，并請其付梓。於是門生裴章等收集戴氏作品，刊成此集。本集收錄戴錫鈞八股文一百三十五篇。這些文章，文題全部出自《四書》，即《大學》七篇、《論語》六十四篇、《中庸》二十六篇、《孟子》三十八篇等。八股文雖刻板，但戴氏作品忌枯燥，理法清新，崇尚宏論，力追清初時文大家。門下士得其親炙，科舉進身者相連屬。故本書可視爲較標準

的八股文範本。本書卷前有光緒六年(1880)十一月黄虞唐序、十月陸潤庠序、十月吳鋆序。(羅瑛)

分釵集

清聯輝撰。稿本。一册。無框格。

聯輝,字鳳翹,號宜生,姓瓜爾佳氏,長白人。

此集爲聯輝稿本,妻子烏爾格里氏,嫁聯輝百餘日即去世,年十九歲,長聯輝一歲。此集是聯輝爲烏爾格里氏作悼亡詩,回憶紀念共同生活的情景,表達懷念和傷感的心境。封面鈐有"聯輝私印""怕提歲事若傷心"等印。卷首爲"柔弟增慧題"詩,以及自題詩等,寫於同治年間,正文皆爲悼亡。鈐印有"餘事""養福字""增鍠""鳳翹翰墨"等。字體娟秀,情真意切。(薛文輝)

舟枕山人乙卯自述詩

清王毓岱撰。民國石印本。一册。半葉十行,行二十二字,小字雙行同。

王毓岱(1849—?),字海帆,號少舫,浙江餘杭人。清光緒二十八年(1902)舉人。南社社員。

此書卷端題"乙卯自述一百四十韻"。按"乙卯"爲民國四年(1915)。全書僅有不足五葉,以詩的形式簡述了著者家庭及一生,詩中多有小注,對於瞭解其生平頗有幫助。如開篇即云"我生逢己酉",點明其生年;"枕荆宵避難,分芋冷充飢"則言太平天國時期躲避戰亂的苦難;"再附公車便,旋深噩耗悲"則言其父參與會試後病逝京城的不幸。凡此種種,讀來頗令人心酸。(石光明)

未味齋詩集五卷

清英瑞撰。稿本。五册。半葉八行,行二十一字,小字雙行同。

英瑞(1845—?),字鳳岡,氏兆佳,滿洲正白旗人。舉人,清光緒三十三年(1907)官至大理院正卿,專任修訂法律大臣。

本書前有英瑞手迹一紙，言請指正、賜序。全書共分爲五卷，按時間編排：卷一起咸豐十年訖同治八年（1860—1869），收詩一百二十六首；卷二起同治八年訖九年（1869—1870），收詩二百八十四首；卷三起同治十年訖光緒元年（1871—1875），收詩一百五十六首；卷四起光緒二年訖五年（1876—1879），收詩二百一十首；卷五起光緒六年訖七年（1880—1881），收詩一百九十八首。共計九百七十四首。所收錄之詩以感懷、游覽之作居多。

鈐“鳳岡”“兆佳氏英瑞印”“詠春珍藏”等印。《八旗藝文編目》據此本著録。（石光明）

揖坡詩稿二卷

清龔乃保撰。民國鉛印本。一册。半葉十一行，行二十八字。白口，左右雙邊，單魚尾。

龔乃保，字艾堂，號揖坡，江蘇江寧人，坦幼子。清光緒十九年（1893）游幕四方，後主講南安道源書院，清宣統元年（1909）入江蘇通志局，纂《通州人物志》。與濮文暹、陳作霖友善。還著有《冶城蔬譜》。

本書爲《龔氏家集》之卷四，前無總序，末有民國己未年（1919）自跋文二則及侄肇新跋。乃保自輯詩七百餘首，删存二百餘首，編爲《揖坡詩稿》二卷，卷上爲《蘋花舫詩鈔》《西江草》，卷下爲《大樹盧詩存》《大樹盧續存》。

肇新在跋中談及其叔父龔乃保，言本不欲以詩示人，請之再三方授以稿本。其中“《西江草》有陳雨生外舅題詞一首，《大樹盧詩存》有濮文暹先生小序一首，他無述焉”。并略舉其生平大概綴之卷末。其詩之派別在卷二濮文暹先生書中已詳言之。

此書流傳不廣，《清人詩文集總目提要》僅著録國家圖書館有藏。（宋晶）

希愚山人遺稿四卷

清黃鋼勳撰。民國鉛印本。一册。半葉十二行，行三十二字。黑口，四周雙邊,單魚尾。

黃鑲勳(1845—1924),字宇儀,亦字潤銓,以字行,晚號希愚山人,湖南寧鄉人。其父官甘肅白馬州判,有政聲,然家素貧,以醫自贍。清同治九年(1870)師從湘潭黃曙軒學習,學業大進,自是授徒里中。清光緒七年(1881)往白馬州省父,授徒十數人,自此地文教始開。母逝後遍游永固、甘州、哈密、于闐等地,歸鄉後族人推爲族正。民國九年(1920)族衆推爲五修族譜總纂,逾年而譜成,四年後卒。著有《族譜》十八卷、《希愚草廬詩》。

卷前有族孫黃錫卣撰《族王父宇儀君傳》、民國二十一年(1932)傅紹巖序、民國二十五年(1936)劉宗向序等。黃宇儀向無意於帖括之學,喜詩文之道,其詩文成就亦較高。傅紹巖在序文中贊其"所爲詩文真樸淳粹,不事雕琢而天趣流行",又在《希愚山人詩存》卷末點評曰"公詩有關名教,非漫爲吟詠者,古詩五言雅近儲韋,七言亦入中唐諸子之室,近體諸作風度氣格均臻上乘,細讀數過的是可存之作"。

正文分四卷:卷一爲《希愚山人文存》,收錄黃宇儀所作傳十三篇、記三篇、行述二篇并壽序、八訓、八戒、祭文等若干篇;卷二爲《希愚山人詩存》,收錄黃宇儀詩一百餘首;卷三爲《希愚草廬聯語略存》;後爲《希愚山人筆記》一卷。(尤海燕)

夕陽紅好廬剩稿

清徐琢成撰。民國石印本。一册。半葉十八行,行三十八字。黑口,四周雙邊,單魚尾。

徐琢成(1847—?),字鈺齋,號怡怡軒主,江蘇江陰人。清光緒初貢生。科場不順,遂以詩酒自娛,以授徒爲生。能醫。工詩古文辭,交游廣泛,曾參與武進苕岑吟社、進社等。詩多刊於《滬報》。

是書有泰興八九老民李紹基、金山顧駿、虞山畢公天、休寧戴祖培等人序,李紹基、薛鍾斗、何芳滋、胡鴻勳等人題詞,部分詩有李紹基注。所收詩爲徐琢成晚年所作古近體詩,其生平經歷、交游情況可見一斑。此部僅存上編。(賈雪迪)

五十麝齋制藝

清樊增祥撰。稿本。一册。半葉九行，字數不等，緑格，竹節欄。版心上爲"白意蔡雜著"，下爲"仿蔡中郎竹册"。

樊增祥（1846—1931），原名樊嘉，又名樊增，字嘉父，別字樊山，號雲門，晚號天琴老人，別署天琴居士、樊山居士、東風亭長，室名樊園、天琴樓、雙紅豆館、五十麝齋等，湖北省恩施人。清光緒進士，歷任渭南知縣、陝西布政使、護理兩江總督。辛亥革命爆發，避居滬上。袁世凱執政時，官參政院參政。曾師事張之洞、李慈銘，爲同光派的重要詩人，詩作艷俗，有"樊美人"之稱，又擅駢文，詩文達三萬餘首。著有《樊山全集》。

制藝，舊指八股文。此書封面題寫"五十麝齋制藝"，卷首題"五十麝齋制藝樊山自題　時辛卯七月"，之後爲天津張鴻來跋語，稱"此册於民國廿三年二月廿六日（陰曆甲戌正月十三日）購於文友堂堆房，計制藝十八篇，試帖十二首。查其紀年，由甲申（光緒十年）至甲午（光緒二十年），蓋樊山三十歲以後手書之作品也。此種詩文在今日已不入時，然樊山胸羅萬卷，妙手拈來，不必刻意求工，自然光彩絢爛。中有陶樓（黃彭年）、姜筠、余誠格評語，出自各家手書，亦極難得"，大致完整介紹了此書情況。

此本鈐有"張印鴻來""樊嘉五十萬"等印。（薛文輝）

爲一齋文鈔一卷

清陳嘉謨撰。民國二十年（1931）冀州陳氏鉛印本。一册。半葉十二行，行三十二字。黑口，四周雙邊，單魚尾。

陳嘉謨（1868—1911），字獻亭，號皋才，冀州人。清光緒二十九年（1903）舉於鄉，後肆業高等警務學校，受聘爲該校國文講師，兼任陸軍部編譯局編輯，京北清河陸軍第一中學國文講席。著有《修身科要旨》《倫理學綱要》《私德公德大意》《中外先哲嘉言懿行録》等。

書衣題“爲一齋文鈔”，署“辛未夏五月胡宗照署”。書名葉題“爲一齋文鈔”，署“辛未夏六月宗伯恬題”。卷首有《爲一齋文鈔序》，署“受業同邑張鏡寰叔平甫撰時共和紀元二十年六月”。次目録，署“先考獻廷公遺著”“男陳悦華敬梓”。文集後有“受業同里王書香、張國模同校”一行。并附《先君家傳》，署“悦華謹撰述於密雲縣公安局時中華民國二十年六月也”。此集爲陳悦華將珍藏其父遺稿彙爲一集而成。

集中所收之文有序跋、墓誌、贈答、論説等。清末民初，世值風雲創變之際，陳之文既留有淵懿雅健、疏宕軒爽之古意，又兼收西學，適爲格致教學之用。正如張鏡寰所稱譽：“公之世，法當於薄物小篇之外，别有造述，晚既博極群書矣，嘗約取周秦諸子及最近西儒之説，條其名理，裁以義法，成一家言。”（顔彦）

小竹園詩鈔二卷

清程開鎮撰。清光緒三十二年（1906）刻本。一册。半葉十行，行二十一字。黑口，雙魚尾。

程開鎮，字如嵩，號靖侯，湖北漢川人。諸生。

本書前有清光緒二十九年（1903）邑人江人度序、光緒二十八年（1902）門人汪玉麟序，末有其子鴻藻跋。全書共上下兩卷。江人度序中評程開鎮“性和而介，素善飲，與之所至，發爲詩歌，風骨格調頗與孟鹿門、范石湖諸人相近。清而腴，秀而健，魚魚雅雅無一點塵俗氣，蓋其人其詩固已渾化無迹矣”。由程鴻藻跋可知此書原爲鴻藻所録以備遺忘，後遇汪進之司馬趣付梓，然“大都拾殘缺而遺其菁華”。

此書流傳不廣，《清人詩文集總目提要》僅著録國家圖書館有藏。（宋晶）

竹園文集四卷

清賀淇撰。清木活字本。二册。半葉十行，行二十三字。白口，左右雙邊，單魚尾。

賀淇，生年不詳，字子泌，號竹舫先生，湖南衡陽人。約卒於光緒初年，年四十一歲。幼聰敏，然學成不應童子試。

本書前無序，後有衡陽後學趙賡梅撰《賀竹舫先生傳》。全書共四卷：卷一收錄所撰論述十篇，卷二含經義、解、狀、記等文十九篇，卷三爲説、傳、行略、書等文九篇，卷四輯録作者所撰祭文、紀事、詩、贈序等九篇。

趙賡梅在《賀竹舫先生傳》中談及此書初爲賀淇三子所持，後歸於邑廩生謝瀚祥，藏於沈氏故園，經大水兵禍皆得無恙，終刊定付梓。（宋晶）

星辛盦賦四卷

清楊鳳藻撰。清光緒二十三年（1897）天津萬寶書局刻本。四册。半葉九行，行二十三字。白口，左右雙邊，單魚尾。

楊鳳藻，生卒年不詳，字蘭坡，别號惺新盦主，一作星辛盦主，直隸天津人。清光緒十五年（1889）己丑恩科第十九名舉人。

本書前有光緒二十三年（1897）九月同年天津王守恂序，并作者自述。全書共四卷，輯録所撰賦文共八十七篇。王守恂在序中提及“同年楊蘭坡與守恂同出吾鄉梅小樹先生門下，少作詩賦能自樹立”。楊鳳藻自述中亦稱此書乃“余友甘寄龕存余作近百首，出而刻之”。（宋晶）

鴄鳴集

清楊亦溥撰。清刻本。一册。半葉十一行，行二十二字，小字雙行同。黑口，左右雙邊，雙魚尾。

楊亦溥，生平不詳。卷端題“楚郊郢楊亦溥楠岑甫纂”，按“郊郢”爲鍾祥舊稱，當爲湖北鍾祥人。

本書前有同里友人向兆麟序，在序中向兆麟回顧了與楊亦溥的交往經歷，并對其詩作予以評價，認爲其詩“氣格蒼勁，聲情穩稱，惟昌黎所云橫空盤運語妥切”。

本書收録楊亦溥所撰詩，而題名下鎸“詩”字樣，或不全。卷端又題“男著蓄梓”，説明此書爲家刻本。（石光明）

平蠻草一卷

清饒敦秩撰。清光緒二十六年（1900）饒氏成都鉛印本。一册。半葉九行，行二十四字。白口，四周雙邊，單魚尾。

饒敦秩，生卒年不詳，湖北東湖人。附生，曾任四川南溪、冕寧、貴州開陽等地知縣。著有《蠶桑質説》《蠶桑簡要録》《植棉纂要》等。

本書前有清光緒二十六年（1900）東湖饒敦秩識語，開篇即言"此予任冕寧時兩次剿蠻之作，彼族之源流、撫馭之得失略具其間"，卷端又言"蒞冕寧之明年戊戌春，邑紳以剿蠻請，爲邊民之不靖也。遂爲料團民、備軍實，檄而征之，且考彼族之源委及歷代撫馭之得失，并議其所以治焉"。著者撰此詩作，不僅因感興抒懷而爲，更具記史資政功用。

版心下鎸"東湖饒氏古懽齋刊"，書末有"成都文倫書局代印"字樣。　（石光明）

塵定軒吟稿

清繼昌撰。清鈔本。一册。半葉六行，行二十字，小字雙行同，朱格。白口，四周雙邊，單魚尾。

繼昌（？—1829），字蓮龕，氏拜都，隸正白旗。清嘉慶五年（1800）舉人，官至江西布政使。

本書前後無序跋，末有缺葉。所收皆爲著者所作詩詞等。詩以交游爲主，與孫星衍有《寄孫淵如觀察時解組歸里》，與許兆椿有《許師巖師撫黔中賦呈》，與趙懷玉有《送趙味辛南歸即次留別元韻》等。又書中有詩名《挽粟至京家園小住塵定軒即事示諸弟》，可知塵定軒爲其京師家中居所。書中有墨筆修改，天頭處有批注言"入詞本""入詞""入試帖"等，或以此本爲底本修改。

另：《八旗藝文編目》著録二"繼昌"，一爲漢軍，氏李佳；一即爲此，又言其另著有《塵定軒詩詞鈔》八卷。《清人詩文集總目提要》著録此書，將著者係爲前者，并言其生年不詳，卒於光緒三十四年（1908）。根據書中所言著者的交游，《清人詩文集總目提要》當誤。

鈐"義州李放圖籍""留垞"等印。（石光明）

瞻閔集虛一卷

清胡元儀撰。清光緒十八年（1892）刻本。一冊。半葉十一行，行二十八字，小字雙行同。黑口，左右雙邊，單魚尾。

胡元儀（1848—1908），字子威，湖南湘潭人。著有《毛詩譜》一卷、《北海三考》六卷、《始誦經室文録》一卷等。

本書前有清光緒十六年（1890）著者自序。此爲著者感悟思辨之作，共三十篇，如言人之本性善惡論、五倫説，又如由鯊魚化虎與真虎之區別感嘆"欲求爲己之學者宜爲真虎，勿羨鯊魚"。凡此種種，多由世存之物之事而生議論、發感慨，不乏真知灼見，然亦難免迂腐之説。

末有"長沙東長街梁益智書局承刊"字樣。（石光明）

四無妄齋吟稿二卷

清張培蘭撰。清光緒三十四年（1908）鉛印本。一冊。半葉十一行，行二十七字，小字雙行同。白口，四周雙邊，單魚尾。

張培蘭，字覺廬，一字息民，號澧栽，又號退畦，別號簡便自治生，浙江平湖人。十五歲游郡庠，屢試不中，清光緒十九年（1893）入明經科。家貧，設帳四方，以課徒爲生。晚年居於家，著有《碧溪長春園全集》六卷、《答問解經》二卷、《覺路同登》四卷、《息義》十二卷及《退畦一枝樓聯語》《繹圃雜志》等，多未刊行。四無妄齋爲其讀書所。

本書正文前有著者識語，言其讀書、作詩的經歷。光緒四年（1878）湖北之行，作《鄂游草》，然多散佚，十僅存一二，因從中删而存之若干首，刊印行世。著者所作詩，內容廣泛，或唱和，或感懷，或記游，一事一物皆入詩，甚至友人贈桃亦"賦詩紀之"。

本書前有光緒三十四年(1908)受業門人陸丕基所撰《張明經傳》,對其生平叙述甚詳。(石光明)

花磚日影集七卷

清徐琪撰。清光緒刻本。四册。半葉十行,行二十一字,小字雙行同。黑口,左右雙邊,單魚尾。

徐琪(1849—1928),字玉可,號花農,浙江仁和(今屬杭州)人。清光緒六年(1880)進士,改庶吉士,授編修,官至内閣學士,署兵部左侍郎。師事俞樾,受知於李慈銘。工書法,善畫花卉。著有《冬日百詠》《采風偶詠》等

據清光緒三十四年(1908)其門生黎湛枝序言:"自甲申元旦迄於辛卯八月,拜視學吾粤之命,凡八年之久,自比於日課一詩,名之曰《花磚日影集》。自粤學報滿還朝,至丁酉十月入值,南齋之前則謂之《花磚重影集》。"《花磚日影集》全書共計十卷,此本存七卷:卷一至七,卷端下題"香海盦叢書"。由其門生沈國柱、戴培基、譚學周、陳啓輝等校。封面有王垿題書籤,題名爲"花磚日影集　光緒丁未五月吴郁生署"。卷前有黎湛枝序。(提娜)

漱石軒詩鈔

清王傑撰。清光緒二十三年(1897)木活字本。一册。半葉八行,行十九字,小字雙行同。白口,四周雙邊,單魚尾。

王傑,生卒年不詳,字卓英,號萍莊,江蘇丹徒(今屬鎮江)人。諸生。傑少孤,博覽群書,以商人事吟詠。與同邑韓弼元、周伯義、謝庭蘭、李慎儒諸詩老相唱和。著有《漱石軒詩鈔》。生平見於卷前吴麗生序。

傑喜詩,然不苟作,作不苟存,故數十年僅得百篇。傑殁後其子收其遺作付梓,是爲此書。此本卷前有清光緒十九年(1893)吴麗生、光緒十年(1884)周伯義、光緒二十年(1894)李慎儒、光緒二十年謝庭蘭、光緒十三年(1887)王祖蔭等人序,韓弼元、許其光評語,又周伯義、戴恒、周炳蔚、戴怡等人題辭。李慎儒序言:"漱石軒

詩寥寥百篇,而無格不備。大抵皆唐音,不作宋以下語。至其五言律詩,宏深蕭括,勁健渾融,得少陵法乳,而以己意鎔鍊之。"韓弼元評其詩"諸作皆得清氣,雖吉光片羽,盡可傳世"。卷後有其子明治跋,述成書經過。（提娜）

誦芬書屋文集六卷

清鍾顯震撰,清鍾仰增編輯。清宣統元年(1909)刻本。一册。半葉十行,行二十三字。黑口,四周雙邊,單魚尾。

鍾顯震(1804—1864),字守謙,一字青田,湖南湘陰(今屬岳陽)人。增生,保訓導,加五品銜。著有《誦芬書屋文集》二卷、《懷二山房詩集》二卷。其生平見於黃景運爲其所作傳,言"卒年六十有一,卒後數月,湘潭羅研生徵其文選入《湖南文徵集》"。

《誦芬書屋文集》共六卷,卷一爲傳類,卷二爲序跋類,卷三爲尺牘類,卷四爲碑記類,卷五爲文類,卷六爲雜著類。此本卷前有吳景運所作《五品銜儘先即用訓導鍾君傳》,清同治八年(1869)郭嵩燾序,清光緒三十四年(1908)彭熙載序,清宣統元年(1909)鍾忠敬序,卷後有光緒二十九年(1903)周發藻跋,宣統元年其孫鍾映奎跋,述其成書經過。另,書衣有柳潛所題書籤。（提娜）

蓼園詩鈔五卷續鈔二卷

清柯劭忞撰,清廖泉編。民國刻本。三册。半葉十行,行二十一字。黑口,左右雙邊,單魚尾。

柯劭忞(1850—1933),字鳳蓀,山東膠縣(今屬山東膠州市)人。清同治九年(1870)舉人,清光緒十二年(1886)進士,三十年(1904)任貴州學政,官至典禮院學士。撰《新元史》有名於世。參與編纂《清史稿》,并撰有《春秋穀梁傳注》。

本書卷前有馬其昶作序。《蓼園詩鈔》共五卷,第一卷爲五言古詩,第二卷爲七言古詩,第三卷爲五言律詩,第四卷爲七言律詩,第五卷爲絕句。《蓼園詩續鈔》二卷,第一卷爲五言古詩和七言古詩,第二卷爲五言律詩、七言律詩和絕句。（提

娜）

意盦吟草一卷

清佚名撰。民國五年（1916）鉛印本。一册。半葉十二行,行二十三字。白口,四周雙邊。

此書著者姓名不詳,意盦或爲其號,據前所附三十一歲像推測,當生於光緒十二年（1886）。

本書前有意盦三十一歲像及民國五年（1916）自序。自序中言:“丙辰春仲,老友天涯過客將予歷年所置篋中之散軼殘篇萃集百首,録成一册,屬予序言於卷首,彼付手民。”所録之詩按年編排,起清光緒三十二年丁未（1907）,訖民國五年丙辰。書末有民國五年天涯過客跋,内言其從著者所作數百首詩中選擇百首,編成此書,“苟以詩論詩,此皆從性情中流露”。末有墨筆“民國初年作者尚少年時代”。

書中所録之詩,除感懷、游興之作外,多與清末民初名人有關,如《和月華將軍送徐東海原韻》則與毓朗、徐世昌有關,《怡園主人招飲戲贈》則涉及蘇州顧氏,《挽容庵主人》當爲袁世凱而作。（石光明）

味古齋詩存六卷

清史一經撰。清鈔本。一册。半葉九行,行二十三字,無格。

史一經（？—1910）,字君牧,號研餘,江蘇溧陽人。著有《洮漁遺詩》《小滄嶼山房詩存》等,《味古齋詩存》與《小滄嶼山房詩存》輯入《止齋叢書》。

卷端有樂亭張山題詩,鈐有“百園主人”印。卷一、四、五、六卷端下署“溧陽史一經研餘甫”。卷二卷端下署“溧陽史一經研畬甫”,卷三卷端下署“溧陽史一經君牧甫”,卷一卷端題“擬古雜題”,卷二題“古今體詩”,卷三四未題,卷五前半部分題“民謠十章”,分農夫謠、牧豎謠、樵人謠、漁父謠、榜人謠、賈客謠、老翁謠、兒童謠、織婦謠、鹽婦謠,頗有逸趣。全書行間有朱筆句讀圈點等,書眉有批注,校改等。此書鈔寫工緻,吟詠對象豐富。（薛文輝）

醉經齋詞鈔一卷

清張兆蘭撰。清光緒鉛印本。二冊。半葉六行，行二十字。白口，四周雙邊，單魚尾。

張兆蘭（1843—？），字畹九，號秋蓀，江蘇儀徵縣人。清同治九年（1870）庚午科舉人，曾任兵部郎中、陝西道御史、禮科給事中、總理衙門章京等職。參與纂修《［同治］內江縣志》，輯有《泉緣彙珍記》。

本書前有清光緒二十一年（1895）陳瀏序。陳氏對張兆蘭詩詞大加贊賞，認爲其詩"唐賢規則五言等於長城，鄭氏篇章千首留於灞岸，雖峰青江上，香滿輪中，無以過也"，又稱其詞"漆園寓言已得十九，義山隱語更隔萬重"。

鈐"公辇"等印。（石光明）

衍廬雜稿

清朱昌燕撰。稿本。六冊。

朱昌燕（1851—1906），字苓年，一字與九，號衍廬、苓年、衍廬，浙江海寧人。歲貢生，援例授訓導。天資聰穎，博覽群籍，專精掌故。性嗜蓄書，所居朝經暮史書子夜集之樓，庋藏甚豐。清光緒甲午丁未之際，執教衆山書院。喜獎掖後進，五百里內高才生多出其門下。民國十六年（1927）費寅編《朱廬舊藏鈔本書目》，著録海昌鄉賢著述鈔本約二百六十種。藏書處有"朝經暮史書子夜集之樓""沙濱草堂""學易齋""衍廬""椒花後舫""拜竹龕"等。藏書印有"香草山房藏本""嗜好與俗殊酸鹹""朝經暮史書子夜集樓收藏印""書如水我如魚魚不可一日無水我不可一日無書"等。後書籍散佚。著有《十四經解詁》《國朝宋學淵源續記》《國朝列女事略》等。

此書收作者各類文稿，詩詞、墓表、傳記、塔銘、題畫詩等，多爲未定稿、草稿，還收有友朋信札，所記之事豐富，使用紙張不同規格，書寫時多隨筆記載或創作，亦有謄録稿。特別是第五冊以綠竹節欄稿紙，第六冊前半以紅竹節欄稿紙，應爲謄清稿,第六册後半部分爲玩器清單,朱昌燕藏書之外,器物收藏亦爲其愛好。豐富的資料爲研究作者創作風格以及作者生活時代及地域的珍貴史料。(薛文輝)

青海奉使集二卷

清闊普通武撰。清光緒鉛印本。二册。半葉九行,行三十字,小字雙行同。白口,四周雙邊。

闊普通武(1853—?),字安甫,號尺五園主人,他塔拉氏,滿洲正白旗。清光緒十二年(1886)進士,散館授編修,官至禮部侍郎、西寧辦事大臣。另著有《湟中行記》《尺五園詩草》《萬生園百詠》等。

本書前有光緒二十六年(1900)張少文序。卷端首行題"豹隱山房詩集"。光緒二十四年(1898)戊戌變法失敗後,闊普通武因支持變法而被左遷爲西寧辦事大臣,直至二十九年(1903)休致。本書所作詩即爲任職一年多來所撰詩作。張文少認爲"凡所歷名山大川、昔賢勝迹,靡不因地寄慨,望古流連,誠有心世道之作也"。

鈐"安甫染翰""譚國棻印"等印。此爲譚國棻捐贈之書。(石光明)

南皮紀游草

清闊普通武撰。民國鉛印本。一册。半葉八行,行二十九字,小字雙行同。白口,四周雙邊,單魚尾。

民國三年(1914)三月,友人南皮張蘭浦回鄉,闊普通武隨之前往。本書所收諸詩就是闊普通武往來南皮期間所作,共計二十三首,詳細記錄了作者往還南皮時的所見、所聞、所感等。

鈐"闊普通武""丙戌翰林""譚國棻印"等印。此爲譚國棻捐贈之書。(黃琳)

來薰堂文鈔

清陳炳撰。民國鉛印本。一册。半葉十六行,行三十四字。黑口,四周雙邊,單魚尾。

陳炳，字其文，原名大乾，别號菊園，河南西平人。優廩生。科場不順，年五十"始以醫問世，所活甚衆"。能文善書，"書工顔柳體，尤善作擘窠大字"，爲文有"磅礴浩蕩之氣"。有《來薰堂文鈔》存世。

書前有李時燦序、民國五年（1916）族弟金臺序，後爲《陳其文先生傳》，叙述作者生平。後有銘鑒跋。金序中言及陳炳之孫子衡説其祖父"古文辭散佚者大半，僅其父平之收録十餘篇，吉光片羽不忍湮没，擬衰而存之"，又説陳炳之文"其精湛處語必透宗，言皆有物，雖寥寥數篇亦自足獨有千古矣"。

此集收録陳炳文章《祭大椿樹文》《祭弟文》《代族叔顔德祭父母文》《代族弟碩山祭曾祖父母文》等十篇文章。（馬琳）

牢溪生詩二卷

清黎汝謙撰。鈔本。一册。半葉十行，行二十一字，朱絲欄。白口，四周單邊。

黎汝謙（1857—1909），字受生，貴州遵義人。清光緒元年（1875）舉人。光緒八年（1882）隨叔父黎庶昌出使日本，歷任駐神户領事、駐横濱領事。在日本與蔡國昭合譯《華盛頓傳》，介紹西方制度。多次上書李端棻、張之洞等，主張變法維新。回國後以知府分發廣東，十年後罷官，寓居貴陽。著有《夷牢溪廬文鈔》六卷、《夷牢溪廬詩鈔》七卷，與莫庭芝、陳田合輯《黔詩紀略後編》三十三卷。

此書所收詩作，不以體裁分類，而按年編次，始於清同治十二年（1873），終於光緒二十一年（1895），末附光緒五年（1879）所作《金縷曲》《滿江紅》詞二闋。黎汝謙詩作多由性情，自出胸臆，出使日本期間諸作，多記異國風景名勝、風土人情。憂國憂民之思，時見筆端，如作於"甲午十月"的《書事》三首，其二論甲午中日戰爭，有句云"何人肇釁端，失職由行人。何人坐失機，宰相畏用兵。縱令黑子國，稱戈指帝京。内政自不修，外患何由平"。維新變法思想也在詩中有所體現，如《書事》之三有句云："各各務富强，精究兵與農。學校密如林，十九習工商。静時務吸取，動時務戰攻。而我號神州，地大物又豐。泥古守成法，勢窮不變通。文士試八比，武夫校刀弓。理財尚搜括，命官要貲充。視彼眈顧者，持此將安庸。"

將此本與光緒二十五年（1899）刻本《夷牢溪廬詩鈔》相較，所收詩作互有參差。如此本乙亥年（光緒元年，1875）之後，即爲戊寅年（光緒四年，1878）之作，而《夷牢溪廬詩鈔》則録有丙子（光緒二年，1876）、丁丑（光緒三年，1877）二年詩作多首。又如戊寅年詩作，此本録一組，《夷牢溪廬詩鈔》録八首／組，無一首重合。此本部分文字可補充《夷牢溪廬詩鈔》刻本。

此本夾有籤條多處，内容多爲某詩"敬擬割愛"，所指各詩多不見於《夷牢溪廬詩鈔》刻本。行間有修改，或注"删"等字樣，對比《夷牢溪廬詩鈔》刻本，部分照改，部分仍舊。部分詩題下添注"以下癸酉"之類紀年信息，《夷牢溪廬詩鈔》刻本多承用不改。從這些迹象看，此本當爲黎汝謙詩作結集過程中的一種稿本。

封面題"牢溪生詩稿"，卷端題"牢溪生詩卷×"，書名據卷端著録。

國家圖書館另藏有《牢溪生詩鈔》稿本一部，分四卷，内容與此本基本一致，惟卷末缺《金縷曲》《滿江紅》詞二闋。（劉波）

高太史論鈔四卷

清高熙喆撰。清宣統元年（1909）刻本。四册。半葉十行，行二十五字。黑口，四周雙邊，單魚尾。

高熙喆（1854—1938），字亦愚，一字令甫，號仲珹，滕縣（今山東滕州市）人。清光緒十二年（1886）進士，改庶吉士，授翰林院編修。二十年（1894）主山西鄉試，同年充會試同考官。三十年（1904）後歷任甘肅寧夏知府、宣化知府、大名知府等職，辛亥革命後隱居不問政事。著有《春秋左氏傳注》《四書説》《高太史文鈔》《周易注》《毛詩注》，還纂有《滕縣鄉土志》《續滕縣志》。

此集共四卷，前三卷多爲史論之文，卷四則爲碑傳、詩文集序等。卷前有光緒三十三年（1907）濮文暹序、王復祥《送同年高太史北上書其論義文稿後》以及王建枃序、朱洪鎬序。觀集中諸文，確如濮序所説："融貫全史而折衷以經傳出之，以謹嚴旁徵曲引，雖無不如志，然皆言不過乎物，屬詞比事，其春秋之教乎！"朱序中亦稱"先生之文，所謂時地之各適者也，不拘一墟，隨事賦形"。此集除文學價值，集中的墓誌、碑傳等亦是晚清鄉土人物的珍貴史料。

另外集中多數文章篇末均有濮先生評語，對我們瞭解高熙喆、濮文暹的文學觀也有一定價值。

另，山東大學圖書館藏有稿本《高太史集》六冊，收文一百七十六篇，詩二十首。（馬琳）

求實學齋文集八卷

清余愭撰。清木活字本。四冊。半葉九行，行二十一字。黑口，四周單邊，單魚尾。

余愭（1853—？），字勤夫，一字遁圃，平江（今屬湖南）人。清光緒年間從余虎恩出關，駐於臺北，曾參修《臺灣通志》。後游歷幽燕吳越江淮贛皖間。著有《仲子詩集》《求實學齋文集》《庭訓遲録》《治書求志》《草堂日記》《丹霞山志》等。

求實學齋爲余愭室名，此集前有清光緒三十一年（1905）余愭自叙，共八卷：卷一、二爲論辯文二十篇；卷三、四爲叙跋二十八篇；卷五爲奏議、書説、贈叙十篇；卷六爲傳狀、碑志十四篇；卷七爲雜記十二篇；卷八爲箴銘、贊頌、哀祭八篇。集中保留了大量平江人士的生平資料，亦有雜記類的作品，類似文言短篇小説，如《書義牛事》等。

據《清人別集總目》，尚有光緒二十三年（1897）刻四卷本《求實學齋文集》，今存上海圖書館、湖南省圖書館及南開大學圖書館。（馬琳）

寱歌室詩集

清彭季親撰。清鈔本。一冊。半葉九行，行二十四字。

彭宗因，生卒年不詳，字季親，浙江海鹽武原鎮人。彭紹賢少子。早年絶棄仕途，賦詩種卉藥自娛，又旁涉金石、書畫、茶藝，不事生產，晚年病痢，久不癒。卒年六十有九。鄉先生私謚節隱。

本書前有録《海鹽續圖經》文一段，述作者生平。全書不分卷，依次過録作者所作詩。其中，以唱酬交游類與旅途行吟類數量較多，特別是在易州停留期間，有《易州中秋》《易州署中雙鷹行》《易州少年踏雪歌》等數首。又《歲暮病中感懷四首》(其四)，詩中小注言"前後居京凡七年"，《長至日思歸四首》(其二)，詩中小注言"自癸未至今，往來南北十年，不與祭掃矣"，可知作者在外游歷時間頗多。

此鈔本鈔寫整齊，字體亦佳，間有改動痕迹。除此詩集外，據《海鹽序圖經》録文，作者另有詩集，名《杞憂草》。

本書鈐有"景韓""費寅之章"印。(杜萌)

夏伯定集二卷

清夏震川撰。清光緒刻本。一册。半葉十行，行二十二字。白口，四周雙邊，單魚尾。

夏震川(1854—1930)，字伯定，號滌庵，後改名震武，富陽(今屬浙江杭州)人。清同治十三年(1874)進士，官工部營繕司主事。喪權辱國的《里瓦基亞條約》簽訂後，夏震川竭力主戰，并上書要求嚴懲恭親王奕訢等親貴大臣。但作爲舊派文人的代表，他主張尊孔讀經，鄙視科學。戊戌變法時，他曾上書請"立誅"康有爲、梁啓超等人；庚子事變後，八國聯軍攻陷北京，震武奉旨，遂赴西安上《中興十六策》，反對屈辱求和，建議"奮發自强"。清宣統元年(1909)被選爲浙江教育總會會長，浙江兩級師範學堂監督，晚年歸鄉講學，以孔、孟、程、朱之道爲天下倡，世稱"靈峰先生"。著有《人道大義》《悔言》《悔言辨證》《〈資治通鑑後編〉校勘記》《靈峰先生集》等。

此集前有清光緒丙子(二年，1876)夏震中序及作者自序，全書包括詩四十六首、詞三十五首。據此二序可知，此集爲夏震川早年詩作，"目擊時事，鬱鬱不能久待，一時身世之感悉發之於詩詞，故其辭旨憂愁激鬱，常若窮老久困者之所爲"。其中如"每嘆成名皆豎子，祇憐憂國尚書生"(見《寄諸同志》)，"欲投定遠封侯筆，零落哀歌一涕流"(見《把酒》)，"天地無情餘我在，英雄有志待誰成"(見《城上》)等句，"亦足使見者知先生憂時忠國之忱"(見夏震中序)。

據《清人別集總目》，此本僅北京師範大圖書館、國家圖書館有存。（馬琳）

意園詩存

清羅度撰。鈔本。一册。

羅度（1853—1907），字濟川，廣東南海人。清光緒二年（1876）由軍功保舉知縣分發四川，六年（1880）補珙縣令，九年（1883）調署江安，十年（1884）調補內江。在四川時深受丁寶楨器重，推爲蜀中循吏第一，退官後居成都，納資爲主事，以辦賑功，晉三品銜。

卷前有《南海羅徵君清史列傳》一篇，詳述作者爲人與爲官政績，可謂目前所見最爲完備生平史料。此集卷前還有《調署江安留別簳州士民》《再調內江留別江安士民》各四首，存詩一百三十餘首，時間跨度自光緒丁酉（二十三年，1897）至丙午（三十二年，1906）歲末，時值亂世，故集中頗多感於時事之作，如《海城尚書緣事解職感賦》《憶史事成雜感數首》《感事》等，詩風沉鬱。

此本書衣題“先徵君詩草”，版心題“走馬街和泰生”，比較稀見，十分珍貴。（馬琳）

雪岑殘稿

清俞燿撰。民國鉛印本。一册。半葉十行，行二十三字。白口，四周單邊，單魚尾。

俞燿，生卒年不詳，字雪岑，大興籍德清（今屬浙江湖州）人。約生活於清咸豐、同治年間。曾入曾國藩、左宗棠二人幕，著有《雪岑殘稿》。

此集扉葉有牌記題爲“退耕堂校印”，卷前有徐世昌、吳士鑑序及朱祖謀、張元奇、周樹模題詞。據序可知此集爲徐世昌彙集，“今檢篋中所存先生手寫見眎之稿”刊行。徐世昌在序中稱其“詩取法盛唐而得於太白、樊川者爲多”，在《晚晴簃詩彙》中亦評其“詩用唐法，縱橫排盪，猶有道、咸諸老遺意。今雖存詩不多，正始之音，昔賢所慨，正不能無老成典型之感也”。

集中多有感於時事之作，慷慨不平，沉鬱頓挫，感人至深。如《感事十首》言"歲月連烽火，關河滿甲兵。無聊過白日，有淚哭蒼生"；《塞上春感》言"三年漫詡籌邊策，萬里空輸報國誠。欲射天狼無硬弩，可憐夜夜祝長庚"等。

據《清人別集總目》，上海圖書館另有《俞雪岑詩稿》十二卷殘稿兩卷。（馬琳）

映紅樓初存集選鈔六卷

清王定祥撰。鈔本。一册。

王定祥（1855—1888），字文甫，號縵雲，又號秒灣山人，室名壇園、映紅樓，慈溪人。家富藏書，每多善本，手自校訂。性傲岸，重行誼。於文章不喜桐城派，尤薄劉大櫆，著有《映紅樓詩文稿》。

此集前有清同治十二年（1873）柳泉老人徐時棟序、同治十三年（1874）作者自序，末有1950年王和之跋語。據跋中可知，此集六卷包括王定祥二十歲之前所作之《初存集》五卷及《擬古樂府》一卷，而王氏之後所作《扁舟集》《聊後吟》《江潭集》三種，由馮君木先生選定而成《映紅樓遺集》存世。此集前五卷編年爲序，時間自同治四年至十三年（1865—1874）；卷六爲樂府并附禽言七章。王定祥詩學唐人，以杜甫爲宗，此集雖爲其早年作品，但字句斟酌却頗爲老道。

集中徐序爲藍格鈔本，字迹亦與王和之不同，且鈐有"映紅樓珍藏""安分守命""學唐三子"三印，應爲王氏家藏舊鈔本。（馬琳）

蕭閑堂詩三百韻一卷

清蕭道管撰，清陳衍輯。清光緒刻本。一册。半葉十一行，行二十二字，小字雙行同。黑口，左右雙邊，單魚尾。

蕭道管（1855—1907），字君珮，一字道安，侯官（今福建福州）人，陳衍室。工詩詞，善考據，有《列女傳集注》《道安室雜文》《蕭閑堂遺詩》《戴花平安室遺詞》等。陳衍（1856—1937），小名尹昌，字叔伊，號石遺，晚署石遺老人，齋名石遺室，福建侯官人。著有《石遺室詩話》《石遺室文集》等等。

是書與《蕭閑堂遺詩》和《戴花平安室遺詞》合刊一冊。《蕭閑堂詩三百韻》則爲陳衍悼念蕭氏所作五言排律，深情繾綣，更有"忌日湖州守，生年稷下嫠"句，比之李清照與趙明誠，可見二人感情之深。（馬琳）

蕭閑堂遺詩一卷戴花平安室遺詞一卷

清蕭道管撰。清光緒刻本。一冊。半葉十一行，行二十二字，小字雙行同。黑口，左右雙邊，單魚尾。

此兩種與《蕭閑堂詩三百韻》《道安室雜文》合刊爲一冊。《蕭閑堂遺詩》收錄蕭道管詩作五十二首及附錄詩句，《戴花平安室遺詞》收錄詞四首。蕭道管存詩詞雖不多，但其風格冲淡自然又醇厚典雅，極富真情實感，其《避亂歸里小住烏石山沈氏祠》詩中"粉堞隱悲笳，城關哀畫角。嗟我同少陵，此聲聞數數"，描寫了清末戰亂中沉痛、悲憤的心情。

以上諸集除此本外，另有陳衍《石遺室叢書》本。（馬琳）

酒堂遺集不分卷附詩餘

清完顏衡平撰。清光緒二十四年（1898）刻本。一冊。半葉九行，行十七字。黑口，四周雙邊，單魚尾。

完顏衡平（？—1894），字如庵，一字階生，滿洲鑲黃旗人，崇厚子。清光緒元年（1875）舉人，官禮部員外郎，江南候補道。

此集由完顏衡平之子鶴孫、象賢二人整理付梓而成，共收錄詩三百餘首并附詩餘九首。卷前有光緒二十一年（1895）陸潤庠、陶惟琛，光緒二十四年（1898）文烺序，卷末有鄭文焯題《臺城路》一詞及光緒二十一年馮光邁跋。其詩作或感時起興，或即景寫懷，陸潤庠序中評其詩"出於中晚唐而五言長律於少陵尤神似焉，詞則能入蘇辛之室"，雖過於襃獎，但觀其集中諸作，確有中晚唐詩追求字句工整而呈現出奇險冷僻意境的風格，如"水曲新蟾時瞪目，怕人天上折奇香"（《三月三日上林玉蘭丈餘木筆雙株茂樹新篁時花繞陛典守人巡視惟謹》），"風勁蝶高飛，夭矯巖松瘦”（《丙子秋日進香妙峰山信宿大覺寺得詩四首不計工拙也》之一）等句。

完顏衡平之詩詞全賴此集以存，無其他版本，極爲珍貴。（馬琳）

江陽山人詩草

清高樹撰。民國石印本。一册。半葉九行，行十五字，小字雙行同。

高樹（1847—1932），字蔚然，號珠巖山人，又號江陽山人，四川瀘縣人，高楷兄。清光緒十五年（1889）進士，入翰林院。歷官兵部主事、郎中，充軍機章京，改御史，出知錦州、奉天二府，以廉惠稱。著有《鴒原集》《金鑾鎖記》《江陽山人詩草》《珠巖山人詩鈔》等。

此集不分卷，包括《滬上吟》《津門吟草》《北游詩草》《俚語家言》《車中吟草》《曼園吟草》六部分。作爲一個舊文人，高樹面對清末民國動蕩的時局充滿了不滿與憤慨，而在面對隨之而來的革命與新思潮思想時，又表現出了擔憂與不滿。其中《感事》詩若干首所寫均爲晚清民初時政之事。又如《致報館書》一文，表達了作者對語言文字中新名詞運用風氣的不滿。集中其他詩句如“瘡痍滿野未招魂，戰國乘機欲併吞。黃帝有靈應慟泣，中華斷送是兒孫”（《有感》）“千家樂籍紅樓宴，一片降旛白布張。搔首愁吟東海上，此生已見幾滄桑”（《紀事口占》）等，則將這種無奈與憤怒表達得更加淋漓盡致，使得這部詩集帶有强烈的時代色彩。

據《清人別集總目》，此書僅存國家圖書館。（馬琳）

式洪室詩文遺稿

清梁慶桂撰。民國鉛印本。一册。半葉十二行，行三十一字。白口，四周雙邊，雙魚尾。

梁慶桂，字小山，廣東番禺人。清光緒二年（1876）舉人，曾任内閣侍讀、學部參議等職，參加過戊戌變法、立憲運動，曾受命前往美國、加拿大等國華人聚居區勸辦學校，被稱爲“華僑教育開山祖”。其父梁振煌，清咸豐二年（1852）舉人，三年（1853）進士，曾官順天府尹、江寧布政使、護理兩江總督等職。

本書收録慶桂所作文十篇、詩二十餘首。文以序、書爲主，内含致梁鼎芬、康有爲書札。詩中《秋日感懷》即有十首，幾占一半。

此爲梁方仲捐贈之書。（黃琳）

乙巳東行集一卷

清黃嗣艾撰。清刻本。一册。半葉八行，行二十四字，小字雙行同。白口，左右雙邊，單魚尾。

黃嗣艾，字績宣，湖北漢陽人。曾任湖南模範小學堂兼附屬蒙養院監學、湖北官書處經理等職。著有《南雷學案》《佛宗平議》等。

清光緒三十一年（1905）四月，黃嗣艾前往日本考察，時任湖南巡撫端方令其詳細考察圖書館辦法。本書即是黃嗣艾東渡日本期間所作詩集，其又因此另著有《日本圖書館調查叢記》。所作詩中，既有《馬關感作》《足利至東京途中感懷》等游覽感懷之作，亦有《投陳師曾衡恪》《森柳軒衆郎示以登富嶽詩即步韻奉和》等友朋唱和之作，記載了著者游日期間的所見、所聞、所感。（黃琳）

蠡管集十二卷

清耿潤撰。民國二十一年（1932）石印本。四册。半葉九行，行二十字，小字雙行同。白口，四周雙邊，單魚尾。

耿潤（1853—？），號琴書，河南浚縣人。家貧好學，喜著作吟詠。晚年設館黎南。

是書前有作者小像，有民國二十一年（1932）作者自序、清光緒二十六年（1900）馬永修序、清宣統二年（1910）陳之焕序、民國六年（1917）延壽序、民國十年（1921）陳璧序、民國二十年（1931）劉錫爵序，又有馬馭良、黃璟、吳寶煒等題詞。正文篇目均有盧以洽評點批注。

卷一至十爲古近體詩，其中卷八至十爲閨情詩，卷十一、十二爲各體文章。陳之焕稱其詩"多壯志悲音"。其五、七律絕多詠史懷古之作，卷五《文姬歸漢》《馮夫人錦車持節》《木蘭從軍圖》等詩詠蔡琰、馮嫽、花木蘭等著名女性人物,《浙江巡撫張曾敭捕殺大通女學校校長秋瑾》詩哀悼秋瑾。陳璧稱其五七律絕“尤多古樸徑直,每有獨到之處,自成一格”,閨情詩“言意寫情,能怨而不怒,樂而不淫,哀而不傷,詞多蘊藉,非姹紫嫣紅者能比”。（賈雪迪）

四餘剩稿

清張夢嚴撰,清胡敬修評。民國九年(1920)鉛印本。二冊。半葉十行,行二十六字。白口,四周單邊,單魚尾。

張霖雨,生卒年不詳,名夢嚴,字霖雨,蒲蔭人。清末民國初人,自幼家貧而好學,十六歲考中秀才,十七歲往博陵郡求學,得名師指點,精通經史,旁及諸子百家。然屢試不第,遂以授徒爲生。厭帖括,喜詩文,生平所作皆乘興而爲之,大半散佚,後子侄輩收貯存稿以爲家學之模範,遂有此書。胡敬修,字乃新,生平不詳,拜泉縣人,曾編纂《[民國]拜泉縣志》。

卷前有張夢嚴、胡敬修肖像各一幅、民國九年(1920)胡乃新序、民國九年張霖雨自序、民國九年胞弟張霖如弁言、民國八年(1919)子張曻撰《四餘剩稿題名記》。《四餘剩稿題名記》詳述了此本題名之由來。“四餘”原出自《魏志》董思所云:“讀書當用三餘,謂冬爲歲餘,夜爲日餘,雨爲晴餘也。”張曻以其父設館授徒五十餘載,除此“三餘”外尚需加以“課餘”,方能有餘暇爲此本之文詞,是以題之“四餘”。

正文共收錄張霖雨所作論、策、義、書、序、文、賦、詞曲等二百餘篇,按文體分門別類,輯爲二卷。每文後有胡乃新點評。胡乃新對張霖雨評價甚高,他認爲張霖雨詩文“無理不純,無筆不透,無辭不雅,捧讀之餘如獲護世城中美膳,日夜餔啜之而不能盡,較諸唐宋元明以來古文大家,猶若分道揚鑣,各擅勝場”。

書前粘貼有一紙,係徐金鉢贈書傅增湘的手札。（尤海燕）

養松堂遺詩

清陳孝恪撰。民國二十二年(1933)鉛印本。一冊。半葉十行,行二十六字。

白口,左右雙邊,雙魚尾。

陳孝恪(？—1889),字賓三,又字慎夫,山東兖州城内中御橋北街人。出身貧苦,自幼聰穎好學,頗愛詩文,寫有大量詩作。清光緒十二年(1886)進士,留京任户部主事,三年後病逝於北京。

本書前有菏澤李經野序、滕縣高熙喆序,并有曹南鈍士題詩《題養松堂遺詩册》與朱士焕題詩,末有陳孝恪之兄陳孝恭、子陳之埡跋。全書共一卷,收録陳孝恪所做各體詩二百三十四首,中有陳孝恪同年好友王儀珊等人的詩評。

陳之埡在跋文中談及此書的出版始末:"十六歲從先伯授讀,始出《養松堂遺詩》一編,召之埡曰:'此汝父之遺也'",後來陳之埡從軍,於兵亂中丢失書稿,所幸在歸家之後又重新找到遺詩的鈔本,如獲至寶,終於將此鈔本付梓行世。(李屹東)

四明九題

清徐甲榮撰。清光緒鈔本。一册。半葉十一行,行二十三字,小字雙行同,朱格。白口,四周單邊,雙魚尾。

徐甲榮,生卒年不詳,字子青,浙江鄞縣人。清光緒二年(1876)舉人。本書中徐甲榮所撰詩題材廣泛,詩體多樣。書末有王繼香題記。王繼香(1860—1925),字子獻,會稽(今浙江紹興)人。王繼香評價徐氏的詩"五七言古靈思離奇,神采豪逸,具浮天浴日之觀",近體詩則"詞腴氣雋,活色生香,此由其才情恣肆,學力博贍,故能絶去凡艷"。

鈐有"七千卷書樓孫氏記""子獻"等印。(李屹東)

洞庭集

清張元奇撰。清光緒鉛印本。一册。半葉九行,行二十一字。白口,左右雙邊,單魚尾。

張元奇(1858—1922),字貞午、君常,福建侯官(今福州)人。清光緒十二年(1886)進士,曾任御史,民國後曾任奉天巡按使、參政院參政等職。張元奇少擅鄉曲,工詩,詩風近蘇東坡。

此爲《知稼軒詩稿》之《洞庭集》,此書版心等題"洞庭集",故本書收録之詩當是張氏任職岳州時所撰,起光緒三十二年(1906)二月,止三十三年(1907)六月。《知稼軒詩稿》另有《蘭臺集》《遼東集》等。王蔭泰贈書。(李屹東)

鷦鴟巢詩存

清沈恩燎撰。鈔本。一册。半葉九行,字數不等。白口,四周單邊。

沈恩燎(1857—?),字際良,安徽石埭人。民國時期曾在安徽省擔任過縣知事職務。

此鈔本中多有塗改痕迹,珍貴難得,所用稿紙版心下鎸"平政院用紙"。卷首有其自序及其友人周貞亮題字。據其自序可知,此鈔本當是沈恩燎晚年時期由"斷簡殘楮"中裒輯而成,其詩作有漢魏古風,五言詩尤其精彩。周貞亮稱其詩"五古探源漢魏,體勢大成,逸韻高情,一時無兩,即此一體,已屬可傳"。周貞亮(1867—1933),湖北漢陽人。(李屹東)

悔晦堂詩集十五卷附録一卷

清吳恭亨撰。民國鉛印本。三册。半葉十一行,行二十七字。白口,左右雙邊,單魚尾。

吳恭亨(1857—1937),字悔晦,湖南慈利人。近代古文家、詩人,南社社員。另著有《文集》六卷、《對聯》七卷等,纂修《[光緒]慈利縣志》十卷。

本書前有吳恭亨七十二歲肖像、目録等,版心下鎸"悔晦堂叢書"。本詩集所收詩撰寫時間起清光緒七年(1881),止民國十七年(1928),共收録古今體詩一千二百三十四首。附録爲《洪憲歌》及詞數首。(李屹東)

哭昌紋女五十首

清陳夔龍、許亭秋撰。清光緒三十三年(1907)江蘇鉛印本。一册。半葉九行,行二十四字。白口，四周雙邊，單魚尾。

陳夔龍（1857—1948），字筱石，一作小石、韶石，號庸庵、庸叟、花近樓主等，貴州貴築（今貴陽）人。清光緒十二年（1886）進士，歷官順天府尹、河南布政使、河南巡撫、江蘇巡撫、四川總督、直隸總督等職。有《松壽堂詩鈔》《花近樓詩存》《徵鴻吟草》《鳴原集存》《挹芬廬存稿》《鎮揚紀游雜詠》《北門驪唱集》等刊本行世，另有稿本《庸庵詩存》二卷見存。許禧身（1858—1916），字仲萱，一字亭秋，仁和人，爲陳夔龍繼室，亦能詩，著有《亭秋館詩詞集》。

《哭昌紋女五十首》爲陳夔龍紀念長女陳昌紋所作。陳昌紋，字綉君，清光緒三十一年（1905）因病去世，年僅十七歲。昌紋聰慧且頗有膽識，在八國聯軍入京時，説服陳夔龍和許禧身打消了自殺的想法，加之後來陳夔龍一路高升，因此被認爲是家中的福星，自是更多一分憐愛。昌紋之喪，陳夔龍夫婦幽憂輾結難以爲懷，故有此作。

卷首冠俞樾撰《陳女綉君墓誌銘》，之後爲左紹佐所作挽詞，再後爲陳昌紋母舅許祐身所撰挽詞及詩十四首。陳夔龍詩後，有《哭紋女詩三十六首》，爲陳昌紋母親許禧身所作。此八十六首哭女詩後編入陳夔龍《松壽堂詩鈔》卷十《偕園集》內。陳夔龍另編有《含真仙迹圖》，亦爲紀念昌紋而做。悼亡之作常見，但刊印專集以紀念亡女的，尚不多見。

此本流傳不廣，柯愈春《清人詩文集總目提要》未著録，《中國古籍總目》亦未記載。（董馥榮）

求志齋文集二卷外集二卷詩存一卷

清童樹棠撰。民國六年（1917）流青閣鉛印本。一册。半葉十一行，行二十五字。黑口，左右雙邊，單魚尾。

童樹棠（1862—1900），字憩南，湖北蘄州（今蘄春）人。清光緒十四年（1888）起數年游學武昌。始好詩賦，有才學。後因舉業開始習經，亦精通。光緒二十年（1894）舉人。甲午戰爭後，關心國家命運，接受西學，提出過一些較爲先進的建議，如"立學宜注重實業""外交人才必納之儲才館""民間要政必有議政院"等,惜因病未能施展抱負。

本書爲《求志齋文集》《求志齋外集》《求志齋詩存》三種合刻合訂。書前有《求志齋類稿叙目》。《求志齋類稿》爲童樹棠著作總集,共五編十二卷,是童樹棠去世後其同窗好友王葆心搜集刊刻,本書即爲其中的五卷。

《求志齋文集》與《求志齋外集》所收爲文,《求志齋詩存》所收爲詩。文收錄了賦、表、啓、碑、記、贊、銘、箴、祭文、説、書後、序、傳、書等。《求志齋詩存》收錄詩作約八十首。其中的賦《月問》是仿屈原《天問》而作,顯示了作者的出衆才華。

書前有王葆心光緒二十七年(1901)序和清宣統元年(1909)《清故孝廉童君年三十九行狀》。(彭文芳)

秋廬詩剩一卷

清潘葆延撰。民國六年(1917)鉛印本。一册。半葉十行,行二十一字。黑口,四周單邊,單魚尾。

潘葆延(1856—?),字菊潭,浙江富陽人。畫家,以畫梅見長。其長子潘竟,字宇襄,民國時期官至國民黨中將。秋廬爲潘氏居舍名。

全集收詩一百三十餘首,大致以年代先後排序,主要在清光緒三十二年(1906)至民國七年(1918)之間,詩作除應酬、紀游、懷人等内容之外,多爲抒發個人的感懷之作。書籤及書名葉題名爲周尚木所書,卷前有民國六年(1917)郁華所作序文。郁華(1884—1939),字曼陀,富陽人,著名文學家郁達夫之胞兄。民國時期著名的愛國法官、法學家,同時也是一位著名的畫家和詩人,以山水畫見長。郁華評價其詩"平淡冲宜,善道性情,而其遠到練達之處尤非常人所能也"。書末鎸有"男竟校字"字樣,故此集當爲潘氏自刊本。

此書流傳不廣,《中國古籍總目》僅著錄國家圖書館有藏。(董馥榮)

柿軒遺稿不分卷附錄一卷

清楊葆寅撰。民國鉛印本。一册。

楊葆寅（1858—1933），字恭甫，晚年自號避庵，江蘇東臺人。清末諸生。楊葆寅出身中醫世家，後又師從名醫費繩甫學習，終成一方名醫。清光緒二十一年（1895）以屬員的身份隨龔照瑗出使歐洲。在民國初曾擔任東臺縣縣長，後棄政從醫，在漢口被推舉爲醫學會會長，創辦中西醫院并擔任院長。有翻譯作品《鐵路章程》《印花稅章程》，及所著《東臺縣民政事略》行世。

楊葆寅能詩善畫，精通醫道。其詩文多散佚無存，此集爲其子楊振英綴輯而成。首冠楊葆寅遺像，朱棄塵作像贊，楊葆寅繪畫二幅，民國二十五年（1936）鮑燾序、民國二十五年吳士榮序，朱棄塵、王希曾等人題詞，民國二十二年（1933）鮑燾撰傳一篇。集内收詩三十餘首，題跋等文稿八篇，附録爲避庵老人七十壽言。雖然所收詩數量不多，但對他生平中的一些重要事件有所反映，如《舟抵西貢口》《漢口慈善會爲黎大總統敬鑄銅像恭題二律》等。有些詩則反映了他對於時事的看法，如他在《戊辰元旦》詩中寫迫“東遷西徙一年過，世亂依然喚奈何。遍地豺狼當道路，滿天風雨泣山河”，表達了他對於國事的擔憂與無奈。

《柹軒遺稿》流傳不廣，《中國古籍總目》未收録。（董馥榮）

汲莊集文集二卷詩集二卷

清周以存撰。民國七年（1918）鉛印本。二册。半葉十行，行二十五字。白口，四周雙邊，單魚尾。

周以存，生卒年及生平不詳。卷前有戊午同學楊承禧序。楊承禧，字致存，湖北江夏（今武漢市武昌）人。清光緒十六年（1890）進士，授翰林院編修，出爲四川候補道，任《湖北通志》總纂，編成《湖北通志》。

此書分文集、詩集兩部分，其中《文集》分上、下兩卷，多爲史事和歷史人物評點等，如《荀卿論》《梁元帝論》《歐陽文忠論西賊議和利害狀書後》，從《補輯晉書藝文志序》《國朝史學文鈔序》等篇，則可窺作者治學門類和交游情形，并存有數篇其爲友朋詩文和家譜所作序跋，餘爲祝壽、墓誌、傳記等各類文章；《詩集》則分爲前集、後集兩卷，體裁多樣，幾爲作者游歷和讀書感懷。值得一提的是，後集中收有以

辛亥革命爲時代背景的詩文,如《辛亥八月十九夜紀亂》和《城陷三日偶值門啓挈家避居漢上》等,於今有史料價值。(李慧)

静修堂詩鈔

清劉君房撰。民國上海石印本。一册。半葉七行,字數不等。白口,四周雙邊,單魚尾。

劉君房,據卷末楊承禧跋可略知作者生平,“劉公伯良,既殤四年。甲寅之秋,猶子獻芝自穀城來,出公詩一編……余嘗誌公墓石,詔公之學得於桐城方存之”。甲寅爲民國三年(1914),則劉君房卒於宣統二年(1910)。

此本書名據書名葉題,卷端題“劉君房遺詩百二十首”,牌記題“中華書局代印”,卷末爲楊承禧跋語。

據卷中詩文《聞聖駕西幸紀事》等篇,推知所記爲清光緒庚子(二十六年,1900)義和團運動爆發,八國聯軍攻占北京,慈禧光緒出逃西安等史事。其餘多爲記游詩文,如《小江口》《淅川晚泊》《秦嶺謁韓廟》《十月望夜直頤和園》,而《人日寄家書富平》《題劉幼雲提學介石山房圖》等篇則可見作者交友情形。(李慧)

可園徵君夫婦遺稿
古遺詩鈔一卷

清張權、劉文嘉撰。民國二十七年(1938)緑格鈔本。半葉八行,行二十五字。白口,四周單邊,單魚尾。

張權(1862—1930),字君立,號聖可,晚號可園、柳卿、孫卿、均公,直隸(今河北)南皮人,清末重臣張之洞長子。曾參加强學會。清光緒二十四年(1898)進士,出任駐美公使館參贊兼留美學生監督、禮部郎中、外務部丞參上行走等職。辛亥之後闢居可園,再未出仕,以遺民終老。有《光緒十七年辛卯正科順天鄉試硃卷》刊行。

此稿收録張權《可園詩鈔》一卷《可園詞鈔》一卷,劉文嘉《古遺詩鈔》一卷。

該書卷首冠劉修鑑所撰《南皮張可園先生事略》，繼之爲唐益公題詞三首。《可園詩鈔》收詩四十七首，《可園詞鈔》收詞七闋。詩爲寫景、記游、酬唱、題贈之作。詩集末四首詩爲張勛復闢之後所作，頗能反映當時遺民的心態。詞集中《滿江紅·聞諒山捷用岳少保韻》，及聞庚子之變從日本歸國前所作《金縷曲》兩篇，則抒發了其憂時愛國之情。他與陳寶琛、梁鼎芬等人同爲前清遺民，詩詞中對他們的交游活動也有所記述。

劉文嘉，字古遺，獻縣人，張權之妻。劉文嘉爲清末著名的女詩人，其詩入選徐世昌所編《晚晴簃詩彙》及《［民國］南皮縣志》。著有《無邪堂詩存》《古遺詩鈔》。

《古遺詩鈔》收詩一百六十餘首，多爲寫景、記事、懷人之作。其詩沖淡平和，較少傷春悲秋之詠嘆，《知命》《述懷》兩詩中所表現出的豁達，《喜聞官軍克復諒山四首》中的家國情懷，則爲女詩人作品中所少見。《古遺詩鈔》前有劉修鑑所撰序，略述古遺身世經歷。序文稱曾於己酉年爲女兄整理詩稿，以時間次序編排，自癸酉訖己酉共計八卷。卷末劉修鑑跋文云，己酉後女兄亡故，其詩稿被孫輩携往南方難以尋覓，故將所存贈詩百餘首結集以爲紀念。

可園夫婦詩文流傳不廣，可園詩更爲罕見。此本爲劉文嘉之弟劉修鑑所贈。書末另附王祖彝補録古遺詩四首及題記。文安王氏與南皮張氏爲姻親，王祖彝時任職於國立北平圖書館，經辦此書接收事宜，故有此舉。

國家圖書館另藏《古遺詩鈔》一卷，爲劉修鑑輯《清芬叢鈔》本。叢鈔本所收詩與遺稿本相同，但個別詩的順序不盡相同。個別注釋亦有差別，如《述懷》詩，叢鈔本在題下注“謹按此即却項城聘後之作”，遺稿本無。遺稿本《板橋垂釣》下注“以下録自《晚晴簃》”，叢鈔本内無。遺稿本在永清劉用鋸題詞後有獻縣史鳳儒所作《題古遺女史述懷詩後》詩，叢鈔本内亦無。遺稿本劉修鑑序文落款時間爲民國己酉閏七月，叢鈔本衹書己酉閏七月，己酉爲清宣統元年（1909），蓋遺稿本鈔寫有誤。（董馥榮）

介白堂詩稿二卷

清劉光第撰。稿本。一册。

劉光第(1859—1898),字裴邨,四川富順人。清末維新派愛國詩人。清光緒九年(1883)進士,授刑部主事。二十四年(1898)以湖南巡撫陳寶箴薦,得光緒帝召見,加四品卿銜,充軍機章京,參與新政。戊戌政變時與譚嗣同等同時遇難,爲"戊戌六君子"之一。著《衷聖齋文集》《劉光第文集》等。

劉光第最喜讀杜甫、韓愈之詩,亦工詩,風格在韓、杜之間,題材以詠誦自然風光和感慨時事爲多。《美酒行》將達官貴人宴會行樂與東旱西荒、災民相食對照,令人悲憤難忍。《城南行》將王侯將相"彩礬飛飆走,翻輪流波迅"與貧苦百姓"路有殍死人,可抵蟻螻命"相對比,揭露統治者的昏庸腐敗。《雜詩》借用比興手法,馳騁想象,虛構寓言,指斥慈禧專擅獨權。《雙飛橋》勾畫雨天水石山景,寄托詩人"誰踏高生鰡,且拜望帝鵑"的愛國主義情懷。

光第性喜游覽,一生足迹所至,登臨山水,留下大量寫景詩。其涉筆最多還是家鄉的巴山蜀水,如《雷洞坪》《清音閣》等。《介白堂詩稿》集劉光第六十餘首詩作,體現了維新派詩人的創作特點,對於研究作者其人及其所處時代的社會生活,具有很高的史料價值。

是書卷前有杜大恒書序文一篇。有筆墨圈點。(邵穎超)

石友山房詩集二編一卷補編一卷

清薛鳳詒撰。民國二十年(1931)太原鉛印本。一册。半葉十二行,行三十二字。黑口,四周雙邊,單魚尾。

薛鳳詒(1859—1922),字桐威,室名石友山房,山西介休人。清光緒二年(1876)入府學,八年(1882)爲增廣生員,十二年(1886)肄業於綿山書院,後入令德堂肄業。民國五年(1916)任忻州厘捐局文案,七年(1918)辭職,八年(1919)參與籌辦山西圖書館。

此本書名據書名葉等題,牌記題"辛未五月印於太原",版心下鎸"晉新書社代印",補編後附《芝泉自訂年譜》一卷。辛未(民國二十年,1931)同邑後學侯與炳跋,云:"謹先生自訂年譜止於宣統元年,後十三年則與炳所續增者也。先生著述已刊者有《石友山房詩集》初編六卷,二編、補編各一卷外,尚有《滋莖閣文存》三卷、《石契》四卷、《雜著》四卷、《忠孝文録》一卷、《七言律詩選》二卷、《紫薇花館試帖》一卷,俱寫定待梓。"并提及其校刊各書有《寰宇碑目鈔》《山右金石存略目録摘要》《金正隆鐘款識》《成介愍公集》《并門題壁詩録》等,且"一時稱爲善本,出貲助梓者則皖人徐石卿兆麟之力爲多"。

詩集二編補編内容按"五古""七古""五律"和"七律"四類編次,多爲與友人的詩文往來、和詩題贈等,餘爲讀書游記感懷,部分詩文還附有友人評點及作者自述的寫作緣起等。（李慧）

鄦齋詩草

清許葉芬撰。稿本。一册。

許葉芬（1859—?）,字麝簃,又字紹藌,亦作少藌,直隸順天宛平縣（今屬北京）人。善書畫。清光緒十五年（1889）進士,授翰林院編修,二十四年（1898）出任蘇州府知府。其父許亦嵩,清道光二十七年（1847）進士,曾任鳳臺、陵川、太古知縣,後升任沁陽知州,許葉芬曾爲之輯刻《壯學堂詩稿》六卷。許葉芬著有《鄦齋詩草》《少藌日記》各一卷,均以稿本存世。

《鄦齋詩草》書衣題"少藌詩草"。書中鈐有"少雀詩稿""許"等印。是書收詩約二百首,以時間順序編排,自丁亥年（光緒十三年,1887）始,其後爲己丑（十五年,1889）、庚寅（十六年,1890）、壬辰（十八年,1892）、癸巳（十九年,1893）、乙未（二十一年,1895）、丙申（二十二年,1896）,止於丁酉（二十三年,1897）,多爲其入仕後的作品。其詩風格樸實平易,不事雕琢。内容多爲題贈、應和、送別及抒懷之作。其詩中有多篇描寫北京景物和風俗的作品,如《進香妙峰山由海甸至聶各莊》《荷汀招游西山潭柘寺十首》《題燕山八景》等,反映了清末北京的風貌。乙未年首篇《送方雨亭兵部家澍南歸》雖爲贈別而作,却抒發了對於甲午戰爭後朝廷政策的不滿。《開門七事詩》中則涉及了當時煤炭業的興起、米價高漲等社會現象。這些作品反映了他對於國事的關切和政局的無奈。其詩多有序文、小注,記述作詩的原委及其當時的思想,有助於對其生平、交游等背景的瞭解。

許葉芬不以詩聞名,其著作流傳甚稀,《中國古籍總目》著録衹有國家圖書館藏有稿本。(董馥榮)

泉石留言

清陳煜駟撰。民國二十三年(1934)潮安黄仲琴鉛印本。一册。半葉九行,行十八字。黑口,四周單邊,單魚尾。

陳煜駟,字光我,生平未詳。此本書籤署“泉石留言歲在甲戌中秋武進董康”。書名葉亦署“泉石留言民國廿三年八月武進董康”。卷首有張友仁、鄧爾慎、傲樵、醒道人、黄履思、陳運彰、陳量、徐鋆、鄭永詒、鄭翼題詞。次《原序》,署“丁酉大暑中愚侄元麟拜書”。次《重刊序》,署“民國八年六月三日潮安黄仲琴”。按:黄仲琴(1884—1942),名嵩年,號嵩羅,字仲琴,潮安(今廣東潮州)人,著有《嵩園詩草》《湖邊文存》《木棉庵志》等,輯有《金山志》。本書版心下題“嵩園叢刻”,知爲黄仲琴刻入《嵩園叢刻》。又据其序可知,民國六年(1917)龍溪城東嶽廟遭雷擊,於塵隙間發現此書版九片,遂刻印一册,然因年久腐蝕剥落,黄仲琴遂再版排印而成。

卷端題署“泉石留言雲亭陳煜駟光我”,集中收録詩文皆爲題詠瑞竹巖、鶴鳴峰之作,如《由鶴鳴峰至岐山宿瑞竹巖記》。後有跋,署“蓬社弟性發跋於埔墅中”。末有附録二節,一爲陳煜駟撰《石林初集序》,署“圭水陳煜駟書於漳江旅次”;二收詩五首,爲友人寄懷或唱和之作。(顏彦)

聞木樨軒文集二卷

清尤遂撰。清光緒鈔本。一册。半葉九行,行十八字。黑口,四周單邊,單魚尾。

尤遂,字鼎臣,元和人,生平不詳。此本書籤題“聞木樨軒文集　論策義附雜著”。書名葉題署“聞木樨軒文集　論策義附雜著　陳開驥題”。卷首有篆文叙,署“歲在昭陽單閼之陬日師鯫主人叙”。目録後署“胞弟遜　蓬同編次并校”一行。

此集凡二卷,收文五十篇。卷上論策,共二十六篇,議論多取某一歷史史實而發,但具有很強的現實針對性,内容覆蓋面較廣,包括用人、政治、農耕、理財等。卷下講義,共十九篇,皆就某句經義而闡發。末附雜著,共五篇。其議論諸篇,明白曉暢,文意切直,氣脉貫通,有裨當世。（顔彦）

對鳧緣影

清潘守廉撰。民國二十三年（1934）鉛印本。一册。半葉十二行,行三十字。黑口,四周雙邊,單魚尾。

潘守廉（1847—1939）,字潔泉,號對鳧居士,任城（今山東濟寧）人。潘出身望族,自明萬曆六世祖明宇以來纍世爲官。清光緒十五年（1889）進士,官河南南陽知縣、鄧州知府。主持編修《南陽縣志》。著有《聖迹園聯吟集》《儒佛合一救劫》。

書前有潘守廉八十八歲像及自題識語、五律一首。卷首有對鳧緣影序,署“中華民國二十二年十月晚學生袁紹昂謹序”。次對鳧緣影自序,署“民國二十二年四月對鳧老人自序”。卷端題署“對鳧緣影對鳧自述”。末附《勘誤表》。

此集爲潘守廉八十七歲時輯録而成,收録詩計三百十一首,按詩歌繫年次第排列,訖於民國二十三年（1934）。袁紹昂序云:“先生舉生平之經過,各記一詩,自始生及家世、幼讀,暨游於庠,捷於鄉,成進士,歷宰劇邑,泊歸田後所爲之善舉,與夫名山寶刹、鄉里耆舊,并杖履所經之地,罔不羅列。”此集編次前後照應,第一首爲《總綱》,最後一首爲《全詩總結》,詩中又有雙行小字夾注附以説明,較爲完整地記録了潘守廉生平及行藏,故此集有年譜之價值,對考察潘氏家世亦有重要文獻價值。（顔彦）

半園老人詩集

清張朝墉撰。民國上海聚珍仿宋鉛印本。十四册。半葉九行,行十八字。黑口,左右雙邊,雙魚尾。

張朝墉（1860—1942）,字北墻,一字白翔,號半園,四川奉節人。清亡前曾考取拔貢,先後至蓬溪、宜賓、成都等地任教。清光緒三十四年(1908),張朝墉遠赴黑龍江,入程德全將軍幕,主管屯墾事務,并奉檄與徐鼐霖勘查中俄邊界。民國後,繼續在黑龍江都督宋小濂幕中任職。民國三年(1914)入黑龍江通志局,撰成《黑龍江物産志》。

本書共十四集,從民國六年至民國十九年(1917—1930),每年結爲一集,各詩集命名分別是《丁巳集》《戊午集》《己未集》《庚申集》《辛酉集》《壬戌集》《癸亥集》《甲子集》《乙丑集》《丙寅集》《丁卯集》《戊辰集》《己巳集》《庚午集》。其中《甲子集》有孫雄序,《乙丑集》有黃維翰序,《丙寅集》有王樹枏序,《丁卯集》與《癸亥集》有陳瀏序,《戊辰集》有周貞亮序,《庚午集》有鍾廣生序,《戊午集》卷首有自序,《庚申集》有舒正曦序。

孫雄在《甲子集》序言中講到,"白翔遭逢國變,感慨蒼茫,黍離菀谷之悲,時時流露於楮墨"。張朝墉經歷清末民國社會巨變,山河表裏,家國破碎,正如《庚申集》舒正曦序中所言:"張髯既不能飲,又不能癡,殆借詩境爲桃源耳。"(杜萌)

詩社餘興

清趙炳麟撰。清末民國初年油印本。一册。

趙炳麟(1873—1927),原名竺垣,字柏巖,晚號清空居士,廣西全州人。清光緒二十一年(1895)進士,曾參加"公車上書",請求變法維新。光緒二十四年(1898)加入保國會。官福建京畿道監察御史,因上書彈劾袁世凱、奕劻等人,由四品京堂候補開缺回籍,任桂黃公路督辦。民國時任衆議院議員。著作彙爲《趙柏巖集》十三種。

此書卷端題"詩社餘興",扉葉題"柏巖近稿",毛裝一册,無序跋年月,不詳作於何時。收詩二十首,總題名爲"擬白樂天新樂府",有小序云:"余喜讀白樂天《新樂府》,托事諷喻,言之者無罪,聞之者足以警,有春秋之義焉。"白居易所開創的"新樂府"詩歌形式,主張用新題寫時事,以美刺比興手法寓憂國憂民精神,趙氏所擬各首繼承了這一特色。各詩題下之説明,如"傷世變也""傷政本也""悲忘本也"

"刺外交也"等等,揭示了當時社會各方面的矛盾和問題,合於"歌詩合爲事而作"之意,有强烈的現實關懷。（李鑫）

晉游詩草

清趙炳麟撰。民國鉛印本。一册。半葉十一行,行二十五字,小字雙行同。白口,四周雙邊,單魚尾。

民國六年(1917)趙炳麟爲避戰亂,應山西督軍兼省長閻錫山之邀,出任山西省實業廳廳長,"歷八九載,勸課農桑,成績卓著"(《清空居士墓碑》),至民國十四年(1925)離晉赴京養病。《晉游詩草》即趙氏居山西期間所作,凡數十首,其中絕少寫景狀物之詩,大多爲抒發家國情懷之作,如《丁巳十月赴山西口占四首》《感懷五首》,皆可見其心憂天下之情。

此本原爲石榮暲舊藏,鈐有"石榮暲蓉城仙館藏書"印。（李鑫）

求放心齋詩鈔二卷詞鈔一卷

清石振鋆撰。民國十三年(1924)石印本。一册。半葉十行,行二十三字。白口,四周雙邊,單魚尾。

石振鋆(1854—?),字貢存,別號求放心居士,湖北黃梅人。清光緒十六年(1890)進士。

本書前有光緒十八年(1892)洪良品序、民國十二年(1923)朱益藩序以及民國十三年(1924)石振鋆子石俊序。全書包括《詩集》二卷,後附《詞鈔》一卷。

朱益藩在序中談及詩集來歷,言"癸亥之春,耆壽民少保介其子俊來謁,出君詩兩卷見示,蓋距君之歿三十有二年矣"。又評價石振鋆生平與詩作風格之關係,"君性情篤摯,藉館穀以資事畜,奔走四方,不遑安處,故其爲詩多抑鬱愁苦之音。"對此,洪良品序中亦有涉及:"(其詩)清婉多風,字字從真性情流出,但愁苦音多,歡娛言少,情隨境遷,非無病之呻吟也"。

石振鋆早年科舉不順,東奔西走,僅以館資維持生計。光緒十六年得中進士,十八年即謝世,壯志未酬身先死,故其詩愁苦,實爲境遇使然。《啄木》一詩,"啄木復啄木,木死啄木哭。哭木木已死,啄木莫啄木",情感悽愴,悲婉至極。

鈐有"行高於人衆必非之"印。(杜萌)

宜古堂詩集十二卷

清宗彝撰。稿本。六册。半葉八行,行二十二字。白口,四周雙邊,單魚尾。

宗彝(?—1920),字乙尊,號則民,又號寄園居士,北平人。宜古堂爲作者書齋之名,卷十一有《宜古堂》詩道出得名之由,"茹古而能化,到處皆相宜。堂中所藏物,書畫琴棋詩。笑問復何有,一肚不合時",表明作者的尚古志向。

全書收録八百餘首詩,均爲古今體。内容上主要有,一是作者少年從軍,四處征戰游歷,記之而成詩。作者在自序中説:"荏苒光陰十數年中,東游齊魯,南下沅湘,臨秦中古帝之州,入河雒人文之城,莫不留詩寄兹感慨。"此類詩如《出居庸關》《登咸陽城樓》《邯鄲題壁》《鄭子産祠》等。二是日常生活,如《守歲》《戒酒》《殘菊》《患痘》《消夏八詠》等。其中《消夏八詠》由《製扇》《洗硯》《敲棋》《焚香》《採蓮》《移蕉》《招風》《待月》組成,展現了生活中的生動片段。三是朋友之間的友情,如《再留別石泉先生》《贈炳臣》等。

書前有徐銘璋和清光緒三十年(1904)顧大榕序、作者自序,以及張兆淇等六人的題辭。顧大榕在序中評宗彝之詩"有清新之氣"。

鈐"詠春珍藏""寄園宜古堂詩文書畫"等。(彭文芳)

鶴仙詩鈔四卷

清陳天錫撰。民國九年(1920)重訂光緒刻本。二册。半葉十行,行二十五字。白口,左右雙邊,單魚尾。

陳天錫,字子麟,號鶴仙,四川江安人。清光緒二十年(1894)舉人,次年赴京會試,曾參與"公車上書",請求變法維新。返鄉後,受聘爲龍門書院山長。光緒二十四年(1898),赴京會試,參加保國會,戊戌政變後離京,仍主持江安龍門書院。後曾任陝西石泉知縣。民國後,回鄉主持勸學所,致力於教育事業。著述甚多,有《詩文鈔》若干卷、《漢書小識》四卷、《眉永樓詩話》一卷。

此書爲陳氏詩集,收錄清光緒十七年辛卯至宣統三年辛亥(1891—1911)二十年間所作詩。凡四卷,按年代編次,卷一辛卯至丁酉八十八首,卷二甲辰至丁未八十三首,卷三戊申至庚戌一百十六首,卷四辛亥六十首,共計三百四十七首,附其三弟陳天銓(字自平)《勉自强齋詩》二首。

是書初編於光緒三十三年(1907)陳氏任職於西安之時,其時頗受陝西布政使樊增祥賞識,故有樊氏題簽。民國九年(1920)修訂刊刻,有自序,并附高廣恩、孫師鄭、傅增湘等諸家評論六則。版刻不佳,有錯字若干,其後未見翻刻及重印本。此本爲傅增湘所捐。(李鑫)

鶴仙詩鈔續刊四卷別鈔一卷

清陳天錫撰。民國十年(1921)牕群書局鉛印本。二册。半葉十一行,行三十一字。白口,四周雙邊,單魚尾。

民國九年(1920)陳天錫曾刊刻《鶴仙詩鈔》四卷,又續刊民國元年壬子至民國九年庚申(1912—1920)九年間之詩作,仍分四卷。卷一壬子三十首、癸丑六十三首,卷二癸丑十六首、甲寅二十七首、乙卯三十八首,卷三丙辰一百一十首,卷四丁巳三十四首、戊午九首、己未三首、庚申三十四首,又別鈔二十首,共計三百八十五首。

陳氏自序謂其詩出入杜、韓、蘇、陸之間。《別鈔》則詩稍近長吉(李賀)。作品題材較爲廣泛,以雜事詩爲主,《悲秋七首》等感懷詩較佳,大底仍以杜詩爲宗。此本爲傅增湘捐贈。(李鑫)

鶴仙文鈔二卷

陳天錫撰。民國十一年(1922)鉛印本。一册。半葉十一行,行三十一字。白口,四周雙邊,單魚尾。

陳氏曾主修《江安縣志》,修志時選入自作文近二十篇,其餘文字尚多,結集爲《鶴仙文鈔》上下二卷,共五十七篇,凡經解一篇,論説二十七篇,上書二篇,書啓三篇,序、記、書後各四篇,碑誌一篇,箴銘三篇,贊頌一篇,賦二篇。陳氏生平好古文辭,百家九流無不賅覽,尤喜雄肆奇麗之篇,《文鈔》各篇亦追摹此種風格。書前有民國十一年(1922)自序。此本爲傅增湘所捐。(李鑫)

未園集略八卷

清沈修撰。稿本。半葉十二行,行二十七字,綠格。四周單邊。吴梅跋。

沈修(1862—1921),原名穀,字孔修,後改名修,字綏成,一字休穆,長洲(今蘇州)人。諸生。清末藏書家,精於文字之學,晚年曾任教存古學社。生平欲撰二書,一爲《原書》,成《説文訂許》六十卷,未完,至《説文解字》第八篇而止;一爲《經治》,成五十餘篇。沈修去世後,遺稿由吴梅、孫宗弼董理,編選爲《未園集略》八卷,孫氏手鈔,劉承幹、顧公雍、吴梅等捐資,民國二十四年(1935)由蘇州上藝齋石印出版。此集以"未園"命名,是因沈修曾依前人舊例,請顧麟士繪"未園著書圖",取"園雖未就,不妨著書"之意。

此書稿本,爲沈修對許慎説文的考訂之作,吴梅、孫宗弼於沈修逝後董理,訂爲九册,第一册封面吴梅跋稱:"舊存孫伯南先生處,今歲正月,伯南歸道山,遂留敝篋,他日當存可園圖書館中。此爲未園先生晚年著作,雖僅至第八篇終,而立説精創,實爲許氏功臣。目曰訂許,又自附静臣矣。甲戌七月霜崖吴梅記。"甲戌爲民國二十四年(1935)。書以綠格稿紙,字迹清晰娟秀,間有修改增補。應爲民國二十四年(1935)蘇州上藝齋石印出版時的謄清稿。(薛文輝)

維心亨齋詩詞集四卷

清冼景熙撰。民國二十五年(1936)冼氏鉛印本。一册。半葉十行,行三十字。白口,四周單邊,單魚尾。

冼景熙(1862—?),字紹勤,廣東南海人。是書前有民國二十五年(1936)張巽序,張巽稱其詩"出入於樂天放翁之間,純乎性靈,不事雕鑿","寫性情之所致,感人事之變遷,低徊詠嘆"。文末有子冼百言跋。全書共四卷,存詩五百五十首,詞二十八首。其中卷四爲詞作。爲詩多寫景詠物、酬唱贈答之作。冼景熙長年宦游江漢一帶,故詩多寫湖北風光。卷二《吊鑑湖女士秋瑾三首》爲悼念秋瑾之作。

是書末有簽條署"北京圖書館惠存冼寧敬贈"。（賈雪迪）

一山房集陶二卷

清雲林居士撰。民國仿宋鉛印本。二册。半葉十行,行二十二字,小字雙行同。黑口,左右雙邊,單魚尾。

載瀅(1861—1909),姓愛新覺羅氏,字湛甫,號怡庵,又號清素主人、雲林居士,別號懶雲道人,恭親王奕訢次子。清同治七年(1868)過繼於清道光帝第八子奕詥爲嗣,襲貝勒。清光緒十五年(1889)加郡王銜。光緒二十六年(1900)因義和團事獲罪革爵,發歸本支,此後居於恭親王府,以詩文自遣。載瀅幼承家學,博覽群書,文學品味不俗,著有《雲林書屋詩集》等。雲林書屋、一山房均爲其書室名。

此本卷前有清光緒三十四年(1908)徐琪序、載瀅姻侄葆平序、光緒二十九年(1903)載瀅自序。葆平評價載瀅:"修學好古似河間,樂善不倦似東平,而杜門十載,超然塵外,托興所及,猶孳孳於陶靖節。薈集詩句,製爲楹聯,自然驪偶,若天衣之無縫。集句至此,入於化境。"

載瀅獨好陶淵明詩,時常展讀,其自序云:"壬寅冬月,園居無事,誦讀之餘,味其旨趣,輒爲集句,藉以陶冶性情,獲益良多……意到筆隨,偶然遣興,原無成見,更無關乎考證……"是以此集中大半爲陶淵明詩集句,共集詩一百五十九首,集楹聯一百一十八聯,并有詩評七十一則、桃花源記評一則、總論二十二則。（尤海燕）

玉燕堂詩草摭鈔一卷

清碧山居士撰。民國十一年(1922)和通印刷館鉛印本。一册。半葉十行,行二十三字。白口,四周雙邊,單魚尾。

張松齡,生卒年不詳,字曼卿,號碧山居士,甘肅蘭州允吾人。清末民國間人。少孤,育於祖父母。總角習讀,即出語不凡,驚鄉先生。

卷前有民國二十二年(1933)周應灃序、民國十年(1921)張松齡自序,卷末有民國十一年(1922)王學泰跋。卷端題"玉燕堂芟餘草"。正文收錄張松齡詩六十七首。張松齡性本散淡,無心名利,雖好歌詠,然詩成輒隨手散放,并無結集,亦無心出版,後其子張南樵與友王學泰搜掇故紙,得古近體若干首,力勸之刊行印發以爲後世學人之矜式,并請知名學者周應灃删定作序,遂有此集。松齡詩賴以保存。然印數不多,傳世稀少。

鈐"還讀我書樓藏書印"印,應爲甘肅著名學者張維舊藏。（尤海燕）

隨庵詩鈔

清張肇基撰,清唐啓虞選。民國二十一年(1932)刻本。一册。半葉十行,行二十字,小字雙行同。黑口,左右雙邊,單魚尾。

張肇基,字永庵,自號墨潭釣叟。清光緒二十年(1894)進士,出爲吉水縣令,爲官勤政,倡農林,興教育,興辦學堂,培植後學。

此本書籤題"隨庵詩鈔",署"歐陽莘題籤"。書名葉題"隨庵詩鈔",署"癸酉春月吉水門人曾魯敬題"。卷首有《隨庵詩鈔序》,署"中華民國二十一年十一月吉水歐陽武序"。次《選定隨庵詩鈔序》,署"邕寧唐啓虞謹序"。次《公刊隨庵詩鈔緣起》,署"時在民國二十一年冬月龍南門人廖國仁謹述"。卷端題"隨庵詩鈔",署"秦安張肇基永庵存稿　邕寧唐啓虞讓欽選定"。卷末有張肇基跋,署"壬申嘉平月肇基自記",後有"門人劉毓文校字""南昌鄭美華鋟版"二行。後有《附刊樂助版資芳名於後》。

此集所録詩據時間先後次第爲序。選録諸詩爲張肇基門人弟子爲慶祝其師七旬壽辰,出其所存詩稿,删選汰澤,編輯而成。書衣有"七旬紀念"戳記,卷首有"壽"字牌記,集中有《七十初度由八都赴吉水縣偶成》。歐陽武稱其詩"詞旨温厚而和平,情思纏綿而悱惻"。（顔彦）

二山唱和集

清寂園叟撰。民國鉛印本。一册。半葉九行，行二十三字。白口，四周雙邊，單魚尾。

寂園叟即陳瀏。陳瀏（1863—1929），字亮伯，一字孝威，號寂者、寂園、槃園，又號定山、定翁、垂叟，晚年署六江六山老人，江浦（今江蘇南京）人。清末拔貢生。曾任職福建鹽法道與鹽務署。民國初，爲交通部秘書。曾參與馬忠駿之遁園吟社。詩集尚有《問字樓詩》《孤圓山莊詩剩》《雄樹堂詩集》等。彙刻有《寂園叢書》。金石賞鑒之作有《寂園説印》《定山印史》《骨董經》《杯史》《陶雅》等。

卷端題“二山唱和集”，署“江浦寂園叟著”，書名下題“内篇上卷”。此集後有附錄《天風閣詩剩》。集中所録皆爲其與吳保初唱和之作，因二人名號皆有山，故曰“二山唱和集”。按：吳保初（1869—1913），字彦復，號君遂、北山，晚號瘦公，廬江（今安徽合肥）人，廣東水師提督吳長慶子。與陳三立、譚嗣同、丁惠康贊同維新，時人稱爲“清末四公子”。著有《北山樓集》。

集中詩有夾注或序跋，如《附天風閣詩》後云：“此寂叟乙未秋舊作也，是年春，叟著有《天風閣詩》二卷，庚子燬於兵。當時未嘗録副……今所存者數篇而已。”（顏彦）

增訂噫餘堂詩鈔一卷

清劉韻芳撰。民國十一年（1922）鉛印本。一册。半葉十六行，行三十二字。白口，四周單邊。

劉韻芳（？—1921），字香洲，號噫餘室主人，湖南長沙人。畢業於湖南第一女子師範，任沈毅女子國民學校校長。民國七年（1918）嫁與郭沈毅，民國八年（1919）二人赴日本求學，九年（1920）底劉韻芳回國，爲庸醫所誤，民國十年（1921）中不幸離世。

本書前有民國十一年（1922）郭沈毅序，後爲民國十一年錫山顧鳴盛所作《讀噫餘室詩鈔感賦》和《吊長沙郭劉韻芳女士并示其父執金門》、浙江王任惡草擬《奉和顧介盦見示吊郭劉韻芳女士原韻》民國十年黃山弁言、浙江心園主人王之恩序、民國十年彭鴻元序、民國八年劉化成序以及劉韻芳自序。全書不分卷,據劉韻芳自序,"此録乃搜集舊時殘稿及近作也"。

劉韻芳詩作不乏豪爽激昂之句,如《秋詞》中有"長鋏歸來且息游,江南帝子本無愁。生成異性多奇癖,不愛逢春但樂秋"。

《噫餘堂詩鈔》首次刊印於民國十年,郭沈毅序中談及,"去冬曾出其遺著,印刷千册,未三月即已殆罄。而各界函索者,復踵趾相接,兹特重付手民,藉酬雅賞,并附兩照片,用志哀思"。此本爲民國十一年(1922)重印本。(杜萌)

師竹齋叢著家藏稿二卷

清漁隱撰。民國十九年(1930)石印本。一册。半葉八行,行二十字。白口,四周單邊。

趙晉臣(1862—1928),字廼唐,號藹棠,自號漁隱,又號蓮石,奉天(今遼寧)懷德人。清光緒十四年(1888)舉人,參加朝考選知縣,不就。光緒二十五年(1899)受聘爲榆城書院主講。甲辰停科舉後,納賢爲禮部郎,清亡後棄官歸里,自號漁隱。其詩以辛亥革命爲界,前期"淑性陶情",之後變爲"麥秀黍離之遺音"(《[民國]懷德縣志》卷九)。後來開始研讀佛學書籍,多有感悟,號蓮石。

"師竹齋"爲趙晉臣齋名,取虛懷之義。本書收録記、序、跋、碑文、告文、楹聯、尺牘等共約一百二十首(篇),"以文體不一,謹顏曰師竹齋叢著"(孫雄序)。其他著作還有《耕禮堂家乘》《師竹齋吟草甲集》等。最後一年仍在纂修《懷德縣志》。

書前有作者六十五歲時像,《懷德縣志》卷九所載趙晉臣《小傳》,孫雄《師竹齋叢著序》、楊書昇《師竹齋叢著序》,以及凡例。(彭文芳)

尋源堂詩集二卷文集二卷

清王同賢撰。民國二十四年(1935)益陽瓊成書局石印本。二册。半葉九行,行二十一字。白口,四周雙邊,單魚尾。

王同賢(1863—?),字俊青,湖南益陽人。曾授徒沅水間。"尋源堂"是其於山曲間所建之舍。

據《尋源堂詩集》目録,該詩集共四卷,收録二百餘首詩,分別歸類爲《舊存吟》《贅世吟》《集句吟》《卧游吟》。實際僅存第一、二卷。第一卷《舊存吟》收録舊作。第二卷《贅世吟》收録近作,把自己看做"贅疣"般多餘,自嘲之意。第二册爲《尋源堂文集》,原卷數不詳,存卷三、四兩卷,收録古文和駢文,其中古文收録傳、表、行述、哀詞共十三篇,駢文收録壽序八篇。

書前有尋源堂著述書目,保存了王同賢《析疑録》等十種著作的書名。還有同學莊士源清光緒三十四年(1908)序,陳忠盟、聶大英的題辭,《塵談隨筆》三則,八對聯語,以及群公評語。群公評語收録了時任湖南省長的譚延闓民國六年(1917)和益陽縣長周壬民國九年(1920)的評語,評價頗高。（彭文芳）

香雪堂詩稿二卷

清徐鑄撰。鈔本。一册。半葉九行,行二十二字,小字雙行同。白口,四周雙邊,單魚尾。

徐鑄,字巨卿,一字香雪。清光緒十一年(1885)舉人。幼即能詩,及壯文譽更盛,兼工倚聲。與廣東地方文人沈寶樞、陳樹鏞、朱一新、張曉帆、曾易又等均爲摯友,尤其與梁鼎芬交情莫逆,常相唱和。晚年任端溪書院監院。

汪國垣《光宣以來詩壇旁記》有"徐香雪"一則,云:"(徐鑄)詔其子伯謀曰:'余詩不佳,本無可存。惟來日苦短,及今不録,將無一字留存。'乃每日追憶舊作,命伯謀録之。僅一月而疾劇,故所存不及十之一二,猶未付剞劂也。"伯謀所録即《香雪堂詩稿》上下二卷,共收詩一百零八首,其中大多爲詠物感興之作。徐氏多病,秉性冲淡,於詩中亦有體現。

書成後并未刊刻,傳本少見。此本用綠絲欄稿紙鈔寫,版心下有"文寶樓"三字。（李鑫）

雲山散人詩草

清江朝宗撰。民國鉛印本。四册。半葉十行,行二十四字。白口,四周雙邊,單魚尾。

江朝宗(1861—1943),行名世堯,册名朝宗,原號雨澄,民國間改宇澄,道號大中,又號頓悟生,安徽旌德人,寄居六安西鄉麻埠鎮。齋名四勿齋。因排行第四,世稱“江四先生”。工書法。早歲家貧,投劉銘傳門下。後跟從袁世凱,任兵官學堂監督,擢候補道。清宣統三年(1911)任漢中鎮總兵。袁世凱稱帝時爲大典籌備處成員。黎元洪爲總統期間曾短時間代理國務總理。

是書存《山左行吟存草》《武衛右軍詩存》《塞上行吟存草》《漢中行程日記》《聽雨軒詩草》。《山左行吟存草》有李華序及清光緒二十四年(1898)江朝宗自序,民國十三年(1924)王澤春跋。《武衛右軍詩存》有光緒二十三年(1897)江朝宗自序。《塞上行吟存草》有光緒三十四年周棟才序。除《聽雨軒詩草》所存詩作寫作時間較晚外,其餘數種主要爲其早年詩作。(賈雪迪)

志頤堂詩文集

清沙元炳撰。鈔本。六册。

沙元炳(1864—1927),字健庵,江蘇如皋人。志頤堂爲其居室名。清光緒二十年(1894)中進士,授翰林院編修,以雙親年老辭歸故里。在地方興辦實業及學校、醫院等公益事業。民國初年曾被推舉爲江蘇省議會長。晚年究心佛典,致力於鄉邦文獻的整理,纂有《[民國]如皋縣志》。其著作有《爾雅郭注拾補》鈔本、《志頤堂詩文集》刊本存世。

《志頤堂詩文集》有目録一卷,文集三卷,收文百餘篇;詩詞十二卷,收詩八百餘首;題跋二卷,收入題跋七十餘篇。其中文篇又分爲論辨、序跋、書啓、傳狀、碑誌、題記、贈序、哀祭、辭賦等十類,内容多涉及如皋地方的人、事、歷史。題跋二卷,爲沙氏所藏金石書畫及古籍善本的題記彙編。卷首有金鉽所撰序,稱沙氏“爲文不專一體，皆發於至性，而敷陳其大義，閑作雜説小言，亦皆因物見理，隱然有維繫人心風俗之力"。此集爲其故後，學生、門人輯録手稿而成，校録人員表中題金鉽、王福基編，實際輯録人員爲項本源。文篇末有項本源跋文，詳述該集成書始末。扉葉有民國二十二年費範九題記一篇。費範九（1887—1967），又名費師洪，法號慧茂，南通人，著名的佛教人士。書中鈐"南通費氏"印。

《志頤堂詩文集》有民國二十二年（1933）如皋沙氏鉛印本。此鈔本蓋爲出版之底稿，實屬難得。（董馥榮）

之江濤聲

清靈峰補梅翁撰。民國三年（1914）刻本。一册。半葉十行，行二十一字。白口，四周雙邊，單魚尾。

靈峰補梅翁即周慶雲（1864—1934），字景星，自號湘舲，別號夢坡、靈峰補梅翁，浙江吳興南潯人。年十七爲諸生，選永康縣學教諭，不赴，例授直隸州知州，未就任。後絶意仕進，設興業銀行，於杭城建湖州商學公會。致力於工業，製絲綢，兼爲鹽商，爲蘇五屬鹽商公會、兩浙鹽業協會會長，輯有《鹽法通志》一百卷。工詩文詞，善琴，能書畫，喜游歷。主持春音詞社、淞濱吟社等。曾與張宗祥等主持補鈔文瀾閣《四庫全書》。室名夢坡室、梅花仙館、清遠樓、五松琴齋等。收藏金石書畫頗豐。著有《靈峰志》《莫干山志》《南潯志》《歷代兩浙詞人小傳》《琴史補》《琴史續》《夢坡文存·詩存·詞存》《玉溪碎錦集》等，所著集成《夢坡室叢書》。生平詳見周延礽《吳興周夢坡先生年譜》、夏敬觀《吳興周夢坡墓表》、章太炎《周湘舲墓誌銘》。

是書卷端題"靈峰補梅翁撰"。有民國三年（1914）西神殘客（王藴章）序及蹇叟（或爲張美翊）題辭。是書爲周慶雲杭州紀游詩，每首後有小注，言其本事。所寫之事多時代較近，王藴章稱此集"滄桑之感寓焉，湖山之美備焉"。（賈雪迪）

桐自生齋詩文集

清任承允撰。民國二十六年（1937）南京國華印書館鉛印本。二册。半葉十三行,行三十六字,小字雙行同。黑口,四周單邊,單魚尾。

任承允(1864—1934),字長卿,號上邽山人,泰州人,祖籍甘肅秦州,著名學者、教育家任其昌長子。天性穎慧,兼承庭訓,年少成名,清光緒二十年(1894)中進士,授内閣中書,二十七年(1901)丁憂返鄉,二十八年(1902)主講漢南之寧羌州,二十九年(1903)主講隴南書院,父子相繼爲隴南書院山長,成爲一時佳話。民國間專事教育,以經世致用之學授徒,弟子如雲,且不乏卓然有成者。

桐自生齋,著者書齋名,因有梧桐自生於庭院中,高大繁茂,濃陰滿院,故以之命名。此本卷前有民國二十三年(1934)鄧寶珊序、任承允自序,卷末有民國二十六年(1937)門人王新令跋。正文分三部分,其一爲《桐自生齋詩集》八卷,其二爲《桐自生齋詩後集》二卷,其三爲《桐自生齋文集》八卷。此本爲任承允弟子搜羅選輯恩師詩文作品,校刊付印而成,初校本曾爲任承允親自過目。鄧寶珊評任承允詩文"沉鬱淡遠,即里中酬酢之作,靡不根荄敦厚,意存激揚於焉"。

鈐"臨洮張氏""還讀我書樓藏書印"等印,應爲甘肅著名學者張維舊藏。(尤海燕)

惜齋文録

清王昌麟撰。清刻本。一册。半葉十二行,行二十四字,小字雙行同。黑口,左右雙邊,單魚尾。書名葉左下又題"成均課藝單行本"。

王昌麟(1862—1918),字瑞徵,四川灌縣人。清光緒七年(1881)入尊經書院,從王闓運學《周禮》并文字、音韻、訓詁之學。之後從王闓運游,學問日進。光緒十四年(1888)中舉人,二十年(1894)考入國子監南學。翁同龢曾以博學通儒舉薦,因戰亂作罷。光緒二十七年(1901)主講岷江書院,三十二年(1906)應聘眉屬川東師範,選授銅梁訓導。三十五年(1909)選爲四川省咨議局議員。身後詩作爲門人陳國祥等人編輯爲《晴翠山房詩鈔》三卷,鉛印出版,流傳不廣。另有《周官通釋》《文學通論》等著作。

此書爲王昌麟文集,前無序,後無跋,正文前有目録,按體分類,共收録各類文章三十篇,包括經說九篇,賦五篇,雜著十一篇,制藝五篇。每篇文末均有佚名點評。王昌麟才華過人,精通經史、辭義,其文深受時人推崇,正如此本中《庾子山謝滕王集序啓賦》文後點評:"吐詞淵雅,氣格高超,寫子山、滕王交際,百世下直令聞者興起。第五段爲古今文人唏噓太息,尤具無限深情。"

此本稀見。據《中國古籍總目》,僅國家圖書館藏。（尤海燕）

蓮漪館遺稿十卷

清陳永壽撰。鈔本。四册。半葉九行,行二十四字。白口,四周單邊,單魚尾。所用稿紙版心下鎸"直隸女學校"。

陳永壽（1852—1912）,字同山,直隸清苑人。自幼聰穎好學,學詩於同里諸壽原先生,十六歲應童子試,肄業於蓮池書院,得曾國藩召見嘉獎。習於古文辭,精漢隸,工篆刻,清光緒元年（1875）中鄉試,二十年（1894）中進士,授内閣中書,次年任河南考縣知縣,二十六年（1900）署開封府祥符縣,所到之處有政聲。著有《慎初堂文集》四卷、《竹所詞存》一卷、《秋崧老屋手札》二卷等。

卷前有陳永壽遺像,門人胡長年《清苑陳同山先生遺象贊》、民國二十五年（1936）陳永壽妹婿樊榕撰《題陳同山内兄遺象》、民國二年（1913）周雲撰《清故奉政大夫截取河南知縣陳君墓表》、陳永壽之子陳孟麟撰《清奉政大夫内閣中書顯考陳府君行述》《諸壽原先生贈序》、清光緒二十三年（1897）陳永壽自序。卷一至四爲古近體詩歌計四百五首,卷五爲詩餘計三十四首,卷六爲賦四首、論四首、議二首、考一首,卷七爲序八篇、書後題跋八篇,卷八爲贈序一篇、壽序四篇、書四篇、擬詔一篇、擬表一篇,卷九爲墓表一篇、神道碑一篇、墓誌銘一篇、記六篇、文一篇、祭文一篇、誄一篇,卷十爲附録楹聯。

據《中國古籍總目》,僅國家圖書館藏。（尤海燕）

澄園詩集

何雯撰。民國鉛印本。一册。半葉十三行,行十八字。黑口,左右雙邊,單魚尾。

何雯(1884—1925),原名何震,字汝澄(或作雨辰、宇塵),一字筱石、雷溪,號澄照居士,安徽懷寧人。清光緒二十九年(1903)舉人,早年赴日本留學,入法政大學。畢業後回國,歷任《民聲日報》總理、《醒華報》、《新中國報》主任,湖南調查局法政科科長、衆議院議員等職。與王揖唐創立中華大學。著有《湖南風土記》《論符》《澄園文稿》《龍潭室詩鈔》等,曾參與《廬江郡何氏大同譜》的編修。

此書爲何氏自定詩集,分六部分:《廬山吟》一卷,爲民國七年(1918)游歷廬山所作,前有何雯自叙;《天柱吟》一卷,爲民國七年游歷天柱山所作;《江上吟》一卷,爲民國十三年(1924)游歷皖江、皖水兩岸風景名勝時所作;《燕塵前集》一卷《後集》一卷,爲民國四年(1915)患病寂居時遣興議論之作;《縶辭》一卷并附《補遺》,爲民國初因時事繫獄後所作。民國十四年(1925)何氏逝世後王揖唐出資印行北京。首有吕學沆、王揖唐序,吳闓生、張紹曾等人題詞,末有民國十三年門人胡自昌、民國十四年潘式跋。

此書爲藏書家賀孔才所捐,鈐有“一九四九年武强賀孔才捐贈北平圖書館之圖書”印。(李鑫)

小翠微館文集一卷

清宋士冕撰。民國十四年(1925)石印本。一册。半葉十二行,行二十六字。白口,四周單邊。

宋士冕(1865—1910),字頼之,湖南桃源人。諸生,屢赴鄉試不第,遂棄舉業,專肆力於古文辭,教授於其鄉高等小學。一生不得志,偃蹇困厄以殁。生平見本書正文前所附清宣統三年(1911)友人方橿所撰《宋頼之墓表》。

《小翠微館文集》收文二十八篇,以議論、傳叙文爲主,民國十三年(1924)陳登山序謂其“法嚴而義備,是規模唐宋八家而不肯剿襲其貌者”。書前又有宣統二年(1910)其師閻鎮珩序、民國十三年陳登山序、民國十四年(1925)同里許承襄序、民國十四年弟子陳方枏序,末有民國十四年弟子張永緒跋。此書爲陳方枏據自藏鈔

本付印。（李鑫）

寸草吟

清宋士冕撰。民國十五年（1926）石印本。一册。半葉十二行，行二十五字。白口，四周單邊。

是書前有民國十五年（1926）陳方相序，據序可知民國十四年（1925）陳方相云曾於去年輯其遺文《小翠微館文集》一卷石印行世，次年得皇甫敬之助資，又輯印此書。

此書爲宋氏詩集，凡五古四十八首，七古二十五首，五律四十一首，七律五十二首，五絶七首，七絶三十一首。宋士冕做詩不宗法一家，以道情性、抒胸臆爲尚，《晚晴簃詩彙》選其《山中雜句》一首。（李鑫）

清風樓詩存

清孫鎮撰。清光緒十七年（1891）木活字本。一册。半葉八行，行二十字。白口，四周雙邊，單魚尾。

孫鎮（1852—1877），字慧貞，玉田（今屬河北）人。清女詩人。祖父爲清道光二十年（1840）進士、翰林院侍讀孫晉墀，父攸縣知縣孫光燮，嫁范履福爲妻。工繪畫，山水學王石谷，花卉得惲南田神髓。因女殤，傷悼成疾而卒。生平見本書前附范履福所撰傳記。

孫氏少而聰慧，入家塾讀書，於唐人詩反復玩味。針黹之餘偶學爲詩，涉筆成趣。歿後，其夫范履福掇拾遺稿，得九十首，於清光緒十七年（1891）冬排印成書。其詩大抵爲即景抒情之作，畫意盎然。《晚晴簃詩彙》卷一百九十一著録，并選其《秋夜曲》《高閣》兩首。

書前有光緒十七年余鐵香題詞二首，光緒十六年（1890）其弟孫宗瑗序，卷末有董恂跋。後附范氏所作悼詩七律十首，深情哀婉，動人心弦。（李鑫）

澹香吟館詩鈔

清嚴頌萱撰。清鈔本。一册。半葉九行,行十六字。

嚴頌萱,生卒年不詳,字玫君,浙江桐鄉(今屬嘉興)人。大致活動於清咸豐、光緒年間,嚴永華侄女,適江蘇上元李氏。能書畫,善彈琴。著有《澹香吟館詩鈔》。

《澹香吟館詩鈔》原書卷數不詳,此本爲鈔本,封面題"澹香吟館詩摘鈔",卷首題"澹香吟館詩鈔"。卷前附另紙介紹嚴頌萱生平等相關信息。(提娜)

思兄樓文稿

清羅長祐撰。清光緒鈔本。一册。半葉八行,行二十二字,小字雙行同,朱格。

羅長祐(1865—1911),字退齋,號申田,湖南湘鄉人。清光緒二十一年(1895)進士,改翰林院庶吉士,授編修。先後主持江蘇仕進館、江蘇法政學堂、四川陸軍小學堂。清宣統三年(1911)任西藏督練公署兵備處總辦。武昌首義爆發後被殺。著有《寄傲軒詩草》二卷、《白門小草》一卷,駐藏時詩文雜稿由其子編爲《泣血輯存》四卷。

《思兄樓文稿》收錄各類文章三十三篇。羅父母早喪,全賴胞兄羅長襈撫育成人,故名"思兄樓"。《文稿》所收有經學考證之文,如《釋聖》《攻易錄後序》《丹朱敖解》;有祭父母、兄長之文,爲傳記資料;其餘爲書牘、奏議,均爲政論,主張以切實致用之學救國。從內容看,大多撰於官翰林院期間。

書中有墨筆修改及評語,著眼於文筆修辭,署"嵩",不詳何人。(李鑫)

蝸廬寄吟草

清蝸隱山人撰。民國鈔本。三册。半葉八行,行二十二字。

蝸隱山人,姓名、生平皆不詳,約生活於清末民國時期。民國十七年(1928),因避戰亂來至吳地,主要活動於江陰一帶,與當地名士祝丹卿、謝鼎鎔等人交游唱和。

本書書衣題"蝸廬寄吟草",卷端題"蝸廬寄吟集"。全書不分卷。卷末附《梅花百詠》，是作者將自撰詩作中與梅花有關者合爲一編而成。

作者因遠離家鄉，寄人籬下，且遭逢時代鼎革，故詩作多憂愁苦悶，淒惻傷感。既名住處曰蝸廬，復自號蝸隱山人，蟄居之意，昭然可見。且作者雖與江陰諸名士往來唱和，但似并未加入祝丹卿倡建之陶社，故身世淒凉之感，更甚一層。

此鈔本鈔寫工整，詩作末尾往往有静師所作評語，静師不曉何人，應是作者科舉業師，同樣因避戰亂，寄身江陰。

本書鈐有"蝸隱山人""藜青""前身静覺寺僧"朱印。（杜萌）

拜鵑樓詩集二卷

清雷鳳鼎撰。民國刻本。一册。半葉十行，行二十一字。白口，四周雙邊，單魚尾。

雷鳳鼎（1866—1922），字儀臣，別號菊農，江西臨川人，生長於雲南。師從滇中名宿歐陽雨蒼，博覽典籍。十七歲以詩聞名滇中，與友人結蓮湖吟社，與趙藩、朱廷珍、姚文棟等名流相唱和。以父蔭任兵部主事。光緒間考入仕學館學習法政，畢業後升補陸軍部員外郎。辛亥革命後，辭官回故里，謝絶世事，以遺老自居。著有《靈谷山房集》四卷《外集》四卷、《冰甌館詞》二卷、《軍事地理學》。

雷氏論詩多稱舉盛唐，尤篤信嚴羽"神喻"之説。少年時結詩社，意氣最盛，辛亥後愴懷身世，鬱鬱不自得，作詩常有不平之氣。集名"拜鵑"，寓緬懷故國之意。此集分上下二卷，收詩近百首，以五言絶句爲佳。

此本爲其子良平校刊。前有魏元曠撰《雷兵部傳》，又有良平所撰《先府君行狀》，以及崇仁華焯序。（李鑫）

今吾廬詩集四卷存二卷

清王金綏撰。鈔本。一册。半葉九行，行十八字。白口，四周雙邊，單魚尾。

王金綏（1866—1939），字紫珊，河北豐潤人。曾充保定優級師範、京師貴冑學堂教習，民國初年入袁世凱、馮國璋政府任職，後息影都門，閉門不出，民國二十八年(1939)卒,年七十四。

本書前有手稿《題賀性存壽母集》一紙、自題小像、賈恩紱《豐潤王君紫珊墓誌銘》、例言、目録等,目録後有民國二十九年(1940)王念典識語。此書爲王金綬詩集,共分四卷,按年編排:卷一甲寅至辛酉,收詩一百六十一首;卷二壬戌至丁卯,收詩一百二十八首;卷三戊辰至庚午,收詩一百三十七首;卷四辛未至丁丑,收詩一百四十八首,後附詩餘。共計五百七十四首。惜現僅存卷一至二。

例言稱其詩多“感時憂世之作”,故有資於史。(黃琳)

閑忙詩草四卷補遺一卷

清黃炳樞撰。民國鉛印本。二册。半葉九行,行二十字。白口,四周雙邊,雙魚尾。

黃炳樞(1866—1918),字紹文,號質賓,廣東省梅縣人。生性聰穎,弱冠應童子試,輒冠其首。清光緒二十二年(1896)補縣學生,旋補增廣生。後廢科舉,則無意仕進,唯以詩酒自娱。爲人慷慨,親族中貧乏者得其資助者不少。喜交游,所結納多名士。鄉里以文名著。

此本卷前有黃炳樞遺像,民國八年(1919)張麟序、黃薦鶚序、黃應均序、民國十年(1921)梁寅序及民國十年彭肇穎撰《黃君質賓事略》。張麟在序中言:“其詩蓋天真爛漫,不假修飾,時雜以方言土音,雖不無鄙俚之詞,而愈足以見其真。短於今體而優於古體,佳處音節入古音,其摩仿前賢句法者,尤近似也。質賓之言曰,詩者所以抒性靈,達情志,吾興至則歌之詠之矣。”

正文内容以與親友唱酬之作爲多,亦有寫景述懷、紀事抒情乃至讀史登臨、發懷古之幽思之作。黃炳樞生性恬淡,不嗜名利,唯酷好吟詠,雖病中亦不輟,惜手稿初無積存,多有散失,後其子體仁搜輯遺稿,爲之付印,傳之後人,然印數不多,流傳不廣。(尤海燕)

快雪堂集二卷

清陳庚撰。民國十年(1921)海康黃景星雷城道南印務局鉛印本。一册。半葉十行,行二十字,小字雙行同。黑口,左右雙邊,單魚尾。

陳庚,字子經,遂溪(今廣東湛江)人。受學於錢塘汪柳門侍郎。以明經終老。

此書版心題"雷城内西街道南印務局承刊"。卷首有叙,署"宗弟東官陳伯陶謹叙"。次《較印快雪堂集序》,署"中華民國十年太歲在上章作噩海康憂人黃景星識"。按:黃景星,字極南,嘗取爲清光緒三十二年(1906)優貢。

各卷前有目録。卷端題"快雪堂集",署"遂溪陳庚子經氏著　男劍生校字甲生檢梓""海康黃景星極南甫較印"。卷末有"男競生附刷"一行。

集中有題詠之作,如《題商山四皓圖》;即景抒情之作,如《春景》《夏景》《秋景》《冬景》組詩;詠史之作,如《讀漢書蕭何傳書後》;酬贈之作,如《贈李少巖廣文》;游記詩,如《海康天寧寺》等。陳伯陶稱其詩"聲清氣雄,不啻蘇子瞻先後其人"。(顏彥)

筌蹄詩草六卷

清張梨雲撰。民國二十一年(1932)香港鉛印本。二册。

張梨雲(1867—?),字少華,號筌蹄翁,西河鎮漳北村人。"筌蹄翁"取自莊子"得魚忘筌,得兔忘蹄"之意。幼習國學,於英文、算數亦有鑽研,以教書授徒自給。科舉廢後,從事新學教育一年,民國二年(1923)爲時勢所迫前往海南,兩年後又往山東教學,民國八年(1919)僑居南洋星坡。張梨雲學貫中西,曾三渡南洋,六游江浙,屢任華洋各校文算各科。

此本卷前有筌蹄翁小照一幅、張梨雲撰《攝影自題》、民國十八年(1929)張梨雲門生吳懷章序、民國四年(1915)張梨雲自序及《筌蹄翁傳》。張梨雲爲文不喜拾人牙慧以失己之性情,吳懷章贊其詩曰:"能道出心所欲言,宛然心畫,已克狀難寫之景於目前,又可含不盡之意於言外,片言也可以明百意,坐馳也可以役萬景。其措語率真也如水流花放,其應候呈聲也如鳥語蟲鳴,咸落人人意中,實出人人意外。"

正文以時間爲序,每首詩都標明時間,如《筌蹄老人歌辛酉三月》《四時讀書歌

仿宋翁森體丙戌》《夏夜納凉戊子》等等。（尤海燕）

姚叔節先生文存一卷

清姚永概撰，清馬其昶評。鈔本。一册。行字不一。

姚永概（1866—1923），字叔節，號幸孫，安徽桐城人。清光緒十四年（1888）江南鄉試第一，其後會試四次均落榜，遂絕意仕進。歷任桐城中學堂總監、安徽高等學堂總教習、安徽師範學堂監督。曾受命赴日本考察學制，歸國後積極提倡教育革新。民國初，受北京大學校長嚴復之邀，任北大文科學長。民國七年（1918）受聘爲正志學校教務長。工詩、古文，與兄永樸、妹婿馬其昶均以詩文聞名。著有《慎宜軒集》十六卷。

此書選鈔姚氏文章二十九篇，《輿地歌括序》之前十四篇用素紙鈔，文末大多有馬其昶評語，爲光緒乙未至戊戌間（二十一年至二十四年，1895—1898）所作；後十五篇爲藍絲欄鈔，與之前鈔手工拙不同，并非一人所鈔，文章作於宣統前後。永概自光緒二十年（1894）起師從吳汝綸治學長達九年，深得桐城派古文真傳。從此鈔本前後兩部分亦可見其文風之變化。

此本爲賀孔才所捐，鈐有“一九四九年武强賀孔才捐贈北平圖書館之圖書”印。（李鑫）

晚紅軒詩存

清周學淵撰。民國鉛印本。一册。半葉九行，行二十四字。白口，四周單邊，單魚尾。

周學淵（1877—1953），原名學植，字立之，晚年自號息翁，安徽建德人，周馥之子。清光緒二十九年（1903）癸卯經濟特科二等四十名，官廣東候補道，後改任山東候補道，軍機處存記。光緒三十三年（1907）任山東大學堂監督。曾隨醇親王載灃出使德國。工詩詞，喜游山水，曾與郭則澐等結詞社須社。錢仲聯《清詩紀事》收録其《詠武丐》詩二首。與陳三立、辜鴻銘、于式枚、羅振玉等人有交往。

是書爲周學淵所著詩集，其詩多羈旅之思、詠史懷古及酬贈懷人之作，詩筆凄鬱清麗。悼亡詩《有述》《五十哀絃錦瑟魂》等四首尤哀婉動人。周學淵所作詩文甚多，然多散佚。是書可作爲研究其人及其詩歌創作的重要補充資料。（賈雪迪）

遺園詩集十二卷

清徐樾撰。民國刻本。三册。半葉十一行，行二十一字。白口，左右雙邊，單魚尾。

徐樾（1853—？），字季同，號遺園，廣東番禺人，祖籍浙江杭州。曾在廣西游幕二十餘年，清光緒二十二年（1896）赴吏部引見，旋入江蘇巡撫趙舒翹幕。後入川，先入川督幕中，後歷任四川遂寧、岳池、涪州知縣，成都府知府，豐都、富順縣知縣。光緒三十二年（1906）超升道員，司川府財政，清宣統二年（1910）任四川巡警道。

徐樾通經學、史學，自少即喜爲詩，積稿數十年，輯爲《遺園詩集》十二卷，收詩八百餘首，題材廣泛，內容豐富。因其多年游幕，纍任知縣，瞭解民生疾苦，反映時事、民瘼之作有較高價值。

此本刊刻精整，舒朗悦目。有其弟徐紹楨序。（李鑫）

海圓詩殘一卷

清曹佑熙撰。清光緒二十五年（1899）刻本。一册。半葉十二行，行二十四字。黑口，四周雙邊，單魚尾。

曹佑熙，生卒年不詳，字盈甫，號海圓，湖南益陽人，史學家曹佐熙之弟。年十九死於水，佐熙檢其遺物，得殘詩三十首，刊爲此書，爲《舜琴閣叢書》之一。佑熙曾有志於合司馬遷《刺客列傳》、劉向《列女傳》例，取二十四史中孝子、忠臣、義俠之尤可歌可泣者編次爲《孝史》《忠史》《俠史》，惜未成。書末有陳鼎、雷鵬飛跋。又曹佐熙跋，述佑熙始末。

此本爲民國二十七年（1938）王蔭泰捐贈。（李鑫）

劉毓盤文卷三篇

清劉毓盤撰。清宣統鉛印本。一册。半葉十二行,行三十字。黑口,四周雙邊,單魚尾。

劉毓盤(1867—1928),字子庚,號椒禽,江山(今屬浙江)人,劉履芬之子。辛亥革命後,與朱自清、俞平伯、陳望道等同任教浙江第一師範。民國八年(1919)受聘執教於北京大學,主講詞史、詞曲學等課。著有《濯絳宧詞》(又名《嚼椒詞》)一卷,《詞話》若干卷,編著有《詞史》。

此書爲清宣統元年(1909)己酉科浙江選拔貢卷,劉毓盤得選拔第一名。首爲毓盤小傳,次親族、師承姓名。正文爲文卷三篇:《漢章帝詔曹褒定漢禮唐太宗詔祖孝孫定唐雅樂論》《厥貢惟金三品義》《唐高智周爲壽州刺史每行部必召學官見諸生試其講誦訪以經義及時政得失論》。(李鑫)

寶琴閣詩鈔一卷

清沈文莊撰。清刻本。一册。半葉六行,行二十二字。

沈文莊,生卒年不詳,字蕓舫,浙江人。嫁江南宋煜爲妻。早寡子殤,奉公婆及夫骨歸葬。年七十餘,住旅店中,孤老無依而終。

此本爲何家琪所輯,收詩十九首。封面有墨筆"會稽孔映玉女史著題　浙中沈文莊女史著撰"。沈氏一生漂泊孤苦,故詩中多哀辭。前有孔映玉、王綺琴、洪秀、徐淑貞四女史題辭。後有何家琪後序并題詩。

傳世罕見,僅國家圖書館有藏本。(李鑫)

柴扉詩草二卷

清杜關撰,清袁筆春等編。民國鉛印本。一册。半葉十行,行二十九字。黑口,四周單邊。

杜關(1864—1929),原名德興,字若洲,後更名關,字柴扉,晚年自號柴扉野老,四川長寧人。幼喪父母,由祖父撫養長大。清光緒二十年(1894)舉人,授户部主事。甲午之後,目睹清廷腐朽,毅然棄官,加入同盟會,投身革命救國活動。民國時任四川省議會議員。

此書按年編次,起自光緒十七年(1891),止於民國十六年(1927),凡古今體詩數十首。甲午之戰後,清廷與日本簽訂《馬關條約》,喪權辱國,杜關憤而作《滬上感詠》十二首,沉痛激越;又撰《哀遼東賦》,以委婉之詞發悲壯之聲,一時廣爲傳誦。其餘詩歌也以感時憂世之作爲多。

此本爲杜關逝世後,其子痀世多方搜集遺稿編輯而成,前附有《杜柴扉先生略傳》。(李鑫)

若園詩文續集五卷附聯語拾遺一卷

清張學智撰。民國三十四年(1945)鉛印本。一册。半葉十行,行二十二字,小字雙行三十三字。黑口,四周單邊。

張學智,生卒年不詳,字愚若,號若園居士,雲南昆明人。清光緒二十四年(1898)進士,曾歷任瑞安、金華、平湖、嘉興等縣知縣。其生平詳見《若園詩文續集》卷二《六十八歲生日述懷》一詩。

民國十七年(1928)張氏曾輯所作詩文爲《詩稿》一卷、《文略》一卷,由雲南開智鉛印,之後又有所作,輯爲《續集》五卷。《自序》引"白香山云,吾年七十二,不復事吟哦",自稱"年逾香山",可推知其生於清同治間。本書卷一至四爲詩,約數百首,爲張氏六十歲以後退歸林下吟詠遣興之作,以游覽名勝及燕居感懷爲多,詩風樸實無華。卷五爲文章三十餘篇。末附《聯語拾遺》一卷,爲平生游覽名勝寺廟及親友慶賀哀挽聯語。

書中有墨筆圈點及眉批校語。(李鑫)

曲波簃文集一卷詩集一卷餘集一卷

清蔡如梁撰。傳鈔本。三册。半葉七行,行十四字。

蔡如梁(1855—1905),字東軒,直隸文安(今屬河北)人。清光緒五年(1879)舉人,入保定蓮池書院,師事吳汝綸,受古文法。光緒二十一年(1895)赴京會試,參加"公車上書",請求變法維新。歷任直隸宣化府書院、廣東肇慶府書院教授。著有《中外大事表》八卷、《四元通例》五卷。生平見《[民國]文安縣志》。

蔡氏嗜讀漢魏六朝文集及李賀《昌谷詩》,究心研習,得其精髓,詩文均有法度。此集收其文三十二篇、詩五十三首,另《餘集》詩文二十二篇。據《文安縣志》著録,蔡氏《詩文集》有十六卷又《外集》八卷,今可見者僅此傳鈔本三卷。

此本爲民國三十八年(1949)蔡氏之子幼東捐贈北平圖書館(今國家圖書館)。(李鑫)

丙申以來詩詞草

清常堉璋撰。民國緑絲欄鈔本。一册。半葉十行。

常堉璋(1871—?),字濟生,河北饒陽人。貢生,曾官兵部郎中。另著有《寄齋律賦》《寄齋文草》《寄齋詩剩》《寄齋聯語》等。

本書書衣有墨筆書題名及"常堉璋著"字樣。書中詩詞多有圈點、校改、眉批,此或爲稿本。其中有多首與"亮儕舅氏""舅氏兩儕"等有關。按:籍忠寅(1879—1930),字亮儕,清光緒二十九年(1903)舉人,在民國初年政壇頗爲活躍。常堉璋爲其外甥。

鈐"一九四九年武强賀孔才捐贈北平圖書館之圖書"印。(黄琳)

更生齋全集

清周祥駿撰。民國三十三年(1944)古邳新華印刷所石印本。五册。半葉十行,行二十二字。白口,四周雙邊,單魚尾。

周祥駿(1870—1914),字仲穆,又字更生,號風山,江蘇睢寧人。清宣統元年(1909)參與南社,後任教縣高等小學、潼北師範傳習所,辛亥革命時柏文蔚聘爲軍事顧問,民國後在江蘇第七師範學校任國文講席,三年(1914)被奸人構陷,爲張勛所害,年僅四十五歲。

本書前有目録、肖像、民國四年(1915)郭愛棠《周風山先生全集序》、江寧程先甲《周風山烈士傳》、張樹璜《周風山先生傳》等。正文内容共十二卷,包括瑣語一卷、詩集三卷、詩話一卷、文集二卷、文附録二卷、箋啓一卷、講義二卷。書末附郭愛棠《周風山先生行述》、銅山張伯英《周仲穆墓誌銘》、銅山蕭一山《周風山先生墓誌銘》以及郭愛棠《更生齋全集跋》、男道鑾跋。

周祥駿此集民國元年(1912)曾兩次刊印,刊於白門者名《更生齋類編》,刊於彭城者名《風山類稿》。周道鑾在跋中説:"此稿爲先嚴於被逮後,命長兄送獄中删改者,詎意未卒業即就義。長兄以百金得之獄卒手,迄今二十餘年。"説明此版本雖晚出,但其内容經著者删改,與前面兩個版本當有不同。（黃琳）

棣華館文集一卷筆記一卷爐餘詩存一卷

清陳斐然撰。民國九年(1920)石印本。四册。半葉八行,行二十字。黑口,四周雙邊,單魚尾。

陳斐然(1863—1929),字子章,聞喜(今山西臨汾)人。嘗任武强縣令。

《棣華館文集》卷首有棣華館文集序,署"武强縣縣立高小學校校長楊景程拜序時民國八年十月十日"。次棣華館文集序,署"中華民國八年立冬後五日後學劉春暄謹識"。集中所録之文涉及外交、刑法、財務、税收、衛生等方面,可見其政治經濟之學。

此書另還合印有《棣華館筆記》《爐餘詩存》。

《棣華館筆記》卷首有《棣華館筆記自叙》,署"中華民國九年一月即夏曆己未季冬陳斐然叙於武强縣公署"。

《爐餘詩存》卷首有《爐餘詩存序》,署"民國六年四月八日即古曆又二月十七日興縣牛照藻序於津門客寓"。次序署"民國六年陰曆閏二月十二日武强縣縣立高小學校校長楊景程拜序"。次序署"後學劉春暄謹識"。次《爐餘詩存序》署"民國六年四月二十一日即夏曆三月初一日霍縣薛鳳鳴謹序"。次自叙署"民國六年古曆又二月十一日聞喜陳斐然自叙"。民國二年(1913),陳斐然詩稿焚掠於保陽兵變,後重新搜輯付刊,故曰"爐餘"耳。(顔彥)

吟香室詩稿

清張式尊撰。民國二十七年(1938)張氏鉛印本。一册。半葉九行,行二十三字。白口,四周雙邊,單魚尾。

張式尊,字敬之,號東園居士、冷眼翁,河北吴橋人。優貢生,民國時先後任河北深縣中學校、滄縣中學校國文教員近二十年。

書前有民國二十六年(1937)著者弁言,自稱"東園性好詩,又不敢輕易爲詩,誠知浪費筆墨,罪過不小",所作詩覺得不滿意就焚棄不留,因此本册所收之詩,僅爲其所作詩的十分之二三。詩的内容有游興感懷、友朋題贈之作,也有一些詩與家族歷史有關,如《有感》《哭莘兒》則談及其子莘兒的生平與病逝。末附民國二十七年(1938)金相撰《張敬之先生略歷》,對張式尊生平叙述較詳細。

本書書名爲傅增湘所題。(黄琳)

公言集三卷

清沈同芳撰。清光緒三十四年(1908)鉛印本。一册。半葉十一行,行二十八字。白口,四周單邊。

沈同芳(1871—?),原名志賢,字幼卿,號越若,江蘇武進人。清光緒二十年(1894)進士,改庶吉士,曾任河南唐縣知縣以及山東咨議局、江蘇鐵路公司等秘書。另著有《萬物炊累室文乙編》。

本書前有著者三十七歲小像、光緒三十四年(1908)著者自叙。據自叙,知此前著者之駢文業已結集出版,分别名爲《萬物吹累室駢文》《萬物吹累室文乙集》等。此書爲著者"爰裒集此數年來關係公共之文字,甄擇十之六七,彙爲一帙,顔曰公言,蓋謂非余一人之私言也云爾"。全書分爲三卷,卷一收有關江蘇鐵路文十篇,卷二收有關江蘇學務文六十二篇,卷三收雜存里居所作文三篇。

卷端及版心下鎸"萬物炊累室文甲編"。書籤係張謇所書。（黄琳）

剛齋吟草漫録

清王樹榮撰。民國石印本。一册。半葉十行，行二十二字。

王樹榮(1871—?)，字仁山，號戟髯，浙江歸安人。清光緒二十年(1894)舉人，畢業於京師法律學堂，曾任江蘇高等審判廳推事、直隸高等審判廳推事、湖北高等檢察廳廳長等職。另著有《各國監獄制度譯略》《雪浪石題詠》等。

本書前後無序跋、目録等，内容分爲三卷，卷一爲秣陵紀游詩四十首，卷二爲西湖紀游詩二十首，卷三爲題葉小鸞遺迹詩一百韻。

卷一《莫愁湖櫂歌八首》中有詩注言"自光復以來，維新者止知坐燈船，喫番餐"，由此可知此本出版當在民國以後。（黄琳）

玉峰遺稿

清于璠撰。清光緒刻本。一册。半葉十行，行二十字。白口，左右雙邊，單魚尾。

于璠(1872—1889)，字玉峰，江蘇泰興人。曾就學南菁書院，年十八而病逝。

本書爲唐文治編選，前有其清光緒三十年(1904)叙，詳述與于璠的交往及遺稿刊刻過程，稱光緒十四年(1888)唐文治與于璠相識於南菁書院，于璠執弟子禮，唐文治"爰進以周程張朱諸先儒性理之書"。十八年(1892)于璠之叔將其遺稿交與唐文治。三十年唐文治囑弟子寫定付梓。本書收録于璠所撰論考説賦等十八篇，以經學之作、讀史論説爲主。

唐文治(1865—1954)，字穎侯，號蔚芝，江蘇太倉人。光緒十八年進士，官至農工商部左侍郎，曾任上海工業專門學校校長、無錫國學專修館館長等職。與于璠相識時，唐文治正在南菁書院，師從黄元同、王先謙研習經學。

王蔭泰捐贈之書。（黄琳）

古鳳詩詞叢鈔

清姚鵬圖撰。民國三十七年（1948）嚴瀛朱絲欄鈔本。一册。半葉十行，行十六字。白口，四周單邊。

姚鵬圖（1872—1921），字柳屏，號古風，江蘇太倉人。清光緒十七年（1891）舉人，曾官山東聊城、臨沂等縣知縣。嗜好金石收藏，工詩善書。著有《扶桑百八吟》一卷、《乙巳鄒記》等。

本書收録姚鵬圖所撰詩詞，詩中寫“青眼”者即有七十二首，居其大半，詞另有集名云《覺因寮詞》。書末有嚴瀛民國三十七年（1948）題識，内言“此卷於叢殘廢紙中檢得之，特鈔録裝成一册”。

稿紙下鎸“交通部材料儲運總處”字樣。（黄琳）

瘦竹山房詩畫合編六卷

清許其郁撰。民國二十六年（1937）上海石印本。四册。半葉十行，行二十字。白口，四周單邊。

許其郁（1873—？），字文卿，號蕉雪，江蘇丹徒人。工詩善畫，長於算學。歷任郵傳部造册委員、交通部主事。

本書前有民國二十四年（1935）胡爲和序、民國二十五年（1936）姚洪淦序、清光緒三十四年（1908）許瀚青序、民國二十年（1931）楊廷傑序、民國二十三年（1934）自序。又有曹霆獻、趙淮、洪謀遠、劉宗幹等人題辭。次爲凡例若干條。末有作者自題詩詞數首。本書主體内容，據胡序言“因於前歲默憶舊作題畫詩詞，縮其形，補其影，留真神以成此册”可知，爲許其郁所作畫及其自撰題畫詩。全書分爲六卷，按詩畫主題分類，卷一爲畫法，卷二山水，卷三山水、人物，卷四花卉，卷五鱗毛、雜作，卷六題贈、圖詠。

本書將詩畫合二爲一，編排方法新奇有趣。不僅題畫詩頗有自然天成之意，爲畫法所作詩亦明白曉暢，朗朗上口。（杜萌）

艾齡集

清袁德宣撰。民國鉛印本。一册。半葉十二行，行三十二字。白口，四周單邊，單魚尾。

袁德宣，字鍊人，一字浚明，湖南醴陵人。鐵路專家。清末赴日本學習軍事及鐵路，在日期間與張翼鵬等在東京組織湖南日月學會，并參加同盟會。清宣統元年（1909）三月捐資創辦私立湖南交通學校，自任校長。參與多條鐵路修建。性耽吟詠，與清末詩壇名宿如易順鼎等人多有唱和。曾參與蟄園詩社活動。著有《碧廬吟草》《南嶽紀游》《交通史略》《中國鐵路史》《粵漢鐵路古迹名勝調查記》等，編纂有《乙亥花朝酬唱集》《登瀛集》《周甲集》《楚畹集》《北京湖南會館志略》《交通類編》等，與朱卓藩編譯有《實用鐵道新編》等。

是書爲袁德宣與夫人晏淑清五十歲生日時，袁德宣所作感懷詩及諸親友門生等祝壽詩文合編。前有“艾齡雙慶圖”，爲全家合影，圖下有袁德宣民國十二年（1923）九月自題詩。又有《墨湖、玄龜、若彬、翼如、右曾、戊舟、北堂、仁甫、畫舫九君子九月一日祝鍊人社長五十壽席次聯句用柏梁體成五十韻》及詩扇、畫扇圖、酬唱詩等。有民國十二年權量、戚震瀛、皮方中序。正文首爲袁氏自作《五十初度感懷并序》，後附陳方贊、張元群、余肇康、李寳圭等多人和詩及祝壽詩文等。（賈雪迪）

石城山人文集

清涂鳳書撰。稿本。三册。半葉八行，行二十字。版心題“厚盦”或“厚盦偶鈔”。

涂鳳書（1875—1940），字厚盦，晚號石城山人，原籍湖北蒲圻，祖上遷居四川雲陽，遂家於此。清光緒二十九年（1903）舉京兆試，光緒三十二年（1907）用爲内閣中書，清宣統三年（1911）知黑龍江府事，遷提學使。民國後，長政務廳，任國務院參議。纂有《雲陽涂氏族譜》。

本書第一册以墓誌銘、傳記爲主,第二册以論、序、啓爲主,第三册以詩爲主。是書有批注,如《正太道中》注"景真情切　黃"。

涂鳳書文章温柔敦厚,詳略得當,文集中多有記載家族事務者,讀來并無枝蔓蕪雜之感,而多娓娓道來之韻,譬如王樹枏對《增修宗祠記》後所作評語,"追前計後,於千端萬緒之中一一收拾,應有盡有,應無盡無,極慘澹經營之妙"。（杜萌）

瓠廬詩鈔二卷

清張龍雲撰。民國二十四年（1935）鉛印本。一册。半葉十一行,行二十一字。白口,左右雙邊,單魚尾。

張龍雲（1872—1911）,字六士,號有瓠廬、迂公、一逶。清季任杞縣知縣,民國後,歷任揭陽、紫金等縣知事,充内政部秘書,援閩回粤兩役籌餉局文牘股長等職。在家鄉創辦樂群中學,宣傳革命思想,培養革命人才。《[民國]大埔縣志》有傳。

是書版心題"永漢北路登雲閣印"。書前有張龍雲小像,民國二十三年（1934）鄒魯序、民國二十年（1931）温廷敬序,末有民國二十四年（1935）張君亮跋。全書共二卷,部分詩作標明寫作時間,餘皆無。

張君亮在跋中寫道："（龍雲）生平所作詩文詞不下千數百首,曾親自按其年次,分爲内外集,變成若干卷,藏於家……至十八年冬,突遭赭寇禍,宅焚稿亦被毁。"後張君亮收集散落詩作,附友人丘仙根所藏兩大册,"都爲四百四十四首,略爲編次,分上下卷"。可知此書成稿,亦屬不易。

張龍雲生逢清季民初,當此亂世,并未躲入小樓成一統,而是積極投身革命,"屢仆不變"。其詩作,鄒魯序評價爲"大氣磅礴,字錘句煉,足拓胸懷也"。（杜萌）

無離龕詩拾

清王鴻𫄨撰。民國二十九年（1940）鉛印本。一册。半葉十二行,行二十字。白口,左右雙邊,單魚尾。

王鴻𫄨（1874—1925）,字嘯龍,一字肖農,號無離,福建閩縣人。清光緒二十三年至三十二年(1897—1906)間,輾轉湖南、四川、廣東等地爲幕僚。光緒三十年(1904)進士,官郵傳部電政司主事,後升路政司員外郎。民國後,曾避難海外。

本書前有作者小像,舅氏像贊。又有民國十四年(1935)周善培序、郭則澐序,民國十二年(1923)王鴻烑自序,張鳴岐題辭,後有王孝綺跋。全書九卷,分別爲《賫篷零稿》《郎潛碎稿》《海桑叢稿》《息鶇雜稿》《唱酬薈稿》《消寒殘稿》《津鶬甲稿》《津鶬乙稿》《津鶬丙稿》。

作者自序言"右詩若干卷,泰半成於辛亥之後,余口之不欲言者,或借比興以發之"。又周善培序中概括王鴻烑辛亥前後詩作風格特點,"辛亥以前,因其才以極詩之葩,辛亥以後,則志乎雅而求詩之正"。(杜萌)

分緑亭詩存一卷文存一卷

清周安康撰。鈔本。四册。半葉六行,行二十二字。

周安康(1872—?),廣西臨桂人。清光緒三十年(1904)進士,三十一年(1905)留學日本,歸國後曾任山東章邱、歷城知縣。

本書收録周安康所撰《詩存》一卷、《文存》一卷。其中《詩存》以游覽爲主,亦有記事詩,頗有資料價值;《文存》前有民國十一年(1922)著者自叙,内談及讀書爲文的經歷。《詩存》中《辛酉五十初度述感》與《文存》中《元室翟恭人悼啓》,有助於瞭解著者生平。

書中多有"選"字樣,以及修改粘貼字,鈔寫工整,或擬修改、挑選後刊印出版。

此書鈔寫工整。鈐"分緑亭""周印安康"等印,或爲鈔稿本。(黄琳)

後燕塵録一卷

清石廣權撰。民國六年(1917)鉛印本。一册。半葉十二行,行三十字,小字雙行同。黑口,四周雙邊,單魚尾。

石廣權(1872—?),一名建勛,字一參,號藴三,湖南邵陽人。廩生,留學日本,歸國後曾任湖南大學教授。另著有《説文匡鄦》。

此書前有民國六年(1917)著者自叙。據叙可知民國二年(1913)觀政京師,偶事吟詠,編爲一卷,名爲《燕塵録》。五年(1916)十月十二日離湘北上,至六年十月十日,幾隔一年,所作諸詩,再結一集,是爲《後燕塵録》。

此書即以詩吟詠石廣權一年中所見、所聞、所感。其中,《讀史雜感》二十六首以漢初人、事諷喻當時政務,頗爲有趣;《觀物十二首》和《續觀物吟八首》,以微生物感懷世變,別開生面。

此爲著者捐贈京師圖書館之書,書衣有石廣權墨筆題記。（黄琳）

旅雁聲草一卷勁草一卷

清聶守仁撰。稿本。一册。

聶守仁(1865—1936),字景陽,鎮番(今甘肅民勤)人。清光緒廩生。後加入同盟會,曾當選甘肅臨時省議會的議員。民國四年(1915)因反對袁世凱而被捕入獄,民國十五年(1926)任大通縣知事,二十年(1931)出任甘肅省印刷局局長。著有《甘肅邊防志稿》《甘肅近三十年事略》《大通縣風土調查録》《鎮番鄉土志》《景陽詩文集》《文字源流》《書法問津》《字母易記》《書法訓子録》等十餘種,多爲鈔、稿本。

書前有作者自叙,後有大覺甲戌秋識語,稱:“民國三年冬遭黨錮,時被仇家携去付之一炬,今存者自癸丑冬十月亡命以校之遺稿,自癸丑至乙丑丙寅之作均編入《旅雁聲草》。”

其詩多涉及個人經歷,特别是獄中的生活和感懷,另有部分記游、詠史、懷人、應和之作。另外從他的詩中可以看到他對國家政治的觀注,以及報國無門的失落,如《書憤》表達了對於袁世凱簽訂二十一條的悲憤,《哀洪憲》《古戍怨》表達了對於軍閥混戰的不滿。

《勁草》末有乙亥秋八月十五日識語:“《勁草》上卷自十九年庚午止,二十年以後詩入下卷,非感以時鳴也,亦春蠶惜絲,山雞愛毛之意也。自我視之,詩雖太俚,總是嘔出心肝。”可見其作詩皆是有感而發,并非無病呻吟。

國家圖書館另藏有《勁草》一卷，著録爲鈔本，書衣題"年小弟聶守仁"。此本無稿本《勁草》中《哭亡女瑁姑》之後詩數十首。但鈔本詩題下注文膽稿本中多不載，兩本中的文字叙述也有多處不同，鈔本内墨筆有標"鈔過"、鉛字朱印"選"等字樣，凡墨筆有標"鈔過"之詩，稿本均見於《旅雁聲草》内，由此推測此本亦爲稿本。

聶守仁詩作雖多，未見流傳，其稿主要藏於國家圖書館。（董馥榮）

丙子勁草

清景陽撰。民國二十五年（1936）鈔本。一册。

從字迹看鈔寫非出於一人，可視爲兩部分。第一部分由《病中度歲雜詩》十二首、《五十九歲自壽詩》一首、《春節竹枝詞》和《七律》十首、《書憤》詩一首組成。《病中度歲雜詩》題下注"丙子春初"，即民國二十五年（1936）。十二首詩均爲七律，多抒發壯志未酬之感慨。《春節竹枝詞》和《七律》寫了秧歌等八種民俗活動，有的還介紹其起源和發展。《春節竹枝詞》小序中説"就所見綴以小詞，借小游戲寄大孤憤"，亦有深意。《書憤》一詩中，"一寸河山金一寸，寇來我退到幾時"，當是抵抗日本侵略的發聲。

第二部分爲張慎微民國二十五年鈔《知非瑣記》和《景陽先生絶命詩十二首》。《景陽先生絶命詩十二首》與《病中度歲雜詩》基本相同。《知非瑣記》書寫景陽的人生感慨，其中有其於民國十六年（1927）左右在甘肅第一監獄服刑的記載。

書首有兩葉粘貼手稿，乃其友培榮的六首和詩。（彭文芳）

軍餘詩存

馬驤撰。民國十七年（1928）石印本。一册。半葉十行，行二十七字。黑口，四周雙邊，單魚尾。

馬驤，生卒年不詳，字子林，湖南湘潭人。幼年學詩，後側身行伍。

本書前有作者小像，并民國十七年（1928）作者自序。全書不分卷，録其詩作雜詠，個别詩題下載有創作時間。關於此詩集之編纂，作者自序中言："今年夏於行篋中檢拾舊作,重加披覽,若强以格律,則未足云詩,然揆諸道性情之義,似去詩未遠,且爲紀十餘年經歷者,不事修飾,命曰《軍餘詩存》。"由此可知此詩集爲作者手自整理,詩作内容反映出作者十餘年軍旅生涯。觀此詩集,可見其在内蒙行軍時期所作最多,雖作者自謙,其詩類歌謡,意境開闊,氣象宏大,富於昂揚的革命氣息。如《歸自内蒙馬上放歌題胡蘿貝諾店》:"男兒立志撑河山,莫唱辛酸行路難。手指燕然山不遠,紀功依樣後人看。"

友石山房吟草

清吳葆森撰。鈔本。一册。

吳葆森(?—1925),原名葆生,字曉浦,號酒肉和尚,安徽歙縣人。清光緒二年(1876)由監生在京銅局報捐,後又輾轉山東多地承辦税務。光緒三十二年(1906)出使日本任課員。民國元年(1912)起在京津供職。

《友石山房吟草》收録詩詞一百餘首,部分綴以時間,早自光緒壬午(八年,1882),晚至民國癸亥(十二年,1923)。内容有詠物、寫景、酬應、感懷、即事、題詩等。爲了悼念亡妻,作者寫了由三十二首七絶組成的"組詩",以紀念共同生活三十二年的妻子,感情真摯,語言質樸。正如民俗學家金受申所評:"曉浦詩由經歷中來,皆老吏斷獄之筆,不事鉛華。知從杜工部學來,得其神似者。"

書前有吳葆琳撰《弁言》《歷略》,介紹了作者的大致生活經歷;後爲金受申所作《仄韻樓詩話八十五》,其中有對吳葆森其人其詩的評介。

鈔寫者吳葆琳,爲吳葆森從弟。(彭文芳)

丙辰燕游草

清高旭撰。民國鉛印本。一册。半葉九行,行十九字,小字雙行同。黑口,四周單邊,單魚尾。

高旭(1877—1925),字天梅,一字劍公,號鈍劍,筆名秦風、壽黄,江蘇金山(今屬上海)人。清光緒三十年(1904)東渡日本,就讀於東京法政大學,任同盟會江蘇分會會長,先後編輯《覺民》《醒獅》《復報》等雜志,宣傳革命。與陳去病、柳亞子等創立南社。民國初被推選爲衆議院議員。著有《天梅遺集》十六卷,爲其從弟高基所編。

辛亥革命後,袁世凱陰謀稱帝,高旭等議員憤而南下。民國五年(1916)袁死後,高旭等再度北上,參與國事。此書即高氏在京期間所作,收詩四十餘首,中多與友人唱和之作,皆附原作。高氏爲近代詩壇名家,此集詩風健朗,用典自如,蘊涵豐富。

卷端下題"變雅樓叢書之一",末署"閨人何昭校,男小劍侍校"。高氏著述豐富,生前多不結集,《燕游草》則由其手定,約出版於民國六年(1917)秋至民國七年(1918)春之間,後收入《天梅遺集》,多有删落。（李鑫）

青島紀游詩

清袁勵準撰。民國刻本。一册。半葉八行,行十六字。白口,四周雙邊,單魚尾。

袁勵準(1876—1935),字苑生,一字珏生,號中舟、中州,別署恐高寒齋主,順天宛平(今屬北京)人,原籍江蘇武進。清光緒二十四年(1898)進士,歷任翰林院編修、京師大學堂提調,創辦事業學堂,任監督。民國時任清史館纂修、輔仁大學美術系教授等職。與王國維交厚。工書法,精於書畫鑒藏,深通碑帖學,以庋藏古墨馳名於世,著有《中舟藏墨録》。

此書爲民國三十三年(1944)袁氏往游青島時所作各詩,共四十餘首,於海濱、嶗山、潮景、海鮮等各有題詠,自謂"以柳子厚記山水之筆發之於詩,乃能刻畫盡致",各詩清雅可誦,有吳郁生圈點,提示佳句。

書前有甲戌(1934)吳郁生序、楊鍾義題詞。版心下題"恐高寒齋",可知此書爲袁氏自刻本。（李鑫）

求憜齋文集六卷

清黃榮康撰。民國二十三年(1934)鉛印本。三册。半葉九行,行二十五字。

黑口,左右雙邊,單魚尾。

黄榮康(1877—1945),字祝蕖,號凹園,廣東三水人。長年在家塾教書,曾創辦國文專修學校,影響較大。另著有《凹園詩鈔》二卷、《擊劍詞鈔》等。

本書前有目録,無序跋,後附勘誤表。全書收録黄榮康所作文一百五十一篇,包括論、記、書、贊、序、傳、行狀、墓表、墓誌銘、祭文、哀辭等諸種體裁,其中《橫江圖書館記》對民國十九年(1930)友人黄詠雩在橫江創建圖書館大加褒揚。《家譜序例》《家譜宗支序》等有關家譜的序,從中可見其修譜思想。(黄琳)

張篁溪稿

清張伯楨撰。稿本。二册。半葉十行,行二十五字。白口,四周雙邊。

張伯楨(1877—1946),字子幹,號滄海,又號篁溪,東莞人。清光緒二十八年(1902)廣州讀書畢業,受聘爲東莞學堂國文教員。三十一年(1905)赴日本留學。在日本留學期間,廣泛接觸革命黨人,有時還直接參與其事,編有《同盟會革命史料》《華興會革命史料》《興中會革命史料》《宗社黨史料》《“蘇報案”史料》等。三十四年(1908)受聘爲兩廣方言學堂教授,主講法學。清宣統二年(1910)赴北京參加廷試,“欽點”七品京官,任法部制勘司主事。民國十七年(1928)國民政府遷往南京,張伯楨辭職,致力於文史資料搜集、研究和編著,晚年遁入佛門。著有《張篁溪遺稿》《南海先生全書》《南海康先生傳》《焚餘草》《篁溪筆記》等,刊刻《滄海叢書》一到五輯。其詩詞、文稿對研究民國歷史有較高的價值。

張伯楨表彰抗清民族英雄袁崇焕,創建了袁督師廟。此稿第一册首爲《朝鮮大儒吳錫龍致張篁溪書》,末吳廷燮序,紅格。第二册爲袁崇焕遺聞録、袁崇焕墓、袁崇焕廟、廟詩等相關文字,所用爲國立北平研究院稿紙。書眉有葉碼,有修改提示語及注釋等,書寫工緻,應爲出版前謄清稿,資料價值高。(薛文輝)

丁丑雜詠原稿

清張伯楨撰。稿本。一册。半葉十四行,行二十二字,紅格。白口,四周雙邊。

此爲張伯楨稿本,封面題“丁丑雜詠原稿羅桑彭措著”,首有戊寅(1938)九月苓泉居士楊壽枏津沽雲在山房跋,稱此爲篁溪居士“目營萬態,胸輈千憂,豪情鬱鬱,劍氣乾虹,凉吹蕭蕭,笳聲咽月,慷慨問天之語,蒼凉斫地之歌,成《丁丑雜詠》三百篇,分爲三卷”繼之爲戊寅八月章梫注稱:“丁丑夏間事變猝起,京津人心惶惶,群議遷避,公獨從容坐詠,遂成巨著。”知稿爲張伯楨在七七事變後所作之詩。後有苓泉、王揖唐識語,楊圻兩則題記稱“遵囑删去數首,以符三百篇之數”,編輯過程中有删選。其後有戊寅張其淦題詩,趙元禮題詩,吳壽賢序等。正文部分行間書眉批注,有刻梓時修改、删補之處。正文之後又吳闓生跋,稱此詩稿書寫於盧溝橋事變中,可作當時詩史讀。又有楊圻、吳闓生、王揖唐題跋,附楊壽枏致張伯楨信札及張伯楨自題及放生題詩等。詩集史料價值較高。（薛文輝）

丁丑雜詠

清張伯楨撰。稿本。一册。半葉十一行,行十九字,紅格。白口,四周雙邊。

此稿封面題簽“丁丑雜詠”爲金梁題寫,鈐有“息侯金梁”印。内爲吳闓生題“東莞張伯楨著丁丑雜詠”,鈐“北江”印,以及吳闓生題“滄海先生丁丑雜詠三百首,撫時感事,興往情來,留之後來,可作當時詩史讀,不徒以吟詠爲工也”。鈐“桐城吳氏”“北江之印”印。繼之爲王揖唐題記:“滄海先生瓌才,皈佛味道腴,偶詠落花,自寫身世,不傷綺語,如聞覺音,色空平等,説默同時,豈得僅以嗣響風人之旨,引爲贅譽哉。己卯新秋王揖唐拜讀敬題。”其後爲過録戊寅八月章梫注、梁朝傑、楊壽枏、吳闓生、章梫、王揖唐、吳壽賢、金梁、張其淦、趙元禮、楊圻等序題等,之後爲正文三卷。正文末爲張伯楨後跋,叙詩集原委。末屬《滄海叢書第五輯》第二種,之後是金梁致張伯楨書札一紙。

正文行間書眉,有修改、排版提示語等,書寫工緻。應爲《滄海叢書》出版前謄清稿。内容爲七七事變間的時勢感慨,可爲詩史,資料價值亦高。（薛文輝）

壬子記游草

清金梁撰。民國元年(1912)鉛印本。一册。半葉十行,行二十五字,小字雙行同。白口,四周雙邊,單魚尾。

金梁(1878—1962),字息侯,號小蕭,晚號瓜圃老人,滿洲正白旗瓜爾佳氏,杭縣(今浙江杭州)人,寄居北京。清光緒三十年(1904)進士,歷任京師大學堂提調、内城警廳知事、民政部參議、奉天政務廳廳長、蒙古副都統等。民國時任清史館校對,曾爲大公報撰社評。工書法,擅長篆、籀。著述甚豐,有《四朝佚聞》《清帝后外傳外紀》《瓜圃叢刊叙録》《增輯辛亥殉難記》《近世人物志》《滿洲秘檔》等。

民國元年(1912),清帝遜位後,金梁奉母避居大連,又送母南歸,而後經友人介紹,赴哈爾濱出任《遠東報》主筆,又入京訪友,復歸奉天留辦興京墾務。往返奔走,於是將行程中所作詩彙爲一編,即此書。計詩近四十首,多觸景傷懷之感。前有自序。此書次年由其弟子梁申權作注重刊,改題《壬子自述詩》,有自序及梁氏跋。此本爲王蔭泰所捐。(李鑫)

北江詩草五卷

清吴闓生撰。民國十二年(1923)桐城吴氏稿本。二册。半葉十二行,字數不等。

吴闓生(1878—1950),原名啓孫,字辟疆,號北江,安徽人,吴汝綸之子。諸生,官候選知府。師從姚永概、賀濤、范當世受古文法。曾留學日本。歸國後,講學於京師十餘年。北洋政府時期任教育部次長、國務院參議。晚歸桐城。著有《北江先生文集》七卷、《詩集》五卷,編著有《左傳微》十二卷、《左傳文法讀本》八卷、《吴門弟子集》十四卷、《晚清四十家詩鈔》三卷等。生平見劉聲木《桐城文學淵源考》。

吴闓生濡染家學,守桐城派餘緒,畢生手寫口誦無虛日。劉聲木評其所撰古文"雄古簡奥,序次有節奏神采"(《桐城文學淵源考》卷十)。作文之暇,於詩亦研討多年。民國十二年(1923)弟子門人爲其編印詩集,由文學社印行,此即其底本。本書收録歷年所作各體詩四百四十首,附録三首。前有自序,目録後附諸家評語,葉心下有"北江寫本"四字。

此本爲賀孔才所捐,鈐有"一九四九年武强賀孔才捐贈北平圖書館圖書"印。

（李鑫）

庚申雜集四卷

清陳啓彤撰。鈔本。四冊。半葉九行,行二十字,小字雙行同。

陳啓彤(1882—1926),字管侯,江蘇泰州人。清末諸生。民國時任北京中國大學教授。精研《易》學,著有《易通例》一卷、《易通釋》二卷,另有小學著作《廣新方言》《續新方言》《六書微》各一卷。

此書爲民國九年(1920)陳氏輯所作各類文章而成,故名《庚申雜集》。卷一爲國學總論及文字學論文,卷二爲《中國社會之研究》及政論,卷三爲《卮言》,論修身、教化,卷四爲教育學論文八篇。鈔寫工整,有墨筆圈點、校改,卷一至三卷後均附刊誤表。惜書成後并未刊行,今僅存此鈔本。（李鑫）

丁子居剩草

清丁三在撰。民國十年(1921)丁氏仿宋鉛印本。一冊。半葉十三行,行二十一字,小字雙行同。黑口,四周雙邊,雙魚尾。

丁三在(1880—1917),一名三厄,字善之,號不識,浙江杭州人,八千卷樓主人丁申之孫。承襲家學,精通目録、版本之學。兩江總督端方命繆荃孫創辦江南圖書館(今南京圖書館前身),將八千卷樓藏書全部收購,繆氏力薦丁三在任圖書管理之職。工作之餘,丁三在與其兄輔之仍熱衷於刻書、印書,創製聚珍仿宋體,字體精雅,風行海内。

丁三在去世後,其子搜集遺稿,用丁氏聚珍仿宋體排印成書,名《丁子居剩草》,録詩一百一十一首、詩餘十五闋。一時所交名流繆荃孫、周慶雲、徐珂、柳棄疾、高燮、張燾皆爲之作序,末有王毓岱、魯堅跋。集中以題詠、贈答之作爲多。《考工八詠》專詠試辦聚珍仿宋活字情形,頗有史料價值。（李鑫）

鈍庵詩十卷附詞二卷

清傅熊湘撰。民國三年(1914)鈔本。二冊。半葉十行,行二十四字。

傅熊湘(1883—1930),初名德巍,又名專,字聲焕,更字君劍、文渠,號鈍庵,晚號倦翁,湖南醴陵人。清光緒三十二年(1906)加入同盟會。清末與寧調元、陳家鼎、仇亮等在上海創辦《洞庭波》雜志,與胡適、丁洪海等編輯《競業旬報》,宣傳革命。後在蘇州創辦《大漢報》,返湘主編《長沙日報》,著文反袁。歷任湖南省參議員、省長署秘書、湖南通俗教育館館長、中山圖書館館長等職。著有《鈍庵遺集》二十二卷。生平見吳恭亨《傅鈍庵墓碑》、李澄宇《傅鈍庵墓誌銘》。

傅氏早年與柳亞子諸人結南社,辦報、宣傳革命活動之餘,不輟吟詠,嘗主持南社湘集,與寧調元、鄭淑容、陳豪生、黄夢邃等詩文唱和。詩、文、詞兼工,創作數量宏富。此集爲應柳亞子之邀鈔録而成,删定三十歲以前所作,爲詩十卷、詞二卷,準備刊印行世。有傅氏自序及跋、寧調元等人題詞。有傅氏墨筆題記云:"亞子社兄屬呈拙集,即希正定,鈍庵題記。"1960年,柳亞子將此本捐贈北京圖書館(今國家圖書館)。(李鑫)

静頤齋文稿

清李廣濂撰。清宣統二年(1910)上海石印本。一册。半葉十行,行二十六字。黑口,四周雙邊,單魚尾。

李廣濂(1879—1968),字芷洲,河北深縣人。清光緒二十九年(1903)舉人。早年留學日本,爲國民黨早期黨員,曾任護法國會參議院議員。中華人民共和國成立後爲中央文史館館員。著有《芷洲詩鈔》四卷、《古泉拓本》五卷。生平見《中央文史館館員傳略》。

李廣濂曾師從張裕釗、吳汝綸學習古文,與吳闓生交游密切。其文章得桐城派古文整飭雅潔之長,叙次有致而有風韻。此書收李氏平素所作文共三十四篇,有清宣統二年(1910)吳闓生序、光緒三十四年(1908)王景禧序。各篇以圈、點標出佳句。每篇後有吳汝綸、賀濤、吳闓生等人評語。

此書傳本少見,據《清人别集總目》著録,僅國家圖書館有藏。(李鑫)

樊樓詩稿

清施景崧撰。民國四年（1915）鉛印本。一册。半葉九行，行二十二字。白口，四周雙邊，單魚尾。

施景崧，生卒年不詳，字節宇，自號樊樓主人，福建長樂人，郵商施秉章之子。清光緒末邑庠生，曾留學日本，歸國後曾翻譯《萬國地理問答》。與兄景琛、景徽等創辦泉山學校（民國後改爲女子職校）。

景崧能詩，曾與友人組織濱社，常相唱和。此書係民國四年（1915）施氏避暑於福建東南郊石鼓山湧泉寺時所作。凡古近體詩百餘首，起五月迄十月，寫景狀物，皆以山中閑適生活爲題材，不涉世事。

書籤題“石鼓集”，卷端題“樊樓詩稿”。民國二十四年（1935）作者將此書寄贈給北平圖書館（今國家圖書館）。（李鑫）

劉季鳳遺書

清劉興宗撰。清光緒鉛印本。一册。半葉十四行，行三十五字。黑口，四周雙邊，單魚尾。

劉興宗（1884 — 1907），字季鳳，遼寧昌圖人。曾入學順天高等學堂，因病早逝。

本書前有清光緒三十三年（1907）何家翰所撰《劉子季鳳哀辭》，内言二人從順天高等學堂的交往以及劉興宗的病逝。書末有光緒三十四年（1908）兄劉訥和刊記，云：“亡弟之文集曰摩尼宵朗，詩集曰棲桐館，今皆遍尋無着，此僅其在學堂之札記也……至其評語，皆出校中漢文教員陳心衡先生手。”

本書所收之文，皆爲劉興宗在順天高等學堂就讀時所撰札記，共四十餘篇，包括《吕端小事糊塗大事不糊塗論》《赴大學堂運動會記》《荀子性惡辨》《漢用黄老而治晉用黄老而亂論》等，多結合史實有感而發。

順天高等學堂源於光緒二十八年（1902）設立的順天中學堂，三十三年改爲此

名,是現在地安門中學的前身。（黄琳）

松節堂詩草二卷

清劉梅娥撰。清宣統元年（1909）刻本。二册。半葉八行,行二十二字。白口,四周雙邊,單魚尾。

劉静宜（1889—1908）,字梅娥,湖南湘鄉人。新疆和闐直隸州知州劉兆松之女,幼適新疆巡撫潘效蘇之子潘晉坤。清光緒三十年（1904）赴迪化完婚,不過三月而夫死,三十四年（1908）六月在扶柩歸途中殉節而死。

本書前有陳鴻逵序,附《請旌表孝烈事實清册》以及譚聲鸞、曾傳習等人題詞。末有譚聲鸞跋。本書所收劉静宜詩,既有居於閨房時的詠物、唱和之作,也有夫逝之後的感懷之作,讀來令人頗生悲涼之情。

鈐“閨闈叢珍”“昆山徐氏”印,爲徐祖正舊藏。劉文楷《歷代婦女著作考》未著録。（黄琳）

蔭餘齋詩草三卷

清劉修鑑撰。民國獻縣劉修鑑鈔《清芬叢鈔》本。一册。

劉修鑑（1879—?）,字式三,清中期經學家劉書年之孫。劉氏自劉書年之父劉廷楠始,兩代三進士,是河間有名的詩書世家。劉修鑑整理了劉廷楠以下四代八個人的著作及劉氏家族資料,彙輯成《清芬叢鈔》,是研究劉書年家族的珍貴材料。

《蔭餘齋詩草》以時間順序編排,起自辛丑,訖於壬午,收詩三百餘首。卷前依次爲劉清漳序、劉宗彝序、陳小方序,劉修鑑自撰題詞及郭春芳題詞。每卷卷末均有附記,自述個人經歷。其詩多寫景記游、酬唱應和之作。因其爲張之洞長媳劉文嘉之從弟,所以與劉文嘉夫婦多有詩文往來,詩注中也記録了一些張之洞故後張家的衰落境況,可資參考。劉修鑑弱冠即外出謀生,一生奔波,終不得志。其兄劉清漳序文中稱其“早歲登仕籍,以纍世忠貞,天性骨髓,不洽於物。携妻子歷試南北數省,未獲一席”,故其詩多有淒愴悱惻之感。劉宗彝序稱其詩“循其歲月,徵諸往事，大都紀實之作。比興具體，不假雕琢，天然韻味，非同凡響”，蓋言其詩出自天然，以真情取勝。

劉修鑑詩未見流傳，以此鈔本存世。（董馥榮）

涵滄室詩稿

清俞大酉撰。鈔本。一册。

俞大酉（1908—1966），天津人，俞明謙之女。河北省招考庚款留美生考試中列全省第二，以父親去世家中無人照顧，遂放棄留美機會。曾任北平女子文理學院英語系助教、北平中國大學講師、《民國日報》總主筆、北平女子第一中學校長。民國三十六年至三十八年（1947—1949）任天津耀華學校校長。中華人民共和國成立後任教於北京中學。黃稚荃《杜鄰存稿》有《悼大酉》一文，可備參看。

是書存古近體詩，詩筆疏朗。俞大酉曾師事賀孔才，集中存與賀及其妹（幼荃）之贈答唱和詩多首。又有文十篇，《先考行述》詳叙其父俞明謙生平。其爲文宗法桐城派，文辭雅正。（賈雪迪）

郭代興文卷二篇

清郭代興撰。清宣統元年（1909）石印本。一册。半葉十行，行二十五字。白口，四周雙邊，單魚尾。

郭代興（1882—？），字繼賢，號質夫，碭山（今屬安徽）人。

清光緒三十一年（1905），清廷廢除科舉考試，停辦鄉試、會試，代以學校育人選人，不過貢舉并未停止，一直伴隨清代覆亡。此爲郭代興宣統元年（1909）己西科《江蘇選拔貢卷》，内含兩篇文章，一爲評論劉晏鹽法之文，文中提出“利國之利在利民，利民之利在便商，便商之利在汰吏”，第二爲《申不害言術公孫鞅爲法異同論》，認爲“任術尚可愚民，徒法不足治世”，因此術與法皆不可偏用。兩篇文章論述皆頗爲精彩，故而此卷拔爲第一。（黃琳）

黃維時詩存四卷

清黃維時撰。民國二十八年(1939)鉛印本。二册。半葉十一行,行二十九字。白口,四周單邊,單魚尾。

黃維時(1895—1945),原名鳳炳,字智雄,號至雄山人、無畏草堂主人,浙江金華人。五四運動學生領袖,畢業於浙江公立法政專門學校,留學日本,入明治大學校政治經濟研究科。民國十一年(1922)被聘爲浙江私立法政專門學校校長。曾任安徽、山東兩省賑濟委員會主席等職。民國二十五年(1936)北上,協同王雅之、劉印忱二道長籌辦北平宗教哲學研究社,并主編《蓮池會聞》。著有《雙龍紀勝》《續源文鈔》《新市政論》《濺淚集》等。

此書收黃氏歷年所作詩,自民國六年至二十八年(1917—1939)共一千一百九十四首,附詞二闋,各卷後又附師友唱和詩共二百七十九首。黃氏爲民國間著名社會活動家,慷慨論世,襟懷不凡,詩風清曠。

書前有甘鵬雲、江朝宗、林忍默序及自序,照片七幀。(李鑫)

宜廬詩稿八卷

清胡行之撰。民國三十七年(1948)鉛印本。一册。半葉十一行,行二十一字。白口,四周雙邊,單魚尾。

胡行之(1901—1976),浙江奉化(今寧波市奉化區)人。二十世紀二十年代曾留學日本,歸國後曾在上虞春暉中學、浙江省圖書館、中國農民銀行等處任職。他對於中國文學以及法律等都具有相當深厚的修養,曾出任吳越史地研究會常務理事。除本書外,還編著、翻譯出版了《中國作家自叙傳文鈔》《中國學術思想之變遷》《蘇聯婦人在法律上之權利》《外來語詞典》《進化思想十二講》等;中華人民共和國建立後,在《中國語文》上發表過《"疊字"的綜合研究》《略談文言虛字中的複詞》等文章。

本書八卷,按時間順序分爲八個專集:卷一《春暉吟》,時間爲民國五年至二十四年（1916—1935），收録古今體詩五十五首。卷二《文瀾吟》，時間爲民國二十四年至二十六年（1935—1937），收録古今體詩六十五首。卷三《松風吟》，時間爲民國二十七年（1938），收録古今體詩六十九首。卷四《大雅吟》，時間爲民國二十七年至二十八年（1938—1939），收録古今體詩八十七首。卷五《茅山吟》，時間爲民國二十九年至三十年（1940—1941），收録古今體詩九十五首。卷六《永龍吟》，時間爲民國三十年至三十二年（1941—1943），收録古今體詩七十九首。卷七《東甌吟》，時間爲民國三十二年至三十三年（1943—1944），收録古今體詩五十六首。卷八《白溪吟》，時間爲民國三十三年至三十四年（1944—1945），收録古今體詩六十七首。全書共收録古今體詩五百七十三首。書前有民國三十七年（1948）鄉人孫表卿序及自序二篇，書末附自跋一篇。

從所作詩稿時間順序來看，這亦是他前半生真實的生活寫照，從留學日本歸來任教春暉中學所作的《春暉吟》始到民國三十三年（1944）秋回到故鄉的《白溪吟》止。這期間爆發的抗日戰爭對他的生活、詩歌寫作都有一定的影響。（石光明）

南樵哀剩

清楊枏撰。民國十年（1921）鉛印本。一册。半葉十二行，行三十一字。白口，四周雙邊，單魚尾。

楊枏（1901—1919），字南樵，江蘇句容人。

本書共三卷，分別爲《南樵文剩》《南樵詩剩》《南樵詞剩》。《文剩》共有記、序、啓、跋、壽序等十一篇；《詩剩》有游觀、賀壽、送別、題畫、家居等十九篇；《詞剩》四篇。《凡例》中云："亡弟詩文散佚甚夥，掇拾叢殘，僅存什一，故名曰'哀剩'。"

扉葉有作者小照。書前有其兄楊棠所作《弁言》《事略》和《哭弟五十韻》，回顧了弟弟短暫的一生，流露出對弟弟深厚的感情以及對其早逝的哀痛。還有程塵跋及隋恩湛等二十餘人的哀詞，以及陳李芳的序。

楊枏雖未至弱冠，然經學功底頗深，詩文蒼勁雅正。（彭文芳）

澤東遺稿三卷

清劉亶匯撰,清于家承編。民國十六年(1927)鉛印本。二册。半葉十二行,行三十一字。白口,四周雙邊,單魚尾。

劉亶匯,字澤東,生平不詳。于家承,字若農,生平不詳。

此本扉葉有劉澤東小像,及趙宗抃所撰挽詩,序言有四:一爲丹徒趙宗抃撰;一爲民國十六年(1927)丹徒劉景曾序於春申寄廬,均提及此書出版得益於丁生若農,"以誼兼戚友悉心搜羅,得君(澤東)所著詩文集爲三卷";餘下兩篇序文爲魏楚翹和丁家承所作。卷前另有《澤東小傳》一篇,其弟劉亶源傳於民國十六年丁卯七月,提及作者劉亶匯"遺有詩文各百餘篇,姊夫丁君若農選得如干首,付諸剞劂,俾免散失,且不欲没其畢生致學之勞云"。另據小傳可知,作者劉氏"生於清光緒三十三年丙午,存年二十有二,娶丹徒許氏秋飄先生之侄女",丙午爲清光緒三十二年(1906)。

此書正文内容分三卷,前兩卷爲文,收有《毋忘國耻説》《學然後知不足説》《愛國論》《論競争》《説勞工之重要》《論選舉之弊》等篇,凡四十,反映了民國時期知識青年的視野和時論熱點,具有鮮明的時代特徵。第三卷爲詩,收録了《交友》《春日即事》《避兵》《乘凉》《食瓜》等詩作四十首,其中《避兵》一首,"中原如鼎沸,群雄方構兵。兵鋒相接處,血肉紛縱横"之句,涉及當時軍閥混戰的局面,并表達了對百姓離亂的悲憫之情,如"親故幾人生,頻聞風鶴警"之句。(李慧)

樂山回文四卷續詠一卷

清王嘉誠撰。清同治刻本。一册。半葉六行,行十六字。白口,四周雙邊。

王嘉誠,生卒年不詳,中年後遁入道教,號雲鶴道人。

回文詩是我國古典詩歌中的獨特體裁,突出特點是回復讀之亦能成文,其歷史可追溯至晉代,後多成爲文人騷客的文字游戲。本書前有清同治元年(1862)自序。所收皆爲王嘉誠所撰回文詩,分爲四卷:卷一京西名勝,卷二房山古迹,卷三留臺雜詠,卷四蘆洲秋興。另附《續詠京西名勝》一卷,同治二年(1863)補刻。

本書所詠之景,多與北京有關,故可視爲北京地方史的研究資料。《清代詩文集總目提要》未著錄。（黃琳）

潭柘集一卷

清李恒良撰。清光緒刻本。一册。半葉九行,行二十一字。白口,四周雙邊,單魚尾。

李恒良,生卒年不詳,字子易,漢軍正白旗人。曾官山東知縣。

本書卷端首題"古藤簃詩鈔"。書末有清光緒十七年(1891)李恒良舅顔札毓廉跋,言其甥"今秋游潭柘歸,嘔血苦吟,夜以繼日,得詩一卷,囑余品評"。

全書收錄了李恒良光緒十七年游覽潭柘寺時所作詩,如詩中提到石佛村、戒壇寺、岫雲寺、蓮花峰、青龍潭、延清閣、孔雀庵等,或是前往潭柘寺途經之地,或是潭柘寺所屬景點。潭柘寺位於北京西部門頭溝區東南的潭柘山麓,始建於晉代,是著名的佛教寶刹。此詩集專談潭柘寺,對於瞭解古代的潭柘寺不無幫助。

鈐"富察恩豐席臣藏書印"印。《八旗藝文編目》未著錄此書,著錄的是《上下三千年縱橫一萬里之齋詩稿》。《清人詩文集總目提要》未著錄。（黃琳）

聽春新詠

清留春閣小史撰。清刻本。四册。半葉七行,行十八字,小字雙行同。白口,四周單邊,單魚尾。

留春閣小史,生平不詳。本書前有小南雲主人序,天涯芳草詞人弁言,紅蕉館主人、吳興仲子題詞,後有留春閣小史緣起,以及例言等。本書收錄題詠當時戲曲伶人的詩詞,共分徽部、昆部、西部、別集四部分,每一位伶人都有小傳。

此類書還有吳長元的《燕蘭小譜》、小鐵笛道人的《日下看花記》等,是研究當時清代京師梨園的重要史料。（黃琳）

三水關紀事和詩三卷續刻一卷補刻一卷

清胡薇元等撰，清高維寅輯。清光緒三十年（1904）刻本。四册。半葉九行，行二十一字，小字雙行同。白口，四周雙邊，單魚尾。

胡薇元（1849—?），字孝博，一字壺庵，號詩龕，又號玉津居士，別號百梅亭長，原籍浙江山陰，後遷順天大興。清光緒三年（1877）進士，官至西安知府。著有《湖上草堂詩》《壺庵五種曲》等。高維寅，生卒年不詳，湖南善化人。入左宗棠幕府，以軍功纍積，授職四川，曾任漢州（今四川廣漢）知州。

清光緒二十八年（1902）六月，漢州知州高維寅率領鄉勇在三水關抵抗義和團軍隊，後兵敗退守州城。高維寅作七律六首以記之，并邀友朋題詩、唱和，達數百人。本書主要收録諸人的唱和之詩，近千首之多，析爲三卷：卷一各省人官幕四川者，收詩二百七十六首，卷二四川各廳州縣人，收詩三百七首，卷三漢州人，三百一十三首。後又於光緒三十一年（1905）續刻詩三百一十七首，補刻詩數十首。

本書前有光緒二十九年（1903）長沙柳大彝、三十年（1904）方旭、瀘州萬慎以及高維寅弁言。末有光緒二十九年侯昌鎮跋、周兆蘭書後，附録爲獵山行。《續刻》前有續刻三水關紀事和詩姓氏表，末署“共古近體三百一十七首”。《補刻》後有光緒三十一年瀘州羅順蕃《書三水關紀事詩後》一篇。

本集涉及人員衆多，所撰之詩多有注釋，可資四川義和團運動研究之參考。（黄琳）

未能信室制藝鈔存

清許增慶撰。清鈔本。四册。半葉九行，行二十五字。

許增慶，生平不詳，目録署“甘泉許增慶竹漁氏稿”，竹漁或爲其字，甘泉（今屬江蘇揚州）人。

本書爲許增慶所撰制藝集。制藝即八股文。全書按元、亨、利、貞分爲四册，第一至三册爲四書文，第四册爲《家塾課藝剩稿》，僅有《論語》《中庸》文。

鈐“真州吳氏有福讀書堂藏書”印。此書《清人詩文集總目提要》未著録。（黃琳）

都門竹枝詞

清佚名撰。清光緒鈔本。一册。半葉八行，行二十字。

竹枝詞是我國古代的民間文學體裁，起源於巴蜀，後逐漸成爲文人撰寫的詩歌體裁，往往七言四句，以描繪風俗、記録史事爲主。早在唐代即有竹枝詞，宋元之時撰寫人漸次增多，清乾隆以後比較盛行。此書包括兩種《都門竹枝詞》，一爲楊瑛昶撰，一爲佚名撰。

楊瑛昶（1753—1808），號米人，別署净香居主人，安徽桐城人，曾任寶坻知縣。楊氏所撰《都門竹枝詞》共計一百首，後有船山居士跋，稱其竹枝詞“所述一時人情世態、猥瑣齷齪靡所不有”。

佚名所撰《都門竹枝詞》前有自序，言其讀楊瑛昶《都門竹枝詞》後，頗爲贊賞，居京多暇，撰寫一百首，補以近日異事新聞，分爲十類：街市、服用、時尚、京官、候選、考試、教館、胥吏、内眷、觀劇，每類各十首。後删改爲八十首，有清嘉慶十九年（1814）刊本。

鈐“青松落陰”印。（黃琳）

耕心齋詩鈔一卷

清徐本元撰，清鈔《名家詩詞叢鈔》本。半葉十行，行二十餘字，無框。

徐本元，生卒年不詳，字登瀛，號仙槎，原籍江西臨川，祖上僑居浙江龍游，清道光咸豐間人。著有《耕心齋詩鈔》《耕心齋文鈔》《皇朝名臣事略》《曲阿叢載》。傳記見余紹宋編民國十四年（1925）鉛印本《龍游縣志》卷十九《人物傳》，附其父徐承恩傳後。

《名家詩詞叢鈔》全書二十八卷，十册。《耕心齋詩鈔》爲其中一種，與他集合裝一册。卷端題“耕心齋詩鈔”，署“龍游徐本元仙槎”。全書以行草書鈔寫。

該詩集共收詩三十六首,多紀行、題贈、詠懷之作。各詩或有小序和小字注,對詩句内容補充解釋。所收詩作包括《吴淞馬上作》《池邊曲》《江上秋夜》《謝丈墨卿司馬見示養默山房近稿即題其後時在吴淞防堵》等。

《龍游縣志》評其詩曰:"七古於論斷步驟綽有餘裕,五言真摯可通,近體詩則清淑而多遠神。"

卷末鈐"長樂鄭氏藏書之印"印。(趙愛學)

俚詩

清景閏撰。清鈔本。二册。半葉六行,行二十字。

景閏,生平不詳,字雍齋,滿洲八旗人。原函套上貼有紅紙一張,上書:"敬祈郢斤删易改正,并乞冠榮首。景閏,字雍齋,行二。"《八旗藝文編目》著録此人,但對其生平也僅載其字,另言"恒焜之《癯鶴詩存》曾署名校字"。

此爲景閏詩集,其内容多爲感懷、詠物之作,感懷如《溪上見落花》《惜日短》,詠物如《石首魚》《六月菊》《白桃花》《白牡丹》《白雲》,亦有不少吟詠歷史人物的詩作,如《張良》《項籍》《伏生》。另外還有與當時人物有關的詩作,如《别陳侍御頌南歸閩》,内陳侍御指陳慶鏞(1795—1856),號頌南,福建泉州人,官至監察御史;《挽吴柳堂吏部》,吴柳堂指吴可讀(1812—1879),字柳堂,曾官吏部主事。由此可判斷著者生活在清咸豐、同治、光緒時期。(黄琳)

鶴亭詩草一卷

清王景恭撰。民國十七年(1928)北平鉛印本。一册。半葉九行,行二十一字,小字雙行同。黑口,左右雙邊,單魚尾。

王景恭,生平不詳,字鶴亭,河北安國人。里居於家,教書爲生。王恒升外祖。

本書前有民國十七年(1928)定縣谷鍾秀、定縣王恒升序。谷序言:"鶴亭王公足不出邑里,耽吟詠,年逾六十尚孜孜不倦,雖篇章僅百餘,殆所謂好之篤而習之勤者歟。"認爲其詩"皆合雅奏,賦山村水郭竹籬茅舍特詳,其放翁之亞耶"。據王恒升序可知,恒升五歲喪母,養於外家。民國十七年恒升回里探親,見外祖出示詩一卷,在請谷鍾秀評閱并得到肯定後,付梓刊行。王恒升(1901—2003),中國科學院院士,著名地質學家。

此詩集以感懷、詠物之作居多。末附勘誤。（黃琳）

妝臺吟

清王德鳳等撰,清王載安編。民國鉛印本。一冊。半葉十四行,行三十二字,小字雙行同。白口,四周雙邊,單魚尾。

王德鳳,生卒年不詳,字毓蘭,湖北江陵人,王培楨之女。在家創辦純正女學,自任校長。

此書前有民國六年(1917)王培楨、王德星序,以及民國七年(1918)張春華序、劉寶森跋。王培楨序詳細說明了編纂此書的緣起及經過:"今秋七夕前四日,于歸李門,依戀彷徨,爲詩以申其意,閱之耿耿,家庭以次依韻答之,迺辱承吟壇諸公賜穌連篇,藉增光寵。鄙人彙集成册,并擇附小女近作及贈答諸詩,顏曰'妝臺吟'。"王德鳳于歸之時作詩以表難捨,親朋好友賦詩唱和,數量蔚爲大觀,編成書册。此不失爲詩壇上一美談。（黃琳）

悔廬文集二卷

清胡爲一撰。民國三年(1914)鉛印本。一冊。半葉十四行,行三十四字。

胡爲一,生卒年不詳,字舜隣,貴州獨山人,主要活動於晚清、民國年間。其文章見稱於時。民國初年創建都勻中學(時稱都勻十縣合立中學校),三年(1914)夏入值隸朱家寶幕。

本書爲上下二卷。上卷收文十五篇,包括《答餘慶縣廖紫輝大令論治盜書》《調查平越甕安餘慶三縣選舉演説》《開辦都勻縣税契局通告》《致都勻八屬學界到都勻開學校聯合會書》等十五篇;下卷收文十篇附詩歌十八首,如《已故國子監祭酒王熙二師附祀韓子祠序》《先大夫行述》等。全書共收文章二十五篇附詩歌十八

首。卷前冠著者自題小像一幀、民國三年（1914）永年同寶廉序、萊陽李殿翔序、獨山鄢發祥序及作者自序。（石光明）

抱粹軒詩集

清周暘寅撰。民國十三年（1924）石印本。二册。半葉十行，行二十六字。黑口，四周雙邊，單魚尾。

周暘寅，字子英，號鋭樵，湖南湘潭人。工詩文。書前有趙啓霖民國七年（1918）序。書名葉題"甲子中秋　抱粹軒詩集　葉德輝署"。

是書有《抱粹軒詩草》四卷、《抱粹軒剩草》一卷，卷端署"衡麓鋭僧"，《詩草》收録五、七言古近體詩，《剩草》爲詞作。全書以詩體編次，多寫景感懷之作，亦多寫隱居生活。趙啓霖稱其詩"冲淡拔俗"，五、七言古體詩"蒼鬱樸老，兀昪之致，於昌黎爲近"。（賈雪迪）

勺軒詩鈔二卷

清章廷華撰。民國十四年（1925）鉛印本。一册。半葉十行，行二十二字。白口，四周單邊，單魚尾。

章廷華，生卒年不詳，原名國華，字紱雲，江陰人，約生活於清末民國間。曾師從林紓學古文。清宣統元年（1909）舉人，附貢生，北京大學堂畢業。官福建南安知縣。

此本卷前有民國八年（1919）曹家達序、民國九年（1920）謝鼎鎔序、民國十一年（1922）金武祥序、民國十四年（1925）章錫奎序，張之純等題詞，卷末有民國八年（1919）章廷華自識一篇。

著者曾隨父宦游燕稷，後游學京師，繼而仕宦閩地，自癸丑至己未（1913—1919）六年間足迹遍布燕平、閩贛、蘇杭等地，積詩幾四百首，自云"所以紀事，所以懷人，所以志游蹤而狀名勝者，均在於此，曰行旅之作可也"。其好友曹鵬南、謝冶盦爲之删定得詩一百餘首。

此本稀見。據《清人別集總目》，僅國家圖書館藏。（尤海燕）

二笏山房文鈔三卷詩鈔一卷

清曹國佐撰。民國三十七年(1948)鉛印本。一冊。半葉十三行。

曹國佐，生卒年不詳，字斗垣，四川瀘縣崇義鄉人。清末民國間人，曾爲廩生。生四歲而孤，踰年兄嫂亦歿，由兄友撫育成人。爲人端謹，《[民國]瀘縣志》載："願從師讀書，力學不倦。工古文辭，終身布衣徒步，不慕榮利。嗜著述，刊有《歷朝詩教録》《治心録》兩書，餘如《兩漢八家文鈔》《江陽詩文偶鈔》《孫子十家注節本》《道德經集注》《金剛經集注》《心經集注》未梓。"曹國佐選編歷代優秀作品，期以垂範當世，提振文風，然皆不傳。

此本卷前有高覲光序，《[民國]瀘縣志》的編者之一高覲光爲曹國佐摯友，對曹國佐爲人爲文均贊賞有加，在序文中評其詩文曰："玩其詩文，頗有得於古作者之意，不肯與時升降，區區於字句之工，而求能自振拔於今世焉。"

是書封面墨筆題"曹斗垣先生著民國卅八年春其孫將徐氏贈閱光明氏記"。《文鈔》三卷未按文體分卷，包括議、書、序、傳、祝詞、祭文、墓誌銘等各體雜文九十九篇；《詩鈔》一卷，收録詩歌三十一首；附《二笏山房楹聯鈔》，收録楹聯二百一十七聯。此爲曹國佐遺作，在其逝後由其孫曹柏如將之刊印發行，印數較少，流傳不廣。（尤海燕）

草珠一串

清得碩亭編。清刻本。一冊。半葉九行，行十六字，小字雙行同。白口，四周雙邊，單魚尾。版心題"京都竹枝詞"。

得碩亭，原名得輿，字碩亭，滿洲人。

書名葉題"草珠一串"。卷首有得輿自序。據序云："甲戌新夏，有友人持《京都竹枝詞八十首》見示，不知出自誰手……立秋後五日，芸窗静坐，忽聞滿院蕉聲，篳户雖開，不見同人履迹。瀟瀟細雨，空餘北海之心；勃勃詩情，敢效東施之態。因人及物,共得百有八章,集腋成裘,真乃一言以蔽,名之曰'草珠一串'。"

按得與序云:"竹枝之作,所以紀風土、諷時尚也。"此集收録詩歌一百零八首,首有《總起四首》,末有《總結二首》,前後照應。所收詩記帝京風土景物、世態人情,語言淺近明快,格調清新流麗,富有濃鬱的生活氣息和地域特色。所記京都社會生活涉及諸多方面,且詩中有雙行小字夾注予以補充説明。記外事交往,有《萬國來朝制度殊》,并注云"朝鮮、琉球、緬甸、越南、暹羅、荷蘭、回回、西番各國衣冠不一",可見清季中外交往之實況。記仕宦職官,有《文武各官十首》《兵丁六首》。記經濟商貿,有《商賈十首》《市井十八首》。記盛京名勝,有《名勝十四首》《游覽十四首》。記世情風俗,有《風俗八首》《時尚六首》《飲食八首》,對當時婚嫁、生育、服飾、戲曲、蔬果均有翔實生動的描繪,特別對滿洲八旗建置和八旗子弟婦女生活有詳細描述。又如針對吸食鴉片惡習,有針戒之句:"人人相見遞煙壺,手内須拈草子珠。扇上若無鴉片煙, 此公缺典定糊塗。"此集是竹枝體中上佳之作,亦是瞭解京城地理文化生活的重要文獻資料。(顔彦)

樗樓文集六卷詩集二卷附藿園遺詩

清曾廣謨、曾昭倫撰。民國三十年(1941)日新印刷局鉛印本。三册。半葉十二行,行三十二字。四周雙邊,雙魚尾。

曾廣謨,字頌君,邵陽人。工詩文,善書畫。

《樗樓文集》書名葉有尹彬題名。内封題"歲次辛巳仲春月日新印刷局代刊",卷首有目録。凡六卷,卷一、二春秋論,卷三壽序,卷四序跋傳誌,卷五雜著,卷六祭文。

《樗樓詩集》卷首有目録,卷端題"樗樓詩集",署"邵陽曾廣謨頌君"。所收詩按時間先後次第爲序,起自清光緒三十三年(1907),訖於民國二十八年(1939)。多唱和之作,如與其伯父、叔父、兄弟等家人間之唱和,既見其家族之間情意綿長,亦可知其家人各善才氣;又有與劉桐蓀、申壽田、季睿等友人間之唱和,可知其生平交往。曾廣謨善書畫,故集中多書畫題詠詩,可與其畫作相印證。集中亦多即景詠物之作，托物抒情，臨景成詠，如《詠梅》《春日園居》《種菊》等，是其日常生活之寫照。

《樗樓詩集》後附《霍園遺詩》，曾昭倫撰。按：曾昭倫，字伯常，曾廣謨弟。卷首有曾昭倫自序，署“甲戌夏月七十六叟叔瑜”。詩作多寫景抒情，詩格較窄，多清苦之音。《霍園詩餘》二十首。（顏彥）

潘宗和雜著

清潘宗和撰。清鈔本。一册。半葉九行，行二十五字。

潘宗和，生卒年不詳，字醴西。

本書爲潘宗和所纂類書，全書分爲選舉、廉貪、官制、刺史等若干門類。主題以官制、人際關係、游歷、形體、品德爲主。潘氏雜鈔書目來源廣泛，經部有《左傳》《禮記》等，史部有《魏略》《後漢書》《厄史》《漢官儀》等，子部有《太平御覽》《白氏六帖》《世説新語》等，集部有《彥周詩話》及衆多詩文別集。多數段落末尾標注文字出處，部分未標。少數文章中有朱筆圈點。鈔寫字迹清晰，行字勻稱。

本書鈐有“醴西”“潘宗和”印。（杜萌）

養真集二卷

題養真子撰。清鈔本。半葉十行，行二十三字。

養真子姓名、生平均無考。

《養真集》分上下二卷，有道、理、天地等五十七目，談天地萬物之理，講修真養性之法。卷首有佚名所撰《養真集序》，述及該書寫作經過。後有清乾隆丁未（五十二年，1787）王士端撰《貫通三教養真序》，文中談到該書流傳的過程。王序評價該書“由儒悟禪，就虛靈而養舍利；由禪證道，借般若而煉金丹。談空則皆拈花畫壁之真傳，論道則無鉛虎汞龍之假借”，稱之爲彙三教、總百家之貫通之作。因其爲稀有之奇書，王士端於是加以評注，并付之梨棗，以廣其説。書衣有乙酉秋無爲子題記一則，書末有無爲子題記三則，分別寫於戊子、庚寅、己丑年，庚寅年題記落款書

“素行子無爲劉善豪”，劉善豪當是無爲子本名，具體年代待考。

　　此書有清乾隆刊本、清末鉛印本等印本行世。此鈔本中的無爲子題記從側面反映了該書的社會影響，對於研究民間宗教的傳播有一定的價值。（董馥榮）

提要篇名筆畫索引

四畫

六畫

十畫

十二畫

十三畫

十五畫